UTB 8357

Eine Arbeitsgemeinschaft der Verlage

Böhlau Verlag · Wien · Köln · Weimar
Verlag Barbara Budrich · Opladen · Toronto
facultas.wuv · Wien
Wilhelm Fink · Paderborn
A. Francke Verlag · Tübingen
Haupt Verlag · Bern
Verlag Julius Klinkhardt · Bad Heilbrunn
Mohr Siebeck · Tübingen
Nomos Verlagsgesellschaft · Baden-Baden
Ernst Reinhardt Verlag · München · Basel
Ferdinand Schöningh · Paderborn
Eugen Ulmer Verlag · Stuttgart
UVK Verlagsgesellschaft · Konstanz, mit UVK/Lucius · München
Vandenhoeck & Ruprecht · Göttingen · Bristol
vdf Hochschulverlag AG an der ETH Zürich

Studienbuch für soziale Berufe; 9

Hrsg. von Prof. Dr. Roland Merten, Friedrich-Schiller-Universität Jena,
Prof. Dr. Cornelia Schweppe, Johannes-Gutenberg-Universität Mainz und
Prof. Dr. Stephan Sting, Alpen-Adria-Universität Klagenfurt

Thomas Trenczek · Britta Tammen ·
Wolfgang Behlert · Arne von Boetticher

Grundzüge des Rechts

Studienbuch für soziale Berufe

Mit 64 Übersichten

4., vollständig überarbeitete und erweiterte Auflage

Ernst Reinhardt Verlag München Basel

Prof. Dr. iur. *Thomas Trenczek*, M.A., eingetr. Mediator/Lehrtrainer (BMWA), Ernst-Abbe-Hochschule Jena, FB Sozialwesen
Ass. iur. *Britta Tammen*, Vertretungsprofessur an der Hochschule Neubrandenburg, FB Soziale Arbeit, Bildung und Erziehung
Prof. Dr. iur. *Wolfgang Behlert*, Ernst-Abbe-Hochschule Jena, FB Sozialwesen
Prof. Dr. iur. *Arne von Boetticher*, Dipl.-Soz.päd. (FH), Ernst-Abbe-Hochschule Jena, FB Sozialwesen

Bibliografische Information der Deutschen Nationalbibliothek

Die Deutsche Nationalbibliothek verzeichnet diese Publikation in der Deutschen Nationalbibliografie; detaillierte bibliografische Daten sind im Internet über <http://dnb.d-nb.de> abrufbar.

UTB-Band-Nr.: 8357
ISBN 978-3-8252-8611-8

4., vollständig überarbeitete und erweiterte Auflage

© 2014 by Ernst Reinhardt, GmbH & Co KG, Verlag, München

Dieses Werk einschließlich seiner Teile ist urheberrechtlich geschützt. Jede Verwertung außerhalb der engen Grenzen des Urheberrechtsgesetzes ist ohne schriftliche Zustimmung der Ernst Reinhardt, GmbH & Co KG, München, unzulässig und strafbar. Das gilt insbesondere für Vervielfältigungen, Übersetzungen in andere Sprachen, Mikroverfilmungen und die Einspeicherung und Verarbeitung in elektronischen Systemen.

Printed in Germany
Einbandgestaltung: Atelier Reichert, Stuttgart
Cover unter Verwendung eines Bildes von photostock, Hamburg
Satz: Da-TeX Gerd Blumenstein, Leipzig

Ernst Reinhardt Verlag, Kemnatenstr. 46, D-80639 München
Net: www.reinhardt-verlag.de E-Mail: info@reinhardt-verlag.de

Inhalt

Abkürzungsverzeichnis 10

Vorwort und Arbeitshinweise 24

I Allgemeine Grundlagen

1 Recht und Gesellschaft (Trenczek/Behlert) **32**

1.1 Recht und Gesetz – Begriff und System der Rechtsnormen 32
1.2 Recht und Gerechtigkeit 77

**2 Verfassungsrechtliche Grundlagen der Sozialen Arbeit
(Trenczek/Behlert)** **93**

2.1 Die Bundesrepublik als demokratischer und sozialer Rechtsstaat 94
2.2 Grundrechte 112

3 Grundlagen der Rechtsanwendung (Trenczek) **130**

3.1 Rechtsanwendung als mehrstufiger normenbezogener
      Entscheidungsprozess 131
3.2 Struktur der Rechtsnormen 133
3.3 Bestimmte und unbestimmte Rechtsbegriffe 137
3.4 Rechtsfolgenentscheidung 145
3.5 Rechtsanwendung zwischen Logik und Interessenabwägung 151
3.6 Subsumtion und Stufen der Rechtskonkretisierung 153

4 Rechtsverwirklichung (Trenczek) **158**

4.1 Rechtsverwirklichung durch Verwaltungshandeln 159
4.2 Rechtsberatung 173

5 Rechtsschutz (Trenczek) **180**

5.1 Gerichtsbarkeiten 181
5.2 Verwaltungs- und sozialrechtliche Rechtskontrolle 188
5.3 Ordentliche Gerichtsbarkeit 200

6 Außergerichtliche Konfliktregelung (Trenczek) **206**

6.1 Grundlagen der außergerichtlichen Konfliktregelung 206
6.2 Schiedsverfahren 211
6.3 Mediation 215

II Grundzüge des Privatrechts

1 Allgemeine Grundlagen des Privatrechts (Trenczek/von Boetticher) **236**

1.1 Rechtssubjekte 237
1.2 Rechtsgeschäfte 245
1.3 Grenzen der Privatautonomie 254
1.4 Schuldrechtliche Grundbegriffe 262
1.5 Sachenrechtliche Grundbegriffe 288
1.6 Erbrechtliche Grundbegriffe 290

2 Familienrecht (Behlert/Tammen/Trenczek) **296**

2.1 Soziale und rechtliche Entwicklungen im Überblick 297
2.2 Eherecht 302
2.3 Andere Formen der Partnerschaft 313
2.4 Kindschaftsrecht 317
2.5 Betreuung 369

III Grundzüge des Öffentlichen Rechts

1 Sozialrecht – Allgemeines Sozialverwaltungsrecht (SGB I und SGB X) (Trenczek) **384**

1.1 Das Sozialrechtsverhältnis 387
1.2 Das sozialrechtliche Verwaltungsverfahren 390
1.3 Handlungsformen der Sozialverwaltung 407
1.4 Verwaltungskontrolle und Rechtsschutz 417
1.5 Verwaltungsvollstreckung und Verwaltungszwang 417

2 Sozialversicherungsrecht (von Boetticher/Tammen) **420**

2.1 Die gesetzliche Krankenversicherung – SGB V 421
2.2 Die soziale Pflegeversicherung – SGB XI 428
2.3 Die gesetzliche Rentenversicherung – SGB VI 435
2.4 Die gesetzliche Unfallversicherung – SGB VII 441
2.5 Arbeitsförderung – SGB III 445

3	**Kinder- und Jugendhilferecht – SGB VIII (Tammen/Trenczek)** **451**
3.1	Die Entwicklung des Kinder- und Jugendhilferechts............. 452
3.2	Wichtige Gliederungs- und Strukturprinzipien des SGB VIII....... 454
3.3	Leistungen der Kinder- und Jugendhilfe 467
3.4	Andere Aufgaben der Jugendhilfe 483
3.5	Verfahren und Kosten 496

4	**Existenzsicherungsrecht – Grundsicherung für Arbeitsuchende nach dem SGB II und Sozialhilfe nach dem SGB XII (Tammen/von Boetticher)** **505**
4.1	SGB II – Grundsicherung für Arbeitsuchende.................. 506
4.2	SGB XII – Sozialhilfe 548

5	**Rehabilitation und Teilhabe von Menschen mit Behinderungen (von Boetticher)** **574**
5.1	Begriffe und Grundsätze 576
5.2	Rehabilitationsträger und deren Zusammenarbeit............... 579
5.3	Rehabilitationsleistungen 584
5.4	Ausführung von Leistungen – das Persönliche Budget 595
5.5	Schwerbehindertenrecht 597

6	**Sonstiges Sozialrecht (Tammen)** **599**
6.1	Leistungen für Familien 599
6.2	Ausbildungsförderung..................................... 607
6.3	Wohnzuschuss 609
6.4	Opferentschädigung....................................... 611

7	**Jugendschutzrecht (Tammen/Trenczek)** **614**
7.1	Jugendschutz in der Öffentlichkeit 617
7.2	Jugendschutz im Bereich der Medien 622
7.3	Straf- und Ordnungswidrigkeitsvorschriften................... 626

8	**Migrations- und Flüchtlingsrecht (Behlert)**................... **628**
8.1	Überblick.. 628
8.2	Aufenthaltsrecht 632
8.3	Aufenthalt aus völkerrechtlichen, humanitären und politischen Gründen... 643
8.4	Sozialleistungen für Zuwanderer............................. 651
8.5	Erwerb der deutschen Staatsangehörigkeit 658

IV Grundzüge des Strafrechts (Trenczek)

1 Allgemeine Grundlagen **666**

1.1 Strafrecht und Soziale Arbeit 666
1.2 Struktur und Bereiche des Strafrechts 667
1.3 Funktion und Grundsätze des Strafrechts 669

2 Die Straftat **674**

2.1 Die Grundvoraussetzungen der Strafbarkeit 675
2.2 Deliktsformen 683
2.3 Deliktsbereiche 687

3 Das Strafverfahren **696**

3.1 Die Verfahrensbeteiligten 696
3.2 Prozessmaximen 699
3.3 Ablauf des Strafverfahrens 701

4 Strafrechtliche Sanktionen **710**

4.1 Sinn und Zweck der staatlichen Strafe 710
4.2 Sanktionsarten 713
4.3 Strafzumessung 719

5 Jugendstrafrecht **721**

5.1 Grundsätzliches 721
5.2 Besonderheiten des Verfahrens im Jugendstrafrecht 722
5.3 Besonderheiten der Sanktionen im Jugendstrafrecht 726

6 Arbeitsfeld Strafrecht **730**

6.1 Soziale Dienste der Justiz 730
6.2 Jugendamt: Aufgabe Jugendgerichtshilfe 732
6.3 Freie Träger in der Straffälligen- und Opferhilfe 733

V Querschnittsgebiete

1 Aufsichtspflichten und Haftung (Trenczek/Tammen) **736**

1.1 Übersicht und Einführung in die Fragestellungen 736
1.2 Begriff und Inhalt der Aufsichts- und Schutzpflichten 737
1.3 Konsequenzen einer Aufsichtspflichtverletzung 746
1.4 Resümee 753

2 Ärztliche Behandlung und Schwangerschaftsabbruch bei minderjährigen und unter Betreuung stehenden Personen (Trenczek/Behlert/von Boetticher) ... 755

2.1 Körperliche Untersuchung und Schwangerschaftsabbruch ... 755
2.2 Behandlungsvertrag und Arzthonorar ... 758
2.3 Sozialdatenschutz ... 761

3 Arbeitsrecht (Behlert) ... 762

3.1 Gegenstand und Funktion ... 762
3.2 Struktur und Rechtsquellen des Arbeitsrechts ... 765
3.3 Kollektives Arbeitsrecht ... 769
3.4 Individualarbeitsrecht ... 772

4 Unterbringung und Freiheitsentziehung (Behlert/Trenczek) ... 786

4.1 Unterbringung als Bereitstellung von Unterkunft ... 786
4.2 Unterbringung als Freiheitsentziehung ... 786
4.3 Unterbringung nach BGB und nach Unterbringungsrecht der Länder ... 790
4.4 Verfahren ... 797

VI Anhang

1 Glossar der wichtigsten Rechtsbegriffe ... 802
2 Altersstufen im Recht (Auswahl) ... 807
3 Auswahl wichtiger Aktenzeichen ... 810
4 Prüfungsschemata für die Bearbeitung sozialverwaltungsrechtlicher Fälle ... 813
5 Aufbauschema zur Überprüfung privatrechtlicher Ansprüche ... 820
6 Prüfungsschema für die strafrechtliche Fallbearbeitung (Grunddelikt) ... 823
7 Literatur ... 825
8 Sach- und Personenregister ... 838

Abkürzungsverzeichnis

Zu den von Behörden und Gerichten verwendeten Register- und Aktenzeichen vgl. Anhang VI-3.

a. A.	anderer Ansicht
a. a. O.	am aufgeführten Ort
Abs.	Absatz/Absätze
ADR	Alternative (bzw. Appropriate) Dispute Resolution (frei übersetzt: außergerichtliche Konfliktlösung)
AdÜbk	Übereinkommen über den Schutz von Kindern und die Zusammenarbeit auf dem Gebiet der internationalen Adoption
AdVermiG	Adoptionsvermittlungsgesetz
AdWirkG	Adoptionswirkungsgesetz
a. E.	am Ende
AEMR	Allgemeine Erklärung der Menschenrechte
AEntG	Arbeitnehmerentsendegesetz
AEUV	EU-Vertrag über die Arbeitsweise der Europäischen Union (konsolidierte Fassung 2009)
a. F.	alte Fassung
AFG	Arbeitsförderungsgesetz
AG	Amtsgericht/Arbeitsgemeinschaft
AGB	Allgemeine Geschäftsbedingungen
AGG	Allgemeines Gleichbehandlungsgesetz
AGJ	Arbeitsgemeinschaft für Kinder- und Jugendhilfe, Berlin
AGKJHG	Ausführungsgesetz zum KJHG
AGSGG	Gesetz zur Ausführung des Sozialgerichtsgesetzes (Landesgesetz)
AGVwGO	Gesetz zur Ausführung der Verwaltungsgerichtsordnung (Landesgesetz)
AKI-IGfH	Arbeitskreis Inobhutnahme bei der IGfH
AKKrimSoz	Arbeitskreis (der Hochschullehrer/innen) Kriminologie und Soziale Arbeit
AktG	Aktiengesetz
Alg II	Arbeitslosengeld II
Alg II – V	Verordnung zur Berechnung von Einkommen sowie zur Nichtberücksichtigung von Einkommen und Vermögen beim Arbeitslosengeld II/Sozialgeld
AlkopopStG	Gesetz über die Erhebung einer Sondersteuer auf alkoholhaltige Süßgetränke (Alkopops) zum Schutz junger Menschen

Alt.	Alternative
ÄndG	Änderungsgesetz
Anm.	Anmerkung
AO	Abgabenordnung
ARB	Beschluss des Assoziationsrats EWG – Türkei über die Entwicklung der Assoziation (Assoziationsabkommen EWG – Türkei)
ArbGeb	Arbeitgeber
ArbGG	Arbeitsgerichtsgesetz
ArbN	Arbeitnehmer
ArbPlSchG	Arbeitsplatzschutzgesetz
ArbSchG	Arbeitsschutzgesetz
ArbZG	Arbeitszeitgesetz
arg.	Argument aus
ARGE	Arbeitsgemeinschaft der Bundesagentur für Arbeit und der Kommunen im Hinblick auf die Aufgaben nach SGB II oder Arbeitsgemeinschaft von mehreren (juristischen) Personen zur Durchführung eines gemeinsamen Projekts, z. B. im bauwirtschaftlichen Bereich
Art.	Artikel
ASD	Allgemeiner Sozialer Dienst
AsylbLG	Asylbewerberleistungsgesetz
AsylVfG	Asylverfahrensgesetz
AT/BT	Allgemeiner Teil/Besonderer Teil
ATA	Außergerichtlicher Tatausgleich
AufenthG	Aufenthaltsgesetz
AufenthV	Aufenthaltsverordnung
Aufl.	Auflage
AÜG	Arbeitnehmerüberlassungsgesetz
AVR	Arbeitsvertragsrichtlinien
Az.	Aktenzeichen
BA	Bundesagentur für Arbeit
BA	Bundesamt (nur in Teil I-4)
BAB	Berufsausbildungsbeihilfe
BAFM	Bundesarbeitsgemeinschaft Familienmediation
BAföG	Bundesausbildungsförderungsgesetz
BAG	Bundesarbeitsgemeinschaft (nur in Teil I-1 und Teil IV)
BAG	Bundesarbeitsgericht
BAGLJÄ	Bundesarbeitsgemeinschaft Landesjugendämter
BAG NAM	Bundesarbeitsgemeinschaft für ambulante Maßnahmen nach dem Jugendrecht
BAGS	Bundesarbeitsgemeinschaft für Straffälligenhilfe
BAMF	Bundesamt für Migration und Flüchtlinge
Bay	Bayern/Bayrisch
BayObLG	Bayrisches Oberstes Landesgericht

BayVwBl.	Bayrische Verwaltungsblätter
BB	Brandenburg
BBG	Bundesbeamtengesetz
BBesG	Bundesbesoldungsgesetz
BBiG	Berufsbildungsgesetz
Bd	Band
BDSG	Bundesdatenschutzgesetz
BEEG	Bundeselterngeld- und Elternzeitgesetz
Begr.	Begründung
Bem.	Bemerkung
BerHG	Gesetz über die Rechtsberatung und Vertretung für Bürger mit geringem Einkommen
BerRehaG	Berufliches Rehabilitierungsgesetz
BErzGG	Gesetz über die Gewährung von Erziehungsgeld und Erziehungsurlaub
BeschV	Beschäftigungsverordnung
BeschVerfV	Beschäftigungsverfahrensverordnung
BetrVG	Betriebsverfassungsgesetz
BfA	Bundesversicherungsanstalt für Angestellte
BFH	Bundesfinanzhof
BfJ	Bundesamt für Justiz
BGB	Bürgerliches Gesetzbuch
BGBl.	Bundesgesetzblatt
BGG	Behindertengleichstellungsgesetz
BGH	Bundesgerichtshof
BGHStE	Entscheidungen des BGH in Strafsachen
BGHZ	Entscheidungen des BGH in Zivilsachen
BKA	Bundeskriminalamt
BKGG	Bundeskindergeldgesetz
BKiSchG	Gesetz zur Stärkung eines aktiven Schutzes von Kindern und Jugendlichen –Bundeskinderschutzgesetz
BM	Bundesverband Mediation
BMAS	Bundesministerium für Arbeit und Soziales
BMFSFJ	Bundesministerium für Familie, Senioren, Frauen und Jugend
BMGS	Bundesministerium für Gesundheit und Soziale Sicherung
BMI	Bundesministerium des Innern
BMJ	Bundesministerium der Justiz
BMVI	Bundesministerium für Verkehr und digitale Infrastruktur
BMWA	Bundesverband Mediation in Wirtschaft und Arbeitswelt
BNichtrSchg	Bundesnichtraucherschutzgesetz
BPersVG	Bundespersonalvertretungsgesetz
BPolG	Bundespolizeigesetz
BQFR	Gesetz zur Feststellung der Gleichwertigkeit von Berufsqualifikationen
Brbg	Brandenburg

BR-Ds	Bundesrats-Drucksache
BRRG	Bundesrechtsrahmengesetz
BSeuchenG	Bundesseuchengesetz
BSG	Bundessozialgericht
BSGE	Entscheidungen des Bundessozialgerichts
BSHG	Bundessozialhilfegesetz (aufgehoben)
BT	Bundestag
BtÄndG	Betreuungsrechtsänderungsgesetz
BtBG	Betreuungsbehördengesetz
BT-Ds	Bundestags-Drucksache
BtG	Betreuungsgesetz
BtM	Betäubungsmittel
BtMG	Betäubungsmittelgesetz
BtMVV	Betäubungsmittel-Verschreibungsverordnung
BtPrax	Betreuungsrechtliche Praxis (Zeitschrift)
BudgetV	Verordnung zur Durchführung des § 17 Abs. 2 bis 4 des Neunten Sozialgesetzbuches
BUrlG	Bundesurlaubsgesetz
BVA	Bahnversicherungsanstalt
BVerfG	Bundesverfassungsgericht
BVerfGE	Entscheidungen des BVerfG
BVerfGG	Bundesverfassungsgerichtsgesetz
BVerwG	Bundesverwaltungsgericht
BVerwGE	Entscheidungen des Bundesverwaltungsgerichts
BVFG	Gesetz über die Angelegenheiten der Vertriebenen und Flüchtlinge (Bundesvertriebenengesetz)
BW	Baden-Württemberg
BWG	Bundeswahlgesetz
BVG	Gesetz über die Versorgung der Opfer des Krieges (Bundesversorgungsgesetz)
BZRG	Gesetz über das Zentralregister und das Erziehungsregister
BzGA	Bundeszentrale für gesundheitliche Aufklärung
bzw.	beziehungsweise
c. i. c.	culpa in contrahendo (lateinisch für: Verschulden bei Vertragsschluss)
CRPD	Rechte von Menschen mit Behinderungen (Convention on the Rights of Persons with Disabilities)
DBH	Deutsche Bewährungshilfe e. V. (Fachverband)
DDR	Deutsche Demokratische Republik
DEKRA	Deutscher Kraftfahrzeug-Überwachungsverein
ders.	derselbe
dgl.	dergleichen
DHS	Deutsche Hauptstelle für Suchtfragen e. V.
Diss.	Dissertation

DITIB	Türkisch-Islamische Union der Anstalt für Religion e. V.
DÖV	Die öffentliche Verwaltung
DPWV	Deutscher Paritätischer Wohlfahrtsverband
DrittelbG	Drittelbeteiligungsgesetz
DRK	Deutsches Rotes Kreuz
Ds	Drucksache
DSG-EKD	Datenschutzgesetz der Evangelischen Kirche in Deutschland
dt.	deutsch
DV	Deutscher Verein für öffentliche und private Fürsorge
DVBl.	Deutsches Verwaltungsblatt (Zeitschrift)
DVJJ	Deutsche Vereinigung für Jugendgerichte und Jugendgerichtshilfen e. V.
DVO	Durchführungsverordnung
E	Entscheidungssammlung
-E	Entwurf (i. d. R. Entwurf einer Gesetzesfassung, z. B. VwGO-E)
EB	Erziehungsberechtigte/r
EBAO	Einforderungs- und Beitreibungsordnung
EBWE	Europäische Bank für Wiederaufbau und Entwicklung
EFA	Europäisches Fürsorgeabkommen
EfzG	Gesetz über die Zahlung des Arbeitsentgelts an Feiertagen und im Krankheitsfall (Entgeltfortzahlungsgesetz)
EG	Einführungsgesetz
EG-	Europäische Gemeinschaft
EGBGB	Einführungsgesetz zum Bürgerlichen Gesetzbuche
EGMR	Europäischer Gerichtshof für Menschenrechte mit Sitz in Straßburg
EGStGB	Einführungsgesetz zum StGB
EGV	Vertrag zur Gründung einer Europäischen Gemeinschaft
EGZPO	Einführungsgesetz zur Zivilprozessordnung
EinglHV	Eingliederungshilfeverordnung
Einl.	Einleitung
EKD	Evangelische Kirche in Deutschland
EMRK	Europäische Menschenrechtskonvention
EntgFG	Entgeltfortzahlungsgesetz
ESchG	Embryonenschutzgesetz
EStG	Einkommensteuergesetz
ESÜ	Europäisches Sorgerechtsübereinkommen
et al.	und andere
EU	Europäische Union
EuGeldG	Gesetz zur Umsetzung des Rahmenbeschlusses 2005/214/JI des Rates vom 24. Februar 2005 über die Anwendung des Grundsatzes der gegenseitigen Anerkennung von Geldstrafen und Geldbußen

EuGH	Gerichtshof der Europäischen Union in Luxemburg
EUV	EU-Vertrag (Lissabon 2007, in Kraft seit 01.01.2009, konsolidierte Fassung)
e. V.	eingetragener Verein
EWG	Europäische Wirtschaftsgemeinschaft
EWIV	Europäische wirtschaftliche Interessenvereinigung
f., ff.	folgende (Singular/Plural)
FamFG	Gesetz über das Verfahren in Familiensachen und in den Angelegenheiten der freiwilligen Gerichtsbarkeit
FamG	Familiengericht
FamRZ	Zeitschrift für das gesamte Familienrecht
FEV	Fahrerlaubnis-Verordnung
FEVS	Fürsorgerechtliche Entscheidungen der Verwaltungs- und Sozialgerichte
FGB-DDR	Familiengesetzbuch DDR
FGG	Gesetz über die Angelegenheiten der Freiwilligen Gerichtsbarkeit
FGG-RG	FGG-Reformgesetz
FH	Fachhochschule
FPfZG	Familienpflegezeitgesetz
FreizügG/EU	Freizügigkeitsgesetz/EU
FSK	Freiwillige Selbstkontrolle der Filmwirtschaft
GASP	Gemeinsame Außen- und Sicherheitspolitik (Europäisches Abkommen)
GastG	Gaststättengesetz
GB	Großbritannien
G-BA	Gemeinsamer Bundesausschuss
GBl.	Gesetzblatt
GbR	Gesellschaft des Bürgerlichen Rechts (BGB-Gesellschaft)
GE	Gemeinsame Empfehlung
gem.	gemäß
GEMA	Gesellschaft für musikalische Aufführungs- und mechanische Vervielfältigungsrechte.
GenG	Genossenschaftsgesetz
GewO	Gewerbeordnung
GewSchG	Gewaltschutzgesetz
GFK	Genfer Flüchtlingskonvention
GG	Grundgesetz
ggf.	gegebenenfalls
GjS	Gesetz über die Verbreitung jugendgefährdender Schriften
GK-SGB VIII	Gemeinschaftskommentar zum SGB VIII (hrsg. von Fieseler/Schleicher)
GKV	Gesetzliche Krankenversicherung

GKV-FQWG	GKV-Finanzstruktur- und Qualitäts-Weiterentwicklungsgesetz
GKV-Moderni-	Das Gesetz zur Modernisierung der gesetzlichen Krankenversicherung
GKV-WSG	Gesetz zur Stärkung des Wettbewerbs in der gesetzlichen Krankenversicherung
GmbH	Gesellschaft mit beschränkter Haftung
GmbHG	Gesetz betreffend die Gesellschaft mit beschränkter Haftung
GO	Gemeindeordnung
GöGD	Gesetz über den öffentlichen Gesundheitsdienst
Grdl.	Grundlagen
grds.	Grundsätzlich
Grundz	Grundzüge
GRV	Gesetzliche Rentenversicherung
GUV	Gesetzliche Unfallversicherung
GVG	Gerichtsverfassungsgesetz
HeimG	Heimgesetz (gilt nur noch in Thüringen bis zum Erlass eines Landesgesetzes)
HessAG	Hessisches Ausführungsgesetz
HGB	Handelsgesetzbuch
HH	Hamburg
HLU	Hilfe zum Lebensunterhalt
h. M.	herrschender Meinung
HRRS	(Onlinezeitschrift für) Höchstrichterliche Rechtsprechung zum Strafrecht (www.hrr-strafrecht.de)
Hrsg.	Herausgeber
HS	Halbsatz
HzE	Hilfe zur Erziehung
IAB	Institut für Arbeitsmarkt- und Berufsforschung
ICCPR	International Covenant on Civil and Political Rights (UN-Konvention)
ICD 10	International Statistical Classification of Diseases and Related Health Problems, 10. Revision (Internationale statistische Klassifikation der Krankheiten und verwandter Gesundheitsprobleme, erstellt von der Weltgesundheitsorganisation WHO)
ICESCR	International Covenant on Economic, Social and Cultural Rights (UN-Konvention)
ICF	International Classification of Functioning, Disability and Health (Internationale Klassifikation der Funktionsfähigkeit, Behinderung und Gesundheit, erstellt von der Weltgesundheitsorganisation WHO)
i. d. F.	in der Fassung

i. d. R.	in der Regel
i. d. S.	in diesem Sinne
i. E.	im Einzelnen
i. e. S.	im engeren Sinne
IFG	Informationsfreiheitsgesetz
IfSG	Infektionsschutzgesetz
IGfH	Internationale Gesellschaft für erzieherische Hilfen
IGH	Internationaler Gerichtshof (in Den Haag)
i. H. v./i. H. d.	in Höhe von/in Höhe der
IStGH	Internationaler Strafgerichtshof (in Den Haag)
ILO	International Labour Organization (Internationale Arbeitsorganisation der UN)
IMK	Innenministerkonferenz
info	Informationen zum Arbeitslosenrecht und Sozialhilferecht
insb.	insbesondere
InsO	Insolvenzordnung
IntFamRVG	Gesetz zur Aus- und Durchführung bestimmter Rechtsinstrumente auf dem Gebiet des internationalen Familienrechts
IPR	Internationales Privatrecht
i. R. d.	im Rahmen der/s
i. R. v.	im Rahmen von
i. S., i. S. d.	im Sinne, im Sinne der/s
ISA	Institut für soziale Arbeit e. V.
i. V. m.	in Verbindung mit
i. w. S.	im weitesten Sinne
JA	Jugendamt
JÄ	Jugendämter
JAmt	Das Jugendamt (Zeitschrift)
JArbSchG	Jugendarbeitsschutzgesetz
JBeitrO	Justizbeitreibungsordnung
JGG	Jugendgerichtsgesetz
JGH	Jugendgerichtshilfe
JHG	Jugendhilfegesetz
JMStV	Jugendmedienschutz-Staatsvertrag
JSchÖG	Gesetz zum Schutz der Jugend in der Öffentlichkeit
JuSchG	Jugendschutzgesetz
JWG	Gesetz für Jugendwohlfahrt
Kap.	Kapitel
KBV	Kassenärztliche Bundesvereinigung
KDO	Anordnung über den kirchlichen Datenschutz für die katholische Kirche
Kfz	Kraftfahrzeug
KG	Kommanditgesellschaft oder Kammergericht
KICK	Kinder- und Jugendhilfeweiterentwicklungsgesetz

KiEntfÜ	Übereinkommen über die zivilrechtlichen Aspekte internationaler Kindesentführungen
KiFöG	Gesetz zur Förderung von Kindern in Tageseinrichtungen und in Kindertagespflege (Kinderförderungsgesetz)
KIK	Konstanzer Inventar Kriminalitätsentwicklung (www.ki.uni-konstanz.de/kik)
KindRG	Kindschaftsrechtsreformgesetz
KitaG	Kindertageseinrichtungsgesetz
KJHG	Gesetz zur Neuordnung des Kinder- und Jugendhilferechts (Gesetz zur Einführung des SGB VIII)
KJM	Kommission für Jugendmedienschutz
KJVVG	Gesetz zur Verwaltungsvereinfachung in der Kinder- und Jugendhilfe (2013)
KK	Krankenkasse
KKG	Gesetz zur Kooperation und Information im Kinderschutz
KO	Kommunalordnung
KOM-DAT	Kommentierte Daten der Kinder- und Jugendhilfe (Informationsdienst der Arbeitsstelle Kinder- und Jugendhilfestatistik Dortmund)
KSchG	Kündigungsschutzgesetz
KStG	Körperschaftssteuergesetz
KSÜ	Kinderschutzübereinkommen
LG	Landgericht
LJA	Landesjugendamt
LKJHG	Landesausführungsgesetz zum Kinder- und Jugendhilfegesetz (insb. Kinder- und Jugendhilfegesetz für Baden-Württemberg)
LAN	Local-Area-Network
LPartG	Gesetz über die eingetragene Lebenspartnerschaft (Lebenspartnerschaftsgesetz)
LPK	Lehr- und Praxiskommentar
LPK-SGB VIII	Kinder- und Jugendhilfe Lehr- und Praxiskommentar (hrsg. von Kunkel)
LSG	Landessozialgericht
LT-Ds	Landtags-Drucksache
LVA	Landesversicherungsanstalt
MAE	Mehrbedarfsentschädigung
MAVO	Mitarbeitervertretungsordnung (der Caritas)
MediationsG	Mediationsgesetz
MighEV	Migrationshintergrunderfassungsverordnung
MiLoG	Gesetz zur Regelung eines allgemeinen Mindestlohns (Mindestlohngesetz)
MitbestG	Mitbestimmungsgesetz
MJ	Minderjährige/r

Montan-MitbestG	Montanmitbestimmungsgesetz
Mrd	Milliarden
MSA	(Haager) Minderjährigenschutzabkommen von 1961
MuSchG	Mutterschutzgesetz
M-V	Mecklenburg-Vorpommern
MVG EKD	Mitarbeitervertretungsgesetz-Evangelischen Kirche in Deutschland
m.w.N.	mit weiteren Nachweisen
NachwG	Gesetz über den Nachweis der für ein Arbeitsverhältnis geltenden wesentlichen Bedingungen (Nachweisgesetz)
NAM	Neue Ambulante Maßnahmen
NamÄndG	Namensänderungsgesetz
Nds	Niedersachsen
Nds-HB	Niedersachsen-Bremen
NDV	Nachrichtendienst des DV
NDV-RD	NDV-Rechtsprechungsdienst
NEhelG	Gesetz über die rechtliche Stellung nichtehelicher Kinder (Nichtehelichengesetz)
n.F.	neue Fassung
NGöGD	Niedersächsisches Gesetz über den öffentlichen Gesundheitsdienst
NHeimG	Niedersächsisches Heimgesetz
NJW	Neue Juristische Wochenschrift
NJW-RR	NJW-Rechtsprechungs-Report Zivilrecht
NLO	Niedersächsische Landkreisordnung
NP	Neue Praxis
NRO	Nichtregierungsorganisation
NRW	Nordrhein-Westfalen
NSA	National Security Agency
NStZ	Neue Zeitschrift für Strafrecht
NKomVG	Niedersächsisches Kommunalverfassungsgesetz
NVwZ	Neue Zeitschrift für Verwaltungsrecht (Zeitschrift)
NVwZ-RR	NVwZ-Rechtsprechungs-Report
NZS	Neue Zeitschrift für Sozialrecht
o.Ä.	oder Ähnliches
OEG	Gesetz über die Entschädigung für Opfer von Gewalttaten (Opferentschädigungsgesetz)
OHG	Offene Handelsgesellschaft
o.J.	ohne Jahr
OLG	Oberlandesgericht
ÖRA	Öffentliche Rechtsauskunftsstelle
ORRG	Opferrechtsreformgesetz
OVG	Oberverwaltungsgericht
OWiG	Gesetz über Ordnungswidrigkeiten

PAG	Polizeiaufgabengesetz
PartGG	Gesetz über Partnerschaftsgesellschaften Angehöriger Freier Berufe
PDV	(bundeseinheitliche) Polizeiliche Dienstvorschrift
PersBefG	Personenbeförderungsgesetz
PflegeZG	Pflegezeitgesetz
pFV	positive Forderungsverletzung (Verletzung von Nebenpflichten bei Vertragsdurchführung)
PIN	persönliche Identifikationsnummer
PJZS	Polizeiliche und justizielle Zusammenarbeit im Strafrechtsbereich (Europäisches Abkommen)
PKH	Prozesskostenhilfe
PKS	Polizeiliche Kriminalstatistik
PKW	Personenkraftwagen
POG	Polizeiorganisationsgesetz
PolG	Polizeigesetz
ProstG	Prostitutionsgesetz
PSB	Personensorgeberechtigte/r
PStG	Personenstandsgesetz
PsychKG	Psychisch-Kranken-Gesetz(e) – Gesetze der Länder zur Unterbringung psychisch Kranker
RBEG	Gesetz zur Ermittlung von Regelbedarfen und zur Änderung des Zweiten und Zwölften Buches Sozialgesetzbuch (Regelbedarfs-Ermittlungsgesetz)
RBerG	Rechtsberatungsgesetz
RD	Rechtsprechungsdienst
RDG	Gesetz über außergerichtliche Rechtsdienstleistungen (Rechtsdienstleistungsgesetz)
RdLH	Rechtsdienst der Lebenshilfe (Zeitschrift)
RE	Referentenentwurf
RegE	Regierungsentwurf
Reha	Rehabilitation
RelKErzG	Gesetz über die religiöse Kindererziehung
RiStBV	Richtlinien für das Strafverfahren und das Bußgeldverfahren
RJWG	Reichsjugendwohlfahrtsgesetz
RKEG	Gesetz über die religiöse Kindererziehung
RL	Richtlinie
Rn.	Randnummer
R-P	Rheinland-Pfalz
Rpflege	Der Deutsche Rechtspfleger
RpflG	Rechtspflegegesetz
RR	Rechtsprechungs-Report
Rspr.	Rechtsprechung

RStGB	Reichsstrafgesetzbuch
RSV	Regelsatzverordnung
RV	Rentenversicherung
RVG	Rechtsanwaltsvergütungsgesetz
RVO	Rechtsverordnung
Rz.	Randziffer
S.	Seite; Satz
s. (s. a.; s. o.; s. u.)	siehe (auch; oben; unten)
S-A	Sachsen-Anhalt
Saarl	Saarland
SächsAG	Sächsisches Ausführungsgesetz
SächsAGSGB VIII	Ausführungsgesetz zum Sozialgesetzbuch Achtes Buch (SGB VIII) für den Freistaat Sachsen
SächsGVBl	Gesetzes- und Verordnungsblatt des Freistaates Sachsen
SchG	Schulgesetz
SchKG	Gesetz zur Vermeidung und Bewältigung von Schwangerschaftskonflikten
SchwarzArbG	Gesetz zur Bekämpfung der Schwarzarbeit
SchwbAwV	Schwerbehindertenausweisverordnung
SchwbG	Schwerbehindertengesetz
SchwHG	Schwangerschaftsabbruchhilfegesetz
SchwKG	Schwangerschaftskonfliktgesetz
SE	Societas Europaea (europäische Aktiengesellschaft)
SGB	Sozialgesetzbuch (nachgestellte römische Ziffer = Buch des SGB)
SGB XI-ÄndG	Gesetz zur Änderung des SGB XI (vorangestellte arabische Ziffern bezeichnen die jeweilige Gesetzesnovelle)
SGb	Die Sozialgerichtsbarkeit (Zeitschrift)
SGG	Sozialgerichtsgesetz
S-H	Schleswig-Holstein
Slg.	Sammlung (der Rechtsprechung des EuGH)
sog.	sogenannte
SOG	Gesetz über Sicherheit und Ordnung
SozR	Sozialrecht
SprAuG	Sprecherausschussgesetz
SPV	Soziale Pflegeversicherung
StA	Staatsanwalt/-schaft
StAG	Staatsangehörigkeitsgesetz
StAR-VwV	Allgemeine Verwaltungsvorschrift zum Staatsangehörigkeitsrecht
StGB	Strafgesetzbuch
StPO	Strafprozessordnung
st. Rspr.	ständige Rechtsprechung
str.	strittig/umstritten
StrafVollzG	Strafvollzugsgesetz

StrRehaG	Strafrechtliches Rehabilitierungsgesetz
StVG	Straßenverkehrsgesetz
StVollstrO	Strafvollstreckungsordnung
StVollzVergO	Strafvollzugsvergütungsordnung
StVZO	Straßenverkehrszulassungsordnung
SV	Sozialversicherung
SVG	Soldatenversorgungsgesetz
SZ	Süddeutsche Zeitung
TAG	Tagesbetreuungsausbaugesetz
TAN	Transaktionsnummer
ThUG	Therapieunterbringungsgesetz
Thür	Thüringen
ThürAGKJH	Thüringer Ausführungsgesetz zum KJHG
ThürKJHAG	Thüringer Kinder- und Jugendhilfe-Ausführungsgesetz
ThürKO	Thüringer Kommunalordnung
ThürPsychKG	Thüringer Gesetz zur Hilfe und Unterbringung psychisch Kranker
ThUGVollzG	Gesetz über den Vollzug des Therapieunterbringungsgesetzes (in BW)
TKG	Telekommunikationsgesetz
TOA	Täter-Opfer-Ausgleich
TPG	Transplantationsgesetz
TÜV	Technische Überwachungsverein/e
TV	Tarifvertrag
TVG	Tarifvertragsgesetz
TVöD	Tarifvertrag öffentlicher Dienst
TzBfG	Teilzeit- und Befristungsgesetz
u.a.	unter anderem, und anderes
u.a.m.	und andere/s mehr
u.Ä.	und Ähnliches
UBG	Unterbringungsgesetz
UhVorschG	Unterhaltsvorschussgesetz
UJ	Unsere Jugend (Zeitschrift)
UKlaG	Gesetz über Unterlassungsklagen bei Verbraucherrechts- und anderen Verstößen
UMF	unbegleitete minderjährige Flüchtlinge
UN	United Nations/Vereinte Nationen
UN-KRK	UN-Kinderrechtskonvention
Urt.	Urteil
USK	Unterhaltungssoftware Selbstkontrolle
v.a.	vor allem
VA	Verwaltungsakt
VBVG	Vormünder- und Betreuervergütungsgesetz

Verf.	Verfasser/in
VersAusglG	Versorgungsausgleichsgesetz
VG	Verwaltungsgericht
VGH	Verwaltungsgerichtshof
VG-Wort	Verwertungsgesellschaft-Wort
VIKZ	Verband Islamischer Kulturzentren e. V.
VO	Verordnung
Vor	Vorbemerkung
Vor §	Vorbemerkung zu einem Paragrafen
Vor Kap	Vorbemerkung zu einem Kapitel
vs.	versus
VV	Verwaltungsvorschriften
VVG	Versicherungsvertragsgesetz
VwGO	Verwaltungsgerichtsordnung
VwVfG	Verwaltungsverfahrensgesetz
VwVG/	(Bundes)Verwaltungsvollstreckungsgesetz
WE	Willenserklärung/en
WEU	Westeuropäische Union (militärischer Beistandspakt)
WfbM	Werkstatt für behinderte Menschen
WHO	Weltgesundheitsorganisation
WobauG	II. Wohnbaugesetz
WoGG	Wohngeldgesetz
WoGV	Wohngeldverordnung
WoZuG	Wohnortzuweisungsgesetz
WRV	Weimarer Reichsverfassung
WStG	Wehrstrafgesetz
ZAR	Zeitschrift für Ausländerrecht und Ausländerpolitik
ZDG	Zivildienstgesetz
ZfJ	Zentralblatt für Jugendrecht
ZfRSoz	Zeitschrift für Rechtssoziologie
ZFSH/SGB	Zeitschrift für die sozialrechtliche Praxis
ZJJ	Zeitschrift für Jugendkriminalrecht und Jugendhilfe (vormals: DVJJ-Journal)
ZKM	Zeitschrift für Konfliktmanagement
ZPO	Zivilprozessordnung
z. T.	zum Teil
ZuwG	Zuwanderungsgesetz

Vorwort und Arbeitshinweise

Warum sollten Fachkräfte der Sozialen Arbeit sich mit dem Recht beschäftigen und über differenzierte Rechtskenntnisse verfügen? Ein wesentlicher Grund liegt in dem, was man „Verrechtlichung" nennt. Das Recht „mischt" sich in alle Lebensbereiche „ein", es gibt nahezu kaum einen rechtsfreien Raum. Das gilt auch für die Soziale Arbeit und Sozialpädagogik, selbst das Töpfern in der Toskana ist rechtlich geregelt, z. B. durch Teilnehmer- und Beherbergungsverträge, durch Kauf- und Lieferverträge (irgendwo muss der Ton ja herkommen). Vielfach bildet das Recht das gesellschaftliche Leben nur in rechtliche Kategorien ab und stabilisiert damit die Verhaltenserwartungen der Menschen. Teilweise ist mit dem Recht ein Orientierungsrahmen gezeichnet, von dem man abweichen kann, teilweise handelt es sich um zwingende Verhaltensanforderungen (vgl. hierzu I-1, II-1).
Bei vielen Studenten scheint am Anfang ihres Studiums der Eindruck vorzuherrschen, dass eine stetig wachsende Zahl der Gesetze und Rechtsverordnungen, Verfügungen, Erlasse und Richtlinien einerseits und die bürokratischen Strukturen und Interessen andererseits dem sozialpädagogischen Handeln im Dienste der Klienten nur noch wenig Spielraum lassen. Freilich greift ein solcher **künstlicher Gegensatz** gerade angesichts der sozialrechtlichen Bestimmungen zu kurz. Vielmehr äußert sich die öffentliche Hilfegewährung überhaupt erst als rechtlich gebundene Verwaltungsentscheidung. Insoweit gilt es gerade die durch den normativen Handlungsauftrag eingeräumten Chancen für die praktische Tätigkeit in der Sozialen Arbeit zu erkennen und dann auch zu nutzen, z. B.:

- Frau S., alleinerziehende Mutter von drei Kindern (3, 4 und 14 Jahre), kommt in die Beratung des Allgemeinen Sozialdienstes und erkundigt sich nach personeller und finanzieller Unterstützung.
- Nach dem erfolgreichen Examen will die Sozialarbeiterin B. gemeinsam mit anderen Kolleginnen einen Verein gründen, um für arbeitslose Jugendliche ein Angebot außerschulischer Ausbildung und Freizeitbetätigung zu schaffen. Was müssen sie hierbei beachten? Wie und von wem erhält man öffentliche Zuschüsse?
- Die 15-jährige Lisa wird von der Polizei um 1.00 Uhr nachts in einer Disco aufgegriffen und dem Jugendamt zugeführt. Was ist zu tun? Ist es für die Entscheidung relevant, ob Lisa von zu Hause ausgerissen ist oder sich mit Zustimmung ihrer Eltern in der Diskothek aufgehalten hat?

In vielen dieser Fälle geht es nicht nur um die Klärung einer Rechtsfrage. Vielmehr kommen hilfesuchende Bürger oft mit einem ganzen Bündel von Fragen und Problemen, die ganz unterschiedliche Lebens- und damit Rechtsbereiche betreffen. So berichtet im oben zuerst genannten Beispiel Frau S. über Konflikte mit dem von ihr getrennt bei seiner Freundin lebenden Ehemann. Diese seien aktuell ausgelöst worden, weil ihr ältester Sohn Willy (14) seit einiger Zeit häufiger die Schule schwänze und in diesem Zusammenhang von der Polizei bei einem mit anderen Jugendlichen begangenen Einbruchsdiebstahl festgenommen worden sei. Ihr Mann habe seine Unterhaltszahlung gekürzt, weil er arbeitslos geworden sei und sich ohnehin scheiden lassen wolle. Mittlerweile sei sie mit Mietzahlungen im Rückstand, weil sie einen MP3-Player bezahlen müsse, den ihr Sohn trotz ihres Verbotes erworben habe. Im Moment werde ihr alles zu viel, weil bei ihr demnächst ein stationärer Krankenhausaufenthalt und eine Operation anstehen und sie nicht wisse, wie sie ihre Kinder in dieser Zeit versorgen solle. Die Krankenkasse weigere sich, während dieser Zeit eine Haushaltshilfe zu bezahlen, da die Kinder ja bei ihrem Mann wohnen könnten. In diesem Fall stellen sich z. B. folgende Fragen:

- Welche Unterhaltsansprüche stehen Frau S. für sich und ihre Kinder gegen ihren Mann zu? Welche Vereinbarungen können die Eheleute im Hinblick auf eine Scheidung einvernehmlich treffen? (→ Familienrecht, s. II-2)
- Muss Frau S. den von ihrem Sohn erworbenen MP3-Player bezahlen? (→ Allgemeines Privatrecht, s. II-1)
- Kann der Mietvertrag wegen der Mietrückstände gekündigt werden? (→ Schuldrecht, s. II-1.4)
- Hat sich Willy strafbar gemacht, welche strafrechtlichen Rechtsfolgen (→ Strafrecht, s. IV) und welche jugendhilferechtlichen Interventionen (→ Jugendhilferecht, s. III-3) kommen in Betracht?
- Spielt es eine Rolle, ob Willy bzw. seine Eltern nichtdeutsche Staatsangehörige sind? (→ Migrations- und Flüchtlingsrecht, s. III-8)
- Welche Sozialleistungen kann Frau S. beanspruchen? (→ Recht der Grundsicherung für Arbeitsuchende, s. III-4) Hat sie einen Anspruch darauf, dass die Kosten für eine Haushaltshilfe während des Krankenhausaufenthaltes von der Krankenkasse übernommen werden? (→ Sozialversicherungsrecht, s. III-2)

Natürlich hat die Antwort auf viele dieser Fragen zumeist auch einen **sozialpädagogischen Bezug**; sie wird deshalb auch von fachlichen Grundsätzen und Methoden der Sozialen Arbeit bestimmt werden. Insoweit sind aber auch **politisch-rechtliche Handlungsanweisungen**, insb. einige verfassungsrechtliche Grundentscheidungen für das Handeln der Sozialarbeit bindend. Soziale Hilfe äußert sich in diesen Fällen zudem vor allem auch als **Rechtsberatung** (hierzu I-4.2), wobei die Fachkräfte der Sozialen Arbeit ganz unterschiedliche Rechtsmaterien beherrschen müssen. Wer als Sozialarbeiter rechtliche Hilfemöglichkeiten ungenutzt lässt und für die betroffenen Klienten nicht erschließen kann, weil er diese nicht kennt oder ohne ernsthaftes Bemühen falsch auslegt, wird seiner beruflichen Verantwortung nicht gerecht. Zwar basieren das Recht und die Soziale Arbeit auf unterschiedlichen Handlungslogiken – grob verkürzt: einerseits mit Blick auf die gesellschaftliche Ordnung (s. u. I-1.3) sowie andererseits auf den Menschen als soziales Individuum – doch ungeachtet unterschiedlicher Interessensrichtungen gilt es, das Ineinanderspiel von rechtlichen und sozialpädagogischen Aktivitäten so zu gestalten, dass die **soziale Integration** des Einzelnen in den normalen Alltag gelingen kann. Schließlich sollte bei allem nicht die emanzipatorische Kraft des Rechts vergessen werden: Recht als Medium zur Eröffnung von Teilhaberechten und -chancen (vgl. hierzu insb. I-1.2: Recht und Gerechtigkeit).

Die **Darstellung der Grundzüge des Rechts** umfasst ab der 4. Auflage fünf Hauptteile. Im Teil I geht es um wesentliche Grundfragen des Rechts und die sog. allgemeine Rechtslehre, mit der wir den grundlegenden Rahmen der Rechtsordnung beschreiben, die Methoden der Rechtsanwendung, die Wege zur Rechtsverwirklichung sowie die Rechtskontrolle und insb. die für die Sozialen Berufe besonders wichtigen alternativen, außergerichtlichen Streiterledigungsformen. Der zweite Teil stellt die Grundzüge des Privatrechts dar, der dritte Teil die Grundzüge des Öffentlichen Rechts mit Schwerpunkt Sozialrecht, der vierte Teil beinhaltet das Strafrecht und der fünfte Teil umfasst verschiedene Querschnittsgebiete. Im Anhang finden Sie u. a. das für einen ersten Zugang zu den Rechtsbegriffen hilfreiche Glossar und Aufbauschemata für die Bearbeitung von Rechtsfällen.

Im Hinblick auf die aus didaktischen sowie Platzgründen notwendige Schwerpunktsetzung bei der Darstellung der Grundzüge des Rechts werden die Rechtsgebiete im Umfang nach der Relevanz für die Sozialen Berufe in der von uns verantworteten Ausbildung und Praxis dargestellt. Wir verzichten deshalb im Privatrecht auf eine eingehende Darstellung des Schuld- sowie Sachen- und Erbrechts und beschränken uns weitgehend auf die Klärung der wichtigsten Strukturen und Rechtsbegriffe (hierzu vgl. auch das Glossar im Anhang VI-1). Demgegenüber wird hier das **Familienrecht** einschließlich des **Betreuungsrechts** aufgrund seiner besonderen Relevanz für die Soziale Arbeit ausführlich dargestellt (II-2). Das Gleiche gilt für das sowohl zivil- als auch öffentlich-rechtliche Elemente enthaltende **Arbeitsrecht** (s. u. V-3) wie den Exkurs zu Fragen der **Aufsicht und Haftung** (V-1). Im Öffentlichen Recht liegt der Schwerpunkt auf den sozialrechtlichen Regelungen insb. des **Kinder- und Jugendhilferechts** (III-3) und den Regelungen der **Grundsicherung nach SGB II** und der **Sozialhilfe** nach SGB XII (III-4). Demgegenüber spielt das Sozialversicherungsrecht (III-2) in der Ausbildung der Sozialen Arbeit eine geringe Rolle und erfordert in der Praxis häufig den fachlichen Rat von rechtskundigen Spezialisten. Wir haben stattdessen mit Blick auf spezifische Arbeitsbereiche das **Jugendschutz-** (III-7) sowie das **Migrations- und Flüchtlingsrecht** (III-8) näher beleuchtet. In dem für zahlreiche Arbeitsfelder der Sozialen Arbeit relevanten **Strafrecht (IV)** werden neben den allgemeinen Grundlagen und der Strafzumessung unter Verzicht auf die Feinheiten der Rechtsdogmatik im Hinblick auf die Straftatbestände vor allem die Besonderheiten des **Strafverfahrensrechts** einschließlich der Besonderheiten des **Jugendstrafrechts** dargestellt.

Arbeitshinweise Das Lehrbuch über die Grundzüge des Rechts richtet sich zunächst – wie im Titel angegeben – an den weiten Kreis der Sozialen Berufe, insb. die Studierenden und Fachkräfte der Sozialen Arbeit, aber auch an alle Studierenden und Fachkräfte aus anderen Berufsgruppen, die in den von uns behandelten interdisziplinären Arbeitsfeldern tätig sind bzw. werden, z. B. die Berufsbetreuer und Vormünder, Verfahrenspfleger/-beistände und Mediatoren. Für Studierende hat es den Charakter eines Lehrbuches, für Praktizierende in den genannten Bereichen den eines Arbeitsbuches. Der Anfänger wird sich mit ihm einen ersten Zugang zur Rechtsmaterie und eine Orientierung in ihr verschaffen können, der Fortgeschrittene oder der Praktiker vermag sich vermittels des Buches in die Komplexität, die innere Logik und die Folgerichtigkeit rechtlicher Fragestellungen einzuarbeiten.

Wir kennen aus Lehre und Praxis die Schwierigkeit vieler Studierender und Fachkräfte Sozialer Arbeit, einen Zugang zum Recht zu finden und mit dem Recht umgehen zu können. Dies liegt an ganz unterschiedlichen Gründen, sei es an der als „trocken" empfundenen Materie, an der spezifischen Arbeitsmethodik oder an der spezifischen Fachsprache. Diese kommt zwar weitgehend ohne Fremdwörter aus, das Recht misst manchen Begriffen im Vergleich zum Alltagsgebrauch in der Umgangssprache jedoch eine unterschiedliche Bedeutung zu und klingt zuweilen auch etwas antiquiert. Wir haben uns als Autoren bemüht, den nichtjuristisch „vorbelasteten" Lesern einen Zugang zum Recht zu verschaffen. Die Grundzüge des Rechts werden unter Berücksichtigung der interdisziplinären Perspektive beschrieben, ohne dass damit ein Verlust an rechtswissenschaftlicher Genauigkeit einhergehen soll. Deshalb lassen sich juristische Termini und Konstruktionen nicht vermeiden. Der berüchtigte Fachjargon der Juristen, das „Juristenchinesisch", wird aber übersetzt – ebenso wie die in der Rechtssprache immer noch gebräuchlichen lateinischen Ursprünge mancher Rechtsgrundsätze – und verständlich gemacht. Hierzu sollen auch die nachfolgenden **Arbeitshinweise** dienen:

- Besonders der Einstieg in die Rechtsmaterie ist schwer, da „alles mit allem" zusammenhängt. Erklärungen setzen mitunter das Verständnis anderer Begrifflichkeiten voraus. Für eine erste Begriffsklärung dient das im Anhang befindliche **Glossar**. Auch wenn Sie im ersten Durchgang nicht alles sofort verstehen, haben Sie doch einen Überblick gewonnen und können dann bei Bedarf das Glossar immer wieder zurate ziehen.
- Lesen Sie alle von uns angegebenen **Rechtsnormen** unmittelbar während des Arbeitens mit dem Lehrbuch durch. Die in den Normen enthaltenen Informationen sind unabdingbar für das Verständnis. Nahezu alle Rechtsnormen sind über das Internet kostenfrei verfügbar. Die Bundesgesetze finden Sie unter http://www.gesetze-im-internet.de.
- Wir haben die **Quellenangaben** und Literaturhinweise auf das Notwendige reduziert. Auf wichtige Vertiefungs- und Nachschlagewerke wird am Ende entsprechender Abschnitte durch ein Icon besonders hingewiesen. Hierbei handelt es sich um Beiträge zu spezifischen Themen in Fachzeitschriften, Monografien sowie Kommentare. In diesen zuletzt genannten Werken finden Sie zu jeder Rechtsnorm eines Gesetzes (i. d. R. nach Paragrafen geordnet) ggf. notwendige Erläuterungen von Rechtsbegriffen und insb. Hinweise auf die einschlägige Rechtsprechung.
- Lesen Sie die von uns zitierten Entscheidungen der höchstrichterlichen **Rechtsprechung**. Dies ermöglicht Ihnen ein vertieftes Verständnis der Rechtsordnung und der juristischen Argumentation. Das Auffinden der Rechtsprechung ist relativ einfach; entweder haben wir die Fundstelle in den gängigen Fachzeitschriften angegeben oder bei Entscheidungen ab dem Jahr 2000 das Ak-

tenzeichen und Datum, mit dem Sie die Entscheidung über das Internet einsehen können. Die Entscheidungen des BVerfG findet man z. B. unter www.bundesverfassungsgericht.de, die des BGH unter www.bundesgerichtshof.de. Die Entscheidungen des EGMR findet man unter http://hudoc.echr.coe.int. Im Übrigen findet man die Entscheidungen auch über Eingabe des Gerichts und der Aktenzeichen in eine gute Suchmaschine.

■ Die mit einem B gekennzeichneten Stellen weisen auf Praxis- oder Übungsbeispiele im Text hin.

■ In den mit einem D gekennzeichneten Textpassagen sind Anregungen zur Diskussion enthalten. Die Autoren weisen hier auf mitunter strittige Aspekte, Zusammenhänge und weiterführende Überlegungen hin, die in besonderer Weise reflektiert und diskutiert werden sollten.

■ Die mit einem Stift gekennzeichneten Kontrollfragen verweisen jeweils auf die entsprechenden Abschnitte, in denen Sie die notwendigen Erläuterungen finden. Sollten Sie sich bei Ihrer Antwort nicht ganz sicher sein, empfehlen wir Ihnen, den Abschnitt nochmals durchzuarbeiten.

Im Interesse der Lesbarkeit haben wir die Personen- und Berufsbezeichnungen grds. in einer der deutschen Rechtschreibung entsprechenden Form verwendet und auf Feminismen oder Verdopplungen der Bezeichnungen verzichtet, ohne damit genderbezogene Wertungen vorzunehmen.

Zur 4. Auflage

Die gesetzlichen Änderungen, insb. im **Privat-** (II-1), **Familien-** (II-2), **Sozialversicherungs-** (III-2) **und Existenzsicherungsrecht** (III-4), aber auch im **Zuwanderungs- und Asylrecht** (III-8), machten eine Neubearbeitung großer Teile der „Grundzüge des Rechts" notwendig. Gleichzeitig waren wir in der glücklichen Lage, unser Autorenteam um unseren Kollegen Arne von Boetticher und damit unsere Expertise insb. im **Rehabilitationsrecht** zu erweitern, welches nun in einem eigenständigen Kapitel 5 in Teil III erläutert ist. Zudem wurden die Grundlagen des **Privatrechts** mit Schwerpunkt auf das für die Soziale Arbeit relevante Kernwissen zur **Rechtsgeschäftslehre** und zu den besonders praxisrelevanten **Vertragstypen** sowie die **verbraucherrechtlichen Regelungen** und die **Privatinsolvenz** überarbeitet. Das **Strafrecht** wird wieder als eigenständiger Teil IV dargestellt.

Aktualität und Wandel Die Rechtsordnung ist durch fortwährende Aktivitäten des nationalen Gesetzgebers sowie der EU, aber auch durch die Auslegung der Gesetze durch die Gerichte einem laufenden Wandel unterworfen, weshalb gerade bei einer Darstellung so vieler Regelungsbereiche immer nur eine Momentaufnahme gelingen kann. Die Darstellung der „Grundzüge des Rechts" befindet sich auf dem Stand Mai 2014. Die gesellschaftlichen Wandlungsprozesse betreffen nicht nur die hier neu bearbeiteten Rechtsgebiete, sondern auch andere, teilweise sogar in noch stärkerem Maße betroffene Bereiche – vom Öffentlichen Recht (Sozialdaten- und Umweltschutz, Gentechnikentwicklung und Embryonenschutz, Lebensmittelsicherheit etc. sind hier nur einige der aktuell diskutierten Stichworte) über das Privatrecht (z. B. rechtliche Folgen des Einsatzes elektronischer Medien, vom elektronischen Abschluss eines Kaufvertrages bis zum Urheberrechtsschutz für digitalisierbare Werke, aber auch Verbraucherschutz, Diskriminierungsschutz sowie die gravierenden Bewegungen im Arbeits-, Wirtschafts- und Finanzrecht) bis hin zum Strafrecht, wo neuartige (kommunikations-)technische Möglichkeiten, insb. in den Bereichen der organisierten Kriminalität, sowie ein hiermit in Zusammenhang stehendes Sicherheitsbedürfnis des Staates immer neue Straftatbestände und prozessuale Ermittlungsmaßnahmen hervorbringen. Für die Soziale Arbeit scheinen nur auf den ersten Blick nicht alle diese Regelungsbereiche relevant zu sein, doch haben wir uns bemüht, einige für die Praxis wichtige Aspekte zu behandeln und die Gewichte zum Teil zu verschieben. So wird das **Europarecht** (I-1.1.5.1) deutlich ausführlicher behandelt. Auch der Abschnitt zum **Internationalen Privatrecht** (I-1.1.6) sowie die Erläuterungen zu den sozialrechtlichen **Datenschutzbestimmungen** (III-1.2.3) wurden erweitert. Im Strafrechtskapitel (IV) finden sich einige kurze, für die Soziale Arbeit grundsätzliche Anmerkungen zum **Polizeirecht**. Aber auch hier müssen wir uns aus Platzgründen beschränken und auf die Ausführungen zu den landesrechtlichen Regelungen verzichten, weshalb das Polizei- und das Strafvollzugsrecht nur am Rande Erwähnung finden können.

Wir hatten in der Vorauflage bereits darauf hingewiesen, dass sich manche Lebens- und Arbeitsfelder nicht immer streng den großen Bereichen des Öffentlichen Rechts und des Privatrechts zuordnen lassen. Das betrifft insb. das **Arbeitsrecht** (V-3) und das **Unterbringungsrecht** (V-4) ebenso wie die nur „ganzheitlich" zu erfassenden Regelungen über die **Aufsicht und Haftung** (V-1) sowie die **Fragen der ärztlichen Behandlung** und des Schwangerschaftsabbruchs bei **minderjährigen oder unter Betreuung stehenden Personen** (V-2).

Im Hinblick auf die gesetzlichen Novellierungen haben wir die Neuregelungen auch dann berücksichtigt, wenn die Änderungen zum Zeitpunkt der Manuskriptabgabe noch nicht in Kraft getreten sind. Rechtsprechung und Literatur konnten bis 31.05.2014 berücksichtigt werden.

Wir danken den Lesern, den Studierenden und den Kollegen, insb. aus der BAG Hochschullehrer Recht, für das positive Feedback sowie die nützlichen Hinweise und Anregungen. Insbesondere danken wir Wolfgang Deichsel, Dresden, für das kritische Gegenlesen des Strafrechtskapitels. Fehler gehen allein zu unseren Lasten. Kritik und sonstige Rückmeldungen nehmen wir gerne entgegen.

Hannover/Berlin/Jena im Mai 2014
Thomas Trenczek
Britta Tammen
Wolfgang Behlert
Arne von Boetticher

Allgemeine Grundlagen

1 Recht und Gesellschaft (Trenczek/Behlert)

1.1 Recht und Gesetz – Begriff und System der Rechtsnormen
1.1.1 Was ist Recht? – Begriff und Funktion des Rechts
1.1.2 Woher kommt das Recht? Die Genese der Rechtsnormen
1.1.3 System der heutigen Rechtsnormen
1.1.3.1 Verfassungsrecht
1.1.3.2 Parlamentsgesetze
1.1.3.3 Rechtsverordnungen
1.1.3.4 Satzungen
1.1.3.5 Tarifverträge
1.1.3.6 Notwendige Abgrenzungen
1.1.3.7 Rangordnung der Rechtsvorschriften
1.1.4 Überblick über die Gebiete der deutschen Rechtsordnung
1.1.5 Europäisches Gemeinschafts- und Völkerrecht
1.1.5.1 Europäische Union und Europarecht
1.1.5.2 Völkerrecht
1.1.6 Internationales Privatrecht
1.2 Recht und Gerechtigkeit
1.2.1 Zur Problemstellung
1.2.2 Gerechtigkeit und Gleichheit – die (rechts)philosophische Ausgangsfrage
1.2.3 Rechtliche und soziale Gerechtigkeit
1.2.4 Juristische Gerechtigkeit

1.1 Recht und Gesetz – Begriff und System der Rechtsnormen

1.1.1 Was ist Recht? – Begriff und Funktion des Rechts

Art. 20 Abs. 3 GG In einem Rechtsstaat bildet das **Recht** die verbindliche Ordnung für das Zusammenleben der Menschen. Auch die Soziale Arbeit ist als Teil der öffentlichen Verwaltung (vgl. I-4.1) nach Art. 20 Abs. 3 GG an Gesetz und Recht gebunden. Damit stellt sich die Frage, was unter Recht und Gesetz zu verstehen ist und wie man das Recht von anderen Maßnahmen des Staates oder gesellschaftlichen Regeln abgrenzt.

Das Verständnis von Recht war und ist nicht überall gleich, vielmehr ist die Definition eng mit den kulturellen und gesellschaftlichen, politischen und ökonomischen Entwicklungen verknüpft und hat in der Geschichte erhebliche Wandlungen vollzogen. Das, was wir heute im Mitteleuropa der Neuzeit als Recht ansehen, unterscheidet sich aus historischer Perspektive von den frühen, in Keilschrift in

Stein verfassten Verhaltensregeln der Babylonier (Codex Hammurabi, 18. Jahrhundert v. Chr.) oder dem mosaischen Recht des Alten Testaments. Aus soziologisch-ethnologischer Sicht unterscheidet sich unser Recht von den Sitten, Gebräuchen und Normen sog. vorstaatlicher Gesellschaften indigener Völker (z. B. in Afrika, Asien, Amerika oder Ozeanien) wie auch von den Rechtstraditionen des sog. Common Law angelsächsischer Prägung in Großbritannien, den USA oder in Australien. Freilich kann man insoweit nicht nur Unterschiede, sondern vielfache Verbindungslinien und Ähnlichkeiten feststellen (z. B. lässt sich das Verbot, einen Menschen zu töten, in allen Rechtsordnungen wiederfinden). Die Definition von Recht ist also dem historisch-gesellschaftlichen Wandel unterworfen und immer nur in einem spezifischen Kontext zu leisten. Wegen dieser definitorischen Schwierigkeiten wird in der Rechtsliteratur bis heute gern das Diktum von Immanuel Kant bemüht, das besagt: „Noch suchen die Juristen eine Definition zu ihrem Begriffe von Recht" (Kant 1781, 625).

Freilich ist damit zugleich auf die Differenz zwischen Definition und Begriff aufmerksam gemacht. Es geht in diesem einleitenden Kapitel daher nicht in erster Linie darum, einen Merksatz zum Recht zu formulieren, sondern darum, Recht **begreifen** zu können. Denn dies meint – im Unterschied zur Definition – das Wort „**Begriff**". Ganz wesentlich ist hierfür die Frage nach der Rolle und Funktion des Staates. Nach der von Platon (375 v. Chr.: „politeia" – der Staat; „nomoi" – die Gesetze) und Aristoteles (330 v. Chr.) begründeten Staatsphilosophie ist der Staat Garant des friedlichen Zusammenlebens der Menschen. Nach Aristoteles bestimmte deshalb der Staat, was als Recht gilt. Der englische Philosoph Thomas Hobbes verabsolutierte den Staat als „Leviathan" (1651), als legitime und allmächtige Autorität, um das menschliche Chaos zu beherrschen. Dagegen entwickelte Immanuel Kant ein Idealbild der bürgerlichen Gesellschaft, in dem die Freiheit des Individuums den Machtansprüchen des absoluten Staates gegenüberstand. Verbindendes Element ist bis heute insoweit die Prämisse, dass einerseits in einem Rechtsstaat grds. nur dem Staat als Hoheitsträger das Recht auf Zwang eingeräumt ist (sog. staatliches Gewaltmonopol), dieses Recht andererseits aber durch Freiheitsrechte der Bürger gegenüber dem Staat (im modernen Verfassungsstaat heute als **Grundrechte** bezeichnet, hierzu I-2.2) rechtlich rückgebunden und begrenzt ist.

Recht hat zunächst etwas mit Normen (s. Übersicht 1), also vorformulierten Erwartungen, zu tun. Soziale Normen sind **Verhaltensregeln**, Leitbilder, die das gegenwärtige oder das zukünftige Handeln der Menschen (und heute auch sog. juristischer Personen, hierzu II-1.1) in bestimmten Situationen mehr oder weniger verbindlich beschreiben. Man unterscheidet hier insb. Traditionen, Konventionen, Brauch, Sitte und Recht. Das Spektrum reicht von Normen, die nur innerhalb einer bestimmten Gruppe („Subkultur") anerkannt sind (z. B. die Verhaltensregeln innerhalb von Jugendcliquen, von Kaufleuten, Mitgliedern einer Kirche), bis zu solchen, die für alle Mitglieder einer Gesellschaft gelten. Was im Kontext einer einzelnen Gruppe als abweichend gilt (z. B. Bluttransfusion bei Zeugen Jehovas), kann für die Gesamtgesellschaft akzeptabel oder zwingend notwendig sein, während umgekehrt ein von der Gesamtgesellschaft missbilligtes Verhalten in spezifischen Gruppen der gleichen Kultur gebilligt und sogar gefördert werden kann (z. B. manche Formen jugendtypischen Verhaltens). Im Verhältnis der Normen-

Rolle und Funktion des Staates

staatliches Gewaltmonopol

Übersicht 1: Normensysteme

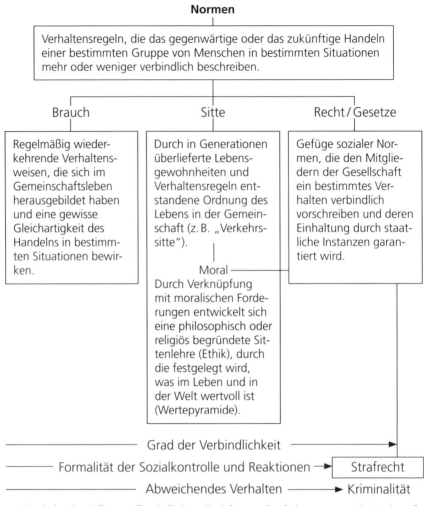

systeme nimmt der Grad der Verbindlichkeit über Brauch und Sitte bis zum Recht zu. Es kann auch vorkommen, dass der Gesetzgeber im positiven, d. h. in einem (demokratischen) Gesetzgebungsverfahren verfassten Recht ausdrücklich auf bestimmte (Handels-)Bräuche und die „guten Sitten" Bezug nimmt (vgl. §§ 138, 157, 242 BGB, § 346 HGB).

Sitte und Moral Als „Goldene Regel" der praktischen Ethik findet sich in nahezu allen Weltreligionen und Philosophien in der sprichwörtlichen Wendung das Gebot „Was du nicht willst, dass man dir tu, das füg' auch keinem anderen zu", also „Behandle andere so, wie du von ihnen behandelt werden willst." Ob und inwieweit Sitte, Moral und Recht sich beeinflussen oder gar decken, ist in der Menschheitsgeschichte unterschiedlich beantwortet worden. Es ist geradezu ein Kennzeichen „mittelalterlicher" Rechtsordnungen, dass die jeweiligen Moralvorstellungen religiöser und weltlicher Herrscher als allgemeinverbindliches Recht mit Folter und Inquisition eingefordert wurden. Die seitdem vollzogene Emanzipation des Rechts von der Moral muss daher insoweit als ein Fortschritt innerhalb der Entwicklung der menschlichen Gesellschaft gesehen werden. In der rechts- und sozialphilosophischen Literatur ist sie bis zu Hobbes (Hobbes 1651, 73) zurückzuverfolgen; in voller Konsequenz durchgeführt wurde sie dann von Kant in der „Metaphysik der Sitten", die im ersten Teil die Rechtslehre und im zweiten Teil die von ihm so bezeichnete Tugendlehre behandelt (Kant 1797). Von Immanuel Kant stammt auch das wohl wichtigste menschliche Moralgebot, der sog. **kategorische Imperativ,** also das Gebot, welches für jedes vernunftbegabte Wesen per se und universell gelten soll: „Handle so, dass die Maxime deines Willens jederzeit zugleich als Prinzip einer allgemeinen Gesetzgebung gelten könne" (Kant 1788, 54). In ihm geht es darum, dass jeder Mensch zunächst prinzipiell über die Fähigkeit verfügt, einen freien Willen zu bilden, und damit in der Lage wäre, dem Grundsatz auch tatsächlich für sich selbst Geltung zu verschaffen. Es ist also die moralische Dimension angesprochen; ein Gesetz im juristischen Sinne ist hier nicht gemeint. Mit Moral verbindet Kant die innere Haltung des Individuums, die Gesinnung, die – wie er sagt – Tugend. Recht hingegen richtet sich an das äußere Verhalten der Menschen, ob ein Bürger diese Norm für richtig oder aus welchen Gründen er sich an die Rechtsnorm hält, ist unerheblich, solange die Verhaltensanweisung eingehalten wird. Dies muss so sein, weil die Freiheit des Einzelnen, die für Kant die Voraussetzung moralisch richtigen Verhaltens ist, mit der Freiheit des anderen in Konflikt geraten kann. Deshalb muss es klare Grenzen und Regeln geben. Diese Grenzen werden vom Recht gesetzt. Das Recht ist demnach in den Worten von Kant der Inbegriff der Bedingungen, unter denen das Belieben des einen, etwas zu tun oder zu unterlassen, mit einem entsprechenden Belieben des anderen nach einem allgemeinen Gesetze der Freiheit vereinigt werden kann (Kant 1797, 317f., 337). Damit freilich ist nicht nur die Unterscheidung zwischen Moral und Recht getroffen, sondern zugleich das Verbindende bezeichnet, für das Kant den Begriff der Sittlichkeit verwendet. Georg Jellinek, ein bedeutender Staatsrechtler Ende des 19. und Anfang des 20. Jahrhunderts, fasst diesen Zusammenhang in die von Juristen gern verwendete Formel vom Recht als dem sozialethischen Minimum (Jellinek 1872/1878, 42). Gleichwohl ist mit der strikten Unterscheidung zwischen moralisch zu erwartendem und rechtlich verbindlich verlangtem Handeln die Idee des modernen Rechtsstaates geboren, der die Einhaltung dieser Regeln zum Wohle der Freiheit des Einzelnen und zum Wohle der Gesellschaft als Ganzem zu garantieren hat (Kant 1797, 333). Der frühere Bundesverfassungsrichter Wolfgang Böckenförde bringt dies mit der Formulierung auf den Punkt, dass das Recht eben keine Tugend- und Wahrheitsordnung sei, sondern eine **Friedens- und Freiheitsordnung** (Böckenförde 1973, 193).

Rechtsstaat

Im Sinne des modernen systemtheoretischen Ansatzes ist das positive Recht geradezu die Voraussetzung der modernen Gesellschaft (Luhmann 1970, 177f.). Die „Heterogenität der Wertpräferenzen" macht in einer offenen, pluralistischen Gesellschaft ein Mindestmaß an Einheitlichkeit und Verbindlichkeit von Normen

soziale Kontrolle für den sozialen Kontakt unverzichtbar. Fehlt es an Konformität, ist die Gesellschaft in ihrem Bestand gefährdet. Recht dient damit der Wahrung von Konformität und dem Bestand des Sozialsystems. Soziale Normen definieren deshalb in aller Regel nicht nur den Verhaltensbereich als solchen, sondern gleichzeitig auch die jeweiligen Reaktionen auf das von ihm abweichende Verhalten. Die sozialen und gesellschaftlichen Mechanismen und Prozesse, die abweichendes Verhalten verhindern und einschränken sollen, bezeichnet man als soziale Kontrolle. Diese soziale Kontrolle war und ist in sog. egalitären Gesellschaften der Sippe oder dem Stamm als Ganzem übertragen. Mit der Entwicklung des Staatswesens lag hierin seine zentrale Funktion. Mit öffentlicher Sozialkontrolle bezeichnet man alle gesellschaftlichen Einrichtungen, Strategien und Sanktionen, mit denen eine Gesellschaft die Einhaltung der in ihr geltenden Normen und die soziale Integration ihrer Mitglieder bezweckt. Hierin lag für Max Weber das Wesen von Recht und Staat (Weber 1921, 18). Dieser bezwecke mit seinem Zwangsapparat die Einhaltung der Normen und die Ahndung der Normverletzungen. Dies kann als Ordnungsfunktion oder – mit einem eher negativ assoziierten Begriff – als **„Herrschaftsfunktion"** des Rechts bezeichnet werden. Recht gibt also nicht nur verbindliche Orientierungen im Hinblick auf das menschliche Verhalten, sondern ist gleichzeitig ein Ordnungsrahmen. Zu den Mitteln der Sozialkontrolle zählen u. a. das Recht, Religion, Erziehung und Sanktionen. Wer gegen die Tischsitten verstößt, wird ggf. schief angesehen und nicht mehr eingeladen, wer „aus der Rolle fällt", macht sich gesellschaftlich unmöglich. Das kann im Einzelfall die soziale Existenz eines Menschen empfindlich treffen, man wird gesellschaftlich „abgestraft" und ausgegrenzt. Anders als Rechtsnormen lassen sich aber z. B. Tischsitten gesellschaftlich nicht erzwingen. Dagegen gehört – in der Tradition der Rechtsphilosophie Kants – zum Recht als Instrument der öffentlichen Sozialkontrolle notwendig der staatliche Zwang. Die Geltung und Einhaltung der Rechtsnormen werden – wenn es nicht anders geht – erzwungen. Auch die in der modernen Zivilgesellschaft wieder wichtiger werdende autonome, außergerichtliche Konfliktregelung (hierzu I-6) lebt davon, dass im Hintergrund Zwangsmittel bereitgehalten und zur Verteidigung des Rechts und zum Schutz des Schwachen aktiviert werden können. Entscheidend ist für einen modernen Rechtsstaat – wenn man überhaupt von einem Schatten des Rechts sprechen will – dass *„das Recht stärker durch seinen Schatten wirkt als durch den tatsächlich exekutierten Zwang"* (Frehsee 1991, 59).

In einem modernen Rechtsstaat begrenzt sich die Funktion des Rechts freilich nicht darauf, orientierende Leitlinie für das Sozialverhalten seiner Bürger zu sein, die Menschenwürde zu sichern, persönliche Freiheit zu gewährleisten und soziale Kontrolle rechtsstaatlich abzusichern (sog. Grenzziehungsauftrag und Herrschaftskontrolle). Wesentlich sind vor allem die Strukturierung des Gemeinwesens und seiner wesentlichen öffentlichen Institutionen (Ordnungsfunktion) sowie – im Zusammenspiel mit dem Sozialstaatsprinzip – der Auftrag zur Chancenermöglichung (Emanzipation und Aktivierung) und der Gewährung gesellschaftlicher Teilhabe der Bürgerinnen und Bürger. Auch wenn sich damit die Idee des Rechts an der Gerechtigkeit orientiert (hierzu I-1.2), kann dieses Ziel immer nur ansatzweise erreicht werden, da im Widerstreit gesellschaftlicher und privater Interessen auch im besten Fall nur ein fairer Interessensausgleich geleistet werden kann.

1.1.2 Woher kommt das Recht? Die Genese der Rechtsnormen

Bräuche und Sitten haben sich aufgrund der mit ihnen gemachten Erfahrungen gewohnheitsmäßig herausgebildet. Recht kann sich aus unterschiedlichen Quellen speisen. Als ungeschriebene Grundlage des Rechts wird häufig das sog. Naturrecht bezeichnet, also eine verbindliche Grundordnung, die der Mensch als gegeben hinnimmt, weil sie seiner Natur und seiner Vernunft entspricht. Hierauf basierte die Stoa, die 300 v. Chr. von Zenon dem Jüngeren gegründete Athener Denkschule, nach der das Recht nicht vom Staat begründet, sondern als ein allgemeines Naturgesetz angesehen wurde. Auch das für das heutige bürgerliche Recht in vieler Hinsicht einflussreiche Römische Recht basierte auf diesem Prinzip und es war in der modernen Rechtsgeschichte ein Dauerthema, wie viel „Natur" das Recht besitzt bzw. verträgt. Uwe Wesel vergleicht das **Naturrecht** mit einem Zylinder, aus dem nur das herausgezaubert werden könne, was man vorher hineingelegt habe (Wesel 1994, 73). Mit der Natur hat man in der Vergangenheit alles Mögliche begründet, die Sklaverei genauso wie die Abschaffung der Sklaverei, die Gleichheit der Menschen wie die tiefste Barbarei. Insofern ist Zurückhaltung gegenüber naturrechtlichen Begründungen grds. angebracht. Dennoch muss gesehen werden, dass die klassischen Naturrechtskonstruktionen historisch insofern fortschrittlich sind, als sie die Vorstellung von einem „göttlichen Recht" ablösen und zugleich, wie etwa bei Kant, darauf verweisen, dass das Recht nicht nur das Resultat rationaler Regelsetzung ist, sondern auch an empirische Voraussetzungen anknüpft. Hiermit ist vor allem die bei Kant so bezeichnete „Natur des Menschen" gemeint, die der Vernunft zwar prinzipiell zugänglich ist, gleichwohl aber außerhalb und unabhängig von ihr existiert (Kant 1797, 345).

Auch unser heutiges mitteleuropäisches Rechtsverständnis ist von naturrechtlichen Vorstellungen beeinflusst, jedoch sind konkrete naturrechtlich begründete Glaubenssätze kaum noch zu finden. Gelegentlich wird allerdings die vom Grundgesetz als „natürliches Recht" bezeichnete **Erziehungsverantwortung der Eltern für ihre Kinder** (Art. 6 Abs. 2 S. 1 GG) zumindest teilweise als ein solcher angesehen (Gernhuber/Coester-Waltjen 2010, 38 f.). Tatsächlich handelt es sich bei Art. 6 Abs. 2 S. 1 GG aber um positiv gesetztes Verfassungsrecht, das in der Rechtsprechung des BVerfG immer wieder auf faktische soziale Lebensverhältnisse bezogen wird, die einem permanenten Wandel unterliegen (hierzu ausführlich: Münder/Ernst/Behlert 2013, 34 ff.). Naturrechtliche Begründungen finden sich heute vornehmlich im Kontext der Menschenrechtsdiskurse, in denen von angeborenen Rechten des Menschen gesprochen wird, die in seiner Würde fundiert seien (hierzu: Opitz 2002, 12). Insofern werden Menschenrechte teilweise auch vom Standpunkt der Moral aus begründet (vgl. Tugendhat 1993, 336). In einer eher legalistischen Perspektive hingegen (z. B. Habermas 1992, 156) geht die heute angenommene universelle Geltung von Menschenrechten jedoch nicht aus ihrer naturrechtlichen Begründung hervor, sondern ergibt sich aus der „Bereitschaft der Staaten zum Abschluss entsprechender völkerrechtlich verbindlicher Vereinbarungen" (Opitz 2002, 15). Solche heute als universell vereinbart geltende Menschenrechtsprinzipien finden sich z. B. in den Grundsätzen, die 1950 durch die Mitglieder des Europarates in der Konvention zum Schutze der Menschenrechte und Grundfreiheiten beschlossen wurden **EMRK**; u.a. Gewissens- und Religionsfreiheit, Recht auf freie Meinungsäußerung, Versammlungs- und Vereinigungsfreiheit, Unschuldsvermutung, Folterverbot), in der von der Generalversammlung der Vereinten Nationen angenommenen **Allgemeinen Erklärung der Menschenrechte** vom 10.12.1948 sowie in den beiden UN-Menschenrechtspakten vom 19.12.1966 (Internationaler Pakt über bürgerliche und politische Rechte sowie Internationaler Pakt über wirtschaftliche, soziale und kulturelle Rechte; beide in Kraft seit 1976; hierzu I-1.1.5.2). Allerdings zeigen auch die Jahresberichte von Amnesty International, dass die Universalität der Menschenrechte nicht überall akzeptiert, vielmehr auf der Welt täglich mit Füßen getreten wird. Daher war insb. in der Vergangenheit das aus dem universellen Geltungsanspruch der Menschenrechte abgeleitete, vor allem für das Völkerstrafrecht, aber auch das innerstaatliche Strafrecht (hierzu IV) bedeutsame sog. **Universalitätsprinzip** praktisch der einzige Anker, um rechtspositivistische Unrechtsregimes als Barbarei und gesetzliche Regelungen als Unrecht zu bezeichnen (vgl. z. B. die Frage der Rechtmäßigkeit des Schießbefehls an der DDR-Grenze nach § 27 Abs. 2 DDR-Grenzgesetz: BGH NJW 1993, 141; BVerfGE 95, 96 ff.; BVerfG 2 BvQ 60/99 v. 11.01.2000). In diesem Zusammenhang hat der EGMR in seiner „Krenz"-Entscheidung (EGMR Nr. 1101 v. 22.03.2001 – 34044/96) betont, dass sich selbst ein einfacher Soldat nicht blind auf Befehle berufen kann, die nicht nur krass gegen die innerstaatlichen gesetzlichen Grundsätze, sondern auch gegen die international geschützten Menschenrechte und vor allem gegen das Recht auf Leben, das höchste Rechtsgut in der Werteskala der Menschenrechte, verstoßen. Völkerrechtlich wird dem Universalitätsprinzip heute mittlerweile mit der Einrichtung des Internationalen Strafgerichtshofs (IStGH) in Den Haag Geltung verschafft, vor dem Verbrechen gegen die Menschlichkeit zur Anklage kommen.

Früher galten auch Religion und Moral als wichtige Quellen des Rechts (vgl. Wesel 1984, 194 ff.). Im Verständnis der katholischen Kirche basiert das Kanonische Kirchenrecht auf dem göttlichen Willen. Zu allen Zeiten der Menschheitsgeschichte wurde durch philosophisch oder religiös begründete Moralvorstellungen von Gut und Böse und eine darauf basierende Sittenlehre festgelegt, was im Leben und in der Welt wertvoll ist. Die jeweils herrschenden Sitten und Moralvorstellungen wurden in eine Rechtsform gegossen. Bis in die Anfänge der Bundesrepublik (vgl. die Entscheidung des BGH 6, 46 ff. über die „Normen des Sittengesetzes" und die „vorgegebenen und hinzunehmende Ordnung der Werte" im Hinblick auf die Definition und Strafbarkeit der „Unzucht") wurde auf eine ursprüngliche Einheit von Sitte und Recht, ja auch von Moral, Religion und Recht Bezug genommen. Dies konnte möglicherweise schon damals als Anachronismus gelten, handelt es sich hierbei doch eher um ein Kennzeichen sog. vorstaatlicher, oraler Gesellschaften. Gerade mit Blick auf die aktuellen Diskussionen über die Verschärfung des **Strafrechts** im Hinblick auf Prostitution und Kinderpornografie werden in der Öffentlichkeit wieder (vor)schnell moralische Kategorien zur Grundlage der Strafbarkeit erhoben. Weil Strafrecht (hierzu IV-1.3) aber ultima ratio, das letzte und (vermeintlich) schärfste Mittel des Rechts ist, darf es nicht ein Moralrecht sein. Seine Funktion darf nicht dahingehend ausgeweitet werden, dass mit ihm Meinungsverbote und Tabus durchgesetzt und als anstößig empfundenes künstlerisches Wirken verbannt werden (vgl. IV-2.3.3; ausführlich zum strafrechtlichen Schutz von Moral, Gefühlen und Tabus: Hörnle 2004a). Begrenzungen der Handlungsfreiheit sind in den Schranken des Art. 2 Abs. 1 GG vor allem im Hinblick auf die schützenswerten „Rechte anderer" legitim. Insoweit ist der Strafgesetzgeber zweifellos gefordert, das Rechtsgut der sexuellen Selbstbestimmung gerade in Bezug auf Kinder, die dies entwicklungsbedingt noch nicht selbst können, effektiv zu schützen. Aber auch hier gilt, dass nur das, was in grober Weise sozialschädlich und damit wirklich strafwürdig ist, unter Strafe zu stellen ist.

Erst später, als die Schrift dominierendes Kultur- und Kommunikationsmedium wurde, hat sich das Recht zunehmend als eigene Kategorie entwickelt und einen Prozess der **Verrechtlichung der Gesellschaft** eingeleitet, den Max Weber als einen Vorgang allgemeinen sozialen Rationalitätsgewinns beschreibt (Weber 1921, 563). Dabei hat die Trennung von Recht und Moral durchaus zwei Seiten: die Vergrößerung der persönlichen Freiheit einerseits und die mangelnde Verbindlichkeit sittlicher Maßstäbe andererseits. Rein rechtspositivistisch ist es vorstellbar, dass jemand aufgrund der geltenden Gesetze rechtmäßig handelt, gleichwohl aber unmoralisch. Uwe Wesel (1999, 388) nennt hier als Beispiel den Betreiber eines Kraftwerkes, welches die Umwelt verschmutzt. Die Organisation Greenpeace, welche sich hiergegen zur Wehr setzt, mag dabei die Gesetze übertreten, ihr Protest hat aber zumeist die Moral auf seiner Seite. Gerade am Beispiel des zivilen Ungehorsams, der gewaltfrei ist, sich jedoch häufig der Formen (symbolischer) Rechtsnormverletzungen bedient (etwa: Kirchenasyl, Sitzblockaden (vgl. IV-2.1.2), früher auch die Totalverweigerung, in den USA vor allem der Steuerstreik), zeigt sich, dass rechtliche und moralische Bewertungen ein und desselben Verhaltens zu mitunter sehr unterschiedlichen Ergebnissen führen können (im Einzelnen hierzu: Dreier 1991, 39 ff.). Allein die Tatsache, dass ein Einzelner oder eine Gruppe positiv gesetztes, d. h. durch das verfassungsmäßig vorgesehene Gesetzgebungsverfahren verfasstes Recht im konkreten Einzelfall als unzweckmäßig oder auch ungerecht erachten, wird dessen Geltung jedenfalls regelmäßig noch nicht außer Kraft setzen. Zu diesem Ergebnis kommt auch der Strafrechtler und Kriminologe Gustav Radbruch (1878–1949), der zugleich einer der bedeutendsten demokratischen Rechtsphilosophen des 20. Jahrhunderts war. Für ihn verliert das positive Recht erst dann seinen Vorrang, wenn „der Widerspruch des positiven Gesetzes zur Gerechtigkeit ein so unerträgliches Maß erreicht, dass das Gesetz als ‚unrichtiges Recht' der Gerechtigkeit zu weichen hat" (sog. Radbruch'sche Formel; Radbruch 1946, 107). Ein derart eklatantes Auseinanderfallen von Gerechtigkeit und Recht, das nach dem Verständnis von Radbruch zugleich zu einer Zerstörung des Rechts selbst führen musste, wurde von ihm etwa für die Zeit der NS-Diktatur konstatiert, in der schlimmstes Unrecht in „positives" Recht gesetzt wurde. Einen solchen Fall von „gesetzlichem Unrecht", wie Radbruch dies nannte, im Zusammenhang mit heutigen Protesten gegen tatsächliche oder vermeintliche politische Fehlentscheidungen annehmen zu wollen, wäre allerdings nicht nur historisch unangemessen, sondern auch im theoretischen Ansatz falsch, weil die Grundbedingungen für wirksamen Protest, auch in den **Formen des zivilen Ungehorsams**, gerade erst durch den demokratischen Rechtsstaat gesetzt werden. Zwar ist nicht zu bestreiten, dass es sich als ausgesprochen schwierig erweisen kann, innerhalb des Rechts eine Lösung zu finden, wenn staatlich gesetztes Recht und das „Recht" auf zivilen Ungehorsam oder Widerstand in ein Spannungsverhältnis geraten; umso bedeutsamer ist aber gerade in derartigen Fällen die Orientierung an grundlegenden Wert- und Verfassungsentscheidungen des deutschen Grundgesetzes (I-2) und der Europäischen Charta (I-1.1.5) sowie die daran anknüpfende rechtsstaatliche Kontrolle durch die Gerichte (I-5).

Gewohnheitsrecht

In einem modernen Rechtsstaat wird neues Recht grds. durch einen bewussten, verfahrensmäßig geregelten Rechtsetzungsakt (geschriebenes Recht) geschaffen. Das in der angelsächsischen Rechtstradition als *Common Law* lange vorherrschende, früher auch im deutschen Recht bedeutsame (ungeschriebene) Gewohnheitsrecht wirkt in einigen wenigen Bereichen noch fort, öffentlich-rechtlich z. B. im Schutz des Glockenläutens. Das früher einmal in Strafverfahren (vgl. BGHSt 11, 241 ff.) gewohnheitsrechtlich anerkannte „Züchtigungsrecht" von Lehrern und Eltern ist mittlerweile durch die Schulgesetze und § 1631 Abs. 2 BGB aufgehoben worden. Eine Vorstufe des Gewohnheitsrechts bilden die Verkehrssitten und Handelsbräuche, also im Rechts- und Handelsverkehr akzeptierte Verhaltensnormen, deren Verbindlichkeit durch das Gesetz selbst bestätigt wird (vgl. §§ 138, 157, 242 BGB, § 346 HGB). Beispielsweise gilt unter Kaufleuten das Schweigen auf ein Bestätigungsschreiben als Vertragsannahme, während das Schweigen sonst im Rechtsverkehr keine Willenserklärung darstellt. Im Sozialbereich gibt es solche rechtlich anerkannten Verkehrssitten nicht.

Genese von Rechtsnormen

War früher das Recht inhaltlich stark moralisch aufgeladen, ist es heute zunehmend zu einem formalen **Steuerungsinstrument gesellschaftlicher Regelungsprozesse** geworden. Für ein Naturrecht bleibt hier nicht viel Platz. Das, was Recht und was Unrecht ist, wird in einem Prozess der gesellschaftlichen Konstruktion von Wirklichkeit (hierauf basiert erkenntnistheoretisch der sog. Konstruktivismus), im Prozess der Rechtsetzung und in den positiv-rechtlichen Regelungen einer Rechtsordnung manifest. Nach der sog. **Konsenstheorie** ist das gemeinsame Rechtsbewusstsein der Gesellschaftsmitglieder die Entstehungsgrundlage von Rechtsnormen. Damit wird einerseits an das Natur- und Gewohnheitsrecht angeknüpft, andererseits an die von Jean-Jacques Rousseau (1712–1778) begründete Vorstellung des *Contrat social* (Gesellschaftsvertrag), in dem sich die Mitglieder einer Gesellschaft auf gemeinsame Werte und Ziele einigen und sich diesen unterwerfen. Der soziologische Klassiker dieser Auffassung war Emile Durkheim, demzufolge die von den Bürgern anerkannten Werte mithilfe des Rechts, insb. des Strafrechts, vor ihrer Verletzung geschützt werden:

> „Man darf nicht sagen, daß eine Tat das gemeinsame Bewußtsein verletzt, weil sie kriminell ist, sondern sie ist kriminell, weil sie das gemeinsame Bewußtsein verletzt. Wir verurteilen sie nicht, weil sie ein Verbrechen ist, sondern sie ist ein Verbrechen, weil wir sie verurteilen" (Durkheim 1977, 123).

Nach der Konsenstheorie bringt die Rechtsordnung die widersprüchlichen Ansprüche und Wünsche der Menschen miteinander in Einklang, sodass sie letztlich dem Wohle der Gesamtheit dienen. Das Recht enthält alle notwendigen Regeln des gesellschaftlichen Zusammenlebens, das Strafrecht (hierzu IV) alle Regeln, die von der Allgemeinheit für so wichtig gehalten werden, dass sie mit Sanktionen ausgestattet werden, um ihre Einhaltung zu garantieren. Danach erhält das Recht selbst eine konfliktlösende Funktion. Durch die Antizipation des Konsenses ist gewährleistet, dass widerstreitende Interessen bei der Normsetzung zu einem Ausgleich gebracht werden.

Demgegenüber beruhen nach der sog. **Konflikttheorie** Rechtsnormen nicht auf dem Gesamtwillen der Gesellschaftsmitglieder, sondern sie sind das Resultat von Interessensauseinandersetzungen, also Ausdruck eines kontinuierlichen Kampfes. Rechtsnormen sind deshalb nach dieser Sichtweise nicht Ausfluss der Interessen aller Gesellschaftsmitglieder, sondern das Resultat des Sieges derjenigen Gruppe, die sich aufgrund ihrer Herrschaftsmacht im gesellschaftlichen Konflikt durchsetzen konnte. Gesetze seien deshalb stets in Rechtsform gegossene und dadurch mit Allgemeinvertretungsanspruch ausgestattete, inhaltlich aber partikuläre Interessen mächtiger Gesellschaftsgruppen. Das Recht, insb. das Strafrecht, diene diesen Gruppen als Herrschaftsinstrument zur Durchsetzung ihrer Interessen und trage insoweit zur ungleichen Verteilung von Macht und Ressourcen bei. Durch die Ungleichverteilung von Herrschaftsmacht kann es nach dieser Ansicht nicht zu einem Ausgleich widerstreitender Interessen kommen.

Mag die Konflikttheorie die Genese von Rechtsnormen für die Menschheitsgeschichte, insb. in der Klassengesellschaft des 19. Jahrhunderts auch zutreffend beschrieben haben, so reicht sie heute in der „reinen" Form und ihrer Ausschließlichkeit als Erklärung für die Entstehung und Funktion von Rechtsnormen nicht aus. Es lässt sich nicht leugnen, dass Rechtsnormen heute einem Kernbestand gemeinsamer Interessen dienen, wie z. B. dem Schutz des Individuums u. a. vor staatlichen Eingriffen. Im Straßenverkehr muss man sich darauf verlassen dürfen, dass in Deutschland grds. rechts (in England und Australien links) gefahren wird und die eigene Teilnahme nicht durch grob verkehrswidriges oder rücksichtsloses Verhalten anderer gefährdet wird. Auch die strafrechtlichen Vorschriften zum Schutz von Leben, körperlicher Unversehrtheit und Willensfreiheit dienen elementaren Schutzbedürfnissen und werden von der Bevölkerung konsensual getragen. Das gilt grds. auch für den Eigentumsschutz. Freilich schützen die Vorschriften gegen Eigentums- und Vermögensdelikte nicht nur das individuelle Recht des Einzelnen, sondern es geht gleichzeitig auch um den Schutz der ökonomischen Grundordnung als solcher. Allerdings sind die Methoden zur Durchsetzung ökonomischer Interessen viel subtiler geworden, als dass es hierzu insb. des grobschlächtigen Mittels des Strafrechts als Herrschaftsinstrument bedürfte.

Recht ist das Produkt menschlichen Handelns, es ist das Produkt eines gesellschaftlich-politischen Prozesses (vgl. hierzu ausführlich Behlert 1990, 18 ff.). Pluralistische Gesellschaften sind gekennzeichnet durch das Zusammenleben von Individuen und Gruppen mit unterschiedlichen politischen, ökonomischen und sozialen Interessen. In diesem gesellschaftlichen Interaktionsprozess werden sie versuchen, ihre Lebenschancen zu sichern und zu erweitern. Insoweit der Bestand an Rechtspositionen nur auf Kosten der Verringerung der Lebenschancen von anderen erweitert werden kann, werden sich unterschiedliche, widerstreitende Interessen gegenüberstehen. Deshalb kommt es notwendigerweise zu einer Unvereinbarkeit und einem Widerstreit von Interessen, zu Interessenskonflikten. Anders als noch bei den Gesellschaftsmodellen von Emile Durkheim, Talcott Parsons und Max Weber ist aus heutiger Sicht der Konflikt als solcher weder systemstörend, dysfunktional noch negativ, sondern kann auch als treibende Kraft im Prozess des sozialen Wandels notwendig sein (Dahrendorf 1961, 112 ff.; Galtung 1984, 129 ff.). Recht kann insofern als institutionalisierte Konfliktlösung angesehen werden, ohne damit gleich einem harmonisierenden Wunschbild zu verfallen. Die Rechtsordnung als Segment der Gesellschaft ist kein konfliktfreier Raum. Als Produkt menschlichen Handelns ist Recht stets interessenvermittelt und als Mechanismus der Sozialkontrolle nicht nur Integrations-, sondern selbst auch Konfliktstruktur. In der Entstehung und Anwendung von Rechtsnormen drückt sich wie in allen anderen Gesellschaftsbereichen das jeweilige Kräfteverhältnis konkurrierender politischer, ökonomischer und sozialer Interessen aus. Hierbei werden sich diejenigen Gruppen durchsetzen, die hierzu die erforderliche Macht besitzen. Dabei ist heute aber nicht mehr nur an einen kleinen Kreis der ökonomischen Elite zu denken, die sich in einer globalisierten Welt ohnehin zunehmend nationalen Rechtsordnungen entzieht, sondern vor allem an einflussreiche Gruppen staatlicher Institutionen (Justiz und Ministerialbürokratie), Personen und Organisationen, die auf die Sicherung ihres Status bedacht sind, an die Lobbyisten und sog. Moralunternehmer, die ihre Moral- und Wertvorstellungen für alle verbindlich machen wollen. Die Rechtsordnung als Konfliktfeld zu begreifen, schließt die Möglichkeit zum Konsens nicht aus. Wahrer Konsens ist freilich nur möglich unter den idealisierten Bedingungen unbeschränkter und herrschaftsfreier Kommunikation autonomer Individuen.

> „Wir wären nur dann legitimiert, das tragende Einverständnis ... mit dem faktischen Verständigtsein gleichzusetzen, wenn wir sicher sein dürfen, daß jeder im Medium der sprachlichen Überlieferung eingespielte Konsens zwanglos und unverzerrt zustande gekommen ist" (Habermas 1971, 154).

Der Konsens darf allerdings in einer Demokratie nicht – wie von der Konsenstheorie suggeriert – vorausgesetzt werden, sondern ist stets nur das vorläufige und stets abänderbare Ergebnis eines politischen Prozesses.

Die Definition von Recht ist bis heute einem kontinuierlichen Wandel unterworfen. Denn zum einen ändern sich permanent seine normativen Inhalte: Was gestern verboten war (z. B. Prostitution, homosexuelle Handlungen unter Erwachsenen), kann heute erlaubt sein, was in dem einen sozialen Kontext erlaubt ist, ist in einem anderen verboten (vgl. z. B. die unterschiedlichen ehe- und strafrechtlichen Bestimmungen in der Türkei und die Diskussion über die Angleichung der türkischen Rechtsordnung an die Werte- und Rechtsordnung der EU). Recht und soziale Kontrolle dürfen nicht zu starr sein, denn der soziale Wandel lässt sich nicht verhindern. Eine dies ignorierende starre Rechtsordnung müsste zum Auseinanderbrechen des Systems führen. Zum anderen aber war zu sehen, dass Recht noch nicht begriffen werden kann, wenn man nur diese normativen Inhalte im Blick hat, ohne nach den gesellschaftlichen Gegebenheiten für deren Umsetzung im sozialen Handeln der Menschen zu fragen oder danach, inwiefern in ihm allgemeine gesellschaftliche Gerechtigkeitsvorstellungen zum Ausdruck gebracht sind. Wiederum von Kant stammt der einprägsame Vergleich eines rein normativ begriffenen Rechts mit einem Kopf, „der schön sein mag, nur schade! daß er kein Gehirn hat" (Kant 1797, 336). Will man daher am Ende doch eine Definition von Recht versuchen, so könnte diese in Anlehnung an Ralf Dreier lauten, dass es sich beim Recht um die Gesamtheit der Normen handelt, die zur Verfassung eines staatlich organisierten oder zwischenstaatlichen Normensystems gehören bzw. die gemäß dieser Verfassung gesetzt sind, sofern sie im Großen und Ganzen sozial wirksam sind und ein Minimum an ethischer Rechtfertigung oder Rechtfertigungsfähigkeit aufweisen (vgl. Dreier 1991, 116).

1.1.3 System der heutigen Rechtsnormen

Normen werden von unterschiedlichen Quellen (s. o. I-1.1.2) gespeist, sie werden von unterschiedlichen Institutionen erlassen, sie richten sich an unterschiedliche Adressatenkreise und besitzen einen unterschiedlichen Grad an Verbindlichkeit. Recht ist ein Gefüge sozialer Normen, die allen Mitgliedern der Gesellschaft ein bestimmtes Verhalten verbindlich vorschreiben und deren Einhaltung durch staatliche Instanzen notfalls auch mit Zwang garantiert wird. Der moderne Rechtsstaat setzt dabei auf das geschriebene Recht. Ein **Rechtssatz** oder eine **Rechtsnorm** ist ein verbindliches Gebot oder Verbot, welches die folgenden fünf Wesensmerkmale aufweisen muss:

- Rechtsnormen gelten für eine **unbestimmte Vielzahl von Fällen** (abstrakte Regelung). Um möglichst alle zukünftigen Konfliktsituationen zu regeln, sind Normtexte so abstrakt wie möglich formuliert, worunter allerdings die Verständlichkeit für den „Normalbürger" leidet.
- Rechtsnormen richten sich grds. an eine unbestimmte, bei ihrem Erlass nicht feststehende **Vielzahl von Personen** (generelle Regelung). Zwar mag ein einzelner Fall Anlass zu einer gesetzlichen Regelung geben, ein Einzelfallgesetz (welches nur einen konkreten Fall oder einen ganz bestimmten Adressaten betrifft) ist allerdings verfassungswidrig (Art. 19 Abs. 1 S. 1 GG).
- Rechtsnormen werden von dem (verfassungsrechtlich) zur Rechtssetzung befugten Organ (z. B. dem Parlament, hierzu I-2.1) in einem formell festgelegten **Verfahren** erlassen und
- bedürfen zu ihrer Wirksamkeit der amtlichen **Publikation** in bestimmten Verkündungsorganen (z. B. dem Bundesgesetzblatt oder den Mitteilungsorganen der Länder und Kommunen).
- Für Rechtsnormen ist ferner charakteristisch, dass sie unmittelbar kraft staatlichen Geltungswillens verbindlich sind und zu ihrer Durchsetzung **notfalls staatlicher Zwang** angewendet werden kann. Insbesondere hierin unterscheidet sich das Recht von anderen gesellschaftlichen Konventionen, von Sitten und Gebräuchen.

Recht und Gesetz – Begrifflichkeiten

Mit einem zunächst auf das innerstaatliche Rechtssystem beschränkten Blick (zum unmittelbar geltenden europäischen Gemeinschaftsrecht und sonstigem internationalen Recht vgl. I-1.1.5) lassen sich Rechtsnormen in vier Gruppen einteilen, wobei man insb. ursprüngliche und abgeleitete Rechtsnormen unterscheidet. Ursprüngliche Rechtsnormen werden vom Volk selbst oder von den verfassungsgemäß hierzu berufenen Organen erlassen. Man bezeichnet diese auch als **formelle Ge-**

setze, weil sie auf parlamentarischem Wege zustande gekommen sind (s. I-1.1.3.2). Hiervon abgeleitete Rechtsnormen erlässt die vollziehende Gewalt (Exekutive: Regierung und Verwaltung) aufgrund einer besonderen Ermächtigung des ursprünglichen Normgebers bzw. sog. Selbstverwaltungsträger (z. B. Kommunen oder Sozialversicherungen, s. I-4.1.2.1) aufgrund der ihr verliehenen Regelungsautonomie. Soweit von der Rechtsnorm unmittelbare Rechtswirkungen für den einzelnen Bürger ausgehen, spricht man von einem **Gesetz im materiellen Sinn**. Man spricht dagegen von einem Gesetz im *nur* formellen Sinn, wenn das Gesetz zwar in dem verfassungsmäßig vorgeschriebenen Verfahren durch die Legislative beschlossen worden ist, von ihm aber keine unmittelbaren Rechtswirkungen nach außen ausgehen. Dies ist z. B. bei den Ratifizierungsgesetzen zur Übernahme völkerrechtlicher, internationaler Abkommen oder bei den sog. Haushaltsgesetzen der Fall.

Durch den als formelles Gesetz erlassenen Haushaltsplan ermächtigt das Parlament die Exekutive, Ausgaben in der festgesetzten Höhe für den festgelegten Zweck zu leisten, z. B. Zuschüsse für den Bau von Altentagesstätten. Die Exekutive hat im Rahmen der Ermächtigung nach pflichtgemäßem Ermessen über die Zuschussgewährung zu entscheiden. Aus dem Gesetz über den Haushaltsplan kann aber ein Bürger- bzw. Trägerverein keinen Anspruch auf einen bestimmten Zuschuss ableiten (vgl. BVerfG NJW 1975, 254; § 3 Abs. 2 Bundeshaushaltsordnung und entsprechende Länderregelungen).

Übersicht 2: Arten von Rechtsnormen

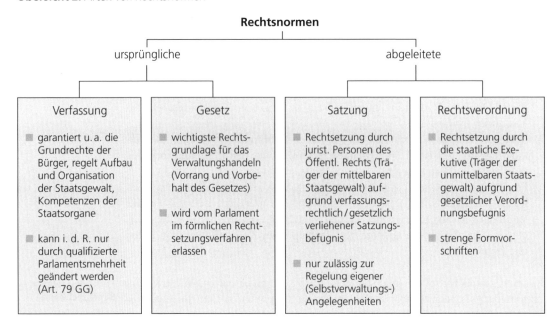

keine Rechtsgrundlage für öffentliches Verwaltungshandeln sind:
- Gerichtsurteile
- Verwaltungsvorschriften

Zum Einstieg: „Familie Berger"

Herr Berger aus G. ist seit der Schließung seines Betriebes vor zwei Jahren arbeitslos und erhält Arbeitslosengeld II sowie für seine beiden 11- und 14-jährigen Kinder Sozialgeld nach § 19 Abs. 1 SGB II. Um das Familieneinkommen etwas zu entlasten, trägt Herr Berger jeden Morgen Tageszeitungen aus und erhält hierfür 330 €, seine Tochter erhält etwa 30 € monatlich, die sie sich durch Babysitten beim Nachbarn verdient. Zu Beginn des neuen Schuljahres wechselt die ältere Tochter von der Realschule auf das Gymnasium. Im ersten Schulhalbjahr ist eine 3-tägige Klassenfahrt geplant. Herr Berger sorgt sich, weil er das Geld für Fahrkosten und Unterkunft von insgesamt 110 € nicht aufbringen kann. Darüber hinaus meint seine Tochter, sie könne ohne eine neue, 180 € teure Jeansjacke der Firma Miss Young nicht an der Fahrt teilnehmen. Er fragt, ob das Jobcenter in der Stadt G. (§ 6d SGB II) die Kosten für die Anschaffung der Jacke und die Klassenfahrt für seine Tochter übernimmt. Der Sozialarbeiter des Jobcenters teilt ihm mit, dass Kleidung vom Regelbedarf der Grundsicherung gedeckt sei und dass die Teilhabe am sozialen und kulturellen Leben in der Gemeinschaft, mithin kurze Ausflüge, vom notwendigen Lebensunterhalt, also vom Regelbedarf umfasst seien. Nach § 5 Abs. 2 der Verwaltungsrichtlinien der Stadt G. zur Ausführung der Grundsicherung würden Klassen- und Schulfahrten erst ab einer Dauer von einer Woche pauschal mit 20 € pro Tag bezuschusst. Herr Berger habe deshalb keinen Anspruch auf eine darüber hinausgehende einmalige Beihilfe. Ist diese Auskunft/Entscheidung richtig? Zum Beweis der Richtigkeit seiner Aussagen überreicht er Herrn Berger eine Kopie der entsprechenden Verwaltungsvorschriften:

Auszug aus den Verwaltungsvorschriften der Stadt G. zur Ausführung der Grundsicherung vom 01.03.2011 (VV-Grund):

§ 1: Die nachfolgenden Bestimmungen binden die Stellen der öffentlichen Verwaltung der Stadt G. bei der Ausführung des SGB II i.d.F. vom 1.8.2013 (BGBl. I S. 2954) zum Zwecke der einheitlichen Ermessensausübung mit dem Ziel Gleichheit gewährender und wirtschaftlicher Verwendung kommunaler Haushaltsmittel.
   ...
§ 5: (1) Erwerbsfähige Leistungsberechtigte erhalten Arbeitslosengeld II. Nichterwerbsfähige Leistungsberechtigte, die mit erwerbsfähigen Leistungsberechtigten in einer Bedarfsgemeinschaft leben, erhalten Sozialgeld. Die Leistungen umfassen den Regelbedarf, Mehrbedarfe und den Bedarf für Unterkunft und Heizung.
   (2) Der Regelbedarf umfasst insb. Ernährung, Kleidung, Körperpflege, Hausrat sowie persönliche Bedürfnisse des täglichen Lebens. Zu den persönlichen Bedürfnissen des täglichen Lebens gehört in vertretbarem Umfang eine Teilhabe am sozialen und kulturellen Leben in der Gemeinschaft ...
   ...
   (4) Für Schülerinnen und Schüler umfasst der notwendige Lebensunterhalt auch die erforderlichen Hilfen für den Schulbesuch. Darüber hinaus werden Schul- und Klassenfahrten ab einer Dauer von einer Woche pauschal mit 20 € je Tag bezuschusst.

Die Gesamtheit der – geschriebenen bzw. als Rechtsprinzipien anerkannten – verbindlichen Rechtsnormen (s. Übersicht 2) bezeichnet man als **Rechtsordnung** oder schlechthin als das Recht. Als **Rechtsquelle** bezeichnet man – neben dem Naturrecht (s. o.), dem Einigungsvertrag der Europäischen Union (s. u. I-1.1.5) und den allgemeinen Regeln des Völkerrechts (Art. 25 GG) – einerseits das Grundgesetz als im wahrsten Sinne des Wortes „grundlegende" Verfassung im Hinblick auf die Parlamentsgesetze und öffentlich-rechtlichen Satzungen der Selbstverwaltungsträger (vgl. Art. 28 GG) sowie andererseits die Parlamentsgesetze im Hinblick auf Rechtsverordnungen (Art. 80 Abs. 1 GG).

Rechtsnormen bezeichnet man auch als **Rechtsgrundlagen** (Gesetze im weiteren Sinn), um deutlich zu machen, dass sich jedes staatliche Handeln hierauf zurückführen lassen muss, so wie es Art. 20 Abs. 3 GG formuliert: Bindung an Gesetz (im formellen Sinn) und Recht (Gesetze im materiellen Sinn). Insoweit spricht man auch vom sog. **objektiven Recht,** d. h. für das Gemeinwesen und alle Bürger und Institutionen geltendes Recht, während man die sich aus der Rechtsordnung ergebende Berechtigung eines Einzelnen als **subjektives Recht** oder **Anspruch** bezeichnet (s. a. II-1.2.4). Dabei unterscheidet man einerseits sog. absolute Rechte, die gegen Eingriffe allseitig, d. h. gegenüber jedermann geschützt sind (z. B. Persönlichkeits- oder Eigentums- und andere Sachenrechte) und sog. relative Rechte insb. aufgrund eines Vertrages, die nur bestimmte Personen zu einem Verhalten verpflichten (z. B. aus einem Miet- oder Kaufvertrag die Überlassung der Sache durch den Vermieter bzw. Verkäufer, während der Mieter bzw. Käufer den vereinbarten Preis bzw. die Miete zahlen muss). Insoweit spricht man auch von schuldrechtlichen oder obligatorischen Ansprüchen und Forderungen (vgl. zu den privatrechtlichen Regelungen auch II-1). Der sozialrechtliche (Leistungs-) Anspruch gegen einen öffentlichen Träger wird auch als subjektiv-öffentliches Recht des Bürgers bezeichnet (vgl. I-3.4.1).

Und noch eine Begriffsunterscheidung: Unter **materiellem Recht** versteht man die Rechtsvorschriften, welche das Verhalten der Rechtssubjekte regeln (Inhaltsnormen, insb. auch die Anspruchsnormen, z. B. aus dem BGB). Als **formelles Recht** werden die Normen bezeichnet, die das Verfahren, z. B. das gerichtliche Verfahren zur Durchsetzung der Rechtspositionen, regeln (Prozessrecht, z. B. der ZPO).

1.1.3.1 Verfassungsrecht

Grundgesetz

Lange Zeit – vor der Entstehung des europäischen Gemeinschaftsrechts (s. u. I-1.1.5) – war die grundlegende Rechtsgrundlage in Deutschland das **Grundgesetz** vom 23.05.1949 als nationale Verfassung der Bundesrepublik (hierzu I-2). Darüber hinaus haben die deutschen Bundesländer aufgrund ihrer Eigenstaatlichkeit jeweils eigene Landesverfassungen. Teilweise geht es in den Landesverfassungen um die Konkretisierung der sozialpolitischen Staatsziele (z. B. das Recht auf Arbeit; Art. 48 Abs. 1 Brandenburg; Art. 171 LV M-V.; Art. 71 Sachsen).

Für die Tätigkeit der Sozialverwaltung besonders bedeutsam sind die Grundrechte (Art. 1–19, 103 f. GG), die gem. Art. 1 Abs. 3 GG als unmittelbar geltendes Recht zu beachten sind (ausführlich I-2.2). Die Verfassungen regeln u. a. auch den Aufbau und die Organisation der Staatsgewalt sowie die Kompetenzen der Staatsorgane. Einklagbare subjektive Rechte räumen diese Verfassungsvorschriften dem Einzelnen nicht ein.

Übersicht 3: Ablauf des Gesetzgebungsverfahrens bei Bundesgesetzen (Art. 70 ff. GG)

GESETZESINITIATIVE

Gesetzesvorlagen können von der Bundesregierung, dem Bundesrat oder aus der Mitte des Bundestages eingebracht werden (Art. 76 Abs. 1 GG). Die meisten Gesetzesinitiativen – etwa zwei Drittel aller Gesetzesentwürfe – werden von der Bundesregierung vorgelegt. Nach Beratung und Beschluss im Kabinett werden die Gesetzesvorlagen dem **Bundesrat** zugeleitet, damit dieser in einem sog. „ersten Durchgang" eine Stellungnahme erarbeiten und ggf. Änderungsvorschläge machen kann. Gesetzesinitiativen des Bundesrates werden über die Bundesregierung an den Bundestag weitergeleitet.

BERATUNG UND BESCHLUSSFASSUNG IM BUNDESTAG

Zentrales Organ der Gesetzgebung ist der **Deutsche Bundestag** als gewählte Volksvertretung. Dieser behandelt Gesetzesentwürfe in der Regel in drei Lesungen. Am Ende der ersten Lesung steht die Überweisung des Entwurfs an einen oder mehrere **Ausschüsse**. Im Anschluss an die Beratungen in den Ausschüssen finden die zweite und dritte Lesung statt. Während in der zweiten Lesung hauptsächlich Änderungsanträge vorgebracht werden, ist die dritte Lesung regelmäßig der Schlussabstimmung vorbehalten.

BUNDESRAT

Alle im Bundestag verabschiedeten Gesetze werden dem Bundesrat zugeleitet. In einem sog. zweiten Durchgang sind die Handlungsmöglichkeiten des Bundesrates davon abhängig, ob der Gesetzesbeschluss seiner Zustimmung bedarf oder nicht. Die zustimmungspflichtigen Gesetze können ohne sein positives Votum nicht in Kraft treten. Ob ein Gesetz der Zustimmung des Bundesrates bedarf, richtet sich nach dem GG (vgl. z. B. Art. 23 Abs. 1 S. 2 GG, Art. 79 Abs. 2 GG; Art. 104a Abs. 3, 4, 5 und Art. 105 Abs. 3 GG). Bis zur Durchführung der sog. Föderalismusreform war dies bei über 60 % des Gesetzgebungsverfahren der Fall, insbesondere weil die Länder in ihren Verwaltungsaufgaben betroffen waren. Nun soll nur noch etwa ein Viertel bis ein Drittel der Gesetze der Zustimmung des Bundesrates bedürfen, da die Länder das Verwaltungsverfahren nun selbst abweichend von den bundesrechtlichen Regelungen regeln dürfen (vgl. in Art. 84 Abs. 1 GG). Im Übrigen bedürfen Bundesgesetze, die das Verwaltungsverfahren regeln, weiterhin der Zustimmung des Bundesrates (vgl. z. B. Art. 84 Abs. 1 S. 5, Abs. 2 GG). Ein vom Bundestag beschlossenes Gesetz kommt zustande, wenn der Bundesrat zustimmt, den Antrag gemäß Art. 77 Abs. 2 GG nicht stellt, innerhalb der Frist des Art. 77 Abs. 3 GG keinen Einspruch einlegt oder ihn zurücknimmt oder wenn der Einspruch vom Bundestage überstimmt wird (Art. 78 GG).

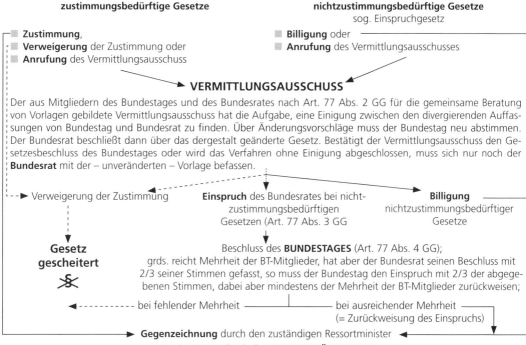

Aufgrund der Einbindung der Bundesrepublik Deutschland in die Europäische Union hat das Grundgesetz – wie auch das nationale Verfassungsrecht der anderen EU-Staaten – seine Bedeutung als höchstrangige Rechtsquelle z.T. verloren (zum Recht der Europäischen Union s. I-1.1.5).

1.1.3.2 Parlamentsgesetze

Gesetz Neben dem Verfassungsrecht bilden vor allem die Gesetze die wesentliche Rechtsgrundlage für die Tätigkeit der Sozialverwaltung und der Sozialen Arbeit insgesamt. Das Parlamentsgesetz ist der Prototyp einer Rechtsnorm. Bei einem „Gesetz im formellen Sinn" handelt es sich dabei um eine Rechtsvorschrift, die von der Legislative in dem verfassungsmäßig vorgeschriebenen Verfahrensweg erlassen worden ist (im Hinblick auf Bundesgesetze vgl. Art. 70 ff. GG und Übersicht 3).

Hinsichtlich des Inhalts muss ein Gesetz allgemeinverbindliche Regelungen enthalten. Man sagt auch, eine Rechtsnorm ist ein Gesetz im materiellen Sinn (d. h. dem Inhalt nach), wenn es

- eine verbindliche Regelung
- für eine unbestimmte Vielzahl von Fällen
- gegenüber einer unbestimmten Vielzahl von Personen enthält.

Die meisten Gesetze sind solche im formellen und materiellen Sinn, da die Parlamente (Bundestag/-rat, Landtage) in großem Umfang von ihrer Gesetzgebungskompetenz Gebrauch machen, die ihnen im Grundgesetz und in den jeweiligen Länderverfassungen zugestanden ist. Wann der Bund oder ein Land Gesetze erlassen darf, ist in Art. 70 ff. GG und Art. 105 GG abschließend geregelt.

1.1.3.3 Rechtsverordnungen

Auch eine Rechtsverordnung ist dem Inhalt nach eine Rechtsnorm und damit ein Gesetz im materiellen Sinn, denn sie ist eine verbindliche Regelung für eine unbestimmte Vielzahl von Fällen gegenüber einer unbestimmten Vielzahl von Personen. Der wesentliche Unterschied zu den „richtigen" (Parlaments-)Gesetzen besteht darin, dass Rechtsverordnungen nicht von der Legislative erlassen werden, sondern von Organen der vollziehenden Gewalt (Exekutive). Um eine Rechtsverordnung zu erlassen, bedürfen diese freilich einer besonderen gesetzlichen Ermächtigung (Art. 80 Abs. 1 S. 1 GG), d. h. sie dürfen nur im Auftrag der Legislative tätig werden (vgl. z. B. §§ 6a, 13 SGB II; §§ 47, 109, 163 SGB III; § 17, 28c SGB IV; §§ 35a, 92 SGB V; § 69 SGB VI; § 9 SGB VII; §§ 78g Abs. 4, 94 Abs. 5 SGB VIII; §§ 29 Abs. 2, 40, 60 SGB XII; §§ 55a, 556 Abs. 1, 558c Abs. 5, 577a Abs. 2, 1316 Abs. 1 BGB; Art. 238 EGBGB).

Die meisten Rechtsverordnungen werden zur Durchführung und Ausführung von Gesetzen erlassen. Sie konkretisieren oft Rechte und Pflichten des Bürgers und nehmen dadurch der Verwaltung die Möglichkeit, bei nichteindeutiger Regelung im Gesetz eine den Bürger benachteiligende Auslegung zu vertreten.

Zum Fall Berger: Zentrale Voraussetzung für den Anspruch auf Leistungen der Grundsicherung ist nach § 7 Abs. 1 Nr. 3 SGB II – dem Parlamentsgesetz – die sog. Hilfebedürftigkeit. Nach § 9 Abs. 1 SGB II ist hilfebedürftig, wer seinen Lebensunterhalt nicht oder nicht ausreichend aus dem zu berücksichtigenden Einkommen oder Vermögen sichern kann und die erforderliche Hilfe nicht von anderen, insb. von Angehörigen oder von Trägern anderer Sozialleistungen, erhält. Nach § 11 SGB II sind als Einkommen zunächst alle Einnahmen in Geld oder Geldeswert – abzüglich der abzusetzenden Freibeträge nach § 11b SGB II – zu berücksichtigen, mit Ausnahme der in § 11a SGB II genannten Einnahmen. Der Bundesgesetzgeber hat allerdings in § 13 SGB II das Bundesministerium für Arbeit und Soziales ermächtigt, im Einvernehmen mit dem Bundesministerium der Finanzen auch ohne Zustimmung des Bundesrates durch Rechtsverordnung u. a. zu bestimmen, welche weiteren Einnahmen nicht als Einkommen zu berücksichtigen sind und wie das Einkommen im Einzelnen zu berechnen ist (s. § 1 Abs. 1 Nr. 1 Alg II–V). Nach §§ 11 ff. SGB II ergibt sich, dass das Einkommen des Herrn Berger, das er für das Zeitungsaustragen erhält, angerechnet werden muss. Demgegenüber werden nach § 1 Abs. 1 Nr. 1 Alg II–V bei Sozialgeldempfängern, die das 15. Lebensjahr noch nicht vollendet haben, Einnahmen aus Erwerbstätigkeit, soweit sie einen Betrag von 100 € monatlich nicht übersteigen, also hier das Geld, das die Tochter durch das Babysitten verdient, nicht angerechnet.

1.1.3.4 Satzungen

Die öffentlich-rechtliche Satzung ist ungeachtet desselben Begriffes und ähnlicher Funktionen von den privatrechtlichen Organisationsvorschriften rechtsfähiger Vereine nach § 25 BGB zu unterscheiden (vgl. hierzu II-1.1). Satzungen des öffentlichen Rechts sind Rechtsvorschriften, die alle Personen im Wirkungskreis einer Selbstverwaltungseinheit berechtigen und verpflichten oder organisatorische Regelungen für den Bereich der Selbstverwaltung enthalten können. Sie sind damit Rechtsnormen (Gesetze im materiellen Sinn), denn es handelt sich um verbindliche Regelungen für eine unbestimmte Vielzahl von Fällen, die sich an eine unbestimmte Vielzahl von Personen richten. Die Befugnis zur Rechtssetzung durch Satzungen ist bestimmten juristischen Personen des öffentlichen Rechts (nur) zur Regelung ihrer eigenen Angelegenheiten verliehen. Von besonderer Bedeutung ist der Erlass von Satzungen für die Gebietskörperschaften (Gemeinden, Landkreise, Bezirke) oder die Sozialversicherungsträger. Den Kommunen ist diese Autonomie ausdrücklich in Art. 28 Abs. 3 GG zugesichert. Allerdings ist diese Regelungsbefugnis auf die Verwaltung der eigenen Angelegenheiten begrenzt. Zu weitergehenden Eingriffen in die Rechtssphäre des Bürgers bedarf es einer besonderen gesetzlichen Ermächtigung.

Die Gemeinden können z. B. die Benutzung von Wasserversorgungsanlagen, Entwässerungsanlagen, Schwimmbädern, Büchereien, Friedhöfen und Eisstadien durch Satzungen regeln. Gemeindeverbände können durch Satzungen u. a. die Benutzung von Mülldeponien regeln. Üblicherweise beschließt der Rat einer kreisfreien Stadt aufgrund der in den landesrechtlichen Kommunalordnungen und Gemeindeverfassungsgesetzen enthaltenen allgemeinen Ermächtigung eine sog.

Hauptsatzung (Grundorganisation) und z. B. eine Satzung über die Benutzungsordnung in den städtischen Notunterkünften. Durch die Satzung kann der Rat die Zusammensetzung und Zuständigkeiten des Jugendhilfeausschusses als Teil der Verwaltungseinheit Jugendamt bestimmen (z. B. für Entscheidungen über Widersprüche gegen VA des JA, s. I-5.2.2). In der Haushaltssatzung setzt der Rat der Stadt A. z. B. einen Betrag von 200.000 € zur allgemeinen Förderung der freien Verbände der Jugendhilfe an.

Über die durch Art. 28 Abs. 2 S. 2 GG garantierte Satzungsautonomie im Hinblick auf die Regelung eigener Selbstverwaltungsangelegenheiten hinaus, kann den Kommunen auch durch Gesetz das Satzungsrecht übertragen werden, z. B. können nach § 22a Abs. 2 SGB II die Länder die Kreise und kreisfreien Städte durch Gesetz ermächtigen oder verpflichten, durch Satzung zu bestimmen, in welcher Höhe Aufwendungen für Unterkunft und Heizung in ihrem Gebiet angemessen sind.

Die Sozialversicherungsträger, also die Träger der Renten- und Unfallversicherung oder die gesetzlichen Krankenkassen (siehe unten I-4.1.2.1), regeln in ihren Satzungen z. B. die Aufgaben ihrer Organe, den Kreis der Versicherten und die Art und Weise der Willensbildung (vgl. § 34 SGB IV; § 194 SGB V, § 138 Abs. 4 SGB VI, § 118 SGB VII; entsprechendes gilt für die Bundesagentur für Arbeit, s. § 372 SGB III). Sie können u. a. eine Beitragssatzung über die Kostenregelung bei Rehabilitationsmaßnahmen erlassen.

Die Studien- und Prüfungsordnungen der Universitäten und Fachhochschulen sind in aller Regel landesrechtlich autorisierte Satzungen der Hochschulen zur Regelung ihrer eigenen Angelegenheiten.

1.1.3.5 Tarifverträge

Der Tarifvertrag ist ein privatrechtlicher Vertrag (hierzu II-1.2) zwischen tariffähigen Parteien(Gewerkschaften und Arbeitgeberverbände). Er regelt zum einen in seinem schuldrechtlichen Teil die Rechte und Pflichten der Tarifparteien, enthält aber darüber hinaus in seinem **normativen Teil** nach außen wirkende Bestimmungen, durch die die Arbeitsverhältnisse unmittelbar erfasst werden. So enthält der Tarifvertrag Rechtsnormen über Abschluss, Inhalt und Beendigung von Arbeitsverhältnissen, z. B. über Lohn, Arbeitszeit, Urlaub oder Kündigungsvoraussetzungen (sog. materielle Arbeitsbedingungen). Insoweit handelt es sich bei Tarifverträgen auch um Rechtsnormen. Näheres hierzu im Kapitel zum Arbeitsrecht (V-3.3.1).

1.1.3.6 Notwendige Abgrenzungen

Verwaltungsvorschriften

Verwaltungsvorschriften (VV) sind keine Rechtsnormen, sondern nur **verwaltungsinterne** Anweisungen, insb. übergeordneter an nachgeordnete Behörden oder des Dienstvorgesetzten an unterstellte Bedienstete. Für VV werden mitunter ganz unterschiedliche Begriffe verwendet, z. B. Dienstanordnungen, Dienstanweisungen, Richtlinien, (Rund-)Erlasse, Rundverfügungen, Allgemeinverfügungen, Durchführungsbestimmungen, Ausführungsvorschriften, Verwaltungsverordnungen, Hausordnung usw. VV lassen sich im Wesentlichen in drei Kategorien unterscheiden:

- organisatorische VV zur Regelung des internen Dienstbetriebes: Dienstanweisung über die Unterschriftsbefugnis, Benutzung von Dienstfahrzeugen, Aktenführung;
- norminterpretierende VV zur Auslegung von Rechtsvorschriften (hierzu I-3.3.2), z. B. VV zum BAföG, zum BKGG, zum Wohngeldgesetz;
- Ermessensrichtlinien zur Ausfüllung eines Ermessensspielraums (vgl. hierzu I-3.4.2), z. B. über die Höhe einer Gebühr für den Besuch einer städtischen Kindertagesstätte.

Grds. sind Verwaltungsvorschriften keine Rechtsgrundlage für Maßnahmen gegenüber dem Bürger, weil sie keinen Rechtsnormcharakter haben (vgl. Art. 20 Abs. 3 GG). Gegenüber dem Bürger werden daher durch sie weder Rechte noch Pflichten begründet. VV sind jedoch von den Mitarbeitern des Trägers der Verwaltung zu beachten, der sie erlassen hat (vgl. § 145 Abs. 2 BBG).

Obwohl Verwaltungsvorschriften nur verwaltungsintern verbindlich sind, können sie über Art. 3 GG bzw. den Grundsatz des Vertrauensschutzes mittelbar aufgrund einer dauernden Anwendungspraxis für Bürger und Gerichte verbindlich werden (Selbstbindung) und damit faktisch Außenwirkung entfalten, ja sogar **anspruchsbegründende Wirkung** haben. Eine Abweichung von der gleichmäßigen Anwendungspraxis der VV ist zwar zulässig, Voraussetzung ist aber stets, dass eine wesentliche Abweichung des Einzelfalles dies rechtfertigt (BVerwGE 19, 30). Andererseits müssen VV zur Ausfüllung des Ermessensspielraumes eine Abweichung zulassen, soweit wesentliche Besonderheiten im konkreten Fall vorliegen (BVerwG NJW 1980, 75).

Für die soziale Beratungspraxis haben Verwaltungsvorschriften eine große, wenngleich gelegentlich fragwürdige Bedeutung, denn man muss immer wieder feststellen, dass einzelne Sachbearbeiter ihr Handeln nicht am Gesetz und an den Besonderheiten des Einzelfalls orientieren, sondern an den internen Anweisungen und damit am Gesetzesverständnis der hierarchisch übergeordneten Instanz. Dies ist insb. bei der (fehlerhaften) Auslegung von unbestimmten Rechtsbegriffen oder der Ausfüllung von Ermessensspielräumen problematisch. Gelegentlich übersehen Sachbearbeiter mögliche Ausnahmen und berufen sich formal auf ihre internen Vorschriften, die dem betroffenen Bürger nicht immer bekannt sind. **Rechtsgrundlage** für das Handeln der Verwaltung ist aber stets nur das Gesetz (Art. 20 Abs. 3 GG), nicht die Verwaltungsvorschrift! Der Erlass eines Verwaltungsaktes oder die Ablehnung einer Leistung darf niemals nur mit Hinweis auf eine Verwaltungsvorschrift erfolgen. Zwar binden die VV die Behördenmitarbeiter als interne dienstliche Anweisung. Verwaltungsvorschriften dürfen aber selbstverständlich nicht Rechtsvorschriften widersprechen (sog. Gesetzesvorrang!). Die (sozialpädagogischen) Fachkräfte (vgl. § 72 SGB VIII, § 6 SGB XII) müssen immer den konkreten Einzelfall im Blick haben und im Konfliktfall auf dem Dienstweg versuchen, die Zustimmung der zuständigen Vorgesetzten zu einer gesetzeskonformen, der besonderen Problematik des Falles entsprechenden Entscheidung zu erreichen.

Zum **Erlass** von Verwaltungsvorschriften braucht die Behörde (innerhalb einer Verwaltungshierarchie) keine gesetzliche Ermächtigung, da sie nur für den Dienstbetrieb innerhalb der Verwaltung bestimmt sind. Die Befugnis zum Erlass ergibt sich aus der jeweiligen **Organisationsgewalt**. Verwaltungsvorschriften des Bundes und der Länder werden i. d. R. in Ministerialblättern, Amtsblättern usw. veröffentlicht (vgl. z. B. www.bundesanzeiger.de). Von den Selbstverwaltungsträgern werden die an bestimmten Verwaltungsvorschriften interessierten Personen oft direkt informiert, z. B. die Jugendverbände über die Richtlinien zur Jugendförderung. Allerdings geschieht dies auch im Sozialleistungsbereich nicht immer, sodass manche Bürger Entscheidungen nicht immer ausreichend nachvollziehen können und sich einem „Geheimrecht" ausgeliefert sehen. Zwar besteht nach Auffassung des BVerwG (NJW 1984, 2590) bei rein **internen Verwaltungsvorschriften** keine allgemeine Pflicht zur Veröffentlichung. Ein Beteiligter eines Verwaltungsverfahrens hat allerdings einen Auskunftsanspruch gegenüber der Behörde hinsichtlich der für die Rechtsverfolgung nötigen Informationen über derartige Verwaltungsvorschriften. Im Hinblick auf die umfassende Informations- und Auskunftspflicht der Behörden im Sozialleistungsverfahren (vgl. §§ 13 ff. SGB I) muss die transparente Entscheidungsfindung für eine moderne Verwaltung ohnehin selbstverständlich sein.

Darüber hinaus besteht eine **Veröffentlichungspflicht** für solche (abstrakt-generellen) Regelungen der Exekutive, deren Zweck es ist, letztlich doch rechtliche Außenwirkung gegenüber dem Bürger zu entfalten, und die auf diese Weise dessen subjektiv-öffentlichen Rechte unmittelbar berühren (BVerwGE 94, 335 zur Regelsatzfestsetzung durch Verwaltungsvorschrift), wenn formal in Verwaltungsvorschriften getroffene Ausführungsbestimmungen nach ihrem Inhalt darauf gerichtet sind, im Außenverhältnis in derselben Weise in subjektive Rechte einzugreifen, bzw. sich als anspruchskonkretisierende Regelung erweisen (BVerwG 25.11.2004 – 5 CN 1.03 – NDV-RD 2005, 25 ff.). Das BVerwG spricht hier sogar atypisch von einer unmittelbaren Außenwirkung von Verwaltungsvorschriften. Ein Beispiel hierfür wäre die unter III-7.5.2 besprochene Allgemeine Verwaltungsvorschrift des Bundesministeriums des Innern zum Staatsangehörigkeitsrecht (StAR-VwV). Entfaltet eine VV eine derartige Außenwirkung, so ist es rechtsstaatlich geboten, sie so bekannt zu geben, dass die davon Betroffenen Kenntnis vom Inhalt nehmen können (vgl. BVerfGE 40, 237). Die Bekanntgabe muss dann umfassend den gesamten Inhalt der Verwaltungsvorschriften wiedergeben, eine selektive, erläuternde Wiedergabe des Inhalts von Verwaltungsvorschriften ist nicht ausreichend. Sie muss in ordnungsgemäßer Form regelmäßig in den für die Veröffentlichung von Rechtsnormen vorgeschriebenen amtlichen Medien erfolgen, die Verwendung von Merkblättern o. Ä. reicht dafür nicht aus (BVerwG 25.11.2004 – 5 CN 1.03 – NDV-RD 2005, 25 ff.).

Zum Einstiegsfall „Berger": Nach § 19 Abs. 1 SGB II besteht für Herrn Berger (als erwerbsfähigem Leistungsberechtigten) ein Anspruch auf Arbeitslosengeld II bzw. für seine mit ihm in einer Bedarfsgemeinschaft lebenden nicht erwerbsfähigen Kinder ein Anspruch auf Sozialgeld (im Einzelnen hierzu III-4.1.6). Die Leistungen umfassen nach § 19 Abs. 1 S. 3 SGB II den Regelbedarf, Mehrbedarfe und den Bedarf für Unterkunft und Heizung. Der Anspruch auf laufende Hilfen zur Sicherung des Lebensunterhalts umfasst nach § 20 Abs. 1 SGB II somit zunächst den sog. Regelbedarf, insb. Ernährung, Kleidung, Körperpflege, Hausrat (im SGB XII heißen die pauschalierten Leistungsbestandteile – anders als im SGB II – „Regelsatz"). Für den Fall entscheidend ist nun die Frage, ob die Jacke und der Schulausflug vom Regelbedarf umfasst sind oder zusätzlich geleistet werden können. Sog. Mehrbedarfe als laufende Leistungen (§ 21 SGB II) und sog. einmalige Bedarfe (§ 24 Abs. 3 SGB II: „Abweichende Erbringung von Leistungen") werden nur unter den entsprechenden Voraussetzungen gewährt. Nach § 20 Abs. 1 S. 3 SGB II wird der Regelbedarf als monatlicher Pauschalbetrag geleistet, über dessen Verwendung die Leistungsberechtigten eigenverantwortlich entscheiden, wobei sie das Eintreten unregelmäßig anfallender Bedarfe zu berücksichtigen haben.

Bis auf die in §§ 21 ff. SGB II genannten Ausnahmen sind die Kosten für Anschaffungen, Unternehmungen etc. in den Regelbedarfen enthalten. Nicht nur Hausrat und Kleidung, sondern auch Ausgaben für besondere Anlässe sind grds. vom Regelbedarf (bzw. im SGB XII vom Regelsatz) umfasst. Sinn und Zweck der Regelung (teleologische Auslegung, hierzu I-3.3.2) ist es einerseits, die Leistungserbringung mit möglichst wenig Verwaltungsaufwand zu gestalten, und andererseits, die Selbstverantwortung des Leistungsempfängers zu fördern, einen Teil der monatlichen Leistungen anzusparen, um bei entstehendem Bedarf auch größere Anschaffungen zu tätigen. Als „einmalige" Bedarfe (§ 24 Abs. 3 SGB II) werden nur bestimmte Leistungen, die nicht beständig bezogen werden müssen, gesondert erbracht. Auch die durch das sog. Bildungspaket 2011 eingeführten „Bedarfe für Bildung und Teilhabe am sozialen und kulturellen Leben in der Gemeinschaft" (s. III-4.1.6.1) werden nach § 28 SGB II bei Kindern, Jugendlichen und jungen Erwachsenen neben dem Regelbedarf gesondert berücksichtigt.

Zwischenergebnis: Rechtsnormen, hier das SGB II, legen den Inhalt der den Regelbedarf deckenden Regelsätze für die laufenden Leistungen der Grundsicherung fest. Die Bekleidung ist demnach grds. vom laufenden Bedarf umfasst. Eine Ausnahme (Erstausstattung; Schwangerschaftskleidung) nach § 24 Abs. 3 Nr. 2 SGB II liegt bei der von der Tochter von Herrn Berger gewünschten Jeansjacke nicht vor. Diese wird Herr Berger bzw. seine Tochter entweder von erspartem Geld kaufen müssen oder er muss mit seiner Tochter das notwendige, unter Umständen bei pubertierenden Jugendlichen nicht einfache Gespräch suchen, weshalb diese meint, ohne eine solche Jacke nicht am Schulleben teilnehmen zu können. An die Rechtsberatung könnte sich insoweit also ggf. eine (informelle) Erziehungsberatung des JA (§ 16 Abs. 2 S. 2, § 28 SGB VIII; hierzu III-3.3) anschließen.

Im Hinblick auf die Kosten für die Klassenfahrt beruft sich das Jobcenter der Stadt G. auf die Verwaltungsvorschriften VV-Grund. Der in § 20 Abs. 1 S. 2 SGB III genannte Begriff „Teilnahme am sozialen und kulturellen Leben" ist unbestimmt und bedarf der Auslegung (hierzu I-3.3.2), weshalb die Verwaltungen häufig Verwaltungsvorschriften zur einheitlichen Ausübung erlassen (vgl. hier § 5 Abs. 2 der VV-Grund). Nach der Auffassung des Jobcenters sind Schulaktivitäten grds. vom Regelbedarf umfasst und daher nicht gesondert zu erstatten. Allerdings sind nach § 28 SGB II Schulausflüge und mehrtägige Klassenfahrten im Rahmen der schulrechtlichen Bestimmungen ausdrücklich nicht vom Regelbedarf umfasst, sondern als einmaliger Bedarf anerkannt. Eine „mehrtägige" Klassenfahrt beginnt nicht erst ab einer Woche, sondern – ungeachtet des vielleicht mehrdeutigen Wortlauts im Hinblick auf die Gegenüberstellung mit (eintägigen) Schulausflügen – bereits ab zwei Tagen. Die in der VV-Grund vorgenommene Definition widerspricht damit dem Gesetz und darf der Verwaltungsentscheidung nicht zugrunde gelegt werden, auch wenn diese „an sich" für die Mitarbeiter intern verbindlich ist. Auch die Pauschalierung des Zuschusses nach § 5 Abs. 4 VV-Grund steht im Widerspruch zu § 28 Abs. 2 SGB II, wonach bei mehrtägigen Klassenfahrten die tatsächlichen Aufwendungen zu übernehmen sind, anders als bei den einmaligen Bedarfen, die nach § 24 Abs. 3 S. 4 SGB II auch als Pauschalbeträge erbracht werden können.

Empfehlungen

In zahlreichen Arbeitsfeldern der Sozialen Arbeit erarbeiten Verbände und Fachvereinigungen, Arbeitskreise und Arbeitsgemeinschaften „Empfehlungen", „Richtlinien" oder sonstige Arbeitshilfen. Die öffentlichen Leistungsträger werden durch diese Empfehlungen nicht gebunden. Allerdings können vorgesetzte Behörden bzw. Dienstvorgesetzte, z. B. die Bürgermeister und Landräte als Leiter der kommunalen Verwaltung, in Ausübung ihrer Weisungsbefugnis anordnen, dass alle Mitarbeiter bei der Ausführung ihrer Aufgaben derartige „Empfehlungen" als Weisung zu beachten haben.

Gerichtsentscheidungen

Gerichtsurteile sind grds. keine Rechtsnormen. Gerichtsentscheidungen binden unmittelbar nur die an einem einzelnen Gerichtsverfahren beteiligten Personen (Parteien), nicht aber – anders als die höchstrichterlichen Entscheidungen im Bereich des angelsächsischen *Common Law* – die Gerichte selbst. Grund hierfür ist die Dreiteilung der Staatsgewalt (vgl. Art. 20 Abs. 2 S. 2 GG). Würden Gerichtsurteile jedermann binden, so hätten sie die Wirkung von Gesetzen, deren Erlass jedoch grds. den Parlamenten vorbehalten ist. Eine **Ausnahme** besteht nur bei bestimmten Entscheidungen des **Bundesverfassungsgerichts**, die alle Verfassungsorgane und Behörden des Bundes und der Länder binden (§ 31 Abs. 1 BVerfGG). Teilweise haben die Entscheidungen des BVerfG, insb. aufgrund eines sog. Normenkontrollverfahrens, durch das Vorschriften als verfassungswidrig erkannt werden, über den Einzelfall hinaus verbindliche Wirkung und damit ausdrücklich Gesetzeskraft (§ 31 Abs. 2 BVerfGG).

Trotz der beschränkten Wirkung von Gerichtsentscheidungen hat insb. die höchstrichterliche Rechtsprechung für die Praxis der Rechtsanwendung eine herausragende Bedeutung. Es empfiehlt sich, insb. die Entscheidungen der obersten Gerichte zu beachten, weil sie wertvolle Hinweise für die sachkundige Auslegung (hierzu I-3.3.2) von Rechtsvorschriften liefern. Zudem orientieren sich unterinstanzliche Gerichte an den Entscheidungen der Obergerichte.

1.1.3.7 Rangordnung der Rechtsvorschriften

Rechtsvorschriften stehen in einem wertigen Stufenverhältnis, einer Rangordnung zueinander (vgl. Übersicht 4). Der Vorrang höherrangigen Rechts verpflichtet die Rechtsanwender dazu, rangniedere Rechtsvorschriften stets (verfassungs-)konform auszulegen (hierzu I-3.3.2). Im Kollisionsfall geht das höherrangige Recht

Übersicht 4: Normenpyramide am Beispiel des Jugendhilferechts

Rangordnung	Jugendhilferecht
EU-Recht	EUV, AEUV sowie EU-Verordnungen; z.B. Diskriminierungsverbot (Art. 18 AEUV); Recht auf Freizügigkeit (Art. 45, 49, 56, 63ff. AEUV);
Grundgesetz	Art. 1 (Menschenwürde), 20 GG (Sozialstaatsprinzip); Art. 28 II GG (Garantie der kommunalen Selbstverwaltung); Art. 74 Nr. 7 GG (Gesetzgebungskompetenz); Art. 83 GG: Verwaltungszuständigkeit
Bundesgesetz	SGB VIII, BGB, Adoptions-/-vermittlungsgesetz
Bundesrechtsverordnung	Kostenbeitragsverordnung (gem. § 94 Abs. 5 SGB VIII)
Landesverfassung	z.B. Art. 17ff. der Verfassung des Freistaates Thüringen
Landesgesetz	z.B. Thür. Kinder- und Jugendhilfe-Ausführungsgesetz (ThürKJHAG); Kindertagesstättengesetze; Gesetze zur Förderung der Jugendarbeit, ...
Landesrechtsverordnung	VO zur Festsetzung der Pauschalbeträge für laufende Leistungen zum Unterhalt gem. § 39 Abs. 5 SGB VIII
Satzung (autonomes Recht)	Kommunale Satzung über Einrichtungen der Jugendhilfe, z.B. Benutzungs- und Hausordnung in Jugendhäusern
Keine Rechtsnormen:	
Verwaltungsvorschriften	Landes-Förderungsrichtlinien zum Aufbau ambulanter Jugendhilfeangebote; Vereinbarung des Justizministeriums und des Min. für Soziales und Gesundheit über Grundsätze der Unterbringung in Einrichtungen der Jugendhilfe gem. §§ 71 Abs. 2, 72 Abs. IV JGG
Empfehlungen	Empfehlungen des Deutschen Vereins für die Bemessung des monatlichen Pauschalbetrages bei Vollzeitpflege; Grundsätze der AG der Obersten Landesjugendbehörden für die Anerkennung von Trägern der freien Jugendhilfe nach § 75 SGB VIII; Empfehlungen der BAG der Landesjugendämter zur Adoptionsvermittlung

Anm: Die abgeleiteten Rechtsnormen (RVO und Satzung) sind *kursiv* gedruckt.

dem rangniedrigeren Recht vor, d.h. die rangniedrigere Norm ist nichtig, wenn sie gegen höherrangiges Recht verstößt. Zu beachten ist hier zunächst der unmittelbare Vorrang des europäischen Gemeinschaftsrechts (s. I-1.1.5). Im Hinblick auf den vielfach verkürzt-pauschal dargestellten Grundsatz des Art. 31 GG („Bundesrecht bricht Landesrecht") muss beachtet werden, dass diese Regelung nur dann relevant wird, wenn dem Bund für die entsprechende Frage nach dem Grundgesetz tatsächlich die Regelungskompetenz zusteht. Betrifft eine Materie allein die Regelungskompetenz der Länder, so wäre eine entsprechende Bundesnorm nicht höherrangig, sondern verfassungswidrig (z. B. im Bereich des Schulwesens als traditionelle Länderkompetenz). Nur im Bereich der konkurrierenden Gesetzgebung (Art. 72 Abs. 1, 7499) geht ein rechtmäßiges Bundesgesetz oder eine Rechtsverordnung den Länderrechtsnormen vor. Ländergesetze, die entgegen der verfassungsrechtlichen Kompetenzverteilung erlassen werden, sind ebenso verfassungswidrig (z. B. nachträgliche Sicherungsverwahrung; vgl. BVerfGE 2 BvR 834/02 v. 10.02.2004; vgl. auch IV-4.2). Bei Kollisionen gleichrangiger Vorschriften verdrängt das neuere Gesetz das ältere und die speziellere die allgemeine Norm.

1.1.4 Überblick über die Gebiete der deutschen Rechtsordnung

Konflikte sind normal und können in allen Lebensbereichen entstehen: Streitigkeiten innerhalb der Familie, im alltäglichen Handeln im Arbeitsleben, der Streit um die Mieterhöhung, der Unfall im Straßenverkehr usw. Die aus dem Konflikt resultierende rechtliche Fragestellung bestimmt, welches Rechtsgebiet innerhalb einer Rechtsordnung Anwendung findet.

Zur Verdeutlichung ein kleiner konstruierter Fall: Adam ist gemeinsam mit seiner Freundin Eva im Pkw auf dem Nachhauseweg. Beide sind verliebt, schauen sich oft in die Augen und unterhalten sich angeregt. Da sich Adam beim Fahren nicht voll auf den Verkehr konzentriert, verursacht er an einer Ampelkreuzung einen Auffahrunfall, bei dem Herr B. verletzt wird. Dieser kleine Fall wirft mehrere Fragen auf:

Wenn A. aus Unachtsamkeit einen Verkehrsunfall verursacht, bei dem B. verletzt wird, so beantwortet das Zivilrecht (s. Teil II) die Frage, ob A. dem B. Schadensersatz und Schmerzensgeld zu leisten hat und ggf. in welcher Weise und Höhe (§§ 823, 847 BGB, § 7 StVG). Sinn und Zweck ist hierbei der Ausgleich des (materiellen und ideellen) Schadens. Das Verwaltungsrecht (s. Teil III) bezweckt die Gefahrenkontrolle und befasst sich deshalb mit der Frage, ob sich A. durch sein Verhalten als ungeeignet zum Fahren von Kfz erwiesen hat und ob ihm die Fahrerlaubnis zu entziehen ist (§ 4 StVG). Das Strafrecht (s. Teil IV) klärt, ob A. sich anlässlich des Verkehrsunfalls strafbar gemacht hat und wie er ggf. zu sanktionieren ist.

Im deutschen Recht findet sich eine Vielzahl von unterschiedlichen Regelungsmaterien. Der Tradition des römischen Rechts folgend wird die deutsche Rechtsordnung unterteilt – siehe dazu auch Übersicht 5 – in das:

- **Privatrecht** (*ius privatum*): regelt die Beziehungen der einzelnen Bürger und anderer nichthoheitlich handelnder Rechtssubjekte (juristische Personen, z. B. Verein, GmbH; hierzu II-1.1) zueinander auf der Basis der Gleichordnung und Selbstbestimmung (hierzu II). Das BGB ist als „bürgerliches" Zivilrecht nur ein Teil des Privatrechts, andere privatrechtliche Rechtsnormen finden sich z. B. im

1.1.4 Überblick über die Gebiete der deutschen Rechtsordnung

Übersicht 5: Übersicht über das Rechtssystem der Bundesrepublik Deutschland

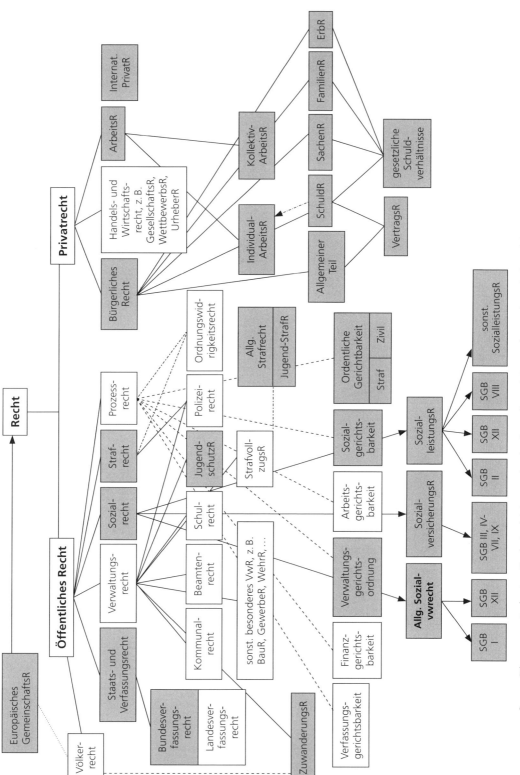

Anm.: Die grau unterlegten Rechtsgebiete werden in den „Grundzügen des Rechts" behandelt.

Handels- und Wirtschaftsrecht (z. B. HGB, GmbHG, Gewerbe-, Wettbewerbs-, Urheberrecht) sowie im Arbeitsrecht.
- **Öffentliches Recht** (*ius publicum*): regelt die Organisation des Staates und der mit Hoheitsgewalt ausgestatteten Rechtssubjekte (Körperschaften, Anstalten und öffentlich-rechtliche Stiftungen; hierzu I-4.1.2), die öffentliche Verwaltung und das von ihr angewandte Verfahren; es ordnet die Rechtsverhältnisse der Hoheitsträger untereinander und zu den Bürgern (hierzu III). Hierzu gehören insb. das Grundgesetz, sonstiges Staats- und Verwaltungsrecht, insb. die einzelnen Bücher des SGB, das Schulrecht, Polizeirecht sowie das gesamte Gerichtsverfassungs- und Verfahrensrecht auch der Zivilgerichtsbarkeit. Das häufig als eigenständiges Rechtsgebiet behandelte Strafrecht (IV) ist öffentliches Recht.

Abgrenzungstheorien

Eine Rechtsnorm ist öffentlich-rechtlicher Natur, wenn aus ihr zwingend ein Träger öffentlicher Verwaltung berechtigt oder verpflichtet ist. Privatrechtlich ist eine Norm, wenn der betreffende Rechtssatz für jedermann gilt (sog. moderne Subjektstheorie). Frühere gebräuchliche Abgrenzungskriterien (z. B. bei einem Über- und Unterordnungsverhältnis sei die Norm öffentlich-rechtlich, bei Gleichordnung privatrechtlich) sind für den modernen Rechtsstaat untauglich. Zum einen ist der Bürger kein Untertan und zum anderen sind viele Rechtsverhältnisse zwischen öffentlichen Trägern trotz ihrer Gleichordnung öffentlich-rechtlich ausgestaltet (z. B. Kostenerstattungsansprüche, öffentlich-rechtliche Verträge, z. B. über Gemeindegrenzen oder i. R. d. Daseinsvorsorge).

Verwaltungsprivatrecht

Die Abgrenzung zwischen öffentlichem Recht und Privatrecht kann gelegentlich schwierig sein. So nehmen Staat und Kommunen öffentliche Aufgaben (z. B. Verkehrs- und Versorgungsleistungen, Abfallentsorgung) nicht allein in klassisch hoheitlichen, sondern auch in privatrechtlichen Formen wahr. Man spricht dann von „Verwaltungsprivatrecht". Es finden zwar zunächst die zivilrechtlichen Regelungen Anwendung (z. B. Kaufrecht, Mietrecht) und bei Streitigkeiten ist deshalb der Zivilrechtsweg einzuschlagen. Andererseits darf der Staat – auch soweit er privatrechtlich handelt – seine hoheitliche Befugnis nicht ausnutzen, er kann sich nicht durch eine „Flucht ins Privatrecht" von der Geltung der Grundrechte befreien (vgl. z. B. BGH 24.09.2002 – KZR 4/01 – NJW 2003, 752 ff.). Zuletzt hat das BVerfG betont: „Von der öffentlichen Hand beherrschte gemischtwirtschaftliche Unternehmen in Privatrechtsform unterliegen ebenso wie im Alleineigentum des Staates stehende öffentliche Unternehmen, die in den Formen des Privatrechts organisiert sind, einer unmittelbaren Grundrechtsbindung." (1 BvR 699/06 – 22.02.2011). Deshalb ist die Verwaltung (auch derartiger Unternehmen) an die verfassungsrechtlichen Grundsatzentscheidungen und Verwaltungsgrundsätze (z. B. Sozialdatenschutz, Akteneinsichtsrecht, Kostendeckungsprinzip) gebunden (vgl. BGH NJW 1992, 171, 173). Aus diesem Grund steht es einem in privatrechtlichen Formen betriebenen kommunalen Versorgungsunternehmen nicht völlig frei, mit welchen Nutzern es Verträge schließt, sondern es ist verpflichtet, grds. allen Bürgern zu gleichen Bedingungen Versorgungsleistungen anzubieten (sog. Kontrahierungszwang).

Zwei-Stufen-Theorie

Gelegentlich werden öffentlich-rechtliche und privatrechtliche Handlungsformen miteinander verknüpft. So schließt sich auf der Grundlage einer öffentlichen

Entscheidung, z. B. über die Bewilligung einer Leistung („Ob"), ein privatrechtlicher Vertrag an, der das „Wie" der Leistung, also die Einzelheiten der Vergabe regelt. Nach dieser sog. Zwei-Stufen-Lösung/-Theorie richtet sich die Bewilligung der Leistung nach dem öffentlichen Recht, womit wieder v.a. die Grundrechte Geltung beanspruchen. Die Ausgestaltung der Rechtsbeziehung im Einzelnen erfolgt dann nach den privatrechtlichen Regelungen (z. B. Miet-, Darlehensvertrag).

Wichtig ist diese Unterscheidung zwischen öffentlichem Recht und Privatrecht vor allem zur Bestimmung des Rechtsweges bei Konflikten zwischen Verwaltungsträgern oder Bürgern und Verwaltung. Nur wenn eine öffentlich-rechtliche Regelung gegenüber dem Bürger getroffen worden ist, z. B. durch einen Leistungs- oder Gebührenbescheid oder einen anderen Verwaltungsakt (hierzu III-1.3.1), kann der betroffene Bürger den besonderen, für ihn in aller Regel günstigeren Verwaltungsrechtsweg beschreiten. Insbesondere besteht hier ein geringeres Kostenrisiko (z. B. ist das Verfahren in Jugendhilfe- und Sozialhilfeverfahren gerichtskostenfrei); zudem gilt im Verwaltungsgerichtsverfahren das Prinzip der Amtsermittlung, während der Beteiligte eines Zivilverfahrens selbst die Tatsachen und Beweise beibringen muss.

Rechtsweg

1.1.5 Europäisches Gemeinschafts- und Völkerrecht

1.1.5.1 Europäische Union und Europarecht

Grundlage der Europäischen Union waren die sog. Pariser Verträge von 1954 (durch die das Besatzungsstatut über Westdeutschland beendet und dieses in den militärischen WEU-Beistandspakt eingegliedert wurde) und die **„Römischen Verträge" zwischen Belgien, Deutschland, Frankreich, Italien, Luxemburg und den Niederlanden,** mit denen 1957 zunächst die Europäische Wirtschaftsgemeinschaft (EWG 1957) und die Europäische Atomgemeinschaft (Euratom/EAG) gegründet wurden, sowie der bereits 1951 geschlossene Vertrag über die Europäische Gemeinschaft für Kohle und Stahl (EGKS, sog. Montanunion). Durch den sog. **Maastricht-Vertrag** vom 07.02.1992 wurde der ergänzende EU-Vertrag zur politischen Zusammenarbeit geschlossen (eigentlicher Gründungsakt der Europäischen Union; zur Ratifikation des Maastrichter Vertrags vgl. BVerfG 2 BvR 2134, 2154/92 v. 12.10.1993 – E 89, 155). Einige Änderungen des EWG-Vertrages wurden vorgenommen (insb. Erweiterung der Gemeinschaftskompetenzen sowie institutionelle Änderungen, z. B. Einführung des Europäischen Währungsinstituts als Vorgängerinstitution der Europäischen Zentralbank, die am 01.06.1998 ihre Arbeit aufnahm, vgl. Art. 282 AEUV; zudem Festlegung der sog. Konvergenzkriterien zur Sicherung der Preisstabilität und Begrenzung des Haushaltsdefizits). Die Europäische Wirtschaftsgemeinschaft (EWG) wurde in Europäische Gemeinschaft (EG) umbenannt, ohne dass damit die drei Teilgemeinschaften aufgelöst wurden (der Vertrag zur Montanunion ist allerdings 2002 nach 50 Jahren außer Kraft getreten). Zu differenzieren war nun zwischen der **Europäischen Gemeinschaft** (EG) und der **Europäischen Union** (EU), wobei sich Letztere als – im Unterschied zur EG noch nicht rechtsfähige – „Dachorganisation" auf die EG, aber

Europäische Verträge

auch auf die zwischenstaatliche polizeiliche und justizielle Zusammenarbeit im Strafrechtsbereich (PJZS) sowie die Gemeinsame Außen- und Sicherpolitik (GASP) stützte (sog. Drei-Säulen-Modell; vgl. Haltern 2007, 56).

Europäische Union Allerdings waren mit dieser Struktur wesentliche inhaltliche Fragen wie z. B. die Entscheidungsmechanismen oder die Frage einer Unionsbürgerschaft nicht geklärt worden; das Legitimitätsdefizit des Europäischen Parlaments blieb bestehen. Auch die Bemühungen zugunsten einer gemeinsamen Sozialpolitik waren bis dahin gescheitert (vgl. Haltern 2007, 57). Mit dem **Vertrag von Amsterdam** 1997 wurden die Mitwirkungsbefugnisse des Europäischen Parlaments erweitert (z. B. Zustimmung bei der Ernennung des Kommissionspräsidenten), im Hinblick auf eine zu koordinierende Außenpolitik wurde das Amt des Hohen Vertreters für die gemeinsame Außen- und Sicherheitspolitik (GASP) eingeführt, wichtige Schritte zu einer institutionellen Reform der EU aber vertagt. Mit dem **Vertrag von Nizza** 2001 beauftragten die Mitgliedstaaten einen Konvent zur Schaffung einer europäischen Verfassung inklusive der bereits in Nizza feierlich verabschiedeten, aber noch nicht rechtlich verbindlichen Grundrechtecharta. Allerdings scheiterte der Verfassungsvertrag nach den ablehnenden Referenden in Frankreich und den Niederlanden.

Nicht zuletzt wegen der verfassungsrechtlichen Problematik und nationalen Vorbehalte etablierte sich Europa weniger als Gemeinschaft der Bürger, sondern eher als gemeinschaftlicher Wirtschaftsraum. Im Alltag besonders sichtbar war die Einführung des Euro am 01.01.2002 (vgl. auch Art. 3 Abs. 3 EUV). Mittlerweile (2014) ist der Euro das offizielle Zahlungsmittel in 18 der 28 EU-Staaten (zuletzt ab 2014 auch Lettland) und 6 weiteren Staaten (Andorra, San Marino, Monaco, Vatikanstaat, Kosovo, Montenegro).

Die „Verfassung" der Europäischen Union Mit dem am 13.12.2007 unterzeichneten **Lissabon-Vertrag** wurden die ursprünglichen EG- und EU-Verträge geändert und ein einheitlicher europäischer Rechtsrahmen geschaffen, wobei wesentliche Inhalte des gescheiterten EU-Verfassungsvertrages übernommen wurden, ohne den neuen Vertrag als Verfassung zu bezeichnen. Der seit Maastricht bestehende „Vertrag über die Europäische Union" (**EUV**) wurde damit zum **Grundlagenvertrag**, der die Ziele und Grundsätze und die Organe der Europäischen Union (EU) beinhaltet. Der noch aus dem Jahr 1957 stammende „Vertrag über die Gründung der Europäischen Union" (erst EWGV, später EGV) ist in den „**Vertrag über die Arbeitsweise der Europäischen Union**" (**jetzt AEUV**) überführt worden, der die konkreten Aufgaben und Maßnahmen der EU-Organe und die Politikfelder der EU im Einzelnen regelt (von Boetticher in Münder 2011, 129 f.). Die Europäische Gemeinschaft hat damit aufgehört zu existieren, ihre Zuständigkeiten wurden auf die EU übertragen, die damit eine **eigene Rechtspersönlichkeit** erhielt und seitdem als Völkerrechtssubjekt in eigenem Namen handeln kann.

Zuständigkeit der EU Im Unterschied zu einem souveränen Staat besitzt die EU aber nur die **Kompetenzen**, die ihr von den Mitgliedstaaten übertragen wurden (sog. Prinzip der begrenzten Einzelermächtigungen, Art. 5 Abs. 2 EUV). Darüber hinaus hat sie das **Subsidiaritätsprinzip** (also den Grundsatz, nur solche Aufgaben wahrzunehmen, die nur auf einer übergeordneten Ebene sinnvoller umsetzbar sind als auf lokaler, regionaler oder nationaler Ebene) und den **Verhältnismäßigkeitsgrundsatz** (vgl.

I-2.1.2.2) zu beachten (Art. 5 Abs. 3 und 4 EUV). Art. 2 ff. des Vertrages über die Arbeitsweise der Europäischen Union (AEUV) unterscheidet zwischen ausschließlichen, geteilten und unterstützenden Zuständigkeiten. So ist die EU u. a. für die Handelspolitik und Zollunion ausschließlich zuständig; die Zuständigkeiten z. B. für den Binnenmarkt, für Landwirtschaft und Fischerei, Energie und Verkehr, Umwelt und Verbraucherschutz sowie Teile der Sozialpolitik (Art. 151 AEUV) sind zwischen der EU und den Mitgliedstaaten geteilt, d. h. soweit die Union nicht tätig wurde, können die Mitgliedstaaten Gesetze erlassen (vgl. in Deutschland das Modell der konkurrierenden Gesetzgebung zwischen Bund und Ländern nach Art. 72 Abs. 1, 74 GG). Unter anderem in der Gesundheits-, Industrie- und Bildungspolitik sowie im Katastrophenschutz ist die EU auf Unterstützungsmaßnahmen beschränkt (vgl. Art. 6 AEUV). Soweit der EU eine Zuständigkeit zukommt, besitzt sie auch die Rechtsetzungskompetenz. Die Außen- und Sicherheitspolitik (bislang GASP) gilt weiterhin als sog. intergouvernementaler Bereich, d. h. die Entscheidungskompetenz verbleibt bei den Mitgliedsstaaten und die EU kann nur Leitlinien durch einstimmigen Beschluss festlegen (vgl. Art. 24 EUV). Die polizeiliche und justizielle Zusammenarbeit (früher PJZS) wurde intensiviert und mit der bereits 2002 gegründeten Eurojust eine eigene Justizbehörde zur Unterstützung der grenzüberschreitenden Strafverfolgung eingerichtet (Art. 85 AEUV, s. IV-1.3).

Der Vertrag von Lissabon ist ein weitgehender Schritt zur **europäischen Integration**, haben doch die Staaten auf einen Teil ihrer nationalen Souveränität verzichtet (für Deutschland vgl. Art. 23 Abs. 1 S. 2 GG) und die Union mit eigenen, von den Mitgliedstaaten unabhängigen Machtbefugnissen ausgestattet. Gerade deshalb war der Lissabon-Vertrag in einigen Mitgliedstaaten, vor allem in Großbritannien, äußerst umstritten. Nach dem Urteil des BVerfG entspricht der EU-Vertrag, auch i. d. F. des Vertrages von Lissabon, den Vorgaben des Grundgesetzes, allerdings müsse durch entsprechende Begleitgesetze bei der Ratifizierung sichergestellt werden, dass die Beteiligungsrechte von Bundestag und Bundesrat sowie der Bundesländer gewahrt bleiben (BVerfG 2 BvE 2/08 et al. – 30.06.2009). Nachdem Tschechien als letzter Mitgliedstaat die Ratifizierungsurkunde im November 2009 hinterlegt hatte, konnte der Vertrag von Lissabon am 01.12.2009 in Kraft treten. Der EU fehlt allerdings die einen Staat kennzeichnende Allzuständigkeit und die Befugnis, sich selbst neue Zuständigkeiten zu verschaffen (sog. Kompetenz-Kompetenz). Sie ist daher noch kein staatlicher Verband, sondern ein zwischen diesen traditionellen Modellen von Staatenverbindungen einzuordnender Herrschaftsverband oder **Staatenverbund** (sog. supranationale Organisation; vgl. Borchardt 2010, 36; BVerfG 2 BvR 2134, 2154/92 – 12.10.1993 – Rz. 112), mit nunmehr – nach dem Beitritt Kroatiens zum 01.07.2013 – 28 Mitgliedstaaten und einer Bevölkerung von mehr als 500 Mio. Menschen.

Die Hauptakteure im institutionellen System der EU sind die Organe der EU (Art. 13 EUV), insb. das Europäische Parlament, der Europäische Rat sowie der (sog. Minister-)Rat der Europäischen Union, die Europäische Kommission, der Gerichtshof der EU (EuGH, hierzu I-5.1), die Europäische Zentralbank sowie der Europäische Rechnungshof (vgl. Borchardt 2010, 47 ff.; Schulze et al. 2010, 41 ff.). Im Zusammenspiel der Institutionen der EU stärkte der Lissabon-Vertrag

Organe der EU

durch das Budgetrecht sowie die Zuständigkeit für die Wahl des Kommissionspräsidenten (Art. 14 EUV) die Befugnisse des **Europäischen Parlaments** im Rahmen der Mitwirkung an der Gesetzgebung. Während das EU-Parlament ursprünglich nur ein Beratergremium war, wurde es nun ein (Mit-)Entscheidungsorgan, welches unmittelbar durch die Bürger der Union demokratisch legitimiert ist. Das Europäische Parlament besteht aus einer Kammer mit bis zu 750 Abgeordneten, die alle fünf Jahre (zuletzt am 25.05.2014) in allgemeiner, unmittelbarer, freier und geheimer Wahl gewählt werden (Art. 14 Abs. 3 EUV). Die Anzahl der Parlamentarier aus den einzelnen Mitgliedstaaten hängt von deren Bevölkerungszahl ab, beträgt jedoch mindestens sechs (Luxemburg, Malta, Zypern) und maximal 96 Sitze (Deutschland) pro Mitgliedstaat (Art. 14 Abs. 2 EUV). Das EU-Parlament wird (wie die EU insgesamt) für vieles kritisiert, was es nicht selbst zu verantworten hat (z. B. begrenzte Entscheidungskompetenz, hohe Kosten und Bürokratie aufgrund der drei Standorte [zwei Plenarsäle in Straßburg und Brüssel sowie ein Generalsekretariat in Luxemburg]). Zudem wird es von den nationalen Regierungen oft für nationale Themen missbraucht und musste sich seine Zuständigkeiten geradezu erkämpfen. In den letzten Jahren war es vor allem dem EU-Parlament zu verdanken, dass Regelungen zugunsten des Verbraucherschutzes nicht weiter ausgehöhlt wurden, z. B. die von der Kommission initiierte Privatisierung der kommunalen Wasserversorgung, die Aushöhlung des internationalen Urheberschutzes durch das sog. Acta-Abkommen abgewehrt und eine einheitliche Bankenaufsicht geschaffen werden konnte. Anders als die nationalen Regierungen und Parlamente versucht das EU-Parlament zumindest, die Abhörpraktiken von NSA und britischen Geheimdiensten zu untersuchen.

Der **Europäische Rat**, dem die Staats- und Regierungschefs sowie die Präsidenten von Parlament und Kommission angehören (Art. 15 EUV), hat einen eigenen Präsidenten (seit Dez. 2009, bestätigt bis Nov. 2014: Herman van Rompuy) und ist verantwortlich für die grundlegenden politischen Zielvorstellungen und Prioritäten der EU (z. B. Erweiterung der Union durch den Beitritt neuer Mitglieder), er wird aber nicht gesetzgeberisch tätig. Zusammen mit dem **Rat der EU** der Fachminister der Mitgliedstaaten (informell sog. **Ministerrat**) bildet er die eigentliche Regierung der EU, wobei der Ministerrat – zusammen mit dem Europäischen Parlament – gleichzeitig auch als **Legislativorgan** der EU fungiert (Art. 16 EUV). Während die Beschlussfassung im Europäischen Rat weiterhin grds. dem Konsensprinzip folgt (bei Personalentscheidungen qualifizierte Mehrheit), wird das Verfahren zur Beschlussfassung im Ministerrat bis 2017 schrittweise dem Grundsatz der sog. qualifizierten, „doppelten" Mehrheit weichen. Derzeit benötigt man im Ministerrat für eine Mehrheit knapp 74 % der Stimmen, wobei ein Mitgliedstaat zudem verlangen kann, dass diese Mehrheit gleichzeitig mindestens 62 % der Bevölkerung der EU repräsentiert. Ab 01.11.2014 ist die qualifizierte Mehrheit erreicht, wenn mindestens 55 % der Mitgliedstaaten, die mindestens 65 % der Bevölkerung der EU repräsentieren, den Gesetzgebungsvorschlag unterstützen. Ab 01.04.2017 betragen die Anteile 55 % der Mitgliedstaaten und 55 % der Bevölkerung. Weiterhin einstimmig werden allerdings u. a. alle Fragen der Außen- und Sicherheitspolitik (GASP) und der Steuern entschieden. Hintergrund für diese komplizierten und differenzierten Abstimmungsregeln ist zum einen der jeweils damit verbundene Verlust von Mitsprachemöglichkeiten bezüglich Regelungen, die gleichwohl im eigenen Land verbindlich gelten, zum anderen die Sorge der kleineren Mitgliedstaaten vor einer erdrückenden Dominanz durch die großen Mitgliedstaaten.

Die **Europäische Kommission** (Art. 17 EUV) mit Sitz in Brüssel, die sich aus je einem (nicht von den nationalen Regierungen weisungsabhängigen) „Kommissar" aus den 28 Mitgliedsländern zusammensetzt (zum Auswahlverfahren s. Art. 244 AEUV), hat im Wesentlichen exekutive Aufgaben, ohne schon als eigenständige Regierung gelten zu können. Sie hat allerdings das Initiativrecht zur Unionsgesetzgebung (Art. 17 Abs. 2 EUV, mitunter sogar die Verpflichtung; vgl. Art. 241 AEUV) und verfügt darüber hinaus über punktuelle, „abgeleitete" Rechtssetzungsbefugnisse (Art. 290 AEUV). Die Kommission führt den Haushaltsplan der Union aus und verwaltet die EU-Programme. Darüber hinaus überwacht sie die Anwendung des Unionsrechts unter der Kontrolle des Europäischen Gerichtshofs (hierzu I-5.1.2). Schließlich vertritt die Kommission die EU in internationalen Organisationen. Hierzu besitzt sie einen Präsidenten mit Richtlinienkompetenz (zuletzt bis 2014 José Manuel Barroso) sowie als ersten (von sieben) Vizepräsidenten den sog. Hohen Vertreter der Union für Außen- und Sicherheitspolitik, der somit eine Doppelzuständigkeit hat (Art. 17 f. EUV; seit 2009: Catherine Ashton). Nach Art. 17 Abs. 7 EUV wird das im Mai 2014 neu gewählte EU-Parlament erstmalig den (vom Europäischen Rat vorgeschlagenen) Präsidenten der Europäischen Kommission wählen.

Die EU ist nicht zu verwechseln mit dem bereits 1949 statuierten **Europarat** (*Conseil de l'Europe*) mit Sitz in Straßburg, dessen Aufgabe sich auf eine engere Zusammenarbeit seiner – über die EU hinausreichenden – derzeit 47 Mitglieder beschränkt. Hierbei fördert er den wirtschaftlichen wie sozialen Fortschritt sowie die europäischen Ideale (vgl. insb. die Konvention zum Schutze der Menschenrechte und Grundfreiheiten – EMRK – und die Europäische Sozialcharta, s. u.).

Europarat

Als **Recht der Europäischen Union** oder schlicht Europarecht bezeichnet man die Gesamtheit des Europäischen Gemeinschaftsrechts (EU-Recht) und der sonstigen im Bereich der EU geltenden Rechtsnormen (z. B. der weiter bestehenden, auf der vormaligen Grundlage der PJZS entstandenen, intergouvernementalen Rechtsnormen; vgl. Schulze et al. 2010, 32 ff.). Durch die der EU übertragenen Rechtssetzungsbefugnisse und gefördert durch die Rechtsprechung des EuGH konnte sich eine eigene **autonome Rechtsordnung** entwickeln. Das EU-Recht wird in das sog. primäre und sekundäre Gemeinschaftsrecht unterteilt. Das **EU-Primärrecht** besteht aus den genannten (Gründungs-)Verträgen (heute EUV und AEUV, die zusammen mit der EU-Grundrechtecharta [s. u.] das Fundament der EU bilden) sowie den Änderungsverträgen (zuletzt Vertrag von Lissabon 2007) mit Anhängen und sog. Protokollen sowie den Beitrittsakten, die in Deutschland jeweils nach Ratifizierung durch den Gesetzgeber (Bundestag und Bundesrat) wie auch in den anderen Mitgliedsländern der EU in Kraft traten. Das **sekundäre Gemeinschaftsrecht** sind die Rechtsnormen, die darauf basieren und von den Organen der EU (Ministerrat und Europäisches Parlament unter Mitwirkung der Kommission) er-

Europarecht

EU-Verordnungen lassen werden. Art. 288 AEUV unterscheidet zwischen Verordnungen, Richtlinien, Beschlüssen, Empfehlungen und Stellungnahmen. **EU-Verordnungen** (ältere VO bzw. RL aus den Zeiten der EWG bzw. EG behalten ihre alte Bezeichnung) haben allgemeine Geltung und sind – wie das über die Programmsätze hinausreichende primäre Gemeinschaftsrecht – in allen ihren Teilen in jedem Mitgliedstaat unmittelbar verbindlich (Gesetzescharakter, vgl. Art. 288 Abs. 2 AEUV). Verordnungen werden in der Regel auf Vorschlag der Europäischen Kommission vom Rat der EU und dem Europäischen Parlament im sog. ordentlichen Gesetzgebungsverfahren erlassen und im Amtsblatt der EU veröffentlicht.

Von besonderer sozialrechtlicher Bedeutung war die VO EWG 1408/71 v. 14.06.1971 über die Anwendung der Systeme der sozialen Sicherheit auf Arbeitnehmer und Selbstständige sowie deren Familienangehörige, die am 01.05.2010 durch die VO EG 883/2004 i.V.m. der VO EG 987/2009 abgelöst wurde. Zwar ist es allein Sache der Mitgliedstaaten, Art und Voraussetzungen der Sozialleistungsansprüche zu regeln, die VO EG 883/2004 stellt aber u. a. sicher, dass man bei einem Wechsel in einen anderen Mitgliedstaat seinen Krankenversicherungsschutz und seine Rentenansprüche nicht verliert (Zusammenrechnung von Beschäftigungs- und Versicherungszeiten).

Die sog. Brüssel- bzw. Rom-Verordnungen I, IIa und III regeln die Zuständigkeit von Gerichten und Behörden in der EU. Die sog. Brüssel-I-VO vom 22.12.2000 (EuGVO, EG-VO Nr. 44/2001) regelt die **internationale Zuständigkeit der Gerichte** gegenüber einem Beklagten, der seinen Wohnsitz in einem Mitgliedstaat der EU hat, sowie die Anerkennung und Vollstreckung von Entscheidungen in Zivil- und Handelssachen aus anderen Mitgliedstaaten. Die EuGVO wurde im Bereich des Ehe- und Kindschaftsrechts durch die Brüssel-IIa-Verordnung (EuEheVO) vom 27.11.2003 (in Deutschland seit dem 01.03.2005 in Kraft) ergänzt. Seit dem 21.06.2012 gilt die sog. Rom-III-Verordnung in 14 der Mitgliedstaaten (u. a. in Deutschland), nach der im Hinblick auf das anzuwendende Recht künftig stärker an den gewöhnlichen Aufenthalt und nicht vorrangig die Staatsangehörigkeit angeknüpft wird (hierzu I-1.1.6). Auf dem Gebiet der gemeinsamen europäischen Asylpolitik ist insb. auf die (politisch umstrittene) sog. Dublin-III-Verordnung von 2013 zu verweisen, die seit dem 01.01.2014 unmittelbar anzuwendendes Recht ist und nach der u. a. grds. derjenige EU-Mitgliedstaat für ein Asylverfahren zuständig ist, in dem zuerst ein Gebietskontakt bestand bzw. Asylantrag gestellt wurde (hierzu IV-3.2).

EU-Richtlinien Im Unterschied zu den EU-Verordnungen umreißen die EU-Richtlinien zunächst nur einen gesetzlichen Rahmen und verpflichten die nationalen Gesetzgeber zu einem Transformationsakt, durch den das nationale Recht an die jeweilige Richtlinie angepasst wird (Art. 288 Abs. 2 AEUV). Die EU-Richtlinien (früher EWG- bzw. EG-Richtlinien) richten sich deshalb zunächst nur an die Mitgliedstaaten, die bei ihrer Umsetzung in Abhängigkeit vom Inhalt einen gewissen Gestaltungsspielraum haben, wobei sie zur Umsetzung innerhalb einer bestimmten Frist – i. d. R. von 2 Jahren – verpflichtet sind. Neben dem Abbau von Handelshemmnissen haben die Richtlinien häufig eine verbraucherschützende Zielsetzung (z. B. im Hinblick auf Produkthaftung, Verbraucherverträge gem. §§ 305 BGB, hierzu

II-1.3.1.1; Verbrauchsgüterkauf gem. §§ 474 ff. BGB, hierzu II-1.3.1; Verbraucherkredite und Fernabsatzverträge gem. §§ 355 BGB) und etablieren europaweite Sicherheits- und Gesundheitsstandards (insb. in arbeitsrechtlicher Hinsicht, hierzu V-3). Für den Bereich der Sozialen Arbeit besonders bedeutsam waren/sind z. B.

- 79/7/EWG v. 19.12.1978 zur schrittweisen Verwirklichung des Grundsatzes auf Gleichbehandlung von Männern und Frauen im Bereich der sozialen Sicherheit;
- 93/104/EG vom 23.11.1996: sog. Arbeitszeitrichtlinie (Auswirkungen auf den Schwerbehindertenzusatzurlaub aus § 125 Abs. 1 S. 1 SGB IX; BAG, 23.03.2010 – 9 AZR 128/09);
- 97/81/EG vom 15.12.1997 (Teilzeitarbeit) und Richtlinie 2000/78/EG vom 27.11.2000 zum Schutz vor Diskriminierung wegen des Alters; vgl. hierzu EuGH, 19.01.2010 – C-555/07 und BVerwG, 25.03.2010 – 2 C 72.08);
- 2000/43/EG vom 29.06.2000 sog. Antirassismus-Richtlinie sowie die Gender-Richtlinien 2002/73/EG und 2004/113/EG wurden durch das Allgemeine Gleichbehandlungsgesetz vom August 2006 (AGG) bislang nur teilweise umgesetzt (vgl. I-2.1.2.4 u. IV-3.2);
- 2008/52/EG vom 21.05.2008 über bestimmte Aspekte der Mediation in Zivil- und Handelssachen (hierzu I-6.2);
- 2013/11/EU vom 21.05.2013 über Formen der alternativen Beilegung verbraucherrechtlicher Streitigkeiten (umzusetzen bis 09.07.2015)

Heftig umstritten war die RL 2006/24/EG über die Vorratsdatenspeicherung (s. a. I-2.2.5, III-1.2.3), durch die nationale Vorschriften der EU-Mitgliedstaaten zur Speicherung von Telekommunikationsdaten zugunsten einer effektiven Strafverfolgung vereinheitlicht werden sollten. In Deutschland war diese Richtlinie aufgrund des Widerstands der Bundesjustizminister/-in bis ins Jahr 2014 nicht umgesetzt worden, weshalb Deutschland von der EU-Kommission wegen Nichtumsetzung unter Androhung einer Millionenstrafe vor dem EuGH verklagt wurde. Allerdings hat der EuGH aufgrund einer Vorlage der obersten Gerichte in Irland und Österreich im April 2014 in einem geradezu historischen Urteil die RL für ungültig erklärt, weil die anlasslose Vorratsdatenspeicherung die Grundrechte auf Datenschutz und Achtung der Privatsphäre verletzt und gegen das Gebot der Verhältnismäßigkeit verstößt (EuGH C-293/12 u. C-594/12 – 08.04.2014; s. a. I-5 u. III-1.2.3).

Im Hinblick auf die **Terminologie** und zur Abgrenzung möchten wir auf den von der traditionellen deutschen Rechtssprache verschiedenen Gebrauch der Begriffe hinweisen. **EU-Verordnungen** sind keine „abgeleiteten" Rechtsquellen wie die deutsche Rechtsverordnung (I-1.1.3.3), sondern haben originären Gesetzescharakter mit Vorrang vor dem gesamten nationalen Recht. Auch die **EU-Richtlinien** (Art. 288 Abs. 3 AEUV) haben den Charakter von Rechtsnormen, sind verbindlich und nicht nur verwaltungsinterne Regelungen. Sie müssen allerdings durch ein Gesetz (im materiellen Sinn; nicht ausreichend ist eine Verwaltungsvorschrift) in nationales Recht umgesetzt werden. Wird diese Anpassung der EU-RL in nationales Recht versäumt, können sich aus den EU-Richtlinien unter bestimmten, vom

EU-Beschlüsse EuGH näher konkretisierten Voraussetzungen auch unmittelbare Rechtswirkungen ergeben. Sogar eine Schadensersatzpflicht wegen mangelnder Umsetzung zum Schaden der Bürger kann die Folge sein. **EU-Beschlüsse**, z. B. bei Personal- oder anderen (z. B. wettbewerbsrechtlichen) Einzelfallentscheidungen, z. B. der EU-Kommission oder Sanktionen des EU-Ministerrats (z. B. im Defizitverfahren nach § 126 Abs. 9 und 11 AEUV) sind in allen ihren Teilen für die jeweiligen Adressaten verbindlich (vgl. Art. 288 Abs. 4 AEUV), sie entsprechen funktional dem deutschen Verwaltungsakt (hierzu III-1.3.1.2). Dagegen sind Empfehlungen und Stellungnahmen nicht verbindlich (vgl. Art. 288 Abs. 5 AEUV).

Supranationales Recht Das Unionsrecht bildet eine eigenständige, **originär europäische Rechtsordnung** (sog. supranationales Recht; vgl. Borchardt 2010, 89 ff.). Das Europarecht beeinflusst die (nationale) Rechtspraxis nicht nur im öffentlichen Auftrags- und Subventionsrecht, Außenwirtschaftsrecht, dem Kartell- oder Verbraucherrecht; die europäischen Vorgaben wirken auch in Sachgebiete hinein, die traditionell dem nationalen Recht vorbehalten waren, z. B. Kaufrecht, Arbeitsrecht, Zivilprozessrecht oder die polizeiliche oder strafrechtliche Sozialkontrolle. Mithin ergibt sich ein **Dualismus von Unionsrecht und dem nationalen Recht** der Mitgliedstaaten; das Verhältnis der beiden zueinander ist nicht ganz einfach. Das Primärrecht und das auf der Grundlage des EU-Vertrages erlassene Sekundärrecht verdrängen, soweit sie unmittelbar gelten (also auch EU-Verordnungen), entgegenstehendes nationales Recht jeder Art und Form, also auch Verfassungsrecht (vgl. bereits EuGH 26/20 v. 05.02.1963 van Gend & Loos; EuGH 6-64 v. 15.07.1964 – Costa/ENEL). EU-Richtlinien formen das deutsche Recht, bei dessen Anwendung im Übrigen stets eine unionskonforme Auslegung geboten ist. Die Missachtung des EU-Rechts kann unter bestimmten Voraussetzungen zu Amtshaftungsansprüchen führen (Schulze et al. 2010, 38). Der **Vorrang des Unionsrechts** soll nach der Rechtsprechung des BVerfG jedoch nicht absolut gelten, sondern nur „solange" das Handeln der Unionsgewalt nicht offensichtlich und „hinreichend qualifiziert" kompetenzwidrig ist („ultra vires" – „ohne Vollmacht") und zu einer strukturell bedeutsamen Verschiebung im Kompetenzgefüge zwischen Mitgliedstaaten und der EU führt. Das BVerfG selbst beansprucht diesen Kontrollvorbehalt, wobei es sich allerdings selbst sehr enge Beschränkungen auferlegt (zur sog. Ultra-Vires-Kontrolle vgl. BVerfG 2 BvR 2661/06 v. 06.07.2010). Damit hat das BVerfG seine Rechtsprechung der berühmten „Solange"-Entscheidungen von 1974 und 1986 konkretisiert, nach denen es eine Prüfungskompetenz von EU-Recht beansprucht hatte, „solange der Integrationsprozess der Gemeinschaft nicht so weit fortgeschritten ist, dass das Gemeinschaftsrecht auch einen vom Parlament beschlossenen … Katalog von Grundrechten enthält, der dem Grundrechtskatalog des GG adäquat ist" (BVerfGE 37, 271, 185 – 2 BvL 52/71 v. 29.05.1974). Schon in der zweiten Solange-Entscheidung tendierte das BVerfG mit Blick auf den Grundrechtsstandard zu einer EU-Recht-freundlichen Haltung (BVerfGE 73, 339, 375 – 2 BvR 197/83 v. 22.10.1986). Nach „Lissabon" scheint es den Vorrang des EU-Rechts mit Ausnahme extremer Kompetenzverletzungen zu akzeptieren, ja positiv zu befürworten, obwohl gerade die demokratische Legitimation des EU-Rechts vor allem mangels der weiterhin begrenzten Wirkungsmöglichkeiten des EU-

Parlaments (zur Wahl des EU-Kommissionspräsidenten durch das EU-Parlament nach Art. 17 Abs. 7 EUV, s. o.) immer noch umstritten ist (BVerfG 2 BvE 2/08 u. a. v. 30.06.2009).

Das entscheidende Kriterium ist also der **Schutz der Grundrechte** der EU-Bürger am Maßstab des Grundgesetzes (hierzu I-2.2). Deshalb ist es von besonderer Bedeutung, dass die EU-Grundrechtecharta von 2000 (hierzu Jarass 2010), die noch als Teil der ursprünglich geplanten EU-Verfassung gescheitert war (s. o.), aufgrund des Lissaboner Vertrages zwar nicht erweitert, aber doch zumindest in der am 12.12.2007 in Straßburg angepassten Fassung als unmittelbar geltendes EU-Recht anerkannt wurde (Art. 6 Abs. 1 EUV; eingeschränkter Geltungsbereich, sog. *opt-out* für Großbritannien, Polen und Irland). Nach Auffassung des EuGH gehörten die Grundrechte der Mitgliedstaaten ohnehin zu den allgemeinen Grundsätzen des Gemeinschaftsrechts (EuGH NJW 1989, 3080). Art. 53 der Grundrechtecharta weist zudem mit Blick auf das Schutzniveau darauf hin, dass keine Bestimmung der Grundrechtecharta im Sinne einer Verschlechterung der durch die nationalen Verfassungen begründeten rechtlichen Stellung der Bürger ausgelegt werden darf. Darüber hinaus hat sich die EU verpflichtet, der Europäischen Menschenrechtskonvention (EMRK, s. I-1.1.5.2) beizutreten.

EU-Grundrechtecharta

Teile des europäischen Rechts haben (nicht nur) für den Bereich der Sozialen Arbeit eine besondere Bedeutung. Die Angehörigen der EU-Staaten haben im EU-Raum (also auch in Deutschland) im Wesentlichen dieselben Rechte, was sich insb. aus dem **Diskriminierungsverbot** (Art. 18 AEGV) und dem Recht auf Freizügigkeit ergibt. Unter **Freizügigkeit** wird dabei Unterschiedliches verstanden, insb. geht es um die Arbeitnehmerfreizügigkeit (Art. 45 AEUV) und die Niederlassungsfreiheit (Art. 49 AEUV) sowie um die Freiheit des Dienstleistungs- (Art. 56 AEUV) und Kapitalverkehrs (Art. 63 ff. AEUV). Der Freizügigkeitsgedanke, zunächst vor allem auf die Bedürfnisse der Wirtschaft zugunsten eines einheitlichen europäischen Binnenmarktes ausgerichtet, führt im Alltagsleben vieler Unionsbürger zu erheblichen Erleichterungen und zu modernen Wanderungsbewegungen (zu rechtlichen Fragen der Migration s. III-7.2.1). Während die Staatsangehörigen der ursprünglichen Mitgliedstaaten der EU (Belgien, Dänemark, Deutschland, Finnland, Frankreich, Griechenland, Großbritannien, Irland, Italien, Luxemburg, Niederlande, Österreich, Portugal, Spanien, Schweden) ein grds. uneingeschränktes Recht der Freizügigkeit (insb. Niederlassungs- und Arbeitnehmerfreizügigkeit) im gesamten Gebiet der EU besitzen, bestanden für die Staatsangehörigen der neuen Mitgliedstaaten mit Ausnahme von Zypern und Malta übergangsweise Sonderregelungen. Diese gelten derzeit nur noch für Kroatien, für dessen Staatsbürger die Arbeitnehmerfreizügigkeit zunächst bis zum 30.06.2015, längstens jedoch bis zum 30.06.2020, insoweit eingeschränkt ist, als eine Arbeitsgenehmigung-EU benötigt wird. Im Übrigen haben Unionsbürger und ihre Familienangehörigen nach § 2 FreizügG/EU das Recht auf Einreise und das Recht auf Aufenthalt in Deutschland.

Recht auf Freizügigkeit

Ursprünglich nur völkerrechtlich verbindlich (s. I-1.1.5.2), wurden mit den Schengener Abkommen (I von 1985, II von 1990) die stationären Personenkontrollen

Schengener Abkommen

(also nicht die Zollkontrollen) an den **Binnengrenzen** abgeschafft und gleichzeitig an den **Außengrenzen** der Mitgliedstaaten einheitliche Standards (einheitliche Einreisevoraussetzungen für Drittausländer, Intensivierung der grenzüberschreitenden Zusammenarbeit der Polizei, elektronischer Fahndungsverbund) geschaffen. Dies führt einerseits zu Erleichterungen im Reiseverkehr der EU-Bürger, andererseits aber auch zu einer verstärkten Sicherung und Abschottung des EU-Gebiets vor der als bedrohlich angesehenen illegalen Einwanderung (vgl. auch Art. 3 Abs. 2 EUV). Mittlerweile ist der sog. Schengener Besitzstand in den meisten Mitgliedstaaten geltendes EU-Recht (nicht in Großbritannien und Irland; in Dänemark gilt „Schengen" als völkerrechtliche Verpflichtung). Darüber hinaus sind dem Schengener Abkommen weitere Nicht-EU-Staaten beigetreten (z. B. Norwegen, Island und die Schweiz). Auswirkungen hat „Schengen" insb. für das **Ausländer-/Zuwanderungs- und Asylrecht** (vgl. III-8) sowie das **Strafverfahrensrecht** (IV-1.3). Rahmenbeschlüsse, die auf der Grundlage der Bestimmungen des EU-Vertrages über die PJZS ergangen waren, verdrängen allerdings nationales Recht wohl nicht (str.; zum sog. Europäischen Haftbefehl vgl. BVerfG 18.07.2005 – 2 BvR 2236/04). Dieses wird allerdings z.T. aufgrund europäischer Vereinbarungen angepasst. So trat z. B. am 28.10.2010 das EuGeldG in Kraft, welches für Deutschland die grenzüberschreitende Vollstreckung insb. von Geldstrafen und Geldbußen in der Europäischen Union regelt und damit einen entsprechenden europäischen Rahmenbeschluss umsetzt.

Europäisches Sozialrecht

Obwohl die EU primär auf eine Wirtschafts- und Währungsunion ausgerichtet war und zu guten Teilen auch noch ist, ist sie als stabilisierender Faktor für Frieden, Demokratie, Freiheit, Rechtsstaatlichkeit und Menschenrechte (vgl. auch Art. 2 und 3 EUV) nicht hoch genug einzuschätzen. Ziel der EU-Regelungen sind vor allem die Sicherung des freien Warenverkehrs (Art. 28 AEUV), des freien Wettbewerbs (Art. 101 AEUV) und das Diskriminierungsverbot im Hinblick auf EU-Bürger (Art. 18 AEUV). Das **Sozialrecht** bleibt dagegen im Wesentlichen die Domäne der Mitgliedstaaten. Mittlerweile kann man aber durchaus von einem Europäischen Sozialrecht sprechen (vgl. Eichenhofer 2013; Fuchs 2012; Schrammel/Winkler 2010; Waltermann 2012, 41 ff.). Immerhin setzt sich die EU zum Ziel, soziale Ausgrenzung und Diskriminierungen zu bekämpfen sowie soziale Gerechtigkeit und sozialen Schutz, die Gleichstellung von Frauen und Männern, die Solidarität zwischen den Generationen und den Schutz der Rechte des Kindes zu fördern (Art. 3 Abs. 2 EUV). Die Eingliederung des **Abkommens über die Sozialpolitik** durch den Vertrag von Amsterdam (vgl. Art. 151 AEUV) hat die Sozialpolitik gestärkt, ohne dass dies allerdings die Primärzuständigkeit der nationalen Gesetzgeber aufgehoben hätte. Gemäß Art. 153 Abs. 4 AEUV sind wesentliche Bereiche der Sozialpolitik einer europäischen Rechtsangleichung immer noch entzogen, wozu insb. weite Bereiche der sozialen Sicherungssysteme gehören. Der Schwerpunkt des europäischen Sozialrechts liegt in der **Koordination der sozialen Sicherungssysteme** (Art. 48 AEUV), ohne die der Binnenmarkt, insb. die Arbeitnehmerfreizügigkeit, nicht funktionieren würde. Ein prominentes Beispiel ist die ehemalige Verordnung (EWG) Nr. 1408 aus dem Jahr 1971 über die Anwendung der Systeme der sozialen Sicherheit auf Arbeitnehmer und Selbständige sowie deren Familienangehörige, die innerhalb der Gemeinschaft zu- und abwandern, die verhindert, dass man bei einem Wechsel in einen anderen Mitgliedstaat z. B. seinen Krankenversicherungsschutz und seine Rentenansprüche verliert (sog. Wanderarbeitnehmerverordnung). Die sie ablösende Nachfolgeverordnung VO EG 883/04 ist zusammen mit der DVO EG 987/09 zum 01.05.2010 in Kraft getreten. Anspruchsbegründende Regelungen finden sich im sozialrechtlichen Teil des EU-Rechts nicht (z. B. schließt Art. 3 Abs. 5 der VO EG 883/04 die Sozialhilfe ausdrücklich von ihrem Anwendungsbereich aus). Die **EU gewährt also keine originären Sozialleistungsansprüche**, vielmehr richten sich diese nach dem nationalen Recht der Mitgliedstaaten. Zu beachten ist allerdings neben den Verpflichtungen aus völkerrechtlichen Abkommen (z. B. EFA, s. nachfolgend I-1.1.5.2) insoweit auch Art. 7 Abs. 2 der Freizügigkeitsverordnung (EWG) Nr. 1612/68, wonach legal zugewanderte Arbeitnehmer die gleichen sozialen und steuerlichen Vergünstigungen genießen wie inländische Arbeitnehmer. Die EU besitzt darüber hinaus eine Förderungs- und Unterstützungspflicht sowie teilweise eine Harmonisierungszuständigkeit (vgl. Art. 153 ff. AEUV). Die Rechtsprechung des EuGH deutet zudem auf eine Einschränkung des Territorialprinzips des § 30 SGB I hin: EU-Ausland). Aus den (Waren-, Dienstleistungs- und Unionsbürger-)Freizügigkeitsrechten hat der EuGH (s. I-5.1.1.2) mittlerweile eine sog. **passive Dienstleistungsfreiheit**, also das Recht zum Erwerb von Gesundheitsleistungen im EU-Ausland gegen Kostenerstattung durch die Sozialversicherung (z. B. Urteile v. 28.04.1998 – C 120 bzw. 158/95 bei Brillenkauf bzw. Zahnbehandlung und damit mittelbar Rechtsansprüche für Empfänger insb. von Gesundheitsleistungen entwickelt (Waltermann 2011, 44 ff.).

Der aufgrund Art. 162 AEUV eingerichtete **Europäische Sozialfond** ist lediglich ein politisches Steuerungsmittel mit dem Ziel, innerhalb der Union die berufliche Verwendbarkeit und Mobilität der Arbeitskräfte sowie die Anpassung an die industriellen Wandlungsprozesse und an Veränderungen der Produktionssysteme (insb. Finanzierung von Arbeitsmarktprogrammen) zu fördern.

Nicht nur, aber eben gerade auch für den Sozialbereich besonders relevant ist das **europäische Vergaberecht**, also die Regelungen, nach denen öffentliche Aufträge ab einem Auftragswert von 200.000 € nur nach vorheriger öffentlicher Ausschreibung vergeben werden dürfen. Das Vergaberecht beruht auf der Vergabekoordinierungsrichtlinie RL 2004/18/EG und wurde in Deutschland in den §§ 97 ff. des Gesetzes gegen Wettbewerbsbeschränkungen umgesetzt (sog. Kartellvergaberecht). Grundprinzipen der europäischen Vergaberichtlinien sind die Transparenz, die Nichtdiskriminierung und die Chancengleichheit, damit öffentliche Auftraggeber möglichst wie Private am Markt auftreten und einen EU-weiten Wettbewerb bei der Vergabe öffentlicher Aufträge eröffnen. Auch im Sozialbereich ist eine zunehmende Tendenz zur Ausschreibung sozialer Maßnahmen und Projekte festzustellen (s. z. B. Maßnahmen zur Aktivierung und beruflichen Eingliederung nach § 45 Abs. 3 SGB III; vgl. exemplarisch für den Bereich der Kinder- und Jugendhilfe auch v. Boetticher/Münder 2009, 23 ff. und 73 ff.). Problematisch ist dabei, dass bestimmte Grundprinzipien des Sozialrechts wie das Wunsch- und Wahlrecht der Leistungsberechtigten (§ 33 SGB I) sowie das Gebot der Pluralität des Leistungsangebotes und der Trägervielfalt (§ 17 SGB I) in Widerspruch zum vergaberechtlich grundsätzlich intendierten Exklusivitätsanspruch des Ausschreibungsge-

Europäisches Vergaberecht

winners für die Vertragslaufzeit stehen (v. Boetticher/Münder 2009, 75). Ein weiteres Problem im Zusammenhang mit dem Gebot der Nichtdiskriminierung bestand im Sozialbereich darin, dass die Ausschreibungsteilnahme von gemeinnützigen Trägern nicht zu gleichen Bedingungen möglich war. Denn die für die Preise des Leistungsangebotes durchaus relevanten steuerlichen **Privilegien der Gemeinnützigkeit** (§ 51 Abs. 2 AO i.V.m. § 5 Abs. 2 Nr. 2 und § 2 Nr. 1 KStG) konnten bis zum Jahr 2009 nur von solchen Trägern in Anspruch genommen werden, die ihren Sitz oder zumindest ihre Geschäftsleitung in Deutschland hatten. Diese Ungleichbehandlung gegenüber (Non-Profit-)Anbietern aus einem anderen EU-Mitgliedstaat hat der EuGH als mit der Niederlassungsfreiheit (Art. 49 AEUV) und der Dienstleistungsfreiheit (Art. 56 AEUV) nicht vereinbar eingestuft (vgl. EuGH 14.09.2006 – C 386/04 – Stauffer/FA München – NJW 2006, 3765 ff.). Mit Wirkung vom 25.12.2008 wurde dieses Problem beseitigt, indem gemäß § 5 Abs. 2 Nr. 2 KStG auch (Non-Profit-)Anbieter aus anderen EU-Mitgliedstaaten in Deutschland die Gemeinnützigkeitsanerkennung und die damit verbunden Vorteile beanspruchen können.

Europäisches Subventionsrecht

Darüber hinaus sind im Hinblick auf die Förderung freier Träger (vgl. z. B. §§ 74 f. SGB VIII, § 5 SGB XII) die Vorschriften über die Gewährung staatlicher Beihilfen zu beachten. Insbesondere untersagt Art. 107 Abs. 1 AEUV den Mitgliedstaaten generell, nur bestimmten Unternehmen – also auch freien, gemeinnützigen Trägern – **staatliche Beihilfen** (Subventionen) zu gewähren, wenn dadurch der Wettbewerb verzerrt und der grenzüberschreitende Handel bzw. Dienstleistungsverkehr beeinträchtigt werden. Im Einzelnen ist hier noch vieles umstritten, so z. B. was alles unter den Begriff der Beihilfen fällt – am EU-Recht kommt man aber in der Praxis der Sozialen Arbeit nicht mehr vorbei (zu allen Fragen ausführlich Banafsche 2010, 162 ff.; Boetticher/Münder 2009; Münder et al. 2013, § 74 Rz. 4–17).

http://eur-lex.europa.eu/de/index.htm
http://europa.eu/index_de.htm

1.1.5.2 Völkerrecht

Völkerrecht

Im Unterschied zum supranationalen EU-Recht gehen völkerrechtliche Abkommen als sog. internationales Recht dem nationalen Recht der Bundesrepublik Deutschland nicht unbedingt vor. Vielmehr handelt es sich um Verpflichtungen aus völkerrechtlichen Verträgen, die in der Regel innerstaatlich mittels eines Parlamentsgesetzes (Zustimmungsgesetz) ratifiziert und somit Bestandteil des innerstaatlichen Rechts werden. Einerseits handelt es sich um bi- oder multilaterale Abkommen, die dann nur im Verhältnis der entsprechenden Staaten zueinander (und damit auch etwa nur für deren jeweilige Staatsangehörige) Anwendung finden (z. B. das europäische Fürsorgeschutzabkommen). Andererseits gibt es Übereinkommen, die innerstaatlich unmittelbare Rechte und gegebenenfalls auch Pflichten für einzelne Personen begründen können. So wurde etwa das Statut des Internationalen Strafgerichtshofes (IStGH-Statut), das Straftaten gegen das Völkerrecht normiert, mit Gesetz vom 26.06.2002 in Deutschland ratifiziert (vgl.

IV-2.1). Ein weiteres Beispiel ist auch das in Deutschland am 01.01.2011 in Kraft getretene **Haager Kinderschutzübereinkommen** 1996 (KSÜ; hierzu Schwarz 2011), welches nicht nur das anzuwendende Recht und die Zuständigkeit regelt, sondern die Bundesrepublik Deutschland zum Schutz aller unter 18 Jahre alten „Kinder" verpflichtet, unabhängig davon, ob in den Vertragsstaaten ein anderes Alter der Volljährigkeit gilt (für über 18 Jahre alte Menschen, die wegen einer Beeinträchtigung oder psychischen Störung einer gesetzlichen Vertretung bedürfen, gilt das Haager Erwachsenenschutzübereinkommen – ErwSÜ vom 13.01.2000) und unabhängig davon, ob die Kinder aus einem Vertragsland kommen oder nicht. Schutzmaßnahmen im Sinne des KSÜ sind neben familiengerichtlichen Maßnahmen (z. B. Bestellung eines Vormunds) alle Leistungen und Aufgaben insb. des SGB VIII (hierzu III-3), die im Interesse des Minderjährigen erforderlich sind (vgl. BGHZ 60, 68 ff.; Münder et al. 2013, § 6 Rz. 13 ff.).

Haager Abkommen

Weitere für die Soziale Arbeit wichtige Haager Übereinkommen, die die Bundesrepublik Deutschland ratifiziert hat, sind die Abkommen über

- das auf Unterhaltsverpflichtungen anzuwendende Recht vom 02.03.1973,
- die Anerkennung und Vollstreckung von Entscheidungen auf dem Gebiet der Unterhaltspflicht gegenüber Kindern vom 15.04.1958,
- die Anerkennung und Vollstreckung von Unterhaltsentscheidungen vom 02.10.1973,
- die zivilrechtlichen Aspekte internationaler Kindesentführung (KiEntfÜ) vom 25.10.1980 (verpflichtet die Vertragsstaaten zur Rückführung eines Kindes bei Verletzung des Sorgerechts) sowie
- den Schutz von Kindern und die Zusammenarbeit auf dem Gebiet der internationalen Adoption (AsÜ) vom 29.05.1993.

Demgegenüber gilt die deutsch-schweizerische Fürsorgevereinbarung (vom 04.07.1952) bzw. das Freizügigkeitsabkommen zwischen der Schweiz und der EG vom 21.06.1999 (in Kraft seit 01.06.2002) nur für Schweizer Staatsangehörige. Das deutsch-österreichische Fürsorgeabkommen (vom 17.01.1966) gilt entsprechend nur für österreichische Bürger in Deutschland. Einen weiteren Anwendungsbereich hat das 1956 ratifizierte Europäische Fürsorgeschutzabkommen (**EFA**), das die Bundesrepublik Deutschland zu sog. Fürsorgemaßnahmen nur gegenüber Personen aus denjenigen Staaten verpflichtet, die ihrerseits diesem Abkommen beigetreten sind (Belgien, Dänemark, Frankreich, Griechenland, Großbritannien, Irland, Island, Italien, Luxemburg, Malta, Niederlande, Norwegen, Schweden, Spanien, Türkei), sofern sich diese Personen in erlaubter Weise in Deutschland aufhalten (so BVerwG 14.03.1985 – 5 C 145.83 – E 71, 139 ff.; zur Kritik daran Peter 2001, 180 f.).

Europäisches Fürsorgeschutzabkommen

Von Bedeutung ist vor allem die Europäische Menschenrechtskonvention (**EMRK**), die zunächst „nur" einen völkerrechtlichen Vertrag darstellt, über dessen Einhaltung der Europäische Gerichtshof für Menschrechte (EGMR) mit Sitz in Straßburg wacht. Die EMRK ist in Deutschland im Jahr 1953 im Rang eines Bundesgesetzes (BVerfG 2 BvR 2365/09 v. 04.05.2011) in Kraft getreten (verfahrensrechtliche Komponenten wurden neu geregelt durch das 11. Zusatzproto-

Europäische Menschenrechtskonvention

koll v. 11.05.1994; ratifiziert am 24.07.1995, in Kraft seit 01.11.1998). Sie garantiert wesentliche zur Menschenwürde gehörende **Grundrechte** (u. a. Allgemeines Freiheitsrecht, Gewissens- und Religionsfreiheit, Recht auf freie Meinungsäußerung, Versammlungs- und Vereinigungsfreiheit, Diskriminierungsverbot; s. u. I-2.1.2.4). Wichtig ist vor allem die Sicherung wesentlicher Rechte im Strafverfahren (rechtliches Gehör und Verbot rückwirkender Strafdrohungen, Folterverbot), insb. prominent die **Unschuldsvermutung** nach **Art. 6 Abs. 2 EMRK** (hierzu IV-3.1), die untrennbar mit der Menschenwürde verbunden sind. Für die Soziale Arbeit im Bereich der Jugend- und Familienhilfe (III-3) sowie im Hinblick auf den Datenschutz im gesamten Sozialrecht (hierzu III-1.2.3) ist auch **Art. 8 EMRK** mit dem dort garantierten **Schutz des Privat- und Familienlebens** von besonderer Bedeutung. So wurde etwa im Jahr 2004 in der Görgülü-Entscheidung des EGMR festgestellt, dass die Nichtgewährung des Umgangsrechts für den nichtehelichen Vater mit seinem Sohn einen Verstoß gegen Art. 8 ERMK darstellt. Das BVerfG hat als Reaktion hierauf betont, dass alle deutschen Behörden und Gerichte die Gewährleistungen der EMRK und die Entscheidungen des EGMR bei der Gesetzesanwendung zu berücksichtigen haben (BVerfG v. 14.10.2004 – 2 BvR 1481/04).

UN-Menschenrechtsabkommen

Zum Völkerrecht gehören auch eine Reihe von Menschenrechtsabkommen, insb. die beiden **Internationalen Pakte über bürgerliche und politische Rechte** (ICCPR) sowie über wirtschaftliche, soziale und kulturelle Rechte von 1966 (ICESCR, beide in Kraft seit 1976) sowie die diese Pakte ergänzenden (sog. Fakultativ-)Protokolle (von 1976 und 1989). Der Inhalt der Pakte knüpft im Wesentlichen an die **Allgemeine Erklärung der Menschenrechte** (AEMR) an, die am 10.12.1948 von der Generalversammlung der **Vereinten Nationen** formuliert wurde. Die darin verankerten Rechte sind nicht zuletzt durch die Tätigkeit von Amnesty International in das Bewusstsein einer breiten Öffentlichkeit gerückt worden.

UN-Kinderrechtskonvention

Das UN-Übereinkommen über die **Rechte der Kinder** (UN-KRK vom 20.11.1989, in Deutschland in Kraft getreten am 05.04.1992; vgl. hierzu Schorlemer/Schulte-Herbrüggen 2010) ist zunächst ebenfalls „nur" ein völkerrechtlicher Vertrag. Die frühere Vorbehaltserklärung wurde durch die Bundesregierung am 15.07.2010 gegenüber der UN zurückgenommen, womit die Bundesrepublik Deutschland sich nun vorbehaltlos dazu verpflichtet hat, den in der UN-KRK niedergelegten Regelungen in Deutschland Geltung zu verschaffen. Die UN-KRK und die in ihr niedergelegten Prinzipien und Kinder-Grundrechte (insb. Schutz, Förderung und Entwicklung, Nichtdiskriminierung und Beteiligung) müssen nicht nur in der Kinder- und Jugendhilfe beachtet werden, sondern darüber hinaus ist nach Art. 3 Abs. 1 UN-KRK „bei allen Maßnahmen, die Kinder betreffen, gleichviel ob sie von öffentlichen oder privaten Einrichtungen der sozialen Fürsorge, Gerichten, Verwaltungsbehörden oder Gesetzgebungsorganen getroffen werden, … das Wohl des Kindes ,… vorrangig zu berücksichtigen". In diesem Art. 3 UN-KRK schlummert ein gewaltiges und bislang noch weitgehend unberücksichtigtes Potenzial für die innerstaatliche Rechtsanwendung, sowohl in materiell- wie auch prozessrechtlicher Hinsicht (Lorz 2010, 15). Es ist Pflicht und Aufgabe aller deutschen Behörden und Gerichte, dem **Kindeswohlvorrang** Geltung zu verschaffen, indem sie ihre Entscheidungspraxis an den Abwägungs- und Begründungserfordernissen der UN-KRK ausrichten. Besonders relevant wird dies im Hinblick auf die Friktionen in der Rechtsstellung von minderjährigen unbegleiteten Flüchtlingen im Sozial- und Asylverfahrensrecht (III-3.4 u. III-7.3.2). Am 28.02.2013 hat Deutschland auch das Zusatzprotokoll zur UN-KRK vom 29.12.2011 ratifiziert, welches ein Individualbeschwerdeverfahren für Kinder und Jugendliche regelt, damit sie selbst die Verletzung von Kinderrechten nach der UN-KRK geltend machen können. Vorrangig ist aber der innerstaatliche Rechtsschutz. Darüber hinaus hat es sich die sog. **National Coalition** von mehr als 100 Organisationen und Initiativen zur Aufgabe gemacht, die Rechte der Kinder in Deutschland einzufordern.

Das am 13.12.2006 von der UN beschlossene Übereinkommen über die Rechte von Menschen mit Behinderungen (*Convention on the Rights of Persons with Disabilities* – CRPD; Resolution 61/106 der Generalversammlung der UN) ist in Deutschland nach Unterzeichnung (2007) und Hinterlegung der Ratifizierungsurkunde am 26.03.2009 in Kraft getreten. Diese UN-Konvention zielt neben der Bestärkung der allgemeinen Menschenrechte (Recht auf Leben, Freiheit, Freizügigkeit etc.) auf eine verstärkte Selbstbestimmung, Teilhabe und damit soziale Inklusion von Menschen mit Behinderungen ab (Art. 3 CRPD). In Deutschland war dies bereits durch die Einführung des SGB IX im Jahr 2001 sowie durch das Gesetz zur Gleichstellung behinderter Menschen im Jahr 2005 (**Behindertengleichstellungsgesetz – BGG**) rechtlich umgesetzt worden, wenn auch nur zum Teil. So wendet sich das BGG unmittelbar nur an öffentliche Träger (z. B. Benachteiligungsverbot, § 7 BGG) und verpflichtet diese im Wesentlichen nur, zur Herstellung der Barrierefreiheit (§ 4 BBG) Zielvereinbarungen mit Unternehmen oder Unternehmensverbänden zu schließen (§ 5 BGG). Hör- oder sprachbehinderte Menschen haben überdies grds. das Recht, mit Trägern öffentlicher Gewalt in deutscher Gebärdensprache oder über andere geeignete Kommunikationshilfen zu kommunizieren (§§ 6 und 9 BGG). Blinde und sehbehinderte Menschen können grds. (eingeschränkt durch eine entsprechende Rechtsverordnung) verlangen, dass ihnen z. B. Gerichtsdokumente, rechtlich relevante Bescheide und Vordrucke ohne zusätzliche Kosten in einer für sie wahrnehmbaren Form zugänglich gemacht werden.

<small>UN-Behindertenkonvention</small>

Die UN-Konvention geht über das BBG und SGB IX hinaus, begreift Behinderung nicht als ein persönliches Defizit (vgl. § 2 SGB IX), sondern vielmehr als Folge gesellschaftlicher Barrieren, die die gleichberechtigte Teilhabe von Menschen mit Beeinträchtigungen be- bzw. verhindern. Zudem zielt die CRDP auf eine tatsächliche **soziale Inklusion** und verpflichtet die Unterzeichnerstaaten, wirksame und geeignete Maßnahmen zu treffen, um Menschen mit Behinderungen eine volle Einbeziehung (*inclusion*) und Teilhabe in der Gemeinschaft (*participation*) zu erleichtern. Dies erfordert für den einzelnen behinderten Menschen einen verbesserten Zugang zu ambulanten, gemeindenahen Unterstützungsleistungen und die Umstellung staatlicher Eingliederungshilfen in die Form eines sog. **persönlichen Budgets** gegenüber den öffentlichen Rehabilitationsträgern, mit dem die Selbstbestimmung des behinderten Menschen als „Kunden" gestärkt werden soll (vgl. § 17 Abs. 2 SGB IX; hierzu s. III-5.4 zum Rehabilitationsrecht).

Behinderungen dürfen kein Anlass für den Ausschluss (Exklusion) sein, insb. kein Grund für eine Freiheitsentziehung (Art. 14 CRPD; Einzelheiten hierzu in III-5) oder einer besonderen Beschulung. Kinder mit körperlichen und geistigen Behinderungen werden deshalb künftig in allgemeinbildenden Schulen integriert (inklusiv) unterrichtet werden müssen (zur Umsetzung der CDP s. Bundesministerium für Arbeit und Soziales 2013 u. III-5).

Darüber hinaus haben eine Reihe weiterer **UN-Menschenrechtsabkommen** Bedeutung für die Soziale Arbeit, die wir hier im Einzelnen nur nennen, aber nicht weiter erläutern können:

- Internationales Übereinkommen zur Beseitigung jeder Form von Rassendiskriminierung (ICERD) 1965, in Deutschland in Kraft seit 1969;
- Übereinkommen zur Beseitigung jeder Form von Diskriminierung der Frau (CEDAW) 1979, in Deutschland in Kraft seit 1985;
- Übereinkommen gegen Folter und andere grausame, unmenschliche oder erniedrigende Behandlung oder Strafe (CAT) 1984, in Deutschland in Kraft seit 1990;
- Internationales Übereinkommen zum Schutz der Rechte aller Wanderarbeitnehmer und ihrer Familienangehörigen (ICRMW) vom 18.12.1990, in Deutschland noch nicht in Kraft;
- Internationales Übereinkommen zum Schutz aller Personen vor dem Verschwindenlassen 2006, in Deutschland in Kraft seit 23.12.2010.

Europäische Sozialcharta Schließlich wollen wir noch auf die Europäische Sozialcharta von 1961 hinweisen, in der sich die Mitgliedstaaten des Europarates zur gemeinsamen **Anerkennung wesentlicher sozialpolitischer Grundsätze** verpflichten. Auch die Sozialcharta ist kein unmittelbar geltendes EU-Recht, sondern eine multilateral völkerrechtliche Verpflichtung, die die Bundesrepublik Deutschland eingegangen ist (ratifiziert 1964).

v. Boetticher/Münder 2009; Borchardt 2010; Haltern 2007; Luhmann 1981; 2006; Schulze et al. 2010; Wesel 1994; 1999

www.national-coalition.de/
www.institut-fuer-menschenrechte.de
www.un.org/disabilities/
www.disability-europe.net/de

1.1.6 Internationales Privatrecht

Auslandsbezug Vom Begriff widersprüchlich erscheinend, ist das sog. Internationale Privatrecht (IPR) kein Teil des Völker- oder internationalen Rechts. Es ist vielmehr der in Deutschland im EGBGB geregelte Teil des nationalen (materiellen) Privatrechts, der in Fällen mit Auslandsbezug (oder sog. Auslandsberührung) bestimmt, welche nationale Rechtsordnung im Hinblick auf die zivilrechtlichen Fragen (z. B. Wirkungen der Ehe, Scheidungsvoraussetzungen, Sorgerechts- und Unterhaltsfragen) anzuwenden ist. Davon zu unterscheiden sind die verfahrensrechtlichen Regelungen (formelles Recht), insb. die Zuständigkeit der deutschen Gerichtsbarkeit (s. nachfolgend), also ob deutsche Gerichte in diesen Streitsachen (zur Zuständigkeit der Strafgerichte vgl. Art. 1b EGStGB; §§ 3 ff. StGB; IV-1.3) überhaupt tätig werden dürfen. Letzteres wird gelegentlich als IPR im weiten Sinne bezeichnet. Beide Bereiche, das IPR im engen wie im weiten Sinn, knüpfen vorrangig an **supra- und internationales Recht** (insb. Europarecht, s. o. 1.1.5.1) und an internationale Abkommen (s. 1.1.5.2) an, bevor auf die Regelungen des EGBGB bzw. des GVG, der ZPO und des FamFG (hier insb. Abschnitt 9, § § 97 ff. FamFG) zurückgegriffen wird. Das supranationale Recht verdrängt alle anderen Rechtsquellen, das internationale Recht (inklusive der vielfältigen bilateralen Abkommen) ist lex specialis gegenüber dem nationalen Recht (vgl. Art. 3 EGBGB).

Das IPR hat in Deutschland aufgrund der Einbindung in das sich vereinigende Europa und aufgrund der steigenden Zuwanderung eine zunehmende, von der Praxis vielfach unterschätzte Relevanz. Immer wenn in einem Fall irgendetwas, sei es die Staatsangehörigkeit der handelnden Personen, deren (gewöhnlicher) Aufenthalt oder der Ort des Geschehens, nicht ausschließlich deutsch ist (z. B. binationale Ehe, Heirat von Deutschen im Ausland, grenzüberschreitende Tätigkeit der Kinder- und Jugendhilfe oder anderer Einrichtungen, Organisationen und Behörden, Aufenthalt einer deutschen Pflegefamilie im Ausland, Auslandsadoption, Arbeitsstelle oder Ferienhaus eines Deutschen im Ausland bzw. eines Nichtdeutschen in Deutschland), liegt ein Auslandsbezug vor, sodass zwingend die Zuständigkeit der nationalen Gerichte sowie die Fragen des IPR i. e. S. **vorab zu klären** sind, bevor man sich der inhaltlichen Lösung des Falles annehmen kann. Das IPR regelt das Verhältnis der mitunter konkurrierenden und zu unterschiedlichen Ergebnissen führenden nationalen Rechtsordnungen.

Die sog. Brüssel-IIa-Verordnung von 2003 (Nr. 2201/2003/EU) enthält Vorschriften über die Zuständigkeit, Anerkennung und Vollstreckung von gerichtlichen Entscheidungen in Ehe- und Kindschaftssachen.

Internationale Zuständigkeit

Nach dem **Haager Kinderschutzübereinkommen (KSÜ) von 1996** (in Deutschland seit 01.01.2011 über das IntFamRVG in Kraft) richtet sich die internationale Zuständigkeit für alle Schutzmaßnahmen für ein Kind, vor allem die Regelung der elterlichen Sorge und des Umgangsrechts bei Trennung und Scheidung der Eltern, nach dem gewöhnlichen Aufenthaltsort des Kindes (Art. 5 KSÜ). Für ihre Anordnungen wenden die zuständigen Behörden und Gerichte dann das Recht des Staates an, in dem das Kind seinen gewöhnlichen Aufenthalt hat (vgl. Art. 21 EGBGB).

Ergänzt wird das KSÜ durch das Europäische Übereinkommen über die Anerkennung und Vollstreckung von Entscheidungen über das Sorgerecht für Kinder und die Wiederherstellung des Sorgerechts vom 20.05.1980 (**Europäisches Sorgerechtsübereinkommen** – ESÜ), welches in Deutschland 1991 in Kraft getreten ist. Es regelt vor allem die Anerkennung und Vollstreckung gerichtlicher oder behördlicher Sorgerechts- und Umgangsentscheidungen in Fällen von Kindesentziehung und anderen Sorgerechtsfällen.

Internationales Privatrecht i. e. S. Das IPR im engeren Sinne betrifft **materiell-rechtliche Fragen** und regelt im zweiten Kapitel des **EGBGB** (Art. 3–46c EGBGB) durch sog. Kollisionsnormen (Welche Norm soll Anwendung finden?) höchst unterschiedliche Regelungsbereiche: Fragen der Rechts- und Geschäftsfähigkeit (Art. 7 EGBGB) gehören ebenso dazu wie das Namensrecht (Art. 10 EGBGB) und vor allem familien- (Art. 13 ff. EGBGB), erb- (Art. 25 ff. EGBGB) und sachenrechtliche (Art. 43 ff. EGBGB) Aspekte. Neben der Grundvorschrift des Art. 3 EGBGB über den Vorrang des supranationalen Rechts enthalten Art. 3a ff. EGBGB einige Verweisungs- und Rückverweisungsvorschriften (z. B. sog. Renvoi nach Art. 4 EGBGB). Das für die Behandlung zahlreicher Fragen maßgebende Personalstatut (Art. 5 EGBGB) wird in Deutschland durch die Staatsangehörigkeit bestimmt (hierzu III-7.4). Im 7. Abschnitt des EGBGB (Art. 46a ff. EGBGB) finden sich eine Vielzahl von besonderen Vorschriften zur Durchführung von Regelungen der EU, die nach Art. 3 EGBGB den nationalen Konkurrenzregelungen vorgehen (s. o. 1.5.1.1 und 1.5.1.2). Die sog. Rom-I-Verordnung (593/2008/EU) regelt z. B. das auf vertragliche Schuldverhältnisse anzuwendende Recht (nach Art. 3 Vorrang einvernehmlicher Rechtswahl). Seit Januar 2009 soll nach der sog. Rom-II-Verordnung über das auf außervertragliche Schuldverhältnisse anzuwendende Recht (864/2007/EG) bei unerlaubten Handlungen i. d. R. das Recht des Staates zur Anwendung kommen, in dem der Schaden eingetreten ist. Mitte 2012 trat die sog. **Rom-III-Verordnung** (1259/2010/EU) in allen EU-Mitgliedstaaten in Kraft, nach der im Hinblick auf das anzuwendende Recht bei Trennung von Ehen bzw. Ehescheidung stärker an den gewöhnlichen Aufenthalt und nicht vorrangig an die Staatsangehörigkeit angeknüpft wird und die insoweit auch ein (einvernehmliches) Wahlrecht der sich trennenden bzw. scheidenden Partner vorsieht. Aus einer Trennung/Scheidung resultierende Eigentums- und Unterhaltsfragen bleiben hiervon allerdings ebenso ausgeschlossen wie im Vorfeld zu klärende Aspekte (z. B. Gültigkeit der Ehe).

Ordre public Ein Beispielsfall: Das deutsch-französische Ehepaar Chantal und Fritz lebte mehrere Jahre zusammen mit seinem Kind in Jena. Die Eltern haben sich getrennt und möchten sich scheiden lassen. Nach Art. 14 Abs. 1 Nr. 2 EGBGB in Übereinstimmung mit Art. 3 Abs. 1a Brüssel-IIa-Verordnung 1259/2010/EU richtet sich die Zuständigkeit der Gerichte bei binationalen Ehen nach deren gewöhnlichem Aufenthalt, hier ist also das Familiengericht in Jena zuständig (§§ 98 Abs. 1 Nr. 2, 122 Nr. 1 FamFG). Auch das im Hinblick auf die Scheidung des deutsch-französischen Ehepaars anzuwendende materielle Recht richtet sich entsprechend der Rom-III-Verordnung nach dem gewöhnlichen Aufenthalt, mithin ist das deutsche Recht anzuwenden. Anders ist dies z. B., wenn beide Ehepartner gleicher, nicht deutscher Staatsangehörigkeit sind. Dann kann es sein, dass das deutsche Gericht aufgrund der Regelungen des IPR das ausländische Privatrecht welchen Staates auch immer anwendet (mitunter auch die islamische Scharia).

Aus dem IPR alleine ergibt sich schon die Bereitschaft des deutschen Gesetzgebers, die Regelungen anderer Staaten anzuerkennen, auch wenn sie im Ergebnis zu einer anderen Rechtsfolge als das deutsche Recht führen. Es gilt der international akzeptierte Grundsatz, dass das Recht zur Anwendung kommen soll, zu dem die Betroffenen den engsten Bezug haben. Allerdings ist dies in einer Zuwanderungsgesellschaft problematisch für Menschen, die ihrer alten nationalen Rechtsordnung gerade entfliehen wollen. Nach Art. 6 EGBGB ist allerdings unter dem Begriff „Ordre public" eine Rechtsnorm eines anderen Staates nicht anzuwenden, wenn ihre Anwendung im konkreten Einzelfall zu einem Ergebnis führt, das mit **wesentlichen Grundsätzen des deutschen Rechts** offensichtlich unvereinbar ist (vgl. z. B. BGH v. 06.10.2004 – XII ZR 225/01 – FamRZ 2004, 1952 für den Iran). Sie ist insb. nicht anzuwenden, wenn die Anwendung mit den Grundrechten (hierzu I-2.2) unvereinbar ist. Nur in diesen extremen Fällen findet dann ersatzweise das deutsche Recht Anwendung.

Als zentrale Dienstleistungsbehörde der Bundesjustiz sowie als Anlaufstelle und Ansprechpartner für den internationalen Rechtsverkehr wurde 1997 das Bundesamt für Justiz (BfJ) in Bonn errichtet. Auf dessen Internetseite (http://www.bundesjustizamt.de → Bürgerdienste → Internationales Sorgerecht) findet man Formulare auf Deutsch und in zahlreichen anderen Sprachen für einen Antrag auf Kindesrückführung, Durchsetzung eines grenzüberschreitenden Umgangsrechts oder Anerkennung einer Sorge- oder Umgangsrechtsentscheidung.

Bundesamt für Justiz

http://www.ipr.uni-koeln.de/euprivr/kollisionsrecht.htm

Pasche 2010; Schulze et al. 2011 EGBGB; Sievers/Bienentreu 2006

1.2 Recht und Gerechtigkeit

1.2.1 Zur Problemstellung

Nicht wenige, vielleicht sogar die meisten der in der Sozialen Arbeit beschäftigten Menschen finden einen Zugang zu ihrem Beruf gerade auch über die Thematisierung von Gerechtigkeitsfragen. Die Motive hierfür und die Standpunkte, die dabei eingenommen werden, können naturgemäß sehr unterschiedlich sein. Sie reichen von Gerechtigkeitsvorstellungen, die sich an der Ethik des Christentums orientieren, über eine durch individuelle Erfahrung erworbene Fähigkeit, an der Not des anderen tätig Anteil zu nehmen, bis hin zu politisch begründeten Gerechtigkeitsüberzeugungen, wie sie sich etwa innerhalb der aktuellen sozialen Bewegungen artikulieren. Doch ganz gleich, ob dabei in kämpferischer Weise auf der Schaffung einer neuen, gerechteren Weltordnung bestanden oder der eher stillen Sehnsucht Ausdruck verliehen wird, im mühseligen Kampf gegen die Folgen sozialer Ungleichheit möge gelegentlich ein wenig mehr Gerechtigkeit obwalten – eine allgemeine Skepsis in Bezug auf die Möglichkeiten des Rechts, einen wirksamen Beitrag zur Herstellung von Gerechtigkeit zu leisten, wird dabei zumeist nicht unbemerkt bleiben können. „Gerechtigkeit und Recht – ", so hört man immer wieder von Studierenden an Fachbereichen für Soziale Arbeit, „das sind zwei verschiedene Dinge".

Und in der Tat: Wenn G. F. W. Hegel formuliert, dass das Recht das sei, „was gleichgültig gegen die Besonderheit bleibt" (Hegel 1821, § 49), so ist hierin möglicherweise schon ein Hinweis auf die Veranlassung einer solchen Attitüde enthalten. Bereits auf den ersten Blick legt eine derartige Charakterisierung nämlich schon mindestens zwei Eigenschaften von Recht nahe, die bei Menschen Befremden auszulösen vermögen, deren professionellem Selbstverständnis es entspricht, Empathie für ihre Mitmenschen zu entwickeln, sie also in ihrer jeweiligen Individualität anzunehmen. Das Problem steckt in dem Begriff „gleichgültig". Dieser verweist nämlich zum einen auf eine Bedeutung im Sinne von „desinteressiert". Und tatsächlich zeigt sich das Recht der individuellen Biografie des Einzelnen, seiner Besonderheit, wie Hegel es formuliert, gegenüber weitgehend desinteressiert: Nicht das konkrete Individuum in seiner jeweiligen psychosozialen Existenz, sondern eine abstrakte Rechtsperson ist das Subjekt im Recht. Zum anderen ist mit ihm aber auch angesprochen, dass das Recht unbeschadet aller je individuellen Besonderheit für jeden Einzelnen „gleich gültig", also gleichermaßen gültig ist. Eine Gleichbehandlung von in ihrer sozialen Wirklichkeit erkennbar ungleichen Menschen jedoch wird im Ergebnis immer wieder auch soziale Ungleichheitsverhältnisse auf neuer Ebene entstehen lassen. Genau dies aber lässt es gerade sozial Engagierten wenig einleuchtend erscheinen, dass es sich hierbei um einen Vorgang handeln könnte, der auch noch in besonderer Weise als gerecht zu attribuieren wäre.

1.2.2 Gerechtigkeit und Gleichheit – die (rechts)philosophische Ausgangsfrage

Und doch ist es so, dass sich die Gerechtigkeitsdiskurse im Recht nun seit alters her um die Gleichheitsfrage drehen. Zwar ist der Dreh- und Angelpunkt des Rechts nach ganz vorherrschender Ansicht der von ihm ausgehende Zwang, soziale Verhältnisse nach seinen normativen Vorgaben zu gestalten (vgl. I-1.1.1) – ein Zwang, der durch Verwaltungsbehörden mit polizeilichen Befugnissen, Justiz und Vollstreckungsorgane, den sog. Rechtsstab, abgesichert ist. Max Weber etwa bezeichnet diesen Erzwingungsstab als das entscheidende Kennzeichen von Recht (Weber 1921, 18, 185). Wird jedoch den Mitgliedern einer Gesellschaft auf Dauer zugemutet, sich einem derartigen Zwang zu unterwerfen, so bedarf dies einer für sie nachvollziehbaren, also mit ihrer Lebenswirklichkeit verbundenen Begründung dafür, weshalb dies so sein soll. Es geht dann also um die Legitimität von Recht. Genau an diesem Punkt entscheidet sich bereits, ob und inwieweit Recht überhaupt mit Gerechtigkeitsinhalten, -erwartungen oder -forderungen in Zusammenhang gebracht werden kann. Die Antwort auf die Frage nach der Legitimität von Recht kann nämlich einmal rein formal gegeben werden: Rechtsnormen müssen eingehalten werden, weil sie Rechtsnormen sind. Zur Begründung wird dann lediglich noch angeführt, dass diese Normen aus anderen Normen abgeleitet sind, etwa aus denen, die den Gang des verfassungsmäßig vorgeschriebenen Gesetzgebungsverfahrens festlegen. Dies kann man so lange fortführen, bis man schließlich zu einer – dann nicht mehr empirisch begründbaren – Grundnorm gelangt (Kelsen 1960, 196). „Legitimität durch Legalität" wird dies genannt. Aber auch die Weiterführung dessen in der „Legitimation durch Verfahren", wo Recht wesentlich auf Funktionalität reduziert ist (Luhmann 1981, 133; 2006), benutzt derartige rein formale Argumente. Die Gerechtigkeit wird in beiden Fällen als Legitimationsgrundlage des Rechts nicht benötigt.

Legitimität von Recht

Eine andere Perspektive eröffnet sich hingegen, sobald der soziale Kontext des Rechts mit in den Blick genommen wird, in dem sich seine gesellschaftliche Wirklichkeit erst konstituiert. Für Gustav Radbruch war Recht nicht nur der „Inbegriff der generellen Anordnungen für das menschliche Zusammenleben", sondern auch „die Wirklichkeit, die den Sinn hat, der Gerechtigkeit zu dienen" (Radbruch 1932, 34). Infolgedessen geht es dann bei der Begründung der Geltung von Recht, wie etwa auch bei Max Weber, um eine *allgemeine* Überzeugung von dessen *Richtigkeit* (Weber 1921, 181). Eine solche Form des Allgemeinen aber kann sich dem Inhalt nach zumindest in modernen, nicht auf personalen Herrschafts- bzw. Abhängigkeitsverhältnissen beruhenden Gesellschaften immer nur auf die Anerkenntnis der Gleichheit der Personen, deren prinzipielle Gleichwertigkeit und einen daraus resultierenden Gleichbehandlungsanspruch beziehen (zu Art. 3 GG vgl. I-2.1.2.4). Rechtsphilosophen, die, wie etwa Gustav Radbruch, die Gerechtigkeit als die „Idee des Rechts" schlechthin begreifen (Radbruch 1932, 34), kommen daher folgerichtig zu dem Ergebnis, dass genau dieser Gedanke der Gleichheit den „*Kern der Gerechtigkeit*" ausmacht (Radbruch 1910, 37 – Hervorhebung im Original).

Gleichheit der Person

Die unterschiedlichen Problemansätze etwa bei Weber und Radbruch auf der einen und Kelsen und Luhmann auf der anderen Seite resultieren daraus, dass die Gerechtigkeitsfrage an einem Übergangsbereich von Recht und Moral angesiedelt ist (vgl. I-1.1.2). Der Zugang zu ihr hängt demzufolge davon ab, ob man überhaupt einen derartigen Berührungspunkt theoretisch akzeptiert – bei Hans Kelsen und Niklas Luhmann ist dies erkennbar nicht der Fall – bzw. an welcher Stelle man ihn verortet. Allgemein gesprochen geht es also darum, *ob und in welchem Maße Freiheit und ein friedliches, sicheres und geordnetes Zusammenleben innerhalb der Gesellschaft (Recht) als notwendige Elemente eines guten und richtigen, d. h. auch gerechten Lebens (Moral) begriffen werden.* Umgekehrt lautet die Frage, ob und in welchem Maße Freiheit, sozialer Frieden und Sicherheit außerhalb bestimmter sozialer Strukturen, die als gerecht bezeichnet werden können, überhaupt gesellschaftliche Realität zu beanspruchen imstande sind.

Recht und Moral

In der Rechts- und Sozialphilosophie gibt es durch die Jahrhunderte hindurch kaum einmal einen Beantwortungsversuch zu dieser Frage, ohne dabei zumindest in irgendeiner Weise auf das zu reflektieren, was Aristoteles hierzu im V. Buch seiner Nikomachischen Ethik (330 v. Chr.) entwickelt hat. In ihr finden wir die berühmte Unterscheidung zwischen ausgleichender (kommutativer) und austeilender (distributiver) Gerechtigkeit. Die ausgleichende Gerechtigkeit wird auch in heutigen Darstellungen noch immer wieder gern anhand des bekannten Symbols der Göttin Justitia, der Waage, verdeutlicht. Ist zwischen beiden Waagschalen ein Ausgleich hergestellt, liegt also in jeder der beiden Schalen gleich viel, dann ist Gerechtigkeit hergestellt: Der Ware in der einen Schale entspricht der Preis in der anderen, dem Schaden in der einen der Schadensersatz in der anderen usw. Die austeilende Gerechtigkeit hingegen sorgt für eine verhältnismäßige Gleichbehandlung einer Mehrzahl von Personen durch eine verteilende Instanz. Der Unterschied zur ausgleichenden Gerechtigkeit ist demnach folgender: Bei der Letztge-

ausgleichende/ austeilende Gerechtigkeit

nannten geht es um eine arithmetische Gleichheit, wie sie typischerweise aus dem Austausch von Äquivalenten resultiert: Ein Brot gleich 2 €; wer mehr verlangt oder weniger geben will, verletzt das Gerechtigkeitsprinzip. Demgegenüber stellt die austeilende Gerechtigkeit eine geometrische Gleichheit her. Das Gesetz weist hier jedem das zu, was für ihn aufgrund bestimmter Kriterien, die häufig unter den Begriffen *Leistung* oder *Verdienst* zusammengefasst werden, aber natürlich auch das genaue Gegenteil hiervon bedeuten können, angemessen ist. Die Güter werden also proportional zu den erbrachten Leistungen verteilt: Wer mehr leistet, soll auch mehr bekommen. Oder auch: Wer leistungsfähiger ist, soll auch stärker (z. B. mit Steuern) belastet werden (vgl. hierzu Ritsert 1997, 23 f.). Auch hier erfolgt also eine Gleichbehandlung (etwa aller Personen mit einem bestimmten Einkommen, aller Familien mit Kindern oder aller Alg-II-Bezieher). Jedoch wurde der Maßstab dafür, wer in welcher Hinsicht als gleich zu betrachten und zu behandeln sei, unter *sozialen* Gesichtspunkten gewonnen und zur Anwendung gebracht. Die ausgleichende Gerechtigkeit hat demnach – idealtypisch betrachtet – als Minimum zwei Personen zur Voraussetzung, die rechtlich gleichgeordnet sind. Die austeilende Gerechtigkeit hingegen benötigt noch einen Dritten, nämlich die öffentliche Gewalt, die einen konkreten Gleichheitsmaßstab aus der jeweiligen geschichtlichen (d. h. sozial, ökonomisch, politisch, kulturell usw.) geprägten Situation heraus festlegt und zur Anwendung bringt. Auch die gleiche Rechtsstellung in ihrer abstraktesten Form als Person wird demnach den Beteiligten erst einmal zugeteilt. Deshalb auch hat Radbruch die austeilende Gerechtigkeit, das *suum cuique tribuere* („Jedem möge das Seine zuteilwerden"), wie es der römische Rechtsgelehrte Domitius Ulpianus (170–228 n. Chr.) auf eine berühmt gewordene Formel gebracht hat, als die Urform der Gerechtigkeit verstanden. Die ausgleichende Gerechtigkeit hingegen ist nur eine abgeleitete Form von ihr (Radbruch 1910, 37).

Dieser Befund nun impliziert bereits eine Reihe von grundlegenden Annahmen zur Gerechtigkeitsproblematik, die zunächst einmal in einer Art Zwischenergebnis festgehalten werden sollen:

1. Geht es bei der konkreten Beantwortung der Gerechtigkeitsfrage um die Festlegung darauf, unter welchem Aspekt, in welcher Hinsicht, inwieweit Menschen als Gleiche zu betrachten und zu behandeln sind, so wird hierbei zugleich immer auch eine *Wertung* darüber getroffen, welche faktischen (sozialen) Ungleichheitsaspekte dabei unbeachtet bleiben und demzufolge als gerechtigkeitsirrelevant behandelt werden sollen. Hier wird im sozialen Vorgang nur deutlich, was bereits begriffslogisch vorgegeben ist: Wir können von Gleichheit nicht sinnvoll sprechen, ohne zu sagen, von welchen Verschiedenheiten, Un-Gleichheiten also, wir dabei abstrahieren.
2. Genau das ist auch ein ganz wichtiger Erklärungsansatz dafür, weshalb unterschiedliche Menschen zu unterschiedlichen Zeiten in unterschiedlichen gesellschaftlichen Konstellationen und mit unterschiedlichen sozialen, ökonomischen und politischen Interessen unterschiedliche Wertungen darüber abgeben, was als gerecht gelten soll. Natürlich wurden diese Wertungen dann auch in ihre jeweiligen philosophischen Gebilde mit hineintragen. Die Frage, ob Ge-

rechtigkeit eine Kategorie universellen oder relativen Inhalts ist, formuliert daher (wie in der Philosophie regelmäßig, wenn man in vermittlungslosen gesellschaftsabgehobenen Gegensätzen denkt) eine Scheinalternative. Denn der universelle normative Inhalt der Gerechtigkeit, die Gleichheit, vermittelt sich stets innerhalb der Wirklichkeit konkreter sozialer Handlungskomplexe. Oder anders herum: Gerechtigkeit ist eine gesellschaftlich-historische Kategorie, die über einen universellen ethischen Kern – die Idee der Gleichheit – verfügt.
3. Selbst dann, wenn sich unser Interesse primär auf die Gerechtigkeit im engeren, formalrechtlichen Sinne richtet, kommen wir an der Kenntnisnahme ihres gesellschaftlichen Hintergrundes nicht vorbei. Denn von diesem sozialen Kontext hängt es letztlich ab, welche jeweilige konkrete Bedeutung der Satz in einer Gesellschaft hat, dass die Menschen gleich und als Gleiche zu behandeln seien.

1.2.3 Rechtliche und soziale Gerechtigkeit

Bereits diese Ableitungen unmittelbar im Anschluss an das aristotelische Gerechtigkeitsmodell legen nahe, dass es innerhalb des Gerechtigkeitsdiskurses offenbar darum geht, eine bestimmte soziale Spannung zu bearbeiten, nämlich die zwischen Gleichheit und Ungleichheit. Es kommt jedoch noch als weiteres Spannung erzeugendes Moment hinzu, dass sich bereits die oben skizzierten theoretischen Grundannahmen zur Gerechtigkeit regelmäßig an der Realität der politischen und sozialen Strukturen reiben. Dies war im Übrigen schon zur Zeit des Aristoteles so, wo die austeilende Gerechtigkeit eben keinesfalls erst einmal jedem Angehörigen der Polis eine abstrakt gleiche Rechtsstellung zuwies, sondern umstandslos Differenzierungen nach gesellschaftlicher Stellung, Geschlecht und Herkunft voraussetzte. Aus heutiger Sicht viel entscheidender ist jedoch, dass auch in der Realität des modernen westlichen Kapitalismus sozialstaatlicher Prägung die beiden Pfeiler der Gerechtigkeitskonstruktion – kommutative und distributive Gerechtigkeit – keineswegs auf unerschütterlichen empirischen Fundamenten stehen. Der konstitutive Bestandteil der kommutativen Gerechtigkeit nämlich, der „freie und gerechte Tausch", darf zweifellos zu den „Kernlegenden des okzidentalen Kapitalismus" (Ritsert 1997, 52) gezählt werden. Denken wir in diesem Zusammenhang nur an die zumindest im Jahr 2013 in Deutschland wiederum gesunkenen Reallöhne (Statistisches Bundesamt, Pressemitteilung 437 v. 19.12.2013) gerade auch in sozialen Berufen bei (mindestens) gleichbleibendem Einsatz von Arbeitskraft. Und für die zentrale Kategorie der distributiven Gerechtigkeit, die Leistung, wird man vergeblich nach einer klaren Definition suchen, handelt es sich hierbei doch um einen politisch heftig umkämpften Begriff. Die Debatte um den sog. aktivierenden Sozialstaat hielte hierfür eine Reihe von Beispielen bereit.

Das aristotelische Gerechtigkeitsmodell wirft also zunehmend mehr Fragen auf, als es beantwortet. Dies ist nicht zuletzt deshalb so, weil das eingangs formulierte Problem des Verhältnisses zwischen gleichen rechtlichen Regeln für alle und einer damit verbundenen rechtlichen Gleichbehandlung einerseits und der moralischen Bewertung dieses Ergebnisses andererseits heute noch viel differenzierter besteht und dabei mitunter scharfe Gegensätze zwischen dem einen und dem anderen zum Ausdruck bringt: Wie etwa wäre die vieldiskutierte Steuergerechtigkeit herzustellen, wie eine gerechte Finanzierung der sozialen Sicherungssysteme? Wie ist unter Gerechtigkeitsaspekten („Gleicher Lohn für gleiche Arbeit") das unterschiedliche Lohnniveau zwischen Ost und West zu interpretieren, wie die immer noch unterschiedlichen Lohneingruppierungspraxen bei Frauen und Männern? In welchem Umfang und in welcher Weise soll eine Verteilung nach der Leistung die unterschiedliche Leistungsfähigkeit unterschiedlicher Menschen berücksichtigen und ggf. kompensieren? Es sind dies alles Fragen danach, welche Fallgruppen zu bilden wären, innerhalb derer intern eine Gleichbehandlung erfolgte, für die extern aber ein entsprechender Ausgleich zu schaffen wäre. Weiterhin ist damit nach den Kriterien gefragt, nach denen die einzelnen Menschen dann den entsprechenden Gruppen zuzuordnen wären. Spiegelbildlich stellt sich auf der Seite der Verteilung der Güter die Frage, welche Güter in welchem Umfang einer gleichen Verteilung unterliegen sollen. Sicher nicht alle, denn das Ergebnis wäre gleichermaßen absurd wie ungerecht.

All diese Fragestellungen, die im Übrigen auch für eine seit einiger Zeit zu konstatierende Tendenz stehen, Gerechtigkeitsfragen auch in der öffentlichen Debatte wieder verstärkt zu thematisieren, verweisen im Grunde auf eines: Sie zeigen, dass sich das Interesse der Teilnehmer an dieser Debatte keinesfalls schon in knappen Antworten auf juristische Gerechtigkeitsfragen erschöpft, sondern sich vor allem auf eine in einem weiteren Sinne soziale Gerechtigkeit richtet. Dies ist durchaus nachvollziehbar. Denn der Göttin Justitia mag man noch zugestehen, dass die Binde vor ihren Augen einigermaßen fest sitzt – obgleich man ihr durchaus auch den einen oder anderen Blick auf die soziale Wirklichkeit wünschen kann. Soziale Ungleichheit hingegen ist allenthalben mit Händen zu greifen und es stellt sich die Frage, unter welchen Voraussetzungen dann soziale Verhältnisse dennoch als gerecht beschrieben werden können und ob und in welcher Weise das Recht hierbei überhaupt mit heranzuziehen wäre.

Verteilungsgerechtigkeit und Aneignungsungerechtigkeit

Analysiert man diese Art von Fragestellungen, so zeigt sich, dass sie alle auf eine ganz bestimmte Ebene gesellschaftlicher Interaktion, nämlich die des Austausches von Gütern und Leistungen, gerichtet sind. Natürlich ist ein solcher Rekurs durchaus erst einmal naheliegend, denn er betrifft eine Gesellschaft, in der die sozialen Beziehungen der Menschen wesentlich über den Austausch von Waren und Geld, den sachlichen Austausch von Dingen, vermittelt sind. Gleichwohl stellt sich die Frage, ob die Gerechtigkeitsproblematik innerhalb einer streng auf die Distributionssphäre ausgerichteten Perspektive wirklich voll ausgeleuchtet werden kann. Karl Marx' Argument hierzu lautet, dass die Gleichheit der Menschen innerhalb der Verteilungsprozesse lediglich eine Folge ihrer Ungleichheit innerhalb der Aneignungsprozesse sei (Marx 1857, 167 f.). Wolle man daher die Gleichheit in der Verteilung verstehen, müsste zunächst die Ungleichheit bei der Aneignung erklärt sein. Hierbei aber fiele dann sofort auf, dass diese in ihrer geschichtlichen Entstehung und Wirkung regelmäßig an personale oder sachliche Macht- und Herrschaftsarrangements gebunden war – von der Versklavung von Menschen und der Okkupation fremder Territorien über die „Einhegungen" von Gemeindeland etwa in England zur Zeit des Hochmittelalters bis zur ökonomischen Ausnutzung sachlicher Abhängigkeitsverhältnisse zur Aneignung von ökonomischen Werten, die andere geschaffen haben. Mit anderen Worten: Wir begegnen Aneignungsungerechtigkeiten regelmäßig in der Form des Erwerbs von Eigentum durch Enteignung. Dies alles vollzieht sich übrigens keineswegs in einem rechtsindifferenten Raum, denn, um das Bild der Göttin ein letztes Mal zu bemühen: Justitia hält nur in einer Hand die Waage, in der anderen aber hält sie das Schwert!

Was bedeutet es nun aber für die Bildung von Gerechtigkeitstheorien, wenn solche tragenden gesellschaftlichen Konstruktionselemente wie Aneignung und Eigentum einerseits und Macht und Herrschaft andererseits in ihnen weitgehend unthematisert bleiben? Die Annahme liegt nahe, dass sich dies, wie wir bereits gesehen haben, in bestimmten Erklärungsdefiziten niederschlägt. Für Ungerechtigkeiten jedenfalls, „die dem Kontext von Macht und Appropriation (der Arbeitskraft, der Arbeitsprodukte, des Körpers und Willens) anderer Subjekte entstammen", stellt auch für Jürgen Ritsert der klassische Akzent auf Verteilung, Anteiligkeit und Verteilungsalgebra keine ausreichende Perspektive dar (Ritsert 1997, 74 f.).

Mit der Kenntnisnahme von Ungerechtigkeiten in der Aneignungssphäre sind zugleich auch Erwartungen an die rechtliche Gerechtigkeit in eine realistische Perspektive gerückt. Denn es muss sich selbstredend auch in der normativen Forderung, gerecht zu tauschen, in irgendeiner Weise und an irgendeiner Stelle bemerkbar machen, wenn der Verteilung der Güter ungerechte Aneignungsverhältnisse vorausgehen. Jedoch ist es nicht nur so, dass die rechtliche Gerechtigkeit durch die Aneignungsungerechtigkeit faktisch begrenzt wird. Auf der anderen Seite verleiht sie ihr gleichzeitig auch eine gewisse gesellschaftliche Stabilität. Gerade die Analyse von Marx zeigt nämlich, dass die Gleichheit bei der Verteilung nichts anderes ist als eine spezifische Wahrnehmungsform der Ungleichheit in den Aneignungsverhältnissen (Marx 1857, 168 ff., 575). Dies aber bedeutet dann auch, dass Ungerechtigkeiten bei der Aneignung auf der Verteilungsebene in eben jenen rechtlichen Gleichheitsbeziehungen wahrnehmbar sind, die ihrerseits aber als gerecht gelten und deshalb insoweit für ein höchstmögliches Maß an gesellschaftlicher Akzeptanz sorgen.

Sind Gerechtigkeitsfragen in derartiger Weise gewendet, kann man in sie allerdings auch dann analytische Schärfe und damit durchaus ein kritisches Potenzial hineinlegen, wenn sie üblicherweise an der Verteilungsproblematik ansetzen.

Dies versuchen die aktuellen Gerechtigkeitsdiskurse vornehmlich in einem Rekurs auf die Chancengleichheit. Auch hierbei geht es ja im Kern um Austauschprozesse mit dem Ziel der Umverteilung von Gütern und Leistungen zum Zweck der Kompensation ungleicher Ausgangsbedingungen. Ob und inwieweit damit jedoch wirklich der erhoffte Durchbruch in der Frage nach der sozialen Gerechtigkeit gelungen ist, muss offen bleiben. Denn zunächst wäre einmal zu entscheiden, was mit Chance und was mit Chancengleichheit gemeint sein soll: Eine Chance kann in einer tatsächlichen Gelegenheit bestehen, das zu erhalten, was man angestrebt oder gewünscht hat, aber auch darin, dass eine bestimmte Wahrscheinlichkeit besteht, dass der angestrebte Erfolg eintritt. Chancengleichheit wiederum kann man in Bezug auf die Lebensaussichten oder auch mit Blick auf den Mittelgebrauch zur

Chancengleichheit

Erreichung eines Ziels annehmen (Ritsert 1997, 81). Das Problem ist also, dass Chance und Chancengleichheit über keine hinlänglich ausgeprägte begriffliche Schärfe verfügen. Um es in der praktischen Konsequenz deutlich zu machen:

BD In der Bundesrepublik stehen weiterführende Schularten und höhere Bildungseinrichtungen den Kindern aus allen sozialen Schichten gleichermaßen offen. Verfügen Eltern über ein weniger hohes Einkommen, so erhalten ihre Kinder für die Zeit ihres Studiums sogar eine staatliche Ausbildungsförderung. Dennoch besteht, wie es der Bildungssoziologe Wulf Hopf formuliert, eine „auffällig enge Kopplung des Bildungserfolgs an den Schichtstatus der Familie" (Hopf 2010, 21). Besteht also eine Gleichheit der Bildungschancen in Deutschland?

Das Nachdenken darüber, wie diese und viele ähnliche mehr oder weniger vertrackten Gerechtigkeitskonstellationen theoretisch wie praktisch aufgelöst werden können, bringt uns jenes Spannungsverhältnis zu Bewusstsein, in dem sich der Einzelne mit seinen je individuellen Freiheitsansprüchen und die Gesamtgesellschaft mit ihrem Bedürfnis nach einem für ihre innere Stabilität jeweils notwendigen Maß an Gleichheit/Gerechtigkeit zueinander befinden. Um es an den idealtypisch konstruierten Extremfällen (vgl. auch Radbruch 1932, 67) deutlich zu machen: In einer anarchistisch, radikal-liberal verfassten Gesellschaft mag der Einzelne über ein Höchstmaß an individueller Freiheit verfügen; eine gesellschaftliche Bindung, wie sie von Gleichheit und Gerechtigkeit ausgeht, wird man in ihr jedoch weitgehend vermissen. Umgekehrt verfügen sozialistische Gesellschaften leninistischer oder maoistischer Provenienz über eine vergleichsweise große gesellschaftliche Homogenität, also Gleichheit, jedoch kaum über individuelle Freiheiten für ihre Bürger.

Capability Approach Eine Auflösung dieses Dilemmas wird aktuell vor allem vom sog. **Fähigkeits- bzw. Verwirklichungsansatz** (Capability Approach) erwartet, der u. a. auf den Ökonomen Amatya Sen und die Sozialphilosophin Martha Nussbaum zurückgeht. Begründet sind derartige Erwartungen dadurch, dass in diesem Ansatz der Chancengleichheits- und der Freiheitsaspekt insoweit zusammengeführt sind, als Freiheit als Chance der Menschen verstanden wird, jene Ziele verfolgen zu können, die sie sich vernünftigerweise gesetzt haben. Chancen hängen daher eng mit ihren individuellen, freilich sozial geprägten Fähigkeiten zusammen, also damit, wie die Befähigung einer Person beschaffen ist, „die Dinge zu tun, die sie *mit gutem Grund* (Hervorhebung d. Verf.) hochschätzt" (Sen 2010, 253 ff. u. 259). Es ist dies nicht der Ort, den Capability Approach, der vor allem auch innerhalb entwicklungspolitischer Diskurse eine herausragende Bedeutung erlangt hat, einer umfassenden Kritik zu unterziehen. Unter den hier relevanten Gesichtspunkten soll es genügen, darauf hinzuweisen, dass der Fähigkeitsansatz selbst nach Einschätzung seiner Protagonisten zwar sagt, was unter seinen Gesichtspunkten gerecht oder ungerecht ist, er aber keinen entscheidenden Anknüpfungspunkt für die institutionelle Verankerung von Gerechtigkeitsregeln bietet (Sen 2010, 260). Eindrucksvoll macht Sen dies in seinem mittlerweile schon bekannten Gleichnis von den drei Kindern und der Flöte deutlich. In ihm geht es darum, unter Gerechtigkeitsaspekten zu entscheiden, welches der drei Kinder die eine zur Verfügung stehende Flöte bekommen soll. Jedes der Kinder hat gute Gründe, sie für sich zu beanspruchen: das erste, weil es die Flöte hergestellt hat, das zweite, weil keines der beiden anderen Kinder auf ihr zu spielen vermag, und das dritte, weil es als einziges von den dreien so arm ist, dass es, bekäme es die Flöte nicht, kein anderes Spielzeug besäße (Sen 2010, 41 ff.). Es liegt auf der Hand, dass es für eine derartige Konstellation nicht *die* Lösung, sondern immer nur gute Argumente für eine der Optionen (und damit zugleich gegen die beiden anderen) geben kann.

Die nach wie vor wohl einflussreichste Gerechtigkeitstheorie innerhalb der sozialtheoretischen Diskurse stammt von dem 2002 verstorbenen amerikanischen Moralphilosophen John Rawls, der sie erstmals 1971 als „A Theory of Justice" (dt.: Rawls 1979) vorlegte. Ihre außerordentliche Anziehungskraft verdankt sie vor allem dem Umstand, dass sie die liberale Freiheitsidee und die sozialstaatliche Idee des Ausgleichs sozialer Ungleichheit zumindest im Ansatz auf institutioneller Ebene zusammenbringt. Sie bietet damit nicht nur gemeinsame Anknüpfungspunkte für ansonsten recht unterschiedliche politische Strömungen und theoretische Denkrichtungen, sondern zielt eben auch und vor allem sehr genau auf konkrete Gerechtigkeitspotenziale (und -defizite!) moderner Gesellschaften. Auf den Punkt gebracht ist sie in zwei Gerechtigkeitsprinzipien, die in einem Neuentwurf, der 2001 unter dem Titel „**Justice as Fairness**" erschien, wie folgt lauten (Rawls 2003, 78):

Gerechtigkeit als Fairness

a) Jede Person hat den gleichen unabdingbaren Anspruch auf ein völlig adäquates System gleicher Grundfreiheiten, das mit demselben System von Freiheiten für alle vereinbar ist.
b) Soziale und ökonomische Ungleichheiten müssen zwei Bedingungen erfüllen: erstens müssen sie mit Ämtern und Positionen verbunden sein, die unter den Bedingungen fairer Chancengleichheit allen offen stehen; und zweitens müssen sie den am wenigsten begünstigten Angehörigen der Gesellschaft den größten Vorteil bringen (Differenzprinzip).

Vervollständigt werden diese beiden Prinzipien noch durch zwei Vorrangsregeln. Die eine lautet, dass das erste Prinzip gegenüber dem zweiten Vorrang hat. Weiterhin hat innerhalb des zweiten Prinzips die **Chancengleichheit** Vorrang vor dem Differenzprinzip (Rawls 2003, 78). Diese Gerechtigkeitskonzeption soll *Basisnormen* für eine gerechte Gesellschaft aufstellen und begründen, die von der Ausgangsfrage her formulieren sollen, was „freie und vernünftige Menschen in ihrem eigenen Interesse in einer anfänglichen Situation der Gleichheit zur Bestimmung der Grundverhältnisse ihrer Verbindung annehmen würden" (Rawls 1979, 28). Deshalb auch muss in ihr das Freiheitsprinzip Vorrang haben, weil nämlich erst die Gleichheit der politischen Freiheit und der Gedankenfreiheit den Bürgern die Möglichkeit geben zu bestimmen, wie die Gerechtigkeitsstruktur ihrer Gesellschaft gestaltet sein soll (vgl. Rawls 2003, 81 f., 130 f.).

Im zweiten Prinzip wird das Problem der **Verteilungsgerechtigkeit** formuliert. Es besteht darin, wie „langfristig und generationenübergreifend ein faires, leistungsfähiges und produktives System der Kooperation aufrechterhalten werden kann" (Rawls 2003, 88). Hierauf gibt Rawls zwei Antworten: Zunächst durch eine faire Chancengleichheit nicht nur in dem Sinne, dass öffentliche Ämter und soziale

Positionen formal allen gleichermaßen offenstehen, sondern darüber hinaus, dass alle eine faire Chance haben sollen, diese Ämter und Positionen auch tatsächlich zu bekleiden. Die institutionelle Herstellung einer derartigen Chancengleichheit stellt sich Rawls konsequenterweise wiederum marktförmig vor (Rawls 2003, 79 f.). Soziale und ökonomische Ungleichheit zwischen Menschen, die im Ergebnis hieraus entsteht, ist dann nicht ungerecht, denn sie ist nicht nur „nötig oder überaus effizient (...), wenn es darum geht, im Rahmen eines modernen Staates die Wirtschaftsordnung funktionsfähig zu erhalten", sondern zudem auch moralisch gerechtfertigt, insofern als diejenigen, die ihre Chancen besser genutzt haben als andere, höhere Ansprüche auch tatsächlich verdient haben (Rawls 2003, 128 f.).

Während das erste Gerechtigkeitsprinzip für die Freiheitslosung und das Prinzip der fairen Chancengleichheit für die Gleichheitslosung der Französischen Revolution stehen, will das Differenzprinzip die Forderung nach Brüderlichkeit bzw. wie wir heute sagen würden: nach Solidarität einlösen. Es zielt auf die Bearbeitung jener gravierenden Ungleichheiten in den Einkommensverhältnissen, die, wie Rawls meint, mit drei Arten von Zufallsumständen in Zusammenhang stehen: *erstens* der sozialen Klasse, in die der Einzelne hineingeboren wurde und von der er sich nicht lösen kann, bis er selbst erwachsen ist, *zweitens* den angeborenen Begabungen sowie den von der ursprünglichen Klassenzugehörigkeit abhängigen Chancen zu ihrer Entfaltung und schließlich *drittens* Glück oder Pech im Leben, was etwa Krankheit, Arbeitslosigkeit oder die Auswirkung von Wirtschaftsflauten betrifft (Rawls 2003, 96). Diese sozialen Ungleichheiten sollen den von ihnen am stärksten negativ Betroffenen die größten Vorteile bringen, *insofern* und *weil* die im Freiheits- sowie im Gleichheitsprinzip beschriebene Hintergrundgerechtigkeit, wie Rawls sie in diesem Zusammenhang bezeichnet, institutionell hergestellt ist. *Unter dieser Prämisse* könnten staatliche Regulierungen etwa in Bereichen der Preisbildung, der Arbeitsmarktregulierung, der Absicherung eines Existenzminimums, der Besteuerung von hohen Vermögen oder der allgemeinen Besteuerung zur Aufbringung von Mitteln, die im Sinne einer gerechten Umverteilung eingesetzt werden müssen, als gerecht anerkannt werden. Denn eines ist für Rawls evident: Wenn Vermögensunterschiede eine gewisse Grenze überschreiten, dann werden die Institutionen zur Absicherung der Chancengleichheit gelähmt, verliert die politische Freiheit ihren Wert, und die repräsentative Regierungsform ist nur noch Schein (Rawls 1979, 312).

Erkennbar erhebt auch ein solches Gerechtigkeitskonzept nicht den Anspruch einer universellen Gültigkeit (Hofmann 2000, 210), sondern bezeichnet vielmehr präzise, welche Gleichheitsaspekte in der modernen westlich-kapitalistischen Gesellschaft Berücksichtigung finden sollen und welche nicht. Es verweist dabei im Übrigen implizit auch auf die Grenzen und Defizite marktförmiger Gesellschaftssteuerung, insofern es nämlich z. B. diejenigen, die überhaupt keinen Tauschwert in den gesellschaftlichen Austauschprozess einzubringen vermögen – etwa: arbeitsunfähige Behinderte, dauernd Beschäftigungslose, Nichtsesshafte, Kinder – schlicht ausblendet. Insgesamt – mit ihren produktiven Fragestellungen wie mit ihren blinden Flecken – steht jedenfalls auch diese Gerechtigkeitskonzeption dafür, dass der kategoriale Inhalt von (sozialer) Gerechtigkeit keineswegs einmal vorgegeben und von da an für alle Zeiten feststehend ist. Zwar wird er sich im

Kern immer über Gleichheitsfragen bestimmen lassen müssen; *welche* Gleichheits- bzw. Ungleichheitsverhältnisse jedoch innerhalb eines konkreten sozialen Zusammenhanges, einer konkreten Gesellschaft jeweils als gerechtigkeitsrelevant ausgemacht werden, ist damit, wie auch hier deutlich werden konnte, allerdings noch längst nicht entschieden. Oder, um es in den Worten des amerikanischen Sozialphilosophen Michael Walzer zu sagen: „Gerechtigkeit ist ein menschliches Konstrukt; und es steht keineswegs fest, dass sie nur auf eine einzige Weise hergestellt werden kann" (Walzer 1994, 30).

1.2.4 Juristische Gerechtigkeit

Die soziale Dimension von Gerechtigkeit weist also deutlich über rechtliche Fragestellungen im engeren Sinn hinaus und begrenzt zugleich deren soziale Wirkungsmacht. Dennoch kommt dem Recht, wie eingangs gesehen, eine Schlüsselstellung innerhalb der Gerechtigkeitsproblematik zu. Denn die unterschiedlichen Möglichkeiten, Gerechtigkeit zu begreifen, d. h. also aus den realen gesellschaftlichen Ungleichheitsrelationen heraus Maßstäbe der Gleichheit und der Gleichbehandlung zu formulieren, sind im Recht in der Gleichheit der Person auf ihre abstrakteste Ausdrucksmöglichkeit zurückgeführt.

Für die gesellschaftliche Wirklichkeit des Rechts, die gelebten rechtlichen Beziehungen (also etwa die Beziehungen zwischen Vertragspartnern, zwischen Schadensverursacher und Geschädigtem oder zwischen Behörde und Leistungsbezieher) bedeutet dies, dass in ihr der Gerechtigkeitsgedanke unter einem stark formalisierten Aspekt abgehandelt ist. Daran ändert sich auch prinzipiell nichts, wenn wir die sehr abstrakten Ebenen der Gleichstellung der Individuen als Rechtspersonen, z. B. als Staatsbürger, als Eigentümer oder bei der Abgabe einer Willenserklärung verlassen und bestimmte Kategorisierungen der Rechtsbeteiligten vornehmen: als Wahlberechtigte, Arbeitnehmer, Verbraucher, Bezieher von Sozialleistungen, Verheiratete o. Ä. Stets neigen wir dazu, im rechtlichen Sinne immer genau dann von Gerechtigkeit zu sprechen, wenn innerhalb ein und derselben Kategorie für alle die gleichen Regeln zur Anwendung kommen. Jene abstrakte, formale Gerechtigkeit ist demnach „ein Handlungsprinzip, nach welchem die Wesen derselben Wesenskategorie auf dieselbe Art und Weise behandelt werden müssen" (Perelman 1967, 28). Mit anderen Worten kann sich auch die Betrachtung des Einzelfalles, sofern sie unter Gerechtigkeitsgesichtspunkten erfolgen soll, stets nur an der allgemeinen Norm orientieren. In rechtsphilosophischer Hinsicht hiervon zu unterscheiden wäre dann die Billigkeit, die, freilich auch in einer Weise, die letztlich wieder verallgemeinerbar sein muss, ihre rechtliche Bewertung unmittelbar anhand des Einzelfalles, d. h. auch unter Berücksichtigung seiner Besonderheit, vielleicht sogar Einmaligkeit, abgibt. Insofern kann man mit Radbruch die **Billigkeit** als die Gerechtigkeit des Einzelfalles bezeichnen (Radbruch 1932, 37).

Einzelfallgerechtigkeit

Jedoch ist Recht nicht nur normativer Ausdruck, sondern zugleich auch Regulator und damit Gestalter sozialer Beziehungen. Sollen diese dem Anspruch der Gerechtigkeit standhalten, so muss auch das Recht imstande sein, seinerseits die Gerechtigkeitsanforderungen zu erfüllen. Grundlegend hierfür ist, dass die Regeln

gerechtes Recht

des Rechts selbst als gerecht gelten können. Damit ist nicht mehr und nicht weniger als das Problem des *richtigen Rechts* bezeichnet, womit wir innerhalb dieses kleinen Gerechtigkeitsexkurses wieder zu unserer rechtsphilosophischen Ausgangsfrage zurückgelangt sind. Beantwortet werden kann sie auf ganz unterschiedlichen theoretischen Ebenen. Für Kant etwa ist das richtige Recht dann gegeben, wenn der eigene freie Wille zugleich „mit der Freiheit von jedermann nach einem allgemeinen Gesetze (… der Freiheit – wäre noch zu ergänzen, wenn man dem Text Kants in dieser knappen Wiedergabe gerecht werden will, d. Verf.) bestehen könne" (Kant 1797, 338). Das ist zugegebenermaßen wiederum sehr abstrakt. Dennoch ist damit zumindest schon einmal klargestellt, dass – normativ gesprochen – nicht alles, was in Geschichte und Gegenwart in der Form des Rechts auf uns gekommen ist, auch schon notwendigerweise als gerecht angesehen werden muss. In die Wirklichkeitsperspektive des Rechts gewendet bedeutet das, dass soziale Verhältnisse nicht schon deshalb für sich in Anspruch nehmen können, gerecht zu sein, weil sie in der Form des Rechts gesellschaftlich etabliert wurden. Ganz im Gegenteil kann und muss das Recht selbst auch unter Gerechtigkeitsaspekten legitimer Gegenstand der Kritik, notfalls auch des sozialen Protestes sein, wie dies etwa als Reaktion auf die europäische Finanzkrise der letzten Jahre, die sich in verschiedenen europäischen Ländern zu einer sozialen Krise ausweitete, tatsächlich zu beobachten war.

Freilich wird sich die Frage, ob Regeln als gerecht bezeichnet werden können oder nicht, in praktischer Weise kaum von der von Kant besetzten Abstraktionshöhe herab entscheiden lassen. Die juristischen Gerechtigkeitsfragen im engeren Sinn bleiben hier noch einigermaßen unproblematisch und blass. Ihre eigentliche soziale Sprengkraft entwickeln sie erst dann, wenn das allgemeine Diktum der Gleichbehandlung konkretisiert wird. In dem bereits erwähnten Ansatz von Chaim Perelman etwa wird die Gerechtigkeit juristischer Regeln davon abhängig gemacht, ob die Kriterien für die unterschiedlichen Kategorien, innerhalb derer die Menschen gleich behandelt werden, von hinreichender sozialer Relevanz sind und ob die Zuordnung zu ihnen sachlich begründet vorgenommen wurde (Perelman 1967, 119).

Solche Kategorien sind z. B. auf das Arbeitsrecht (vgl. V-3.1) bezogen: Arbeitgeber, Arbeitnehmer, leitende Angestellte, andere arbeitnehmerähnliche Personen, Frauen, Schwangere, Behinderte, Jugendliche, Betriebsräte, Gewerkschaftsmitglieder, Arbeitnehmer in Kleinbetrieben, Arbeitnehmer in Tendenzbetrieben, befristet Beschäftigte, Teilzeitbeschäftigte, Leiharbeiter, Beschäftigte auf Probe, Beschäftigte je nach unterschiedlicher Dauer der Betriebszugehörigkeit. Für sie alle gelten, je nach Kategorisierung, unterschiedliche Regeln, nach denen sie gleich behandelt werden. Zwischen den einzelnen Gruppen hingegen ist eine Ungleichbehandlung innerhalb des großen Rechtsstoffes „Arbeitsrecht" möglich, ohne dass deshalb notwendigerweise Gerechtigkeitsgrundsätze verletzt würden.

gerechte Rechtsordnung Erst unter der Voraussetzung eines in diesem Sinne gerechten Rechts kann der schon auf Aristoteles zurückgehende Satz gelten, wonach die Verletzung einer Regel des Rechts ein Akt der Ungerechtigkeit, die Wiederherstellung ihrer Geltung demnach der grundlegende Vorgang der Herstellung rechtlicher Gerechtigkeit sei.

Jedoch bleibt auch eine solche Aussage formal, und zwar in dem Maße, in dem die Regelgerechtigkeit selbst nur formal bestimmt werden konnte. Mit Blick auf die gesellschaftlichen Realverläufe ist nämlich ohne Weiteres einsichtig, dass in einer bestimmten Situation keineswegs immer nur eine Entscheidungsmöglichkeit zu Kategorisierung und Zuordnung vorstellbar ist. Deshalb lässt sich auch eine gerechte Rechtsordnung insgesamt wieder nur auf eine derart abstrakte Weise beschreiben, wie uns dies bereits bei Kant begegnet ist. Konkret werden die Fragen nach einer gerechten Rechtsordnung hingegen erst dann, wenn die interessengeleiteten Wertungen wieder mit in den Blick genommen werden. Geschieht dies aber, dann steht auch die gerechte Rechtsordnung sofort wieder in einem Spannungsverhältnis zur sozialen Wirklichkeit. Abstrakt kann und muss man daher den Rechtsstaat sehr wohl als Ausdruck und Symbol der gerechten Rechtsordnung begreifen. Werden jedoch die konkreten Bewertungsvorgänge mit in den Blick genommen, dann mag das Rechtsstaatsprinzip zwar immer noch für das *Versprechen der Gerechtigkeit* stehen. Nach Beispielen und Belegen dafür, wie wenig man aus ihm jedoch eine *Garantie für Gerechtigkeit* ableiten kann, wird man auch in der gesellschaftlichen Wirklichkeit des demokratischen und sozialen Rechtsstaates leider nicht allzu lange suchen müssen (z. B. zum Verstoß gegen des Verhältnismäßigkeitsgebot im „Fall" Gustl Mollath s. I-2.1.2.2).

Gerechtigkeit im Rechtsverkehr

Das Verhältnis zwischen abstraktem Gleichheitssatz und konkreter Zuordnungsentscheidung nach den Regeln des Gleichheitssatzes setzt sich auch im Rechtsverkehr zwischen den Rechtspersonen, etwa bei der vertraglichen Gestaltung von Rechtsbeziehungen, fort. Zwar treffen in ihm zunächst in ihrer Willensbildung autonome Partner aufeinander, sodass der allgemeine Grundsatz der Vertragstheorie insoweit zugleich ein Gerechtigkeitspostulat ist: *volenti non fit iniuria*, was zu Deutsch etwa heißt, dass einem willentlich Zustimmenden eben deshalb, weil er aus freiem Willen zustimmt, auch kein Unrecht erwachsen kann. Nur eine Folge dieses Grundsatzes ist das einem größeren, auch nichtjuristischen, Publikum geläufige *pacta sunt servanda* (dt.: Verträge sind einzuhalten). Die Hauptelemente der Verkehrsgerechtigkeit betreffen deshalb vor allem den Bereich der ausgleichenden Gerechtigkeit. Jedoch ist der grundlegende Gedanke der **Privatautonomie** (vgl. II-1.3) an die stillschweigende soziale Voraussetzung des Rechts gebunden, dass der mit einem freien Willen ausgestattete Mensch zugleich auch über die sozialökonomischen Voraussetzungen autonomer Willensentscheidungen verfügt (hierzu Sinzheimer 1930, 50 f.). Genau dieses Gefüge ist aber spätestens dann aus dem Lot, wenn sich das Fiktionale dieser Voraussetzung als reales Ausgeliefertsein an sachliche Abhängigkeitsverhältnisse zeigt und sich der Einzelne unversehens einer faktisch überlegenen Regelungs- und Verfügungsmacht seines Vertragspartners gegenübersieht. Hierauf verweist auch Max Weber, wenn er schreibt (1921, 439):

> „Das formale Recht eines Arbeiters, einen Arbeitsvertrag jeden beliebigen Inhalts mit jedem beliebigen Unternehmer einzugehen, bedeutet für den Arbeitsuchenden praktisch nicht die mindeste Freiheit in der eigenen Gestaltung der Arbeitsbedingungen und garantiert ihm an sich auch keinerlei Einfluß darauf."

Nicht nur im Arbeitsrecht (IV-3), sondern auch im Mietrecht, im Verbraucherrecht und in vielen anderen Rechtsgebieten können derartige Situationen entstehen (vgl. II-1.3). Deshalb werden sich auch zur Verkehrsgerechtigkeit die wirklich schlüssigen Antworten erst wieder aus der Analyse der Klassifikationen von entsprechenden Kategorien und der Beurteilung der jeweiligen Zuordnungen zu ihnen ableiten lassen.

Verfahrensgerechtigkeit

Auch hinsichtlich der Verfahrensgerechtigkeit, also der gerechten Abwicklung rechtlicher Prozesse (Straf-, Zivil-, Familien-, Arbeits-, Verwaltungs- und anderer Prozesse) lässt sich an Rawls Gerechtigkeitstheorie anknüpfen. Der verfahrensbezogene Aspekt seines „Justice as Fairness" ist sowohl aus strafrechtstheoretischer (vgl. Hörnle 2004; hierzu IV-4.1) als auch konstruktivistisch-methodischer Sicht (vgl. I-6) bedeutend. Für John Rawls war ein faires Verfahren die Grundlage für die Gerechtigkeit und das Recht schlechthin, ein Ansatz, der sich im angelsächsischen Recht des Common Law stärker als in kontinentaleuropäischen Civil-Law-Rechtsordnungen wiederfindet. Nach dem Fairnessparadigma ist die Gewährleistung eines fairen Verfahrens für die Gerechtigkeit konstitutiv – Gerechtigkeit wird, wenn überhaupt, im demokratisch dialogischen Verfahren hergestellt. Rawls beschränkte sich aber nicht auf ein funktionalistisches Verfahrensprinzip (s. o. „Legitimation durch Verfahren"), vielmehr betrifft Verfahrensgerechtigkeit im Wesentlichen den Grundsatz der „Waffengleichheit" im Verfahren. Dies kann man z. B. im Strafprozess von den Verteidigungsrechten des Beschuldigten bzw. Angeklagten bis hin zu den gesetzlichen Beweisverwertungsverboten verfolgen. Die bekannteste Maxime der Verfahrensgerechtigkeit ist das *audiatur et altera pars*, d. h. der Grundsatz, in einem Verfahren beide Seiten zu hören (verfassungsrechtlich geregelt als Recht auf rechtliches Gehör, Art. 103 Abs. 1 GG). Weitere Grundsätze der Verfahrensgerechtigkeit sind vor allem im Strafrecht (vgl. IV-1.3 u. IV-5.1) zu finden, so z. B. das Bestimmtheitsgebot und das Rückwirkungsverbot im Strafrecht bzw. das Verbot der rückwirkenden Bestrafung (*nullum crimen sine lege, nulla poena sine lege*) oder auch das Verbot der doppelten Bestrafung für ein und dieselbe Tat (*ne bis in idem*), Art. 103 Abs. 2 u. 3 GG.

Strafgerechtigkeit

Die Strafgerechtigkeit betrifft eine vielleicht auch eine nicht juristische Öffentlichkeit in besonderer Weise interessierende und zugleich besonders kontrovers verhandelte Perspektive von Gerechtigkeit. Debatten wie etwa die um die Angemessenheit der Sanktionen im Jugendstrafrecht oder um die Strafverschärfung für Sexualstraftaten (s. o.) belegen dies. Ihre Schärfe gewinnen sie dadurch, dass offensichtlich gerade hier Werturteile aufeinanderprallen, die deshalb vergleichsweise weit auseinanderliegen, weil die sozialen Grundannahmen, aus denen sie sich herleiten, entsprechend stark differieren. Diese betreffen im Wesentlichen den Zweck der Strafe, der in der Vergeltung begangenen Unrechts oder in dem Gedanken der Resozialisierung und der Erziehung des Täters liegen oder der auf die abschreckende Wirkung von Strafen abzielen kann (vgl. hierzu im Einzelnen unter IV-2.3). Die Annahme von Strafgerechtigkeit hängt daher zum einen davon ab, welcher der genannten Strafzwecke über eine aktuell ausgeprägte soziale Plausibilität verfügt und zum anderen davon, inwieweit dann der konkrete Strafausspruch diesem Strafzweck in angemessener Weise Geltung verschafft. Seit Mitte der 1980er Jahre hat das mit **Restorative Justice** („Wiederherstellende Gerechtigkeit") bezeichnete Gerechtigkeits- und Fairnesskonzept, nach dem das aus der Begehung von Unrecht erfahrene Leid so weit wie möglich ausgeglichen werden soll (Wiedergutmachung), die traditionelle Strafzwecklehre (Vergeltung vs. Resozialisierung) herausgefordert, ohne diese allerdings in der Praxis überwinden zu können (hierzu Trenczek 2014; s. IV-4.1).

Die permanenten Relativierungen, denen jeder einzelne der hier behandelten Gerechtigkeitsaspekte unterworfen werden musste, mögen für den einen eine Bestätigung einer bereits vorhandenen Aversion, für den anderen eine Enttäuschung sein. Notwendig wurden sie jedes Mal, weil es sich bei der Gerechtigkeit um eine Kategorie handelt, deren Wesensgehalt zwar eine starke ethisch rückgebundene Zentrierung um Gleichheits- und Gleichbehandlungsfragen ausmacht, deren jeweilige konkrete inhaltliche Bestimmung jedoch je nach interessengeleitet-wertendem Blickwinkel ausfällt. Wer also an eine „absolute" Gerechtigkeit glauben will und sie definiert haben möchte, der muss auf die naturrechtlich geprägte Annahme universeller Normen, deren Geltung sich unabhängig von menschlicher Einflussnahme auf sie vorstellen ließe, verwiesen werden (vgl. I-1.1.2). In der Realität des Rechts hingegen – der gelebten wie der normativen – muss „absolute" Gerechtigkeit ein Widerspruch in sich bleiben. Denn zwischen Gerechtigkeit und positivem Recht besteht ein permanentes potenzielles Spannungsverhältnis. In ihm ist – außer in den nach Radbruch besonders zu beurteilenden Fällen, wo Recht in einem *unerträglichen* Gegensatz zur Gerechtigkeit steht oder aber den Kern der Gerechtigkeit, die Gleichheit, bewusst verleugnet (1.1.2) – der Geltung des positiven Rechts, der Rechtssicherheit also, Vorrang einzuräumen (Radbruch 1932, 73 ff.). In einem modernen Verfassungsstaat wie der Bundesrepublik Deutschland wird dieses Spannungsverhältnis zwar zunächst auf den verschiedensten Ebenen demokratischer Diskurse und judikativer Interpretationen prinzipiell bearbeitet werden können (vgl. auch Dreier 1991, 37); dennoch wird man von Richtern, übrigens ebenso wie von Sozialarbeitern, die für eine Behörde tätig sind, erwarten müssen, dass sie auch dann, wenn sie normative Vorgaben subjektiv als ungerecht empfinden, in ihrem Handeln dem Gesetz folgen. Zu einem fatalistischen Schluss führt dies gleichwohl nicht. Denn einerseits müssen gerade auch Sozialarbeiter immer wieder den Realitätsbezug ihrer jeweiligen Hoffnung auf Gerechtigkeit des Recht an dessen normativen Möglichkeiten überprüfen: Allen *zu gefallen* ist auch dem Recht unmöglich, für *alle zu gelten* freilich erwarten wir von ihm. Andererseits wird aber gerade auch von Menschen in sozialen Berufen erwartet, dass sie in und mit ihrem jeweiligen professionellen Handeln Einfluss auf die normativen Inhalte von Gerechtigkeit nehmen, die gesellschaftlichen Diskurse hierzu beeinflussen und vorantreiben und im Einzelfall den Klienten dabei unterstützen, sich selbst und des Rechts zu ermächtigen (Empowerment).

Rawls 2003; Ritsert 1997; Sen 2010; Dreier 1991

1. Welche Bedeutung hat der Staat für das Recht und was versteht man unter dem Begriff Rechtsstaat? (1.1.1, vgl. auch 2.1.2)
2. Wie bestimmt sich das Verhältnis von Recht und Moral? (1.1.1)

3. Was sind die Kennzeichen einer Rechtsnorm und welche Typen von Rechtsnormen gibt es in der Rechtsordnung der Bundesrepublik Deutschland? (1.1.3)
4. Was unterscheidet eine kommunale Satzung von der Satzung eines Vereins? (I-1.1.3.4 und II-1.1)
5. Weshalb ist die Unterscheidung von Privatrecht und Öffentlichem Recht bei der Beantwortung von Rechtsfragen im Einzelfall wichtig? (1.1.4)
6. Welche EU-Regelungen haben unmittelbare rechtliche Wirkungen für das Alltagsleben der Bürger? (1.1.5)
7. Inwieweit kann man von einem Europäischen Sozialrecht sprechen? (1.1.5)
8. Aufgrund welchen völkerrechtlichen Abkommens sind die Jugendämter in Deutschland verpflichtet, ausländischen Minderjährigen Schutz zu gewähren, und was versteht man insoweit unter Schutz? (1.1.5.2)
9. Was versteht man unter dem Begriff Einzelfallgerechtigkeit? (1.2.4)
10. Was versteht man unter dem Begriff Legitimation durch Verfahren, und welche Bedeutung hat dies für die Soziale Arbeit? (1.2.2)

2 Verfassungsrechtliche Grundlagen der Sozialen Arbeit (Trenczek/Behlert)

2.1 Die Bundesrepublik als demokratischer und sozialer Rechtsstaat
2.1.1 Demokratie
2.1.2 Rechtsstaatsprinzip
2.1.2.1 Bindung an Recht und Gesetz
2.1.2.2 Verhältnismäßigkeit
2.1.2.3 Rechtsschutzgarantie und Justizgewährungsanspruch
2.1.2.4 Gleichheitsgebot und Willkürverbot
2.1.3 Sozialstaatsprinzip
2.2 Grundrechte
2.2.1 Geschichtliches – begriffliche Einordnung
2.2.2 Überblick
2.2.3 Funktion der Grundrechte
2.2.4 Geltung von Grundrechten
2.2.5 Schutz der Menschenwürde und der Freiheit der Person
2.2.6 Grundrechte aus Art. 6 GG: Ehe und Familie

Gerade im Hinblick auf Menschen, die Hilfe bedürfen und in Gefahr stehen, von öffentlicher oder professioneller Unterstützung abhängig zu werden, empfiehlt es sich, die verfassungsrechtlichen Grundlagen der Bundesrepublik und das dahinter stehende Menschenbild genauer anzusehen:

> „Der Einzelne ist zwar der öffentlichen Gewalt unterworfen, aber nicht als Untertan, sondern als Bürger ... Dies muss besonders dann gelten, wenn es um seine Daseinsmöglichkeit geht. ... Die unantastbare, von der staatlichen Gewalt zu schützende Würde des Menschen (Art. 1) verbietet es, ihn lediglich als Gegenstand staatlichen Handlungsbedarfs zu betrachten, [insbesondere] soweit es sich um die Sicherung des notwendigen Lebensbedarfs, also seines Daseins überhaupt handelt. Das folgt aus dem Grundrecht der freien Persönlichkeit (Art. 2 Abs. 1 GG). Auch der Gemeinschaftsgedanke, der in den Grundsätzen des sozialen Rechtsstaats (Art. 20 und 28 GG) und der Sozialgebundenheit des Eigentums (Art. 14 GG) Ausdruck gefunden hat, erschöpft sich nicht in der Gewährung von materiellen Leistungen, sondern verlangt, dass die Teilnehmer der Gemeinschaft als Träger eigener Rechte anerkannt werden, die grds. einander mit gleichen Rechten gegenüberstehen (Art. 3 GG), und dass nicht ein wesentlicher Teil des Volkes in dieser Gemeinschaft hinsichtlich seiner Existenz ohne Rechte dasteht" (BVerwGE 1, 159 ff.).

Übersicht 6: Verfassungsrechtliche Grundlagen der Sozialen Arbeit

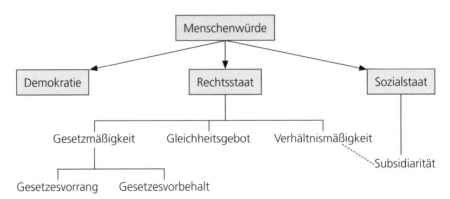

2.1 Die Bundesrepublik als demokratischer und sozialer Rechtsstaat

Die Bundesrepublik Deutschland ist ein demokratischer und sozialer Bundesstaat (Art. 20 Abs. 1 GG). Das Grundgesetz, die Verfassung (vgl. I-1.1.3.1) und rechtliche Grundordnung des deutschen Staates bestimmt in Art. 20 GG – und zwar mit Anspruch auf Unveränderlichkeit (Art. 79 Abs. 3 GG) – Rechtsstaat, Demokratie, Sozialstaat als wichtigste, ineinandergreifende Verfassungsgrundsätze (zum Föderalismusprinzip, der Gliederung des Bundes in Länder, vgl. I-4.1.2).

Gewaltenteilung Kennzeichen und gleichermaßen Voraussetzung für den demokratischen Rechtsstaat ist die von dem französischen Philosophen Montesquieu (1689–1755) ausgeformte Lehre von der Dreiteilung der staatlichen Gewalten. Danach wird die **Exekutive** (Regierung und Verwaltung) abgegrenzt von der **Legislative** (Gesetzgebung, i. d. R. das Parlament) und der **Judikative** (Rechtsprechung, s. Übersicht 7). Grob gesagt, stellt die Legislative die Normen auf, die Exekutive (insb. die Verwaltung) wendet sie an und die Rechtsprechung kontrolliert die Einhaltung der Gesetze. Auf dieses („horizontale") Gewaltenteilungsprinzip nimmt die Verfassung der Bundesrepublik ausdrücklich Bezug in Art. 20 Abs. 3 GG: Die Gesetzgebung ist an die verfassungsmäßige Ordnung, die vollziehende Gewalt und die Rechtsprechung sind an Gesetz und Recht gebunden. Allerdings ist das Gewaltenteilungsprinzip heute nicht mehr in reiner Form angewendet. So wird die Regierung als Teil der Exekutive mittlerweile nicht mehr von einem „absoluten Herrscher" eingesetzt, sondern vom Parlament gewählt, dessen Regierungsfraktionen die Regierung weniger kontrollieren denn stützen. Die Tätigkeit der Exekutive erschöpft sich auch nicht in der reinen Anwendung von Normen, vielmehr haben die Regierung und die sog. Selbstverwaltungsträger auch einen politischen Gestaltungsauftrag, während die übrige Verwaltung eher ausführend tätig ist. Zudem nehmen Exekutiv- und Verwaltungsbehörden auch Aufgaben wahr, die streng inhaltlich zur Gesetzgebung (Erlass von Verordnungen und Satzungen) oder Rechtsprechung (Bußgeldbescheide) gehören, andererseits werden auch die Gesetzgebung (z. B. bei Erlass eines Haushaltsplanes) und die Rechtsprechung (Register, Grundbuch) verwaltend tätig.

Übersicht 7: Staat und Gewaltenteilung

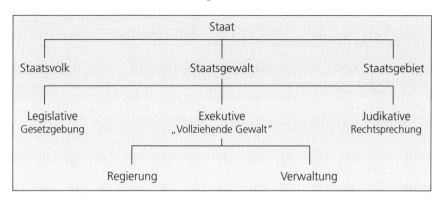

Ein Ausfluss der Gewaltenteilung ist die Zuweisung grundlegender Staatsaufgaben an die sog. Verfassungsorgane, also die Institutionen, die im GG ausdrücklich mit Rechten und Pflichten ausgestattet sind. Das sind auf Bundesebene:

- der Bundestag (Art. 38–48 GG)
- der Bundesrat (Art. 50–53 GG)
- der Gemeinsame Ausschuss (Art. 53a GG)
- die Bundesversammlung (Art. 54 GG)
- der Bundespräsident (Art. 54–61 GG)
- die Bundesregierung (Art. 62–69 GG)
- das Bundesverfassungsgericht (Art. 93, 94 GG)

Verfassungsorgane

Der Bundeskanzler ist zwar im GG erwähnt, er ist aber als Teil der Bundesregierung kein eigenständiges Verfassungsorgan. Besteht zwischen den einzelnen Organen eine divergierende Auffassung über den Umfang ihrer Rechte und Pflichten oder ihrer Mitglieder, kann das BVerfG im sog. Organstreitverfahren (Art. 93 Abs. 1 Nr. 1 GG, §§ 63 ff. BVerfGG) angerufen werden. Im Hinblick auf die wechselseitige Kontrolle („Checks and Balances") und Verflechtungen der Verfassungsorgane spricht man auch von Gewaltenverschränkung, während die durch das Föderalismusprinzip (s. u. I-4.1.2) geprägte Gliederung und wechselseitige Kontrolle von Bund, Ländern und Gemeinden (mittlerweile auch unter Einschluss der EU-Ebene) als „vertikale" Gewaltenteilung bezeichnet wird.

Es lassen sich jedoch noch andere, grundlegendere Entwicklungen des Gewaltenteilungsprinzips beobachten. Denn insb. dort, wo (wie in der Bundesrepublik Deutschland) Regierungen im Amt sind, die die parlamentarische Mehrheit hinter sich wissen, gestaltet sich das Wechselspiel zwischen Parlament und Regierung – zumal unter den Bedingungen des aus Art. 21 GG abgeleiteten sog. Fraktionszwangs – mitunter nicht sehr effektiv. Parlamentarische Kontrolle reduziert sich dann häufig auf Minderheitenrechte der parlamentarischen Opposition (z. B. Untersuchungsausschuss, Art. 44 GG; Große und Kleine Anfragen, §§ 100 ff. GO BT; Befragungen der Bundesregierung, § 106 GO BT). Die wirksamste Kontrolle von

Regierung und Parlament geht daher heute vom BVerfG aus (hierzu I-5.1.1), was zwar unter demokratietheoretischen Aspekten nicht unumstritten ist, sich im Ergebnis allerdings in aller Regel als segensreich für die politische und rechtliche Gestaltung des Gemeinwesens erwiesen hat.

2.1.1 Demokratie

Der Begriff Demokratie kommt aus dem Griechischen (demos – Volk; kratein – herrschen) und bedeutet Volksherrschaft. Nach Art. 20 Abs. 2 S. 1 GG geht alle Staatsgewalt vom Volke aus. Damit ist nicht gemeint, dass zwingend alle hoheitlichen Entscheidungen durch die Bürger unmittelbar getroffen werden müssen, sondern dass sie einer gesetzlichen Legitimation bedürfen, die sich auf einen Willensakt des Volkes zurückführen lässt. Konkretisiert ist das Demokratiegebot durch das Gebot allgemeiner, unmittelbarer, freier, gleicher und geheimer **Wahlen** (Art. 38 Abs. 1 S. 1 GG). Man unterscheidet zwischen „unmittelbarer" Demokratie, in der das Volk in Abstimmungen direkt selbst über eine Frage entscheidet, und der sog. repräsentativen Demokratie, bei der das Volk „abgeordnete" Volks-Vertreter wählt, die als ihre Repräsentanten in den Parlamenten, den Volksvertretungen, die wesentlichen (gesetzlichen) Entscheidungen treffen. Dem Grundgesetz liegt ein ganz überwiegend repräsentatives Demokratiemodell zugrunde (Art. 20 Abs. 2 S. 2 GG), in welchem nur rudimentär Elemente der unmittelbaren Demokratie vorkommen, die allerdings in den letzten Jahren wieder verstärkt aktiviert werden (z. B. die beiden erfolgreichen Bürgerentscheide im Juli 2010, in Bayern für ein umfassendes Rauchverbot in öffentlichen Räumen und in Hamburg gegen die von der Bürgerschaft beschlossene Einführung der 6-jährigen Primarschule).

Eine besondere Beachtung finden im Grundgesetz auch die **Parteien** (Art. 21 GG), die als Vermittler der politischen Willensbildung einen besonderen Auftrag haben. Die Parteiendemokratie geht faktisch zulasten unmittelbarer Demokratieelemente. Dennoch ist, wie auch durch den Ausgang verschiedener Volks- bzw. Bürgerentscheide in der Bundesrepublik Deutschland und in anderen europäischen Ländern belegt werden kann, allein von der *Form* unmittelbarer Demokratie nicht notwendigerweise auf eine größere demokratische Substanz der getroffenen Entscheidung zu schließen. Denn auch der unmittelbar entäußerte Volkswille kann, wie der Politikwissenschaftler Claus Offe beobachtet hat, „fiktiv, fehlbar und verführbar" sein (Offe 1992, 127).

Minderheitenschutz Demokratie ist mehr als ein mechanistisches Prinzip zur Mehrheitsfeststellung. Sie basiert auf der Anerkennung des einzelnen Bürgers als Träger universeller Grund- und Menschenrechte (zur UN-Menschenrechtserklärung von 1948 und der EMRK s. I-1.1.5). Soweit der Demokratiegedanke mit der Organisation von Mehrheiten und Mehrheitsentscheidungen verknüpft wird, muss beachtet werden, dass das Betätigungsrecht der Opposition gewährleistet ist und der **Schutz von Minderheiten** gewahrt bleibt (keine Diktatur der Mehrheit). Insoweit ergibt sich aus dem Demokratieprinzip ein besonderer Handlungsauftrag für die Soziale Arbeit, da sie es vielfach mit Menschen zu tun hat, die – aus welchen Gründen auch immer – einer benachteiligten Bevölkerungsgruppe oder Minderheit angehören (z. B. Kinder und Jugendliche, alte, behinderte, einkommensarme Menschen, Migranten und ausländische Bevölkerungsgruppen in prekären sozialen und aufenthaltsrechtlichen Situationen). Hierbei geraten Sozialarbeiter u. U. in ein Spannungsfeld unterschiedlicher Erwartungen: Auf der einen Seite steht der Auftrag des betroffenen Klienten, auf der anderen Seite stehen die Erwartungen des öffentlichen Arbeitgebers, dem sie arbeitsrechtlich und gesetzlich verpflichtet sind. Man spricht hier insofern von einem **doppelten Mandat**. Das Demokratiegebot verpflichtet die Mitarbeiter öffentlicher Träger, die demokratisch legitimierten Entscheidungen des Gesetzgebers vorbehaltslos (wenn auch nicht blind bzw. kritiklos) zu befolgen. Die sich aus dem doppelten Mandat mitunter ergebenden Konflikte sind nicht immer leicht aufzulösen, sie fordern aber zur demokratischen Teilnahme und damit zur rechtlich-politischen Einwirkung auf die Sozialverhältnisse auf. Die Soziale Arbeit hat einen politischen Gestaltungsauftrag insb. im Hinblick auf die Sicherung eines menschenwürdigen Daseins und die Abwendung bzw. den Ausgleich von Benachteiligungen und Belastungen (vgl. z. B. § 1 SGB I, § 1 Abs. 3 SGB VIII). Auch deshalb muss sich Soziale Arbeit im Interesse ihrer Klienten einmischen und in den öffentlichen Diskurs einbringen.

2.1.2 Rechtsstaatsprinzip

In einem Rechtsstaat bildet das Recht die verbindliche Ordnung für das Zusammenleben der Menschen. Die Wortbildung selbst steht mit spezifischen deutschen Entwicklungen des 18. und 19. Jahrhunderts im Zusammenhang. Deshalb führt eine lineare Übersetzung des Wortes in andere Sprachen auch zu keinem sinnvollen Ergebnis. Es besteht aber heute weitgehend Einigkeit darüber, dass im Deutschen mit „Rechtsstaat" das gemeint ist, was im angloamerikanischen Rechtsraum als „Rule of Law" bezeichnet wird. In England finden sich auch mit der Magna Carta Libertatum (1215), vor allem aber mit der Bill of Rights (1689), die geschichtlichen Ursprünge des Rechtsstaats. Die theoretische Konzeption geht letztlich auf die Rechtsphilosophie Immanuel Kants zurück und basiert auf dem von ihm grundlegend beschriebenen Verhältnis des einzelnen Bürgers zum Staat, der Notwendigkeit des Schutzes des Bürgers vor der Übermacht des Staates und des Schutzes durch den Staat im Hinblick auf die Machtungleichgewichte in der Gesellschaft. Der Rechtsstaat war bei Kant konstitutiv für die **bürgerliche Freiheit** (vgl. I-1.1.1). Der Gegensatz ist der **Polizeistaat**, in dem der Einzelne Objekt der staatlichen Gewalt ist. Andererseits lässt sich das Axiom des staatlichen Gewaltmonopols auf Thomas Hobbes zurückführen. In einem Rechtsstaat ist grds. nur der Staat Hoheitsträger und darf Zwang zur Durchsetzung der Verhaltensregeln anwenden (sog. staatliches Gewaltmonopol).

staatliches Gewaltmonopol

Die wesentlichen Funktionen des Rechtsstaats gehen aus heutiger Perspektive über die Gewährleistung der persönlichen Freiheit hinaus und liegen in der Strukturierung des Gemeinwesens und seiner wesentlichen öffentlichen Institutionen (**Ordnungsfunktion**), in dem Grenzziehungsauftrag zum Schutz der Bürger (**Herrschaftskontrolle**, insb. Schutz der „Schwächeren", z.B. Minderheiten und Benachteiligten, vor den Mächtigeren) sowie – im Zusammenspiel mit dem

Sozialstaatsprinzip – dem Auftrag zur **Chancenermöglichung** (Emanzipation und Aktivierung) zur Gewährung gesellschaftlicher Teilhabe der Bürgerinnen und Bürger. Auch wenn sich die Idee des Rechts an der Gerechtigkeit orientiert, kann dieses Ziel immer nur ansatzweise erreicht werden, da im Widerstreit gesellschaftlicher und privater Interessen optimal nur ein fairer Interessenausgleich geleistet werden kann (hierzu I-1.2).

2.1.2.1 Bindung an Recht und Gesetz

Art. 20 Abs. 3 GG
Wesentlich für einen Rechtsstaat ist, dass die Macht des Staates nicht grenzenlos, sondern rechtlich gebunden und demokratisch legitimiert ist. Dies gilt insb. im Verhältnis des Staates zu seinen Bürgern, deren vom Staat anerkannte (nicht verliehene) Menschen- und Grundrechte die individuellen und sozialen Freiheitssphären umschreiben (Art. 1–19 GG), in die der Staat nur unter gesetzlich bestimmten Voraussetzungen eingreifen darf. Der Bürger ist nicht Untertan, sondern er verfügt über verfassungsrechtlich anerkannte Rechte und Pflichten. Greift die Exekutive in die Rechtsstellung des Bürgers ein, so muss er die Möglichkeit haben, die Rechtmäßigkeit der Maßnahmen von unabhängigen Gerichten überprüfen zu lassen. Kernelement des Rechtsstaats ist also die Bindung der „hoheitlichen" Gewalt (insb. auch der Sozialverwaltung) an Recht und Gesetz (Art. 20 Abs. 3 GG) und die Garantie des gerichtlichen Rechtsschutzes (Art. 19 Abs. 4, Art. 103 f. GG).

Vorrang des Gesetzes
Aus dem Grundsatz, dass alles staatliche Handeln an Recht und Gesetz gebunden ist (Gesetzmäßigkeit), lassen sich zwei wesentliche Regeln ableiten, die insb. für die (Sozial-)Verwaltung von Bedeutung sind: Vorrang und Vorbehalt des Gesetzes. Aus dem Vorrang des Gesetzes ergibt sich, dass jede Verwaltungsmaßnahme mit den geltenden Rechtsnormen im Einklang stehen muss, also nicht gegen gültige Rechtssätze verstoßen darf. Deshalb muss die Verwaltung, müssen die Sozialarbeiter das Grundgesetz, insb. die darin enthaltenen Grundrechte, sowie die Gesetze, Rechtsverordnungen und Satzungen kennen und dürfen gegen diese Rechtsnormen nicht verstoßen. Ein vom Gesetz abweichendes Handeln ist rechtswidrig. Die **fachlichen Standards der Sozialen Arbeit** bestimmen sich ganz wesentlich durch rechtliche Regelungen.

Im Rahmen einer Inobhutnahme hat das JA die Eltern „unverzüglich" zu unterrichten und mit ihnen gemeinsam das Gefährdungsrisiko abzuschätzen (§ 42 Abs. 3 S. 1 SGB VIII; im Einzelnen III-3.4.1.1). Überredet ein Sozialarbeiter einen 16-jährigen Jugendlichen, der über seine autoritären Eltern klagt, ohne Abklärung mit den Eltern zu einem Umzug in eine Wohngemeinschaft, verstößt dies gegen Art. 6 GG, §§ 1631 ff. BGB sowie §§ 1 Abs. 2, 8a Abs. 1, 9 Ziff. 1, 27 ff. bzw. 42 SGB VIII.

Privatautonomie
Soweit keine Rechtsnormen vorliegen, besteht für alle Bürger **Handlungsfreiheit**. Sie dürfen tun und lassen, was sie wollen, solange sie nicht gegen Rechtsnormen verstoßen. Im Rechtsverkehr der Bürger spricht man insoweit von Privatautonomie, im Hinblick auf Verträge gilt die Vertragsfreiheit (§ 311 BGB, hierzu II-1), d. h. solange die gesetzlichen Regelungen eingehalten werden (z. B. keine rechtswidrigen und sittenwidrige Geschäfte, §§ 134, 138, 242 BGB; Einhaltung von

Formvorschriften, §§ 126 ff. BGB; Schutz vor unangemessener Benachteiligung oder mehrdeutigen und überraschenden Klauseln in Allgemeinen Geschäftsbedingungen, §§ 305 ff. BGB; Widerrufsrecht bei Haustürgeschäften, § 312 BGB; zu den Vorschriften zum Verbraucherschutz vgl. II-1.3.1), können die Vertragsparteien ihre Verträge frei gestalten.

Die allgemeine Handlungsfreiheit im Rahmen der Gesetze besteht zwar für den Bürger, nicht aber für den Staat und andere öffentliche Träger. Der Grundsatz des Vorbehalts des Gesetzes knüpft an das Demokratiegebot an und besagt, dass der Gesetzgeber alle wesentlichen Fragen, die den Bürger unmittelbar betreffen, selbst entscheiden muss und nicht der Verwaltung zur Entscheidung überlassen darf (BVerfG NJW 1976, 34; 1976, 1309; 1979, 359). Wesentliche Maßnahmen sind also nur rechtmäßig, wenn sie auf einer (ausreichenden) **gesetzlichen Grundlage** ergehen (Gesetz oder mit gesetzlicher Ermächtigung erlassene Rechtsnorm; nicht ausreichend ist hingegen eine Verwaltungsvorschrift) und die Grundrechte nur im zulässigen Umfang einschränken. Damit sollen einerseits Willkür und unkontrollierte Eigengesetzlichkeiten verhindert, andererseits die Berechenbarkeit der Verwaltung und die Gleichbehandlung der Bürger verbessert werden. Wesentliche Maßnahmen in diesem Sinne sind:

Vorbehalt des Gesetzes

a) **Eingriffe** in die Rechts- und Freiheitssphäre einer natürlichen oder juristischen Person, d. h. Maßnahmen, die zu einem Tun, Dulden oder Unterlassen verpflichten bzw. ein Recht entziehen oder einschränken. Dies betrifft also nicht nur kontrollierende Maßnahmen der Polizei, sondern alle in die Rechtsstellung der Bürger eingreifenden Maßnahmen öffentlicher Verwaltungsträger (z. B. auch Inobhutnahme oder Gebührenerhebung durch das JA; zum Kopftuchverbot ohne gesetzliche Grundlage s. BVerfG 2 BvR 1436/02 v. 24.09.2003). So ist z. B. auch jede Erhebung und Speicherung von personenbezogenen Daten und ihre Mitteilung an Dritte ein Eingriff in das Grundrecht auf informationelle Selbstbestimmung (vgl. das sog. Volkszählungsurteil des BVerfG v. 15.12.1983 – E 65, 1; hierzu III-1.2.3). Auch innerhalb sog. Sonderrechtsverhältnisse (z. B. Strafvollzug, geschlossene Unterbringung) bedürfen weitere, über das Grundverhältnis hinausreichende Beschränkungen der Grundrechte (z. B. Briefzensur, beschränkte Nutzung von Medien) einer gesetzlichen Grundlage (BVerfGE 33, 1 ff. = NJW 1972, 811; BVerfG 2 BvR 1673/04 – 31.05.2006 – ZJJ 2006, 193 ff. zum Jugendstrafvollzug). Ein Eingriff liegt immer dann vor, wenn grundrechtlich geschützte Rechtspositionen nicht unerheblich beschränkt werden (vgl. z. B. im Hinblick auf Art. 6 Abs. 2 GG die Einführung der Sexualerziehung in der Schule, BVerwG NJW 1975, 1181).

Die Polizei darf Wohnungen, z. B. das Wohnheim eines freien Trägers, nur dann betreten und durchsuchen, wenn und soweit ihr dies durch Art. 13 GG und die einschlägigen Vorschriften der Polizeigesetze der Länder gestattet ist (grds. nur auf Anordnung des Amtsrichters, nur zur Abwendung einer gemeinen Gefahr, einer Lebensgefahr für einzelne Personen oder zur Verhütung dringender Gefahren für die öffentliche Sicherheit und Ordnung; vgl. z. B § 25 ThürPAG). Die dauerhafte Rundumüberwachung eines aus der Sicherungsverwahrung entlassenen Mannes durch die Polizei ist aufgrund der polizeilichen Generalklausel nur für eine kurze Zeit, ohne eine spezifische gesetzliche Grundlage aber nicht dauerhaft lässig (BVerfG 1 BvR 22/12 – 8.11.2012).

b) Auch Leistungsentscheidungen, mit denen der Staat (oder andere Hoheitsträger) in die Handlungs- und Gestaltungsfreiheit der Bürger interveniert (z. B. Subventionen, Förderung von freien Trägern) sind wesentlich und bedürfen der gesetzlichen Regelung. Für die Begründung oder Feststellung von Rechten reicht es allerdings nach der Rechtsprechung aus, dass in einem Haushaltsgesetz oder in einer Haushaltssatzung zweckgebundene Mittel bereitgestellt werden (z. B. im Hinblick auf Subventionen BVerwG NJW 1979, 2059 f.).

Sind im Haushaltsplan eines Kreises für die Bezuschussung von Altentagesstätten (§ 71 SGB XII) 50.000 € vorgesehen, ist die Verwaltung berechtigt und verpflichtet, diese Mittel nach pflichtgemäßem Ermessen auf die verschiedenen Antragsteller zu verteilen.

c) Im Hinblick auf die Sozialverwaltung hat der Gesetzgeber **alle** Entscheidungen über Sozialleistungen einem besonderen Gesetzesvorbehalt unterworfen. Nach § 31 SGB I ist die Begründung, Feststellung, Änderung oder Aufhebung von Rechten und Pflichten nach dem SGB nur zulässig, soweit ein Gesetz sie vorschreibt oder zulässt. Dieser sozialrechtliche Gesetzesvorbehalt geht über die allgemeinen Grundsätze hinaus. Die öffentlichen Träger z. B. der Jugend- und Sozialhilfe dürfen aufgrund des sozialrechtlichen Gesetzesvorbehalts Sozialleistungen nur bewilligen und durchführen, wenn sich dies aus dem SGB ergibt, wenn also die fachliche Prüfung ergeben hat, dass die gesetzlichen Leistungsvoraussetzungen erfüllt sind.

§ 31 SGB I

Im Rahmen des Jugendgerichtsverfahrens muss das JA frühzeitig prüfen, ob und ggf. welche Jugendhilfeleistungen für einen Jugendlichen oder sog. Heranwachsenden geeignet und erforderlich sind (§ 52 SGB VIII). Leistungen der Jugendhilfe sind zu erbringen, sofern die formellen und materiellen Leistungsvoraussetzungen nach dem SGB VIII (nicht JGG!) vorliegen. Das JA muss diese Prüfung vornehmen und kann nicht vom Jugendrichter zur Durchführung einer Betreuung oder anderen Maßnahmen angewiesen werden (zur sog. Steuerungsverantwortung des JA vgl. III-3.3.4.4).

2.1.2.2 Verhältnismäßigkeit

Der Grundsatz der Verhältnismäßigkeit wird aus dem Rechtsstaatsprinzip abgeleitet und hat Verfassungsrang (vgl. BVerfGE 19, 348; 65, 54; 70, 286; 76, 50; 77, 334; 104, 347), und zwar auch im Hinblick auf die EU-Grundrechtecharta, wie der EuGH zuletzt in seiner geradezu historischen Entscheidung zum Sozialdatenschutz unter besonderer Hervorhebung des Verhältnismäßigkeitsgebots deutlich gemacht hat (EuGH C-293/12 u. C-594/12 – 08.04.2014; s. a. I-5 u. III-1.2.3). Er ist geradezu das **vornehmste Prinzip der Rechtsanwendung** in einer rechtsstaatlich organisierten Gesellschaft und bei allen Entscheidungen, Handlungen etc. der öffentlichen Hand (Staat, Kommune, öffentlich-rechtliche Selbstverwaltungsträger) immer (in jeder logischen Sekunde) zu berücksichtigen. Besondere Bedeutung kommt ihm bei Eingriffen in die Freiheitssphäre der Betroffenen (zum Strafrecht vgl. IV-1.2) und bei Ermessensentscheidungen zu (vgl. I-3.4.2). Auch (scheinbar) vom Wortlaut eines Gesetzes gedeckte Maßnahmen und (Ermessens-) Entscheidungen sind rechtswidrig, wenn sie gegen den Grundsatz der Verhältnismäßigkeit verstoßen. Bei **jeder** „hoheitlichen" Entscheidung und Maßnahme ist zu prüfen, ob diese geeignet, erforderlich und angemessen ist.

- Geeignetheit: Maßnahmen und Leistungen sind nur zulässig, wenn sie geeignet sind, den vom Gesetz angestrebten **Zweck** zu erreichen. Sofern der Gesetzgeber (anders als z. B. in § 1 SGB VIII) den Zweck nicht selbst ausdrücklich formuliert hat, werden über die Frage, was die richtige Entscheidung oder die geeignete Maßnahme ist, oft unterschiedliche Auffassungen bestehen, die vom fachlichen und politischen Vorverständnis der Beteiligten abhängen (z. B. Geeignetheit von freiheitsentziehenden Maßnahmen für die angestrebte Legalbewährung im Hinblick auf die extrem hohen Rückfallziffern nach Vollzug der Freiheitsstrafe, vgl. OLG Schleswig NStZ 1985, 475). Gleichwohl darf die Entscheidung nicht nur auf Meinungen basieren, rechtliche Entscheidungen dürfen nicht „am grünen Tisch" losgelöst von den empirisch nachweisbaren Zusammenhängen der Lebenswelt getroffen werden. Im Rahmen der Entscheidungsfindung müssen vielmehr die „außerrechtlichen" Wirklichkeiten anerkannt werden.

Geeignetheit

- Erforderlichkeit: Kann ein bestimmtes Ziel durch verschiedene, allesamt geeignete Vorgehensweisen erreicht werden, so darf nur diejenige ausgewählt werden, die die Betroffenen und die Allgemeinheit am wenigsten beeinträchtigt und zur Erreichung des Ziels unerlässlich ist. Die Intervention darf im Hinblick auf das gesetzliche Ziel weder überflüssig sein noch durch ein weniger einschneidendes, aber auch geeignetes Mittel erreicht werden können („So wenig wie möglich, so viel wie nötig"; zur sog. Subsidiarität staatlicher Interventionen s. a. I-2.1.3). Bei der Auswahl der ihr zur Verfügung stehenden Möglichkeiten muss eine Verwaltung bewusst die Vor- und Nachteile der verschiedenen geeigneten Möglichkeiten **abwägen** und dann das am wenigsten einschneidende Mittel ergreifen.

Erforderlichkeit

Beispielsweise darf die Polizei nicht den sofortigen Abbruch einer Musikveranstaltung in einem Jugendheim verlangen, wenn es zur Vermeidung der Lärmbelästigung der Nachbarn ausreicht, die Fenster des Veranstaltungsraumes zu schließen. Sind in einer Heimeinrichtung im Hinblick auf die in ihr betreuten Kinder Mängel aufgetreten, so soll die Einrichtung zunächst beraten werden, wie die Mängel abgestellt werden können. Reicht das nicht aus, um die Mängel abzustellen, können und müssen zunächst (geeignete) Auflagen erteilt werden, bevor die Betriebserlaubnis widerrufen und das Heim geschlossen werden darf (vgl. § 45 Abs. 3 SGB VIII).

- Angemessenheit: Der Nachteil, der durch eine geeignete und an sich erforderliche Intervention entsteht, darf nicht erkennbar in grobem Missverhältnis zu dem angestrebten und erreichbaren Erfolg stehen. Die Grenzen staatlicher Handlungen sind durch **Abwägung** der in Betracht kommenden Interessen der Betroffenen und des Gemeinwesens bzw. der öffentlichen Verwaltung zu ermitteln. Die öffentlichen Interessen müssen umso bedeutender und ihre Verwirklichung umso dringlicher sein, je stärker der Eingriff in eine geschützte Rechts-

Angemessenheit

stellung wirkt. Ausdrücklich formuliert ist dieser Grundsatz z. B. in § 112 StPO: Danach darf die Untersuchungshaft trotz Vorliegen eines dringenden Tatverdachts und obwohl ein Haftgrund besteht nicht angeordnet werden, wenn sie zu der Bedeutung der Sache und der zu erwartenden Strafe oder Maßregel der Besserung und Sicherung außer Verhältnis steht (zu den Grenzen der strafrechtlichen Zwangsmaßnahmen s. IV-3.3.1).

B Die Polizei darf zur Verhinderung von Ordnungswidrigkeiten nicht von der Schusswaffe Gebrauch machen, auch wenn dies das einzige geeignete Mittel wäre, diese zu verhindern. Bei der Entscheidung über die geschlossene Unterbringung eines psychisch kranken Straftäters sind das Sicherheitsbedürfnis der Allgemeinheit und der Freiheitsanspruch des Einzelnen gegeneinander abzuwägen. Hierbei ist es erforderlich, detailliert darzulegen, aufgrund welcher konkreten Tatsachen und mit welcher Wahrscheinlichkeit die Gefahr weiterer schwerer Straftaten besteht und aus welchen Gründen ambulante Hilfen außerhalb des Maßregelvollzuges nicht ausreichen (BVerfG NJW 1993, 778). Die geschlossene Unterbringung einer Person, die weder sich noch andere gefährdet, ist ungeachtet der scheinbar weitreichenden Rechtsgrundlage (§§ 1631b, 1906 BGB) unverhältnismäßig. Im Fall Gustl Mollath haben dies Gerichte und Ärzte missachtet. Das BVerfG (2 BvR 371/12 BvR – 26.08.2013) hat den Unterbringungsbeschluss des OLG Bamberg vom 26.08.2011 als unzureichend eingestuft, da das Gericht nicht ausreichend belegt und konkretisiert habe, warum von Mollath angeblich weiter die Gefahr künftiger rechtswidriger Taten ausgehe. Der Grundsatz der Verhältnismäßigkeit gebiete es zudem, die Unterbringung nur solange zu vollstrecken, wie der Zweck der Maßregel dies unabweisbar erfordere und weniger belastende Maßnahmen nicht genügen. Im Hinblick auf die Vorratsdatenspeicherung hat der EuGH betont, dass die Speicherung von (Kommunikations-)Daten auf Vorrat nur auf das „absolut Notwendige" sowie auf einen Personenkreis zu begrenzen ist, der in irgendeiner Weise in eine schwere Straftat verwickelt sein könnte (EuGH C-293/12 u. C-594/12 – 08.04.2014; s. a. III-1.2.3).

So knapp und geradezu einfach das Verhältnismäßigkeitsgebot auf den drei Stufen ausformuliert ist, so schwer scheint es Behörden bzw. öffentlichen Trägern mitunter zu fallen, die Grenzen staatlicher Befugnisse an dieser Grenze auszurichten, wie zahlreiche Entscheidungen des BVerfG und der europäischen Gerichte (EGMR und EuGH) dokumentieren. Es geht also nicht nur darum, jeweils den bloßen Wortlaut eines Gesetzes umzusetzen bzw. einzuhalten, sondern den freiheitlich-bürgerfreundlichen Gehalt der (europäischen und grundgesetzlichen) Rechtsordnung zu erkennen und mit einer entsprechenden Haltung gegenüber dem Bürger umzusetzen. Dies ist insb. auch für die Soziale Arbeit im Hinblick auf das asymmetrische Verhältnis zu ihren Klienten von besonderer Bedeutung. Das Verhältnismäßigkeitsgebot wird mitunter auch als **Übermaßverbot** („Nicht mit Kanonen auf Spatzen schießen"; „Die Kirche im Dorf lassen") bezeichnet, wobei dieser Aspekt vor allem im Hinblick auf die zweite und dritte Ebene des Verhältnismäßigkeitsgebots, also die Erforderlichkeit (im engeren Sinne) und die Angemessenheit hoheitlicher Maßnahmen, relevant ist.

Im Rahmen der Gesetzgebung hat der Gesetzgeber einen weiten (politischen) Bewertungs- und Entscheidungsspielraum. Freilich müssen auch hier im Hinblick auf die Geeignetheit, Erforderlichkeit und Angemessenheit, mithin die Auswirkungen neuer Regelungen, stets die zu dieser Zeit verfügbaren **empirischen Fakten** und fachlichen Beurteilungen berücksichtigt werden. Stellt sich die Bewertung empirisch als falsch heraus, muss die Regelung für die Zukunft unter Berücksichtigung eines Anpassungs- und Übergangszeitraums korrigiert werden (BVerfGE 25, 13, 17; 50, 335; 95, 314).

Während der abwehrende („negative") Aspekt des Verhältnismäßigkeitsgebots zur Begrenzung von Eingriffen und zur Zurücknahme des staatlichen Kontrollzugriffs verpflichtet, beinhaltet seine **positive Seite** die Verpflichtung des Staates, den Einzelnen hilfreich zu unterstützen, wenn seine Ressourcen und Kompetenzen zur sozialadäquaten Lebensbewältigung nicht ausreichen. In dieser Ausprägung spricht man vom Verhältnismäßigkeitsgebot zumeist als Subsidiaritätsprinzip (hierzu I-2.1.3).

2.1.2.3 Rechtsschutzgarantie und Justizgewährungsanspruch

Nach Art. 19 Abs. 4 S. 1 GG steht jedem der Rechtsweg zu einem Gericht offen, wenn er durch die öffentliche Gewalt in seinen Rechten verletzt wird. Ob das der Fall ist, haben dann letztlich die Gerichte zu prüfen (zur Rechtskontrolle vgl. ausführlich I-5). Damit verknüpft und aus dem Rechtsstaatsprinzip abgeleitet ist der sog. **Justizgewährleistungsanspruch** des Bürgers, zur umfassenden Wahrung seiner Rechte die staatlichen Gerichte in Anspruch nehmen zu können und von diesen eine Entscheidung in der Sache treffen zu lassen (vgl. Art. 6 Abs. 1 EMRK). Dem entspricht (insb. mit Blick auf das Rechtsprechungs- und Gewaltmonopol des Staates sowie das Selbsthilfeverbot für den Bürger) auf der anderen Seite die Pflicht des Staates, für alle Rechtsverletzungen und Rechtsstreitigkeiten den gerichtlichen Schutz zur Verfügung zu stellen (Justizgewährleistungspflicht).

Justizgewährleistungsanspruch/-pflicht

2.1.2.4 Gleichheitsgebot und Willkürverbot

Nach Art. 3 Abs. 1 GG sind alle Menschen vor dem Gesetz gleich. Das Gleichheitsgebot ist im Rechtsstaat nicht als Gebot ausformuliert, sondern nur als **Gleichbehandlung** nach dem Gesetz. Das Gleichheitsgebot des GG überwindet deshalb nicht das Spannungsverhältnis zwischen Recht und Gerechtigkeit (vgl. I-1.2). Rechtspositivistisch gesehen verbietet das Recht – wie es der französische Literaturnobelpreisträger Anatole France (1844 – 1924) formuliert hat – in seiner „*majestätischen Gleichheit Reichen wie Armen unter Brücken zu schlafen, auf Straßen zu betteln und Brot zu stehlen*" (France 1919, 112).

Aus Art. 3 Abs. 1 GG folgt nicht, dass alle Menschen gleich behandelt werden müssen. Der allgemeine Gleichheitssatz des Grundgesetzes (s. Übersicht 8) ist nur verletzt, wenn der Staat einen Normadressaten im Vergleich zu anderen Normadressaten ungleich (und damit ungerecht und unfair) behandelt, obwohl zwischen beiden Gruppen keine Unterschiede von solchem Gewicht bestehen, dass sie die ungleiche Behandlung rechtfertigen könnten (Verbot der Ungleichbehandlung gleicher Sachverhalte, vgl. BVerfGE 74, 9 ff.). Deshalb hat das Grundgesetz in Art. 3 Abs. 3 GG schon vorweg festgelegt, dass der Staat niemanden aufgrund des Geschlechts, seiner Abstammung, Rasse, Sprache, Heimat und Herkunft, seines Glaubens und seiner religiösen oder politischen Ansichten benachteiligen oder bevorzugen darf. Insoweit ist also eine unterschiedliche Behandlung durch staatliche Instanzen nicht gerechtfertigt. Dies betrifft auch das sog. Racial Profiling (vgl. Cremer 2013, 11 f., 16 ff.). Hierbei handelt es sich um polizeiliche Personenkontrollen ohne Vorliegen eines Straftatverdachts, u. a. im Rahmen von §§ 22 Abs. 1a, 23 Abs. 3 BPolG, die nach äußerem Erscheinungsbild, insb. nach der Hautfarbe der Betroffenen, vorgenommen werden, damit aber gegen das Diskriminierungsverbot aus Art. 3 Abs. 3 GG verstoßen (OVG Rh-Pf 7 A 10532/12 – 29.10.2012).

Racial Profiling

Der Gleichheitsgrundsatz verbietet der Verwaltung jedes **willkürliche** Verhalten, d. h. nicht nur die nicht durch sachliche Unterschiede gerechtfertigte Ungleichbehandlung gleicher, sondern auch die nicht durch zulässige sachliche Gründe begründete Gleichbehandlung ungleicher Tatbestände. Grob ausgedrückt: Gleiches soll gleich, Ungleiches kann und soll unterschiedlich behandelt werden. Beispielsweise verstößt die finanzielle Förderung einer (juristischen) Person, die anders als andere Leistungsempfänger die aufgestellten, z. B. landesrechtlichen, Förderrichtlinien nicht erfüllt, gegen Art. 3 GG. Hierin liegt freilich gleichzeitig ein Verstoß gegen den Vorrang des Gesetzes. Ein sachlicher Grund für eine Ungleichbehandlung im Rahmen von Ermessensentscheidungen ist gegeben, wenn z. B. aufgrund eines im Haushaltsplan vorgesehenen Budgettitels eine Reihe von Antragstellern Zuwendungen erhalten haben (z. B. für Altenerholung, Mitarbeiterschulung), der Betrag aber verbraucht ist und nun andere leer ausgehen.

Mit Art. 3 Abs. 2 S. 2 GG ist allerdings ausdrücklich auch die Möglichkeit eröffnet, mittels sog. positiver Maßnahmen (zuweilen wird auch, semantisch sicher wenig überzeugend, von „positiver Diskriminierung" gesprochen) bestehende Ungleichheiten zu beseitigen (z. B. Frauenquoten). In ähnlicher Weise verbietet Art 3. Abs. 3 S. 2 GG nicht nur die Benachteiligung von Menschen mit Behinderung, sondern erlaubt i. V. m. § 1 BGG eine bevorzugte Berücksichtigung von Bewerbern mit Behinderung auf einen Arbeitsplatz bei gleicher Eignung.

Die unterschiedliche Förderung von Familien (z. B. im Hinblick auf die kostengünstigere Teilnahme an Familienfreizeiten nach § 16 Abs. 2 Nr. 3 SGB VIII) durch das städtische JA aufgrund der Anzahl der Kinder oder von allein oder gemeinsam erziehenden Eltern kann durchaus mit Art. 3 GG vereinbar sein. Wenn ein städtisches Jugendzentrum seine Räume unterschiedlichen Jugendgruppen für deren (Vereins-)Treffen und Aktivitäten zur Verfügung stellt, darf der Antrag einer Gruppe von rechtsradikalen Jugendlichen auf Überlassung von Räumen für eine „Pogo-Party in geschlossener Gesellschaft" nicht allein mit Bezug auf ihre verquere politische Weltanschauung abgelehnt werden. Eine Ablehnung wäre aber im Hinblick auf Art. 3 GG zulässig, wenn bei den früheren Veranstaltungen der Gruppe – und anders als bei anderen Gruppen – besonders viel Mobiliar zu Bruch ging, strafbares Verhalten angekündigt wird oder das JA generell Tanzveranstaltungen im Jugendzentrum mangels Interesses nicht mehr zulassen will.

Übersicht 8: Anwendung des Gleichheitsgebotes des Art. 3 GG

Regelungsinhalt:	Sachverhalte, die im Wesentlichen gleich sind, müssen die gleichen Rechtsfolgen nach sich ziehen. Unterscheiden sich Sachverhalte in wesentlichen Punkten, so müssen unterschiedliche Entscheidungen/ Verwaltungshandlungen folgen: Gleiches soll gleich, Ungleiches soll unterschiedlich behandelt werden.
Prüfungsvorgang:	Liegen zwei vergleichbare Sachverhalte vor? → nein → Art. 3 GG findet keine Anwendung! ja ↓ Unterscheiden sich die zu vergleichenden Sachverhalte in wesentlichen Punkten? (Feststellen von Gemeinsamkeiten und Unterschieden – Bewerten der Unterschiede als wesentlich/unwesentlich). ja ↓ nein ↘ unterschiedliche Rechtsfolgen? gleiche Rechtsfolgen? ja → Gleichheitssatz ist **nicht** verletzt! ← ja nein → Gleichheitssatz **ist verletzt!** ← nein
Nicht anwendbar ist der Gleichheitssatz bei rechtswidrigen Entscheidungen, insoweit gibt es keine Gleichheit im Unrecht. Beispielsweise kann sich A. im Hinblick auf eine finanzielle Förderungen nicht darauf berufen, dass B. diese Förderung zu Unrecht erhalten habe.	

Die von verschiedenen Gerichten gebilligte Behördenpraxis, die davon ausgeht, dass ein einmaliger Cannabiskonsum Zweifel an der Eignung zum Führen von Kraftfahrzeugen begründet und die Einholung eines tief in den Persönlichkeitsbereich eingreifenden medizinisch-psychologischen Gutachtens rechtfertigt, während bei alkoholauffälligen Kraftfahrern ein derartiges Gutachten erst „nach wiederholten Verkehrszuwiderhandlungen unter Alkoholeinfluss" eingeholt wird, hält das BVerfG für sachlich nicht gerechtfertigt (BVerfG 24.06.1993 – 1 BvR 689/92). In einer anderen Entscheidung hat das BVerfG (9.03.1994 – 2 BvL 43/92, 2 BvR 2031/92) aber im Hinblick auf die Strafbarkeit des Drogenbesitzes entschieden, dass Art. 3 GG es nicht gebiete, alle potenziell gleich schädlichen Drogen gleichermaßen zu verbieten oder zuzulassen, weshalb der Gesetzgeber den Umgang mit Cannabisprodukten einerseits, mit Alkohol oder Nikotin andererseits unterschiedlich regeln dürfe (zum Drogenstrafrecht s. IV-2.3.5).

Grds. ist eine Verwaltung nur an gesetzliche Vorschriften gebunden, nicht an

Selbstbindung der Verwaltung interne **Verwaltungsvorschriften** (I-1.1.3.6). Eine Bindung der Verwaltung tritt aber auch dann ein, wenn durch Verwaltungsvorschriften festgelegt ist, wie ein Ermessensspielraum ausgefüllt werden soll. Insoweit muss die Verwaltung alle Bürger, die die gleichen Voraussetzungen mitbringen, gleich behandeln. Von einer derartigen von Art. 3 GG geforderten Selbstbindung kann die Behörde aber abweichen, wenn sie beabsichtigt, ihre Entscheidungen im Rahmen ihres Ermessensspielraumes künftig an anderen Gesichtspunkten zu orientieren.

Aus dem Gleichheitsgrundsatz kann nicht abgeleitet werden, dass die Behörde, die durch pflichtwidriges Verhalten einen oder mehrere Beteiligte begünstigt hat, in gleicher Weise auch in Zukunft rechtswidrig verfährt: **keine Gleichheit im Unrecht** (vgl. z. B. im Hinblick auf die Einberufung von Wehrpflichtigen BVerwG NJW 72, 1483 f.).

Das Gleichheitsgebot richtet sich wie alle Grundrechte unmittelbar nur an alle Hoheitsträger, also öffentliche Institutionen und Einrichtungen, Verwaltungen und Dienste, entfaltet jedoch eine sog. mittelbare Drittwirkung (s. u. 2.2.4) letztlich im Hinblick auf die durch § 138 BGB geschützte, herrschende Rechts- und Sozialmoral („ethisches Minimum"; vgl. I-1.1.2). Inzwischen wurde das Gleichbehandlungsgebot bzw. **Diskriminierungsverbot** explizit auf andere Regelungsbereiche ausgeweitet. Dies geschah durch das am 18.08.2006 in Kraft getretene **Allgemeines Gleichbehandlungsgesetz** (AGG), mit dem entsprechende EU-Richtlinien (s. I-1.1.5.1) umgesetzt wurden (hierzu Däubler/Bertzbach 2013). Das Gesetz enthält v. a. Regelungen, die sich an private **Arbeitgeber** richten (§§ 6ff. AGG; hierzu IV-3.2 u. IV-3.4.1), aber auch solche, nach denen das Diskriminierungsverbot in bestimmten Bereichen des Zivilrechts zu beachten ist. Ziel des Gesetzes ist es, Benachteiligungen aus Gründen der Rasse (eine sicherlich höchst umstrittene Wortwahl, die aber auf Art. 2 AEMR aus dem Jahr 1948 zurückgeht) oder wegen der ethnischen Herkunft, des Geschlechts, der Religion oder Weltanschauung, einer Behinderung, des Alters oder der sexuellen Identität zu verhindern oder zu beseitigen (§ 1 AGG). Allerdings gilt das **Benachteiligungsverbot im Zivilrecht** nach § 19 Abs. 1 AGG nur eingeschränkt und zwar nur bei sog. Massengeschäften, d. h. Rechtsgeschäften, die typischerweise ohne Ansehen der Person zu vergleichbaren Bedingungen in einer Vielzahl von Fällen zustande kommen bzw. bei denen das Ansehen der Person nach der Art des Schuldverhältnisses eine nachrangige Bedeutung hat und die zu vergleichbaren Bedingungen in einer Vielzahl von Fällen zustande kommen, sowie Rechtsgeschäften, die eine privatrechtliche Versicherung zum Gegenstand haben. Unter Massengeschäfte im Sinne des Gesetzes fallen der Besuch von Gaststätten und Diskotheken (vgl. AG Hannover 462 C 10744/12 – 14.08.2013) oder anderen Freizeiteinrichtungen, der alltägliche Einkauf im Einzelhandel, die Buchung einer Pauschalreise, der Frisörbesuch, der Geschäftsabschluss mit dem Gebrauchtwagenhändler oder die Inanspruchnahme von Personenbeförderungsunternehmen.

Keine Anwendung findet das Gesetz auf Verträge, bei denen ein besonderes Nähe- oder Vertrauensverhältnis zwischen den Vertragspartnern begründet wird (§ 19 Abs. 5 S. 1 AGG). Kreditverträge sollen deshalb nicht unter das Verbot der Ungleichbehandlung fallen, weil hier die individuelle Kreditwürdigkeit des Kreditnehmers eine ausschlaggebende Rolle spielt (im Einzelnen vgl. Degener et al.

2008, 293). Zudem benennt § 20 AGG einzelne Fallgruppen, in denen eine unterschiedliche Behandlung aus „sachlichen Gründen" (z. B. Verhinderung von Gefahren, Schutz der Intimsphäre, Gewährung besonderer Vorteile, vgl. auch § 5 AGG) zulässig ist. Bei privaten Versicherungen ist dies bspw. der Fall, wenn für bestimmte Gruppen (Schwangere, Behinderte, besonders junge und ältere Menschen o. Ä.) versicherungsmathematisch ein statistisch höheres Schadenseintrittsrisiko vorliegt (§ 20 Abs. 2 AGG). Allerdings hat der EuGH (hierzu I-5.1) die Ungleichbehandlung von Männern und Frauen in Versicherungstarifen beanstandet und die Einführung sog. Unisex-Tarife gefordert (EuGH C-236/09 – 01.03.2011).

Eine Benachteiligung aus Gründen der Rasse oder wegen der ethnischen Herkunft ist darüber hinaus auch bei der Begründung, Durchführung und Beendigung sonstiger zivilrechtlicher Schuldverhältnisse unzulässig, die den Sozialschutz, einschließlich der sozialen Sicherheit und der Gesundheitsdienste, die sozialen Vergünstigungen, die Bildung bzw. den Zugang zu und die Versorgung mit Gütern und Dienstleistungen, die der Öffentlichkeit zur Verfügung stehen, einschließlich Wohnraum, zum Gegenstand haben. Hierzu dürften Arztverträge ebenso gehören wie Angebote von Hausaufgabenhilfen von Vereinen oder von betreuten Wohnformen durch private Träger. Für öffentliche Sozialleistungsträger, auch soweit sie sich privater Anbieter zur Leistungserbringung bedienen, gilt Art. 3 GG ohnehin. Die Vermietung von nicht mehr als 50 Wohnungen ist in der Regel kein Massengeschäft (§ 19 Abs. 5 S. 3 AGG). Das AGG richtet sich deshalb grds. nicht an Privatvermieter einzelner Wohnungen, wohl aber an Wohnungsbaugenossenschaften o. Ä. Im Hinblick auf die Vermietung von (Hotel-)Zimmern hat das OLG BB (1 U 4/10 – 18.04.2011) entschieden, dass Hotelbetreiber als private Unternehmer – anders als der Staat – nicht zur Gleichbehandlung aller potenziellen Gäste verpflichtet sind und deshalb Personen mit extremer politischer Gesinnung den Zugang verwehren können. Weder das AGG noch entsprechende EU-Richtlinien stünden dem Hausverbot entgegen, da die Weltanschauung nur in Bezug auf Beschäftigung und Beruf, nicht aber im allgemeinen zivilrechtlichen Bereich mit einem besonderen Diskriminierungsverbot versehen sei.

Das AGG beinhaltet somit keine Regelungen, die ganz allgemein im Privatrechtsverkehr eine Diskriminierung verbieten. Bei einer nachgewiesenen ungerechtfertigten Benachteiligung haben die Betroffenen nach dem AGG Beseitigungs-, Unterlassungs- und ggf. Schadensersatzansprüche, die innerhalb einer Frist von zwei Monaten geltend gemacht werden müssen (§ 21 AGG). Obwohl die Beweislast für die Betroffenen erleichtert ist (§ 22 AGG: Beibringen von Indizien, aber keine Beweislastumkehr) wird es mangels schriftlicher Unterlagen (z. B. einer Stellenausschreibung) häufig schwer sein, eine Benachteiligung darzulegen und den „eigentlichen" Grund für die als unzulässig angesehene Diskriminierung festzustellen.

2.1.3 Sozialstaatsprinzip

Auch das Sozialstaatsprinzip (Art. 20 und 28 GG) ist eine der wesentlichen, nicht veränderbaren Grundentscheidungen der deutschen Verfassung (Art. 79 Abs. 3

GG). Verfassungsrechtlich handelt es sich beim Sozialstaatsprinzip um eine sog. **Staatszielbestimmung**. Sie verpflichtet den Staat, für soziale Gerechtigkeit auf der Grundlage der Achtung der Menschenwürde zu sorgen, widerstreitende Interessen auszugleichen und erträgliche Lebensbedingungen herzustellen (vgl. BVerfGE 82, 60, 85). Ziel ist die **Herstellung sozialer Sicherheit und Gerechtigkeit** (vgl. § 1 SGB I). Das BVerfG und die übrige höchstrichterliche Rechtsprechung haben aus der Menschenwürdegarantie und dem Sozialstaatsprinzip u. a. die Verpflichtung aller staatlichen Organe abgeleitet:

- für einen Ausgleich sozialer Ungleichheiten und Gegensätze und damit für eine gerechte Sozialordnung zu sorgen (Gebot der sozialen Gerechtigkeit, BVerfGE 22, 180, 204; 35, 348, 355 f.), insb. Chancengleichheit für sozial Benachteiligte zu schaffen (BVerfGE 56, 1393);
- für eine annähernd gleichmäßige Verteilung der öffentlichen Lasten zu sorgen, insb. sollen Lasten der staatlichen Gemeinschaft nicht zufällig von einzelnen Bürgern oder bestimmten Personenkreisen getragen werden (Lastenausgleichsgebot; vgl. BVerfGE 5, 85, 198 f.; 27, 253);
- jedem mittellosen Bürger das Existenzminimum erforderlichenfalls durch Sozialleistungen zu sichern (vgl. BVerfGE 82, 60) und dem Bürger das selbst erzielte Einkommen bis zur Höhe des Existenzminimums nicht (durch Steuern) zu entziehen (BVerfG NJW 1990, 2869);
- Menschen, die materielle, gesundheitliche oder psychosoziale Probleme haben und sich nicht selbst helfen können, Hilfe zukommen zu lassen (BVerfG NJW 1977, 1489);
- insbes. schwächeren Mitbürgern „zur Erlangung und Wahrung der ihnen vom Gesetz zugedachten Rechte nach Kräften beizustehen", denn im sozialen Rechtsstaat sind die Amtsinhaber nicht nur Vollstrecker staatlichen Willens und nicht nur Diener des Staates, sondern zugleich auch „Helfer des Bürgers"(BGH NJW 1965, 1227);
- zur Berechnung der im Rahmen der Sozialhilfe gewährten Regelleistungen, insb. für Kinder, den notwendigen Bedarf in einem transparenten und sachgerechten Verfahren realitätsgerecht sowie nachvollziehbar auf der Grundlage verlässlicher Zahlen und schlüssiger Berechnungsverfahren zu ermitteln. Zudem muss der Gesetzgeber, neben der Deckung des typischen Bedarfs zur Sicherung des menschenwürdigen Existenzminimums durch einen monatlichen Festbetrag, für einen darüber hinausgehenden unabweisbaren, laufenden, nicht nur einmaligen, besonderen Bedarf einen zusätzlichen Leistungsanspruch einräumen (BVerfG 1 BvL 1/09 – 09.02.2010).

Allerdings ist der Sozialstaatsgrundsatz inhaltlich nicht konkretisiert. Er enthält infolge seiner Weite und Unbestimmtheit **keine unmittelbaren Handlungsanweisungen**, die durch die Gerichte ohne zusätzliche gesetzliche Grundlage umgesetzt werden könnten (BVerfGE 65, 182, 190). Der einzelne Bürger kann deshalb aus dem Sozialstaatsprinzip grds. keine Ansprüche auf konkrete Leistungen ableiten (vgl. § 2 Abs. 1 S. 2 SGB I). Vielmehr ist es – gemäß dem Demokratieprinzip – Aufgabe des Gesetzgebers, das Sozialstaatsprinzip durch gesetzliche Normen zu konkretisieren und für eine gerechte Sozialordnung zu sorgen (BVerfGE 33, 303, 333; 69, 272). Deshalb wurde im SGB I die Sicherung eines menschenwürdigen Daseins und die Verwirklichung sozialer Gerechtigkeit zu einer grundlegenden staatlichen Aufgabe gemacht. Das Sozialstaatsprinzip hat also zunächst Steuerungsfunktion für die Sozialgesetzgebung. Ausfluss des Sozialstaatsprinzips sind insoweit z. B.:

- die im SGB geregelten Ansprüche auf staatliche Leistungen,
- im Arbeitsrecht z. B. die Kündigungsschutzvorschriften, das Mutterschutz-, Schwerbehinderten- und Jugendarbeitsschutzgesetz,
- im Wohnungs- und Mietrecht ebenfalls die Kündigungsschutzvorschriften sowie die Regelungen über Wohnungsbaudarlehen oder die Berechtigung zum Bezug von Sozialwohnungen,
- in der Steuergesetzgebung z. B. die steuerliche Freistellung des Existenzminimums oder die Steuerbegünstigung gemeinnütziger Vereinigungen.

Darüber hinaus muss die Verwaltung das Sozialstaatsprinzip als bindende **Auslegungsregel** (hierzu I-3.3.2) sowie bei der Anwendung von Ermessensvorschriften beachten.

Das Gebot der Menschenwürde schließt die abhängig machende Totalversorgung und eine fürsorgerische Belagerung durch den Staat aus. In neuerer Zeit spricht man von dem „Leitbild des aktivierenden Sozialstaates", der die Förderung und Befähigung des Einzelnen zur Übernahme von Eigenverantwortung unter dem Schlagwort des „Förderns und Forderns" zum Ziel hat. Traditioneller spricht man hier vom Grundsatz **„Hilfe zur Selbsthilfe"**, vom Nachrang- oder Subsidiaritätsprinzip. Im weiten, grundsätzlichen Sinne geht es dabei um das Verhältnis von Bürger und Staat überhaupt. Im engeren Sinne geht es um das Verhältnis freier Träger (= Bürger) zu öffentlichen Trägern (= Staat). Der Subsidiaritätsgedanke ist zunächst Kern des Verhältnismäßigkeitsgrundsatzes. Bei staatlichen Interventionen muss stets geprüft werden, ob diese nicht nur geeignet, sondern auch notwendig sind (s. o. I-2.1.2.2). Das gilt für Hilfeleistungen ebenso wie bei Eingriffen. Die Intervention des Staates ist nicht erforderlich, wenn und soweit die Bürger sich selbst helfen können. Selbst wenn Menschen auf Hilfe angewiesen sind, bleiben sie vollwertige Rechtssubjekte, deren Würde unangetastet bleibt und bleiben muss. Ein fürsorgerisch-entmündigender Umgang mit hilfebedürftigen Menschen ist nicht nur unsozial und fachlich inadäquat, sondern auch verfassungswidrig. Nicht alles, was nützt, ist auch erlaubt. Hilfe muss aus ethischen, sozialpädagogischen wie rechtlichen Gründen immer Hilfe zur Selbsthilfe sein. Im Hinblick auf den Nachrang staatlicher Hilfe und den Vorrang der Hilfe zur Selbsthilfe kann man also in Anknüpfung an das Verhältnismäßigkeitsgebot in der Sprache der Sozialen Arbeit formulieren: so selbstständig, so viel Eigenverantwortung und Freiraum wie möglich, deshalb so wenig Hilfe wie möglich, aber so viel Hilfe wie nötig.

Subsidiaritätsprinzip

Während der abwehrende („negative") Aspekt des Subsidiaritätsgedankens zur Zurücknahme des staatlichen Kontrollzugriffs verpflichtet, beinhaltet seine positive Seite aber immer auch die **Verpflichtung des Staates**, dem Bürger helfend zur Seite zu stehen, wenn seine eigenen Kräfte nicht ausreichen (Brandt 1988). Denn

Verhältnis öffentlicher und freier Träger

wenn der Sozialstaat nur die Aktivierung des Einzelnen forderte, ohne seinerseits entsprechende Unterstützungssysteme bereitzustellen oder gar die mangelnde Bereitstellung, das Wegbrechen und den Abbau integrativer Sozialleistungen durch eine verstärkt ordnungsrechtliche Sozialkontrolle kompensierte, wären dies die düsteren Zeichen des Wandels vom leistenden Sozialstaat zum strafenden Staat (Bettinger/Stehr 2009, 252 ff.; Fischer 2005, 292 ff.; Wacquant 2009, 292).

Wird aus dem Subsidiaritätsgebot mit Blick auf den Leistungsempfänger das Gebot der Hilfe zur Selbsthilfe und das Prinzip der Nachrangigkeit (vgl. § 2 Abs. 1 SGB XII) begründet, so beinhaltet es andererseits einen grundsätzlichen **Betätigungsvorrang der freien Träger** (s. I.4.1.2.2) vor den öffentlichen Sozialleistungsträgern (vgl. z. B. § 4 Abs. 2 SGB VIII, § 5 Abs. 4 SGB XII). Im Hinblick auf das Verhältnis von öffentlichen und freien Trägern muss allerdings auch festgehalten werden, dass das BVerfG in seiner Entscheidung von 1967 (BVerfGE 22, 180 f.) – übrigens ohne das Wort Subsidiaritätsprinzip zu erwähnen – von einer „durch Jahrzehnte bewährten Zusammenarbeit von Staat und freien Verbänden" ausgegangen ist (sog. Korporatismus), eine Existenz wahrende Bestandsgarantie öffentlicher Einrichtungen formuliert sowie auf die Planungs- und Gesamtverantwortung der öffentlichen Träger für die Bereiche der Jugendhilfe und Sozialhilfe hingewiesen hat (vgl. hierzu ausführlich Münder 1998).

System der sozialen Sicherung

Das System der sozialen Sicherung in Deutschland ist im **Sozialrecht** (hierzu III-1) geregelt und besteht im Wesentlichen aus vier Säulen, die unterschiedlichen Prinzipien folgen und sich im Hinblick auf Inhalt und Rechtsgrund der Leistung, den Bereichen und Trägern der Leistungen unterscheiden (s. Übersicht 9):

- der Vorsorge durch die Sozialversicherungssysteme,
- dem Versorgungssystem,
- dem Förderungssystem,
- dem Hilfesystem.

Die Bedeutung des Sozialleistungsbereichs für die Volkswirtschaft ist immens. Die Leistungen des Sozialbudgets insgesamt beliefen sich Ende 2012 für Deutschland auf rund 760 Mrd. Euro. Das Verhältnis von Sozialleistungen zum Bruttoinlandsprodukt – die Sozialleistungsquote – hat sich allerdings von 31,3 % im Jahr 2009 auf 30,4 % im Jahr 2013 abgesenkt (vgl. www.destatis.de → Sozialbudget) und ist damit niedriger als einige Jahre davor (z. B. 2000: 33,6 % bei insg. 681 Mrd. Euro; 2001: 33,8 % bei insg. 702 Mrd. Euro). Den größten Bereich machen die Renten aus, wie sich aus der nachfolgenden Aufstellung der Sozialleistungen nach Funktionen (ohne Verwaltungsausgaben) ergibt (vgl. www.destatis.de 8/2013):

- Alter und Hinterbliebene: 292,7 Mrd. Euro
- Krankheit und Invalidität: 294,74 Mrd. Euro
- Arbeitslosigkeit: 42,3 Mrd. Euro
- Kindergeld- und Familienleistungsausgleich: 41,5 Mrd. Euro
- Kinder- und Jugendhilfe: 27,8 Mrd. Euro (2011), davon 18,5 Mrd. für KiTa und 7,8 Mrd. für erzieherische Hilfen und Schutzmaßnahmen
- Sozialhilfe: 22,7 Mrd. Euro (2011)

Übersicht 9: System der sozialen Sicherung in Deutschland

Das System der sozialen Sicherung

VORSORGE VERSICHERUNG	VERSORGUNG ENTSCHÄDIGUNG		FÖRDERUNG	HILFE (FRÜHER: FÜRSORGE)
Eintritt eines sozialen Risikos, Mitgliedschaft	Ausgleich eines Sonderopfers, Alimentierung gesetzl. Anspruch	*Leistungsgrund/ -voraussetzung*	Chancengleichheit gesetzl. Anspruch	Menschenrechte, Notlage Sicherung menschenwürdiger Existenz; Ausgleich
Dienst-, Sach- oder Geldleistung	Dienst-, Sach- oder Geldleistung	*Leistungsinhalt §11 SGB I*	Dienst-, Sach- oder Geldleistung	Dienst-, Sach- oder Geldleistung
standardisiert	standardisiert	*Leistungshöhe*	standard./individual.	individualisiert, Bedarf
Beiträge	Sonderopfer/Dienstleistungsbereitschaft	*geforderte Gegenleistung*	gesellschaftl. Nutzen	Existenzsicherung, soziale Integration
Renten-, Kranken-, Pflege-, Unfall-, Arbeitslosenversicherung	Kriegsopfer, Soldaten-, Zivildienst-, Impfschaden-, Verbrechensopfer-, Beamtenversorgung/BVG	*Leistungsbereiche, z. B.:*	Ausbildungs- und Arbeitsförderung, Schwerbehindertenintegration/SGB IX, Familienförderung (z. B. BEEG; UhVorschG); Wohngeld; [BKGG* → EStG]	Grundsicherung (SGB II) Sozialhilfe (SGB XII) Jugendhilfe (SGB VIII) Resozialisierung
Sondervermögen: Körperschaften, Anstalten	Staat	*Leistungsträger*	Staat	Kommunen, teilw. Staat, Sondervermögen (Bundesagentur für Arbeit)
(lohnbezogene) Beiträge und Steuern, zunehmend private Vorsorge	steuerfinanziert	*Finanzierung*	steuerfinanziert	steuerfinanziert

*Im weiten Sinne auch Kindergeld, auch wenn dieses keine Sozialleistung, sondern eine steuerliche Leistung nach dem EStG darstellt.

Zur Menschenwürde gehört mehr als die bloße Absicherung gegen die existenziellen Lebensrisiken wie Krankheit, Invalidität, Pflegebedürftigkeit, Alter oder Arbeitslosigkeit. Zum Sozialstaat des Grundgesetzes gehört, dass er zu Bedarfsgerechtigkeit und **Chancengleichheit** beiträgt. Die Bedeutung des Sozialstaats besteht in diesem Sinne auch wesentlich darin, zur **Verteilungsgerechtigkeit** beizutragen (BMGS 2005, 3).

2.2 Grundrechte

2.2.1 Geschichtliches – begriffliche Einordnung

Grundrechte und Menschenrechte

Die Idee der Grundrechte wird häufig aus naturrechtlichen Vorstellungen abgeleitet. „Freiheit (Unabhängigkeit von eines anderen nötigender Willkür)", so lesen wir bei Immanuel Kant, sei das „einzige, ursprüngliche, jedem Menschen, kraft seiner Menschheit, zustehende Recht" (1797, 345). Kant formuliert hiermit nicht mehr und nicht weniger als den Ursprungsgehalt der Menschenrechte, die uns geschichtlich etwa in Gestalt der *Virginia Bill of Rights* von 1776, der amerikanischen Verfassung von 1787 und vor allem der französischen Erklärung der Menschen- und Bürgerrechte vom 26.08.1789 entgegentreten. Heute finden wir diese Idee in der AEMR, den beiden Menschenrechtspakten und einer Vielzahl weiterer internationaler Konventionen vor (hierzu: I-1.1.2).

Freiheit vor dem Staat

Zum Wesen der Grundrechte gehört jedoch nicht nur ihr freiheitlicher Gehalt als solcher, sondern gleichermaßen auch ihre Gerichtetheit gegen potenzielle Bedrohungen eben dieses Freiheitsgehaltes durch staatliche Intervention. Dies wird in der naturrechtlichen Perspektive anhand der vertragstheoretischen Argumentation

Vertragstheorie

des englischen Staatsdenkers John Locke entwickelt. Die Vertragstheorie macht geltend, dass der Einzelne, da ihm als vereinzeltem Individuum keine Möglichkeiten eines effektiven Schutzes seines Freiheitsrechts zu Gebote stehen, darauf angewiesen sei, mit den anderen Mitgliedern der Gesellschaft eine Übereinkunft über einen Zusammenschluss zum Zwecke der Freiheitssicherung zu treffen. Dies sei zugleich der Gründungsakt einer staatlichen Gewalt, an die dann also das Recht zu Gesetzgebung und Gesetzesausführung übertragen werde. Nun können aber nach einer derartigen Konstruktion die Einzelnen nichts auf die Staatsgewalt übertragen, worüber sie selbst nicht verfügen. Da ihnen jedoch, wie bei Kant gesehen, insb. kein Recht auf Eingriff in die Freiheitsrechte des anderen zustehe, könne demzufolge auch der Staat ein derartiges Recht nicht für sich beanspruchen (Locke 1689, 264 ff., 289 ff.).

Soziokulturelle Bedingtheit von Grundrechten

Freilich ist diese Theorie, wie auch alle anderen Varianten eines **Gesellschaftsvertrages**, nie etwas anderes als ein idealtypisches Erklärungsangebot gewesen; sie war nirgendwo und zu keinem Zeitpunkt geschichtliche Realität. Nehmen wir daher neben der ethischen Begründung auch die konkreten geschichtlichen Veranlassungen der Grundrechtsfrage mit in den Blick, dann fällt mindestens zweierlei auf. Zum einen nämlich erfolgt die Formulierung von Grundrechten in Gestalt positiven Rechts in aller Regel in engem zeitlichen Zusammenhang mit großen gesellschaftlichen Umbrüchen. Die weltgeschichtlichen Beispiele hierfür sind bereits genannt. Jürgen Habermas erinnert in diesem Zusammenhang aber auch noch einmal an den Verfassungsentwurf des Runden Tisches der DDR vom April 1990, dessen sehr ausführlichen Grundrechtsteil er als eine „implizite Zeitdiagnose" versteht (Habermas 1992, 468). Bereits dies spricht für eine jeweils konkrete soziokulturelle Ausformung des universellen freiheitlichen Gehalts der Grundrechte. Hinzu kommt jedoch, dass sich auch der universelle Grundgehalt selbst durchaus jenseits metaphysischer Grundannahmen genauer erklären lässt. Bereits Locke formulierte nämlich in dankenswerter Klarheit (1689, 283): „Das große und hauptsächliche Ziel, weshalb Menschen sich zu einem Staatswesen zusammenschließen und sich unter eine Regierung stellen, ist also die Erhaltung ihres Eigentums."

Nun ist einerseits das Eigentum die Grundlage der privaten bürgerlichen Existenz schlechthin und damit insofern nur ein besonderer Ausdruck für Freiheit. Andererseits kann diese Grundlage des Privaten eben, wie gesehen, einzig durch das Öffentliche, den Staat, abgesichert werden. Öffentliches und Privates sind demnach keinesfalls einfach nur zwei „Sphären", die innerhalb der Gesellschaft irgendwie nebeneinander bestehen, wie dies so häufig verkürzt, und damit unzutreffend, dargestellt wird. Sie existieren in Wirklichkeit vielmehr innerhalb eines sehr spannungsvollen inneren Verhältnisses zueinander. Die Grundrechte sind Ausdruck genau dieser Spannung. Sie sind daher im Ergebnis trotz ihrer nicht zu bezweifelnden universellen ethischen Begründbarkeit jedenfalls nicht abschließend als vor- oder überrechtlich vorgegeben, sondern immer nur in einer geschichtlichen Ausprägung innerhalb einer jeweiligen Gesellschaft erklärbar. Als positiv gesetztes Recht unterliegen sie somit permanenten inhaltlichen und funktionalen Entwicklungen. Auf paradigmatische Weise wird dies u. a. in aktuellen politischen und verfassungsrechtlichen Diskursen zum Verhältnis von Freiheit und Sicherheit abgebildet (I-2.2.5).

2.2.2 Überblick

In der Rechtsordnung der Bundesrepublik finden sich die Grundrechte in den Art. 1 – 19 GG, dem sog. Grundrechtskatalog. Allerdings formuliert nicht jeder einzelne Satz dieser Vorschriften ein Grundrecht, so z. B. nicht Art. 7 Abs. 1 GG. Andererseits existieren auch außerhalb dieses Katalogs sog. grundrechtsgleiche Rechte, etwa das Recht auf Widerstand, Art. 20 Abs. 4 GG, das Recht auf Zugang zu öffentlichen Ämtern, Art. 33 GG, das aktive und passive Wahlrecht, Art. 38 GG, sowie die sog. Justizgrundrechte aus Art. 101, 103, 104 GG (hierzu IV-1.3 u. 3.2). Grundrechtsgleich meint, dass die Grundrechtsbindung der öffentlichen Gewalt (hierzu I-2.2.3) hier in gleicher Unmittelbarkeit besteht wie bei den Rechten des Katalogs sowie dass im Falle ihrer Verletzung ebenso wie bei der Verletzung der „eigentlichen" Grundrechte Rechtsschutz auf dem Wege der Verfassungsbeschwerde vor dem BVerfG erlangt werden kann (Art. 93 Abs. 4a GG). Systematisiert werden könnten die Grundrechte in vielerlei Hinsicht, etwa hinsichtlich ihrer Funktion, der jeweiligen Grundrechtsträger oder der geschützten Rechtsgüter. Während auf Funktion und Geltung gleich noch zurückzukommen sein wird, be-

Grundrechtskatalog

Übersicht 10: Systematik der Grundrechte

Regelungs- bzw. Schutzbereich	Grundrechtsnormen
Schutz des Individuums und seiner Privatsphäre	Würde des Menschen, Art. 1 Abs. 1 allg. Persönlichkeitsrecht, Art. 2 Abs. 1 i. V. m. Art 1 Abs. 1 Leben, körperliche Unversehrtheit, Freiheit d. Pers., Art. 2 Abs. 2, 104 Schutz der Privatsphäre, Art. 10, 13
Schutz von Ehe und Familie. Kindererziehung. Schulwesen	Schutz der Ehe, Art. 6 Abs. 1 Recht und Pflicht zur Kindeserziehung, Art. 6 Abs. 2 Schutz der Familie und der Mutter, Art. 6 Abs. 3 und 4 Schulwesen, Art. 7
Schutz kommunikativen Handelns	Glaubens-, Gewissens-, Bekenntnisfreiheit, ungestörte Religionsausübung, Art. 4 Meinungs- und Informationsfreiheit, Rundfunk-, Film- u. Pressefreiheit, Freiheit von Wissenschaft, Lehre und Kunst, Art. 5 Petitionsrecht, Art. 17 Versammlungsfreiheit, Art. 8 Vereinigungsfreiheit, Art. 9 Abs. 1 u. 2
Schutz der Erwerbstätigkeit und des Erworbenen	Freizügigkeit, Art. 11 Berufsfreiheit, Art. 12 Koalitionsfreiheit, Art. 9 Abs. 3 Eigentumsfreiheit, Art. 14
Allg. Handlungsfreiheit und Gleichheitsrechte	Freie Entfaltung der Persönlichkeit, Art. 2 Abs. 1 allg. Gleichheitssatz, Art. 3 Abs. 1 spezielle Gleichheitsrechte, Diskriminierungsverbot, Art. 3 Abs. 2 u. 3, Art. 6 Abs. 5, Art. 33 Abs. 2
Justizgrundrechte	Rechtsweggarantie, Art. 19 Abs. 4 Recht auf den gesetzlichen Richter, Art. 101 Recht auf rechtliches Gehör, Art. 103 Abs. 1 Recht auf bestimmte und nichtrückwirkende Strafgesetze, Art. 103 Abs. 2 Verbot der doppelten Bestrafung, Art. 103 Abs. 3
Schutz vor Ausbürgerung und Auslieferung. Asylrecht	Verbot des Entzugs der Staatsangehörigkeit, Art. 16 Abs. 1 Auslieferungsverbot, Art. 16 Abs. 2 Recht auf Asyl, Art. 16a Abs. 1

zieht sich die Übersicht 10 im Wesentlichen auf einen Systematisierungsvorschlag von Ipsen (2013).

Grundrechtsberechtigung Hieran schließt sich die Frage an, welcher Personenkreis durch diese Grundrechte berechtigt wird. Die weitreichendste Antwort könnte lauten: *Alle* im Geltungsbereich des GG *lebenden* Menschen. Jedoch gilt dies nicht ohne Einschränkungen. Zunächst unterteilt das GG die Grundrechte in sog. Jedermanns- oder **Menschenrechte** und sog. Deutschen- oder **Bürgerrechte**. **Jedermannsrechte** gelten, wie der Name bereits sagt, tatsächlich für alle Menschen, die dem Geltungsbereich des GG unterliegen, **Deutschenrechte** hingegen nur für deutsche Staatsangehörige i. S. v. Art. 116 Abs. 1 GG. Wer nun aber durch ein bestimmtes Recht berechtigt wird, kann dessen jeweiliger Formulierung entnommen werden. Es heißt dann: „Jeder hat das Recht …" (Art. 2 Abs. 1 GG) oder „Niemand darf …" (Art. 4 Abs. 3 GG) o. Ä. bzw. „Alle Deutschen haben das Recht …" (Art. 8 Abs. 1 GG). Diese Unterscheidung kann durchaus auch kritisch gesehen werden, da jedes Grundrecht zugleich einen Menschenrechtsgehalt aufweist, der zunächst unverfügbar und nicht relativierbar ist. Nach Auffassung eines Teils der Literatur verlangt daher eine Ungleichbehandlung von Deutschen und Ausländern, wenn sie unter menschenrechtlichem Aspekt Bestand haben soll, eine Rechtfertigung, die allein mit dem Hinweis auf unterschiedliche Schutzbereiche noch nicht erbracht ist (hierzu Pieroth/Schlink 2013, 35 m. w. N.). Zur Lösung des Problems bietet es sich zwar an, Art. 2 Abs. 1 GG als ein Auffanggrundrecht (hierzu 2.2.4) zu verstehen, das Ausländer auch dann schützt, wenn spezielle Schutzbereiche von Deutschenrechten insoweit für sie nicht gelten. Zudem ließe sich auf Art. 1 Abs. 1 GG sowie auf den Gleichbehandlungsanspruch aus Art. 3 Abs. 1 GG verweisen. Hierbei muss jedoch gesehen werden, dass dieser Schutz hinter einem vollen Schutz, wie er von den entsprechenden Deutschenrechten ausgeht, regelmäßig zurückbleibt (Pieroth/Schlink 2013, 35). Bei genauerer Betrachtung liegt dem freilich ein viel tiefer gehendes Problem zugrunde. Denn geschichtlich betrachtet richten sich Grundrechte funktional zunächst auf die Überwindung absolutistischer Herrschaft und die Herausbildung und Absicherung nationalstaatlicher Souveränität (vgl. hierzu Agamben 2001). Mit der Entwicklung der europäischen Nationalstaaten im 19. und 20. Jahrhundert verbunden aber war ein gleichzeitig verlaufender Prozess der ethnischen Homogenisierung und des Ausschlusses von Minderheiten, der im Übrigen teilweise noch bis in die heutige Zeit hinein reicht, wie die Entwicklungen auf dem Balkan, in Ost- und Mittelosteuropa, aber auch in Spanien, Belgien und Großbritannien oder die Diskussionen um den Zugang zur deutschen Staatsbürgerschaft für Migranten und deren Nachkommen („ius sanguinis", vgl. III-7.5) zeigen. Ohne an dieser Stelle weiter auf die Vermittlungen zwischen ethnischer Homogenisierung des Staatsvolkes und Bürgerstatus eingehen zu können, liegt hierin jedenfalls die bis heute folgenreiche Begründung dafür, dass eine entscheidende Frage bei der Inanspruchnahme und dem Schutzumfang von Grundrechten die nach der Staatsbürgerschaft ist.

Weniger problematisch, so wäre zu vermuten, sollte die weitere Voraussetzung sein, dass Grundrechte nur Lebenden eine Rechtsmacht einzuräumen vermögen. Jedoch hat das BVerfG hier Ausnahmen anerkannt. In seiner Entscheidung zu dem Roman „Mephisto" von Klaus Mann im Jahr 1971 (BVerfGE 30, 173) billigte es dem zu diesem Zeitpunkt *bereits verstorbenen* Schauspieler Gustaf Gründgens einen durch Art. 1 Abs. 1 GG geschützten Persönlichkeitsbereich zu, der vorliegend eine Grenze für die Ausübung des Grundrechts der Kunstfreiheit nach Art. 5 Abs. 3 GG bildete. Darüber hinaus hat es in zwei Entscheidungen zur Strafbarkeit des Schwangerschaftsabbruchs aus den Jahren 1975 und 1993 den Staat mit Hinweis auf die Grundrechte aus Art. 2 Abs. 2 GG sowie Art. 1 Abs. 1 GG dazu verpflichtet, für den Schutz des *ungeborenen Lebens* zu sorgen (BVerfGE 39, 1; 88, 203).

Knüpft man an den Gedanken des grundrechtlichen Schutzes für ungeborenes Leben an, dann ist auch die für Sozialarbeiter/Sozialpädagogen wichtige Frage, ob auch Minderjährige bereits grundrechtsmündig sind, von vornherein entschieden. Denn der Begriff der Menschenrechte knüpft selbstredend an die Rechtsfähigkeit des Menschen an, die mit seiner Geburt eintritt. Deshalb ist nach dem Grundrechtsverständnis des GG, wenn schon das ungeborene Leben, dann erst recht jede natürliche Person, und somit auch das Kind in seiner Individualität, Grundrechtsträger (BVerfG 29.07.1968 – E 24, 119, 144). Dass sich auch im Lebensbereich Minderjähriger **Grundrechtsbeschränkungen** (etwa im Bereich der Schulpflicht oder des Jugendschutzes) oder **Grundrechtskollisionen** (etwa mit dem elterlichen Recht auf Erziehung, Art. 6 Abs. 2 GG) geltend machen können, steht dem noch nicht entgegen. Lediglich dass ihre Prozessfähigkeit von einer bestimmten Reife abhängig zu machen ist, die aber auch nicht notwendigerweise erst mit Eintritt in die Volljährigkeit erreicht sein muss (Pieroth/Schlink 2013, 311), bedarf in diesem Zusammenhang einer besonderen Erwähnung.

2.2.3 Funktion der Grundrechte

Wie bereits gesehen, besteht die ursprüngliche Funktion der Grundrechte darin, den Staat aus der Privatsphäre des Bürgers herauszuhalten. Sie sind daher in erster Linie (BVerfG 1 BvR 400/51 – 15.1.1958 [Lüth]) und auch zahlenmäßig zum größeren Teil als Abwehrrechte ausgestaltet (Art. 2 Abs. 2 und 3, Art. 4, Art. 5 Abs. 1 und 2, Art. 8–13, Art. 14 Abs. 1, Art. 16 GG). Einschränkungen der dort definierten Schutzbereiche oder Eingriffe in sie sind nur unter der Voraussetzung möglich, dass die Grundrechtsnorm selbst den Gesetzgeber zu derartigen Einschränkungen oder Eingriffen ermächtigt (Gesetzesvorbehalt, vgl. auch I-2.1.2.1) bzw. auch dadurch, dass andere Verfassungsnormen mit ihr kollidieren. Während Grundrechtsschranken aufgrund kollidierenden Verfassungsrechts im Kontext Sozialer Arbeit insb. auch in Bezug auf das Elterngrundrecht aus Art. 6 Abs. 2 GG von Bedeutung sind (s. hierzu I-2.2.6), ist ein wichtiger sozialarbeiterisch einschlägiger „klassischer" Gesetzesvorbehalt in Art. 5 Abs. 2 GG formuliert. Hiernach sollen Meinungs- und Medienfreiheit aus **Art. 5 Abs. 1 GG** zunächst durch allgemeine Gesetze beschränkt werden dürfen. *Allgemein* meint hier, dass das grundrechtsbeschränkende Gesetz nicht gegen eine *bestimmte* Person oder eine *bestimmte* Meinung gerichtet sein darf (Jarass/Pieroth 2013, Rn. 56 zu Art. 5 GG). Darüber hinaus erhält die Vorschrift aber noch eine „Wertung des Grundgesetzes ..., wonach der Schutz der Jugend ein Ziel von bedeutsamem Rang und ein wichtiges Gemeinschaftsanliegen ist" (BVerfGE 30, 348). Deshalb lässt eine spezielle Jugendschutzschranke in Art. 5 Abs. 2 GG in diesem Bereich auch „nichtallgemeine" Gesetze zu (Epping 2010, 105). Legitimiert sind derartige Grundrechtsbeschränkungen allerdings erst, wenn sie bestimmten formellen und materiellen Anforderungen genügen. Zu letzteren gehört z. B. die Einhaltung des Grundsatzes der **Verhältnismäßigkeit** (hierzu I-2.1.2.2) sowie die Garantie, dass das Grundrecht in seinem Wesensgehalt unangetastet bleibt (Art. 19 Abs. 2 GG; im Einzelnen vgl. Manssen 2013, 40 ff.).

Als Abwehrrechte funktionieren Grundrechte aber nicht nur dann, wenn administrative oder auch justizielle Entscheidungen die Autonomie des Bürgers in einem engeren Sinne von Privatheit tangieren. Sie entfalten ihre Abwehrfunktion auch dort, wo sich Bürger – etwa auf Versammlungen und in Demonstrationsaufzügen (Art. 8 GG) oder in Vereinen, Parteien oder Gewerkschaften (Art. 9 GG) – zum Zweck der Verfolgung gemeinsamer Interessen zusammenschließen. Sofern diese Zusammenschlüsse mit Formen bürgerschaftlichen Protestes (in der Vergangenheit etwa in der Anti-AKW-Bewegung, gegen die Startbahn West oder die Stationierung von Atomsprengköpfen, später gegen die Beteiligung der Bundeswehr an Kriegseinsätzen, gegen neonazistische Aufmärsche und Kundgebungen, aber auch gegen Umweltzerstörung u. a.) in Zusammenhang zu bringen sind, ist der mit ihnen begehrte Grundrechtsschutz funktional auch als Kompensation für eine Verengung demokratisch entscheidbarer Bereiche innerhalb des Verfassungsstaates zu erklären. Dies betrifft nicht nur den grundrechtlichen Schutz von Minderheitenpositionen schlechthin, sondern auch von solchen Positionen, die sich gegen Ergebnisse demokratisch durchgeführter Verfahren bzw. gegen Festlegungen demokratisch legitimierter Entscheidungsträger richten. Derartige Proteste verweisen auf die Möglichkeit von Irrtümern auch durch Mehrheiten (Rödel/Frankenberg/Dubiel 1989, 41). Sie appellieren, wie Habermas formuliert, (teilweise robust) „an Amtsinhaber und Mandatsträger, formal abgeschlossene Beratungen wieder aufzunehmen, um in Abwägung der fortdauernden öffentlichen Kritik ihre Beschlüsse gegebenenfalls zu revidieren" (Habermas 1992, 462 f.). Daher gehören sie selbst zum demokratischen Arsenal. Sofern allgemeine Gesetze, z. B. das VersammlG, in diese Protestformen beschränkend eingreifen, können sie das jedenfalls nur in dem Umfang tun, dass ein effektiver Gebrauch der grundrechtlich geschützten sozialen Aktionsformen gewährleistet bleibt. So hat etwa das OVG Münster entschieden, dass von einer friedlichen Blockade (eines rechtsextremistischen Demonstrationsaufzuges) noch keine solche Störung i. S. v. § 2 Abs. 2 VersammlG ausgehe, dass die Blockade als rechtswidrig anzusehen sei. (5 A 1701/11 – 18.9.2012,). Auch die versäumte Anmeldung einer Versammlung (§ 14 VersammlG) beseitigt nicht deren grundrechtlichen Schutz, sondern begründet bestenfalls ihre Auflösung (VG Düsseldorf 18 K 3033/09 – 21.04.2010). Selbst dass aus einer Versammlung heraus Gewalttätigkeiten erfolgen, kann, wie derselben Entscheidung zu entnehmen ist, nicht gegen andere, friedliche Versammlungs- oder Demonstrationsteilnehmer gewendet werden mit der Folge, dass diesen ihr grundrechtlicher Schutz verwehrt wird (vgl. auch I-1.1.2, IV-1.3).

Vielfach kommt es jedoch auch zu sog. **faktischen Grundrechtseingriffen** in Form von Realakten (etwa: das Festhalten einer Person oder das Inaussichtstellen bestimmter Nachteile, falls bestimmte Handlungen, wie etwa das Betreten einer Wohnung, nicht geduldet werden). Der Betroffene ist nur dann verpflichtet, sie hinzunehmen, wenn die Handlung, die als ein Grundrechtseingriff zu bewerten ist, auf ein zu diesem Eingriff ermächtigendes Gesetz zurückgeführt werden kann.

Unverletzlichkeit des Brief-, Post- und Fernmeldegeheimnisses, Art. 10 GG

Gerade auch deshalb ist die funktionale Ausrichtung von Grundrechten auf Abwehr von staatlichen Eingriffen auch für die Arbeit in sozialen Berufen von einiger Bedeutung. Zu denken ist dabei etwa an das Grundrecht der Unverletzlichkeit des Brief-, Post- und Fernmeldegeheimnisses nach **Art. 10 GG**. Dabei erstreckt sich nach einer Entscheidung des BVerfG v. 02.03.2006 (2 BvR 2099/04) das Grundrecht auf Wahrung des Fernmeldegeheimnisses aus Art. 10 GG „auf jede Form der Übermittlung von Informationen mit Hilfe der verfügbaren Telekommunikationstechniken". Das Gericht weiter: „Auf die konkrete Übermittlungsart (Kabel oder Funk, analoge oder digitale Vermittlung) und Ausdrucksform (Sprache, Bilder, Töne, Zeichen oder sonstige Daten) kommt es nicht an." Im Übrigen soll an dieser Stelle der Hinweis genügen, dass Träger dieses Grundrechtes jedermann ist, also, wie eben (2.2.2) gesehen, auch Inhaftierte in Strafvollzugseinrichtungen (vgl. BVerfGE 33, 1 ff. und ZJJ 2006, 193 ff.) oder in stationären Einrichtungen der Jugendhilfe lebende Minderjährige, ebenso geistig behinderte oder psychisch kranke Menschen sowie solche, die in Heimen oder Gemeinschaftsunterkünften leben oder in psychiatrischen Kliniken untergebracht sind.

Unverletzlichkeit der Wohnung, Art. 13 GG

Das Grundrecht auf Unverletzlichkeit der Wohnung (**Art. 13 GG**) kann in Berührung mit den verschiedensten Behörden praktisch bedeutsam werden. So haben Mitarbeiter von Ausländerbehörden regelmäßig keine Rechtfertigung dafür, sich in Wohnungen nach Anzeichen für eventuelle „Scheinehen" (§ 1314 Abs. 2 Nr. 5 BGB) umzusehen, also solchen, mittels derer ein rechtmäßiger Aufenthaltstitel erlangt werden sollte. Mitarbeiter von Sozial- oder Jugendämtern können nicht schon deshalb von der Rechtmäßigkeit ihres Handelns ausgehen, weil der Grundrechtsinhaber sein Einverständnis zum Eindringen in seine Wohnung erteilt hat, nachdem er auf mögliche negative Auswirkungen mangelnder Mitwirkung (§ 66 SGB I) oder Kooperationsbereitschaft (§ 8a Abs. 3 SGB VIII) hingewiesen wurde. Eine Grundrechtsbeeinträchtigung liegt nämlich auch dann vor, wenn dieses Einverständnis mittels Drohung oder Täuschung erlangt wurde (Jarass/Pieroth 2012, Rn. 10 zu Art. 13 m. w. N.). Von letzterer wird man jedoch jedenfalls immer dann ausgehen müssen, wenn das Eindringen in die Wohnung nicht verhältnismäßig war.

Leistungs- und Teilhaberechte

Einhergehend mit einem gesellschaftlichen Wandel vom liberalen zum sozialen Rechtsstaat ist jedoch auch eine Neuakzentuierung innerhalb des Grundrechtsverständnisses zu beobachten. Hierbei wird geltend gemacht, dass der Einzelne seine individuellen Freiheitsrechte nur dann tatsächlich in Anspruch nehmen kann, wenn der Staat hierfür entsprechende Bedingungen setzt, etwa in Form von grundrechtlich verbürgten Leistungs- und Teilhaberechten. Zwar wird man diese rein numerisch betrachtet in einem Zustand der klaren Unterlegenheit im GG antreffen (etwa: Art. 6 Abs. 4 GG). Jedoch legt das gewandelte Grundrechtsverständnis nahe, den Leistungs- und Teilhabegedanken auch in der Interpretation der klassischen Abwehrrechte wach zu halten. Jedenfalls hat das BVerfG in seinem gerade auch Studierende interessierenden Numerus-clausus-Urteil aus dem Jahre 1972 formuliert (BVerfGE 33, 303):

„Je stärker der moderne Staat sich der sozialen Sicherung und kulturellen Förderung der Bürger zuwendet, desto mehr tritt im Verhältnis zwischen Bürger und Staat neben das ursprüngliche Postulat grundrechtlicher Freiheitssicherung vor dem Staat die komplementäre Forderung nach grundrechtlicher Verbürgung der Teilhabe an staatlichen Leistungen."

Gelegentlich werden diese Grundrechte auch als soziale Grundrechte bezeichnet. **soziale Grundrechte** Dies stößt bei Verfassungsrechtlern mitunter auf Skepsis, weil dadurch eine Aushöhlung der Freiheitsidee der Grundrechte befürchtet wird. Richtig an diesem Einwand ist, dass sich die Verteilungswidersprüche moderner kapitalistischer Gesellschaften wohl kaum im Rückgriff auf Grundrechte lösen lassen werden (vgl. hierzu I-1.2). Jedoch übersieht er den angesprochenen inneren Zusammenhang zwischen Abwehr- und Teilhaberechten. Denn eine unmittelbare Konsequenz der Freiheit des Einzelnen ist sein Recht auf Teilhabe am gesellschaftlichen Leben schlechthin. Dies bedeutet: Teilhabe selbst ist *auch* ein Freiheitsrecht. Wenn daher das BVerfG in st. Rspr. eine Ausgangsfunktion der Grundrechte darin sieht, dass sie zugleich eine Wertordnung statuieren, so zieht es genau aus diesem Umstand die Schlussfolgerung, dass Grundrechte eben deshalb nicht auf Abwehrrechte des Bürgers gegen den Staat reduziert werden dürfen (BVerfGE 33, 303).

2.2.4 Geltung von Grundrechten

Auch die Debatte zur Geltung der Grundrechte knüpft an den Aspekt ihrer Gerichtetheit auf die Abwehr von Übergriffen des Staates auf private Bereiche an. Im Grundgesetz ist er u. a. in einer Selbstbindung der staatlichen Gewalt an die Grundrechte als für alle ihre Teile unmittelbar geltendes Recht (Art. 1 Abs. 3 GG) zum Ausdruck gebracht. Die sich hieraus ableitende Frage ist nun die nach der Grundrechtsbindung anderer, nichtstaatlicher Adressaten. Unstrittig ist dies, wenn die Exekutive (gesetzlich geregelte) öffentliche Aufgaben (insb. Versorgungsleistungen) in den Formen des Privatrechts, z. B. in der Rechtsform einer Aktiengesellschaft, einer GmbH oder auch eines e.V., erfüllt. Man spricht dann vom sog. **Verwaltungsprivatrecht** (vgl. I-1.1.4). Da die Grundrechtsbindung der öffentlichen Verwaltung hierdurch unberührt bleibt, sind auch die Rechtshandlungen dieser Körperschaften am Maßstab der Grundrechte zu messen (Papenheim/Baltes 2011, 115).

Weiterhin greift Grundrechtsschutz auch immer dann, wenn die vollziehende Gewalt ihre Aufgaben nicht unmittelbar selbst erfüllt, sondern sich anderer bedient. Dies ist z. B. dann der Fall, wenn sich Sozialleistungsträger zur Erfüllung ihrer von Gesetzes wegen zugewiesenen hoheitlichen Aufgaben freier Träger bedienen. In diesem Fall gehören auch die mit der Wahrnehmung der hoheitlichen Aufgabe betrauten Verwaltungshelfer oder gar mit Hoheitsbefugnissen ausgestattete „Beliehene" zur mittelbaren Staatsverwaltung (vgl. I-4.1.2) und somit zum Begriff „vollziehende Gewalt" i. S. v. Art. 1 Abs. 3 GG (Pieroth/Schlink 2013, 47 f. m. w. N.). Im Sozialrecht findet aber eine Beleihung mit Hoheitsbefugnissen in der Regel nicht statt; hier werden freie Träger bei der Ausführung der (hoheitlichen) Aufgaben lediglich einbezogen (s. u. I-4.1.2.2; im Hinblick auf die

Inobhutnahme vgl. III-3.4.1.1; im Hinblick auf die Adoptionsvermittlung vgl. II-2.4.7).

In dem Maße jedoch, in dem, wie Hugo Sinzheimer (1936, 166; vgl. auch 172 ff.) formulierte, „soziale Gewalten", etwa große Verbände, dem Einzelnen in einer faktisch überlegenen Position im Rechtsverkehr gegenübertreten oder wo Kinder der überlegenen Bestimmungsmacht ihrer Eltern z. B. hinsichtlich Religionszugehörigkeit, Schulart oder Berufswahl ausgesetzt sind, stellt sich die Frage, ob hier der Wesensgehalt der Grundrechte tatsächlich außer Geltung sein soll. Die Lösung dieses Problems wird in einer „mittelbaren Drittwirkung" der Grundrechte gesehen (vgl. auch II-1.4.1). Die hiermit gemeinte Ausstrahlungswirkung der Grundrechte auf das Privatrecht ist seit dem für die Verfassungsgeschichte der Bundesrepublik Deutschland außerordentlich bedeutsamen sog. Lüth-Urteil des BVerfG v. 15.01.1958 (1 BvR 400/51) allgemein anerkannt. Hiernach besteht die Grundrechtsidee nur zu einem Teil darin, staatlichen Regelungs- und Eingriffskompetenzen Grenzen zu setzen. Zu einem anderen Teil hingegen stellen die Grundrechte dem Staat die Aufgabe,

mittelbare Drittwirkung

> „durch Gesetze und deren Auslegung die Rechte der einzelnen so gegeneinander abzugrenzen und zu sichern, daß die grundrechtlich verfügten Freiheiten und Güter, wie Ehre und Freiheit von Zwang, gewährleistet werden und zu größtmöglicher Entfaltung kommen" (Zipelius 2010, 321).

Selbst wenn der Gesetzgeber dieser Aufgabe im Einzelnen nicht nachgekommen ist – so stellt der BGH in einer Entscheidung für die Rechtsbeziehungen innerhalb privatrechtlicher Regelungsbereiche fest (BGHZ 24, 76) – erkennt das Grundgesetz das Recht des Menschen auf Achtung seiner Würde und das Recht auf freie Entfaltung seiner Persönlichkeit „auch als privates, von jedermann zu achtendes Recht" an (vgl. im Einzelnen auch Zipelius 2010, 320 ff.). Für Sozialarbeiter ergibt sich die Geltung der Grundrechte in ihrem professionellen Handeln demnach

- als Angehörige der öffentlichen Verwaltung oder durch diese „Beliehene" unmittelbar aus Art. 1 Abs. 3 GG;
- in allen anderen Fällen aus deren „mittelbarer Drittwirkung", wie sie z. B. aus einfachgesetzlicher Konkretisierung oder der grundrechtskonformen Rechtsauslegung durch die Gerichte entsteht, sowie
- aus allgemeiner Rechtsanschauung und Rechtsanwendungspraxis, denen die Anerkennung der Grundsätze der Menschenwürde und des Rechts auf freie Entfaltung der Persönlichkeit innewohnend sind.

In welchem konkreten Arbeitsfeld daher ein Sozialarbeiter auch immer tätig ist und unabhängig davon, woher sich eine entsprechende rechtliche Begründung im Einzelnen herleiten mag – stets ist der Respekt vor den elementaren Grundrechten ein substanzieller Bestandteil seines professionellen Interagierens mit dem Klienten. Die Grundrechte formulieren damit zugleich normativ anerkannte **ethische Mindestanforderungen** für die Soziale Arbeit.

2.2.5 Schutz der Menschenwürde und der Freiheit der Person

Auf das Spannungsverhältnis, in dem Grundrechte zur sozialen Realität stehen, wurde bereits aufmerksam gemacht. So wird es, um noch einmal an das Brückengleichnis von Anatole France zu erinnern (vgl. I-2.1.2.4), dem Obdachlosen wenig Trost sein, dass auch seine Wohnung durch Art. 13 GG unverletzlich wäre, wenn er denn eine hätte. Derartige Spannungen sind auch im Schutzbereich der Menschenwürde zu erwarten, zumal es sich hierbei um einen Terminus handelt, der kein juristischer Fachbegriff ist und der auch nicht besonders oft in unserer Alltagssprache Verwendung findet. Schon allein durch diese terminologische Unbestimmtheit sind Schwierigkeiten bei der Festlegung seines Inhaltes indiziert, die auch von Anfang an genügend Raum für Skepsis lassen. Sie ist bereits bei Friedrich Schiller (1796, 331) in Worte gefasst, der zur „Würde des Menschen" eher ernüchternd anmerkte: „Nichts mehr davon, ich bitt' euch. Zu essen gebt ihm, zu wohnen. Habt ihr die Blöße bedeckt, gibt sich die Würde von selbst."

Menschenwürde

Gleichwohl lässt sich die herausragende Bedeutung des Rechts auf Schutz der Menschenwürde nicht nur an seiner Stellung an der Spitze des Grundrechtskatalogs ablesen, sondern auch daran, dass eine Änderung von Art. 1 GG durch Art. 79 Abs. 3 GG, die sog. Ewigkeitsklausel, für unzulässig erklärt wird.

Aus sozialarbeiterischer Sicht mag man vermuten, dass Art. 1. Abs. 1 GG vor allem auch im Rahmen des **Sozialstaatsgebotes** praktische Relevanz erlangt. In der Tat hat das BVerwG diesen Zusammenhang schon in einer frühen, oben (I.2) bereits zitierten Entscheidung aus dem Jahr 1954 hergestellt.

In einer Entscheidung zum Existenzminimum von Kindern betont das BVerfG 1998 darüber hinaus noch einmal in besonderer Weise dessen Quantifizierbarkeit anhand verbrauchsbezogen ermittelter und regelmäßig den veränderten Lebensverhältnissen angepasster Sozialhilfeleistungen (BVerfG 2 BvL 42/93 – 10.11.1998 – E 99, 246). In seinem Urteil vom 09.02.2010 schließlich kam das BVerfG zu dem Ergebnis, dass die Regelleistungen aus dem SGB II schon deshalb nicht dem verfassungsrechtlichen Anspruch auf Gewährleistung eines menschenwürdigen Existenzminimums aus Art. 1 Abs. 1 i.V.m. Art. 20 Abs. 1 GG entsprechen, weil ihre Bestimmung methodisch nicht nachvollziehbar ist, sondern „freihändig" und damit intransparent erfolgte (1 BvL 1/09, 3/09, 4/09). Gleichwohl ist der verfassungsrechtliche Ertrag hier, wie auch beim Sozialstaatsprinzip überhaupt (vgl. hierzu I-2.1.3), nicht allzu groß. Allerdings ist, nachdem schon das BVerwG entsprechend entschieden hatte, die Richtung, in der das BVerfG die Bestimmung des Inhalts der Menschenwürde vornimmt, gerade auch für Sozialarbeiter von praktisch nicht zu unterschätzender Bedeutung. Die zu schützende **Subjektqualität des Menschen** wird nämlich in einer langen Reihe von Entscheidungen immer weiter dahingehend näher bestimmt, dass der Einzelne nicht lediglich als Gegenstand staatlichen Handelns begriffen werden darf. Die folgenden Sätze aus einer Entscheidung des BVerfG hierzu sollten symbolisch an der Wand jedes Sozial- oder Jugendamtes, jeder Einrichtung, in der mit Obdachlosen, Alten, Behinderten oder psychisch Kranken gearbeitet wird, stehen; sie könnten das rechtliche und ethische Credo der Sozialarbeit schlechthin sein (BVerfGE 96, 375):

„Mit der Menschenwürde als oberstem Wert des Grundgesetzes und tragendem Konstitutionsprinzip ist der soziale Wert und Achtungsanspruch des Menschen verbunden, der es verbietet, ihn zum bloßen Objekt des Staates zu machen oder ihn einer Behandlung auszusetzen, die seine Subjektqualität prinzipiell in Frage stellt. Jedem Menschen ist sie eigen ohne Rücksicht auf seine Eigenschaften, seine Leistungen und seinen sozialen Status."

In einer solchen Sichtweise ist zugleich ein Anschluss an den grundrechtlichen Schutz der Persönlichkeit hergestellt. Er ist in Art. 2 GG geregelt und umfasst dort mehrere Aspekte: einerseits das Recht auf freie Entfaltung der Persönlichkeit (Art. 2 Abs. 1 GG, **Selbstbestimmung**) und andererseits das Recht auf Privatsphäre (Art. 8 EMRK), das Recht auf Leben und körperliche Unversehrtheit sowie die Freiheit der Person (Art. 2 Abs. 2 GG; vgl. Art. 5 EMRK).

freie Entfaltung der Persönlichkeit
Art. 2 Abs. 1 GG fungiert zunächst und vor allem als sog. Auffanggrundrecht. Dies bedeutet, dass die Verletzung von Grundrechten in der Sozialen Arbeit, wie sie etwa geschehen kann durch unangemeldete Wohnungskontrollen im Bereich der Leistungen zur Sicherung des Lebensunterhalts bzw. der Sozialhilfe, das Zurückhalten bzw. Kontrollieren von Post, durch Freiheitsentziehung oder durch körperliche Gewaltanwendung bei Hilfen zur Erziehung, in der Altenarbeit, der Arbeit mit geistig Behinderten, psychisch Kranken oder Substanzabhängigen, zwar auch jedes Mal den grundrechtlich geschützten Bereich der freien Entfaltung der Persönlichkeit berühren würde. Dennoch ist eine Prüfung, ob der Schutzbereich von Art. 2 Abs. 1 GG tatsächlich verletzt wäre, aber nur dann vorzunehmen, wenn keine anderen Grundrechtsverletzungen in Betracht kommen. Dies wären vorliegend Art. 13, Art. 2 Abs. 2 bzw. Art. 10 GG, denen gegenüber sich Art. 2 Abs. 1 GG demzufolge subsidiär verhält.

Eine unmittelbare und eigenständige Bedeutung entfaltet Art. 2 Abs. 1 GG jedoch in zweierlei Hinsicht. Zum einen bezeichnet die genannte Vorschrift eine im umfassenden Sinne gemeinte **allgemeine Handlungsfreiheit**, die freilich unter dem Vorbehalt des zweiten Halbsatzes steht. Zum anderen wird ihr i. V. m. Art. 1 Abs. 1 GG ein allgemeines Persönlichkeitsrecht entnommen, das in der Rechtsprechung des BVerfG im Laufe der Jahre eine differenzierte Typisierung erfahren hat, etwa als:

- Recht auf Schutz der Privat-, Geheim- und Intimsphäre,
- Recht auf informationelle Selbstbestimmung,
- Recht auf Gewährleistung der Vertraulichkeit und Integrität informationstechnischer Systeme (sog. Grundrecht auf digitale Intimsphäre),
- Recht auf Identität,
- Recht auf soziale Achtung,
- Recht auf Selbstdarstellung,
- Recht auf finanzielle Selbstbestimmung.

Die Berührungspunkte zu Feldern der Sozialen Arbeit sind bei jedem der genannten Punkte mit Händen zu greifen – ob beim Recht auf Identität in der Adoptionsvermittlung oder dem Recht auf Resozialisierung, das dem Recht auf soziale Achtung zuzuordnen ist, bei der Arbeit mit Straffälligen. In besonderer Weise verweisen wir aus gutem Grund auf das **Recht auf informationelle Selbstbestimmung** (BVerfG v. 15.12.1983 – E 65, 1; zum Sozialdatenschutz ausführlich III-1.2.3). Es räumt dem Einzelnen die Befugnis ein, „grds. selbst zu entscheiden, wann und innerhalb welcher Grenzen persönliche Lebenssachverhalte offenbart werden" (BVerfG 1 BvR 209/83 – 15.12.1983 – E 65, 1). In diesem Zusammenhang ist zunächst gerade auch für den Schutz von Sozialdaten in der Sozialen Arbeit der Hinweis des BVerfG aus derselben Entscheidung wichtig, dass es aufgrund der technischen Möglichkeiten der Verarbeitung und Verknüpfung von Daten ein „belangloses" Datum generell nicht geben kann. Freilich sind auch dem Recht auf informationelle Selbstbestimmung dort Schranken in Gestalt eines Grundrechtsvorbehalts gesetzt, wo ihm ein überwiegendes Allgemeininteresse entgegensteht, wobei das BVerfG darauf hinweist, dass jeder insoweit gesetzlich zulässige Eingriff im jeweils konkreten Fall einer Rechtfertigung nach dem Grundsatz der Verhältnismäßigkeit bedarf (BVerfG 2 BvR 2099/04 – 02.03.2006; ebenso EuGH C-293/12 u. C-594/12 – 08.04.2014; im Einzelnen hierzu III-1.2.3). Umstritten ist dann allerdings immer noch, wie weit insb. ein Allgemeininteresse auf Sicherheit in die Freiheitsrechte des einzelnen Bürgers eingreifen darf und welche Gestaltungsräume dem Gesetzgeber hierfür zur Verfügung stehen. Die Einlassung eines ehemaligen Bundesinnenministers (und damit Verfassungsministers!) jedenfalls, wonach „Freiheit (als) ein Grundrecht (...) vor dem Supergrundrecht auf Sicherheit zurücktreten" müsse, wird einer verfassungsrechtlichen Prüfung nicht standhalten können. Denn das BVerfG stellt demgegenüber klar: „Dass die Freiheitswahrnehmung der Bürger nicht total erfasst und registriert werden darf, gehört zur verfassungsrechtlichen Identität der Bundesrepublik Deutschland" (BVerfG 1 BvR 256/08 – 02.03.2010). Andererseits ist unstrittig, dass mit dem Grundrecht auf Leben und körperliche Unversehrtheit aus Art. 2 Abs. 2 S. 1 GG auch eine Pflicht des Staates besteht, diese Verfassungsgüter zu schützen. Wie schwierig es allerdings ist, den genauen Verlauf der Grenzen zwischen (notwendigem) Schutz und (unzulässiger) Überwachung zu bestimmen, vermittelt das BVerfG in seiner Entscheidung zur Vorratsdatenspeicherung. Zwar hält es diese prinzipiell für verfassungskonform ausgestaltbar und damit zulässig, gleichzeitig warnt es aber insb. mit Blick auf nachrichtendienstliche Datenerhebung, -speicherung und -verarbeitung, dass sie „das Gefühl des Beobachtetwerdens in besonderer Weise" befördere und „nachhaltige Einschüchterungseffekte auf die Freiheitswahrnehmung" entfalte. Bei der Vorratsdatenspeicherung handele es sich um „einen besonders schweren Eingriff mit einer Streubreite, wie sie die Rechtsordnung bisher nicht kennt." Selbst dann, wenn sich die Datenspeicherung nicht auf die Kommunikationsinhalte erstrecke, erlauben Adressaten, Daten, Uhrzeit und Ort von Telefongesprächen „in ihrer Kombination detaillierte Aussagen zu gesellschaftlichen oder politischen Zugehörigkeiten sowie persönlichen Vorlieben, Neigungen und Schwächen." Der Einzelne, so das Gericht weiter, wisse dann nicht, „was welche staatliche Behörde über ihn weiß, weiß aber, dass die Behörden vieles, auch Höchstpersönliches, über ihn wissen können." (1 BvR 256/08 – 02.03.2010 – E 125, 260). In einer anderen Entscheidung zur sog. Onlinedurchsuchung und -überwachung hält das BVerfG die heimliche Infiltration eines informationstechnischen Systems nur dann ganz ausnahmsweise für zulässig, „wenn tatsächliche Anhaltspunkte einer konkreten Gefahr für ein überragend wichtiges Rechtsgut bestehen" und stellt ihre Anordnung unter Richtervorbehalt. Darüber hinaus verlangt es gesetzliche Vorkehrungen zum Schutz des Kernbereichs privater Lebensgestaltung selbst in diesen Fällen (BVerfG 27.02.2008 – 1 BvR 370/07 u. 1 BvR 595/07). Mit einer in dieselbe Richtung zielenden Begründung hat der EuGH in seiner Entscheidung (C-293/12 u. C-594/12 – 08.04.2014) die europäische RL zur Vorratsdatenspeicherung für ungültig erklärt, da sie keine Schranken für den Zugriff nationaler Sicherheitsbehörden formuliere und die anlasslose Vorratsdatenspeicherung geeignet sei, bei dem Bürger ein Gefühl der ständigen Überwachung zu erzeugen.

2.2.6 Grundrechte aus Art. 6 GG: Ehe und Familie

In exemplarischer Weise soll die Grundrechtsproblematik noch einmal an Art. 6 GG betrachtet werden, denn diese Vorschrift ist für die Soziale Arbeit in mehrerlei Hinsicht von besonderem Interesse. Zunächst wirkt Art. 6 Abs. 1 GG in den Worten des BVerfG als „**verbindliche Wertentscheidung**" (E 7, 198, 205). Nun soll es dahingestellt bleiben, ob sich mündige Bürgerinnen und Bürger tatsächlich in ihren Bestimmungsgründen dazu, in welcher Form, weshalb und in welcher Intensität sie Partnerbeziehungen eingehen und zu welchem Zeitpunkt sie diese ggf. auch

Schutz von Ehe und Familie wieder beenden, an Grundgesetzkommentaren und Verfassungsgerichtsentscheidungen orientieren. Deshalb ist wohl auch nur schwer zu definieren, worin der Inhalt einer solchen Wertentscheidung im Einzelnen bestehen mag (i. E. Ipsen 2009, 434 ff.). Jedenfalls liegt der Kern des verfassungsrechtlich gebotenen Schutzes von Ehe und Familie darin, dass es sich hierbei um jeweils „einen geschlossenen, gegen den Staat abgeschirmten und die Vielfalt rechtsstaatlicher Freiheit schützenden Autonomie- und Lebensbereich" (BVerwGE 91, 130, 134) handelt.

Abwehr- und Teilhaberecht Hieraus leitet sich aber wiederum nicht nur ein reines Abwehrrecht, sondern zugleich auch eine Verpflichtung des Staates ab, Ehe und Familie in besonderer Weise zu fördern (BVerfGE 82, 60 ff.). An diese Verpflichtung sind der Gesetzgeber, die Rechtsprechung sowie die (Sozial-)Verwaltung in gleichem Maße unmittelbar gebunden. So nennt das SGB VIII im zweiten Abschnitt des zweiten Kapitels die Förderung der Erziehung in der Familie bereits in der Überschrift und thematisiert, verfassungsrechtlich betrachtet, auch im dritten und vierten Abschnitt dieses Kapitels den Schutz und die Förderung der Familie. Jedoch auch außerhalb des Kinder- und Jugendhilferechts stößt die Sozialarbeit allenthalben auf entsprechende rechtliche Umsetzungsinstrumentarien: vom Steuerrecht (Ehegattensplitting, steuerliche Berücksichtigung von Unterhaltsleistungen, Kinderfreibetrag, Kindergeld) über das Sozialrecht (z. B. Elterngeld, Leistungen der Sozialversicherungen nach SGB V bis VII, SGB XI sowie Sozialleistungen nach SGB II oder SGB XII) bis zum Erbrecht (gesetzliche Erbfolge) und Arbeitsrecht (Diskriminierungsverbot für Verheiratete etwa bei der Aufstellung von Sozialplänen wegen betriebsbedingter Kündigungen, Anrechnung der Elternzeit auf die Beschäftigungsdauer bei Abfindungen, Freistellungsanspruch und Kündigungsschutz bei Eltern- und Pflegezeit, Beschäftigungsverbote zum Schutz von Schwangeren und stillenden Müttern sowie Kündigungsschutz bei Schwangerschaft und während des gesetzlichen Mutterschaftsurlaubs).

Das unmittelbar grundrechtlich geschützte Verhalten der Beteiligten besteht nun, soweit es zunächst in einem engeren Sinne die Ehe betrifft, u. a. darin, dass sie frei darüber entscheiden können

Grundrechtsschutz der Ehe

- mit wem und wann bzw. ob sie überhaupt eine Ehe eingehen wollen (Verbot der sog. Zwangsehe, § 237 StGB),
- ob sie einen gemeinsamen Ehe-/Familiennamen führen wollen und, falls ja, welchen ihrer Namen sie zum Ehenamen bestimmen wollen (vgl. § 1355 BGB),
- wie sie die eheliche Güterverteilung regeln wollen (vgl. § 1408 BGB),
- wie sie Erwerbstätigkeit und Haushaltsführung organisieren möchten (vgl. § 1356 BGB),
- ob sie an einem gemeinsamen Wohnort oder mit getrennten Lebensmittelpunkten leben wollen sowie
- ob sie ggf. die Ehe wieder scheiden lassen wollen (im Einzelnen: Jarass/Pieroth 2012, Art. 6 GG Rz. 4 ff.; Manssen 2013, 123 f. m. w. N.).

Im Übrigen bedeutet der Schutz der Ehe, der zugleich als verfassungsrechtliche **Institutsgarantie** wirkt, nicht, dass ihr andere Formen des partnerschaftlichen Zusammenlebens nicht gleichgestellt werden dürften (Manssen 2013, 122). Dies hat das BVerfG für die eingetragene **gleichgeschlechtliche Lebenspartnerschaft** nach BVerfGE 105, 313 in einer neueren Entscheidung noch einmal klargestellt (1 BvR 170/06 – 11.06.2010). Inzwischen liegt eine weitere Entscheidung des BVerfG vor, nach der im Gegenteil eine Ungleichbehandlung (hier: beim Ehegattensplitting) von eingetragenen Lebenspartnern gegenüber Verheirateten sogar als Verstoß gegen das Gleichheitsgebot aus Art. 3 GG zu bewerten wäre (BVerfG 7.5.2013 – 2 BvR 909/06 u. a.).

Ähnlich reicht auch nach BVerfG (1 BvR 1644/00 – 19.04.2005 – E 112, 332) der Schutz der Familie „von der Familiengründung bis in alle Bereiche des familiären Zusammenlebens" (Jarass/Pieroth 2012, Art. 6 GG Rz. 11). Art. 6 Abs. 1 GG „berechtigt die Familienmitglieder, ihre Gemeinschaft nach innen in familiärer Verantwortlichkeit und Rücksicht frei zu gestalten" (BVerfGE 80, 81, 92). In auch für die soziale Praxis besonders relevanter Weise tritt uns der Schutz der Familie vor allem als **Elternrecht** aus Art. 6 Abs. 2 GG entgegen (ausführlich zur elterlichen Verantwortung II-2.4.3). Dies ergibt sich schon aus der verfassungsrechtlichen **Definition von Familie** als „umfassende Gemeinschaft zwischen Eltern und Kindern" (BVerfGE 10, 59, 66). Sie umfasst also Kinder und deren Eltern, seien diese nun miteinander verheiratet oder nicht, ebenso Adoptiv-, Stief- oder Pflegekinder (zu letzteren BVerfGE 68, 176, 187). Genauso fallen gleichgeschlechtliche Lebensgemeinschaften mit Kindern unter den Familienbegriff. Eine Familie bilden auch alleinerziehende Elternteile mit ihrem Kind, und zwar unabhängig davon, ob der alleinerziehende Elternteil mit dem anderen verheiratet ist bzw. war oder nicht (Peukert 2012, 163 f.). Darüber hinaus ist mit Hinblick auf das Recht der Existenzsicherung von Bedeutung, dass auch in Beistandsgemeinschaft lebende Verwandte mit dem verfassungsrechtlichen Familienbegriff erfasst sind (Ja-

Grundrechtsschutz der Familie

rass/Pieroth 2012, Art. 6 GG Rz. 10). Jedoch ist das Elterngrundrecht nicht schematisch an ein bereits bestehendes Zusammenleben der Eltern bzw. des Elternteils mit dem Kind in der familiären Gemeinschaft gebunden. So folgt nach einer Entscheidung des EGMR (Görgülü vs. Germany No. 74969/01 – 26.02.2004) aus Art. 8 EMRK die Pflicht des Staates, es zu ermöglichen, dass sich zwischen einem leiblichen nicht sorgeberechtigten Elternteil und seinem Kind tatsächliche familiäre Bande entwickeln können. In seinem Beschluss vom 14.10.2004 hat das BVerfG hierzu festgestellt, dass Art. 6 Abs. 2 GG entsprechend auszulegen sei (2 BvR 1481/04). Für nicht verfassungsgemäß hielt das BVerfG in seiner Entscheidung vom 21.07.2010 (1 BvR 420/09) wiederum im Anschluss an eine EGMR-Entscheidung (Zaunegger vs. Germany – 22028/04 – 03.12.2009) auch den generellen Ausschluss des Vaters eines nichtehelichen Kindes von der gemeinsamen elterlichen Sorge bei verweigerter Zustimmung der Mutter. § 1626a Abs. 2 BGB sieht deshalb nunmehr die Möglichkeit der Übertragung der elterlichen Sorge durch das Familiengericht auf Antrag eines Elternteils vor, sofern dies nicht dem Kindeswohl widerspricht. Schließlich ist selbst die Beziehung des biologischen (nicht rechtlichen) Vaters zu seinem Kind in gewissem Umfang und unter bestimmten Voraussetzungen durch Art. 6 Abs. 2 GG geschützt (BVerfGE 108, 82, 112; vgl. deshalb jetzt § 1686a BGB – i. E.: II-2.3).

Auch die Funktion des Elterngrundrechts weist mittlerweile über die bloße Abwehr staatlicher Eingriffe hinaus und umfasst eine **Leistungs- und Teilhabedimension**. Das BVerfG spricht in diesem Zusammenhang u. a. von einer sozialstaatlichen Verpflichtung, „positiv die Lebensbedingungen für ein gesundes Aufwachsen des Kindes zu schaffen" (1 BvL 20/63 v. 29.07.1968). Dabei leitet sich die verfassungsrechtliche Schutzwirkung des Elterngrundrechts in ihrer Genese zunächst daraus ab, dass es sich bei ihm um eine spezifische Ausformung des grundrechtsgeschützten Gesamtraumes Familie handelt. Folglich ist das Elternrecht insofern in gleicher Weise geschützt wie die Familie insgesamt (Pieroth/Schlink 2013, 174). Dies betrifft nach dem Wortlaut von Art. 6 Abs. 2 S. 1 GG insb. die Entscheidungen der Eltern über die Pflege (d. h. das körperliche Wohl) und die Erziehung (die seelische und geistige Entwicklung einschließlich der religiösen und weltanschaulichen Erziehung).

Den **autonomen Gestaltungswillen der Eltern** bei der Pflege und Erziehung ihrer Kinder haben BVerfG, BGH, BSG und auch das BAG in einer Reihe von Entscheidungen weiter konkretisiert. So fallen unter Art. 6 Abs. 2 GG etwa Entscheidungen der Eltern zur Bildung und Ausbildung des Kindes, dazu, wem Einfluss auf die Erziehung des Kindes zugestanden wird und in welchem Ausmaß bzw. mit welcher Intensität die Eltern sich selbst der Pflege und Erziehung widmen oder ob sie diese (teilweise) Dritten überlassen (vgl. m. w. N. Jarass/Pieroth 2012, Art. 6 GG Rz. 42). Umgekehrt kann keine staatliche Institution, auch nicht die (öffentliche) Jugendhilfe, für sich ein vergleichbares Erziehungsrecht reklamieren, und zwar selbst dann nicht, wenn das Kind außerfamiliär oder in einer Tageseinrichtung untergebracht ist bzw. betreut wird (Münder et al. 2013, § 1 Rz. 14).

Schranken des Elternrechts

Eingriffe in das Elternrecht bzw. Einschränkungen können allerdings – wie bei allen anderen Grundrechten mit Ausnahme von Art. 1 GG auch – durch kollidierendes Verfassungsrecht gerechtfertigt sein. So folgt bspw. aus Art. 7 Abs. 1 GG eine allgemeine **Schulpflicht**, die insoweit das Elternrecht einschränkt (i. E.: Behlert 2011, 66 ff.). Mit dieser Pflicht geht ein eigenständiger Erziehungsauftrag der Schule einher. Deren Erziehungsziele können zwar die Eltern in ihrem eigenen erzieherischen Verhalten nicht binden; gleichwohl stehen sie insoweit gleichberechtigt neben dem Erziehungsrecht der Eltern (BVerfGE 34, 16; 47, 46; 96, 288). Sie können damit deren Recht aus Art. 6 Abs. 2 GG – etwa in Gestalt bestimmter Lehrstoffinhalte oder schulischer Erziehungsmaßnahmen – beschränken. Maßstab hierfür ist, dass dies dem Wohl des Kindes dient (Jarass/Pieroth 2010, Art. 7 GG Rz. 5; Epping 2012, 229 f.). Auch im **Jugendstrafrecht** (hierzu IV-5) sieht das BVerfG Eingriffe in das Elternrecht, die im Grunde bereits mit der Einleitung eines Ermittlungsverfahrens gegen den Minderjährigen einsetzen, in einem „Verfassungsgebot des strafrechtlichen Rechtsgüterschutzes" (BVerfGE 107, 104, 119) legitimiert.

Eine praktisch wie rechtlich gleichermaßen kompliziert zu lösende Konstellation kann immer dann vorliegen, wenn Grundrechtspositionen des Minderjährigen mit dem Elterngrundrecht in Widerstreit geraten. Sie ist vor allem dadurch in besonderer Weise geprägt, dass das Elterngrundrecht über die Singularität verfügt, dass es den Eltern auch eine bestimmte Pflicht und Verantwortung auferlegt (Höfling 2009, 483). Es wird daher gern mit Bezug auf die st. Rspr. des BVerfG seit 29.07.1968 – 1 BvL 20/63 als „fremdnütziges", „dienendes" oder auch „fiduziarisches" (treuhänderisches) Recht beschrieben. Diese Besonderheit zeichnet auch zumindest teilweise schon Lösungswege vor. Im Kollisionsfall kann dann nämlich, wie das BVerfG in einer Reihe von Entscheidungen deutlich macht, jedenfalls nicht ohne Weiteres davon ausgegangen werden, dass das Elternrecht notwendigerweise Vorrang etwa vor dem allgemeinen Persönlichkeitsrecht des Kindes hat (hierzu ausführlich Münder et al. 2013, § 1 Rz. 20 m. w. N.). Denn Kinder emanzipieren sich im Laufe ihres individuellen Entwicklungs- und Reifeprozesses in einem Maß, das es ihnen nach und nach ermöglicht, ihre Subjektstellung zunehmend selbstverantwortlich auszufüllen. Hinzu kommt, dass die in Art. 1 Abs. 1 GG geschützte Menschenwürde in jedem Falle unverfügbar ist und auch nicht durch ein Elterngrundrecht überlagert werden kann. Kollidieren können weiterhin die Rechte leiblicher Eltern mit denen der Pflegeeltern, etwa bei der Forderung der leiblichen Eltern nach Herausgabe ihres Kindes von den Pflegeeltern (hierzu BVerfGE 68, 176). Da die Eltern je für sich Träger des Grundrechts aus Art. 6 Abs. 2 GG sind (BVerfGE 47, 46, 76), können auch ihre jeweiligen Rechte in Kollision geraten, etwa bei Streitigkeiten zur Ausübung der elterlichen Sorge, bei Beantragung der alleinigen elterlichen Sorge aufgrund von Trennung oder Scheidung oder beim Verlangen nach Beschränkungen des Umgangsrechts für den abwesenden Elternteil.

Kollisionen

Keine Beschränkung, sondern lediglich eine Ausgestaltung (oder: Definition) der Elternverantwortung ist das **Verbot entwürdigender Erziehungsmaßnahmen** aus § 1631 Abs. 2 S. 2 BGB (Pieroth/Schlink 2013, 175). Auch das in Art. 6 Abs. 2 S. 1 GG enthaltene Junktim von Elternrecht und Pflicht zur Pflege und Erziehung des Kindes unterscheidet das Elternrecht zwar von allen anderen Grundrechten, formuliert jedoch für sich genommen noch keine das Elterngrundrecht begrenzende Schranke. Wegen dieses „**dienenden**", „treuhänderischen" Aspekts aller-

Ausgestaltung der Elternverantwortung

dings wacht die staatliche Gemeinschaft über die Betätigung dieser Pflicht (Art. 6 Abs. 2 S. 2 GG). Jedoch steht die Ermächtigung hierzu, wie das BVerfG klargestellt hat (E 107, 104), unter Gesetzesvorbehalt (vgl. § 1666 BGB). Weil von ihr nur zum Wohle des Kindes Gebrauch gemacht werden darf, handelt es sich bei Art. 6 Abs. 2 S. 2 GG um einen sog. qualifizierten Gesetzesvorbehalt (Pieroth/Schlink 2013, 174 ff.). Der Vorbehalt unterliegt also seinerseits wiederum einer Beschränkung durch Art. 6 Abs. 3 GG (sog. Schranken-Schranke), der noch einmal gesondert die verfassungsrechtlichen Voraussetzungen einer Trennung des Kindes von seinen Erziehungsberechtigten benennt. Die vom GG geforderte gesetzliche Regelung hierfür findet sich in § 1666a BGB. Auch die beabsichtigte Adoption eines Kindes gegen den Willen seiner Eltern (sog. Zwangsadoption) im Wege von § 1748 BGB (hierzu II-2.4.7) unterliegt der Beschränkung durch Art. 6 Abs. 3 GG, denn bis zum Adoptionsbeschluss sind die leiblichen Eltern die Träger des Elterngrundrechts aus Art. 6 Abs. 2 S. 1 GG (Jarass/Pieroth 2013, 179).

Ausländische Ehepartner und Familienangehörige

Außerhalb der bisher erörterten verfassungsrechtlichen Problematiken ist der verfassungsmäßige Schutz von Ehe und Familie vor allem noch im **Aufenthaltsrecht** für Zuwanderer nicht deutscher Staatsangehörigkeit von Bedeutung. Dort nämlich ist die Frage zu beantworten, ob bzw. unter welchen Voraussetzungen Familiennachzug verweigert werden darf oder durch die Abschiebung eines Ehepartners oder eines Mitgliedes des Familienverbandes das Zerreißen einer Ehe oder einer Familie mit dem Schutzgebot von Art 6 Abs. 1 GG vereinbar sein soll. Praktisch bedeutsam wird diese Frage allerdings wegen der bestehenden Sonderregelungen nicht für EU- und entsprechend gleichgestellte Bürger, sondern nur für sog. Drittstaatsangehörige. Festzuhalten ist zunächst, dass jede Ausweisung ausländischer Ehepartner bzw. Familienangehöriger sowohl für den Ausgewiesenen als auch für die Zurückbleibenden zunächst einen Grundrechtseingriff darstellt. Allerdings betonen BVerfG und BVerwG in ihrer Rechtsprechung hierzu, dass Art. 6 Abs. 1 GG keinen Anspruch auf Aufenthalt oder Nachzug begründet (BVerfGE 76, 47 f.; 80, 93; BVerwGE 102, 19; 106, 17). Insofern müssen sowohl nicht deutsche Staatsangehörige als auch Deutsche, die mit Menschen ohne deutsche Staatsangehörigkeit eine Ehe eingehen, damit rechnen, dass sich das eheliche bzw. familiäre Zusammenleben nicht notwendigerweise innerhalb der Bundesrepublik Deutschland vollziehen muss (Jarass/Pieroth 2013, Art. 6 GG Rz. 14). Deshalb soll es bei der Beurteilung, ob es sich bei verweigertem Familiennachzug, der Nichtverlängerung einer Aufenthaltserlaubnis oder der Ausweisung eines Ehepartners bzw. Familienangehörigen im Konkreten um einen unzulässigen Grundrechtseingriff handelt, darauf ankommen, ob es dem Ehepartner oder Familienangehörigen zumutbar oder möglich ist, dem Ausländer ins Ausland zu folgen (BVerfG 2 BvR 1542/94 – 10.08.1994). Allerdings wird es wohl grds. für nicht zumutbar gehalten werden, dass ein Deutscher dem ausgewiesenen Ehepartner ins Ausland folgt (Jarass/Pieroth 2012, Art. 6 GG, Rz. 35 ff.). In jedem Fall kommt es aber gerade hier darauf an, dass der Grundsatz der Verhältnismäßigkeit (s. o. I-2.1.2.2) gewahrt und zwischen den Rechtsgütern der Ehe und der Familie sowie den durch das Zuwanderungsrecht zu schützenden Rechtsgütern sorgfältig abgewogen wird (BVerwGE 56, 249 f.; 75, 179 f.). Einfachgesetzlich findet sich in § 56 Abs. 1 Nr. 3 und 4

AufenthG ein besonderer Ausweisungsschutz für Familienangehörige, Ehepartner und auch für Partner, die in lebenspartnerschaftlicher Gemeinschaft leben.

http://www.bpb.de/publikationen (Heft Nr. 305)

Epping 2012; Pieroth/Schlink et al. 2013

1. Was versteht man unter einem doppelten Mandat der Sozialarbeit? (2.1.1)
2. Warum hat der Grundsatz des Gesetzesvorbehaltes gerade im Sozialrecht eine besondere Bedeutung, und welche Konsequenzen ergeben sich hieraus für die Soziale Arbeit? (2.1.2.1)
3. Woran sind die Geeignetheit und Erforderlichkeit einer staatlichen Intervention zu messen? (2.1.2.2)
4. Wann ist das Gleichheitsgebot des Art. 3 GG verletzt? (2.1.2.4)
5. Was für eine Bedeutung hat das Subsidiaritätsprinzip für das Verhältnis öffentlicher und freier Sozialleistungsträger? (2.1.3)
6. Worin besteht die Funktion von Grundrechten und inwieweit sind diese für die Soziale Arbeit von Bedeutung? (2.2.3, 2.2.6)
7. Woraus folgt die Geltung von Grundrechten, die das Verhältnis zwischen dem Staat und seinen Bürgern betreffen, in der Sozialen Arbeit? (2.2.4)
8. Worin besteht der Wesensgehalt des Elterngrundrechts aus Art. 6 Abs. 2 GG, und wo verlaufen seine Schranken? Worin bestehen seine Besonderheiten im Vergleich zu anderen Grundrechten? (2.2.6)
9. Gibt es ein Recht des Staates auf Erziehung bzw. ein Recht, in die Erziehung der Eltern einzugreifen? (2.2.6)
10. In welchem Verhältnis stehen die Grundrechte der Eltern und ihrer Kinder zueinander? (2.2.6)

3 Grundlagen der Rechtsanwendung (Trenczek)

3.1 Rechtsanwendung als mehrstufiger normenbezogener Entscheidungsprozess
3.2 Struktur der Rechtsnormen
3.2.1 Tatbestands- und Rechtsfolgenseite
3.2.2 Rechtsfolge und Charakter der Rechtsnorm
3.3 Bestimmte und unbestimmte Rechtsbegriffe
3.3.1 Begriff, Arten und Funktionen
3.3.2 Auslegung von (unbestimmten) Rechtsbegriffen
3.3.3 Beurteilungsspielraum
3.4 Rechtsfolgenentscheidung
3.4.1 Gebundene Verwaltung und Ermessensspielräume
3.4.2 Die Rechtmäßigkeit der Ermessensausübung
3.5 Rechtsanwendung zwischen Logik und Interessenabwägung
3.6 Subsumtion und Stufen der Rechtskonkretisierung

Bei der Rechtsanwendung geht es darum, „Fälle" und damit die dahinterstehenden Konflikte rechtlich zu entscheiden bzw. im Vorfeld gutachtlich die Konsequenzen menschlichen Verhaltens rechtlich zu würdigen. Die Rechtsanwendung und Rechtsdogmatik (Lehre vom geltenden Recht) ist nicht nur durch eine spezifische, als Subsumtion (hierzu im Einzelnen unten I-3.6) bezeichnete Methode, sondern auch durch eine spezifische Sprache mit einer hohen Abstraktion sowie einer z. T. **Juristendeutsch** spezifischen Begriffsfindung gekennzeichnet. Die Sprache, vor allem die Schriftsprache, hat für das Recht eine besondere Bedeutung, sie ist für das Recht mittlerweile konstitutiv und bleibt es auch noch im Zeitalter des Internets (vgl. Boehme-Neßler 2005, 161 ff.). Damit einher geht ein im Vergleich zur Alltagssprache unverständlicher Stil (viele Substantive, schwierige Satzkonstruktionen mit vielen Verschachtelungen, echte Fachbegriffe und Professionalismen, vom allgemeinen Sprachgebrauch abweichende fachliche Bedeutungsinhalte). Die Sprache der öffentlichen Verwaltung und Justiz ist die Rechtssprache und erfolgt überwiegend schriftlich. Das macht es für die Bürger oft schwer, einen **Zugang zum Recht** zu finden. Andererseits richten sich Rechtsnormen als generelle Regelungen grds. an alle Bürger und nicht nur an einen kleinen Kreis von Experten. Anwälte, Sozialarbeiter, Betreuer und Mediatoren müssen deshalb hier sehr häufig eine **Dolmetscherfunktion** übernehmen. Voraussetzung für das inhaltliche Verstehen von Rechtsnormen ist das Erkennen der Struktur der Rechtssätze, die Auflösung ggf. vorhandener begrifflicher Mehrdeutigkeiten und das referenzielle Anwenden des Inhalts auf die Realität des Lebensalltags. Hierzu bedarf es zunächst eines grundlegenden Verständnisses über den Ablauf normativer Entscheidungsprozesse, die Struktur der Rechtsnormen, einer Einführung in die Technik der normativen Begriffsklärung (sog. Auslegung) und Entscheidungsfindung (Abwägung). Dies ist nicht nur notwendig, um Hilfe suchende Bürger in rechtlichen Fragen beraten zu können. Soziale Arbeit selbst äußert sich in vielen Fällen zunächst einmal als rechtsgebundene Verwaltungsentscheidung.

3.1 Rechtsanwendung als mehrstufiger normenbezogener Entscheidungsprozess

Soziale Arbeit als Bestandteil der staatlichen Daseinsvorsorge ist in ihren Voraussetzungen und Grenzen rechtlich geregelt. Der konkrete sozialrechtliche Anspruch des Berechtigten wird aber in aller Regel nicht unmittelbar durch die Sozialleistungsgesetze begründet. Es gibt kein Gesetz, nach dem Frau Gerda Schneider aus Mühlhausen einen Anspruch auf Sozialhilfe in Höhe von 382 €/mtl. hat oder nach dem Herr Frank Mustermann aus Stuttgart Anspruch auf Betreuung und Versorgung seiner Kinder im eigenen Haushalt während des Krankenhausaufenthaltes seiner Frau hat. Die Sozialleistungsgesetze regeln nur abstrakt die Leistungsvoraussetzungen. Zur Konkretisierung der Rechte und Pflichten des Einzelnen bedarf es einer besonderen Einzelfallentscheidung, in der die unmittelbaren Rechtswirkungen im Sozialrechtsverhältnis geregelt werden.

Übersicht 11: Soziale Arbeit als mehrstufiger rechtsbezogener Entscheidungsprozess

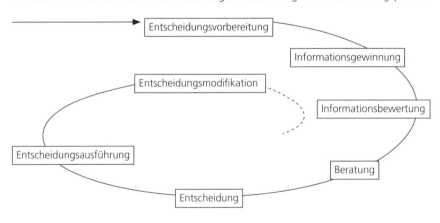

Die entscheidungsbezogene Soziale Arbeit (zur Rechtsberatung s. u. I-4.2) läuft in einem **mehrstufigen normbezogenen Entscheidungsprozess** (s. Übersicht 11) ab (Maas 1996, 21 ff.). Der Zugang erfolgt oft durch die Betroffenen, indem sie um Hilfe nachsuchen, sich informieren oder sogar einen „Antrag" (vgl. § 16 SGB I, § 18 SGB X; hierzu III-1.2.2) stellen. Häufig ist die Sozialverwaltung aber auch verpflichtet, von sich aus tätig zu werden. In beiden Fällen muss sie die zu treffende Entscheidung vorbereiten. Diese besteht im Wesentlichen aus der Gewinnung von Informationen als Entscheidungsgrundlage (Sachverhaltsermittlung) und aus der fachlichen Bewertung des Sachverhalts. Die Informationsgewinnung wirft zwei Fragen auf:

Informationsgewinnung

- nach dem **Inhalt** der Sachverhaltsermittlung: Welche Daten sind entscheidungsrelevant? Insoweit geht es zunächst um die Auswahl der Rechtsgrundlage, auf der die Entscheidung beruhen soll (vgl. Gesetzesvorbehalt, s. o. I-2.1.2.1), und damit der einzelnen entscheidungsrelevanten Bedingungen, die nach dem Gesetz erfüllt sein müssen, damit eine entsprechende Entscheidung gefällt werden kann, z. B. die Leistungsvoraussetzungen für eine erzieherische Hilfe nach § 27 SGB VIII oder für die Hilfe zum Lebensunterhalt nach § 19 SGB XII.
- nach dem **Verfahren** der Sachverhaltsermittlung. Wie müssen die Informationsermittlung und das Entscheidungsverfahren ablaufen? Welche Verfahrensschritte, welche Schutzrechte und insb. Mitwirkungspflichten der Betroffenen müssen im Rahmen der Entscheidungsfindung beachtet werden (z. B. Untersuchungsgrundsatz nach § 20 SGB X; Mitwirkungspflichten nach §§ 60 ff. SGB I; Hilfeplanung nach § 36 SGB VIII; Datenschutzrecht nach § 35 SGB I, §§ 67 ff. SGB X, §§ 61 ff. SGB VIII; zum Verwaltungsverfahren vgl. III-1.2)?

In der Praxis ist die Informations- und Sachverhaltsermittlung am schwierigsten, während man sich in der Studienphase darauf verlassen kann, dass in der Übung und Prüfung in einer Art Trockenschwimmen nur feststehende Sachverhalte vorgegeben werden. Während im öffentlichen Verwaltungsrecht und im Strafrecht der Sachverhalt grds. von Amts wegen zu ermitteln ist (sog. Offizialprinzip, Untersuchungsgrundsatz) besteht im Privatrecht der sog. Beibringungsgrundsatz, d. h. die an einem Rechtsstreit beteiligten Parteien sind für die „Beibringung" (Einführung) der dem Streit zugrunde liegenden Fakten verantwortlich. Hier wie dort versucht die Verwaltungs- und Rechtspraxis, umstrittene Tatsachen zu klären bzw. den „wahren" Sachverhalt ggf. durch die Erhebung von Beweisen als Grundlage ihrer Entscheidungsfindung zu ermitteln. **Beweislast** Grds. trägt immer derjenige die sog. Beweislast, der sich auf einen für ihn vorteilhaften Umstand beruft. In diesem Zusammenhang sollte allerdings beachtet werden, dass die Wahrnehmung bei jedem Menschen begrenzt ist. Sie ist auch kein passiver, sondern ein aktiv-selektiver Prozess der **Konstruktion von Wirklichkeiten** (vgl. Maturana/Varela 1987). Es ist deshalb ganz normal, dass unterschiedliche Personen unterschiedliche Wahrnehmungen und Erinnerungen an ein und denselben Vorgang haben. Nicht zuletzt deshalb ist die Suche nach der „objektiven" Wahrheit oft vergeblich. Die Soziale Arbeit, deren Aufgabe es vornehmlich ist, die Selbsthilfekräfte der Betroffenen zu stärken, stützt sich deshalb methodisch eher auf konstruktivistische Ansätze (vgl. hierzu auch die Mediation, I-6.3). Dort, wo ein Dritter entscheiden muss (sei es im Rahmen eines Verwaltungs- oder gerichtlichen Verfahrens), lässt sich aber auf die Sachverhaltsermittlung und ggf. Beweisführung nicht verzichten.

In der „theoretischen" Ausbildungssituation erhalten die Studierenden einen als wahr unterstellten (unstrittigen) und abschließenden Sachverhalt. Hier darf nichts angezweifelt oder dazuspekuliert werden. Ausbildungsgegenstand ist zunächst das Erlernen der juristischen Arbeitsmethodik, die Methode der Rechtsanwendung, der Umgang mit Rechtsnormen im Rahmen der Informationsbewertung. Das entspricht auch dem korrekten Vorgehen der Rechtspraxis, insb. der Gerichte, in strittigen Sachverhalten. Die sachgemäße rechtliche Bearbeitung eines Falles (insb. der Frage: Was ist für die Entscheidungsfindung rechtlich überhaupt relevant?) erspart die u. U. aufwendige Beweiserhebung umstrittener Tatsachen, die für die abschließende Entscheidung letztlich rechtlich überflüssig sind. Auch die Informationsbewertung umfasst zwei Aspekte:

Informationsbewertung

- stets die Bewertung in rechtlicher Hinsicht (Subsumtion)
- sehr häufig die Bewertung in fachlich-sozialpädagogischer Hinsicht, insb. die Diagnose und Prognose, z. B.: Was ist eine erzieherische Mangelsituation im Sinne der Leistungsvoraussetzungen der Erziehungshilfen nach § 27 SGB VIII? Welche Hilfe ist die „richtige" (= geeignet und erforderlich) i. S. d. § 27 SGB VIII?

Beide Ebenen, sozialpädagogische Bewertung und rechtliche Subsumtion, sind oftmals untrennbar miteinander verknüpft (z. B. abstrakt-definitorische Ausfüllung des Begriffs „erzieherischer Bedarf" in § 27 Abs. 2 SGB VIII sowie die Anwendung der Definition im konkret zu entscheidenden Einzelfall). Die rechtliche Bewertung baut einerseits auf der fachlich-diagnostischen Bewertung auf; andererseits darf sich jene in diesem justiziablen Zusammenhang nur auf die rechtlich vorgegebenen, relevanten Kriterien beziehen (im Hinblick auf § 27 SGB VIII z. B. Relevanz der Begriffe „erzieherischer Bedarf" und „Kindeswohl", nicht aber andere denkbare Maßstäbe, z. B. Einkommen, Kinderzahl). Im Rahmen der Subsumtion werden die rechtlich relevanten Kriterien und der Sachverhalt aufeinander bezogen, der Sachverhalt wird im Hinblick auf seine rechtliche Relevanz überprüft. Auch bei der inhaltlichen Ausgestaltung und Durchführung der konkreten Leistung wirken rechtliche Kriterien weit in den Hilfeprozess hinein. **Hilfe als Rechtsverhältnis** führt allerdings nicht zu einer Verdrängung der außerrechtlichen, insb. der sozialpädagogischen Aspekte Sozialer Arbeit. Es ist gerade ein Element der Fachlichkeit, die jeweiligen Besonderheiten des Einzelfalls sozialarbeiterisch-methodisch zu erfassen, diese bewusst in den Beratungs- und juristisch-normativen Entscheidungsprozess einzubringen und dabei insb. Entscheidungsalternativen zu erkennen. Hingewiesen sei hier auf das sog. Fachkräfteprivileg gemäß § 72 SGB VIII und § 6 SGB XII, nach dem die Sozialleistungsgesetze von Fachkräften durchzuführen sind, um zu gewährleisten, dass die nach fachlicher Prüfung im Einzelfall als notwendig festgestellte Jugendhilfe bzw. Sozialhilfe geleistet wird. Es sind also die sozialpädagogischen Fachkräfte, die die Umsetzung des Gesetzeswillens, insb. die Auslegung von unbestimmten Rechtsbegriffen (s. u. I-3.3.2) und Ermessensspielräumen (s. u. I-3.4.1) vornehmen müssen. Dies gilt nicht nur im Hinblick auf die Entscheidungen der Sozialbehörden, sondern auch für die fachlichen Stellungnahmen im Rahmen gerichtlicher Verfahren (z. B. §§ 50–52 SGB VIII).

Fachkräfteprivileg

3.2 Struktur der Rechtsnormen

3.2.1 Tatbestands- und Rechtsfolgenseite

Eine sog. vollständige Rechtsnorm ist zweigliedrig aufgebaut: Sie besteht aus einer Tatbestands- und einer Rechtsfolgenseite. Auf der Tatbestandsseite der Rechts-

Tatbestandsmerkmale

norm werden die einzelnen Bedingungen (die sog. Tatbestandselemente, -voraussetzungen oder -merkmale) aufgezählt, die erfüllt sein müssen, damit die in der Vorschrift genannte Konsequenz (Rechtsfolge) eintritt. Nicht selten werden nicht die Tatbestandsvoraussetzungen, sondern die Rechtsfolge zuerst genannt (z. B. § 42 SGB VIII: Das Jugendamt ist berechtigt und verpflichtet, wenn …). Auch wenn die zweigliedrige Struktur der gesetzlichen Tatbestände nicht immer gleich auf den ersten Blick erkennbar ist, so lässt sich doch jede vollständige Rechtsnorm auf die geschilderte Weise in eine Tatbestands- und Rechtsfolgenseite (Wenn-dann-Relation) zerlegen. Art. 16a Abs. 1 GG: „Politisch Verfolgte genießen Asylrecht" beispielsweise lässt sich als Wenn-dann-Relation formulieren: *Wenn* jemand politisch verfolgt ist (= Tatbestandselement), *dann* wird ihm Asyl gewährt (= Rechtsfolge). In Anlehnung an logisch-systematische Denkprozesse wird die Struktur von Rechtsnormen häufig mit Gleichungen dargestellt ($x_1 + x_2 + x_3 => R_1$), die mitunter komplexe Verschachtelungen und „Ketten" beinhalten (s. Übersicht 12).

ungeschriebene Tatbestandsmerkmale
Teilweise werden einzelne Tatbestandsbedingungen nicht ausdrücklich genannt, sondern als sog. ungeschriebene Tatbestandsmerkmale aus rechtssystemdogmatischen Gründen mitgedacht. Die zivilrechtliche Schadensersatzpflicht setzt z. B. stets eine in § 823 BGB nicht selbst noch einmal besonders erwähnte Ursachenkette zwischen der Verletzungshandlung und dem Schadenseintritt voraus (sog. Kausalität oder objektive Zurechnung).

Die Gesetze enthalten nicht nur vollständige Rechtsnormen. Der Gesetzgeber hat vielfach wichtige Tatbestandselemente von Normen selbst in gesonderten Paragrafen definiert oder Einzelheiten einer Rechtsfolge in mehreren Vorschriften zusammenhängend geregelt. Man spricht dann – je nach der speziellen Funktion dieser „unvollständigen" Rechtsnormen, die aus Gründen der Übersichtlichkeit und der Entlastung des gesetzlichen Tatbestands ausgegliedert worden sind – von einer:

- Definitionsnorm, z. B.:
  - § 276 Abs. 2 BGB: Fahrlässig handelt, wer die im Verkehr erforderliche Sorgfalt außer Acht lässt.
  - § 7 Abs. 1 Nr. 2 SGB VIII: Jugendlicher ist, wer 14, aber noch nicht 18 Jahre alt ist.
  - § 27a SGB XII: Der notwendige Lebensunterhalt umfasst insb. … [Definition des notwendigen Lebensunterhalts]
- Verweisungsnorm, z. B.:
  - § 7 Abs. 1 Nr. 5 SGB VIII: Personensorgeberechtigter ist, wem allein oder gemeinsam mit einer anderen Person nach den Vorschriften des Bürgerlichen Gesetzbuchs die Personensorge zusteht.
  - § 62 SGB X: Verweis auf die Rechtsschutzmöglichkeiten gegen Verwaltungsakte, die im SGG, in der VwGO oder einem anderen Bundesgesetz geregelt sind.
- Gegennorm, z. B.:
  - § 49 Abs. 1 SGB X: § 45 Abs. 1 – 4, §§ 47 und 48 gelten nicht, wenn ein begünstigender Verwaltungsakt, der von einem Dritten angefochten worden ist, …

Übersicht 12: Struktur von Rechtsnormen

Beispiele	Tatbestand „wenn"	Rechtsfolge „dann"
	x_1 →	R_1
Art. 16 a GG	Politische Verfolgung	Asylgewährung
§ 1 BGB	Geburt des Menschen	Rechtsfähigkeit
§ 2 BGB	Vollendung des 18. Lebensjahres eines Menschen	Volljährigkeit
§ 19 Abs. 1 S. 1 SGB XII	Jemand kann sich seinen notwendigen Lebensunterhalt nicht (ausreichend) aus eigenen Kräften und Mitteln (insb. Einkommen und Vermögen) beschaffen.	Hilfe zum Lebensunterhalt
	$x_1 + x_2 + x_3$ →	R_1
§ 27 SGB VIII	■ Personensorgeberechtigung für ein Kind bzw. Jugendlichen ■ Eine dem Kindeswohl entsprechende Erziehung ist nicht gewährleistet (= „erzieherischer Bedarf"). ■ Hilfe ist für die Entwicklung des Kindes bzw. Jugendlichen geeignet und notwendig.	Anspruch auf diese geeignete und notwendige Erziehungshilfe
	$x_1 + x_2 + x_3 + x_4 \, (+x_5) \ldots$ →	R_1
§ 823 Abs. 1 BGB	■ Verletzung eines anderen an Körper, Gesundheit, Freiheit, Eigentum … (x_{1a} oder x_{1b} oder x_{1c}) ■ Rechtswidrigkeit (x_2) ■ Vorsatz oder Fahrlässigkeit (x_{3a} oder x_{3b}) ■ Schaden (x_4) + Kausalität (x_5, sog. ungeschriebenes TBM)	Ersatz des Schadens
	x_1 (wenn nicht x_2) →	R_1
§ 24 Abs. 3 S. 1 SGB VIII	■ Kind ab 3 Jahren ■ noch nicht in der Schule	Anspruch auf Kindergartenplatz
§ 212 Abs. 1 StGB	■ Tötung eines Menschen ■ keine Mordmerkmale	Freiheitsstrafe nicht unter 5 Jahren
	x_1 →	R_1 und R_2
§ 433 BGB	Bestehen eines Kaufvertrages	Verkäufer muss die Sache übergeben und das Eigentum daran verschaffen; Käufer muss den vereinbarten Kaufpreis zahlen und die Sache abnehmen
	$x_1 + x_2 + (x_{3a}$ oder $x_{3b}) +$ (wenn nicht x_4) →	R_1 oder R_2 oder …
§ 437 BGB	■ Kaufvertrag ■ mangelhafte Sache ■ (spezifische Voraussetzungen der jeweiligen Rechtsfolge) ■ soweit nichts anderes bestimmt ist	■ Nacherfüllung nach § 439 BGB ■ Rücktritt vom Vertrag (§§ 440, 323 und 326 Abs. 5) oder Minderung (§ 431 BGB) ■ ggf. Schadensersatz (§§ 440, 280, 281, 283, 311a BGB) oder Ersatz von vergeblichen Aufwendungen (§ 284 BGB)
	x_1 oder x_2 oder x_3 →	R_1 oder R_2 oder R_n
§ 90 Abs. 1 SGB VIII	Inanspruchnahme von Angeboten 1. der Jugendarbeit nach § 11, 2. der allgemeinen Förderung der Erziehung in der Familie nach § 16 … [oder] 3. der Förderung von Kindern in Tageseinrichtungen …	Teilnahmebeiträge oder Kostenbeiträge können [müssen aber nicht] festgesetzt werden

Häufig ergibt sich daraus dann eine sog. Paragrafenkette, z. B. § 27 SGB VIII: Anspruch des Personensorgeberechtigten → § 7 Abs. 1 Nr. 5 SGB VIII → §§ 1626 ff. BGB: Normierung der Personensorgeberechtigung. Unvollständige Rechtsnormen können sich auch auf eine Verweisung auf andere Rechtsvorschriften beschränken. Hierbei handelt es sich um bloße **Rechtsfolgen**verweisungen, wenn lediglich die Rechtsfolge der genannten Vorschrift für anwendbar erklärt wird, ohne dass deren Voraussetzungen erfüllt sein müssen (z. B. § 292 BGB: verschärfte Haftung bei Herausgabepflichten). Dagegen spricht man von **Rechtsgrund**verweisung (oder „Tatbestandsverweisung"), wenn nicht nur auf die Rechtsfolge, sondern (auch) auf den Tatbestand, also den Grund der anderen Norm verwiesen wird. Die in der Verweisung genannte Vorschrift ist nur dann anwendbar, wenn ihre tatbestandsmäßigen Voraussetzungen erfüllt sind. Dies kommt im Privatrecht häufig im Hinblick auf Gewährleistungsansprüche (z. B. §§ 437, 634 BGB; zu den Ansprüchen bei Leistungsstörungen s. II-1.4.2) oder die Herausgabe einer sog. ungerechtfertigten Bereicherung vor (z. B. §§ 516 Abs. 2, 531 Abs. 2, 547, 951 BGB). Im Sozialrecht findet man eine solche Verweisung z. B. in § 26 Abs. 1 SGB X im Hinblick auf Anwendung der Fristenvorschriften der §§ 187–193 BGB oder in §§ 8a Abs. 1, 42 Abs. 1 Nr. 2 SGB VIII im Hinblick auf die sich an § 1666 BGB orientierende Definition der Kindeswohlgefährdung.

3.2.2 Rechtsfolge und Charakter der Rechtsnorm

Rechtsnatur Die **Art der vorgesehenen Rechtsfolge** ist charakteristisch für das Rechtsgebiet, dem die Norm angehört; ob eine Vorschrift zivilrechtlichen oder öffentlich-rechtlichen (oder sogar strafrechtlichen) Charakter hat (man spricht hier auch von der „Rechtsnatur"), bestimmt sich in erster Linie nach der in ihr ausgesprochenen Rechtsfolge (vgl. § 823 BGB: Schadensersatz = zivilrechtlich; § 44 Abs. 1 SGB X und § 48 VwVfG: Rücknahme eines Verwaltungsaktes durch die Behörde = öffentlich-rechtlich; § 242 StGB: Geld- oder Freiheitsstrafe = strafrechtlich). Eine Norm wird als öffentlich-rechtlich angesehen, wenn aus ihr zwingend ein Träger öffentlicher Verwaltung berechtigt oder verpflichtet ist. Privatrechtlich ist eine Norm, wenn der betreffende Rechtssatz für jedermann gilt (sog. moderne Subjektstheorie, s. o. I-1.1.4). In diesem Sinne regeln verwaltungsrechtliche Normen meist Befugnisse einer Behörde oder Rechte und Pflichten des Bürgers gegenüber einem öffentlichen Träger. Es ist aber durchaus möglich, dass in einem Gesetz Vorschriften enthalten sind, die verschiedenen Rechtsgebieten angehören: So sind z. B. im Straßenverkehrsgesetz (StVG) neben rein verwaltungsrechtlichen Normen (§§ 1–6e) und Straf- und Bußgeldvorschriften (§§ 21–27) sogar auch rein zivilrechtliche Regelungen über die Kfz-Haftpflicht (§§ 7–20) enthalten.

3.3 Bestimmte und unbestimmte Rechtsbegriffe

3.3.1 Begriff, Arten und Funktionen

Es ist das Kennzeichen von Rechtsnormen, dass sie abstrakt-generelle Regeln aufstellen und deshalb nicht nur für einen konkreten Einzelfall gelten (s. o. I-1.1.3). Die in den Rechtsnormen enthaltenen Begriffe sind deshalb in allgemeiner Form definiert und daher mehr oder weniger (un)bestimmt (s. Übersicht 13). Sind sie eindeutig und klar abgrenzbar, so spricht man von **bestimmten** (deskriptiven oder normativ definierten) Rechtsbegriffen. Aber auch durch einen noch so genauen Gesetzestext ist es kaum möglich, alle künftigen Situationen durch entsprechende Begrifflichkeiten zu erfassen. Der Vielgestaltigkeit der Lebensverhältnisse kann der Gesetzgeber daher nur durch Verwendung sog. **unbestimmter Rechtsbegriffe** gerecht werden, wenn er umfangreiche und letzten Endes doch lückenhafte Aufzählungen von Fallkonstellationen vermeiden will (vgl. die heute z. T. antiquiert wirkenden Beispiele in § 98 BGB oder die Kasuistik der Verjährungshemmung in § 204 BGB). Je allgemeiner und umfassender eine rechtliche Regelung sein soll,

unbestimmte Rechtsbegriffe

Übersicht 13: Arten von Rechtsbegriffen

bestimmte Rechtsbegriffe		unbestimmte Rechtsbegriffe	
beschreibend	normativ definiert	beschreibend (deskriptiv)	wertausfüllend (normativ)
Orts-, Zahlen- und Zeitangaben, z. B. Lebensalter; technische Angaben (Phon, Lux, km/h)	Person, Sache, Geschäfts- und Volljährigkeit, Eigentum, Besitz, Miete, Vorsatz, Fahrlässigkeit	Kurze Dauer in § 38 Abs. 1 SGB XII Nachtzeit (§ 12 VwZG), Speisen, Getränke (§ 1 GaststG), Kraftfahrzeug (§ 1 StVG), Sonstiges Recht (§ 823 Abs. 1 BGB)	„**Würde** des Menschen" (Art. 1 GG; § 1 SGB XII) „**Wohl** des Kindes" (§ 1666 BGB, §§ 27 Abs. 1, 44 Abs. 2 SGB VIII) „Nichtgewährleistung einer **kindeswohlgemäßen** Erziehung" (§ 27 Abs. 1 SGB VIII) Für Entwicklung „**geeignete und notwendige** Hilfe" (§ 27 Abs. 1 SGB VIII) „**Erforderliche** Kosten einer Bestattung" (§ 74 SGB XII) „**Angemessener** Barbetrag" (§ 35 Abs. 2 SGB XII) Beeinträchtigung „**sonstiger erheblicher Interessen** der Bundesrepublik Deutschland" (§ 55 Abs. 1 AufenthG)

desto höher werden ihr Abstraktionsgrad und desto geringer die Bestimmtheit und Eindeutigkeit der einzelnen Tatbestandsmerkmale. Eine feste Abgrenzung zwischen bestimmten und unbestimmten Rechtsbegriffen ist allerdings nicht immer möglich, da der Übergang zwischen beiden Arten von Tatbestandselementen fließend ist. Rechtbegriffe können normativ, d. h. durch eine Rechtsnorm bestimmt sein (z. B. Volljährigkeit, § 2 BGB; Jugendlicher, § 7 Abs. 1 Nr. 2 SGB VIII), unbestimmte Rechtsbegriffe können sowohl deskriptiv (z. B. Nachtzeit, § 12 VwZG) als auch wertausfüllungsbedürftig sein (z. B. Würde, Wohl, sog. normativer Rechtsbegriff). Häufig erkennt der Laie nicht, ob er es mit einem bestimmten (die kostenpflichtige Miete in Abgrenzung zur kostenlosen Leihe; vgl. § 556b BGB vs. § 598 BGB) oder unbestimmten Rechtsbegriff zu tun hat (z. B. „wohnen" – unbestimmt; „gewöhnlicher Aufenthalt" – rechtlich bestimmt in § 30 Abs. 3 S. 2 SGB I). Im Übrigen lassen sich zahlreiche Rechtsfragen überhaupt erst bearbeiten, wenn man die Unbestimmtheit eines Begriffs erkannt hat. Nicht zuletzt deshalb verlangt die sog. Garantiefunktion des Strafrechts ein Mindestmaß an Bestimmtheit der Rechtsnorm (vgl. IV-1.3).

Unbestimmte Rechtsbegriffe können sowohl auf der Tatbestandsseite (z. B. der Begriff „erforderlich" als Voraussetzung für eine Sozialleistung, z. B. §§ 2 Abs. 1, 12 S. 2, 27 Abs. 3 SGB XII) als auch auf der Rechtsfolgenseite vorkommen („erforderlich" als Beschreibung der Leistung, z. B. § 33 Abs. 1 SGB X), wobei derselbe Begriff selbst innerhalb einer Rechtsnorm in der konkreten Anwendung nicht immer die gleiche Konsequenz hat (z. B. bedeutet „unverzüglich" in § 42 SGB VIII zwar stets „ohne schuldhaftes Verzögern", deshalb im Hinblick auf die Benachrichtigung der Vertrauensperson gem. Abs. 2 S. 2 oder des FamG nach Abs. 3 nichts anderes als „sofort", während im Hinblick auf die Information der Eltern gem. Abs. 2 mitunter eine kurze Frist verstreichen kann, damit vorweg eine Gefährdungseinschätzung vorgenommen werden kann; vgl. Münder et al. 2013, § 42 Rz. 33 u. 38).

Bestimmte wie unbestimmte Rechtsbegriffe können sich beziehen auf:

- innere Tatsachen (z. B. Vorsatz, Kenntnis, Absicht) oder
- äußere Umstände (z. B. Lebensalter, Einkommen, Vermögensverhältnisse, Staatsangehörigkeit, Eigentum). Zu den äußeren Umständen gehören nicht nur tatsächliche Verhältnisse (z. B. Sache, Schaden, Vermögen), sondern auch rechtliche Umstände (sog. Rechtstatsachen, z. B. Geschäftsunfähigkeit, Staatsangehörigkeit, Anerkennung der Gemeinnützigkeit, Schwerbehinderteneigenschaft).

3.3.2 Auslegung von (unbestimmten) Rechtsbegriffen

Normen können nur dann richtig angewandt werden, wenn man sich über die genaue Definition eines Rechtsbegriffs klar wird. Sprache ist aber nicht mathematisch exakt, Begriffe werden in unterschiedlichen Kontexten verwendet, wobei ihnen verschiedene Inhalte und Bedeutungen beigemessen werden. Schon deshalb basiert die Rechtsanwendung nicht auf einer reinen inhaltsunabhängigen Logik, sondern es geht um ein hermeneutisches Vorgehen, um ein verstehendes Bemühen, den Inhalt des Rechts richtig zu deuten. Im konkreten Fall kann die Anwendung einer Rechtsnorm vor allem deshalb sehr schwer sein, weil der Sinngehalt eines Begriffs nicht eindeutig, sondern mehrdeutig ist. Darüber kann es zu Streit, ja zu einem Rechtsstreit kommen. Der genaue Inhalt eines normativen und unbestimmten Rechtsbegriffs ist deshalb zu definieren. Rechtsmethodisch nennt man diesen Klärungsprozess **Auslegung**. Hierunter versteht man eine **fachlich-verstehende Deutung des relevanten Inhalts eines Rechtsbegriffs** (im Hinblick auf Rechtsnormen) **bzw. einer Willensäußerung** (im Hinblick auf den Rechtsverkehr). Es handelt sich mithin um eine hermeneutische Methode, um eine normativ-bezogene Definition von Begriffsinhalten. Für die Methode der Auslegung sind verschiedene Argumentationsweisen entwickelt worden, von denen zwei eher „objektiv-systematischer" und zwei eher „subjektiv-interessensbezogener" Natur sind.

An einem häufig verwendeten, wohl auf Uwe Wesel (1984, 177 ff.) zurückgehenden Beispiel, möchten wir dies erläutern. Nehmen wir an, eine kommunale Satzung enthält im Hinblick auf die Eintrittspreise zu einer städtischen Einrichtung folgende Regelung: „Schüler zahlen nur den halben Eintrittspreis". Wer ist Schüler? Nur die Schüler der allgemeinbildenden Schulen oder auch Berufsschüler, die über eine Ausbildungsvergütung verfügen? Gilt die Regelung auch für Studenten, Teilnehmer an Volkshochschulkursen oder nur für Personen in einem bestimmten Alter? Gilt sie gar für alle Personen mit niedrigem Einkommen?

Ausgangspunkt jeder rechtlichen Begriffsklärung ist zunächst die **wörtliche** (philologisch-grammatikalische) **Auslegung**, die sich am natürlichen Sprachsinn, der Syntax und den sonstigen Regeln der Grammatik orientiert. Die Auslegungsmethode ist deklaratorisch, sie darf nicht gegen den „klaren" Wortlaut eines Begriffs vorgenommen werden. Die Grenze der Auslegung liegt im noch möglichen Wortsinn. Zum Beispiel ist der Begriff „Kindeswohlgefährdung" in § 1666 Abs. 1 BGB sicht- und hörbar etwas anderes als die Formulierung „Nichtgewährleistung einer dem Kindeswohl entsprechenden Erziehung" in § 27 Abs. 1 SGB VIII. Man kann davon ausgehen, dass der Gesetzgeber des Kindes- und Jugendhilferechts statt der umständlichen Formulierung den kurzen Begriff „Kindeswohlgefährdung" verwendet hätte, wenn er dasselbe wie bei den Voraussetzungen des bürgerlich-rechtlichen Eingriffs in die Personensorge nach § 1666 BGB hätte ausdrücken wollen. In unserem Beispielsfall der kommunalen Satzung umfasst im gewöhnlichen Sprachgebrauch der Begriff „Schüler" zwar Schüler aller allgemeinbildenden ebenso wie Berufs- und Abendschulen, nicht aber die in aller Regel nicht als Schüler bezeichneten Teilnehmer von Volkshochschulkursen oder Studenten. Eine enge („restriktive") Auslegung wird die Privilegierung nur auf noch schulpflichtige Kinder und Jugendliche anwenden, eine weite („extensive") Auslegung auf alle Personen, die eine Schule, welcher Art auch immer, besuchen.

wörtliche Auslegung

Die **systematische Auslegungsmethode** geht von einem widerspruchsfreien Gesamtgefüge der Gesetze aus und stellt die einzelne Norm in den Zusammenhang mit den anderen Vorschriften des entsprechenden Gesetzes sowie in Beziehung zur gesamten Rechts- und Verfassungsordnung. Ein Prototyp systematischer Auslegung erfolgt durch gesetzliche Verweisungs- und Definitionsnormen (Legaldefini-

systematische Auslegungsmethode

tionen). Beispielsweise ist zwar ein Tier im deutschen Rechtsverständnis mittlerweile keine Sache mehr, damit aber noch keine „Person" im Rechtssinne. Vielmehr werden auf Tiere die für Sachen geltenden Vorschriften entsprechend angewandt, soweit nicht etwas anderes bestimmt ist (vgl. § 90a BGB). Der vielfach genutzte Begriff „unverzüglich" (s. o. I-3.3.1) ist in § 121 Abs. 1 BGB im Zusammenhang mit der Anfechtung von Willenserklärungen definiert als „ohne schuldhaftes Verzögern". Hieran knüpft wegen der **Einheit der Rechtsordnung** auch die Auslegung im Sozialrecht an (vgl. z. B. § 42 Abs. 2 und 3 SGB VIII), mit der Folge differenter Konsequenzen (vgl. III-3.4.1.1). Im Konfliktfall widersprechender Normenbezüge gehen höherrangige Vorschriften den nachrangigen vor (vgl. I-1.1.3.7). Mit Blick auf das Grundgesetz spricht man von einer verfassungskonformen Auslegung, d. h. keine Vorschrift darf im Widerspruch zum Grundgesetz stehen und jede muss „in seinem Geiste ausgelegt werden" (BVerfG NJW 1958, 257). Bei Gleichrangigkeit gehen neuere Rechtsnormen im Konfliktfall den älteren Gesetzen vor, speziellere verdrängen die allgemeinen Regelungen.

In dem Schülerbeispiel fehlen für eine systematische Überlegung weitere Informationen. Das Auslegungsproblem stellt sich z. B. im Hinblick auf die Studenten nur dann, wenn diese nicht an anderer Stelle besonders erwähnt werden. Gäbe es in der kommunalen Satzung in einem anderen Zusammenhang (z. B. Zuschuss für den öffentlichen Nahverkehr) eine Regelung, die ausdrücklich auch Studierende oder Arbeitslose berücksichtigt, so läge systematisch der („Umkehr")Schluss (s. u.) nahe, dass diese im Hinblick auf die Eintrittspreise nicht gleichzeitig auch mit dem Begriff Schüler gemeint sein sollen.

Umstritten ist die Reichweite der Berichts- und Aufsichtspflichten eines Betreuungshelfers gegenüber dem Jugendgericht nach § 38 Abs. 2 JGG, auf den § 52 Abs. 1 SGB VIII im Rahmen der Aufgabenbeschreibung des JA verweist: Mit Rücksicht auf die Gewaltenteilung (Justiz vs. Verwaltung, s. o. I-2.1) und die vom Staat unabhängige kommunale Selbstverwaltung (Art. 28 Abs. 2 GG) kommt die h. M. zu der Auffassung, dass die Betreuungshelfer der Jugendhilfe gegenüber der Justiz nur insoweit berichts- und aufsichtspflichtig sind, wie sich dies mit ihren im SGB VIII rechtlich normierten fachlichen Handlungsmaximen vereinbaren lässt.

historische Auslegung

Die **historisch-genetische Interpretation** berücksichtigt die rechtsgeschichtliche Entwicklung der Rechtsnorm. Hierzu werden etwa die Sitzungsberichte des Parlaments und Begründungen zu Gesetzesentwürfen herangezogen, um den Willen des (historischen) Gesetzgebers zu ermitteln. Es ist dabei davon auszugehen, dass der Gesetzgeber auch unter der Bedingung gewandelter Verhältnisse eine zweckmäßige und vernünftige Regelung getroffen hätte.

Die Begründung zum KJHG (BT-Ds 11/5948) ist z. B. eine inhaltsreiche und gewichtige Stütze für den besonderen sozialleistungsorientierten Charakter des Jugendhilferechts. Sie weist auf den besonderen Charakter des Kinder- und Jugendhilferechts als pädagogisch intendiertes Sozialleistungsrecht hin. Es müsse vermieden werden, straf- und ordnungsrechtliche Gesichtspunkte in das Kinder- und Jugendhilferecht hineinzutragen, die dessen Charakter zwangsläufig verändern müssten (BT-Ds 11/5948, 117). Diese Aussage ist auch für die Auslegung des Umfangs der Berichtspflicht der Jugendhilfe von erheblicher Bedeutung und stützt die oben vorgenommene Interpretation zum Verhältnis von § 52 SGB VIII und 38 JGG.

Normen haben stets eine Funktion, sie sind Verhaltensregeln, die das gegenwärtige oder das zukünftige Handeln der Menschen in bestimmten Situationen verbindlich bestimmen sollen (vgl. I-1.1.1). Die **teleologische Auslegung** (*telos* = Sinn, Zweck) bestimmt die Rechtsbegriffe nach **Ziel und Zweck** (*ratio legis*) **der Norm**. Anders als bei der historischen Auslegung geht es hier nicht darum, welchen Sinn der „damalige" Gesetzgeber ursprünglich mit der Norm bezweckt hatte, sondern welchen aktuellen Zweck die Norm erfüllen soll. Dies setzt voraus, dass der Zweck der Norm erkannt bzw. ermittelt wird, was nicht immer ganz einfach ist, zumal es dazu durchaus widersprechende Ansichten gibt. In modernen Gesetzen wird der Gesetzeszweck deshalb oft an zentraler Stelle genannt, im Kinder- und Jugendhilferecht z. B. in § 1 SGB VIII. Unter mehreren möglichen Auslegungen einer Rechtsnorm ist dann diejenige vorzuziehen, die den Gesetzeszweck optimal verwirklicht.

teleologische Auslegung

Welche Personen in der kommunalen Satzung mit dem Begriff „Schüler" gemeint und durch die Preisregelung privilegiert sind, hängt maßgeblich von dem Zweck der Regelung ab. Es ging dem Satzungsgeber aber erkennbar nicht darum, nur Personen einer bestimmten Altersgruppe zu privilegieren, denn das hätte man klar mit einer Altersangabe oder durch gesetzlich definierte Begriffe wie „Kinder und Jugendliche" (vgl. z. B. § 7 Abs. 1 SGB VIII; § 1 Abs. 1 JSchuG) regeln können. Sollen durch die Regelung alle Personen begünstigt werden, die sich in einer Ausbildungssituation befinden und deshalb kein Einkommen erhalten, dann träfe dies auf Studierende ebenso zu, nicht aber auf Berufsschüler, die eine Ausbildungsvergütung erhalten. Im Hinblick auf die Studenten könnte aber der natürliche Wortsinn einer solchen Auslegung entgegenstehen, da Schüler und Student im normalen Sprachgebrauch voneinander verschieden sind. Sollte der Satzungsgeber diesen Fall, „die Studierenden", tatsächlich versehentlich nicht bedacht und geregelt haben, so kann man eine planwidrige Gesetzeslücke feststellen.

Hier möchten wir wieder an die Auslegung von § 38 JGG i. V. m. § 52 SGB VIII anknüpfen: Um überhaupt mit jungen Menschen und ihren Familien im Sinne des §§ 1 f. SGB VIII arbeiten zu können, muss die Jugendhilfe von Weisungen der Justiz unabhängig sein und ein Vertrauensverhältnis zu ihren Klienten aufbauen. Mit diesem sozialanwaltlichen Handlungsauftrag (hierzu III-3.2.1) verträgt es sich nicht, wenn Betreuungshelfer Überwachungs- und Sanktionsaufgaben der Jugendgerichte übernehmen.

Das Gebot der Rechtssicherheit erfordert es, dass der Normadressat weiß, was von ihm erwartet wird. Deshalb muss nach der funktionalen Logik der Rechtsnorm am Ende des Auslegungsprozesses **nur ein Ergebnis** als rechtlich relevant und verbindlich, also als „**richtig**" anerkannt werden. Natürlich wird es häufig unterschiedliche Auffassungen darüber geben, welches nun die richtige Auslegung in einem konkreten Fall ist. Entscheidend ist die angemessene Abwägung aller Auslegungsgesichtspunkte, wobei Sinn und Zweck der Rechtsnorm am gewichtigsten sind. Abwägung bedeutet, die Argumente und Gegenargumente aufeinander zu beziehen, die Vor- und Nachteile jeder Entscheidung im Hinblick auf die zugrunde liegenden Interessen sorgfältig zu prüfen und zu wiegen. Für den Konfliktfall widerstreitender Auslegungsergebnisse hat die höchstrichterliche Rechtsprechung in

Abwägung

der Bundesrepublik auf folgende **Grundregeln** hingewiesen. Die Entstehungsgeschichte einer Norm und damit die „subjektiv-historische" Auslegung der „damals" am Gesetzgebungsverfahren beteiligten Organe ist letztlich nicht maßgebend, da sich der Inhalt einer Norm aufgrund der politischen, sozialen und gesellschaftlichen Verhältnisse ändern kann. Wesentlich ist der aktuell relevante im Wortlaut der Rechtsnorm und in dem Sinnzusammenhang zum Ausdruck kommende „objektivierte" Sinn und Zweck einer Regelung (vgl. BVerfGE 1, 299 ff.). Dessen Erfassung ist freilich ebenso wenig „objektiv" wie die historische Interpretation. Andererseits müssen die „historische" und teleologische Auslegung bei allen neueren, aktuellen Gesetzen zu den gleichen Ergebnissen führen, da nach dem Demokratieprinzip der Gesetzgeber und nicht die Rechtsprechung für die Normsetzung verantwortlich ist. Allerdings wendet die Rechtsprechung die Rechtsnormen nicht nur an, sondern wird auch rechtsfortbildend tätig, nämlich dann, wenn Inhalt und Grenzen von Rechtsnormen nicht durch Auslegung bestimmt werden können, sondern planwidrige Lücken des Gesetzes festgestellt wurden und geschlossen werden müssen.

Analogie   Eine **Analogie** ist eine Rechtsfortbildung. Sie wird gebildet, wenn festgestellt wird, dass eine Rechtsnorm im konkreten Fall nicht passt, eine andere, passende Rechtsnorm aber ebenso wenig vorhanden ist und damit offenkundig wird, dass der Gesetzgeber diesen Fall nicht bedacht hat. Bei der Analogie geht es also um die Schließung einer planwidrigen Gesetzeslücke durch die entsprechende Anwendung einer Norm. Eine Analogie ist nicht leichtfertig bei jeder auf den ersten Blick nicht geregelten Sachfrage zu formulieren. Vielmehr muss genau geprüft werden, welche Fälle der Gesetzgeber geregelt haben wollte und welche er versehentlich nicht geregelt hat. Nur im letzten Fall dürfen (planwidrige) Gesetzeslücken durch eine Analogie ausgefüllt werden. Im Fall der kommunalen Satzung, nach der Schüler nur einen ermäßigten Eintritt bezahlen müssen, spricht viel dafür, die nicht genannten Studenten, die ebenso wie Schüler aufgrund ihrer Ausbildung i. d. R. über kein Einkommen verfügen, wie diese zu behandeln und deshalb die Norm auf sie analog anzuwenden.

Unzulässig ist eine Analogie im Strafrecht (s. IV.1.3) zur Strafbegründung oder Strafverschärfung aufgrund der Garantiefunktion des Strafgesetzes (Art. 103 Abs. 2 GG). Wie schwierig die Abgrenzung von noch zulässiger Auslegung und nicht mehr zulässiger Strafbarkeitsbegründung durch die Rspr. z. T. ist, zeigt sich z. B. bei der strafrechtlichen Definition des Gewaltbegriffs im Rahmen der Nötigung nach § 240 Abs. 1 StGB (vgl. Schönke/Schröder et al. 2010, § 240 Rz. 4 ff.).

Juristische Logik   Bei der teleologischen Reduktion geht es um den entgegengesetzten Fall, d. h. eine Norm wird nicht angewendet, obwohl sie nach dem reinen Wortsinn passen würde (z. B. eine versuchte Selbsttötung ist kein versuchter Mord i. S. d. § 211 StGB). Auch beim Umkehrschluss (*argumentum e contrario*) soll eine Regelung gerade nicht angewendet werden, weil der Normzweck einer „entsprechenden" Rechtsanwendung entgegensteht (z. B. folgt aus § 248b StGB, dass der unbefugte Gebrauch einer Kutsche straflos ist, weil es sich nicht um ein Kraftfahrzeug oder Fahrrad handelt; damit ist aber nichts gesagt über die zivilrechtliche Haftung!). Darüber hinaus spielen in der juristischen Logik eine Reihe weiterer Schlussfolgerungen eine Rolle (z. B. „*a majore ad minus*" – vom Größeren auf das Kleinere: bspw. wenn ein Verbot zulässig ist, dann ist auch die Genehmigung unter angemessenen Bedingungen zulässig), wobei sich freilich manche Anwender verheddern (z. B. Zirkelschluss) und/oder Logik vortäuschen, wo keine ist (vgl. hierzu I-3.5).

3.3.3 Beurteilungsspielraum

Die Rechtsprechung ist Aufgabe der Gerichte (Art. 92 GG; hierzu I-5). Ihnen obliegt es, die richtige Anwendung der Gesetze durch die Verwaltung zu überprüfen. Deshalb wird von den (Verwaltungs-)Gerichten auch überprüft, ob die von der Verwaltung vorgenommene Auslegung unbestimmter Rechtsbegriffe mit dem Gesetz im Einklang steht, also „richtig" ist. Diese Überprüfung ist grds. allumfassend, nur ausnahmsweise wird der Verwaltung von der Rechtsprechung bei der Auslegung von unbestimmten Rechtsbegriffen ein gerichtlich nur eingeschränkt nachprüfbarer „Beurteilungsspielraum" oder eine sog. Einschätzungsprärogative im Rahmen der Abwägung zuerkannt. Den Ausnahmefällen ist gemeinsam, dass es sich um **Wertentscheidungen** der Verwaltung handelt, die das Gericht aufgrund der besonderen, einmaligen Konstellation der Entscheidungsfindung oder aus sonstigen Gründen nicht nachholen kann, z. B.:

- von pädagogisch-wissenschaftlichen Wertungen gekennzeichnete Prüfungsentscheidungen im Schul- und Hochschulbereich (Versetzung, Abitur, Abschlussprüfung im Studium), da sie auf der vom Gericht nicht nachvollziehbaren längeren Beobachtung des Schülers/Studenten bzw. auf der Einmaligkeit der nicht rekonstruierbaren Prüfungssituation beruhen (BVerwGE 57, 130).
- der dienstlichen Beurteilung von Beamten, Richtern und Soldaten, da es sich hier um sog. unvertretbare persönlichkeitsbezogene Werturteile handelt (z. B. dienstliche Eignung, Bewährung, Verfassungstreue eines Beamten; vgl. BVerfG DVBl. 1981, 1053 f.; BVerwG NVwZ–RR 1989, 420 f.).
- bei planerischen und prognostischen Entscheidungen (BVerwGE 64, 238 ff.; 80, 270 ff.).
- Entscheidungen wertender Art durch weisungsfreie, mit Sachverständigen oder Interessenvertretern besetzte Ausschüsse, z. B. Personalgutachterausschuss (BVerwGE 12, 20 ff.), im Bereich des Jugendschutzes die Bundesprüfstelle für jugendgefährdende Schriften (BVerfG NJW 1991, 1471; BVerwG NJW 1993, 1491; vgl. III-6.2.7).

In diesen Fällen beschränkt sich das VG darauf zu überprüfen, ob bei der Rechtsanwendung im konkreten Fall

- die Verwaltung von falschen Tatsachen oder einem unvollständigen Sachverhalt (z. B. wenn im Rahmen einer schriftlichen Prüfung nicht alle Seiten der Lösung bewertet worden sind, vgl. BVerwG DVBl 1998, 474) ausgegangen ist,

- die Verfahrensvorschriften eingehalten worden sind (beachte z. B. die besonderen Verfahrensvorschriften im Rahmen der Risikoabschätzung und der Hilfeplanung im Jugendhilferecht, insb. §§ 8a, 36 f. SGB VIII),
- sachfremde Erwägungen maßgebend waren oder der Gleichheitsgrundsatz verletzt wurde,
- allgemeingültige Bewertungsmaßstäbe (insb. der Verhältnismäßigkeitsgrundsatz, s. I-2.1.2.2) oder Beurteilungsrichtlinien nicht beachtet worden sind.

Beurteilungen und Stellungnahmen in der Sozialen Arbeit

In der Sozialen Arbeit sind häufig auf einer Anamnese und Diagnose bzw. Prognose beruhende Entscheidungen zu treffen, die ihrer Art nach auf einer besonders sorgfältigen Abwägung beruhen, z. B. welche Leistungen oder Maßnahmen im Hinblick auf das Kindeswohl geeignet und erforderlich sind und ihm am besten gerecht werden. Insoweit war es umstritten, ob der Jugendhilfe bei psychosozialen Diagnosen und Bewertungen ein Beurteilungsspielraum zusteht oder nicht. Teilweise wurde dies bejaht (VGH Mannheim NDV-RD 1997, 133 ff.; BVerwG ZfJ 2000, 31, 35 f.; OVG Koblenz ZfJ 2001, 23 ff.) mit Hinweis auf den Prognosecharakter der Entscheidung des JA. Zudem könne eine gerichtliche Entscheidung dem in § 36 SGB VIII verankerten kooperativen Interaktionsprozess zur Entscheidungsfindung unter Beteiligung aller Betroffenen und dem Zusammenwirken mehrerer Fachkräfte nicht Rechnung tragen (VGH BW NDV-RD 1997, 133, 134).

Die Einräumung von – gerichtlich nur eingeschränkt überprüfbaren – Beurteilungsspielräumen ist von der höchstrichterlichen Rechtsprechung aber auf Ausnahmefälle beschränkt worden. Nicht jede diagnostische, prognostische oder aus anderen Gründen spezifisch-fachliche Kompetenzen erfordernde Entscheidung führt zu einem Beurteilungsspielraum. Eine zu weitgehende Gewährung gerichtsfreier Beurteilungsspielräume wäre rechtsstaatlich bedenklich, da sie die Rechtsschutzgarantie des Art. 19 Abs. 4 GG unterliefe. Die Rechtsprechung des BVerfG (E 84, 34 ff.; 84, 59 ff.; 88, 40 ff.; BVerfG NVwZ 1992, 55; NJW 1993, 917) hat die Anerkennung von Beurteilungsspielräumen erheblich eingeschränkt und klargemacht, dass der Verwaltung auch bei besonderer fachlicher Kompetenz und bei komplexen fachlichen Einschätzungen grds. kein Beurteilungsspielraum zusteht (das sieht auch der EGMR – 13.07.2000 – 25735/94 – NJW 2001, 2315 nicht anders, vielmehr verweist auch dieser auf eine genaue Überprüfung durch das Gericht). Das BVerfG stellt den Grundrechtsschutz über die Erfordernisse der Verwaltungspraxis und gesteht der Fachverwaltung aufgrund ihrer Sachkunde keine Letztentscheidungskompetenz zu. Auch ein Gericht kann sich ggf. durch einen Sachverständigen die erforderliche Sachkunde aneignen. Für die Anerkennung eines Bewertungsvorrechts wäre Voraussetzung, dass es sich um eine derart komplexe Einschätzung handelt und eine gerichtliche Überprüfung an ihre Funktionsgrenzen stoßen würde (BVerfGE 84, 34 ff., 59 ff.). Dies ist bei der Prüfung der Voraussetzungen des § 27 SGB VIII nicht der Fall. Zudem würde es dem Sinn des Verfahrens nach § 36 SGB VIII, den Beteiligten möglichst umfangreiche Rechte einzuräumen, zuwiderlaufen, ihnen unter Berufung auf eben diese Verfahrensvorschriften den effektiven Rechtsschutz zu verkürzen. Das bedeutet im Ergebnis, dass auch bei den Tatbestandsvoraussetzungen des **§ 27 SGB VIII nicht** von einem **Beurteilungsspielraum** des JA ausgegangen werden kann, sondern dessen Auslegung von den VG voll überprüft wird (s. III-3.3.4.1; ausführlich Münder et al. 2013, § 27 Rz. 56 f.; a. A. OVG NW 11.10.2013 – 12 A 1590 – JAmt 2014, 90). Die Überprüfung bezieht sich sowohl auf den erzieherischen Bedarf als auch auf die geeignete und erforderliche Hilfe. Das Gleiche gilt für die Definition und Feststellung der Kindeswohlgefahr, z. B. im Hinblick auf die Interventionen nach **§ 8a Abs. 1 S. 1 SGB VIII** oder die Voraussetzungen und damit Rechtmäßigkeit der Inobhutnahme nach § 42 Abs. 1 Nr. 2 SGB VIII. Etwas anderes ist die dem JA in § 8a Abs. 1 S. 3 SGB VIII ausdrücklich zugewiesene Einschätzungsbefugnis (Beurteilungsspielraum), ob es bei Vorliegen einer kindeswohlgefährdenden Situation erforderlich ist, das FamG anzurufen. Aufgrund der Überlegenheit des dialogischen Prozesses unter Einbeziehung insb. der Eltern für einen nachhaltigen Schutz von Kindern hat der Gesetzgeber es den Fachkräften (§ 72 SGB VIII) des JA übertragen, zunächst mit ihren Mitteln die Bereitschaft und/oder Fähigkeit der Eltern zur Abwendung der kindeswohlgefährdenden Situation zu wecken und zu fördern. Nur wenn dies nicht ausreicht, das JA keinen Zugang zu den Eltern gewinnen kann, diese keine Bereitschaft oder Fähigkeit zur Mitwirkung erkennen lassen und sämtliche geeigneten und erforderlichen Angebote ablehnen, so dass die kindeswohlgefährdende Situation des Kindes nicht abgewendet werden kann, muss das JA das FamG anrufen, damit dieses die ggf. notwendigen personenrechtlichen Entscheidungen treffen kann. Diese Klarstellung ist wegen der den Mitarbeitern des JA drohenden zivil- wie strafrechtlichen Haftung (vgl. I-4 u. IV-2.2.2) bei einer fehlerhaften Einschätzung erforderlich. Im Übrigen ist zu beachten, dass es sich bei der Anrufung des FamG wie auch bei den sonstigen Stellungnahmen des JA im Rahmen seiner Mitwirkung im gerichtlichen Verfahren nicht um einen Antrag (z. B. auf Entzug der elterlichen Sorge oder auf Verhängung einer Maßnahme) oder um eine selbstständig anfechtbare Entscheidung (Verwaltungsakt; hierzu III-1.3.1) handelt (s. III-3.2.2). Diese nimmt erst das FamG aufgrund einer von ihm selbst vorgenommenen Prüfung der Voraussetzungen, z. B. des § 1666 BGB, vor. Die uneingeschränkte Überprüfung der (ggf. fehlerhaften) Auslegung des JA findet aber im Rahmen der verwaltungsinternen Kontrolle durch Vorgesetzte bzw. übergeordnete Verwaltungsinstanzen (z. B. im Rahmen des Widerspruchverfahrens, s. u. I-5.2.1) statt (BVerwG DVBl 1979, 424 ff.; DÖV 1979, 791 ff.).

3.4 Rechtsfolgenentscheidung

3.4.1 Gebundene Verwaltung und Ermessensspielräume

Sind die Voraussetzungen der Rechtsnorm auf der Tatbestandsseite erfüllt („Wenn …"), so sehen sog. vollständige Rechtsnormen eine Rechtsfolge („dann …") vor. In manchen Fällen wird der Verwaltung die Rechtsfolge konkret vorgeschrieben. In diesen Fällen spricht man von gebundener Verwaltung:

gebundene Verwaltung

- es ergibt sich aus §§ 62, 66 EStG, dass Eltern Anspruch auf Kindergeld in Höhe von 184 € monatlich für ihr erstes Kind haben;

- aus § 27 Abs. 1 SGB VIII folgt, dass Personensorgeberechtigte einen Anspruch auf die geeignete und erforderliche Erziehungshilfe haben;
- nach § 42 Abs. 1 Nr. 1 SGB VIII ist das JA zur Inobhutnahme verpflichtet;
- nach § 19 Abs. 1 S. 1 SGB XII ist Hilfe zum Lebensunterhalt zu gewähren, wenn …

Anspruch Man spricht in diesen Fällen davon, dass der Bürger ein **subjektiv-öffentliches Recht**, d. h. einen Anspruch gegen den öffentlichen Träger auf die begehrte Leistung hat. Wenn die im Tatbestand genannten Leistungsvoraussetzungen tatsächlich vorliegen, muss die Leistung in diesen Fällen gewährt werden. Ein Fall gebundener Verwaltungsentscheidung liegt aber auch in den Fällen vor, in denen die Behörden eine Maßnahme ggf. auch zulasten des Bürgers ergreifen müssen, z. B. muss die Führerscheinbehörde im Fall des § 4 Abs. 1 StVG die Fahrerlaubnis entziehen. Nach § 87 Abs. 1 SGB XII *ist* der Einsatz eigenen, über der Einkommensgrenze liegenden Einkommens im angemessenen Umfang zuzumuten.

Muss-Regelung Im Hinblick auf den Grad der Verwaltungsbindung unterscheidet man zwischen „Muss"- und „Soll"-Bestimmungen. Bei „**Muss-Bestimmungen**" hat die Verwaltung keinen Entscheidungsspielraum, die angegebene Rechtsfolge ist zwingend. Dieser Verpflichtungsgrad ergibt sich aus den Formulierungen der Rechtsnorm, wie „die Behörde muss …", „es ist zu …", „hat zu erfolgen", „darf nicht". Auch die Formulierung, dass jemand „einen Anspruch auf" ein bestimmtes Handeln hat, ist ein Fall der zwingend-gebundenen Verwaltung. Beispiele für „Muss"-Bestimmungen: §§ 17 Abs. 1, 18 Abs. 1, 24 Abs. 1 – 3, 27 Abs. 1, 52 Abs. 1 und 2 SGB VIII; §§ 11 Abs. 5 S. 1, 17 Abs. 1, 23 Abs. 1 S. 3 SGB XII.

Soll-Regelung Bei „**Soll-Bestimmungen**" (Formulierungen wie „die Behörde soll …", „hat in der Regel", „grds. ist") ist die Verwaltung im Regelfall an die vorgesehene Rechtsfolge gebunden (z. B. §§ 5 Abs. 2 S. 1, 16 Abs. 1, 19 Abs. 1 S. 1, 20 Abs. 1 S. 1, 52 Abs. 3 SGB VIII; §§ 9 Abs. 2, 12 S. 1, 15 Abs. 1 SGB XII). Abweichungen sind nur im Ausnahmefall zulässig, d. h. bei Vorliegen besonderer atypischer Umstände. Diese atypischen Umstände müssen sich auf den Zweck der Regelung beziehen. Ausgeschlossen sind hier finanzielle Überlegungen, insb. ist die Finanzknappheit der Haushalte kommunaler oder sonstiger Sozialleistungsträger kein atypischer Grund, der einem Leistungsanspruch entgegenstehen könnte.

Ansprüche auf Sozialleistungen entstehen nach § 40 SGB I, sobald ihre im Gesetz oder aufgrund eines Gesetzes bestimmten Voraussetzungen vorliegen. Nach § 38 SGB I besteht auf Sozialleistungen ein Anspruch, soweit nicht nach den besonderen Teilen des SGB die Leistungsträger ermächtigt sind, bei der Entscheidung über die Leistung nach ihrem Ermessen zu handeln.

Ermessen Der Gesetzgeber kann die Verwaltung – anstatt ihr zwingend eine Rechtsfolge vorzuschreiben – auch ermächtigen (berechtigen und verpflichten), bei Erfüllung des Tatbestands innerhalb eines gewissen Handlungsspielraums die **zweckmäßigste** Regelung zu treffen. Diesen Entscheidungsspielraum nennt man Ermessen, das entsprechende Behördenhandeln Ermessensverwaltung. Der Grund für die Einräumung solcher Handlungsspielräume ist, dass der Gesetzgeber angesichts der Kompliziertheit und Unvorhersehbarkeit der Lebensverhältnisse nicht alle erforderlichen und angemessenen Rechtsfolgen vorherbestimmen kann und daher der Verwaltung die Möglichkeit einräumt, innerhalb bestimmter Grenzen flexibel auf die konkrete Situation zu reagieren. Zu unterscheiden ist dieses Verwaltungsermessen von den (politischen) Entscheidungsspielräumen der Exekutive beim Erlass von Rechtsverordnungen und Satzungen.

Das Ermessen kann sich darauf beziehen, ob die Verwaltung überhaupt tätig werden soll (Entschließungsermessen), oder auch darauf, welche von mehreren rechtlich zulässigen Maßnahmen sie ergreifen und wer Adressat einer Verfügung sein soll (Auswahlermessen hinsichtlich des Mittels und des Adressaten). Rücknahme und Widerruf eines Verwaltungsaktes nach §§ 45 Abs. 1, 46 SGB X sind Fälle reinen Entschließungsermessens; bei der Festsetzung von Gebühren handelt es sich häufig um Auswahlermessen hinsichtlich der Höhe des Betrages innerhalb des gesetzlich vorgesehenen Rahmens; die Erteilung von Auflagen, z. B. im Hinblick auf eine Betriebserlaubnis (§ 45 Abs. 2 SGB VIII), ist ein Fall der Ausübung von Entschließungsermessen und gleichzeitig von Auswahlermessen hinsichtlich der konkreten Auflagen.

Das der Verwaltung eingeräumte Ermessen betrifft immer **nur** die **Rechtsfolge** einer Rechtsnorm und ist daher stets nur Rechtsfolgeermessen (sog. volitives Ermessen); es kann und darf sich nie auf die Tatbestandsseite der Vorschrift beziehen. Ein Ermessen auf der Tatbestandsseite (sog. kognitives Ermessen) würde die verfassungsrechtlich gebotene Schutz- und Garantiefunktion des gesetzlichen Tatbestandes zerstören. Vom Ermessen zu unterscheiden ist der äußerst selten eingeräumte Beurteilungsspielraum der Verwaltung im Rahmen der Auslegung unbestimmter Rechtsbegriffe (vgl. I-3.3.3 sowie Übersicht 14). Rechtsmethodisch folgt daraus, dass bei der Anwendung einer Vorschrift das Ermessen erst dann ausgeübt werden darf, wenn alle Tatbestandsmerkmale der betreffenden Vorschrift geprüft und bejaht worden sind. Es ist z. B. falsch, bei der Anwendung von § 42 SGB VIII zu prüfen, ob die Unterbringung eines Kindes in einer Einrichtung unverhältnismäßig ist, bevor man nicht festgestellt hat, ob überhaupt ein Rechtsgrund für eine solche Schutzmaßnahme (z. B. Gefahr für das Wohl des Kindes) vorliegt.

Ob der Verwaltung Ermessen eingeräumt ist, kann man an den Formulierungen auf der Rechtsfolgenseite der Norm erkennen. Nicht immer wird der Begriff „Ermessen" gebraucht (so aber z. B. in § 2 Abs. 2 SGB I; § 74 Abs. 3 S. 1 SGB VIII; §§ 17 Abs. 2 S. 1, 52 Abs. 1 S. 2 SGB XII). Ausdrücke wie „die Behörde kann …", „darf …", „ist befugt …" oder „ist ermächtigt …" sind ebenso Anzeichen für die Einräumung von Ermessen. Das Gleiche gilt, wenn Maßnahmen für „zulässig" erklärt werden. Man spricht hier auch von sog. **Kann-Bestimmungen**, Beispiele: §§ 15 Abs. 2, 16 Abs. 1 S. 2 SGB II; §§ 11 Abs. 5 S. 4, 23 Abs. 1 S. 3 SGB XII; §§ 13 Abs. 3 S. 1, 19 Abs. 1 S. 3, 32 S. 2 SGB VIII.

Kann-Bestimmung

Gelegentlich werden Muss- und Kann-Regelungen innerhalb einer Vorschrift kombiniert. So regelt z. B. § 21 SGB VIII den Rechtsanspruch auf Beratung und Unterstützung und räumt der Verwaltung im Hinblick auf die Übernahme der Kosten der Unterbringung in einer geeigneten Wohnform ein Ermessen ein.

3.4.2 Die Rechtmäßigkeit der Ermessensausübung

Während bei der Auslegung unbestimmter Rechtsbegriffe rechtsdogmatisch nur eine Definition maßgebend sein darf (s. o. I-3.3.2) und es in den Fällen der gebundenen Verwaltung immer nur eine zulässige Entscheidung geben kann und dies von den Gerichten unbeschränkt geprüft wird, ist das in den Fällen der Ermessensverwaltung anders. Hier können grds. mehrere im Rahmen des Ermessensspielraumes liegende Handlungsalternativen rechtmäßig sein (z. B. bei einer Gebühr im gesetzlich vorgegebenen Rahmen von 100 € bis 500 € jeder innerhalb dieser Grenze liegende Betrag). Aus diesem Kreis der rechtmäßigen Alternativen hat die Verwaltung die im Einzelfall **zweckmäßigste** Rechtsfolge auszuwählen. Das Ermessen darf nicht beliebig, „frei" und willkürlich ausgeübt werden. Vielmehr muss es stets **pflichtgemäß** vorgenommen werden; hierauf hat der Bürger einen Rechtsanspruch (§ 39 Abs. 1 S. 2 SGB I). Das bedeutet zunächst im Hinblick auf die Zweckmäßigkeit, dass nicht die persönliche Meinung desjenigen, der die Norm anzuwenden hat, relevant ist, sondern es allein auf den gesetzlich mit der Rechtsnorm verfolgten Zweck ankommt (vgl. § 39 Abs. 1 S. 1 SGB I, § 40 VwVfG). Wie dieser gesetzliche Zweck erfüllt werden kann, darf wiederum nicht von den individuellen Kompetenzen des Einzelnen abhängen, maßgebend sind die jeweiligen fachlichen Kriterien. **Fachliche Standards** (vgl. Jordan, ZfJ 2001, 48 ff.; Merchel 1998) sind deshalb nicht erst im Zusammenhang von Haftungsfragen (zur sog. Garantenstellung von Sozialarbeitern s. IV-2.2) zu entwickeln, sondern Orientierung und Richtschnur bei der alltäglichen Ermessensentscheidung (vgl. auch das sog. Fachkräfteprivileg, § 72 SGB VIII, § 6 Abs. 1 SGB XII).

pflichtgemäßes Ermessen

Darüber hinaus müssen bei Ermessensentscheidungen die allgemeinen Rechtsgrundsätze und verfassungsrechtlichen Wertentscheidungen beachtet werden, im Rahmen der öffentlich-rechtlichen Ermessensverwaltung insb. die Grundrechte, das Gleichheitsgebot des Art. 3 GG (s. I-2.1.2.4), das Verhältnismäßigkeitsprinzip (s. I-2.1.2.2) und das Gebot der sachgerechten Abwägung widerstreitender Interessen. Die **Pflichtgebundenheit der Ermessensausübung** kommt als allgemeiner Grundsatz des Verwaltungshandelns ausdrücklich in **§ 39 SGB I**, § 40 VwVfG zum Ausdruck, nach denen die Behörden nicht nur verpflichtet sind, das Ermessen entsprechend dem **Zweck** der gesetzlichen Ermächtigung auszuüben, sondern auch die gesetzlichen **Grenzen des Ermessens** einzuhalten. Im Rahmen der Rechtskontrolle überprüfen die Gerichte nur die Einhaltung dieser Schranken (vgl. § 114 VwGO). Man unterscheidet rechtsmethodisch folgende Fehler, die zur Rechtswidrigkeit der Ermessensausübung führen:

Ermessensfehler

- **Ermessensüberschreitung**: Die Ermessensentscheidung liegt nicht mehr innerhalb des gesetzlich eingeräumten Rahmens, die Grenzen des Ermessens sind überschritten.
  Bsp.: Eine Verwaltung kann aufgrund der gesetzlichen Ermächtigung eine Gebühr in Höhe von 30 € bis 60 € festsetzen, sie setzt aber 20 € oder 70 € fest. In beiden Fällen ist der Ermessensrahmen überschritten, einmal nach unten, einmal nach oben hin.

Übersicht 14: Unbestimmter Rechtsbegriff, Beurteilungsspielraum und Ermessen

Die Begriffe „Ermessen", „Beurteilungsspielraum" und „unbestimmter Rechtsbegriff" werden häufig verwechselt. Dabei wird nicht berücksichtigt, dass diese Begriffe funktional zwei verschiedenen Gegensatzpaaren angehören. Zu unterscheiden sind:

- das Gegensatzpaar „bestimmter/unbestimmter Rechtsbegriff", dem auch die Fälle des Beurteilungsspielraums (als Sonderfälle des unbestimmten Rechtsbegriffs) zuzurechnen sind,
- das Gegensatzpaar „gebundene Verwaltung/Ermessensverwaltung".

Bei *unbestimmten Rechtsbegriffen* stellt sich die Frage nach Inhalt und Grenzen einzelner Tatbestandselemente, die durch **Auslegung** näher bestimmt werden müssen. Das *Ermessen* betrifft die Frage, ob die Verwaltung bei Erfüllung des gesetzlichen Tatbestandes im Hinblick auf die Rechtsfolge einen gewissen, gerichtlich nur eingeschränkt nachprüfbaren **Handlungsspielraum** hat.

Unbestimmter Rechtsbegriff	Ermessen
1. findet sich in fast allen Vorschriften des Öffentlichen und privaten Rechts;	wird i.d.R. nur der öffentlichen Verwaltung eingeräumt; der Begriff wird i.d.R. nicht bei Privatpersonen verwendet (Ausnahme: §§ 315, 317 BGB), diese können im Rahmen der Gesetze frei entscheiden;
2. findet sich häufig auf der Tatbestandsseite einer Rechtsnorm, kann aber ggf. auch auf der Rechtsfolgenseite vorkommen;	findet sich nur auf der Rechtsfolgenseite; Ermessen auf der Tatbestandsseite wäre mit rechtsstaatlichen Prinzipien unvereinbar (Schutz- und Garantiefunktion des gesetzlichen Tatbestandes);
3. ist erkennbar an Formulierungen mit nicht eindeutigem Inhalt (z.B. Angemessenheit, erforderlich, Zuverlässigkeit, Gemeinwohl, Sicherheit und Ordnung, Gefahr);	ist erkennbar an Formulierungen wie „kann", „darf", „ist befugt" (sog. „Kann-Bestimmungen" im Unterschied zu „Soll- und Muss-Bestimmungen" bei den Fällen der gebundenen Verwaltung);
4. Unbestimmte Rechtsbegriffe erlauben nur eine richtige (rechtmäßige) Auslegung, die der uneingeschränkten richterlichen Nachprüfung unterliegt; wichtig: Begründung! **Ausnahme** sind jedoch die unbestimmten Rechtsbegriffe mit **Beurteilungsspielraum** (grundsätzlich nur bei Prüfungsentscheidungen, Beamtenbeurteilungen und wertenden Entscheidungen pluralistischer Gremien), die nur einer eingeschränkten richterlichen Überprüfung auf bestimmte Beurteilungsfehler unterliegen (insbesondere wenn von falschen Tatsachen ausgegangen wurde, sachfremde Erwägungen maßgebend waren oder wegen Verletzung des Gleichheitsgrundsatzes).	Die Ermessenseinräumung erlaubt grundsätzlich (unter Beachtung des Gleichheits-, Sozialstaats- und Verhältnismäßigkeitsgebot) mehrere rechtmäßige Handlungsalternativen; wobei die Verwaltung die zweckmäßigste auszuwählen hat. Die Ausübung des Ermessens durch die Verwaltung unterliegt nur der eingeschränkten richterlichen Nachprüfung (§ 114 VwGO) auf Ermessensfehler (Ermessensüberschreitung, Ermessensnichtgebrauch, Ermessensmissbrauch), wohl aber der vollständigen Überprüfung der Recht- und Zweckmäßigkeit durch übergeordnete Verwaltungsinstanzen (deshalb auch hier wichtig: Begründung!).
5. Soweit überhaupt ein Beurteilungsspielraum anerkannt wird, ist dieser sehr eng, wenn besonders wichtige Rechtsgüter (insbes. Leben, Gesundheit) betroffen sind.	Sog. „Ermessensschrumpfung" (-reduzierung) auf Null liegt vor, wenn im Einzelfall im Hinblick auf besonders wichtige Rechtsgüter (insbes. Leben, Gesundheit) nur eine einzige Entscheidung als rechtmäßig angesehen werden kann.

- **Ermessensmangel**, auch Ermessensnichtgebrauch oder Ermessensunterschreitung genannt: Hierbei findet eine den gesetzlichen Vorgaben entsprechende Ausübung des Ermessens (überhaupt) nicht statt. Es mangelt an einer sachgemäßen Ermessensbetätigung.
  Bsp.: Ein Beamter wägt bei dem oben gegebenen Ermessensspielraum (30 € bis 60 €) entweder überhaupt nicht oder nur teilweise ab, weil er (ggf. aufgrund einer Verwaltungsvorschrift) fälschlicherweise meint, nur Gebühren in Höhe von 45 € auferlegen zu dürfen. Hier fehlt es an einer den Ermessensspielraum ausschöpfenden Pro- und Contra-Abwägung.
- **Ermessensmissbrauch**, auch als Ermessensfehlgebrauch bezeichnet, der insb. dann gegeben ist, wenn die Behörde von dem Ermessen nicht in einer dem Zweck der gesetzlichen Ermächtigung entsprechenden Weise Gebrauch gemacht oder sonstige rechtsstaatliche Grundsätze bei der Ermessensausübung missachtet hat, z. B. sachwidrige Kriterien angewendet hat.
  Bsp.: Der Beamte ermäßigt die festzulegende Gebühr um die Hälfte, weil der Betroffene Angehöriger der Regierungspartei, ein Verwandter oder Freund ist oder weil er selbst an dem Tag einfach gut gelaunt ist. Der Ermessensmissbrauch umfasst alle Fälle, in denen sachfremde, d. h. normativ irrelevante Gesichtspunkte (vgl. insb. Art. 3 Abs. 3 GG) in die Ermessensentscheidung einfließen.

Begründungspflicht

Damit der Bürger als Adressat einer Verwaltungsentscheidung überprüfen kann, wie das Ermessen ausgeübt worden ist und ob die Grenzen der Ermessensbetätigung eingehalten worden sind, verpflichten § 35 Abs. 1 SGB X/§ 39 Abs. 1 VwVfG die Verwaltung im Hinblick auf Ermessensentscheidungen ausdrücklich dazu, im Rahmen der ohnehin notwendigen **Begründung** eines (schriftlichen) Verwaltungsaktes die entscheidungsrelevanten Gesichtspunkte und damit die vorgenommene Abwägung transparent darzulegen.

Ermessensschrumpfung

Vom Grundsatz, dass im Rahmen der Ermessensbetätigung mehrere rechtmäßige Alternativen möglich sind, gibt es eine Ausnahme. In besonderen Fällen kann der Ermessensspielraum der Behörde derart schrumpfen, dass nur noch eine Handlungsalternative infrage kommt. Man spricht in diesem Fall von einer „**Ermessensschrumpfung auf Null**". Ein solcher Fall liegt insb. bei einer erheblichen Gefährdung wesentlicher Rechtsgüter, vor allem Leben und Gesundheit, vor.

Nach § 42 Abs. 1 Nr. 2 SGB VIII ist das JA bei einer dringenden Gefahr für das Wohl des Minderjährigen zu einer Inobhutnahme des Minderjährigen (s. III-3.4.1) verpflichtet. Freiheitsentziehende Maßnahmen im Rahmen der Inobhutnahme sind nach § 42 Abs. 5 SGB VIII (nur) zulässig, wenn und soweit sie erforderlich sind, um eine Gefahr für Leib und Leben des Kindes oder des Jugendlichen oder eine Gefahr für Leib oder Leben Dritter abzuwenden. Kann aber die Lebensgefahr nicht anders als durch den vorläufigen Freiheitsentzug abgewendet werden, dann muss dieser vorgenommen werden. Ist die Jugendhilfe allerdings in der Lage, für das Wohl des Kindes oder des Jugendlichen auch in diesen außergewöhnlichen, extremen Situationen, ohne Einschließen durch „offene" Angebote, z. B. durch eine (personal)intensive, sozialpädagogische Einzelbetreuung („Menschen statt Mauern") zu sorgen, dann ist die geschlossene Unterbringung auch nicht erforderlich und damit unzulässig. Das JA hat differenziert und substantiiert zu **begründen**, warum Alternativen zur geschlossenen Unterbringung nicht ausreichen, nicht vorliegen oder geschaffen werden können.

Von der Rechtmäßig- bzw. Rechtswidrigkeit einer Ermessensentscheidung ist deren Zweckmäßig- bzw. -widrigkeit zu unterscheiden. Während die Sozial- und Verwaltungsgerichte nach **§ 54 Abs. 2 SGG/§ 114 VwGO** nur die Einhaltung der Ermessensschranken nachprüfen, sind sie nicht zur Überprüfung befugt, ob die getroffene Ermessensentscheidung unter den gegebenen, rechtlich zulässigen Handlungsalternativen auch die zweckmäßigste war. Zur uneingeschränkten Überprüfung auch der Zweckmäßigkeit einer Entscheidung sind vielmehr die übergeordneten Verwaltungsinstanzen berufen, aufgrund ihres Aufsichts- und Weisungsrechts insb. im Rahmen eines Widerspruchverfahrens (vgl. § 68 Abs. 1 S. 1 VwGO: Recht- und Zweckmäßigkeit; vgl. I-5.2.1).

gerichtliche Kontrolle

3.5 Rechtsanwendung zwischen Logik und Interessenabwägung

Nach der vor allem im 19. Jahrhundert praktizierten, von ihren Gegnern abwertend als Begriffsjurisprudenz bezeichneten Rechtsdogmatik war man der Überzeugung, dass man jeden Fall rein begrifflich-logisch lösen könne. Die Jurisprudenz wurde überhöht gar als „Mathematik des Rechts" (Rudolf v. Ihring 1865) bezeichnet. Wenn allerdings eine Auslegung nicht nur streng systematisch, sondern auch nach dem Sinn und Zweck der Norm vorgenommen wird, kann das Auslegungsergebnis nicht zwingend-logisch, sondern muss notwendig intentional und interessengerichtet sein. Auch die Analogie und der Umkehrschluss sind als gedankliche Schlüsse nicht zwingend-logisch, sondern nur mit Blick auf den Sinn und Zweck der Rechtsnormen verständlich zu machen. Im Rahmen der Abwägung geht es deshalb nicht nur um rein begrifflich-logische Ableitungen (Deduktionen) und Verknüpfungen, sondern gleichzeitig um wertende Entscheidungen (sog. Wertungsjurisprudenz). Das ist freilich wieder das Einfallstor für Sitte, Moral und Ideologien sowie partikulare Interessen (deshalb spricht man auch von **Interessenjurisprudenz**). Die sog. Freirechtsschule löste sich nahezu völlig von dem begrifflich-rechtssystematischen Denken und wollte die Rechtsfindung dem intuitiven Gerechtigkeitsempfinden des einzelnen Richters überlassen. Freilich verliert damit das Recht seine überindividuelle, gesellschaftliche Orientierungsfunktion und öffnet der **Willkür** Tür und Tor. „Im Auslegen seid frisch und munter! Legt ihr's nicht aus, so legt was unter", eine bissige Kritik, die der Jurist Johann Wolfgang von Goethe in „Zahme Xenien II" an die Adresse seiner Zunft richtete. Die Rechtsgeschichte ist voll von Beispielen, die zeigen, welche schlimmen Interpretationen Rechtsbegriffen untergeschoben wurden und wie grobes Unrecht als Recht „im Namen des Volkes" verkündet wurde. In der deutschen Rechtsdogmatik der Gegenwart hat die Freirechtsschule deshalb keinen Widerhall mehr, während im Case-Law-Rechtssystem angelsächsischer Prägung der einzelne Richter weitaus größere Interpretationsspielräume besitzt. Andererseits hat man erkannt, dass

Rechtsbegriffe nur vermeintlich logisch-deduktiv zu klären sind, Rechtsnormen vielmehr die Aufgabe haben, typische Konflikt- und Interessenlagen zu regeln und deshalb innerhalb der Rechtsordnung einen spezifischen Zweck erfüllen sollen. Die Interessenjurisprudenz heutiger Prägung lehnt deshalb ein reines, die konkreten Folgen ignorierendes Operieren mit Begrifflichkeiten ab, ohne aber auf systematisch-logische Überlegungen völlig zu verzichten. Auch bei der Gesetzesanwendung sind die in der Rechtsnorm offenbar werdenden Interessen und Folgen zu berücksichtigen. Wenn man Recht nicht nur abstrakt versteht, sondern seine **soziale Funktion** erkennt, wird man dies offenlegen und damit umgehen (lernen) müssen. Um den Einfluss von Willkür so gering wie möglich zu halten und für die Bürger ein Mindestmaß an Rechtssicherheit zu garantieren, ist es von entscheidender Bedeutung, dass bei der Anwendung von Rechtsnormen die grundlegenden Wertentscheidungen der Verfassung, des Grundgesetzes, berücksichtigt werden, hinter die keine Auslegung zurückfallen darf.

Rechtswissenschaft und Rechtsanwendung sind also keine „exakten" oder gar „objektiven" Wissenschaften oder Methoden. Freilich gilt das auch für andere Fachrichtungen, Objektivität ist stets vermeintlich und selbst in der Mathematik und Physik hat man von dieser Vorstellung zugunsten einer subjektiv-konstruktivistischen Betrachtungsweise Abstand genommen. Rechtsdogmatik, die „Kunst" und Lehre der Anwendung des geltenden Rechts, insb. im Umgang mit den Rechtsbegriffen, muss aber zumindest auf intersubjektiv überprüfbaren Kriterien basieren. Rechtsanwendung benötigt – wie jede andere Fachdisziplin – spezifische „Regeln der Kunst" und fachliche **Standards**, Grundsätze für den Umgang mit Rechtsbegriffen und letztlich die entsprechende Fertigkeit, diese anzuwenden. So ist z. B. bei der Auslegung zu beachten, dass sie auch im Rahmen der Fallprüfung abstrakt erfolgen muss, d. h. unabhängig vom jeweiligen Sachverhalt (unabhängig z. B. von den handelnden Personen, auf die die Rechtsnorm angewandt werden soll), da ansonsten der Gleichbehandlungsgrundsatz verletzt werden würde. Das Gebot der Rechtssicherheit erfordert es, dass der Normadressat im Vorfeld weiß, was von ihm erwartet wird. Verhaltensgebote müssen deshalb klar und berechenbar sein. Das Rechtsstaatsgebot verlangt, dass (zumindest rechtsdogmatisch) am Ende nur ein Auslegungsergebnis rechtlich relevant, insofern also nur eines „richtig" sein kann. Dieser Widerspruch ist letztlich nur durch ein **transparentes Kontrollverfahren** aufzulösen. Im Rechtsstaat wird deshalb Legitimation vor allem durch das gewählte Verfahren, also durch ein Set von Regeln, **wie** man zu einem Ergebnis kommt, hergestellt (vgl. Luhmann 2006). Dies gilt für die Genese der Rechtsnormen und die Anwendung der Gesetze ebenso wie für die Rechtskontrolle. In der Bundesrepublik Deutschland ist die Kontrolle über die richtige Anwendung der Rechtsnormen den Gerichten übertragen. Zwar gibt es auch verwaltungsinterne Kontrollmechanismen (hierzu I-5.2.1), letztlich unterliegt aber die Auslegung unbestimmter Rechtsbegriffe durch die Sozialverwaltung in aller Regel der **vollen richterlichen Überprüfung**. Hier gibt es – anders als bei manchen Rechtsfolgeentscheidungen („Ermessen") – grds. keinen Interpretationsspielraum der Exekutive.

Freilich haben auch Richter ihre Vorverständnisse, sie sind zwar institutionell-rechtlich unabhängig (Art. 97 Abs. 1 GG), als Menschen allerdings beeinflussbar.

Aufgrund unterschiedlicher Vorverständnisse wird der eine eher einer „konservativ-restriktiven", der andere eher einer „progressiv-weiten" Auslegung folgen. Das lässt sich weder verhindern noch ist es besonders schlimm, wenn wenigstens das Verfahren transparent ist und einer öffentlichen Kontrolle unterliegt. Dabei spielen nicht nur die Gerichte eine Rolle, sondern auch die wissenschaftliche Diskussion, die sich in der Fachliteratur, in Kommentaren und Aufsätzen und anderen Fachforen artikuliert und die auf die Rechtsprechung Einfluss nimmt. In dieser oft heftigen Diskussion bilden sich die Meinungen über die Anwendung der Rechtsnormen heraus, es bilden sich Mehrheits- oder „herrschende" Meinungen (sog. h. M., gelegentlich als „Meinung der Herrschenden" diskreditiert) und andere Ansichten (a. A.). Von entscheidender Bedeutung ist neben der höchstrichterlichen Rechtsprechung die im Rahmen der Auslegung gelieferte **Begründung**. Grds. müssen Gerichtsentscheidungen (§ 38 Abs. 3 FamFG, § 313 Abs. 1 Nr. 6 u. Abs. 3 ZPO, § 54 JGG, § 267 StPO, § 117 Abs. 2 Nr. 5 VwGO) und hoheitliche Entscheidungen der Behörden (§ 35 SGB X) begründet werden. Hierbei sind vor allem die tragenden Argumente schlüssig und nachvollziehbar darzulegen. Ungeachtet aller Hierarchien und Machtungleichgewichte sollte deshalb die Kraft des Wortes, des überzeugend stringenten und „vernünftigen" Arguments nicht unterschätzt und das Ausdiskutieren, die Debatte strittiger Themen zumindest während des Studiums geübt werden.

herrschende Meinung

3.6 Subsumtion und Stufen der Rechtskonkretisierung

Im Alltag neigt man im Rahmen von Problemlösungen häufig dazu, dem Verlauf der tatsächlichen Geschehnisse folgend chronologisch vorzugehen. Klärungsprozesse in der Sozialen Arbeit beruhen zumeist auf einem zirkulär-prozesshaften Denken. Aus juristischer Sicht hat dies den Nachteil, dass man sich schnell in den Einzelheiten einer Fallgestaltung verliert, sich (häufig zu Recht, aber im Hinblick auf die Fallfrage nicht zielführend) über die Geschehnisse empört und die gestellte Aufgabe, die Lösung der **Fallfrage**, aus dem Auge verliert. Dieses auf die Fallfrage beschränkte Denken in binären Strukturen (etwas ist gegeben oder nicht gegeben) wird Juristen gelegentlich als Schwarz-Weiß-Denken vorgeworfen, welches die vielfältig grauen oder bunten Schattierungen des Lebens nicht abbilden könne (instruktiv sind die „Empfehlungen für Sozialarbeiter im Umgang mit Strafjuristen" von Ed Watzke [1997, 79 ff.], die allerdings nur diejenigen gewinnbringend lesen, die auch seine „Empfehlungen für Strafjuristen im Umgang mit Sozialarbeitern" ertragen). Dieser Vorwurf trifft freilich nur dann zu, wenn die spezifische juristische Arbeitsmethodik verwechselt wird mit der der rechtlichen Bewertung vorausgehenden (eingeschränkten) Wahrnehmung der sozialen und gesellschaftlichen Realitäten. Unterscheiden muss man zudem zwischen Rechtsdogmatik als der Anwendung des geltenden Rechts und Rechtspolitik im Sinne rechtsverändernder Aktivitäten.

Im Unterschied zur sozialpädagogisch-chronologischen Vorgehensweise ist für die juristische Arbeitsmethodik eine systematische Bearbeitung der Fragestellungen kennzeichnend, die nicht von den tatsächlichen Geschehnissen, sondern von den normativen Verhaltensanweisungen, also von Rechtsnormen ausgeht. Die konkrete Anwendung des geltenden Gesetzes auf einen Einzelfall nennt man **Subsumtion**. Bei diesem Denkvorgang handelt es sich um einen juristischen Syllogismus, der sich in den drei Stufen „Obersatz-Untersatz-Schlussfolgerung" deduktiv (d.h. vom Allgemeinen zum Besonderen) vollzieht, wobei Ober- und Untersatz durch denselben Mittelbegriff verknüpft sind. Die abstrakt-generelle Regelung, die Rechtsnorm, stellt insoweit den **Obersatz** dar (z.B. § 212 StGB: „Wer einen anderen Menschen – ohne Rechtfertigung und schuldhaft – tötet, wird als Totschläger bestraft"). Der **Untersatz** beschreibt den konkreten Einzelfall (z.B. „A ersticht den B, ohne dass er von diesem angegriffen wurde."). Es werden sodann die Elemente des Sachverhalts mit denen der Rechtsnorm verglichen. Durch die Verknüpfung von Ober- und Untersatz („B ist ein Mensch. Diesen hat der A wissentlich und willentlich (= vorsätzlich) und ohne Notwehr oder eine sonstige Rechtfertigung getötet. Anzeichen, dass A. nicht voll schuldfähig ist, liegen nicht vor.") kann der Rechtsanwender daraufhin eine **Schlussfolgerung** ziehen (hier: A hat den B vorsätzlich, rechtswidrig und schuldhaft getötet, damit einen Totschlag begangen – also wird A wegen Totschlags bestraft). Unter Subsumtion versteht man also die Prüfung, ob die Tatbestandselemente der abstrakten Rechtsnorm („Obersatz") durch die einzelnen Umstände des konkreten Lebenssachverhaltes („Untersatz") erfüllt werden und welche Rechtsfolge infolgedessen gegeben ist („Schlussfolgerung").

Lange Zeit hat die Jurisprudenz versucht, zu suggerieren, Rechtsdogmatik sei nichts anderes als eine wissenschaftliche Anwendung der Regeln der Logik, deren dreistufiger Aufbau auch im Rahmen der Rechtsanwendung gepflegt wurde. Mit Blick auf die Wenn-dann-Relation von Rechtsnormen und die Verknüpfung von Tatbestandsmerkmalen einer oder mehrerer Normen kann man bei der Rechtsanwendung durchaus von einer **systematisch-methodischen Vorgehensweise** sprechen. Versteht man Recht und seine Genese freilich als Instrument des Interessensstreits und -ausgleichs (vgl. I-1.1.2), so kann auch die Rechtsanwendung im konkreten Einzelfall davon nicht unberührt sein (s. I-3.5). Auch bei der Würdigung des Sachverhalts wirken sich Sichtweisen und Vorverständnisse aus; insb. im Rahmen der Auslegung unbestimmter Rechtsbegriffe geht es nicht nur um logisch-systematische Überlegungen, sondern um **wertende Entscheidungen**, die allerdings der gerichtlichen Kontrolle unterliegen. Subsumtion ist also die spezifisch rechtsmethodische Anwendung eines Gesetzes auf einen konkreten Lebenssachverhalt, die zwar in Anlehnung an die Begriffe der Logik durch eine sprachlich genaue und systematisch-strukturierte Arbeitsweise, dessen ungeachtet aber durch eine Interessen abwägende, wertende Ergebnisorientierung gekennzeichnet ist.

Voraussetzung für die Rechtsanwendung ist, dass der Lebenssachverhalt feststeht und nicht erst noch untersucht werden muss oder Behauptungen be- und nachgewiesen werden müssen. Hier ist es von Bedeutung, dass die Wahrnehmung des Menschen nicht objektiv, sondern ein aktiv-selektiver Prozess der **Konstruktion von Wirklichkeiten** ist (vgl. Maturana/Varela 1987). Wird dies ignoriert, helfen weder zirkuläres Denken noch binäre Entscheidungsstrukturen, um zu angemessenen Ergebnissen und Entscheidungen zu kommen.

Da nach dem Grundsatz des **Gesetzesvorbehalts** Eingriffe in die Rechtsposition des Bürgers nur zulässig sind und Ansprüche auf Sozialleistungen nur bestehen (§ 31 SGB I), wenn ein Gesetz den Eingriff legitimiert bzw. das Gesetz die Erbringung der Leistung vorsieht (s. o. I-2.1.2.1), muss man zuerst eine „einschlägige" Rechtsnorm finden, deren Rechtsfolge die gewünschte Entscheidung legitimiert. Entsprechendes gilt im Hinblick auf einen privatrechtlichen Konflikt. Auch hier muss zunächst eine Anspruchsgrundlage gefunden werden. Da man sich während seines Studiums nicht in alle Rechtsmaterien einarbeiten (und diese auswendig lernen) kann, in denen die Klienten möglicherweise Beratungsbedarf haben, müssen Fachkräfte der psychosozialen Arbeit (wie alle anderen professionellen Rechtsanwender auch) die Bereitschaft und Fähigkeit haben, sich in neue, unbekannte Rechtsmaterien und Sachgebiete hineinzufinden. Dazu muss man wissen, welche Gesetzessammlungen es überhaupt gibt und wie man sich darin z. B. mithilfe des Inhaltsverzeichnisses oder Registers zurechtfinden kann. Man muss erkennen, wie ein Gesetz in seiner Struktur aufgebaut ist und worin der innere Zusammenhang der Rechtsnormen besteht. Weniger die inhaltlichen Details, vielmehr muss man wissen, „wo etwas steht" bzw. wie man etwas findet und wie man damit umgeht.

Suchen und Finden der Rechtsgrundlage

Ausgangspunkt der juristischen Fallprüfung ist die Klärung der sog. vier **W-Fragen**: **W**er will **W**as von **W**em **W**oraus? Wenn der Bürger (insb. von der Sozialverwaltung) etwas will, geht es um die Suche einer entsprechenden **Anspruchsnorm**, wenn die Sozialverwaltung etwas (insb. vom Bürger) will, geht es um die Suche einer das Handeln legitimierenden **Rechts- bzw. Anspruchsgrundlage**.

W-Fragen

Nicht immer sind die Willensäußerungen der Bürger eindeutig und den Gebrauch rechtlicher Fachbegriffe kann und darf man von ihnen nicht erwarten. Deshalb sind Erklärungen der handelnden Personen mitunter auszulegen. Anders als bei der Definition von unbestimmten Rechtsbegriffen (s. o. I-3.3.2) geht es hier bei der **Auslegung** um die Deutung des Inhalts von Willenserklärungen.

Auslegung von Willenserklärung

Ist z. B. der als „Eingabe" bezeichnete Protest eines Bürgers als Widerspruch i. S. d. § 62 SGB X i. V. m. § 83 SGG/§ 68 VwGO zu werten? Nach **§ 133 BGB** ist bei der Auslegung einer Willenserklärung der wirkliche Wille zu erforschen und nicht an dem buchstäblichen Sinn des Ausdrucks zu haften. Dieser Grundsatz gilt über das Privatrecht hinaus. Im Sozialrecht ist eine Willenserklärung im Zweifel zugunsten des Bürgers auszulegen, im obigen Beispiel im Hinblick auf die „günstigeren" Verfahrens- und Kostenregelungen als Widerspruch, sofern nur ersichtlich ist, dass der Bürger mit der Entscheidung nicht einverstanden und der Widerspruch überhaupt rechtlich zulässig ist.

Nachdem man eine im Hinblick auf die Rechtsfolge geeignete Rechtsgrundlage herausgesucht hat, beginnt man mit der Prüfung der Tatbestandsseite der Vorschrift. Am Anfang steht die **Identifizierung und Definition der einzelnen Tatbestandsmerkmale**; hierbei müssen die Grenzen unbestimmter Rechtsbegriffe ggf. durch Auslegung bestimmt werden.

Am Maßstab der so gewonnenen Definition der Tatbestandselemente sind dann die entsprechenden Umstände des Lebenssachverhaltes daraufhin zu prüfen, ob sie die einzelnen Begriffselemente und Bedingungen der Rechtsnorm erfüllen. Ist auch nur ein einziges Tatbestandselement nicht erfüllt, so greift die Rechtsfolge nicht ein, die Rechtsnorm ist auf diesen Sachverhalt nicht anwendbar. Am besten macht man es sich beim Lösen von Rechtsfällen zur Gewohnheit, nach dem Auffinden der einschlägigen Rechtsnorm zunächst Inhalt und Grenzen der einzelnen Tatbestandsmerkmale klar herauszuarbeiten, bevor man mit der Einordnung des Sachverhalts unter den Tatbestand – der Subsumtion im engeren Sinn – beginnt. Hierbei wird man feststellen, dass eine einzelne Rechtsnorm selten für die Beantwortung der Fallfrage ausreicht. Es müssen oft weitere Rechtsnormen herangezogen werden, die die Rechtsgrundlage ergänzen oder einen Anspruch konkretisieren, es müssen (insb. die vorhergehenden und nachfolgenden) Normen überprüft werden, die eine Ausnahme regeln oder einem Anspruch entgegenstehen (vgl. oben Definitions-, Verweisungs- oder Gegennormen). Hilfreich sind hierbei die sog. Aufbauschemata, die die relevanten Aspekte einer Fragestellung systematisch aufeinander beziehen (s. hierzu V-Anhang 4 ff.). Freilich dürfen diese Schemata nicht blind, sondern müssen durchdacht angewendet werden, damit nicht alle (auch die in einem konkreten Fall nicht relevanten) Aspekte stur abgearbeitet, sondern die Schwerpunkte im Fall angemessen gesetzt werden.

Sind **alle** Tatbestandsmerkmale erfüllt, so ist festzustellen, welche Konsequenz daraus folgt, also welche Rechtsfolge damit verbunden ist. In Fällen der gebundenen Entscheidung (s. o. I-3.4.1) steht die Rechtsfolge mit der Erfüllung des Tatbestands fest. In den Fällen der Ermessensverwaltung sind die erforderlichen Erwägungen zur Ausübung des Ermessens (s. o. I-3.4.2) anzustellen und zu begründen.

Bei der Anwendung der gängigen Bundes- und Landesgesetze (z. B. BGB, SGB, PsychKG, Schulgesetze) kann man in der Ausbildung davon ausgehen, dass diese ordnungsgemäß zustande gekommen und inhaltlich verfassungsgemäß sind. Wenn aber tatsächlich Anhaltspunkte für die Verfassungs- oder Rechtswidrigkeit einer (abgeleiteten) Rechtsnorm vorliegen, sind diese am Maßstab höherrangigen Rechts zu überprüfen. Dies wird in aller Regel nur von (in der Ausbildung befindlichen) Juristen erwartet. Im Kollisionsfall geht das höherrangige Recht dem rangniedrigeren Recht vor, d. h. die rangniedrigere Norm ist nichtig, wenn sie gegen höherrangiges Recht verstößt (z. B. Art. 31 GG). Bei Kollisionen gleichrangiger Vorschriften verdrängt das neuere Gesetz das ältere, die speziellere die allgemeine Norm.

Arbeitsschritte   Zusammenfassend beschrieben vollzieht sich der **Vorgang der Subsumtion** somit in folgenden fünf Schritten:

1. Aufsuchen der einschlägigen Anspruchsgrundlage oder Rechtsgrundlage im Hinblick auf die „gewünschte" Rechtsfolge. Für die Beantwortung einer Rechtsfrage sind sämtliche einschlägigen Rechtsvorschriften zu beachten. Grds. ist mit der rangniedrigsten und speziellsten Rechtsnorm (nicht Verwaltungsvorschrift!) zu beginnen. Merke: Ein Verwaltungsakt oder die Ablehnung einer Leistung darf niemals *nur* mit Hinweis auf eine Verwaltungsvorschrift erlassen bzw. abgelehnt werden.
2. Zerlegung der einschlägigen Rechtsnorm in Tatbestands- und Rechtsfolgenseite, ggf. unter Heranziehung von Verweisungs- oder Gegennormen; Feststellung der einzelnen Tatbestandsvoraussetzungen (x_1, x_2 ...).
3. Definition/Auslegung der einzelnen Tatbestandsmerkmale, ggf. unter Heranziehung von Definitionsnormen: x_1 bedeutet ..., x_2 bedeutet ... Hieraus ge-

winnt man die rechtsmethodisch „Obersatz" genannte Entscheidungsgrundlage.
4. Feststellung der Übereinstimmung oder Nichtübereinstimmung der Umstände des konkreten Lebenssachverhaltes („Untersatz") mit den einzelnen Tatbestandsmerkmalen: x_1 ist erfüllt durch S_1, x_2 ist erfüllt durch S_2 usw.
5. Feststellung der Rechtsfolge Rn; bei Ermessensverwaltung Ausübung des Entschließungs- und Auswahlermessens (Zweckmäßigkeitsüberlegungen) hinsichtlich der Wahl des Mittels und der Wahl des Adressaten. Für und gegen R_1 spricht, für und gegen R_2 spricht, nach Abwägung aller dafür und dagegen sprechenden Umstände … folgt Entscheidung R_n.

Wesel 1999

1. Auf welche Weise sind fachlich-sozialpädagogisches Arbeiten und juristisches Denken miteinander verwoben? (3.1)
2. Was ist eine „vollständige", was eine „unvollständige" Rechtsnorm? (3.2.1)
3. Welche Formen der Auslegung gibt es? Beschreiben Sie kurz die wesentlichen Merkmale dieser Auslegungsmethoden. Was muss im Rahmen der Auslegung beachtet werden? (3.3.2)
4. Verfügt die Soziale Arbeit im Hinblick auf die Auslegung unbestimmter Rechtsbegriffe über einen Beurteilungsspielraum? (3.3.3)
5. Wie erkennt man, ob einer Behörde ein Ermessen zusteht? (3.4.1)
6. In welchen Fällen spricht man von und was versteht man unter gebundener Verwaltung? (3.4.1)
7. Was ist bei der Ermessensausübung zu beachten? (3.4.1 und 3.4.2)
8. Welche Konsequenzen hat ein Ermessensfehler? (3.4.2)
9. Was bedeutet „Ermessensschrumpfung auf Null"? (3.4.2)
10. Beschreiben Sie die wesentlichen Schritte im Rahmen der Subsumtion. (3.6)

4 Rechtsverwirklichung (Trenczek)

4.1 Rechtsverwirklichung durch Verwaltungshandeln
4.1.1 Formen des Verwaltungshandelns
4.1.1.1 Hoheitliches und fiskalisches Verwaltungshandeln
4.1.1.2 Tatsächliches und regelndes Verwaltungshandeln
4.1.1.3 Einseitiges und konsensuales Verwaltungshandeln
4.1.2 Träger der Sozialen Arbeit
4.1.2.1 Öffentliche Träger der Sozialverwaltung
4.1.2.2 Privatrechtlich organisierte Träger
4.2 Rechtsberatung

Definitionen Sozialer Arbeit gehen in der Regel von dem Begriff der **Hilfe** aus. Hilfe wurde und wird vielfach von einzelnen Menschen und karitativen oder religiösen Vereinigungen aus Gründen der Nächstenliebe geleistet. Im öffentlichen Bereich geht es aber nicht um die freundschaftliche, von Privatpersonen, Kirchengemeinden und Vereinigungen geleistete Unterstützung oder Fürsorge. Vielmehr ist Soziale Arbeit heute vielfach gesellschaftlich und staatlich organisierte Hilfe. Ein Wesensmerkmal der öffentlichen Hilfeleistung ist der wechselseitige Anspruch, zum einen des Einzelnen auf sozialstaatlich verbriefte Leistungen und zum anderen des Gemeinwesens auf soziale Integration. Deshalb bedarf es eines rechtsstaatlich organisierten Hilfesystems, um die asymmetrische Beziehung zwischen Hilfeleistendem und Hilfeempfänger auszugleichen. Diese beiden Pole spiegeln sich in der begrifflichen Verknüpfung „sozialer Rechtsstaat" wider. Wesentlich ist nicht nur die generelle Zusicherung sozialstaatlicher Errungenschaften, sondern die Rechtsverwirklichung im konkreten Einzelfall. Diese erfolgt durch die öffentliche Sozialverwaltung (in Kooperation mit freien Trägern), insb.

sozialer Rechtsstaat

- durch die Gewährung und Erbringung von **Sozialleistungen** (s. III-1.1) und den Schutz derjenigen, die sich selbst nicht ausreichend schützen können, sowie
- durch Information und Beratung, insb. **Rechtsberatung**.

In beiden Bereichen ist die öffentlich getragene Soziale Arbeit sehr stark durch ein normorientiertes Vorgehen gekennzeichnet (für freie Träger gelten die Regelungen des SGB nicht unmittelbar, s. Kap. III-1). Letztlich geht es insoweit immer auch um Rechtsverwirklichung, d.h. die konkrete Umsetzung der von der Verfassung und der Gesetzesordnung anerkannten Rechte. Nicht immer stehen aber rechtliche Fragen, sondern oft ökonomische, soziale und persönliche Bedürfnisse der Betroffenen im Vordergrund. Deshalb ist es wichtig, die hinter den Rechtspositionen stehenden **Interessen** der Parteien nicht aus dem Blick zu verlieren, sondern sich bewusst und damit bearbeitbar zu machen. In Konflikten bedarf es deshalb auch der **Klärungshilfe** und **Konfliktvermittlung** (Mediation; hierzu I-6.3).

4.1 Rechtsverwirklichung durch Verwaltungshandeln

Soziale Arbeit betrifft nicht nur den Bereich der sog. offenen Hilfen und unmittelbaren Unterstützungsleistungen, sondern ist als gesellschaftlich organisierte Hilfe in ihren Voraussetzungen und ihrer Reichweite rechtlich geregelt (vgl. § 31 SGB I) und in einen entscheidungsbezogenen Prozess eingebunden. Die öffentliche Hilfegewährung äußert sich in einer Vielzahl der Fälle zunächst als **Verwaltungsentscheidung**. Öffentliche Hilfe tritt dem Bürger häufig in Form der Sozialverwaltung (z. B. im Jugend- oder Sozialamt) gegenüber. Unter Sozialverwaltung lassen sich im weiten Sinne alle Tätigkeiten (insb. Bereitstellung, Förderung und Unterhaltung) innerhalb organisatorischer Einheiten (Einrichtungen, Dienste, Veranstaltungen) fassen, durch die Information und Beratung angeboten sowie Sozialleistungen und Schutz gewährt werden und die damit der Verwirklichung sozialer Zusagen der Verfassung dienen.

Sozialverwaltung

Das Wort „walten" stammt aus dem Germanischen und bedeutet so viel wie wirken, gebieten, herrschen. Die damit verbundenen Konnotationen (Kraft, Macht, Zwang) sind für ein modernes Verwaltungsverständnis hinderlich. Ein stärker an Dienstleistungen orientierter Sinngehalt liegt dem Wort *Administration* bei, welches vor allem im romanischen Sprachraum üblich ist. Mit „verwalten" ist dann schon begrifflich weniger Zwang und Machtausübung verbunden, es bedeutet eher „für" etwas oder jemanden walten (lat.: *administrare*, d. h. lenken, besorgen, ausführen). In inhaltlich-sachlicher Hinsicht wird mit Blick auf das Gewaltenteilungsprinzip (s. o. I-2.1) die Verwaltung als Teil der Exekutive (neben der Regierung) von der Legislative (Gesetzgebung) und der Judikative (Rechtsprechung) abgegrenzt, ohne dass damit aber alle Aspekte der heutigen Verwaltung bestimmt wären. Auch wenn es sich bei der Verwaltungstätigkeit im Wesentlichen um **Gesetzesvollzug** handelt, ist zu beachten, dass die Verwaltung auch Aufgaben wahrnimmt, die streng inhaltlich zur Gesetzgebung (Erlass von Verordnungen und Satzungen) oder Rechtsprechung (Bußgeldbescheide) gehören, und andererseits auch die Gesetzgebung (z. B. Erlass des Haushaltsplanes) und die Rechtsprechung (z. B. Register, Grundbuch) verwaltend tätig werden.

Für die Verwaltung als Gesetzesvollzug gilt das Prinzip der **Gesetzmäßigkeit**, der Bindung und Begrenzung der „hoheitlichen" Gewalt an Recht und Gesetz (Art. 20 Abs. 3 GG; vgl. I-2.1.2.1) in besonderer Weise. Auch **Soziale Arbeit** ist als Sozialverwaltung stets **rechtsgebundenes Verwaltungshandeln** und auch im Übrigen in ihren Voraussetzungen, fachlichen Standards und Grenzen weitgehend rechtlich geregelt und nicht vom guten Willen, dem „Ermessen" oder der Willkür der einzelnen Sozialarbeiter abhängig.

Art. 20 Abs. 3 GG

Unterscheidet man Zweck und Wirkungen der Aufgabenbereiche, dann tritt die öffentliche Verwaltung dem Bürger einerseits mit Anordnungen, Ge- und Verboten sowie Zwang gegenüber, andererseits werden Leistungen gewährt. Unter Eingriffs- und Ordnungsverwaltung versteht man diejenige Verwaltungstätigkeit, die in die Freiheits- und/oder Vermögenssphäre des Bürgers einseitig und rechtsverbindlich eingreift. Dies kommt typischerweise vor bei (Fach-)Polizei- und Finanzbehörden, allerdings auch im Bereich der Sozialverwaltung, z. B. im Rahmen der Schutzgewährung durch Inobhutnahme (§ 42 SGB VIII), Erteilung oder Entzug

Eingriffsverwaltung

Leistungsverwaltung
einer Betriebserlaubnis (z. B. § 45 SGB VIII, § 13 NHeimG, § 19 HeimG) oder bei Kostenentscheidungen. Im Rahmen der Leistungsverwaltung werden Angebote gemacht, Leistungen gewährt und erbracht, um das Dasein des Einzelnen in der Gemeinschaft zu sichern und zu verbessern (z. B. Sozialhilfe; Erziehungshilfen der Jugendhilfe). In beiden Bereichen gilt nach § 31 SGB I der sog. **Gesetzesvorbehalt** (I-2.1.2.1), ebenso wie die anderen verfassungsrechtlichen Grundsätze (z. B. Willkürverbot und Verhältnismäßigkeitsgebot).

4.1.1 Formen des Verwaltungshandelns

Soweit der **Gesetzesvollzug** im Vordergrund steht, handelt es sich bei der Verwaltungstätigkeit ganz überwiegend um Einzelfallentscheidungen zur Ausführung der Rechtsnormen. Allerdings kann die Sozialverwaltung in ganz verschiedenen Formen handeln (s. Übersicht 15). Wichtig ist das Erkennen dieser Unterschiede vor allem im Hinblick auf die unterschiedlichen Handlungs- und Rechtsschutzmöglichkeiten im Konflikt.

4.1.1.1 Hoheitliches und fiskalisches Verwaltungshandeln

fiskalisches Verwaltungshandeln
Nicht immer handelt die Verwaltung öffentlich-rechtlich („hoheitlich"), sei es mit Verbot, Anordnung und Zwang bzw. der Gewährung und Durchführung von Leistungen oder der Bereitstellung von Einrichtungen, wie z. B. Schulgebäuden und Krankenhäusern. Nehmen die öffentlichen Träger wie eine Privatperson am Rechtsverkehr teil, entweder im Rahmen ihrer Beschaffungsgeschäfte (sie bestellen z. B. Möbel und Büromaterial, mieten Büroräume an) oder im Rahmen erwerbswirtschaftlicher Geschäfte (Kauf und Verkauf von Grundstücken; Vermietung kommunaler Einrichtungen), nennt man dies fiskalisches Handeln der Verwaltung. Hierbei kommen dann – wie bei jedermann – die Regelungen des Privatrechts zur Anwendung. Die Sozialverwaltung handelt dagegen „hoheitlich", wenn sie die Interessen der Allgemeinheit und des Gemeinwohls vertritt. Rechtsgrund für „hoheitliches" Handeln sind dann ausschließlich die Regelungen des öffentlichen Rechts. **Abgrenzungskriterium** zwischen hoheitlichem und fiskalischem Verwaltungshandeln ist also die zugrunde liegende Rechtsnorm (hierzu I-1.1.4); z. B. kann zur Abwendung der Wohnungslosigkeit die Überlassung einer städtischen Wohnung auf der Grundlage eines Mietvertrages erfolgen (wobei dann z. B. Kündigungsfristen des § 565 BGB zu beachten wären) oder aufgrund eines sozialhilferechtlichen Nutzungsverhältnisses (ohne zivilrechtliche Kündigungsfristen, ggf. sofortige Räumung möglich; Grenze: Verhältnismäßigkeit), vgl. OVG Berlin NVwZ 1989, 989. Erfüllt die Exekutive (gesetzlich geregelte) öffentliche Aufgaben (insb. Versorgungsleistungen) in den Formen des Privatrechts, z. B. in Form einer Aktiengesellschaft oder GmbH, so ist sie an die verfassungsrechtlichen Vorgaben gebunden (sog. **Verwaltungsprivatrecht**, s. o. I-1.1.4).

4.1.1.2 Tatsächliches und regelndes Verwaltungshandeln

Im Rechtsverkehr unterscheidet man üblicherweise das regelnde (Entscheidung treffende) Verhalten vom tatsächlichen Tun. Soweit Letzteres durch einen Mitarbeiter der Sozialverwaltung für den Verwaltungsträger vorgenommen wird, spricht man vom „schlicht-hoheitlichen" und vorbereitenden Verwaltungshandeln (sog. Realakte). Das umfasst so alltägliche Handlungen wie die Aktenführung oder Dienstfahrt, aber auch die für den Sozialbereich kennzeichnende Beratung, die

schlicht-hoheitliches Verwaltungshandeln

Übersicht 15: Rechtsformen des Verwaltungshandelns

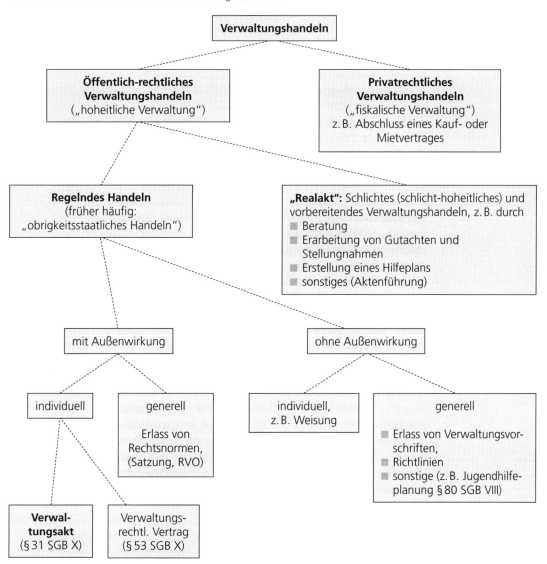

Erarbeitung von Gutachten und Stellungnahmen oder die Erstellung eines Hilfeplans. Deren Wesensmerkmal ist in allen Fällen, dass keine auf eine gesetzliche Rechtsfolge zielende Entscheidung, also keine **Regelung** getroffen wird.

Im Hinblick auf das regelnde Verwaltungshandeln wird danach unterschieden, ob die Entscheidungen gegenüber den Bürgern, also mit Außenwirkung, oder aber nur zur Regelung innerbetrieblicher Angelegenheiten getroffen werden. Darüber hinaus lässt sich danach differenzieren, ob die Entscheidung generellen Charakter (seien es Rechtsnormen, wie z. B. kommunale Satzungen – hierzu I-1.1.3) oder rein verwaltungsinterne Vorschriften und Richtlinien; hierzu I-1.1.3.6) hat oder eine einzelne Person oder einen konkreten Fall betrifft (Einzelfallentscheidung durch VA).

4.1.1.3 Einseitiges und konsensuales Verwaltungshandeln

Verwaltungsakt Während im Privatrechtsverkehr Entscheidungen zwischen Bürgern durch Vertrag, der durch übereinstimmende Willenserklärungen der Beteiligten zustande kommt (s. II-1.2.4), geregelt werden, ist das häufigste und wichtigste Regelungsinstrument der öffentlichen Verwaltung der Verwaltungsakt (VA), mit dem die Behörden durch einseitiges Handeln eine verbindliche Entscheidung treffen (hierzu III-1.3.1). Im Regelungsinstrument VA wird die besondere Stellung der öffentlichen Verwaltung als „Hoheitsträger" deutlich, denn der VA ist formal eine **einseitige Regelung**, deren Wirksamkeit nicht von der Zustimmung des Adressaten abhängt (zu den Rechtmäßigkeitsvoraussetzungen des VA im Einzelnen III-1.3.1.2).

Vertragliche Regelung Im modernen, sozialen Rechtsstaat muss sich Verwaltung allerdings vornehmlich auch als Dienstleistung begreifen. Der Konsens ist deshalb vielfach schon im Vorfeld, z. B. durch Antrag, Anhörung, Beteiligung und Mitbestimmung, herzustellen. Zudem erfordern viele Leistungsverhältnisse flexible Regelungen, die nur dann Erfolg haben, wenn sie von den Leistungsempfängern akzeptiert werden. Schon deshalb empfiehlt sich eine **kooperative Entscheidungsfindung**. Aushandlungsprozesse und der öffentlich-rechtliche Vertrag (§ 53 SGB X) kommen nicht nur zwischen Verwaltungsträgern (z. B. zwei Kommunen, die den gemeinsamen Betrieb kommunaler Einrichtungen vereinbaren), sondern auch zwischen Behörden und den Bürgern (z. B. Einzelpersonen oder freien Trägern) zunehmend häufiger vor (hierzu III-1.3.2). Auch bei der Übertragung von Aufgaben der Jugendhilfe auf freie Träger nach § 76 SGB VIII handelt es sich um einen öffentlich-rechtlichen Vertrag. Umstritten ist der Vertragscharakter bei der Leistungsabsprache nach § 12 SGB XII (nach Bieritz-Harder et al. 2012, § 12 Rn. 4 handelt es nur um eine informelle Absprache und nicht um einen Vertrag). Auch die Eingliederungsvereinbarung nach § 15 SGB II ist kein gutes Beispiel für einen vom Konsens getragenen Vertrag, da insoweit der staatliche Druck eines ersatzweisen VA dahinter steht (§ 15 Abs. 1 S. 6 SGB II). Dagegen kann die Gewährung von Darlehen, z. B. nach §§ 37 f. SGB XII, wie jede andere Regelung durch öffentlich-rechtlichen Vertrag erfolgen, wenn die Erbringung der Leistung im Ermessen (s. o. I-3.4.1) des Sozialleistungsträgers steht (§ 53 Abs. 2 SGB X). Für den Abschluss öffentlich-rechtlicher Verträge gelten zum Teil vom zivilrechtlichen Vertragsrecht abweichende Regelungen (vgl. §§ 53 ff. SGB X; hierzu II-1.3.2).

4.1.2 Träger der Sozialen Arbeit

4.1.2.1 Öffentliche Träger der Sozialverwaltung

Verwaltungen finden sich in vielen Systemen, in Betrieben, Vereinen usw. Soziale Arbeit wird von staatlichen und anderen öffentlichen Trägern sowie von Bürgern, Vereinigungen und anderen sog. freien Trägern geleistet. Als **Träger** der Sozialverwaltung bezeichnet man die Rechtssubjekte, die für die Erfüllung der gesetzlichen Aufgabe verantwortlich sind und deshalb zunächst auch hierfür die Kosten zu tragen haben. Dies ist grds. eine juristische Person des Öffentlichen Rechts. **Juristische Personen** sind ein Zusammenschluss von natürlichen Personen oder Sachmitteln, der als solcher Träger von Rechten und Pflichten sein kann (vgl. II-1.1). Im Hinblick auf die nach dem Öffentlichen Recht gebildeten juristischen Personen unterscheidet man drei Formen (grundlegend zur deutschen Verwaltungsorganisation Wolff/Bachoff 2010, Kap. 79 ff.):

- Körperschaften des Öffentlichen Rechts sind in der Regel Verwaltungseinheiten mit einer auf Mitgliedschaft beruhenden, aber vom Wechsel der Mitglieder unabhängigen Organisation zur Erfüllung hoheitlicher Aufgaben. Bund, Länder und Gemeinden sind sog. **Gebietskörperschaften** (räumliche Zuordnung der Mitglieder); die Hochschulen, die Handwerkskammern und Kammern der freien Berufe sowie die IHKs und die Sozialversicherungsträger (s. u.) sind sog. **Personalkörperschaften** (personale Zuordnung) auf Bundes- oder Landesebene. Körperschaften des Öffentlichen Rechts besitzen sowohl ein gewähltes Entscheidungsgremium, in dem die Mitglieder vertreten sind (z. B. Rat der Gemeinde; Vertreterversammlung bzw. Verwaltungsrat des Sozialversicherungsträgers, § 31 SGB IV; Senat der Hochschulen) als auch ein Exekutivorgan (z. B. Bürgermeister, Vorstand der Krankenkasse bzw. Deutschen Rentenversicherung, Rektor der Hochschule). *Körperschaften*
- Anstalten des Öffentlichen Rechts sind rechtlich oder organisatorisch verselbstständigte Einrichtungen mit Aufgaben der öffentlichen Verwaltung von Dauer, zu deren Erledigung sie mit personellen und sächlichen Ressourcen ausgestattet und auf Benutzer ausgerichtet sind; z. B. Deutsche Bundesbank und Landesbanken, Deutsche Welle und Rundfunkanstalten der Länder, Studentenwerke, Sparkassen der Kommunen. Nicht dazu gehören nicht rechtsfähige Einheiten, z. B. Schulen oder kommunale Krankenhäuser, deren Rechtsträger die Kommune als Gebietskörperschaft ist. Entsprechendes gilt auch für die Landeskrankenhäuser in öffentlich-rechtlicher Trägerschaft der Bundesländer. Mittlerweile können diese aber in einigen Bundesländern (z. B. in Rheinland-Pfalz) (begrifflich verwirrend) auch als rechtsfähige Anstalt des öffentlichen Rechts betrieben werden, häufiger geschieht dies allerdings in privatrechtlichen Rechtsformen (z. B. GmbH). *Anstalten*
- Stiftungen des Öffentlichen Rechts sind mit Rechtsfähigkeit ausgestattete Organisationen mit dem Zweck der Verwaltung eines Bestandes an Vermögenswerten, bei denen es sich um Kapital- und Sachgüter handeln kann (z. B. im Bund: Stiftung Preußischer Kulturbesitz, Stiftung Mutter und Kind, Länderstif- *Stiftungen*

tung: Berliner Philharmoniker). Das Begabtenförderungswerk „Studienstiftung des deutschen Volkes" ist entgegen seines Namens privatrechtlich als eingetragener Verein (hierzu II-1.1.1) organisiert. Der Staat kann Stiftungen auch nach privatrechtlichen Regelungen errichten (z. B. Volkswagenstiftung in Niedersachsen), für die aber mitunter andere Regelungen gelten („Verwaltungsprivatrecht", I-1.1.4) als für andere privatrechtliche Familien- oder Unternehmensstiftungen (z. B. Carl-Zeiss-Stiftung).

Sozialverwaltung Alle organisatorischen Einheiten (Einrichtungen, Dienste, Veranstaltungen), die die im SGB geregelten Aufgaben erledigen (zum Sozialrecht vgl. III), bilden die Sozialverwaltung. Hierbei folgt die Gliederung der Sozialverwaltung in Deutschland **zwei Prinzipien**: Das eine betrifft die Kompetenzaufteilung zwischen dem Bund und den Bundesländern (Föderalismus), das andere regelt die Gliederung und Organisation der staatlichen Verwaltung.

Föderalismus Die Bundesrepublik Deutschland ist ein **Bundesstaat** (Art. 20 Abs. 1 GG), also föderalistisch (bundesstaatlich) aufgebaut. Die 16 Bundesländer behalten ihre Staatlichkeit als Gebietskörperschaft und sind gleichzeitig zu einem gemeinsamen Staat auf Bundesebene (nicht Zentralstaat wie z. B. in den Niederlanden oder Frankreich mit nicht staatlichen Provinzen bzw. Départements) verbunden. Alle Staatsgewalten (Gesetzgebung, Exekutive und Rechtsprechung) und damit auch die Verwaltungsaufgaben sind zwischen Bund und Ländern aufgeteilt (vgl. Art. 30, Art. 70 ff., Art. 83 ff. GG), wobei Art. 30 GG eigentlich den Ländern den Vorrang einräumt. Durch die sog. Föderalismusreform (2006) wurde das Grundgesetz geändert und die Gesetzgebungskompetenzen zwischen Bund und Ländern neu verteilt, wobei die Länder über den Bundesrat weiterhin an der Gesetzgebung des Bundes mitwirken (s. I-1, Übersicht 3). Im Hinblick auf die Träger der öffentlichen Verwaltung unterscheidet man zunächst die Bundes- und Landesverwaltung (s. Übersicht 16).

Der (teilweise populistisch vorgetragenen) Kritik am föderalen System (u. a. unterschiedliche Regelungen in den Ländern, z. B. im Bereich Schulausbildung; Dauerwahlkampf der Politik) stehen Vorteile gegenüber, insb. die (vertikale) Gewaltenteilung und Machtbalance, die Bewahrung regionaler Vielfalt, Orts- und Bürgernähe sowie der (politische) Wettbewerb zwischen den Ländern.

Ministerialverwaltung Nimmt der Staat (Bund oder die Länder) selbst Verwaltungsaufgaben durch eigene nachgeordnete Behörden wahr, spricht man von der sog. **unmittelbaren** Bundes- oder Landesverwaltung bzw. **Ministerialverwaltung**. Kennzeichen der unmittelbaren Staatsverwaltung ist deren hierarchisch gegliederter, zumeist dreistufiger Verwaltungsaufbau (Unter-, Mittel- und Ober- bzw. oberste Behörden; s. Übersicht 17).

mittelbare Staatsverwaltung Nicht immer ist es zweckmäßig, wenn der Staat selbst alle Verwaltungsaufgaben wahrnimmt. Deshalb wurden – jeweils aufgrund von Gesetzen – juristische Personen des Öffentlichen Rechts geschaffen, die öffentliche Verwaltungsaufgaben selbstständig wahrnehmen und nur vom Staat beaufsichtigt werden. Soweit Verwaltungsaufgaben nicht unmittelbar vom Staat selbst, sondern dezentral durch juristische Personen des Öffentlichen Rechts übernommen werden, spricht man von der mittelbaren Staatsverwaltung (vgl. Übersicht 16) – entweder auf Grund-

Übersicht 16: Aufbau der öffentlichen Verwaltung

Bund	Land		Selbstverwaltungskörperschaften		
	Landesverwaltung unmittelbare Staatsverwaltung – Erfüllung staatlicher Aufgaben durch eigenen Behördenaufbau, z. B. Finanz- und Forstverwaltung		**Kommunale Gebietskörperschaften**	**Sozialversicherungsträger** mittelbare Staatsverwaltung (vgl. Art. 87 Abs. 2 GG) Wahrnehmung staatlicher Aufgaben und hoheitlicher Selbstverwaltung, inkl. Satzungsrecht im Rahmen der Gesetze, z. B.:	**Sonstige mittelbare Staatsverwaltung** (z. B. Art. 87 Abs. 3 GG) Wahrnehmung staatlicher/öffentlicher Aufgaben und hoheitliche Selbstverwaltung, inkl. Satzungsrecht im Rahmen der Gesetze, z. B.
Bundesverwaltung Bundesvollzug von Bundesgesetzen (Art. 86 f. GG) unmittelbare (Bundes-) Staatsverwaltung: Erfüllung staatlicher Aufgaben durch eigenen Behördenaufbau, z. B. Zoll-, Wehrbereichs- oder Wasser- und Schifffahrtsverwaltung	Landesvollzug von Bundesgesetzen (Art. 83 GG) ▪ als eigene Angelegenheit mit Rechtsaufsicht (Art. 83 u. 84 GG) ▪ im Auftrag des Bundes mit Weisungsrecht (Art. 85 GG)	Landesvollzug von Landesgesetzen (Art. 30 GG) mit eigenem Verwaltungsunterbau	▪ Kreisfreie Städte ▪ Landkreise ▪ Kreisangehörige Gemeinden (Städte, Dörfer) ▪ Gemeindeverbände **Doppelfunktion** ▪ hoheitliche Selbstverwaltung (Art. 28 Abs. 2 GG), inkl. Satzungsrecht ▪ Staatliche Auftragsverwaltung (Landkreise und kreisfreie Städte als allgemeine Landesunterbehörden)	▪ Deutsche Rentenversicherung ▪ gesetzliche Krankenkassen, z. B. AOK und BKK auf Landesebene ▪ Bundesagentur für Arbeit ▪ Berufsgenossenschaften	▪ **Körperschaften**, z. B. – Bund: Deutschlandradio, IHK, Handwerkskammern; KBV; – Land: Hochschulen und Universitäten ▪ **Stiftungen:** S. preußischer Kulturbesitz; S. Erinnerung, Verantwortung und Zukunft; Berliner Philharmoniker (Land Berlin) ▪ **Anstalten** – Bund: Deutsche Welle, Deutscher Wetterdienst – Land: Landesbanken, Landesrundfunkanstalten; häufig Studentenwerke; – Kommunen: Sparkassen; häufig Krankenhäuser Sonderstatus: Kirchen und Weltanschauungsgemeinschaften (Art. 140 GG)

lage eines Bundesgesetzes (vgl. Art. 83 Abs. 3 GG) oder eines Landesgesetzes (sog. mittelbare Landesverwaltung). Der Staat „verzichtet" in diesen Fällen auf einen hierarchischen Verwaltungsaufbau und damit ein „Durchregieren", sondern behält sich lediglich die Rechtsaufsicht vor (Kontrolle, ob das Recht richtig angewendet wird, hierzu I-5.2.1). Auch wenn Art. 87 Abs. 2 GG von einer „bundesunmittelbaren Körperschaft" spricht, ist damit gleichwohl ein Verwaltungsträger der mittelbaren Bundesverwaltung bezeichnet, z. B. die Bundesagentur für Arbeit (s. nachfolgend).

Im Hinblick auf das Ausmaß der Einfluss- und Aufsichtsrechte des Staates (s. I-5.2) spricht man also einerseits von unmittelbarer Staatsverwaltung (mit Rechts- und Fachaufsicht) und andererseits von der mittelbaren Staatsverwaltung (nur Rechtsaufsicht), wobei sich bei letzterer noch differenzieren lässt zwischen den gesetzlichen (Pflicht-)Aufgaben und den sog. freien, originären **Selbstverwaltungsaufgaben** (vgl. z. B. das Aufgabenspektrum der Kommunen in Übersicht 18). Von besonderer Bedeutung für die Soziale Arbeit sind hierbei die **Kommunalverwaltung** sowie die **Sozialversicherungsträger**.

Sozialversicherungsträger

Unter Sozialversicherungsträgern versteht man die mit Selbstverwaltung ausgestatteten Personalkörperschaften des Öffentlichen Rechts in der gesetzlichen Kranken-, Unfall- und Rentenversicherung sowie der sozialen Pflegeversicherung (§ 4 SGB I, § 1 SGB IV). Die **Krankenkassen** (z. B. AOKs, Betriebs- oder Ersatzkassen) sind Träger der gesetzlichen Krankenversicherung (§ 4 SGB V). Jede Krankenkasse hat zugleich eine Pflegekasse zu errichten, die selbstständiger Träger der sozialen Pflegversicherung ist, deren Aufgaben aber häufig in Personalunion von den Mitarbeitern der Krankenkassen übernommen werden (§ 48 SGB XI). Träger der gesetzlichen Unfallversicherung sind z. B. die gewerblichen **Berufsgenossenschaften** oder die Bundes-, Landes- oder Unfallkassen für den kommunalen Bereich (§ 114 SGB VII). Die frühere Bundesversicherungsanstalt für Angestellte (BfA), die 22 Landesversicherungsanstalten (LVA), die Seekasse, die Bundesknappschaft und die Bahnversicherungsanstalt (BVA) sind seit 2005 gemeinsam unter dem Namen **Deutsche Rentenversicherung** als Körperschaft des Öffentlichen Rechts organisiert (§§ 125 ff. SGB VI). Die Sozialversicherungsträger sind der demokratischen Willensbildung durch ihre Mitglieder verpflichtet, sie besitzen Satzungsautonomie (§ 34 SGB IV, s. I-1.1.3.4) und können hoheitlich (z. B. durch Verwaltungsakt, s. I-4.1.1.3) handeln. Auch die **Bundesagentur für Arbeit** (BA) mit ihren Untergliederungen gilt zwar als Versicherungsträger (vgl. § 1 Abs. 1 S. 3 SGB IV), ihre Selbstverwaltung ist allerdings begrenzt, denn ihr wesentliches Organ (Verwaltungsrat) wird nicht von den Mitgliedern gewählt, sondern vom Bundesministerium für Arbeit und Soziales berufen (§ 377 SGB III; bzw. die Verwaltungsausschüsse durch den Verwaltungsrat). Zudem unterliegt die BA nicht nur der Rechts-, sondern in Teilen auch der Fachaufsicht des Bundeswirtschaftsministeriums für Wirtschaft und Energie (z. B. §§ 283 Abs. 2, 371 Abs. 4 SGB III, s. III-2.5.1).

kommunale Selbstverwaltung

Die Gemeinden (Kommunen), im Bundesgebiet über 11000 Dörfer, Städte und Landkreise, haben eine Doppelfunktion und eine **verfassungsrechtliche Sonderstellung**. Einerseits sind sie die untersten Gebietseinheiten der Bundesrepublik. Als eigene Gebietskörperschaften sind sie aber nicht bloße Verwaltungseinheiten

Übersicht 17: Aufbau der unmittelbaren Staatsverwaltung

	Bund	Land
Oberste Behörde	Ministerien, z. B. BMFSFJ, BMAS, BM für Verkehr, Bau und Stadtentwicklung, Bundesfinanzministerium	Ministerien, z. B. Landessozialministerium, Landesfinanzministerium, Landesinnenministerium
Obere Behörden (Spezialzuständigkeit)	derzeit 69 Bundesoberbehörden, z. B. Bundesversicherungsamt, Statistisches Bundesamt, BA für Verfassungsschutz; Bundesverwaltungsamt, BA für Verbraucherschutz und Lebensmittelsicherheit, BA für Wasserbau, Bundesmonopolverwaltung für Branntwein, Bundeszentralamt für Steuern	Statistisches Landesamt, Verfassungsschutz, Landessozialamt, LKA; LJA
		Im zweigliedrigen Verwaltungsaufbau z. T. sog. Landesverwaltungsamt mit landesweiter Zuständigkeit (S.-A., Berlin und Thür.)
Mittelbehörde* (nur noch in Bay, BaWü, Hessen, NRW, Sachsen)	Oberfinanzdirektion	
	Bundesfinanzdirektion, insb. Zoll und Zollkriminalamt	OFD-Landesabteilung
		Oberfinanzdirektion**
	Wehrbereichsverwaltung; Wasser- und Schifffahrtsdirektionen	Regierungspräsidium/Bezirksregierung, z. T. Landespolizeidirektionen*** (z. B. BW, Nds) bzw. Polizeipräsidien (Rh.-Pf.); Bay. Landesamt für Steuern
Untere Behörde	(Haupt-)Zollamt, Wasser- und Schifffahrtsamt, Bundeswehrdienstleistungszentrum	Finanzämter, Forstämter, Kriminal- und Polizeidirektionen (z. B. BW, Rh.Pf.) bzw. Polizeiinspektionen (Bay, Nds) bzw. Polizeipräsidium (NRW), Landkreise und kreisfreie Städte (in den Stadtstaaten die Bezirke) als allgemeine Landesunterbehörden (z. B. Ortspolizeibehörde) sofern sie <u>nicht</u> im Rahmen von Selbstverwaltungsaufgaben tätig sind (Doppelfunktion der Kommunen)

* Den in den Flächenländern früher vorherrschenden dreistufigen Verwaltungsaufbau findet man nur noch in Baden-Württemberg, Bayern, Hessen, Nordrhein-Westfalen und Sachsen. Bundesländer mit zweistufigem Verwaltungsaufbau sind Schleswig-Holstein, Brandenburg, Mecklenburg-Vorpommern, Niedersachsen, Thüringen, Rheinland-Pfalz, das Saarland und Sachsen-Anhalt.
** Früher waren die Oberfinanzdirektionen auch als Mittelbehörden der Bundesfinanzverwaltung für die Hauptzollämter zuständig (sog. Mischverwaltung nach Art. 108 Abs. 4 GG). Zum 01.01.2008 wurden die Bundesabteilungen aufgelöst und fünf Bundesfinanzdirektionen eingerichtet.
*** Teilweise haben die in den Bundesländern verwendeten Begriffe unterschiedliche Bedeutung (vgl. insb. die Bezeichnung der Polizeibehörden).

Art. 28 Abs. 2 GG des Staates, sondern üben im Gemeindegebiet **eigene Hoheitsgewalt** aus. Art. 28 Abs. 2 GG garantiert den Gemeinden das Recht, alle Angelegenheiten der örtlichen Gemeinschaft in eigener Verantwortung zu regeln (Allzuständigkeit; wobei die sog. Organisations- und Personalhoheit weiter reicht als die inhaltliche Autonomie; vgl. BVerfGE 23, 353, 365 f.). Allerdings kann der Umfang der Selbstverwaltungsaufgaben durch Gesetz geregelt werden, wobei der Kernbestand der eigenverantwortlichen Kommunalaufgaben nicht angetastet werden darf (zum landesrechtlich geregelten Kommunalrecht ausführlich Geis 2013; Schmidt-Assmann/Röhl 2005; Wolff/Bachoff et al. 2010 § 96). Typische Bereiche der **originären** Selbstverwaltung sind die sog. kommunale Daseinsvorsorge, insb. Einrichtungen (Bibliothek, Schwimmbad, Kulturhaus), das kommunale Wegenetz, der Nahverkehr, die Wasserversorgung und Abfallbeseitigung.

Darüber hinaus umfasst die kommunale Selbstverwaltung Aufgaben, die der Gesetzgeber den Kommunen, vor allem den ca. 295 Landkreisen und 107 kreisfreien Städten (Stand Anfang 2014), zur eigenverantwortlichen Erledigung zugewiesen hat. Zu diesen sog. **weisungsfreien Pflichtaufgaben** der Kommunen **im eigenen Wirkungskreis** (auch „pflichtige Selbstverwaltungsaufgaben") gehören insb. die **Sozial- und Jugendhilfe** (vgl. z. B. § 69 SGB VIII i. V. m. § 1 Abs. 1 NdsAGKJHG, § 1 S. 2 ThürAGKJH; § 3 Abs. 2 SGB XII i. V. m. § 1 Abs. 1 HessAG/SGB XII).

Zum **Kernbereich des kommunalen Selbstverwaltungsrechts** gehören die sog. Hoheitsrechte, z. B.

- Gebietshoheit (Ausübung der Hoheitsgewalt, Ordnungsrecht),
- Organisationshoheit (Aufbau und Struktur der Kommunalverwaltung; die interne Verwaltungsorganisation der kommunalen Träger ist hierarchisch aufgebaut, z. B. von Bürgermeister, Dezernent, Amtsleiter, Abteilungs- und ggf. Sachgebietsleiter zu den übrigen Mitarbeitern der Kommunalverwaltung),
- Personalhoheit (Auswahl und Einsatz der Mitarbeiter; Begründung von Arbeits- und Beamtenverhältnissen),
- Satzungsautonomie (Rechtssetzungsbefugnis für den örtlichen Bereich),
- Planungs- und Finanzhoheit (Aufgaben- und Etatplanung, selbstständige Haushaltsführung und Vermögensverwaltung; Gebühren-, Abgaben- und Steuerrecht).

Aufgaben im übertragenen Wirkungskreis

Darüber hinaus nehmen die Kommunen auch **Staatsaufgaben** wahr, und zwar im Auftrag und ggf. nach Weisung des Landes bzw. Bundes. Man spricht hier von Aufgaben im übertragenen Wirkungskreis (**Auftragsangelegenheiten** oder Pflichtaufgaben zur Erfüllung nach Weisung), z. B. im Bereich des Polizei- und Ordnungsrechts, im Bereich des Feuerschutzes, der Wohnungsbauförderung, der Ausbildungsförderung (vgl. § 39 Abs. 1 BAföG i. V. m. z. B. § 2 Abs. 1 SächsAG BAföG), im Asylbewerberleistungsrecht und Flüchtlingsaufnahmegesetz; Auftragsangelegenheiten sind auch die Wehrerfassung nach § 15 Wehrpflichtgesetz, die Lebensmittelüberwachung und Gaststättenkontrolle oder das Handeln der Straßenverkehrsämter (Kfz-Zulassungsstelle und Fahrerlaubnisbehörde) sowie der Standesämter nach dem Personalstandsgesetz (aufgrund der Föderalismusreform darf der Bund seit 2006 den Gemeinden keine neuen Aufgaben mehr übertra-

Übersicht 18: Wirkungskreis der Kommunalverwaltung

Wirkungskreis			
Selbstverwaltung (**eigener Wirkungskreis**)		Staatliche Aufgaben (**übertragener Wirkungskreis**) Gesetzl. Auftragsangelegenheiten oder sog. Pflichtaufgaben zur Erfüllung nach Weisung	
Originäre Selbstverwaltung	Gesetzliche Verpflichtung	des Bundes	des Landes
z. B. Kultur- und Freizeiteinrichtungen	Sozial- und Jugendhilfe	Ausbildungsförderung, Personenstandsaufgaben, Wehrerfassung, Asylbewerberleistungen, Wohnungsbauförderung	Schulen Aufgaben nach PsychKG
Rechtsaufsicht	Rechtsaufsicht	Fachaufsicht mit Weisungsmöglichkeit	

gen, Art. 84 Abs. 1 GG). Insoweit handelt es sich um eine Staatsverwaltung durch die Kommunen.

Schwierig zu verstehen ist der **Aufgabendualismus** der Kommunen auch deshalb, weil es unter den Bundesländern unterschiedliche Modelle der organisatorischen Zuordnung gibt. So handeln in einigen Ländern (z. B. Baden-Württemberg, Bayern, Brandenburg, Hessen, Rheinland-Pfalz, NRW) insb. die Landkreise als untere staatliche Landesbehörde (man spricht hier davon, dass die Kommunen dem Staat ihre „Organe leihen"), womit sie unmittelbar in die staatliche Verwaltungshierarchie eingebunden sind. In den anderen Bundesländern (z. B. Niedersachsen, Saarland, Sachsen) geht man davon aus, dass die Landkreise auch die Aufgaben im übertragenen Wirkungskreis eigenverantwortlich wahrnehmen und deshalb im organisationsrechtlichen Sinne nicht als untere Landesbehörde gelten.

Die Unterscheidung in Aufgaben des eigenen (Selbstverwaltungsaufgaben) oder des übertragenen Wirkungskreises (Staatsaufgaben; s. Übersicht 18) hat Bedeutung vor allem für die **Finanzierung und Kontrolle der Verwaltung**. Im Rahmen der übertragenen staatlichen Aufgaben unterliegen die Gemeinden der Fachaufsicht des Landes, bei den Selbstverwaltungsaufgaben dagegen „nur" der Rechtsaufsicht (hierzu I-5.2.1). Die sog. Finanzhoheit umfasst auch das Recht der Kommunen, im Rahmen der Gesetze Kommunalabgaben (insb. Gewerbe-, Grund-, Hunde- und Getränkesteuer; Gebühren und Beiträge) zu erheben. Von der Lohn- und Einkommensteuer erhalten sie einen Anteil von 15 % und von der Umsatzsteuer 2,2 %. Zusammen machen diese Einnahmen allerdings nur ca. 15 % der Steuereinnahmen der Kommunen aus (Bogumil/Holtkamp 2013, 20). Übertragen die Bundesländer staatliche Aufgaben auf die Kommunen, müssen sie diesen nach ihren Landesverfassungen auch die dafür erforderlichen Mittel bereitstellen (sog. **Konnexitätsprinzip**). Teilweise beklagen sich die Kommunen darüber, dass der Gesetzgeber sie zu Aufgaben und Leistungen verpflichtet und dabei (zu Recht!)

einheitliche Regelungen im Hinblick auf die soziale Grundversorgung und fachliche Mindeststandards fordert, ohne gleichzeitig eine ausreichende Finanzierung hierfür sicherzustellen (vgl. die erfolgreiche Verfassungsbeschwerde von mehreren Städten und Kreisen in NRW im Hinblick auf die finanzielle Mehrbelastung der Kommunen durch den durch das KiFöG geforderten Ausbau der Kinderbetreuung: VerfGH NRW 12.10.2010 – VerfGH 12/09 – NVwZ-RR 2011, 41 = JAmt 2011, 52). Aber auch ohne die Übertragung neuer Aufgaben überfordern Art und Umfang der (Selbstverwaltungs-)Aufgaben mittlerweile die Finanzkraft vieler Kommunen.

Träger der 2005 geschaffenen Grundsicherung für Arbeitssuchende (Hartz IV, s. III-4.1) sind einerseits die Bundesagentur für Arbeit und andererseits die kreisfreien Städte und Landkreise (§ 6 Abs. 1 SGB II). Hintergrund ist, dass die Grundsicherung aus einer Zusammenführung der ehemaligen Arbeitslosenhilfe nach dem SGB III, die auf Bundesebene durch die BA verwaltet und finanziert worden war, und der Sozialhilfe nach dem BSHG (heute SGB XII) hervorgegangen ist, die kommunale Aufgabe war (s. III-4.1.3). Die zur Erfüllung der Aufgaben nach dem SGB II eingerichteten **Jobcenter** (§ 6d SGB II) werden in zwei unterschiedlichen **ARGE** Organisationsformen wahrgenommen (hierzu III-2.5.1 u. III-4.1.3). Weit überwiegend werden die Jobcenter von der Bundesagentur für Arbeit und den Kommunen in einer gemeinsamen Einrichtung getragen, in der personelle und sachliche Ressourcen gebündelt und aufeinander abgestimmt werden (§ 44b SGB II). Zuvor hatte das BVerfG die auf Art. 44b SGB II gestützte Einrichtung der sog. Arbeitsgemeinschaften (ARGEn) mit einheitlicher Trägerschaft als unzulässige Mischverwaltung zwischen Bund und Kommune für verfassungswidrig erklärt (BVerfG 20.12.2007 – 2 BvR 2433/04; vgl. nach der Verfassungsänderung nun Art. 91e GG). Zum Teil werden die Aufgaben des Jobcenters von hierfür zugelassenen kommunalen Trägern allein in kommunaler Trägerschaft verwaltet (§ 6a SGB II, sog. Optionskommune, z. B. kreisfreie Stadt Jena)(hierzu III-2.5.1 u. III-4.1.3).

Behörde Vom Träger der öffentlichen Verwaltung begrifflich zu unterscheiden ist die „Behörde". Der Begriff wird im Sozialverwaltungsrecht durch § 1 Abs. 2 SGB X funktional bestimmt (vgl. § 1 Abs. 4 VwVfG). Behörden sind alle organisatorischen Einheiten, die Aufgaben der öffentlichen Verwaltung – selbstständig und gegenüber dem Bürger in eigenem Namen – wahrnehmen und die insb. mit der Befugnis zum Erlass von Verwaltungsakten (s. u. III-1.3) ausgestattet sind. Das trifft z. B. auf die Sozialversicherungsträger zu. Die gesetzlichen Krankenkassen (z. B. AOK, Ersatzkassen), Berufsgenossenschaften und die Deutsche Rentenversicherung sind deshalb Behörden i. S. d. § 1 Abs. 2 SGB X.

Ämter Keine Behörden sind dagegen grds. die einzelnen (funktionalen) Dienststellen (Ämter, Referate, Sachgebiete) eines Verwaltungsträgers, soweit sie nicht über eine organisatorische Eigenständigkeit verfügen, wie z. B. das Finanzamt als Ortsbehörde der Finanzverwaltung (zu dem vom „Amt" bzw. der „Behörde" zu unterscheidenden funktionellen Stellenbegriff im Hinblick auf den Datenschutz s. III-1.2.3). So ist z. B. das **Sozialamt** ebenso wie das Bau- oder Ordnungsamt unselbstständiger Teil der Kommunalverwaltung. Behörde der Kommunalverwaltung ist deshalb grds. der nach außen handelnde Teil (Organ) der Kommunalverwaltung, also der (Ober-)Bürgermeister bzw. der Landrat. Deshalb erlässt dieser formal den z. B. vom Sozialamt erarbeiteten Bewilligungsbescheid über Sozialhilfeleistungen. Die Mitarbeiter der Kommunalverwaltung (welchen Amtes auch immer) handeln gleich auf welcher Ebene oder in welcher Abteilung immer in dessen Auftrag. Soweit das Gesetz allerdings funktionalen Einheiten der Kommunalverwaltung ausdrücklich besondere Aufgaben zuweist, wie dem **JA** z. B. in §§ 8a, 42 SGB VIII, kann man durchaus von einer Behörde i. S. d. § 1 Abs. 2 SGB X sprechen. Im Hinblick auf das JA ist auch zu beachten, dass das SGB VIII der kommunalen Organisationshoheit Grenzen setzt und z. B. ein selbstständiges JA mit einem zweigleisigen Verwaltungsaufbau (Verwaltung und Jugendhilfeausschuss) vorschreibt (s. III-3.2.3). Mittlerweile ist durch die Föderalismusreform (2006) den Bundesländern die Befugnis übertragen worden, vorrangige Regelungen zur Behördenorganisation und deren Zuständigkeit zu treffen.

Gesundheitsämter sind entweder staatliche Behörden der Landesverwaltung (z. B. die Gesundheitsämter in Baden-Württemberg und Bayern als untere Gesundheitsbehörden in den kreisfreien Städten und Landkreisen) oder kommunale Gesundheitsämter (vgl. z. B. § 2 Abs. 1 S. 2 NGöGD). Gesetzliche Grundlage für die Arbeit der Gesundheitsämter sind die Landesgesundheitsgesetze (Gesetze über den öffentlichen Gesundheitsdienst) bzw. rechtliche Vorschriften auf Bundesebene wie das Infektionsschutzgesetz und die Trinkwasserverordnung. Aufgaben der Gesundheitsämter sind u. a. der Amtsärztliche sowie der Sozialpsychiatrische Dienst, der Infektionsschutz und die Aids-Beratung, die Schwangeren- und Schwangerenkonfliktberatung sowie die Hygieneüberwachung.

Schulämter sind staatliche Behörden für ein bestimmtes Gemeindegebiet. Nach den Schulgesetzen der Bundesländer unterscheidet man staatliche und kommunale Aufgaben. Das Land ist zuständig für die Lehrer und die (pädagogischen) Fachinhalte im Bereich der Schulen, während sich die Städte und Landkreise als Träger ihrer Schulen für die baulichen Anlagen, deren Ausstattung und Betrieb, die sächlichen Kosten sowie die personelle Besetzung der Schulsekretariate und Hausmeisterstellen verantwortlich zeichnen.

4.1.2.2 Privatrechtlich organisierte Träger

Neben den juristischen Personen des Öffentlichen Rechts gibt es auch solche des Privatrechts (hierzu II-1), die neben den Menschen (natürlichen Personen) Träger von Rechten und Pflichten sein können (Rechtsfähigkeit). Wie bereits beschrieben (s. o. Verwaltungsprivatrecht, I-1.1.4), kann die öffentliche Verwaltung ihre Aufgaben nicht nur durch öffentlich-rechtliches Verwaltungshandeln, sondern auch in privatrechtlichen Rechtsformen erbringen (z. B. kommunale Wohnungsbau GmbH). Der Staat kann darüber hinaus auch anderen, nicht selbst gegründeten **Beleihung** juristischen Personen des Privatrechts oder natürlichen Einzelpersonen aufgrund eines Gesetzes Aufgaben der öffentlichen Verwaltung übertragen. Es handelt sich dabei aber nicht um eine Privatisierung, da die wahrzunehmende Aufgabe nach wie vor von einer Stelle erledigt wird, deren Handeln dem Staat zugerechnet wird. Von „Beleihung" und „beliehenen Unternehmern" spricht man nach h. M. allerdings erst, wenn dem Privaten zur Wahrnehmung der ihm überlassenen Zuständigkeiten zugleich auch öffentlich-rechtliche **Hoheitsbefugnisse** (insb. zum Erlass von VAs; Eingriffskompetenzen) übertragen werden. Die Übertragung der öffentlichen Rechtsmacht ist für die Beleihung konstitutiv, ansonsten handelt es sich lediglich um Verwaltungshelfer oder eine sog. Indienstnahme Privater im öffentlichen Interesse. Bekannte Alltagsbeispiele sind der TÜV oder die DEKRA, die als Vereine hoheitliche Aufgaben der Verkehrssicherheit wahrnehmen (vgl. §§ 29, 47 Abs. 9, 47a Abs. 5 StVZO, Anlage VIIIB zur StVZO). Beliehene Unternehmer sind aber auch die Notare, Bezirksschornsteinfeger und Seeschifffahrtskapitäne. Privatschulen sind dann Beliehene, wenn sie öffentlich („staatlich") anerkannt sind; dann sind sie staatlichen Schulen gleichgestellt, dürfen Prüfungen abhalten und berechtigende Zeugnisse ausstellen. In all diesen Fällen liegt **mittelbare Staatsverwaltung** vor. Aber auch ohne Übertragung von Hoheitsbefugnissen sind von den Privatpersonen die rechtlichen Grenzen staatlichen Handelns einzuhalten, wenn sie öffentliche Aufgaben wahrnehmen. Der Staat kann sich seiner Verantwortung und Rechtsbindung nicht durch die Einbeziehung privatrechtlicher Personen entziehen (s. o. I-1.1.4).

freie Träger   Keine Beleihung liegt grds. bei den sog. **freien**, d. h. nach den Regeln des Privatrechts (z. B. als Verein, GmbH, aber auch als Einzelperson; hierzu II-1.1.1) organisierten **Trägern der Sozial- und Jugendhilfe** vor. Zu diesen gehören insb. die in der Bundesarbeitsgemeinschaft der freien Wohlfahrtspflege zusammengeschlossenen sechs Spitzenverbände (vgl. § 75 Abs. 3 SGB VIII):

Träger der freien Wohlfahrtspflege

- Arbeiterwohlfahrt
- Caritasverband
- Deutsches Rotes Kreuz
- Diakonisches Werk
- Paritätischer Wohlfahrtsverband
- Zentralwohlfahrtsverband der Juden in Deutschland

Neben diesen können sowohl andere Organisationen, die im Sinne des § 52 AO gemeinnützig tätig sind, als auch frei-gewerbliche (gewinnorientierte) Organisationen als Leistungsanbieter auftreten. Freie Träger handeln aufgrund ihres autonomen Betätigungsrechts und nicht in Erfüllung staatlicher Aufgaben. Sie sind nicht für die Erfüllung gesetzlicher Verpflichtungen verantwortlich (vgl. z. B. § 3 Abs. 2 S. 2 SGB VIII; § 5 Abs. 5 SGB XII) und damit auch nicht Träger der öffentlichen Sozialverwaltung. Sie können aus karitativen, humanitären, politischen oder kommerziellen Gründen im Rahmen der Sozialen Arbeit tätig werden, müssen es aber nicht. Freie Träger werden aber gerade im Bereich des Sozialrechts sehr häufig von den öffentlichen Sozialleistungsträgern beauftragt und durch die öffentliche Hand zumindest teilweise refinanziert, sei es über Zuwendungen (Subventionen) für Projekte (zur Problematik der Subventionszuwendung aufgrund europäischen Rechts s. I-1.1.5.1 a. E.; Münder/Trenczek 2011, 201 f.) oder zunehmend aufgrund von Leistungs- und Entgeltvereinbarungen (zum sozialrechtlichen Leistungsdreieck s. III-1.1). Nach dem sog. Subsidiaritätsprinzip (s. I.2.1.3), sollen die öffentlichen Träger der Jugend- bzw. Sozialhilfe von der Durchführung eigener Leistungen absehen, wenn diese von freien Trägern erbracht werden (können) (sog. Betätigungsvorrang freier Träger; § 4 Abs. 2 SGB VIII; § 5 Abs. 4 SGB XIII). Die Übertragung von Aufgaben schließt aber die Übertragung von Hoheitsbefugnissen (also die Beleihung) grds. nicht mit ein. Auch wenn freie Träger im Auftrag eines öffentlichen Trägers tätig werden, agieren sie gegenüber ihren Klienten in privatrechtlichen Rechtsformen.

Auch die katholische Kirche und die Mitgliedskirchen der Evangelischen Kirche in Deutschland (EKD) sowie der Zentralrat der Juden in Deutschland gelten aus historischen Gründen in Deutschland als **Körperschaften des öffentlichen Rechts** (vgl. Art. 140 GG i. V. m. Art. 137 Abs. 5 Weimarer Reichsverfassung), sie gehören aber nicht zur mittelbaren Staatsverwaltung. Ihre Wohlfahrtsorganisationen, der Deutsche Caritasverband (und seine Mitgliedsorganisationen), das Diakonische Werk (bzw. seine Landesverbände) sowie die Zentralwohlfahrtsstelle der Juden in Deutschland, sind i. d. R. als Vereine (II-1.1.1) organisiert und werden wie die Kirchen selbst (vgl. z. B. § 75 Abs. 3 SGB VIII) den freien, nicht staatlichen Trägern zugerechnet. Andere Religionsgemeinschaften, wie die muslimischen Glaubensgemeinschaften, kommen nicht in den Genuss des historischen Privilegs und erwerben die Rechtsfähigkeit nach den Vorschriften des bürgerlichen Rechts (Art. 140 GG i. V. m. Art. 137 Abs. 4 Weimarer Reichsverfassung). Sie sind ebenso wie ihre Wohlfahrtsorganisationen i. d. R. als Verein organisiert, z. B. Zentralrat der Muslime in Deutschland e. V., Islamrat für die Bundesrepublik Deutschland e. V., Türkisch-Islamische Union der Anstalt für Religion e. V. (DITIB) und Verband Islamischer Kulturzentren e. V. (VIKZ).

Kirchen und Religionsgemeinschaften

Blanke et al. 2011; Bogumil/Holtkamp 2013; Maas 1996; Maurer 2011; Papenheim et al. 2013, Kap. 5 – 15; Wolff/Bachof et al. 2010

4.2 Rechtsberatung

Recht haben und Recht bekommen ist zweierlei – so lautet ein geflügeltes Wort. Viele Menschen wissen nicht, welche Rechte und Pflichten sie haben. Intellektuelle, emotionale und materielle Zugangshindernisse verhindern oft, dass Hilfe- und Ratsuchende zu ihrem Recht kommen. Die Sprache der öffentlichen Verwaltung und Justiz ist die Rechtssprache und als solche überwiegend schriftlich fixiert. Fachkräfte der psychosozialen Arbeit müssen deshalb hier sehr häufig eine **Dolmetscherfunktion** übernehmen. Die Information über die den Bürgern zustehenden Rechte und Wege zu ihrer Verwirklichung gehört deshalb zu den Grundpfeilern eines sozialen Rechtsstaats.

Nach § 13 SGB I sind alle Sozialleistungsträger und ihre Verbände im Rahmen ihrer Zuständigkeit verpflichtet, die Bevölkerung über ihre Rechte und Pflichten nach dem SGB aufzuklären. Dies tun sie in der Regel mit Informationsbroschüren, Plakaten, der Internetpräsenz, mit Informationsveranstaltungen oder durch die Erteilung von **Auskünften** (vgl. § 15 SGB I). Darüber hinaus hat aber jeder Bürger Anspruch auf individuelle Beratung über seine Rechte und Pflichten nach

Beratung

dem SGB (§ 14 SGB I, vgl. auch §§ 10 Abs. 2, 11 SGB XII). Beratung als wesentlicher Bestandteil der Sozialen Arbeit besteht also nicht nur in der non-direktiven Vermittlung neuer Einsichten zur Bewältigung von Lebensschwierigkeiten, sondern ist in vielen Fällen vor allem **Rechtsberatung**. Oft sind beide Bereiche, Lebens- und Rechtsberatung, untrennbar miteinander verknüpft, z. B. in der Schuldnerberatung oder der Trennungs- und Scheidungsberatung. Auch die Rechtsberatung ist eine Form der persönlichen Hilfe, die den Ratsuchenden neue Handlungsoptionen erschließen kann. Schon deshalb müssen Sozialarbeiter in Rechtsfragen besonders bewandert sein. Gerade hierin liegt ihre spezifische, die psychosozialen Qualifikationen ergänzende Handlungskompetenz. Beratung geht über die bloße Information über zustehende Rechte hinaus und beinhaltet auch die Aktivierung des Leistungsberechtigten, sodass er ihm zustehende Ansprüche geltend machen kann (u. U. kann hier sogar eine Formulierungshilfe geboten sein). Von wesentlicher Bedeutung ist aber vor allem die **Klärungshilfe** im Hinblick auf den zugrunde liegenden Konflikt (zur Mediation vgl. I-6.3).

Rechtsdienstleistung
In Deutschland ist die Rechtsberatung erlaubnispflichtig und war als sog. geschäftsmäßige Besorgung fremder Rechtsangelegenheiten nach dem (alten) RBerG grds. „Volljuristen" (d. h. Personen, die beide juristischen Staatsexamina bestanden haben), insb. den Rechtsanwälten und Notaren vorbehalten (sog. Rechtsberatungsmonopol). Seit Juli 2008 gelten für die außergerichtliche Besorgung fremder Rechtsangelegenheiten die Regelungen des Rechtsdienstleistungsgesetzes (RDG). Die Befugnis zur Vertretung im Gerichtsverfahren ist in den jeweiligen Prozessordnungen der Gerichte geregelt. § 2 Abs. 1 RDG definiert den Begriff der Rechtsdienstleistung, um diesen von anderen rechtsbezogenen Tätigkeiten abzugrenzen: Rechtsdienstleistung ist jede Tätigkeit in konkreten fremden Angelegenheiten, sobald sie eine **rechtliche Prüfung des Einzelfalls** erfordert. Keine Rechtsdienstleistung dagegen stellen nach § 2 Abs. 2 RDG die Erstattung wissenschaftlicher Gutachten, die Tätigkeit von Einigungs- und Schlichtungsstellen sowie die Mediation und jede vergleichbare Form der alternativen Streitbeilegung (hierzu I-6) dar. Im Unterschied zu diesen ist die Rechtsdienstleistung erlaubnispflichtig nach § 3 RDG und damit weiterhin im Wesentlichen zugelassenen Rechtsanwälten vorbehalten. Allerdings erlaubt das RDG weitreichende **Ausnahmen** (vgl. §§ 5 ff. RDG). So sind Rechtsdienstleistungen erlaubt,

- als Nebenleistung im Zusammenhang der Hauptaufgabe (§ 5 RDG), z. B. Testamentsvollstreckung, Haus- und Wohnungsverwaltung, Fördermittelberatung;
- unentgeltlich im Familien-, Freundes- und Nachbarschaftskreis oder in der Kirchengemeinde (§ 6 RDG), außerhalb dieses personellen Nahbereichs nur durch einen Volljuristen oder durch diesen angeleitet;
- durch Berufs- und Interessenvereinigungen (z. B. Gewerkschaften, Mietervereine, Sozialverbände, Automobilklubs) für ihre Mitglieder im Rahmen des satzungsgemäßen Aufgabenbereiches (§ 7 Abs. 1 RDG);
- durch öffentliche und öffentlich anerkannte Stellen (§ 8 RDG), d. h. gerichtlich oder behördlich bestellte Personen (Nr. 1), Behörden (Nr. 2), die Schuldnerberatungsstellen (Nr. 3), die Verbraucherberatungsstellen (Nr. 4) sowie die Verbände der freien Wohlfahrtspflege im Sinne des § 5 SGB XII, die anerkannten

Träger der freien Jugendhilfe im Sinne des § 75 SGB VIII und die nach § 13 SGB IX anerkannten Behindertenverbände (Nr. 5).

Wer auch immer Rechtsdienstleistungen erbringt, muss nach § 7 Abs. 2 RDG über die zur **sachgerechten** Erbringung dieser Rechtsdienstleistungen erforderliche **personelle, sachliche und finanzielle Ausstattung** verfügen (vgl. auch § 6 Abs. 2 RDG). Schon deshalb sollten die Fachkräfte der Sozialen Arbeit (vgl. § 72 SGB VIII, § 6 SGB XII) im juristischen Denken und in der Rechtsanwendung geschult sein. Wenn die Beratung nicht unmittelbar durch einen Rechtsanwalt/Volljuristen erfolgt, muss eine **qualifizierte juristische Anleitung** durch einen Rechtsanwalt oder sonstigen Volljuristen sichergestellt sein (§ 6 Abs. 2 S. 2 RDG). Hierzu reichen ggf. auch Kooperationsvereinbarungen mit (externen) Rechtsanwälten aus (z. B. regelmäßige Beratungssprechstunde eines Rechtsanwalts für Klienten und Mitarbeiter eines Jugendklubs, Gemeindetreffs, Selbsthilfevereins).

Die Fachkräfte der öffentlichen **Jugend- und Sozialbehörden** dürfen nicht nur, sie müssen im Rahmen ihrer Zuständigkeit Rechtsberatung leisten (§ 14 SGB I), die Sozialämter z. B. in allen mit der Sozialhilfe zusammenhängenden Fragen (vgl. § 10 Abs. 2 SGB XII). Die **Beratungspflicht** und -erlaubnis ist allerdings inhaltlich begrenzt und erstreckt sich nicht auf die über den spezifischen Zuständigkeitsbereich hinausgehende, allgemeine rechtliche Konfliktbewältigung. So dürfen z. B. im Rahmen der Trennungs- und Scheidungsberatung nach § 17 SGB VIII die Klienten der **Jugendämter** rechtlich nur beraten werden, soweit dies vom Handlungsauftrag der Kinder- und Jugendhilfe gedeckt ist. Dabei darf in einer Beratung in einer sozialen Angelegenheit auch auf Rechtsfragen aus sonstigen Rechtsgebieten eingegangen werden, wenn dies aus Sorge um das Wohl der Kinder und ihrer Familien notwendig ist, so z. B. bei rechtlichen Hinweisen, die im Zusammenhang mit der persönlichen Hilfe in einer besonderen Lebenslage gegeben werden (etwa Aufklärung über die rechtlichen Folgen einer Scheidung; nicht aber z. B. die Regelung der Haushalts- oder Vermögensauseinandersetzung). Mit der persönlichen Hilfe nach dem SGB ist die Rechtsberatung umfasst, nicht aber die rechtliche Vertretung oder gerichtliche Durchsetzung von Ansprüchen. Eine Ausnahme bilden die rechtsbezogenen Tätigkeiten, die auf die Erlangung von Rechtsberatungs- und Prozess- bzw. Verfahrenskostenhilfe (s. u.) gerichtet sind (vgl. LG Stuttgart info also 2001, 169).

Im strafrechtlichen Bereich (s. IV-6) haben sowohl die sozialen Dienste (des JA im Rahmen der Mitwirkung in gerichtlichen Verfahren, sog. JGH, sowie die **Gerichts- und Bewährungshilfe**) eine Rechtsberatungskompetenz (vgl. § 8 Abs. 1 Nr. 2 RDG) als auch die freien Träger der Jugend- und Straffälligenhilfe (§ 8 Abs. 1 Nr. 5 RDG). Das Gleiche gilt für den sog. Beistand im Jugendstrafverfahren, der zudem ein Akteneinsichtsrecht und in der Hauptverhandlung die gleichen Rechte wie ein Verteidiger hat (§ 69 JGG). Gerichtlich bestellte **Betreuer** (§§ 1896 ff. BGB) als gesetzliche Vertreter insb. geschäftsunfähiger Personen (hierzu II-2.4.3.2) und die **Verfahrensbeistände** nach §§ 158, 174 FamFG (sog. **Anwalt des Kindes**, hierzu II-2.4.6.4) bzw. Verfahrenspfleger (§§ 276, 317 FamFG) gehören zu den gerichtlich bestellten Personen i. S. d. § 8 Abs. 1 Nr. 1 RDG, denen die Erbringung von Rechtsdienstleistungen erlaubt ist.

Rechtsberatung durch soziale Dienste

Die **kirchlichen Beratungsdienste** von Caritas und Diakonie sind aufgrund des besonderen Rechtsstatus der Kirchen als Körperschaften des Öffentlichen Rechts (vgl. Art. 140 GG i. V. m. Art. 137 Abs. 5 Weimarer Verfassung) den öffentlichen Sozialleistungsträgern nach § 8 Abs. 1 Nr. 2 RDG gleichgestellt. Sie sind deshalb zur Rechtsdienstleistung berechtigt, i. d. R. aber nicht zur Abfassung von Schriftsätzen oder zur Prozessvertretung (vgl. noch unter Geltung des RBerG LG Stuttgart info also 2001, 167 ff.).

Rechtsberatungshilfe
Für Rechtsuchende (nach § 116 Nr. 2 ZPO auch juristische Personen wie Vereine oder GmbHs) mit beschränkten finanziellen Ressourcen ermöglicht das BerHG den Zugang zu einer nicht behördlichen, vor allem **anwaltlichen Rechtsberatung** außerhalb eines gerichtlichen Verfahrens und im obligatorischen Güteverfahren nach § 15a EGZPO (ausführlich Groß 2013). Die Beratungshilfe besteht bei zivil-, arbeits-, verwaltungs-, sozial-, steuer- und verfassungsrechtlichen Angelegenheiten nicht nur in der bloßen Beratung und Information, sondern soweit erforderlich auch in der Vertretung nach außen. Ist man in den Verdacht geraten, eine strafbare Handlung oder eine Ordnungswidrigkeit begangen zu haben, so kann man sich zwar beraten lassen, erhält jedoch über die Beratungshilfe keine Vertretung oder Verteidigung (vgl. § 2 Abs. 2 BerHG). Die Beratungshilfe ist grds. auf das deutsche Recht begrenzt; im Hinblick auf ausländisches Recht greift sie nur, wenn der Sachverhalt einen Bezug zum Inland hat. Bei Streitsachen innerhalb der EU mit grenzüberschreitendem Bezug wird Beratungshilfe für die vorprozessuale Rechtsberatung im Hinblick auf eine außergerichtliche Streitbeilegung sowie zur Unterstützung bei Anträgen auf Prozesskostenhilfe im Ausland gewährt (§ 10 Abs. 1 BerHG).

Nach § 1 BerHG erhält auf Antrag Beratungshilfe, wer die erforderlichen Mittel nach seinen persönlichen und wirtschaftlichen Verhältnissen nicht aufbringen kann, wenn keine anderen zumutbaren Möglichkeiten der Rechtsberatung zur Verfügung stehen (z. B. aufgrund einer Rechtsschutzversicherung, durch die Sozialverwaltung, Gewerkschaften, Verbände oder z. B. durch die öffentlichen Rechtsauskunftstellen, wie die ÖRA in Hamburg, http://www.hamburg.de/oera/; vgl. die Sonderregelungen für Berlin und Bremen) und die Wahrnehmung der Rechte nicht mutwillig ist (z. B. bereits bei einer anderen Stelle erfolgt ist). Mutwillig wäre es nach § 1 Abs. 3 BerHG auch, wenn ein Rechtsuchender bei verständiger Würdigung aller Umstände der Rechtsangelegenheit ohne Beratungshilfe davon absehen würde, sich auf eigene Kosten rechtlich beraten oder vertreten zu lassen. Bei der Beurteilung der Mutwilligkeit sind die Kenntnisse und Fähigkeiten des Antragstellers sowie seine besondere wirtschaftliche Lage zu berücksichtigen. Einem Beschwerdeführer kann aber nicht zugemutet werden, den Rat derselben Behörde in Anspruch zu nehmen, deren Entscheidung er im Widerspruchsverfahren angreifen will (BVerfG 1 BvR 1517/08 v. 11.05.2009).

Im Hinblick auf die wirtschaftlichen Verhältnisse sind die **Voraussetzungen der Beratungshilfe** gegeben, wenn jemand Prozess- bzw. Verfahrenskostenhilfe nach den Vorschriften der ZPO (bzw. § 76 FamFG) ohne einen eigenen (Raten-)Beitrag erhalten würde (§ 1 Abs. 2 BerHG, § 115 ZPO, §§ 82 f. SGB XII; vgl. I-5.3.3; zur

Berechnung der Beratungs- bzw. Prozess-/Verfahrenskostenhilfe s. http://www.pkh-fix.de). Von den Gerichtskosten und den Kosten des eigenen Rechtsanwalts völlig befreit wird, wer kein Vermögen hat und dessen einzusetzendes Einkommen weniger als 20 € beträgt. Die Angaben zu den Einkommensverhältnissen bzw. zu den abziehbaren Kosten, auch des Ehegatten/Lebenspartners, müssen bei der Beantragung mit Belegen nachgewiesen werden. Vermögen ist einzusetzen, wenn es zumutbar ist (also insb. nicht sog. Schonvermögen bis zur Höhe von 2.600 €, § 115 Abs. 3 ZPO i. V. m. § 90 Abs. 2 Nr. 9 SGB XII i. V. m. DVO).

Einzusetzen sind alle Einkünfte in Geld oder Geldeswert (§ 115 Abs. 1 ZPO). Ausgangspunkt ist das Bruttoeinkommen der rechtsuchenden Partei (aus Lohn, Mieten, Kapitalvermögen etc., auch das Kindergeld). Hiervon werden zunächst Steuern, Vorsorgeaufwendungen (z. B. Sozialversicherung, angemessene private Versicherungen) und Werbungskosten abgezogen. Weiter werden nach § 115 ZPO verschiedene sog. **Freibeträge** abgesetzt, deren Höhe sich entsprechend der Entwicklung der für die Gewährung von Sozialhilfe maßgeblichen Regelsätze ändert und die jeweils im Bundesgesetzblatt bekannt gemacht werden. Derzeit (Stand 01.01.2014) kann von den Einkünften abgezogen werden

- ein Freibetrag von 452 € für die rechtsuchende Partei;
- ein zusätzlicher Freibetrag von 206 € für die Partei, wenn sie Einkünfte aus Erwerbstätigkeit erzielt;
- ein Freibetrag von ebenfalls 452 € für den Ehegatten oder eingetragenen Lebenspartner. Dieser Freibetrag mindert sich um eigenes Einkommen des Ehegatten bzw. eingetragenen Lebenspartners;
- ein Freibetrag für jedes unterhaltsberechtigte Kind (gemindert jeweils um dessen eigenes Einkommen) abhängig von seinem Alter:
  a) Erwachsene: 362 €,
  b) Jugendliche vom Beginn des 15. bis zur Vollendung des 18. Lebensjahres: 341 €,
  c) Kinder vom Beginn des 7. bis zur Vollendung des 14. Lebensjahres: 299 €,
  d) Kinder bis zur Vollendung des 6. Lebensjahres: 263 €;
- die tatsächlichen Wohnkosten (Miete, Mietnebenkosten, Heizung); ggf. nur anteilig, wenn der Ehegatte/Lebenspartner hierzu durch eigenes Einkommen beiträgt;
- ggf. Mehrbedarfe (ins. für Schwangere und ältere Menschen) nach § 21 SGB II und nach § 30 SGB XII;
- weitere Beträge, soweit dies mit Rücksicht auf besondere Belastungen (z. B. Körperbehinderung) angemessen ist (§ 115 Abs. 1 Nr. 5 ZPO).

Der danach verbleibende Rest ist das einzusetzende Einkommen, das für die Gewährung von Prozesskostenhilfe – mit oder ohne Ratenzahlungsverpflichtung – entscheidend ist. Rechtsuchenden Personen, deren einzusetzenden Einkünfte mindestens 20 € betragen, wird das Recht eingeräumt, die anfallenden Prozesskosten in monatlichen Raten in Höhe der Hälfte des einzusetzenden Einkommens zu zahlen (§ 115 Abs. 2 ZPO) – allerdings wird die kostenlose Beratungshilfe nicht gewährt.

Sind die Voraussetzungen für die Gewährung von Beratungshilfe gegeben und erledigt das für den Wohnort des Rechtsuchenden zuständige Amtsgericht (§ 4 Abs. 1 BerHG) die Angelegenheit nicht schon mit einer (kostenlosen) Auskunft oder einem Hinweis, stellt das Amtsgericht dem Rechtsuchenden mit genauer Bezeichnung der Angelegenheit einen **Berechtigungsschein für Beratungshilfe** durch einen Rechtsanwalt seiner Wahl aus (§ 6 BerHG). Vordrucke zur Beantragung der Beratungshilfe sind auch über das Internet verfügbar (http://www.justiz.de/formulare/zwi_bund/agI1.pdf). Der Rechtsuchende kann sich auch an die Rechtsantragsstelle des Amtsgerichts wenden, um ein mündlich vorgetragenes Begehren schriftlich aufnehmen zu lassen. Mit diesem Berechtigungsschein kann dann der Rechtsuchende zu einem Anwalt seiner Wahl gehen. Man kann sich mit der Bitte um Beratungshilfe auch unmittelbar an einen Rechtsanwalt wenden, der dann den Antrag auf Bewilligung der Beratungshilfe an das Amtsgericht weiterleitet. Der Rechtsanwalt erhält seine Gebühren von der Landeskasse (§ 44 RVG und Anlage 1 zu § 2 Abs. 2 – Vergütungsverzeichnis: z. B. 35 € für einen Rechtsrat, Geschäftsgebühr von 85 € insb. für Schriftsätze sowie das Mitwirken bei Verhandlungen und Besprechungen; 270 € bei der Tätigkeit mit dem Ziel einer außergerichtlichen Einigung mit den Gläubigern über die Schuldenbereinigung). Er darf darüber hinaus vom Rechtsuchenden nur eine Gebühr von 15 € erheben (§ 8 BerHG; § 44 Satz 2 RVG, Nr. 2500 – 2508 Vergütungsverzeichnis). Aufgrund der relativ niedrigen Gebühren nehmen gut beschäftigte Anwälte gelegentlich nicht selbst zahlende Mandanten nicht gerne an. Jeder Rechtsanwalt ist aber zur Beratungshilfe standesrechtlich verpflichtet und darf sie nur im Einzelfall aus wichtigem Grund ablehnen. Freilich hilft ein nicht motivierter Anwalt genauso wenig wie ein schlechter Anwalt. In der Tat kann man immer wieder feststellen, dass gut ausgebildete und erfahrene nicht juristische Fachkräfte in ihrem Arbeitsfeld auch in Rechtsfragen – zumal im Bereich des Sozialrechts – manchen Anwälten überlegen sind.

Die Beratungshilfe deckt nicht die Kosten ab, die man ggf. einem Dritten zu erstatten hat, weil man von diesem etwas zu Unrecht verlangt hat und dieser seinerseits anwaltliche Hilfe in Anspruch nimmt, um die Forderung abzuwehren.

Falls die Bemühungen um eine außergerichtliche Einigung scheitern sollten und ein Gericht mit der Sache befasst werden muss, kann Prozess-/Verfahrenskostenhilfe (PKH) nach den Regelungen der §§ 114 ff. ZPO/§ 76 FamFG in Anspruch genommen werden (hierzu I-5.3.3).

BMJ 2014; Groß 2013; Fasselt/Schellhorn 2012

1. Was hat Soziale Arbeit mit Verwaltungshandeln zu tun? (4.1)
2. Worin unterscheiden sich Eingriffs- und Leistungsverwaltung? Was ist in beiden Fällen zu beachten? (4.1)
3. Weshalb ist es wichtig zu klären, ob eine Verwaltung öffentlich-rechtlich oder privatrechtlich gehandelt hat? (4.1.1.1)
4. Was versteht man unter Verwaltungsprivatrecht? (4.1.1.1; vgl. auch I-1.1.4)
5. Was versteht man unter kooperativem Verwaltungshandeln? (4.1.1.3)
6. Welche Formen juristischer Personen des Öffentlichen Rechts gibt es? (4.1.2.1)

7. Worin besteht der Unterschied zwischen der unmittelbaren und mittelbaren Staatsverwaltung? (4.1.2.1)
8. Welche Formen von Körperschaften gibt es und welche haben für die Soziale Arbeit eine besondere Bedeutung? (4.1.2.1)
9. Was versteht man unter Föderalismus und welche Konsequenzen hat dieses Prinzip für die Soziale Arbeit? (4.1.2.1)
10. Welche besondere Stellung und Funktion haben die Kommunen im deutschen Verwaltungsaufbau? (4.1.2.1)
11. Kann der Ministerpräsident eines Landes der Landrätin eines Landkreises, der Innenminister einem Oberbürgermeister, die Sozialministerin dem Sozialdezernenten einer kreisfreien Stadt oder der Leiter des Landesjugendamtes der Leiterin eines städtischen JA eine Weisung erteilen? (4.1.2.1)
12. Worin besteht der Unterschied zwischen einer Behörde und einem Amt? (4.1.2.1)
13. Was sind freie Träger, und aus welchem (Rechts-)Grund sind diese im Jugend- und Sozialbereich tätig? (4.1.2.2)
14. Was versteht man unter Beratung in § 14 SGB I?
15. Dürfen Sozialarbeiter und Mediatoren Rechtsberatung leisten? (4.2)
16. Unter welchen Voraussetzungen und wie erhält man Rechtsberatungshilfe? (4.2)

5 Rechtsschutz (Trenczek)

5.1 Gerichtsbarkeiten
5.1.1 Deutsche Gerichtsbarkeiten
5.1.2 Europäische und internationale Gerichtsbarkeiten
5.2 Verwaltungs- und sozialrechtliche Rechtskontrolle
5.2.1 Verwaltungsinterne Kontrolle durch Aufsichtsverfahren
5.2.2 Widerspruchsverfahren
5.2.3 Gerichtliche Kontrolle
5.2.4 Kostenrisiken
5.3 Ordentliche Gerichtsbarkeit
5.3.1 Streitiges Gerichtsverfahren
5.3.2 Freiwillige Gerichtsbarkeit
5.3.3 Kostenrisiken

Rechtsschutz

Wesentliches Kennzeichen eines Rechtsstaates ist die **Rechtsweg- und -schutzgarantie**, die verfahrensrechtlich das materielle Gesetzlichkeitsprinzip (Art. 20 Abs. 3 GG: Bindung an Recht und Gesetz, vgl. oben I-2.1.2.1) ergänzt. Nach Art. 19 Abs. 4 GG steht jeder natürlichen und juristischen Person der Rechtsweg offen, wenn sie durch die öffentliche Gewalt in ihren Rechten verletzt wurde. Ob das der Fall ist, haben dann letztlich die Gerichte zu prüfen. Darüber hinaus – z. B. in privatrechtlichen Streitigkeiten – garantiert der sog. Justizgewährungsanspruch (s. o. I-2.1.2.3) den Zugang zu den staatlichen Gerichten (vgl. auch Art. 6 Abs. 1 EMRK). Das Recht auf Rechtsschutz beinhaltet stets den **Anspruch auf rechtliches Gehör** (Art. 103 Abs. 1 GG; vgl. z. B. § 62 SGG). Dieser Grundsatz gilt nicht nur vor Gericht, sondern im Rechtsstaat bereits im verwaltungsrechtlichen Verfahren, d. h. dem Bürger muss stets **vor** einer ihn in seinen Rechten belastenden hoheitlichen Entscheidung in geeigneter Weise Gelegenheit zu einer Stellungnahme gegeben werden (§ 24 SGB X; vgl. III-1.2.2). Darüber hinaus garantieren die vor allem strafrechtlich relevanten **Justizgrundrechte** das Verbot von Ausnahmegerichten, die nur für bestimmte Fälle nachträglich eingesetzt werden (Art. 101 GG, § 16 GVG; hierzu IV-1.3 u. 3.2). Jede Form von Freiheitsentzug, also nicht nur als strafrechtliche Rechtsfolge, bedarf der richterlichen Entscheidung (Art. 104 Abs. 2 GG).

Die Rechtsweggarantie besteht allerdings **nicht** unbeschränkt, sondern kann gesetzlich geregelt werden. Das hat der Gesetzgeber z. B. mit dem Aufbau der Gerichtsbarkeiten und den entsprechenden Verfahrensordnungen (z. B. Regelungen von Fristen, Beschränkung der Beschwerdemöglichkeiten gegen Gerichtsentscheidungen, dem sog. Instanzenzug; Notwendigkeit von außergerichtlichen Kontrollverfahren) getan.

Nach Art. 97 GG ist die rechtsprechende Gewalt unabhängigen, d. h. nicht an Weisungen, sondern nur an Recht und Gesetz gebundenen Richtern anvertraut. An der Spitze stehen das BVerfG und die Bundesgerichte (Art. 92 ff. GG). Nach Ausschöpfung des deutschen Rechtsweges können darüber hinaus auch die europäischen Gerichtshöfe (s. u. 5.1.2) angerufen werden. Freilich kommen die meisten Fälle nicht vor diese Gerichte, sondern werden schon im System der Rechtskontrolle auf einer früheren Ebene entschieden.

Rechtskontrolle wird nicht nur durch die Gerichte geleistet, sondern es gibt eine Vielzahl von **außergerichtlichen Rechtsbehelfen**, insb. im Hinblick auf die Kontrolle der öffentlichen Sozialverwaltung (hierzu I-5.2). Dabei handelt es sich einerseits um verwaltungsinterne Aufsichtsverfahren, andererseits um sog. nicht förmliche Rechtsbehelfe sowie darüber hinaus um förmliche Rechtsbehelfe, insb. um den sog. Widerspruch. In privatrechtlichen Streitigkeiten wie auch in strafrechtlich relevanten Konflikten haben in den letzten 25 Jahren in Deutschland sog. alternative, d. h. außergerichtliche Konfliktregelungsverfahren an Bedeutung gewonnen (hierzu I-6).

5.1 Gerichtsbarkeiten

5.1.1 Deutsche Gerichtsbarkeiten

Man unterscheidet in Deutschland zwischen mehreren Gerichtsbarkeiten, die unterschiedliche Kontrollmöglichkeiten und Rechtswege eröffnen (Art. 95 Abs. 1 GG). Von besonderer Bedeutung für die Soziale Arbeit ist hierbei vor allem die Kontrolle der öffentlichen Gewalt (insb. Verwaltungskontrolle), die aus historischen Gründen auch als sog. primärer Rechtsschutz bezeichnet wird (hierzu nachfolgend I-5.2). Sie kümmert sich um Streitigkeiten bei der Anwendung Öffentlichen Rechts, für die insb. die Verwaltungsgerichte und die Sozialgerichte, aber auch die Finanzgerichte zuständig sind. Die **Sozialgerichte** sind für alle in **§ 51 SGG** genannten Streitigkeiten zuständig. Das betrifft traditionell Angelegenheiten der Sozialversicherung wie auch der Arbeitsförderung, seit 2005 aber auch die Angelegenheiten der Grundsicherung für Arbeitsuchende SGB II (Nr. 4a) sowie der Sozialhilfe nach dem SGB XII und des Asylbewerberleistungsgesetzes (Nr. 6a). Im Übrigen sind nach **§ 40 VwGO** die **Verwaltungsgerichte** für alle anderen öffentlich-rechtlichen Streitigkeiten nichtverfassungsrechtlicher Art zuständig (s. I-5.2.2).

Verwaltungskontrolle

Als sekundären Rechtsschutz bezeichnet man den Rechtsschutz, der den Bürgern insb. bei privatrechtlichen Streitigkeiten zur Verfügung steht und durch den sog. ordentlichen Rechtsweg (Art. 19 Abs. 4 S. 2 GG) gewährt wird. Die Begriffe „sekundär" und „ordentliche Gerichtsbarkeit" (hierzu 5.3) sind nur historisch erklärbar als Abgrenzung zur sog. Verwaltungsrechtspflege, die der Gerichtsbarkeit entzogen war (s. u. 5.2.3). Der Begriff „sekundärer" Rechtsschutz passt zudem insofern nicht, als nach Art. 19 Abs. 4 S. 2 GG bei einer Rechtsverletzung durch die öffentliche Gewalt stets der Rechtsweg vor die ordentliche Gerichtsbarkeit gegeben ist, es sei denn, es ist ausdrücklich etwas anderes geregelt. Zur ordentlichen Gerichtsbarkeit werden nach § 13 GVG auch die Strafgerichte gerechnet, obwohl das Strafrecht zum öffentlichen Recht gehört (s. o. I-1.1.4; ausführlich Teil IV-3). Zur sog. besonderen, „außerordentlichen" Gerichtsbarkeit gehört neben den Ge-

ordentliche Gerichtsbarkeit

richten der öffentlich-rechtlichen Streitigkeiten auch die Arbeitsgerichtsbarkeit (vgl. Art. 95 Abs. 1 GG).

Zuständigkeiten Die **sachliche Zuständigkeit** der Gerichte richtet sich also nach der zugrunde liegenden Rechtsmaterie (s. Übersicht 19). Der Gerichtsweg ist dabei mehrstufig in Instanzen aufgebaut, um auch erstinstanzliche Entscheidungen durch eine **Berufung** (vollständige Überprüfung einer gerichtlichen Entscheidung sowohl in tatsächlicher Hinsicht (ggf. inkl. Beweisaufnahme) als auch im Hinblick auf eine fehlerhafte Rechtsanwendung) bzw. **Revision** (Überprüfung einer gerichtlichen Entscheidung nur in rechtlicher Hinsicht) überprüfen lassen zu können.

Ungeachtet der großen Bedeutung der Bundesgerichte obliegt die Rechtsprechung organisatorisch überwiegend den Gerichten der Bundesländer (Art. 92 GG). Die **örtliche** (geografische) **Zuständigkeit** richtet sich im Verwaltungsgerichtsverfahren i.d.R. nach dem Sitz der Behörde (§ 52 Nr. 3 VwGO), im Sozialgerichtsverfahren zumeist nach dem Wohnsitz des klagenden Bürgers (§ 57 Abs. 1 SGG), im Zivilverfahren i.d.R. nach dem Wohnsitz des Beklagten (§§ 12 f. ZPO) bzw. dem gewöhnlichen Aufenthalt (§ 122 FamFG); im Strafrecht wird der Gerichtsstand i.d.R. durch den Ort der Tat bzw. den Wohnsitz des Angeklagten bestimmt (§§ 7 f. StPO).

BVerfG Eine besondere Stellung nimmt das BVerfG ein, das in den in Art. 93 GG, § 13 BVerfGG genannten Fällen darüber wacht, ob die Regelungen des GG eingehalten werden. Von besonderer Bedeutung sind die Normenkontrollverfahren. Bei der **abstrakten Normenkontrolle** wird auf Antrag der Bundesregierung, einer Landesregierung oder eines Viertels der Mitglieder des Bundestages unabhängig von einem konkreten Rechtsstreit (Art. 93 Abs. 1 Nr. 2 GG) ein Gesetz auf seine Verfassungsmäßigkeit überprüft. Bei der sog. **konkreten Normenkontrolle** erfolgt diese Überprüfung auf Vorlage eines Gerichts, welches in einem konkreten Fall ein Gesetze, auf dessen Gültigkeit es bei seiner Entscheidung ankommt, für verfassungswidrig hält (Art. 100 Abs. 1 GG, §§ 13 Nr. 11, 80 ff. BVerfGG). Diese Entscheidungen haben – im Unterschied zu allen anderen Gerichtsentscheidungen – über den Einzelfall hinaus verbindliche Wirkung und Gesetzeskraft (§ 31 Abs. 2 BVerfGG; vgl. I-1.1.3.6). Das BVerfG hat in über 500 Fällen Gesetze und andere Rechtsnormen für verfassungswidrig erklärt; das ist zwar angesichts der Aktivität des Gesetzgebers eine relativ geringe Zahl, gleichwohl sind diese Entscheidungen von besonderer Bedeutung. So sind z.B. vom BVerfG die sog. Hartz-IV-Regelleistungen nach SGB II, insb. das Sozialgeld für Kinder (BVerfG 1 BvL 1/09 – 09.02.2010; hierzu III-4.2.1), und die Regelungen über die nachträglich angeordnete Sicherungsverwahrung (BVerfG 2 BvR 2365/09 – 04.05.2011; s. IV-4.2) als nicht verfassungsgemäß angesehen worden. Über die Rechtmäßigkeit von Rechtsnormen im Rang unter formellen Gesetzen (RVO, Satzungen; hierzu I-1.1.3) entscheiden i.d.R. die OVGs bzw. die LSGs in den Ländern (§ 47 VwGO; § 55a SGG). Schließlich kontrollieren die Landesverfassungsgerichte (mitunter Staats- oder Verfassungsgerichtshof genannt) die Einhaltung des jeweiligen Landesverfassungsrechts.

Verfassungsbeschwerde Die Bürger können das BVerfG auch direkt wegen einer Verletzung ihrer Grundrechte anrufen (§ 90 Abs. 1 BVerfGG). Voraussetzung ist, dass sie selbst noch gegenwärtig und unmittelbar durch eine Maßnahme der öffentlichen Gewalt, sei es eine Verwaltungsentscheidung, ein Gerichtsurteil oder ausnahmsweise auch ein Gesetz, in ihren Rechten betroffen sind. Damit sind in der Vergangenheit abgeschlossene Eingriffe in die Grundrechte ebenso wie sog. Popularklagen (Klagen für andere) ausgeschlossen. Grds. ist eine Verfassungsbeschwerde (hierzu im Einzelnen Pieroth/Schlink et al. 2013, § 34) erst nach Ausschöpfung des Rechtsweges zulässig, d. h., dass alle möglichen Rechtsbehelfe (verwaltungsinterne Kontrollen, Berufung, Revision oder Beschwerde an die nächsthöhere Instanz) eingelegt und erfolglos gewesen sein müssen. Das BVerfG ist aber keine „Superrevisionsinstanz", es prüft also nicht die Verletzung des „einfachen Rechts", sondern nur des Verfassungsrechts und beschränkt die Überprüfung gerichtlicher Entscheidungen darauf, ob diese „objektiv willkürlich" sind und damit gegen Art. 3 GG verstoßen. Nur ausnahmsweise kann eine Verfassungsbeschwerde vor Ausschöpfung des Rechtsweges eingelegt werden, wenn der Verweis auf den Rechtsweg nicht zumutbar oder die Verfassungsbeschwerde von allgemeiner Bedeutung ist (§ 90 Abs. 2 BVerfGG). Angesichts der hohen Zahl von Verfassungsbeschwerden (jährlich über 6.000 Verfahren = 96 %

Übersicht 19: Gerichtsbarkeiten in der Bundesrepublik Deutschland

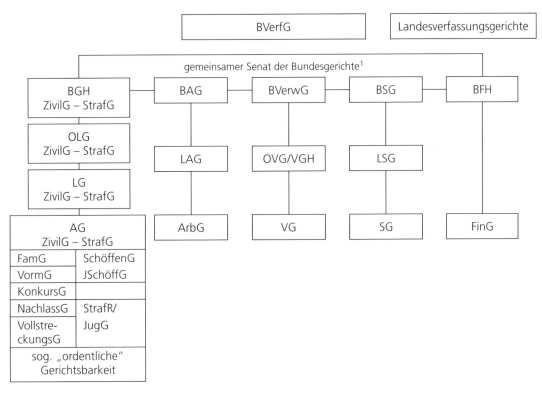

1) gemeinsamer Senat der Bundesgerichte entscheidet nur in Ausnahmefällen; die Besetzung richtet sich nach der jeweiligen Anzahl der Senate

der anhängigen Verfahren) wurden mit drei Richtern besetzte Kammern eingeführt, die vorab prüfen, ob eine Verfassungsbeschwerde zur Entscheidung angenommen wird. Letztlich wird nur etwa 2 % der Verfassungsbeschwerden stattgegeben. Allerdings haben einige dieser Verfassungsbeschwerden die Rechtskultur der Bundesrepublik Deutschland entscheidend geprägt, z. B. die folgenden Entscheidungen (vgl. Grimm et al. 2007; Menzel 2011; Schwabe 2004):

- Recht auf informationelle Selbstbestimmung, sog. „Volkszählungs-Entscheidung" 1 BvR 209 u. a./83 v. 15.12.1983 (BVerfGE 65, 1) sowie Ausgestaltung der Vorratsdatenspeicherung (1 BvR 256/08 – 02.03.2010);
- Schule und Religion:
  - Lehrerin mit Kopftuch BVerfG 2 BvR 1436 /02 v. 24.09.2003: Ein Verbot für Lehrkräfte, in Schule und Unterricht ein Kopftuch zu tragen, bedarf einer hinreichend bestimmten gesetzlichen Grundlage;
  - Kruzifix-Entscheidung 1 BvR 1087/91 – 16.05.1995 (BVerfGE 93, 1): Die staatlich veranlasste Anbringung von Kreuzen in allgemeinen staatlichen Schulen ist mit dem Neutralitätsprinzip als objektivem Verfassungsrecht unvereinbar;
- Familie und Elternverantwortung (Art. 6 GG):
  - z. B. Stellung der Eltern im Jugendstrafverfahren (BVerfG 2 BvR 716/01 v. 16.01.2003 = ZJJ 2003, 68 ff.);
  - Unterhaltsberechnung (BVerfG 1 BvR 105, 559/95 – 05.02.2002);
  - Familienname (BVerfG 1 BvR 683/77 – 31.05.1978 = E 48, 327): Verstoß gegen Art. 3 Abs. 2 GG, wenn Geburtsname der Frau nicht zum Familiennamen bestimmt werden kann;
  - Ausschluss des Vaters eines nicht ehelichen Kindes von der elterlichen Sorge bei Zustimmungsverweigerung der Mutter ist verfassungswidrig (BVerfG 1 BvR 420 /09 – 21.07.2010);
- Meinungs- und Kunstfreiheit (Art. 5 GG):
  - „Mephisto" v. 1971 (BVerfGE 30, 173): Inhalt und Reichweite der Kunstfreiheit;
  - „Lüth" v. 1951 (BVerfGE 7, 198): Wesen der Grundrechte und Inhalt und Umfang der Meinungsfreiheit nach Art. 5 GG;
- Strafrecht (hierzu IV):
  - Unschuldsvermutung (BVerfG 2 BvR 1481/04 – 14.0.2004);
  - Verbot der Doppelbestrafung (BVerfGE 21, 378);
  - Bestimmtheitsgebot (BVerfGE 92, 1 ff.; BVerfG 2 BvR 794/95 – 20.03.2002);
  - Verbot des „großen Lauschangriffs" (BVerfG 1 BvR 2378/98 – 03.03.2004; E 109, 279);
  - Strafvollzug (BVerfGE 33, 1; BVerfG 2 BvR 1673/04 – 31.05.2006 – ZJJ 2006, 193 ff. zum Jugendstrafvollzug): Auch innerhalb sog. „Sonderrechtsverhältnisse" (besonderer „Gewaltverhältnisse" z. B. Strafvollzug, geschlossene Unterbringung) bedürfen weitere, über das Grundverhältnis hinausreichende Beschränkungen der Grundrechte (z. B. Briefzensur, beschränkte Nutzung von Medien) einer gesetzlichen Grundlage;

- Strafvollzug (BVerfG 1 BvR 409/09 – 22.02.2011): Die Strafvollstreckung ist zu unterbrechen und ein Inhaftierter zu entlassen, wenn und solange eine weitere Unterbringung nur unter menschenunwürdigen Bedingungen möglich ist;
- Sicherungsverwahrung und Bedeutung des Verhältnismäßigkeitsgebot für das Strafrecht (BVerfG 2 BvR 2365/09, 2 BvR 740/10 – 04.05.2011; BVerfG 2 BvR 1238/12 – 7.05.2013).

In den letzten Jahren sind einige Massenbeschwerden mit jeweils über 20 – 30.000 Beschwerdeführern erhoben worden (z. B. 2007 knapp 35.000 Beschwerdeführer gegen die Vorratsdatenspeicherung; vgl. BVerfG 1 BvR 256/08 v. 02.03.2010; in 2010 etwa 22.000 Beschwerden gegen die Arbeitnehmerdatenbank ELANA). Neben dem BVerfG haben die Verfassungsgerichte der Länder eine weit geringere Bedeutung entsprechend der eingeschränkten Bedeutung der Landesverfassungen (vgl. I-1.1.3.1).

5.1.2 Europäische und internationale Gerichtsbarkeiten

Neben der nationalen Gerichtsbarkeit hat mittlerweile auch die **Europäische Gerichtsbarkeit** eine große Bedeutung, vor allem der Gerichtshof der Europäischen Union (EuGH) in Luxemburg und der vom Europarat eingerichtete Europäische Gerichtshof für Menschenrechte (EGMR) mit Sitz in Straßburg. „Gerichtshof der EU" bezeichnet genau genommen das gesamte Gerichtssystem der EU (Art. 19 EUV), das aus dem EuGH, dem ihm nachgeordneten „Gericht (erster Instanz) der Europäischen Union" (EuG) sowie den noch einzurichtenden europäischen Fachgerichten (bislang nur Gericht für den öffentlichen Dienst der Europäischen Union) besteht.

EuGH

Der **EuGH** ist ein Organ der EU (Art. 19 EUV) und wacht vor allem über die **Einhaltung des EU-Rechts** (hierzu I-1.1.5.1), kann aber direkt nur von Mitgliedstaaten und den Organen der Europäischen Union angerufen werden. Daneben wurde 1989 zur Entlastung des EuGH das schlicht „Gericht" (Art. 256 AEUV) genannte „Europäische Gericht (**EuG**) erster Instanz" eingerichtet, welches für Entscheidungen im ersten Rechtszug über Klagen zuständig ist, die von den Mitgliedstaaten oder Privatpersonen und Unternehmen in den Fällen erhoben werden, die die europäischen Verträge vorsehen. Das können insb. Klagen gegen Maßnahmen der Organe, Einrichtungen und sonstigen Stellen der EU sein, die an sie gerichtet sind oder sie unmittelbar und individuell betreffen, z. B. eine Entscheidung der Kommission, mit der eine Geldbuße auferlegt wurde.

Eine der weitreichendsten Entscheidungen des EuGH ist die im Verfahren van Gend & Loos von 1963 getroffene, in der der EuGH den eigenständigen Charakter und den Vorrang des EU-Rechts vor den nationalen Rechtsordnungen hervorgehoben hat (s. o. I-1.1.5.1). Die meisten Entscheidungen der EU-Gerichte befassen sich v. a. mit der Freizügigkeit des Waren- und Dienstleistungsverkehrs und dem Diskriminierungsverbot, sie haben (damit) aber mitunter auch sozialrechtliche und verbraucherschützende Implikationen und Konsequenzen, z. B.:

- 03.07.1986 – 66/85 (Lawrie Blum): Arbeitnehmerfreizügigkeit; Arbeitnehmerbegriff;
- 12.03.1987 – 178/84: Reinheitsgebot für Bier vs. Warenverkehrsfreiheit;
- 14.04.1994 – C-392/92: (Schmidt): Wahrung von Ansprüchen der Arbeitnehmer beim Übergang (out-sourcing) von Unternehmen, Betrieben oder Betriebsteilen;
- 28.04.1998 – C 120/95 (Decker) und C 158/96 –(Kohll): Kostenerstattung der Sozialversicherung bei Brillenkauf bzw. Zahnbehandlung im EU-Ausland;
- 11.01.2000 – C-285/98, (Tanja Kreil): Anwendbarkeit des Gleichbehandlungsgrundsatzes im Bereich der Streitkräfte; Verhältnismäßigkeitsgrundsatz.;
- 12. 7. 2001 – C-157/99 (Smits/Peerbooms): Krankenhausbehandlung von gesetzlich Versicherten im Ausland nur mit vorheriger Genehmigung der Krankenkasse (vgl. § 13 Abs. 5 SGB V)
- 11.12.2003 – C 322/01 (Doc Morris): Verbot des Versandhandels mit auf dem deutschen Markt zugelassenen und nicht verschreibungspflichtigen Medikamenten verstößt gegen EU-Gemeinschaftsrecht
- 16.03.2004 – C-264/01 u. a. (AOK Bundesverband): Krankenkassen und deren Zusammenschlüsse sind keine Unternehmen i. S. v. Art. 101 ff AEUV
- 22.11.2005 – C 144/04 (Mangold): Grenzen der zulässigen Altersdiskriminierung, Unvereinbarkeit von § 14 Abs. 3 Satz 4 TzBfG mit Gemeinschaftsrecht;
- 15.03.2005 – C-209/03 (Bidar): Die Vorschriften über die Unionsbürgerschaft (Art. 20 AEUV) können i. V. m. dem Diskriminierungsverbot (Art. 18 AEUV) einen Anspruch auf soziale Teilhabe und Sozialleistungen vermitteln;
- 11.06.2009 – 300/07 (Oymanns): Krankenkassen sind als öffentlicher Auftraggeber verpflichtet, Aufträge auszuschreiben
- 01.03.2011 – C-236/09: Beanstandung der Ungleichbehandlung von Männern und Frauen in Versicherungstarifen.
- 27.03.2014 – C-314/12: Internetprovider dürfen verpflichtet werden, den Zugang ihrer Kunden zu einer Website zu sperren, auf der Filme (oder andere urheberrechtlich geschützte Medien) ohne Zustimmung der Rechteinhaber der Öffentlichkeit zugänglich gemacht werden, um den illegalen Download zu verhindern. Sperrmaßnahmen dürfen aber den Zugang zu legalen Inhalten nicht unnötig beeinträchtigen;
- 08.04.2014 – C-293/12, C-594/12 (Digital Rights Ireland): Beanstandung der EU-Richtlinie zur Vorratsdatenspeicherung.
- 13.05.2014 – C-131/12 (Google vs. Gonzáles): Betreiber von Internetsuchmaschinen sind zur Einhaltung der europäischen Datenschutzrichtlinie verpflichtet, unabhängig davon, ob die Datenverarbeitung in oder außerhalb Europas stattfindet. Sie sind bei personenbezogenen Daten, die auf von Dritten veröffentlichten Internetseiten erscheinen, für die von ihnen vorgenommene Verarbeitung verantwortlich. Sie können verpflichtet werden, Links und Snippets aus ihrem Webindex zu entfernen (sog. Recht auf Vergessen).

Der **Europäische Gerichtshof für Menschenrechte** (EGMR) in Straßburg ist kein **EGMR**
EU-Gericht, sondern wurde vom Europarat eingerichtet und wacht vor allem über
die **Einhaltung der Europäischen Menschenrechtskonvention** (EMRK, s. I-1.1.5.2).
Den EGMR können alle natürlichen Personen, nicht staatliche Organisationen und
Personengruppen mit der Behauptung angehen, durch einen Vertragsstaat in einem
von der Konvention und den Protokollen garantierten Recht verletzt worden zu sein
(Art. 34 EMRK). Allerdings befasst sich der Gerichtshof mit der Angelegenheit erst
nach Ausschöpfung des innerstaatlichen Rechtsweges (Art. 35 Abs. 1 EMRK). Der
EGMR hat (nicht nur) die Bundesrepublik wiederholt zu Schadensersatz verurteilt,
seine Entscheidungen haben darüber hinaus erhebliche Auswirkungen auf die deutsche Rechtspraxis, z. B.

- Görgülü ./. Germany – 26.02.2004 – 74969/01 – JAmt 2004, 551: Sorgerechtsentscheidung zugunsten des leiblichen, nicht mit der Mutter verheirateten Vaters.
- Haase ./. Germany – 08.05.2004 – 11057/02 – FamRZ 2005, 585: Selbst wenn ein Kind in einem für seine Erziehung günstigeren Umfeld untergebracht werden könnte, kann dies nicht rechtfertigen, es im Wege einer Zwangsmaßnahme der Betreuung durch seine biologischen Eltern zu entziehen;
- Jalloh ./. Germany – 11.06.2006 – 54810/00 zum Verbot der zwangsweisen Verabreichung von Brechmitteln bei beschuldigten Drogendealern;.
- Gäfgen ./. Germany – 01.06.2010 – 22978/05: Die Androhung einer vorsätzlichen Misshandlung in einem Polizeiverhör ist unabhängig vom Verhalten des Betroffenen und der Beweggründe der Behörden als unmenschliche Behandlung im Sinne von Art. 3 EMRK (Folterverbot)einzustufen.
- Schüth ./. Germany – 23.09.2010 – 1620/03: Die Straßburger Richter rügten im Fall der Kündigung eines Kirchenangestellten (der „außerhalb der von ihm geschlossenen Ehe mit einer anderen Frau zusammenlebte, die ein Kind von ihm erwartet"), dass dessen Kündigungsschutzklage selbst vom BAG und BVerfG abgewiesen wurde und die deutschen Arbeitsgerichte keine angemessene Abwägung zwischen den Interessen des kirchlichen Arbeitgebers und den Interessen des Arbeitnehmers auf Achtung seines Privat- und Familienlebens vorgenommen haben;
- Zaunegger ./. Germany – 3. 12.2009 – 22028/04: Absolutheit des alleinigen Sorgerechts unverheirateter Mütter verstößt im Hinblick auf den leiblichen, nicht ehelichen Vater gegen das Diskriminierungsverbot des Art. 14 EMRK
- M ./. Germany – 17.12.2009 – 19359/04 zur nachträglichen Sicherungsverwahrung (Verstoß gegen Art 5 u. 7 EMRK) (vgl. IV-9.4.2).
- Anayo ./. Deutschland – 21.12.2010 – 20578/07: Rechte des biologischen Vaters, Verhinderung des Umgangsrechts kann gegen Art. 8 EMRK verstoßen.
- M.S.S. ./. Belgium and Greece – 21.01.2011 – 30696/09: Abschiebung eines Asylbewerbers nach Griechenland stellt aufgrund der Mängel im dortigen Asylsystem eine „erniedrigende und unmenschliche Behandlung" dar.
- Heinisch ./. Germany – 21.07.2011 – 28274/08: Arbeitnehmerpflichten und Meinungsfreiheit.
- A.B. & C. ./. Minister voor Immigratie, Integratie en Asiel – 7.11.2013 – C-199/12: Homosexualität als Asylgrund.

Internationale Gerichte Neben den europäischen gibt es eine Reihe weiterer internationaler Gerichte, deren Bedeutung in einer globalen Welt zwar zunimmt, die von den einzelnen Staaten aber in unterschiedlichem Maße unterstützt werden. Der **Internationale Gerichtshof** (IGH) in Den Haag ist das oberste Rechtsprechungsorgan der Vereinten Nationen. Er ist u. a. zuständig für Fragen im Zusammenhang mit der UN-Charta, für die Auslegung internationaler Verträge, Fragen des Völkerrechts und die Feststellung von Völkerrechtsverstößen. Nur Staaten können Partei sein.

Demgegenüber werden vor dem **Internationalen Strafgerichtshof** (IStGH) Personen angeklagt, die in Verdacht stehen, schwere Kriegs- und andere Verbrechen gegen die Menschlichkeit begangen zu haben (zum Strafrecht s. IV). Allerdings haben nur 121 der 193 UN-Staaten (alle EU-Staaten, nicht aber u. a. die USA, China, Russland, Indien, Iran, Nordkorea, Pakistan, Saudi-Arabien und die Türkei) das Statut unterzeichnet und ratifiziert und erkennen damit die Zuständigkeit und Entscheidungshoheit des IStGH an. Neben diesem ständigen IStGH gibt es, ebenfalls mit Sitz in Den Haag, noch weitere von der UN eingesetzte Tribunale, z. B. den Internationalen Strafgerichtshof für das ehemalige Jugoslawien oder für Ruanda. In Hamburg ansässig ist der Internationale Seegerichtshof (ISGH), der über die Auslegung des Seerechtsübereinkommens der Vereinten Nationen vom 10.12.1982 entscheidet (vgl. z. B. die Verurteilung Russlands zur Freigabe des Greenpeace Schiffes „Artic Sunrise" am 22.11.2013 – Az. 22).

 Zum EGMR vgl. http://www.echr.coe.int/ sowie http://www.egmr.org/ (in Deutsch).

Zum EuGH: http://curia.europa.eu/

5.2 Verwaltungs- und sozialrechtliche Rechtskontrolle

Die Fach- und **Rechtskontrolle** der Sozialverwaltung (Verwaltungskontrolle) unterscheidet sich aufgrund einer spezifischen Verknüpfung von verwaltungsinternen und gerichtlichen Kontrollinstrumenten stark von der Rechtskontrolle im allgemeinen Rechtsverkehr. Man unterscheidet im öffentlich-rechtlichen Bereich erstens zwischen sog. formlosen Rechtsschutzmöglichkeiten und Aufsichtsverfahren (hierzu 5.2.1) und zweitens förmlichen Rechtsbehelfen, insb. aufgrund eines **Widerspruchs** (im Steuerrecht: Einspruch) **bei Verwaltungsakten** (hierzu 5.2.2), sowie drittens den Instrumenten der gerichtlichen Rechtskontrolle (siehe I-5.2.3 und Übersicht 20).

5.2.1 Verwaltungsinterne Kontrolle durch Aufsichtsverfahren

Behörden sind als öffentliche Verwaltungen hierarchisch gegliederte Organisationen zur Erfüllung öffentlicher Aufgaben. Im Bereich der Ministerialverwaltung findet man in der Regel einen dreistufigen Behördenaufbau (s. o. I-4.1.2). Auch die Selbstverwaltungsträger sind im inneren Behördenaufbau hierarchisch organisiert. Sinn und Zweck der hierarchischen Rangordnung ist neben möglichst effizienten Organisationsstrukturen und Entscheidungsfindungsprozessen auch eine interne Kontrolle der Verwaltung.

Unter dem Begriff Fachaufsicht versteht man die inhaltliche, aufgabenbezogene Kontrolle einer übergeordneten Behörde gegenüber Sachentscheidungen einer nachgeordneten Ebene (vgl. z. B. § 117 Abs. 2 ThürKO) bzw. die Kontrolle des Dienstvorgesetzten über seine Mitarbeiter. Sie umfasst sowohl die Rechtmäßigkeit der Sachentscheidung als auch die Zweckmäßigkeit bei der Ermessensausübung (vgl. I-3.4.2). **Fachaufsicht**

Im Hinblick auf die Kontrolle des Aufbaus und der allgemeinen Geschäftsführung der Behörden sowie der Personalangelegenheiten spricht man hier auch von Dienstaufsicht. Demgegenüber geht es bei der Rechtsaufsicht lediglich um die Überprüfung der Rechtmäßigkeit von Entscheidungen, insb. der Selbstverwaltungsträger, auf ihre förmliche (vor allem verfahrensrechtliche) und materielle (inhaltlich rechtsbezogene) Rechtmäßigkeit (sog. Gesetzmäßigkeitskontrolle). Im Hinblick auf die staatliche Rechtsaufsicht gegenüber den Gemeinden in weisungsfreien Selbstverwaltungsangelegenheiten spricht man auch von Kommunalaufsicht (vgl. § 117 Abs. 1 ThürKO). Der innerhalb der gesetzlichen Grenzen bestehende Entscheidungsspielraum des Selbstverwaltungsträgers bleibt dabei unangetastet. **Dienstaufsicht** **Rechtsaufsicht**

Übersicht 20: Rechtsschutzmöglichkeiten gegen Verwaltungsmaßnahmen (Rechtsbehelfe)

Rechtsschutzmöglichkeiten gegen Verwaltungsmaßnahmen (Rechtsbehelfe)	
außergerichtlich	**gerichtlich**
formlos (keine Frist, keine Selbstbetroffenheit erforderlich, aber: kein Anspruch auf Entscheidung): → Petition → Gegenvorstellung → (Fach-)Aufsichtsbeschwerde → Dienstaufsichtsbeschwerde **förmlicher Rechtsbehelf:** → Widerspruch (§§ 78 Abs. 1 ff. SGG/§§ 68 Abs. 1 ff. VwGO)	→ **Klage** (§§ 54 f. SGG/42 f. VwGO): Anfechtungs-, Verpflichtungs-, Untätigkeits-, allg. Leistungs-, Feststellungsklage → **einstweiliger Rechtsschutz** – § 86b Abs. 1 SGG/§ 80 V VwGO: Wiederherstellung der aufschiebenden Wirkung des Widerspruchs; – § 86b Abs. 2 SGG/§ 123 VwGO: einstw. Anordnung → **Rechtsmittel** – Berufung §§ 143 ff. SGG/§§ 124 ff. VwGO – Revision §§ 160 SGG/§§ 132 ff. VwGO → **Normenkontrolle** (Art. 100 GG; §§ 76, 80 ff. BVerfG)

Neben der Rechts- und Fachaufsicht gibt es noch die Rechnungsprüfung, die Überwachung der gesamten Haushalts- und Wirtschaftsführung der öffentlichen Hand durch sog. Rechnungshöfe.

Welche Form der Aufsicht eingreift, richtet sich nach dem jeweiligen Verwaltungsaufbau (vgl. I-4.1.2.1). Die Rechtsaufsicht des Staates ist unabhängig von der Verwaltungsorganisation stets zulässig und notwendig – es gibt also **keinen rechtsfreien Raum**. Die Fach- und Dienstaufsicht ist nur in einem hierarchischen Gefüge zulässig.

Das ist z. B. im Verhältnis des LJA (staatliche Behörde) zu den kommunalen JÄ nicht der Fall. Die Aufgaben des LJA sind ausdrücklich in § 85 Abs. 2 SGB VIII geregelt und beschränken sich mit Blick auf die JÄ im Wesentlichen auf beratende und fördernde Tätigkeiten. Den LJÄ steht auch keine Rechtsaufsicht über die JÄ zu. Diese richtet sich nach den jeweiligen landesrechtlichen Bestimmungen (i. d. R. Kommunal- oder Gemeindeordnungen). Die Funktion der Kommunal- oder Rechtsaufsichtsbehörde über die kreisfreien Städte und Landkreise wird in den Ländern zumeist durch eine Landesmittelbehörde (z. B. Bezirksregierung, Regierungspräsidien, Landesverwaltungsamt, z. B. in Thüringen § 118 Abs. 2 ThürKO) wahrgenommen (sonst Innenministerium, § 171 NKomVG), die Rechtsaufsicht über kreisangehörige Gemeinden liegt in den meisten Bundesländern beim Landrat/Landkreis. Es gibt wie in den anderen Selbstverwaltungsangelegenheiten (z. B. Sozialhilfe) keine davon getrennte Rechtsaufsicht über die kommunalen (Jugend-)Ämter/Behörden. Das LJA kann gegenüber den JÄ lediglich Empfehlungen aussprechen und durch gezielte Beratung und (v. a. Ressourcen steuernde) Förderung diese zu einem bestimmten Verhalten veranlassen. Soweit das LJA in den staatlichen Behördenaufbau eingegliedert ist, unterliegt es den Weisungen der nächsthöheren Behörde und der Fachaufsicht des Innenministeriums (z. B. § 15 NRW AGKJHG).

Im **internen Verwaltungsaufbau der JÄ** unterliegen deren Mitarbeiter grds. der Dienst- und Fachaufsicht ihrer Vorgesetzten, insb. der Jugendamtsleiter, der Sozialdezernenten und Bürgermeister. Wird das JA allerdings Amtspfleger oder -vormund, so überträgt es die Erledigung der Aufgabe einzelnen seiner Beamten oder Angestellten (§ 55 Abs. 2 S. 1 SGB VIII). Diese sind insoweit allein den Interessen des von ihnen vertretenen Mündels verpflichtet und unterstehen dabei nicht der Fachaufsicht durch eine staatliche Verwaltungsbehörde, sondern der Aufsicht des Familiengerichts (§ 1837 BGB; Münder et al. 2013, § 55 Rz. 18 f.)

Aufsichtsverfahren werden entweder von Amts wegen durch die Aufsicht führende Behörde in Gang gesetzt oder durch die Beschwerde eines Bürgers ausgelöst. Sie sind Ausfluss des sog. Petitionsrechts nach Art. 17 GG. Mit der sog. **Gegenvorstellung** kann der Bürger ganz allgemein die nochmalige Überprüfung der Sach- und Rechtslage durch die Ausgangsbehörde anregen (z. B. weil ihm aufgefallen ist, dass offensichtlich ein Versehen oder Tippfehler vorliegt oder wichtige Unterlagen nicht eingegangen oder berücksichtigt worden sind). An die nächsthöhere Stelle richtet sich die **Fachaufsichtsbeschwerde**, mit der die inhaltliche Überprüfung eines Vorgangs oder einer Entscheidung angeregt wird, während man sich mit einer **Dienstaufsichtsbeschwerde** über das persönliche Verhalten eines Mitarbeiters (z. B. Beleidigung) einer Verwaltung beklagt. Gegenvorstellungen und Beschwerden ist gemein, dass sie – wie eine Petition, „Eingabe" oder ein Gesuch und damit anders als der Widerspruch (hierzu I-5.2.2) – formlos, ohne Einhaltung einer bestimmten Frist und selbst dann zulässig sind, wenn der Beschwerdeführer als Person überhaupt nicht betroffen ist und für einen anderen handeln will. Ihr Nachteil ist allerdings, dass der Bürger keinen Rechtsanspruch auf eine Entscheidung hat, sondern die Bearbeitung im Ermessen der Behörde steht. Das veranlasst manche zu der Bemerkung, diese Rechtsbehelfe seien „formlos, fristlos, ... aber auch fruchtlos". Allerdings kann man dies so pauschal für die Praxis nicht bestätigen. Insb. (in Form und Inhalt) angemessene (und nicht querulierende) Gegenvorstellungen veranlassen die Verwaltung durchaus dazu, Fehler zu korrigieren, ohne dass ihr „ein Zacken aus der Krone bricht". Vor Dienstaufsichtsbeschwerden wird gelegentlich gewarnt, weil sich die Sachbearbeiter persönlich getroffen und angeschwärzt fühlen könnten und man sich gerade in Abhängigkeitsverhältnissen keine Feinde machen sollte. Allerdings sollte man auch dies nicht so pauschal stehen lassen, zumal gerade in diesem Bereich auch Rechts- und Sozialanwälte stellvertretend aktiv werden können. In modern geführten und zunehmend bürgerfreundlicher organisierten Verwaltungen kann es sich kein Mitarbeiter erlauben, mehrere Dienstaufsichtsbeschwerden einfach auszusitzen. Zumindest die Furcht vor einer negativen Presse wird die Amtsleitungen veranlassen, intern ein transparentes Berichtswesen zur Qualitätssicherung zu implementieren und sich ebenso ernsthaft mit „Kritik von außen" zu beschäftigen.

Neben diesen allgemeinen Beschwerdemöglichkeiten gibt es eine Reihe spezifischer Kontroll- und Beschwerdestellen, insb. sog. Bundesbeauftragte, mit ganz unterschiedlichen Kompetenzen, die sich der Anliegen der Bürger annehmen können, z. B.

- Landes- und Bundesdatenschutzbeauftragte (vgl. III-1.2.3),
- Beauftragte des Bundes für die Belange behinderter Menschen,
- Beauftragte der Bundesregierung für Migration, Flüchtlinge und Integration,
- Beauftragte der Bundesregierung für die Belange der Patientinnen und Patienten,
- die Kinderschutzkommission des Bundestages,
- Kinderbeauftragte der Kommunen,
- Gleichstellungsbeauftragte des Bundes, der Länder und Kommunen.

5.2.2 Widerspruchsverfahren

Im Rahmen der verwaltungsinternen Rechtskontrolle steht dem Bürger neben den nicht förmlichen Rechtsbehelfen mit dem sog. Widerspruch noch ein weiter gehender **förmlicher Rechtsbehelf** zur Verfügung. Für das förmliche **Rechtsbehelfsverfahren gegen Verwaltungsakte** (hierzu III-1.3.1) verweist **§ 62 SGB X** entweder auf die Möglichkeiten des SGG oder der VwGO, soweit nicht ausdrücklich durch ein Gesetz etwas anderes bestimmt ist. Zunächst muss also auch im Hinblick auf das verwaltungsinterne Widerspruchverfahren der (letztlich vor Gericht zu bestreitende) Rechtsweg geklärt werden, weil sich daraus auch die Regelungen

Widerspruch

§ 62 SGB X → § 51 SGG

für das sog. Vorverfahren ergeben. Nach § 51 SGG ist für Angelegenheiten der Sozialversicherung wie auch der Arbeitsförderung, der Grundsicherung für Arbeitsuchende nach dem SGB II (Nr. 4a) sowie der Sozialhilfe nach dem SGB XII und des Asylbewerberleistungsgesetzes (Nr. 6a) grds. der **Sozialgerichtsweg** einzuschlagen. Angelegenheiten nach dem BAföG, dem Heimrecht, dem WoGG und Zuwanderungsrecht (hierzu III-7) sowie der Kinder- und Jugendhilfe nach dem SGB VIII (hierzu III-3) sind in § 51 SGG nicht aufgeführt, weshalb es i. d. R. bei dem in **§ 40 VwGO** vorgesehenen **Verwaltungsrechtsweg** bleibt. Eine **Ausnahme** hiervon bildet die gesetzliche Sonderrechtswegzuweisung z. B. für den Widerspruch der Personen- oder Erziehungsberechtigten nach § 42 Abs. 3 SGB VIII bei einer (noch andauernden) Inobhutnahme, über den im Hinblick auf den Personensorgerechtseingriff das FamG zu entscheiden hat (s. III-3.5.4). Demgegenüber handelt es sich bei einem Widerspruch gegen einen VA, der aufgrund einer Inobhutnahme ergeht (z. B. Kostenbescheid) und mit dem die Rechtmäßigkeit der Inobhutnahme immanent geprüft werden muss, um eine verwaltungsrechtliche Streitigkeit, die von den Verwaltungsgerichten geklärt wird.

Statthaftigkeit Das Widerspruchsverfahren dient nicht nur dem Rechtsschutz des Bürgers und der Selbstkontrolle der Verwaltung, sondern auch der Entlastung der Gerichte (vgl. hierzu Sodan/Ziekow – Geis 2014, § 68 Rz. 1 ff.). Es handelt sich um ein verwaltungsinternes Kontrollverfahren, das bislang i. d. R. erforderlich (und deshalb – wie man entsprechend der juristischen Terminologie sagt – „statthaft") ist, bevor vor den Sozial- bzw. Verwaltungsgerichten Anfechtungs- oder Verpflichtungsklage erhoben werden kann. Ohne vorherigen Widerspruch ist eine Anfechtungs- oder Verpflichtungsklage also grds. nicht zulässig (sog. Prozessvoraussetzung; § 78 Abs. 1 SGG/§ 68 Abs. 1 VwGO – mit den dort geregelten Ausnahmen; kommt es nicht zu einem Gerichtsverfahren, z. B. weil der Widerspruch Erfolg hatte, spricht man mitunter vom sog. „isolierten Vorverfahren"). Ausdrücklich ausgeschlossen ist ein Widerspruch teilweise im Zuwanderungs- und Asylrecht (§§ 15a Abs. 2 u. 4, 24 Abs. 4 AufenthG; § 11 AsylVfG). Mittlerweile haben auch mehrere Bundesländer aufgrund § 68 Abs. 1 S. 2 VwGO bzw. § 78 Abs. 1 S. 1 SGG das **Widerspruchsverfahren** durch Landesgesetze in einigen Rechtsgebieten (z. T. zeitlich begrenzt) **abgeschafft** (vgl. § 16a HE AGVwGO bis 31.12.2018; § 8a Nds AG VwGO; § 4a Nds. AGSGG; § 6 NRW AG VwGO und § 110 NRW Justizgesetz; in Bayern besteht nach Art. 15 Abs. 1 Nr. 4 Bay AGVwGO ein fakultatives Widerspruchs- und Klagerecht; hierzu Sodan/Ziekow – Geis 2014, § 68 Rz. 131 ff.). In Niedersachsen betrifft dies auch die im Verwaltungsrechtsweg zu behandelnden Streitigkeiten nach dem Kinder- und Jugendhilferecht, im SGG-Bereich ist der Widerspruch beim Erziehungsgeld sowie Blindengeld abgeschafft worden (§ 4a Nds AGSGG). In Thüringen wurde das Vorverfahren bislang nur in einigen Randbereichen abgeschafft (§§ 8af. Thür. AGVwGO, z. B. bei einigen VA des Landesverwaltungsamtes). Die Abschaffung des Widerspruchverfahrens und damit die Zulässigkeit bzw. die Notwendigkeit zur direkten Klageerhebung ist nicht zum Vorteil des rechtsuchenden Bürgers (Schwellenerhöhung; ggf. Kostenlast nach § 154 VwGO) und hat in der Fachöffentlichkeit und bei Bürgerbeauftragten heftige Kritik ausgelöst (vgl. Nieuwland 2007, 38).

Auch wenn man das Widerspruchsverfahren im Hinblick auf die gerichtliche

Kontrolle als „Vorverfahren" bezeichnet, handelt es sich um ein **verwaltungsinternes Kontrollverfahren**. Sofern nichts Besonderes geregelt ist (vgl. § 84a SGG), gelten deshalb neben dem SGG bzw. der VwGO auch die allgemeinen verfahrensrechtlichen Regelungen nach dem SGB I und X (§ 62 HS 2 SGB X; hierzu ausführlich III-1.2). Das Kontrollverfahren beginnt mit der Erhebung des Widerspruchs § 83 SGG/§ 69 VwGO). Der Widerspruch ist nach **§ 84 Abs. 1 SGG** bzw. **§ 70 Abs. 1 VwGO** grds. bei der Behörde zu erheben, die den VA erlassen hat. Dies kann schriftlich (d. h. mit Originalunterschrift vgl. II-1.3.3) oder zur Niederschrift geschehen (d. h. mündlich zu Protokoll) und muss **innerhalb eines Monats** (nicht vier Wochen!) nach Bekanntgabe des VA (= Zugang) erfolgen. Zur Fristwahrung genügt es im Verwaltungsrechtsweg auch, den Widerspruch innerhalb der Frist bei der Widerspruchsbehörde einzureichen (§ 70 Abs. 1 S. 2 VwGO), im Sozialrechtsweg ist die Frist auch dann gewahrt, wenn der Widerspruch rechtzeitig irgendeiner deutschen Behörde oder einem Sozialversicherungsträger (§ 84 Abs. 2 SGG) zugeht. Im Hinblick auf den ggf. notwendigen Beweis ist es ratsam, den Widerspruch per Einschreiben zu schicken oder zusammen mit einem Zeugen bei der Post abzugeben. Wird der Schriftsatz durch Telefax übermittelt, so ist ein Sendebericht zu erstellen und auf etwaige Übermittlungsfehler, insb. die Richtigkeit der verwendeten Empfängernummer, zu überprüfen (nach BSG 20.10.2009 – B 5 R 84/09 B kommt es auf den Empfang der gesendeten technischen Signale im Telefaxgerät des Empfängers an, so auch noch BGH 25.04.2006 – IV ZB 20/05; mittlerweile ist nach BGH 19.03.2008 – III ZB 80/07 im Zivilrecht ein Sendebericht ausreichend; eine E-Mail ohne qualifizierende Signatur genügt aber nicht, vgl. VGH Kassel NVwZ-RR 2006, 377). Im Sozialrechtsweg beträgt die Frist bei einer Bekanntgabe ins Ausland drei Monate. Die Fristen beginnen nur zu laufen, wenn eine **korrekte Rechtsbehelfsbelehrung** (vgl. III-1.3.1.1) schriftlich ergangen ist. Ist die Rechtsbehelfsbelehrung unterblieben (z. B. weil sie erlassen oder vergessen wurde oder der VA mündlich erging) oder ist sie fehlerhaft, so verlängert sich die Frist bis auf ein Jahr (§ 66 SGG/58 VwGO).

Fristen

Im Hinblick auf den Zugang des VA ist die 3-Tages-Regel des **§ 37 Abs. 2 SGB X** zu beachten. Ein schriftlicher VA, der durch die Post übermittelt wird, gilt mit dem dritten Tage nach Aufgabe zur Post als bekannt gegeben (**Zugangsfiktion**), selbst wenn er an seinem Ziel früher eintreffen sollte. Fällt das Fristende auf ein Wochenende oder einen gesetzlichen Feiertag, so endet die Frist grds. erst mit dem Ablauf des nächsten Werktages (§ 26 Abs. 3 SGB X; für den Widerspruch vgl. § 57 VwGO i. V. m. § 222 Abs. 2 ZPO). Für die Fristberechnung sind nach §§ 62, 26 Abs. 1 SGB X im Übrigen die Regelungen der §§ 187 – 193 BGB anzuwenden. Will der Adressat des VA sichergehen, dass er den Ablauf der Widerspruchsfrist nicht verpasst, sollte er das (im Schreiben angegebene) Datum beachten, an dem der Bescheid frühestens zur Post gegangen ist, sodass von einer Bekanntgabe am dritten Tag danach auszugehen ist und die Frist gemäß § 187 Abs. 2 BGB mit Beginn des Folgetages zu laufen beginnt. Im Streit um die Rechtzeitigkeit eines Widerspruchs greift die Zugangsfiktion des § 37 Abs. 2 SGB X aber nur ein, wenn der Tag der Aufgabe zur Post in den Behördenakten vermerkt wurde. Ohne einen solchen sog. Abvermerk muss die Behörde den Zugang beweisen, wenn der Bürger diesen bestreitet (LSG Thür 19.02.2014 – L 1 U 1792/13 B ER).

Beschwer Ein Widerspruch ist nur zulässig, wenn der Beschwerdeführer geltend machen kann, durch den VA in seinen eigenen (subjektiv-öffentlichen) Rechten (vgl. I-1.1.4) verletzt, d. h. selbst beschwert zu sein. Das ergibt sich aus dem Gesetz zwar unmittelbar nur für die Klage (vgl. § 54 Abs. 1 S. 2 SGG/§ 42 Abs. 2 VwGO), setzt aber die **Selbstbetroffenheit** für das Vorverfahren durch den „Beschwerten" logisch voraus (vgl. § 84 SGG/§ 70 VwGO). Für die Beschwerde reicht allein die Möglichkeit einer (Rechts-)Verletzung aus, weshalb Adressaten von belastenden VA grds. immer widerspruchsbefugt sind. Darüber hinaus können jedoch auch Dritte durch einen VA beschwert und somit zum Widerspruch berechtigt sein. Im allgemeinen Verwaltungsrecht ist das z. B. bei Baugenehmigungen der Nachbarn des Adressaten der Fall, da von einem Neu-, An- oder Umbau auch ihr Grundstück faktisch oder in seinem Wert betroffen sein kann. Im Recht der Grundsicherung für Arbeitsuchende können z. B. die Mitglieder einer Bedarfsgemeinschaft beschwert sein, die bei einer Kürzung des Alg II beim Adressaten wegen einer Sanktion nach § 31a SGB II (III-4.18) mitbetroffen sind, da dadurch das verfügbare Haushaltseinkommen sinkt.

Suspensiveffekt Der Widerspruch hat – ebenso wie die Anfechtungsklage – bei der Anfechtung eines VA grds. eine **aufschiebende Wirkung** (sog. Suspensiveffekt; § 86a Abs. 1 SGG, § 80 Abs. 1 VwGO), d. h. der VA wird **nicht bestandskräftig** (vgl. III-1.3.1.2) und darf deshalb grds. nicht vollstreckt werden. Keine aufschiebende Wirkung tritt dagegen u. a. in folgenden Fällen ein:

- bei der Anforderung von öffentlichen Beiträgen, Abgaben und Kosten sowie Steuern und Gebühren (§ 86a Abs. 2 Nr. 1 SGG/§ 80 Abs. 2 Nr. 1 VwGO; zur Frage der aufschiebenden Wirkung des Widerspruchs gegen einen Kostenbeitragsbescheid im Jugendhilferecht s. III-3.5.4),
- bei unaufschiebbaren Anordnungen und Maßnahmen von Polizeivollzugsbeamten im Rahmen der Gefahrenabwehr (§ 80 Abs. 2 Nr. 2 VwGO),
- für die Anfechtungsklage in Angelegenheiten der Sozialversicherung bei VA, die eine laufende Leistung herabsetzen oder entziehen (§ 86a Abs. 2 Nr. 3 SGG),
- in den durch Bundes- oder Landesgesetz geregelten Fällen (§ 86a Abs. 2 Nr. 4 SGG, § 80 Abs. 2 Nr. 3 VwGO), z. B. **§ 39 SGB II** (Aufhebung und Widerruf von Leistungen der Grundsicherung), §§ 77 Abs. 4, 88 Abs. 4 SGB IX (z. B. Zustimmung des Integrationsamtes zur Kündigung eines schwerbehinderten Menschen); §§ 15a, 24 Abs. 4, 84 Abs. 1 AufenthG (insb. Versagung von Aufenthaltstiteln),
- in Fällen, in denen die sofortige Vollziehung des VA im öffentlichen Interesse oder im überwiegenden Interesse eines Beteiligten von der Behörde besonders angeordnet worden ist (§ 86a Abs. 2 Nr. 4 SGG/§ 80 Abs. 2 Nr. 4 VwGO). Hier besteht aber die Möglichkeit, die aufschiebende Wirkung im einstweiligen Rechtsschutzverfahren gerichtlich wieder herstellen zu lassen (§ 86b SGG; § 80 Abs. 5 VwGO; s. u.).

Devolutiveffekt Wenn die Ausgangsbehörde dem Bürger nicht Recht gibt und damit seinem Widerspruch nicht „abhilft" (§ 85 Abs. 1 SGG/§ 72 VwGO), erlässt den Widerspruchsbescheid im hierarchischen Behördenaufbau grds. die nächsthöhere Behörde (sog. Devolutiveffekt; § 85 Abs. 2 Nr. 1 SGG/§ 73 VwGO), d. h. der Widerspruch muss grds. der nächsthöheren Behörde vorgelegt werden, wodurch eine weitere Stufe verwaltungsinterner Kontrolle hinzukommt. In Angelegenheiten der Sozialversicherung entscheidet die hierzu von der Vertreterversammlung bzw. dem Verwaltungsrat bestimmte Stelle (§ 85 Abs. 2 Nr. 2 SGG), in sonstigen (insb. kommunalen) Selbstverwaltungsangelegenheiten (Angelegenheiten des eigenen Wirkungskreises, z. B. Jugend- und Sozialhilfe), in denen ja eine nächsthöhere Behörde nicht besteht, entscheidet der Träger grds. selbst (§ 85 Abs. 2 Nr. 4 SGG, § 73 Abs. 1 Nr. 3 VwGO), es sei denn, durch Landesrecht wird etwas anderes bestimmt (z. B. erlässt den Bescheid über den Widerspruch gegen den VA einer kreisangehörigen Gemeinde in Selbstverwaltungsangelegenheiten nach § 27 Abs. 1 des Sächsischen Justizgesetzes das Landratsamt, dessen Rechtsaufsicht die Gemeinde untersteht, als Rechtsaufsichtsbehörde. Die Nachprüfung des VA unter dem Gesichtspunkt der Zweckmäßigkeit bleibt der Gemeinde vorbehalten). Entscheidet der Selbstverwaltungsträger nach § 85 Abs. 2 Nr. 4 SGG, § 73 Abs. 1 Nr. 3 VwGO selbst, so wird nach dem jeweiligen Organisationsrecht (Gemeindesatzung; s. I-1.1.3.4) eine entsprechende Stelle festgelegt, welche die Widerspruchsentscheidung trifft (z. B. der Jugendhilfeausschuss bei einem Widerspruch gegen einen VA des JA, zum Widerspruchsverfahren im Jugendhilferecht vgl. Münder et al. 2013, Anhang Verfahren Rz. 57 ff.; im Hinblick auf die Sozialhilfe s. a. § 99 SGB XII). Wird dem Widerspruch nicht abgeholfen, bleibt noch der Klageweg (s. I-5.2.3).

Im Rahmen der verwaltungsinternen Rechtskontrolle findet eine uneingeschränkte Überprüfung des Verwaltungshandelns – auch des Ermessens (anders ist dies im gerichtlichen Verfahren, vgl. § 114 VwGO; s. I-3.4.2) – statt. Anders als im Klageverfahren vor den Gerichten (§ 88 VwGO) kann im Widerspruchsverfahren der VA unter Maßgabe der §§ 44 ff. SGB X (hierzu III-1.3.1.3) auch zuungunsten des Bürgers abgeändert werden (sog. „Verböserung" – **reformatio in peius**), denn es handelt sich ja noch um eine verwaltungsinterne Prüfung der Recht- und Zweckmäßigkeit des Verwaltungshandelns. Insoweit ist der Vertrauensschutz bei einem noch nicht bestandskräftigen VA geringer als nach Ablauf der Rechtsbehelfsfrist. Die Rechtmäßigkeit der Widerspruchsentscheidung (und damit auch einer möglichen reformatio in peius) beurteilt sich damit stets nach dem materiellen und dem entsprechenden Organisationsrecht der Verwaltung (vgl. Diering et al. 2011, Vor §§ 44 Rz. 12; Kopp/Schenke 2012, § 68 Rz. 10).

Verböserung

Das Widerspruchsverfahren ist als Teil des Sozialverwaltungsverfahrens für den Beschwerdeführer kostenfrei (§§ 62, 64 SGB X). Soweit dem Bürger selbst, z. B. durch die Beauftragung eines Rechtsanwalts, Kosten entstanden sind, werden diese im Rechtsbehelfsverfahren erstattet, wenn der **Widerspruch Erfolg** hatte (bzw. nur deshalb keinen Erfolg hat, weil die Verletzung einer Verfahrens- oder Formvorschrift nach § 41 SGB X unbeachtlich ist) **und die Kosten** „zur zweckentsprechenden Rechtsverfolgung" **notwendig waren** (§ 63 Abs. 1 u. 2 SGB X). Rechtsanwaltskosten werden also nur erstattet, wenn ein vernünftiger Bürger mit durchschnittlichem Bildungs- und Erfahrungsstand in der Sache einen Anwalt zurate gezogen hätte (BSG 24.05.2000 – 7 C 8/99 – NJW 2000, 611; BSG 25.02.2010 – B 11 AL 24/08). Nach einem Beschluss des BVerfG (1 BvR 1517/08 – 11.05.2009) kann es einem Beschwerdeführer nicht zugemutet werden,

Kosten

den Rat derselben Behörde in Anspruch zu nehmen, deren Entscheidung er im Widerspruchsverfahren angreifen will.

5.2.3 Gerichtliche Kontrolle

Die Kontrolle der Exekutive durch eine unabhängige Verwaltungsgerichtsbarkeit ist historisch gesehen relativ neu, widersprach sie doch den Herrschaftsinteressen absoluter Monarchen und den früher üblichen feudalen Strukturen. Es war einfach kaum vorstellbar, den Monarchen bzw. den Adel zu verklagen. Soweit die Exekutive überhaupt einer Kontrolle unterlag, wurde diese von Aufsichtsbehörden wahrgenommen, die den Regenten unterstellt waren (sog. Verwaltungsrechtspflege), womit die Verwaltung einer „ordentlichen" Gerichtsbarkeit entzogen war („Kameraljustiz"); vgl. hierzu die Legende vom Müller und dem König:

> **Der Müller und der König**
>
> Bei der Geschichte vom Streit des Müllers Grävenitz mit Friedrich II. handelte es sich teilweise um eine Legende. Grävenitz betrieb seine Bockwindmühle in unmittelbarer Nähe der Sommerresidenz „Sanssouci" im heutigen Potsdam. Friedrich II. soll das Geklapper der Mühle so unerträglich geworden sein, dass er den Müller Grävenitz aufforderte, ihm seine Mühle zu verkaufen. Für den Kauferlös sollte er dann an anderer Stelle eine neue Mühle errichten. Als sich der trotzige Müller weigerte, den durch Erbpacht gesicherten Mühlenstandort zu verlassen, habe der König gedroht, ihm die Mühle kraft seiner königlichen Macht „ohne einen Groschen" wegnehmen zu lassen. Daraufhin habe der mutige Müller geantwortet: „Gewiss, das könnten Eurer Majestät wohl tun, wenn es nicht das Kammergericht in Berlin gäbe."
>
> Historisch dokumentiert ist der eigentlich zivilrechtliche Streit des Müllers Christian Arnold, der seit 1762 eine Wassermühle im neumärkischen Pommerzig betrieb, mit dem Grafen von Schmettau um Absenkung der Erbpacht. Als der Müller seine Pacht nicht mehr bezahlen konnte, verklagte ihn der Graf und ließ die Wassermühle kurzerhand versteigern. Arnold wehrte sich mit einer Gegenklage und behauptete, Landrat von Gersdorff habe oberhalb seiner Mühle einen Karpfenteich angelegt, ihm somit das Wasser entzogen und ihn unverschuldet in Pachtrückstand getrieben. Als das Obergericht der Provinz Küstrin Arnolds Schadensersatzklage abwies, bat der Müller Arnold Friedrich II. um Rechtsbeistand. Der König nahm sich der Sache an, doch erst nachdem auch das extra einberufene Appellationsgericht das Küstriner Urteil als rechtens bestätigt hatte, griff der König, der vom Recht des Müllers überzeugt war, in das Gerichtsverfahren selbst ein. Im Glauben, die Justiz verweigere seinen Untertanen aus Standesdünkel eine gerechte Behandlung, schrieb er an den Justizminister von Zedlitz: „Der Herr wird mir nichts weiß machen. Ich kenne alle Advokaten-Streiche und lasse mich nicht verblenden. Hier ist ein Exempel nötig, weil die Canaillen enorm von meinem Namen Missbrauch haben, um gewaltige und unerhörte Ungerechtigkeiten auszuüben. Ein Justitiarius, der chicanieren tut, muss härter als ein Straßenräuber bestraft werden. Denn man vertraut sich am ersten, und vorm letztern kann man sich hüten!" Friedrich II. schickte einen Oberst und einen Regierungsrat nach Pommerzig, um sich Klarheit zu verschaffen. Erst als diese zu unterschiedli-

chen Ergebnissen gelangten, verwies Friedrich den Fall, „um die Sache ganz kurz abzumachen", zur endgültigen Klärung an das Berliner Kammergericht. Aber auch dieses höchste preußische Gericht wies die Arnold-Klage zurück (vgl. www.kleiekotzer.com/html/sanssouci_2.html).

Eine effektive, rechtsgebundene Kontrolle der öffentlichen Verwaltung ist heute Kennzeichen des Rechtsstaates. Allerdings trat die VwGO erst 1960 in Kraft, womit die Verwaltungsgerichtsbarkeit als unabhängiger Zweig der Justiz installiert wurde. Den auf der Grundlage von Art. 95 GG eingerichteten Verwaltungsgerichten obliegt nach § 40 VwGO die Rechts- und Verwaltungskontrolle nach Art. 19 Abs. 4 GG in sämtlichen öffentlich-rechtlichen Entscheidungen und Maßnahmen, soweit sie nicht gesetzlich anderen Gerichten zugewiesen sind. Den Sozialgerichten obliegt im Wesentlichen die Kontrolle der Sozialversicherungsträger sowie der Sozialhilfeverwaltung (vgl. § 51 SGG). Spezielle Rechtswegzuweisungen zur Sozialgerichtsbarkeit nach § 51 Abs. 1 Nr. 10 SGG enthalten u. a. § 13 Abs. 1 BEEG, § 27 Abs. 2 Berufliches RehabilitierungsG, § 11 Abs. 8 BVFG, § 68 Abs. 2 InfektionsschutzG sowie § 5 SchwHG.

Verwaltungsgerichte

Die Sozial- und Verwaltungsgerichtsbarkeit ist dreistufig aufgebaut (§ 2 SGG/§ 2 VwGO). In erster Instanz sind i. d. R. die Sozial- und Verwaltungsgerichte zuständig (§ 8 SGG/§ 45 VwGO). **Berufungs-** und Beschwerdeinstanz sind die Landessozial- (§§ 28 f. SGG) bzw. Oberverwaltungsgerichte (OVG) und Verwaltungsgerichtshöfe (VGH) der Bundesländer (§§ 46 ff. VwGO). Diese sind zudem erste Instanz bei Normenkontrollen von Satzungen, landesrechtlichen Vereinsverboten und Genehmigungen von Großprojekten. **Revisions-** und Rechtsbeschwerdeinstanz ist das BSG in Kassel bzw. das BVerwG mit Sitz in Leipzig. Auch diese können erstinstanzlich entscheiden, z. B. in Streitigkeiten nicht verfassungsrechtlicher Art zwischen Bund und Ländern (§ 39 SGG/§ 50 VwGO).

Im verwaltungsgerichtlichen Verfahren sind Berufung und Revision grds. nur zulässig, wenn sie im Urteil zugelassen worden sind (§ 124 bzw. § 132 VwGO). Im sozialgerichtlichen Verfahren gilt dies immer für die Revision (§ 160 SGG), die Berufung bedarf mitunter der Zulassung (insb. in den sog. Bagatellsachen, vgl. § 144 SGG). Unterbleibt die Zulassung der Überprüfung, kann diese durch eine Beschwerde bei der nächsthöheren Instanz beantragt werden (sog. Nichtzulassungsbeschwerde, §§ 145, 160a SGG / §§ 124a, 133 VwGO).

Anfechtungs- und Verpflichtungsklage (auf Aufhebung eines belastenden bzw. auf Erlass eines begünstigenden VA gerichtete Gestaltungsklagen, vgl. § 54 SGG/§ 42 VwGO) setzen grds. ein Widerspruchsverfahren voraus (beachte insoweit die Ausnahmeregelung in einigen Bundesländern, s. o. I-5.2.2). Die Erhebung dieser Klagen ist nur innerhalb einer **Frist von einem Monat** nach Zustellung des Widerspruchsbescheids zulässig (§ 87 SGG/§ 74 VwGO). Bei einer fehlenden oder fehlerhaften Rechtsbehelfsbelehrung kann die Klage innerhalb eines Jahres erhoben werden (§ 66 SGG/§ 58 VwGO). Die Klage ist grds. nur zulässig, wenn der Kläger geltend machen kann, in seinen Rechten verletzt zu sein (**Klagebefugnis**, vgl. § 54 Abs. 1 S. 2 SGG/§ 42 VwGO). Eine sog. **Untätigkeitsklage**, bei der es ja an einem VA gerade fehlt, weil die Behörde nicht entscheidet, kann nach § 88 Abs. 2 S. 1 SGG/§ 75 S. 2 VwGO nicht vor Ablauf von drei Monaten nach Einle-

Klagearten

gung des Widerspruchs bzw. des Antrags auf Erlass eines VA bzw. nach § 88 Abs. 1 S. 1 SGG nicht vor Ablauf von sechs Monaten seit dem Antrag auf Vornahme des VA erhoben werden. Ziel der sog. **allgemeinen Leistungsklage** (§ 54 Abs. 5 SGG; vgl. § 43 Abs. 2 VwGO) (insb. Folgenbeseitigungsanspruch) bzw. Unterlassungsklage ist u. a. die Vornahme bzw. Unterlassung sog. schlicht-hoheitlicher Verwaltungsmaßnahmen bzw. Realakte (also nicht eines VA, wohl aber die Umsetzung eines VA, z. B. die Auszahlung eines bewilligten Zuschusses) oder die Beseitigung der Folgen eines rechtswidrigen Verwaltungshandelns. Ziel einer **Feststellungsklage** (§ 55 SGG/§ 43 Abs. 1 VwGO) ist die verbindliche Feststellung, dass ein öffentlich-rechtliches Rechtsverhältnis (z. B. die Staatsangehörigkeit, eine Gesundheitsstörung oder Schwerbehinderung) besteht bzw. nicht besteht (z. B. wegen Nichtigkeit eines VA). Sie ist aber nur zulässig, wenn der Kläger ein berechtigtes Interesse an der Feststellung als solcher hat, was i. d. R. nicht der Fall ist, wenn sich das Ziel immanent mit einer Gestaltungs- oder Leistungsklage erreichen lässt (§ 43 Abs. 2 VwGO). Obwohl § 55 SGG keine entsprechende Regelung enthält, gilt der Subsidiaritätsgrundsatz grds. auch für die sozialgerichtliche Feststellungsklage (BSG B 10 LW 4/05 R – 05.10.2006), es sei denn, es soll eine Feststellung gegenüber einer juristischen Person des öffentlichen Rechts ergehen, da diese nach Art. 20 Abs. 3 GG an Gesetz und Recht gebunden ist und demzufolge die gerichtliche Feststellung umsetzen wird, ohne dass es eines vollstreckbaren Verpflichtungs- oder Leistungsurteils bedarf (BSG B 1 KR 4/09 R – 27.10.2009).

Untersuchungsgrundsatz

Im sozial- und verwaltungsgerichtlichen Verfahren gilt – anders als im streitigen zivilgerichtlichen Verfahren (hierzu I-5.3.1) – der Untersuchungsgrundsatz (**Amtsermittlungsgrundsatz**, z. T. auch „Inquisitionsmaxime"), nach dem der Sachverhalt durch das Gericht von Amt wegen ggf. durch Beweiserhebungen festgestellt werden muss (§ 103 SGG/§ 86 VwGO).

einstweiliger Rechtsschutz

Schon vor Erhebung einer bzw. vor der gerichtlichen Entscheidung über eine Klage besteht die Möglichkeit eines einstweiligen Rechtsschutzes (hierzu ausführlich Francke/Dörr 2010, 146 ff.), damit während der manchmal mehrjährigen Dauer der Gerichtsverfahren nicht wesentliche Rechte faktisch verloren gehen. Insoweit unterscheidet man die **Wiederherstellung der aufschiebenden Wirkung des Widerspruchs** (§ 86b Abs. 1 SGG/§ 80 Abs. 5 VwGO) und den Erlass einer einstweiligen Anordnung (§ 86b Abs. 2 SGG/§ 123 VwGO). Der **Erlass einer einstweiligen Anordnung** setzt voraus, dass Tatsachen, aus denen überhaupt ein Anspruch des Antragstellers abgeleitet werden kann (Anordnungsanspruch), und zudem ein Anordnungsgrund glaubhaft (z. B. durch eine eidesstattliche Versicherung nach § 294 ZPO) gemacht werden. Ein Anordnungsgrund liegt nur dann vor, wenn der Antragsteller glaubhaft machen kann, dass die aufschiebende Wirkung bzw. einstweilige Anordnung erforderlich ist, um wesentliche Nachteile oder drohende Gefahren im Hinblick auf seine Rechte zu verhindern. In beiden Fällen überprüfen die Gerichte in einem summarischen Verfahren, ob die Wiederherstellung der aufschiebenden Wirkung bzw. der Erlass einer einstweiligen Anordnung im Hinblick auf den Streitgegenstand erforderlich und angemessen ist. Hierbei erfolgt eine Abwägung der gegenseitigen Interessen. Dabei darf grds. die Entscheidung in der Hauptsache, d. h. der normalen Klage, nicht vorweggenommen werden. Eine Ausnahme ergibt sich im Hinblick auf die Sicherung des Existenzminimums (vgl. BVerfGE 46, 166, 181; BVerwGE 64, 318; OVG Koblenz 04.04.2003 – 12 B 10469/03 – NVwZ-RR 2003, 657). In aller Regel werden aber auch Sozialleistungen nicht in voller Höhe und auf Dauer, sondern nur im „zum Leben unerlässlichen" Umfang angeordnet.

5.2.4 Kostenrisiken

In Sozialverwaltungsverfahren gilt bislang noch der Grundsatz der **Kostenfreiheit** (§ 64 SGB X), das gilt auch für das Rechtsbehelfsverfahren nach § 62 SGB X. Soweit dem Bürger selbst, z. B. durch die Beauftragung eines Rechtsanwalts, Kosten entstanden sind, werden diese allerdings nur im Rechtsbehelfsverfahren und nur dann erstattet, wenn sie „zur zweckentsprechenden Rechtsverfolgung" notwendig waren (§ 63 Abs. 2 SGB X; s. o. 5.2.2. a. E.; BSG 25.02.2010 – B 11 AL 24/08).

Im Sozialgerichtsverfahren sowie in manchen Angelegenheiten der Verwaltungsgerichtsverfahren (insb. Jugendhilfe) werden nach § 183 SGG/§ 188 VwGO keine Gerichtskosten (Gebühren und Auslagen) erhoben. Auch besteht kein Anwaltszwang, d. h. der Bürger kann selbst Klage erheben und vor Gericht auftreten. Nur vor dem BSG (§ 166 SGG) und dem BVerwG sowie dem OVG (§ 67 VwGO) muss man sich durch einen Rechtsanwalt oder Rechtshochschullehrer mit Befähigung zum Richteramt als Bevollmächtigten vertreten lassen. Die Behörden entsenden i. d. R. Sachbearbeiter oder eigene Juristen.

Wer den Rechtsstreit im Verwaltungsgerichtsverfahren allerdings verliert, muss der anderen Partei die Kosten einschließlich der notwendigen Aufwendungen für einen Rechtsanwalt erstatten (§ 154 VwGO). Im Sozialgerichtsverfahren muss der Bürger zwar i. d. R. nicht die Kosten der Behörde erstatten, allerdings muss er selbst die notwendigen Kosten der zweckentsprechenden Rechtsverfolgung durch einen ggf. hinzugezogenen Anwalt sowie die ihm u. U. vom Gericht auferlegten Kosten tragen (§§ 192 f. SGG). Das ist insb. der Fall, wenn durch Verschulden des Beteiligten die Vertagung einer mündlichen Verhandlung oder die Anberaumung eines neuen Termins zur mündlichen Verhandlung nötig geworden ist oder der Beteiligte den Rechtsstreit fortführt, obwohl ihm der Vorsitzende in einem Termin die Missbräuchlichkeit der Rechtsverfolgung oder -verteidigung dargelegt hat (§ 192 Abs. 1 SGG).

Zwar gelten die Regelungen der Prozesskostenhilfe (PKH; s. u. 5.3.3) auch für das sozialgerichtliche Verfahren (vgl. § 73a SGG), PKH wird aber nicht gewährt, wenn Gerichtskostenfreiheit besteht und die Beiordnung eines Rechtsanwalts nicht erforderlich erscheint, weil die Sache einfach gelagert ist (BVerwG NJW 1989, 665).

Dillmann 2008; Francke/Dörr 2010; Krasney/Udsching 2011.

Zur Verwaltungskontrolle vgl. auch das Aufbauschema II (Gutachtliche Prüfung einer Widerspruchsentscheidung) im Anhang V-3.

5.3 Ordentliche Gerichtsbarkeit

Zur ordentlichen Gerichtsbarkeit gehören alle Gerichte, denen die bürgerlichen Rechtsstreitigkeiten, die Familiensachen und die Angelegenheiten der freiwilligen Gerichtsbarkeit sowie die Strafsachen zugewiesen sind (§ 13 GVG). Im Folgenden beschränkt sich die Darstellung auf die Verfahren in zivilrechtlichen Streitigkeiten. Auf die Strafgerichte wird in Teil IV eingegangen. An die Zivilgerichtsbarkeit wendet sich der Bürger grds. nicht wegen hoheitlicher Maßnahmen (s. o. primärer Rechtsschutz), sondern weil ein Konflikt mit einem anderen Bürger (oder einer juristischen Person) nicht anders lösbar erscheint (zu den zunehmend wichtiger werdenden außergerichtlichen Streiterledigungsformen vgl. I-6) und er deshalb eine Entscheidung durch einen unabhängigen Dritten, das Gericht, erwartet (sog. sekundärer Rechtsschutz). Nur ausnahmsweise werden Hoheitsakte von den Zivilgerichten überprüft (z. B. der Eingriff in die Personensorge bei der Inobhutnahme durch das JA nach § 42 Abs. 3 SGB VIII; Amtshaftungsanspruch gegen einen Hoheitsträger nach Art. 34 GG, § 839 BGB).

Auch die ordentliche Gerichtsbarkeit ist mehrstufig aufgebaut (s. Übersicht 19) und gewährleistet dadurch eine mehrmalige Rechtskontrolle im Instanzenzug durch die Rechtsmittel Berufung und Revision. Das Amtsgericht entscheidet im Zivilverfahren stets mit einem Einzelrichter (u. a. sog. Zivil- oder Familienrichter). Beim Landgericht entscheidet entweder die Zivilkammer oder die Kammer für Handelssachen (§ 105 GVG) bzw. der Einzelrichter. Beim OLG und BGH entscheiden im Zivilverfahren die Zivilsenate. Die Amtsgerichte sind für Streitigkeiten bis zu einem Streitwert von 5.000 € zuständig sowie – ohne Rücksicht auf den Streitwert – insb. für Wohnraummietstreitigkeiten (§ 23 GVG). Für Familiensachen werden bei den Amtsgerichten besondere Abteilungen, die **Familiengerichte** und die **Betreuungsgerichte**, eingerichtet (§§ 23a ff. GVG). In der ordentlichen Gerichtsbarkeit wird zwischen der sog. „streitigen Gerichtsbarkeit" (allgemeine Zivilprozesse) sowie der normativ als nicht streitig angesehenen sog. „freiwilligen Gerichtsbarkeit" (FamFG-Verfahren) unterschieden.

5.3.1 Streitiges Gerichtsverfahren

Zur streitigen Gerichtsbarkeit gehören neben den allgemeinen zivilrechtlichen Streitigkeiten auch das sog. Mahnverfahren (§§ 688 ff. ZPO), das Zwangsvollstreckungsverfahren (§§ 704 ff. ZPO) sowie das Insolvenzverfahren (§§ 11 ff., §§ 304 ff. InsO). Das streitige Gerichtsverfahren beginnt i. d. R. mit einer Klage (§ 253 ZPO) bzw. einem Mahnantrag (§ 690 ZPO) und endet mit einem Urteil (§§ 300 ff. ZPO). Die Entscheidung eines Rechtsstreits zwischen Kläger und Beklagtem kann aber auch nach §§ 1025 ff. ZPO durch ein privates Schiedsgericht erfolgen (vgl. I-6.2.3).

Im Hinblick auf den Streitgegenstand und die Beweisführung gilt im streitigen Verfahren der sog. **Beibringungsgrundsatz**, d. h. das Gericht ist an die Tatsachen, die von den Parteien vorgebracht werden, gebunden (eine Ausnahme gilt z. B. bei falschen Eingeständnissen zugunsten der gegnerischen Partei, vgl. § 138 Abs. 1

ZPO). Tatsachen, die nicht ausdrücklich bestritten werden, gelten grds. als zugestanden (§ 138 Abs. 3 ZPO). Werden Sachverhalte bestritten, müssen sie grds. von der Partei bewiesen werden, die sich auf sie beruft. Eine Prüfung von Tatsachen von Amts wegen erfolgt nur ausnahmsweise, z. B. im Hinblick auf Prozessvoraussetzungen oder die Zulässigkeit von Rechtsbehelfen.

Beweislast

Die Zwangsvollstreckung ist das staatliche Verfahren zur zwangsweisen Durchsetzung von Rechtsansprüchen. Die eigenmächtige Durchsetzung (Selbstjustiz) auch von berechtigten Forderungen ist grds. rechtswidrig und nur ausnahmsweise in den Grenzen der erlaubten Selbsthilfe (z. B. zu Gefahrenabwehr, §§ 229, 562b, 859 BGB) zulässig. Unterschieden werden die Zwangsvollstreckung wegen privatrechtlicher Einzelforderungen, die Zwangsmaßnahmen nach dem FamFG (z. B. die Auferlegung von Zwangsmitteln nach § 35 FamFG), die strafrechtliche Strafvollstreckung (hierzu IV-3.2) sowie die Verwaltungsvollstreckung (hierzu III-1.5). Von der (zivilrechtlichen) Zwangsvollstreckung zu unterscheiden ist das sog. Insolvenzverfahren, bei dem es nicht um eine Einzelforderung gegen den Schuldner geht, sondern der Schuldner zahlungsunfähig ist und die gegen ihn gerichteten Forderungen insgesamt nicht bedienen kann (zum sog. Privat- bzw. Verbraucherinsolvenzverfahren vgl. II-1.3.1.2).

Zwangsvollstreckung

Insolvenzverfahren

Die privatrechtliche Zwangsvollstreckung ist nicht schon zulässig, wenn jemand seine vertraglichen Verpflichtungen nicht erfüllt. Vielmehr muss der Gläubiger bei Leistungsstörungen grds. vor Gericht klagen und einen **Vollstreckungstitel** erwirken, den er insb. mit einem **rechtskräftigen Urteil** erlangt (§§ 704, 794 ZPO). Im Rahmen der Verwaltungsvollstreckung ist ein Gerichtsverfahren nicht notwendig, vielmehr genügen ein bestandskräftiger VA (hierzu II-1.4.1.2) und eine Vollstreckungsanordnung. Behörden können sich somit durch einen Bescheid ihre Vollstreckungstitel selbst schaffen, wenn sich der Bürger nicht rechtzeitig dagegen wehrt (insb. durch Widerspruch).

Aufgrund des **staatlichen Gewaltmonopols** dürfen grds. nur staatliche Gerichte (Vollstreckungsgericht) sowie die Gerichtsvollzieher die Zwangsvollstreckung insb. durch Pfändung (entweder Forderungsüberweisung oder Beschlagnahme von beweglichen Sachen, sichtbar durch den „Kuckuck" als Pfandsiegel) durchführen.

Pfändung

Zur Gewährleistung eines Existenzminimums hat der Gesetzgeber sog. **Pfändungsfreigrenzen** bestimmt, die sich nach dem Nettoeinkommen und der Zahl der unterhaltspflichtigen Personen richten (§§ 850 ff. ZPO). Sie betragen derzeit für eine Einzelperson 1049,99 €, bei einer unterhaltspflichtigen Person 1439,99 € sowie zusätzlich 220 € für jede weitere unterhaltspflichtige Person(wenn der Schuldner den Unterhalt auch tatsächlich zahlt). Vom Einkommen, welches über die Pfändungsfreigrenzen hinausgeht, verbleibt ein Teil ebenfalls beim Schuldner. Allerdings sind bestimmte Einkommensbestandteile (z. B. Aufwandsentschädigungen, Gefahrenzulagen, Erziehungsgelder und Studienbeihilfen) sowie unterschiedliche Formen von Renten- und Unterstützungsleistungen der Pfändung nicht oder nur bedingt unterworfen (§§ 850a, 850b ZPO). Im Fall der Vollstreckung von Unterhaltsansprüchen gelten die in § 850c ZPO bezeichneten Pfändungsgrenzen nicht (§ 850d ZPO). Besonderheiten gelten für die Pfändung von Girokonten: Seit dem 01.07.2010 können Kontoinhaber ihr Girokonto in ein **Pfändungsschutzkonto** (sog. P-Konto) umwandeln lassen, bei dem der Schuldner ohne gerichtliches Verfahren einen automatischen Basis-Pfändungsschutz in Höhe des unpfändbaren Freibetrags erhält (§ 850k ZPO). Die Erhöhung der Pfändungsfreigrenzen führt gleichzeitig zur Erhöhung des Sockelpfändungsschutzes beim P-Konto.

Vgl. hierzu http://www.bmj.de/DE/Buerger/verbraucher/ZwangsvollstreckungPfaendungsschutz/_doc/_doc.html?nn=1356310

5.3.2 Freiwillige Gerichtsbarkeit

Angelegenheiten der freiwilligen Gerichtsbarkeit

Mit freiwilliger Gerichtsbarkeit bezeichnet man eine Reihe ganz unterschiedlicher Angelegenheiten, die von den Gerichten der ordentlichen Gerichtsbarkeit, z. T. auch von Notaren und Behörden, nach dem zum 01.09.2009 in Kraft getretenen „Gesetz über das Verfahren in Familiensachen und in den Angelegenheiten der freiwilligen Gerichtsbarkeit" (FamFG) wahrgenommen werden und sich gerade dadurch – unabhängig von ihrem höchst unterschiedlichen Themenkreis – von den streitigen Verfahren nach der ZPO abgrenzen (ausführlich Jurgeleit 2010). Neben den Familiensachen (§§ 111 ff. FamFG), für die das FamFG eine bereichsspezifische Verfahrensordnung darstellt (hierzu ausführlich II-2.1 u. II-2.4.6), gehören nach § 23a GVG zu den Angelegenheiten der freiwilligen Gerichtsbarkeit insb.

- Betreuungssachen (§§ 271 ff. FamFG),
- Unterbringungssachen (§§ 312 ff. FamFG),
- betreuungsgerichtliche Zuweisungssachen (§§ 340 f. FamFG),
- Nachlass- und Teilungssachen (§§ 342 ff. FamFG),
- Registersachen und unternehmensrechtliche Verfahren (§§ 374 ff. FamFG),
- Verfahren in Freiheitsentziehungssachen (§§ 415 ff. FamFG),
- Aufgebotsverfahren (§§ 433 ff. FamFG),
- Grundbuchsachen (§ 23a Abs. 2 Nr. 8 GVG),
- sonstige Angelegenheiten der freiwilligen Gerichtsbarkeit, soweit sie durch Bundesgesetz den Gerichten zugewiesen sind (§ 23a Abs. 2 Nr. 11 GVG; §§ 410 ff. FamFG).

Zum Teil (z. B. Beurkundungen, Grundbuchsachen) handelt es sich um Rechtspflegeakte, die auch als verwaltungsähnliche Tätigkeit qualifiziert und deshalb Rechtspflegern übertragen werden. Einige sog. Unterhalts- und Güterrechtskonflikte gelten als sog. Familienstreitsachen (§§ 112 f. FamFG), weshalb insoweit auch einige Regelungen der ZPO entsprechende Anwendung finden.

In den Familiensachen und Angelegenheiten der freiwilligen Gerichtsbarkeit spricht man nicht von Klage (und damit auch nicht von Kläger und Beklagtem), vielmehr wird das Gericht von Amts wegen oder auf Antrag tätig. Man spricht deshalb vom Antragsteller und den Beteiligten. Das Verfahren endet i. d. R. nicht mit einem Urteil, sondern durch Beschluss (§§ 38 ff., 95 Abs. 2 FamFG), wogegen das Rechtsmittel der Beschwerde (nicht Berufung) eingelegt werden kann (§§ 58 ff. FamFG). In vielen Angelegenheiten besteht kein Anwaltszwang (Ausnahme teilweise in Familiensachen, § 113 FamFG). Anders als in den streitigen Zivilprozessen gilt in der freiwilligen Gerichtsbarkeit der Untersuchungs- bzw. **Amtsermittlungsgrundsatz**, d. h. das Gericht entscheidet selbst, welche Ermittlungen es anstellt und welche Beweismittel es heranzieht. Die Verhandlungen sind meist nicht öffentlich (§ 170 Abs. 1 GVG) oder werden oft ohne mündliche Verhandlung nach Aktenlage entschieden.

Untersuchungsgrundsatz

5.3.3 Kostenrisiken

Anders als bei den sozialgerichtlichen oder manchen verwaltungsgerichtlichen Streitverfahren besteht im Zivilverfahren ein z. T. erhebliches Kostenrisiko für den Bürger. Zunächst muss der Kläger einen Gerichtskostenvorschuss zahlen, d. h. das Gericht wird überhaupt erst dann tätig, wenn ein Teil der zu erwartenden Gerichtskosten vorab bezahlt worden ist (Ausnahme für öffentliche Träger der Jugend- und Sozialhilfe; § 2 GKG; § 64 Abs. 3 S. 2 SGB X; teilweise nach Landesrecht auch für freie Träger). In der streitigen Gerichtsbarkeit besteht ab der Landgerichtsebene Anwaltszwang (§ 78 Abs. 1 ZPO), in Familiensachen z. T. bereits beim Amtsgericht (§ 114 FamFG). Derjenige, der das Gerichtsverfahren verliert, muss der anderen Partei die Prozess- einschließlich der Anwaltskosten erstatten (§ 91 Abs. 1 ZPO). Im FamFG-Verfahren erfolgt die Kostenverteilung nach „billigem Ermessen" (§ 81 Abs. 1 FamFG), d. h. es wird eine möglichst faire Verteilung vorgenommen. Für viele Bürger ist deswegen der **Zugang zum Recht** durchaus nicht leicht. Der durch das GG garantierte Rechtsschutz verlangt aber, dass die Prozessführung und -verteidigung grds. nicht an fehlenden finanziellen Mitteln einer Partei scheitert darf, weshalb mit der Prozesskostenhilfe (PKH) (§§ 114 ff. ZPO) bzw. der Verfahrenskostenhilfe (§§ 76 ff. FamFG) eine Form **rechtsbezogener Sozialhilfe** zur Verfügung steht. PKH wird auch in arbeitsrechtlichen Verfahren (§ 11a ArbGG) gewährt.

Nach §§ 114 ff. ZPO (die nach § 76 FamFG für die Verfahrenskostenhilfe mangels anderslautender Regelung entsprechend gelten) kann **PKH** in Anspruch genommen werden, wenn die Rechtsverteidigung hinreichende Aussicht auf Erfolg bietet und nicht mutwillig erscheint. Mutwillig ist die Rechtsverfolgung oder Rechtsverteidigung, wenn eine Partei, die keine PKH beansprucht, bei verständiger Würdigung aller Umstände davon absehen würde, obwohl eine hinreichende Aussicht auf Erfolg besteht (§ 114 Abs. 2 ZPO; vgl. § 1 Abs. 3 BerHG; I-4.1). Im Rahmen der PKH wird die Partei von der Verpflichtung zur Sicherheitsleistung für die Prozesskosten befreit. Im Übrigen trägt der Staat die Kosten der Prozessführung falls notwendig zunächst ganz oder teilweise oder räumt eine Ratenzahlung ein (§§ 120, 122 ZPO). Doch das Prozessrisiko bleibt. Zwar werden bei der Prüfung des PKH-Anspruchs summarisch (d. h. relativ grob „im Überschlag") auch die Erfolgsaussichten geprüft (z. B. ob die Klage in sich schlüssig und die Rechtsansicht zumindest vertretbar ist oder die höchstrichterliche Rechtsprechung gefestigt dagegen steht), schwierige Rechtsfragen und die Beweisaufnahme werden

Prozesskostenhilfe

aber ebenso wenig vorweggenommen wie die spätere Entscheidung. Verliert ein PKH-Empfänger ein Gerichtsverfahren, muss er neben den eigenen auch noch die Anwaltskosten der Gegenpartei sowie ggf. die Gerichtskosten tragen (§ 123 ZPO). Die PKH ist keine Rechtsschutzversicherung.

PKH erhalten nur Parteien, die nach ihren persönlichen und wirtschaftlichen Verhältnissen die Kosten der Prozessführung nicht, nur zum Teil oder nur in Raten aufbringen können (§ 114 ZPO). Die Berechnung des maßgeblichen Einkommens richtet sich nach § 82 SGB XII (§ 115 ZPO). PKH ohne eigene Kostenbeteiligung können Personen erhalten, die einen Anspruch auf **Beratungshilfe** nach dem BerHG haben (hierzu I-4.2; vgl. http://www.pkh-fix.de). PKH erhalten aber auch Personen, deren zu berücksichtigendes Einkommen die Grenzen der Beratungshilfe übersteigt.

Eine Reform des Prozesskostenhilfe- und Beratungshilferechts trat zum 01.01.2014 in Kraft. Entgegen anderslautender Meldungen wurden die Freibeträge (siehe I-4.2) weder gekürzt noch die Ratenzahlungshöchstdauer verlängert. Allerdings wurde die ehemals in § 115 Abs. 2 ZPO gelistete Gebührentabelle abgeschafft. Nach der neuen Regelung wird rechtsuchenden Personen, deren einzusetzenden Einkünfte mindestens 20 € betragen, das Recht eingeräumt, die anfallenden Prozesskosten in monatlichen Raten in Höhe der Hälfte des einzusetzenden Einkommens zu zahlen (§ 115 Abs. 2 ZPO). PKH wird nach § 115 Abs. 4 ZPO allerdings nicht bewilligt, wenn die Kosten der Prozessführung der Partei vier Monatsraten und die aus dem Vermögen aufzubringenden Teilbeträge voraussichtlich nicht übersteigen. Insgesamt sind höchstens 48 Monatsraten aufzubringen, egal wie viele Instanzen der Prozess durchläuft. Darüber hinaus anfallende Kosten werden erlassen – das Prozessrisiko (s. o.) bleibt allerdings.

Wird PKH bewilligt, wird nach § 121 ZPO ein zur Vertretung bereiter Rechtsanwalt beigeordnet, wenn eine anwaltliche Vertretung vorgeschrieben ist (z. B. in Scheidungssachen beim FamG, sog. Anwaltszwang, s. 5.3.3), die anwaltliche Vertretung erforderlich erscheint oder die gegnerische Partei anwaltlich vertreten ist und ein Antrag auf Beiordnung des Rechtsanwalts gestellt wird. Statt der PKH-Bewilligung kann das FamG auf Antrag einer Partei durch einstweilige Anordnung auch die Verpflichtung zur Zahlung von Unterhalt oder zur Zahlung eines Kostenvorschusses für ein gerichtliches Verfahren regeln (§ 246 Abs. 1 FamFG).

Der **Antrag** auf Bewilligung der Prozess-/Verfahrenskostenhilfe ist nach § 117 ZPO/§ 76 FamFG bei dem Prozessgericht zu stellen. Er kann dort auch in der Geschäftsstelle zu Protokoll erklärt werden. Vordrucke zur Beantragung der Prozess-/Verfahrenskostenhilfe nebst der Erklärung über die persönlichen und wirtschaftlichen Verhältnisse sind bei den AGs und über die Internetseiten der Landesjustizverwaltungen verfügbar. Mit dem PKH-Antrag wird in der Praxis zumeist über einen Rechtsanwalt zugleich ein Klage- bzw. Schriftsatzentwurf eingereicht, aufgrund dessen das Gericht die Erfolgsaussichten überprüfen kann. Dem PKH-Antrag sind eine Erklärung der Partei über ihre persönlichen und wirtschaftlichen Verhältnisse (Familienverhältnisse, Beruf, Vermögen, Einkommen und Lasten) sowie entsprechende Belege beizufügen (§ 117 Abs. 2 ZPO). Zwar dürfen die Erklärung und die Belege dem Gegner nur mit Zustimmung der Partei zugänglich gemacht werden. Andererseits ist dem Gegner Gelegenheit zur Stellungnahme zu geben, ob er die Voraussetzungen für die Bewilligung von PKH für gegeben hält, soweit dies aus besonderen Gründen nicht unzweckmäßig erscheint (§ 118 Abs. 1 ZPO).

BMJ 2014; Groß 2013

1. Auf welchem Gerichtsweg kann man sich gegen Entscheidungen der Behörden in Angelegenheiten der Sozialhilfe und Jugendhilfe wehren? (5.1 und 5.2.2)
2. Wann kann eine Verfassungsbeschwerde eingelegt werden? (5.1)
3. Für welche Streitigkeiten ist der Gerichtshof der Europäischen Gemeinschaft (EuGH) und für welche der Europäische Gerichtshof für Menschenrechte (EGMR) zuständig? (5.1)
4. Worin besteht der Unterschied zwischen Fach- und Rechtsaufsicht? (5.2.1)
5. Kann ein Landesministerium oder das Landesjugendamt einen Landkreis anweisen, kommunale Mittel statt für ein autonomes Jugendzentrum besser für den Bau von Kindergarteneinrichtungen auszugeben? (5.2.1)
6. Frau S. erhält von der kreisfreien Stadt A. einen Bescheid, in dem ihr Antrag auf Sozialhilfe abgelehnt wird. Sie findet das ungerecht und fragt, was sie dagegen tun kann und was sie ggf. beachten muss. (5.2.1 und 5.2.2)
7. Darf ein VA im Widerspruchsverfahren auch zuungunsten des Bürgers abgeändert werden? (5.2.2)
8. Worin bestehen die wesentlichen Unterschiede zwischen dem Verfahren vor der Sozial- und Verwaltungsgerichtsbarkeit einerseits und dem streitigen Zivilverfahren andererseits? (5.2.3, 5.2.4 und 5.3.1, 5.3.3).
9. Welche Angelegenheiten werden vor der sog. freiwilligen Gerichtsbarkeit verhandelt? (5.3.2)
10. Unter welchen Voraussetzungen erhält jemand Prozess-/Verfahrenskostenhilfe? (5.3.3)

6 Außergerichtliche Konfliktregelung (Trenczek)

6.1 Grundlagen der außergerichtlichen Konfliktregelung
6.2 Schiedsverfahren
6.2.1 Schlichtungsverfahren vor den Schiedsleuten und Gütestellen
6.2.2 Schiedsverfahren vor den sozialrechtlichen Schlichtungsstellen
6.2.3 Schiedsgerichtsbarkeit
6.3 Mediation
6.3.1 Anwendungsbereiche der Mediation
6.3.2 Ablauf einer Mediation
6.3.3 Rolle und Funktion von Mediatoren
6.3.4 Mediation und Recht

6.1 Grundlagen der außergerichtlichen Konfliktregelung

Konflikte kommen täglich und überall vor, sie sind normal, sie werden aber sehr häufig nicht konstruktiv bearbeitet. Konflikte resultieren häufig aus unterschiedlichen Wahrnehmungen und Missverständnissen. In Konflikten ist die Kommunikation mit der anderen Partei oft gestört oder abgebrochen. Die Parteien nehmen oft gegensätzliche (Rechts-)**Positionen** ein, ohne die diesen Standpunkten tatsächlich zugrunde liegenden **Interessen** in den Blick zu bekommen. Vielfach wissen die Betroffenen nicht, wie sie einen Streit lösen können. Es bleibt dann offenbar nur das streitige Verfahren, der Gang zum Gericht, womit die Parteien die Kontrolle über das Verfahren und dessen Ergebnis weitgehend aus der Hand geben.

freiwilliges Güteverfahren

Nicht jeder Streit muss aber vor Gerichten ausgetragen werden. Im öffentlich-rechtlichen Bereich gibt es eine Reihe unterschiedlicher Möglichkeiten der außergerichtlichen Verwaltungskontrolle (s. I-5.2). Im Bereich des allgemeinen Zivilrechts stehen den Parteien z.B. bei Leistungsstörungen zunächst zahlreiche Gestaltungsrechte wie Kündigung, Rücktritt oder die Minderung zur Verfügung (hierzu II-1.4.2). Es kann aber auch hilfreich sein, Dritte einzuschalten, die das Gespräch unparteiisch wieder in Gang bringen, um Sichtweisen und Interessen zu klären, ohne den Streit vor Gericht zu tragen. Jederzeit möglich ist ein sog. freiwilliges Güteverfahren vor einer **staatlich anerkannten Gütestelle** (vgl. z.B. http://www.hamburg.de/oera/; www.waage-hannover.de), durch das die Verjährung von Ansprüchen gehemmt wird (§ 204 Abs. 1 Nr. 4 BGB). Dies verschafft den Parteien die Möglichkeit, eine außergerichtliche Einigung mit dem Anspruchsgegner zu erarbeiten (vgl. § 203 BGB bei direkten Verhandlungen oder einer Mediation, s. II-1.4.7). Eine von der Gütestelle schriftlich dokumentierte Einigung (Vergleich) der Parteien hat vollstreckungsrechtlich die gleiche Wirkung wie ein gerichtliches Urteil (§ 794 Abs. 1 Nr. 1 ZPO).

Das BVerfG (14.02.2007 – 1 BvR 1351/01, Rz. 35) hat mit Nachdruck darauf hingewiesen: „eine zunächst streitige Problemlage durch eine einvernehmliche Lösung zu bewältigen, ist auch in einem Rechtsstaat grds. vorzugswürdig gegenüber der richterlichen Streitentscheidung." Selbst wenn es zur gerichtlichen Auseinandersetzung kommt, soll das Gericht in jeder Lage des Verfahrens auf eine gütliche Beilegung des Rechtsstreits oder einzelner Streitpunkte bedacht sein (§ 278a Abs. 1 ZPO). Das Gericht kann den Parteien auch eine Mediation oder andere Form der außergerichtlichen Konfliktbeilegung vorschlagen (§ 278a Abs. 1 ZPO), im Familienverfahren soll es darauf hinweisen und sogar anordnen, dass die Eltern an einer Beratung über die Mediation und einvernehmliche Streitschlichtung teilnehmen (§§ 135 Abs. 1, 156 Abs. 1 S. 3 u. 4 FamFG; hierzu II-2.2.3; ausführlich Trenczek 2009b, 335 ff.). Auch in arbeitsrechtlichen Streitigkeiten soll stets auf eine einvernehmliche Regelung hingewirkt werden (§ 57 Abs. 2 ArbGG); außerdem ist in § 54 ArbGG ein obligatorisches Güteverfahren vor den Arbeitsgerichten nach Klageerhebung vorgesehen, um eine informelle Streiterledigung zu ermöglichen (zum Arbeitsrecht vgl. IV-3). Im kollektiven Arbeitsrecht gibt es Einigungsverfahren zur Beilegung von Meinungsverschiedenheiten zwischen Arbeitgeber und Betriebsrat, zu dessen Durchführung eine betriebliche Einigungsstelle eingerichtet wird (§ 76 BetrVG). Das Einigungsstellenverfahren ist erzwingbar, sofern die Meinungsverschiedenheiten Gegenstände betreffen, bei denen eine Einigung zwischen Arbeitgeber und Betriebsrat durch das Gesetz zwingend vorgeschrieben sind. Ansonsten sind Vereinbarungen über die Anrufung einer Einigungsstelle aber auch auf freiwilliger Basis möglich. Darüber hinaus sieht das Tarifrecht zur Vermeidung oder Beendigung von Arbeitskämpfen eine im Grundsatz zwar freiwillige Schlichtung vor, die jedoch für etwa zwei Drittel aller Arbeitnehmer in entsprechenden Tarifverträgen verbindlich geregelt ist (vgl. IV-3.2). Schließlich werden auch im Strafrecht die allermeisten Verfahren informell, d. h. ohne ein Gerichtsverfahren, erledigt (hierzu IV-3.2).

Vorrang einvernehmlicher Regelungen

Damit sieht das deutsche Recht ungeachtet der materiell-rechtlichen Regelung von Rechtsansprüchen eigentlich vielfältige Regelungen zu einer einvernehmlichen und informellen Streiterledigung vor. Allerdings gab es für diese normativ vorgesehenen Alternativen zur justiziellen Streitentscheidung in Deutschland in der Praxis lange Zeit weder Verfahren noch Leistungsanbieter, die über eine mit dem Gericht vergleichbare Professionalität und Akzeptanz in der Bevölkerung verfügen. Die Streitparteien nehmen diese Möglichkeiten bislang – wenn überhaupt – zumeist zu spät wahr, häufig in einer Phase, in der ein Konflikt bereits verhärtet und/oder ein formelles, gerichtliches Verfahren in Gang gesetzt worden ist (zur Pflicht, sich im Vorfeld des Privatinsolvenzverfahrens um eine außergerichtliche Einigung zu bemühen, § 305 Abs. 1 InsO; vgl. II-1.3.2).

Allerdings stößt die justizielle Bearbeitung von Konflikten zunehmend an ihre Grenzen und lässt die Rechtsverfolgung mitunter langwierig, teuer und nicht effizient erscheinen.

Grenzen der gerichtlichen Konfliktregelung

„Richterliches Entscheiden ist, um es auf eine vereinfachte Formel zu bringen, in einer Vielzahl von Konflikten aufgrund ihrer strukturellen Grenzen nicht zur Konfliktregelung geeignet, darüber hinaus sehr aufwendig und nur bis zu einem bestimmten Punkt mit Geschäftsanfall belastbar." (Gottwald 1981, 30)

Die Kritik richtete sich insb. gegen:

- **soziale und ökonomische Barrieren** sowie durch die Rechtspflege bedingte Zugangshindernisse:
  - Kosten des Gerichtsverfahrens und der anwaltlichen Rechtsberatung,
  - lange Warte- und Verfahrenszeiten durch Geschäftsanfall,
  - Scheu und Schwellenangst durch formalisierte Verfahrensweisen und Sprachcodes;
- Nachteile der **Verrechtlichung des Konflikts**:
  - fehlende Planbarkeit und unsicherer Ausgang,
  - mangelnde Flexibilität der Verfahrensgestaltung,
  - adversative (auf Gegnerschaft angelegte), kontradiktorische (widersprechende) Natur des gerichtlichen Streitverfahrens,
  - Komplexitätsreduktion unter Außerachtlassung der ökonomischen oder sozialen Betrachtungsweise (u. a. drohender Ansehensverlust, Gefahr der Zerstörung von Geschäfts- und sozialen Beziehungen),
  - mangelnde Zukunftsorientierung und binäre Struktur von Gerichtsentscheiden (Gewinner – Verlierer);
- **Internationalisierung und Globalisierung** des Dienstleistungs- und Warenverkehrs:
  - komplexe Normen- und Zuständigkeitskonflikte im Hinblick auf nationale Rechtssysteme,
  - geringer werdende Relevanz nationaler Rechtsordnungen.

ADR In den letzten 30 Jahren haben deshalb außergerichtliche Konfliktregelungsverfahren auch in Deutschland an Bedeutung gewonnen, zunächst im Hinblick auf einen außergerichtlichen Tatausgleich nach Straftaten (sog. ATA bzw. TOA) und in Trennungs- und Scheidungsverfahren sowie vor allem im Unternehmens- und Wirtschaftsbereich (hierzu Trenczek et al. 2013, Kap. 1.2). Mit dem Akronym ADR (ursprünglich für: *Alternative Dispute Resolution*) werden eine Reihe unterschiedlicher außergerichtlicher Verfahren bezeichnet. Man unterteilt im Wesentlichen in die drei Bereiche Verhandlung – Vermittlung – evaluative Verfahren. Daneben gibt es noch weitere, hybride Formen nichtgerichtlicher Streiterledigung, die sich entsprechend der angelsächsischen Begriffsstruktur mehr oder weniger einer dieser drei Grundformen zuordnen lassen:

- **Verhandlung**
  - *Negotiation*: autonome Verhandlungen der Streitparteien ohne Unterstützung neutraler Dritter;
  - *Facilitation*: Prozessbegleitung und Moderation von Verhandlungen insb. in öffentlich-politischen Diskursen; Moderator interveniert verfahrensorientiert bzw. schlägt Verfahrensalternativen vor;
- **Vermittlung**
  - *Mediation*: Verhandlungen mit Unterstützung unparteiischer Dritter, die sowohl personen- als auch kommunikationsorientiert intervenieren, aber inhaltlich keine Streitentscheidung treffen (hierzu I-6.3);

- *Conciliation*: häufig Vermittlergremium bzw. Ausschuss, wird auch gestalterisch tätig, schlägt ggf. inhaltliche Alternativen vor bzw. führt normative Teilziele in das Verfahren ein; stärkere Rechtsgebundenheit als Mediation, häufig im Vorfeld administrativer oder (verwaltungs-) gerichtlicher Entscheidungen. Hierzu zählt auch die Vermittlung im Hinblick auf den sog. außergerichtlichen Tat- bzw. Täter-Opfer-Ausgleich (hierzu IV-3.2) sowie das *Family Group Conferencing* genannte Verfahren aus Anlass sozialschädlichen Verhaltens von Kindern und Jugendlichen.

▪ **Evaluative (bewertende) Verfahren**
- b*indende Wirkung*: Hierzu gehören u. a. auch das in §§ 1025 ff. ZPO geregelte **Schiedsverfahren** (*Arbitration*) durch einen von den Parteien ausgewählten Schiedsrichter bzw. ein Schiedsgericht (hierzu I-6.2.3) oder die Verfahren durch Ausschüsse in verwaltungs- und sozialrechtlichen Streitigkeiten, insb. die Verfahren vor den Schiedsstellen im Sozialbereich (hierzu I-6.2.2). Im Betriebsverfassungsrecht, einem Teilgebiet des kollektiven Arbeitsrechts (hierzu V-3.3), ersetzt der Beschluss der „Einigungsstelle" (§ 76 BetrVG) die Einigung, die ansonsten zwischen Arbeitgeber und Betriebsrat herbeizuführen gewesen wäre. Auch im Tarifrecht gibt es Regelungen über ein Schiedsverfahren (vgl. §§ 101 ff. ArbGG). Soweit eine Schiedsvereinbarung besteht, ist die Anrufung des Arbeitsgerichts unzulässig. Der Schiedsspruch hat unter den Tarifvertragsparteien dieselben Wirkungen wie ein rechtskräftiges Urteil des Arbeitsgerichts.
- *nicht-bindende Wirkung* (*Non-Binding-Arbitration/Case Appraisal/Adjudication*): Schlichtungs- oder Sachverständigenverfahren, bei der die dritte Person am Ende des Verfahrens eine Bewertung des Sach- und Streitstands vornimmt, deren Bewertung (Expertenvotum, Schiedsgutachten bzw. -spruch) die Konfliktparteien akzeptieren können, aber nicht müssen. Hierzu gehören insb. die Güteverfahren vor den Schiedsleuten (vgl. I-6.2.1) und die von den (z. B. Industrie- und Handels-, Handwerks-)Kammern und Verbänden getragenen Schlichtungsverfahren z. B. bei Verbraucherbeschwerden. Ob im Tarifstreit ein Schlichtungsspruch verbindlich ist oder nicht, ergibt sich aus der jeweiligen Vereinbarung der Beteiligten (Hromadka/Maschmann 2007, 540 f.). Ein Sonderfall und Mischform ist die sog. Adjudikation mit vorläufiger Bindungswirkung entsprechend der Vertragsabrede (ausführlich zu den verschiedenen Formen der evaluativen Streiterledigungsformen Greger 2013, Kap. 2.19).
- *Ombudsmann*: Durch öffentliche Träger oder Wirtschaftssysteme (z. B. Bank- und Versicherungswesen) beauftragte Mittler können den Parteien einen Lösungsvorschlag unterbreiten, der für die dem System angeschlossene Partei bindende Wirkung haben kann, nicht aber für den Verbraucher.

Die verschiedenen ADR-Verfahren unterscheiden sich insb. im Grad der Einbeziehung, der (ermittelnden oder „nur" vermittelnden) Funktion und dem inhaltlichen Einfluss der „neutralen" **Dritten** bei der Konfliktbearbeitung. Evaluative Verfahren, insb. Schiedsverfahren, sind aufgrund ihrer rechtlichen Orientierung eine Form der Streitbeilegung, die eher einer justiziellen Regelung als den „alternati-

Rolle und Funktion der Dritten

ven" Verfahren der Konfliktlösung ähneln, insb. sofern sie mit einem Votum, Entscheidungsvorschlag oder Schiedsspruch abgeschlossen werden. Notwendig ist hier ein Hinweis auf eine Besonderheit der deutschen Terminologie. In Unkenntnis der wesentlichen Prinzipien und Unterschiede wird hierzulande manches als Mediation bezeichnet, nur weil die Konfliktbearbeitung von einer dritten Person moderiert wird und die am Streit Beteiligten selbst zu Wort kommen. Seit 2012 ist der Begriff **„Mediation"** (hierzu 6.3) in Deutschland durch § 1 Abs. 1 MediationsG definiert als „ein vertrauliches Verfahren, bei dem Parteien mit Hilfe eines oder mehrerer Mediatoren freiwillig und eigenverantwortlich eine einvernehmliche Beilegung ihres Konflikts anstreben." Demgegenüber wird bei einer **„Schlichtung"** der Dritte beauftragt, für den Fall des Scheiterns der Vermittlungsbemühungen einen Lösungsvorschlag zu unterbreiten. In der psychosozialen Arbeit liegt der Fokus eher auf den konsensorientierten Streiterledigungsformen, für die die direkte Kommunikation der Konfliktbeteiligten unverzichtbar ist.

Konfliktmanagement

Andererseits impliziert der Begriff „Konfliktmanagement" die Nichtfestlegung auf ein bestimmtes Verfahren, sondern die Offenheit im Hinblick auf unterschiedliche (außergerichtliche, nicht justizförmige) Verfahrensalternativen (hierzu Troja/Stubbe 2006, 121). **Auch das Gerichtsverfahren ist eine Regelungsoption**. Im Common-Law-Bereich (insb. Australien, England, USA) hat sich unter dem Begriff „Conflict Management Design" eine Beratungsindustrie herausgebildet, die bei der Wahl der angemessenen Konfliktlösungsstrategie „coacht" bzw. im Rahmen der Konzeption und Implementierung von Konfliktlösungsverfahren in Unternehmen und Organisationen tätig ist. Unter dem Akronym **ADR** wird heute nicht mehr eine *„alternative"*, sondern die *„appropriate dispute resolution"*, also das „passende", angemessene Verfahren der Konfliktregelung verstanden. Der justizförmige Weg des Gerichtsverfahrens und die richterliche Determination des Konflikts sollen in einem Kontinuum unterschiedlicher Streiterledigungsverfahren tatsächlich Ultima Ratio (letztes Mittel) sein (s. o. BVerfG 14.02.2007 – 1 BvR 1351/01, Rz. 35). Dabei soll ADR das staatliche Gerichtssystem nicht ersetzen, sondern ergänzen. **Die Rechtskontrolle durch staatliche Gerichte ist unabdingbarer Teil des Rechtsstaates**. Mediation und andere Formen der ADR leben davon, dass im Hintergrund Zwangsmittel bereitgehalten und zum Schutz des Schwachen aktiviert werden (können). Insoweit sprechen manche von einer Konfliktregelung „im Schatten des Rechts" (Mnookin/Kornhauser 1979; Spittler 1980). Entscheidend – wenn man überhaupt von einem Schatten des Rechts sprechen will – ist aber, dass *„das Recht stärker durch seinen Schatten wirkt als durch den tatsächlich exekutierten Zwang"* (Frehsee 1991, 59). Das Recht ist und bleibt **Schutzgarant** und wird im Hinblick auf die Nichteinigungsalternativen vielfach ein latenter Entscheidungs- und Kontrollmaßstab sein (hierzu auch I-6.3.3).

Grenzen der außergerichtlichen Konfliktregelung

Diese unverzichtbare Rolle des Rechts wird z. B. unterlaufen durch die insb. im Rahmen von sog. Freihandelsabkommen von der Öffentlichkeit weitgehend unbemerkt geregelte ausschließliche Zuständigkeit von (internationalen) Schiedsgerichten zum Schutze ausländischer Investitionen (nicht vor entschädigungsloser Enteignung – ein solcher Schutz ist im Rechtsstaat selbstverständlich -, sondern vor einer Änderung der Investitionsbedingungen!), da sie demokratische Willensbildungsprozesse der nationalen Parlamente angesichts milliardenschwerer

Entschädigungsforderungen der global agierenden Unternehmen nicht nur erheblich einschränkt, sondern faktisch verhindert. Die das Gemeinwohl betreffenden, öffentlichen Anliegen dürfen nicht hinter dem privaten, ökonomischen Anliegen zurückstehen. Das ist im privaten, innerstaatlichen Konflikt ebenso wie im internationalen Rechtsverkehr.

Mediation und andere ADR-Verfahren sind **keine Allheilmittel** und haben ihrerseits Grenzen. Privatregelungen sind ihrer „Natur" nach ausgeschlossen, wenn der Konfliktgegenstand gesetzlich der Disposition der Parteien entzogen ist. Ungeeignet sind sie, wenn die Gesellschaft ein Interesse an einer öffentlichen Diskussion des Konfliktes hat (z. B. lässt sich im bilateralen Verhältnis weder die Zulässigkeit der Verklappung von Umweltgiften mediieren noch andere Fragen des Gesundheits-, Umwelt- und Verbraucherschutzes).

Trenczek et al. 2013

6.2 Schiedsverfahren

6.2.1 Schlichtungsverfahren vor den Schiedsleuten und Gütestellen

Nach § 15 EGZPO kann durch Landesgesetz bestimmt werden, dass die Erhebung einer Klage erst zulässig ist, nachdem ein sog. obligatorisches Güteverfahren vor einer staatlich anerkannten Gütestelle mit dem Ziel einer einvernehmlichen Regelung durchgeführt worden ist. Von dieser Möglichkeit haben mehrere Bundesländer (z. B. BW, Bay, BB, Hessen, NRW, Nds, Saarland, S-A, S-H) Gebrauch gemacht. Dort werden die Aufgaben der Schiedsstellen in Städten und Gemeinden überwiegend von ehrenamtlich tätigen Schiedsfrauen und -männern wahrgenommen. Eine der bekanntesten professionellen Einrichtungen ist die Öffentliche Rechtsauskunft- und Vergleichsstelle (ÖRA) in Hamburg, die bereits 1922 eingerichtet wurde (vgl. http://www.hamburg.de/oera/). Die ÖRA bietet nicht nur Rechtsauskunft und Rechtsberatung, sondern fungiert auch in zivil- und strafrechtlichen (vgl. § 380 StPO) Konflikten als anerkannte Vergleichsstelle im sog. Güte- bzw. Sühneverfahren. Mittlerweile haben sich auch einige gemeinnützige Mediationsstellen als Güte- und Schiedsstelle anerkennen lassen (z. B. Waage Hannover e. V.).

obligatorische Güteverfahren

Einigen sich die Parteien auf einen von der Gütestelle schriftlich dokumentierten Vergleich, kann daraus wie aus einem gerichtlichen Urteil die Zwangsvollstreckung betrieben werden (§ 794 Abs. 1 Nr. 1 ZPO). Kommt es nicht zur Einigung, stellt die Gütestelle eine Erfolglosigkeitsbescheinigung aus, die Voraussetzung für die Einreichung einer Klage ist. Für die Durchführung von Schiedsverfahren erheben die Gütestellen in der Regel nur geringe Gebühren von etwa 40 €. Insoweit läge eigentlich eine kostengünstige Möglichkeit einer außergerichtlichen Konfliktklärung vor. Allerdings wird das Schiedsverfahren wohl vor allem deshalb kaum genutzt, weil in diesem Rahmen zumeist ein methodisch eher einfaches Schlichtungsverfahren mit z. T. rigiden Verfahrensbestimmungen vor i. d. R. nicht ausgebildeten Schiedsleuten stattfindet, das den Interessen und Bedürfnissen der Streitparteien nicht entspricht (vgl. Greger 2007; Jansen 1988; Röhl/Weiß 2005; Trenczek 2005, 12).

Zudem wird die außergerichtliche Konfliktregelung mit dem obligatorischen Güteverfahren nach § 15a EGZPO auf ein Regelungsinstrument für Bagatellfälle (vermögensrechtliche Streitwertgrenze 600 bzw. 750 €; Nachbarrecht und persönliche Ehrverletzungen) verkürzt. Auf diese Weise wird man der außergerichtlichen Streitregelung nicht zu mehr Akzeptanz bei den Bürgern und damit zum Durchbruch verhelfen.

Sühneverfahren   Entsprechendes gilt für das der strafrechtlichen Privatklage vorgeschaltete Sühneverfahren nach §§ 374, 380 StPO (vgl. IV-2). Handelt es sich im Wesentlichen („nur") um Verletzungen der Privatsphäre (z. B. Hausfriedensbruch, Beleidigung, Verletzung des Briefgeheimnisses, einfache Formen der Körperverletzung, Bedrohung und Sachbeschädigung), wird auf die Durchsetzung des „staatlichen Strafanspruchs" (hierzu IV-1.3) verzichtet. Die Erhebung der strafrechtlichen Privatklage ist erst zulässig, wenn zuvor ein sog. Sühneverfahren erfolglos unternommen worden, d. h. eine einvernehmliche Konfliktregelung gescheitert ist. Dieses Schlichtungsverfahren kann bei den gemeindlichen Schiedsleuten oder vor einer durch die Landesjustizverwaltung anerkannten Gütestelle durchgeführt werden, wird aber häufig als Alibiveranstaltung zum Erhalt der für Erhebung der Privatklage notwendigen Bescheinigung (§ 380 Abs. 1 S. 3 StPO) durchgeführt, ohne dass tatsächlich der zwischen den Beteiligten bestehende Konflikt bearbeitet wurde.

6.2.2 Schiedsverfahren vor den sozialrechtlichen Schlichtungsstellen

Das Sozialrecht ist nicht zuletzt aufgrund des sozialrechtlichen Gesetzesvorbehaltes (§ 31 SGB I) inhaltlich sehr ausdifferenziert und verbindlich geregelt. Im Kooperationsbereich von öffentlichen Trägern, den Kommunen und Sozialversicherungsträgern einerseits und (freien) Leistungserbringern andererseits überlässt es aber inhaltliche Regelungen, insb. über Leistungsinhalte und Entgelte (vgl. z. B. § 78a SGB VIII) bzw. Vergütungen (vgl. z. B. §§ 64, 112, 115 SGB V; §§ 75 Abs. 3, 76 f. SGB XII), den vertraglichen Regelungen der Beteiligten. Die (sozialrechtlichen) Schiedsstellen sind geschaffen worden, damit Entscheidungen getroffen werden können, wenn zwischen den Parteien aufgrund konträrer wirtschaftlicher Interessen Konflikte auftreten und sie selbst – innerhalb eines bestimmten Zeitraumes – keine Einigung über die Vereinbarungen erzielen können (vgl. Boetticher/Tammen 2003, 28 ff.; Gottlieb, NDV 2001, 257 ff.; Schnapp 2004; Schütte, NDV 2005, 246 ff.). In diesen Fällen müssen die Schiedsstellen von einer Seite angerufen werden, eine unmittelbare Klage gegen die andere Partei ist nicht zulässig.

Schiedsstellen   Schiedsstellen sind zumeist auf Landesebene eingerichtete, paritätisch besetzte Ausschüsse mit einem unparteiischen und weisungsfreien Vorsitzenden und einer gleichen Zahl von Vertretern der öffentlichen Träger sowie der Einrichtungsträger. Von besonderer Bedeutung sind insb.

- die Pflegesatzschiedsstelle nach § 18a Krankenhausfinanzierungsgesetz (KHG) für die Schlichtung von Vergütungsstreitigkeiten zwischen Krankenhäusern und Krankenkassen,
- die Landesschiedsstelle nach § 114 SGB V für die Schlichtung von Vertragsstreitigkeiten entweder zwischen Krankenhäusern und Krankenkassen oder zwischen Krankenhäusern, Krankenkassen und Vertragsärzten,
- die Schiedsämter auf Bundes- und Landesebene nach § 89 SGB V für die vertragsärztliche Versorgung, die vertragszahnärztliche Versorgung und die Vergütung zahntechnischer Leistungen,
- die Schiedsstellen nach § 78g SGB VIII für Streitigkeiten über Leistungs- und Entgeltvereinbarungen in der Kinder- und Jugendhilfe,
- die Schiedsstellen in der Pflegeversicherung nach § 76 SGB XI,
- die Schiedsstellen nach § 80 SGB XII bei Streitigkeiten über Vergütungsvereinbarungen (§ 76 Abs. 2, § 77 Abs. 1 S. 3 SGB XII) in der Sozialhilfe.

Schiedsstellen gibt es auch aus Anlass anderer Regelungsdefizite, z. B. nach § 92 Abs. 1a SGB V, wenn sich der sog. gemeinsame Bundesausschuss, bestehend aus der Kassenärztlichen Bundesvereinigung, der Deutschen Krankenhausgesellschaft, Bundesverbänden der Krankenkassen, der Bundesknappschaft und den Verbänden der Ersatzkassen, nicht über die zur Sicherung der ärztlichen Versorgung der Versicherten erforderlichen Richtlinien einigt. Geht es um den Abschluss von Vereinbarungen über Jugendhilfeleistungen, die nicht unter den Katalog des § 78a SGB VIII fallen, oder sind Leistungen nach den SGB II, III oder IX betroffen, ist ein Schiedsstellenverfahren nicht vorgesehen.

Der **Rechtscharakter der Schiedsstellentätigkeit** ist umstritten. Zum einen wird bei der Tätigkeit der Schiedsstelle hoheitliches Handeln betont und sie insoweit als Behörde (§ 1 Abs. 2 SGB X) angesehen. Demgegenüber wird heute vermehrt von einem Doppelcharakter der Schiedsstellentätigkeit ausgegangen, in dem beide Elemente – hoheitliches Handeln und vertragshelfende Tätigkeit – zusammenfließen („Zwangsvertragshilfe", vgl. Münder et al. 2013, § 78g Rz. 9; Schütte, NDV 2005, 247f.). Einigkeit besteht jedenfalls darüber, dass Entscheidungen der Schiedsstelle vertragsgestaltende **Verwaltungsakte** sind (vgl. BVerwGE 108, 47; BVerwG v. 28.02.2002 – 5 C 25.01 – E 116, 78). Diese können ohne vorhergehendes Widerspruchsverfahren mit einer Klage vor den Sozialgerichten (vgl. § 77 Abs. 1 S. 4 SGB XII) bzw. im Bereich der Kinder- und Jugendhilfe vor den Verwaltungsgerichten (§ 78g Abs. 2 S. 2 SGB VIII) angefochten werden. Die Klage ist dabei nach dem jetzigen Recht – anders als früher (vgl. BVerwGE 108, 47) – nicht gegen die Schiedsstelle, sondern gegen die andere Vertragspartei zu richten (vgl. z. B. § 78g Abs. 2 S. 3 SGB VIII, § 77 Abs. 1 S. 5 SGB XII). Strittig ist, ob hierfür nur die Anfechtungsklage ausreichend bzw. zulässig ist (VG Karlsruhe 14.02.2006 – 8 K 1878/04: nur kassatorischer, d. h. die Entscheidung aufhebender Rechtsschutz im Wege der Anfechtungsklage) oder gleichzeitig eine allgemeine Leistungsklage (Boetticher/Tammen 2003, 51; Gottlieb, NDV 2001, 261; Münder et al./Wabnitz 2011, Kap. 6.4 Rn 16) erhoben werden muss.

Rechtsschutz gegen Entscheidungen der Schiedsstellen

Den Schiedsstellen wird eine weite Gestaltungsfreiheit und im Hinblick auf die Auslegung unbestimmter Rechtsbegriffe ein sog. **Beurteilungsspielraum** (oder Einschätzungsprärogative; vgl. I-3.3.3) zuerkannt. (BVerwG 28.2.2002 – 5 C 25.01). Ihre Schiedssprüche unterliegen nur in eingeschränktem Umfang der gerichtlichen Kontrolle. Sie sind daraufhin zu überprüfen, ob die grundlegenden verfahrensrechtlichen Anforderungen und in inhaltlicher Hinsicht die zwingenden rechtlichen Vorgaben eingehalten wurden. In formeller Hinsicht wird geprüft, ob die Schiedsstelle den von ihr zugrunde gelegten Sachverhalt in einem fairen Verfahren unter Wahrung des rechtlichen Gehörs ermittelt hat und ihr Schiedsspruch die Gründe für das Entscheidungsergebnis ausreichend erkennen lässt. Die inhaltliche Kontrolle ist darauf beschränkt, ob der vom Schiedsspruch zugrunde gelegte Sachverhalt zutrifft und ob die Grenzen des Entscheidungsspielraums unter Beachtung der allgemeinen Rechtsmaßstäbe eingehalten worden sind (BSG B 6 KA 25/04 R v. 14.12.2005; BSG B 6 KA 22/04 R v. 27.04.2005).

6.2.3   Schiedsgerichtsbarkeit

Schiedsgerichte

Die Schiedsgerichtsbarkeit hat die Kaufmannschaft als ein ihren Interessen besonders entsprechendes Streitklärungsinstrument erfunden, sie kommen aber auch in anderen Lebensbereichen vor (z. B. die sog. Sportgerichte). Schiedsgerichte sind private, d. h. nichtstaatliche Gerichte, die über bestimmte Streitigkeiten abschließend und verbindlich entscheiden. Da der privaten Schiedsgerichtsbarkeit anders als der staatlichen Gerichtsbarkeit aufgrund des staatlichen Gewaltmonopols (vgl. I-1.1.1) keine Zwangsrechte zustehen, kann ein Schiedsgericht nur dann über eine Streitigkeit richten, wenn sich die Parteien des Streits zuvor darauf geeinigt haben und sich damit dem Schiedsspruch „freiwillig" unterwerfen. Im internationalen, aber auch zunehmend im nationalen Handelsverkehr sind solche Einigungen durchaus üblich. Vielfach wird bereits in die Vertragswerke eine Klausel aufgenommen, die im Konfliktfall eine außergerichtliche Klärung insb. durch ein Schiedsverfahren (zunehmend aber alternativ auch eine Mediation) vorschreibt.

Für das Privat- und Handelsrecht ist das Schiedsverfahren in den §§ 1025 ff. ZPO geregelt, sofern der Verfahrensort in Deutschland liegt und soweit die Parteien für ihr Schiedsverfahren keine davon abweichenden (zulässigen) Regelungen treffen. Zwingende Verfahrensgarantien sind das Recht auf rechtliches Gehör und die Gleichbehandlung der Parteien (§ 1042 ZPO). Wird auf die Verfahrensordnung einer Institution für Schiedsgerichtsbarkeit (z. B. der Handelskammer Hamburg, vgl. www.hk24.de) Bezug genommen, so gilt diese als vereinbart.

Der Vorteil der Schiedsgerichtsbarkeit liegt vor allem darin, dass sie im internationalen Waren- und Dienstleistungsverkehr anwendbar ist. Während deutsche Gerichtsurteile nicht überall auf der Welt vollstreckbar und damit faktisch wertlos sind, können Schiedssprüche auch im Ausland wesentlich leichter vollstreckt werden, sofern der entsprechende Staat dem New Yorker Abkommen über die Anerkennung und Vollstreckung ausländischer Schiedssprüche vom 10.06.1958 beigetreten ist. Das sind derzeit mehr als 100 Staaten in der Welt.

Ein Schiedsverfahren ähnelt im Ablauf einem „normalen" Gerichtsverfahren: Die Parteien fertigen Schriftsätze, es findet in der Regel eine mündliche Verhandlung statt, in der ggf. Beweisaufnahmen durchgeführt werden. Zwar werden stets die Möglichkeiten einer einvernehmlichen Regelung ausgelotet, am Ende des Verfahrens steht aber ein verbindlicher Schiedsspruch, der für die Parteien die gleichen Wirkungen hat wie ein Urteil. Allerdings können die Parteien stärker Einfluss auf das Verfahren nehmen, insb. sind sie in der Verfahrensgestaltung freier und flexibler als die Richter eines staatlichen Gerichtes. Zum Beispiel werden sie bei der Auswahl der Schiedsrichter beteiligt oder sie können den Verhandlungsort und die Verfahrenssprache einvernehmlich regeln.

6.3 Mediation

Mediation (Vermittlung) ist ein außergerichtliches, nicht öffentliches Verfahren konstruktiver Regelung offener Fragen und Konflikte, bei dem die Betroffenen/Parteien mit Unterstützung unabhängiger und unparteiischer Dritter, den Mediatoren, einvernehmliche Regelungen suchen, die ihren Bedürfnissen und Interessen dienen (vgl. § 1 MediationsG; Art. 3a der EU-Mediations-Richtlinie (150035/ 07 REV 5 – 23.04.2008; Trenczek 2013, Rn 23). Ziel der Mediation ist eine verbindliche, in die Zukunft weisende Vereinbarung. Die Leitung und Moderation der Verhandlungen bzw. Konfliktbearbeitung wird deshalb einer besonders geschulten, unabhängigen und unparteiischen Vermittlungsperson („Mediator/-in") übertragen. Die Mediatoren entscheiden nicht in der Sache, sondern unterstützen die Parteien dabei, die strittigen Themen und Streitpunkte zu identifizieren sowie Lösungsoptionen zu erarbeiten. Dabei stellt sich häufig heraus, dass die Parteien das Entweder–oder überwinden und – oft sogar über den ursprünglichen Streitgegenstand hinaus – „gewinnen", d. h. eine Lösung oder Regelung finden können, die ihren Interessen gleichermaßen dient (sog. Win-win-Situation; vgl. hierzu Fisher/Ury 1981). Die **wesentlichen Merkmale** des Mediationsverfahrens (hierzu Trenczek 2013, Rn 23 ff.) sind:

- Vermittlung durch unparteiische (allparteiliche/„neutrale") Dritte. Mediatoren haben keine Entscheidungsgewalt im Hinblick auf den Streitgegenstand, sie sind weder Richter noch Schlichter;
- Einbeziehung und direkte Kommunikation aller Konfliktparteien; i. d. R. sind diese anwesend; keine die Parteien ersetzende Vertretung durch Dritte;
- informelle/außergerichtliche Konfliktbearbeitung, flexible Verfahrensgestaltung;
- Nichtöffentlichkeit und Vertraulichkeit; keine der offen gelegten Informationen und Aspekte wird an Dritte weitergegeben;
- Autonomie: die Parteien bestimmen (nicht immer) Anfang und Ende Mediation; auch wenn die Teilnahme an einem Mediationsverfahren nicht immer völlig freiwillig ist bzw. sein muss, geht es immer um eine selbstbestimmte, Teilnahme und Regelung/Lösung des Konflikts;
- Interessenorientierung statt Fixierung auf Rechtspositionen;
- Ergebnisoffenheit und Konsensorientierung: Verzicht auf Machtentscheidungen und einseitige Rechtsdurchsetzung.

Vorteile der Mediation

Bei einer Mediation sind nicht nur rechtliche Fragen von Bedeutung, vielmehr können von den Parteien alle (wirtschaftlichen und sozialen, persönlichen und emotionalen) Aspekte eines Konflikts in die Diskussion eingebracht werden. Aufgrund ihrer interdisziplinären Kompetenzen sind (gut ausgebildete) Mediatoren in der Lage, den Dialog und die Wechselseitigkeit zwischen den Konfliktpartnern zu fördern, um einen Konsens, eine einvernehmliche Regelung oder Lösung zu finden, bei der beide/alle „gewinnen" können. Dies führt in aller Regel zu einer nachhaltigen Zufriedenheit der Parteien. Die wesentlichen Vorteile der Mediation sind:

- Selbstbestimmung und Planungssicherheit: keine Entscheidung durch Dritte; die Parteien bestimmen die Mediatoren, Inhalt und Ergebnis des Mediationsverfahrens; unbürokratisches, flexibles Verfahren (u. a. abgestimmte Terminplanung);
- angemessene Berücksichtigung der Standpunkte, Interessen und Ziele der Parteien;
- zukunftsorientierte, interessengerechte, faire Lösung, bei der alle Seiten gewinnen können (Win-win-Situation); Erzielung wirtschaftlich sinnvoller und nachhaltiger Ergebnisse;
- Erhaltung, Wiederherstellung oder Neugestaltung und Verbesserung der geschäftlichen bzw. persönlichen Beziehungen;
- Vertraulichkeit, Bewahrung von Privat- und Geschäftsgeheimnissen, keine Gefahr der Rufschädigung und des Imageverlustes, keine Presse;
- Zeitersparnis gegenüber Gerichtsverfahren, insb. bei mehreren Instanzen;
- Reduzierung der (Rechtsverfolgungs-)Kosten, Schonung personeller und betrieblicher Ressourcen, Vermeidung von Reibungsverlusten (z. B. Abstellen von Mitarbeitern, interne und externe Besprechungen zur Vorbereitung von Gerichtsverfahren);
- Verringerung emotionaler Kosten in Streitverfahren, nachhaltige Zufriedenheit mit Verlauf und Ergebnis des Mediationsverfahrens;
- nachhaltige Steigerung der persönlichen und betrieblichen Produktivität durch die Erfahrung konstruktiver Konfliktlösungsverfahren;
- Mediation verfügt über hohe Erfolgschancen: Bei Durchführung eines fachgerechten Mediationsverfahrens liegt die Einigungsquote i. d. R. bei über 80 %.

6.3.1 Anwendungsbereiche der Mediation

Ziel der Mediation

Mediation ist als Verfahren und Methode der kommunikativen Konfliktbearbeitung universell einsetzbar. Im Vordergrund steht die in die Zukunft weisende Vereinbarung (Lösungsorientierung). Für diesen Prozess bieten die Mediatoren ihre Unterstützung an („*facilitative mediation*"). Harmonie herzustellen ist nicht das vordringliche Ziel. Eine Harmonisierung oder gar „Transformation" der Beziehungen („*transformative mediation*") ist nicht ausgeschlossen, darf aber weder Voraussetzung noch von den Mediatoren vorgegebenes Ziel sein. Mediation ist immer dann sinnvoll, wenn die Parteien die Lösung ihres Konfliktes selbst bestimmen wollen, insb. wenn sie – aus welchen Gründen auch immer – künftig weiter Kontakt pflegen wollen.

Mediation ist ein transdisziplinäres Arbeitsfeld, in das psychosoziale Berufe ebenso wie Juristen, Ingenieure, Ökonomen und andere Berufsgruppen ihre spezifischen Kompetenzen einbringen können. Für die **Mediation im psychosozialen** Bereich kommen insb. die folgenden Konfliktfelder in Betracht:

- im Privatbereich:
  - zwischen (sich trennenden) Ehepartnern (insb. bei Sorge- und Umgangsstreitigkeiten, vgl. § 17 SGB VIII),
  - zwischen Eltern und Pflegeeltern (vgl. § 38 SGB VIII), bei Adoptionen (vgl. Marx 2000, 302),
  - in sonstigen Familien- und Generationenkonflikten (z. B. zwischen Eltern und ihren Kindern, bei Erbstreitigkeiten, …),
  - im Mieter-Vermieter-Verhältnis,
  - bei Nachbarschaftsstreitigkeiten;
- im Unternehmens- und Wirtschaftsbereich:
  - in Konflikten zwischen Arbeitnehmern, Vorgesetzten und Mitarbeitern,
  - in Gruppen- und Teamkonflikten in Betrieben und sonstigen (sozialen) Organisationen, insb. in Veränderungsprozessen (z. B. aufgrund von Umstrukturierungen),
  - bei Verbraucherbeschwerden (vgl. hierzu die EU-RL Alternative Beilegung verbraucherrechtlicher Streitigkeiten),
- im öffentlichen Bereich:
  - im Gesundheitswesen, der Altenhilfe/-pflege, der Behinderten- und Jugendhilfe bzw. anderen Sozialeinrichtungen/-unternehmen (z. B. zwischen Bewohnern, Angehörigen, Mitarbeitern, …),
  - Schul- oder Peer-Group-Mediation,
  - in interkulturellen Konflikten,
  - in strafrechtlich relevanten Konflikten im Hinblick auf einen TOA (hierzu IV-3.2),
  - in politisch-administrativen Entscheidungsprozessen zur Gestaltung und Nutzung des öffentlichen Raums,
  - in Konflikten zwischen öffentlichen Sozialleistungsträgern und freien Einrichtungsträgern und Leistungserbringer (zum sozialrechtlichen Schiedsverfahren vgl. oben I-6.2.2).

Die Vermittlung in strafrechtlich relevanten Konflikten wurde maßgeblich durch die Idee der **Restorative Justice** (hierzu Trenczek 2014) befördert. Sie wird in Deutschland im Hinblick auf einen sog. TOA (hierzu IV.3.2 u. 4.1) durchgeführt. Die **Familienmediation**, insb. in Trennungs- und Scheidungskonflikten (Diez et al. 2009; Hohmann/Morawe 2013; Proksch 2004; Ripke, Kiesewetter und Krabbe in Trenczek et al. 2013; 5.1 – 5.3), ist im Privatbereich mit geschätzten 20 – 25.000 Verfahren im Jahr der größte Anwendungsbereich der Mediation in Deutschland; (Trenczek et al. 2013, Rn 29). Andererseits bedeutet dies, dass ein Mediationsverfahren bislang nur in jedem 10. Trennungs- und Scheidungsfall genutzt wird. Die

geeignete Fälle

Trennungs- und Scheidungsmediation führen überwiegend freiberufliche Mediatoren durch. Aber auch die nach § 17 SGB VIII möglichen Vermittlungsangebote des JA können bei einer entsprechenden Qualifikation der Mitarbeiter genutzt werden.

Grds. lassen sich alle Konflikte mediieren, selbst in Fällen, in denen die Atmosphäre aufgrund von erheblichen Enttäuschungen und Verletzungen vergiftet ist und eine gütliche Einigung unmöglich erscheint. Man kann vielmehr andersherum feststellen: Mediation ist dann angebracht, wenn der Konflikt so weit eskaliert ist, dass die Beteiligten außerstande sind, alleine in direkten Verhandlungen die Probleme kooperativ zu lösen. Entscheidend ist letztlich die Bedürfnis- und Interessenlage der Parteien, die Bereitschaft, „trotz allem" einvernehmliche Lösungen zu erarbeiten. Mediation ist stets eine zusätzliche Option, der Rechtsweg ist durch Mediation grds. nicht ausgeschlossen.

Besonders geeignet ist Mediation, wenn die Parteien – aus welchen Gründen auch immer – ein Interesse an einer künftig (weiter)bestehenden (persönlichen oder geschäftlichen) Beziehung haben. Schwierig ist Mediation, wenn auf einer Seite keine Verhandlungsbereitschaft oder -möglichkeit besteht. Dies ist im Hinblick auf das Gesetzlichkeitsprinzip der Verwaltung bei Behörden zum Teil der Fall, insb. dann, wenn der Verwaltung im Rahmen der Entscheidungsfindung kein Ermessen (hierzu I-3.4) zusteht. Gleichwohl hat sich Mediation auch in verwaltungs- und sozialrechtlichen Streitfällen bewährt (vgl. z.B. Friedrich bzw. Niewisch-Lennartz in Trenczek et al. 2013 Kap. 5.17 u. 5.18; zur Zulässigkeit von öffentlich-rechtlichen Vergleichsverträgen, s. III.1.3.2). Mediation scheidet allerdings aus, wenn es um die grundsätzliche, über den konkreten Einzelfall hinausreichende Klärung einer Rechtsfrage geht oder die Öffentlichkeit einbezogen werden muss oder soll.

Mediationsanbieter

Mit Blick auf die Leistungsträger der Mediation lassen sich in Deutschland im Wesentlichen die folgenden Subsysteme unterscheiden:

- die vor allem von Rechtsanwälten, psychosozialen und betriebswirtschaftlichen Professionen freiberuflich angebotene Mediation,
- systeminterne Konfliktmanager/Mediatoren (z.B. in Unternehmen, Einrichtungen),
- vom Justizsystem bereitgestellte gerichtsinterne Mediation durch sog. Richtermediatoren in bereits rechtsanhängigen Streitsachen,
- die durch die Schiedsstellen der Kammern und Verbände getragenen Mediationsverfahren (soweit es sich hierbei nicht nur um ein Schlichtungsverfahren handelt), um bei Beschwerden von Verbrauchern ohne Gerichtsverfahren zu einer Einigung zu kommen,
- außergerichtliche Mediationsangebote gemeinnütziger Ausgleichs- und Schlichtungsstellen (*Community Justice* bzw. *Dispute Resolution Center*).

Gemeinwesenmediation

Im Hinblick auf die Soziale Arbeit, aber auch auf die Konflikthilfe allgemein haben mittlerweile die außergerichtlichen Mediationsangebote **gemeinnütziger Ausgleichs- und Schlichtungsstellen** eine besondere Bedeutung. Der gemeinwesenbezogene Konfliktlösungsansatz kann sogar als Geburtshelfer der Mediation bezeichnet werden (Trenczek 2005, 234). Als „gemeinwesenbezogene Mediation" bezeichnet man unabhängig vom jeweiligen Konflikt- und Arbeitsfeld alle konsensorientierten Vermittlungsleistungen zur Regelung der Konflikte im sozialen Nahraum der Bürger (hierzu Trenczek 2013a). Dies reicht von sog. Verbrauchersachen über Konflikte zwischen Kollegen am Arbeitsplatz, Gruppen- und Teamkonflikte (insb. in sozialen Einrichtungen und Vereinen), weiter über Familien- und Generationenkonflikte, die peer-group- und Schulmediation und sog. Konfliktlotsenprogramme bis hin zu den Streitigkeiten in der Nachbarschaft und der Stadtquartiere sowie schließlich den strafrechtlich relevanten Konflikten im Hinblick auf einen TOA i. R. d. sog. Restorative Justice Ansatzes (s. IV-4.1, ausführlich Trenczek 2014).

Die gemeinnützigen Schlichtungsstellen (z. B. Mediationsstelle in Frankfurt/Oder, www.mediationsstelle-ffo.de; WAAGE in Hannover, www.waage-hannover.de) verstehen sich als niederschwellige Ergänzung zur gerichtlichen Streiterledigung einerseits und den freiberuflichen bzw. kommerziellen Mediationsinitiativen andererseits. Konfliktvermittlung soll damit auch als Bestandteil der sozialen Grundversorgung der Bevölkerung angeboten werden. Besonderes Kennzeichen dieser gemeinnützigen Streitschlichtungsangebote ist, dass sie – in Abgrenzung zu Schlichtungsverfahren – von Beginn an methodisch konsequent einem mediativen Konfliktbearbeitungsmodell folgen. Darüber hinaus basiert die Arbeit dieser Mediationsangebote zu einem großen Teil auf dem freiwilligen Engagement ehrenamtlich tätiger Bürgerinnen und Bürger. Nach dem Vorbild angelsächsischer *Community Justice Center* sollen alle Bevölkerungsgruppen, auch diejenigen, die vielfach an Barrieren des Justizsystems scheitern, unabhängig von Einkommen und sozialem Status einen angemessenen **Zugang** zu einem qualitativ hochwertigen, fairen Konfliktregelungsverfahren erhalten.

6.3.2 Ablauf einer Mediation

Mediation ist ein strukturiertes Verfahren, dessen Ablauf nach einer sorgfältigen Vorbereitung in mehreren Phasen erfolgt. In der Mediationsliteratur und -praxis werden unterschiedliche Mediations(phasen)modelle vertreten. Die Vermittlung in unterschiedlichen Konflikten, im Bereich der Wirtschaft und Arbeitswelt, in Nachbarschaftsstreitigkeiten, in der Familienmediation, zwischen *peers* in der Schule oder bei strafrechtlich relevanten Konflikten usw. bedarf der Anpassung an die spezifischen Zusammenhänge. Dies betrifft z. B. die Abfassung einer schriftlichen Mediationsvereinbarung, das separate Treffen mit den Konfliktparteien oder die spezifische Art der Themensammlung. Das Mediationsverfahren basiert im Wesentlichen auf ganz spezifischen Interaktions- und Kommunikationsprozessen.

Kurz zusammengefasst läuft das Mediationsverfahren folgendermaßen ab (vgl. Übersicht 21; ausführlich hierzu Trenczek 2013b): Nach der Fallzuweisung oder Kontaktaufnahme durch die Parteien werden diese in der Vorbereitungsphase über das Mediationsverfahren informiert, die Rahmenbedingungen (z. B. Vertraulichkeit, Kommunikationsregeln) für die Konfliktvermittlung in einer **Mediationsvereinbarung** festgehalten und die weitere Vorgehensweise miteinander abgestimmt.

Vorbereitungsphase

Wichtig ist eine sorgfältige Auftragsklärung, damit nicht unrealistische oder falsche Erwartungen den Mediationsprozess behindern. In manchen Mediationssettings, z. B. stets in strafrechtlich relevanten Konflikten (TOA), findet ein getrenntes **Vorgespräch** mit den Parteien statt. Nicht in allen Mediationen werden schriftliche Mediationsvereinbarungen getroffen; diese sind aber bei komplexen oder länger dauernden Verfahren sehr zu empfehlen.

Mediationssitzung

Zu Beginn der eigentlichen Mediationssitzung werden (noch einmal) die wesentlichen Merkmale des Mediationsverfahrens hervorgehoben, bevor auf den Streit inhaltlich eingegangen wird. Die Parteien stellen dann relativ kurz ihre **Standpunkte** und Sichtweisen im Zusammenhang dar. Dies dient der Informationsgewinnung, insb. für die Mediatoren, weil diese i. d. R. zu diesem Zeitpunkt vom Inhalt des Konflikts noch keine Kenntnis haben. Gleichzeitig ist die Gegenseite gezwungen zuzuhören, womit die Parteien (manchmal sogar zum ersten Mal) ihre Sichtweise ohne Unterbrechungen artikulieren und ggf. Gefühle und Bedürfnisse ausdrücken können. Die Mediatoren fassen die Konfliktdarstellungen zusammen, so dass die Themen, Streitpunkte und Konfliktfelder für die weitere Bearbeitung bewertungsfrei und damit in einer für beide Streitparteien akzeptablen

Exploration

Weise in einer **Agenda** strukturiert werden können. Ausgehend von der aufgestellten Agenda wird den Konfliktparteien in der Exploration (**Konflikterhellung**) genannten, zeitlich umfangreichsten Phase die Möglichkeit gegeben, ihre Sicht des Konflikts zu jedem Themenpunkt umfassend darzustellen. Informationen, Daten und Wahrnehmungen werden ausgetauscht, bevor auf die unterschiedlichen und gemeinsamen Wünsche, Bedürfnisse und Interessen der Parteien vertieft eingegangen und damit der Konflikt umfassend erhellt werden kann. In der Exploration

Übersicht 21: Das 3x5-Phasenmodell der Mediation

I. Vorbereitungsphase
- Fallzuweisung/Beauftragung (Intake)
- Informationssammlung und Vorprüfung (Screening)
- Kontaktaufnahme mit den Parteien – ggf. vorbereitendes Treffen mit den (einzelnen) Parteien
- Auftragsklärung
- Mediationsvereinbarung

II. Vermittlungsphase – Mediationsgespräch
- Einführung
- Standpunkte/Problemdefinition/Agenda
- Exploration: Konflikterhellung und Interessensklärung
- Entwicklung von Optionen/Verhandlungen
- Problemlösung/Vereinbarung

III. Post-Mediations-Phase/Umsetzungsphase
- Überprüfung der Vereinbarung durch Dritte (z. B. Rechtsanwälte der Parteien)
- ggf. offizielle Anerkennung und Ratifikation (z. B. notarielle Beurkundung, Gericht)
- Überprüfung der Einhaltung der Vereinbarung (monitoring)
- Reflexion der Mediatoren (debriefing)
- ggf. Follow-up

sind die Mediatoren mit ihrer ganzen Persönlichkeit wie mit ihrem professionellen Gesprächsführungsrepertoire besonders gefordert. Insb. kann es hilfreich und notwendig sein, das Gehörte immer wieder zusammenzufassen, zu „loopen"/spiegeln oder (positiv) umzuformulieren. Durch das Zurücksenden der Botschaften tritt der Zuhörende den aktiven Beweis an, dass er den Sender verstanden hat (s. u. I-6.3.4).   *aktives Zuhören*

Anschließend werden möglichst zahlreiche und verschiedene Lösungsoptionen, ggf. mithilfe methodischer, die Kreativität und neues Denken anregender Techniken, entwickelt, die in den nachfolgenden **Verhandlungen** bewertet werden und letztlich in eine verbindliche **Abschlussvereinbarung** münden. Ggf. während des Verfahrens durchgeführte getrennte, parteivertrauliche Einzelgespräche helfen, die Grenzen der Einigungsbereitschaft auszuloten und die (Nichteinigungs-) Alternativen anzusprechen (sog. **BATNA** – *Best Alternative To an Negotiated Agreement*, vgl. Fisher/Ury 1981, 101 ff.). Einige Konflikte lassen sich in einer Sitzung mediieren, andere, komplexere Fälle bedürfen u. U. mehrere Sitzungen, in denen die Phasen 3 und 4 für jeden einzelnen Punkt auf der Agenda wiederholt durchlaufen werden.

In der **Post-Mediations-Phase** wird die Vereinbarung ggf. durch Dritte (z. B. Rechtsanwälte der Parteien) überprüft und ggf. durch ein Gericht oder eine notarielle Beurkundung offiziell anerkannt und ratifiziert. In der Folgezeit wird die Einhaltung der Vereinbarung überwacht (*monitoring*), sei es von den Parteien, den Mediatoren (z. B. im Hinblick auf einen TOA/ATA) oder einem beauftragten Dritten. In manchen Fällen verabreden die Parteien miteinander auch ein nochmaliges Zusammentreffen oder zumindest eine kurze Kontaktaufnahme, um zu klären, ob sie mit Verlauf und (nachhaltigem) Ergebnis der Mediation zufrieden sind. Unabdingbar ist auch die fachliche Reflexion der Co-Mediatoren (*debriefing*) im Anschluss an eine Mediation.   **Post-Mediations-Phase**

Trenczek et al. 2013

6.3.3 Rolle und Funktion von Mediatoren

Mediatoren sind unabhängige und unparteiische Vermittlungspersonen, die die Parteien bei ihrer autonomen Konfliktregelung bzw. -lösung unterstützen (zur Rolle und Funktion von Mediatoren ausführlich Trenczek et al. 2013, Kap. 2.12). Mediatoren haben keine Entscheidungsgewalt im Hinblick auf den Streitgegenstand, sie entscheiden nicht „für" oder „über" die Parteien, sie schlagen weder einen Kompromiss vor noch drängen sie die Parteien in den Vergleich. Der Fokus liegt auf Partizipation und einem autonomen Interessensausgleich. Die Aufgabe eines Mediators besteht im Wesentlichen darin, den Verhandlungsprozess zwischen den Parteien unterstützend zu begleiten, indem er die spezifische Struktur und Methode der Mediation als systemische Konfliktintervention einsetzt. Diese beinhaltet insb.:

- **Gesprächsmoderation**: Neugestaltung und Steuerung der Kommunikationsverläufe,

- **Verfahrenskontrolle**: Agenda-Setting, Strukturgebung, Führen und Leiten,
- unterstützende **Problemdefinition**: systemische Wahrnehmungsrekonstruktion, Interessen- und Bedürfnisanalyse, Klärungshilfe, insb. Klärung der Nichteinigungsalternativen.

Mediatoren sind weder Schlichter noch Richter, sondern **Initiatoren neuer Regelungsprozesse**. Sie ermitteln nicht die Wahrheit. Sie bewerten und urteilen nicht, sondern arbeiten mit der (selektiven) Wahrnehmung der Konfliktparteien, benennen Differenzen und versuchen, einen Wechsel der Perspektiven und die Konstruktion einer gemeinsamen Geschichte zu ermöglichen. Mediatoren geben oder schlagen keine Lösungen vor, denn sie können immer nur einen (kommunizierten) Ausschnitt der Lebenswirklichkeit der Beteiligten wahrnehmen und verstehen. Sie unterstützen die Betroffenen durch Neugestaltung der Kommunikation und mit kreativen Methoden bei der Suche nach Regelungsoptionen. Eine sehr verbreitete **Mediatorenkrankheit** ist es, die „objektive Wahrheit" zu suchen, statt mit den (konstruierten) Geschichten der Parteien zu arbeiten, die eigene Sichtweise für objektiv zu halten und von eigenen Werten auszugehen, sich in eigene (Lösungs-)Ideen zu verlieben und „offenkundige" Lösungen vorzuschlagen. Manchen Mediatoren ist es sichtlich unangenehm, Emotionen Raum zu geben und Spannungen zuzulassen. Manche verfügen nicht über Geduld und lassen den Parteien nicht ausreichend Zeit und Raum, um die hinter den Standpunkten und Positionen liegenden Fragen anzugehen.

Allparteilichkeit Mediatoren dürfen kein eigenes (persönliches wie institutionelles) Interesse an einem bestimmten Konfliktausgang haben. Vielmehr müssen sie neutral und unparteilich sein (§ 2 Abs. 3 MediationsG; zu Neutralität, Allparteilichkeit, Äquidistanz und Unparteilichkeit vgl. Trenczek et al. 2013, Kap. 2.12 Rn 6 ff.). Sie setzen sich aber für die Belange aller Konfliktparteien ein. In diesem Sinne sind sie „allparteilich". Wollen Mediatoren nicht in Gefahr geraten, ihre Allparteilichkeit und das u. a. damit zusammenhängende Vertrauen der Parteien aufs Spiel zu setzen, dürfen sie zu den Parteien nicht gleichzeitig in einem Beratungskontext stehen (zum Verbot der sog. Vorbefassung s. nachfolgend 6.3.4). Hierbei macht es keinen Unterschied, ob diese Beratung eher psychosozialer oder rechtlicher Natur ist. Es verbieten sich deshalb die teilweise in der Praxis bestehenden „Arrangements" und Strukturen öffentlicher Träger, in denen die Mitarbeiter Mediation neben anderen Aufgaben „nebenher" durchführen, ohne dass eine Trennung von parteilicher, interessengeleiteter Beratung und allparteilicher Mediation gewährleistet wäre (z. B. Beratung und Mediation i. R. d. JA durch dieselben Mitarbeiter oder durch die Gerichts- und Bewährungshilfe).

Selbst- und professionskritische Juristen wissen, dass sich Rechtsfragen, insb. aufgrund der Auslegung sog. unbestimmter Rechtsbegriffe (hierzu I-3.3.2), sowie Rechtsfolgeentscheidungen im Hinblick auf die Ermessenserwägungen (I-3.4.2) nur selten eindeutig beantworten lassen und noch seltener eine verlässliche Prognose im Hinblick auf das gerichtliche Entscheidungsverhalten abgegeben werden kann. Mediatoren sind jedenfalls bei einer über die bloße allgemeine (nicht auf einen konkreten Sachverhalt bezogene) Rechtsauskunft hinausreichenden Rechtsberatung stets in Gefahr, ihre Allparteilichkeit zu verlieren, so „objektiv" (was immer das sein mag) sie sich auch geben mögen. Mediatoren dürfen – auch wenn sie in Rechtsfragen geschult und als Rechtsanwalt tätig sein sollten – in einer Mediation deshalb **keine Rechtsberatung** durchführen (vgl. BT-Ds 17/5335, 10).

§ 2 Abs. 2 RDG stellt klar, dass die Mediation sowie jede vergleichbare Form der alternativen Streitbeilegung keine den Rechtsanwälten vorbehaltene **Rechtsdienstleistung** darstellt (s. o. I-4.2). Es geht in der Mediation nicht vorrangig um die Klärung rechtlicher Verhältnisse, sondern um die Klärung der hinter den Rechtspositionen stehenden Interessen. Nicht rechtliche Fragen, sondern ökonomische, soziale und persönliche Bedürfnisse stehen also i. d. R. im Vordergrund, ganz gleich ob es sich um eine Familienmediation, eine sog. Wirtschaftsmediation, um die Mediation bei Nachbarschaftsstreitigkeiten oder in strafrechtlich relevanten Konflikten handelt. Der Schwerpunkt einer Mediation liegt damit nicht in der rechtlichen Bewertung oder Gestaltung. Andererseits wird es oft nicht ausbleiben, dass im Rahmen einer Mediation von den Parteien Rechtsfragen eingebracht werden. Dies ist zwar nicht immer der Fall – nicht jeder Konflikt ist ein Rechtsstreit – es ist aber durchaus üblich, dass die Parteien zumindest zu Beginn eines Verfahrens auf Rechtspositionen bestehen, im Verlaufe des Verfahrens ihre Standpunkte überdenken und schließlich vor Abschluss einer Vereinbarung ihre (rechtlichen und sonstigen Nichteinigungs-)Alternativen (sog. BATNA) überdenken. I. d. R. werden deshalb an Mediatoren auch Rechtsfragen herangetragen. Und schließlich mündet die erfolgreiche Mediation stets in einer Vereinbarung, deren Inhalt das wechselseitige Verhältnis der Parteien ggf. neu regelt. Freilich muss dieser (nicht notwendig schriftliche) Vertrag nicht immer von den Mediatoren formuliert werden, vielmehr wird die Vereinbarung inhaltlich von den Parteien selbst getroffen oder von den sie begleitenden Anwälten verfasst und sollte (darf) von (nicht juristischen) Mediatoren lediglich protokolliert werden (vgl. § 2 Abs. 6 S. 3 MediationsG).

Interessenklärung

Mediation zeichnet sich durch ihre **transdisziplinäre Basis und Ausrichtung** aus, für die Erkenntnisse u. a. aus der Konfliktforschung, der Kognitionswissenschaft, der Emotions- und Motivationsforschung, der Kommunikationswissenschaft sowie der Gerechtigkeitsforschung konstitutiv sind. Entsprechend vielfältig sind die beruflichen Grundqualifikationen von Mediatoren. Die interessenorientierte Konfliktbearbeitung und Durchführung eines Mediationsverfahrens, das fachlichen Standards entspricht, bedarf ausgeprägter kommunikativer Fähigkeiten. Das hierzu notwendige „Handwerkszeug", die Grundtechniken (nonverbale Kommunikation, aktives Zuhören, lösungsorientiertes und zirkuläres Fragen, Loopen/Spiegeln/Paraphrasieren, Reframing, Doppeln, Visualisierungstechniken usw.) kann man in der Mediationsausbildung erlernen. Wesentlich für das Gelingen einer Mediation ist vor allem eine besondere mediative **Grundhaltung**, die sich in aller Regel nur im Rahmen eines längeren und spezifischen Ausbildungsprozesses aufbaut. Eine mediative Grundhaltung beinhaltet Empathie, Wertschätzung und Authentizität ebenso wie Reflexivität und erfordert ein konstruktivistisches und systemisches Denken (ausführlich zu den interdisziplinären Grundlagen der Mediation Trenczek et al. 2013). Nach den Standards der deutschen Mediationsverbände (BAFM, BM, BMWA sowie DGM) ist neben einer akademischen

Grundtechniken der Mediation

mediative Grundhaltung

oder beruflichen Grundqualifikation eine spezifische Zusatzausbildung in Mediation von mindestens 200 Std. erforderlich. Für den sog. zertifizierten Mediator wird – nach der Anfang Mai 2014 im Entwurf vorliegenden Ausbildungsverordnung (§§ 5 f. MediationsG) – voraussichtlich eine mediationsspezifische Grundausbildung von mindestens 120 Std. (plus fortlaufende Weiterbildungsverpflichtung) erforderlich sein (BT-Ds 17/8058, 18).

6.3.4 Mediation und Recht

Ungeachtet des eher berufsständisch motivierten Konflikts über die Frage, ob es sich bei der Mediation um eine rechtsberatende Tätigkeit handelt, stellt sich das Verhältnis von Mediation und Recht in einer viel grundlegenderen Weise. Mediation findet ja nicht außerhalb der Rechtsordnung statt. Die Entstaatlichung und Informalisierung der Streitregelung ist nicht identisch mit der Beseitigung der öffentlichen Verhaltenskontrolle. Mediation erlaubt zwar eine außergerichtliche, informelle, aber keine völlig außerrechtliche (willkürliche) Konfliktbearbeitung.

Rolle des Rechts Das Recht setzt Grenzen, es wirkt als **Orientierungs- und Ordnungsrahmen**. Es schreibt z. T. eben verbindlich, nicht dispositiv fest, was Recht und Ordnung ist. Das Recht ist und bleibt Schutzgarant und wird im Hinblick auf die Nichteinigungsalternativen (BATNA) vielfach ein latenter Entscheidungs- und Kontrollmaßstab sein. Allerdings ist die Rechtsnorm eben nur ein Kriterium von vielen, einen Streit verbindlich beizulegen. Die Güte eines Mediationsverfahrens zeichnet sich nicht per se durch seine Rechtsferne aus. In einer solchen Position spiegelt sich nur eine Rechts- bzw. Juristenfeindlichkeit mancher Mediatoren aus dem psychosozialen Bereich wider, die der Unfähigkeit mancher Juristen, die sozialen und (kommunikations-)psychologischen Anteile der Konflikte und der Mediation wahrzunehmen, in nichts nachsteht. Von nachhaltiger (Prozess-, Ergebnis- und Struktur-)Qualität der Mediation kann man nur sprechen, wenn das Verfahren den Geboten der **Fairness** (vgl. I-1.2.3) und das Ergebnis den Gerechtigkeitsvorstellungen und den Interessen der Parteien entspricht und ggf. vorhandene Machtungleichgewichte (welcher Art auch immer) ausbalanciert werden konnten. Recht muss nicht im Gegensatz zu den Interessen der Parteien stehen. Andererseits garantiert das Recht aber auch keine interessengerechte Lösung des Konflikts, ja vielfach steht eine auf (Rechts-)Positionen bezogene Verhandlungsführung einer interessengerechten Lösung sogar im Wege. Aus der vorgenannten Argumentation ergeben sich zwei wesentliche Fragen für die Mediatoren: Über welche Rechtskenntnisse sollten Mediatoren verfügen? Wie soll sich ein Mediator verhalten, wenn an ihn Rechtsfragen herangetragen werden? Beide Fragen lassen sich nur beantworten, wenn man die Rolle und Funktion der Mediatoren geklärt hat.

Recht der Mediation Von Mediatoren wird eine (kommerzielle oder gemeinnützige) Dienstleistung angeboten, deren Durchführung i. d. R. nicht auf einem Gefälligkeitsverhältnis (vgl. II-1.2.1), sondern auf einer vertraglichen (nicht notwendig schriftlichen) Vereinbarung beruht. Mediatoren müssen deshalb über die rechtlichen Rahmenbedingungen ihrer eigenen Vermittlungstätigkeit Bescheid wissen. Hierzu gehört insb. die Kenntnis über

- Essentialia der Mediationsvereinbarung (z. B. Parteiautonomie, Vertraulichkeit, Verzicht auf Zeugenbenennung, Einrede der Hemmung von Fristen, Honorarregelung),
- Mindest- und Qualitätsstandards des Mediationsverfahrens,
- Rechte und Pflichten der Mediatoren, berufsrechtliche Fragen,
- Vertrauensschutz – Zeugnispflicht/-verweigerungsrechte,
- Haftungsrisiken.

Allerdings ist das Recht der Mediation in vieler Hinsicht noch unzureichend geregelt, auch wenn das MediationsG mittlerweile wesentliche Aspekte (z. B. Verschwiegenheitspflicht) normiert hat (hierzu Carl 2013; Greger/Unberath 2012). So sind Mediatoren verpflichtet, ihre Klienten (die Medianten) insb. auf folgende Aspekte hinzuweisen:

Übersicht 22: Zwingende Hinweispflichten für Mediatoren

Zwingende Hinweispflichten für Mediatoren	MediationsG
Aufgaben und Unabhängigkeit des Mediators	§ 1 Abs. 1 u. 2, § 2 Abs. 2, 3 u. 6, § 3
Qualifikationsniveau der Mediatoren	§ 3 Abs. 5
Aufgaben und Rechte der Konfliktparteien	§ 2 Abs. 1 u. 5
Freiwilligkeit	§ 2 Abs. 2 u. 5
Struktur der Mediation	§ 1 Abs. 1
Einbeziehung Dritter, externe Fach-/Rechtsberatung	§ 2 Abs. 4 u. 6 S. 2
Vertraulichkeit	§ 4
Allparteilichkeit	§ 2 Abs. 3
Abschlussvereinbarung/Ende der Mediation	§ 2 Abs. 5 u. 6

Von besonderer Bedeutung ist das **Verbot der** sog. **Vorbefassung**: Als Mediator darf nicht tätig werden, wer vor der Mediation in derselben Sache für eine Partei tätig gewesen ist. Ebenso wenig dürfen Mediatoren während oder nach der Mediation für eine Partei in derselben Sache tätig werden (§ 3 Abs. 2 MediationsG; hierzu Carl 2013, Rn 30). Hiervon kann auch von den Parteien kein Dispens erteilt werden. Nur im Ausnahmefall kann eine Person als Mediator tätig werden, wenn eine mit ihr in derselben Berufsausübungs- oder Bürogemeinschaft verbundene andere Person vor der Mediation in derselben Sache für eine Partei tätig gewesen ist, allerdings nur, wenn sich die betroffenen Parteien im Einzelfall nach umfassender Information damit einverstanden erklärt haben und Belange der Rechtspflege dem nicht entgegenstehen (§ 3 Abs. 3 u. 4 MediationsG).

Selbst wenn Rechtsanwälte mittlerweile und zunehmend (leider zum großen Teil ohne entsprechend fundierte, interdisziplinäre Ausbildung) auch Mediation

Recht in der Mediation

anbieten, sind sie funktional keine Rechtsberater (s. o. 6.3.3). Ein großer Teil (vielleicht sogar die meisten) Mediatoren, insb. in Familienberatungs- und gemeinnützigen Schlichtungsstellen sowie im Hinblick auf einen strafrechtlichen Tatausgleich (ATA bzw. TOA), verfügen über eine psychosoziale Grundqualifikation, nicht aber über eine juristische Ausbildung. Gleichwohl müssen sie die Parteien im Rahmen der Auftragsklärung zutreffend über rechtliche Rahmenbedingungen und Alternativen der Mediation beraten können. Im Hinblick auf die zu regelnden Streitpunkte und Einigungsoptionen sind zudem zumindest (Grund-)Kenntnisse des jeweiligen Arbeitsfeldes nicht nur des materiellen, sondern auch des Verfahrensrechts hilfreich, in manchen Arbeitsfeldern der Mediation insb. mit Blick auf die **Grenzen der Dispositionsfreiheit** sogar unerlässlich. Geht es z. B. in der Trennungs- und Scheidungsmediation vor allem um familienrechtliche Fragen (Wo liegen die Grenzen der Vereinbarungsmöglichkeiten im Hinblick auf die elterliche Sorge und den Unterhalt? hierzu II-2.4.2 u. 2.4.3), benötigt der Mediator im Hinblick auf einen ATA/TOA auch zuverlässige Kenntnisse über das strafrechtliche Verfahren (hierzu IV).

Handlungsoptionen bei Rechtsfragen Wie sollen sich Mediatoren verhalten, wenn an sie Rechtsfragen herangetragen werden? Soweit es sich um dispositives (abdingbares) Recht handelt, steht es den Parteien aufgrund der Parteiautonomie frei, ihre Verhältnisse selbst zu regeln. Allerdings können sie darüber nur frei disponieren, wenn sie sich der ihnen zustehenden Rechte bewusst sind. Gerade in komplexen, rechtlich beeinflussbaren Konfliktfällen ist deshalb der das Mediationsverfahren begleitende Rechtsrat durch Anwälte, entsprechende Berater und Justiziare erforderlich. Allerdings ist die Rechtsnorm nur eines von mehreren Kriterien, einen Streit verbindlich beizulegen. Wichtiger als die (vor)schnelle Beantwortung der Rechtsfrage ist deshalb, dass die Mediatoren die Parteien dabei unterstützen, zu ergründen, weshalb ihnen die Antwort auf eine bestimmte Rechtsfrage, eine bestimmte Rechtsposition wichtig ist.

In einer Mediation sollten (auch anwaltliche) Mediatoren darauf achten, dass die Streitparteien Zugang zu ihnen verpflichteten (parteilichen) Rechtsberatern und Anwälten haben (§ 2 Abs. 6 S. 2 MediationsG), damit sie in bewusster Kenntnis der ihnen zustehenden Rechte ihre Entscheidungsalternativen abwägen können. Eine auf den Fall bezogene Rechtsberatung durch die Mediatoren in der Mediation ist nicht zuletzt deshalb unzulässig, weil diese damit ihre Allparteilichkeit verlieren (vgl. BT-Ds 17/5335, 10). Werden Mediatoren mit konkreten Rechtsfragen konfrontiert, so sollten sie

- zunächst auf ihre Rolle und Allparteilichkeit hinweisen,
- die Relevanz der Rechtsfrage erörtern: Warum ist diese Frage für Sie wichtig? Welche Konsequenzen ziehen Sie daraus, wenn das Recht diese oder jene Auskunft gibt?,
- auf die Möglichkeit verweisen, Rechtsrat durch Rechtsanwälte von außen einzuholen,
- ggf. die Einholung eines juristischen Sachverständigengutachtens anregen.

Besemer 2009; Diez 2004; Trenczek et al. 2013

1. Worin besteht der Unterschied zwischen Mediation und Schlichtung? (vgl. 6.1)
2. Welche Rechtsschutzmöglichkeiten bestehen gegen die Entscheidung einer sozialrechtlichen Schlichtungsstelle? (vgl. 6.2)
3. Skizzieren Sie die wesentlichen Phasen des Mediationsverfahrens. (vgl. 6.3.2)
4. Was versteht man unter „Vorbefassung" und was sollte man im Hinblick auf eine Mediation insoweit beachten? (vgl. 6.3.4)
5. Die Mediatoren, Frau Rechtsanwältin M1 und Herr Diplom-Sozialarbeiter M2, beide anerkannte Mediatoren nach den Standards der Bundesverbände BAFM, BM und BMWA, wurden von den Eheleuten Schneider um Vermittlung in einer Trennungs- und Scheidungsmediation gebeten. In der dritten Mediationssitzung fragt Frau Schneider die beiden Mediatoren, welche Unterhaltsansprüche ihr gegen ihren Mann rechtlich zustehen. Wie sollen sich die Mediatoren verhalten? (vgl. 6.3.4)

Grundzüge des Privatrechts

Grundzüge des Privatrechts

Privatautonomie

Das sog. Privat- oder Zivilrecht (ius privatum) regelt die Beziehungen der einzelnen Bürger und anderer nichthoheitlich handelnder Rechtssubjekte (hierzu 1.1) zueinander auf der Basis der **Gleichordnung und Selbstbestimmung**. Während der Staat und andere Hoheitsträger aufgrund des sog. Gesetzesvorbehaltes grds. einer gesetzlichen Legitimation für ihr hoheitliches Handeln bedürfen (hierzu I-2.1.2.1), kann eine Privatperson nach deutschem Recht grds. alles tun und lassen, was nicht durch ein Gesetz verboten bzw. ausdrücklich vorgeschrieben ist. Die allgemeine **Handlungsfreiheit** (Art. 2 Abs. 1 GG) bezeichnet man im sog. Zivil- oder Privatrecht als Privatautonomie. Sie beinhaltet das Recht, seine privatrechtlichen Verhältnisse selbstständig und ohne besondere staatliche Erlaubnis zu gestalten (vgl. Däubler 2008, 183 ff.). Sie umfasst insb. die Vertragsfreiheit, also sowohl über das Ob (Abschlussfreiheit) als auch das Wie (Gestaltungsfreiheit) eines Vertrages (1.2.5) zu entscheiden, die Eigentumsfreiheit (1.5) sowie die Testierfreiheit (1.6.3).

Damit im privaten Rechtsverkehr nicht alles „drunter und drüber geht", ist das Privatrecht ausführlich kodifiziert, d. h. in Paragraphen geregelt, die eine verlässliche Orientierung zur Gestaltung der Rechtsbeziehungen bieten, der Privatautonomie z. T. aber auch verbindliche Grenzen setzen (hierzu 1.3). Das Privatrecht gilt auch für die Rechtshandlungen öffentlicher Träger, soweit diese nicht hoheitlich, sondern privatrechtlich handeln (sog. fiskalisches Verwaltungshandeln, vgl. I-4.1.1.1). Das Privatrecht hat für die gesamte Rechtsordnung auch deshalb eine besondere Bedeutung, weil hier wesentliche auch für die anderen Rechtsgebiete relevante (Rechts-)**Begriffe definiert** werden (vgl. hierzu auch das **Glossar** im Anhang VI-1).

Privatrecht als Orientierungsrahmen

Rechtsnormen sind abstrakt-generelle Regelungen, die von allen Normadressaten einzuhalten sind (s. I-1.1.3). Im Unterschied zum Öffentlichen setzt das Privatrecht allerdings grds. nur einen Rahmen und gibt insoweit eine **Orientierung**, wie sich die Bürger miteinander verhalten können. Das gilt zumindest in Hinblick auf Schuldverhältnisse und relative Rechte (s. I-1.1.3). Nach dem Grundsatz der Privatautonomie ist es den Rechtssubjekten grds. erlaubt, von den Normen des Privatrechts abweichende individuelle Regelungen zu treffen. Man spricht insofern vom **dispositiven** (nachrangigen, veränderbaren) **Recht**. Gesetzliche Vorschriften, die „ohne wenn und aber" eingehalten werden müssen, sind **zwingendes Recht**. Ob eine Norm zwingenden oder dispositiven Charakter hat, ergibt sich aus der Auslegung des Gesetzeswortlauts (hierzu I-3.3.2). Die sachenrechtlichen Regelungen des Privatrechts haben zwingenden Charakter, da dingliche Rechte nicht nur zwischen den Parteien eines Rechtsgeschäfts bestehen, sondern eine absolute, d. h. gegen jedermann gerichtete Wirkung haben. Durch die Beschränkung auf die genau definierten Formen der dinglichen Rechte (sog. Typenzwang), gewährleistet das Sachenrecht deren verlässliche Erkennbarkeit (s. u. 1.5). Zwingende gesetzliche Regelungen dienen insb. dem Schutz von Personengruppen, die ohne diese Gefahr laufen, im Rechtsverkehr „unter die Räder" zu kommen. Das sind vor allem Kinder und Jugendliche (1.1.2.1) und geschäftsunfähige Personen (1.1.2.2) sowie wirtschaftlich schwächere Verbraucher (1.3.1).

Den Kern des Privatrechts bildet das bereits 1896 in seiner ersten Fassung beschlossene und zum 01.01.1900 in Kraft getretene Bürgerliche Gesetzbuch (BGB), mit dem nach der deutschen Reichsgründung 1871 die bis dahin z. T. unterschiedlichen Regeln in den einzelnen Landesteilen vereinheitlicht wurden. Eine Reform der vorherrschenden Eigentumsverhältnisse war damit nicht verbunden, vielmehr sollten nur einheitliche Rechtsverhältnisse für den zunehmenden Wirtschaftsverkehr geschaffen werden. Das BGB als „bürgerliches" **Zivilrecht** räumte von Beginn an jedermann die gleichen Betätigungsmöglichkeiten ein, ohne dabei jedoch die unterschiedlichen wirtschaftlichen Voraussetzungen auszugleichen. Insb. bei den letzten Reformen des BGB sind verstärkt Regelungen zum Schutz der Verbraucher als schutzbedürftige Wirtschaftsteilnehmer eingeführt worden (s. 1.3). Das BGB ist jedoch nur ein Teil des Privatrechts, daneben finden sich noch Regelungen des sog. Sonderprivatrechts, z. B. im Handels- und Wirtschaftsrecht (z. B. HGB, GmbHG, Gewerberecht, Wettbewerbsrecht, Urheberrecht) sowie im Arbeitsrecht (hierzu V-3). **BGB**

Die drei Kernelemente des deutschen Privatrechtes sind das **Rechtssubjekt**, wer also überhaupt Träger von Rechten und Pflichten sein kann (§ 1 BGB), das privatnützige **Eigentum**, also das Recht, mit seiner Habe nach Belieben ohne Rücksicht auf Dritte zu verfahren (§ 903 BGB) sowie das **Rechtsgeschäft**, vermittels dessen die Rechtssubjekte in einen Austausch zueinander treten können (§§ 104 ff. BGB). Um diese drei Elemente ranken sich die Vorschriften des BGB und gestalten sie näher aus. Das BGB ist dabei untergliedert in fünf Bücher:

- Allgemeiner Teil (§§ 1–240 BGB),
- Schuldrecht (§§ 241–853 BGB),
- Sachenrecht (§§ 854–1296 BGB),
- Familienrecht (§§ 1297–1921 BGB),
- Erbrecht (§§ 1922–2385 BGB).

Die Bücher stehen nicht unverbunden nebeneinander, vielmehr wird im Aufbau des BGB deutlich, dass der Gesetzgeber die Regelungen grds. vom Allgemeinen hin zum Besonderen geordnet hat. In seinem **Allgemeinen Teil** beinhaltet das BGB (§§ 1–240) „vor die Klammer gezogen" die grundlegenden Regeln des deutschen Rechtsverkehrs, insb. definiert es die Rechtssubjekte (s. 1.1) und die Regeln zum Rechtsgeschäft (s. 1.2).

Das Schuldrecht (s. u. 1.4) umfasst die Rechtsnormen, nach denen eine Person aufgrund einer rechtlichen Sonderbeziehung zu einer anderen Person (dem sog. Schuldverhältnis, z. B. einem Vertrag oder einer gesetzlichen Schadensersatzpflicht) eine Leistung verlangen kann (§ 241 BGB). Die Berechtigungen und Verpflichtungen beziehen sich lediglich auf die Parteien dieser Schuldverhältnisse. Da diese Rechte nur gegenüber bestimmten Personen wirken, bezeichnet man sie als **relative Rechte**, als Forderungen oder auch als schuldrechtliche **Ansprüche** **Schuldrecht** (vgl. § 194 BGB). Der Berechtigte wird **Gläubiger**, der Verpflichtete wird **Schuldner** genannt. Man unterscheidet die Regelungen des Allgemeinen Teils (AT) des Schuldrechts (§§ 241–432 BGB), die für alle Schuldverhältnisse gelten, wie z. B. die Folgen einer schlechten Leistung, die sog. Leistungsstörung, und die des Besonderen Teils (BT) mit den Regelungen spezifischer Arten vertraglicher und gesetzlicher Schuldverhältnisse, z. B. den Kauf- oder Mietvertrag (§§ 433–853 BGB).

Übersicht 23: Trennungsprinzip am Beispiel Kaufvertrag

```
                  Kaufvertrag über ein
                  Buch zum Preis von 10 €
                  (schuldrechtliches
                  Verpflichtungsgeschäft)

   Person A  ─────────────────────────►  Person B
   (Verkäufer) ◄─────────────────────    (Käufer)

   Buch                                  Geld (10 €)
   Eigentumsübergang durch Eini-         Eigentumsübergang durch Eini-
   gung und Übergabe des Buches          gung und Übergabe des Geldes
   (dingliches Verfügungsgeschäft)       (dingliches Verfügungsgeschäft)
```

Sachenrecht Im Sachenrecht (§§ 854–1296 BGB, s. u. 1.5) wird die Herrschaft der Personen über Sachgüter geregelt, die gegenüber jedermann wirken (sog. **absolute, dingliche Rechte**), z. B. der Besitz (§ 854 ff. BGB) und das Eigentum (§§ 903 ff. BGB) an beweglichen (= mobilen) Sachen oder an Grundstücken (= Immobilien) oder die sog. beschränkt dinglichen Rechte, z. B. Hypothek (§§ 1113 ff. BGB) und das Pfandrecht (§§ 1204 ff. BGB).

Trennungsprinzip Ein wesentlicher Grundsatz insb. des deutschen Rechts ist das sog. Trennungsprinzip, womit der Unterschied zwischen schuld- und sachenrechtlichen Regelungen angesprochen ist. Im alltäglichen Rechtsverkehr sind die Bereiche Schuld- und Sachenrecht oft so eng miteinander verknüpft, dass dem Bürger der Unterschied nicht deutlich wird. Der Bürger nimmt die normative Konstruktion, wenn „alles glattgeht", in seiner Lebenswelt nicht wahr. Man sagt, man habe etwas gekauft und meint damit, einen Kaufvertrag geschlossen zu haben und gleichzeitig auch, man sei Eigentümer geworden. Das BGB unterscheidet aber das **schuldrechtliche Verpflichtungsgeschäft** (Kauf/Verkauf) von der **sachenrechtlichen Eigentumsübertragung** (sog. dingliches Verfügungsgeschäft) (vgl. Übersicht 23). Aufgrund des schuldrechtlichen Kaufvertrags wird zunächst ein Schuldverhältnis begründet, nach dem der Verkäufer zur Übergabe und Übereignung der Sache verpflichtet ist (§ 433 Abs. 1 BGB). Der Käufer ist zur Bezahlung des Kaufpreises und zur Abnahme der Ware verpflichtet (§ 433 Abs. 2 BGB). Eigentümer ist der Käufer mit Abschluss des Kaufvertrages noch nicht geworden. Erfüllt werden diese Verpflichtungen erst durch die sog. dinglichen Verfügungsgeschäfte, nämlich indem der Verkäufer dem Käufer durch Einigung und Übergabe Besitz und Eigentum an der Sache verschafft (vgl. § 929 BGB) und der Käufer dem Verkäufer das Geld auf demselben Wege übereignet. Mit der wechselseitigen Übereignung erlöschen die gegenseitigen Leistungspflichten aus dem Kaufvertrag (§ 362 BGB).

Insgesamt wurden damit drei Verträge (ein schuldrechtlicher Kauf- und zwei sachenrechtliche Verfügungsverträge) geschlossen, die jeweils in ihrer Wirksamkeit voneinander unabhängig sind (sog. Abstraktionsprinzip), damit selbst bei Störungen in den Rechtsgeschäften im Rechtsverkehr die Ordnung nicht verloren geht. Treten bei den einzelnen Vorgängen Fehler oder Leistungsstörungen auf, hat dies keine unmittelbaren Auswirkungen auf die Wirksamkeit des anderen Rechtsgeschäftes. Beispielsweise ist die Übereignung wirksam, selbst wenn der Kaufvertrag unwirksam war (z. B. Kauf eines Handys durch einen MJ ohne Zustimmung der Eltern) oder der Kaufpreis nicht bezahlt wurde. Insoweit entstehen vielmehr wiederum gesetzlich geregelte Ausgleichansprüche, die sog. ungerechtfertigte Bereicherung (§§ 812 BGB, hierzu 1.4.3.1) mit denen die Balance wieder hergestellt werden soll. Entwickelt wurde das Abstraktionsprinzip in Zeiten zunehmender Arbeitsteilung und länger werdender Kauf- und Lieferketten zwischen Produzent und Endabnehmer, um bei der Unwirksamkeit eines Vertrages nicht sämtliche Folgeverträge rückabwickeln zu müssen, sondern den notwendigen Ausgleich auf die Parteien des fehlgeschlagenen Vertrages zu begrenzen. Zwingend war diese Entwicklung allerdings nicht – Rechtsordnungen anderer Länder kennen das Abstraktions- und Trennungsprinzip so nicht.

Abstraktionsprinzip

Während die Unterscheidung in Schuld- und Sachenrecht auf der unterschiedlich konstruierten normativen Rechtswirkung beruht (insb. Trennungs- und Abstraktionsprinzip), regeln das Familien- und Erbrecht unterschiedliche tatsächliche Lebenssachverhalte ohne Unterscheidung von schuld- und sachenrechtlichen Aspekten. Das **Familienrecht** (Kap. II-2) regelt in den §§ 1297 – 1921 BGB insb. die Rechtsbeziehungen im Familienverband mit den damit zusammenhängenden Rechtsfolgen (z. B. Unterhalt, elterliche Sorge), die Adoption (§§ 1741 ff. BGB), die Vormundschaft über minderjährige Personen (§§ 1773 ff. BGB) und die rechtliche Betreuung von Volljährigen (§§ 1896 ff. BGB).

Regelung von Lebenswelten

Das **Erbrecht** (§§ 1922 ff. BGB; s. II-1.6) regelt die privatrechtlichen Folgen des Todes eines Menschen, insb. die Erbfolge (§§ 1922 BGB) und die rechtliche Stellung der Erben (§§ 1942 ff. BGB), das Testament (§§ 2064 ff. BGB) und den Erbvertrag (§§ 2274 ff. BGB).

Schematisch stellt sich der Zusammenhang der einzelnen Bücher des BGB wie in Übersicht 24 gezeigt dar:

Übersicht 24: Aufbau des BGB

Allgemeiner Teil (BGB-AT)
§§ 1–241 (u. a. Rechtsfähigkeit, Verein u. Stiftung, Geschäftsfähigkeit, Willenserklärung, Vertrag, Stellvertretung, Zustimmung, Fristen, Verjährung, Selbstverteidigung)

Schuldrecht-AT	Sachenrecht	Familienrecht	Erbrecht
§§ 241–432 (u. a. Leistungspflichten, Leistungsstörungen, Verzug, AGB, Schuldverhältnisse aus Verträgen, Verbraucherverträge, Widerruf und Rücktritt, Erfüllung, Aufrechnung und Abtretung)	§§ 854–1296 u. a. Besitz, Eigentum, Übertragung, Fund, Herausgabe- u. Unterlassensansprüche, Immobilienrecht	§§ 1297–1921 u. a. Ehe, ehel. Güterrecht, Scheidung, Unterhaltsrecht, Verwandtschaft, Elterliche Sorge, Adoption, Betreuung, Vormundschaft	§§ 1922–2371 u. a. Erbfolge, Nachlass, Testament, Erbvertrag, Pflichtteil, Erbunwürdigkeit, -verzicht und -schein

Schuldrecht-BT u. a.:

Kauf §§ 433–480	Miete §§ 535–597	DienstV §§ 611–630
WerkV §§ 631–651	Bereicherungsrecht §§ 812–822	Schadensersatzrecht §§ 823–853

Dieser verschachtelte Aufbau sorgt einerseits dafür, dass gleiche Regeln an verschiedenen Stellen nicht doppelt und dreifach aufgeschrieben und bei Änderungen angepasst werden müssen, sondern einheitlich gelten. Andererseits führt dies zu einem hohen Abstraktionsgrad und zu für Nichtjuristen nicht leicht erkenn- und nachvollziehbaren Zusammenhängen. So sind z. B. im Besonderen Schuldrecht (§§ 433 – 853 BGB) eine Reihe spezifischer Vertragstypen geregelt, u. a. der Kaufvertrag, der Mietvertrag oder der Dienstvertrag, mit ihren jeweiligen Besonderheiten (s. 1.4.2). Regeln, die sie gemeinsam betreffen, wie z. B. die Frage einer verspäteten Erbringung der im Vertrag versprochenen Leistung (sog. Verzug, §§ 286 ff. BGB, s. 1.4.4), sind davor im sog. Allgemeinen Schuldrecht (§§ 241 – 432 BGB) geregelt. Die Frage, wie, wann und ob überhaupt ein Vertrag zustande gekommen ist, ist noch eine „Klammer" weiter vorn, nämlich im Allgemeinen Teil des BGB geregelt (§ 145 ff. BGB). Denn Verträge gibt es nicht nur im Schuldrecht, sondern auch im Sachenrecht (z. B. bei der Übertragung von Eigentum, §§ 929 ff. BGB), im Familienrecht (z. B. die Eheschließung, § 1312 BGB, und der Ehevertrag, §§ 1408 ff. BGB) und im Erbrecht (z. B. Erbvertrag, §§ 2274 ff. BGB).

Schnittstellen zur Sozialarbeit Auch wenn auf den ersten Blick nur das Familienrecht einen Zusammenhang mit der Sozialarbeit aufzuweisen scheint, so sind die Schnittstellen mit dem Privatrecht sehr viel zahlreicher. Insb. ist hier das Schuldrecht zu nennen, weil es im optimalen Fall das Mittel zur Ausgestaltung selbstbestimmter Lebensführung ist und darüber Güter zur Deckung elementarer Grundbedürfnisse wie Wohnen, Essen, Kleiden und Kommunikation abgedeckt werden. Klienten der Sozialarbeit haben hier jedoch häufig begrenzte Ressourcen und (insb. auch rechtlichen) Beratungsbedarf. Dies äußert sich z. B. in Form von Mietschulden, Wohnungslosigkeit und/oder Überschuldung. Im Hinblick auf die für die Sozialen Berufe wichtigen Rechtsgrundlagen aus dem Öffentlichen und Strafrecht und die notwendige Schwerpunktsetzung bei der Darstellung der Grundzüge des Rechts beschränken wir uns weitgehend auf die Darstellung des **Allgemeinen Teils**, des **allgemeinen Schuldrechts** und einiger besonders relevanter Bereiche des **besonderen Schuldrechts** (Kauf, Miete, Dienst- und Werkvertrag, Bereicherungs- und Deliktsrecht) und dabei weitgehend auf die Klärung der wichtigsten Strukturen und Rechtsbegriffe (hierzu vgl. auch das Glossar im Anhang VI-1). Demgegenüber wird das **Familienrecht** einschließlich der betreuungsrechtlichen Regelungen ausführlich in Kap. II-2 dargestellt. Das **Arbeitsrecht**, das sowohl zivil- als auch öffentlich-rechtliche Elemente enthält, wird ebenso gesondert behandelt (V-3). In Teil V findet sich auch ein Kapitel über die für die Soziale Arbeit wichtigen **Aufsichts- und Haftungsfragen**, die im Wesentlichen privatrechtlich geregelt sind, aber auch arbeits-, sozialversicherungs- und strafrechtliche Aspekte beinhalten (s. u. V-1).

Internationales Privatrecht

Sofern ein Fall einen Auslandsbezug hat, z. B. weil eine handelnde Person nicht die deutsche Staatsangehörigkeit besitzt oder ihren gewöhnlichen Aufenthalt im Ausland hat, ist – bevor man nach einer Lösung des Problems im BGB sucht – vorweg nach dem im EGBGB geregelten sog. **Internationalen Privatrecht** (s. I-1.1.6) zu klären, ob überhaupt das deutsche Privatrecht Anwendung findet.

Däubler 2008; HK–BGB 2014

1 Allgemeine Grundlagen des Privatrechts (Trenczek/von Boetticher)

1.1 Rechtssubjekte
1.1.1 Personen und Rechtsfähigkeit
1.1.2 Handlungsfähigkeit: Geschäfts- und Deliktsfähigkeit
1.1.2.1 Schutz von Minderjährigen im Rechtsverkehr
1.1.2.2 Schutz von geschäftsunfähigen Personen
1.2 Rechtsgeschäfte
1.2.1 Willenserklärungen
1.2.2 Willensmängel
1.2.3 Formvorschriften
1.2.4 Fristen
1.2.5 Vertrag und Anspruch
1.2.6 Stellvertretung
1.3 Grenzen der Privatautonomie
1.3.1 Schutzvorschriften zum Schutz von wirtschaftlich Schwächeren – Verbraucherschutz
1.3.1.1 Allgemeine Geschäftsbedingungen
1.3.1.2 Widerrufsrechte zugunsten von Verbrauchern
1.3.2 Exkurs: Verbraucherinsolvenzverfahren
1.4 Schuldrechtliche Grundbegriffe
1.4.1 Inhalt von Schuldverhältnissen
1.4.2 Besonderes Schuldrecht – Ausgewählte vertragliche Schuldverhältnisse
1.4.2.1 Der Kaufvertrag
1.4.2.2 Der Mietvertrag
1.4.2.3 Der Dienstvertrag
1.4.2.4 Der Werkvertrag
1.4.2.5 Die Gesellschaft bürgerlichen Rechts (GbR)
1.4.3 Besonderes Schuldrecht – Gesetzliche Schuldverhältnisse
1.4.3.1 Bereicherungsrecht
1.4.3.2 Deliktsrecht
1.4.4 Leistungsstörungen
1.4.5 Haftungsgrundsätze
1.4.6 Beendigung von Schuldverhältnissen
1.4.7 Verjährung
1.5 Sachenrechtliche Grundbegriffe
1.6 Erbrechtliche Grundbegriffe
1.6.1 Zentrale Grundlagen und Prinzipien des Erbrechts
1.6.2 Die gesetzliche Erbfolge
1.6.3 Die Verfügung von Todes wegen

1.1 Rechtssubjekte

1.1.1 Personen und Rechtsfähigkeit

Alle Rechtsnormen richten sich an Personen (**Rechtssubjekte**), entweder an Menschen (sog. natürliche Personen) oder an rechtlich verselbststständigte Gebilde (sog. juristische Personen). Von den Rechtssubjekten unterscheidet man die Rechtsobjekte (Gegenstände). Das sind einerseits die **Sachen** (§ 90 BGB) und Tiere (§ 90a BGB), andererseits die (sog. obligatorischen und dinglichen) Rechte, also z. B. eine Geldforderung gegen einen Kreditnehmer oder ein Pfandrecht. Sachen können keine Rechte haben, an ihnen können aber Rechte bestehen.

Personen und Sachen

Die **Rechtsfähigkeit**, d. h. die Fähigkeit, Träger von Rechten und Pflichten zu sein, eines **Menschen** beginnt mit der Vollendung der Geburt (§ 1 BGB), d. h. mit dem vollständigen Austritt des lebenden Kindes aus dem Mutterleib. Ausnahmsweise werden schon dem noch nicht geborenen Embryo für den Fall seiner späteren Geburt bestimmte Rechtspositionen zugewiesen, z. B. Schadensersatzansprüche bei einer gesundheitlichen Schädigung (vgl. BGHZ 58, 48; vgl. Däubler 2008, 84 f., s. aber auch §§ 331 Abs. 2, 844 Abs. 2, 1923 Abs. 2 BGB; zum Embryonenschutz s. a. IV-2.3.4). Im Testament (s. u. 1.6.3) können sogar noch nicht gezeugte Personen als Nacherben berücksichtigt werden (§§ 2101 Abs. 1 BGB). Die Rechtsfähigkeit des Menschen endet mit seinem (Hirn)Tod (vgl. § 1922 BGB), wobei allerdings zahlreiche Fragen, insb. die fortwirkenden Persönlichkeitsrechte eines Toten und die rechtliche Bewertung des Leichnams z. T. umstritten sind (vgl. Däubler 2008, 90 ff.).

Natürliche Personen

Wenn sich mehrere Personen zusammentun (Personenmehrheit), um einen gemeinsamen Zweck zu verfolgen (z. B. Gemeinschaftspraxis von Ärzten, Zusammenschluss von Freiberuflern, gemeinsames Betreiben eines Sozialdienstes, die Zusammenarbeit von Unternehmen in ARGEn), bilden sie damit – egal ob wissentlich oder unwissentlich – eine **Gesellschaft bürgerlichen Rechts** (GbR) (§§ 705 ff. BGB). Die Regeln zur GbR gehören nicht zum BGB-Abschnitt über Personen (§§ 1 ff. BGB), sondern zum Besonderen Schuldrecht, denn mit der Bildung der GbR entsteht **kein vollwertiges eigenständiges Rechtssubjekt**, sondern "nur" vertragliche Verpflichtungen der Gesellschafter untereinander (s. u. 1.4.2.5). Träger von Rechten und Pflichten bleiben bei der GbR die einzelnen Gesellschafter.

Gesellschaft

Juristische Personen basieren ebenfalls auf einem Zusammenschluss von natürlichen Personen (z. B. der Verein) oder Sachmitteln (die Stiftung), sind aber rechtlich verselbststständigt. Sie sind als Rechtssubjekt selber **Träger von Rechten und Pflichten**. So können sie z. B. selber Eigentum erwerben und haften für ihr Tun allein mit ihrem Vermögen. Sie sind rechtlich von den „dahinterstehenden" Personen getrennt, die für Schulden der juristischen Person i. d. R. nicht mit ihrem Privatvermögen einstehen müssen (keine sog. Durchgriffshaftung). Die **Rechtsfähigkeit** erlangen juristische Personen des Privatrechts i. d. R. durch **Eintragung in ein Register** (z. B. Vereinsregister, §§ 21, 54 ff. BGB, oder Handelsregister, § 7 GmbHG)

Juristische Personen

bzw. aufgrund der behördlichen Anerkennung der Stiftung (§ 80 BGB). Die Eintragung bzw. die Anerkennung sind die „Geburtsstunde" einer juristischen Person; zugleich erhalten Dritte durch Einsichtnahme in das jeweilige Register (www.handelsregister.de) die Möglichkeit, sich von der Existenz einer juristischen Person zu überzeugen, z. B. vor Abschluss eines Vertrages.

Verein **Grundform der juristischen Personen** ist der Verein (§§ 21 ff. BGB). Als Verein bezeichnet man den Zusammenschluss von Personen zur Erreichung eines gemeinsamen Zwecks. Unterschied gegenüber der Personengesellschaft ist, dass mit der rechtlichen Verselbstständigung der Bestand des Vereins unabhängig ist von dem Bestand seiner Mitglieder, d. h. z. B. der Förderverein zugunsten einer guten Sache hört nicht auf zu existieren, nur weil einzelne Mitglieder aus- und andere neu eintreten. Das Recht auf Vereinsgründung ist ein Grundrecht (Art. 9 Abs. 1 GG). Das BGB unterscheidet zwei Erscheinungsformen.

Idealverein Der sog. Idealverein (§ 21 BGB) ist **nicht auf einen wirtschaftlichen Zweck** (s. u.) ausgerichtet, sondern auf die Verwirklichung sozialer, religiöser, politischer, künstlerischer, wissenschaftlicher u.ä. Ziele. Eine den ideellen Zwecken klar untergeordnete wirtschaftliche Betätigung, wie z. B. der Betrieb einer Sportvereinsgaststätte, ist für einen Idealverein unschädlich (sog. Nebenzweckprivileg, BGH 29.9.1982 – I ZR 88/80 – BGHZ 85, 84). Andererseits ist auch ein sozialer Zweck, der allein mit wirtschaftlichen Mitteln umgesetzt wird, keine Garantie für eine Anerkennung als Idealverein (z. B. Betrieb einer Kindertagesstätte, vgl. dazu einerseits KG Berlin – 18.1.2011 – 25 W 14/10, andererseits OLG S-H – 18.9.2012 – 2 W 152/11).

Der Idealverein erlangt seine **Rechtsfähigkeit** gemäß § 21 BGB mit der **Eintragung in das Vereinsregister** beim örtlich zuständigen AG. Voraussetzungen sind, dass sich mindestens sieben **Mitglieder** (§ 56 BGB) in einer Gründungsversammlung auf eine (privatrechtliche) **Vereinssatzung** (§ 25 BGB) verständigen, in der ihre „Verfassung", d. h. die wesentlichen Organisations- und Strukturprinzipien, geregelt sind (zu Satzungen des Öffentlichen Rechts vgl. I-1.1.3.4). In der Satzung muss zumindest der Zweck, der Name, der Ort des Vereinssitzes und die angestrebte Eintragung ins Vereinsregister enthalten sein (§ 57 BGB), sie sollte aber auch die Willensbildung im Verein und die Aufgaben seiner Organe, insb. der Mitgliederversammlung und des Vorstands regeln (s. § 58 BGB). Zudem müssen die Gründungsmitglieder einen **Vorstand** bestimmen, der den Verein vertritt (§ 26 BGB, zur Vertretung s. 1.2.6) und den Verein zur Eintragung anmeldet (§§ 59, 64 BGB). Die Anmeldung muss mittels „öffentlich beglaubigter Erklärung" erfolgen, d. h. durch einen Notar, der die Echtheit der Unterschrift bestätigt (§§ 77, 129 BGB). Grund dafür ist, dass sich Dritte auf das verlassen können sollen, was im Vereinsregister steht (Vertrauensschutz, s. §§ 68–70 BGB), und keine ungeprüften Tatsachen eingetragen werden sollen. Daher werden z. B. Änderungen der Satzung und Vorstandswechsel auch erst wirksam, wenn sie ins Vereinsregister eingetragen sind (§§ 67, 71 BGB). Mit der Eintragung ist der Verein als juristische Person „geboren", erhält den Zusatz „**e. V.**" (§ 65 BGB) und ist zugleich über die Suchfunktion im elektronischen Vereinsregister zu finden (www.handelsregister.de; unter „Registerart" dabei „VR" für Vereinsregister angeben; Detailauskünfte sind kostenpflichtig). Ausführliche Informationen zur Gründung und zum laufenden Betrieb eines Vereins finden sich auch in dem vom BMJ kostenlos herausgegebenen *Leitfaden zum Vereinsrecht* (BMJ 2013).

Übersicht 25: Gründungsvoraussetzungen für einen Verein

Voraussetzungen zur Gründung einer juristischen Person am Bsp. des Idealvereins:

- gemeinsamer Vereinszweck (§ 21 BGB),
- Gründungsversammlung mit mind. 7 Mitgliedern (§§ 56, 59 BGB):
  - Beschluss einer Satzung (§ 25 „Verfassung"). Vorgeschriebener Mindestinhalt: § 57 BGB, Soll-Inhalt: § 58 BGB,
  - Wahl eines Vorstandes (ggf. mehrere Personen) (§ 27 BGB),
  - Protokoll der Versammlung (§ 59 Abs. 2 BGB),
- Anmeldung zur Eintragung durch den Vorstand (§ 59 BGB),
- öffentliche Beglaubigung der Anmeldung durch einen Notar (§ 77 BGB),
- Eintragung ins Vereinsregister am Amtsgericht (§ 55 BGB),
- Bekanntmachung der Eintragung (§§ 64, 66 BGB).

Gemeinnütziger Idealverein

Mit der Eintragung ist zwar die ideelle Zwecksetzung des Vereins zivilrechtlich anerkannt, nicht jedoch zugleich auch dessen **Gemeinnützigkeit**. Dies ist eine Frage des Steuerrechts (§§ 51–68 AO) und daher beim Finanzamt zu beantragen. Neben der ideellen Zwecksetzung – als gemeinnützig sind dabei insb. soziale Zwecke, u. a. die Förderung der Jugend- und Altenhilfe, der Erziehung, des Schutzes von Ehe und Familie und des bürgerschaftlichen Engagements anerkannt (vgl. § 52 Abs. 2 AO) – ist dafür insb. die Zweckbindung der Geldmittel des Vereins entscheidend, v.a. dürfen sie nicht eigennützig für Vereinsmitglieder verwendet werden (§ 55–61 AO; Details s. Engler et al. 2011, S. 61 ff.).

Wirtschaftlicher Verein

Ein wirtschaftlicher Verein ist hingegen auf die Verfolgung eigennütziger, wirtschaftlicher Ziele (insb. unternehmerische Tätigkeit an einem Markt) ausgerichtet (§ 22 BGB). Auch ein solcher benötigt eine Satzung und einen Vorstand und muss die Vorgaben der §§ 23–54 BGB einhalten, ist jedoch nicht ins Vereinsregister eintragungsfähig. Rechtsfähigkeit kann er daher nur entweder nach Maßgabe besonderer Rechtsvorschriften oder durch eine staatliche Verleihung (Konzession) erlangen. Solche besonderen Rechtsvorschriften sind z. B. das AktG, das GmbHG und das GenG. Die **Kapitalgesellschaften des Handelsrechts** (z. B. Aktiengesellschaft, GmbH, eingetragene Genossenschaft) sowie deren Mischformen (z. B. GmbH & Co. KG) sind nur speziellere Formen des wirtschaftlichen Vereins und werden überwiegend durch Eintragung in ein (Handels- bzw. Genossenschafts-) Register (vgl. §§ 2, 8 ff. HGB) zu **rechtsfähigen Rechtssubjekten**. Grund für diese Rechtsformen sind zum einen die Haftungsbegrenzung auf das Vermögen der Gesellschaft, zum anderen die verschiedenen Möglichkeiten zur Gewinnung von Förderern und zugleich Profiteuren der Gesellschaft (Gesellschafter, Aktionäre, Genossen). Die staatliche Konzessionsverleihung ist hingegen sehr selten, Beispiele dafür sind die Gesellschaft für musikalische Aufführungs- und mechanische Vervielfältigungsrechte (GEMA) oder die Verwertungsgesellschaft Wort, die beide den Schutz von Urheberrechten Kulturschaffender bezwecken. Der Grund für die Unterscheidung in Idealverein und wirtschaftlichen Verein liegt im **Gläubigerschutz**. Denn der Idealverein unterliegt keinen Vorgaben bezüglich der Kapitalausstattung und der Veröffentlichung von Geschäftszahlen.

nichtrechtsfähiger Verein Ein nichtrechtsfähiger Verein wird im Rechtsverkehr als **Gesellschaft des bürgerlichen Rechts** behandelt (§§ 54 i. V. m. 705 ff. BGB, s. u. 1.4.2.5). **Gewerkschaften**, die nicht in das Vereinsregister eingetragen sind, haben in Deutschland einen rechtlichen Sonderstatus (vgl. I-1.1.3.5 und V-3.2). Auf politische **Parteien** finden die Vereinsvorschriften nur Anwendung, soweit das ParteienG nichts anderes bestimmt.

Stiftung Neben dem eingetragenen Verein ist im BGB als einzige weitere juristische Person die (privatrechtliche) Stiftung genannt (§§ 80 ff. BGB; zu unterscheiden von der öffentlich-rechtlichen Stiftung, s. I-4.1.2.1). Dabei handelt es sich um eine **Vermögensmasse**, die von dem/den Stifter/n einem bestimmten eigennützigen Zweck (z. B. Familienstiftung zur Förderung der Nachkommen) oder gemeinnützigen Zweck (z. B. Studienstiftung des Deutschen Volkes, die Begabtenstipendien vergibt) gewidmet wird. Nach der Anerkennung durch die Landesaufsicht ist die Stiftung rechtlich selbstständig und der zu bestimmende Vorstand hat die Aufgabe, die Vermögensmasse (z. B. Grundstücke oder Unternehmensbeteiligungen) zu bewirtschaften und mit den Erträgen daraus den Zweck der Stiftung zu verfolgen. Nachträgliche Zweckänderungen sind nur in engen Grenzen möglich (§ 87 BGB).

Weitere juristische Personen Jenseits des BGB gibt es im Privatrecht neben den juristischen Personen des deutschen Gesellschaftsrechts (s. o.) noch die nach europäischem Gesellschaftsrecht zu gründenden juristischen Personen (z. B. Societas Europaea – SE; Europäische wirtschaftliche Interessenvereinigung – EWIV). Zudem gibt es auch noch juristische Personen, die nach den Regeln des Öffentlichen Rechts gebildet werden (Körperschaften, Anstalten und Stiftungen des Öffentlichen Rechts; hierzu I-4.1.2) und ebenfalls rechtsfähig sind.

Parteifähigkeit Die Rechtsfähigkeit einer Person ist zugleich auf prozessualer Seite Voraussetzung für ihre sog. Parteifähigkeit, d. h. die Fähigkeit, Partei (entweder als Kläger oder Beklagter) in einem Zivilprozess zu sein (§ 50 Abs. 1 ZPO; im sozialrechtlichen Verfahren entspricht das der sog. Beteiligtenfähigkeiten vgl. § 10 SGB X; § 61 VwGO bzw. § 69 SGG für den Verwaltungs- bzw. Sozialgerichtsprozess). Nach § 50 Abs. 2 ZPO kann jedoch auch ein nicht rechtsfähiger Verein klagen und verklagt werden und erhält damit im Rechtsstreit die Stellung eines rechtsfähigen Vereins. Entsprechendes gilt für die nach außen im Rechtsverkehr teilnehmende BGB-Gesellschaft (s. o.).

Rechte Im Hinblick auf die Art der einer (natürlichen oder juristischen) Person zustehenden Rechte unterscheidet man in sog. **absolute und relative Rechte**. Erstere sind entweder unmittelbar mit einer Person verknüpft, wie z. B. die Persönlichkeitsrechte der Menschen: Leben, Körper, Gesundheit, Freiheit (vgl. § 823 Abs. 1 BGB), das Namensrecht (§ 12 BGB), das Recht am eigenen Bild (§ 22 KunsturheberG) oder das sog. Recht auf informationelle Selbstbestimmung (Art. 1 und 2 GG; BVerfGE 65, 1 ff.; s. a. I-2.2.5 u. III-1.2.3) oder aber mit einer Sache wie z. B. Besitz und Eigentum (z. B. §§ 90, 859, 985 BGB). Sie wirken gegen jede andere Person (hierzu 1.5). Relative Rechte (sog. schuldrechtliche oder obligatorische Ansprüche; vgl. § 194 Abs. 1 BGB) bestehen nur in der Rechtsbeziehung zu einer anderen Rechtsperson bzw. zu einem abgegrenzten Kreis von anderen Rechtsträgern. Sie werden durch ein Rechtsgeschäft mit einem anderen Rechtssubjekt oder aufgrund der Verletzung eines absoluten Rechts durch einen anderen begründet.

1.1.2 Handlungsfähigkeit: Geschäfts- und Deliktsfähigkeit

Privatautonomie setzt autonome, selbstständig und voll verantwortlich handelnde Personen voraus. Unter **Handlungsfähigkeit** versteht man die Fähigkeit, durch eigenes Handeln Rechtswirkungen hervorzurufen. Diese wird weiterhin unterschieden in Geschäftsfähigkeit und Deliktsfähigkeit.

Geschäftsfähig ist eine Person, die für sich **rechtlich relevante Erklärungen abgeben** kann, wie z. B. die Annahme eines Kaufangebotes oder die Kündigung einer Mietwohnung. Der Geschäftsfähigkeit entspricht prozessrechtlich die Fähigkeit, Prozesshandlungen (z. B. Stellen von Anträgen, Einlegung von Rechtmitteln) vornehmen zu können (sog. **Prozessfähigkeit**). Die Regelungen des Öffentlichen Rechts für die Vornahme von Verfahrenshandlungen (vgl. § 11 SGB X) orientieren sich grds. an der privatrechtlichen Geschäftsfähigkeit, wobei allerdings einige Sonderregelungen gelten (zu den Beteiligten im Sozialverwaltungsverfahren s. III-1.2.1).   Geschäftsfähigkeit

Das BGB definiert nicht, welche inhaltlichen Voraussetzungen erfüllt sein müssen, damit jemand rechtlich handlungsfähig ist, sondern geht davon aus, dass dies mit Erreichen der **Volljährigkeit** der Fall ist. Diese tritt nach derzeitigem Recht mit Vollendung des 18. Lebensjahres ein (§ 2 BGB; im Hinblick auf den internationalen Rechtsverkehr ist zu beachten, dass sich die Geschäftsfähigkeit einer Person nach Art. 7 Abs. 1 EGBGB nach dem Recht des Staates richtet, dem die Person angehört; vgl. I-1.1.6). Umgekehrt enthält das BGB Vorschriften für diejenigen, die zwar rechtsfähig, aber nicht in der Lage sind, die eigenen rechtlichen Interessen wahrzunehmen (§§ 104–113 BGB). Das ist bei „leblosen" juristischen Personen ebenso offensichtlich wie z. B. bei neugeborenen Kindern und Menschen mit krankenhaften Störungen, die eine freie Willensbildung ausschließen. Sie alle benötigen menschliche Personen, die stellvertretend für sie tätig werden (sog. **gesetzlicher Vertreter** s. 1.2.6 und II-2.4.3.2).

Im Gegensatz zur Geschäftsfähigkeit, die eine rechtserhebliche Erklärung voraussetzt, wird eine schädigende Handlung als **Delikt** bezeichnet. Bei schädigenden Handlungen besteht eine (Ausgleichs-)Haftung nur, wenn die Person deliktsfähig ist (§ 276 Abs. 1 S. 2, §§ 827 f. BGB). Volljährige Personen sind grds.   Deliktsfähigkeit deliktsfähig, es sei denn, sie leiden an einer nach § 827 BGB relevanten krankhaften Störung. Für MJ bestehen abgestufte Verantwortungsphasen (s. 1.1.2.1).

1.1.2.1 Schutz von Minderjährigen im Rechtsverkehr

Kinder und Jugendliche sollen sich mit zunehmenden Alter zu einer eigenverantwortlichen und gemeinschaftsfähigen Persönlichkeit entwickeln dürfen (vgl. § 1 Abs. 1 SGB VIII). **Minderjährige** haben deshalb in unserer Rechtsordnung einen Sonderstatus. Das Recht unterscheidet dabei bestimmte Altersstufen, die mit einem unterschiedlich stark ausgeprägten Schutz und einer zunehmenden Verantwortlichkeit junger Menschen einhergeht (s. hierzu die Übersicht im Anhang VI-2).

Altersstufen

Kinder sind bis zur Vollendung des siebten Lebensjahrs weder geschäfts- (§ 104 BGB) noch deliktsfähig (§ 828 BGB). Sie können am Rechtsverkehr grds. nicht selbstständig teilnehmen, sondern bedürfen eines **gesetzlichen Vertreters** (s. 1.2.6). Ihre Erklärungen sind nichtig und haben deshalb für sie keine Rechtsfolgen (§ 105 BGB), auch ihre (Un-)Taten bleiben folgenlos, es sei denn, ihr gesetzlicher Vertreter hat seine Aufsichtspflicht verletzt (s. V-1.3.1).

Kinder bis noch nicht 7 Jahre

Zwischen dem siebten und dem 18. Lebensjahr sind MJ **beschränkt geschäftsfähig** (§ 106 BGB). Sie entwickeln in dieser Zeitspanne individuell unterschiedlich Selbstbewusstsein und Verantwortungsgefühl. Zu ihrem Schutz greift ein Vier-Augen-Prinzip: ihre Erklärungen sind nicht nichtig, aber ihre Wirksamkeit hängt grds. von der **Zustimmung** ihrer gesetzlichen Vertreter ab. Gibt es keine vorherige Zustimmung (sog. **Einwilligung**, § 183 BGB), ist die Erklärungen grds. **schwebend unwirksam**. Die nachträgliche Zustimmung des gesetzlichen Vertreters (sog. **Genehmigung**, § 184 BGB) macht das zunächst schwebend unwirksame Rechtsgeschäft rückwirkend von Anfang an wirksam (§ 108 Abs. 1 BGB). Erfolgt keine Genehmigung, so ist der Vertrag endgültig unwirksam. Solange die Zustimmung noch nicht erteilt oder verweigert worden ist, kann der Vertragspartner den Schwebezustand durch Widerruf beenden (§ 109 BGB) oder den gesetzlichen Vertreter auch zur Genehmigung auffordern (§ 108 Abs. 1 BGB). Wenn der gesetzliche Vertreter nicht zustimmt, der MJ aber ggfs. schon eine Leistung erhalten hat (z. B. Übereignung eines Handys nach dem Kauf) ist der MJ aber ggf. „ungerechtfertigt bereichert" und dann u. U. zur Rückgabe bzw. zum Wertersatz nach § 812 BGB verpflichtet (s. u. 1.4.3.1). Vergleichbares gilt bzgl. des Zugangs einer WE an einen MJ, z. B. die Kündigung des Ausbildungsverhältnisses. Sie wird erst wirksam, wenn sie dem gesetzlichen Vertreter zugegangen ist (§ 131 BGB, zum Zugang s. 1.2.1).

7 bis noch nicht 18 Jahre

Hingewiesen sei an dieser Stelle beispielhaft auf die Feinheiten der Gesetzessystematik: Natürlich sind auch Kinder vor Vollendung des siebten Lebensjahres minderjährig. Gleichwohl können sie (oder auch potentielle Geschäftspartner wie der Kioskbesitzer) sich nicht auf die partielle Geschäftsfähigkeit, insb. den Taschengeldparagrafen, berufen. Dort ist jeweils die Rede von „dem" MJ, also einem bestimmten. Das bezieht sich auf die Definition des **§ 106 BGB**. In den nachfolgenden Vorschriften ist damit immer nur der beschränkt geschäftsfähige MJ gemeint.

Lediglich rechtlich vorteilhafte Geschäfte

Ausnahmsweise auch ohne Mitwirkung des gesetzlichen Vertreters sind Geschäfte beschränkt geschäftsfähiger MJ wirksam, soweit sie ihnen nur einen rechtlichen Vorteil bringen (§ 107 BGB). Insoweit geht es allein um die rechtliche Stellung, die wirtschaftliche Situation bezüglich etwaiger Folgekosten bleibt außer Betracht. Somit wäre die **Schenkung** (§ 516 BGB) eines Haustieres trotz der Unterhaltungskosten allein ein rechtlicher Vorteil (d. h. Zuwachs an Rechten) – allerdings hat der Gesetzgeber aus Gründen des Tierschutzes die „Abgabe von Wirbeltieren" an Kinder bis zur Vollendung des 16. Lebensjahres ausdrücklich von der Einwilligung der Erziehungsberechtigten abhängig gemacht (§ 11c TierSchG). Andere Vertragstypen außer der Schenkung verpflichten beschränkt Geschäftsfähige zu einer Gegenleistung (z. B. Zahlung eines Kaufpreises gemäß § 433 Abs. 2 BGB, s. 1.4.2.1). Die sog. Gestaltungsrechte wie z. B. die Anfechtung (s. 1.2.2) oder die Kündigung (s. 1.4.2.2) führen zum Verlust einer Rechtsposition; damit ist das Geschäft nicht nur rechtlich vorteilhaft und zustimmungsbedürftig. Bzgl. der ärztlichen Behandlung von Kindern und Jugendlichen, vor allem wenn diese ohne Wissen oder Einverständnis ihrer Eltern einen Arzt aufsuchen (z. B. wegen einer vermuteten Schwangerschaft bzw. zur Verschreibung der Antibabypille), verweisen wir auf die Ausführungen im Kap. V-2.

Um dem langsam wachsenden Verantwortungsbewusstsein Heranwachsender gerecht werden zu können (vgl. insoweit auch § 1626 Abs. 2 BGB) gilt nach dem sog. Taschengeldparagrafen ein von dem MJ ohne Zustimmung des gesetzlichen Vertreters geschlossener Vertrag ausnahmsweise als von Anfang an wirksam, wenn der MJ die vertragsmäßige Leistung mit eigenen Mitteln bewirkt, die ihm zu diesem Zweck oder zu freier Verfügung von dem Vertreter oder mit dessen Zustimmung von einem Dritten überlassen worden sind (§ 110 BGB).

Taschengeldparagraf

Das ist z. B. der Fall, wenn sich eine 15-Jährige einen MP3-Player von dem Geld kauft, das sie von ihrem „Taschengeld" angespart hat. Die Erklärung wird in dem Moment wirksam, wo ein MJ die eingegangenen Verpflichtungen mit eigenen Mitteln tatsächlich „bewirkt", im Regelfall also mit Geld bezahlt. Diese Wirkung tritt allerdings nicht ein, wenn ein MJ das Geld nicht zur freien Verfügung erhalten hat, sondern ihm die Mittel entweder zu einem bestimmten Zweck überlassen wurden (z. B. zur Gewährleistung einer Ausbildung) oder die Eltern bestimmte Verwendungszwecke verboten haben (z. B. kein Kauf von Computerspielen). In diesen Fällen kommt es allein auf den Willen des gesetzlichen Vertreters an, auch dann, wenn der MJ Geldmittel von einem Dritten (z. B. der Oma) erhält. Der gute Glaube eines hiervon nichts wissenden Geschäftspartners ist nicht geschützt (vgl. HK-BGB/Dörner 2014 § 110 Rz. 3), er muss die Mittel des MJ wieder herausgeben. Dessen Schutz geht vor.

Außer der Überlassung von Mitteln kann der gesetzliche Vertreter dem MJ rechtlichen Handlungsspielraum im Bereich der Erwerbstätigkeit einräumen, indem er den MJ entweder zum selbstständigen Betrieb eines Erwerbsgeschäfts ermächtigt (§ 112 BGB, allerdings nur mit Zustimmung des FamG) oder zur Eingehung oder Aufhebung eines Dienst- oder Arbeitsverhältnisses z. B. bei der Aufnahme einer

Ermächtigung zur Erwerbstätigkeit

Ausbildung (§ 113 BGB). In diesen Konstellationen spricht man von einer **partiellen**, sachlich abgegrenzten **Geschäftsfähigkeit**.

Deliktsfähigkeit Auch bzgl. der Haftung für schädigende Handlungen (Delikt) sieht das Gesetz bei unter 18 Jährigen eine nach **Altersstufen** gestufte Verantwortung vor: Kinder unter sieben Jahren sind stets deliktsunfähig und haften deshalb nicht (§ 828 Abs. 1 BGB). Gleiches gilt für Kinder bis zehn Jahren bei einem Verkehrsunfall mit einem motorisierten Fahrzeug (§ 828 Abs. 2 BGB). Im Übrigen sind Kinder ab sieben Jahren beschränkt deliktsfähig, d. h., sie sind zivilrechtlich für einen Schaden nicht verantwortlich, wenn sie bei Begehung der Tat nicht die zur Erkenntnis der Verantwortlichkeit erforderliche **Einsichtsfähigkeit** hatten (§ 828 Abs. 3 BGB). Es kommt also auf die individuelle Reife an. In diesen Fällen kann u. U. aber eine Haftung aus Billigkeitsgründen in Betracht kommen (§ 829 BGB). Rechtskräftig festgestellte (Haftungs-)Ansprüche verjähren erst nach 30 Jahren (§ 197 Abs. 3 Nr. 3 BGB; s. u. 1.4.6.2 a. E.), weshalb der MJ auch bei momentaner Mittellosigkeit in seinem weiteren Leben ggf. eine enorme Schuldenlast zu tragen hat.

Sonstige Altersstufen Diese Altersstufen lassen sich jedoch nicht verallgemeinern. So sind in anderen Rechtsbereichen andere Altersgrenzen gesetzt. So tritt die sog. **Testierfähigkeit** grds. mit Vollendung des 16. Lebensjahres ein (§ 2229 Abs. 1 BGB; s. u. 1.6.3). Eine Ehe soll zwar nicht vor Eintritt der Volljährigkeit eingegangen werden (§ 1303 BGB), aber auf Antrag kann das FamG von dieser Vorschrift Befreiung erteilen, wenn der Antragsteller das 16. Lebensjahr vollendet hat und sein künftiger Ehegatte volljährig ist (sog. **Ehemündigkeit**, s. II-2.2.1). Die Heirat macht den MJ aber nicht (voll) geschäftsfähig.

Im Hinblick auf die Handlungsfähigkeit MJ ist insb. auch auf die **Sonderregelungen des Sozialrechts** hinzuweisen (§ 11 Abs. 1 Nr. 2 SGB X). So kann nach § 36 SGB I bereits ein 15-Jähriger Anträge auf Sozialleistungen stellen und diese auch empfangen (hierzu III-1.2.1).

1.1.2.2 Schutz von geschäftsunfähigen Personen

Nicht nur Kinder, sondern auch andere geschäftsunfähige Personen bedürfen unabhängig vom Alter des Schutzes der Rechtsordnung. Hierbei handelt es sich um Menschen, die sich nicht nur vorübergehend in einem die freie Willensbestimmung ausschließenden Zustand krankhafter Störung der Geistestätigkeit befinden **Geschäftsunfähigkeit** (vgl. § 104 Nr. 2 BGB). Deshalb sind auch ihre WE nichtig und somit nicht genehmigungsfähig. Für sie kann nur der gesetzliche Vertreter handeln (rechtliche Betreuung unter Einwilligungsvorbehalt, § 1903 BGB, s. II-2.5.3). Um auch diesem Personenkreis ein Mindestmaß an Privatautonomie und Eigenverantwortlichkeit einzuräumen (vgl. dazu auch III-5.1), gilt, soweit der Betroffene **volljährig** ist, ein abgeschlossenes **Geschäft des täglichen Lebens**, das mit geringwertigen Mitteln bewirkt werden kann, als von Anfang an als wirksam, sobald Leistung und Gegenleistung bewirkt sind (§ 105a BGB), d. h. nicht schon, sobald die Verpflichtungen eingegangen worden sind, sondern erst, wenn diese Verpflichtungen auch erfüllt sind (s. o. II-Einleitung zum Trennungsprinzip). Anders als beim Taschengeldparagrafen, der für Geschäftsunfähige nicht gilt, gilt dies immer nur bei geringwertigen Bargeschäften für den täglichen Bedarf; also nicht für größere Anschaffungen wie elektronische Geräte o. ä.

Wenn sich ein geistig schwer behinderter 19-Jähriger im Laden eine Jugendzeitschrift kauft, gilt das Geschäft als wirksam, sobald er das Heft erhalten und seinerseits das Geld übergeben hat. Hätte er einen Euro zu wenig und bespräche mit dem Ladenbesitzer, den Fehlbetrag später nachzubezahlen, bleibt das Geschäft solange unwirksam, bis er auch den Euro bezahlt hat.

Ebenfalls nichtig sind die WE von Personen, die zwar nicht geschäftsunfähig sind, die aber eine Erklärung im Zustand der **Bewusstlosigkeit** oder **vorübergehenden Störung der Geistestätigkeit** (z. B. im Vollrausch) abgegeben haben (§ 105 Abs. 2 BGB).

Für volljährige, aber geschäftsunfähige Personen gelten im Hinblick auf die **Deliktsfähigkeit** die Einschränkungen des § 827 BGB. Sie bleiben aber verantwortlich, wenn sie sich insb. durch Alkohol oder andere Drogen fahrlässig in einen vorübergehenden Zustand dieser Art versetzt haben (§ 827 S. 2 BGB). Darüber hinaus ist eine Haftung aus Billigkeitsgründen möglich (§ 829 BGB).

1.2 Rechtsgeschäfte

Nicht alles, was ein Mensch sagt und tut, ist rechtlich relevant. Nur ein bewusstes, äußerlich wahrnehmbares Verhalten einer Person, das bestimmte Rechtswirkungen herbeiführen will, wird vom Recht als rechtlich erhebliches Verhalten angesehen (Rechtsgeschäft). Ein Rechtsgeschäft besteht stets und zwingend aus einer WE (das ist die Äußerung eines Willens, der auf die Herbeiführung einer Rechtsfolge gerichtet ist, hierzu 1.2.1) sowie ggf. zusätzlich aus einer tatsächlichen Handlung (z. B. bei der Übereignung neben der Einigung über den Übergang des Eigentums die tatsächliche Übergabe der Sache, vgl. I-1.5). Das Rechtsgeschäft ist das Instrument zur Verwirklichung der Privatautonomie, mit Hilfe dessen der einzelne seinen Willen umsetzen und seine Rechtsbeziehungen in Selbstbestimmung und Selbstverantwortung gestalten kann.

Bestandteile des Rechtsgeschäfts

Unterscheiden lassen sich **einseitige** Rechtsgeschäfte, bei denen die Rechtswirkungen allein schon durch die Erklärung einer Person eintreten (z. B. Anfechtung, Kündigung, Rücktritt), es also keiner Mitwirkung einer anderen Person bedarf (zum sog. Zugang s. u.), und **zwei- oder mehrseitige Rechtsgeschäfte**, bei denen Rechtswirkungen erst durch die einvernehmlichen Erklärungen zweier oder mehrerer Parteien eintreten (s. 1.2.4). Der Prototyp eines zweiseitigen Rechtsgeschäfts ist der **Vertrag** (s. u. 1.2.5).

Arten von Rechtsgeschäften

Im Hinblick auf die verschiedenen Arten von Rechtsgeschäften unterscheidet man zudem zwischen dem sog. **Verpflichtungsgeschäft**, durch das ein Recht bzw. eine Leistungspflicht begründet wird, und dem **Verfügungsgeschäft** (kurz: Verfügung), mit dem auf ein bestehendes Recht unmittelbar eingewirkt wird, z. B. durch Übertragung, Belastung, Änderung oder Aufhebung. Es gibt sowohl schuldrechtliche wie auch sachenrechtliche Verfügungsgeschäfte. Verfügungen über schuldrechtliche Rechte (Forderungen), z. B. die Abtretung (sog. Zession nach §§ 398 ff.

BGB), sind schuldrechtliche Rechtsgeschäfte, die Eigentumsübertragung ist ein dingliches Verfügungsgeschäft des Sachenrechts (s. u. 1.5).

1.2.1 Willenserklärungen

Elemente der Willenserklärung

Dem Laien sind i. d. R. nicht alle Rechtsfolgen seines Handelns bewusst. Sein Handeln verfolgt zumeist einen sozialen oder wirtschaftlichen Zweck, ohne dass er sich genaue Vorstellungen von den einzelnen Rechtswirkungen seines Handelns macht. Das **Willenselement** einer WE ist an die Erfüllung von **drei inneren Voraussetzungen** geknüpft. Zunächst muss die Erklärende ein **Handlungsbewusstsein** haben, dass sie nach außen wahrnehmbar agiert. Daran fehlt es (nur) bei Handlungen im Schlaf oder unter Hypnose und es ist i. d. R. unproblematisch erfüllt. Wesentlicher ist, dass der Handelnden auch bewusst ist, dass sie eine rechtlich relevante Äußerung abgibt (sog. **Erklärungsbewusstsein**) und sie nicht nur unverbindliche Mitteilungen oder Gesten zu machen glaubt. Man muss im Rechtsverkehr freilich die erforderliche Sorgfalt walten lassen und sich z. B. bei Unterschriftslisten bewusst machen, was man unterschreibt (zu den sog. Willensmängeln und deren Rechtsfolgen s. u. 1.2.2).

Klassisches Lehrbeispiel ist der Fall der „Trierer Weinversteigerung", bei dem ein Ortsfremder an einer Weinversteigerung teilnimmt und im Verlauf des Geschehens einen Freund erblickt, dem er zuwinkt, um auf sich aufmerksam zu machen. Der Versteigerer hält das deutliche Handheben – wie vor Ort üblich – für das nächsthöhere Gebot und erteilt diesem mangels weiterer Gebote den Zuschlag. Der Ortsfremde hat zwar bewusst gehandelt, jedoch ohne Erklärungsbewusstsein. Nach h.M. und der Rspr. ist aber insoweit auf das objektive Verhalten abzustellen und die WE trotz fehlendem Erklärungsbewusstsein wirksam, denn der Ortsfremde hätte bei Anwendung der erforderlichen Sorgfalt erkennen können, dass sein Handheben in einer Auktion ein Gebot darstellt (vgl. dazu BGH 7.6.1984 – IX ZR 66/83 – BGHZ 91, 324 bezüglich einer Bürgschaftserklärung zur Erklärung durch „schlüssiges Handeln" s. u.). Er kann den Vertrag zwar ggf. anfechten, wäre dann aber zum Ersatz des sog. Vertrauensschadens (s. 1.4.5) verpflichtet.

Gefälligkeiten

Darüber hinaus muss sich die Handelnde mit ihrer Erklärung zu einer Leistung (rechtlich) verpflichten wollen (sog. **Geschäfts- oder Rechtsbindungswillen**). Daran fehlt es aber bei rein gesellschaftlichen, konventionellen oder freundschaftlichen Zusagen und den Gefälligkeiten des Alltags, z. B. einer Einladung und Verabredung zum Essen oder dem Angebot, die Blumen des Nachbars zu gießen. Fällt das Abendessen kurzfristig aus, weil der Gastgeber oder Gast „etwas Besseres" vorhat, oder leiden die Blumen am zu sparsamen oder kräftigen Gießen, so mag dies ärgerlich sein, eine Haftung auf Schadensersatz ergibt sich aber daraus (zumindest bei leichter Fahrlässigkeit) grds. nicht (s. aber OLG Koblenz 2.4.2014 – 5 U 311/12 – dem zufolge trotz Gefälligkeit eine Haftung besteht, wenn der Handelnde wegen seiner besonderen Sach- und Fachkunde um die Gefälligkeit gebeten wurde). Die Folgen sind nicht rechtlicher, sondern sozialer Art: Man wird sich überlegen, mit wem man sich zum Essen verabredet oder wem man seine Pflanzen anvertraut. Ob eine rechtlich bindende Erklärung oder ein bloßes Gefälligkeitsverhältnis vorliegt, ist im Streitfall durch Auslegung (s. u.) zu klären, wobei Uneigennützigkeit und Unentgeltlichkeit für eine Gefälligkeit sprechen.

Hinzu kommt das **äußere Element der Erklärung**. Nur ausnahmsweise werden WE bereits mit ihrer Abgabe wirksam (z. B. das Testament §§ 2046 ff. BGB, s. 1.6.3). In aller Regel sind WE empfangsbedürftig (z. B. das Angebot eines Vertrages ebenso wie dessen Annahme oder die Kündigung eines Vertrages), d. h. sie müssen, um wirksam zu werden, den Empfänger erreichen (vgl. § 130 Abs. 1 S. 1 BGB), insb. gegenüber Anwesenden gemachte ebenso wie telefonisch übermittelte WE (vgl. § 147 Abs. 1 BGB) müssen verstanden werden können. Eine nicht im unmittelbaren Kontakt zum Empfänger (z. B. schriftlich) abgegebene WE ist diesem zugegangen, wenn sie so in seinen Einflussbereich gelangt ist, dass dieser unter normalen Umständen die Möglichkeit zur Kenntnisnahme hat; positive Kenntnis ist nicht erforderlich (ausführlich Däubler 2008, 211 ff.). Ein in den Briefkasten des Empfänger eingeworfenes Schreiben gilt noch am selben Tag als zugegangen, wenn noch am selben Tag die Kenntnisnahme durch den Empfänger möglich und nach der Verkehrsanschauung zu erwarten ist (BGH 05.12.2007 – XII ZR 148/05). Bei gewerblichen Empfängern ist dies zu den jeweils üblichen Geschäftszeiten der Fall, bei Privatpersonen ist mit einer Leerung im Allgemeinen zum Zeitpunkt der üblichen Postzustellzeiten zu rechnen (LAG R-P 10.10.2013 – 10 Sa 175/13). Später eingeworfene Schreiben gelten erst am Folgetag zugegangen. Eine WE unter Abwesenden wird jedoch dann nicht wirksam, wenn dem Empfänger vorher oder gleichzeitig ein Widerruf zugeht (§ 130 Abs. 1 S. 2 BGB).

Eine Studentin geht abends um 20 Uhr zu einer Kommilitonin, mit der sie gemeinsam eine Wohnung anmieten möchte. Auf dem Weg wirft sie bei dem Vermieter ihrer aktuellen Einzimmerwohnung die Kündigung persönlich ein. Bei dem Treffen zerstreitet sich die Studentin mit der Mitstudentin. Noch in derselben Nacht wirft sie beim Vermieter den Widerruf der Kündigung ein. Der Vermieter findet am nächsten Tag beides zugleich vor: die Kündigung ist nicht wirksam.

Schweigen ist i. d. R. **keine WE**, es sei denn, das Gesetz weist dem Schweigen ausdrücklich einen Inhalt zu (z. B. Annahme der Schenkung § 516 Abs. 2 BGB; § 663 BGB; Schweigen unter Kaufleuten auf ein Bestätigungsschreiben § 362 HGB). Wenn also jemand eine unbestellte Ware geschickt bekommt, so kommt kein Vertrag allein deswegen zustande, weil die Empfängerin die Ware nicht innerhalb einer vom Versender gesetzten Frist zurückschickt (s. auch § 241a BGB).

Eine WE muss aber nicht immer ausdrücklich, z. B. verbal oder schriftlich, abgegeben werden. Sie kann auch – abhängig vom jeweiligen Kontext – durch **schlüssiges Verhalten** konkludent abgegeben werden, z. B. dadurch, dass man in einen Bus oder die Bahn einsteigt und damit zu erkennen gibt, die Leistung (Fahrt) gegen Zahlung des Preises in Anspruch zu nehmen. Ein „geheimer" Vorbehalt (die Erklärung solle „eigentlich" nicht gelten) ist insoweit unbeachtlich (§ 116 BGB). So kann in dem obigen Fall unbestellt zugesandter Waren ein Vertrag dadurch zustande kommen, dass diese von der Empfängerin tatsächlich in Gebrauch genommen werden.

Auslegung von Willenserklärungen

Sofern eine WE nicht eindeutig ist, ist ihr Inhalt durch Auslegung zu ermitteln (vgl. I-3.6). Dabei darf man nicht am buchstäblichen Sinne des Ausdrucks haften, vielmehr ist der wirkliche Wille des Handelnden zu erforschen (§ 133 BGB). Bei empfangsbedürftigen WE ist der sog. **objektive Empfängerhorizont** zu beachten, d. h., es kommt darauf an, wie der Empfänger der WE diese bei verständiger Würdigung verstehen durfte (vgl. § 157 BGB).

Realakte

Abzugrenzen sind WE und rechtlich unbeachtliche Verhaltensweisen von rechtlich erheblichen **Tathandlungen** (Realakte), die aufgrund des äußeren Geschehensablaufes ohne Rücksicht auf einen damit ggf. verbundenen Willen der handelnden Person Rechtsfolgen bewirken. Das Gleiche gilt für rechtwidrige Handlungen, sei es aufgrund der Verletzung von Pflichten aus einem Schuldverhältnis (Pflichtverletzung) oder sonst (gesetzlich) unerlaubten Handlungen (Delikt). Eine Haftung besteht hier allerdings grds. nur bei schuldhaftem Verhalten (s. u. 1.4.3.2).

1.2.2 Willensmängel

Von Willensmangel spricht man, wenn bei der Abgabe einer WE Fehler auftreten. Die Folgen fehlerhafter WE sind im Wesentlichen in den §§ 116–124 und §§ 142–144 BGB geregelt. Nur teilweise sind die Rechtsgeschäfte dann nichtig, insb. bei einem sog. Scheingeschäft nach § 117 Abs. 1 BGB, mit dem ein Dritter getäuscht werden soll (z. B. künstlich überhöhter oder reduzierter, aber tatsächlich nicht bezahlter Preis). Eine WE ist aber nicht deshalb unwirksam, weil jemand es insgeheim nicht so meinte (§ 116 BGB). Anders ist dies aber bei der Scherzerklärung, die in der Erwartung abgegeben wird, der Empfänger werde den (offensichtlichen) Mangel der Ernstlichkeit schon erkennen (§ 118 BGB). Wird die Scherzerklärung allerdings nicht als solche erkannt, kann dies zu Schadensersatzansprüchen führen (§ 122 BGB).

Anfechtung

Irrtum

In den meisten Fällen ist eine fehlerhafte WE wirksam und kann bei Drohungen, Täuschungen und Irrtümern nur durch aktives Tun in Form einer Anfechtung wieder unwirksam gemacht werden (§§ 119, 123 BGB). Ein Irrtum liegt vor, wenn die nach außen bekundete WE unbewusst vom inneren Willen des Erklärenden abweicht. Der klassische Beispielfall ist das oben geschilderte irrtümliche Heben des Armes während der Versteigerung (sog. Erklärungsirrtum, vgl. 1.2.1). Ein Irrtum kann aber auch bei einem Versprecher, einem Schreib- oder Tippfehler vorliegen, wenn also eine WE abgegeben werden sollte, aber mit anderem Inhalt (sog. Inhaltsirrtum). Die Anfechtung wegen Irrtums oder falscher Übermittlung, wenn also z. B. ein beauftragter Bote dem Empfänger etwas Falsches mitteilt (§ 120 BGB), muss **unverzüglich** (d. h. ohne schuldhaftes Zögern) erfolgen nachdem der Irrende von dem Anfechtungsgrund Kenntnis erlangt hat (§ 121 Abs. 1 BGB). Zudem ist der Anfechtende dem Anderen, der auf die Gültigkeit der Erklärung vertraut hat und darauf vertrauen durfte (vgl. § 122 Abs. 2 BGB), zum **Ersatz des sog. Vertrauensschadens** (s. 1.4.5) verpflichtet. Das sind die Aufwendungen, die im Vertrauen auf die Gültigkeit der Erklärung gemacht wurden (§ 122 Abs. 1 BGB), wie z. B. Transportkosten, um den eigentlich gekauften Gegenstand abzuholen. Die Anfechtung erfolgt **durch eine Erklärung** gegenüber dem Empfänger der ursprünglichen WE (§ 143 BGB). Darin muss zum Ausdruck kommen, an der ursprünglichen WE wegen eines Irrtums nicht mehr festhalten zu wollen. Durch die Anfechtung gilt die ursprüngliche WE als von Beginn an unwirksam (§ 143 BGB), es sei denn, diese wurde nach Erkennen des Irrtums bereits bestätigt (§ 144 BGB).

Im Übrigen ist eine WE anfechtbar, die aufgrund einer Drohung oder arglistigen Täuschung abgegeben wurde. Da der Anfechtungsberechtigte den „Fehler" nicht selbst verschuldet hat, hat er für die Anfechtung in diesen Fällen **ein Jahr Zeit**, nachdem er die Täuschung entdeckt hat oder nicht mehr unter der Bedrohung leidet (§ 124 BGB). Sollten aufgrund eines anfechtbaren Rechtsgeschäfts bereits wirksame Verfügungen getroffen worden sein, z. B. die Übergabe des Kaufgegenstandes und Verschaffung des Eigentums daran (§ 929 BGB, s. 1.5), so bleiben diese aufgrund des Trennungs- und Abstraktionsprinzips (s. II–Einleitung) zunächst wirksam. Allerdings kann nach der Anfechtung der so „verlorene" Gegenstand nach den Regeln der sog. ungerechtfertigten Bereicherung zurückverlangt werden (s. 1.4.3.1).

Drohung und arglistige Täuschung

1.2.3 Formvorschriften

Grds. sind Rechtsgeschäfte **formfrei**, d. h. auch mündliche WE sind verbindlich. Um im Streitfall beweisen zu können, was wirklich erklärt worden ist, bietet es sich an, die Rechtsgeschäfte, die einem wichtig sind, schriftlich zu verfassen. Nur ausnahmsweise schreibt das Gesetz in Einschränkung der Privatautonomie eine besondere Form vor, z. B. um vor übereilten Rechtsgeschäften zu warnen, die Information Dritter oder die Beweisbarkeit zu erleichtern. Das BGB nennt fünf Formen:

- die Schriftform (§ 126 BGB), d. h. eine eigenhändig unterschriebene Urkunde; erforderlich z. B. bei Verbraucherdarlehen (§ 492 Abs. 1 BGB), Bürgschaften (§ 766 BGB), bei manchen Mietverträgen (§ 550 BGB) sowie der Kündigung eines Wohnungsmiet- (§ 568 Abs. 1 BGB) oder Arbeitsvertrages (§ 623 BGB),
- die elektronische Form, also ein Datensatz mit einer entsprechenden nicht verfälschbaren Signatur statt Unterschrift (§ 126a BGB),
- die Textform (§ 126b BGB), entweder eine auf Papier oder einem dauerhaft speicherbaren elektronischen Datenträger (Diskette, CD-ROM, E-Mail) lesbare Erklärung, in der die Person des Erklärenden genannt ist; diese ist z. B. für Erklärungen des Darlehensgeber nach Abschluss eines Verbraucherdarlehensvertrages (§ 492 BGB), aber auch bei Mieterhöhungsverlangen (§ 558a BGB) erforderlich,
- die notarielle Beurkundung (§ 128 BGB), d. h. der Vertragsschluss vor einem staatlich bestellten Notar; erforderlich z. B. bei einem Kaufvertrag über ein Grundstück (§ 311b BGB), einem Ehevertrag (§ 1410 BGB) und einem Erbvertrag (§ 2276 BGB),
- die öffentliche Beglaubigung (§ 129 BGB), bei der ein Notar die Identität und

Unterschrift des Unterzeichners einer Urkunde bestätigt, z. B. bei der Anmeldung eines Vereins zum Vereinsregister (§ 77 BGB).

Schreibt eine gesetzliche Regelung die Schriftform vor, so muss das Schriftstück (die Urkunde) grds. von dem Aussteller eigenhändig durch **Namensunterschrift** unterzeichnet werden (§ 126 BGB). Ein **Telefax** enthält nicht die Originalunterschrift und genügt deshalb nicht der Schriftform (BGH NJW 1998, 3649). Die schriftliche Form kann i. d. R. auch durch die elektronische Form (§ 126a BGB) ersetzt werden (§ 126 Abs. 3 BGB), nicht aber durch die Textform (§ 126b BGB). Eine normale **E-Mail** ohne eine unverwechselbare elektronische Signatur reicht also zur Erfüllung der Schriftform nicht aus. Die schriftliche Form wird durch die notarielle Beurkundung, insb. i. R. eines gerichtlichen Vergleiches (§ 127a BGB), ersetzt. Ist eine gesetzliche Form nicht vorgeschrieben, so kann die WE in jeder anderen Form übermittelt werden: mündlich, telefonisch, via E-Mail oder mittels Telefax (vgl. § 127 BGB). Wird eine gesetzlich vorgeschriebene oder vertraglich vereinbarte Form nicht eingehalten, so ist das Rechtsgeschäft grds. **nichtig** (§ 125 BGB). In gesetzlich geregelten Ausnahmefällen können Formfehler ggf. auch durch die Erfüllung der Leistung geheilt werden, wenn die Formvorschrift nur eine Warnfunktion erfüllt. Das ist z. B. bei der Erfüllung eines Schenkungsversprechens der Fall (§ 518 Abs. 2 BGB) oder wenn ein Bürge die Schuld derjenigen Person, für die gebürgt wurde, tatsächlich erfüllt (§ 766 S. 2 BGB; vgl. auch §§ 311b Abs. 1 S. 2, 494 Abs. 2, 507 Abs. 2 S. 2 BGB).

1.2.4 Fristen

Damit Klarheit herrscht, wann bzw. bis wann etwas getan werden kann (z. B. die Annahme eines Angebots mit Fristsetzung) oder muss (z. B. Bezahlung einer Rechnung „innerhalb von 14 Tagen"), enthält das BGB in den §§ 186 ff. Regelungen zur genaueren Bestimmung von Fristen. Diese Regelungen sind nicht nur für den Privatrechtsverkehr relevant, sondern finden gemäß § 26 SGB X auch Anwendung im Sozialverwaltungsrecht (III-1.2.1). Sie sind also z. B. auch bei der Bestimmung der Widerspruchsfrist gegen Verwaltungsakte von einem Monat anzuwenden.

1.2.5 Vertrag und Anspruch

Konsens und Dissens Ein Vertrag kommt zustande, wenn sich (mindestens) zwei Parteien einig sind, d. h. wenn sich zwei wirksame WE – **Angebot und Annahme** – inhaltlich decken (§§ 145 ff. BGB). Ob eine solche Übereinstimmung (Konsens) vorliegt, ist ggf. durch Auslegung der WE zu ermitteln, wobei Maßstab ist, wie ein vernunftbegabter Dritter die jeweilige Erklärung verstanden hätte (sog. objektiver Empfängerhorizont §§ 133, 157 BGB). Einigen sich die Parteien nicht über alle erkennbar wesentlichen Details, spricht man von einem Dissens, ein Vertrag kommt nicht zustande (§ 154 BGB). Gehen die Parteien (irrtümlich) davon aus, dass sie sich über alle wesentlichen Punkte geeinigt und damit einen Vertrag geschlossen haben, ist ihnen also der Dissens in einem regelungsbedürftigen Punkt nicht bewusst (sog. versteckter Einigungsmangel), so ist nach § 155 BGB das Vereinbarte gültig, sofern anzunehmen ist, dass der Vertrag auch ohne diesen Punkt abgeschlossen worden wäre. Die Lücken werden dann durch die verhandelbaren Regelungen des BGB (sog. dispositives Recht; s. o. II-Einleitung) gefüllt bzw. im Streit vor Gericht durch die sog. ergänzende Vertragsauslegung (Wie hätten sich die redlichen Parteien vernünftigerweise geeinigt? vgl. BGH NJW 1994, 1008 ff.).

Haben sich zwei Parteien darauf geeinigt, dass die eine der anderen eine Sache abkauft, aber nicht zu welchem Preis, liegt ein Dissens und damit kein Kaufvertrag vor, denn ein erkennbar wesentlicher Punkt ist ohne Einigung geblieben. Haben sich die Kaufvertragsparteien hingegen auch hierüber verständigt, nicht aber über den Termin, wann die Kaufsache geliefert werden soll, ist erstens zu prüfen, ob beide den Vertrag auch ohne diesen Punkt schließen wollten. Zweitens ist die Lücke durch den § 271 Abs. 1 BGB zu schließen, dem zu Folge im Zweifel die vereinbarte Leistung sofort verlangt werden kann.

Neben der inhaltlichen Übereistimmung müssen sich die WE der beteiligten Parteien aber auch in zeitlicher Hinsicht decken. Bietet jemand den Abschluss eines Vertrages an, so ist er an dieses Angebot gebunden (§ 145 BGB). Das kann jedoch nicht unendlich gelten. Deswegen erlischt ein Angebot, wenn es abgelehnt oder nicht rechtzeitig angenommen wurde (§ 146 BGB). Dabei kann das unter Anwesenden gemachte Angebot nur sofort angenommen werden, ein – z. B. schriftlich – übermitteltes Angebot nur so lange, wie mit einer Antwort „unter regelmäßigen Umständen" gerechnet werden kann (§ 147 BGB), bei Briefverkehr also etwa eine Woche ab Aufgabe des Angebots zur Post. Erfolgt die Annahmeerklärung verspätet, kommt dadurch kein Vertrag zustande, sondern es gilt als neues Angebot, welches seinerseits erst noch der Annahme bedarf (§ 150 BGB).

Bindungswirkung der Angebots

Haben die Parteien einen Vertrag geschlossen, so entstehen dadurch i. d. R. wechselseitige Ansprüche. Darunter versteht man das (sog. subjektive wie relative) Recht (hierzu I-1.2.3), von jemand anderem ein Tun oder Unterlassen zu verlangen (§ 194 BGB); bei den vertraglichen Ansprüchen also die sog. Hauptpflichten, zu deren Erfüllung sich der Vertragspartner verpflichtet hat (z. B. Kaufpreiszahlung, Bereitstellung der Mietwohnung, etc. s. 1.4.2).

Anspruch

1.2.6 Stellvertretung

Juristische Personen sind zwar rechtsfähig, können aber selbst unmittelbar keine WE abgeben (s. o. 1.1.2). Auch natürliche Personen können oder wollen nicht immer selbst auftreten und für sich in eigener Person handeln. In all diesen Fällen bedarf es Regelungen, wie jemand rechtlich verbindlich für einen anderen handeln kann. Gibt der **Stellvertreter** eine **eigene WE** erkennbar **im Namen des Vertretenen** und innerhalb der ihm zustehenden **Vertretungsmacht** ab, trifft die Rechtsfolge nicht den Stellvertreter, sondern die WE wirkt unmittelbar für und gegen den Vertretenen (§ 164 Abs. 1 BGB). Für die Stellvertretung setzt § 165 BGB zumindest die beschränkte Geschäftsfähigkeit (§ 106 BGB) voraus, weil der Vertreter eine eigene Erklärung (wenn auch im fremden Namen) abgibt, im Unterschied zum **Boten**, der lediglich die Erklärung eines anderen überbringt. Bote kann also auch ein 5-jähriges Kind sein, das für seine Eltern beim Bäcker Brötchen kauft. Der Unterschied besteht darin, dass der Bote nur eine „vorgefertigte" Erklärung überbringt, während der Stellvertreter noch einen gewissen Handlungsspielraum haben muss. Die Erkennbarkeit, dass für jemanden anderen gehandelt wird (sog. Offenkundigkeitsprinzip), ist Folge der Privatautonomie, denn die Identität des Vertragspartners kann ausschlaggebend sein für bzw. gegen den Abschluss des Vertrages, z. B. wenn es sich um eine bekanntermaßen unzuverlässige Person handelt. Ausnahme sind Bargeschäfte ohne weitergehende Verpflichtungen (z. B. Lebensmittelkauf), weil bei einem solchen sog. „Geschäft für den, den es angeht", der Vertragspartner kein schutzwürdiges Interesse an der konkreten Person des Vertragspartners hat.

Offenkundigkeitsprinzip

Die Vertretungsmacht ist die Befugnis, für den Vertretenen zu handeln. Teilweise ist sie gesetzlich geregelt, sie kann aber auch auf einem Rechtsgeschäft, z. B. einem Auftrag („kannst Du bitte 'mal für mich …") beruhen. Beruht die Stellvertretung auf einem Rechtsgeschäft, so spricht man von einer **Vollmacht** (§ 166 Abs. 2 BGB; die Prokura nach §§ 48 ff. HGB und die Handlungsvollmacht nach §§ 54 HGB sind Sonderfälle der Vollmacht bei Kaufleuten). Die Erteilung der Vollmacht erfolgt durch Erklärung gegenüber dem zu Bevollmächtigenden oder dem Dritten, dem gegenüber die Vertretung stattfinden soll (§ 167 Abs. 1 BGB). Die Vollmachtserteilung ist grds. formlos möglich, aber zum einen hilft eine schriftliche Vollmacht, die eigenen Vorstellungen des Vertretenen bezüglich der Grenzen der Vertretung aufzuzeigen, zum anderen kann sie auch der Legitimation gegenüber demjenigen dienen, mit dem das Geschäft abgeschlossen werden soll. Zugleich grenzt die konkret erteilte Vollmacht auch die Reichweite der Vertretungsmacht ein (z. B. „nur bis zu einem Preis von 200 €"). Eine **Vertretungsmacht kraft Gesetzes** kommt sowohl in Bezug auf natürliche Personen als auch auf juristische Personen vor. **Gesetzliche Vertreter von Minderjährigen** sind i. d. R. die Eltern, die zur gemeinsamen Vertretung des Kindes berufen sind (§ 1629 BGB; ausführlich II-2.4.3.2), sowie die Vormünder (§ 1773 BGB) und Pfleger (§ 1909 BGB) (zu beiden s. II-2.8). Ehegatten sind zwar nicht gesetzlicher Vertreter des **Ehepartners**, sie werden aber bei den sog. Geschäften des täglichen Lebens (d. h. zur angemessenen Deckung des Lebensbedarfs der Familie, § 1357 Abs. 1 BGB) als solche behandelt. Bei Volljährigen kann bei psychischer Krankheit oder körperlicher, geistiger oder seelischer Behinderung ein **Betreuer** bestellt werden (§ 1896 BGB), der den Betreuten nach § 1902 BGB gerichtlich und außergerichtlich, also bei allen Rechtsgeschäften, vertritt, ohne dass die Geschäftsfähigkeit des Betreuten zwingend fehlen muss (hierzu ausführlich II-2.5).

Vertretungsmacht

Gesetzliche Vertretung natürlicher Personen

Bei juristischen Personen legt das Gesetz fest, welches sog. **Organ** im Rechtsverkehr eine juristische Person gerichtlich und außergerichtlich vertritt, z. B. der Vorstand eines Vereins (§ 26 Abs. 2 BGB) oder einer Aktiengesellschaft (§ 78 Abs. 1 AktG) sowie der Geschäftsführer einer GmbH (§ 35 Abs. 1 GmbHG). Organe einer juristischen Person können aus Einzelpersonen oder Personengruppen (Kollegialorgane) bestehen. Die Bestellung konkreter Personen zum Organ ob-

Gesetzliche Vertretung juristischer Personen

liegt wiederum der internen Willensbildung der juristischen Person, z. B. beim Verein durch Beschluss der Mitgliederversammlung (§ 27 Abs. 1 BGB). Die Handlungen eines Organs werden unmittelbar der juristischen Person als solcher zugerechnet (zur Haftung s. u. 1.4.5).

Vertretung kann auf beiden Seiten der Vertragsparteien vorkommen (vgl. Übersicht 26). Unzulässig sind aber grds. sog. **Insichgeschäfte**, in denen ein Vertreter gleichzeitig auf „beiden Seiten" sowohl für sich als auch für den Vertretenen auftritt (§ 181 BGB), womit einer nicht überwindbaren Interessenkollision vorgebeugt wird. Dieser Grundsatz findet trotz fehlender Personenidentität bei vergleichbaren Interessenskollisionen (z. B. Einschaltung von Untervertreter) analoge Anwendung. Insoweit ist es nicht unproblematisch, wenn im Jugendhilferecht das JA sowohl als Amtsvormund als auch als Anbieter bzw. Verpflichteter von Leistungen auftritt (vgl. Kap. III-3.4.3).

Übersicht 26: Stellvertretung

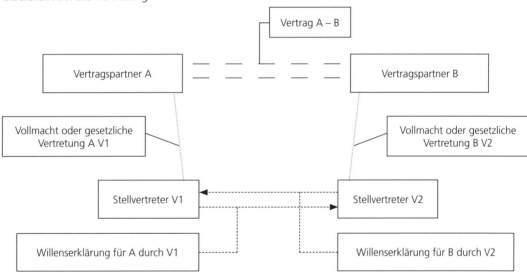

Schließt jemand ohne Vertretungsmacht im Namen eines anderen einen Vertrag, so hängt die Wirksamkeit des Vertrags für und gegen den Vertretenen von dessen Genehmigung ab (§ 177 Abs. 1 BGB). Lehnt dieser ab, haftet der Vertreter ohne (wirksame) Vertretungsmacht dem Geschäftspartner für das gegebene Wort (s. o.: *eigene* WE) nach dessen Wahl entweder auf Erfüllung des Vertrages oder auf Schadensersatz (§ 179 BGB). Handelt der Vertreter mit Vertretungsmacht, überschreitet er aber die ihm im Innenverhältnis gesetzten Grenzen, kommt der Vertrag mit dem Vertretenen zustande. Dieser kann dann vom Vertreter Schadensersatz verlangen, z. B. wenn der beauftragte Nachbar einen Rasenmäher für 500 € gekauft hat, obwohl der Vertretene 300 € als Obergrenze genannt hatte, oder wenn

Fehlende Vertretungsmacht

der Vereinsvorstand ein Fahrzeug für den Verein für 5.000 € kauft, obwohl laut Vereinssatzung alle Geschäfte über 3.000 € der Zustimmung durch die Mitgliederversammlung bedürfen.

1.3 Grenzen der Privatautonomie

Die Privatautonomie ist nicht grenzenlos, vielmehr müssen auch im Privatrecht die grundlegenden Wertentscheidungen des Grundgesetzes berücksichtigt werden (zur sog. mittelbaren Drittwirkung von Grundrechten vgl. I-2.2.4). So stellen z. B. die bereits o. g. Regelungen zum Schutz von MJ (1.1.2.1) bzw. geschäftsunfähigen Personen (1.1.2.2), aber auch die Formvorschriften (1.2.3) gesetzlich geregelte Einschränkungen der Privatautonomie dar. Zudem dürfen Verträge nicht gegen ein **Gesetzliche Verbote** gesetzliches Verbot (§ 134 BGB) verstoßen. Tun sie das, sind sie **nichtig**, d. h. ohne rechtliche Wirkung. Unzulässig ist z. B. der Verzicht auf Kindes-/Verwandtenunterhalt für die Zukunft (§ 1614 BGB) bzw. von Eheleuten während der Trennungsphase vor Scheidung einer Ehe (§§ 1360a Abs. 3, 1614 BGB). Nichtig ist auch eine Doppelehe (§ 1306 BGB) oder die Ehe zwischen Verwandten in gerader Linie (§ 1307 BGB).

Verstoß gegen gute Sitten Nichtig ist nach § 138 Abs. 1 BGB auch ein Rechtsgeschäft, das gegen die „guten Sitten", d. h. die herrschende (aber dem gesellschaftlichen Wandel unterliegende) **Rechts- und Sozialmoral** (vgl. auch § 242 BGB, zu den wesentlichen Fallgruppen vgl. HK-BGB/Dörner 2014 § 138 Rz. 6 ff.) verstößt, z. B. das aufgrund einer Bestechung gegebene Versprechen. Nichtig ist nach § 138 Abs. 2 BGB auch ein Rechtsgeschäft, durch das jemand unter Ausnutzung der Zwangslage, der Unerfahrenheit, des Mangels an Urteilsvermögen oder der erheblichen Willensschwäche eines anderen sich oder einem Dritten für eine Leistung Vermögensvorteile versprechen oder gewähren lässt, die in einem auffälligen Missverhältnis zu der Leistung stehen. In der Alltagssprache ist viel schneller von **Wucher** die Rede, als das rechtlich der Fall ist. Ob tatsächlich ein Wuchergeschäft vorliegt, lässt sich nur im Einzelfall aufgrund einer differenzierten Abwägung feststellen. Mietwucher kann man z. B. annehmen, wenn die Miete die örtliche Vergleichsmiete um mehr als 50 % übersteigt. Aber es kann auch dann Wucher vorliegen, wenn z. B. jemand die Unerfahrenheit von Migranten oder intelligenzschwachen Personen für weit überhöhte Preise und Mieten ausnutzt. Bei Krediten wird man Wucher nach der Rechtsprechung erst bei einem Zinssatz von über 30 % annehmen können, bei bewusster Ausnutzung einer wirtschaftlichen Zwangslage im Einzelfall aber auch schon bei niedrigeren Zinssätzen (hierzu HK-BGB/Dörner 2014 § 138 Rz. 14).

Markt- und Verkehrsfähigkeit von Rechten Die Privatautonomie findet auch im Hinblick auf die (absoluten) Rechte der Rechtssubjekte ihre Grenzen. Zwar kann der Rechteinhaber grds. mit seinen Rechten, z. B. seinem Eigentum (§ 903 BGB), tun und lassen, was er will. Das gilt aber zum einen nur soweit er andere nicht schädigt oder gefährdet (z. B. durch Kriegswaffen, Arzneimittel, Drogen nach BtMG, s. IV-2.3.5) und zum zweiten im Hinblick auf eine mögliche Veräußerung nur, sofern diese Rechte verkehrs- bzw. marktfähig sind (hierzu Däubler 2008, 167 ff.). Grenzen liegen z. B. in der Vermarktungsfähigkeit der Arbeitskraft: Sklaverei und Leibeigenschaft sind abgeschafft. **Menschliche Organe** dürfen nicht gegen Entgelt abgegeben werden (§ 17 Transplantationsgesetz). Auch eine **Leihmutterschaft** ist sittenwidrig (vgl. zur Strafbarkeit der Vermittlung von Leihmüttern §§ 13a AdoptionsvermittlungsG). Nicht (mehr) gegen die guten Sitten verstößt aber die **Prostitution** (vgl. Gesetz zur Regelung der Rechtsverhältnisse der Prostituierten), es gelten allerdings einige Besonderheiten, die die sexuelle Vermarktungsfähigkeit des menschlichen Körpers einschränken. Ein wirksamer Vertrag entsteht erst mit Erbringung der Leistung, weder kann die Vornahme bestimmter sexueller Handlungen noch deren „Mangelfreiheit" eingefordert werden.

1.3.1 Schutzvorschriften zum Schutz von wirtschaftlich Schwächeren – Verbraucherschutz

Das Privatrecht geht von der Vorstellung grds. gleichstarker Parteien (wenn auch mit unterschiedlichen Interessen) aus, die nur dann einen Vertrag schließen, wenn sie sich einigen (Konsens). In einer Reihe von Lebensfeldern sind aber (wirtschaftliche) Machtungleichgewichte geradezu typisch (z. B. Miet- und Arbeitsrecht), so dass von einer wirklichen Vertragsfreiheit nicht die Rede sein kann. Denn diese taugt nur im Fall eines annähernd ausgewogenen Kräfteverhältnisses der Vertragspartner als Mittel eines angemessenen Interessenausgleichs, weshalb der **Ausgleich gestörter Vertragsparität** zur Vermeidung von Fremdbestimmung zu den Hauptaufgaben des Zivilrechts gehört (BVerfG 19.10.1993 – E 89, 214, 232; vgl. BVerfG 23.11.2006 – 1 BvR 1909/06 – NJW 2007, 286, 287). Es ist deshalb die schwierige Aufgabe der Zivilgerichte, bei der Auslegung und Anwendung von WE und Vertragsklauseln (s. o. 1.2.1 u. 1.2.5) darauf zu achten, dass Verträge nicht als Mittel der Fremdbestimmung dienen (BVerfG 6.12.2005 – 1 BvR 1905/02– Rz. 4). Darüber hinaus hat der Gesetzgeber zum Schutz der wirtschaftlich schwächeren Person einige Grenzen der Privatautonomie gesetzlich geregelt. Dies betrifft z. B. die Regelungen des

- Mietrechts, insb. zum Schutz von Wohnungsmietern (s. 1.4.2.2),
- Dienst- und Arbeitsrechts (hierzu 1.4.2.3 und V-3),
- Reisevertragsrechts (§§ 651a ff. BGB) sowie des
- Konsumenten- und Verbraucherschutzes.

Initiiert durch Vorgaben des EU-Rechts (s. I-1.1.5.1) gibt es im deutschen Recht eine Reihe von Schutzvorschriften speziell zugunsten von Verbrauchern. Hierzu gehören neben dem Lebensmittel-, Gesundheits- und Umweltschutz u. Ä. insb. auch die die Privatautonomie zugunsten von Verbrauchern einschränkenden Schutzvorschriften des Privatrechts. Mit dem sog. Schuldrechtsmodernisierungsgesetz von 2002 wurden wichtige Regelungen des Verbraucherschutzes in das BGB integriert. Das BGB enthält aber kein abgeschlossenes Teilgebiet zum Schutz von Verbrauchern, vielmehr finden sich Verbraucher schützende Vorschriften im Zusammenhang mit den jeweiligen Regelungsmaterien, z. B. im

Verbraucherschutz

Recht der Kauf-, Kredit- oder Werkverträge. Im Hinblick auf Rechtsgeschäfte ist insoweit wesentlich, dass es sich um sog. **Verbraucherverträge** handelt, d. h. um Verträge zwischen Unternehmern und Verbrauchern (vgl. §§ 310 Abs. 3, 312 Abs. 1 BGB). Als **Verbraucher** bezeichnet § 13 BGB jede natürliche Person, die ein Rechtsgeschäft zu einem Zweck abschließt, dass weder ihrer gewerblichen noch ihrer selbstständigen beruflichen Tätigkeit zugerechnet werden kann, die also „wie jedermann" handelt. Werden jedoch Leistungen planmäßig und wiederholt gegen Entgelt angeboten, geht man von einer gewerblichen oder selbstständigen beruflichen Tätigkeit aus und bezeichnet diese (natürliche oder juristische) Person oder rechtsfähige Personengesellschaft als **Unternehmer** (§ 14 BGB). Eine Absicht, Gewinne zu erzielen, ist dabei nicht zwingend erforderlich (BGH 29.3.2006 – VIII ZR 173/05 – NJW 2006, 2250). Auch nebenberufliche Tätigkeiten können die Unternehmereigenschaften begründen, z. B. der wiederholte Verkauf gleichartiger Artikel über eine online-Plattform (OLG Hamm 5.1.2012 – 4 U 161/11).

Durch das Gesetz zur Umsetzung der Verbraucherrechte-RL vom 20.09.2013 (BGBl. I 3642) sind zum 13.6.2014 die Verbraucherrechte grundlegend reformiert worden. Seitdem gilt für Verbraucherverträge i. S. d. § 312 Abs. 2 BGB unabhängig von der Vertriebsform, dass der anrufende Unternehmer den Verbraucher bei telefonischem Kontakt zu Beginn über seine Identität und den Zweck des Anrufs informieren muss (§ 312a Abs. 1 BGB), der Unternehmer den Verbraucher vor Vertragsschluss nach Maßgabe des Art. 246 EGBGB informieren muss (u. a. über dessen Widerrufsrecht, s. u.), der Unternehmer Fracht-, Liefer- und Versandkosten nur verlangen kann, wenn er hierüber informiert hat (§ 312a Abs. 2 BGB), er keine Gebühr für die Nutzung eines bestimmten Zahlungsmittels verlangen darf, die über seine eigenen anfallenden Kosten hinausgeht (§ 312a Abs. 4 BGB) und dass der Unternehmer ein Entgelt für Nebenleistungen nur verlangen darf, wenn dies ausdrücklich vereinbart worden ist (§ 312a Abs. 3 BGB). Zudem ist das Bereithalten einer kostenpflichtigen Service-Rufnummer, sog. „Hotline", unzulässig, wenn die Kosten über die Kosten des Telefonanbieters hinausgehen (§ 312a Abs. 5 BGB). Zum Schutz der Verbraucher dienen neben einigen Formvorschriften (s. 1.2.3) insb. die Regelungen über:

- Allgemeine Geschäftsbedingungen (§§ 305 ff. BGB),
- außerhalb von Geschäftsräumen geschlossene Verträge (§ 312b BGB n.F; bis 13.6.2014: Haustürgeschäfte),
- Fernabsatzverträge (Vertragsschluss über Tele- und andere Fernkommunikation; §§ 312c BGB),
- den Verbrauchsgüterkauf (§§ 474–479 BGB),
- Teilzeit-Wohnrechtsverträge, sog. Timesharing (§§ 481 ff. BGB),
- Verbraucherkredite (§§ 491 ff. BGB),
- Finanzierungshilfen (§§ 506 ff. BGB),
- Ratenlieferungsverträge (§ 510 BGB),
- Darlehensvermittlungsverträge (§§ 655 ff. BGB),
- sowie das Verbraucherinsolvenzverfahren nach §§ 304 ff. InsO.

1.3.1 Schutzvorschriften zum Schutz von wirtschaftlich Schwächeren – Verbraucherschutz

Dem Schutz von Verbrauchern dienen auch die Vorschriften, die die Vertragsfreiheit ausnahmsweise dadurch einschränken, dass sie den Unternehmer dazu verpflichten, einen Vertrag abzuschließen (sog. Kontrahierungszwang). Das ist insb. bei Leistungen der Daseinsvorsorge der Fall, die Grundbedürfnisse der Bürger abdecken, bei denen zugleich aber eine marktbeherrschende, monopolistische Marktstellung des Anbieters und/oder ein öffentlicher Versorgungsauftrag vorhanden ist. So sind z. B. kommunale und private Versorgungsunternehmen grds. verpflichtet, mit den Bewohnern des entsprechenden Gebietes Verträge über die Lieferung von Wasser, Strom, Gas usw. (vgl. z. B. § 6 Energiewirtschaftsgesetz) bzw. über Entsorgungsleistungen (Abwasser, Abfall) abzuschließen. Die öffentlichen Verkehrsbetriebe (Bahn, Bus, Taxi) müssen grds. jedermann nach den amtlich veröffentlichten Tarifen befördern (vgl. § 10 Allgemeines Eisenbahngesetz, § 22 Personenbeförderungsgesetz) und die inländischen Kfz-Versicherungen sind nach § 5 Abs. 2 Pflichtversicherungsgesetz verpflichtet, mit Kfz-Haltern Versicherungsverträge abzuschließen. Apotheken müssen nach landesrechtlichen Vorschriften die nach ärztlicher Verordnung notwendigen Arzneimittel bereitstellen.

Kontrahierungszwang

Nicht nur das inhaltliche, sog. „materielle" Recht dient dem Schutz der Verbraucher, auch das Verfahrensrecht muss Möglichkeiten für die wirtschaftlich schwächeren Vertragsparteien vorsehen, ihre Rechtspositionen zur Geltung zu bringen. Das ist mit einer Individualklage (zum Rechtsschutz i. R. d. sog. ordentlichen Gerichtsbarkeit s. I-5.3) nicht immer möglich, vor allem nicht, wenn zwischen den Parteien eine strukturelle Unterlegenheit besteht (vgl. BVerfG 19.10.1993 – 1 BvR 567/89 – BVerfGE 89, 214, 232). Dies ist nicht nur im Arbeitsrecht der Fall (hierzu V-3), sondern insb. auch im Bereich des Verbraucherschutzes. Um den einzelnen Verbraucher zu entlasten, gestattet § 3 Abs. 1 Nr. 1 des Gesetzes über Unterlassungsklagen bei Verbraucherrechts- und anderen Verstößen (UKlaG) den Industrie- und Handelskammern (§ 3 Abs. 1 Nr. 3 UKlaG), den **Verbraucherzentralen** (§ 4 Abs. 2 S. 2 UKlaG) sowie anderen qualifizierten Unternehmer- wie Verbraucherverbänden (z. B. den Mietervereinen, vgl. die vom Bundesamt für Justiz geführte Liste http://www.bundesjustizamt.de → Bürgerdienste → Verbraucherschutz) das Recht, gegen verbraucherschutzgesetzwidrige Praktiken ein gerichtliches Kontrollverfahren mit dem Ziel der Unterlassungs- bzw. des Widerrufs (bzgl. AGB) einzuleiten (sog. **Verbandsklage**; vgl. §§ 1 f. UKlaG).

Unterlassungsklage durch Verbraucherverbände

1.3.1.1 Allgemeine Geschäftsbedingungen

Allgemeine Geschäftsbedingungen (AGB) sind – häufig verkürzt auch als das sog. „Kleingedruckte" bezeichnete – von einer Partei („Verwender") für eine Vielzahl von Verträgen **vorformulierte Vertragsbedingungen** (§ 305 Abs. 1 S. 1 BGB). AGB erleichtern in den täglichen Massengeschäften den Abschluss von Verträgen, ohne dass jeweils alle Einzelheiten individuell ausgehandelt werden müssen. Bei Verbraucherverträgen (s. 1.3.1) finden die AGB-Vorschriften auch schon für nur einmalig verwendete vorformulierte Vertragsbedingungen Anwendung (§ 310 Abs. 3 Nr. 2 BGB). AGB werden nach § 305 Abs. 2 BGB aber nur dann Vertragsbestandteil, wenn der Verwender bei Vertragsschluss 1. die andere Vertragspartei

Einbeziehung von AGB in Verträge

auf diese ausdrücklich oder durch einen deutlich sichtbaren Aushang am Ort des Vertragsschlusses hinweist und 2. der anderen Vertragspartei die Möglichkeit verschafft, in zumutbarer Weise von ihrem Inhalt Kenntnis zu nehmen. AGB müssen deshalb zunächst mühelos lesbar sein. Als weitere Voraussetzung schreibt § 305 Abs. 2 BGB vor, dass die andere Vertragspartei, der Kunde, mit ihrer Geltung einverstanden sein muss. Dies ist bereits der Fall, wenn der Kunde das Rechtsgeschäft ohne ausdrücklichen Vorbehalt oder Widerspruch gegen die AGB abschließt (konkludentes Verhalten, s. o. 1.2.1). Eine Individualabrede hat allerdings stets Vorrang vor den AGB (§ 305b BGB).

Inhaltskontrolle von AGB
AGB bzw. einzelne Klauseln dürfen aber nicht überraschend oder mehrdeutig sein (§ 305c Abs. 1 BGB) und unterliegen im Übrigen einer Inhaltskontrolle (hierzu HK-BGB/Schulte-Nölke 2014 vor §§ 305 ff. Rz. 9 f.). AGB, die einem in § 309 BGB aufgelisteten Tatbestand entsprechen, sind immer nichtig. Die in § 308 BGB gelisteten Klauseln können aufgrund einer damit verbundenen unfairen Wirkung unwirksam sein, wobei aufgrund der Wertungsmöglichkeit im Einzelfall (es geht hier vor allem um die Anwendung des Begriffs der Angemessenheit) eine z. T. schwierige Abwägung vorzunehmen ist. Entsprechendes gilt für die **Generalklausel** des § 307 BGB, nach der AGB unwirksam sind, wenn sie den Vertragspartner des Verwenders entgegen den Geboten von Treu und Glauben (§ 242 BGB) unangemessen benachteiligen. Eine unangemessene Benachteiligung kann sich auch daraus ergeben, dass die Bestimmung nicht klar und verständlich ist. Die Verbraucherverbände haben nach § 3 Abs. 1 Nr. 1 UKlaG das Recht, mit Hilfe der **Unterlassungsklage** die Verwender der AGB dazu zu bringen, bestimmte Klauseln in Zukunft nicht mehr zu benutzen bzw. zu empfehlen. Wird eine solche Klausel trotzdem verwendet, kann sich nach § 11 UKlaG jeder Vertragspartner auf deren Unwirksamkeit berufen.

1.3.1.2 Widerrufsrechte zugunsten von Verbrauchern

Nach dem aus dem römischen Recht stammenden Grundsatz „*pacta sunt servanda*" sind einmal geschlossene Verträge einzuhalten und damit zu erfüllen, wenn nicht ausnahmsweise ein Rücktrittsrecht vereinbart wurde, bei Vertragsschluss ein Willensmangel vorlag (§§ 116 ff. BGB, s. 1.2.2) oder wenn die andere Seite ihre Pflichten nicht oder nicht ausreichend erfüllt (§§ 323 ff. BGB). Um unerfahrene Konsumenten insb. bei besonderen Vertriebsformen außerhalb einer klassischen Kaufumgebung (z. B. des Einzelhandels) vor überhasteten Vertragsabschlüssen zu schützen, hat der Gesetzgeber ein spezifisches Widerrufsrecht normiert, bei dessen Ausübung der Vertrag rückwirkend aufgelöst wird. Ein Widerrufsrecht gibt es jedoch nicht automatisch bei allen Verbraucherverträgen (z. B. nicht beim Verbrauchsgüterkauf nach §§ 474 ff. BGB), sondern nur dort, wo es dem Verbraucher **ausdrücklich** eingeräumt wird (§ 355 Abs. 1 BGB). Im Einzelnen ist dies der Fall bei

- außerhalb von Geschäftsräumen geschlossenen Verträgen (§§ 312b, 312g, 356 BGB);
- Fernabsatzverträgen (§ 312c BGB), also bei Verträgen über die Lieferung von Waren oder über die Erbringung von Dienstleistungen (einschließlich Finanz-

dienstleistungen), die über Fernkommunikationsmittel (vgl. §312c Abs. 2 BGB: Telefon, Telefax, E-Mail oder Online, aber auch mittels eines Briefes) abgeschlossen wurden;
- Teilzeit-Wohnrechtemietverträgen (§§ 481, 485, 356a BGB);
- Verbraucherdarlehen/-kreditverträgen (§§ 495, 356b BGB);
- Ratenlieferungsverträgen (§§ 510, 356c BGB).

Die entsprechenden Vorschriften verweisen auf das **Widerrufsrecht nach § 355 BGB**, wonach diese Verträge zunächst wirksam sind, die Vertragsparteien aber an ihre auf den Abschluss des Vertrags gerichteten WE nicht mehr gebunden sind, wenn der Verbraucher diese form- und fristgerecht widerrufen hat. Das Widerrufsrecht ist durch das Gesetz zur Umsetzung der Verbraucherrechte-Richtlinie zum 13.06.2014 grundlegend geändert worden. Die bis dahin gültige Formvorgabe zur Erklärung des Widerrufs nur in Textform ist entfallen, jedoch auch die Möglichkeit des Widerrufs durch Rücksendung. Seitdem ist der Widerruf formfrei und – wie dahin auch – ohne Begründung innerhalb der **Widerrufsfrist** von 14 Tagen gegenüber dem Unternehmer zu erklären. Die Frist wird grds. mit Abschluss des Vertrages in Gang gesetzt (§ 355 Abs. 2 BGB), sie beginnt aber nur zu laufen, wenn der Verbraucher über sein Widerrufsrecht korrekt und **visuell auffallend belehrt** wurde (§§ 356 Abs. 3, 356a Abs. 2, 356c Abs. 1 BGB i.V.m. Art. 246 Abs. 3 EGBBG). In dieser Belehrung muss der Unternehmer, sofern sich dies nicht aus den Umständen ergibt und es sich nicht nur um Geschäfte des täglichen Lebens handelt, zudem insb. über seine Identität, wesentliche Eigenschaften der Ware oder Dienstleistung, den Gesamtpreis und bestehende Mängelhaftungsrechte (Art. 246 Abs. 1 EGBGB) informieren. Das Widerrufsrecht **erlischt** allerdings spätestens zwölf Monate und 14 Tage nach dem Vertragsschluss (§§ 356 Abs. 6, 356a Abs. 3, 356c Abs. 2 BGB).

Nach Ausübung des Widerrufsrechts sind die Parteien verpflichtet, bereits erhaltene Leistungen (Ware und Geld) binnen 14 Tagen zurück zu gewähren (§ 357 Abs. 1 BGB), wobei der Verbraucher die unmittelbaren **Kosten der Rücksendung** selber tragen muss, wenn er darauf hingewiesen wurde (§ 357 Abs. 6 BGB). Zudem muss er Wertersatz leisten, wenn die Sache dadurch an Wert verloren hat, dass der Verbraucher sie intensiver genutzt hat, als dies zum bloßen Ausprobieren notwendig war (§ 357 Abs. 7 BGB).

1.3.2 Exkurs: Verbraucherinsolvenzverfahren

Die Verlockungen der Konsumgesellschaft sind immens und nicht alle Verbraucher können ihre Ressourcen und Grenzen richtig einschätzen. Eine Vielzahl von Haushalten ist durch Verbraucherkredite, Abzahlungsverpflichtungen chronisch überschuldet, jährlich geraten über 100.000 Verbraucher in die Zahlungsunfähigkeit (Insolvenz). Das Verbraucherinsolvenzverfahren soll bei Zahlungsunfähigkeit überschuldete aber redliche Personen von der erdrückenden Restschuld befreien und ihnen damit einen Neuanfang, aber auch gleichzeitig ihren Gläubigern eine anteilig gleichmäßige Forderungsbefriedigung ermöglichen (Privatinsolvenz). Voraussetzung für eine Privatinsolvenz ist nach § 304 InsO, dass es sich um **zahlungsunfähige Verbraucher** oder ehemals selbstständig bzw. gewerblich Tätige handelt, die weniger als 20 Gläubiger haben und gegen die keine Forderungen aus Arbeitsverhältnissen bestehen. Das Verfahren ist in Voraussetzungen und Ablauf (vgl. Übersicht 27) gegenüber dem Insolvenzverfahren für Unternehmer erheblich vereinfacht (im Einzelnen hierzu Heyer 2013).

Übersicht 27: Stufen des Verbraucherinsolvenzverfahrens

1. Stufe:	**Versuch der außergerichtlichen Einigung** (vgl. § 305 Abs. 1 Nr. 1 InsO): Mit Unterstützung der Schuldnerberatungsstelle Versuch einer außergerichtlichen Einigung mit den Gläubigern auf Grundlage eines Schuldbereinigungsplans; misslingt dies:
2. Stufe:	**Gerichtliches Schuldenbereinigungsverfahren** (Ausnahme: § 306 Abs. 1 S. 3 InsO): Gerichtlicher Versuch der Verständigung über einen Schuldenbereinigungsplan; bei Annahme aufgrund Zustimmung (§ 308 InsO) bzw. Ersetzung der Zustimmung (§ 309 InsO) → Ende des Verfahrens; bei Scheitern oder unmittelbar im Fall des § 306 Abs. 1 S. 3 InsO:
3. Stufe:	**Vereinfachtes Insolvenzverfahren** (§§ 311 ff. InsO): Gerichtlich bestellter Treuhänder (§§ 292, 313 InsO) verwertet das vorhandene pfändbare Vermögen des Schuldners und schüttet den Erlös nach Abzug der Verfahrenskosten an die Gläubiger aus.
4. Stufe:	**Verfahren zur Restschuldbefreiung** (§§ 286 ff. InsO): Wohlverhaltensperiode von sechs Jahren nach der Eröffnung des Insolvenzverfahrens: Schuldner ist verpflichtet, einer angemessenen Erwerbstätigkeit nachzugehen und den pfändbaren Teil des Gehalts an den Treuhänder abzutreten; Ankündigung der Restschuldbefreiung (§ 291 InsO) bei redlichem Verhalten nach Ablauf der Frist.

Schuldnerberatung Der Schuldner muss sich in diesem Zusammenhang an eine in dem jeweiligen Bundesland **anerkannte Schuldnerberatungsstelle** oder einen entsprechenden Fachanwalt wenden (§ 305 Abs. 1 Nr. 1 InsO a. E. i. V. m. Länderausführungsgesetzen). Die Beratung bei den anerkannten Schuldnerberatungsstellen (zu den Adressen vgl. z. B. www.bag-sb.de) ist kostenlos; die Erstberatung bei einem Anwalt wird aufgrund eines beim AG erhältlichen Berechtigungsscheines i. R. d. Rechtsberatungshilfe abgedeckt (vgl. I-4.2). Zu warnen ist vor kommerziellen „Schuldnerberatern", die für ihre Tätigkeit überhöhte Entgelte verlangen und die verschuldeten Bürger noch tiefer in die Schuldenfalle treiben.

außergerichtliche Schuldenbereinigung Zunächst müssen sich die Schuldner um eine **außergerichtliche Einigung** mit den Gläubigern bemühen (§ 305 Abs. 1 Nr. 1 InsO; vgl. hierzu I-6). Dem Einigungsversuch muss ein geordneter **Schuldbereinigungsplan** zugrunde liegen, in dem insb. alle Regelungen enthalten sind, die unter Berücksichtigung der Gläubigerinteressen sowie der Vermögens-, Einkommens- und Familienverhältnisse des

Schuldners geeignet sind, zu einer angemessenen Schuldenbereinigung zu führen (z. B. Stundung oder Teilerlass von Forderungen, Ratenzahlungen).

Scheitert die außergerichtliche Einigung trotz ernsthaften Bemühens (weil ein Gläubiger die außergerichtliche Schuldenbereinigung ablehnt bzw. die Zwangsvollstreckung betreibt; § 305a InsO), so kann der Schuldner i. d. R. beim örtlichen AG als zuständigem Insolvenzgericht (§ 348 InsO) schriftlich (mit Bescheinigung der außergerichtlichen Einigungsbemühungen und unter Beifügung des Schuldbereinigungsplanes) die **Eröffnung des Insolvenzverfahrens** beantragen (§ 305 InsO). Das Gericht fordert daraufhin die Gläubiger auf, innerhalb eines Monats dazu Stellung zu nehmen (§ 307 Abs. 1 InsO) und kann in der Zwischenzeit nach § 306 Abs. 1 S. 1 i. V. m. § 21 InsO Sicherungsmaßnahmen anordnen (z. B. Untersagung der Zwangsvollstreckung). Der Schuldenbereinigungsplan kommt zustande, wenn entweder kein Gläubiger Einwendungen erhebt oder die „doppelte" Mehrheit der Gläubiger zustimmt (d. h. mehr als die Hälfte der benannten Gläubiger, deren Ansprüche in der Summe mehr als die Hälfte der Gesamtansprüche beträgt) und das Gericht die Einwendungen der widersprechenden Beteiligten durch eine Zustimmung nach § 309 InsO ersetzt. Ist das der Fall, hat der Schuldner nicht mehr die ursprünglichen Forderungen zu erfüllen, sondern nur noch die im Plan festgelegten Leistungen zu erbringen. Der angenommene Plan hat die rechtlichen Wirkungen eines gerichtlichen Vergleichs (§ 308 Abs. 1 S. 2 InsO, § 794 Abs. 1 Nr. 1 ZPO) und ist damit ein Vollstreckungstitel.

gerichtliches Verfahren zur Schuldenbereinigung

Ist ein erfolgreicher Abschluss des Schuldenbereinigungsplans nach der Überzeugung des Gerichts nicht möglich (§ 306 Abs. 1 S. 3 InsO) oder sind die bisherigen Bemühungen gescheitert, entscheidet das Gericht über die Eröffnung des vereinfachten Insolvenzverfahrens nach §§ 311 ff. InsO, sofern zumindest die Kosten des Verfahrens (vgl. § 54 InsO) gedeckt sind, um das noch vorhandene pfändbare Vermögen des Schuldners zu verwerten und den Erlös nach Abzug der Verfahrenskosten an die Gläubiger auszuschütten.

vereinfachtes Insolvenzverfahren

Ein wesentliches Ziel der geregelten Privatinsolvenz ist die sog. Restschuldbefreiung, die bereits mit dem Antrag auf Eröffnung des Insolvenzverfahrens beantragt werden soll (§§ 286 ff. InsO). Hierzu muss der Schuldner in einer sog. **Wohlverhaltensperiode** von bis zu sechs Jahren nach Eröffnung des Insolvenzverfahrens (vgl. § 287 Abs. 2 InsO) nach § 295 InsO eine Reihe von Obliegenheiten erfüllen, insb. eine angemessene Erwerbstätigkeit ausüben bzw. sich um eine solche bemühen (z. B. keine zumutbare Tätigkeit ablehnen) und seinen Lohn bis auf den pfändungsfreien Teil (vgl. hierzu I-5.3.1) an den Treuhänder zur Befriedigung der Gläubiger abtreten. Eine Restschuldbefreiung wird versagt, wenn einer der in § 290 InsO genannten Gründe vorliegt (Unredlichkeit oder Pflichtenverstoß des Schuldners).

Restschuldbefreiung

Für Verfahren, die nach dem 1.7.2014 eingeleitet werden, enthält die **Reform des Verbraucherinsolvenzrechts** u. a. Regelungen zur Verkürzung und Umgestaltung des Restschuldbefreiungsverfahrens. Diese kann nun schon nach drei (statt wie bisher nach sechs) Jahren eintreten, wenn die Schuldner zumindest 35 % der Außenstände beglichen sowie die Verfahrenskosten bezahlt haben (§ 305 Abs. 1 Nr. 2 InsO n. F.). Die Reform wird aufgrund dieser Quote nur gutverdienenden Schuldnern zugutekommen, die weitaus meisten der etwa 100.000 Fälle von

Privatinsolvenz im Jahr betreffen aber weiterhin mittellose Schuldner. Hat der Schuldner zumindest die Verfahrenskosten beglichen, kann die Restschuldbefreiung auf Antrag nach fünf Jahren erfolgen.

 ww.bag-sb.de

1.4 Schuldrechtliche Grundbegriffe

Schuldverhältnis Als Schuldrecht bezeichnet man die Rechtsnormen, nach denen eine Person, der sog. **Gläubiger**, aufgrund einer rechtlichen Sonderbeziehung (dem sog. Schuldverhältnis) von einem anderen, dem **Schuldner**, eine Leistung verlangen kann (§ 241 Abs. 1 BGB).

vertragliche Schuldverhältnisse Rechtsgeschäfte, die ein Schuldverhältnis und die daraus folgenden Ansprüche begründen, nennt man Verpflichtungsgeschäfte. Diese sind stets ein schuldrechtliches Rechtsgeschäft und dabei nahezu immer ein **Vertrag** (s. o. 1.2.5; Ausnahme z. B. Stiftung, Vermächtnis, Auslobung als einseitiges bindendes Versprechen, § 657 BGB). Ihr Zustandekommen hängt von den allgemeinen Regeln des BGB ab (Geschäftsfähigkeit, WE, usw.; vgl. auch das Prüfungsschema im Anhang VI-5),

vorvertragliche Schuldverhältnisse Ein Schuldverhältnis entsteht aber nicht erst aufgrund eines Vertrages, sondern schon im **Vorfeld** durch (geschäftliche) Kontakte, die sog. Vertragsanbahnung, insb. durch die Aufnahme von Vertragsverhandlungen (§ 311 Abs. 2 BGB). Schon aus dem geschäftlichen Kontakt alleine, angefangen z. B. vom Betreten eines Ladens entsteht ein Vertrauensverhältnis und damit wechselseitige **Rücksichtnahme- und Schutzpflichten** für den Anderen, deren Verletzung eine Schadensersatzpflicht auslösen kann, die über eine sog. deliktische „Allerwelts-Haftung" aus unerlaubter Handlung (§ 823 BGB) hinausreicht (z. B. anderer zahlungskräftiger Anspruchsgegner, Beweiserleichterungen). Das zunächst von der Rechtsprechung entwickelte allgemeine Rechtsinstitut der vorvertraglichen Haftung bei Verletzung von Schutzpflichten, die sog. culpa in contrahendo (c. i. c. – lateinisch für Verschulden bei Vertragsschluss, vgl. BGH NJW 1979, 1983) wurde mit der sog. Schuldrechtsreform im Jahr 2002 in § 241 Abs. 2, § 311 Abs. 2 u. 3 BGB sowie die Schadensersatzpflicht bei deren Verletzung i. V. m. § 280 Abs. 1 BGB ausdrücklich geregelt.

gesetzliche Schuldverhältnisse Gesetzliche Schuldverhältnisse entstehen ohne Rechtsgeschäft aufgrund von tatsächlichen Geschehnissen, sofern die Tatbestandsvoraussetzungen der maßgeblichen Rechtsnorm erfüllt sind, z. B. bei der Geschäftsführung ohne Auftrag (§§ 677 ff. BGB), der ungerechtfertigten Bereicherung (§§ 812 ff. BGB) oder der unerlaubten (deliktischen) Handlung (§§ 823 ff. BGB).

Die **Regelungen des allgemeinen Schuldrechts** in §§ 241–432 BGB gelten grds. für alle vertraglichen (z. B. Kauf- oder Werkvertrag) und gesetzlichen Schuldverhältnisse (z. B. Schadensersatzpflicht wegen unerlaubter Handlung nach einem Verkehrsunfall) mit Ausnahme der §§ 311–361 BGB, die nur für Schuldverhältnisse aus Verträgen gelten. Im allgemeinen Schuldrecht ist dabei u. a. geregelt, wie, wo und wann Leistungen zu erbringen sind. Diese Regelungen sind jedoch weitgehend dispositives Recht, d. h. sie gelten nur, wenn und soweit vertraglich nichts Abweichendes geregelt ist. Darüber hinaus ist dort die Verantwortlichkeit bzw. die Risikoverteilung zwischen den Parteien des Schuldverhältnisses geregelt, wenn etwas bei der Leistung schiefgeht (sog. Leistungsstörung §§ 275 ff. BGB, s. 1.4.4). Die geschilderten Verbraucherschutzrechte wie die AGB-Regelungen und das Widerrufsrecht (s. 1.3.1) sind ebenfalls Bestandteil des allgemeinen Schuldrechts. Das besondere Schuldrecht regelt in den §§ 433–853 BGB beispielhaft einzelne Typen von rechtsgeschäftlichen und gesetzlichen Schuldverhältnissen (s. 1.4.2).

1.4.1 Inhalt von Schuldverhältnissen

Aufgrund eines Schuldverhältnisses kann der Gläubiger vom Schuldner eine Leistung fordern (§ 241 Abs. 1 BGB, sog. Hauptleistungspflicht); anders ausgedrückt: Er hat einen **Anspruch** gegen den Schuldner (§ 194 BGB). Bei vertraglichen Schuldverhältnissen bestehen dabei i. d. R. wechselseitige Pflichten, so dass die Rollen von Gläubiger und Schuldner doppelt besetzt sind (Ausnahme: Schenkung). So ist bei einem Kaufvertrag der Verkäufer Schuldner u. a. bezüglich der Übergabe der Kaufsache, zugleich aber Gläubiger bezüglich der Zahlung des Kaufpreises. Der Käufer hat die umgekehrten Rollen. Welche Hauptleistungen jeweils geschuldet sind, ergibt sich aus dem Vertrag und ist für die typischen Schuldverhältnisse im Besonderen Schuldrecht geregelt (s. 1.4.2).

Hauptleistungspflicht

Über das Versprechen der (primären) Hauptleistung hinaus verpflichtet ein Schuldverhältnis die Parteien auch zur **Rücksichtnahme** auf die Rechte, Rechtsgüter und Interessen der anderen Partei (§ 241 Abs. 2 BGB, s. o. 1.4 zur sog. c. i. c. bereits i. R. d. Vertragsanbahnung). Solche nur teilweise ausdrücklich geregelten („sekundären") Nebenleistungs- und **Schutzpflichten** (hierzu ausführlich HK-BGB/Schulze 2014 § 241 Rz. 4 ff.) betreffen z. B. Mitwirkungs-, Informations-, Auskunfts- und Rechenschaftspflichten (vgl. z. B. §§ 402, 666, 681, 713 BGB) sowie nachvertragliche Pflichten, z. B. zur Verschwiegenheit oder Wettbewerbsbeschränkungen. Die Verletzung von Nebenpflichten bei Vertragsdurchführung hat Schadensersatzansprüche zur Folge. Während dies früher nicht ausdrücklich geregelt und von der Rechtsprechung als sog. „positive Vertrags- bzw. Forderungsverletzung" (pFV) entwickelt worden war, findet sie nach der Schuldrechtsreform 2002 ebenso wie die c. i. c. ihre gesetzliche Anknüpfung in § 241 Abs. 2 i. V. m. § 280 Abs. 1 BGB.

Nebenleistungspflicht

Nach § 242 BGB sind beide Parteien aufgrund des Schuldverhältnisses verpflichtet, in Ausübung ihrer Rechte und Erfüllung ihrer Pflichten nach „Treu und Glauben" (d. h. im Wesentlichen: **fair**) zu handeln (BGHZ 85, 48). Orientierung ist dabei die Wertordnung des Grundgesetzes (zur mittelbaren Drittwirkung von Grundrechten, vgl. I-2.2.4; z. B. zur Duldungspflicht des Vermieters beim Einbau eines Lifts für die behinderte Partnerin eines Mieters vgl. § 554a BGB). Aber auch die ungeschriebenen, gefestigten Verkehrssitten und Handelsbräuche sowie **fachliche Standards** spielen hier eine wichtige Rolle (insb. im Hinblick auf Aufsichts- und Sorgfaltspflichten; vgl. V-1).

1.4.2 Besonderes Schuldrecht – Ausgewählte vertragliche Schuldverhältnisse

Vertragsfreiheit

Der Inhalt rechtsgeschäftlich geschlossener Schuldverhältnisse ist grds. den Parteien überlassen. Verpflichten sich die Vertragsparteien gegenseitig zu einer Hauptleistung, spricht man von einem Gegenseitigkeits- und **Austauschverhältnis** (Synallagma). Durch den Vertrag kann auch vereinbart werden, dass die Hauptleistung zugunsten eines Dritten erfolgt und dass dieser sogar das Recht erwirbt, die Leistung für sich zu fordern (**Vertrag zugunsten Dritter**, § 328 BGB). Das Gegenteil, ein Vertrag zulasten Dritter, ist ohne dessen Zustimmung nicht zulässig, da dies gegen dessen Privatautonomie verstoßen würde. Grds. gilt im Privatrecht die sog. Vertragsfreiheit, d. h., die Rechtssubjekte sind in der Gestaltung ihrer Rechtsbeziehungen frei (zur Privatautonomie s. o. II-Einleitung). Der Gesetzgeber hat aber die (teilweise nur noch historisch) wichtigsten **Vertragstypen** (weitgehend dispositiv) geregelt. Diese wurden mittlerweile im modernen Wirtschaftsleben durch neue, atypische Vertragsarten ergänzt, die aber nur z. T. im BGB geregelt sind (z. B. Leasing). Neben den jeweiligen Hauptpflichten finden sich dabei jeweils insb. spezifische Leistungsstörungsregeln, wenn die Hauptleistungspflicht nicht so erbracht worden ist, wie sie geschuldet war. Die vertraglichen Schuldverhältnisse lassen sich im Wesentlichen in die folgenden Gruppen einteilen (hierzu Däubler 2008, 613 ff.):

- **Übertragung von Wirtschaftsgütern**
  Beim **Kauf** (§§ 433 ff. BGB) und **Tausch** (§ 480 BGB) geht es um die dauerhafte Übertragung von Wirtschaftsgütern bei gleichzeitiger Überlassung eines Gegenwertes, bei der **Schenkung** (§ 516 BGB) erfolgt sie unentgeltlich. Gegenstand der Übertragung können Sachen und Rechte (§ 453 BGB) sein. Hierzu zählt z. B. das sog. **Factoring** (Forderungskauf), aufgrund dessen Forderungen abgetreten werden (sog. Zession, § 398 ff. BGB).

- **Gebrauchsüberlassung**
  Sowohl **Miete** (§§ 535 ff. BGB), **Pacht** (§§ 581 ff. BGB) als auch **Leihe** (§§ 598 ff. BGB) sind auf die Gebrauchsüberlassung von Sachen gerichtet, während die Eigentumsverhältnisse unverändert bleiben. Nur im Fall der Leihe erfolgt dies unentgeltlich.
  Beim **Leasing** (sog. Mietkauf) überlässt der Leasinggeber dem Leasingnehmer wie bei der Miete den Gebrauch der Sache gegen Entgelt (Leasingraten), der Leasingnehmer haftet aber wie beim Eigentumserwerb aufgrund eines Kaufs für die Instandhaltung und den Untergang der Sache. Beim **Franchising** (z. B. Fast-Food-Ketten) werden gegen Entgelt gewerbliche Schutzrechte (z. B. Firmenname, Patente) und Know-how zur Nutzung überlassen. Um eine Gebrauchsüberlassung handelt es sich im wirtschaftlichen Sinne auch bei einem (Geld)**Darlehen** (§§ 488 ff. BGB) und Sachdarlehen (§ 607 BGB), auch wenn hier das Geld bzw. die Sache übereignet und lediglich in gleicher Art, Güte und Menge zurückgegeben wird.

■ **Sicherungsgeschäfte**
Im Zusammenhang mit Darlehen spielen die Sicherungsrechte eine große Rolle, die man in drei Gruppen einteilen kann: Die **Bürgschaft** (§§ 765 ff. BGB) ist der Hauptanwendungsfall der sog. Personalsicherheiten, d. h. der Bürge sichert die Forderung eines Anderen mit seinem eigenen Vermögen. Bei den sog. Realsicherheiten werden Vermögensgegenstände belastet, sei es bei beweglichen Sachen mit einem Pfandrecht (§§ 1204 ff. BGB) oder bei Grundstücken mit einem Grundpfandrecht (Hypothek bzw. einer Grundschuld; hierzu 1.5), die bei Nichtbegleichung der Forderung verwertet werden können. Schließlich kann sich ein Kreditgeber auch dadurch absichern, dass er das Eigentum einer zu übertragenden Sache bis zur Begleichung seiner Forderung behält (z. B. Kauf unter Eigentumsvorbehalt § 449 BGB) oder sich übertragen (sog. Sicherungsübereignung) bzw. andere Forderungen an sich abtreten lässt (sog. Sicherungszession).

■ **Leistung von Tätigkeiten**
Gegenstand der vierten Gruppe von Verträgen sind Tätigkeiten für einen anderen. Beim **Dienstvertrag** (§§ 611 ff. BGB) wird die Leistungsbemühung als solche gegen eine Vergütung geschuldet, der **Werkvertrag** (§ 631 BGB) ist nicht auf das Tun, sondern auf den Erfolg, das fertiggestellte Werk gerichtet. Von Geschäftsbesorgungsvertrag (§ 675 BGB) spricht man, wenn Gegenstand der Leistung eine entgeltliche **Geschäftsbesorgung**, d. h. eine selbstständige Tätigkeit wirtschaftlicher Art im fremden Interesse ist (HK-BGB/Schulte-Nölke/Schulte 2014, § 675 Rz. 4). Hierzu gehört insb. die freiberufliche Tätigkeit von Rechtsanwälten, Steuer-, Unternehmens- und sonstigen Beratern. Unter **Auftrag** (§§ 662 ff. BGB) versteht das BGB alle unentgeltlichen Tätigkeiten für einen anderen, die nicht speziell geregelt sind. Besonders geregelt sind insb. die Verwahrung (§§ 688 ff. BGB), die Rechte und Pflichten des Gastwirts für eingebrachte Sachen (§§ 701 ff. BGB), der Mäkler- (§§ 652 ff. BGB) und Reisevertrag (§§ 651a ff. BGB).

■ **Bildung von Gesellschaften**
In der fünften Gruppe von Verträgen schließen sich Personen zur Bildung von Gesellschaften (§§ 705 ff. BGB) und Gemeinschaften (§§ 741 ff. BGB) zusammen, ohne sich dabei zur juristischen Person (s. o. 1.1.1) zu verselbstständigen.

1.4.2.1 Der Kaufvertrag

Die Hauptpflichten aus einem Kaufvertrag sind im § 433 BGB geregelt. Aus Abs. 1 ergeben sich drei Pflichten für den Verkäufer: (1) Übergabe der Kaufsache (2) in mangelfreiem Zustand und (3) Übertragung des Eigentums. Der Käufer hat laut Abs. 2 zwei Pflichten zu erfüllen: den Kaufpreis in Geld zu bezahlen und die Kaufsache abzunehmen. Das ist die gesetzgeberische Grundidee eines Kaufvertrages, die man im Alltag zig-fach ohne weiteres Nachdenken umsetzt, von der aber auch abgewichen werden könnte. Statt der Zahlung eines Kaufpreises könnten die

Pflichten des Kaufvertrages

Kaufvertragsparteien z. B. auch vereinbaren, dass der Käufer dem Verkäufer gegenüber bestimmte Dienstleistungen erbringt.

Mangelfreiheit Eine Pflicht des Verkäufers ist es, die Sache frei von Sach- und Rechtsmängeln zu übergeben. Was ein **Sachmangel ist**, wird in § 434 BGB erläutert. Ein solcher ist gegeben, wenn die Sache entweder nicht die Eigenschaften hat, die die Vertragsparteien ausdrücklich vereinbart hatten oder sie nicht für den ausgemachten Zweck genutzt werden kann. Wurde insoweit nichts vereinbart, wird auf die gewöhnliche Verwendung bzw. die üblichen Eigenschaften abgestellt. Ein Sachmangel liegt zudem vor, wenn die Sache die vom Verkäufer oder dem Hersteller beworbenen Eigenschaften nicht hat. Abs. 2 erweitert den Mangelbegriff auf Begleitleistungen, wenn die Kaufsache an sich also fehlerfrei war, aber entweder fehlerhaft vom Verkäufer zusammengesetzt worden ist oder vom Käufer, weil die Montageanleitung nicht gestimmt hat. Und schließlich liegt auch dann ein Mangel vor, wenn die Sache an sich zwar fehlerfrei ist, aber nicht der geschuldeten Sache entspricht – also z. B. Äpfel statt Birnen – oder weniger als vereinbart geliefert wird. Ein **Rechtsmangel** (§ 435 BGB) liegt vor, wenn ein Dritter ein Recht an der Sache hat, von dem der Käufer nichts weiß, wenn z. B. ein verkauftes Wohnhaus, in welches der Käufer einziehen möchte, bereits an einen Dritten vermietet ist.

Mit dem Begriff des „**Gefahrübergangs**" in Abs. 1 S. 1 ist der Zeitpunkt gemeint, an dem die Sache in die Obhut des Käufers wechselt (s. §§ 446 f. BGB). Wird sie anschließend beschädigt, muss der Verkäufer dafür nicht mehr gerade stehen.

Gewährleistungsrechte Da der Verkäufer die Gewähr dafür zu leisten hat, dass die Kaufsache mangelfrei ist, hat der Käufer sog. Gewährleistungsrechte, wenn eine Leistungsstörung – also ein Mangel – vorliegt. Diese sind in § 437 BGB aufgezählt. Vorrangig muss der Käufer dem Verkäufer eine „zweite Chance" einräumen und **Nacherfüllung** verlangen, indem er wahlweise vom Verkäufer auf dessen Kosten innerhalb einer angemessenen Frist Nachbesserung verlangt, also eine Reparatur der bereits übergebenen Sache, oder Nachlieferung, also eine erneute Übergabe einer entsprechenden mangelfreien Sache im Austausch gegen die mangelhafte (§§ 437 Nr. 1, 439 BGB). Nur wenn die gesetzte Frist zur Nacherfüllung ungenutzt verstrichen, der Versuch der Nacherfüllung fehlgeschlagen oder eine Nachfristsetzung ausnahmsweise nicht erforderlich ist (§§ 323 Abs. 1 und 2, 440 BGB), kann wahlweise eines der übrigen Gewährleistungsrechte geltend gemacht werden. Der **Rücktritt** vom Vertrag bedeutet, dass der Kaufvertrag rückgängig gemacht werden soll. Zurücktreten kann der Käufer durch formlose Erklärung (§ 349 BGB). Weitere Voraussetzung ist allerdings, dass der Mangel erheblich sein muss (§ 323 Abs. 5 S. 2 BGB), also der Wert oder die Gebrauchsfähigkeit nicht nur geringfügig beeinträchtigt sein dürfen. Insoweit hat der BGH (28.05.2014 – VIII ZR 94/13) festgelegt, dass ein Mangel nicht mehr unerheblich sei, wenn die Kosten für die Mängelbeseitigung bei fünf Prozent des Kaufpreises liegen. Allerdings darf der Käufer den Mangel nicht selbst verschuldet (§ 323 Abs. 6 BGB) und nicht bereits vor dem Kauf gekannt haben (§ 442 BGB). Unter diesen Voraussetzungen, kann der Käufer gemäß § 346 BGB die Rückzahlung des Kaufpreises gegen Rückgabe der mangelhaften Sache verlangen. Alternativ kann der Käufer eine **Minderung des Kaufpreises** vornehmen, wenn er die Kaufsache behält. Die Voraussetzungen sind dieselben wie beim Rücktritt mit dem Unterschied, dass auch bei geringfügigen Mängeln der Kaufpreis gemindert werden kann (§ 441 Abs. 1 S. 2 BGB). Auch die Minderung erfolgt durch einseitige Erklärung gegenüber dem Verkäufer (§ 441 Abs. 1 S. 1 BGB). Die Höhe der Minderung ist im Verhältnis zum wirklichen Marktwert der Sache und im Zweifel durch Schätzung zu bestimmen. Als Anhaltspunkt bieten sich die Kosten an, die aufgewendet werden müssten, um die Sache in einen mangelfreien Zustand zu versetzen. Hat der Käufer bereits den Kaufpreis bezahlt, kann er vom Verkäufer die Rückzahlung des Minderungsbetrages verlangen (§ 441 Abs. 4 BGB).

Statt der vorgenannten Rechte kann der Käufer unter den Voraussetzungen des §§ 437 Nr. 3 BGB auch **Schadensersatz** verlangen und dies nicht nur für **unmittelbare Schäden** an der Kaufsache, sondern auch für **mittelbare Schäden** (sog. **Mangelfolgeschäden**), die infolge des mangelhaften Vertragsgegenstandes an anderen Rechtsgütern eintreten (z. B. aufgrund defekter Bremsen rollt der gekaufte PKW auf das Garagentor, wobei PKW und Garage beschädigt werden), inkl. der Nutzungsausfälle oder dem entgangenen Gewinn. Auch sie sind von §§ 280, 241 Abs. 2 BGB erfasst und werden den Mangelschäden grds. gleichgestellt (z. B. bei der Verjährung gem. §§ 438 BGB). Dabei kann der Käufer den sog. „kleinen Schadensersatz" zum Schutz seines sog. Integritätsinteresses wählen, wenn er die Sache behalten und nur deren Minderwert und die weiteren Schäden ersetzt haben will (§§ 437 Nr. 3. 440, 280 BGB) oder den sog. „großen Schadensersatz" (im BGB „Schadensersatz statt der Leistung" genannt, von Juristen „positives Interesse" oder Äquivalenzinteresse bezeichnet), wenn er die Sache zurückgeben und finanziell so gestellt werden möchte, wie er dagestanden hätte, wenn die Sache mangelfrei gewesen wäre (§§ 437 Nr. 3. 440, 280 Abs. 3, 281 ff. BGB). Schadensersatzpflichten setzten immer ein **Verschulden** (d. h. subjektive Vorwerfbarkeit i.S.d § 276 BGB) dessen voraus, von dem man Ersatz verlangt. Bei Schuldverhältnissen wird das Verschulden derjenigen, die eine Verpflichtung eingegangen ist, allerdings widerlegbar vermutet (§§ 280 Abs. 1 S. 2, 311a Abs. 2 BGB, s. 1.4.4).

Als letztes Gewährleistungsrecht sieht § 437 BGB in Nr. 3 schließlich einen **Aufwendungsersatz** vor, d. h. der Käufer kann vom Verkäufer den Ersatz von Kosten verlangen, die ihm im Zusammenhang mit dem Kauf entstanden sind (z. B. Fahr- oder Transportkosten), die angesichts der Mangelhaftigkeit der Sache aber vergeblich waren. Ein spezielles Gewährleistungsrecht zugunsten des Verkäufers wegen Nicht- oder verspäteter Zahlung des Kaufpreises gibt es hingegen im Kaufvertragsrecht nicht, weil dieses Problem allen Schuldverhältnissen gemein ist und daher im Allgemeinen Schuldrecht bei den Regelungen über Leistungsstörungen geregelt ist (§§ 275 ff. BGB, s. II-1.4.4).

Auch bezüglich der Gewährleistungsrechte können die Vertragsparteien Abweichendes vereinbaren. So kann der Verkäufer (auch einseitig) weitergehende Verpflichtungen in Form von **Garantien** (z. B. Haltbarkeitsgarantien) übernehmen (§ 443 BGB), umgekehrt können die Parteien im Vertrag die Gewährleistung entweder einschränken oder gar ausschließen, was bei Verkäufen von privat (§ 13 BGB) gängige Praxis ist; übliche Formulierungen sind insoweit „gekauft wie gesehen" oder „unter Ausschluss jeglicher Gewährleistung".

Haftungserweiterung/-einschränkung

Kaufvertrag-Sonderformen

Beim Kaufvertrag finden sich noch weitere Sonderformen, z. B. der **Kauf unter Eigentumsvorbehalt** (§ 449 BGB), bei dem der Verkäufer so lange noch Eigentümer der bereits übergegebenen Sache bleibt, bis der Käufer den Kaufpreis – meist in Raten – bezahlt hat, oder der Kauf auf Probe (§ 454 BGB). In den §§ 474 ff. BGB enthält das BGB aufgrund einer entsprechenden EU-RL Sonderregelungen für den Fall, dass der Verkäufer ein Unternehmer (§ 14 BGB) und der Käufer ein Verbraucher (§ 13 BGB) ist (sog. **Verbrauchsgüterkauf**). Bei einem Verbrauchsgüterkauf darf der Unternehmer die o. g. gesetzlichen Gewährleistungsrechte vertraglich weder einschränken noch ausschließen; nur bei gebrauchten Sachen darf er die Gewährleistungszeit von der gesetzlichen Frist von zwei Jahren (s. 1.4.6) auf ein Jahr verkürzen (§ 475 BGB). Zudem ist eine Beweiserleichterung zugunsten des Käufers vorgesehen: Tritt innerhalb der ersten sechs Monate nach Übergabe der Kaufsache ein Mangel auf, wird vermutet, dass der Mangel bereits vor der Übergabe bestand und damit noch in die Verantwortung des Unternehmers fällt. Den Verbraucher trifft aber weiterhin die Darlegungs- und Beweislast, dass ein Sachmangel besteht. § 476 BGB enthält lediglich eine in zeitlicher Hinsicht wirkende Vermutung, dass der Mangel bereits zum Zeitpunkt des Gefahrübergangs vorlag (BGH 2.6.2004 – VIII ZR 329/03, BGHZ 159, 215). Hingegen verweisen die Regelungen über den Verbrauchsgüterkauf nicht auf das Widerrufsrecht in § 355 BGB. Ein Verbraucher, der z. B. von sich aus in ein Ladengeschäft geht und dort die Kaufsache ansehen und sich beraten lassen kann, ist anders als bei außerhalb von Geschäftsräumen geschlossenen Verträgen und Fernabsatzverträgen (§§ 312b, 312c BGB) nicht besonders schutzbedürftig.

1.4.2.2 Der Mietvertrag

Aufbau des Mietrechts

Wie das BGB insgesamt (s. Übersicht 24) ist auch das Mietrecht in sich verschachtelt aufgebaut. Es beginnt mit **Allgemeinen Regelungen** in §§ 535–548 BGB, die für alle Mietverhältnisse gelten (Wohnung, Pkw, Maschinen), gefolgt von Spezialregelungen in §§ 549–577a BGB, die nur für **Mietverhältnisse über Wohnraum** gelten. Den Abschluss bildet ein kurzer Abschnitt in §§ 578–580a BGB mit Einzelregelungen zu speziellen Mietverhältnissen (Grundstücke, Gewerbeimmobilien, Schiffe).

Hauptpflichten des Mietvertrages

Bei einem Mietvertrag sind die Hauptpflichten des Vermieters gemäß § 535 Abs. 1 BGB, dem Mieter den Gebrauch der gemieteten Sache zu ermöglichen und sie ihm in einem **gebrauchstauglichen Zustand** zu **überlassen**. Anders als beim Kaufvertrag erschöpfen sich die Pflichten des Vermieters nicht in einem einmaligen Tun, sondern erstrecken sich auf die gesamte Mietzeit. Sich über längere Zeiträume erstreckende Schuldverhältnisse, die die Parteien länger aneinander binden, nennt man Dauerschuldverhältnisse (s. § 314 BGB). Da dem Mieter nur der tatsächliche Besitz an der Sache überlassen wird, nicht aber das Eigentum (zum Unterschied s. 1.5) übertragen wird, bleibt der Vermieter Eigentümer und muss daher auch für die ganze Mietzeit dafür sorgen, dass auftretende Mängel beseitigt werden und die Sache somit gebrauchstauglich bleibt. Spiegelbildlich dazu ist der Mieter gemäß § 535 Abs. 2 BGB zur Entrichtung der Miete („sog. **Mietzins**") verpflichtet – bei längerfristiger Mietzeit wiederkehrend in vereinbarten Zeitabschnitten. Anders als beim Kaufvertrag ist er nicht zur Abnahme verpflichtet, muss also die Mietsache nicht nutzen. Allerdings darf er sie, da er nicht Eigentümer ist, auch nur zu dem im Vertrag bestimmten Zweck nutzen. Der Vermieter kann ggf. vom Mieter das Unterlassen einer anderweitigen Nutzung verlangen (§ 541 BGB). Ebenso darf der Mieter die Mietsache nur persönlich nutzen und darf sie nur mit Zustimmung des Vermieters an Dritte zum Gebrauch überlassen, z. B. zur Untermiete (§ 540 BGB).

Wie beim Kaufvertragsrecht schließen sich auch im Mietrecht an die Hauptpflichten unmittelbar die Regelungen über die speziellen Gewährleistungsrechte an. Als **Mietmangel** wird dabei in § 536 Abs. 1 BGB die Einschränkung der Gebrauchstauglichkeit und das Fehlen zugesagter Eigenschaft definiert. Anders als im Kaufvertragsrecht gibt es hier kein Recht auf Nacherfüllung, da eine mangelfreie Gebrauchsüberlassung für die Vergangenheit nicht herstellbar ist und der Vermieter nach § 535 Abs. 1 BGB für die Gegenwart und Zukunft ohnehin zur **Mängelbeseitigung** verpflichtet ist. Da die Miete für die Überlassung einer mangelfreien Sache vereinbart ist, sieht § 536 BGB eine **Mietminderung** dahingehend vor, dass bei nur eingeschränkter Gebrauchstauglichkeit auch nur eine „angemessen" herabgesetzte Miete zu zahlen ist bzw. überhaupt keine Miete, wenn die Sache nicht nutzbar ist. Anders als beim Kaufvertragsrecht greift die Minderung nur bei einer erheblichen Einschränkung der Gebrauchstauglichkeit ein (§ 536 Abs. 1 S. 3 BGB), beim Mietwagen also nicht schon bei einzelnen Lackkratzern, bei der Mietwohnung nicht schon beim quietschenden Briefkastendeckel.

Gewährleistungsrechte

Laut § 536 Abs. 4 BGB ist das Recht der Mietminderung speziell bei **Wohnraummiete** nicht zum Nachteil des Mieters verhandelbar. Da der Mieter auf einen Rückzugsort angewiesen ist, wird durch solche Abweichungsverbote (s. z. B. auch §§ 551 Abs. 4, 553 Abs. 3 BGB) sichergestellt, dass der Wohnungsvermieter seine – insb. bei Wohnungsknappheit bestehende – überlegene Verhandlungsposition nicht missbraucht. Alternativ kann der Mieter **Schadensersatz** vom Vermieter verlangen, wenn ihm durch den Mietmangel ein Schaden an seinen Rechtsgütern entsteht (z. B. höhere Kosten für eine Ersatzmietsache, Reparatur von beschädigten Einrichtungsgegenständen). Wiederum erforderlich ist, dass der Vermieter den Mangel verschuldet hat (dies wird gem. §§ 280 Abs. 1, 311a Abs. 2 BGB vermutet, s. 1.4.4) oder aber in Verzug mit der Mängelbeseitigung ist, er also schon hätte Abhilfe schaffen können, dies aber unterlassen hat. In diesem letzteren Fall, oder wenn dies zur Abwendung einer unmittelbaren Gefahr für die Mietsache erforderlich ist, kann der Mieter den Mangel sogar selbst beseitigen (lassen) und die Aufwendung für diese Selbstvornahme gemäß § 536a Abs. 2 BGB vom Vermieter ersetzt verlangen.

Da der Mieter im Besitz der Sache ist und der Vermieter im Zweifel gar nicht weiß, wie es um deren Zustand bestellt ist, muss der Mieter auftretende Mängel unverzüglich dem Vermieter melden (§ 536c BGB). Unterlässt er dies, kann er keine Gewährleistungsrechte geltend machen und wird u. U. sogar selbst schadensersatzpflichtig, wenn der Vermieter aus Unkenntnis des Mangels nicht eingreifen kann (z. B. defektes Wasserrohr in der Wohnung, Motorschaden am Mietwagen bei Nutzung trotz auffälliger Geräusche).

Mangelanzeige

Ende des Mietverhältnisses Als Dauerschuldverhältnis mit wiederkehrenden Pflichten endet ein Mietvertrag nicht von allein, sondern entweder mit Ablauf der im Mietvertrag vereinbarten Zeit oder durch ein einseitiges Rechtsgeschäft einer der Parteien, die Kündigung (§ 542 BGB). Gesetzliche Vorschriften gibt es diesbezüglich vorrangig für die **Wohnraummiete** in den §§ 568 ff. BGB. Zu unterscheiden ist die sog. „**ordentliche Kündigung**", die keiner Begründung, dafür aber der Einhaltung einer gesetzlich oder vertraglich festgelegten Frist bedarf. Bei befristeten Mietverträgen sind ordentliche Kündigungen ausgeschlossen. Daneben gibt es noch die sog. „**außerordentliche, fristlose Kündigung**", durch die das Mietverhältnis mit sofortiger Wirkung beendet wird, die dafür aber einen Grund erfordert, dem zufolge es dem Kündigenden unzumutbar ist, den Vertrag fortzusetzen (§§ 314, 543 Abs. 1 BGB). § 543 BGB nennt exemplarisch einige solcher Gründe, nämlich wenn der Vermieter dem Mieter den Gebrauch vorenthält oder entzieht, der Mieter die Mietsache vernachlässigt oder ohne Erlaubnis Dritten (z. B. zur Untermiete) überlässt oder wenn **Mietschulden** bestehen. Letztere rechtfertigen eine fristlose Kündigung, wenn entweder in zwei aufeinanderfolgenden Zahlungsterminen die Miete oder ein „erheblicher Teil" der Miete nicht gezahlt wird oder wenn über einen längeren Zeitraum Mietschulden in Höhe von insgesamt zwei Monatsmieten angefallen sind (§ 543 Abs. 2 BGB). Grds. ist vor einer fristlosen Kündigung eine **Abmahnung** erforderlich, um der anderen Vertragspartei eine Chance zu geben, sich wieder vertragstreu zu verhalten; u. a. bei Mietschulden besteht diese Abmahnpflicht jedoch nicht (§ 543 Abs. 3 BGB). Nach dem Ende der Mietzeit ist der Mieter zur Rückgabe der Mietsache verpflichtet (§ 546 BGB). Bei verspäteter Rückgabe kann der Vermieter vom Mieter Schadensersatz verlangen (§ 546a BGB), nicht jedoch für Verschlechterungen an der Mietsache, die durch vertragsgemäßen Gebrauch entstanden sind (sog. Gebrauchsspuren).

Wohnraummiete Besondere Schutzvorschriften gibt es insb. bei **privaten Mietverhältnissen über Wohnraum** (§§ 549–577a BGB), aber nicht alle Wohnungsmietverhältnisse partizipieren an allen Schutzvorschriften, sie gelten nur eingeschränkt z. B. für Ferienwohnungen, Wohnheime für Menschen in Not (§ 549 Abs. 2 Nr. 3 BGB) und für Studentenwohnheime (§ 549 Abs. 3 BGB). Auch Wohnraummietverträge sind generell formfrei möglich, nur befristete Verträge mit einer Mietzeit von mehr als einem Jahr bedürfen der Schriftform; aber wird diese Form missachtet, ist der Vertrag nicht etwa nichtig i. S. d. § 125 BGB, sondern gilt auf unbestimmte Zeit geschlossen (§ 550 BGB, vgl. I-1.2.3). Der Vermieter darf vom Mieter eine **Mietkaution** zur Sicherung eventueller Ansprüche verlangen. Die Kaution darf jedoch maximal drei Monatsmieten (Kaltmiete) betragen, darf vom Mieter in Raten bezahlt werden und muss vom Vermieter verzinslich zugunsten des Mieters angelegt werden (§ 551 BGB). In Abweichung zu § 540 BGB hat der Mieter einen **Anspruch** gegen seinen Vermieter auf **Gestattung der Gebrauchsüberlassung an einen Dritten** bei berechtigtem Interesse und nur bezüglich eines Teils der Wohnung, etwa wenn eine Lebensgefährtin mit in die Wohnung einziehen möchte, u. U. aber gegen eine Mietzulage (§ 543 BGB).

Der **Mietzins** (die Miete) für Wohnraum ist jeweils im Voraus bis **spätestens zum dritten Werktag** der vereinbarten Zeitabschnitte (i. d. R. monatlich) an den Vermieter zu zahlen (§ 556b BGB). Hinsichtlich der Miethöhe zu Beginn eines

Mietverhältnisses enthält das BGB keine Vorgaben, d. h. der Vermieter kann – bis zur Grenze des Wuchers (s. 1.3) – jeden Mietpreis verlangen. Reformüberlegungen der im Dezember 2013 geschlossenen großen Koalition gehen dahin, bei „Wiedervermietung von Wohnraum die Mieterhöhungsmöglichkeiten auf maximal 10 % über der ortsüblichen Vergleichsmiete" zu beschränken – allerdings nur „in Gebieten mit nachgewiesenen angespannten Wohnungsmärkten" (Koalitionsvertrag v. 27.11.2013, S. 115). **Mieterhöhungen** während der Vertragszeit bedürfen einer Vereinbarung (§ 557 Abs. 1 BGB), also der Mitwirkung des Mieters – allerdings ist die Zustimmung des Mieters einklagbar, wenn die Mieterhöhung den gesetzlichen Vorgaben entspricht (§ 558b BGB). Sofern im Vertrag nicht ohnehin eine Staffelmiete, d. h. feste Mietstufen für bestimmte Zeiten (§ 557a BGB), oder eine Indexmiete, also eine jährliche Erhöhung entsprechend der Veränderung des Lebenshaltungskostenindex (§ 557b BGB) vereinbart ist, ist dies der Fall, wenn das Mieterhöhungsverlangen schriftlich und mit plausibler Begründung erfolgt (§ 558a BGB) und nur, wenn zuvor die Miete 15 Monate unverändert war, die Miete nur bis zur Höhe der ortsüblichen Vergleichsmiete und maximal um 20 % innerhalb von drei Jahren angehoben wird (§ 558 BGB). Durch Landesverordnung kann in Regionen mit Wohnungsknappheit die Kappungsgrenze auf 15 % gesenkt werden (so z. B. in Berlin und Bonn). Im Fall einer Mieterhöhung hat der Mieter ein außerordentliches Kündigungsrecht gem. § 561 BGB.

Bezüglich der Miete können die Vertragsparteien zudem vereinbaren, dass vom Mieter **Betriebskosten** zu tragen sind, deren einzelne Bestandteile in der „Betriebskostenverordnung" geregelt sind. Die Zahlung in Form monatlicher Pauschalen ist zulässig, aber die Betriebskosten sind jährlich genau abzurechnen, auf Nachfrage zu belegen und Nachforderungen nur binnen eines Jahres möglich (§ 556 BGB).

Da die Befristung von Wohnraummietverhältnissen nur in wenigen Fällen zulässig ist (s. im Einzelnen § 575 BGB), enden diese i. d. R. durch **Kündigung**. Die Kündigung bedarf der Schriftform (§ 578 Abs. 1 BGB), bei Nichteinhaltung dessen ist sie nichtig gem. § 125 BGB. § 569 BGB ergänzt § 543 BGB um spezielle Gründe für die **außerordentliche Kündigung** speziell von Wohnraum. Seitens des Mieters ist diese auch möglich, wenn die Wohnung gesundheitsgefährdend ist und für beide Parteien, wenn die jeweils andere den Hausfrieden nachhaltig stört. Die Möglichkeit der Kündigung wegen Mietschulden schränkt § 569 Abs. 3 BGB dahingehend ein, dass Mietschulden innerhalb zwei aufeinanderfolgender Monate nur dann als erheblich anzusehen sind, wenn sie mindestens eine Monatsmiete übersteigen. Außerdem hat der Mieter nach der Kündigung noch bis zum Ende von zwei Monaten nach Zustellung einer Räumungsklage Zeit, die Kündigung hinfällig zu machen, indem er die Mietschulden nachzahlt oder eine Kostenübernahmeerklärung einer öffentlichen Stelle, z. B. des Jobcenters (s. § 22 Abs. 8 SGB II), beibringt.

Eine **ordentliche Kündigung** durch den Mieter ist ohne Angabe von Gründen mit einer Frist von nahezu drei Monaten (§ 573c Abs. 1 BGB) möglich. Eine ordentliche Kündigung durch den Vermieter ist hingegen nur bei **berechtigtem Interesse** zulässig, worunter insb. erhebliche und schuldhafte Pflichtverletzungen durch den Mieter zählen oder zu belegender Eigenbedarf des Vermieters für sich,

Beendigung von Wohnraummietverhältnissen

Familien- oder Haushaltsangehörige. Das BVerfG hat insoweit durch die Nichtannahme einer Verfassungsbeschwerde der gekündigten Mieterin eine Eigenbedarfskündigung und Räumungsklage selbst für den Fall bestätigt, dass der Vermieter die Wohnung nur als Zweit- und Wochenendwohnung nutzen will (BVerfG 23.4.2014 – 1 BvR 2851/13). Ein berechtigtes Interesse ist auch die Vermeidung erheblicher wirtschaftlicher Nachteile; allerdings ist die Neuvermietung mit höherem Mietzins (sog. Änderungskündigung) davon ausdrücklich ausgenommen (§ 573 Abs. 1 S. 2 BGB). Zudem verlängert sich die Kündigungsfrist für den Vermieter jeweils um drei Monate, wenn das Mietverhältnis bereits länger als fünf bzw. acht Jahre besteht (§ 573c Abs. 1 BGB). Der Mieter kann der vermieterseitigen Kündigung **schriftlich widersprechen**, wenn diese für ihn eine unzumutbare Härte bedeuten würde, z. B. wenn kein angemessener Ersatzwohnraum zu zumutbaren Bedingungen zu beschaffen ist (§ 574 BGB) – dies muss unter Würdigung der berechtigten Interessen des Vermieters abgewogen werden. Das Mietverhältnis wird dann so lange fortgesetzt, wie es unter Berücksichtigung aller Umstände angemessen ist (§ 574b BGB).

Mietberatung Die Regelungen des Wohnraummietrechts sind sehr komplex und detailliert und können den Anwender, der nicht laufend damit zu tun hat, schnell überfordern. Mietervereine, der Deutsche Mieterbund, der Mieterschutzbund sowie die Interessensvereinigung Mieterschutz fungieren als Interessenvertretung der Mieter und bieten vorrangig ihren Mitgliedern Rechtsberatung z. B. bezüglich der angemessenen Höhe der Mietminderung bei Wohnungsmängeln und Hilfe bei anderen Mietstreitigkeiten an.

1.4.2.3 Der Dienstvertrag

Die Hauptpflichten eines Dienstvertrages bestehen gemäß § 611 BGB darin, dass die eine Vertragspartei, der sog. Dienstverpflichtete, die zugesagten Dienste erbringen muss, während die andere, der sog. Dienstberechtigte, die vereinbarte Vergütung entrichten muss. Es handelt sich dabei um ein Dauerschuldverhältnis, während dessen u. U. auch kurzer Dauer die Pflichten wiederholt anfallen. Der Dienstverpflichtete schuldet das Tätigwerden, also den **Einsatz seiner Arbeitskraft** (§ 613 BGB), und hat einen **Anspruch auf Bezahlung**. Dieser gilt, selbst wenn nichts ausdrücklich geregelt wurde, gem. § 612 BGB stillschweigend (konkludent) als vereinbart und ist auf die für Dienste dieser Art übliche Vergütung gerichtet. Fällig ist die Vergütung allerdings **nach Erbringung** der Dienstleistung, sind insoweit Zeitabschnitte vereinbart, erst am Ende des jeweiligen Abschnitts (§ 614 BGB).

Arbeitsvertrag Der Dienstvertrag ist nicht identisch mit einem Arbeitsvertrag. Letzterer ist nur ein spezieller Fall des Dienstvertrages, auf den die Regelung der §§ 611–630 BGB auch Anwendung finden, für den es aber eine ganze Reihe von Sondervorschriften gibt. So finden sich zum einen im Dienstvertragsrecht z. T. Paragrafen, die ausdrücklich nur auf Arbeitsverhältnisse und deren Parteien anzuwenden sind, nämlich den Arbeitgeber einerseits und den Arbeitnehmer andererseits, wie z. B. §§ 612a, 613a, 619a, 622 (Kündigungsfristen!), 623 (Schriftform) BGB. Darüber hinaus ist das Arbeitsrecht zusätzlich in einer Vielzahl von Einzelgesetzen geregelt (s. Kap. V-3). Die **Abgrenzung**, ob es sich „nur" um einen Dienst- oder auch um einen Arbeitsvertrag handelt, bestimmt sich nach dem Inhalt des Vertrages und wie dieser umgesetzt wird, nicht nach dem, was die Parteien in die Überschrift schreiben: Schuldet der Dienstverpflichtete die Erbringung selbstständiger, unabhängiger und eigenständiger Tätigkeit, findet nur das Dienstvertragsrecht Anwendung, ist er hingegen zu abhängiger, unselbstständiger und weisungsgebundener Tätigkeit verpflichtet, greifen zusätzlich die Schutzregelungen des Arbeitsrechts. Typische Beispiele für Dienstverträge sind die Vereinbarungen mit Beratern, Architekten, Ärzten, Rechtsanwälten, Steuerberatern, Privatlehrern, im Bereich der sozialen Arbeit die sog. „freien Mitarbeiter" und „Honorarkräfte". Bei Letzteren ist im Einzelfall genau zu prüfen, ob sie gemäß dem Inhalt des Vereinbarten und der Umsetzung der Dienstverpflichtung tatsächlich selbstständig und unabhängig tätig sind. Auch wenn der Begriff der sog. Scheinselbständigkeit in § 7 Abs. 4 SGB IV im Jahr 2002 aufgehoben worden ist, sind dessen Kriterien (Beschäftigung eines Arbeitnehmers, der im Wesentlichen nur für einen Arbeitgeber tätig ist, arbeitnehmerähnliche Tätigkeiten, Weisungsgebundenheit, feste Arbeitszeiten und -orte, keine typische unternehmerische Handlungsweise, gleiche Tätigkeit wie zuvor für gleichen Auftraggeber als Arbeitnehmer) im Rahmen dieser Abwägung relevant (s. a. BSG 25.4.2012 – B 12 KR 24/10 R – SozR 4-2400 § 7 Nr 15 zu der vergleichbaren Problematik, ob eine freie Mitarbeit selbstständig oder in Form einer sozialversicherungspflichtigen Beschäftigung i. S. d. § 7 SGB IV ausgeübt wird, vgl. auch Einl. III-2.).

Auch Dienste können schlecht bzw. fehlerhaft erbracht werden. Da nur das Tätigwerden als solches, nicht aber ein bestimmter Erfolg geschuldet wird, sind beim Dienstvertrag für diesen Fall anders als beim Kauf- oder Mietvertrag weder Ansprüche auf zusätzliches Tätigwerden noch auf Minderung der Vergütung vorgesehen. D.h. aber nicht, das Fehler folgenlos bleiben müssen. Vielmehr muss der Dienstverpflichtete nach den Regeln des allgemeinen Leistungsstörungsrechts, die für alle Schuldverhältnisse gelten (s. 1.4.4) für Schäden haften, die er dem Dienstberechtigten verursacht – allerdings sind Arbeitnehmer bei der Haftung gegenüber ihren Arbeitgebern privilegiert (s. § 619a BGB und ausführlich V-3.4.5). Weitere Folge von Schlechtleistungen, die auch in Form verzögerter oder ausbleibender Bezahlung der Vergütung seitens des Dienstberechtigten vorliegen kann, kann sein, dass die andere Vertragspartei dies zum Anlass nimmt, den Vertrag zu beenden.

Schlechtleistung

Wie alle Dauerschuldverhältnisse endet auch ein Dienstverhältnis entweder mit dem Ablauf der vereinbarten Zeit (§ 620 BGB), was z. B. bei Betreuung eines Workshops o. ä. mit Ablauf weniger Stunden oder Tage der Fall sein kann, sonst aber durch einseitige Willenserklärung einer Partei, die **Kündigung**. Für die ordentliche Kündigung, die ohne Grund möglich ist, sieht § 621 BGB Fristen in Abhängigkeit von den vereinbarten Zeitabschnitten der Vergütung vor. Für Arbeitsverhältnisse sieht § 622 BGB gesonderte Fristen vor (s. V-3.4.6). Außerdem schreibt § 623 BGB nur für die Kündigung eines Arbeitsvertrages die Schriftform vor, was im Umkehrschluss (s. I-3.3.2) bedeutet, dass die Kündigung von Dienstverträgen formlos möglich ist. Eine fristlose Kündigung ist hingegen nach § 626

Beendigung

BGB möglich, wenn ein wichtiger Grund vorliegt, der nach Abwägung der Parteiinteressen das Festhalten am Vertrag wenigstens bis zum Ablauf der Kündigungsfrist unzumutbar erscheinen lässt. Anders als im Arbeitsrecht (s. V-3.4.6) ist bei einem Dienstvertrag eine vorherige Abmahnung nicht erforderlich, allerdings ist die Kündigung nur binnen zwei Wochen nach Bekanntwerden des Kündigungsgrundes möglich. Am Ende eines auf Dauer angelegten Dienstverhältnisses hat der Dienstberechtigte gem. § 630 BGB einen Anspruch auf ein – nach seiner Wahl auch auf die Inhalte und sein Verhalten eingehendes – **Zeugnis** (§ 630 BGB).

Behandlungsvertrag Seit dem Gesetz zur Verbesserung der Rechte von Patientinnen und Patienten vom 20.02.2013 (BGBl. I S. 277) ist in den §§ 630a – 630h BGB der sog. Behandlungs- oder **Arztvertrag** ausdrücklich im BGB geregelt. Schon bis dahin war klar, dass es sich bei dem Behandlungsvertrag zwischen Arzt und Patient um einen privatrechtlichen Dienstvertrag handelt. Aufgrund der damit einhergehenden Eingriffe in Körper und/oder Gesundheit des Patienten einerseits und der bestehenden Informationsasymmetrie zwischen Arzt und Patient andererseits wurde jedoch die Notwendigkeit einer ausdrücklichen Regelung gesehen, um die Rechte des Patienten zu stärken, insb. bezüglich der für seine Einwilligung erforderlichen **Information und Aufklärung** über bestehende Risiken und der Dokumentation der Behandlung mit dem Recht des Patienten auf Einsicht in seine Akte (s. BT-Ds 17/10488 S. 9). Aufgrund der Schwierigkeiten der Beweisführung bezüglich **ärztlicher Kunstfehler** durch den Patienten wird in § 630h BGB die Beweislast für Fehler (allerdings nur zum Teil) dem Arzt auferlegt.

1.4.2.4 Der Werkvertrag

Hauptpflichten Auch beim Werkvertrag ist eine Arbeitsleistung geschuldet, allerdings besteht gemäß § 631 Abs. 1 BGB die Hauptpflicht des sog. Unternehmers nicht im Tätigwerden an sich, sondern in der **Herstellung und Ablieferung eines Werkes**. Er schuldet also dem sog. Besteller des Werkes nicht das Zurverfügungstellen seiner Arbeitskraft, sondern einen Arbeitserfolg. Dieser kann in der Herstellung oder auch Reparatur körperlicher Gegenstände bestehen, aber auch in unkörperlichen Arbeitsergebnissen wie Gutachten, Konzepten oder Softwareprogrammen (§ 631 Abs. 2 BGB). Im Gegenzug schuldet der Besteller die vereinbarte bzw. ggf. die als stillschweigend vereinbart angenommene Vergütung (§§ 631 Abs. 1, 632 BGB).

Der Werkvertrag ist nicht immer leicht von anderen Verträgen abzugrenzen, insb. bestehen aufgrund der erforderlichen Arbeitsleistungen einerseits Ähnlichkeiten zum Dienstvertrag, andererseits – aufgrund des geschuldeten Erfolges, dem Besteller das Werk frei von Mängeln zu verschaffen (§ 633 BGB) – zum Kaufvertrag. Der richtige Vertragstyp ist insoweit durch Auslegung des Vereinbarten und ggf. nach dem Schwerpunkt der Pflichten zu ermitteln. Der Reisevertrag nach §§ 651a BGB wird mitunter auch als gesonderter Unterfall des Werkvertrags angesehen.

Unternehmer Begrifflich bedeutsam ist, dass der Begriff des Unternehmers in § 631 BGB nicht identisch ist mit demjenigen in § 14 BGB, der aufgrund der EU-Verbraucherschutzrichtlinien im Jahr 2002 eingeführt wurde (s. 1.3.1). Es hätte nahegelegen, zu diesem Zeitpunkt im Werkvertragsrecht den zur Herstellung des Werkes Verpflichteten in „**Hersteller**" umzubenennen, der eben entgegen § 14 BGB auch ein zu nicht gewerblichen oder selbstständigen beruflichen Zwecken Handelnder sein kann.

Wie beim Kaufvertrag ist der Unternehmer verpflichtet, dem Besteller das Werk frei von Sach- und Rechtsmängeln zu verschaffen (§ 633 Abs. 1 BGB). Das Gleiche gilt grundsätzlich für die in § 634 BGB aufgelisteten Mängelgewährleistungsrechte der Nacherfüllung (§ 635 BGB), des Rücktritts, des Schadensersatzes (§ 636 i. V. m. §§ 280 f. BGB, s. u. 1.4.4) und der Minderung (§ 638 BGB). Zusätzlich sieht das Werkvertragsrecht noch das Recht der Selbstvornahme verbunden mit dem Ersatz der erforderlichen Aufwendungen vor (§ 637 BGB). Dieses ist demjenigen im Mietvertragsrecht (§ 536a Abs. 2 BGB, s. 1.4.2.2) nicht unähnlich, allerdings muss hier zunächst grds. eine **Frist zur Nacherfüllung** gesetzt werden, dafür kann der Besteller anschließend vom Hersteller gemäß § 637 Abs. 3 BGB sogar einen Vorschuss für die Kosten der Mängelbeseitigung einfordern. Wie beim Kaufvertrag besteht auch bei einem Werkvertrag die Möglichkeit, die Haftung für Mängel auszuschließen, sofern diese nicht arglistig verschwiegen werden (§ 639 BGB). Einen speziellen Verbraucherschutz wie in § 475 BGB gibt es insoweit nicht.

Mangel

Da die Herstellung eines konkreten Werkes geschuldet wird, ist die Hauptpflicht des Herstellers mit der Vollendung dessen eigentlich erfüllt. Da das Werk jedoch i. d. R. den vereinbarten Anforderungen des Bestellers genügen muss, endet die Pflicht des Herstellers erst, wenn der Besteller das Werk abnimmt nach § 640 BGB, also das Arbeitsergebnis als ordnungsgemäß akzeptiert. Dazu ist er grundsätzlich verpflichtet, wenn das Werk vertragsgemäß hergestellt wurde oder nur unwesentliche Mängel aufweist. Erst mit der **Abnahme** ist der Besteller zur Entrichtung der Vergütung verpflichtet (§ 641 BGB), sofern nicht vorherige Abschlagszahlungen (§ 632a BGB) oder die Abnahme von Teilleistungen (§ 640 Abs. 1 S. 2 BGB) vereinbart wurden. D. h. bis zur Abnahme trägt der Unternehmer das Risiko, ob der Besteller das Werk überhaupt bezahlen kann oder will, während der Besteller, wenn er Abschlagszahlungen leistet, nicht sicher sein kann, ob der Unternehmer das Werk auch wirklich vollendet. Gelangt das Werk anders als geplant ohne ein Verschulden des Unternehmers nicht zur Vollendung, z. B. wegen einer – jederzeit möglichen – Kündigung des Bestellers (§ 649 BGB) oder weil das Werk durch ein Verschulden des Bestellers z. B. wegen einer fehlerhaften Sache untergeht oder unausführbar wird, hat der Unternehmer trotzdem einen Anspruch gegen den Besteller auf die vereinbarte Vergütung bzw. auf einen seiner bisherigen Arbeitsleistung entsprechenden Anteil.

Vertragsende

1.4.2.5 Die Gesellschaft bürgerlichen Rechts (GbR)

Vereinbaren zwei (natürliche oder juristische) Personen, mit vermögenswerten Leistungen gemeinsam einen Zweck zu erreichen, so ist dies ein Gesellschaftsvertrag. Hauptpflichten dieses Vertrages sind nach § 705 BGB, die Erreichung des gemeinsamen Zweckes wie vereinbart zu fördern, insb. die verabredeten vermögenswerten Leistungen (z. B. Geldbeträge, Arbeitskraft) einzubringen. Auf das Bewusstsein, mit der Vereinbarung eines gemeinsamen Zwecks eine Gesellschaft zu gründen, kommt es dabei nicht an; es ist sogar stillschweigend möglich, wenn z. B. Ehe- oder Lebenspartner gemeinsam über ihre Ehe- und Lebensgemeinschaft hinaus weitere Zwecke verfolgen wie z. B. das Betreiben einer Pension oder dem Verkauf gemeinsam produzierter Güter o. ä.

Mit der Vereinbarung des Gesellschaftsvertrages entsteht eine **Gesellschaft bürgerlichen Rechts** (GbR), weitere Gründungsvoraussetzungen, wie etwa die Eintragung in ein Register wie beim Verein (s. 1.1.1) oder der GmbH, sind nicht erforderlich. Denn anders als die Letzteren (als sog. Kapitalgesellschaften) ist die GbR (als sog. Personengesellschaft) grds. **nicht rechtsfähig**. Dies gilt auch für alle anderen **Personengesellschaften**, wie den nicht eingetragenen Verein (§ 54 BGB) oder die Partnergesellschaft von Angehörigen freier Berufe (z. B. Ärzte, Rechtsan-

Haftung wälte, Therapeuten, vgl. §§ 1 Abs. 4; 8 PartGG). Es entsteht mit der Gründung also keine von den Gesellschaftern getrennte eigene Rechtspersönlichkeit mit eigenem Vermögen, sondern alle Rechte und Pflichten aus den Aktivitäten der Gesellschaft berechtigen und verpflichten die Gesellschafter gemeinsam. Insb. haften sie für Verbindlichkeiten der GbR mit ihrem **gesamten Privatvermögen**.

Teilrechtsfähigkeit Zum Schutz Dritter hat der BGH eine nach außen erkennbar am Rechtsverkehr teilnehmende GbR (z. B. „Schmidt & Müller, Familienhilfen GbR" oder die sog. ARGEn) als **teilrechts- und parteifähig** anerkannt (BGH 29.1.2001 – II ZR 331/00 – BGHZ 146, 341). D.h. die GbR kann selbstständig verklagt werden, da die Namen der Gesellschafter in keinem Register aufgelistet sein müssen. Diese Teilrechtsfähigkeit ändert jedoch nichts daran, dass die Gesellschafter auch mit ihrem Vermögen für Verbindlichkeiten der GbR haften. Es findet also keine vollständige rechtliche Trennung zwischen der GbR und den dahinter stehenden Personen statt.

Wirkungen Sofern nichts anderes im Innenverhältnis vereinbart ist, müssen die Gesellschafter gleich viele Beiträge für die Gesellschaft leisten (§ 706 BGB). Sie führen die Geschäfte gemeinschaftlich und einstimmig (§ 709 BGB). Nur wenn einem einzelnen Gesellschafter durch den Vertrag die Geschäftsführung übertragen ist, wird davon ausgegangen, dass dieser die GbR auch allein nach außen vertreten kann (§ 714 BGB); ansonsten müssten immer alle Gesellschafter alle Verträge mit Dritten gemeinsam schließen. Sowohl die von den Gesellschaftern geleisteten Beiträge als auch alle hinzukommenden Zuwächse zum Gesellschaftsvermögen gehören den Gesellschaftern gemeinschaftlich (sog. Gesamthandsvermögen), jeder hat im Zweifel den gleichen Anteil am Gewinn aber auch am Verlust (§ 722 BGB).

Ende der GbR Als Dauerschuldverhältnis endet die GbR entweder mit dem Ablauf der Zeit, die vereinbart war, oder wenn der gemeinsam vereinbarte Zweck erreicht worden ist (§ 726 BGB, z. B. ein bestimmtes Projekt durchgeführt worden ist) oder durch Kündigung (§ 723 BGB). Gesetzliche Kündigungsfristen sind dafür nicht vorgesehen. Wie bei allen sonstigen Dauerschuldverhältnissen, die befristet vereinbart werden, ist eine ordentliche Kündigung ausgeschlossen. Eine außerordentliche Kündigung aus wichtigem Grund ist hingegen immer möglich, auch dann, wenn vertragliche Kündigungsfristen vereinbart sind (§ 723 BGB). Die Kündigung eines Gesellschafters führt laut Gesetz zur **Auflösung** der gesamten Gesellschaft, ebenso der Tod oder die Insolvenz eines Gesellschafters (§§ 727 f. BGB). Sofern vorhanden, wird das Gesellschaftsvermögen dann unter den Gesellschaftern aufgeteilt (§ 730 BGB). Bei den Regeln über die GbR handelt es sich weitgehend um dispositives Recht (s. II-Einleitung); im Gesellschaftsvertrag kann daher auch bestimmt werden, dass die GbR bei Kündigung, Tod oder Insolvenz eines Gesellschafters fortgeführt wird (§ 736 BGB), dann scheidet in einem solchen Fall nur der betreffende Gesellschafter aus.

1.4.3 Besonderes Schuldrecht – Gesetzliche Schuldverhältnisse

Neben den vertraglichen Schuldverhältnissen, die auf Willenserklärungen der Parteien beruhen, gibt es auch Schuldverhältnisse, die von Gesetzes wegen entstehen. Im Wesentlichen geht es dabei um **Schutzpflichten** sowie einen **fairen Ausgleich von Vermögensvor- und -nachteilen**. Wer z. B. ohne Auftrag und ausdrückliche Berechtigung für einen anderen ein Geschäft besorgt, muss dies nach § 677 BGB („wenn schon – denn schon") auf eine Weise tun, die dem Interesse des sog. Geschäftsherrn entspricht. Andererseits kann er, wenn die Übernahme der Geschäftsführung dem Interesse und dem wirklichen oder dem mutmaßlichen Willen des Geschäftsherrn entspricht, nach § 683 BGB wie ein Beauftragter Ersatz seiner Aufwendungen verlangen. Das ist z. B. der Fall, wenn jemand die Zerstörung einer fremden Sache verhindert, z. B. den Brand an einem Haus löscht, dessen Eigentümer abwesend ist und nicht eingreifen kann. Dann kann der Hilfeleistende z. B. Ersatz seiner bei dem Einsatz beschädigten Kleidung verlangen. Wesentlich für eine Geschäftsführung ohne Auftrag ist, dass der Geschäftsführer mit sog. **Fremdgeschäftsführungswillen** handelt, d. h. die Angelegenheit eines anderen für diesen besorgen will. Dass er dabei ggf. auch eigene Interessen verfolgt, ist unschädlich, sofern es nicht vorrangig um ein eigenes Geschäft (z. B. Leistungsverpflichtung) geht (HK-BGB/Schulze 2014 § 677 Rz. 3).

Geschäftsführung ohne Auftrag

1.4.3.1 Bereicherungsrecht

Nach § 812 BGB kann jemand einen Vermögensvorteil herausverlangen, den ein anderer auf seine „Kosten" erlangt hat, ohne dass dem ein Rechtsgrund zugrunde liegt (sog. Kondiktion). Dies kann z. B. wegen des Abstraktions- und Trennungsprinzips (s. Übersicht 23) der Fall sein, wenn eine Leistung bewirkt wurde (z. B. das gekaufte Buch wurde übereignet und übergeben), obwohl der insoweit geschlossene schuldenrechtliche Vertrag nichtig ist, sei es weil eine handelnde Person bei Vertragsschluss nicht geschäftsfähig war (vgl. 1.1.2.2) oder der Vertrag rückwirkend von einer Partei wirksam angefochten wurde (vgl. 1.2.2). Ein Bereicherungsanspruch kann aber auch „in sonstiger Weise" entstehen, wenn also nicht jemand von sich aus etwas weggibt, um eine vermeintliche vertragliche Pflicht zu erfüllen, sondern auch, wenn jemand in die Vermögenssphäre eines anderen eingreift (z. B. Diebstahl). Es geht also um einen **Ausgleich ungerechtfertigter Vermögensverschiebungen**. Das BGB verweist in zahlreichen Fällen, insb. bei Rückabwicklungen auf die Grundsätze des Bereicherungsrechts (z. B. §§ 516 Abs. 2,

Ungerechtfertigte Bereicherung

531 Abs. 2, 547 Abs. 1, 628 Abs. 1, 684 BGB, generell zu solchen Verweisungsnormen vgl. I-3.2.1).

Interessenausgleich   Besonderheit bei der Herausgabepflicht wegen ungerechtfertigter Bereicherung sind Modifikationen im Vergleich zu vertraglichen Rückgabepflichten, z. B. nach Rücktritt gem. § 346 BGB oder nach Widerruf eines Verbrauchervertrages (§ 357 BGB). So ist ein Herausgabeanspruch des Leistenden, der etwas weggegeben hat, ausgeschlossen, wenn er nicht schutzwürdig ist. Z.B. kann der Schwarzarbeiter nach getaner Arbeit den von seinem Auftraggeber vorenthaltenen Lohn gemäß § 817 BGB nicht wegen ungerechtfertigter Bereicherung einfordern, da der Vertrag gegen das gesetzliche Verbot der Schwarzarbeit (Schwarzarbeitsbekämpfungsgesetz) verstößt und daher gemäß § 134 BGB nichtig ist. Könnte der Schwarzarbeiter die Bezahlung dafür, dass sein Auftraggeber um den Wert seiner Arbeit bereichert ist, über den Weg des Bereicherungsrechts verlangen, würde das Schwarzarbeitsverbot faktisch umgangen. Zugleich wird der schutzwürdige Empfänger einer rechtsgrundlosen Leistung, der bei Erhalt der Leistung davon ausgehen kann, diese behalten zu dürfen, bezüglich des Umfangs der Herausgabe nach § 818 Abs. 3 BGB privilegiert; er muss das Erlangte nur insoweit herausgeben, als er noch bereichert ist, er also die Sache oder den Vermögensvorteil noch hat, und muss keinen Wertersatz für die ordnungsgemäße Abnutzung der Sache leisten (anders als bei § 357 Abs. 2 BGB). Da Kinder schutzwürdig sind (s. 1.1.2.1), müssen z. B. die Eltern eines sechsjährigen Kindes, das die am Kiosk erworbenen Süßigkeiten gegessen hat, weder die Süßigkeiten herausgeben noch Wertersatz (§ 818 Abs. 2 BGB) dafür leisten, während sie selbst das Geld des Kindes vom Kioskbesitzer herausverlangen können. Nicht schutzwürdig ist der Empfänger hingegen, wenn er weiß, dass er etwas ohne Rechtsgrund erlangt hat wie z. B. der Dieb (§ 819 BGB); er kann sich dann nicht auf **Entreicherung** nach § 818 Abs. 3 BGB berufen.

1.4.3.2 Deliktsrecht

Im sog. Deliktsrecht geht es um die **Wiedergutmachung** eines Schadens, der aufgrund von **unerlaubten (rechtswidrigen) Handlungen** entstanden ist (zur strafrechtlichen Schadenswiedergutmachung s. IV-4.2 u. IV-5.2). So begründet § 823 Abs. 1 BGB die Haftung auf Schadensersatz bei einer rechtswidrigen und schuldhaften Verletzung fremder Rechtsgüter. Von § 823 BGB **geschützte Rechtsgüter** sind zunächst nur das Leben, der Körper, die Gesundheit, die Freiheit und das Eigentum eines anderen. Soweit § 823 Abs. 1 BGB von einem „sonstigen Recht" spricht, sind damit nur solche Rechte gemeint, die vergleichbar mit den ausdrücklich genannten Persönlichkeitsgütern und dem Eigentum sind. In den Anwendungsbereich fallen somit nur die absoluten Rechte des Sachenrechts (s. 1.5) oder Rechte mit vergleichbarem, also allen anderen gegenüber wirkendem Inhalt, z. B. Namens- und Persönlichkeitsrechte (HK-BGB/Staudinger 2014 § 823 Rz. 28). Nicht dazu gehören Forderungen (als relative Rechte) sowie das Vermögen einer Person.

Rechtswidrigkeit   Voraussetzung für den deliktischen Schadensersatzanspruch ist, dass die Rechtsgutverletzung rechtswidrig war. Davon ist auszugehen, sofern nicht ausnahmsweise eine Verletzung fremder Rechtsgüter gerechtfertigt ist. Solche Rechtfertigungsgründe können im BGB geregelt sein, z. B. als Notwehr (§ 227 BGB) und Notstand (§ 228 BGB) zur Selbstverteidigung oder Selbsthilfe (§ 229 BGB). Aufgrund der Einheit der Rechtsordnung gelten allerdings auch die Erlaubnisse und Rechtsfertigungsgründe anderer Rechtsmaterien, insb. des Strafrechts (IV-2.1.2). Soweit die Rechtsgutverletzung durch eine Unterlassung eingetreten ist (Nichtabwendung einer Schädigung), tritt die Haftung nur ein, wenn eine Rechtspflicht zum Handeln bestand, z. B. wegen einer vertraglichen Aufsichtspflicht oder wegen einer sog. **Verkehrssicherungspflicht** aufgrund einer geschaffenen Gefahrenquelle wie einer Baugrube (hierzu vgl. V-1.2.3 sowie zum vergleichbaren Aspekt der Garantenpflicht die Erörterung im Strafrecht IV-2.2.2).

Eine Schadensersatzpflicht besteht schließlich nur, wenn den Schädiger ein Verschulden trifft. Das setzt erstens die sog. Deliktsfähigkeit (§ 276 Abs. 1 S. 2, §§ 827 f. BGB) voraus, wobei volljährige Personen grds. deliktsfähig sind, es sei denn, sie leiden an einer nach § 827 BGB relevanten krankhaften Störung, während für MJ nach dem Alter abgestufte Verantwortungsphasen bestehen (s. o. 1.2.1). Zweitens setzt der Schadensersatzanspruch ein vorsätzliches oder fahrlässiges Verhalten des Schädigers voraus (s. u. 1.4.5 auch zum Umfang der Haftung). **Verschulden**

Die gleiche Schadensersatzverpflichtung trifft nach § 823 Abs. 2 BGB denjenigen, welcher gegen ein den Schutz eines anderen bezweckendes Gesetz verstößt (hierzu HK-BGB/Staudinger 2014 § 823 Rz. 141 ff.). Solche Ge- oder Verbotsnormen mit individualschützendem Charakter finden sich z. B. im Wirtschaftsrecht (zur Produkthaftung s. u. 1.4.5), im Urheberrecht, aber auch im Strafrecht, Straßenverkehrsrecht oder sonstigen Öffentlichen Recht, z. B. bei der Inobhutnahme nach § 42 SGB VIII. **Verstoß gegen Schutzgesetze**

1.4.4 Leistungsstörungen

Vertragliche wie gesetzliche Schuldverhältnisse verpflichten nicht nur zur Vornahme der vereinbarten Hauptleistung, sondern auch zur gegenseitigen Rücksichtnahme (§ 241 Abs. 2 BGB, sog. Nebenleistungs- und Schutzpflichten, s. o. 1.4.1). Trotz der gesetzlichen und vertraglichen Regelungen kann es bei der Abwicklung eines Schuldverhältnisses zu Fehlern und Problemen (Leistungsstörungen) kommen, z. B. wird die gekaufte Waschmaschine bei der Lieferung zerstört, verspätet nach dem vereinbarten Termin oder nicht funktionsfähig mit einer nicht dicht schließenden Klappe geliefert oder der Spediteur beschädigt beim Transport in die Wohnung deren Einrichtung. Sofern es sich um Leistungsstörungen bezüglich der spezifischen Hauptleistungspflichten eines Vertrages handelt z. B. Mängel an der gekauften Sache), sind z. T. im Besonderen Schuldrecht bei dem jeweiligen Vertragsrecht spezielle Mängelgewährleistungsrechte geregelt (z. B. beim Kauf in § 437 BGB), die dann vorrangig anzuwenden sind (s. o. 1.4.2.1 ff.). Sind hingegen im jeweiligen Vertragsrecht keine Regelungen zur sog. **Schlechtleistung** bezüglich der Hauptpflichten (insb. wegen Sach- und Rechtsmängeln) geregelt (wie z. B. bei der GbR vgl. 1.4.2.5) oder handelt es sich um Leistungsstörungen wegen sonstiger **Nebenpflichten**, findet das allgemeine **Leistungsstörungsrecht** im **Allgemeinen** **Mangel**

Teil des BGB Anwendung (§§ 280 ff., 311, 323 ff. BGB). Neben der Schlechtleistung nach § 280 Abs. 1 BGB spricht man von **Nichtleistung** (insb. wegen **Unmöglichkeit**, vgl. z. B. § 275 BGB) und von **Verzug** bei einer verzögerten Leistung (vgl. §§ 286 ff., §§ 293 ff. BGB; s. u.; ausführlich hierzu HK-BGB/Schulze 2014 Vor §§ 275 ff.). Leistungsstörungen treten nicht nur bei vertraglichen, sondern auch bei gesetzlichen Schuldverhältnissen auf, z. B. wenn die aufgrund eines Anspruchs wegen ungerechtfertigter Bereicherung nach § 812 BGB herauszugebende Sache bei der Rücksendung vernichtet wird oder ein Schadensersatz wegen einer vorherigen unerlaubten Handlung erst verspätet gezahlt wird.

Grundregel, § 280 Abs. 1 BGB

Seit der sog. Schuldrechtsreform im Jahr 2002 ist die Folge für Pflichtverletzungen „aus dem Schuldverhältnis" in § 280 Abs. 1 BGB geregelt. Sofern zwei Personen bereits eine rechtliche Sonderbeziehung haben, sei es aufgrund eines Vertrages, sei es aufgrund eines gesetzlichen Schuldverhältnisses, kann der Gläubiger vom Schuldner Ersatz des Schadens verlangen, der aus einer Verletzung einer (nicht speziell geregelten Hauptleistungs- oder einer Neben-) Pflicht folgt. Die Schadensersatzpflicht bezieht sich auf den **unmittelbaren Schaden** (z. B. Beschädigung des PKW des Vertragspartners bei der Lieferung von Baustoffen) ebenso wie auf die entfernteren **Mangelfolgeschäden** an weiteren Rechtsgütern des Geschädigten (z. B. Verdienstausfall wegen des defekten PKW). Das Schuldverhältnis selbst mit seinen Pflichten besteht davon unberührt fort. Wie auch beim Deliktsrecht hängt die Schadensersatzpflicht davon ab, dass der Schuldner den Schaden verschuldet hat – allerdings wird dem Schuldner im allgemeinen Schuldrecht dieses **Verschulden unterstellt** (§ 280 Abs. 1 S. 2 BGB „wenn der Schuldner die Pflichtverletzung *nicht* zu vertreten hat"; Details zu den Haftungsgrundsätzen und dem Haftungsumfang s. 1.4.5). Diese Umkehr der Beweislast ergibt sich aus dem Umstand, eine Sonderbeziehung mit einer anderen Person eingegangen zu sein und insoweit Pflichten übernommen zu haben. Geht dabei etwas schief, muss man als Schuldner darlegen, dafür nicht verantwortlich zu sein.

Verschuldensvermutung

Verzug, § 280 Abs. 2 BGB

Die **Verzögerung** einer fälligen Leistung nennt man Schuldnerverzug. Einen Schadensersatz wegen einer verzögerten Leistung kann der Gläubiger gemäß § 280 Abs. 2 BGB nur unter der zusätzlichen (bezogen auf § 280 Abs. 1 BGB) Voraussetzung des § 286 BGB verlangen. Die Pflichtverletzung muss also in einer schuldhaften verspäteten Leistung trotz **Fälligkeit und Mahnung** bestehen. Fällig ist eine Leistung, wenn der Gläubiger sie vom Schuldner verlangen kann. Ist dafür kein Zeitpunkt z. B. im Vertrag bestimmt noch sonst aus den Umständen eindeutig zu entnehmen, kann der Gläubiger die Leistung nach § 271 Abs. 1 BGB sofort verlangen und der Schuldner sie sofort erbringen (z. B. um dadurch Platz für andere Dinge zu gewinnen). Zudem muss der Schuldner gemahnt, d. h. durch eine formfreie Willenserklärung des Gläubigers an die Erbringung der bereits fälligen Leistung erinnert und zur Leistung aufgefordert werden. Die **Erhebung einer Klage** (s. I-5.3) oder die **Zustellung eines Mahnbescheids** im Mahnverfahren, einem Gerichtsverfahren „light" gem. §§ 688 ff. ZPO, das die vereinfachte Durchsetzung unbestrittener Geldforderungen ohne Urteil ermöglicht (s. Übersicht 28), bewirken insoweit das Gleiche. Allerdings erklärt § 286 Abs. 2 BGB die (Er-)Mahnung des Schuldners insb. in den Fällen für entbehrlich, wenn das Leistungsdatum selbst

Mahnung

ausdrücklich festgelegt ist, sich die Leistungsfrist in Abhängigkeit von einem Ereignis berechnen lässt (z. B. „Zahlung binnen 14 Tagen ab Rechnungserhalt", s. dazu 1.2.3) oder der Schuldner die Leistung bereits ernsthaft verweigert hat. In diesen Fällen tritt der Verzug auch ohne Mahnung ein. Laut § 286 Abs. 3 BGB tritt dieselbe Rechtsfolge bei Geldforderungen nach 30 Tagen ab Fälligkeit und dem Erhalt einer Rechnung ein; ist der Schuldner ein Verbraucher i. S. d. § 13 BGB allerdings nur, wenn er in der Rechnung besonders, also hervorgehoben, darauf hingewiesen wurde.

Verzug ohne Mahnung

Übersicht 28: Mahnbescheid im Mahnverfahren

1. Antrag auf Erlass eines Mahnbescheids: Der Antragsteller muss darlegen, gegenüber welchem Antragsgegner er in welcher Höhe eine fällige Geldforderung hat, ohne dass noch eine Gegenleistung aussteht. Eine Begründung ist nicht erforderlich (§ 690 ZPO).
2. Mit Einreichung des Antrags beim sog. Mahngericht muss der Antragsteller die Gerichtskosten bezahlen, kann diese jedoch im Mahnverfahren vom Antragsgegner mit einfordern.
3. Das Mahngericht prüft den Antrag nur auf formelle Richtigkeit (§ 691 ZPO) und stellt ansonsten dem Antragsgegner den sog. **Mahnbescheid** zu (§§ 692 f. ZPO).
4. Der Antragsgegner hat nach Empfang des Mahnbescheides **zwei Wochen** Zeit, schriftlich **Widerspruch** zu erheben (§ 694 ZPO). Tut er das, gibt das Mahngericht die Sache auf Antrag an das zuständige Gericht als Klage weiter (§ 695 ZPO).
5. Erhebt der Antragsgegner keinen Widerspruch, stellt das Mahngericht auf erneuten Antrag des Antragsstellers nach Ablauf der zwei Wochen (bis max. 6 Monaten) einen sog. **Vollstreckungsbescheid** zu (§ 699 ZPO), in dem noch einmal alle Anschriften und Forderungen enthalten sind.
6. Der Antragsgegner hat nach Erhalt noch einmal **zwei Wochen** Zeit, **Einspruch** gegen den Vollstreckungsbescheid einzulegen. Tut er das, gibt das Mahngericht den Rechtsstreit an das zuständige Zivilgericht als Klage weiter (§ 700 ZPO).
7. Legt der Antragsgegner auch keinen Einspruch ein, wird der Vollstreckungsbescheid rechtskräftig und kann wie ein Urteil mit Hilfe eines **Gerichtsvollziehers** vollstreckt werden (§ 700 Abs. 1 ZPO).

Ausführliche Informationen zum Mahnverfahren, Formulare sowie Ausfüllhilfen usw. sind unter http://www.mahngerichte.de zu finden.

Folgen des Verzuges sind eine **verschärfte Haftung** des Schuldners gemäß § 287 BGB, so dass er nicht nur für dann noch auftretende von ihm verschuldete Schäden haften muss, sondern auch für Zufallsschäden (z. B. Blitzschlag). Bei Geldschulden kommen zudem täglich sog. „Verzugszinsen" hinzu, die gemäß § 288 Abs. 1 BGB bei Verbrauchern bei 5 % über dem sog. Basiszinssatz liegen (§ 247 BGB, seit 01.07.2014: – 0,73 %; Zinsrechner abrufbar unter: http://basiszinssatz.info). Darüber hinaus droht die Ersatzpflicht für weitere Schäden nach § 288 Abs. 4 BGB, insb. der Ersatz von Verwaltungskosten („Mahngebühren"), die vor allem dann schnell teuer werden, wenn der Gläubiger einen Rechtsanwalt oder ein

Verzugsfolgen

sog. Inkassounternehmen mit der Eintreibung der Schulden beauftragt. Allerdings sind erst Schäden „während des Verzuges" zu ersetzen; die Kosten für die erste Mahnung sind daher nicht ersatzfähig, wenn durch diese der Verzug erst eintritt. Das „Ur"-Schuldverhältnis mit seinen Pflichten bleibt auch während eines Verzuges grds. bestehen.

Schadensersatz statt Leistung, § 280 Abs. 3 BGB Als dritte Eskalationsstufe sieht § 280 Abs. 3 BGB einen Schadensersatz statt der Leistung vor. Wenn es dazu kommt, besteht das ursprüngliche Schuldverhältnis mit seinen Leistungspflichten so nicht fort, die Leistungspflicht wandelt sich insgesamt in einen Schadensersatzanspruch um (§ 281 Abs. 4 BGB). Dies kann jedoch nur unter den zusätzlichen Voraussetzungen des §§ 281, 282 oder 283 BGB verlangt werden, die unterschiedliche Konstellationen regeln. Hat der Schuldner die fällige Leistung nicht oder nicht wie geschuldet erbracht, muss der Gläubiger nach § 281 Abs. 1 BGB dem Schuldner grds. eine zweite Chance geben, die Leistung innerhalb einer angemessenen Frist zu erbringen. Erst wenn diese Nachfrist abgelaufen oder ausnahmsweise entbehrlich ist, kann der Gläubiger Schadensersatz statt der Leistung verlangen, allerdings auch nur dann, wenn die Pflichtverletzung erheblich ist. § 282 BGB sieht einen Schadensersatz statt der Leistung vor, wenn derart gegen Rücksichtnahmepflichten aus § 241 Abs. 2 BGB verstoßen wurde, dass dem Gläubiger die ursprüngliche Leistung durch den Schuldner nicht mehr zumutbar ist, z. B. bei Beleidigungen oder Kränkungen. § 283 BGB schließ-

Unmöglichkeit lich sieht einen solchen Schadensersatzanspruch für die Fälle der sog. Unmöglichkeit vor. Ist dem Schuldner (und auch einem Dritten) die Erbringung der Leistung tatsächlich nicht (mehr) möglich (z. B. weil der Vertragsgegenstand zerstört wurde) oder wirtschaftlich unmöglich, weil die Leistung nur (noch) mit unverhältnismäßigem Aufwand zu bewerkstelligen wäre oder weil ihm eine persönlich zu erbringende Leistung (insb. beim Dienstvertrag) aufgrund von Hindernissen nicht zumutbar ist (z. B. der bestellte Künstler verpasst den letzten Flieger zum Erreichen des Konzertortes), so wird der Schuldner nach § 275 Abs. 1 – 3 BGB von seiner Leistungspflicht frei. D.h. aber nicht, dass dies folgenlos für ihn bleibt, denn wenn er nicht darlegen kann, dass er seine Unmöglichkeit nicht zu vertreten hat, muss er Schadensersatz statt der Leistung zahlen.

1.4.5 Haftungsgrundsätze

Verschuldenshaftung Nach deutschem Recht haftet man für Mängel bzw. für einen Schaden nur, wenn man dafür verantwortlich ist bzw. ihn zumindest vertreten muss (Verschuldenshaftung). Das Recht knüpft insoweit an die Vorwerfbarkeit des Verhaltens bzw. die Pflicht zur Schadensverhütung an, die sich aus einem vertraglichen Schuldverhältnis oder aus dem Gesetz ergeben kann. Von der zivilrechtlichen Haftung ist die strafrechtliche Verantwortlichkeit zu unterscheiden (hierzu IV-2.1.3).

Nach der Grundregel des § 280 Abs. 1 BGB kann ein Gläubiger vom Schuldner Schadensersatz verlangen, wenn dieser eine Pflicht aus dem Schuldverhältnis verletzt. Dies gilt nur dann nicht, wenn der Schuldner dies nicht zu vertreten hat. Das Verschulden wird in § 280 Abs. 1 S. 2 BGB widerlegbar vermutet (Beweislastegel; anders ist dies nach § 619a BGB für Arbeitnehmer). Nach § 276 Abs. 1 BGB haftet man nur, wenn man selbst schuldhaft, d. h. vorsätzlich oder fahrlässig, handelt. Aufgrund der Privatautonomie können Vertragspartner allerdings auch abweichende Haftungsvereinbarungen treffen (z. B. Garantieerklärung, s. z. B. § 443 BG), eine Haftung für Vorsatz jedoch nicht im Voraus ausschließen (§ 276 Abs. 3 BGB). Vorsatz ist das **Wissen und Wollen** des in einer Norm beschriebenen Tatbestandes. Vorsätzlich handelt, wer im Hinblick auf die Elemente des Tatbestandes einer Norm bewusst vorgeht und den Eintritt des Handlungserfolgs will (sog. *dolus directus*) bzw. zumindest bewusst in Kauf (*dolus eventualis*) nimmt. Fahrlässig handelt, wer die im Verkehr erforderliche **Sorgfalt** außer Acht lässt (§ 276 Abs. 2 BGB). Das bedeutet im Wesentlichen, dass die Rechtsgutverletzung vorhersehbar und vermeidbar ist und das Handeln nicht dem im jeweiligen Geschäfts- bzw. Lebensbereich anerkannten Sorgfaltsmaßstab bzw. fachlichen Standard entspricht (im Einzelnen vgl. HK-BGB/Schulze 2014 § 276 Rz. 10 ff.). **Vorsatz** **Fahrlässigkeit**

Man ist zwar grds. nur für eigenes Verhalten verantwortlich, allerdings sieht das Privatrecht in einigen Regelungen eine Haftung für fremdes Handeln vor. So hat man nach § 278 BGB das Verschulden des gesetzlichen Vertreters (z. B. der Eltern, des Vormunds, des Betreuers, s. o. II-1.2.6) und der Personen zu vertreten, deren man sich zur Erfüllung seiner vertraglichen Verbindlichkeit bedient (sog. Erfüllungsgehilfen). Erfüllungsgehilfen müssen nicht weisungsabhängig sein und können auch selbstständige Unternehmer sein (z. B. Handwerker, Spediteure, Banken, Rechtsanwälte), die der Schuldner zur Erfüllung *seiner* Pflichten eingeschaltet hat. Aufgrund der mit dem Schuldverhältnis zusammenhängenden Schutzpflichten wird dem Schuldner das schuldhafte Handeln der *anderen* Personen zugerechnet. Dies ist zu unterscheiden von der Zurechnung von WE i. R. d. Stellvertretung nach § 164 BGB (s. o. 1.2.6). **Haftung für andere** **Erfüllungsgehilfe**

Ebenso zu unterscheiden ist die schuldrechtliche Haftungszurechnung von der **Haftung für unerlaubte Handlungen von Dritten**. Nach § 831 Abs. 1 BGB haftet man für das widerrechtliche Verhalten von sog. Verrichtungsgehilfen, also weisungsgebundener Personen, denen man sich zur Erledigung von Aufgaben bedient hat (z. B. Arbeitnehmer), selbst wenn diese nicht schuldhaft (weil sie z. B. schuldunfähig waren) gehandelt haben. Hier besteht ein Haftungsgrund wegen vermuteten *eigenen* Verschuldens des Geschäftsherrn. Möglich ist hier ein sog. Entlastungsnachweis (sog. „Exkulpation"), d. h., die Schadensersatzpflicht tritt nicht ein, wenn der Geschäftsherr bei der Auswahl und Überwachung des Verrichtungsgehilfen die im Verkehr erforderliche Sorgfalt beobachtet hat oder wenn der Schaden auch bei Anwendung dieser Sorgfalt entstanden wäre (§ 831 Abs. 1 S. 2 BGB). Entsprechendes gilt für die **Haftung von Aufsichtspflichtigen** z. B. bei MJ oder anderen aufsichtsbedürftigen Personen (§ 829 BGB), von Haltern und Aufsehern von Haustieren (§§ 833 f. BGB) und Grundstücksbesitzern (§§ 836–838 BGB). Aufsichtspflicht bedeutet, dafür verantwortlich zu sein, dass die anvertraute Person (bzw. die anvertraute Gefahr) nicht einen anderen oder sich selbst schädigt (hierzu Kap. V-1.2). **Verrichtungsgehilfe**

Mehrere Personen haften jeder für sich für den durch eine gemeinschaftlich begangene unerlaubte Handlung angerichteten Schaden (sog. Gesamtschuldverhält- **Gesamtschuldverhältnis**

nis), auch wenn sich nicht ermitteln lässt, wer von mehreren Beteiligten den Schaden durch seine Handlung verursacht hat (§ 830 Abs. 1 BGB). Dies bedeutet nach § 421 BGB, dass jeder Schädiger dem Geschädigten gegenüber (sog. Außenverhältnis) zum Schadensersatz verpflichtet ist. Der Geschädigte kann den Schadensersatz zwar nur einmal fordern, dabei aber die Leistung nach seinem Belieben von jedem der Schuldner ganz oder teilweise fordern. Er kann sich also aussuchen, gegen wen er seinen Anspruch geltend macht; zweckmäßigerweise vorrangig von demjenigen, der am solventesten, d. h. am zahlungskräftigsten, erscheint oder von dem der Schadensersatz am schnellsten zu erlangen ist.

Ist der Schadensersatz von einem der Schädiger geleistet worden, so ist der Anspruch des Geschädigten erfüllt (§ 422 Abs. 1 BGB, s. I-1.4.6). Stattdessen besteht aber nun eine Ausgleichungspflicht zwischen den Gesamtschuldnern untereinander. Nach § 426 Abs. 1 BGB sind die Gesamtschuldner im Verhältnis zueinander (sog. Innenverhältnis) grds. zu gleichen Anteilen verpflichtet.

Haftung von juristischen Personen Bei juristischen Personen des Privatrechts haften diese unmittelbar für die Handlungen ihrer Organe. Dieser in § 31 BGB für den Verein normierte Grundsatz gilt für alle juristischen Personen (HK-BGB/Dörner 2014 § 31 Rz. 10). Gesetzliche Vertreter für natürliche Personen (z. B. Eltern minderjähriger Kinder oder Betreuer) werden weder von § 31 BGB noch von § 831 BGB erfasst.

Amtshaftung Verletzt ein Amtsträger (insb. Beamte und Mitarbeiter des öffentlichen Dienstes) in Ausübung eines öffentlichen Amtes die ihm einen Dritten gegenüber obliegenden Amtspflichten, so trifft die Haftung nach Art. 34 S. 1 GG – entgegen dem Wortlaut von § 839 BGB – unmittelbar den öffentlichen Träger. Die Haftung gegenüber dem Geschädigten wird also auf den „Staat" (besser: den öffentlichen Träger) verlagert. Handelte der Amtsträger vorsätzlich oder grob fahrlässig, so kann er vom Arbeitgeber in Regress genommen werden (vgl. V-3.4.5). Die Haftungsverlagerung tritt aber nur bei öffentlich-rechtlichem Handeln des Amtsträgers ein. Handelte der Mitarbeiter des öffentlichen Dienstes i. R. einer als privatrechtlich zu qualifizierenden Tätigkeit (sog. Fiskalverwaltung, vgl. I-4.1.1.1), so haftet der öffentliche Anstellungsträger nach §§ 89, 31 BGB wie ein eingetragener Verein.

Gefährdungshaftung Eine Ausnahme vom Grundsatz der Verschuldenshaftung ist die sog. Gefährdungshaftung für Schäden, die sich allein aus einer Gefahr ergeben. Der Gesetzgeber erlaubt insoweit zwar die Schaffung eines Risikos, wenn dieses aber zu einem Schadensereignis führt, haftet der Verantwortliche auch ohne Verschulden. Dies ist z. B. bei der Haftung des Tierhalters nach § 833 S. 1 BGB der Fall (Ausnahmen S. 2). Das Gleiche gilt für den Halter eines Kraftfahrzeugs nach § 7 Abs. 1 StVG, dessen Haftung nur dann ausgeschlossen ist, wenn der Unfall durch ein unabwendbares Ereignis verursacht wurde (§ 7 Abs. 2 StVG). § 1 Produkthaftungsgesetz begründet eine verschuldensunabhängige Haftung des Herstellers fehlerhafter Produkte für die daraus resultierenden Personen- und Sachschäden. Weitere Regelungen zur Gefährdungshaftung enthält z. B. das Haftpflichtgesetz für den Betrieb einer Eisenbahn, von Stromleitungs- und Rohrleitungsanlagen sowie das Atomgesetz oder das Umwelthaftungsgesetz für eine Reihe gefährlicher Anlagen.

Produkthaftung

Grds. muss derjenige, der zum Schadensersatz verpflichtet ist, den Zustand so herstellen, als wäre der Schaden nicht eingetreten (§ 249 Abs. 1 BGB), man nennt dies die sog. **Naturalrestitution**. Ist dies nicht möglich, so ist Schadensersatz in Geld zu leisten (§ 249 Abs. 2 BGB). Der zu ersetzende Schaden umfasst auch den entgangenen Gewinn (§ 252 BGB). Auch **Folgeschäden** sind erstattungsfähig, soweit sie sich adäquat-kausal auf das schädigende Ereignis zurückführen lassen und vom Schutzzweck der Norm umfasst sind (HK-BGB/Schulze 2014 § 249 Rz. 6). Bei **immateriellen Schäden** besteht nach § 253 Abs. 1 BGB eine Schadensersatzpflicht in Geld nur, wenn dies gesetzlich ausdrücklich geregelt ist (z. B. Schmerzensgeld nach § 253 Abs. 2 BGB bei Verletzung des Körpers, der Gesundheit, der Freiheit oder der sexuellen Selbstbestimmung).

Art und Umfang des Schadensersatzes

Als Vertrauensschaden (oder sog. negatives Interesse) bezeichnet man einen Schaden, den jemand im Vertrauen auf die Wirksamkeit eines Vertrages oder einer WE erleidet. Wer zum Ersatz des Vertrauensschadens verpflichtet ist (z. B. §§ 119, 120, 122, 179 Abs. 2 BGB, s. 1.2.2 und 1.2.6), hat den anderen so zu stellen, wie dieser ohne die WE bzw. den Vertrag gestanden hätte. Die Haftung ist nach § 254 BGB eingeschränkt, wenn ein Mitverschulden des Geschädigten vorliegt. Dies ist dann der Fall, wenn der Geschädigte, etwa durch eigene Unachtsamkeit, zur Entstehung des Schadens beigetragen hat. Bei der Frage, wer in welchem Umfang für den eingetretenen Schaden aufzukommen hat, ist auch von Bedeutung, ob die jeweilige Person leicht fahrlässig oder grob fahrlässig gehandelt hat.

Vertrauensschaden

Mitverschulden

1.4.6 Beendigung von Schuldverhältnissen

Ein Schuldverhältnis besteht so lange, bis die geschuldete Leistung vom Schuldner an den Gläubiger bewirkt wird (Erfüllung, § 362 Abs. 1 BGB) oder wenn der Gläubiger eine andere als die geschuldete Leistung an Erfüllung statt annimmt (§ 364 Abs. 1 BGB). Wie (**Art und Güte**), wann (**Leistungszeit**) und wo (**Leistungsort**) zu diesem Zweck geleistet werden muss, bestimmt sich nach §§ 242 ff., 269 ff. BGB, sofern die Vertragsparteien nichts ausdrücklich vereinbart haben. Wechselseitige Geldforderungen zweier Vertragsparteien können gemäß §§ 387 ff. BGB auch durch einseitige Erklärung der Aufrechnung zum Erlöschen gebracht werden, soweit sie sich decken.

Erfüllung

Schuldverhältnisse, die durch einen fortlaufenden Leistungsaustausch gekennzeichnet sind (**Dauerschuldverhältnisse**, z. B. Miet- und Dienstvertrag, Gesellschaft), erlöschen aufgrund der wiederkehrenden Leistungspflichten nicht durch die Erbringung der Leistung. Befristete Dauerschuldverhältnisse enden mit Ablauf des vereinbarten Vertragszeitraumes, unbefristete enden durch eine Kündigung, eine einseitige WE einer Partei, den Vertrag nicht länger fortführen zu wollen. Allerdings sind dabei vertraglich oder gesetzliche Kündigungsfristen und Schutzvorschriften zu beachten (z. B. §§ 573c, 621 f. BGB; s.o. 1.4.2 die spezifischen Regelungen für die verschiedenen Vertragstypen). Daneben ist aber immer auch eine Vertragsbeendigung mit einer Kündigung „aus wichtigem Grund" fristlos möglich (vgl. § 314 BGB), wenn die Fortsetzung des Vertragsverhältnisses bei Berücksichtigung aller Umstände des Einzelfalles und unter Abwägung der bei-

Kündigung

Abmahnung derseitigen Interessen schlicht unzumutbar ist (HK-BGB/Schulze 2014 § 314 Rz. 3). Ein wichtiger Grund kann auch in einer erheblichen Pflichtverletzung liegen (zu den Haupt- und Nebenleistungspflichten s. o. 1.4.1). Die Kündigung ist aber i. d. R. erst nach Ablauf einer zur Abhilfe bestimmten Frist bzw. nach einer erfolglosen Abmahnung zulässig (§ 314 Abs. 2 BGB).

Rücktritt Durch einen Rücktritt wird das Schuldverhältnis hingegen nicht beendet, sondern rückgängig gemacht. Dies ist entweder möglich, wenn ein Rücktritt vertraglich vereinbart wurde oder ein gesetzliches Rücktrittsrecht besteht (§ 346 Abs. 1 BGB), z. B. bei Leistungsstörungen und insb. bei Fehlschlagen von Fehlerbeseitigungen nach § 281 Abs. 5, § 313 Abs. 3, §§ 323 f., § 326 Abs. 4 u. 5, § 439 Abs. 4, § 441 Abs. 4 S. 2, § 634 Nr. 3, § 636 BGB. Der Rücktritt ist eine empfangsbedürftige WE (§ 349 BGB). Kommt es zu einem Rücktritt, so sind die empfangenen Leistungen zurück zu gewähren und die gezogenen Nutzungen (Früchte und sonstigen Gebrauchsvorteile, vgl. §§ 99, 100 BGB) herauszugeben (§ 346 Abs. 1 BGB). Das ursprüngliche Schuldverhältnis wandelt sich in ein gesetzliches **Rückgewährschuldverhältnis**; ggf. ist Wertersatz zu leisten (§ 346 Abs. 2 BGB). Erst mit Erfüllung dieser Pflichten erlischt dann das Schuldverhältnis nach § 362 BGB.

Ebenfalls ein Rückgewährschuldverhältnis entsteht durch Ausübung des für bestimmte Verbraucherverträge vorgesehenen Widerrufsrecht nach §§ 355, 357 BGB (s. 1.3.1.2).

Geschäftsgrundlage **Verträge sind einzuhalten** (lat. „*pacta sunt servanda*"). Bei Störungen bestehen die Möglichkeiten der Anfechtung (s. o. 1.2.2) oder der Beendigung durch Rücktritt, Widerruf und Kündigung. Nur in extremen Ausnahmefällen kann nachträglich eine Vertragsanpassung oder gar Vertragsauflösung auch gegen den Willen des Vertragspartners verlangt werden (einvernehmlich sind Änderungen immer möglich!), wenn die sog. Geschäftsgrundlage entfallen ist (§ 313 BGB). Dies ist z. B. bei schweren Wirtschaftskrisen, politischen Umwälzungen oder Kriegen der Fall, im Übrigen nur bei schwerwiegenden Änderungen von Umständen, von denen beide Parteien bei Vertragsschluss erkennbar als wesentlich ausgegangen sind.

1.4.7 Verjährung

Verjährung Von der Beendigung eines Schuldverhältnisses ist die Verjährung von Ansprüchen zu unterscheiden. Ein einmal durch Vertrag oder Gesetz entstandener **Anspruch**, also das Recht, von einem anderen ein Tun oder Unterlassen verlangen zu können (§ 194 BGB), besteht **zeitlich unbegrenzt**, sofern er nicht durch Erfüllung, Aufrechnung oder anderweitige Vereinbarung zum Erlöschen kommt (s. 1.4.6). Das würde im Wirtschaftsverkehr jedoch zu Rechtsunsicherheit und nicht praktikablen Ergebnissen führen: Der Schuldner einer Leistung, die vom Gläubiger nicht eingefordert wird, müsste die Leistung sein ganzes Leben bereithalten, falls der Gläubiger doch noch seinen Anspruch geltend macht. Zum Ausgleich der Interessen der Parteien hat der Gesetzgeber in § 194 BGB verfügt, dass Ansprüche der Verjährung unterliegen. Diese führt nicht zum Erlöschen der Schuld/Forderung (sog. Einwendung), sondern gemäß § 214 BGB nur zu einem **Leistungsverweigerungsrecht** (sog. Einrede). Das heißt, der Anspruch kann vom Gläubiger nach Ablauf einer bestimmten Zeit nicht mehr gegen den Willen des Schuldners durchgesetzt werden. Der Schuldner ist insoweit frei, den Anspruch zu erfüllen, etwa weil die Leistung noch vorhanden ist und er diese loswerden oder er seine Geschäftsbeziehung zum Gläubiger nicht beeinträchtigen will. Erfüllt er den Anspruch, dann leistet er nicht ohne Rechtsgrund, weshalb eine Rückforderung (Kondiktion, s. 1.4.3.1) insoweit nicht möglich ist.

Die Verjährung wird von den Gerichten allerdings nicht automatisch von Amts wegen berücksichtigt, sondern der Schuldner muss die Einrede erheben, d. h. sich auf sie berufen. Die **Verjährungsfrist** beträgt i. d. R. **drei Jahre** (§ 195 BGB), eine Reihe von Ansprüchen, z. B. auf Heraugabe des Eigentums oder rechtskräftig festgestellte Ansprüche verjähren allerdings erst nach 30 Jahren (§ 195 BGB). Die regelmäßige dreijährige Verjährungsfrist beginnt erst **mit Ablauf des Jahres** zu laufen, in dem der Anspruch entstanden ist und der Gläubiger von seinem Anspruch erfahren hat (§ 199 Abs. 1 BGB); im Übrigen verjähren Ansprüche nach Ablauf einer Zeit von 10–30 Jahren ab ihrer Entstehung in Abhängigkeit davon, um welche Rechtsgüter und was für Ansprüche es sich handelt (§§ 199 Abs. 2 und 3, 200 f. BGB).

Verjährungseinrede

Neben den Verjährungsregelungen im Allgemeinen Teil des BGB gibt es einige **Sonderregeln im Besonderen Schuldrecht**. So verjähren z. B. im Kaufrecht die Ansprüche aus Gewährleistung nach § 438 BGB im Regelfall nach zwei Jahren ab Übergabe der Kaufsache. Diese Frist kann einerseits durch ein Garantieversprechen verlängert, allerdings vertraglich auch verkürzt oder gar ausgeschlossen werden (s. o. 1.4.2.2, zum Werkvertrag s. § 634a BGB). Bei einem Verbrauchsgüterkauf ist nach § 475 Abs. 2 BGB eine Verkürzung der Frist allerdings nur bei gebrauchten Waren und auch nur auf bis zu einem Jahr möglich (HK-BGB/Saenger 2014, § 438 Rz. 8).

Besondere Verjährungsvorschriften

Der Ablauf der Verjährungsfrist lässt sich durch Hemmung stoppen, d. h. der Zeitraum der Hemmung wird gem. § 209 BGB aus der Verjährungsfrist herausgerechnet. Dies kann nach § 204 BGB durch Rechtsverfolgung, insb. Erhebung einer Klage (Abs. 1 Nr. 1), durch Zustellung eines Mahnbescheides (s. Übersicht 28) oder durch die Veranlassung der Bekanntgabe des Güteantrags (zur Arbeit der Gütestellen s. I-6.2.1) erfolgen. Freilich wird die Verjährung nach § 203 BGB auch dadurch gehemmt, dass die Parteien Verhandlungen über eine einvernehmliche Erledigung des Konfliktes, insb. i. R. einer **Mediation** (hierzu I-6.3) über den Anspruch bzw. die den Anspruch begründenden Umstände führen, bis der eine oder andere Teil die Fortsetzung der Verhandlungen verweigert. Insoweit ist es wichtig, Anfang und Ende dieser Verhandlungen zu dokumentieren. In einigen Fällen hat der Gesetzgeber mit Rücksicht auf besondere Nähe- oder Abhängigkeitsbeziehungen eine Hemmung für eine bestimmte Zeit angeordnet, z. B. sind die Ansprüche von Ehegatten und Lebenspartnern untereinander für die Dauer ihrer Ehe/Lebenspartnerschaft ebenso gehemmt wie die von Kindern gegenüber (Stief-)Eltern bis zur Vollendung des 21. Lebensjahres (nach § 207 Abs. 1 BGB).

Hemmung

1.5 Sachenrechtliche Grundbegriffe

Das Sachenrecht (§§ 854–1296 BGB) beinhaltet Regelungen über den Erwerb und Verlust von Sachen und den an Sachen möglichen Rechten. **Sachen** sind nach § 90 BGB körperliche Gegenstände (unpersönliche Rechtsobjekte). Nur an ihnen können sog. dingliche Rechte, insb. Eigentumsrechte, sowie der Besitz bestehen. Auch **Tiere** werden insoweit wie Sachen behandelt, wobei aber insb. die Regelungen des Tierschutzes zu beachten sind (§ 90a BGB). Bei Grundstücken sind die mit dem Grund und Boden fest verbundenen Sachen, insb. Gebäude, wesentlicher Bestandteil, ebenso die mit dem Boden verbundenen Erzeugnisse des Grundstücks (Pflanzen; § 94 Abs. 1 BGB). Die Unterscheidung zwischen beweglichen und unbeweglichen Sachen (Immobilien, Liegenschaften) wird vom BGB insoweit vorausgesetzt.

Eigentum und Besitz

Das umfassende und grds. unbeschränkte Recht an einer Sache nennt man Eigentum (§§ 903 ff. BGB). Der Eigentümer einer Sache kann mit dieser nach Belieben verfahren und andere von jeder Einwirkung ausschließen (§ 903 S. 1 BGB), soweit nicht das Gesetz oder Rechte Dritter entgegenstehen (**Eigentumsfreiheit**). Demgegenüber bezeichnet der Begriff Besitz nur die tatsächliche Herrschaft über eine Sache (§ 854 BGB), wobei zumindest der berechtigte Besitzer rechtlich geschützt ist, z. B. gegen den Besitzentzug durch Wegnahme durch Unbefugte, sog. verbotene Eigenmacht, die der Besitzer verhindern darf – notfalls mit Gewalt (§§ 858 ff. BGB). Eigentum und Besitz an einer Sache sind also verschiedene rechtliche Kategorien und müssen auch nicht unbedingt bei ein und derselben Person zusammen fallen; ganz offensichtlich ist dies nach dem Diebstahl einer Sache, aber auch bei den Vertragsformen der Gebrauchsüberlassung wie z. B. der Miete ist dieses Auseinanderfallen immanent: der Mieter ist Besitzer, der Vermieter Eigentümer (s. 1.4.2.2).

Herausgabeanspruch

Anders als bei schuldrechtlichen Rechten, die nur im Verhältnis zu einer anderen Person oder einigen anderen Personen bestehen, sind dingliche Rechte **absolute Rechte**, die gegenüber jedermann wirken. So kann etwa der Mieter nur vom Vermieter die Überlassung der Mietsache zum Gebrauch verlangen, jedoch gegenüber jedermann verlangen, ihn nicht im Gebrauch der Sache zu stören. Der Eigentümer kann von dem Besitzer die Herausgabe der Sache verlangen (§ 985 BGB). Dieser kann dies nur verweigern, wenn er oder ein anderer, von dem der aktuelle Besitzer sein Recht zum Besitz ableitet (der sog. mittelbare Besitzer, z. B. der Untermieter), dem Eigentümer gegenüber zum Besitz berechtigt ist (§ 986 BGB). Ein solches Recht kann sich z. B. aus einem Vertrag (Kauf, Miete), einem dinglichen Recht (z. B. Pfandrecht, s. u.) oder aus dem Familien- und Erbrecht ergeben. Hat der Besitzer notwendige oder sonstige wertsteigernde Aufwendungen auf die Sache gemacht (z. B. lässt der Mieter einen Verschleißdefekt am Mietwagen reparieren), kann er den Ersatz dieser Aufwendungen vom Eigentümer verlangen (§§ 994 ff. BGB) und bis zur Erfüllung dieses Anspruchs die Herausgabe gem. § 1000 BGB verweigern, Wird das Eigentum in anderer Weise beeinträchtigt als durch Entzug oder Vorenthaltung des Besitzes, kann der Eigentümer nach § 1004 Abs. 1 S. 1 BGB vom jeweiligen Störer die Beseitigung der Störung verlangen, z. B. das Verlassen des unerlaubt betretenen Grundstücks. Sind weitere Störungen zu erwarten, kann der Eigentümer vorsorglich auf Unterlassen klagen (§ 1004 Abs. 1 S. 2 BGB).

Das Sachenrecht ist vom sog. Typenzwang gekennzeichnet. Neben dem Eigentum als umfassendes, grds. unbeschränktes Sachenrecht gibt es nur die gesetzlich geregelten sog. beschränkt dinglichen Rechte, z. B.:

beschränkt dingliche Rechte

- Grundpfandrechte insb. zur Kreditsicherung (s. o. II-1.4.2), z. B. Hypothek (§§ 1113 ff. BGB) und die Grundschuld (§§ 1191 ff. BGB),
- Pfandrecht an beweglichen Sachen (§§ 1204 ff. BGB),
- das Erbbaurecht (sog. Erbpacht) nach der Erbbauverordnung.

Diese dinglichen Rechte gewähren Befugnisse an der Sache nur in einer bestimmten Art und Weise, deshalb sind sie „beschränkt". Sie belasten das (sonst unbeschränkte) Recht des Eigentümers und sind deshalb vorrangig zu beachten. Entsprechendes gilt für die sog. Vormerkung nach §§ 883 ff. BGB als Ankündigung eines zukünftigen Rechtserwerbs an einem Grundstück (sog. Auflassungsvormerkung).

Aufgrund des Trennungs- und Abstraktionsprinzips (s. II–Einleitung) ist der Abschluss eines schuldrechtlichen Verpflichtungsgeschäftes, welches die Pflicht zur Verschaffung des Eigentums an einer Sache beinhaltet (z. B. Kauf, Tausch), nicht gleichbedeutend mit dem Erwerb des Eigentums. Die Pflicht muss erst noch durch ein sog. sachenrechtliches Verfügungsgeschäft erfüllt werden. Es ist rechtlich möglich, mehrere solcher Verpflichtungsgeschäfte bezüglich einer Sache abzuschließen. Erfüllen kann der Schuldner jedoch nur einen von diesen Verträgen durch Übertragung des Eigentums. Die anderen Gläubiger können dann nur Schadensersatz statt der Leistung verlangen, da dem Schuldner eine weitere Übertragung des Eigentums unmöglich geworden ist (§§ 275, 280, 283 BGB, s. 1.4.4).

Trennungsprinzip

Eine Änderung der sachenrechtlichen Rechtsbeziehung muss für Dritte erkennbar sein. Deshalb erfordert der Erwerb von beweglichen Sachen nicht nur eine Einigung, dass das Eigentum übergehen soll, sondern es ist auch eine Übergabe der Sache vom Eigentümer an den Erwerber erforderlich (§ 929 BGB). Ungeachtet dieses **Publizitätsprinzips** gibt es im Rechts- und Wirtschaftsverkehr bezüglich beweglicher Sachen Übergabeformen, die deutlich weniger transparent sind (vgl. §§ 929a f. BGB).

Eigentumserwerb

Aus Gründen des Verkehrsschutzes wird gemäß § 932 Abs. 1 BGB auch das Verfügungsgeschäft eines **Nichtberechtigten** (also des Nicht-Eigentümers) für wirksam erklärt. Voraussetzung ist, dass der Erwerber bezüglich der Berechtigung des Verfügenden gutgläubig ist, d. h. wenn er nicht weiß und auch nicht wissen musste, dass die Sache nicht dem Verfügenden gehört (§ 932 Abs. 2 BGB). Dieser sog. **gutgläubige Erwerb** ist aufgrund zunehmender Lieferketten im bürgerlichen Wirtschaftsverkehr eingeführt worden. Ohne dieses Rechtsinstitut müssten sonst im Fall einer unwirksamen Verfügung (z. B. aufgrund einer Geschäftsunfähigkeit des Verfügenden oder einer anschließenden Anfechtung wegen Irrtums) sämtliche nachfolgenden Verfügungsgeschäfte bis hin zum Endkunden rückabgewickelt werden. Mit dem gutgläubigen Erwerb verliert also der eigentliche Eigentümer sein Eigentum und kann es nicht mehr nach § 985 BGB herausverlangen. Ihm bleibt nur ein Anspruch wegen ungerechtfertigter Bereicherung (s. 1.4.3.1) gegen den Nichtberechtigten (§ 816 BGB), welcher dem Eigentümer das herausgeben muss, was er im Gegenzug für die Eigentumsübertragung erhalten hat. Nur bei unentgeltlichen Verfügungen (z. B. wegen einer Schenkung) hat der bisherige Eigentümer einen Anspruch auf Herausgabe gegen den Erwerber. Zum Schutz des Eigentümers ist ein **gutgläubiger Erwerb** gem. § 935 BGB außerdem immer dann ausgeschlossen, wenn die Sache dem Eigentümer abhandengekommen ist, er also den Besitz nicht freiwillig weggegeben, sondern die Sache verloren hat oder diese ihm gestohlen wurde.

Grundbuch Bei Immobilien sind die Eigentumsverhältnisse nachvollziehbarer ausgestaltet, denn jedes Recht und jede Rechtsänderung muss in das sog. Grundbuch eingetragen werden, welches von jedermann einsehbar ist. Das Grundbuch ist ein von den Amtsgerichten bzw. von den staatlichen Grundbuchämtern geführtes Bestandsverzeichnis (Register), in dem neben der Lage und Größe des Grundstücks insb. die Eigentumsverhältnisse, die Kreditsicherungen durch Grundpfandrechte (insb. Hypotheken und Grundschulden) und alle anderen Lasten und Beschränkungen (z. B. Dienstbarkeiten) verzeichnet sind. Der Eigentumsübergang bei Grundstücken vollzieht sich gemäß §§ 873, 925 BGB. Neben der Berechtigung des Übertragenden müssen sich Veräußerer und Erwerber über den Eigentumswechsel einigen, in § 925 BGB „Auflassung" genannt, und schließlich muss der Eigentumswechsel ins Grundbuch eingetragen werden. Auch bei Immobilien ist ein **gutgläubiger Erwerb** dann möglich, wenn derjenige, der im Grundbuch als Eigentümer eingetragen ist, gar nicht Eigentümer ist. Zum Schutz des Rechtsverkehrs gilt der Inhalt des Grundbuchs als richtig (§ 892 Abs. 1 S. 1 BGB), so dass der Erwerber zum Eigentümer wird.

1.6 Erbrechtliche Grundbegriffe

1.6.1 Zentrale Grundlagen und Prinzipien des Erbrechts

Das Erbrecht ist im Fünften Buch in den §§ 1922 ff. BGB geregelt (hierzu BMJV 2014). Es hat die Funktion, das Privateigentum als Grundlage der eigenverantwortlichen Lebensgestaltung mit dem Tode des Eigentümers nicht untergehen zu lassen, sondern seinen Fortbestand im Wege der Rechtsnachfolge zu sichern (BVerfG 14.12.1994 – 1 BvR 720/90 – NJW 1995, 2977). Mit dem Eigentum gehen auch die Verpflichtungen über, die der Verstorbene zu Lebzeiten eingegangen ist, aber nicht mehr erfüllt hat.

Verfassungsrechtliche Grundlage des Erbrechts ist Art. 14 Abs. 1 GG, der neben dem Eigentum auch das Erbrecht garantiert. Die fünf wesentlichen Grundprinzipien des Erbrechts sind:

Privaterbfolge Der Begriff Privaterbfolge besagt, dass das Vermögen des Erblassers, d. h. des Verstorbenen, grds. an eine private (natürliche oder juristische) Person übergeht.

Tiere sind nicht erbfähig, da diese rechtlich als Sachen behandelt werden (§ 90a BGB). Nur wenn kein privater Erbe vorhanden ist oder die Vorhandenen das Erbe ausschlagen (§ 1942 Abs. 1 BGB), hat der Staat nach § 1936 BGB ein gesetzliches Erbrecht.

Das Prinzip des Familienerbrechts äußert sich darin, dass nach dem gesetzlichen Erbrecht die Familienangehörigen des Verstorbenen seine Erben sind. Dies sind die in gerade Linie Verwandten (u. a. Kinder, Enkel und Eltern) sowie der Ehepartner oder der Partner in einer eingetragenen Lebenspartnerschaft (s. 1.6.2). **Familienerbrecht**

Von diesen gesetzlichen Regelungen kann jedoch – jedenfalls teilweise – abgewichen werden, indem eine letztwillige Verfügung in Form eines **Testaments** errichtet wird, in dem andere Personen als Erben eingesetzt werden (s. 1.6.3). Dieses Prinzip, dass der Erblasser die Erbfolge durch eine Verfügung von Todes wegen weitgehend selbst regeln kann (§ 1937 BGB), bezeichnet man als Testierfreiheit. **Testierfreiheit**

Der gesetzliche wie der testamentarische Erbe erwirbt den sog. Nachlass automatisch mit dem Tode des Erblassers im Wege des **Vonselbsterwerbs**. Er muss dazu in keiner Weise mitwirken oder auch nur vom Erbfall wissen. Das Erbe kann allerdings innerhalb von sechs Wochen ausgeschlagen werden (§§ 1942 ff. BGB), was zumeist bei Überschuldung des Nachlasses erfolgt. **Vonselbsterwerb**

Das letzte zentrale erbrechtliche Prinzip schließlich ist das der Gesamtrechtsnachfolge. Dies besagt nach § 1922 BGB, dass das Vermögen des Erblassers vom Grundsatz her als Ganzes auf eine oder mehrere Personen als Erben übergeht. Die Übertragung einzelner Vermögensbestandteile auf andere Personen ist zwar möglich, aber die Ausnahme. **Gesamtrechtsnachfolge**

1.6.2 Die gesetzliche Erbfolge

Nach gesetzlichen Regelungen erben grds. nur Verwandte, d. h. nach § 1589 BGB Personen, die mit dem Erblasser gemeinsame Vorfahren haben, nicht also verschwägerte Personen (vgl. § 1590 BGB). Ein Verwandtschaftsverhältnis wird auch durch eine Adoption (§§ 1741 ff. BGB; s. II-2.4.6) begründet. Das Gesetz teilt den Grad der Verwandtschaft der möglichen Erben in §§ 1924 ff. BGB in mehrere **Ordnungen** ein. Erben erster Ordnung sind die Abkömmlinge des Erblassers, also seine Kinder, Enkel und Urenkel. Erben zweiter Ordnung sind die Eltern des Erblassers mitsamt deren Abkömmlingen, also die Geschwister, Nichten und Neffen des Erblassers. Erben dritter Ordnung sind die Großeltern und deren Nachkommen, also Tanten, Onkel, Cousins und Cousinen des Erblassers. Erben vierter Ordnung sind die Urgroßeltern und deren Abkömmlinge. Verwandte sog. nachfolgender Ordnungen können nach dem gesetzlichen Erbrecht nur dann erben, wenn kein Angehöriger einer vorhergehenden Ordnung (mehr) vorhanden ist (§ 1930 BGB). Verwandte innerhalb derselben Ordnung erben jeweils zu gleichen Teilen (§§ 1924 Abs. 4, 1925 Abs. 2, 1926 Abs. 2 BGB). **Verwandtschaft**

Der überlebende Ehe- oder Lebenspartner ist unabhängig vom Güter- bzw. Vermögensstand neben Abkömmlingen zu einem Viertel, neben Verwandten der zweiten Ordnung und neben Großeltern zur Hälfte gesetzlicher Erbe (§ 1931 Abs. 1 BGB, § 10 LPartG). Haben die Partner im Güterstand der Zugewinngemeinschaft **Besondere Regelung für den Ehe- und Lebenspartner** (vgl. II-2.2.2) bzw. der Ausgleichsgemeinschaft gelebt, so erhöht sich der genannte Erbteil um ein Viertel (§§ 1371, 1931 Abs. 3 BGB). Sind weder Verwandte erster noch zweiter Ordnung noch Großeltern vorhanden, so erbt der Ehe- oder Lebenspartner von Gesetzes wegen allein. Nach § 1932 BGB steht dem überlebenden Ehegatten zudem der sog. **Voraus** zu. Dieser besteht aus den zum ehelichen Haushalt gehörenden Gegenständen, wie z.B. Möbel, Teppiche, Geschirr und wohl auch dem gemeinschaftlich genutzten PKW sowie etwaigen Hochzeitsgeschenken. Der Sinn der Regelung liegt darin, dem überlebenden Partner nicht Gegenstände zu entziehen, die zwar dem Verstorbenen gehört haben, aber zur gemeinsamen Haushaltsführung bestimmt waren. Darüber hinaus können der hinterbliebene Ehegatte oder Lebenspartner sowie sonstige Familienangehörige des Erblassers nach § 1969 BGB den sog. **Dreißigsten** beanspruchen. Der Erbe ist danach verpflichtet, Familienangehörigen des Erblassers, die zur Zeit des Todes zu seinem Hausstand gehört haben und von ihm unterhalten wurden, in den ersten 30 Tagen nach dem Tode im selben Umfang Unterhalt zu gewähren und die Nutzung der Wohnung und der Haushaltsgegenstände zu gestatten.

Sind die Ehepartner geschieden bzw. ist die eingetragene Lebenspartnerschaft aufgehoben, so besteht kein Erbrecht. Unter den Voraussetzungen des § 1933 BGB gilt dies auch bereits bei in Scheidung lebenden Ehepartnern.

Gleichstellung von ehe- und nichtehelichen Kindern

Im Erbrecht sind nichteheliche und eheliche Kinder grds. gleichgestellt. Die bis zum 28.05.2009 insoweit in Art. 12 § 10 Abs. 2 S. 1 NEhelG bestehende Ausnahme, wonach vor dem 1.7.1949 geborene nichteheliche Kinder mit ihren Vätern als nicht verwandt und daher auch nicht als gesetzliche Erben galten, ist in Folge eines Urteils des EGMR (28.05.2009 – 3545/04), wonach die Regelung im Widerspruch zu Art. 14 i.V.m. Art. 8 EMRK stand, abgeändert worden. An gleicher Stelle findet sich für diese Personen ein Ersatzanspruch in Höhe des entgangenen Erbes, aber nur wenn Bund oder Land gemäß § 1936 BGB Erbe geworden ist.

Honorierung von Pflegeleistungen

Ein weiteres Ziel der am 01.01.2010 in Kraft getretenen **Erbrechtsreform** war auch eine bessere Honorierung von Pflegeleistungen im Erbfall, denn ein großer Teil der Pflegebedürftigen wird zu Hause versorgt, ohne dass über die finanzielle Seite gesprochen wird. Traf der Erblasser in seinem Testament keine Regelung, ging der pflegende Angehörige oftmals leer aus, da erbrechtliche Ausgleichsansprüche nur bestanden, wenn ein Abkömmling den Erblasser unter Verzicht auf berufliches Einkommen über längere Zeit gepflegt hatte. § 2057a BGB sieht nun zumindest vor, dass auch die Pflegeleistungen desjenigen Abkömmlings bei der Erbausgleichung berücksichtigt werden, der nicht unter Verzicht auf berufliches Einkommen gepflegt hat. Mit der Erbrechtsreform wurden die Verjährungsfristen bzgl. familien- und erbrechtlicher Ansprüche mit wenigen Ausnahmen (z.B. § 199 Abs. 3a BGB) den allgemeinen Verjährungsvorschriften des Schuldrechts angepasst, die eine Regelverjährung von drei Jahren vorsehen (§ 195 BGB, s. 1.4.7).

Verjährungsfristen

1.6.3 Die Verfügung von Todes wegen

Die gesetzliche Erbfolge kann durch die Errichtung eines Testaments (§§ 1937, 2064 ff. BGB) ausgeschlossen werden. Für die Wirksamkeit des Testaments müssen verschiedene **Formerfordernisse** eingehalten werden, bei deren Nichtbeachtung das Testament ungültig sein kann. Das Testament kann entweder durch schriftliche oder mündliche Erklärung zur Niederschrift eines Notars oder durch eigenhändige Erklärung errichtet werden (§§ 2231 ff. BGB), d. h. es muss vollständig handschriftlich verfasst und mit vollem Namen unterschrieben sein (§ 2247 Abs. 1 BGB). Um bei mehreren Testaments-Versionen klären zu können, welches das zuletzt verfasste und damit das gültige Testament ist, ist es wichtig, auch den Zeitpunkt der Niederschrift zu vermerken. Ehepaare und Partner einer eingetragenen Lebenspartnerschaft haben die Möglichkeit, ein gemeinschaftliches Testament zu errichten. In diesem Falle müssen beide das von einem der Ehegatten bzw. Lebenspartner eigenhändig geschriebene Testament unterschreiben (§ 2267 BGB). Die Testierfähigkeit beginnt mit der Vollendung des 16. Lebensjahrs (§ 2229 BGB). Allerdings können MJ nach § 2247 Abs. 4 BGB kein eigenhändiges Testament errichten, sondern nur ein öffentliches Testament bei einer Notarin oder einem Notar (§ 2232 BGB).

Das Testament kann beim AG hinterlegt werden (§ 2248 BGB). Jedes nach dem Tode des Erblassers aufgefundene Testament muss beim AG als Nachlassgericht (bzw. in Baden-Württemberg beim Notariat) abgeliefert werden (§ 2259 BGB). Das in amtlicher Verwahrung befindliche oder abgelieferte Testament wird vom Nachlassgericht eröffnet und die Erben werden benachrichtigt. Zum Nachweis des Erbrechts kann beim Nachlassgericht ein **Erbschein** beantragt werden. Das Verfahren in Nachlasssachen richtet sich nach §§ 342 ff. FamFG.

Außer mit einem Testament kann auch mit einem Erbvertrag verbindlich bestimmt werden, wer Erbe werden oder etwas aus dem Nachlass erhalten soll (§§ 1941, 2274 ff. BGB). Anders als beim Testament kann der Erbvertrag im Regelfall nicht einseitig geändert werden. Der Erblasser ist an den Vertrag grds. gebunden. Ein solcher Vertrag kommt etwa in Frage, wenn jemand noch zu Lebzeiten des Erblassers in dessen Betrieb mitarbeiten und dafür als Ausgleich nach dem Tode den Betrieb als Erbe erhalten soll. Das Recht des Erblassers, zu Lebzeiten über sein Vermögen frei zu verfügen, wird aber grds. nicht beschränkt. Der Erbvertrag muss vor einem Notar bei gleichzeitiger Anwesenheit beider Vertragspartner geschlossen werden.

Hat der Verstorbene ein Testament hinterlassen, so sind die dort getroffenen Regelungen vorrangig. Es erben nur die Personen, die im Testament als Erben bestimmt sind. Hierbei gibt es allerdings eine nicht unbedeutende Einschränkung: Die Pflichtteilberechtigten können nicht ganz übergangen werden. Sie haben regelmäßig auch bei einem abweichenden Testament Anspruch auf den sog. Pflichtteil. Die Pflichtteilberechtigten sind die nächsten Angehörigen des Erblassers. Sie können zwar aufgrund der Testierfreiheit prinzipiell enterbt werden, es wird aber als unbillig angesehen, wenn dieser Personenkreis gar nichts aus dem Erbe erhalten würde. Daher haben die Pflichtteilsberechtigten nach § 2303 BGB gegen den oder die testamentarisch eingesetzten Erben einen Anspruch auf Geldzahlung in Höhe der

Randbegriffe: Testament · Testierfähigkeit · Hinterlegung und Eröffnung des Testaments · Erbvertrag · Pflichtteil

Hälfte des Wertes ihres gesetzlichen Erbteils. Der Pflichtteil kann durch den Erblasser für Abkömmlinge, Eltern und Ehegatten oder Lebenspartner gleichermaßen nur unter sehr engen Voraussetzungen entzogen werden (§ 2333 BGB). In Frage kommt dies etwa, wenn der Pflichtteilsberechtigte dem Erblasser, dem Ehegatten oder Lebenspartner, dem Kind oder andere ihm nahe stehende Personen, z. B. Stief- und Pflegekinder nach dem Leben trachtet oder diesen Personen gegenüber sonst eine schwere Straftat begeht oder bei böswilliger Verletzung der Unterhaltspflicht

Schenkungen des Erblassers können zu einem Anspruch auf Ergänzung des Pflichtteils gegen den Erben oder den Beschenkten führen (§ 2325 BGB). Dadurch wird der Pflichtteilsberechtigte so gestellt, als ob die Schenkung nicht erfolgt und damit der Pflichtteil durch die Schenkung nicht verringert worden wäre. Allerdings gilt das uneingeschränkt nur, wenn der Erblasser innerhalb des ersten Jahres nach der Schenkung stirbt, mit jedem weiteren Jahr wird ein Zehntel der Schenkung weniger berücksichtigt, so dass nach zehn Jahren kein Pflichtteilergänzungsanspruch mehr besteht (Abs. 3).

Ersatz-, Vor- und Nacherbe

Für den Fall, dass die als Erbe bestimmte Person vor dem Erblasser verstirbt, können Ersatzerben bestimmt werden (§ 2096 BGB). Es können auch Vor- und Nacherben bestimmt werden, die dann zeitlich nacheinander Erben des Vermögens werden (§§ 2100 ff. BGB). Zum Nacherben kann auch eine noch nicht gezeugte Person eingesetzt werden (§ 2101 BGB).

Vermächtnis

Im Testament kann auch ein Vermächtnis festgelegt werden (§§ 2147 ff. BGB). Hierbei ordnet der Erblasser an, dass eine Person nach seinem Tod einen bestimmten Geldbetrag oder einen sonstigen Nachlassgegenstand erhalten soll. Anders als der Erbe wird der Vermächtnisnehmer nicht mit dem Tod des Erblassers von selbst Eigentümer, sondern er hat dann einen schuldrechtlichen Anspruch gegen den Erben auf Herausgabe des Vermächtnisses (§ 2174 BGB).

Die Kosten einer angemessenen Bestattung haben die Erben zu tragen (vgl. auch III-4.2.4.5).

In den **östlichen Bundesländern** finden zwar grds. die erbrechtlichen Regelungen des BGB Anwendung, es gelten jedoch einige Besonderheiten, die in Art. 235 EGBGB geregelt sind. So wird die Errichtung oder Aufhebung einer Verfügung von Todes wegen, die vor dem Beitritt erfolgt ist, nach dem bisherigen Recht beurteilt. Auch wenn eine Person vor dem Beitritt verstorben ist, gilt für die erbrechtlichen Verhältnisse das bisherige Recht.

Zum Erbrecht: BMJV 2014
Zu den allgemeinen Grundlagen des Privatrechts: Däubler 2008; HK-BGB 2014

1. Was versteht man unter Privatautonomie und wo – aus welchen wesentlichen Gründen – liegen deren Grenzen? (Einführung, 1.1.2 und 1.3)
2. Was versteht man unter dispositivem Recht? (Einführung)
3. Was versteht man unter dem Trennungs- und Abstraktionsprinzip? (Einführung und 1.2.4)
4. Wer kann Träger von Rechten und Pflichten sein? (1.1.1)
5. Wodurch erhalten juristische Personen des Privatrechts ihre Rechtsfähigkeit und wie handeln sie im Rechtsverkehr? (1.1.1, 1.1.2 und 1.2.6)

6. Was ist bei der Gründung eines rechtfähigen Vereins zu beachten? (1.1.1)
7. Darf sich ein MJ von seinem Taschengeld immer alles kaufen, was er will? Braucht er dafür ein Mindestalter? (1.1.2.1)
8. Wie sind Willenserklärungen auszulegen? (1.2.1)
9. Welche rechtlichen Möglichkeiten hat jemand, der sich bei Abschluss eines Rechtsgeschäfts geirrt hat? (1.2.2)
10. Was ist die Folge, wenn eine gesetzlich vorgeschriebene Form bei einem Rechtsgeschäft missachtet wurde? (1.2.3)
11. Wie wird ein Vertrag geschlossen? (1.2.5)
12. Was ist der Unterschied zwischen einem Boten und einem Stellvertreter? (1.2.6)
13. Welche Voraussetzungen müssen erfüllt sein, um wirksam für jemand anderen handeln zu können? (1.2.6)
14. Wann werden AGB Vertragsbestandteil? (1.3.1.1)
15. Was kennzeichnet einen Verbrauchervertrag? Besteht bei allen Verbraucherverträgen ein Widerrufsrecht? (1.3.1.2)
16. Welche Pflichten bestehen aufgrund eines Schuldverhältnisses? (1.4.1)
17. Worin unterscheiden sich die Hauptpflichten eines Kaufvertrages von denen eines Mietvertrages? (1.4.2.1 und 1.4.2.2)
18. Welche Möglichkeiten hat ein Käufer, der eine mangelhafte Sache geliefert bekommt? (1.4.2.1)
19. Wann kann ein Vermieter einem Mieter wegen Mietschulden kündigen? Was ändert sich insoweit, wenn es sich um eine Mietwohnung handelt? (1.4.2.2)
20. Was unterscheidet den Dienstvertrag von einem Arbeitsvertrag und von einem Werkvertrag? (1.4.2.3 und 1.4.2.4)
21. Nennen Sie die Grundvoraussetzungen des Anspruchs wegen einer unerlaubten Handlung. (1.4.3.2)
22. Wann kommen die Gewährleistungsrechte des Besonderen Schuldrechts zur Anwendung, wann die Regeln der Allgemeinen Leistungsstörungsrechts? (1.4.4)
23. Unter welchen Voraussetzungen kann ein Gläubiger Schadensersatz wegen einer verspäteten Leistung fordern? (1.4.4)
24. In welchen Fällen kann ein Schadensersatz statt der Leistung gefordert werden? (1.4.4 und 1.4.2.1)
25. Was versteht man unter dem Grundsatz der Verschuldenshaftung? Was ist insoweit die Besonderheit bei Pflichtverletzungen in Schuldverhältnissen? (1.4.5)
26. Worin besteht der Unterschied zwischen einem Erfüllungs- und einem Verrichtungsgehilfen? (1.4.5)
27. Worin unterscheiden sich Rücktritt, Widerruf und Kündigung? (1.3.1.2 und 1.4.6)
28. Welche Voraussetzungen müssen erfüllt sein, um Eigentum an einer Sache an eine andere Person zu übertragen? (1.5)
29. Was ist unter gutgläubigem Erwerb zu verstehen und warum ist dieser möglich? (1.5)
30. Kann ein Erblasser verhindern, dass seine Kinder etwas von seinem Erbe erhalten? (1.6.3)

2 Familienrecht (Behlert/Tammen/Trenczek)

2.1 Soziale und rechtliche Entwicklungen im Überblick
2.2 Eherecht
2.2.1 Die Eheschließung
2.2.2 Die Wirkungen der Ehe
2.2.3 Trennung und Scheidung
2.2.4 Unterhalt nach Scheidung
2.3 Andere Formen der Partnerschaft
2.3.1 Die eheähnliche Gemeinschaft
2.3.2 Die Lebenspartnerschaft
2.4 Kindschaftsrecht
2.4.1 Abstammungsrecht
2.4.2 Unterhalt
2.4.2.1 Kindesunterhalt
2.4.2.2 Durchsetzung des Unterhaltsanspruchs
2.4.3 Die elterliche Sorge
2.4.3.1 Grundsätze
2.4.3.2 Inhalt der elterlichen Sorge
2.4.3.3 Erwerb der elterlichen Sorge
2.4.3.4 Elterliche Sorge bei Scheidung und Getrenntleben
2.4.3.5 Beschränkungen, Entzug, Ruhen der elterlichen Sorge
2.4.3.6 Die Beteiligung anderer Personen an der elterlichen Sorge
2.4.4 Kindesschutz
2.4.5 Umgangsrecht
2.4.6 Das Verfahren in Kindschaftssachen
2.4.6.1 Familiengerichte
2.4.6.2 Verfahrensbeteiligte
2.4.6.3 Mitwirkung des Jugendamtes im familiengerichtlichen Verfahren
2.4.6.4 Verfahrensbeistand
2.4.6.5 Ablauf und Besonderheiten des Verfahrens in Kindschaftssachen
2.4.7 Adoption
2.4.8 Vormundschaft und Pflegschaft
2.5 Betreuung
2.5.1 Voraussetzungen für die Bestellung eines Betreuers
2.5.2 Gegenstände der Betreuung
2.5.3 Rechtliche Wirkung der Betreuung und Rechtsstellung des Betreuers

2.1 Soziale und rechtliche Entwicklungen im Überblick

Mit vorhersehbarer Regelmäßigkeit findet sich in den Einleitungen zu familienrechtlichen Abhandlungen der Hinweis, dass dieses Rechtsgebiet im Vergleich zu anderen in ganz besonderer Weise gefordert sei, seine Konfliktlösungsinstrumentarien einer in rasantem und permanentem Wandel begriffenen sozialen Wirklichkeit anzupassen und so mit ihr Schritt zu halten (z. B.: Wellenhofer 2011, 2). Eine derartige Sichtweise hat einige rationale Veranlassungen, die noch zu behandeln sein werden. Sie kann zum Beleg ihrer Plausibilität auch auf eine dichte Datenreihe wichtiger Gesetze und höchstrichterlicher Entscheidungen verweisen. Dennoch ist sie unscharf. Denn zum einen betreffen gesellschaftliche Wandlungsprozesse die anderen Rechtsbereiche natürlich in gleichem, wenn nicht teilweise sogar in noch stärkerem Maße (siehe hierzu auch unser Vorwort). Zum anderen stellt das Familienrecht ein durchaus beachtliches Beharrungsvermögen in seiner ursprünglichen, funktional begründeten Verortung als eine der tragenden Säulen des bürgerlichen Rechts schlechthin unter Beweis (hierzu auch Wesel 1981, 78 f.). Eingefügt zwischen Eigentums- und Erbrecht, bleibt die Ehe des BGB zunächst, unbeeindruckt von einer **sozialen Wirklichkeit** alternativer Familien- und Lebensformen mit ihren ausgesprochen differenzierten ökonomischen, sozialen und ethischen Begründungen partnerschaftlichen und familiären Zusammenlebens in einer individualisierten Gesellschaft, zumindest im rechtlichen Sinne die „Keimzelle" der Familie. Sie ist dabei vor allem der soziale Ort, an dem Eigentum eingebracht, erworben, verwaltet und in der Generationenabfolge weitergegeben wird. Allein von den insgesamt derzeit 210 in Kraft befindlichen Vorschriften des ersten Abschnitts im Vierten Buch des BGB, in dem die Ehe geregelt ist, betreffen 142, also zwei Drittel, das eheliche Güterrecht.

Bedeutung der Ehe

Allerdings ist das heute geltende Familienrecht gleichzeitig auch ein Ausdruck dafür, dass der mit der Grundstruktur des Vierten Buches im BGB geltend gemachte Zusammenhang zwischen Ehe, Abstammung und Sorge für die Kinder schon seit einiger Zeit nicht mehr sozial valide ist. Genau dies meinen die eingangs zitierten Hinweise auf den Wandel im Familienrecht. Im Ergebnis haben wir es daher mit einem Regelungskomplex zu tun, der durch eine innere Spannung gekennzeichnet ist. Denn ohne dass die tradierten, ethisch, auch religiös überformten Begründungen für die zentralen Institutionen Ehe und Familie bereits vollständig aufgegeben wurden, fand man dennoch in den zurückliegenden Jahren und Jahrzehnten angemessene rechtliche **Lösungen für Problemstellungen**, wie sie sich aus modernen Entwicklungen von Partnerschafts- und Familienbeziehungen ergeben. Der Weg bis dorthin war jedoch lang und bisweilen auch mühsam. Bis teilweise in die 1970er Jahre hinein etwa stand das Verfassungsverständnis von Ehe und Familie, das seine Stütze nicht nur in den damaligen Werteanschauungen, sondern auch in der Gesetzeslage selbst fand, in einem aus heutiger Sicht unerträglichen und kaum noch nachvollziehbaren Gegensatz zum Gleichberechtigungsgebot aus Art. 3 Abs. 1 GG. So setzte erst das **Gleichberechtigungsgesetz** aus dem Jahre 1957 Vorschriften außer Kraft, wonach der Ehemann in allen das gemeinschaftliche eheliche Leben betreffenden Angelegenheiten das Letztentscheidungsrecht hatte, ihm insb. die Verwaltung und Nutznießung des Vermögens der Ehefrau zustand (§ 1363 BGB in der bis 1957 geltenden Fassung) und er u. a. berechtigt war, das Arbeitsverhältnis seiner Ehefrau zu kündigen, „wenn sich ergibt, dass die Tätigkeit der Frau die ehelichen Interessen beeinträchtigt" (§ 1358 BGB in der bis 1957 geltenden Fassung). Was damit gemeint gewesen sein konnte, ist unschwer einer späteren Entscheidung des BVerfG v. 27.4.1963 (1 BvL 30/57; 1 BvL 11/61-E 17,1; 21) zu entnehmen, wo die Formulierung zu finden ist: „Der Frau ist die Haushaltsführung, der geltenden Anschauung entsprechend, ... zur ersten Pflicht gemacht". Eine entscheidende Wendung nahm das Eherecht in der Tat erst mit dem 1. Ehereformgesetz aus dem Jahr 1976. Mit der dort erfolgten **Abschaffung des Verschuldensprinzips im Scheidungsrecht** und dem damit verbundenen erleichterten Zugang zu Unterhaltsleistungen nach einer Scheidung sowie der Einführung des Versorgungsausgleiches setzte es die rechtlichen Bedingungen dafür, dass Ehefrauen sich nunmehr selbstständig den Weg aus der (ökonomisch begründeten) Abhängigkeit vom Mann innerhalb ihrer ehelichen Verhältnisse bahnen konnten. Die letzten Hürden rechtlicher Ungleichbehandlung im Familienrecht waren damit freilich immer noch nicht genommen. So hat der Gesetzgeber eine Regelung im Namensrecht, wonach der gemeinsame Ehename, wenn sich die Ehegatten nicht einigen konnten, der Namen des Ehemannes zu sein hatte, erst im Jahre 1994 aus dem BGB entfernt, nachdem sie bereits 1991 durch das BVerfG für grundgesetzwidrig erklärt wurde (E 84, 9); bis in das Jahr 1998 hinein hatte die Mutter eines ehelichen Kindes nicht das Recht, die Vaterschaft ihres Ehemannes an dem Kind selbstständig anzufechten. Dies durfte nur der Ehemann selbst und – mit Einschränkungen – das Kind: Der Schutz der Ehe im Sinne damals herrschender Wertungen hatte vor den Persönlichkeitsrechten der Ehefrau und des Kindes Vorrang. Mittlerweile ist sogar, was vor wenigen Jahren noch außerhalb jeder Vorstellung gewesen sein dürfte, der genetische Vater berechtigt, die Vaterschaft des Ehemannes der Mutter anzufechten – wenn auch nur unter engen gesetzlichen Voraussetzungen.

Eltern-Kind-Verhältnis Noch zögerlicher ging die Entwicklung der rechtlichen Ausprägung des Eltern-Kind-Verhältnisses vonstatten, die allerdings auch im Kontext der gesellschaftlichen Etablierung alternativer Lebens- und Familienformen betrachtet werden muss. Volle 20 Jahre sowie einer klaren Fristsetzung seitens des BVerfG (29.01.1969 – BvR 26/66 – E 25, 167) bedurfte es, bis der Verfassungsauftrag aus Art. **6 Abs. 5 GG**, die rechtlichen Voraussetzungen für gleiche Entwicklungsbedingungen für nichteheliche und eheliche Kinder zu schaffen, mit dem Gesetz über die rechtliche Stellung der nichtehelichen Kinder von 1969 erfüllt wurde. Sowohl dem KJHG/SGB VIII (1991, hierzu: III-3) als auch dem Kindschaftsrechtsreformgesetz (1998) gingen jahrzehntelange zähe Debatten voraus. Erst mit letzterem wurde eine vollständige Gleichstellung von Kindern, deren Eltern nicht miteinander verheiratet sind und solchen, deren Eltern ein Ehepaar sind, erreicht. Hatten Väter nichtehelicher Kinder bis zu diesem Zeitpunkt nicht einmal einen eigenständigen Rechtsanspruch auf Umgang mit ihrem Kind, so konnten sie nunmehr – zunächst nur im Einvernehmen mit der Mutter – sogar Inhaber der elterlichen Sorge werden. Inzwischen ermöglicht § 1626a Abs. 1 Nr. 3, Abs. 2 BGB die Übertragung der elterlichen Sorge auf *beide* Elternteile durch das FamG auch ohne oder sogar ggf. gegen den Willen eines Elternteils, sofern der andere dies beantragt und die Übertragung nicht dem Kindeswohl widerspricht. Hier schlagen offenbar mehrere miteinander verbundene und aufeinander bezogene Entwicklungstendenzen durch. Denn zum einen liegt das durchschnittliche Erstverheiratungsalter in Deutschland mittlerweile bei Männern bei 33 Jahren bzw. 30 Jahren bei Frauen (diese und die folgenden statistischen Angaben sind entnommen aus: Statistisches Jahrbuch 2010, 45 ff.). Hiermit steht eine durchgreifende gesellschaftliche **Enttabuisierung vorehelicher Sexualität** in den letzten Jahrzehnten im Zusammenhang und damit wiederum der Rückgriff auf vielfältige Familien- und Lebensformen, die als Alternative oder aber auch als Vorstufe zur Ehe anzusehen sind. Im Ergebnis waren jedenfalls bei 34,5 % aller 2012 in der Bundesrepublik Deutschland geborenen Kinder die Eltern nicht miteinander verheiratet. Für die ostdeutschen Bundesländer liegen die Zahlen dabei noch deutlich höher (z. B.: jeweils 64 % in Sachsen-Anhalt und Mecklenburg-Vorpommern). Andere soziale Veränderungen, etwa die zeitliche Verschiebung des Kinderwunsches in eine spätere Phase der Partnerschaft (Frauen bekommen ihr erstes Kind heutzutage im statistischen Durchschnitt mit 28,9 Jahren) sowie die freiwillige Beschränkung der Kinderzahl (die statistisch ermittelte sog. zusammengefasste Geburtenziffer liegt bei 1,36 Kinder je Frau) korrespondieren nicht nur, aber auch mit individuellen und gesellschaftlichen Wünschen und Vorstellungen bezüglich einer chancenreichen und verantwortlichen Gestaltung des Lebens der Kinder. Rechtlich reflektiert sich dies u. a. in Fortschritten bei der **gesetzlichen Verankerung von Kinderrechten**, etwa im Gesetz zur weiteren Verbesserung von Kinderrechten vom 09.04.2002. Die Rücknahme des Vorbehalts der Bundesrepublik Deutschland gegenüber der unbeschränkten Geltung der UN-KRK (s. o. I-1.1.5.2) wird hier zu weiteren Konsequenzen führen (müssen). Ein (nicht zuletzt auch durch mediale Berichterstattung) zunehmend sensibilisiertes Gemeinwesen erwartete schließlich vom Gesetzgeber rechtliche Maßnahmen zum Schutz vor Gewalt in der Familie und insb. zum Schutz des Kindeswohls. Er entsprach dem u. a. mit dem Gewaltschutzgesetz (GewSchG) aus dem Jahre 2001, einer Gesetzesnovellierung zur Erleichterung familiengerichtlicher Maßnahmen bei Gefährdung des Kindeswohls vom 04.07.2008, dem zum 01.01.2012 in Kraft getretenen „Gesetz zur Stärkung eines aktiven Schutzes von Kindern und Jugendlichen – Bundeskinderschutzgesetz" (BKiSchG) – aber auch mit einer im Juli 2012 vollständig wirksam gewordenen Novellierung des Vormundschaftsrechts. Auch das zum 01.03.2014 in Kraft getretene „Gesetz zum Ausbau der Hilfen für Schwangere und zur Regelung der vertraulichen Geburt", dessen Regelungen schwerpunktmäßig im Schwangerenkonfliktgesetz (SchKG) zu finden sind, das aber punktuell auch familienrechtliche Wirkungen hat, ist übergreifend dem Gedanken des Kinderschutzes verpflichtet. Unmittelbare Adressaten des Getzes sind zwar sehr wohl Frauen in Konfliktlagen, denen es das Gesetz prinzipiell ermöglicht, bei der Geburt ihres Kindes und danach ihre Anonymität zumindest so lange zu wahren, bis der Konflikt hinreichend bearbeitet ist oder aber das Kind nach 16 Jahren sein Grundrecht auf Wissen um die eigene Abstammung aus Art. 2 Abs. 1 i. V. m. Art. 1 Abs. 1 GG (vgl. BVerfGE 96, 56) geltend macht. Gleichzeitig aber erfährt das Kind (wie auch die gebärende

Mutter) bereits von der Geburt an den Schutz einer adäquaten medizinischen Versorgung (i. E. §§ 25 ff. SchKG, §§ 10, 18 PStG).

Unterhaltsrecht Parallelen zwischen gesellschaftlicher und Rechtsentwicklung sind auch am Unterhaltsrecht beobachtbar. Mit der Regelung des Ehegattenunterhalts aus dem Jahre 1976 sollte vor allem die ökonomische Absicherung von nicht berufstätigen Frauen, die zudem noch gemeinsame Kinder zu erziehen hatten, durch den (geschiedenen) Ehemann erreicht werden. Mittlerweile ist jedoch die Berufstätigkeit der Frau zur Normalität geworden; zugleich kann man bei einer Scheidungsrate von schon seit einigen Jahren um 50 % von einer **Veralltäglichung der Scheidung** sprechen (Hettlage 1998, 79 ff., 160 ff.): Wurden im Jahr 2011 377.816 Ehen geschlossen, so stehen dem 187.640 Scheidungen gegenüber. Der damit verbundene Funktionswandel des nachehelichen Unterhalts macht sich rechtlich in einer Verstärkung des Prinzips der Eigenverantwortlichkeit und des gleichzeitigen Ausbaus von Möglichkeiten seiner Herabsetzung, zeitlichen Begrenzung, Beschränkung oder sogar Versagung geltend. Elternteile, die nach der Scheidung gemeinsame Kinder allein betreuen, haben heute von Gesetzes wegen regelmäßig nur noch einen Unterhaltsanspruch für die Dauer der ersten drei Lebensjahre des Kindes (vgl. II-2.2.4) und nicht mehr, wie nach früherer Rechtsprechung, wenigstens bis zum 8., bei mehreren zu betreuenden Kindern auch bis zum 14. Lebensjahr. Dies steht nicht zuletzt auch mit einem allmählich sich verbessernden und gesellschaftlich akzeptierten vorschulischen und schulischen (Ganztags-)Betreuungs- und Bildungsangebot in Zusammenhang. Gleichzeitig wären unterhaltsrechtliche Regelungen, die im Ergebnis zu Ungleichbehandlungen in Abhängigkeit davon führen würden, ob die Mütter mit dem Vater ihres Kindes verheiratet sind oder nicht, nicht mehr plausibel. All dies ist in einer grundlegenden Reform des Unterhaltsrechts geleistet, das in dieser Form seit dem 01.01.2008 in Kraft ist. Es nimmt in seiner Gesamtheit, so könnte man sagen, auf sehr einschneidende Weise, wenn auch noch nicht mit letzter Konsequenz, Abschied von den Mythen, dass die Ehe notwendigerweise auf Lebenszeit geschlossen werde, dass sie der vorgegebene soziale Ort sei, an dem Kinder in die Welt kommen und dass demzufolge Lebens- und Familienformen außerhalb von ihr zumindest rechtlich nachrangig zu betrachten seien.

Verfahrensrecht Auch und gerade im Verfahrensrecht verschaffen sich veränderte gesellschaftliche Perspektiven auf Familienformen und Familienbeziehungen Geltung. In einer Vielzahl dieser Beziehungen geht es unmittelbar um grundrechtsgeschützte Bereiche. Sie können daher nicht ohne weiteres der Dispositionsbefugnis der Betroffenen überlassen werden. Darüber hinaus ist für Konflikte im familiären Bereich, die in rechtlichen Verfahren zu bearbeiten, beizulegen oder anderweitig zu lösen sind, in den allermeisten Fällen eine beachtliche emotionale Aufgeladenheit charakteristisch (hierzu und zum Folgenden: Meysen et al. 2009; Jurgeleit 2010 §§ 4 ff.; Trenczek 2009b, 335 ff.). Diesen Spezifika soll nunmehr das zum 01.01.2009 in Kraft getretene Gesetz über das Verfahren in Familiensachen und in den Angelegenheiten der freiwilligen Gerichtsbarkeit (**FamFG**) Rechnung tragen. Nach ihm sind sämtliche Verfahren in Familiensachen (§ 111 FamFG) einem sog.

„Großen FamG" zugeordnet. Kennzeichnend für das Verfahren vor diesem Gericht ist zum einen eine starke Fokussierung auf gerichtliche und außergerichtliche Streitschlichtung bzw. das **Hinwirken auf einvernehmliche**, in Kindschaftssachen darüber hinaus auch **möglichst zeitnahe Lösungen** (sog. Vorrang- und Beschleunigungsprinzip, vgl. II-2.4.6). Zum anderen liegt der Schwerpunkt des familiengerichtlichen Verfahrens nunmehr auf dem Aspekt der Fürsorge des Gerichts für die Beteiligten und der erhöhten staatlichen Verantwortung für die materielle Richtigkeit der gerichtlichen Entscheidung (Bäumel 2009, 10). Ausnahmen bestehen lediglich für Ehe- bzw. Lebenspartnerschaftssachen und sog. Familienstreitsachen (§ 112 FamFG, insb.: Unterhaltssachen, Güterrechtssachen). Diese sind zwar als besondere Verfahren in Familiensachen ebenfalls in das FamFG aufgenommen. Für sie gelten jedoch zahlreiche Normen des ersten Buches des FamFG nicht. An ihrer Stelle kommen dafür (mit Einschränkungen) die allgemeinen Vorschriften der ZPO zur Anwendung (§§ 113, 270 Abs. 1 S. 1 FamFG). Dies erklärt sich daraus, dass in derartigen Verfahren die stärker kontradiktorische (d. h. im Gegensatz zueinanderstehende) Interessenlage mit dem eher auf konsensuale Lösungsfindung ausgerichteten FamFG nicht ohne weiteres kompatibel ist (Bäumel 2009, 48). Jedoch weisen besondere Sprachregelungen auch in diesen Fällen auf die affektive Spezifik hin: Statt vom Rechtsstreit oder vom Prozess ist hier vom Verfahren die Rede (demzufolge auch nicht mehr von Prozesskostenhilfe, sondern von Verfahrenskostenhilfe; hierzu I-5.3.3). Anstelle der Klage steht ein Antrag, die Parteien tragen die für das gesamte FamFG übliche Bezeichnung Beteiligte; sie werden nicht mehr Kläger und Beklagter, sondern nunmehr Antragsteller und Antraggegner genannt. Auch Vormundschafts- und Adoptionssachen sind Familiensachen i. S. d. FamFG. Erstere sind den Kindschaftssachen zugeordnet, auf die weiter unten (II-2.4.6) gesondert einzugehen sein wird. Dass das FamFG schließlich auch Verfahren nach dem Gewaltschutzgesetz den Familiensachen zurechnet, ist ein weiterer Hinweis auf eine tendenzielle Ausweitung des Familienbegriffs auch im Recht.

Neue Begrifflichkeit

Zu einem Überblick über das Familienrecht gehört auch der Hinweis auf das Betreuungsrecht. Seine Zuordnung zu diesem Rechtsgebiet verdankt es im Wesentlichen seiner geschichtlichen Herkunft aus dem Vormundschaftsrecht. Heutige Bezüge zum Regelungsbereich der Familie mögen darin zu erkennen sein, dass etwa im Jahr 2012 immerhin in 55,1 % der Betreuungsfälle Familienangehörige des Betreuten zum Betreuer bestellt wurden. Gleichwohl ergeben sich Besonderheiten des Betreuungsrechts daraus, dass zum einen Teile von ihm zum öffentlichen Recht gehören, zum anderen auch in das Privatrechtsverhältnis zwischen Betreuer und Betreutem staatliche Behörden von Anfang an mit involviert sind. Für das Verfahrensrecht ergibt sich, dass es sich zwar ebenfalls nach FamFG richtet, dort jedoch nicht den Familiensachen zugeordnet wird, sondern im dritten Buch als eigenständige Verfahrensart ausgestaltet ist, die nunmehr in die Zuständigkeit der Betreuungsgerichte fällt. Damit verbunden ist ein Wegfall des bisherigen Vormundschaftsgerichts, da die diesem Gericht bisher zugewiesenen Vormundschafts- und Adoptionssachen nunmehr in den Zuständigkeitsbereich des „Großen FamG" fallen. Ebenso wie an anderen Teilgebieten des Familienrechts ist auch am

Betreuungsrecht

Betreuungsrecht eine verstärkt **persönlichkeitsrechtliche Ausprägung** festzustellen. In diese Entwicklung sind auch das am 01.09.2009 in Kraft getretene 3. BtÄndG und dessen Regelungen etwa zur Rechtsverbindlichkeit von Patientenverfügungen einzuordnen.

Gesamtdarstellungen zum Familienrecht: Marx 2011; Münder/Ernst/Behlert 2013; Schleicher 2010; Schwab 2013; Wellenhofer 2011

www.familienhandbuch.de; www.bmj.de → Recht → Bürgerliches Recht → Familienrecht, Erbrecht

2.2 Eherecht

Der erste Abschnitt des Buches „Familienrecht" des BGB behandelt die sog. bürgerliche Ehe. Er hat Regelungen über die Eheschließung, die Wirkungen der Ehe sowie die Ehescheidung und ihre Folgen zum Inhalt.

2.2.1 Die Eheschließung

Weder das GG noch das BGB definieren den **Begriff der Ehe**. Jedoch stellt das BVerfG in einer Entscheidung aus dem Jahr 1959 klar, dass sie zwischen einem Mann und einer Frau eingegangen wird, es sich also um eine verschiedengeschlechtliche Vereinigung handelt (BVerfGE 10, 59). Obwohl die Berufung des BVerfG in dieser Entscheidung auf das Rechtsgefühl und das Rechtsbewusstsein der Bevölkerung wohl auf keiner verifizierten empirischen Basis steht, kommt für das verrechtlichste Zusammenleben gleichgeschlechtlicher Partner jedenfalls nicht das Institut der Ehe, sondern das der eingetragenen **Lebenspartnerschaft** nach dem LPartG in Betracht. Aus dem Grundsatz der Eheschließungsfreiheit (hierzu I-2.2.6) folgt, dass das Eheschließungsrecht im Wesentlichen nur die formalen und persönlichen Voraussetzungen der Eheschließung sowie einige ausnahmsweise bestehende Eheverbote und die Folgen gegen entsprechende Verstöße regelt.

Die Regelungen zum Eherecht setzen ein mit dem Verlöbnis (§§ 1297 ff. BGB), das jedoch keinerlei rechtliche Wirkung hinsichtlich der Ehe entfaltet. Eingehen kann die Ehe, wer volljährig ist (sog. **Ehemündigkeit**, § 1303 BGB). Allerdings kann das FamG eine Befreiung von diesem Erfordernis erteilen, wenn eine Person, die das 16. Lebensjahr bereits vollendet hat, einen volljährigen Partner heiraten möchte. Auch die Geschäftsfähigkeit beider Partner ist Voraussetzung für eine wirksame Eheschließung (§ 1304 BGB). Eine Besonderheit besteht für Personen, die ausländischem Recht unterliegen: Sie sollen nach § 1309 BGB vor der Eheschließung ein sog. Ehefähigkeitszeugnis vorlegen, aus dem hervorgeht, dass der Eheschließung nach dem Recht des Heimatstaates keine rechtlichen Hindernisse entgegenstehen.

Eheverbote

Die §§ 1306 – 1308 BGB regeln einige wenige Eheverbote. § 1306 BGB beinhaltet das Verbot der Doppelehe: Da dem Modell der Ehe im hiesigen Kulturkreis nur die Einehe entspricht, darf keine Ehe eingegangen werden, wenn einer der Partner bereits mit einer dritten Person verheiratet ist. Dieses Eheverbot ist auch strafrechtlich relevant (§ 171 StGB). Die übrigen Eheverbote betreffen die Ehe unter nahen Verwandten. Eine Eheschließung zwischen Personen, die in gerader Linie miteinander verwandt sind, wie etwa Kinder im Verhältnis zu ihren Eltern, Großeltern usw., sowie zwischen Voll- und Halbgeschwistern ist nach § 1307 BGB ausgeschlossen. Gemeint ist hierbei jeweils die biologische Verwandtschaft. Das Verbot gilt also z. B. auch für den Fall, dass das Verwandtschaftsverhältnis im rechtlichen Sinne durch eine Adoption (hierzu s. u. II-2.4.7) eines der beiden Partner weggefallen ist. Verboten wäre etwa auch die Ehe zwischen dem biologischen Vater und seiner Tochter, auch wenn im rechtlichen Sinne die Vaterschaft eines anderen Mannes – z. B. des Ehemannes der Mutter – besteht. Auch zu diesem Eheverbot gibt es eine strafrechtliche Parallelvorschrift: Hier ist zwar nicht die Heirat zwischen Verwandten unter Strafe gestellt, nach § 173 StGB macht sich jedoch strafbar, wer mit Verwandten in gerader Linie oder Geschwistern den Beischlaf vollzieht.

Eine spezielle Regelung liegt in § 1308 BGB für den Fall vor, dass die Verwandtschaft durch eine Adoption begründet wurde. In diesen Fällen „soll" eine Ehe zwar nicht geschlossen werden, es besteht aber kein absolutes Eheverbot. Die Ehe zwischen Adoptiveltern und Kindern bliebe gültig, würde aber zur Aufhebung des durch die Adoption begründeten Rechtsverhältnisses führen (§ 1766 BGB). Bei Adoptivgeschwistern hingegen kann das FamG auf Antrag eine Befreiung vom Eheverbot erteilen, ohne dass damit das durch Adoption begründete Verwandtschaftsverhältnis aufgelöst würde.

Eheschließung

Für die Eheschließung gilt das Prinzip der sog. **Zivilehe** bzw. der bürgerlichen Ehe. Dies bedeutet, dass die Ehe einen privatrechtlichen Vertrag darstellt, der vor einer staatlichen Stelle zu schließen ist (§§ 1310 ff. BGB). Eine ausschließlich kirchliche oder sonstige Heirat in privaten Formen ist nach Wegfall von § 67 PStG a. F. zwar prinzipiell möglich, jedoch ohne familienrechtliche Konsequenzen (hierzu Schwab 2008, 1121). Die Eheschließenden müssen ihren rechtsverbindlichen Willen, gemeinsam eine Ehe einzugehen, persönlich und bei gleichzeitiger Anwesenheit vor einem Standesbeamten erklären. Im Hinblick auf die Anerkennung im Ausland geschlossener Ehen (vgl. im Internationalen Privatrecht I-1.1.6) ist darauf hinzuweisen, dass nach einigen, z. B. manchen islamischen Rechtsordnungen, auf Publizitätserfordernisse verzichtet wird (vgl. Marx 2009, 3 ff.; Yassari 2011, 1 ff.).

Wird eine Ehe unter Verstoß gegen das Verbot der Doppelehe oder gegen das Verbot der Ehe unter nahen Verwandten geschlossen, so ist die Eheschließung zunächst wirksam; die Ehe ist jedoch aufhebbar nach § 1314 Abs. 1 BGB. Anderes gilt, wie gesehen, nur im Fall des § 1308 BGB. Weitere Aufhebungsgründe (z. B. arglistige Täuschung oder widerrechtliche Drohung) nennt Abs. 2. Unter den dort aufgeführten Fallgruppen ist die der sog. „**Scheinehe**" i. S. v. § 1314 Abs. 2 Nr. 5 BGB von einiger sozialarbeiterischer Relevanz, insofern ihr praktischer Hauptanwendungsfall das Eingehen einer Ehe zum Zweck der Erlangung einer

Aufenthaltserlaubnis ist (hierzu III-8.2). Antragsberechtigt ist in diesem Fall die zuständige Verwaltungsbehörde. Wegen der ohnehin eintretenden Aufhebbarkeit derartiger Ehen, bei denen die Herstellung einer ehelichen Lebensgemeinschaft von den Beteiligten nicht beabsichtigt ist, hat auch der Standesbeamte, wenn ein derartiges Vorhaben für ihn offenkundig ist, seine Mitwirkung bei der Eheschließung von vorn herein zu verweigern (§ 1310 Abs. 1 S. 2, 2. HS BGB). Bestehen für ihn konkrete Anhaltspunkte dafür, dass eine Ehe aus diesem oder einem anderen Grunde aufhebbar wäre, so ist er gem. § 13 Abs. 2 PStG berechtigt, durch Befragungen o. Ä. den Sachverhalt aufzuklären. Es liegt in der Natur der Sache, dass hierbei Berührungen mit grundrechtsgeschützten Bereichen der Privatsphäre der Betroffenen praktisch nicht zu vermeiden sind. Gerade deshalb bedarf es im Grunde keiner besonderen Erwähnung, dass sowohl die Standesbeamten als auch die Mitarbeiter der zuständigen Verwaltungsbehörden, die berechtigt sind, die Aufhebung der Ehe zu beantragen, in ihren Ermittlungen strikt an das Rechtsstaatsgebot, hier insb. an Art. 1 Abs. 3 GG sowie den Grundsatz der Verhältnismäßigkeit (vgl. I-2.1.2.2), gebunden sind. Ausgeschlossen ist die Aufhebung derartiger Ehen, wenn die Ehegatten entgegen ihrer ursprünglichen Intention nach der Eheschließung später doch als Ehegatten miteinander gelebt haben (§ 1315 Abs. 1 Nr. 5 BGB).

2.2.2 Die Wirkungen der Ehe

eheliche Lebensgemeinschaft

In den §§ 1353 ff. BGB sind die Wirkungen der Ehe geregelt. Zahlreiche gesetzlich vorgesehene Ehewirkungen lassen sich durch einen Ehevertrag (§ 1408 BGB) außer Kraft setzen und eigenständig gestalten.

§ 1353 Abs. 1 BGB

Hinsichtlich der persönlichen Beziehung der Ehepartner zueinander ist die **Generalklausel** des **§ 1353 Abs. 1 BGB** von zentraler Bedeutung. Die Vorschrift regelt, dass die Ehegatten einander zur ehelichen Gemeinschaft verpflichtet sind und füreinander Verantwortung tragen. Angesichts der Pluralisierung von Familien- und Lebensformen lassen sich aus dieser Regelung heute nur noch sehr allgemeine Folgerungen ableiten. Anerkannt ist, dass sich aus der ehelichen Gemeinschaft eine besondere gegenseitige **Beistands- und Fürsorgepflicht** ergibt. Wie sie im Einzelfall auszufüllen und zu konkretisieren ist, obliegt der partnerschaftlichen Entscheidung. Dies betrifft auch die **Haushaltsführung**: Sie wird nach § 1356 Abs. 1 BGB in gegenseitigem Einvernehmen geregelt. Ähnliches gilt für die

Ehegatten- und Familienunterhalt

Pflicht, zum **Familienunterhalt** beizutragen, die durch den Einsatz von Arbeitseinkommen, Vermögen oder aber durch Arbeit im Haushalt erfüllt werden kann (§§ 1360, 1360a BGB). Von einiger praktischer Bedeutung ist schließlich noch die Regelung in § 1357 BGB. Aus ihr werden auch bei ansonsten bestehender Gütertrennung (s. u.) aus **Geschäften, die der angemessenen Deckung des Lebensbedarfs** der Familie dienen, beide Ehegatten berechtigt und verpflichtet. So kann z. B., wenn die Ehefrau, die selbst über kein eigenes Arbeitseinkommen verfügt, eine Reparatur im Haus in Auftrag gegeben hat, auch der Ehemann zur Zahlung der Reparaturkosten in Anspruch genommen werden. Voraussetzung für diese Form der gegenseitigen Vertretung ist jedoch, dass die Ehegatten nicht getrennt leben (§ 1357 Abs. 3 BGB). Ein gemeinsamer Ehename soll zwar nach § 1355 BGB von den Partnern bestimmt werden, wird also vom Gesetz favorisiert. Dies kann nach Abs. 2 der genannten Vorschrift der Geburtsname oder aber der zum Zeitpunkt der Eheschließung geführte Name des Mannes oder der Frau sein, Die Partner können aber auch ihren bisherigen Namen nach der Eheschließung weiterführen. Ein Ehegatte, dessen Name nicht Ehename wird, kann diesem seinen Geburtsnamen oder den zur Zeit der Erklärung über die Bestimmung des Ehenamens geführten Namen voranstellen oder anfügen (§ 1355 Abs. 4 BGB).

Ehename

Ausführlichere und deutlich konkretere Regelungen enthält das Gesetz zum Güterrecht und damit zu den **wirtschaftlichen Folgen der Ehe**. Das BGB kennt hier einen sog. gesetzlichen Güterstand, der – sofern nichts anderes zwischen den Ehegatten vereinbart ist – von Gesetzes wegen eintritt: die Zugewinngemeinschaft (s. u.), sowie zwei sog. vertragliche oder Wahlgüterstände, in die man durch einen notariell beurkundeten Ehevertrag (vgl. §§ 1408 ff. BGB) eintreten kann: Gütertrennung sowie Gütergemeinschaft. Entscheiden sich die Ehepartner für eine Gütertrennung (§ 1414 BGB), bleibt das jeweilige Vermögen beider Partner völlig getrennt voneinander. Jeder der Partner kann sein eigenes Vermögen selbst verwalten und unbeschränkt und ohne Einflussmöglichkeit des Ehegatten darüber verfügen. Wird die Ehe beendet, findet kein Vermögensausgleich statt. Unter Umständen müssen allerdings ehebezogene Zuwendungen zwischen den Partnern zurückerstattet werden (Palandt – Brudermüller 2013 Grundz § 1414 Rz. 2).

Güterrecht

Gütertrennung

Praktisch eine entgegengesetzte Gestaltung beinhaltet die Gütergemeinschaft (§§ 1415 ff. BGB). Hier wird das Vermögen beider Ehepartner ganz überwiegend zu gemeinschaftlichem Vermögen, das auch gemeinschaftlich verwaltet wird (Ausnahme: sog. Sonder- und Vorbehaltsgut §§ 1417 f. BGB).

Gütergemeinschaft

Haben die Ehepartner keine andere Regelung getroffen, dann tritt gemäß § 1363 BGB der gesetzliche Güterstand der Zugewinngemeinschaft ein. Hierbei handelt es sich um eine **modifizierte Form der Gütertrennung**. Grundsätzlich bleiben die Vermögen beider Partner getrennt und können vom jeweiligen Inhaber auch selbstständig verwaltet werden. In einigen Bereichen ist die **Verfügungsbefugnis** jedoch **eingeschränkt**. Von Bedeutung ist in diesem Zusammenhang vor allem § 1365 Abs. 1 BGB, der für die Verfügung eines Ehegatten über sein Vermögen im Ganzen die Zustimmung des Partners verlangt. Das Vermögen im Ganzen kann z. B. aus einem Grundstück oder einem Unternehmen bestehen, wenn dies praktisch das gesamte Vermögen der betreffenden Person ausmacht. In diesem Fall wäre etwa ein Verkauf von der Zustimmung des Ehepartners abhängig. Wird diese verweigert, so kann sie auf Antrag durch das FamG ersetzt werden. Voraussetzung dafür ist jedoch nach § 1365 Abs. 2 BGB, dass das beabsichtigte Rechtsgeschäft „den Grundsätzen einer ordnungsgemäßen Verwaltung" entspricht. Die Vorschrift soll verhindern, dass durch leichtfertiges oder unwirtschaftliches Verhalten die wirtschaftliche Grundlage der Familie gefährdet wird. Weniger gravierend ist die zweite Verfügungsbeschränkung: Nach § 1369 Abs. 1 BGB kann ein Ehegatte über ihm gehörende Gegenstände des ehelichen Haushalts nur verfügen, wenn der andere Partner einwilligt. Beide Verfügungsbeschränkungen entfalten nicht nur zwischen den Ehepartnern Wirkung, sondern auch gegenüber Dritten: Wird ein Ver-

Zugewinngemeinschaft

trag über das Vermögen als Ganzes oder über Haushaltsgegenstände ohne Einwilligung des Ehepartners geschlossen und auch nicht nachträglich von ihm genehmigt, so ist der Vertrag unwirksam.

Zugewinnausgleich Die entscheidende Modifikation der Zugewinngemeinschaft gegenüber der Gütertrennung ist der in § 1363 Abs. 2 S. 2 BGB geregelte Zugewinnausgleich. Zwar bleiben die Vermögen beider Ehepartner getrennt, hinsichtlich des Vermögensteils, der während der Ehe hinzugekommen ist, dem sog. Zugewinn, findet jedoch nach Beendigung der Ehe ein Ausgleich zwischen den Partnern statt. Übersteigt der Zugewinn des einen Ehegatten den Zugewinn des anderen, steht gemäß § 1378 Abs. 1 BGB die Hälfte des Überschusses dem anderen Ehegatten als **Ausgleichsanspruch** zu. Durch diese Regelung soll sichergestellt werden, dass beide Ehepartner in gleicher Weise an dem während der Ehe erwirtschafteten Vermögen partizipieren. Dies spielt besonders dann eine große Rolle, wenn einer der beiden Partner zumindest vorübergehend seine Erwerbstätigkeit aufgegeben hat, um im Interesse der Familie den Haushalt oder gemeinsame Kinder zu versorgen.

Zu den Wirkungen der Ehe gehört schließlich noch ein gesetzlich verankertes **Erbrecht** (s. o. II-1.6) des hinterbliebenen Ehepartners (§ 1931 BGB). In diesem Zusammenhang sei auch auf die Möglichkeit der Errichtung eines gemeinschaftlichen Testaments (§§ 2265 ff. BGB) sowie die Durchführung des Zugewinnsausgleiches auch im Falle des Todes eines der Ehegatten (§ 1371 BGB) hingewiesen.

2.2.3 Trennung und Scheidung

Wie bereits gesehen, besteht zwischen dem Anspruch des Gesetzgebers, wonach die Ehe auf Lebenszeit geschlossen wird (§ 1353 Abs. 1 BGB), und der Lebenswirklichkeit ein eklatanter Gegensatz. Im allgemeinen Verständnis ist die Ehe heute ein Vertrag, der auf unbestimmte Zeit – und damit möglicherweise natürlich auch auf Lebenszeit – geschlossen wird, jedoch unter Beteiligung des Staates auch wieder aufgelöst werden kann. Dabei kann die Lebensgemeinschaft, die durch den Vertrag entstanden ist, auch unabhängig von der Auflösung der Ehe nach einseitigem oder übereinstimmendem Willen der Ehegatten durch Trennung beendet werden. Zumindest könnte eine gerichtlich ergangene Verpflichtung zur Herstellung der ehelichen Lebensgemeinschaft nicht vollstreckt werden (§ 120 Abs. 3 FamFG). Entsprechende vorhandene Klagemöglichkeiten aus § 111 Nr. 10 FamFG i. V. m. § 266 Abs. 1 Nr. 2 FamFG sind daher auch ohne praktische Relevanz. Andersherum ist aber eine bestimmte Zeit des Getrenntlebens regelmäßig eine wichtige **Getrenntleben** Voraussetzung dafür, dass es überhaupt zu einer Scheidung kommen kann. Der Begriff des Getrenntlebens wird in § 1567 Abs. 1 BGB erläutert. Danach leben die Ehegatten getrennt, wenn zwischen ihnen **keine häusliche Gemeinschaft** besteht und ein Ehegatte sie erkennbar nicht herstellen will, weil er die eheliche Lebensgemeinschaft ablehnt. Ein Getrenntleben ist auch innerhalb einer gemeinsamen Wohnung möglich, allerdings nur dann, wenn die beiden Personen getrennt wirtschaften und in getrennten Räumen schlafen und zwischen ihnen keine wesentlichen persönlichen Beziehungen mehr bestehen. Nicht hinderlich für die Feststellung eines Getrenntlebens wäre allerdings, wenn gemeinsamer Kinder wegen bestimmte Gemeinsamkeiten (etwa gemeinsame Mahlzeiten) fortgeführt würden (Münder/Ernst/Behlert 2013, 72 m. w. N.).

Das BGB trifft für den Fall der Trennung Regelungen zur Ehewohnung, zum Hausrat und zur Frage des Unterhalts: Wird die Trennung von (zumindest) einem der beiden Partner gewünscht oder ist sie bereits erfolgt, so kann nach § 1361b Abs. 1 BGB ein Ehegatte verlangen, dass ihm der andere die Ehewohnung oder einen Teil zur alleinigen Benutzung überlässt, soweit dies notwendig ist, um eine „unbillige", d. h. unangemessene Härte zu vermeiden. Eine solche unbillige Härte kommt z. B. bei schweren Störungen des Familienlebens, etwa aufgrund unkontrollierten Alkoholkonsums, in Betracht. Insb. kann es aber auch das Wohl der Kinder verlangen, dass diese mit nur einem Elternteil in der Wohnung verbleiben (Wellenhofer 2011, 155 f.). Häufig wird jedenfalls dem Elternteil, bei dem sich die gemeinsamen Kinder befinden, die Ehewohnung zugewiesen. In Fällen, in denen einer der Partner Gewalt ausgeübt oder angedroht hat, ist in der Regel dem Ehegatten, gegen den sich die Gewalt oder die Drohung richtet, die Wohnung vorläufig (deshalb z. B. keine Umgestaltung des Mietverhältnisses) allein zu überlassen (§ 1361b Abs. 2 BGB), selbst wenn sie sich im alleinigen Eigentum des gewalttätigen Partners befindet (arg. § 1361b Abs. 1 BGB a. E.). Darüber hinaus kommen hier die Vorschriften des 2002 in Kraft getretenen Gewaltschutzgesetzes zum Tragen, dessen Anwendung jedoch nicht auf Gewalt in der Ehe beschränkt ist. Nach § 1 GewSchG hat das FamG auf Antrag der verletzten Person **Schutzanordnungen** zu treffen. Infrage kommt dabei nach Absatz 1 z. B. das Verbot, die Wohnung des Opfers zu betreten, sich ihm zu nähern oder Verbindung mit ihm aufzunehmen. Der Verstoß gegen eine derartige vollstreckbare gerichtliche Anordnung ist nach § 4 GewSchG strafbar. Hat die verletzte Person einen gemeinsamen Haushalt mit dem Schädiger geführt, so kann sie nach § 2 Abs. 1 GewSchG von ihm verlangen, ihr die gemeinsam genutzte Wohnung zur alleinigen Benutzung zu überlassen. Dies gilt auch für den Fall, dass der Schädiger (Mit-)Eigentümer oder Mieter der Wohnung ist. Dann ist die Wohnungsüberlassung durch das Gericht nach Absatz 2 allerdings zu befristen (zur Orts- und Wohnungsverweisung durch die Polizei vgl. V-1.2).

§ 1361a BGB regelt die Haushaltsverteilung bei Getrenntleben. Es wird dabei zwischen Haushaltsgegenständen unterschieden, die im alleinigen Eigentum eines der beiden Ehepartner stehen, und solchen, die beiden gemeinsam gehören. Im Ergebnis ist die Verteilung jedoch in beiden Fällen letztlich eine Frage der Billigkeit (Fairness). Deshalb sind hier auch Abweichungen von dem allgemeinen zivilrechtlichen Herausgabeanspruch des Eigentümers aus § 985 BGB möglich. Den Unterhalt bei Getrenntleben regelt § 1361 BGB. Im Gegensatz zum Familienunterhalt i. S. v. § 1360 BGB, den beide Ehegatten gemeinsam zu erbringen hatten, führt die Trennung zu einem einseitigen Anspruch auf Trennungsunterhalt im Falle der Bedürftigkeit des einen Ehegatten und der Leistungsfähigkeit des anderen. Eine solche Bedürftigkeit besteht zunächst generell immer dann, wenn eine Fallgestaltung nach den §§ 1570 ff. BGB (vgl. II-2.2.4) vorliegt. § 1361 Abs. 2 BGB geht hierüber jedoch noch hinaus. War ein Ehepartner während des Zusammenlebens innerhalb der Ehe nämlich nicht erwerbstätig, so ist er nicht verpflichtet, unmittelbar nach der Trennung eine Erwerbstätigkeit aufzunehmen, sondern erst dann, wenn ziemlich sicher festzustehen scheint, dass es zur Scheidung kommen wird (vgl. i.E. Münder/Ernst/Behlert 2013, 72). Hinsichtlich der für die Höhe des Unterhalts maßgeblichen Kriterien ergeben sich keine wesentlichen Abweichungen vom Scheidungsunterhalt. § 1361b Abs. 3 BGB verweist auf die Härteklausel im Scheidungsunterhalt in § 1579 Nr. 2 bis 8 BGB, wonach auch bereits während der Trennung bei „grober Unbilligkeit" eine Kürzung, eine zeitliche Begrenzung oder sogar der vollständige Wegfall des Unterhaltsanspruches in Betracht kommt (z.B. OLG Schleswig v. 21.12.2012 – 10 UF 81/12: kein Anspruch auf Trennungsunterhalt bei unberechtigt erhobenem Vorwurf des sexuellen Missbrauchs der gemeinsamen Kinder). Anders als beim Scheidungsunterhalt (§ 1585c BGB) kann auf den Unterhalt während der Trennung nicht, auch nicht einvernehmlich, verzichtet werden (§ 1361, § 1614 BGB analog). Praktisch bedeutet das, dass staatliche Leistungen zur Existenzsicherung ausgeschlossen sind, so lange der getrennt lebende Ehepartner wegen Unterhalts in Anspruch genommen werden kann.

Scheidung Auf die Trennung der Ehepartner folgt in den meisten Fällen die Scheidung. Obwohl die Ehe als privatrechtlicher Vertrag zwischen den beiden Partnern geschlossen wird, kann sie nicht durch Kündigung oder einen vergleichbaren Rechtsakt von ihnen selbst wieder gelöst werden. Es bedarf vielmehr der gerichtlichen Überprüfung des **Scheiterns der Ehe** und schließlich eines rechtsgestaltenden Beschlusses. Voraussetzung für die Scheidung ist gemäß § 1565 Abs. 1 BGB das Scheitern der Ehe, ohne dass es dabei auf bestimmte Gründe, schuldhaftes Verhalten der Ehepartner o. Ä. ankommt. Die Ehe ist nach dieser Vorschrift gescheitert, wenn die Lebensgemeinschaft der Ehegatten nicht mehr besteht und nicht erwartet werden kann, dass die Ehegatten sie wieder herstellen. Im Umkehrschluss aus § 1565 Abs. 2 BGB ist ein einjähriges Getrenntleben die Regelvoraussetzung dafür, dass der Richter das Vorliegen der genannten tatbestandlichen Voraussetzungen feststellen kann. Diese Frist wird durch kurze Phasen des Zusammenlebens mit dem Ziel der Versöhnung während der **Trennungszeit** nicht beeinträchtigt. Darüber hinaus stellt § 1566 BGB sog. unwiderlegbare Zerrüttungsvermutungen auf, die mit bestimmten Fristenautomatiken verbunden sind: Bei der sog. einverständlichen Scheidung wird unwiderlegbar vermutet, dass die Ehe gescheitert ist, wenn die Ehepartner seit einem Jahr getrennt leben und gemeinsam die Scheidung beantragen (Abs. 1). Wünscht nur ein Ehepartner die Scheidung, dann tritt die unwiderlegbare Zerrüttungsvermutung erst nach einer Trennungszeit von drei Jahren ein (Abs. 2). Eine Scheidung vor Ablauf des Trennungsjahrs ist ausnahmsweise dann möglich, wenn die Fortsetzung der Ehe für den scheidungswilligen Partner eine unzumutbare Härte darstellen würde, wobei aber die Gründe für die Unzumutbarkeit der Fortführung der Ehe in der Person des anderen liegen müssen (§ 1566 Abs. 2 BGB). Diese rechtliche Möglichkeit sollte Angehörigen sozialer Berufe vor allem deshalb bekannt sein, weil sich aus ihr die Option der sofortigen Scheidung, etwa in Fällen von häuslicher Gewalt, insb. auch von Misshandlungen oder sexuellem Missbrauch des Kindes u. Ä., ergibt. Umgekehrt soll eine Ehe nach § 1568 BGB, auch wenn sie gescheitert ist, nicht geschieden werden, solange ihre Aufrechterhaltung im Interesse der aus der Ehe hervorgegangenen minderjährigen Kinder aus besonderen

Gründen ausnahmsweise erforderlich ist, oder wenn sie für einen Ehepartner – wiederum aufgrund außergewöhnlicher Umstände – eine schwere Härte darstellen würde. Die Vorschrift ist allerdings ohne größere praktische Relevanz, da derartige besondere Gründe oder eine schwere Härte im Sinne der Regelung nur selten anerkannt werden. Infrage kommt hier etwa die ernsthafte Suizidgefahr eines Kindes für den Fall der Scheidung (OLG Hamburg v. 17.12.1985 – 2 UF 209/83, FamRZ 1986, 469 ff.) oder die Befürchtung der weiteren Verschlimmerung einer bei dem scheidungsunwilligen Ehegatten bereits bestehenden schweren Erkrankung (z. B. Multiple Sklerose, BVerfGE 55, 134).

Mit der Scheidung ist die Ehe beendet. Eine der wesentlichen bei einer Scheidung zu klärenden Fragen ist der Ausgleich des während der Ehezeit angesammelten Vermögens. Sofern die Partner während der Ehe im Güterstand der Zugewinngemeinschaft gelebt haben (vgl. II-2.2.2), erfolgt nun der **Zugewinnausgleich** (§ 1363 BGB). Im Hinblick auf die vermögensrechtliche Auseinandersetzung müssen die Parteien die steuer-, versicherungs- und ggf. wohnungsbauprämiensowie erbrechtlichen Konsequenzen berücksichtigen und insoweit externen Sachverstand heranziehen. *Vermögensausgleich*

Zugewinn

Ähnlich dem Zugewinnausgleich zielt auch der Versorgungsausgleich auf einen Ausgleich zwischen den Ehegatten im Zusammenhang mit einer Scheidung. In diesem Fall handelt es sich um den Ausgleich von Anrechten auf eine Versorgung wegen Alters oder verminderter Erwerbsfähigkeit. Dadurch soll eine Schlechterstellung des Ehepartners vermieden werden, der seine Erwerbstätigkeit im Interesse der Familie eingeschränkt hat. Die Regelung selbst ist im Zuge des Gesetzes zur Strukturreform des Versorgungsausgleichs aus dem Jahr 2009 bis auf die Verweisungsnorm in § 1587 BGB aus dem BGB herausgenommen worden und ist jetzt im seit dem 01.09.2009 in Kraft befindlichen **Versorgungsausgleichsgesetz** (VersAusglG) zu finden. Der Versorgungsausgleich wird nunmehr so vorgenommen, dass jedes einzelne Anrecht zwischen den geschiedenen Ehegatten geteilt wird (§ 1 VersAusglG). Ebenso wie der Zugewinnausgleich lässt sich der Versorgungsausgleich aber auch vertraglich ausschließen (§ 7 VersAusglG). Er ist ausgeschlossen oder kann beschränkt werden bei einer Ehedauer von unter drei Jahren (§ 3 Abs. 3 VersAusglG), bei geringer Differenz der Ausgleichswerte (§ 18 VersAusglG) sowie bei grober Unbilligkeit (§ 27 VersAusglG; vgl. Wellenhofer 2011, 159 ff.; zu den Einzelheiten: Borth 2009). *Versorgungsausgleich*

Das Scheidungsverfahren gehört gem. §§ 121 Nr. 1, 111 Nr. 1 FamFG zu den Ehesachen, für die zunächst die allgemeinen Bestimmungen der §§ 121 ff. FamFG einschlägig sind. Hinzu treten die speziellen Vorschriften der §§ 133 ff. FamFG. Der in Verfahren nach FamFG allgemein geltende **Amtsermittlungsgrundsatz** (§ 26 FamFG) ist in Ehesachen durch § 127 Abs. 2 und 3 FamFG **eingeschränkt**. Es besteht **Anwaltszwang** (§ 114 Abs. 1 FamFG; Ausnahme: Abs. 4 Nr. 3). Einem nicht anwaltlich vertretenen Ehegatten wird nötigenfalls ein Anwalt durch das Gericht beigeordnet (§ 138 FamFG). Nach § 128 FamFG soll das Gericht das persönliche Erscheinen der Ehegatten anordnen und sie anhören. Ein Versäumnisurteil gegen den Antraggegner, wenn dieser also nicht zum Verhandlungstermin erscheint, oder *Scheidungsverfahren* eine Entscheidung nach Aktenlage ist nach § 130 Abs. 2 FamFG ausgeschlossen. Eine verfahrensrechtliche Differenzierung nach einvernehmlichen und streitigen Scheidungen, wie sie die frühere ZPO-Regelung kannte, enthält das FamFG nicht mehr. Dies ist auch insofern entbehrlich, als nunmehr das Verfahren nach FamFG insgesamt unter der Prämisse des **Hinwirkens auf eine gütliche Einigung** der Beteiligten seitens des Gerichts steht (§ 36 Abs. 1 S. 2 FamFG). Hinsichtlich des Scheidungsverlangens selbst besteht hier die spezielle Möglichkeit der Aussetzung des Verfahrens gem. § 136 FamFG, soweit das Gericht zu der Auffassung gelangt, dass eine Aussicht auf Fortsetzung der Ehe besteht. Ist die Scheidungsabsicht jedoch unumstößlich, dann besteht immer noch die Möglichkeit, die sog. Scheidungsfolgen einvernehmlich zu regeln. Um den Beteiligten diese Möglichkeit überhaupt erst einmal nahezubringen, kann das Gericht nach § 135 Abs. 1 FamFG die Teilnahme an einem kostenfreien **Informationsgespräch über Mediation** und andere Möglichkeiten außergerichtlicher Streitbeilegung (I-6) anordnen (nicht aber die Mediation selbst) bzw. nach § 135 Abs. 2 BGB den (Noch-)Ehegatten eine außergerichtliche Streitbeilegung anhängiger Folgesachen vorschlagen. Solche Folgesachen können betreffen (§ 137 Abs. 2 und 3 FamFG):

- den Versorgungsausgleich,
- den Unterhalt (Kindesunterhalt, nachehelicher Unterhalt),
- die Nutzung der Ehewohnung,
- die Verteilung der Haushaltsgegenstände,
- den güterrechtlichen Vermögensausgleich, insb. den Zugewinnausgleich sowie
- Regelungen zur elterlichen Sorge, zum Aufenthaltsbestimmungsrecht, zum Umgangsrecht o. Ä.

Über diese Gegenstände können die Beteiligten im Ergebnis einvernehmliche Regelungen treffen, die das Gericht als gerichtliche Entscheidung übernehmen und so für verbindlich erklären kann (vgl. hierzu Trenczek 2007 u. Trenczek et al 2013, 495 ff.). Wichtig ist das insb. im Hinblick auf ihre Kinder, denn auch dort, wo die Beziehung der Ehepartner auf der Paarebene gescheitert ist, bleiben sie doch (häufig beiderseits sorgeberechtigte) Eltern ihrer gemeinsamen Kinder (hierzu: II-2.4.3.4 und II-2.4.6.3).

2.2.4 Unterhalt nach Scheidung

Eine wichtige Folge der Scheidung sind mögliche Unterhaltsansprüche eines der geschiedenen Ehepartner gegen den anderen. Die allgemeinen unterhaltsrechtlichen Grundsätze (hierzu II-2.4.2) gelten etwas modifiziert auch für den nachehelichen Unterhalt. Allerdings bestehen für die Zeit nach der Scheidung Vereinbarungsmöglichkeiten, die den gesetzlichen Regelungen dann vorgehen (§ 1585c BGB). Anders als im Hinblick auf den Trennungs- und Kindesunterhalt ist sogar der totale Unterhaltsverzicht eines Ehegatten zulässig. Er kann aber im Einzelfall gegen „Treu und Glauben" verstoßen und damit rechtlich unwirksam sein (ggf. Vertrag zulasten Dritter; vgl. auch III-4.1.5)

Das BGB geht zunächst vom **Grundsatz der wirtschaftlichen Eigenverantwortung** aus, also davon, dass nach einer Scheidung jeder für sich selbst zu sorgen hat. Voraussetzung für einen Unterhaltsanspruch ist gemäß § 1569 BGB, dass ein Ehegatte nach der Scheidung nicht selbst für seinen Unterhalt sorgen kann, etwa wegen Kinderbetreuung, Alters, Krankheit oder Erwerbslosigkeit. Insgesamt stellt die Regelung vor allem auch auf die Kompensation ehebedingter Nachteile ab (Wellenhofer 2011, 165), etwa wegen des Verzichts auf eigenes berufliches Fortkommen bzw. auf eigene berufliche (Weiter-)Qualifizierung aufgrund langer Kinderbetreuungszeiten oder alleiniger Haushaltsführung oder sonstiger Unterstützung des Ehegatten.

Dies findet sich im Einzelnen in einem abgeschlossenen Katalog von Fallkonstellationen aufgeführt und geregelt, nach denen eine Unterhaltsberechtigung für einen der geschiedenen Ehepartner besteht. Häufigster Fall des Scheidungsunterhalts ist der Unterhalt wegen **Betreuung eines gemeinsamen Kindes**. Die Dauer des Unterhaltsanspruchs beträgt nach § 1570 Abs. 1 S. 1 BGB in jedem Fall drei Jahre. Sie kann sich aber ausnahmsweise aus kindbezogenen (§ 1570 Abs. 1 S. 2 und 3 BGB) oder elternbezogenen (§ 1570 Abs. 2 BGB) Gründen verlängern. Kindbezogene Gründe können vor allem in einer besonderen Betreuungsbedürftigkeit des Kindes etwa wegen einer Behinderung, einer chronischen Erkrankung oder eines sonstigen besonderen Förderungsbedarfs liegen. Elternbezogene Gründe können sich aus dem ergeben, was die Eltern während der Ehe an Absprachen bezüglich der Kinderbetreuung getroffen haben, etwa dass sich der betreuende Elternteil mindestens bis zum Ende der Grundschulzeit ausschließlich um die Betreuung des Kindes kümmern soll. Die Eltern sollen darauf vertrauen können, dass derartige Absprachen auch nach einer Scheidung noch gelten. Weitere Fallkonstellationen für den Scheidungsunterhalt sind der **Unterhalt wegen Alters sowie wegen Krankheit oder Gebrechens** (§§ 1571, 1772 BGB). Entscheidend ist hier, dass der unterhaltsbegründende Tatbestand des Alters oder der Krankheit bereits zum Zeitpunkt der Scheidung oder im Anschluss an Zeiten der Unterhaltsberechtigung aus anderen Gründen – etwa wegen Kindesbetreuung, Aus- oder Fortbildung oder wegen Arbeitslosigkeit – erfüllt sein muss. Vermag der an sich zur Erwerbstätigkeit verpflichtete geschiedene Ehegatte trotz intensiven Bemühens keinen angemessenen Arbeitsplatz zu finden, so kann nach § 1573 Abs. 1 BGB Anspruch auf **Unterhalt bis zur Erlangung einer angemessenen Erwerbstätigkeit** bestehen. Was hierbei als angemessen gilt, bestimmt sich nach Ausbildung, Fähigkeiten, früherer Erwerbstätigkeit, Lebensalter sowie Gesundheitszustand des geschiedenen Ehegatten. Dieser kann jedoch geltend machen, dass eine an und für sich für ihn aufgrund dieser Kriterien angemessene Tätigkeit wegen der spezifischen ehelichen Lebensverhältnisse dennoch unbillig, d. h. im konkreten Fall ungerecht, wäre (§ 1574 Abs. 2 BGB). Letztlich entscheidet sich, ob ein Unterhaltsanspruch besteht, im Rahmen einer **Einzelfallbewertung** immer innerhalb einer Gesamtwürdigung aller Umstände. Die Dauer der Ehe ist hierbei wieder von zentraler Bedeutung. Geht der geschiedene Ehepartner einer Erwerbstätigkeit nach, reicht diese jedoch nicht aus, um einen angemessenen Lebensunterhalt sicherzustellen, so besteht zumindest ein Anspruch auf sog. Aufstockungsunterhalt nach § 1573 Abs. 2 BGB. Hat der Ehepartner aufgrund seiner Bemühungen nach der

Unterhaltsansprüche

Scheidung einen Arbeitsplatz gefunden, diesen aber z. B. nach der Probezeit wieder verloren oder läuft wenige Zeit nach der Scheidung ein befristetes Arbeitsverhältnis aus, so gilt der Lebensunterhalt noch nicht als nachhaltig gesichert. In dieser Konstellation besteht nach Wegfall der Arbeitseinkünfte ebenfalls ein Unterhaltsanspruch (§ 1573 Abs. 4 BGB). Hat ein Ehegatte in Erwartung der Ehe oder während der Ehe davon abgesehen, eine Ausbildung aufzunehmen oder eine bereits begonnene Ausbildung abgebrochen, so kann er nach der Scheidung gemäß § 1575 BGB vom anderen Ehepartner für eine Ausbildung Unterhalt verlangen. Um die Fälle aufzufangen, in denen die Versagung von Unterhaltsansprüchen grob unbillig wäre, die aber keiner der genannten Fallkonstellationen zugeordnet werden können (z. B.: Betreuung eines gemeinschaftlich aufgenommenen Pflegekindes, BGH 25.1.1984- IVb ZR 28/82, FamRZ 1984, 361), räumt schließlich § 1576 BGB einen Anspruch auf Unterhalt aus **Billigkeitsgründen** ein.

Leistungsfähigkeit Voraussetzung für einen Unterhaltsanspruch ist, neben der Bedürftigkeit des Berechtigten, stets die Leistungsfähigkeit des Verpflichteten (vgl. § 1581 BGB). Der Unterhaltsverpflichtete hat sein Einkommen, sein Vermögen und seine Arbeitskraft einzusetzen. Davon muss ihm allerdings zur Abdeckung der eigenen Bedürfnisse ein angemessener Teil zum eigenen Unterhalt (sog. **angemessener Eigenbedarf**) verbleiben, dessen Höhe sich nach der „Düsseldorfer Tabelle" (s. II-2.4.2) bestimmt. Nur insoweit als Einkommen oder Arbeitskraft hierüber hinausgehen bzw. die Verwertung des Vermögens nicht unwirtschaftlich und unbillig wäre (§ 1581 S. 2 BGB), kommt es zur Unterhaltsverpflichtung des geschiedenen Ehepartners. Der Verweis auf den **notwendigen Einsatz der Arbeitskraft** bewirkt, dass es dem Unterhaltspflichtigen verwehrt ist, sich durch bewusste Herabsetzung seiner Einkünfte oder durch ein Absehen von an sich möglicher Erwerbstätigkeit seiner Unterhaltspflicht zu entziehen. Dies ist z. B. der Fall bei Herabsetzung der Arbeitszeit oder bei Aufgabe des Arbeitsplatzes, um ein Studium aufzunehmen (m. w. N. Münder/Ernst/Behlert 2013, 84 f.). In solchen Fällen werden dem Unterhaltsverpflichteten die Einkünfte, die er bei pflichtgemäßem Verhalten erzielen könnte, als sog. **fiktive Einkünfte** angerechnet. Umgekehrt muss sich der Unterhaltsberechtigte alle Einkünfte, die er aus *angemessener* Erwerbstätigkeit erzielt oder erzielen könnte, sowie sein Vermögen, soweit dessen Verwertung nicht unwirtschaftlich oder unbillig wäre, anrechnen lassen. Etwas anderes gilt, sofern der Berechtigte eine Erwerbsarbeit ausübt, die nicht angemessen i. S. v. § 1574 BGB ist: Er tut dies nämlich zumeist nur deshalb, weil der zum Unterhalt Verpflichtete nicht ordnungsgemäß leistet. Hieraus soll der Unterhaltsschuldner nicht auch noch einen Vorteil in Form einer faktischen Herabsetzung seines Verpflichtungsumfangs haben. Im Einzelnen ist dies in § 1577 BGB geregelt. Die **Höhe des Scheidungsunterhalts** bestimmt sich gem. § 1578 BGB nach den ehelichen Lebensverhältnissen (hierzu auch: BVerfG 25.1.2011- 1 BvR 918/10). Jedoch kann der Unterhalt herabgesetzt oder auch zeitlich begrenzt werden, wenn ein voller oder zeitlich unbegrenzter Unterhalt im Einzelfall nicht angemessen wäre (§ 1578b BGB). Auch hierin macht sich die Tendenz der Eigenverantwortung für die Zeit nach der Scheidung geltend, die häufig allenfalls einen durch Unterhaltsleistungen abgesicherten Übergang in die wirtschaftliche Selbständigkeit erfordert. Darüber hinaus ist der Unterhaltsanspruch nach § 1579 BGB zu versagen, herabzusetzen oder zeitlich zu begrenzen, soweit die Inanspruchnahme grob unbillig wäre. Hier werden insgesamt acht **Fallkonstellationen** genannt, die zu einer solchen Unbilligkeit führen können (z. B. kurze Dauer der Ehe, gravierende Verfehlungen des Unterhaltsberechtigten gegenüber dem Unterhaltsverpflichteten oder seinen nahen Angehörigen, Verbrechen oder schwere vorsätzliche Vergehen gegen den Verpflichteten oder einen seiner nahen Angehörigen, mutwillige Herbeiführung der Bedürftigkeit). Problematisch ist § 1579 Nr. 7 BGB, der ohne nähere Konkretisierung ein „offensichtlich schwerwiegendes, eindeutig bei ihm liegendes Fehlverhalten gegen den Verpflichteten" (sog. „Ehewidrigkeiten") als möglichen Grund für eine Herabsetzung oder Versagung des Unterhalts anführt. Auf dieser Grundlage können trotz **Abschaffung des Schuldprinzips** im Scheidungsrecht moralische Wertungen erhebliche Auswirkungen auf die Betroffenen entfalten. Ein derartiges schwerwiegendes Fehlverhalten kann etwa in der Aufnahme einer intimen Beziehung zu einem Dritten oder in der Abkehr von der Ehe gegen den Willen des Partners liegen (vgl. Wellenhofer-Klein 1995, 905 ff.; OLG Koblenz FamRZ 2000, 290). Weitere von der Rechtsprechung anerkannte Gründe sind etwa die Aufnahme einer Tätigkeit als Prostituierte (OLG Hamm FamRZ 2002, 753) oder auch die Vereitelung des Umgangsrechts des Unterhaltsverpflichteten (OLG Schleswig FamRZ 2003, 688). Eine **Auffangfunktion** erfüllt § 1579 Nr. 8 BGB, der einen Ausschluss, eine Herabsetzung oder zeitliche Beschränkung des Unterhalts auch ermöglicht, wenn „ein anderer Grund vorliegt, der ebenso schwer wiegt wie die in den Nummern 1 bis 7 aufgeführten Gründe". Da der Unterhaltsanspruch, wenn nicht mit dem Tod des Berechtigten, so erst mit seiner Wiederverheiratung endet (§ 1586 Abs. 1 BGB), ist in § 1579 Nr. 2 BGB als Wegfall- oder **Beschränkungsgrund** nunmehr auch das Leben in einer **verfestigten Lebensgemeinschaft** benannt. Gemeint ist damit eine gleich- oder verschiedengeschlechtliche enge wirtschaftliche und sexuelle Beziehung sozusagen „anstelle einer Ehe" in Wohngemeinschaft, die in der Regel bereits zwei bis drei Jahre besteht.

Einschränkung des Unterhaltsanspruchs

Von den angesprochenen Besonderheiten abgesehen wird der Scheidungsunterhalt, sofern keine unterhaltsberechtigten Kinder vorhanden sind, zumeist in der Weise ermittelt, dass dem Unterhaltsverpflichteten vom vorhandenen Nettoeinkommen 4/7 verbleiben, während der unterhaltsberechtigte geschiedene Ehepartner 3/7 erhält. Diese Berechnung beruht auf einer nahezu gleichmäßigen Verteilung des Einkommens zwischen den geschiedenen Ehepartnern, wobei in diesem Fall dem unterhaltsverpflichteten erwerbstätigen Partner ein sog. Erwerbstätigenbonus von 1/7 des Einkommens eingeräumt wird (i. E. Gerhardt 2013, 834 ff). Zur Kritik und zu Modifikationen der Berechnung vgl. auch Münder/Ernst/Behlert 2013, 85).

Unterhaltsberechnung

2.3 Andere Formen der Partnerschaft

2.3.1 Die eheähnliche Gemeinschaft

Die eheähnliche Gemeinschaft unterliegt nicht dem Regelungsbereich des Familienrechts. Sie soll aber wegen ihrer wachsenden praktischen Bedeutung überblicksartig hier besprochen werden. Die Ehe hat in der deutschen Gesellschaft ihre frühere Funktion als einzig legitimer Ort der Sexualität verloren. Die nichteheliche Gemeinschaft wird als Lebensform wohl auch deshalb gewählt, weil die Beteiligten auf eine institutionelle Vergewisserung ihrer partnerschaftlichen Vereinigung verzichten möchten. Gewiss geht es in ihr vor allem aber auch um die Entscheidung für ein Zusammenleben in weitgehender rechtlicher Unverbindlichkeit. Ob allerdings die Tatsache, dass die Anwendung von Regeln aus dem Familienrecht auf die eheähnliche Gemeinschaft, jedenfalls soweit sie sich aus den statutarischen Wirkungen der Ehe ableiten, nicht einmal analog in Betracht kommt (i. E.: Holzhauer 2004, 435 ff.), nun schon tatsächlich für die erhoffte Entrechtlichung derartiger Beziehungen spricht, kann bezweifelt werden.

Eine **Definition des Begriffs der eheähnlichen Gemeinschaft** hat das Bundesverfassungsgericht vor einigen Jahren vorgenommen. Danach handelt es sich um

> „eine Lebensgemeinschaft zwischen einem Mann und einer Frau, die auf Dauer angelegt ist, daneben keine weiteren Lebensgemeinschaften gleicher Art zulässt, und sich durch innere Bindungen auszeichnet, die ein gegenseitiges Einstehen der Partner füreinander begründet, also über die Beziehung in einer reinen Haushalts- und Wirtschaftsgemeinschaft hinausgehen" (BVerfGE 87, 264 f.).

Maßgeblich für die Rechtsbeziehungen zwischen den Partnern einer eheähnlichen Gemeinschaft (zu den Einzelheiten vgl. Fischer 2003; Hausmann/Hohloch 2004) sind deren individuelle Vereinbarungen. Von ihnen hängt es z. B. ab, ob bzw. in welchem Umfang sich die Partner finanziell unterstützen oder ob gemeinschaftliches Eigentum erworben wird. In den wenigsten Fällen liegen schriftliche Vereinbarungen zwischen den Partnern vor (zu entsprechenden Partnerschaftsverträgen vgl. Grziwotz 1998), sondern sie werden mündlich oder auch nur stillschweigend getroffen. Die Regelungen zur Beteiligung an der Erziehung und Betreuung gemeinsamer Kinder unterliegen inzwischen allerdings nicht mehr allein einer faktischen Einigung der nicht miteinander verheirateten Eltern, da hier nunmehr auch eine gerichtliche Entscheidung zur gemeinsamen elterlichen Sorge auf Antrag *eines* Elternteils in Betracht kommt (§ 1626a Abs. 2 BGB, II-2.4.3.3).

Im Rechtsverhältnis der eheähnlichen Gemeinschaft nach außen zeichnet sich ein Trend in Richtung der Anerkennung des Partners als Angehöriger ab. Der Partner einer eheähnlichen Gemeinschaft tritt z. B. im Mietrecht gemäß § 563 Abs. 2 S. 4 BGB nach dem Tode des Anderen als Familienangehöriger in dessen Mietvertrag ein (BGHZ 121, 166 ff.). An zahlreichen Stellen fehlen allerdings Privilegierungen, die Ehepartnern zugebilligt werden. So haben Partner einer eheähnlichen Gemeinschaft in Gerichtsverfahren, die den Anderen betreffen, **kein** Zeugnisverweigerungsrecht, sofern sie nicht miteinander verlobt sind (§ 383 Abs. 1 Nr. 1 ZPO; § 51 Abs. 1 Nr. 1 StPO). Andererseits werden auf eheähnliche Gemeinschaften in einigen Bereichen Regelungen angewandt, die ursprünglich für Ehepartner getroffen wurden. So werden bei der Prüfung eines Anspruchs auf bedürftigkeitsabhängige Sozialleistungen bei der Frage der Bedürftigkeit des Antragstellers auch Einkommen und Vermögen des Partners mit angerechnet, da eheähnliche Gemeinschaften hinsichtlich der Berücksichtigung von Einkommen und Vermögen des Partners nicht besser gestellt werden dürfen als Ehepaare (insb. § 9 Abs. 2

i. V. m. § 7 Abs. 3 Nr. 3c SGB II, § 20 SGB XII; vgl. auch III-4.1.7 und III-4.2.3). Diese Regelungen sind hochproblematisch, da sie zunächst die Klärung der Frage voraussetzen, ob überhaupt im Einzelfall eine eheähnliche Gemeinschaft vorliegt. Die vom Bundesverfassungsgericht getroffene Definition macht den Begriff abhängig von inneren Einstellungen und Motivationen, die den zuständigen Sozialleistungsbehörden nicht zugänglich sind. Die Versuche, innere Bindungen anhand von äußeren Indizien zu überprüfen, bringen zwangsläufig gravierende Eingriffe in die Privatsphäre der beteiligten Personen mit sich. Um diesem Problem zu begegnen, wird seitens des Gesetzgebers versucht, die Frage nach dem Vorliegen einer eheähnlichen Gemeinschaft an äußeren Merkmalen festzumachen, die leichter überprüfbar sind. So wird nach § 7 Abs. 3a SGB II ein wechselseitiger Wille, Verantwortung füreinander zu tragen und füreinander einzustehen, vermutet, wenn Partner entweder länger als ein Jahr zusammenleben, mit einem gemeinsamen Kind zusammenleben, Kinder oder Angehörige im Haushalt versorgen oder befugt sind, über Einkommen oder Vermögen des anderen zu verfügen. Kommt die Behörde nach verständiger Würdigung des Falles zu dem Ergebnis, dass der wechselseitige Wille anzunehmen ist, Verantwortung füreinander zu tragen und füreinander einzustehen, so obliegt es den Betroffenen, den Gegenbeweis anzutreten (§ 7 Abs. 3 Nr. 3c SGB II). Diese pauschale Vermutung einer eheähnlichen Gemeinschaft wird den individuell höchst unterschiedlichen und differenzierten Gegebenheiten und Verbindlichkeitsgraden persönlicher Beziehungen kaum gerecht. Zudem ist die Ablehnung eines Sozialleistungsanspruchs unter Berufung auf Einkommen oder Vermögen des Partners einer eheähnlichen Gemeinschaft problematisch, da innerhalb der eheähnlichen Gemeinschaft im Gegensatz zur Ehe keinerlei Anspruch auf Unterhalt oder sonstige Beteiligung an Vermögenswerten des Partners besteht. Wenn die Behörde die Leistung also unter Berufung auf eine (vermeintlich) bestehende eheähnliche Gemeinschaft ablehnt, kann der Partner die Unterstützung unter Berufung auf eine fehlende Verpflichtung ebenfalls ablehnen.

Die eheähnliche Gemeinschaft kann jederzeit ohne sachliche oder formale Voraussetzungen von einem der beiden Partner beendet werden – sicherlich in vielen Fällen auch ein Grund für die Wahl dieser Lebensform anstelle der Ehe. Für das Ende der Gemeinschaft gelten in erster Linie die Vereinbarungen, die die Partner für diesen Fall getroffen haben. Wurden keine solchen Vereinbarungen getroffen, so bestehen zumeist weder Unterhaltsansprüche zwischen den Partnern, noch findet im Regelfall ein nachträglicher Ausgleich von Leistungen statt, die während der bestehenden eheähnlichen Gemeinschaft erbracht wurden. Hat also z. B. ein Partner während der Beziehung den überwiegenden Teil des Lebensunterhalts bestritten, um den anderen während seiner Ausbildung zu unterstützen und wurden keine Vereinbarungen über einen Ausgleich im Fall der Trennung getroffen, so kann er nicht im Nachhinein Ersatz für seine Aufwendungen verlangen. Eine Ausnahme besteht allerdings, wenn innerhalb der eheähnlichen Gemeinschaft Vermögenswerte geschaffen wurden, die formal einem der beiden Partner zugeordnet sind. Hier wird von der Rechtsprechung – zumeist über gesellschaftsrechtliche Konstruktionen (vgl. BGH NJW 1997, 3371) – ein Ausgleich zwischen den Partnern vorgenommen. Ein solcher Fall ist etwa gegeben, wenn unter Mitwirkung

Beendigung der Gemeinschaft

Betreuungsunterhalt

und finanziellem Einsatz beider Partner ein Haus gebaut oder eine sonstige Immobilie angeschafft wurde, für die im Grundbuch nur einer der Partner als Eigentümer eingetragen ist.

Der gesetzliche Unterhaltsanspruch nach § 1615l BGB hat grundsätzlich nichts mit dem Bestehen einer eheähnlichen Gemeinschaft zu tun, sondern bezieht sich ausschließlich darauf, dass es ein Kind zu betreuen gilt, dessen Eltern nicht miteinander verheiratet sind. Hiernach hat der Vater des Kindes der Mutter zunächst (mindestens) für die Dauer von sechs Wochen vor und acht Wochen nach der Geburt des Kindes Unterhalt zu gewähren (§ 1615l Abs. 1 BGB). Danach kann der Elternteil, der das Kind anschließend betreut, von dem Anderen während der ersten drei Lebensjahre des Kindes Unterhalt verlangen; ebenso wie bei dem Betreuungsunterhalt nach § 1570 BGB kann sich auch hier die Dauer der Unterhaltspflicht aus kindbezogenen Billigkeitsgründen verlängern (§ 1615l Abs. 2 und 4 BGB)

Fischer 2003; Hausmann/Hohloch 2004

2.3.2 Die Lebenspartnerschaft

Nach jahrzehntelangen Diskussionen um die Stellung gleichgeschlechtlicher Partnerschaften und begleitet von heftigen Kontroversen trat am 01.08.2001 das Gesetz über die eingetragene Lebenspartnerschaft (LPartG) in Kraft. Mit dem Gesetz wurde das neue und eigenständige Rechtsinstitut der Lebenspartnerschaft eingeführt und damit dem Wunsch vieler gleichgeschlechtlicher Paare nach einer Institutionalisierung ihrer Partnerschaft entsprochen. Zum Beginn des Jahres 2005 erfolgte eine Reform des Gesetzes, die zu einer weiteren Angleichung an die Rechtswirkungen der Ehe führte.

Voraussetzungen der eingetragenen Lebenspartnerschaft

Die Grundzüge der Lebenspartnerschaft sind im LPartG für gleichgeschlechtliche Lebensgemeinschaften parallel zu den Regelungen über die Ehe im BGB gestaltet (zu den Einzelheiten vgl. Kornmacher 2004). Auch hier findet sich ein Verbot der Doppelpartnerschaft bzw. der Begründung einer Lebenspartnerschaft mit einer Person, die verheiratet ist. Lebenspartnerschaften zwischen Verwandten sind entsprechend den Regelungen zur Ehe ausgeschlossen. Nur volljährige Personen können wirksam eine Lebenspartnerschaft eingehen, allerdings gibt es im Gegensatz zur Ehe keine Ausnahmeregelungen für MJ, die das 16. Lebensjahr bereits vollendet haben. Auch die Lebenspartnerschaft kann nicht wirksam begründet werden, wenn mit ihr etwa lediglich die Erlangung eines Aufenthaltstitels angezielt ist.

Wirkungen der Partnerschaft

Nach § 2 LPartG sind die Lebenspartner einander zu Fürsorge und Unterstützung sowie zur gemeinsamen Lebensgestaltung verpflichtet und tragen füreinander Verantwortung. Sie können einen gemeinsamen Namen bestimmen (§ 3 LPartG) und sind einander in entsprechender Anwendung der Unterhaltsbestimmungen des Eherechts im BGB zum angemessenen Unterhalt verpflichtet (§ 5 LPartG). Ebenso wie für die Ehe ist der gesetzliche Güterstand die Zugewinngemeinschaft, § 6 LPartG. Ein anderer Güterstand kann durch den Lebenspartnerschaftsvertrag, für den die Regeln über den Ehevertrag entsprechend gelten, vereinbart werden, § 7 LPartG. Das LPartG regelt in § 9 LPartG parallel zu den Befugnissen von Stiefeltern gegenüber ihren Stiefkindern sorgerechtliche Befugnisse des Lebenspartners hinsichtlich der Kinder, denen gegenüber sein Partner das alleinige Sorgerecht hat. Ebenso wie die Ehe begründet auch die eingetragene Lebenspartnerschaft einen Erbanspruch des hinterbliebenen Partners. Der Lebenspartner gilt als Familienangehöriger des anderen Partners und die Verwandten eines Lebenspartners gelten als mit dem anderen Lebenspartner verschwägert.

Für den Fall der Trennung trifft das LPartG bezüglich des Unterhalts, der Hausratsverteilung und der Wohnungszuweisung parallele Regelungen zum Eherecht. Anstelle einer Scheidung erfolgt zur Beendigung der Lebenspartnerschaft nach § 15 LPartG die Aufhebung, die sich ebenfalls am ehelichen Scheidungsrecht orientiert, jedoch noch klarer und effizienter geregelt ist als die Scheidung. Hinsichtlich des nachpartnerschaftlichen Unterhalts verweist das Gesetz in § 16 LPartG unmittelbar auf die Regelungen zum Scheidungsunterhalt im BGB.

Trennung

Mittlerweile sind auch weitere vormals bestehende Ungleichbehandlungen zwischen Verheirateten und Verpartnerschaftlichten, etwa in den Bereichen des Steuer- und des öffentlichen Dienstrechts, beseitigt. Zunächst erkannte das BVerfG in einem Beschluss vom 7.5.2013 (2 BvR 909/06, 2 BvR 1981/06, 2 BvR 288/07) in der Nichtanwendung des sog. Ehegattensplittings auf eingetragene Lebenspartnerschaften einen Verstoß gegen Art. 3 Abs. 1 GG und verfügte rückwirkend zum Inkrafttreten des LPartG eine entsprechende steuerliche Gleichbehandlung, die inzwischen auch mit Gesetz vom 15.7.2013 hergestellt ist. Bereits zuvor (2011) wurde mit der Einfügung von § 17b in das BBesG sichergestellt, dass auch im öffentlichen Dienstrecht besoldungs- und versorgungsrechtliche Regelungen (insb. Familienzuschlag, Beihilfeberechtigung, Hinterbliebenenversorgung) auf Ehe und eingetragene Lebenspartnerschaft in gleicher Weise angewendet werden. Noch immer verwehrt wird gleichgeschlechtlichen Paaren hingegen die gemeinschaftliche Adoption eines Kindes (hierzu: II-2.4.7)

Kornmacher 2004

2.4 Kindschaftsrecht

Das Kindschaftsrecht betrifft jedenfalls im Kern die rechtliche Ausgestaltung der Beziehung zwischen Eltern und ihren minderjährigen Kindern. Begründet wird diese Beziehung innerhalb eines Verwandtschaftsverhältnisses in Folge von Abstammung oder Adoption. Das Eltern-Kind-Verhältnis erzeugt neben einer Reihe außerordentlich wichtiger rechtlicher Wirkungen auch solche, die in der Praxis des Alltags nicht unbedingt im Vordergrund stehen. Hierzu gehören etwa eine gegenseitige Beistands- und Rücksichtspflicht (§ 1618a BGB) oder eine Dienstleistungspflicht des Kindes gegenüber den Eltern (§ 1619 BGB). Während nämlich die Pflichten aus § 1618a BGB nur schwer zu konkretisieren sind, könnte selbst eine gerichtlich festgestellte Leistungsverpflichtung, etwa eines volljährigen noch im Elternhaus lebenden Kindes, nicht vollstreckt werden (§ 120 Abs. 3 FamFG analog). Von wirklich zentraler Bedeutung sind neben den namensrechtlichen Wirkungen, die hier allerdings nicht im Einzelnen dargestellt werden müssen (§§ 1616 ff. BGB), jedoch die gegenseitige Unterhaltspflicht, die Pflicht und das Recht der Eltern zur Ausübung der elterlichen Sorge und die Pflicht und das Recht zum Umgang der Eltern mit ihrem Kind sowie das Recht des Kindes auf Umgang mit seinen Eltern.

2.4.1 Abstammungsrecht

Verwandtschaft Zunächst regelt das Gesetz in § 1589 BGB allgemein den Begriff der Verwandtschaft. Miteinander verwandt sind danach Personen, die von derselben dritten Person abstammen. Lässt sich dabei eine Linie bilden, in der die eine Person von der anderen abstammt, liegt Verwandtschaft in **gerader Linie** vor. Dies ist im Verhältnis von Kindern zu ihren Eltern, Großeltern, Urgroßeltern usw. sowie umgekehrt der Fall. Ist dies nicht gegeben, besteht Verwandtschaft in der **Seitenlinie**. Dies gilt z. B. für Geschwister, die von gemeinsamen Eltern abstammen, oder für Cousins und Cousinen, die gemeinsame Großeltern haben. Der Grad der Verwandtschaft bestimmt sich nach der Zahl der sie vermittelnden Geburten. Danach sind Verwandte ersten Grades Kinder im Verhältnis zu ihren Eltern, Verwandtschaft zweiten Grades liegt z. B. zwischen Enkeln und ihren Großeltern oder zwischen Geschwistern vor. Die Verwandten eines Ehegatten sind mit dem anderen Ehegatten **verschwägert** (§ 1590 BGB). Ebenfalls als verschwägert gelten die Verwandten eines Partners einer eingetragenen Lebenspartnerschaft mit dem anderen Lebenspartner (§ 11 Abs. 2 LPartG). Ehepartner bzw. eingetragene Lebenspartner stehen in keinem verwandtschaftlichen Verhältnis zueinander.

Mutter des Kindes Das Abstammungsrecht befasst sich mit der Frage, wer im rechtlichen Sinne die Eltern eines Kindes sind. § 1591 BGB regelt, dass Mutter eines Kindes ist, wer das Kind geboren hat. Dies gilt auch, wenn die Frau das Kind unter dem gesetzlichen Schutz der **vertraulichen Geburt** (II-2.1) auf die Welt gebracht hat. Denn für diesen Fall verfügt § 1674a BGB lediglich, dass die elterliche Sorge der Mutter zunächst ruht. Die Klarstellung in § 1591 BGB ist vor allem aufgrund der heutigen tatsächlichen Möglichkeit einer Ersatzmutterschaft erforderlich geworden. Zwar sind nach deutschem Recht Eispende und Embryonentransfer verboten (§ 1 Abs. 1 EschG). Darüber hinaus ist die Vermittlung einer **Ersatzmutter**, die sich dazu verpflichtet, ein aus künstlicher oder auch natürlicher Befruchtung hervorgegangenes Kind nach dessen Geburt Dritten zu überlassen (§ 1 Abs. 1 Nr. 7 EschG; umgangssprachlich „Leihmutter"), strafbar (§ 13a ff., § 14b AdVermiG). Im Übrigen wäre ein derartiger Vertrag über eine Ersatzmutterschaft auch ohne dass er durch externe Vermittlung zustande käme, nach § 138 Abs. 1 BGB sittenwidrig und damit nichtig. Ungeachtet der eindeutigen innerstaatlichen Rechtslage sind derartige Konstellationen jedoch dadurch, dass sie außerhalb des Geltungsbereiches deutschen Rechts herbeigeführt wurden, denkbar. Sie wären dann aber, wie eine Entscheidung des KG Berlin v. 1.8.2013 (1 W 413/12) bekräftigt, innerhalb der deutschen Rechtsordnung nicht bindend, weil sie mit wesentlichen Grundsätzen des deutschen Rechts unvereinbar sind (ordre-public-Verstoß, vgl. I-1.1.6).

Komplizierter ist die Regelung der Frage, wer der rechtliche Vater des Kindes ist. Hier bestehen gemäß § 1592 BGB drei unterschiedliche Möglichkeiten, wie die Vaterschaft im rechtlichen Sinne zustande kommen kann: Die Vaterschaft kann kraft Gesetzes bestehen, sie kann von einem Mann anerkannt werden oder sie kann gerichtlich festgestellt werden. Biologische und rechtliche Vaterschaft müssen nicht übereinstimmen. *Vaterschaft*

Ist die Mutter des Kindes zum Zeitpunkt der Geburt verheiratet, so ist gemäß § 1592 Nr. 1 BGB ihr **Ehemann** kraft Gesetzes Vater des Kindes. Gleiches gilt, wenn der Mann, der zum Zeitpunkt der Empfängnis mit der Mutter verheiratet war, bereits vor der Geburt des Kindes verstorben ist, sofern die Mutter nicht vor Geburt des Kindes eine neue Ehe eingegangen ist (§ 1593 BGB). Die gesetzliche Vaterschaft tritt auch dann ein, wenn sie etwa aufgrund der Verbüßung einer langen Haftstrafe oder anderweitiger längerer Abwesenheit, wegen Zeugungsunfähigkeit o. Ä. wenig plausibel erscheint. Allerdings besteht in derartigen Fällen die Möglichkeit, die Vaterschaft anzufechten. Einer gesonderten Anfechtung bedarf es, bei Vorliegen der sonstigen entsprechenden Voraussetzungen (§ 1599 Abs. 2 BGB), nur dann nicht, wenn das Kind erst nach Anhängigkeit eines Scheidungsantrages geboren wurde und ein Dritter mit Zustimmung des (früheren) Ehemanns der Mutter die Vaterschaft innerhalb eines Jahres nach Rechtskraft der die Ehe beendenden gerichtlichen Entscheidung anerkannt hat. *Vaterschaft kraft Gesetzes*

Waren die Eltern zum Zeitpunkt der Geburt des Kindes nicht miteinander verheiratet, dann ist nach § 1592 Nr. 2 BGB der Mann Vater des Kindes, der die Vaterschaft anerkannt hat. Die Anerkennung setzt die Zustimmung der Mutter und, sofern dieser die elterliche Sorge nicht zusteht, des Kindes – vertreten durch seinen gesetzlichen Vertreter – voraus (§ 1595 BGB). Beide – Anerkennung wie Zustimmung – unterliegen dem Formerfordernis der öffentlichen Beurkundung, die in der Regel vom **JA** vorgenommen wird (§ 59 SGB VIII; s. III-3.4.3). Eine Vaterschaftsanerkennung ist außer in dem eben besprochenen Fall des § 1599 Abs. 2 BGB nur möglich, wenn noch kein anderer Mann im rechtlichen Sinne Vater des Kindes ist (§ 1594). Ist eine Vaterschaft bereits gegeben, kann sie ansonsten nur durch Anfechtung beseitigt werden. Erst danach kann dann eine Vaterschaftsanerkennung erfolgen. *Vaterschaftsanerkennung*

Nach § 1592 Nr. 3 BGB schließlich ist Vater eines Kindes der Mann, dessen Vaterschaft gerichtlich festgestellt ist. Während sich bei Anerkennung der Vaterschaft alle Beteiligten darüber einig sind, dass der betreffende Mann Vater des Kindes sein soll, fehlt es bei der gerichtlichen Vaterschaftsfeststellung an dieser Einigkeit. Antragsberechtigt sind die Mutter und das Kind, aber auch der Mann, der sich für den genetischen Vater hält, dessen Vaterschaftsanerkennung aber die Zustimmung seitens der Mutter oder des Kindes verwehrt wurde. Voraussetzung ist ebenso wie bei der Anerkennung der Vaterschaft, dass noch kein anderer Mann im rechtlichen Sinne Vater des Kindes ist. In dem Verfahren wird festgestellt, ob der Mann, dessen Vaterschaft mit dem Antrag auf Vaterschaftsfeststellung durch die Mutter oder das Kind festgestellt werden soll bzw. der selbst den Antrag gestellt hat, der genetische Vater des Kindes ist. Dies erfolgt i. d. R mittels eines *gerichtliche Feststellung der Vaterschaft*

DNA-Gutachtens; die in § 1600d Abs. 2 und 3 BGB noch immer enthaltene gesetzliche Zeugungsvermutung und ihre Widerlegungsmöglichkeit hingegen haben nur noch geringe praktische Bedeutung. Die Mutter des Kindes, dem gerichtlich ein Vater zuzuordnen ist, kann für dieses Verfahren für das Kind die Beistandschaft des JA beantragen (§ 1712 Abs. 1 Nr. 1 BGB; vgl. zur Beistandschaft auch: II-2.5.2 und III-3.4.3).

Vaterschaftsanfechtung

Nach § 1599 Abs. 1 BGB ist jedoch eine Vaterschaft, die kraft Gesetzes oder durch Anerkennung eingetreten ist, wie bereits gesehen, anfechtbar. Zur Anfechtung der Vaterschaft sind nach § 1600 BGB der bisher als Vater geltende Mann, die Mutter, das Kind und unter engen Voraussetzungen auch ein anderer Mann berechtigt, der an Eides statt versichert, der Mutter während der Empfängniszeit beigewohnt zu haben (§ 1600 Abs. 1 Nr. 2 BGB). Die Voraussetzungen sind, dass zwischen dem Kind und seinem rechtlichen Vater keine sozial-familiäre Beziehung besteht oder im Zeitpunkt seines Todes bestanden hat und dass der Anfechtende leiblicher Vater des Kindes ist. Die Regelung ist erst 2004 aufgrund einer Entscheidung des BVerfG (1 BvR 1493/96 – 04.03.2003 – NJW 2003, 2151) in das Gesetz aufgenommen worden. Außerhalb dieser engen Voraussetzungen sind dritte Personen nicht anfechtungsberechtigt, so also in der Regel auch nicht ein Mann, der sich für den genetischen Vater des Kindes hält. Der Aufklärung der genetischen Vaterschaft wird zumindest dann weniger Bedeutung beigemessen als der Stabilität der Familie, wenn diese – sei es in Kenntnis der bestehenden Zweifel oder ohne Kenntnis hiervon – die Vaterschaft des Ehemannes der Mutter bzw. des Mannes, der die Vaterschaft anerkannt hat, akzeptiert. Ansonsten jedoch verschafft die Regelung dem **Grundrecht des Kindes auf Kenntnis seiner genetischen Abstammung** aus Art. 2 Abs. 1 i. V. m. Art. 1 Abs. 1 GG (vgl. BVerfGE 96, 56) die gebotene Geltung. In diesem Kontext sei darauf verwiesen, dass der Anfechtungsausschluss im Falle der Zeugung eines Kindes durch künstliche Befruchtung (§ 1600 Abs. 5 BGB) zwar für den rechtlichen Vater und die Mutter, nicht aber für das Kind gilt, das demzufolge selbst in einem solchen Fall die Vaterschaft des rechtlichen Vaters (etwa des Ehemannes seiner Mutter) anfechten kann. Anfechtungsberechtigt wäre zumindest bei Vorliegen der Voraussetzungen nach § 1600 Abs. 1 Nr. 2 BGB jedoch auch der Samenspender: Der in der Vorschrift verwendete Terminus der „Beiwohnung" soll nach Ansicht des BGH die Anfechtung einer durch Samenspende entstandenen Vaterschaft nicht ausschließen (15.5.2013- XII ZR 49/11).

Wird die Vaterschaft gerichtlich angefochten, so wird in diesem Verfahren durch entsprechende Gutachten, und hier wiederum insb. durch die **DNA-Analyse**, festgestellt, ob der Mann, dessen gesetzliche Vaterschaft bislang besteht, genetischer Vater des Kindes ist. Soll allerdings lediglich eine Klärung der genetischen Abstammung herbeigeführt und eine Anfechtung der Vaterschaft mit allen Rechtsfolgen (zumindest zunächst) vermieden werden, ist § 1598a BGB eine Option. Hiernach können Vater, Mutter und/oder Kind von den jeweils anderen verlangen, dass diese in eine genetische Abstammungsuntersuchung einwilligen und die entsprechenden notwendigen Untersuchungen an sich vornehmen lassen. Wird eine solche Einwilligung nicht erteilt, so wird sie auf Antrag vom FamG ersetzt. Das Verfahren kann durch das FamG nur dann ausgesetzt werden, wenn die Klärung der genetischen Abstammung eine erhebliche Beeinträchtigung des Wohls eines minderjährigen Kindes bedeuten würde. Sofern eine Einwilligungserklärung abgegeben wurde, besteht seitens des Einwilligenden ein Recht auf Kenntnis des Abstammungsgutachtens. Ansonsten leiten sich aus dem Ergebnis des Gutachtens unmittelbar keine weiteren Folgen ab. Allerdings kann eine etwaige gerichtliche Vaterschaftsanfechtung nunmehr auf die Ergebnisse eines solchen Gutachtens gestützt werden.

§ 1600b BGB räumt für eine derartige Anfechtung eine **Frist** von zwei Jahren ein. Sie beginnt für jeden Berechtigten individuell zu laufen, nämlich dann, wenn er von den Umständen erfährt, die gegen eine Vaterschaft sprechen. Für das Kind kann bis zum Eintritt der Volljährigkeit nur der gesetzliche Vertreter – dies sind in der Regel die Eltern – die Vaterschaft anfechten. Hat dieser trotz Kenntnis von den Umständen, die gegen die Vaterschaft sprechen, nicht rechtzeitig angefochten, so kann das Kind nach Eintritt der Volljährigkeit dies selbst tun.

Die erst im Jahr 2008 eingeführte Regelung in § 1600 Abs. 1 Nr. 5, Abs. 5 BGB, die ähnlich wie im Eheschließungsrecht (II-2.2.1) auch bei der Anfechtung ein eigenes **behördliches Anfechtungsrecht** im Falle des Verdachts eines aufenthaltsrechtlichen Missbrauchs einer Vaterschaftsanerkennung vorsieht, ist inzwischen mit Beschluss des BVerfG vom 17.12.2013 (1 BvL 6/10) für verfassungswidrig erklärt worden und damit nichtig.

2.4.2 Unterhalt

Bereits an verschiedenen Stellen der familienrechtlichen Darstellung wurde auf unterhaltsrechtliche Regelungen verwiesen. So war während der Ehe Familienunterhalt zu leisten (II-2.2.4), nach der Trennung Trennungsunterhalt (II-2.2.3) und nach der Scheidung schließlich kam nachehelicher Unterhalt (II-2.4.2) in Betracht. Analoges ist für die eingetragene Lebenspartnerschaft gesetzlich festgelegt (II-2.3.2). Eine spezielle Regelung galt der Mutter bzw. dem das Kind betreuenden Elternteil, wenn die Eltern nicht miteinander verheiratet sind (II-2.3.1). Nunmehr tritt der **Unterhalt unter Verwandten** hinzu. Die Ausgangsvorschrift hierfür findet sich in § 1601 BGB. Sie besagt, dass Verwandte in gerader Linie verpflichtet sind, einander Unterhalt zu gewähren. Dies betrifft, neben den Eltern für ihre Kinder, in der Praxis vor allem auch Großeltern, die für ihre Enkel, sowie (volljährige) Kinder, die für ihre (schon alten) Eltern Unterhalt zu leisten haben. Obgleich in allen genannten Fällen der gleiche familienrechtliche Gattungsbegriff Unterhalt verwendet wird, handelt es sich doch um je verschiedene Rechtsinstitute mit unterschiedlichen gesetzlichen Anspruchsgrundlagen, die demzufolge bei der Prüfung, ob ein Unterhaltsanspruch besteht, strikt voneinander zu unterscheiden sind. Hinzu kommen Unterhaltsansprüche, die, teils weil sie überhaupt nicht gesetzlich entstehen können, teils weil sie dispositiv ausgestaltet sind, aus einem Vertrag resultieren. Hiernach ergibt sich die Übersicht 29.

Das Unterhaltsrecht kennt eine Reihe allgemeingültiger Grundsätze. Auch diese sind jedoch nicht regelungstechnisch „vor die Klammer gezogen", sondern

Übersicht 29: Unterhaltsansprüche

Unterhalt

kraft Gesetzes	aus Vertrag
zwischen Verwandten, insbes.: Kindesunterhalt: §§ 1601 ff. BGB	z. B. zwischen Partnern einer nichtehelichen Lebensgemeinschaft, Stiefkindunterhalt, Unterhaltsvereinbarung i. S. v. § 1585c BGB o. Ä.
zwischen Ehepartnern: §§ 1360 ff. BGB	
bei getrennt lebenden Ehepartnern: § 1361 BGB	
nachehelicher Unterhalt: §§ 1569 ff. BGB	
Betreuungsunterhalt zwischen nicht miteinander verheirateten Eltern: § 1615 l BGB	
zwischen den Partnern einer eingetragenen Lebenspartnerschaft: § 5 LPartG	
bei Getrenntleben in einer eingetragenen Lebenspartnerschaft: § 12 LPartG	
nachpartnerschaftlicher Unterhalt: § 16 LPartG	

finden sich jeweils spezialgesetzlich, ggf. in Form von Verweisen, bei den jeweiligen einzelnen Unterhaltstatbeständen ausgestaltet. So ist eine durchgängige **Voraussetzung** für sämtliche Unterhaltsansprüche, dass der Unterhaltsberechtigte bedürftig und der Unterhaltsverpflichtete leistungsfähig ist. Für den nachehelichen Unterhalt etwa findet sich dies in den §§ 1569, 1577, 1581 ff. BGB geregelt; für den Unterhalt unter Verwandten hingegen gelten diesbezüglich die §§ 1602, 1603 BGB. Auch zum Maß des Unterhalts und zur Art der Unterhaltsgewährung, zur Frage, ob Unterhalt auch für die Vergangenheit zu leisten sei, zu Unterhaltsversagungsgründen, zur Reihenfolge bei mehreren Unterhaltsverpflichteten sowie zur Beendigung der Unterhaltspflicht bestehen je spezielle Regelungen. Sie sind jedes Mal erforderlich, weil sie sich zumindest in Details voneinander unterscheiden. So bestimmt sich etwa das Maß des nachehelichen Unterhalts nach den ehelichen Lebensverhältnissen (1578 BGB), das des Unterhalts zwischen Verwandten nach der jeweiligen Lebensstellung des Bedürftigen (§ 1610 BGB). Bei der Lösung unterhaltsrechtlicher Fälle in der Praxis wie im Studium ist also immer besonders genau darauf zu achten, dass auch die jeweils auf den Sachverhalt zutreffende Rechtsnorm zur Anwendung kommt. Allerdings liegt mit § 1609 BGB eine **zentrale Regelung** vor, in der sich sämtliche gesetzlichen Unterhaltstatbestände aufgrund entsprechender Verweisungsnormen treffen. Diese Vorschrift regelt die Rangfolge, wenn im Fall mehrerer Berechtigter die Leistungsfähigkeit des Verpflichteten nicht ausreicht, um sämtliche Ansprüche zu befriedigen. Hiernach sind zunächst die minderjährigen und ihnen gleichgestellten (§ 1603 Abs. 2 S. 2 BGB;

Rangfolge mehrerer Unterhaltsansprüche

Erläuterung hierzu gleich unten) Kinder zu berücksichtigen. Ihnen folgen Elternteile, die Kinder im unterhaltsrechtlich relevanten Alter, d. h. i. d. R. bis zum vollendeten dritten Lebensjahr, betreuen. Den genannten Elternteilen wiederum gleichgestellt sind geschiedene Ehegatten bei einer Ehe von langer Dauer. Hiermit soll vor allem das Vertrauen derjenigen geschützt werden, die im Verlauf einer langen Ehe und auf der Grundlage interner Absprachen mit ihrem Ehepartner auf ein eigenes berufliches Fortkommen verzichtet haben, um einseitig Kindererziehung und Haushaltsführung zu übernehmen und damit den anderen in seiner beruflichen Laufbahn zu unterstützen. Auf den Rängen 3 bis 7 folgen die anderen (geschiedenen) Ehegatten, volljährige Kinder, Enkelkinder, Eltern sowie schließlich Großeltern und Urgroßeltern.

Im Übrigen arbeiten die gesetzlichen Regelungen zum Unterhaltsrecht mit sehr vielen unbestimmten Rechtsbegriffen und pauschalierenden Formulierungen. Sie auszulegen, näher zu bestimmen, zu konkretisieren und im Ergebnis zu definieren, hilft die sog. **Düsseldorfer Tabelle**. Es handelt sich hierbei um ein Zahlenwerk mit Erläuterungen, das jährlich vom Oberlandesgericht Düsseldorf veröffentlicht wird. Die Düsseldorfer Tabelle hat zwar keine Gesetzeskraft, weil ihr hierzu die formalen Voraussetzungen fehlen (vgl. I-1.1.3); sie ist vielmehr eine Richtlinie. Jedoch kommt sie auf der Grundlage von Koordinierungsgesprächen zwischen sämtlichen Oberlandesgerichten und auch dem Deutschen Familiengerichtstag e. V. zustande, was ihr eine durchgreifende Akzeptanz in der Rechtspraxis verschafft. Ihr können nicht nur die Unterhaltssätze für Kinder in Abhängigkeit vom Einkommen des Unterhaltsverpflichteten und dem Alter des Kindes sowie die Bedarfe anderer Unterhaltsberechtigter entnommen werden, sondern auch die sog. Selbstbehalte der Verpflichteten, die wiederum je nach Unterhaltstatbestand differieren. Schließlich zeigt sie auch noch, wie der zur Bestreitung des Unterhalts zur Verfügung stehende Betrag eines Verpflichteten gleichmäßig zu verteilen ist, wenn er zur Befriedigung der Ansprüche mehrerer Berechtigter innerhalb eines Ranges i. S. v. § 1609 BGB nicht ausreicht (sog. Mängelfallberechnung). Die Tabelle ist in den einschlägigen Gesetzessammlungen für soziale Berufe abgedruckt.

2.4.2.1 Kindesunterhalt

Die Besonderheiten des Kindesunterhalts beziehen sich im Wesentlichen auf minderjährige sowie ihnen durch das Gesetz gleichgestellte Kinder. Letztere sind jene, die – obgleich bereits volljährig – noch nicht das 21. Lebensjahr vollendet haben, unverheiratet sind, noch im Haushalt der Eltern bzw. eines Elternteils leben und die allgemeine Schulausbildung noch nicht abgeschlossen haben (§ 1603 Abs. 2 S. 2 BGB). Für sie gelten zunächst weniger strenge Anforderungen an den Nachweis ihrer Bedürftigkeit. Insb. sind sie nicht verpflichtet, etwaiges Vermögen zur Bestreitung ihres Unterhalts einzusetzen, wohl aber Einkünfte aus Vermögen oder eigene Arbeitseinkünfte (§ 1602 Abs. 2 BGB). Befindet sich der MJ nicht mehr in der Ausbildung, ist er allerdings verpflichtet, sich um eine Erwerbstätigkeit zu bemühen (OLG Düsseldorf FamRZ 2000, 442; OLG Karlsruhe FamRZ 1988, 758; vgl. Münder/Ernst/Behlert 2013, 140). Auf der Seite der unterhaltsverpflichteten Eltern besteht nach § 1603 Abs. 2 BGB komplementär hierzu eine gesteigerte

Unterhaltspflicht bzw. absolute Pflicht zur Solidarität mit ihren minderjährigen Kindern (Wellenhofer 2011, 303). In ihrer Folge steht barunterhaltsverpflichteten Eltern zunächst ein Selbstbehalt lediglich in Höhe des sog. **notwendigen Eigenbedarfs** in Höhe von derzeit 800 € für Nichterwerbstätige bzw. 1000 € für Erwerbstätige zu (zum Vergleich: Bei volljährigen Kindern beträgt der Selbstbehalt des Verpflichteten lt. Düsseldorfer Tabelle mindestens 1.200 €, bei getrennt lebenden oder geschiedenen Ehegatten sowie Betreuungsunterhalt nach § 1615 l BGB 1.100 €, im Falle der Unterhaltspflicht für die Eltern mindestens 1.600 € zuzüglich der Hälfte des darüber hinaus gehenden Einkommens). Darüber hinaus sind Eltern verpflichtet, notfalls auch die Substanz ihres Vermögens anzugreifen, falls sie anderweitig nicht in der Lage sind, die Mittel zur Unterhaltsleistung für ihre Kinder aufzubringen. Schließlich führt die Unterhaltspflicht für minderjährige Kinder zu einer durch Art. 2 Abs. 1, 2. HS GG gerechtfertigten Einschränkung der allgemeinen Handlungsfreiheit dahingehend, dass der Verpflichtete es sich nicht ohne weiteres aussuchen kann, ob und in welchem Umfang er einer Erwerbstätigkeit nachgeht. Ggf. werden in derartigen Fällen **fiktive Einkünfte**, also Einkünfte in der Höhe, in der sie hätten tatsächlich erzielt werden können, der Unterhaltsberechnung zugrunde gelegt (zuletzt: BVerfG 1 BvR 2239/09 – 15.02.2010).

Natural- und Barunterhalt
Leben die Eltern mit ihren minderjährigen Kindern in einem Haushalt, so erfüllen sie ihre Unterhaltspflicht durch die Gewährung von „Naturalunterhalt", indem sie ihnen Wohnung gewähren, sie verpflegen, einkleiden und auch sonst für sie sorgen. Auch wenn das (unverheiratete) Kind bereits volljährig ist und sich z. B. in einer Ausbildung befindet, können die Eltern vom allgemeinen Grundsatz, dass Unterhalt in Geld zu leisten ist, noch abweichen, wenn der Berechtigte weiterhin bei ihnen im Haushalt versorgt werden kann (§ 1612 BGB). Allerdings steht ihm, ohnehin unter der Voraussetzung, dass auch sonst seine Interessen angemessene Berücksichtigung finden, in diesem Fall zumindest ein gewisser Barbetrag zu. Leben die Eltern des minderjährigen Kindes nicht zusammen, dann erfüllt der Elternteil, bei dem sich das Kind aufhält, seine Unterhaltsverpflichtung in der Regel durch Pflege und Erziehung des Kindes (§ 1606 Abs. 3 S. 2 BGB); der Elternteil, der nicht mit dem Kind zusammenlebt, ist zum Barunterhalt in Geld verpflichtet. An diesem Grundsatz ändert sich auch dann, wenn der Aufenthaltsort des Kindes von einem Elternteil zum anderen gelegentlich wechselt, zumindest so lange nichts, wie ein Schwerpunkt der Betreuung bei einem Elternteil erkennbar ist (BGH FamRZ 2007, 707). Etwas anderes soll nur gelten, wenn die Betreuung des Kindes tatsächlich zu gleichen Teilen vorgenommen wird (BGH FamRZ 2006, 1015, 1017).

Beim Verwandtenunterhalt könnte ein Anspruch ggf. an der Einwendung scheitern, dass der Bedürftige sich auf moralisch vorwerfbare Weise selbst in die Situation der Bedürftigkeit gebracht hat, er einer früheren eigenen Unterhaltsverpflichtung gegenüber dem nunmehr Unterhaltspflichtigen nicht nachgekommen ist oder dass er sich diesem oder einem nahen Angehörigen von ihm gegenüber einer schweren Verfehlung schuldig gemacht hat (§ 1611 Abs. 1 BGB). Jedoch stellt die Rspr. an das Vorliegen dieser Voraussetzung sehr hohe Anforderungen. Ein einseitiger Kontaktabbruch seitens des Unterhaltsberechtigten allein und erst nach Eintritt der Volljährigkeit des Verpflichteten reicht hierfür jedenfalls nicht aus (BGH v. 12.02.2014 – XII ZB 607/12). Ohnehin können derartige Einwendungen niemals gegen minderjährige unverheiratete Kinder vorgebracht werden (§ 1611 Abs. 2 BGB).

2.4.2.2 Durchsetzung des Unterhaltsanspruchs

Das Verfahren zur Geltendmachung von Unterhaltsansprüchen gestaltet sich zumeist recht langwierig. Häufig ist ihm eine **Aufforderung zur Auskunftserteilung** (§ 1605 BGB) über Einkünfte und Vermögen des Verpflichteten vorgeschaltet, die bereits für sich genommen einige Zeit in Anspruch nimmt. Sie wird aber i. d. R. unumgänglich sein, um die genaue Höhe des Unterhalts beziffern zu können, der geltend gemacht werden soll. Deshalb soll mit einigen neuen Regelungen des FamFG das Verfahren insgesamt zielführender gestaltet werden. Zu ihnen gehören etwa der **Anwaltszwang** (§ 114 Abs. 1 FamFG) sowie – sozusagen in Verlängerung des Amtsermittlungsgrundsatzes in die „Familienstreitsache Unterhalt" hinein – ein gerichtliches Auskunftsverlangen (§§ 235 f. FamFG), das sich nicht nur an die Verfahrensbeteiligten, sondern auch an Dritte, etwa den Arbeitgeber des Verpflichteten, Sozialleistungsträger oder Finanzämter, richten kann. Darüber hinaus ergeben sich weitere Möglichkeiten der Effektivierung des Verfahrens im Wege einer **einstweiligen Anordnung** (§§ 246 ff. FamFG), die bereits vor der Geburt des Kindes (§ 247 FamFG) oder parallel zum Vaterschaftsfeststellungsverfahren (§ 248 FamFG) erreicht werden kann. Um sie zu erlangen, ist kein Anwalt nötig (§ 114 Abs. 4 Nr. 1 FamFG). Ein sog. Hauptsacheverfahren, in dem dann eine Korrekturmöglichkeit der einstweiligen Anordnung bestünde, wird vom Gericht nur noch dann eingeleitet, wenn einer der Verfahrensbeteiligten – der Unterhaltsberechtigte bzw. sein gesetzlicher Vertreter als Antragsteller oder der Unterhaltsverpflichtete als Antragsgegner – dies beantragt, weil er sich in seinen Rechten verletzt sieht (§ 52 FamFG). Ebenfalls keinen Anwalt benötigt, wer als gesetzlicher Vertreter des Kindes eine **Beistandschaft des JA** (§§ 1712 ff. BGB; III-3.4.3) zur Geltendmachung der Unterhaltsansprüche beantragt (§ 114 Nr. 2 FamFG). Der Antrag ist schriftlich beim JA zu stellen und kann auch jederzeit schriftlich zurückgenommen werden. Antragsberechtigt ist ein allein sorgeberechtigter Elternteil oder aber bei gemeinsamer Sorge getrennt lebender Eltern derjenige, in dessen Obhut sich das Kind befindet. Für die Dauer der Beistandschaft kann das unterhaltsberechtigte Kind insoweit nur vom JA, jedoch nicht von seinem sorgeberechtigten Elternteil vertreten werden (§ 234 FamFG); im Übrigen ergeben sich keine Auswirkungen in Bezug auf die elterliche Sorge (§ 1716 BGB).

Schließlich ist noch auf die Möglichkeit der Geltendmachung von **Mindestunterhalt** im Wege des **vereinfachten Verfahrens** (§§ 249 ff. FamFG) hinzuweisen. Auch dieser Weg steht, ebenso wie die Beistandschaft, nur für die Erlangung des Unterhalts für minderjährige Kinder offen. Seine Berechnung und Altersstaffelung sind in § 1612a BGB erläutert. Er entspricht in der Höhe den Eingangssätzen der **Düsseldorfer Tabelle** (2013, Teil A) und beträgt derzeit 317 € in der ersten Altersstufe (bis unter 6 Jahre), 364 € bis unter 12 Jahre und 426 € ab dem 13. bis zum 17. Lebensjahr. (vgl. auch die reduzierten Zahlbeträge nach Berücksichtigung des Kindergeldanteils im Anhang der Düsseldorfer Tabelle). Ein entsprechender Antrag ist beim zuständigen FamG zu stellen. Da er den umfänglichen Voraussetzungen des § 250 Abs. 1 FamFG genügen muss, ist für die Antragstellung ein spezielles Formular vorgesehen. Über den Antrag wird ohne mündliche Verhandlung durch den Rechtspfleger, und nicht durch den Richter, entschieden. Zu den wichtigsten Voraussetzungen, die vorliegen müssen, damit ein solcher Antrag überhaupt zulässig ist, gehört, dass das minderjährige Kind nicht in einem Haushalt mit dem unterhaltspflichtigen Elternteil lebt. In der Höhe darf sich der Antrag unabhängig vom tatsächlichen Einkommen des Verpflichteten maximal auf das 1,2-fache des Mindestunterhalts richten. Dies ist auch der Grund dafür, dass in der Praxis, zumal wenn der Unterhaltspflichtige mutmaßlich über ein höheres Einkommen verfügt, von der Möglichkeit des vereinfachten Verfahrens eher zurückhaltend Gebrauch gemacht wird. Leistet der Unterhaltspflichtige schließlich überhaupt keinen oder nur unregelmäßig Unterhalt, so besteht nach dem Unterhaltsvorschussgesetz (UhVorschG) für den allein sorgeberechtigten Elternteil bzw. für den, in dessen Obhut sich das Kind befindet, zumindest für eine Gesamtdauer von 72 Monaten und längstens bis zur Vollendung des 12. Lebensjahres des Kindes ein öffentlich-rechtlicher Anspruch auf **Unterhaltsvorschuss**, der gegenüber dem JA geltend zu machen ist (hierzu III-6.1). Weitere Voraussetzung hierfür ist, dass der den Unterhaltsvorschuss beanspruchende Elternteil weder mit dem anderen Elternteil in einem gemeinsamen Haushalt lebt, noch mit einer anderen Person verheiratet ist und mit ihr zusammen lebt (§§ 1 Abs. 1 Nr. 2, Abs. 3 UhVorschG). Analoges gilt für das Zusammenleben in einer eingetragenen Lebenspartnerschaft. Anspruch auf Unterhaltsvorschuss besteht auch, wenn der unterhaltspflichtige Vater des Kindes nicht bekannt ist; jedoch ist die Mutter durch § 1 Abs. 3 UhVorschG verpflichtet, notwendige Auskünfte zu erteilen und bei der Feststellung der Vaterschaft mitzuwirken. Der Umfang des Unterhaltsvorschusses bestimmt sich nach dem Mindestunterhalt aus § 1612a BGB in der jeweiligen Altersstufe, von dem allerdings, wenn der Antragsberechtigte den vollen Anspruch auf Kindergeld hat, dieses in voller Höhe abgezogen wird (§ 2 UhVorschG).

In Anbetracht der Schwierigkeiten, mit der die Geltendmachung von Unterhaltsansprüchen verbunden sein kann, sei abschließend auf die einschlägigen **Beratungs- und Unterstützungsleistungen der Jugendhilfe** für allein sorgende Elternteile bzw. solche, die das unterhaltsberechtigte Kind tatsächlich allein versorgen sowie auch für junge Volljährige verwiesen (§ 18 Abs. 1 und 4 SGB VIII; hierzu III-3.3.2). Eine gute Möglichkeit, Unterhaltsansprüche zu sichern, besteht vor allem auch darin, durch die Urkundsperson beim JA die Verpflichtung zur Erfüllung von Unterhaltsansprüchen eines Kindes bis zur Vollendung des 21. Lebensjahres (und im Übrigen auch von Ansprüchen auf Betreuungsunterhalt nach § 1615 l BGB) beurkunden zu lassen (§ 59 Abs. 1 Nr. 3 und 4 SGB VIII). Aus dieser **Urkunde** kann unter den Voraussetzungen des § 60 SGB VIII unmittelbar vollstreckt werden. Ohnehin erfolgen in der Praxis verbindliche Festlegungen zum Kindesunterhalt in den meisten Fällen durch das JA, und nicht, wie man vielleicht annehmen könnte, durch das Familiengericht (Münder/Trenczek 2011, Kap. 10.3). Diese Aufgabenbreite von Beratung, Beistandschaft, Festlegung und Beurkundung von Unterhaltsverpflichtungen bis hin zur Erbringung von Leistungen nach UhVorschG ist es, was das Unterhaltsrecht zu einem unverzichtbaren Bestandteil rechtlicher Kompetenz in der sozialen Arbeit macht.

Kemper 2008; Koch 2010; Münder/Ernst/Behlert 2013 §§ 7 u. 8

2.4.3 Die elterliche Sorge

2.4.3.1 Grundsätze

Die Mutter und der Vater des Kindes haben zwar zumeist, jedoch nicht notwendigerweise, auch die elterlichen Sorge inne. Wie im Folgenden noch zu sehen sein wird, gibt es Ausnahmen. Aber auch in diesen Fällen sind die Eltern Träger des Elterngrundrechts aus Art. 6 Abs. 2 GG. Deshalb haben auch nicht sorgeberechtigte Elternteile z. B. grundsätzlich ein Umgangsrecht mit dem Kind (II-2.4.5), ist i. d. R. ihre Zustimmungen in Adoptionsverfahren erforderlich (II-2.4.7), kommt dem nicht sorgeberechtigte Vater in den Fällen, in denen die Mutter in eine Adoption des Kindes einwilligt, eine gewisse Vorrangstellung zu u. a. m. In der Folge zweier Entscheidungen des EGMR (Anayo v. Germany, 21.12.2010, 20578/07; Schneider v. Germany, 15.9.2011, 17080/07) findet sich in § 1686a BGB nunmehr sogar eine Regelung, wonach der leibliche („biologische") Vater des Kindes, der diesem aber nicht abstammungs- und demzufolge auch nicht sorgerechtlich als Vater zugeordnet ist, unter den dort genannten Voraussetzungen dennoch ein Umgangsrecht mit dem Kind und ein Auskunftsrecht über dessen persönliche Verhältnisse hat.

Gleichwohl findet das Grundrecht der Eltern auf Pflege und Erziehung seinen rechtlich nachdrücklichsten und praktisch bedeutsamsten Ausdruck im Rechtsinstitut der elterlichen Sorge (hierzu Jestaedt 2011, 103 ff.; Trenczek 2008b, 110). Eingriffe in das elterliche Sorgerecht bzw. Beschränkungen dieses Rechts unterliegen deshalb einem strengen Gesetzesvorbehalt (Art. 20 Abs. 3 GG) wie Richtervorbehalt (§ 1666 BGB). Die beiden praktisch bedeutsamen Fallgruppen derartiger Eingriffe sind die Schulpflicht (I-2.2.6) und die Abwendung von Gefährdungen des Kindeswohls (ausführlich II-2.4.4). Auf die elterliche Sorge kann durch denjenigen, der sie innehat, weder verzichtet werden noch kann sie der Inhaber rechtsgeschäftlich übertragen; es ist lediglich eine Übertragung der elterlichen Sorge zur tatsächlichen Ausübung möglich (vgl. Erziehungsberechtigte § 7 Abs. 1 Nr. 6 SGB VIII). Dies bedeutet, dass auch in einem solchen Fall der Übertragung zur tatsächlichen Ausübung die elterliche Sorge selbst, und damit die rechtliche Verantwortung, im Grundsatz bei den Eltern verbleibt. Jedoch stehen den Eltern von Gesetzes wegen eine Reihe von Hilfeangeboten bei der Ausübung der elterlichen Sorge zu, auf die sie bei Vorliegen der gesetzlichen Voraussetzungen einen Rechtsanspruch haben (vgl. hierzu insb. §§ 16 ff., 27 ff. SGB VIII; im Einzelnen: III-3.3).

Das pädagogische Konzept der elterlichen Sorge ist normativ vor allem in den §§ 1626 Abs. 2, 1631 Abs. 2 BGB verankert. Es stellt insb. auf eine das Kind in seiner eigenständigen Persönlichkeit, seinen Bedürfnissen und Fähigkeiten zur Kenntnis nehmende, gewaltfreie Erziehungsgrundhaltung ab und korrespondiert insofern mit § 1 SGB VIII. Das rechtliche Konzept ist im Wesentlichen **elternzen-**

Gewaltfreie Erziehung

triert. Allerdings sind an ihm mittlerweile einige Ansätze erkennbar, in denen das Kind als Träger subjektiver Rechte in Erscheinung tritt. Hierzu zählen innerhalb des Familienrechts neben dem Recht des Kindes auf gewaltfreie Erziehung (§ 1631 Abs. 2 BGB) insb. der Rechtsanspruch des Kindes auf **Umgang** mit beiden Elternteilen (§ 1684 Abs. 1, 1. HS BGB). Im Kinder- und Jugendhilferecht sind in diesem Zusammenhang die Vorschriften von § 8 Abs. 2 und 3 SGB VIII (Recht des Kindes auf Beratung, in Konfliktfällen auch ohne Kenntnis der Eltern) sowie § 18 Abs. 3 SGB VIII (Rechtsanspruch auf Beratung und Unterstützung bei der Durchsetzung des Anspruchs auf Umgang) zu nennen. Verfahrensrechtlich kommt eine Subjektposition des Kindes v.a. über § 158 FamFG (Verfahrensbeistand; hierzu s.u. II-2.4.6) zum Ausdruck.

Kindeswohl   Die dessen ungeachtet weiterhin vorherrschende strukturelle Asymmetrie in den privatrechtlichen Beziehungen zwischen den Eltern mit einer sehr starken und ihren minderjährigen Kindern (hierzu Münder/Ernst/Behlert 2013, 187) mit einer eher schwachen Rechtsposition soll vor allem mittels der Rechtsfigur des Kindeswohls in Ausgleich gebracht werden. Sie verweist darauf, dass den Eltern das Elternrecht nicht um ihrer selbst, sondern der Kinder wegen gewährt ist (BVerfG v. 22.8.2000- 1BvR 2006/98, FamRZ 2000, 1489 ff.; vgl. Trenczek 2008b, 112 ff.). Es wäre daher nicht sachgerecht, den Blick auf die Kindeswohlproblematik von Anfang an auf die im nächsten Abschnitt (II-2.4.4) noch ausführlich zu besprechende Kindeswohlgefährdung i.S.v. § 1666 BGB zu verengen. Allein in den §§ 1626 bis 1697a BGB kommt der Begriff nicht weniger als 27-mal in unterschiedlichen sprachlichen Nuancierungen vor, die zugleich auf differenzierte Bedeutungsinhalte innerhalb der jeweiligen rechtlichen Regelungszusammenhänge verweisen. Hinzu kommen korrespondierende Normen des Kinder- und Jugendhilferechts (SGB VIII; hierzu III-3), aber auch Vorschriften im Abstammungs-, Adoptions- und Vormundschaftsrecht sowie im Verfahrensrecht (FamFG), die ebenfalls auf das Kindeswohl Bezug nehmen. Das Gesetz bringt jedoch mit dem Diktum des Kindeswohls nicht nur eine normative Erwartung in Richtung des erzieherischen und sorgenden Handelns von Eltern zum Ausdruck. Vielmehr formuliert es in § 1697a BGB zugleich den **Maßstab richterlichen Handelns** für all die Fälle, in denen das Gericht bei entsprechenden Konflikten zu entscheiden oder zu vermitteln hat (hierzu und zum Folgenden Münder et al. 2013 Vor § 50 Rz.2 ff.). Dass sich dies in der richterlichen Praxis mitunter recht schwierig darstellt, hängt vor allem damit zusammen, dass der Begriff in der Rechtsanwendung nur schwer zu operationalisieren und im Hinblick auf die heterogenen Wertpräferenzen in der modernen Gesellschaft kaum abschließend zu definieren ist. In der Auslegung des unbestimmten Rechtsbegriffs Kindeswohl ist zu berücksichtigen, dass hierbei außerjuristische, vor allem psychosoziale Aspekte eine wesentliche Rolle spielen (hierzu z.B. Balloff 2004, 64 ff.; Dettenborn 2010, 47 ff.; Münder/Ernst/Behlert 2013, 242; Trenczek 2008b, 121 ff.). Das Kindeswohl orientiert sich an Grundrechten und Grundbedürfnissen von Kindern und somit an empirisch zugänglichen, pädagogisch, soziologisch und psychologisch objektivierbaren Kriterien. Bei der Subsumtion und der Anwendung der Norm im jeweiligen Einzelfall ist es darüber hinaus notwendig, konkret und detailliert die Situation des MJ in seinem gesamten sozialisatorischen Umfeld zu beachten. Hierzu bedarf es umfangreicher sozial- und humanwissenschaftlicher sowie (sozial-)pädagogischer Kenntnisse und Erfahrungen, die in der juristischen Ausbildung nicht vermittelt werden (Münchener-Kommentar/Tillmanns 2008 § 50 Rz. 4; Simitis 1982, 170 f.; Staudinger – Coester 2009 § 1666 BGB Rn 66 f.). Schon deshalb sind die Richter auf die Expertise der Fachkräfte in den Jugendämtern angewiesen, die diese bei der Mitwirkung in Kindschaftssachen vor dem FamG zur Verfügung stellen (hierzu: II-2.4.8).

2.4.3.2 Inhalt der elterlichen Sorge

Nach § 1626 BGB haben die Eltern die Verantwortung, die Pflicht und das Recht, für ihr minderjähriges Kind zu sorgen. Dies umfasst die Sorge für die Person des Kindes (**Personensorge**, §§ 1631 – 1634 BGB) und das Vermögen des Kindes (**Vermögenssorge**, §§ 1638 ff. BGB). Beide Teile, Personen- wie auch Vermögenssorge, haben einen tatsächlich-handlungsbezogenen (Erziehung, Fürsorge, Aufsicht, wirtschaftliche Vermögensverwaltung usw.) wie auch einen rechtsgeschäftlichen Aspekt (**gesetzliche Vertretung**, § 1629 BGB), beides ist miteinander verknüpft (vgl. Übersicht 30), manchmal nicht einmal voneinander unterscheidbar, wenn etwa die Eltern im Rahmen der Gesundheitssorge das kranke Kind pflegen und ihm medizinische Versorgung zuteilwerden lassen und dabei zugleich einen ärztlichen Behandlungsvertrag für das Kind abschließen.

Inhaltlich geht die gesetzliche Regelung der elterlichen Sorge weniger systematisch, eher exemplarisch vor, wobei sie auch ansonsten, d. h. über die Rechtsfigur des Kindeswohls hinaus, nicht selten mit (auslegungsbedürftigen) unbestimmten Rechtsbegriffen operiert. Als Bestandteile der Personensorge nennt § 1631 Abs. 1 BGB zunächst Pflege und Erziehung des Kindes im Allgemeinen (wozu insb. auch Ernährung, Körperpflege, Gesundheitssorge sowie eine angemessene Lernbetreuung gehören), weiterhin noch die **Aufsichtspflicht** und das **Aufenthaltsbestimmungsrecht**. Zu letzterem gehört auch, dass die Eltern oder ein Elternteil das Kind von einem Dritten **herausverlangen** können, sofern dieser es ihnen widerrechtlich vorenthält (§ 1632 Abs. 1 BGB). Für die Beantwortung der Frage, wann das Vorenthalten des Kindes u. U. ausnahmsweise rechtmäßig sein könnte, ist auch hier wiederum das Kindeswohl entscheidend, unter dessen Zugrundelegung über entsprechende Herausgabeverlangen sorgeberechtigter Eltern(-teile) letztlich entschieden werden wird (OLG Brandenburg v. 05.03.2007 – 9 UF 214/06 – FamRZ 2007, 1350 ff., vgl. auch Münder/Ernst/Behlert 2013, 206). Weiterhin gehört zur Personensorge, dass die Eltern den Umgang des Kindes mit anderen Personen bestimmen können (§ 1632 Abs. 2 BGB). Das **Umgangsbestimmungsrecht** der Eltern findet jedoch seine Begrenzung im gesetzlichen **Umgangsrecht** für Großeltern, Geschwister, andere Bezugspersonen (Stief-, Pflegeeltern) aus § 1685 BGB und vor allem im Umgangsrecht des anderen Elternteils und des Kindes bei getrennt lebenden Eltern nach § 1684 BGB (hierzu: II-2.4.5). Ordnen die Eltern darüber hinaus entsprechende Ge- oder Verbote auch gegenüber Dritten an, so gilt wiederum das Kindeswohl als Orientierungslinie. Dies bedeutet vor allem auch, dass von den Eltern erwartet werden muss, dass sie die zunehmende Fähigkeit des Kindes zur Selbstbestimmung im Laufe seines Entwicklungsprozesses (§ 1626

Personensorge

Abs. 2 BGB) und den möglichen Beitrag hierfür durch das Eingehen von Bindungen und Beziehungen zu anderen Personen sehen und berücksichtigen (Wellenhofer 2011, 276). Schließlich verweist § 1631a BGB noch, in einer wiederum sehr offenen Formulierung, auf das Recht der Eltern, auf die Berufswahl ihrer Kinder angemessen Einfluss zu nehmen. Ausdrücklich aus dem Bereich der elterlichen Sorge herausgenommen sind die Einwilligung in freiheitsentziehende Unterbringungsmaßnahmen, die unter Richtervorbehalt stehen (§ 1631b BGB) sowie in die Sterilisation einer oder eines MJ (§, 1631c BGB), die einschränkungslos unzulässig ist. Die Beschneidung des männlichen Kindes hingegen soll nach § 1631d BGB unter den gesetzlich definierten Bedingungen der elterlichen Entscheidungsmacht unterliegen (i. E. Münder/Ernst/Behlert 2013, 204 f.).

Übersicht 30: Elterliche Sorge

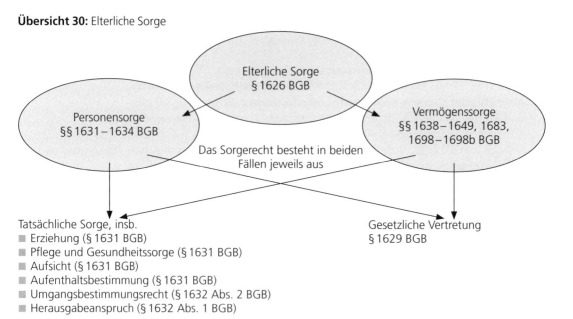

Das elterliche Erziehungsrecht ist insb. im Hinblick auf eine von den Eltern initiierte (Fremd-)Unterbringung eingeschränkt. Wenn sie mit Freiheitsentziehung verbunden ist, ist sie nur mit Zustimmung des FamG ausschließlich zum **Wohl des Kindes** i. S. d. Schutzes vor einer erheblichen Selbstschädigung zulässig (**§ 1631b S. 1 BGB**). Die freiheitsentziehende Unterbringung und ggf. damit verbundene Vollzugmaßnahmen können, weil sie einen Eingriff in das Grundrecht aus Art. 2 Abs. 2 S. 2 und Art. 104 GG darstellen (hierzu I-2.2.5), nicht der zivilrechtlichen Beziehung von Privatpersonen überlassen bleiben, sondern stehen – auch bei MJ – unter dem verfassungsrechtlichen Grundrechtsschutz (Art. 104 Abs. 1 und 2 GG; vgl. V-4.1). § 1631b BGB stellt klar, dass sie auch gegen MJ nur auf richterliche Anordnung zur Anwendung kommen dürfen. Im Hinblick auf die materiell-rechtlichen Voraussetzungen einer freiheitsentziehenden Unterbringung ist manches

geschlossene Unterbringung

noch umstritten (zu den Unterschieden und Gemeinsamkeiten der zivilrechtlichen und öffentlich-rechtlichen Unterbringung vgl. V-4.3; vgl. Marschner et al. 2010 A § 1631b Rz. 8; Hoffmann/Trenczek 2011, 177 ff.). Ohne die richterliche Genehmigung ist die Unterbringung nur zulässig bei Gefahr im Verzug. Die fehlende Genehmigung ist unverzüglich nachzuholen (§ 1631b S. 2 BGB). Das Gericht hat die Genehmigung zurückzunehmen, wenn das **Wohl des Kindes** die Unterbringung nicht mehr erfordert (§ 1631b S. 3 BGB).

Gemäß § 1631 Abs. 3 BGB hat das FamG die Eltern auf Antrag bei der Ausübung der Personensorge in geeigneten Fällen zu unterstützen. Mögliche Maßnahmen, die jedoch nicht über den von den Eltern gestellten Antrag hinausgehen dürfen, sind Ermahnungen, Verwarnungen, Vorladungen, ggf. auch die Vollstreckung der Rückführung ins Elternhaus. Sie sollen dazu führen, dem Kind gegenüber ergangenen elterlichen Anordnungen entsprechende Durchsetzungskraft zu verschaffen, sofern diese sich im Rahmen des Kindeswohls bewegen. Keinesfalls jedoch werden eigenständige gerichtliche Erziehungsmaßnahmen kreiert (i. E. Gernhuber/Coester-Waltjen 2010, 703) Angesichts des differenzierten Leistungskatalogs des SGB VIII (hierzu III-3) und der Entwicklung der JÄ zu leistungsfähigen Fachbehörden ist die Regelung jedoch sowohl rechtlich als auch tatsächlich subsidiär gegenüber den spezialgesetzlichen jugendhilferechtlichen Bestimmungen.

Hinsichtlich der Vermögenssorge sehen die §§ 1638 ff. BGB eine Reihe von besonderen gesetzlichen Anordnungen und Genehmigungspflichten bei bestimmten Rechtsgeschäften vor, die dem Schutz des Vermögens des MJ, das dieser etwa aus einer Erbschaft erworben haben könnte, dienen soll. **Vermögenssorge**

MJ sind bis zur Vollendung des 7. Lebensjahres geschäftsunfähig (§ 104 Nr. 1 BGB; vgl. II-1.3.2), danach beschränkt geschäftsfähig (§ 106 BGB). Es bedarf daher eines gesetzlichen Vertreters, der in ihrem Namen und mit Wirkung für und gegen sie Willenserklärungen abgibt oder empfängt und ihre Interessen auch vor Gericht als Kläger oder Beklagter wahrnimmt (vgl. II-1.2.3). Diese gesetzliche Vertretung liegt nach § 1629 BGB bei den Eltern; sie steht nach Abs. 1 S. 1 u. 2, 1. HS im Grundsatz beiden Eltern gemeinschaftlich zu. Voraussetzung hierfür ist freilich, dass den Eltern die elterliche Sorge auch tatsächlich gemeinsam zusteht (s. u.). Im Alltag erteilen die Eltern allerdings für gewöhnlich einander wechselseitig Untervollmacht, weil es wenig realitätsnah wäre zu erwarten, dass jedes Mal beide Eltern gemeinsam beim Abschluss eines Arztvertrages zur Behandlung eines grippalen Infekts anwesend wären (zu den Besonderheiten der ärztlichen Behandlung MJ insb. im Hinblick auf einen Schwangerschaftsabbruch ausführlich V-2) oder die Modalitäten für die Teilnahme ihres Kindes an einer Klassenfahrt mit der Schule besprechen würden. Da die Erteilung einer derartigen Untervollmacht i. d. R. formfrei ist, kommt sie zumeist durch sog. schlüssiges oder konkludentes Verhalten zustande (s. o. II-1.2.1). Im Übrigen gibt es aber auch einige Fälle, in denen ein Elternteil das Kind allein vertritt, nämlich dann, wenn ihm dieses Recht durch eine Entscheidung des FamG im Rahmen von § 1628 BGB übertragen wurde, bei Gefahr im Verzug (§ 1629 Abs. 1 S. 4 BGB) sowie im Fall des Getrenntlebens der gemeinsam sorgeberechtigten Eltern, wo derjenige Elternteil das Kind vertritt, bei dem sich das Kind mit Einwilligung des anderen aufhält, so- **Gesetzliche Vertretung** weit die Vertretung eine Angelegenheit des täglichen Lebens betrifft (§ 1687 Abs. 1 S. 2 BGB). Hat das Kind lediglich eine einseitige Willenserklärung zu empfangen (z. B.: die Kündigung des Ausbildungsvertrages, den Ausschluss aus dem Sportverein gemäß Satzung o. Ä.), so gilt diese bereits als zugegangen, wenn sie in den Verfügungsbereich eines der Elternteile gelangt ist (vgl. II-1.2.1). Einen Sonderfall, der streng genommen nicht zur gesetzlichen Vertretung gehört, regelt § 1629 Abs. 2 S. 2 BGB, wonach auch bei gemeinsamer elterlicher Sorge der Elternteil, in dessen Obhut sich das Kind befindet, Unterhaltsansprüche des Kindes gegen den anderen Elternteil geltend machen kann.

Teilmündigkeit Jedoch unterliegt die gesetzliche Vertretung durch die Eltern bestimmten Grenzen. Diese ergeben sich zunächst aus der sog. Teilmündigkeit bzw. Handlungsfähigkeit des beschränkt geschäftsfähigen MJ (vgl. II-1.1.2 sowie die Altersstufen im Recht im Anhang VI-2) und betreffen etwa

- Willenserklärungen, durch die der MJ lediglich einen rechtlichen Vorteil erlangt (§ 107 BGB),
- die Bewirkung von Leistungen mit eigenen, zur freien Verfügung stehenden Mitteln (§ 110 BGB),
- die unbeschränkte Geschäftsfähigkeit für Rechtsgeschäfte, welche im Zusammenhang mit einem Dienst- oder Arbeitsverhältnis stehen, zu dessen Eingehen der MJ von seinem gesetzlichen Vertreter ermächtigt wurde (§ 113 BGB),
- die Religionsmündigkeit ab dem 12./14. Lebensjahr (§ 5 RelKErzG),
- die Testierfähigkeit ab dem 16. Lebensjahr (§ 2229 Abs. 1 BGB),
- ein eigenes Beschwerderecht bei den MJ selbst betreffenden familiengerichtlichen Entscheidungen ab dem 14. Lebensjahr (§ 60 FamFG),
- die Handlungsfähigkeit im Bereich des Sozialrechts ab dem 15. Lebensjahr (§ 36 SGB I),
- die Eidesmündigkeit ab dem 16. Lebensjahr (§ 61 Abs. 1 Nr. 1 StPO),
- das aktive und passive Wahlrecht für Arbeitnehmer auch unter 18 Jahren zu den betrieblichen Jugendvertretungen (§ 61 BetrVG) sowie
- ein eigenständiges Entscheidungsrecht des MJ in höchstpersönlichen Angelegenheiten (z. B. Einwilligung in eine Heilbehandlung, Therapie, Begutachtung) nach der Theorie von der sog. natürlichen Einsichtsfähigkeit (BGHZ 29, 33; vgl. auch Schwab 2013, S. 322; ausführlich V-2.1).

Bei der Wahrnehmung anderer höchstpersönlicher Rechte bedarf es, neben der gesetzlichen Vertretung, zumindest der Mitwirkung des MJ. Hierzu gehören etwa die Einwilligung in die Adoption (§ 1746 BGB), die Abgabe einer Sorgeerklärung (§ 1626c Abs. 2 BGB) oder die Anerkennung bzw. Anfechtung einer Vaterschaft (§§ 1596, 1600a BGB).

Weitere Grenzen der gesetzlichen Vertretung ergeben sich aus der bereits erwähnten Genehmigungspflichtigkeit bestimmter Rechtsgeschäfte im Rahmen der Vermögenssorge (§ 1643 BGB) sowie vor allem aus möglichen Interessenkollisionen zwischen Eltern und Kind. In diesen Fällen besteht entweder für die Eltern ein gesetzliches Vertretungsverbot (§ 1629 Abs. 2 S. 1, Abs. 2a BGB) oder aber das FamG kann den Eltern das Vertretungsrecht entziehen (§ 1629 Abs. 2 S. 3 BGB).

2.4.3.3 Erwerb der elterlichen Sorge

Wer **Träger der elterlichen Sorge** ist, klärt zunächst § 1626 Abs. 1 S. 1 BGB (vgl. Übersicht 31). Allerdings führt der Umkehrschluss aus § 1626a BGB zu dem Ergebnis, dass der auch mit Hinblick auf Art. 6 Abs. 2 GG naheliegende Grundsatz, wonach die Eltern des Kindes auch die Träger der elterlichen Sorge sind, als unmittelbare Gesetzesfolge nur für solche Eltern gilt, die miteinander verheiratet sind. Ansonsten bedarf es, sofern die Eltern nicht noch nach der Geburt des Kindes heiraten (§ 1626a Abs. 1 Nr. 2 BGB), zur Begründung eines gemeinsamen Sorgerechts zunächst der Abgabe einer Sorgeerklärung durch jeden der beiden Elternteile (§ 1626a Abs. 1 Nr. 1 BGB). Diese Erklärung, die im Übrigen auch von einem beschränkt geschäftsfähigen, also **minderjährigen Elternteil** nur selbst abgegeben werden kann, ist an bestimmte Wirksamkeits- und Formerfordernisse gebunden, die in den §§ 1626b ff. BGB genannt sind. Zu ihnen gehört die öffentliche Beurkundung (§ 1626d BGB), die nach § 59 Abs. 1 Nr. 8 SGB VIII auch durch das JA vorgenommen werden kann.

Sorgeerklärung

Im Anschluss an die Entscheidung des EGMR Zaunegger v. Germany (3.12.2009 – 22028/04) und nachfolgend des BVerfG vom 21.7.2010 (1 BvR 420/09) kann nunmehr nach § 1626a Abs. 1 Nr. 3 BGB aber auch das FamG die elterliche Sorge den Eltern gemeinsam übertragen. Erforderlich ist hierfür eben nicht mehr der Konsens der Eltern, sondern es genügt ein entsprechender Antrag eines Elternteils. Das Gericht nimmt dann nur noch eine sog. „Negativprüfung" dahingehend vor, dass die Übertragung der gemeinsamen Sorge dem Wohl des Kindes nicht widerspricht. Hierbei bedient es sich einer gesetzlichen Fiktion, wonach die Sorgerechtsübertragung auf beide Elternteile dann nicht dem Wohl des Kindes widerspricht, wenn der andere Teil nichts Gegenteiliges vorbringt und auch sonst keine Gründe hierfür unmittelbar erkennbar sind (§ 1626a Abs. 2 BGB). In derart gelagerten Fällen entscheidet das FamG dann im schriftlichen Verfahren und unter Verzicht auf eine Anhörung des JA, aber auch der Eltern oder des Kindes (§ 155a Abs. 3 FamFG).

Liegt bei nicht miteinander verheirateten Eltern keiner der drei in § 1626a Abs. 1 BGB genannten Fälle vor, dann hat die Mutter die alleinige elterliche Sorge (§ 1626a Abs. 3 BGB). Allerdings kann auch der (nicht mit der Mutter verheiratete und auch nicht mit ihr zusammen lebende) Vater des Kindes über § 1671 Abs. 2 BGB die alleinige elterliche Sorge erlangen. Dies ist nunmehr unter Umständen sogar ohne Zustimmung der Mutter möglich, nämlich dann, wenn einerseits ein gemeinsames Sorgerecht nicht in Betracht kommt und andererseits die Übertragung der elterlichen Sorge gerade auf den Vater dem Wohl des Kindes am besten entspricht (§ 1671 Abs. 2 Nr. 2 BGB; für eine Sorgerechtsübertragung auf den Vater, der die Mutter zustimmt, ist § 1671 Abs. 2 Nr. 1 BGB einschlägig).

www.bmj.de → Recht → Bürgerliches Recht → Kindschaftsrecht

Übersicht 31: Die Möglichkeiten der Zuordnung der Sorgeverantwortung

1. Die elterliche Sorge wird durch die Eltern **gemeinsam** ausgeübt:
- bei einem gemeinschaftlichen Kind miteinander **verheirateter Eltern** (§§ 1626, 1627 BGB).
- bei gemeinsamer Adoption eines Kindes oder bei der alleinigen Adoption des Kindes eines der Ehepartner durch den anderen Ehepartner (§ 1754 Abs. 3 BGB).
- nach Abgabe einer **Sorgeerklärung** (§ 1626a Abs. 1 Nr. 1 BGB);
- bei Heirat nach der Geburt des Kindes (§ 1626a Abs. 1 Nr. 2 BGB); dies gilt auch dann, wenn die Ehe später für nichtig erklärt wird.
- nach **Übertragung der gemeinsamen Sorge durch das FamG** auf Antrag eines Elternteils (§ 1626a Abs. 1 Nr. 3, Abs. 2 BGB).
- bei **Trennung und Scheidung, solange keine Entscheidung des FamG** nach § 1671 BGB zur Übertragung der elterlichen Sorge auf einen Elternteil erfolgt ist.

2. Die elterliche Sorge wird **allein** ausgeübt durch:
- die Mutter, wenn die Eltern bei Geburt des Kindes nicht miteinander verheiratet sind und keine **Sorgeerklärung** abgegeben und nicht später geheiratet haben und auch keine Übertragung durch das FamG nach § 1626a Abs. 1 Nr. 3 erfolgt ist (1626a Abs. 3 BGB).
- den Elternteil, dem **durch das FamG** die alleinige elterliche Sorge nach Trennung oder Scheidung **übertragen** wurde (§ 1671 Abs. 1 BGB).
- den Vater nach Übertragung der elterlichen Sorge durch das FamG, wenn die Eltern nicht nur vorübergehend getrennt leben, die elterliche Sorge bisher nach § 1626a Abs. 3 BGB der Mutter zustand und diese dem Antrag zustimmt oder aber wenn eine gemeinsame Sorge nicht in Betracht kommt und die Übertragung auf den Vater vorhersehbar dem Wohl des Kindes am besten entspricht (§ 1671 Abs. 2 BGB).
- einen Elternteil, wenn dem anderen, bisher mit ihm gemeinsam sorgeberechtigten Elternteil die Sorge durch das Gericht nach § 1666 BGB entzogen wurde (§ 1680 Abs. 3 BGB).
- einen Elternteil, wenn die elterliche Sorge des anderen, bisher gemeinsam mit ihm sorgeberechtigten Elternteils ruht (§ 1678 Abs. 1, 1. HS BGB).
- den überlebenden Elternteil, wenn der andere, bisher gemeinsam mit ihm sorgeberechtigte Elternteil gestorben ist (§ 1680 Abs. 1 BGB).
- den Vater, wenn der nach § 1626a Abs. 3 BGB allein sorgeberechtigten Mutter die Sorge nach § 1666 BGB entzogen und ihm durch das FamG die elterliche Sorge übertragen wurde (§ 1680 Abs. 3).
- einen Elternteil, wenn die elterliche Sorge des bisher gemäß § 1626a Abs. 3 oder § 1671 BGB allein sorgeberechtigten Elternteils ruht und keine Aussicht auf Wegfall des Ruhegrundes besteht und ihm das Familiengericht die elterliche Sorge überträgt (§ 1678 Abs. 2 BGB).
- den überlebenden Elternteil, wenn der bisher nach §§ 1626a, Abs. 3, 1671 BGB allein sorgeberechtigte Elternteil stirbt und das FamG dem anderen Elternteil die elterliche Sorge überträgt (§ 1680 Abs. 2 BGB).
- den Elternteil, dem das FamG in Abänderung einer früheren Entscheidung nach § 1671 BGB die elterliche Sorge allein überträgt (§ 1696 Abs. 1 BGB).

3. Steht das Kind nicht unter elterlicher Sorge, dann werden Personensorge, Vermögenssorge und insbesondere die gesetzliche Vertretung durch einen **Vormund** ausgeübt (§§ 1793 ff. BGB). Steht das Kind vorläufig nicht unter elterlicher Sorge, so wird diese bis zur Bestellung eines Vormundes von einem **Pfleger** ausgeübt (§ 1909 Abs. 3 BGB). Gleiches gilt, wenn die Eltern Teilbereiche der elterlichen Sorge nicht ausüben können bzw. an der gesetzlichen Vertretung des Kindes gehindert sind (§ 1909 Abs. 1 BGB).

2.4.3.4 Elterliche Sorge bei Scheidung und Getrenntleben

Sowohl aus der verfassungsrechtlichen Regelung in Art. 6 Abs. 2 GG als auch aus dem pädagogischen Grundgedanken aus § 1626 BGB folgt konsequenterweise, dass eine Trennung oder Scheidung der Eltern keine unmittelbaren Auswirkungen auf das Fortbestehen gemeinsamer elterlicher Verantwortung hat. Lediglich wenn mindestens einer der beiden Elternteile einen Antrag auf Übertragung der elterlichen Sorge, oder Teile von ihr, auf sich allein beantragt, ist eine entsprechende familiengerichtliche Entscheidung herbeizuführen. Geschieht dies nicht, dann wird die Sorge nach Maßgabe von § 1687 BGB auch weiterhin von beiden Eltern gemeinsam ausgeübt. Dies entspricht im Übrigen auch der in der Psychologie vertretenen Annahme, dass der Abbruch der Kontakte mit dem anderen Elternteil aus Anlass von Trennung oder Scheidung grundsätzlich eine Gefährdung des Kindeswohls darstellt. Das dem entgegenwirkende Modell besteht darin, dass Trennung und Scheidung demzufolge die Eltern-Kind-Beziehung grundsätzlich nicht auflösen, sondern reorganisieren (Balloff/Koritz 2006, 97). Praktisch bedeutet dies, dass der Elternteil, bei dem sich das Kind gewöhnlich aufhält, in **Angelegenheiten des täglichen Lebens** ohne Rücksprache mit dem anderen Elternteil eigenständige Entscheidungen treffen kann (§ 1687 Abs. 1 S. 2 BGB). Hierzu zählen etwa Entschuldigungen wegen versäumter Schulzeiten, die Organisation von Nachhilfeunterricht, Anmeldungen zu Freizeit- und Ferienaktivitäten, ärztliche Routinebehandlungen (Vorsorgeuntersuchungen, Routineimpfungen, Behandlung leichter Erkrankungen) sowie Einzelentscheidungen im Bereich des Aufenthalts- und Umgangsbestimmungsrechts. Die alleinige Entscheidung in Angelegenheiten der tatsächlichen Betreuung (Schlafenszeiten, Wahl der Kleidung, Tagesgestaltung) liegt bei dem Elternteil, bei dem das Kind sich zum Zeitpunkt des Wirksamwerdens derartiger Festlegungen tatsächlich aufhält (§ 1687 Abs. 1 S. 4 BGB). Diese Regelung gilt im Übrigen analog auch in den Fällen, in denen der Elternteil, bei dem sich das Kind mit Zustimmung eines Sorgeberechtigten aufhält, selbst nicht sorgeberechtigt ist (§ 1687a BGB.) Bei Entscheidungen in Angelegenheiten von erheblicher Bedeutung hingegen (Grundentscheidung, bei welchem Elternteil das Kind leben soll, Wahl der Schule und der Schulart, Operationen und andere medizinische Behandlungen mit möglicherweise erheblichen Folgen, Schwangerschaftsabbruch, hierzu V-2) ist weiterhin Einvernehmen zwischen den Eltern herzustellen.

Gemeinsame elterliche Sorge bei Getrenntleben

Gleichwohl wollte der Gesetzgeber zumindest im Jahre 1996, als er sie im Entwurf veröffentlichte und dort begründete, mit dieser Regelung keineswegs vorgeben, dass der gemeinsamen Sorge nach Trennung und Scheidung eine Priorität gegenüber der alleinigen elterlichen Sorge etwa im Rahmen eines Regel-Ausnahme-Verhältnisses zukäme (BT-Ds 13/4899, 63, 99). Vielmehr sollte Eltern in erster Linie ein Weg zu einer **einvernehmlichen Lösung** der durch die Trennung anstehenden Sorgerechtsfragen eröffnet werden. Dieser Grundgedanke ist zumindest im Ansatz auch noch dort zu erkennen, wo die Aufhebung der gemeinsamen Sorge auf Antrag (mindestens) eines Elternteils geregelt ist. Wird ein derartiger Antrag von einem Elternteil gestellt und stimmt der andere ihm zu, so hat

Alleinige elterliche Sorge bei Trennung und Scheidung

das FamG einem solchen Antrag stattzugeben (§ 1671 Abs. 1 Nr. 1 BGB). Eine Abweichung hiervon kommt nur in Betracht, wenn das Kind bereits das 14. Lebensjahr vollendet hat und seinerseits der zwischen den Eltern abgesprochenen Sorgerechtsübertragung widerspricht oder aber wenn das Gericht dem Antrag deshalb nicht stattgeben kann, weil anderenfalls das Wohl des Kindes gefährdet wäre (§ 1671 Abs. 4 i. V. m. § 1666 Abs. 1 BGB). Z. B.: Der Vater trennt sich von der an einer endogenen Depression erkrankten Mutter und überlässt ihr bereitwillig das von ihr eingeforderte alleinige Sorgerecht. Ansonsten ist für eine Berücksichtigung von Kindeswohlaspekten im Regelungsbereich des § 1671 Abs. 1 Nr. 1 BGB kein Raum. Dies ändert sich jedoch, sobald zwischen den Eltern um die Sorge gestritten wird. In diesem Fall hat das Gericht im Rahmen von § 1671 Abs. 1 Nr. 2 BGB eine umfassende Prüfung der Rechtslage in zwei Schritten vorzunehmen. Zunächst hat es zu beurteilen, ob die durch zumindest einen Elternteil angestrebte Aufhebung der gemeinsamen Sorge tatsächlich für das Kind die beste Lösung darstellt (Wellenhofer 2011, 267). Dies ist z. B. nicht der Fall, wenn die alleinige elterliche Sorge vorwiegend deshalb beantragt wird, um das Kind ohne Einverständnis des anderen Elternteils mit ins Ausland nehmen zu können, da in einem solchen Fall ein Elterninteresse, und nicht das Kindeswohl, im Vordergrund steht (OLG Koblenz vom 4.5.2010- 11 UF 149/10). Andererseits besteht eine gesetzliche Vermutung, dass die gemeinsame Sorge nach der Trennung der Eltern im Zweifel die für das Kind beste Form der Wahrnehmung elterlicher Verantwortung ist, ausdrücklich nicht (BGH FamRZ 2008, 592). In einem zweiten Schritt wäre dann zu prüfen, ob die alleinige Sorge gerade beim Antragsteller liegen soll, weil er dafür über die im Sinne des Kindeswohls besseren Voraussetzungen verfügt. Hierbei werden vor allem den Beziehungen zwischen den Eltern (etwa: Konsens- und Kooperationsbereitschaft), der Bindung des Kindes (und damit vor allem auch dem Willen des Kindes), dem Kontinuitätsgedanken sowie systemischen und familiendynamischen Aspekten eine besondere Bedeutung beigemessen (vgl. Münder/Ernst/Behlert 2013, 239 f). In diesem Zusammenhang ist die **Mitwirkung des JA** in derartigen Verfahren (§ 162 i. V. m. § 151 Nr. 1 FamFG; vgl. II-2.4.6) von kaum zu überschätzender Bedeutung. Die Abwägungsentscheidungen, die von den FamG in diesen Fällen zu treffen sind, bleiben dessen ungeachtet mitunter schwierig genug. Sie sind allein unter Kindeswohlgesichtspunkten vorzunehmen. Deshalb kann auch dem Elternteil, der eine absolute Verweigerungshaltung an den Tag legt, selbst eine Mitwirkung an gerichtlich verfügten Umgangsregelungen vermissen lässt (hierzu II-2.4.5) und damit die Hauptverantwortung für nicht vorhandene Kooperation zwischen den Eltern trägt, durchaus die alleinige Sorge übertragen werden, wenn dies aus Gründen des Kindeswohls geboten ist: Sorgerechtsentscheidungen haben nicht die Funktion, pflichtwidriges Verhalten der Eltern zu sanktionieren (BGH FamRZ 2008, 592). Gerade wegen der nicht selten vieldimensionalen Tragweite derartiger Entscheidungen und der Multikausalität der ihnen zugrunde liegenden Sachverhalte, kommen in Auseinandersetzungen um die elterliche Sorge im Sinne des Verhältnismäßigkeitsgrundsatzes auch **Teilentscheidungen** (Münder/Ernst/Behlert 2013, 183) bzw. eine partielle Alleinsorge (Schwab 2013, 364) in Betracht. Das Gericht kann derartige Entscheidungen sowohl auf ausdrücklichen Antrag als auch dadurch, dass es einem Antrag auf vollständige Übertragung der elterlichen Sorge nur teilweise stattgibt, treffen und dem Antragsteller bei ansonsten gemeinsam verbleibender Sorge etwa das alleinige Aufenthaltsbestimmungsrecht zusprechen. Im Übrigen können gerichtliche Sorgerechtszuweisungen durch das FamG auch wieder abgeändert werden. Voraussetzung hierfür ist allerdings das Vorliegen triftiger, das Wohl des Kindes nachhaltig berührender Gründe (§ 1696 BGB).

2.4.3.5 Beschränkungen, Entzug, Ruhen der elterlichen Sorge

Trennung und Scheidung sind zwar die im Alltag am häufigsten vorkommenden Situationen, in denen Eltern das elterliche Sorgerecht oder Teile davon verlieren können; gerade in sozialarbeiterischer Perspektive, insb. der Perspektive des Kindesschutzes, sind sie jedoch nicht die einzigen. So erstreckt sich die elterliche Sorge nicht auf Angelegenheiten, für die ein Pfleger (§ 1909 BGB) bestellt ist (§ 1630 Abs. 1 BGB). Dies ist z. B. immer dann der Fall, wenn Teile der elterlichen Sorge wegen Gefährdung des Kindeswohls entzogen worden sind (§ 1666 BGB; hierzu II-2.4.4) oder wenn Eltern nicht zur gesetzlichen Vertretung ihres Kindes befugt sind bzw. ihnen dieses Recht entzogen wurde (§ 1629 Abs. 2 und 2a BGB; s. o.). Der stärkste Eingriff in das Recht der elterlichen Sorge ist deren vollständiger Entzug durch das FamG als ultima ratio bei Gefährdung des Kindeswohls (§§ 1666 Abs. 3 Nr. 6, 1666a Abs. 2 BGB; ausführlich: II-2.4.4).

Darüber hinaus kommt es in einigen gesetzlich festgelegten Fällen zum sog. Ruhen der elterlichen Sorge. Neben dem neu in die Regelung aufgenommenen Fall der vertraulichen Geburt (§ 1674a BGB) ruht die elterliche Sorge immer dann, wenn sie aus rechtlichen (§ 1673 BGB) oder tatsächlichen (§ 1674 BGB) Gründen von einem Elternteil nicht ausgeübt werden kann. Rechtliche Gründe sind die **Geschäftsunfähigkeit** oder die **beschränkte Geschäftsfähigkeit eines Elternteils**. Ist z. B. die Mutter des Kindes selbst noch minderjährig, dann tritt, sofern sie nicht verheiratet ist oder eine Sorgeerklärung abgegeben wurde, regelmäßig die gesetzliche Amtsvormundschaft des JA für das Kind ein (§ 1791c Abs. 1 BGB, vgl. II-2.4.8). Es besteht hier jedoch die Besonderheit, dass der **minderjährigen Mutter** neben dem gesetzlichen Vertreter des Kindes (also: dem Vormund oder aber dem volljährigen sorgeberechtigten Vater) die Personensorge zusteht (§ 1673 Abs. 2 Satz 2 BGB). Ist der gesetzliche Vertreter des Kindes ein Vormund oder Pfleger, geht im internen Verhältnis im Konflikt die Meinung des minderjährigen Elternteils vor, im Übrigen entscheidet ggf. das FamG (§ 1673 Abs. 2 S. 3 BGB). Abgesehen von diesem Sonderfall besteht ansonsten bei Ruhen der elterlichen Sorge keine Berechtigung zu ihrer Ausübung (§ 1675 BGB). Ob Gründe vorliegen, die einen Elternteil im tatsächlichen Sinn an der Ausübung der elterlichen Sorge hindern (etwa: bei längerem Aufenthalt im Strafvollzug), ist durch das FamG festzustellen (ausführlich und kritisch hierzu: Schleicher 2010, 286 ff.). Ein weiterer Fall des Ruhens der elterlichen Sorge außerhalb des hier dargestellten Regelungszusammenhanges tritt mit der Einwilligung der abgebenden Eltern in die Adoption des Kindes (§ 1751 Abs. 1 S. 1 BGB; vgl. II-2.4.7) ein.

Ruhen der elterlichen Sorge

2.4.3.6 Die Beteiligung anderer Personen an der elterlichen Sorge

Die Neuregelung der elterlichen Sorge durch das KindRG 1998 hat zwar die Rechtsbeziehungen zwischen Kindern und Bezugspersonen, die nicht deren Eltern sind, erheblich erweitert, ist diesen Weg jedoch nicht konsequent bis zum Ende gegangen. Das Gesetz stellt nämlich nunmehr zwar sorgerechtliche Befugnisse für den Ehe- oder Lebenspartner des sorgeberechtigten Elternteils (§ 1687b BGB, § 9 LPartG) sowie Entscheidungsbefugnisse für Pflegepersonen (§ 1688 BGB) zur Verfügung. Hingegen verbleibt die sog. „nichteheliche Stieffamilie", in der das Kind mit einem Elternteil und dessen Partner, mit dem dieser nicht verheiratet ist, zusammen lebt, weiterhin als blinder Fleck der gesetzlichen Regelung (vgl. hierzu: Wellenhofer 2011, 291 f.).

Stiefeltern Der Stiefelternteil, der mit einem Elternteil, in dessen Obhut sich das Kind befindet, verheiratet oder durch eingetragene Lebenspartnerschaft verbunden ist, hat im Einvernehmen mit dem sorgeberechtigten Elternteil ein Mitsorgerecht (sog. **kleines Sorgerecht**) in Angelegenheiten des täglichen Lebens (§ 1687b Abs. 1 BGB). Dies gilt allerdings nur, wenn der Elternteil das alleinige Sorgerecht innehat. Auch ohne diese gesetzliche Voraussetzung hat er darüber hinaus ein sog. **Notsorgerecht** bei Gefahr im Verzug (§ 1687b Abs. 2 BGB). Schließlich besteht für den Stiefelternteil noch die Möglichkeit, nach § 1682 BGB eine gerichtliche **Verbleibensanordnung** zu erlangen, wenn etwa der betreuende Elternteil stirbt und der andere Elternteil das Kind aus der Familie des Stiefelternteils herausnehmen möchte. Das FamG wird allerdings nur dann eine entsprechende Entscheidung herbeiführen, wenn anderenfalls das Wohl des Kindes gefährdet wäre. Zu gleichen Ergebnissen kann man freilich auch bei nichtehelichen Stiefpartner-Kind-Verhältnissen gelangen, ohne dass dort eine § 1687b BGB vergleichbare Regelung zur Verfügung stünde: Die Beteiligung an der elterlichen Sorge kann über eine vertragliche Vereinbarung zwischen PSB und dessen Partner herbei geführt werden (vgl. auch § 7 Abs. 1 Nr. 6 SGB VIII); eine Verbleibensanordnung wäre nötigenfalls über § 1666 BGB zu erreichen. Im Umgangsrecht übrigens gibt es keine Unterscheidung zwischen verheirateten (und dann wieder getrennt lebenden oder geschiedenen) und nichtverheirateten Stiefeltern (§ 1685 Abs. 2 BGB; vgl. II-2.4.5). Die Differenzierung im Sorgerecht ist also im Ergebnis weder rechtlich bedeutsam noch rechtspolitisch geboten, sondern schlicht überflüssig.

Pflegeeltern Auch Personen, die Kinder nach § 33 SGB VIII in Familienpflege haben (Pflegeeltern) sowie ihnen nach § 1688 Abs. 2 BGB gleichgestellte Personen, haben ein Entscheidungs- und Vertretungsrecht in Angelegenheiten des täglichen Lebens. Darüber hinaus haben sie weitere Befugnisse im Bereich etwa der Verwaltung bzw. Geltendmachung von Arbeitseinkommen, Unterhalts- oder Sozialleistungen. Allerdings stehen alle diese Rechte unter dem Vorbehalt, dass der Inhaber der elterlichen Sorge nichts anderes erklärt (§ 1688 Abs. 1 BGB). Sie können jedoch durch das FamG eingeschränkt oder vollständig ausgeschlossen werden, und zwar auch ohne dass dies von Seiten des Sorgerechtsinhabers verlangt worden wäre. Kriterium ist hierfür wiederum allein das Kindeswohl (§ 1688 Abs. 3 BGB). Über die rechtlichen Möglichkeiten des § 1688 BGB noch hinaus reicht § 1630 Abs. 3

BGB. Nach dieser (praktisch allerdings kaum angewendeten) Vorschrift können auf Antrag oder mit Zustimmung der Eltern Angelegenheiten der elterlichen Sorge selbst dann, wenn sie von erheblicher Bedeutung sind, auf Pflegepersonen übertragen werden, die dann die Rechtstellung eines Pflegers i. S. v. § 1909 Abs. 1 BGB hätten (vgl. II-2.4.8: Pflegschaft). Auch in Bezug auf die Pflegefamilie besteht die Möglichkeit einer Verbleibensanordnung, die das FamG von Amts wegen oder auf Antrag der Pflegeperson erlassen kann, wenn durch die Herausnahme des Kindes durch die Eltern das Wohl des Kindes gefährdet wäre. Die Regelung (§ 1632 Abs. 4 BGB) greift allerdings nur unter der Voraussetzung, dass sich das Kind bereits seit längerer Zeit in Familienpflege befindet.

Hoffmann 2009

2.4.4 Kindesschutz

Um den Schutz von MJ zu gewährleisten und das staatliche Wächteramt aus Art. 6 Abs. 2 GG umzusetzen (vgl. I-2.2.6), räumt **§ 1666 BGB** dem Staat Eingriffsrechte in die elterliche Sorge ein. Wird das körperliche, geistige oder seelische Wohl des Kindes (zum Kindeswohlbegriff vgl. Münder et al. 2013 Vor § 50 Rz. 2 ff.) oder sein Vermögen gefährdet und sind die Eltern nicht gewillt oder nicht in der Lage, die Gefahr abzuwenden, hat das FamG nach § 1666 Abs. 1 BGB die zur Abwendung der Gefahr erforderlichen Maßnahmen zu treffen. Tatbestandlich vorausgesetzt für Eingriffe in das Personensorgerecht sind demnach eine gegenwärtige Gefährdung des Kindeswohls (tatsächliche, „objektive" **Gefährdungslage**) und die Unwilligkeit bzw. Unfähigkeit der Eltern, die Gefahr abzuwenden (subjektive Ungeeignetheit der Sorgerechtsinhaber zur Gefahrenabwehr). Positiv formuliert, gilt also der Elternvorrang bei der Gefährdungsabwendung.

Nach ständiger Rechtsprechung ist der Begriff **Kindeswohlgefährdung** definiert als eine „gegenwärtige, in einem solchen Maße vorhandene Gefahr, dass sich bei der weiteren Entwicklung eine erhebliche Schädigung [des Kindeswohls] mit ziemlicher Sicherheit voraussehen lässt" (so seit BGH FamRZ 1956, 350). Eine Gefährdung nach § 1666 Abs. 1 BGB liegt erst vor, wenn die durch objektive Anhaltspunkte begründete Sorge besteht, dass eine für das Kind oder den Jugendlichen nachteilige (Krisen-)Situation bei ausbleibender Intervention gegenwärtig oder zumindest unmittelbar zu einer erheblichen und nachhaltigen Beeinträchtigung oder Schädigung des **körperlichen, geistigen oder seelischen Wohls** des Kindes führt (OLG Celle 19 UF 35/03 v. 14.03.2003 - FamRZ 2003, 1490; Münchener-Kommentar/Olzen 2008 § 1666 Rz. 49 ff.; Staudinger – Coester 2009 § 1666 Rz. 81 ff.). Die Situation, in der sich das Kind oder der Jugendliche befindet, muss in einem erheblichen Maße im Widerspruch zu seinen körperlichen, seelischen und geistigen Bedürfnissen stehen, die im Hinblick auf seine Erziehung und Entwicklung zu einer eigenverantwortlichen und gemeinschaftsfähigen Persönlichkeit erwartet werden können. Bei der Kindeswohlgefährdung handelt sich um einen „negativen Standard" (Coester 2008, 2). Dabei spielt das Alter des MJ eine wichtige Rolle (z. B. ist das Schütteln eines Kleinkindes extrem lebensgefährlich,

Kindeswohlgefährdung

Objektive Gefährdungslage

nicht aber das eines 15-jährigen Jugendlichen). Ob die negative Situation für das Kindeswohl durch aktives Tun (z. B. Misshandlung, sexueller Missbrauch) oder Unterlassen (insb. Vernachlässigung) eintritt, ist irrelevant. In der aktuellen Fassung verzichtet § 1666 BGB im Hinblick auf die objektive Gefährdungslage auf jede Anknüpfung an mögliche Ursachen (z. B. Sorgemissbrauch). Abgestellt wird insoweit nicht auf ein elterliches Fehlverhalten (Pflichtwidrigkeit), sondern auf die bei den Kindern/Jugendlichen bestehende bzw. eintretende, für ihr Wohl negative Situation. Im Wesentlichen geht es um Gesundheitsgefährdungen, Störungen der Bindungskontinuität, um die rechtswidrige Behinderung von Umgangskontakten, extreme Erziehungsfehler und andere das Kindeswohl beeinträchtigende Beschränkungen der Entwicklungsmöglichkeiten oder unangemessene Verhaltensweisen in Eltern-Kind-Konflikten (hierzu Staudinger – Coester 2009 § 1666 Rz. 96 ff.; vgl. die Beispiele in Übersicht 32). Schwierig ist insb. die Bewertung der Umsiedelung des Kindes ins **Ausland**. Die ungünstigeren Lebensbedingungen im fremden Land sind für sich alleine noch keine Kindeswohlgefährdung, vor allem dann nicht, wenn die Familie von dort stammt (vgl. z. B. auch BVerfG 1 BvR 476/04 v. 23.08.2006 – JAmt 2006, 516 ff. Herausnahme eines in Deutschland ärztlich behandelten afghanischen Kindes aus der Familie der deutschen Pflegeeltern und Rücksendung nach Afghanistan auf Wunsch der leiblichen Eltern). Eine Gefährdung des Kindeswohls kann sich aber aus anderen Aspekten ergeben (z. B. dauerhafte Trennung von einem/dem anderen Elternteil, Abbruch gewachsener Bindungen, Genitalverstümmelung, Zwangsheirat).

Übersicht 32: Fallgruppen und Beispiele kindeswohlgefährdender Tatbestände

Fallgruppe	Beispiele
Gesundheitsgefährdungen und sonstige Gefährdung des körperlichen (und häufig gleichzeitig seelischen) **Wohls,** insb. durch **körperliche/sexuelle Gewalt**	▪ körperliche Misshandlung, hierzu gehört mittlerweile jede Form drastischer körperlicher Strafen (Ohrfeigen, Schläge) sowie Schütteln bei einem Säugling oder Kleinkind; ▪ Vergiftungen (z. B. Versalzen des Essens zur Strafe), Verabreichung von medizinisch nicht indizierten Dosen von Beruhigungs- und Schlafmitteln; ▪ Suizidversuch mit Tötungsversuch am Kinde; ▪ sexueller Missbrauch; ▪ Zuhälterei, Überreden/Zwang zur Prostitution; ▪ Häusliche Gewalt zwischen den Eltern/Partnern; ▪ Verweigerung medizinisch notwendiger Behandlungen, z. B. Operation, Bluttransfusion; ▪ Vornahme medizinisch nicht intendierter körperverletzender Rituale, Genitalverstümmelung; ▪ nicht vertretbare Einwilligung in medizinische Experimente an dem Minderjährigen; ▪ Ausbeuten der Arbeitskraft; Anhalten zum Betteln oder sonstigen, strafbaren oder sexuellen Handlungen; ▪ Duldung von (oder gar Verführung zu) Spirituosen-/Alkoholkonsum und Rauchen; ▪ Ausweisung aus dem Elternhaus; ▪ rechtswidrige Verbringung des Kindes ins Ausland

Fallgruppe	Beispiele
Gesundheitsgefährdungen und sonstige Gefährdung des körperlichen (und häufig gleichzeitig seelischen) **Wohls**, insb. durch **extreme Vernachlässigung***	▪ stark unzureichende Ernährung, Pflege und sonstige Versorgung (z. B. Kleidung) sowie mangelnde Rücksichtnahme auf die Gesundheitsbedürfnisse des Kindes (z. B. starkes Rauchen in der Wohnung, im PKW bei häufigen Fahrten z. B. zum Kindergarten), insb. während der Stillzeit (Rauchen, Alkohol); ▪ erhebliche Desorganisation und Verwahrlosung der Wohnverhältnisse; extrem instabile Lebensverhältnisse und unstrukturierter Alltag (Medienkonsum der Kinder bis in die Nacht); ▪ Unterlassen ärztlicher Versorgung (wiederholte Nichtwahrnehmung der Vorsorgeuntersuchungen); ▪ völliges Gewährenlassen, Unkenntnis und Teilnahmslosigkeit am Leben der Kinder (keine Kontrolle des Medienkonsums, keine Kontrolle der Ausgehzeiten); Duldung des Herumtreibens/Streunens des Minderjährigen; keine Reaktion auf nicht abgesprochene Abwesenheit; ▪ mangelnde Aufsicht, insbesondere in der Öffentlichkeit oder im Hinblick auf gefahrgeneigte Situationen und Aktivitäten; ▪ mangelnde Kontrolle von Ausgehzeiten oder sonstiger Jugendschutzbestimmungen; ▪ mangelnde Beaufsichtigung des regelmäßigen Schulbesuchs; keine Sorge für einen begabungsgemäßen Schulbesuch; ▪ lange Abwesenheitszeiten insbesondere wg. Drogenabhängigkeit oder Straffälligkeit (Straffälligkeit und Verurteilung zu einer Freiheitsstrafe ist aber für sich genommen noch kein Grund zum Entzug des Sorgerechts)
Gefährdung des geistigen und ggf. seelischen Wohls, insb. durch extreme Erziehungsfehler, andere das Kindeswohl beeinträchtigende Beschränkung der Entwicklungsmöglichkeiten oder unangemessene Verhaltensweisen in Eltern-Kind-Konflikten*	▪ „erstickende Erziehungshaltung"; grobe Erziehungsfehler, z. B. schroffer Wechsel der (religiösen) Erziehung; ▪ Abhalten vom Besuch der Schule; Weigerung, die Kinder in die öffentliche Schule zu senden; ▪ fehlende erzieherische Einflussnahme auf einen unregelmäßigen Schulbesuch, Delinquenz oder Suchtmittelgebrauch; ▪ fehlende Beachtung eines besonderen und erheblichen Erziehungs- oder Förderbedarfs ▪ Mangel an Wärme in der Beziehung zum Kind, fehlende Reaktion auf emotionale Signale des Kindes, extreme Gleichgültigkeit; ▪ Umgangsverweigerung; Verhinderung des Kontaktes zum umgangsberechtigten Elternteil; unzulässige Wegnahme des Kindes von Pflegeeltern; ▪ missbilligenswerte Einwirkung auf die Willensbildung einer (schwangeren) Jugendlichen, Zwang zum Schwangerschaftsabbruch; Abgrenzung z. T. schwierig, z. B. nicht zwingend Sorgerechtsmissbrauch bei Verweigerung eines Schwangerschaftsabbruchs; ▪ Hineinzwingen in vereinbarte Ehe oder ungeeigneten Beruf; ▪ Tobsuchtsanfälle der Eltern; ▪ Taubstumme Eltern wollen ihr Kind ohne Unterstützung von Dritten aufziehen

* Abgestellt wird insoweit nicht auf ein elterliches Fehlverhalten, sondern auf die bei den Kindern/Jugendlichen bestehende/eintretende für ihr Wohl negative Situation. Das elterliche Fehlverhalten wird erst dadurch relevant, dass sie die Gefahr für das Kindeswohl nicht abwenden, weil sie es nicht können oder wollen.

Der Begriff der Gefährdung setzt schon semantisch nicht eine bereits eingetretene Beeinträchtigung oder einen Schaden voraus. Es darf sich aber andererseits nicht bloß um eine rein abstrakte Gefahrenlage handeln. Das Gericht muss die Gefahr mit einer hinreichenden Wahrscheinlichkeit belegen und begründen können, was in der Praxis mitunter dazu führt, dass erst der bereits eingetretene (Anfangs-)Schaden den Beleg für eine weiter bestehende Gefährdungssituation liefert. Andererseits kann auf eine (zukünftige) Gefährdung nicht zwingend aus vereinzelt gebliebenen Vorfällen in der Vergangenheit geschlossen werden, insb. reicht es nicht aus, dass Eltern bei der Erziehung früherer Kinder versagt haben (Coester 2008, 3; allerdings: frühere Gefährdungen auch bei Geschwistern rechtfertigen zumindest erhöhte Aufmerksamkeit). Die Gefährdung muss im Hinblick auf das nach Art. 6 Abs. 2 GG geschützte Elternrecht erheblich und nachhaltig sein (BVerfGE 60, 79, 91; BayObLG FamRZ 1997, 954 f.; 1998, 1044 f.). Bei Gefahren für Leib und Leben liegt eine solche Erheblichkeit zumeist vor, für die (körperliche, emotionale, kognitive/erzieherische) Vernachlässigung ist aber gerade der schleichende Verlauf typisch, der sich erst allmählich auf das kindliche Wohl auswirkt bzw. zu Beeinträchtigungen des kindlichen Wohls führt. Auch die unzureichende Beaufsichtigung ist eine Form von Vernachlässigung. Hier wie bei allen anderen Fallgestaltungen kommt es letztlich immer auf den konkreten Einzelfall an, auf die konkreten altersspezifischen Bedürfnisse und Entwicklungsaufgaben von Kindern und Jugendlichen, auf die Intensität und die voraussichtliche Dauer der Einwirkung bzw. Vernachlässigung, ihre Auswirkungen auf die Entwicklung der Kinder und Jugendlichen sowie auch auf die gesellschaftlichen Bewertungsprozesse. Gerade die Durchführung medizinischer Eingriffe ist mitunter mit erheblichen Risiken verbunden, die man abstrakt als Lebens- und Gesundheitsgefahr ansehen könnte. Auch im Hinblick auf die Trennung und Scheidung von Eltern weiß man, dass diese bei ihren Kindern zumeist mit traumatischen Folgen verbunden sind (vgl. Amato 2001; Wallerstein et al. 2002), gleichwohl wird insoweit nicht von einer Kindeswohlgefährdung gesprochen.

B Eine besondere Fallgestaltung kann vorliegen, wenn Eltern im Namen ihres einwilligungsunfähigen Kindes (zur Einwilligungsfähigkeit s. IV-2.1.2, zur ärztlichen Behandlung MJ s. V-2) den Abbruch lebensverlängernder Maßnahmen für ihr, etwa durch längere Unterbrechung der Sauerstoffzufuhr, schwerstgeschädigtes Kind verlangen. Da sie hierfür, anders etwa als im Betreuungsrecht (hierzu II-2.5.2), keiner gerichtlichen Genehmigung bedürfen und nur selbst entscheiden können, wäre ggf. durch das FamG zuvor zu prüfen, ob ein derartiges Verlangen eine Gefahr für das Kindeswohl darstellt. Dies ergibt sich jedenfalls aus einer Entscheidung des BVerfG vom 06.06.2007 (1 BvQ 18/07)

Für die präventiv orientierte Sozialarbeit in der Kinder- und Jugendhilfe ist es gelegentlich schwer auszuhalten, bei welchen Sachverhalten die FamG (erst) von einem Vorliegen konkreter Gefährdungslagen ausgehen, wobei freilich der Unterschied zwischen sozialrechtlicher Hilfeorientierung einerseits und staatlichem Zwangseingriff andererseits gelegentlich aus dem Blick gerät (vgl. OLG Karlsruhe 16 UF 160/05 – 25.02.2006 – FamRZ 2007, 576, 577). Nichts hindert das JA, frühzeitig Hilfen anzubieten. Es muss aber darauf hingewiesen werden, dass aus einem zur Abwendung von Benachteiligungslagen begründbaren „erzieherischen

Bedarf", z. B. im Hinblick auf Erziehungshilfen nach §§ 27 SGB ff. VIII (hierzu III-3.3.4.1), noch nicht auf eine Kindeswohlgefährdung geschlossen werden darf. Nur andersherum gilt: Liegt eine Kindeswohlgefährdung vor, ist ein erzieherischer Bedarf i. S. d. § 27 Abs. 1 SGB VIII auf jeden Fall gegeben, sodass geeignete und erforderliche Hilfen zur Erziehung gerade auch zur Abwendung der Kindeswohlgefahr vom JA angeboten werden müssen (hierzu III-3.3.4.1).

Zur (objektiven) das Kindeswohl gefährdenden Lage hinzukommen (§ 1666 Abs. 1 S. 1 BGB: „ … und …") muss, dass die Eltern nicht gewillt oder in der Lage sind, die Gefahr von dem MJ abzuwenden. Dieses Erfordernis soll Eltern im Rahmen ihres Erziehungsvorranges zur Selbsthilfe ggf. mit Unterstützung der Jugendhilfe bewegen. Aufgrund der verfassungsrechtlichen Vorgaben (Art. 6 Abs. 2 GG; vgl. I-2.2.6; Trenczek 2008b, 110 ff.) konkretisiert sich das Kindeswohl im Hinblick auf den sorgerechtlichen Eingriff – anders als im sozialrechtlichen Leistungsrecht der Kinder- und Jugendhilfe (hierzu III-3.2.1) – normativ erst durch seine Gefährdung und im Hinblick auf die vorrangige Elternverantwortung zur Gefahrenabwehr erst durch ein „**elterliches Versagen**". Entscheidend ist demnach, ob die Eltern die Gefährdung für das Kindeswohl gegenwärtig bzw. in der Zukunft abwenden. Es spielt insoweit keine Rolle, ob sie in der Lage, aber unwillig, oder willig, aber unfähig, sind, die Gefahr abzuwenden. Es geht allein um die subjektive Ungeeignetheit, das Unvermögen der Sorgerechtsinhaber, die elterliche Sorge verantwortlich wahrzunehmen. Versagen, Unvermögen, Ungeeignetheit etc. stellen einen Befund, **keinen Schuldvorwurf dar**. Demzufolge mögen die Eltern etwa im Fall von Krankheit, Unfallfolgen und negativen Einflüssen des sozialen Umfelds zwar nicht verantwortlich sein und sie mag keine Schuld treffen, ungeachtet dessen sieht § 1666 Abs. 1 BGB mit Blick auf die elterliche Sorge den Schutz der Kinder vor. Allerdings berechtigt nicht jedes Versagen, jede Nachlässigkeit oder jeder Erziehungsfehler der Eltern den Staat auf Grundlage seines Wächteramtes jene von der Pflege und Erziehung ihres Kindes auszuschalten oder gar selbst diese Aufgabe zu übernehmen (BVerfGE 24, 119, 144 f.; 60, 79, 91; BVerfG 1 BvR 476/04 – 23.08.2006 – JAmt 2006, 516 f.; OLG Karlsruhe 16 UF 160/05 – 25.02.2006 – FamRZ 2007, 576). Wegen des **Zwangscharakters** der gerichtlichen Sorgerechtsentscheidung müsse, so das OLG Hamm erstmalig in einer Entscheidung von 1983, insb. das „Milieu, in das das Kind hineingeboren wird und dessen positiven wie negativen Gegebenheiten es schicksalhaft ausgesetzt ist" berücksichtigt werden (OLG Hamm ZfJ 1983, 274, 277 f. sowie 15 W 339/83 – 17.01.1984 – ZfJ 1984, 364, 370). Der Hinweis auf die Berücksichtigung des „Milieus" mag ungeschickt ausgedrückt sein und in der Praxis teilweise zu Missverständnissen geführt haben. In einer neueren Entscheidung formuliert daher dasselbe Gericht genauer, dass das Kind keinen Anspruch auf „Idealeltern" habe. Die Eltern und deren wirtschaftlichen und gesellschaftlichen Verhältnisse gehörten vielmehr, so das OLG Hamm, zum Schicksal und zum Lebensrisiko eines Kindes (12.7.2013-2 UF 227/12), genau so, wie etwa die Epoche oder Region, in die es hineingeboren wird. Der Staat kann und darf dies nicht ohne wesentlichen Grund ändern oder sich an die Stelle der Eltern setzen (vgl. Coester 2008, 2). Der Staat konkurriert nicht mit den Eltern um die bestmögliche Kindesförderung, er

Subjektive Ungeeignetheit

kann und muss ihnen Unterstützung anbieten (hierzu SGB VIII; III-3), im Übrigen darf und muss er aufgrund der verfassungsrechtlichen Vorgaben lediglich die Einhaltung der Grenzen elterlichen Handelns und die Fundamentalbedürfnisse des Kindes sichern.

Recht auf gewaltfreie Erziehung Das Recht auf gewaltfreie Erziehung und der Kindesschutz gelten allerdings unabhängig von der sozialen, ethnischen oder kulturellen Identität der Sorgerechtinhaber. Das Menschenbild des Grundgesetzes ist in dessen Geltungsbereich für alle verbindlich. Aufgrund der verfassungsrechtlichen Vorgaben insb. in Art. 1 und 2 GG und des hieran anknüpfenden vom Gesetzgeber ausdrücklich normierten Rechts auf gewaltfreie Erziehung bleibt im Kindesschutz kein Raum für falsche „Toleranz". Das Recht legitimiert keine „milieu- oder kulturbedingten" Misshandlungen und Missbräuche (OLG Düsseldorf NJW 1985, 1291; BayObLG FamRz 1993, 229). Im Wesentlichen geht es mit dem Hinweis auf das „Milieu" darum, die Beurteilungsmaßstäbe nicht zu eng anzulegen, sodass nicht schichtenspezifische Vorurteile (insb. im Hinblick auf eine Vernachlässigung) über das Vorliegen einer Kindeswohlgefährdung entscheiden. Ein Kind ist nicht schon deshalb vernachlässigt, weil (vorwiegend aus der Mittelschicht stammende) Sozialarbeiter das Kind anders erziehen würden oder dem Kind in einer Pflegefamilie günstigere Entwicklungsmöglichkeiten geboten werden könnten (vgl. BVerfG FamRZ 1982, 567; Münchener Kommentar/Olzen 2008 § 1666 Rz. 112; Staudinger – Coester 2009 § 1666 Rz. 84 u. 117). Man darf auch belasteten, „randständigen", z. B. materiell und bildungsmäßig armen Bevölkerungsschichten (z. B. Absolventen von Sonderschulen, Bewohnern von Obdachlosenunterkünften) das Personensorgerecht nicht per se absprechen. Die Elternverantwortung besteht auch dann, wenn die Familiensituation nicht dem Idealbild der sog. bürgerlichen Familie, das sich heutzutage ohnehin kaum normativ vorgeben lässt, entspricht. Die Nichtgewährleistung des Kindeswohls verpflichtet den Staat zunächst zu helfenden, auf (Wieder-)Herstellung eines verantwortungsgerechten Verhaltens der Eltern gerichtete Interventionen (BVerfGE 24, 119, 145). *Eingriffe* in das Elternrecht zum Schutz der Kinder bei Gefährdungen sind verfassungsrechtlich erst dann legitimiert, wenn die Eltern diesen Schutz nicht (mehr) gewährleisten (können).

Rechtsfolgen nach § 1666 BGB Die Rechtsfolgen werden in § 1666 BGB bewusst sehr weit gefasst. Familiengerichtliche Entscheidungen betreffen also nicht immer die gesamte Personensorge, sondern mitunter nur Teilbereiche (z. B. Aufenthaltsbestimmungsrecht, Herausgaberecht, Entscheidungen im Hinblick auf Gesundheitssorge des Kindes). Der Entzug der Personensorge ist auch nicht zugleich ein Entzug des Umgangsrechts (hierzu II-2.4.5). Selbst die Trennung von Eltern und Kind beseitigt noch nicht das elterliche Personensorgerecht, z. B. berührt die Beschränkung und Entziehung des Aufenthaltsbestimmungsrechts noch nicht die Befugnis der Eltern zu entscheiden, ob und ggf. welchen Hilfen zur Erziehung (§§ 27 ff. SGB V III) sie zustimmen. Aber auch vice versa hat die Einschränkung oder der Entzug des Sorgerechts nicht immer die tatsächliche Trennung von Eltern und Kind zur Folge. Im Rahmen der Gesetzesnovellierung 2008 wurde als Konkretisierung der Rechtsfolgen in § 1666 Abs. 3 BGB neben der schon bisher ausdrücklich genannten Ersetzung von Erklärungen des Inhabers der elterlichen Sorge (wenn es nur um punktuelle Angelegenheiten geht, z. B. Zustimmung zur Schulwahl, zu Erziehungshilfen etc.) ein Katalog möglicher Maßnahmen des FamG aufgenommen. Schließlich kann das Gericht nach § 1666 Abs. 4 BGB auch Maßnahmen mit Wirkung gegen Dritte treffen. Das Gericht hat stets das mildeste Mittel zu wählen, mit dem die Gefahr abgewandt werden kann (**Verhältnismäßigkeitsgebot**; s. I-2.1.2.2). Die weitestgehende Eingriffsmöglichkeit, der Entzug der gesamten elterlichen Sorge (§ 1666 Abs. 3 Nr. 6), darf nach § 1666a Abs. 2 BGB nur zur Anwendung kommen, wenn andere Maßnahmen erfolglos geblieben sind oder wenn anzunehmen ist, dass sie zur Abwendung der Gefahr nicht ausreichen. Das in § 1666a Abs. 1 S. 1 BGB im Hinblick auf die Trennung des Kindes von seinen Eltern hervorgehobene Verhältnismäßigkeitsgebot gilt auch für alle anderen familienrechtlichen Entscheidungen, z. B. Ermahnungen, Gebote und Verbote, (einstweilige) Anordnungen und Beschränkungen. Insoweit besteht ausdrücklich auch ein Vorrang von Jugendhilfe- und anderen öffentlichen Leistungen. Geeignete Hilfen sind deshalb – bei Vorliegen der entsprechenden Leistungsvoraussetzungen – schon im Vorfeld zu initiieren (vgl. § 8a Abs. 1, § 27ff. SGB VIII; zur Schutzverpflichtung des JA, vgl. III-3.2.2). Das FamG kann aber nicht selbst Leistungen der Jugendhilfe anordnen, sondern die Eltern nur verpflichten, vom JA angebotene Hilfen in Anspruch zu nehmen (zur Steuerungsverantwortung des JA im familiengerichtlichen Verfahren nach § 36a SGB VIII vgl. III-3.3.4.4), oder bei Leistungsverweigerung des JA verwaltungsrechtliche Schritte zu unternehmen (Münchener Kommentar/Olzen 2012 § 1666 Rz. 175; Münder et al. 2013 Vor § 50 Rz. 18 ff.).

Wird die elterliche Sorge zum Teil entzogen, so erhält das Kind für diese Teilbereiche nach § 1909 Abs. 1 BGB einen (Ergänzungs-)Pfleger, während die Eltern oder der allein sorgeberechtigte Elternteil im Übrigen sorgeberechtigt bleiben (Umkehrschluss aus § 1630 Abs. 1 BGB). Ist es jedoch angesichts der bestehenden Gefahr nicht vertretbar, den Eltern auch nur Teile der elterlichen Sorge zu belassen und wird sowohl die Personensorge als auch die Vermögenssorge in vollem Umfang entzogen, so erhält das Kind gemäß § 1773 Abs. 1 BGB einen Vormund, der nunmehr die gesamte elterliche Sorge innehat (i. E. II-2.4.8). **Pfleger**

Vormund

Das am 23.02.2010 nach langer kontroverser Debatte in Kraft getretene Gesetz zur Bekämpfung der Kinderpornographie in Kommunikationsnetzen (Zugangserschwernisgesetz) wurde bereits zum Ende des Jahres 2011 wieder aufgehoben (vgl. III-7.2.6). Auf aktuelle gesetzgeberische Überlegungen zu diesem Komplex wurde bereits oben (I-1.1.2) verwiesen. Zum 01.01.2012 ist das Gesetz zur Stärkung eines aktiven Schutzes von Kindern und Jugendlichen – Bundeskinderschutzgesetz (BKiSchG) in Kraft getreten. Neben Konkretisierungen und Ergänzungen im Bereich des **Schutzauftrags des JA** bei Kindeswohlgefährdung nach SGB VIII bildet seinen Kern ein Gesetz zur Kooperation und Information im Kinderschutz-KKG (hierzu III-3.2.2; Kindler et al. 2006; Münder et al. 2000; Münder et al. 2013, Anhang § 50). **Gesetzesnovellierungen**

2.4.5 Umgangsrecht

Umgangsrecht und -pflicht

Der Umgang mit ihrem Kind ist **für Eltern eine Pflicht und ein Recht**, unabhängig davon, ob ihnen die elterliche Sorge zusteht. Gleichzeitig ist das **Recht des Kindes auf Umgang mit beiden Elternteilen** (§ 1626 Abs. 3 BGB, Art. 9 Abs. 3 UN-KRK; Art. 24 Abs. 3 EU-Grundrechtscharta) eines der wenigen subjektiven Rechte des Kindes im Eltern-Kind-Verhältnis (§ 1684 Abs. 1 BGB). Es handelt sich hierbei nach einer Entscheidung des BGH um ein höchstpersönliches Recht, das deswegen von ihm nur im eigenen Namen, vertreten durch seinen gesetzlichen Vertreter, geltend gemacht werden kann (BGH XII ZB 225/06 – 14.05.2008 – FamRZ 2008, 1334 m. Anm. Luthin.; Anm. Bienwald FamRZ 2008, 2020). Darüber hinaus haben auch **Großeltern und Geschwister** ein Umgangsrecht unter der Maßgabe, dass dies dem Wohl des Kindes dient. Gleiches trifft auch auf **andere Bezugspersonen** zu, wenn diese mit dem Kind in einer sozial-familiären Beziehung zusammengelebt haben. Diese können etwa ein Stiefelternteil sein, und zwar unabhängig davon, ob der Elternteil, der mit ihm zusammengelebt hat, mit ihm verheiratet ist bzw. war oder nicht und auch, ob es sich um eine gleich- oder verschiedengeschlechtliche Stiefelternfamilie handelt. Weiterhin kommen noch andere Verwandte, vor allem aber auch Personen, bei denen das Kind in Familienpflege lebte, in Betracht (§ 1685 Abs. 1 und 2 BGB). In Umsetzung zweier Entscheidungen des EGMR (21.12.2010-20578/07, Anayo v. Germany und 15.09.2011- 17080/07, Schneider v. Germany) wurde nunmehr mit § 1686 a BGB auch eine Regelung für den Umgang des sog. „biologischen" Vater herbeigeführt, die auch dann gilt, wenn ein anderer Mann dem Kind rechtlich als Vater zugeordnet ist. Voraussetzung für einen Umgangsanspruch ist hier, dass er ein nachhaltiges Interesse an dem Kind unter Beweis gestellt hat.

Umgangsrecht des Kindes

Die umgangsrechtliche Regelung in ihrer heutigen Gestalt führt zweifellos zu einer Stärkung sowohl der Persönlichkeitsrechte des Kindes als auch der Elternrechte, insb. des nicht sorgeberechtigten Elternteils; das Konfliktpotential freilich, das sich gelegentlich im Kontext der Auseinandersetzung um Umgangsregelungen aufbauen kann, vermag sie nicht entscheidend abzutragen. Die Probleme, die gerade beim Umgangsrecht **einvernehmliche Lösungen** zwischen den Eltern mitunter erschweren, entstehen zumindest teilweise auch daraus, dass die Eltern nie mit dem Kind als Familie gelebt haben und der Aufbau einer perspektivischen Partnerschaft entweder von vorn herein nicht geplant war oder aber frühzeitig für gescheitert erklärt wurde. Darüber hinaus haben wir es in Fällen des Beziehungsabbruchs zwischen Eltern mit den bekannten **Verlagerungen von Dysfunktionalitäten** auf der Paarebene hin zur Elternebene zu tun. Dementsprechend intensiv waren die gesetzgeberischen Anstrengungen ausgefallen, das subjektive Recht des Kindes, aber auch das Recht des Elternteils, das mit dem Kind Umgang haben möchte, abzusichern und durchsetzbar zu gestalten. Im Streit der Eltern um das Umgangsrecht können die Wünsche und Bedürfnisse des Kindes selbst leicht aus dem Blick geraten; gerade deshalb benötigen sie Unterstützung und Beratung (vgl. § 18 SGB VIII; III-3.2.2). **§ 1684 Abs. 2 BGB** verlangt von den Eltern, alles zu unterlassen, was das Verhältnis des Kindes zum anderen Elternteil – und damit möglicherweise den Umgang als solchen oder auch die Art und Weise der Gestaltung des

Umgangs – beeinträchtigt. Für den sorgeberechtigten Elternteil ist diese Pflicht zugleich Bestandteil der elterlichen Sorge (§ 1626 Abs. 3 BGB). In Fällen, in denen die Verletzung des Umgangsrechts zu einer Kindeswohlgefährdung führt, können Eingriffe in das Sorgerecht nach § 1666 BGB bis hin zum Entzug der gesamten elterlichen Sorge erfolgen. Wenn einvernehmliche Regelungen (s. u. II-2.4.6.5) nicht möglich sind, muss das FamG konkrete, den Besonderheiten des jeweiligen Einzelfalls gerecht werdende Umgangsanordnungen mit durchsetzbarem Inhalt hinsichtlich Ort, Zeit, Häufigkeit, Holens und Bringens, ggf. auch der Art des Umgangs (es kommt nicht nur persönlicher Umgang, sondern auch Post-, Telefon- und Telekommunikationskontakt in Betracht) treffen (OLG Frankfurt/M. – 05.02.2008 – 3UF 307/07 – FamRZ 2008, 1372) und dabei auch entsprechende Anforderungen an das Verhalten der Eltern formulieren (§ 1684 Abs. 3 S. 1 BGB). Bei Verletzung derartiger gerichtlicher Festlegungen können nach § 89 FamFG Ordnungsmittel in Form von Ordnungsgeld (bis 25.000 €) oder Ordnungshaft (bis 6 Monate) zur Anwendung kommen. Ansonsten besteht nach § 1684 Abs. 3 S. 3 BGB die Möglichkeit, eine Umgangspflegschaft anzuordnen. Obwohl sie einen nachhaltigen Eingriff in die elterliche Sorge darstellt (vgl. § 1630 Abs. 1 BGB), ist ihre Anordnung im Umkehrschluss aus §§ 1685 Abs. 3 S. 2, 1686a Abs. 2 S. 2 BGB vorliegend nicht daran gebunden, dass die Voraussetzungen von § 1666 Abs. 1 BGB erfüllt sind. Dies ist mit Hinblick auf Art. 6 Abs. 2 GG nicht unproblematisch. Eben wegen ihres Eingriffspotenzials ist die Umgangspflegschaft stets zu befristen (§ 1684 Abs. 3 S. 5 BGB). Wird sie angeordnet, so bestimmt der **Umgangspfleger**, wann und für wie lange der Umgang stattfindet; er ist berechtigt, die Herausgabe des Kindes zu verlangen. Jedoch begleitet er den Umgang nicht.

Ein **begleiteter Umgang**, bei dem ggf. auf die Unterstützung durch Mitarbeiter der Jugendämter oder auch freier Träger der Jugendhilfe zurückgegriffen wird, kann dazu dienen, insb. in hochkonflikthaften Konstellationen Kommunikation zum Thema des Umgangs überhaupt erst wieder zu ermöglichen und wechselseitiges Vertrauen aufzubauen. In dieser Funktion wird er zumeist außergerichtlich im Ergebnis von Beratungsgesprächen im Rahmen von § 18 Abs. 3 SGB VIII mit den Eltern vereinbart. Er kann aber auch durch das Gericht gegenüber den Eltern angeordnet werden (§ 1684 Abs. 4 S. 3 und 4 BGB), wenn etwa die Gefahr eines körperlichen Angriffs auf das Kind, einer Kindesentziehung oder eines sexuellen Missbrauchs des Kindes nicht auszuschließen ist. Er ist vor allem unter dem Aspekt der Verhältnismäßigkeit immer auch die weniger einschneidende Maßnahme im Vergleich zum Ausschluss des Umgangsrechts (vgl. aber: OLG Düsseldorf vom 18.05.2009 – II-6 UF 188/07: kein begleitetes Umgangsrecht für pädophil veranlagten Vater, sondern Umgangsausschluss). Erweist sich der begleitete Umgang jedoch nicht als ausreichend oder ist das Wohl des Kindes durch die Ausübung des Umgangsrechts in anderer Weise gefährdet, kann das FamG den Umgang (z. B. auf bestimmte Arten: Telefon o. Ä.) einschränken oder nötigenfalls ganz ausschließen (§ 1684 Abs. 4 S. 1 und 2 BGB).

Es ist erkennbar, dass eine ganze Reihe materiellrechtlicher (und auch verfahrensrechtlicher, vgl. insb. § 156 FamFG; hierzu: II-2.4.8) Möglichkeiten zur Verfügung stehen, Umgangsrechte durchzusetzen, Umgangsregelungen zu gestalten und

Umgangspflegschaft

Begleiteter Umgang

Einschränkung oder Ausschluss des Umgangs

Zwangsweise Durchsetzung des Umgamgsrechts

auch Verstöße gegen die Wohlverhaltenspflicht aus § 1684 Abs. 2 BGB zu sanktionieren. Gleichwohl bleibt die am schwierigsten zu beantwortende Frage bestehen, wie in den Fällen zu verfahren ist, in denen entweder das Kind oder aber, trotz des Wunsches des Kindes nach Umgang, der Elternteil, der nicht mit dem Kind zusammen lebt, den Umgang verweigert. Auch hier kann letztlich kein anderer **Maßstab** als der des **Kindeswohls** gelten. Deshalb kann z. B. auch der Umgang des Vaters mit seinem außerhalb der Ehe geborenen Kind notfalls erzwungen werden (OLG Köln 17.12.2002 – 25 UF 227/02 – FamRZ 2004, 52). Das BVerfG hat mit seiner Entscheidung vom 01.04.2008 (1 BvR 1620/04 – FamRZ 2008, 845) die Erzwingbarkeit der Umgangspflicht eines Elternteils bestätigt, ihr allerdings zugleich Grenzen gesetzt, die es vor allem in den allgemeinen Persönlichkeitsrechten des umgangsunwilligen Elternteils aus Art. 2 Abs. 1 i. V. m. Art 1 Abs. 1 GG sieht. Ein Umgang, der nur zwangsweise durchgesetzt werden kann, dient in der Regel nicht dem Kindeswohl, es sei denn, dass es im Einzelfall hinreichende Anhaltspunkte dafür gibt, zu einem anderen Ergebnis zu kommen.

Induzierter Kindeswille

Diesem Argument ist umso mehr Beachtung zu schenken, wenn die Verweigerung des Umgangs vom Kind selbst ausgeht. Hierfür können unterschiedliche Gründe in Betracht kommen: Frühere Misshandlungen, das Erleben von Gewaltanwendung gegen den anderen Elternteil usw. Problematisch wird es allerdings, wenn eine solche Verweigerungshaltung, wie nicht selten der Fall, durch intensive **Beeinflussung seitens des Elternteils**, bei dem das Kind lebt, erzeugt wird. Man spricht in diesem Zusammenhang von einem sog. induzierten Kindeswillen. Zu ihm stellt das BVerfG fest: „Ein Kindeswille kann außer Acht gelassen werden, wenn er offensichtlich beeinflusst worden ist" (02.04.2001 – 1 BvR 212/98). Dem mag man in solchen Fällen folgen können, in denen das Kind plakativ Äußerungen tätigt, die das betreffende Elternteil zwar von ihm erwartet, jedoch nicht seinem eigenen Willen entsprechen. Ansonsten wird sich gerade der induzierte Wille als insofern auch „wirklicher Wille" des Kindes häufig sogar besonders stark intentionalisieren und kann genau dadurch jedes Bemühen um eine Kontaktanbahnung scheitern lassen (Balloff/Koritz 2006, 86). Bei kleineren Kindern kann nach Ansicht des OLG Hamm der Widerstand gegen Umgangskontakte noch mit erzieherischen Mitteln überwunden werden (12.12.2007 – 10 WF 196/07 – FamRZ 2008, 1371). Gegebenenfalls ist das Umgangsrecht für den hierfür erforderlichen Zeitraum auszusetzen (OLG Köln v. 16.03.2004 – 4UF 160/08). Aus forensisch-psychologischer Sicht ist jedoch etwa ab einem Lebensalter von ca. 10 Jahren der Wille eines Kindes so weit verfestigt, dass er allein durch Beratungs- und Überzeugungsarbeit nicht mehr zu verändern sein wird. Gleichzeitig wird es aber zu diesem Zeitpunkt in der Regel auch nicht mehr möglich sein, eine Veränderung im Aufenthaltsbestimmungsrecht oder der gesamten elterlichen Sorge herbeizuführen, weil und insofern von diesen Maßnahmen dann erst recht eine Gefahr für das Kindeswohl ausgehen kann (Balloff/Koritz 2004, 86 f.). Wenn daher Literatur und Rechtsprechung auch im Allgemeinen davon ausgeht, dass der Umgang des Kindes mit beiden Elternteilen dem Wohl des Kindes entspricht (vgl. Münder/Ernst/Behlert 2013, 249 m. w. N.), bietet nach einer Entscheidung des OLG Hamburg (12.03.2008 – 10 UF 57/07 – FamRZ 2008, 1372) § 1684 BGB aber keinen Anspruch der Eltern auf Umgang gegenüber dem den Umgang ablehnenden Kind. Aus diesem Grunde können den Umgang ablehnende Kinder nach Ansicht des Gerichts letztlich auch nicht zum Umgang verpflichtet werden. Im Ergebnis reicht also die Skala gerichtlicher Einzelfallentscheidungen vom Entzug der elterlichen Sorge des umgangsverhindernden Elternteils, weil von der Verhinderung des Umgangs und der Indizierung des Kindeswillens eine Kindeswohlgefährdung ausgeht, auf der einen Seite bis zum Verzicht auf Maßnahmen, mittels denen das Umgangsrecht eines Elternteils durchgesetzt werden könnte, ebenso aus Gründen der Wahrung des Kindeswohls, auf der anderen.

2.4.6 Das Verfahren in Kindschaftssachen

Das gerichtliche Verfahren in Familiensachen ist in dem zum 01.09.2009 in Kraft getretenen Gesetz über das Verfahren in Familiensachen und in den Angelegenheiten der freiwilligen Gerichtsbarkeit (FamFG) grundlegend neu geregelt worden. Dabei wurde vor allem berücksichtigt, dass das familiengerichtliche Verfahren wie keine andere gerichtliche Auseinandersetzung von **emotionalen Konflikten** geprägt ist, die letztlich nicht justiziabel sind, aber einen maßgeblichen Einfluss auf das Streitpotenzial und die Möglichkeiten zur gütlichen Beilegung einer Auseinandersetzung haben. Deshalb sollen durch die Neuregelung die konfliktvermeidenden und -lösenden Elemente im familiengerichtlichen Verfahren gestärkt werden.

FamFG

Nach dem FamFG sind alle durch den sozialen Verband von Ehe und Familie sachlich verbundenen Rechtsstreitigkeiten beim „großen" FamG konzentriert. Unterschieden wird zwischen den ausschließlich im FamFG geregelten sog. **Familiensachen** (§ 111 FamFG) und den sog. Familienstreitsachen (§ 112 FamFG, insb. Unterhalt und Güterrecht), die sich auch weiterhin nach den Vorschriften der ZPO richten (§ 113 FamFG). Das JA ist nicht in allen Familiensachen, sondern nur insofern beteiligt, als minderjährige Kinder/Jugendliche betroffen sind. Dies ist insb. bei den sog. Kindschaftssachen der Fall. Das sind Verfahren, die das **Kindeswohl** und die elterliche Erziehungsverantwortung (Art. 6 Abs. 2 GG) betreffen und nicht einer anderen Verfahrensgruppe der Familiensachen (z. B. Adoptionsverfahren, Gewaltschutzsachen) zugeordnet sind. Im Einzelnen betreffen diese Verfahren:

Kindschaftssachen

- die elterliche Sorge (§§ 1626 ff. BGB, insb. auch §§ 1626a Abs. 2, 1671, 1674, 1687 Abs. 2, 1693 BGB),
- das Umgangsrecht (§ 1632 Abs. 2, §§ 1684, 1685, 1686a BGB),
- die Kindesherausgabe (§§ 1632 (insb. auch Abs. 4), 1682 BGB),
- die Vormundschaft (§§ 1773 ff.; vgl. aber auch z. B. §§ 112, 113 Abs. 3 BGB, § 2 Abs. 3, § 3 Abs. 2 und § 7 RelKErzG, § 56 SGB VIII, § 2 Abs. 1 NamÄndG, § 16 Abs. 3 VerschollenheitsG),
- die Pflegschaft oder die gerichtliche Bestellung eines sonstigen Vertreters für einen MJ oder für eine Leibesfrucht (vgl. §§ 1697, 1909, 1912 BGB),
- die Genehmigung der freiheitsentziehenden Unterbringung eines MJ (§§ 1631b, 1800 und 1915 BGB),

- die Anordnung der freiheitsentziehenden Unterbringung eines MJ nach den Landesgesetzen über die Unterbringung psychisch Kranker (PsychKG und UBG) sowie
- die Aufgaben nach dem Jugendgerichtsgesetz (z. B. §§ 53, 104 Abs. 4 i. V. m. §§ 9 ff. JGG; § 67 Abs. 4 Satz 3 JGG).

Unterhaltssachen (§§ 231 ff. FamFG), auch soweit sie die Unterhaltspflicht gegenüber einem Kind betreffen (vgl. § 137 Abs. 2 FamFG), gehören nicht zu den Kindschaftssachen.

Übersicht 33 konzentriert sich auf das Verfahren in den sog. Kindschaftssachen (zu den neuen Begrifflichkeiten s. o. 2.1; zum Abstammungs-, Adoptions- und Gewaltschutzverfahren vgl. Münder et al. 2009 § 50 Anhang Rz. 55 ff.) bei denen der Gesetzgeber zwei Verfahrensprinzipien besonders hervorgehoben hat: das Beschleunigungsgebot sowie die Förderung der einvernehmlichen Streitbeilegung (s. u.).

2.4.6.1 Familiengerichte

Zuständigkeit Für das familienrechtliche Verfahren sind die Amtsgerichte (§ 23a GVG) und dort die Abteilungen für Familiensachen (FamG) (§ 23b Abs. 1 Nr. 2–4 GVG) sachlich zuständig. Die internationale und örtliche Zuständigkeit der Gerichte richtet sich nach dem Verfahrensgegenstand. Im Hinblick auf Verfahren mit Auslandsbezug betont § 97 Abs. 1 FamFG den Vorrang des internationalen Verfahrensrechts. Die internationale Zuständigkeit deutscher Gerichte in Kindschaftssachen ist in § 99 FamFG geregelt (vgl. zur internationalen Zuständigkeit auch I-1.1.6). Die Regelungen zur nationalen örtlichen Zuständigkeit finden sich für **Kindschaftssachen** in § 152 FamFG. Für alle Kindschaftssachen, die gemeinschaftliche Kinder der Ehegatten betreffen, ist das Gericht der Anhängigkeit der Ehesache zuständig (§ 152 Abs. 1 FamFG). Soweit eine Ehesache nicht anhängig ist, ist der gewöhnliche Aufenthalt des Kindes das zentrale Anknüpfungskriterium für die Zuständigkeit (§ 152 Abs. 2 FamFG; beachte § 154 FamFG für den Fall, dass ein Elternteil den Aufenthalt des Kindes ohne vorherige Zustimmung des anderen geändert hat) oder nachrangig der Ort des Fürsorgebedürfnisses (§ 152 Abs. 3 FamFG).

Verhandlungen, Erörterungen und Anhörungen in Familiensachen sowie in Angelegenheiten der freiwilligen Gerichtsbarkeit sind nach § 170 Abs. 1 GVG grundsätzlich **nicht öffentlich**, nur die (formell) am Verfahren Beteiligten können anwesend sein und bei einem berechtigten Interesse auch Akteneinsicht (§ 13 FamFG) inklusive der in der Gerichtsakte befindlichen Stellungnahmen des JA erhalten.

Übersicht: 33: Das Verfahren in Kindschaftssachen vor dem Familiengericht

1.	**Einleitung des Verfahrens** aufgrund Antrag eines Beteiligten (§ 23 FamFG), Meldung/Information des Jugendamtes (§§ 8a Abs. 2, 42 Abs. 3 Nr. 2 SGB VIII) oder „Anregung" eines Dritten (§ 24 Abs. 1 FamFG);
2.	weitere Durchführung des familiengerichtlichen **Verfahrens von Amts** wegen (§ 26 FamFG);
3.	**sachliche Zuständigkeit** des FamG ergibt sich aus § 111 Nr. 2 i. V. m § 151 Nr. 1 FamFG;
4.	Prüfung der **örtlichen Zuständigkeit**; Vorrang des internationalen Verfahrensrechts (§ 97 Abs. 1 FamFG vgl. Art. 3 Abs. 3 EGBGB; MSA, KSÜ; bei Kindesentführungen s. HKÜ u. ESÜ; EuEheVO/Brüssel IIa-VO); national in Kindschaftssachen drei Anknüpfungspunkte: Anhängigkeit der Ehesache (§ 152 Abs. 1 FamFG), gewöhnlicher Aufenthalt des Kindes (§ 152 Abs. 2 FamFG, beachte § 155 FamFG) und Fürsorgebedürfnis (§ 152 Abs. 3 FamFG);
5.	Grundsatz des **Vorrang- und Beschleunigungsgebotes** (§ 155 FamFG) → Anberaumung eines ersten frühen Termins (s. 7.), Ladung der Beteiligten;
6.	Bestellung eines **Verfahrensbeistands** (§ 158 FamFG);
7.	früher erster Termin (§ 152 Abs. 2 FamFG) und i. d. R. mündliche Erörterung (§ 32 FamFG), insb. um auf ein **Einvernehmen** hinzuwirken (§ 155 FamFG) bzw. zur **Erörterung einer möglichen Kindeswohlgefährdung** (§ 157 FamFG);
8.	soweit noch nicht erfolgt, **Anhörung** des Kindes (§ 159 FamFG) und der Eltern (§ 160 FamFG);
9.	ggf. Erlass einer **einstweiligen Anordnung** (§ 156 Abs. 3, § 157 Abs. 3 FamFG) ggf. ohne mündliche Verhandlung (§ 51 Abs. 2 FamFG);
10.	Hinweis auf Möglichkeiten der **Beratung** durch die Beratungsstellen und -dienste der Träger der Kinder- und Jugendhilfe, insbesondere Hinweis auf die Möglichkeit der **Mediation** oder der sonstigen außergerichtlichen Streitbeilegung;
11.	ggf. **Anordnung einer Beratung** über die Möglichkeiten einer Mediation zur Entwicklung eines einvernehmlichen Konzepts für die Wahrnehmung der elterlichen Sorge und der elterlichen Verantwortung;
12.	ggf. **Aussetzung des Verfahrens** aus wichtigem Grund (§ 21 FamFG), z. B. bei Durchführung eines Mediationsverfahrens;
13.	ggf. **Beweiserhebung** (§§ 29 ff. FamFG), u. a. Beiziehung von Akten, Einholung von Sachverständigengutachten (Fristsetzung unter dem Aspekt der Beschleunigung, § 163 Abs. 1 FamFG);
14.	Aufforderung/**Bitte an das JA** zur weiteren Mitwirkung/Unterstützung (ggf. Stellungnahmen) und Anhörung des JA (§ 162 FamFG); Verpflichtung des JA zur Mitwirkung aus § 50 Abs. 1 SGB VIII;
15.	**Beschluss** (§ 38 FamFG) und dessen Bekanntgabe (§ 40 Abs. 1 FamFG); ggf. im Wege der einstweiligen Anordnung (§§ 49 ff. FamFG);
16.	ggf. Nachholen aller (bislang ausgebliebenen) **Anhörungen** mit Ausnahme der Pflegeperson (§ 159 Abs. 3 S. 2, § 160 Abs. 4, § 162 Abs. 1 S. 2 FamFG);
17.	Bei Absehen von Maßnahmen nach § 1666 BGB: **Verpflichtung zur Überprüfung** der Entscheidung i. d. R. nach drei Monaten (§ 166 Abs. 3 FamFG);
18.	**Überprüfung länger andauernder Maßnahmen** durch das Gericht in „angemessenen Zeitabständen" (§ 166 Abs. 2 FamFG) und ggf. Aufhebung einer Maßnahme (§ 1696 Abs. 2 BGB) oder Abänderung der Entscheidung in Betracht (§ 166 Abs. 1 FamFG i. V. m. § 1696 Abs. 1 BGB); in beiden Fällen wird das JA einbezogen (vgl. Pkt. 14);
19.	Rechtsmittel der **Beschwerde** (§§ 57, 58 FamFG), einzulegen bei dem Gericht, das den angegriffenen Beschluss gefasst hat (§ 64 FamFG); **Frist** von einem Monat (§ 63 Abs. 1 FamFG), bei einstweiliger Anordnung zwei Wochen (§ 63 Abs. 2 FamFG)!
20.	ggf. Anschlussbeschwerde (§ 66 FamFG)

2.4.6.2 Verfahrensbeteiligte

Verfahrensbeteiligung von Kindern und Jugendlichen

Neben dem Antragsteller (§ 7 Abs. 1 FamFG) sind als Beteiligte des familiengerichtlichen Verfahrens nach § 7 Abs. 2 FamFG alle Personen hinzuzuziehen, deren (materielles) Recht durch das Verfahren unmittelbar betroffen wird und diejenigen, die aufgrund einer gesetzlichen Vorschrift von Amts wegen oder auf Antrag zu beteiligen sind (zum Anwaltszwang nach § 114 FamFG vgl. I-5.3.3). § 9 Abs. 1 Nr. 3 FamFG erweitert die **Verfahrensfähigkeit von MJ**, die das 14. Lebensjahr vollendet haben, allerdings nur in Verfahren, die ihre Person betreffen und in denen sie ein ihnen nach bürgerlichem Recht zustehendes Recht geltend machen können (s. o. II-2.4.3, z. B. § 1631 Abs. 2, § 1671 Abs. 1 Nr. 1 und Abs. 2 Nr. 1, § 1684 Abs. 1 BGB). Ist der MJ verfahrensfähig, so bedarf er im Verfahren keines gesetzlichen Vertreters. Ihm kann allerdings im Wege der Verfahrenskostenhilfe (vgl. I-5.3.3) ein eigener Rechtsanwalt beigeordnet werden. Wesentlich für die Rechtsstellung der Kinder und Jugendlichen sind auch die im FamFG verankerten **Anhörungsverpflichtungen/-rechte**. Sofern sie nach § 9 Abs. 1 Nr. 3 FamFG Beteiligte des Verfahrens sind (z. B. im Umgangsverfahren), sind Kinder/Jugendliche über 14 Jahren ohnehin anzuhören (§ 159 Abs. 1 FamFG). Nach § 159 Abs. 2 FamFG sind darüber hinaus auch noch nicht 14-jährige Kinder persönlich anzuhören, wenn ihre Neigungen, Bindungen oder ihr Wille für die Entscheidung von Bedeutung sind oder wenn eine persönliche Anhörung aus sonstigen Gründen angezeigt ist. Von einer persönlichen Anhörung darf das Gericht nach § 159 Abs. 3 FamFG nur aus schwerwiegenden Gründen absehen. Das Kind hat grds. ein Informationsrecht über den Gegenstand, Ablauf und möglichen Ausgang des Verfahrens. Es soll in einer geeigneten und seinem Alter entsprechenden Weise informiert werden, soweit nicht Nachteile für seine Entwicklung, Erziehung oder Gesundheit zu befürchten sind. Ihm ist Gelegenheit zur Äußerung zu geben. § 159 Abs. 4 Satz 3 FamFG stellt klar, dass der bestellte Verfahrensbeistand im Regelfall ein Anwesenheitsrecht bei der **persönlichen Anhörung** des Kindes hat.

2.4.6.3 Mitwirkung des Jugendamtes im familiengerichtlichen Verfahren

Der Gesetzgeber misst der Zusammenarbeit der verschiedenen am familiengerichtlichen Verfahren beteiligten Disziplinen, insb. der **Kooperation von FamG und Jugendhilfe** besondere Bedeutung zu (vgl. BT-Ds 16/6308, 236 ff. u. 427). Durch Art. 105 FGG-Reformgesetz wurde gleichzeitig auch § 50 SGB VIII geändert. Das JA hat das FamG in allen Angelegenheiten der Personensorge zu unterstützen und insb. in den in Abs. 1 aufgezählten Verfahren mitzuwirken (hierzu III-3.4.2.1). Von den in § 111 FamFG geregelten Familiensachen ist nach § 50 Abs. 1 SGB VIII eine Mitwirkung des JA vorgesehen in Kindschafts- (§§ 151 ff., 162 FamFG), Abstammungs- (§§ 169 ff., 176 FamFG), Adoptions- (§§ 186 ff., 188 Abs. 2, 189, 194, 195 FamFG), Wohnungszuweisungs- (§§ 200 ff., 204 Abs. 2, 205 FamFG) sowie Gewaltschutzsachen (§§ 210 ff. FamFG). Weitere **Anhörungspflichten** sind z. T. explizit benannt (z. B. § 1779 Abs. 1 BGB) oder können sich aus anderen Vorschriften ergeben (z. B. § 1618 Satz 4, § 1630 Abs. 2, § 1779 Abs. 1, § 1846, § 1887 Abs. 3, § 1889 Abs. 2 BGB). Schon der Wortlaut von § 50 Abs. 1

Satz 1 SGB VIII spricht von allen Maßnahmen, die die Sorge für die Person des Kindes und Jugendlichen betreffen (Münder et al. 2013 § 50 Rz. 4, § 50 – Anhang Rn 2, beachte aber die Ausnahme in § 155a Abs. 3 FamFG). Schon mit Blick auf die gerichtliche Amtsermittlungspflicht (§ 26 FamFG) ist eine Anhörung des JA geboten (vgl. § 162 FamFG), zumindest dann, wenn einvernehmliche Regelungen (z. B. im Rahmen einer Mediation) in den Familien nicht getroffen werden können oder diese dem Kindeswohl zu widersprechen scheinen.

Eine Mitwirkung des JA in Scheidungsverfahren (§§ 133 ff. FamFG) ist nicht immer, sondern nur dann notwendig, wenn und soweit das Wohl der von Scheidung betroffenen Kinder tangiert ist (hierzu Bay. Landesjugendamt 2001; zu den Folgen von Trennung und Scheidung für die Kinder vgl. Amato 2001; Wallerstein et al. 2002). Von den sog. **Scheidungsfolgesachen** (§ 137 Abs. 2 FamFG) betrifft das z. B. die nun in § 50 Abs. 1 Nr. 4 SGB VIII ausdrücklich genannten Wohnungszuweisungs- und Hausratssachen (§§ 200 ff. FamFG). Aber auch bei den weiterhin im streitigen Verfahren nach der ZPO (sog. Familienstreitsachen, § 112 Nr. 1 FamFG) zu regelnden Unterhaltssachen (§ 231 FamFG) kann eine Mitwirkung des JA geboten sein, wenn durch die Unterhaltssache das Kindeswohl betroffen ist, soweit das JA nicht ohnehin als **Beistand** (§ 1712 Abs. 1 Nr. 2 BGB) beteiligt ist. Eine außergerichtliche Mitwirkungspflicht des JA ergibt sich insoweit bereits aus den Beratungsansprüchen für Mütter und Väter nach § 18 Abs. 1 und 4 SGB VIII.

Trennung und Scheidung

Allein die an verschiedenen Stellen normierte Mitwirkungs- und **Anhörungsverpflichtung** (z. B. §§ 162 Abs. 1 Satz 1, §§ 176, 194, 205, 213 FamFG) macht das JA allerdings noch nicht zu einem Beteiligten im Verfahren (§ 7 Abs. 6 FamFG). Das JA (in Adoptionssachen auch das LJA) wird als förmlich Beteiligter des familiengerichtlichen Verfahrens nur dann hinzugezogen, wenn es dies ausdrücklich wünscht (§ 162 Abs. 2 Satz 1, § 172 Abs. 2 Satz 1, § 188 Abs. 2 Satz 1, § 204 Abs. 2 Satz 1, § 212 Abs. 2 Satz 1 FamFG; sog. **Zugriffslösung**). Eine Ausnahme hiervon bilden lediglich Verfahren nach §§ 1666, 1666a BGB, in denen das JA von Gesetzes wegen zu beteiligen ist (§ 162 Abs. 2 FamFG). Als Verfahrensbeteiligter ist das JA mit einer erweiterten Rechtsstellung (z. B. Akteneinsichtsrecht, Beweisantragsrecht; Zustimmungserfordernis bei Vergleichen z. B. bzgl. des Umgangs) ausgestattet (zum Begriff „Antrag" im Zusammenhang mit der Mitwirkung des JAs, s. III.3.2.2). Unabhängig von seiner Verfahrensstellung als Beteiligter verfügt das JA über ein umfassendes **Beschwerderecht** (vgl. § 59 Abs. 3, § 162 Abs. 3 Satz 2, § 176 Abs. 2 Satz 2, § 194 Abs. 2 Satz 2, § 205 Abs. 2 Satz 2, § 213 Abs. 2 Satz 2 FamFG).

Förmliche Verfahrensbeteiligung

Selbst in Fällen, in denen das JA nicht formell beteiligt ist, besteht nach § 81 Abs. 4 FamFG (sonst als Verfahrensbeteiligter § 81 Abs. 1 und 2 FamFG) die Möglichkeit, ihm (bzw. dem öffentlichen Träger) als „Dritten" die **Kosten des Verfahrens** aufzuerlegen, soweit die Tätigkeit des Gerichts durch das JA veranlasst wurde und dieses ein grobes Verschulden trifft. Das könnte z. B. bei einer vorschnellen, fachlich mangelhaften, weil nicht den fachlichen Standards entsprechenden Anrufung des FamG zur Initiierung eines (überflüssigen) Sorgerechtsverfahrens der Fall sein, wenn z. B. keine kindeswohlgefährdende Situation vorliegt bzw. die Eltern durchaus (ggf. mit fachgerechter Unterstützung) in der Lage und bereit sind, eine solche Gefahr von ihrem Kind abzuwenden.

2.4.6.4 Verfahrensbeistand

Im FamFG wird die **Interessensvertretung von Kindern und Jugendlichen** in gerichtlichen Verfahren – in Abgrenzung zur Verfahrenspflegschaft in Betreuungs- und Unterbringungssachen sowie Verfahren in Freiheitsentziehungssachen (§§ 276, 317, 419 FamFG) – nun als „Verfahrensbeistand" bezeichnet (§§ 158, 174, 191 FamFG; hierzu ausführlich Salgo et al. 2009; Trenczek 2009a, 196 ff.; Zitelmann 2001). Er ist nicht nur in Kindschafts- (§ 158 FamFG), sondern ausdrücklich auch in Abstammungs- (§ 174 FamFG), Adoptions- (§ 191 FamFG) sowie in Unterbringungssachen (§ 312 i. V. m. § 167 Abs. 1 FamFG) vorgesehen.

Bestellung § 158 Abs. 1 FamFG enthält eine Verpflichtung des Gerichts zur Bestellung eines „geeigneten" Verfahrensbeistands, wenn das Kriterium der Erforderlichkeit erfüllt ist. Erforderlich ist die Bestellung z. B., wenn sich die Eltern eines Kindes mit unterschiedlichen, widerstreitenden Anträgen gegenüber stehen und ihr Kind „zwischen den Stühlen" sitzt (vgl. BT-Ds 16/6308, 238). Die in § 158 Abs. 2 FamFG genannten Regelbeispiele sind nicht abschließend und können auch als Orientierung zur Auslegung des Begriffs der Erforderlichkeit in Absatz 1 dienen. Ein erheblicher Interessensgegensatz zwischen Kind und Eltern nach § 158 Abs. 2 Nr. 1 FamFG liegt etwa vor, wenn Autonomiekonflikte zwischen Eltern und ihren heranwachsenden Kindern nicht mehr einvernehmlich (§ 1626 Abs. 2 S. 2 BGB) gelöst und von den Eltern einseitig ohne Berücksichtigung der berechtigten Interessen des Kindes bzw. Jugendlichen (z. B. im Hinblick auf Ausbildung und Berufswahl) geregelt werden. Was ein „geeigneter" Verfahrensbeistand ist, definiert das Gesetz nicht, wesentlich sind hier aber vor allem spezifische Beratungs- und rechtliche Kompetenzen, die ungeachtet des mitunter verwendeten Begriffs „**Anwalt des Kindes**" nicht nur bzw. vorrangig von Rechtsanwälten, sondern einem interdisziplinären Kreis von spezifisch geschulten Juristen, Sozialarbeitern und anderen psychosozialen Fachkräften sichergestellt werden könnten.

Funktion und Aufgaben Der Verfahrensbeistand ist nicht gesetzlicher Vertreter des Kindes (§ 158 Abs. 4 Satz 6 FamFG; gleichwohl geht die Bestellung eines Verfahrensbeistands im Hinblick auf das gerichtliche Verfahren der Bestellung eines Ergänzungspflegers nach § 1909 BGB, s. o. 2.4.4, vor), er hat nicht die Funktion, rechtliche Willenserklärungen für das Kind abzugeben oder entgegenzunehmen. Vielmehr handelt er im eigenen Namen und hat nach § 158 Abs. 4 Satz 1 FamFG das **Interesse des Kindes** festzustellen und im gerichtlichen Verfahren zur Geltung zu bringen. Gleichzeitig knüpft der Gesetzgeber (vgl. BT-Ds 16/6308, 239) an die materiellrechtliche Konzeption des Kindeswohls (§ 1697a BGB) an und verwirft die bislang in Rspr. und Wissenschaft zum Teil vertretenen Konzeptionen einer reinen Interessensvertretung. Das deutsche Recht gleicht sich damit an den internationalen Sprachgebrauch und Bedeutungsinhalt des Kindesinteresses an („best interest of the child", vgl. Art. 3 Abs. 1 UN-KRK). Das Kindesinteresse erfordert die Berücksichtigung sowohl des Willens des Kindes („subjektives Interesse") als auch des Kindeswohls („objektives Interesse"; s. o. 2.4.3.1). Der Verfahrensbeistand unterscheidet sich in seiner Funktion sowohl vom JA (welches dem System Familie und hierbei allein dem Kindeswohl verpflichtet ist, § 1 Abs. 1 und 3 SGB VIII) und Rechtsanwälten, die vorrangig den von der Selbstbestimmung getragenen Willen ihrer Parteien zu vertreten haben. Ungeachtet dessen bleibt der Verfahrensbeistand weiterhin „Sprachrohr" für die Wünsche des Kindes, er begleitet das Kind persönlich und bringt seine Interessen in das Verfahren ein. Die Bestellung eines „Anwalts des Kindes" gibt den Verfahrensbeteiligten die Möglichkeit, die Bedürfnisse, Vorstellungen und Wünsche, aber auch die Ängste des Kindes besser zu vernehmen und zu verstehen. Er muss (soll) nicht zwischen den MJ und seinen Eltern vermitteln, sondern steht allein dem Kind zur Seite, kann ihm Mut machen und ihm Gehör verschaffen. Der Verfahrensbeistand wird nach § 158 Abs. 3 Satz 2 FamFG durch seine Bestellung als **Beteiligter** (vgl. § 7 FamFG) zum Verfahren hinzugezogen (vgl. § 274 Abs. 2 und § 315 Abs. 2 FamFG).

Dieser hohe Anspruch ist freilich nicht kongruent mit den konkret geregelten Aufgaben. So ist es nach § 158 Abs. 4 FamFG grds. nicht (mehr) Aufgabe des Verfahrensbeistands, Gespräche mit den Eltern und weiteren Bezugspersonen des Kindes zu führen. Das Gericht kann dies allerdings – soweit nach den Umständen des Einzelfalls ein Erfordernis besteht – dem Verfahrensbeistand nach § 158 Abs. 4 Satz 3 FamFG als zusätzliche Aufgabe übertragen. Wie ohne Gespräche mit den Eltern und anderen Dritten, ohne eigene Beobachtungen der Lebenswelt des Kindes etc. eine Feststellung des Kindesinteresses möglich sein soll, ist nicht nachzuvollziehen. Freilich sind bei der in § 158 Abs. 7 FamFG vorgesehenen Fallpauschale je zu vertretendem Kind von im Regelfall 350 € mehrere, intensive Gespräche mit den Beteiligten ohnehin nicht leistbar; bei der Übertragung von zusätzlichen Aufgaben nach § 158 Abs. 4 Satz 3 FamFG erhöht sich deshalb die Fallpauschale auf 550 €.

2.4.6.5 Ablauf und Besonderheiten des Verfahrens in Kindschaftssachen

Das familiengerichtliche Verfahren wird aufgrund eines Antrags eines Beteiligten (z. B. eines Elternteils vgl. §§ 1626a Abs. 2, 1628, 1632 Abs. 3, 1671 BGB, aber auch anderer Personen, z. B. Stiefelternteile, vgl. § 1682 BGB oder Pflegepersonen, vgl. §§ 1630 Abs. 3, 1632 Abs. 4 BGB), der Meldung des JAes (§ 8a Abs. 2, § 42 Abs. 3 Nr. 2 SGB VIII; hierzu III-3.2.2) oder der „Anregung" eines Dritten (§ 24 Abs. 1 FamFG) eingeleitet. Alles Weitere unternimmt das FamG von Amts wegen (§ 26 FamFG). Leitet es trotz Anregung kein Verfahren ein, so bedarf es hierfür keines Beschlusses und keiner Begründung, weshalb gegen die Nichteinleitung des Verfahrens auch keine Beschwerde eingelegt werden kann. Lediglich derjenige, der die Einleitung angeregt hat, i. d. R. wird dies das JA gewesen sein, hat einen Anspruch auf Unterrichtung, wenn das Gericht entgegen der Anregung kein Verfahren eingeleitet hat (§ 24 Abs. 2 FamFG).

Nach dem **Amtsermittlungprinzip** (Offizialmaxime) obliegt die Feststellung der entscheidungserheblichen Tatsachen dem Gericht (§ 26 FamFG). Es entscheidet nach pflichtgemäßem Ermessen, ob es sich zur Beschaffung der für seine Entscheidung erheblichen Tatsachen mit formlosen Ermittlungen (§ 29 FamFG) begnügen kann oder ob es eine förmliche Beweisaufnahme nach den Vorschriften der Zivilprozessordnung (§ 30 FamFG) durchführen muss (zu den Einschränkungen des Amtsermittlungsgrundsatzes s. §§ 127, 177 FamFG). Aus dem Grundsatz der Amtsermittlung folgt, dass das Gericht die Beteiligten sowie das JA anzuhören und Gelegenheit zur Stellungnahme zu solchen Feststellungen zu geben hat, die das Gericht seiner Entscheidung zugrunde legen will, sofern diese Entscheidung die Rechte dieses Beteiligten beeinträchtigt (§ 37 FamFG).

Vorrang- und Beschleunigungsgebot
Besonderes Augenmerk hat der Gesetzgeber auf die Beschleunigung des familiengerichtlichen Verfahrens gerichtet, insb. in den Kindschaftssachen, die den Aufenthalt des Kindes, das Umgangsrecht oder die Herausgabe des Kindes betreffen, sowie für Verfahren wegen Gefährdung des Kindeswohls (vgl. § 155 Abs. 1 FamFG). Allerdings darf das Beschleunigungsgebot nicht schematisch gehandhabt werden. Beschleunigung heißt, ohne Verzögerung zügig zu beginnen, nicht aber immer, das Verfahren schnell abzuschließen. Im Einzelfall – z. B. im Hinblick auf eine nachhaltige, einvernehmliche Regelung des Streits (§ 156 FamFG) – kann auch einmal ein Zuwarten und eine Aussetzung des Verfahrens (§ 155. Abs. 4 i. V. m. § 21 FamFG) angeraten sein: „Der **Grundsatz des Kindeswohls** prägt und begrenzt zugleich das Beschleunigungsgebot" (BT-Ds 16/6308, 236).

Der zügigen Verfahrenserledigung dient insb. ein **früher erster Termin**, der spätestens einen Monat nach Beginn des Verfahrens stattfinden soll (§ 155 Abs. 2 FamFG). Eine Verlegung des frühen ersten Termins ist nur aus zwingenden Gründen (z. B. einer Erkrankung; nicht aber aufgrund von Terminkollisionen) zulässig (§ 155 Abs. 2 Satz 4 FamFG). Durch die schnelle Terminierung sollen eine Eskalation des Elternkonflikts vermieden, die Eltern im persönlichen Gespräch zur Übernahme gemeinsamer Verantwortung motiviert und eine einvernehmliche Konfliktlösung gefördert werden. Zwar sieht das Gesetz einen Verzicht auf schriftliche Stellungnahmen nicht ausdrücklich vor, eine **mündliche Erörterung** (vgl. § 32 FamFG) liegt aber in der Natur des frühen Erörterungstermins, zu dem das Gericht nach § 155 Abs. 3 FamFG das persönliche Erscheinen der verfahrensfähigen Beteiligten anordnen soll. Auch das JA sollte zur Vermeidung einer Eskalation und im Hinblick auf ggf. laufende bzw. erforderliche Vermittlungsbemühungen in der Regel auf eine schriftliche Stellungnahme verzichten (Münder et al. 2013 § 50 Anhang Rz. 28).

Der schnellen, zumindest vorläufigen Regelung dienen auch **einstweilige Anordnungen**, die in Familiensachen nicht mehr von der Anhängigkeit einer Hauptsache abhängig sind (§§ 49, 51 Abs. 3 FamFG). Wenn alle Beteiligten mit dem Ergebnis des einstweiligen Anordnungsverfahrens zufrieden sind, bedarf es nunmehr keines Hauptsacheverfahrens mehr. In Verfahren nach den §§ 1666 f. BGB (s. u. Erörterung einer Kindeswohlgefährdung) hat das Gericht nach § 157 Abs. 3 FamFG unverzüglich den Erlass einer einstweiligen Anordnung zu prüfen. Die einstweilige Anordnung ist mit der Beschwerde anfechtbar, wenn das FamG im ersten Rechtszug aufgrund mündlicher Erörterung über die elterliche Sorge für ein Kind und die Herausgabe bzw. den Verbleib eines Kindes entschieden hat.

Rechtsmittel
Dem Beschleunigungsgebot dient auch, dass das Rechtsmittel der **Beschwerde** (§§ 58 ff. FamFG) innerhalb einer **Frist** von i. d. R. einem Monat (§ 63 Abs. 1 FamFG) eingelegt werden muss, bei einer einstweiligen Anordnung innerhalb von zwei Wochen (§ 63 Abs. 2 Nr. 1 FamFG). Beschwerdeberechtigt sind insb. die

Eltern(-teile), in deren Rechte eingegriffen wurde (§ 59 Abs. 1 FamFG), das minderjährige Kind, sofern es bereits 14 Jahre alt ist (§ 60 FamFG) sowie das JA, auch wenn es nicht Verfahrensbeteiligter ist (§ 59 Abs. 3 i.V.m. § 162 Abs. 3 S. 2 FamFG).

Unabhängig von der Einlegung eines Rechtsmittels muss das Gericht länger andauernde kindesschutzrechtliche Maßnahmen von sich aus in „angemessenen Zeitabständen" überprüfen (§ 166 Abs. 2 FamFG) und ggf. die **Aufhebung der Maßnahme** beschließen, wenn die Gefährdung nicht mehr besteht (§ 1696 Abs. 2 BGB). Bei anderen sorgerechtlichen Entscheidungen kommt eine **Abänderung der Entscheidung** in Betracht (§ 166 Abs. 1 FamFG i.V.m. § 1696 Abs. 1 BGB).

Neben der Beschleunigung familiengerichtlicher Verfahren misst der Gesetzgeber der einvernehmlichen Regelung nicht nur in Kindschafts- und anderen Familiensachen eine besondere Bedeutung zu (§§ 36, 156, 165 FamFG). So wird den Beteiligten in § 36 FamFG umfassend der Abschluss einer einvernehmlichen Regelung (rechtstechnisch durch einen sog. Vergleich) eingeräumt, soweit sie über den Gegenstand des Verfahrens verfügen können (hierzu s. o. II-2.3). In Kindschaftssachen soll auf ein **Einvernehmen der Eltern hingewirkt** werden (§ 156 FamFG), soweit es dem Kindeswohl nicht widerspricht. Selbst in hoch eskalierten Sorge- und Umgangskonflikten, wie auch nach Fällen der häuslichen Gewalt, sind mittels erfahrener Mediatoren einvernehmliche Regelungen zum Wohl der Kinder möglich (vgl. Krabbe 2008 sowie das Projekt der Waage Hannover www.waage-hannover.de). In § 156 Abs. 2 FamFG wird der Vorrang einvernehmlicher Regelungen auf Verfahren über das Umgangsrecht sowie die Herausgabe eines Kindes und damit sogar über Regelungsgegenstände ausgeweitet, über die Eltern nicht disponieren können (vgl. § 1684 BGB). Voraussetzung ist freilich, dass das Gericht den Vergleich billigt (§ 156 Abs. 2 FamFG). Alle Regelungen und Entscheidungen stehen stets unter dem Vorbehalt des Kindeswohls (§ 1697a BGB).

Förderung einvernehmlicher Regelungen

Gelingt es dem FamG nicht selbst, die Eltern zu einem Einvernehmen zu motivieren, so weist es nach § 156 Abs. 1 Satz 2, § 165 Abs. 3 Satz 3 FamFG auf Möglichkeiten der **Beratung zur Entwicklung eines einvernehmlichen Konzepts** für die Wahrnehmung der elterlichen Sorge und der elterlichen Verantwortung durch die Beratungsstellen und -dienste der Träger der Kinder- und Jugendhilfe hin. Darüber hinaus soll das Gericht in geeigneten Fällen auf die Möglichkeit der **Mediation** oder der sonstigen außergerichtlichen Streitbeilegung aufmerksam machen (§ 156 Abs. 1 Satz 3 FamFG). Das Gericht kann sogar eine solche Beratung (nicht aber die Mediation selbst) anordnen (§ 156 Abs. 1 Satz 4 FamFG). Die Anordnung ist zwar nicht mit Zwangsmitteln durchsetzbar, allerdings können Kostenfolgen an die Weigerung geknüpft werden. Die Anordnung richtet sich auch nur an die Eltern, nicht an die Beratungsstelle oder den Leistungsträger (zur Steuerungsverantwortung des JA s. III-3.3.4.4).

Nach § 81 Abs. 1 FamFG werden den Beteiligten die Kosten des Verfahrens nach den Grundsätzen billigen Ermessens auferlegt, womit einerseits der Ausgang des Verfahrens, andererseits das Verfahrensverhalten der Beteiligten Berücksichtigung finden kann. So sollen die Kosten des Verfahrens ganz oder teilweise einem Beteiligten auferlegten werden, wenn er durch grobes Verschulden Anlass für das

Kostenregelung

Verfahren gegeben hat (§ 81 Abs. 2 Nr. 1 FamFG), z. B. wenn er ein ernst gemeintes Angebot der anderen Partei, ein fachgerechtes Mediationsverfahren durchzuführen, ohne vernünftigen Grund ablehnt. Nach § 81 Abs. 2 Nr. 5 FamFG sollen die Kosten des Verfahrens ganz oder teilweise einem Beteiligten auferlegt werden, wenn er einer richterlichen Anordnung zur Teilnahme an einer Beratung nach § 156 Abs. 1 Satz 4 FamFG nicht nachgekommen ist, sofern der Beteiligte dies nicht genügend entschuldigt hat. Einer Partei können somit selbst im Obsiegen in der Streitsache die Kosten des Verfahrens auferlegt werden, wenn sie sich ohne vernünftigen Grund einer außergerichtlichen einvernehmlichen Regelung entzogen hat.

Erörterung einer Kindeswohlgefährdung
Eine Eskalation verhindern soll auch die bereits 2008 durch das „Gesetz zur Erleichterung familiengerichtlicher Maßnahmen bei Gefährdung des Kindeswohls" (BT-Ds 16/8914) eingeführte Erörterung, wie einer „möglichen" Gefährdung des Kindeswohls begegnet werden kann (§ 157 Abs. 1 FamFG). Hierzu hat das Gericht das persönliche Erscheinen der Eltern verbindlich anzuordnen. Nur wenn dies zum Schutz eines Beteiligten oder aus anderen Gründen erforderlich ist, führt das Gericht die Erörterung in Abwesenheit eines Elternteils durch (§ 157 Abs. 2 FamFG). In geeigneten Fällen soll auch das Kind an dem Termin teilnehmen (§ 157 Abs. 1 Satz 1 FamFG). Der Anhörungstermin, zu dem aufgrund von § 162 Abs. 2 FamFG auch das JA (ein-)geladen wird, soll v. a. auch genutzt werden, um die Eltern zur Annahme von Hilfen zu motivieren.

Die Erörterung der Kindeswohlgefährdung bildet einen eigenen Verfahrensabschnitt, der zwar mit dem frühen ersten Termin nach § 155 FamFG verbunden werden kann, aber neben die Pflicht zur persönlichen Anhörung der Eltern nach § 160 Abs. 1 S. 2 FamFG tritt. Während § 160 FamFG in erster Linie der Feststellung des Sachverhalts und der Gewährung des rechtlichen Gehörs dient, geht es in § 157 FamFG um eine möglichst frühzeitige Erkennung einer Kindeswohlgefährdung und eine möglichst schnelle Intervention. Mit der Klärung einer „möglichen Gefährdung" ist eine **Vorverlagerung der staatlichen Kontrolle** beabsichtigt (BT-Ds 16/6815, 12 und 16/6308, 237; kritisch hierzu Coester 2008, 8 ff.): Das Gespräch im Gericht kann deshalb bereits unterhalb der Schwelle zur Kindeswohlgefährdung erfolgen und soll dazu beitragen, die Eltern stärker als bisher in die Pflicht zu nehmen und auf sie einzuwirken, öffentliche Hilfen in Anspruch zu nehmen. Von besonderer Bedeutung ist hier die Verpflichtung des Gerichts, den Erlass einer einstweiligen Anordnung zu prüfen (§ 157 Abs. 3 FamFG) sowie die Pflicht, seine Entscheidung in einem angemessenen Zeitabstand, in der Regel nach drei Monaten, zu überprüfen, wenn es von einer Maßnahme nach den §§ 1666 ff. BGB absieht (§ 166 Abs. 3 FamFG).

Gegen die Intention des Gesetzgebers, Kindeswohlgefährdungen möglichst frühzeitig zu erkennen und abzuwenden, wird vernünftigerweise niemand etwas einwenden können. Jedoch ist darauf hinzuweisen, dass § 8a Abs. 2 SGB VIII für die **Anrufung des FamG durch das JA** eine nach dessen fachlicher Einschätzung tatsächlich bestehende, aufgrund der mangelnden Abwendungsbereitschaft oder -fähigkeit der Eltern allerdings nicht anders abwendbare Kindeswohlgefährdung oder auch eine mangelnde Bereitschaft oder Fähigkeit zur Mitwirkung bei der Abschätzung eines Gefährdungsrisikos voraussetzt (Münder et al. 2013 § 8a Rz. 49 f.; Trenczek 2008b, 181 ff.). Zwar muss das JA nach § 8a Abs. 1 SGB VIII bereits bei „gewichtigen Anhaltspunkten" für die Gefährdung des Wohls des Kindes bzw. Jugendlichen tätig werden, in dieser ersten Phase geht es allerdings zunächst um die Risikoabschätzung, insb. durch mehrere Fachkräfte und im Zusammenwirken mit den Eltern, sowie um möglichst frühzeitige Hilfeangebote (hierzu III- 3.2.2). Die mangelnde Kooperationsbereitschaft und -fähigkeit der Eltern im Hinblick auf die Gefahrenabwehr ist das alles entscheidende Tatbestandsmerkmal mit Blick auf § 1666 BGB (s.o. III-2.4.4). Wie weit eine Vorverlagerung des Kindesschutzes pädagogisch sinnvoll ist und verfassungsrechtlich gehen darf, ist ebenso umstritten wie es deren Auswirkungen noch sind. Forderungen nach weitergehenden Eingriffs- und damit „Erziehungsrechten" des Staates mögen aus dem Wunsch eines effektiven Kinderschutzes resultieren, sie sind aber in ihren Konsequenzen höchst zweifelhaft. Statt immer mehr Eingriffen das Wort zu reden, sollten die sozialrechtlich ausgestalteten und präventiv wirksamen Leistungen der Jugendhilfe bundesweit vorgehalten, ausgebaut, besser und niedrigschwelliger organisiert und zugänglich gemacht werden.

Neu geregelt im FamFG wurden auch die Vollstreckungsvorschriften, insb. im Hinblick auf die Vollstreckung von Sorge- und Umgangsentscheidungen (§§ 86 ff. FamFG). Nach § 88 Abs. 2 FamFG hat das JA dem Gericht hierbei in geeigneten Fällen Unterstützung zu leisten. Bei Verstößen gegen Verpflichtungen aus Entscheidungen zum Aufenthaltsbestimmungs- und Umgangsrecht sowie zur Kindesherausgabe werden künftig nicht mehr Zwangsmittel, sondern **Ordnungsmittel** verhängt (§ 89 Abs. 1 FamFG). Diese können – anders als Zwangsmittel – auch noch nach Ablauf der Verpflichtung wegen Zeitablaufs vollstreckt werden. Die Anwendung unmittelbaren Zwangs gegen ein Kind darf nur unter strikter Beachtung des Kindeswohlprinzips und des Verhältnismäßigkeitsgebotes erfolgen. Zum Zweck der Durchsetzung des Umgangsrechts ist sie unzulässig (§ 90 Abs. 2 FamFG).

Vollstreckung

2.4.7 Adoption

Mit der Adoption – die gesetzliche Formulierung in der Überschrift zum 7. Titel des BGB lautet: Annahme als Kind – wird ein Eltern-Kind-Verhältnis unabhängig von der Abstammung des Kindes zwischen den oder dem Annehmenden und dem Kind begründet (§ 1754 BGB). Die rechtlichen Regelungen hierzu stammen in ihren Grundzügen aus dem Jahr 1977 und finden sich in den §§ 1741 bis 1772 BGB. Hinzu kommen das Adoptionsvermittlungsgesetz (AdVermiG) sowie einige Vorschriften des SGB VIII (§§ 36 Abs. 1 S. 2, § 37 Abs. 1 S. 4, § 51 SGB VIII). Das Verfahren in Adoptionssachen ist in den §§ 186 bis 199 FamFG geregelt. Die Anerkennung von im Ausland vorgenommenen Adoptionen für das Rechtsgebiet der Bundesrepublik Deutschland richtet sich nach dem Adoptionswirkungsgesetz (AdWirkG). Nach den Regelungen des internationalen Privatrechts (hierzu I-1.1.6) unterliegt die Adoption zunächst dem Recht des Staates, dem der Anneh-

Rechtsquellen

mende angehört (Art. 22 Abs. 1 EGBGB), im Hinblick auf die notwendigen Zustimmungen bzw. deren Ersetzungen zusätzlich dem Recht des Heimatstaates des Kindes (vgl. Art. 23 S. 1 EGBGB). Nach Art. 23 AdÜbk werden in einem Mitgliedstaat durchgeführte (Auslands-)Adoptionen kraft Gesetzes anerkannt, eine (nochmalige) Adoption nach deutschem Recht ist nicht erforderlich. Nur ausnahmsweise, wenn es für das Wohl des Kindes erforderlich ist, ist stattdessen (nur) das deutsche Recht anzuwenden (Art. 23 Satz 2 EGBGB; vgl. BayObLG FamRZ 1995, 634; Röchling 2006, 133; Wuppermann 2006 Rn 41).

Zweck der Adoption

Der heutige Zweck der Adoption unterscheidet sich mittlerweile gravierend von der ursprünglichen Intention des BGB, wonach für Ehepaare, deren eigene Kinderlosigkeit feststand, ein Kind gesucht wurde, mittels dem auf Basis eines Adoptionsvertrags die Generationenabfolge in der Familie gesichert und das Eigentum durch Erbschaft übertragen werden konnte. Inzwischen geht es vielmehr zentral darum, Eltern für ein Kind zu finden, das elternlos ist oder dessen Eltern im Sinne der Abstammung aufgrund persönlicher Dispositionen oder Konstellationen elterliche Verantwortung nicht übernehmen können und/oder möchten. Dies bringt § 1741 Abs. 1 S. 1 BGB zum Ausdruck, wenn er die Zulässigkeit der Adoption in Deutschland daran knüpft, dass sie dem **Kindeswohl** dient. Ziel der Adoption ist die Herstellung eines umfassenden **rechtlichen wie sozialen Eltern-Kind-Verhältnisses**. Geht es in der Praxis einerseits häufig (2011: 56 %) um die sog. Stiefkindadoption durch neue Partner (Stiefeltern), verbirgt sich andererseits zumeist ein komplexes Bündel von massiven sozialen Problemlagen auf der Seite der abgebenden Eltern, insb. von alleinerziehenden Müttern, die sich in von ihnen als ausweglos wahrgenommenen Situationen befinden (zur sozialen Funktion und Dimension der Adoption: Münder/Ernst/Behlert 2013, 277 ff. m. w. N.).

Voraussetzungen einer Adoption

Nach geltendem Recht ist die Verwirklichung des Normzwecks an drei Voraussetzungen gebunden: Erstens an die **Einwilligung des Kindes** in die Adoption, die vom unter 14-Jährigen durch dessen gesetzlichen Vertreter, mit Vollendung des 14. Lebensjahres nur noch durch den MJ selbst erteilt werden kann, wobei er hierzu der Zustimmung des gesetzlichen Vertreters bedarf (§ 1746 BGB). Insb. in der Anerkennung des Selbstbestimmungsrechts des bereits 14-jährigen MJ unterstreicht die Regelung die Subjektposition des Kindes im Prozess der Adoption (vgl. auch Schleicher 2010, 318). Zweitens setzt die Adoption voraus, dass ihr eine angemessene, d. h. mindestens einjährige, i. d. R. ein bis zwei Jahre (Paulitz 2006, 61) andauernde Probezeit, die sog. **Adoptionspflege** vorgeschaltet ist, während der sich erweisen soll, ob es tatsächlich zur Herausbildung eines Eltern-Kind-Verhältnisses kommt (§ 1744 BGB). Drittens schließlich befindet sich das gesamte Adoptionsverfahren in **staatlicher Hand**:

Adoptionsvermittlung

Die Adoptionsvermittlung ist mit ganz wenigen Ausnahmen (§ 5 Abs. 2 AdVermiG) alleinige Angelegenheit des JA und des LJA (§ 2 Abs. 1 i. V. m. § 5 Abs. 1 AdVermiG); hinzu kommen noch weitere Aufgaben des JA in Vorbereitung der eigentlichen Vermittlung (vgl. § 7 AdVermiG; §§ 36 Abs. 1 S. 2, § 37 Abs. 1 S. 4, § 51 SGB VIII). Die Adoptionsvermittlung nach dem AdVermiG sowie auch die Prüfung innerhalb des Hilfeplanverfahrens nach SGB VIII, ob für ein Kind möglicherweise eine Adoption in Betracht kommt, richten sich als Verwaltungsverfahren nach SGB X (vgl. III-1.2; Kunkel 2006a, 29 ff.). Soweit das Gesetz in § 2

Abs. 2 AdVermiG erlaubt, dem Diakonischen Werk, dem Deutschen Caritasverband und der Arbeiterwohlfahrt die Aufgabe der Adoptionsvermittlung zu übertragen, unterliegen diese, ebenso wie die staatlichen Vermittlungsstellen, dem Rechtsstaatsgebot, insb. auch dem Grundsatz der Gesetzmäßigkeit der Verwaltung. Von einer „Beleihung" wird man dabei allerdings nicht sprechen können, da mit der Übertragung der Aufgabe der Adoptionsvermittlung keine hoheitlichen Befugnisse verbunden sind (vgl. I-4.1.2.2.; a.A. Kunkel 2006a, 37 f.). Zur Adoption selbst kommt es dann erst durch **Beschluss** (Dekret) **des FamG** (§ 1752 Abs. 1 BGB), womit das Kind die rechtliche Stellung eines Kindes des Annehmenden erlangt bzw. im Fall der (sog. Stiefeltern-)Adoption durch Ehegatten die rechtliche Stellung eines gemeinschaftlichen Kindes der Ehegatten (§§ 1754 ff. BGB). Der Entscheidung des FamG liegt nach § 189 FamFG eine fachliche Äußerung der Adoptionsvermittlungsstelle zugrunde. Darüber hinaus ist im familiengerichtlichen Verfahren, neben den Beteiligten und ggf. weiteren Personen (§ 193 f. FamFG), auch das JA anzuhören, sofern es nicht bereits als Adoptionsvermittlungsstelle in Erscheinung getreten ist (§ 189 FamFG), bzw. ggf. auch das LJA (§§ 193 f. FamFG).

Dekretsystem

Innerhalb der BGB-Regelung geht es zunächst darum, welche gesetzlichen Vorgaben für Adoptiveltern bestehen. Als prototypisch für die Adoption nimmt das Gesetz die Annahme eines Kindes durch ein Ehepaar an (§ 1741 Abs. 2 S. 2 BGB). Jedenfalls im Regelfall kann, wer verheiratet ist, ein Kind nicht allein annehmen (Ausnahmen: 1. Geschäftsunfähigkeit des anderen Ehepartners, 2. Nichterfüllung der Altersvoraussetzungen durch den anderen Ehepartner, 3. Adoption des Kindes des Ehepartners; zu 2. und 3. s. u.). Andersherum kann, wer nicht verheiratet ist, ein Kind nur allein annehmen (§ 1741 Abs. 1 S. 1 BGB). Auch eine sog. Nacheinander-Adoption (oder: Sukzessivadoption) dergestalt, dass erst der eine Partner der nichtehelichen Lebensgemeinschaft das Kind adoptiert und danach der andere, scheidet wegen § 1742 BGB aus.

Adoptiveltern

Bei Partnern einer eingetragenen Lebenspartnerschaft war die alleinige Annahme des Kindes des Lebenspartners über § 9 Abs. 7 LPartG schon seit Inkrafttreten des LPartG analog der Vorschrift für die Stiefkindadoption für Ehepaare (§ 1741 Abs. 2 S. 3 BGB) möglich. Dabei musste es sich allerdings um ein leibliches Kind des Partners handeln, denn die Möglichkeit der Sukzessivadoption war nach dem Wortlaut von § 1742 BGB ausschließlich Ehepaaren eröffnet. Hierin sah das BVerfG jedoch einen Verstoß gegen Art. 3 Abs. 1 GG. Ein am 21.5.2014 vom Deutschen Bundestag verabschiedetes Gesetz sieht daher über eine Änderung von § 9 Abs. 7 S. 2 LPartG vor, dass § 1742 BGB auch bei eingetragenen Lebenspartnerschaften entsprechende Anwendung finden und somit auch dort die Sukzessivadoption rechtlich ermöglichen soll. Für die gemeinsame Adoption eines Kindes durch eingetragene Lebenspartner fehlt freilich weiterhin sowohl eine rechtliche Grundlage als auch der gesetzgeberische Wille, eine solche zu schaffen. Auch die Hoffnungen, die auch diesbezüglich (wieder einmal) auf dem BVerfG ruhten, konnten sich zunächst nicht erfüllen, weil das Gericht entsprechende Vorlagen aus formalen Gründen für unzulässig erklärt hat. Gleichwohl weist es in seinem Beschluss darauf hin, dass es sich, obgleich es insoweit an einer Entscheidung zur Zulässigkeit der gemeinsamen Adoption bei eingetragener

Lebenspartnerschaft gehindert war, um „teilweise ähnliche oder identische verfassungsrechtliche Vorfragen" wie bei der Sukzessivadoption" handele (23.01.2014-1 BvL 2/13 und 3/13). In diesem Zusammenhang ist auch eine Entscheidung des OLG S-H bemerkenswert, in der die gemeinsame Adoption eines Kindes im US-Bundesstaat Minnesota durch ein gleichgeschlechtliches nach us-amerikanischem (kalifornischem) Recht verheiratetes Paar anerkannt wurde, weil das Gericht hierin keine Unvereinbarkeit mit wesentlichen Grundsätzen des deutschen Rechts i. S. v. § 109 Abs. 1 Nr. 4 FamFG erkennen konnte (Schleswig-Holsteinisches OLG vom 27.01.2014-12 UF 14/13).

Das **Mindestalter**, um ein Kind adoptieren zu können, beträgt 25 Jahre. Bei gemeinsamer Adoption durch ein Ehepaar ist es ausreichend, dass einer der Partner dieses Alterserfordernis erfüllt, wenn der andere mindestens 21 Jahre alt ist. Auch bei einer Stiefkindadoption genügt die Vollendung des 21. Lebensjahres (§ 1743 BGB).

Ausgangspunkt des Adoptionsverfahrens ist der (notariell zu beurkundende) **Antrag** der bzw. des Annehmenden **auf Adoption des Kindes** (§ 1752 BGB). Weitere Voraussetzungen der Adoption sind die bereits besprochene **Einwilligung des Kindes sowie** die der **Eltern des Kindes** (§ 1747 BGB), die ebenfalls gegenüber dem FamG zu erklären und notariell zu beurkunden sind (§ 1750 Abs. 1 BGB). Die Einwilligung der abgebenden Eltern wird umgangssprachlich häufig auch als „Freigabe zur Adoption" bezeichnet. Dies trifft allerdings nicht die Intention des Gesetzes, weil die Formulierung nahelegt, dass es sich um eine Erklärung der Abgebenden unabhängig vom Vorliegen eines konkreten Adoptionsantrages handele. Beide Erklärungen sind bedingungs- und befristungsfeindlich und können nicht widerrufen werden (§ 1750 Abs. 2 BGB). Eine Ausnahme hinsichtlich des Widerrufsrechts besteht lediglich für das über 14-jährige Kind (§ 1746 Abs. 2 BGB). Jedoch werden die Einwilligungen hinfällig, wenn es nicht spätestens drei Jahre nach ihrem Wirksamwerden zur Adoption gekommen ist (§ 1750 Abs. 4 BGB). Zu erwähnen bleibt, dass die Einwilligung des Kindes entbehrlich ist (§ 1746 Abs. 3, 2. HS BGB), wenn das Kind unter elterlicher Sorge steht und die Eltern bereits in die Adoption eingewilligt haben bzw. ihre Einwilligung ersetzt wurde (s. u.). Die Einwilligung der Eltern bezieht sich zwar auf einen konkret vorliegenden Adoptionsantrag. Insofern

Inkognito- und offene Adoption gibt es nach deutschem Recht keine allgemeine „Freigabe zur Adoption" und demzufolge auch **keine** sog. **Blanko-Adoption**. Jedoch ist es nach § 1747 Abs. 2 S. 2 BGB möglich, dass die Eltern die Einwilligung in die Adoption erteilen, ohne zu wissen, wer ihr Kind anzunehmen beabsichtigt (sog. Inkognito- Adoption). Allerdings wird aus sozialpädagogisch-fachlicher Sicht in geeigneten Fällen immer stärker eine offene Adoption präferiert, in der die annehmenden und die abgebenden Eltern einander kennen und auch das Kind von Anfang an mit dem Wissen aufwächst, wer seine leiblichen Eltern sind und dass es von seinen jetzigen Eltern ad-

Schutzfrist optiert wurde (im Einzelnen vgl. Paulitz 1997). Um Eltern mit gemeinsamem Sorgerecht, vor allem aber auch nicht verheiratete Mütter vor übereilten Entscheidungen zu schützen, darf die Einwilligungserklärung erst abgegeben werden, wenn das Kind mindestens acht Wochen alt ist (§ 1747 Abs. 2 S. 1 BGB). Diese Schutzfrist gilt jedoch nicht für den Vater, der nicht mit der Mutter verheiratet ist. Er kann, sofern keine Sorgeerklärungen abgegeben wurden, seine Einwilligung bereits vor der Geburt des Kindes erteilen (§ 1747 Abs. 3 Nr. 1 BGB). Andererseits hat er aber auch die Möglichkeit, die alleinige elterliche Sorge nach § 1671 Abs. 2 BGB zu beantragen (vgl. II-2.4.3.3). Hat die Mutter bereits in die Adoption eingewilligt und ruht demzufolge ihre elterliche Sorge (§ 1751 Abs. 1 S. 1 BGB), dann bedarf der Antrag des Vaters nicht mehr ihrer Zustimmung. Das FamG hat dann dem Antrag stattzugeben, sofern dies nicht dem Kindeswohl widerspricht (§ 1671 Abs. 3 BGB).

Würde eine Adoption wegen der Nichteinwilligung eines Elternteils zu scheitern drohen und bedeutete dies für das Kind einen unverhältnismäßigen Nachteil, dann ist das FamG verpflichtet, die Einwilligung eines Elternteils zu ersetzen. Die Einwilligung als Teil des natürlichen Elternrechts ist auch dann erforderlich, wenn die Eltern die elterliche Sorge nicht (mehr) innehaben (vgl. BayObLG 10.09.2003 – 1 Z BR 36/03 – FamRZ 2004, 397). Ein Entzug des Sorgerechts nach § 1666 BGB reicht insoweit nicht aus. Die Adoption gegen den Willen der Eltern ist zwar grundsätzlich möglich (BVerfGE 24, 119, 135 ff.). Wegen der grundrechtlich abgesicherten Elternposition aus Art. 6 Abs. 2 GG setzt das deutsche Adoptionsrecht für die zwangsweise Ersetzung der Adoptionseinwilligung jedoch sehr enge Grenzen, nicht zuletzt weil sowohl während der Nazizeit als auch in der DDR staatliche Zwangsadoptionen vorgeblich zur Wahrung des Kindeswohls durchgeführt worden waren (Münder et al. 2013 § 51 Rz. 5 ff.). Die Ersetzung durch das FamG ist nur möglich in gewichtigen Ausnahmefällen und hat in einem besonderen, im Hinblick auf das Adoptionsverfahren selbstständigen Zwischenverfahren zu erfolgen (vgl. BVerfG 24, 119, 138 ff.; Röchling 2006, 64 ff.). § 1748 BGB nennt abschließend die Konstellationen (**Ersetzungsgründe**), in denen die verweigerte bzw. fehlende Einwilligung in die Adoption ersetzt werden kann (Münder et al. 2013 § 51 Rz. 6 ff.):

Ersetzung der Einwilligung

- anhaltende gröbliche Pflichtverletzungen (§ 1748 Abs. 1 Satz 1 BGB) sind solche, die zu einem Entzug des Sorgerechts nach § 1666 BGB führen können (vgl. bereits BVerfGE 24, 119, 146), insb. die extreme Vernachlässigung, z. B. der ständige Aufenthalt des Kindes in einer verwahrlosten Wohnung, fortwährende Misshandlung oder sexueller Missbrauch des Kindes u. ä. (HK-BGB/Kemper 2009 § 1748 Rz. 3);
- eine besonders schwere Pflichtverletzung (§ 1748 Abs. 1 Satz 2 BGB), wie z. B. schwere Fälle von Misshandlung oder sexuellem Missbrauch; die Tötung des anderen Elternteils (HK-BGB/Kemper 2009 § 1748 Rz. 8);
- wenn der Elternteil durch sein Verhalten gezeigt hat, dass ihm das Kind gleichgültig ist. Die rein innere Haltung und Bindungslosigkeit reicht hierzu nicht, die Gleichgültigkeit muss sich im äußeren Verhalten zeigen (vgl. BT-Ds 7/421, 8; BayObLG 09.01.2002 – 1 Z BR 30/01 – FamRZ 2002, 1142, 1144). Dies liegt z. B. dann vor, wenn der Elternteil mit dem im Heim oder einer Pflegefamilie lebenden Kind keinen Kontakt hält oder Unterhaltszahlungen anhaltend verweigert (Münder et al. 2013 § 51 Rz. 7 ff.).

Im Fall der Gleichgültigkeit darf die Ersetzung der Einwilligung erst erfolgen, nachdem das JA den Elternteil über die Möglichkeit der Ersetzung belehrt hat und ihm eine Frist von drei Monaten gewährt wurde, innerhalb der er die Möglichkeit hat, sein Verhalten entsprechend zu ändern, wobei das JA über ggf. bestehende Hilfemöglichkeiten berät (§ 1748 Abs. 2 BGB; § 51 Abs. 1 und 2 SGB VIII). Darüber hinaus kommt eine Ersetzung der Einwilligung noch bei Erziehungsunfähigkeit eines Elternteils wegen schwerer psychischer Krankheit oder schwerer geistiger bzw. seelischer Behinderung in Betracht, wenn durch das Unterbleiben der Adoption das Kind nicht in einer Familie aufwachsen könnte und dadurch in seiner Entwicklung schwer gefährdet wäre (§ 1748 Abs. 3 BGB). Schließlich kann die Einwilligung bei einem Vater, dessen Kind nach § 1626a Abs. 2 BGB unter alleiniger elterlicher Sorge der Mutter steht, schon allein dann ersetzt werden, wenn das Unterbleiben der Annahme dem Kind zu unverhältnismäßigem Nachteil gereichen würde (§ 1748 Abs. 4 BGB). Wiederum wegen Art. 6 Abs. 2 GG ist aber gerade hierbei zu beachten, inwieweit bereits eine Vater-Kind-Beziehung besteht bzw. welche Gründe den Vater am Aufbau einer solchen Beziehung gehindert haben (Wellenhofer 2011, 322; vgl. v. a. auch die bereits oben unter I-2.2.6 zitierten Entscheidungen EGMR Görgülü vs. Germany No. 74969/01 – 26.02.2004 sowie im Anschluss BVerfG 14.10.2004 – 2 BvR 1481/04). Im Fall einer vertraulichen Geburt ist die Einwilligung der Mutter nach § 1747 Abs. 4 BGB nicht erforderlich und muss daher auch nicht ersetzt werden. Das Gesetzt stützt sich hier auf die Fiktion, dass der Aufenthalt der Mutter jedenfalls so lange als dauernd unbekannt gilt, bis sie gegenüber dem FamG die für die Geburtseintragung ihres Kindes notwendigen Angaben macht.

Wirkung der Adoptionseinwilligung
Mit den Einwilligungen in die Adoption tritt das Adoptionsverfahren in die Phase der bereits oben erwähnten Adoptionspflege (§ 1744 BGB). Während dieser Zeit ruht die elterliche Sorge der abgebenden Eltern, die dann auch kein Recht mehr zum persönlichen Umgang mit dem Kind haben. Das JA wird von Gesetzes wegen Vormund des Kindes. Die Annehmenden haben in sorgerechtlicher Hinsicht die Stellung von Pflegepersonen i. S. v. § 1688 BGB. Anders als diese sind sie jedoch schon während der Probezeit verpflichtet, für den Unterhalt des Kindes zu sorgen (§ 1751 BGB).

Wirkung der Adoption
Stellt das Familiengericht nach Abschluss der Probezeit das Vorliegen der Voraussetzungen für eine Adoption fest, so ist der Beschluss, mit dem es die Annahme ausspricht, unanfechtbar und unabänderlich (§ 197 Abs. 3 FamFG). Die entscheidende Wirkung der Adoption besteht in der Herstellung eines Eltern-Kind-Verhältnisses zwischen Annehmendem und Kind mit entscheidenden Folgen für die Verwandtschaft, Erbe, Unterhalt und elterliche Sorge. Das Kind erhält den Namen des oder der Annehmenden (§ 1757); wenn es Ausländer ist, erwirbt es als MJ die deutsche Staatsangehörigkeit (§ 3 Nr. 3 i. V. m. § 6 StAG). Wird das Kind von einem Ehepaar angenommen oder handelt es sich um die Adoption des Kindes eines Ehepartners oder eines Partners aus einer eingetragenen Lebenspartnerschaft, dann erlangt das Kind die Rechtsstellung eines gemeinschaftlichen Kindes der Ehegatten (§ 1754 Abs. 1 BGB) bzw. der Lebenspartner (§ 9 Abs. 7 LPartG i. V. m. § 1754 Abs. 1 BGB). Des Weiteren erlöschen alle bisherigen Verwandtschaftsverhältnisse des Kindes (§ 1755 Abs. 1 BGB); an ihre Stelle treten neue zu den Verwandten der Adoptiveltern. Von dieser Form der sog. **Volladoption** bei MJ wird nur

in den Fällen der **Stiefkindadoption** (wobei sich hier die rechtlichen Wirkungen danach unterscheiden, ob der leibliche Vater noch lebt oder als Mitinhaber der elterlichen Sorge bereits gestorben ist; vgl. §§ 1755 Abs. 2, 1756 Abs. 2 BGB) sowie der **Verwandtenadoption** (§ 1756 Abs. 1 BGB) abgewichen. Näheres hierzu ist den genannten Vorschriften zu entnehmen.

Die Tatsache der Adoption selbst sowie ihre Umstände dürfen ohne Zustimmung des Annehmenden und des Kindes nicht offenbart oder ausgeforscht werden. Das Adoptionsgeheimnis soll vor allem vor einer unerwarteten Konfrontation zwischen leiblichen Eltern und der Adoptivfamilie schützen (Wellenhofer 2011, 325). Dies bedeutet aber auch, dass es das Recht des Kindes auf Kenntnis seiner Abstammung nicht berührt. Dieses wird ihm vielmehr ausdrücklich dadurch garantiert, dass es nach § 62 Abs. 1 S. 3 PStG mit Vollendung des 16. Lebensjahres zur Einsicht in seine Geburtsunterlagen berechtigt ist. Während in der Geburtsurkunde nur die Adoptiveltern als seine Eltern vermerkt sind, können aus der Abstammungsurkunde auch die leiblichen Eltern ersehen werden.

Adoptionsgeheimnis

Das Prinzip der Unabänderlichkeit und damit Nichtaufhebbarkeit von Adoptionsentscheidungen ist nach § 1759 BGB nur in zwei Fällen durchbrochen:

Aufhebung der Adoption

- wenn eine Einwilligungserklärung nicht oder nicht wirksam abgegeben wurde auf Antrag des Einwilligungsberechtigten (§ 1760 BGB) sowie
- wenn dies aus schwerwiegenden Gründen zum Wohl des Kindes erforderlich ist, durch das Familiengericht von Amts wegen (§ 1763 BGB). Die Aufhebung aus diesem Grund ist jedoch nur während der Minderjährigkeit des Kindes zulässig und auch nur dann, wenn das Kind nach Aufhebung der Adoption entweder zu seinen leiblichen Eltern zurückkehren kann oder aber durch andere Annehmende adoptiert werden soll. So wird vermieden, dass das Kind in eine Situation der Elternlosigkeit gerät. Gegebenenfalls kommen zum Schutz des adoptierten Kindes Maßnahmen nach §§ 1666, 1666a BGB in Betracht.

Neben der Adoption MJ ist auch die sog. Volljährigenadoption gesetzlich möglich (§§ 1767 ff. BGB). Auch sie muss jedoch prinzipiell auf die Herausbildung eines Eltern-Kind-Verhältnisses gerichtet und darüber hinaus sittlich gerechtfertigt sein (§ 1767 Abs. 1 BGB). Zustande kommt sie ebenfalls durch Beschluss des Familiengerichts, dem aber Anträge des Annehmenden und des Anzunehmenden zugrunde liegen. Hinsichtlich der Wirkungen handelt es sich bei ihr lediglich um eine Teiladoption. Das bedeutet, dass diese sich nicht auf die Verwandten des Annehmenden erstrecken (§ 1770 Abs. 1 BGB). Falls der volljährige Angenommene nicht die deutsche Staatsbürgerschaft besitzt, erwirbt er sie auch nicht durch die Annahme (§ 6 StAG). Etwas anderes gilt nur, wenn das Familiengericht nach § 1772 BGB auf Antrag ausdrücklich bestimmt, dass die Wirkungen der Minderjährigenadoption eintreten sollen. Dies ist z. B. dann möglich, wenn der Adoptionsantrag bereits zu einem Zeitpunkt eingereicht wurde, da der Anzunehmende noch nicht volljährig war. In den allermeisten derartigen Fällen wird es jedoch darum gehen, dass eine bereits gelebte Eltern-Kind-Beziehung erst nach der Voll-

Volljährigenadoption

jährigkeit des Anzunehmenden verrechtlicht werden kann, weil die für die Adoption eines MJ notwendige Einwilligung eines Elternteils nicht vorlag. Da die Wirkungen der Volljährigenadoption im Regelfall weniger weitreichend sind und es insb. Aspekte der elterlichen Sorge hier nicht zu berücksichtigen gilt, kann sie nach § 1771 BGB bei Vorliegen eines wichtigen Grundes auf Antrag des Annehmenden und des Angenommenen auch wieder durch das Familiengericht aufgehoben werden.

BAGLJÄ 2009: Empfehlungen zur Adoptiosvermittlung. http://www.bagljae.de; Paulitz 2006

2.4.8 Vormundschaft und Pflegschaft

Funktion und Aufgaben

Der Begriff geht in etwa auf das 10. Jahrhundert zurück. Er leitet sich ab von der althochdeutschen Munt, was in etwa Schutzgewalt bedeutet. Die Vormundschaft ist heute, da sie (seit 1992) nur noch für MJ bestehen kann, der **Ersatz für elterliche Sorge** (Schleicher 2010, 345; zur rechtshistorischen Entwicklung ausführlich Oberloskamp 2010, 1 ff.). Daher hat der Vormund im Wesentlichen die gleichen **Aufgaben** wie Eltern (§§ 1793, 1800 i.V.m. §§ 1631 bis 1633 BGB), wobei die gesetzliche Vertretung besonders betont wird (§ 1793 Abs. 1 S. 1 BGB). Dies mag bereits als Hinweis darauf gelten, dass zwischen Vormund und Mündel kein Eltern-Kind-Verhältnis entsteht. Das Rechtsverhältnis zwischen beiden ist vielmehr ein Dauerschuldverhältnis eigener Art, das, zumindest soweit die Vormundschaft unentgeltlich geführt wird (hierzu s. unten), wesentliche Elemente einer unentgeltlichen Geschäftsbesorgung (Auftrag nach §§ 662 ff. BGB; vgl. II-1.4.1.1) enthält (Schwab 2013 Rn 885). Deshalb kann sich der Vormund zum einen auch nicht auf das Elterngrundrecht aus Art. 6 Abs. 2 GG berufen. Zum zweiten steht er unter stärkerer gerichtlicher Kontrolle und Reglementierung als Eltern. Während dabei die Vertretungsverbote sowie die Möglichkeit des Entzugs des Vertretungsrechts für den Vormund (§§ 1795 f. BGB) analog auch für Eltern gelten (§ 1629 Abs. 2 BGB), reichen die Vorschriften über die Genehmigungspflicht von Rechtsgeschäften sowie die über die Verwaltung und Anlegung von Mündelvermögen erheblich über die entsprechenden Regelung bei der elterlichen Vermögenssorge hinaus. Hinzu kommen Berichterstattungs- und Rechnungslegungspflichten vor dem FamG (§§ 1837 ff. BGB).

Bestellung der Vormundschaft

Aus dem Zweck der Vormundschaft leitet sich ab, unter welchen Voraussetzungen eine Vormundschaft anzuordnen ist, wobei diese Anordnung durch das FamG erfolgt (§ 1774 S. 1 BGB). Die Voraussetzungen liegen vor, wenn beide Elternteile verstorben sind, beiden Elternteilen die elterliche Sorge entzogen wurde (§ 1773 Abs. 1, 1. Alt. BGB) oder die elterliche Sorge beider Elternteile ruht (§ 1773 Abs. 1, 2. Alt. BGB). Letzteres tritt nunmehr auch bei Müttern vertraulich geborener Kinder ein. In allen diesen Fällen ist durch das FamG ein Vormund zu bestellen (§ 1789 BGB). Liegen die genannten Voraussetzungen nur bei einem Elternteil vor, dann ist zu sehen, ob dem anderen die alleinige elterliche Sorge von Gesetzes wegen zusteht bzw. ob ihm die alleinige Sorge durch das FamG übertragen werden kann (§ 1680 BGB; vgl. Übersicht 31). Scheidet beides aus, ist ebenfalls ein Vormund zu bestellen. Gleiches gilt, wenn der Familienstand des Kindes, z. B. bei anonymer Geburt oder wenn das Kind elternlos aufgefunden wird, nicht zu ermitteln ist (§ 1773 Abs. 2 BGB).

Daneben tritt in bestimmten Fällen die Vormundschaft von Gesetzes wegen, also ohne dass sie noch durch das FamG angeordnet werden müsste, ein. Diese sind: **Gesetzliche Vormundschaft**

- nach § 1791c Abs. 1 S. 1 BGB die Geburt eines Kindes, das z. B. deshalb eines Vormundes bedarf, weil die Mutter minderjährig ist und der Vater kein Sorgerecht hat, sofern nicht nach § 1774 S. 2 BGB bereits vor der Geburt des Kindes ein Vormund bestellt wurde,
- nach § 1791c Abs. 1 S. 2 BGB die erfolgreiche Anfechtung einer Vaterschaft (vgl. II-2.4.1), wenn das Kind dadurch nicht mehr unter elterlicher Sorge steht, z. B. weil die Mutter noch minderjährig oder bereits gestorben ist, sowie
- nach § 1751 Abs. 1 S. 2 BGB die Einwilligung der leiblichen Eltern in die Adoption des Kindes.

In allen genannten Fällen ist zugleich von Gesetzes wegen vorgesehen, dass das JA Vormund wird. Man spricht dann von einer sog. gesetzlichen **Amtsvormundschaft**.

Die Auswahl des Vormundes obliegt dem FamG (§ 1779 Abs. 1 BGB). Ein Benennungsrecht der Eltern besteht nur im Rahmen einer Verfügung von Todes wegen (§ 1777 Abs. 3 BGB). Dies bedeutet, dass dieses Recht den Eltern in den Fällen des Sorgerechtsentzugs nicht zusteht. Allerdings hat das FamG in Vormundschaftsverfahren, die nach § 151 Nr. 4 FamFG verfahrensrechtlich den Kindschaftssachen (s. II-2.4.6) zugeordnet sind, die Eltern anzuhören (§ 160 Abs. 2 FamFG). Dabei ist zu sehen, dass Entzug der elterlichen Sorge nach §§ 1666, 1666a BGB und Auswahl und Bestellung eines Vormunds innerhalb eines einheitlichen Verfahrens vorgenommen werden. Die **Auswahlkriterien** für den Vormund sind in § 1779 Abs. 2 BGB genannt. Aus ihnen ergibt sich, dass hier keine bestimmte, von vorn herein festgelegte Rangfolge infrage kommender Personen besteht, sondern dass der Aspekt der persönlichen Bindungen des Mündels den entscheidenden Gesichtspunkt bildet. Zur Übernahme der Vormundschaft besteht nach § 1785 BGB eine Pflicht, von der nur unter den engen gesetzlichen Voraussetzungen von § 1786 BGB entbunden werden kann. Jedoch kommt es letztlich im Sinne des Wohls des Mündels in der Praxis wohl eher selten zur Benennung von Vormündern, die dann mittels Zwangs (Zwangsgeld, § 1788 BGB) zur Übernahme der Vormundschaft angehalten werden müssten (vgl. auch Schleicher 2010, 347). **Auswahl des Vormunds**

Die Formulierung in § 1779 Abs. 1 BGB, wonach das FamG den Vormund nach Anhörung des JAes auszuwählen hat, weist bereits auf dessen zentrale Rolle in diesem Auswahlprozess hin i.E hierzu und zum Folgenden: Münder/Trenczek 2011, Kap. 10.3.1-3). Da die gesetzlichen Aufgaben des JA im SGB VIII abschließend geregelt sind (vgl. deshalb auch III-3.4.3), findet sich eine entsprechende Formulierung dort noch einmal in § 53 Abs. 1 SGB VIII. Darüber hinaus hat das **Aufgaben des Jugendamts**

Jugendamt Vormünder beratend zu unterstützen (§ 53 Abs. 2 SGB VIII), in gewisser Weise auch zu kontrollieren sowie bestimmten Berichterstattungs- und Informationspflichten gegenüber dem FamG nachzukommen (§ 53 Abs. 3 SGB VIII). Insb. kann es aber selbst Vormund werden (§ 55 Abs. 1 SGB VIII). Außer der schon genannten gesetzlichen **Amtsvormundschaft** kommt dabei auch eine Bestellung durch das FamG zum Vormund nach § 1791b BGB in Betracht. Ebenso wie die Vereinsvormundschaft, die nach 1791a BGB möglich ist, soll sie nach dem Gesetzeswortlaut gegenüber dem Einzelvormund nachrangig sein. Allerdings bezieht sich diese Nachrangigkeit seit einer entsprechenden Gesetzesänderung aus dem Jahre 2005 nur noch auf den ehrenamtlichen Vormund, nicht den vergütungsberechtigten (§ 1836 Abs. 1 S. 2 BGB) Berufsvormund. Dies ist, trotz des dahinterstehenden nachvollziehbaren Gedankens der Kosteneinsparung, weder in rechtlicher noch in tatsächlicher Hinsicht unproblematisch. Denn zum einen wird dadurch – entgegen dem Willen des Gesetzgebers – unter der Hand das „Staatsmündel" (Salgo/Zenz 2009, 1381) zum Prototyp vormundschaftlicher Fürsorge, welche aufgrund der damit per se bestehenden Interessenskollisionen (JA als Vormund und gleichzeitig Leistungsträger) problematisch ist (s. III-3.4.3). Ca. 70 bis 80 % aller Vormundschaften liegen bei den Jugendämtern. Zum anderen steht die Arbeit der Amtsvormünder insb. aufgrund teilweise extrem hoher Fallzahlen, die mitunter kaum persönliche Kontakte zwischen dem vom Jugendamt mit der Führung beauftragten Mitarbeiter, dem sog. Realvormund, und dem Mündel zulassen, immer wieder hinsichtlich ihrer Qualität in der Diskussion (vgl. hierzu: Behlert/Hoffmann 2004, 345 ff.). Deshalb richtet sich die zwischenzeitlich in das Gesetz aufgenommene Verpflichtung zum persönlichen Kontakt des Vormunds mit dem Mündel (§ 1800 S. 2 BGB), der in § 1793 Abs. 1a BGB zudem auch noch konkret ausgestaltet ist (i. d. R. soll der Vormund den Mündel einmal im Monat in dessen üblicher Umgebung aufsuchen), gerade auch an Amtsvormünder. Um diesen gesetzlichen Vorgaben auch tatsächlich nachkommen zu können, soll ein mit der Führung der Vormundschaft betreuter Beamter oder Angestellter des JA nur noch höchstens 50 Mündel betreuen (§ 55 Abs. 2 S. 3 SGB VIII). Dennoch wird sich auch damit an der insgesamt für das geltende Vormundschaftsrecht systemwidrigen Überbetonung der Amtsvormundschaft, die zugleich auch die Gefahr in sich trägt, insoweit die Kontrollfunktion des Jugendamtes zu paralysieren (Salgo/Zenz 2009, 1381), im Ergebnis wohl noch nicht allzu viel ändern.

Pflegschaft In vielerlei Hinsicht der Vormundschaft ähnlich ist die Pflegschaft, für die auch die Mehrzahl der für die Vormundschaft geltenden Vorschriften entsprechende Anwendung findet (§ 1915 BGB). Unter den verschiedenerlei Arten von Pflegschaften, die das Gesetz v. a. in §§ 1911 ff. BGB, aber auch in einer Reihe weiterer Vorschriften inner- und außerhalb des BGB kennt, soll im vorliegenden Zusammenhang vor allem die Pflegschaft für MJ nach § 1909 BGB von Interesse sein. Sie richtet sich, und dies ist der wesentliche Unterschied zur Vormundschaft, zumindest im Fall des § 1909 Abs. 1 BGB nicht auf die gesamte elterliche Sorge, sondern nur auf einzelne Angelegenheiten von ihr. Im Rahmen dieser Angelegenheiten ist der Pfleger **gesetzlicher Vertreter** des Pfleglings; er geht dann den Eltern (§ 1630 Abs. 1 BGB) bzw. dem Vormund (§ 1794 BGB) vor. Da die Pflegschaft insofern ergänzend zur elterlichen Sorge oder auch zur Vormundschaft hinzutritt, wird sie auch als **Ergänzungspflegschaft** bezeichnet. Die wichtigsten Fallkonstellationen, in denen sie zur Anwendung kommt, sind folgende:

- den Eltern ist wegen Kindeswohlgefährdung das Aufenthaltsbestimmungsrecht oder auch ein anderer Teil der elterlichen Sorge nach § 1666 BGB entzogen worden (vgl. II-2.4.4),
- die Eltern oder der Vormund sind wegen möglicher Interessenkollision nicht zur Vertretung des Kindes berechtigt (§§ 181, 1629 Abs. 2 und 2a, § 1795 BGB) bzw. ihnen ist das Vertretungsrecht entzogen worden (§§ 1796, 1629 Abs. 2 BGB),
- das Kind hat Vermögen geerbt oder geschenkt bekommen und der Erblasser oder Schenker hat verfügt, dass die Eltern das Vermögen nicht verwalten sollen (§ 1909 Abs. 1 S. 2 BGB).

Neben der Ergänzungspflegschaft ist noch die vorläufige oder auch **Ersatzpflegschaft** von besonderer Relevanz, die nach § 1909 Abs. 3 BGB im Falle der Notwendigkeit einer Vormundschaft zur Überbrückung der Zeit bis zur Bestellung eines Vormundes angeordnet wird.

Oberloskamp 2010

2.5 Betreuung

Das Betreuungsrecht betrifft im Wesentlichen volljährige Menschen mit einer psychischen Erkrankung oder einer körperlichen, geistigen oder seelischen Behinderung, die ihre Angelegenheiten ganz oder teilweise nicht mehr selbst besorgen können und für diesen Fall keine eigene Vorsorge getroffen haben. Seine rechtliche Form erhielt es durch das Gesetz zur Reform der Vormundschaft und Pflegschaft für Volljährige (Betreuungsgesetz – BtG) vom 12.09.1990, das am 01.01.1992 in Kraft trat. Es handelt sich hierbei um ein Artikelgesetz, durch das ca. 300 Vorschriften in insgesamt etwa 50 Gesetzen geändert bzw. neu geschaffen wurden. Zu ihnen gehören auch solche des Öffentlichen Rechts, wie etwa das Betreuungsbehördengesetz (BtBG). Das Verfahren richtet sich nach FamFG, wo die besonderen Vorschriften über das Verfahren in Betreuungs- und Unterbringungssachen in Buch 3 zu finden sind. Unter familienrechtlichem Aspekt ist vor allem der im 3. Abschnitt des 4. Buches BGB enthaltene Titel 2 (§§ 1896 ff. BGB) relevant, der den Kern der materiellrechtlichen Regelung ausmacht. Seine derzeit geltende Fassung erhielt das Betreuungsrecht im Wesentlichen (§ 1906 wurde mit Gesetz zur Regelung der betreuungsrechtlichen Zwangsbehandlung vom 26.2.2013 neugefasst) durch das 3. BtÄndG vom 01.09.2009. Von einer geplanten umfangreicheren Novellierung im Rahmen eines 4. BtÄndG ist lediglich ein zum 01.07.2014 in Kraft getretenes Gesetz zur Stärkung der Funktionen der Betreuungsbehörde übrig geblieben, das wohl einige verfahrensrechtliche Aspekte im FamFG neu akzentuiert und einzelne Aufgaben im Regelungsbereich des BtBG

Rechtsgrundlagen

präzisiert, aber praktisch keine Veränderung des materiellen Rechts mit sich bringt.

Mit Einführung des BtG im Jahre 1992 wurde von einer „epochalen Wende" (Krölls 2002, 140) gesprochen. In der Tat sorgt das Gesetz bereits mit seiner neuen Sprachregelung (die Betroffenen sind nunmehr *Betreute*, nicht mehr, wie bisher, *Entmündigte*) für eine geringere Diskriminierungsanfälligkeit. Diese Entwicklung ist inzwischen auch im Gerichtsverfassungs- und im Verfahrensrecht angekommen, denn in Betreuungssachen sind nicht mehr die alten Vormundschaftsgerichte, sondern nunmehr **Betreuungsgerichte** zuständig (§ 23c GVG). Auch im tatsächlichen Sinne hat mit dem BtG eine grundlegende Umorientierung von einer eher fremdbestimmt-fürsorglichen Verwaltung der Betroffenen hin zu einer unmittelbaren Betreuung durch eine natürliche Person (§ 1897 BGB) stattgefunden. Zugleich ist in dem Gesetz der Betreuungsaspekt mit dem der Rehabilitation in Zusammenhang gebracht (§ 1901 Abs. 4 BGB; hierzu Ackermann et al. 2004, 192, 215). Freilich handelt es sich dessen ungeachtet, wie durch das zum 01.01.1999 in Kraft getretene 1. BtÄndG auch noch einmal in terminologischer Hinsicht klargestellt wurde, um eine *rechtliche* Betreuung.

rechtlicher Grundgedanke

Der rechtliche Grundgedanke dieses Paradigmenwechsels besteht in der Ermöglichung selbstbestimmter Lebensgestaltung auch bei krankheits- oder behinderungsbedingten Defiziten. Er tritt uns in den unterschiedlichsten Ausprägungsformen entgegen. So darf Betreuung stets nur in dem jeweils exakt zu bestimmenden erforderlichen Umfang veranlasst werden (Erforderlichkeitsgrundsatz) und nur dann, wenn andere Hilfemöglichkeiten, z. B. solche der kommunalen Sozialarbeit, ausgeschöpft sind (Grundsatz der Subsidiarität; vgl. OLG Oldenburg FamRZ 2004, 1320). Daher kommt auch im Betreuungsrecht dem **Verhältnismäßigkeitsgebot** (s. I-2.1.2.2) eine kaum zu überschätzende Bedeutung zu. Von vornherein nicht in Betracht kommt eine Betreuung, wenn die Angelegenheiten des Betroffenen auch durch einen Bevollmächtigten besorgt werden können (§ 1896 Abs. 2 BGB). Eine derartige Vollmacht kann in Gestalt einer Vorsorgevollmacht, also vor Eintritt der Erkrankung, darüber hinaus jedoch auch zu jedem späteren Zeitpunkt erteilt werden. Voraussetzung ist freilich, dass der Vollmachtgeber zum *Zeitpunkt ihrer Erteilung* geschäftsfähig ist. Zwar besteht für die Erteilung einer Vollmacht im Allgemeinen kein Formerfordernis (Ausnahmen: Schriftform bei Einwilligung in genehmigungspflichtige medizinische Maßnahmen, § 1904 Abs. 5; Unterbringung und Zwangsbehandlung, § 1906 Abs. 5 BGB). Um jedoch spätere Zweifel an ihrer Gültigkeit nicht aufkommen zu lassen, sollte sie stets schriftlich erfolgen und möglichst notariell beurkundet sein. Darüber hinaus bietet § 6 Abs. 2 BtBG die Möglichkeit einer öffentlichen Beglaubigung durch die Betreuungsbehörde. Dies alles hilft freilich nur, so lange hinsichtlich Inhalt und Umfang der Befugnisse, die dem Bevollmächtigten übertragen worden sind, keine Unklarheiten bestehen. Insb. legen in diesem Zusammenhang §§ 1904, 1906 fest, dass die Vollmachterteilung für die dort angesprochenen Regelungsbereiche nur dann wirksam erfolgt ist, wenn die in diesen Vorschriften bezeichneten Maßnahmen auch ausdrücklich in sie aufgenommen sind.

Erforderlichkeitsgrundsatz

Vorsorgevollmacht

Es ist nach der bisherigen Darstellung auch nur konsequent, wenn der mit dem 2. BtÄG vom 01.07.2005 eingefügte § 1896 Abs. 1a BGB nunmehr klarstellt, dass eine Betreuerbestellung nicht gegen den freien Willen des Betroffenen erfolgen darf. Die Gesetzesbegründung (BT-Ds 15/2494, 27 ff.) knüpft hier im Wortlaut unmittelbar an eine Entscheidung des BayObLG (FamRZ 2003, 962) an, in der es heißt: „Der Staat hat nicht das Recht, den Betroffenen zu erziehen, zu bessern oder zu hindern, sich selbst zu schädigen". Diese wiederum nimmt Bezug auf die Rspr. des BVerfG, das in einem Beschluss vom 23.03.1998 (2 BvR 2270/96) auch dem psychisch Kranken zumindest unter der Voraussetzung, dass weder eine Fremdgefährdung noch eine unmittelbare Gefährdung des eigenen Lebens droht, die „Freiheit zur Krankheit" zubilligt. Die mit dieser Entscheidung nachhaltig gestärkte Position des Betreuten als Grundrechtsträger wird im Übrigen durch besondere richterliche bzw. Anordnungsvorbehalte bei Eingriffen in grundrechtsgeschützte Bereiche (körperliche Integrität, Post- und Fernmeldegeheimnis, persönliche Freiheit), aber auch durch die verfahrensrechtliche Ausgestaltung der Betreuung weiter abgesichert. Im Verfahren liegt ein besonderes Gewicht auf den **Anhörungsrechten** des Betroffenen und sonstiger Beteiligter (§§ 278 f. FamFG), der Problematik der Begutachtung (§§ 280 ff. FamFG) sowie der Bestellung eines **Verfahrenspflegers** (§ 276 FamFG). Die deutlich ausgeprägte Subjektstellung des Betreuten kommt schließlich auch darin zur Geltung, dass das Gesetz dem Betreuer aufgibt, den Wünschen des Betreuten zu entsprechen, soweit dies zumutbar ist und dem Wohl des Betreuten nicht zuwiderläuft (§ 1901 Abs. 3 BGB). Wo die Grenzen hierfür verlaufen, hat der BGH in einer Grundsatzentscheidung vom 22.07.2009 (XII ZR 77/06) deutlich gemacht. Er unterstreicht in ihr zwar, dass ein Wunsch des Betreuten nicht schon deshalb seinem Wohl zuwiderläuft, weil er seinen objektiven Interessen widerspricht. Allerdings sollen die Wünsche des Betreuten nur dann Vorrang haben, wenn sie tatsächlich Ausdruck seines **Selbstbestimmungsrechts** sind. Diese Voraussetzung liegt nach Auffassung des BGH jedenfalls nicht vor, wenn sich die Wünsche als bloße Zweckmäßigkeitserwägung darstellen, wenn sie Ausdruck der Erkrankung des Betreuten sind oder wenn sie nicht auf Grundlage ausreichender Tatsachenkenntnis geäußert wurden. Darüber hinaus hat der Betreute ein Vorschlagsrecht hinsichtlich der Person des Betreuers (§ 1897 Abs. 4 BGB), das er auch dahingehend ausüben kann, dass er bestimmte Personen als Betreuer ablehnt. Beides – Vorschlag wie Ablehnung – darf nur unter engen, allerdings jeweils unterschiedlich streng formulierten, gesetzlichen Voraussetzungen übergangen werden. Von dem Vorschlagsrecht kann auch im Wege einer vorsorglich (und zweckmäßigerweise schriftlich) errichteten Betreuungsverfügung Gebrauch gemacht werden. Liegt kein Vorschlag des Betroffenen vor, so erfolgt die Auswahl der natürlichen Person, welche die Betreuung übernehmen soll, vor allem unter Berücksichtigung familiärer und persönlicher Bindungen (§ 1897 Abs. 5 BGB). Berufsbetreuer sollen nur dann herangezogen werden, wenn in diesem Bereich keine geeignete Person zur Verfügung steht (§ 1897 Abs. 6 BGB). Erst wenn eine natürliche Person auch in Gestalt eines Berufsbetreuers nicht zu finden ist, wird einem Betreuungsverein die Betreuung übertragen (§ 1900 Abs. 1 BGB). Anders als im Vormundschaftsrecht, wo die Amtsvormundschaft des JAs, wie gesehen (II-2.4.8), praktisch schon zum Regelfall geworden ist, kommt eine Betreuung durch die Betreuungsbehörde hingegen nur ganz nachrangig in Betracht (§ 1900 Abs. 4 BGB); für die Einwilligung in eine Sterilisation ist sie als Betreuer ausgeschlossen (§ 1900 Abs. 5 BGB).

Betreute als Grundrechtsträger

Betreuungsverfügung

2.5.1 Voraussetzungen für die Bestellung eines Betreuers

§ 1896 BGB Materiellrechtliche Voraussetzung für die Bestellung eines Betreuers ist nach § 1896 Abs. 1 BGB, dass ein **Volljähriger** seine Angelegenheiten ganz oder teilweise nicht besorgen kann, und zwar *aufgrund* einer **psychischen Krankheit** oder einer **körperlichen, geistigen oder seelischen Behinderung**. Sprachlich ist anzumerken, dass der Begriff der psychischen Krankheit inzwischen üblicherweise durch den der psychischen Störung ersetzt ist, von dem man annimmt, dass von **Volljährigkeit** ihm eine geringere Stigmatisierungswirkung für die Betroffenen ausgeht. Von der Voraussetzung der Volljährigkeit wird nur im Rahmen von § 1908a BGB im Fall der vorsorglichen Betreuerbestellung ab Vollendung des 17. Lebensjahres abgewichen. Allerdings wird die Betreuerbestellung auch dann erst mit Eintritt der Volljährigkeit wirksam.

Angelegenheiten Mit Angelegenheiten sind hier alle vorstellbaren Tätigkeiten tatsächlicher oder rechtlicher Art gemeint. Nicht miterfasst ist allerdings die tatsächliche Pflege (Körperpflege, Besorgung der Hauswirtschaft o. Ä.), wohl aber deren Organisation (Dethloff 2012, 507).

psychische Störungen Unter psychischen Störungen sind zunächst endogene, d. h. körperlich nicht begründbare (Schizophrenien, zyklothyme Psychosen), sowie exogene, d. h. körperlich begründbare Psychosen (seelische Störungen als Folge von Hirnerkrankungen oder -verletzungen, Demenzerkrankungen), aber auch Abhängigkeitskrankheiten (Alkohol, Medikamente, illegale Drogen) zu verstehen. In der klinischen Psychologie und der Psychiatrie sind sie in der F (00–99) Klasse des ICD 10 der WHO klassifiziert und zusammengefasst. Da an dieser Klassifikation jedoch eine gewisse Tendenz zur Ausuferung nicht unbemerkt bleiben kann (Fröschle 2009, 20), ist gerade im Zusammenhang mit psychischen Störungen, insb. auch bei Abhängigkeitserkrankungen, immer wieder auf den Zweck der Regelung, und damit auf den Erforderlichkeitsgrundsatz, zu verweisen. Deshalb ist der im Gesetz verwendete Begriff der psychischen Krankheit eng auszulegen. Bei einer Suchterkrankung etwa kommt es nach Ansicht der Rechtsprechung nicht allein darauf an, dass ein Drogenmissbrauch vorliegt (vgl. BayObLG FamRZ 1994, 1618). Hinzukommen muss nach einer Entscheidung des AG Iburg (BtPrax 2004, 206) vielmehr noch, dass tatsächlich eine Schädigung der geistigen Funktion oder des Nervensystems eingetreten ist. Gleichwohl liegt eine Betreuungsbedürftigkeit auch in einem derartigen Fall erst dann vor, wenn die psychische Störung dazu führt, dass der Betroffene seine Angelegenheiten nicht mehr selbst besorgen kann (OLG Zweibrücken 3 W 219/03 – FamRZ 2004, 1815).

geistige Behinderung Eine geistige Behinderung besteht aus medizinischer Sicht bei einer angeborenen oder frühkindlich erworbenen Minderung oder Herabsetzung der Intelligenz sowie einer damit verbundenen Einschränkung des affektiven Verhaltens der Betroffenen.

seelische Behinderung Mit seelischen Behinderungen sind solche gemeint, die im späteren Leben als Folge psychischer Erkrankungen auftreten (Fröschle 2009, 20). Auch hier verweist die Literatur zutreffend darauf, dass derartige generalklauselartig gefasste Voraussetzungen der Betreuerbestellung nur deshalb „rechtsstaatlich erträglich" sind, weil zwischen ihrem Vorliegen und dem Eintritt der Rechtsfolge stets der sich in der Erforderlichkeitsprüfung äußernde Verhältnismäßigkeitsgrundsatz etabliert ist (Dethloff 2012, 508).

Auch bei einer körperlichen Behinderung muss im Einzelfall geprüft werden, ob der Betroffene aufgrund seiner Behinderung einer rechtlichen Betreuung bedarf. Dies kann z. B. dann der Fall sein, wenn ein körperlich behinderter Mensch, etwa weil er ohne Hilfe anderer nicht imstande ist, zu telefonieren, Schriftsätze zu verfassen oder Behörden aufzusuchen, sich außerstande sieht, die Erfüllung von in einem Heimvertrag getroffenen Vereinbarungen zu angemessener Pflege und Versorgung selbst einzufordern. Vor allem kommt eine Betreuung wegen körperlicher Behinderung dann in Betracht, wenn der Betroffene aufgrund von Lähmungsausfällen nicht mehr kommunizieren kann.

körperliche Behinderung

Veranlasst wird die Betreuerbestellung durch das Betreuungsgericht auf Antrag des Betroffenen, nachrangig auch von Amts wegen. Wiederum ist jedoch mit der oben zitierten Entscheidung des OLG Zweibrücken (FamRZ 2004, 1815) darauf zu verweisen, dass hierbei der Antrag allein nicht ausreichend sein wird, so lange der Betroffene seine Angelegenheiten trotz einer Behinderung oder Erkrankung selbst oder mit Hilfe eines Bevollmächtigten besorgen kann. Liegt eine körperliche Behinderung vor, so gibt das Gesetz (§ 1896 Abs. 1 S. 3 BGB) vor, dass eine Betreuerbestellung von Amts wegen nur in Betracht kommt, wenn der Betroffene, wie etwa bei Lähmungen ab dem dritten Halswirbel, trotz vermutlich voller geistiger Orientierung nicht in der Lage ist, seinen Willen kundzutun. In allen anderen Fällen verlangt das Gesetz nunmehr in ebenso großer Klarheit, dass die Betreuerbestellung nicht gegen den freien Willen des Betroffenen erfolgen darf (§ 1896 Abs. 1a BGB). Damit wird eine Terminologie aufgegriffen, die ansonsten im bürgerlichen Recht im Zusammenhang mit der Geschäftsunfähigkeit (§ 104 Nr. 2 BGB) verwendet wird. Rechtssystematisch betrachtet kann daher der Begriff des freien Willens hier keine andere Bedeutung haben als dort (vgl. auch die amtliche Gesetzesbegründung, BT-Ds 15/2494, 28). Dies führt aber im Ergebnis nicht dazu, dass bei einer Betreuerbestellung von Amts wegen zuvor die Geschäftsunfähigkeit des Betroffenen festzustellen wäre, sondern bedeutet lediglich, dass im Falle der Nichteinwilligung in eine Betreuung zu prüfen ist, ob der Ablehnung eine freie Willensbildung zugrunde liegt (hierzu im Einzelnen: Sonnenfeld 2005, 941 f.). Dies ist nach der Rspr. des BGH dann nicht der Fall, wenn eine Person krankheitsbedingt nicht in der Lage ist, ihren Willen frei und weitgehend unbeeinflusst durch Dritte zu bilden und nach entsprechend gewonnener Einsicht zu handeln (BGH NJW 1996, 919; vgl. auch HK-BGB/Dörner 2014 § 104 Rz. 6).

Antrag

Bestellung von Amts wegen

freier Wille

2.5.2 Gegenstände der Betreuung

Auch der jeweilige konkrete Aufgabenkreis, für den ein Betreuer bestellt wird, richtet sich streng nach dem Grundsatz der Erforderlichkeit (§ 1896 Abs. 2 S. 1 BGB). Als Aufgaben, die durch den Betreuer zu erledigen sind, dürfen daher nur exakt diejenigen bezeichnet werden, die der Betreute aufgrund einer psychischen Störung oder Behinderung nicht zu erledigen vermag. Eine Betreuerbestellung „für alle Angelegenheiten" wird daher nur im Ausnahmefall vorkommen können.

Sofern sie dennoch erfolgt, zöge sie als Konsequenz den Ausschluss vom Wahlrecht für den Betreuten nach sich (§ 13 Nr. 2 BWG; deshalb auch § 309 Abs. 1 S. 1 FamFG). Es ist andererseits jedoch auch denkbar, dass sich der Aufgabenkreis im Einzelfall in der Abgabe einer einzigen rechtsgeschäftlichen Erklärung erschöpft.

Aufgaben Der Gesetzgeber hat darauf verzichtet, einen Katalog aller in Betracht kommenden Aufgaben zu erstellen. Er regelt lediglich aus Gründen der Rechtsklarheit, dass es auch Aufgabe eines Betreuers sein kann, Rechte gegenüber dem Bevollmächtigten des Betreuten geltend zu machen (§ 1896 Abs. 3 BGB). Dies wird z. B. dann praktisch werden, wenn der Betreute krankheits- oder behinderungsbedingt nicht in der Lage ist, den von ihm Bevollmächtigten hinreichend zu überwachen, sodass ein Kontrollbetreuer zu bestellen ist (Fröschle 2009, 25). Dabei wird vor allem auch eine Rolle spielen, ob eine konkrete Missbrauchsgefahr besteht (Pardey 2009, 42). Darüber hinaus legt § 1896 Abs. 4 BGB wegen der hier stattfindenden Grundrechtsberührung fest, dass Eingriffe in den Fernmeldeverkehr sowie die Entgegennahme, das Öffnen und das Anhalten von Post nur dann zu den Aufgaben der Betreuung gehören, wenn dies durch das Gericht ausdrücklich angeordnet ist. Auch die Übertragung der Betreuung „für alle Angelegenheiten" genügt dem noch nicht. Ansonsten haben sich einige **Fallgruppen** herausgebildet, auf die die Gerichte in ihrer Praxis heutzutage zurückgreifen. Zu ihnen gehören u. a.:

Post- und Fernmeldeverkehr

- der Abschluss von Verträgen, etwa bei ambulanter Betreuung, Pflege oder im Zusammenhang mit der Übersiedlung in ein Heim bzw. eine betreute Wohnform,
- Vermögensangelegenheiten allgemein, für die allerdings eine ganze Reihe von Auflagen, Einschränkungen und Genehmigungspflichten gelten (§ 1908i Abs. 1 S. 1 BGB; vgl. auch II-2.5.3). Nur ganz wenige Rechtsgeschäfte sind genehmigungsfrei (§ 1908i Abs. 1 S. 1 i. V. m. § 1813 BGB), darunter Verfügungen über Guthaben auf Girokonten. In anderen Fällen (§ 1908i Abs. 1 S. 1 i. V. m. § 1825 BGB) kann das Gericht eine allgemeine Ermächtigung erteilen,
- die Beantragung von Sozialleistungen oder Sozialversicherungsleistungen bzw. die Entgegennahme derartiger Leistungen oder von Arbeitsentgelten,
- die Regelung der Erfüllung von Unterhaltspflichten sowie die Geltendmachung von Unterhaltsansprüchen,
- die Führung von Erbauseinandersetzungen bzw. die Ausschlagung einer Erbschaft sowie die Regelung eigener Nachlassangelegenheiten,
- die Bestimmung des Aufenthalts und die Regelung des persönlichen Umgangs, wobei der Schutz der Familie aus Art. 6 Abs. 1 GG im Falle der Umgangsreglementierung mit nahen Familienangehörigen zu beachten ist (BayObLG, FamRZ 2004, 1670). § 1632 Abs. 1 bis 3 BGB kommt hierbei sinngemäß zur Anwendung. Dies ergibt sich wiederum aus § 1908i Abs. 1 S. 1 BGB.

Schließlich orientiert sich die Praxis vor allem auch an jenen Aufgaben, für die das Gesetz einen **Richtervorbehalt** bestimmt hat. Diese sind:

Aufgabe der Mietwohnung

a) *Aufgabe der Mietwohnung.* Sie kommt z. B. wegen eines beabsichtigten Umzuges in ein Wohnheim oder eine betreute Wohneinrichtung in Betracht und bedarf schon wegen des schwerwiegenden Eingriffs in die tatsächlichen und rechtlichen Belange des Betreuten, aber auch wegen der im Nachhinein kaum noch zu korrigierenden Folgen der richterlichen Genehmigung(§ 1907 Abs. 1 BGB).

b) *Einwilligung in ärztliche Maßnahmen.* Medizinische Maßnahmen, vor allem medizinische Eingriffe, bedürfen mit Ausnahme von lebensrettenden Sofortmaßnahmen einer Einwilligung durch denjenigen, an dem sie vorgenommen werden sollen (zur Problematik der Einwilligung vgl. auch V-2.1.2). Ist der Betroffene allerdings **einwilligungsunfähig**, kann sie dem Arzt durch den Betreuer erteilt werden. Im Grundsatz ist auch eine Einwilligung durch einen Bevollmächtigten möglich. Allerdings wird man im Einzelnen sehr genau sehen müssen, ob die in diesem Fall der Schriftform bedürfende Vollmacht auch hinreichend präzise die entscheidungsbedürftige Situation abdeckt (§ 1904 Abs. 5 BGB). Deshalb ist gerade im Bereich der Gesundheitsfürsorge die Bestellung eines Betreuers zusätzlich zu einer bestehenden Bevollmächtigung keineswegs ungewöhnlich. Für den Betreuer, wie im Übrigen auch für den Bevollmächtigten, regelt nun § 1904 Abs. 1 BGB, dass sie für die Erteilung einer derartigen Einwilligung einer Genehmigung durch das Betreuungsgericht bedürfen, wenn die begründete Gefahr besteht, dass der Betroffene stirbt oder einen schweren und länger, i.d.R. über ein Jahr andauernden gesundheitlichen Schaden erleidet. Ist eine derartige Gefahr, die entsprechend dem Regelungszweck das normale Durchschnittsrisiko (z. B. bei Narkose) deutlich überschreitet, also erheblich sein muss, allerdings nicht gegeben, so entscheidet der Betreuer, wenn ihm der Aufgabenbereich „Gesundheitsfürsorge" übertragen wurde, selbstständig im Rahmen des durch §§ 1901, 1901a Abs. 2 BGB vorgegebenen Umfangs. Darüber hinaus verlangt aber § 1904 Abs. 2 BGB auch eine Genehmigung durch das Betreuungsgericht, wenn eine Einwilligung seitens des Betreuers nicht erteilt oder widerrufen werden soll und dadurch für den Betreuten der Eintritt der genannten Folgen droht. Besondere praktische Relevanz erlangt dies im Zusammenhang mit dem Abbruch lebensverlängernder Maßnahmen etwa bei schwersten Hirnschädigungen bzw. am Lebensende (vgl. hierzu auch BGH 17.03.2003 – XII ZB 2/03). Soll das Gericht über die Genehmigung einer derartigen Nichteinwilligung entscheiden, ist nach § 298 Abs. 3 FamFG stets die Bestellung eines **Verfahrenspflegers** erforderlich. Zu dessen Aufgabe führt der BGH in der bereits zitierten Entscheidung vom 22.06.2009 (XII ZR 77/06) aus, dass sie, in Abgrenzung zum Betreuer, nicht darin bestehe, die objektiven Interessen des Betreuten zu ermitteln, sondern vor allem darin, den Verfahrensgarantien, insb. dem Recht des Betreuten auf rechtliches Gehör, Geltung zu verschaffen. Darüber hinaus hat er nach derselben Entscheidung noch die Pflicht, den tatsächlichen oder mutmaßlichen Willen des Betreuten zu erkunden und in das Verfahren einzubringen. In jedem der durch das Gericht zu entscheidenden Fälle ist zwingend ein Sachverständigengutachten einzuholen, das aber nicht der behandelnde Arzt erstellen soll (§ 298 Abs. 4 FamFG).

In derartigen Fällen liegt allerdings immer häufiger eine sog. Patientenverfügung vor, die zu einem Zeitpunkt, zu dem der Betroffene noch einwilligungsfä-

Gefährliche ärztliche Maßnahmen

Patientenverfügung

hig war, Festlegungen zu künftigen Heilbehandlungen oder ärztlichen Eingriffen trifft bzw. diese untersagt. Genügt sie dem Erfordernis der Schriftform und treffen die dort niedergelegten Festlegungen auf die aktuelle Lebens- und Behandlungssituation zu, dann bindet sie den Betreuer, und faktisch, wenn auch nicht unmittelbar rechtlich, den Arzt in seiner Entscheidung (§ 1901a Abs. 1 BGB). Liegt keine Patientenverfügung vor, obliegt es dem Betreuer, den mutmaßlichen Willen des Betreuten festzustellen (§ 1901a Abs. 2 BGB). Die praktischen Schwierigkeiten beginnen freilich mit der Auslegung der Patientenverfügung. Hierbei kommt es nach § 133 BGB darauf an, den „wirkliche(n) Willen zu erforschen und nicht an dem buchstäblichen Sinne des Ausdrucks" haften zu bleiben. Dies kann insb. bei der Verwendung von standardisierten Vorlagen zur Errichtung derartiger Verfügungen wichtig werden, wenn nicht sicher ist, ob der Betroffene wusste, welche Bedeutung die dort verwendeten Formulierungen in Bezug auf ihn überhaupt haben können (im Einzelnen hierzu: Fröschle 2009, 80; Pardey 2009, 38 f.). Nur auf dem Hintergrund dieser Problematik wird die Regelung des § 1904 Abs. 5 BGB verständlich, wonach eine Genehmigung des Betreuungsgerichts sowohl einer Einwilligung als auch deren Verweigerung dann entbehrlich ist, wenn zwischen Betreuer und behandelndem Arzt Einvernehmen darüber besteht, was jeweils dem Willen des Betroffenen entspricht.

Freiheitsentziehung c) *Unterbringung*. Soll eine Unterbringung mit Freiheitsentziehung, etwa in einem psychiatrischen Krankenhaus oder in einer Suchtklinik, erfolgen, so setzt dies schon wegen Art. 104 Abs. 2 GG auch im Falle der Betreuung eine richterliche Entscheidung voraus (BVerfGE 10, 302; zum Verfahren vgl. V-4.4). Darüber hinaus sind noch die strengen Voraussetzungen des § 1906 Abs. 1 BGB zu beachten. Unterbringung mit Freiheitsentziehung ist hiernach nur zulässig bei Gefahr der Selbsttötung oder Selbstzufügung eines erheblichen gesundheitlichen Schadens sowie zur Ermöglichung einer Heilbehandlung oder eines ärztlichen Eingriffs, in deren Notwendigkeit beim Betreuten die Einsichtsfähigkeit fehlt, die aber ohne Unterbringung nicht durchgeführt werden können. Auch hier wird jedoch eine erhebliche Gesundheitsgefahr vorliegen müssen, weil anders ein derart weitgehender Grundrechtseingriff nicht zu rechtfertigen wäre (HK-BGB/Kemper 2014 § 1906 Rz. 6). Allein die Erhöhung der Heilungschancen bei einem psychisch Kranken kann nach Ansicht des OLG Köln (NJW-RR 2004, 1590) hierfür jedenfalls noch nicht ausreichen. Im Übrigen gelten gem. § 1906 Abs. 4 BGB die gleichen Voraussetzungen auch bei der Anwendung freiheitsentziehender Maßnahmen ohne Unterbringung (sog. unterbringungsähnliche Maßnahmen), also etwa Fixieren mittels Gurten, Aufstellen von Bettgittern o. Ä. Dies erfordert in der Praxis einen hohen justiziellen Aufwand, der von den Einrichtungen aufgrund der dort herrschenden Arbeitsbelastungen mitunter gescheut wird, was die Mitarbeiter der Einrichtungen wiederum in die Gefahr bringt, sich strafbar zu machen. Dennoch gibt es hierzu wegen des hohen Verfassungsgutes der persönlichen Freiheit keine Alternative.

Zwangsbehandlung d) *Zwangsbehandlung*. Sie ist nunmehr in § 1906 Abs. 3 und 3a BGB gesetzlich geregelt, nachdem der BGH (20.06.2012 – XII ZB 130/12) inzwischen unter

Bezugnahme auf zwei Entscheidungen des BVerfG (vom 23.03.2011 – 2 BvR 882/09 und vom 12.10.2011 – 2 BvR 633/11) zu der Rechtsauffassung gelangt ist, dass der Rang des Verfassungsguts der körperlichen Integrität eine solche Regelung zwingend gebiete. Die Einwilligung des Betreuers in eine Zwangsbehandlung, die dann noch der richterlichen Genehmigung bedarf, ist hiernach nur möglich, wenn bei fehlender und auch nicht herbeizuführender Einsichtsfähigkeit des Betreuten die Maßnahme aber notwendig ist, um einen drohenden erheblichen gesundheitlichen Schaden von ihm abzuwenden. Das (hier in § 1906 Abs. 3 Nr. 4 und 5 als tatbestandliche Voraussetzung ausformulierte) Verhältnismäßigkeitsgebot ist dabei von zentraler Bedeutung: Zwangsbehandlung kommt überhaupt nur in Betracht, wenn der gesundheitliche Schaden nicht durch andere zumutbare Maßnahmen abgewendet werden kann und wenn der durch sie zu erwartende Nutzen die zu erwartende Beeinträchtigung deutlich überwiegt. Die Zwangsbehandlung ist an die Voraussetzung gebunden, dass der Betreute i. S. v. § 1906 Abs. 1 BGB untergebracht ist (§ 1906 Abs. 3 Nr. 2 BGB), sie ist auch verfahrensrechtlich den Unterbringungssachen zugeordnet. Für Unterbringung, Zwangsbehandlung, wie auch für unterbringungsähnliche Maßnahmen gelten die besonderen Verfahrensgarantien u. a. der §§ 317 (Bestellung eines Verfahrenspflegers), 321 (Einholung eines Gutachtens), 319 (Anhörung des Betroffenen), sowie 335, 336 FamFG (erweiterte Rechtsschutzmöglichkeiten).

e) *Sterilisation.* Die Einwilligung in eine Sterilisation steht nicht nur unter Richtervorbehalt (§ 1905 Abs. 2 BGB), sondern für sie ist auch eigens ein besonderer Betreuer zu bestellen, dem keinerlei andere Aufgaben obliegen dürfen (§ 1899 Abs. 2 BGB). Dies gilt auch dann, wenn eine Betreuung „für alle Angelegenheiten" übertragen wurde. Zusätzlich sind in das Genehmigungsverfahren ein Verfahrenspfleger und ein Sachverständiger einzubeziehen (§ 297 Abs. 5 und 6 FamFG). Jedoch kann auch dann der Betreuer die Einwilligung erst erteilen, wenn feststeht, dass der Betreute selbst nicht einwilligen kann und hierzu auch dauerhaft außerstande bleiben wird. Darüber hinaus müssen die weiteren von § 1905 Abs. 1 BGB geforderten Voraussetzungen erfüllt sein. Sie zielen im Wesentlichen darauf ab, dass eine Sterilisation unter keinen Umständen gegen den Willen des oder der Betroffenen, also zwangsweise, erfolgen darf (auch die Sterilisation von Männern fällt unter § 1905 BGB). Es kommt daher auch nicht auf die Fähigkeit zur freien Willensbildung an; vielmehr ist bereits der natürlich geäußerte Wille, der auf eine Ablehnung der Maßnahme hindeutet, beachtlich. In diesem Zusammenhang mag es angebracht sein, darauf zu verweisen, dass vor Inkrafttreten des BtG nach Schätzungen jährlich ca. 1.000 Sterilisationen an damals noch unter Vormundschaft stehenden Volljährigen vorgenommen worden sind, während im ersten Jahr unter dem BtG (1992) lediglich zwei Sterilisationen durch die damaligen Vormundschaftsgerichte genehmigt wurden. Weiterhin müsste eine Schwangerschaft bei unterbleibender Sterilisation konkret erwartbar sein und im Falle ihres Eintritts eine Lebensgefahr oder die Gefahr einer schweren Beeinträchtigung des körperlichen, aber auch des seelischen Gesundheitszustandes der Schwangeren zeitigen. Zu Letzterem zählt auch, wie § 1905 Abs. 1 S. 2 BGB ausdrücklich feststellt, die Gefahr der Trennung des

Verbot der Zwangssterilisation

Kindes von der Mutter wegen Gefährdung des Kindeswohls (§§ 1666, 1666a BGB; II-2.4.4). In jedem Fall ist die Einwilligung des Betreuers eine Ultima-ratio-Entscheidung, die nur getroffen werden darf, wenn weder die Gefährdungen, die aus der Schwangerschaft resultieren, anders abgewendet werden können noch die Schwangerschaft selbst auf andere zumutbare Weise, etwa durch Kontrazeptiva, verhindert werden kann.

2.5.3 Rechtliche Wirkung der Betreuung und Rechtsstellung des Betreuers

gesetzliche Vertretung

Nach § 1902 BGB ist der Betreuer innerhalb des Aufgabenkreises, für den er bestellt wurde, der gesetzliche Vertreter des Betreuten. Die Befugnisse des Betreuers unterliegen strengen gesetzlichen Einschränkungen. Soweit diese sich aus § 1901 BGB ergeben, etwa aus der Pflicht, sich bei der Ausübung der Betreuung am Wohl des Betreuten zu orientieren und insoweit seinen Wünschen zu entsprechen, beziehen sie sich jedoch allein auf das **Innenverhältnis** zwischen Betreutem und Betreuer (Palandt – Götz 2014 § 1902 Rz. 1). Beschränkungen bei der gesetzlichen Vertretung, die im Gegensatz hierzu das **Außenverhältnis** betrifft, ergeben sich allerdings zunächst aus den Vorschriften des allgemeinen Teils des BGB (vgl. II-1), z. B. Missbrauch der Vertretungsmacht (vgl. Palandt – Ellenberger 2014 § 164 Rz. 14), Verbot von Insichgeschäften (§ 181 BGB; II-1.2.3). Darüber hinaus verweist § 1908i BGB auf eine Reihe von Vorschriften aus dem Vormundschaftsrecht, die bei der Betreuung entsprechend anzuwenden sind. Hierunter fallen auch die Vertretungsverbote des § 1795 BGB, die Möglichkeit der Entziehung der Vertretungsmacht nach § 1796 BGB sowie die Beschränkungen der §§ 1805 – 1825 BGB einschließlich der dort zu findenden Regelungen, nach denen bestimmte Rechtsgeschäfte der Genehmigung des Betreuungsgerichtes bedürfen.

In der gesetzlichen Vertretung ist jedoch nicht nur die entscheidende rechtliche Wirkung, sondern zugleich der wichtigste Inhalt der Betreuung zu erkennen. Aus der Perspektive des Erforderlichkeitsgrundsatzes lässt sich daher formulieren, dass in einem Fall, in dem keine Vertretung notwendig ist, die Bestellung eines Betreuers überhaupt entbehrlich und damit unzulässig wäre. Gleichwohl trifft die Betreuerbestellung noch keinerlei Feststellungen zu einer eventuellen Geschäftsunfähigkeit des Betreuten. Gibt der Betreute also eine Willenserklärungen ab, so ist sie nur dann nichtig, wenn seine Geschäftsunfähigkeit nach § 104 Nr. 2 BGB feststeht. Ansonsten kann der Betreute auch weiterhin selbst in den Bereichen, für die ein Betreuer bestellt wurde, selbstständig Rechtsgeschäfte abschließen, aus denen heraus er berechtigt und verpflichtet wird. Dabei kann es auch zu einer **Konkurrenz zwischen Betreutem und Vertretungsbefugnis** des Betreuers kommen, wenn beide Erklärungen unterschiedlichen Inhalts abgeben. Die gleiche Situation kann sich im Übrigen auch zwischen Vollmachtgeber und Bevollmächtigtem ergeben. Im Grundsatz wird dann in beiden Fällen das zeitlich frühere Rechtsgeschäft gelten. Wird hierdurch allerdings die Person oder das Vermögen des Betreuten erheblich gefährdet, so kann das Betreuungsgericht nach § 1903 BGB anordnen, dass derartige Willenserklärungen des Betreuten nur noch mit Einwilligung des

Einwilligungsvorbehalt

Betreuers abgegeben werden dürfen (Einwilligungsvorbehalt). Liegt noch keine Betreuung vor, weil die Geschäfte bisher mit Hilfe eines Bevollmächtigten vorgenommen wurden, so wäre demzufolge bei Notwendigkeit eines Einwilligungsvorbehalts zunächst ein Betreuer zu bestellen. Die genannten Voraussetzungen liegen z. B. dann vor, wenn der Betreute anderenfalls Gefahr liefe, in einem psychiatrischen Krankenhaus untergebracht zu werden, lebensbedrohlich zu erkranken, seine Wohnung zu verlieren oder aber erhebliche Vermögenseinbußen hinnehmen zu müssen, etwa durch den Abschluss unnützer oder jedenfalls ungünstiger Verträge oder dadurch, dass er sich wegen Vertragsverletzung schadensersatzpflichtig macht. Auch der Einwilligungsvorbehalt kann entsprechend der Gesamtkonzeption der Regelung nicht zur Geschäftsunfähigkeit führen; seine Anordnung ist zwar möglicherweise ein Hinweis, jedoch noch kein sicheres Indiz dafür, dass sie vorliegen könnte. Vielmehr ist auch der Einwilligungsvorbehalt in strikter Umsetzung des Erforderlichkeitsgrundsatzes so eng wie möglich zu fassen. Ohnehin kommt seine Anordnung nur im vorgegebenen Rahmen des Aufgabenkreises der Betreuung in Betracht. Deshalb wird die Anordnung eines vollständigen Einwilligungsvorbehaltes ebenso ausnahmsweise erfolgen wie die Betreuung in allen Angelegenheiten. Käme sie jedoch in Betracht, dann würde sie Letztere jedenfalls voraussetzen.

keine Geschäftsunfähigkeit

Der Einwilligungsvorbehalt macht in der Praxis vor allem auch dann Sinn, wenn der Betroffene nicht immer und nicht zweifelsfrei geschäftsunfähig ist (HK-BGB/Kemper 2014 § 1903 Rz. 5). Liegen die Voraussetzungen von § 104 Nr. 2 BGB nicht vor, so ergibt sich aus ihm für den Betreuten eine Rechtsstellung, die zu der des beschränkt Geschäftsfähigen (§§ 106 ff. BGB) einige Analogien aufweist. So scheidet gem. § 1903 Abs. 2 BGB die Anordnung eines Einwilligungsvorbehaltes für höchstpersönliche Angelegenheiten, wie Eheschließung oder Verfügungen von Todes wegen, ebenso aus wie bei Willenserklärungen, die nach den familien- und erbrechtlichen Vorschriften auch vom beschränkt Geschäftsfähigen nur selbst abgegeben werden können (z. B. die Zustimmung zu einer Vaterschaftsanerkennung nach § 1595 Abs. 2 BGB). Dem Kreis der höchstpersönlichen Angelegenheiten ist auch die Wahl des religiösen Bekenntnisses zuzurechnen (zu den Einschränkungen für den beschränkt Geschäftsfähigen hierbei vgl. RKEG). Die in § 1903 Abs. 4 BGB vorgesehene Möglichkeit des genehmigungsfreien Abschlusses von Rechtsgeschäften geringfügigen Ausmaßes des täglichen Lebens (z. B. Erwerb von Nahrung, Kleidung, Genussmitteln; anderes kann allerdings bei Alkoholismus oder krankhaftem Kaufdrang gelten!) wird man nach Einfügung von § 105a BGB allerdings nicht mehr als Erweiterung gegenüber der beschränkten Geschäftsfähigkeit, sondern als Angleichung an die Regelung zur Geschäftsunfähigkeit bewerten müssen.

Analogien zur beschränkten Geschäftsfähigkeit

Rechtsgeschäfte geringfügigen Ausmaßes

Die gesetzliche Vertretung des Betreuers endet, insoweit sein Aufgabenkreis entsprechend eingeschränkt wird (§ 1908d Abs. 1 S. 2 BGB), ansonsten mit der Betreuung selbst. Dies tritt ein, wenn der Betreute stirbt oder wenn die Betreuung wegen Wegfalls ihrer Voraussetzungen bzw. auf Antrag des Betreuten aufgehoben wird (§ 1908d Abs. 1 S. 1 und Abs. 2 BGB). Das Amt des Betreuers – und damit das Recht zur gesetzlichen Vertretung – endet auch, wenn der Betreuer durch das Be-

Beendigung der Betreuung

treuungsgericht aus seinem Amt entlassen wird. Das kommt nach § 1908b Abs. 1 BGB dann in Betracht, wenn sich der Betreuer nicht mehr als für seine Aufgabe geeignet erweist, wenn er vorsätzlich falsche Abrechnungen vorgenommen hat oder nunmehr – durch eine entsprechende Regelung des Gesetzes zur Änderung des Vormundschafts- und Betreuungsrechts – auch dann, wenn er nicht den erforderlichen **persönlichen Kontakt** zum Betreuten hält. Auch angesichts dieser Möglichkeit kann man die Rechtsstellung des Betreuers in einer kurzen Formel als „privatrechtliches Amt" zusammenfassen, das „fremdnützig (ist), mit einer primären Verantwortung gegenüber dem Betroffenen, über das Amt wacht jedoch ein staatliches Organ (Betreuungsgericht)" (Dethloff 2012, 512; zur Doppelgleisigkeit öffentlicher und privater Fürsorge, vgl. BVerfG 10, 302 Rz. 75 – NJW 1960, 811).

Damrau/Zimmermann 2011; Fröschle 2009, Jürgens et al. 2011; Pardey 2009

1. Was versteht man unter der Ehe? (2.1)
2. Was versteht man unter Kindeswohl? (2.1)
3. Unter welchen Voraussetzungen ist es möglich, dass eine geschlossene Ehe durch eine Behörde wieder aufgehoben wird? (2.2.1)
4. Herr M. ist in zweiter Ehe verheiratet. Er ist unterhaltspflichtig gegenüber seinem Kind aus erster Ehe (7 Jahre), seinem Kind aus zweiter Ehe (2 Jahre), seiner nach 8-jähriger Ehe geschiedenen Frau (nach § 1573 Abs. 1 BGB) und seiner jetzigen Ehefrau. Um für alle im vollen Umfang Unterhalt zu leisten, reicht aber sein verfügbares Einkommen nicht. Wie ist zu verfahren? (2.2.4 und 2.4.2).
5. Kommen im Rahmen einer nichtehelichen Lebensgemeinschaft Unterhaltsansprüche gegen den anderen in Betracht? (2.3.1)
6. Welche Fragen können Ehepaare im Rahmen einer Scheidung einvernehmlich regeln? Können Eltern im Rahmen einer einvernehmlichen Scheidung auf Kindesunterhalt bzw. auf Unterhalt für sich selber verzichten? (2.2.3)
7. Ist es dem leiblichen Vater eines Kindes möglich, die Vaterschaft anzuerkennen, wenn die Mutter zum Zeitpunkt der Geburt des Kindes mit einem anderen Mann verheiratet war? Wie, wenn sie zum Zeitpunkt der Geburt bereits einen Scheidungsantrag gestellt hatte? (2.4.1)
8. Welche Kernbestandteile gehören zur Personensorge? (2.4.3.2)
9. Bei wem liegt grundsätzlich die gesetzliche Vertretung des Kindes und welche Ausnahmen gibt es? Was bedeutet in diesem Zusammenhang „Teilmündigkeit" des Kindes? (2.4.3.2)
10. Wie ist die elterliche Sorge für den Fall geregelt, dass die Eltern getrennt leben, sie gleichwohl aber gemeinsam ausüben? (2.4.3.4)
11. Wie muss die tatsächliche, „objektive" Situation beschaffen sein, damit man von einer Kindeswohlgefährdung sprechen kann? (2.4.4)
12. Reicht das Vorliegen einer Gefährdungssituation im Sinne von § 1666 BGB aus, um die Personensorge einzuschränken bzw. sie zu entziehen? (2.4.4)
13. Was ist unter „elterlichem Versagen" zu verstehen? (2.4.4)
14. Kann ein vom Kind getrennt lebender Elternteil sein Umgangsrecht auch gegen den Willen des Kindes durchsetzen? (2.4.5)

15. Wie ist die verfahrensrechtliche Stellung des Jugendamts im Rahmen seiner Mitwirkung im gerichtlichen Verfahren nach § 50 SGB VIII ausgestaltet? (2.4.6.3)
16. Welche Aufgaben hat ein Verfahrensbeistand, und wann ist er zu bestellen? (2.4.6.4)
17. Was ist unter dem sog. Beschleunigungsgrundsatz zu verstehen? (2.4.6.5)
18. Welche verfahrensrechtliche Stellung hat das JA in Verfahren wegen Kindeswohlgefährdung? (2.4.6.3)
19. Worin liegt der Unterschied zwischen einem Vormund und einem Pfleger für einen MJ? (2.4.8)
20. Warum ist das Betreuungsrecht Teil des Familienrechts? (2.1 und 2.5)
21. Was gilt es bei einer letztlichen Entscheidung darüber zu berücksichtigen, ob ein Betreuter, der an Altersdemenz erkrankt ist, gegen seinen Willen in ein Altenheim ziehen soll? (2.5.3)
22. Ist einem Alkoholabhängigen ein Betreuer zu bestellen, weil er regelmäßig nach wenigen Tagen sein ganzes ihm für den gesamten Monat zur Verfügung stehendes Geld bereits vertrunken hat? (2.5.2)

III Grundzüge des Öffentlichen Rechts

Grundzüge des Öffentlichen Rechts

Das Öffentliche Recht regelt die (verfassungs-)rechtlichen Grundlagen und die Organisation des Staates und der mit Hoheitsgewalt ausgestatteten Rechtssubjekte (Körperschaften, Anstalten und öffentlich-rechtliche Stiftungen; hierzu I-4.1.2.1), Struktur und Aufgaben der öffentlichen Verwaltung und das von ihr angewandte Verfahren. Es ordnet die Rechtsverhältnisse der Hoheitsträger untereinander und zu den Bürgern. Hierzu gehören insb. das Grundgesetz (als besonderer Gegenstand des Verfassungsrechts, s. I-2) sowie das sonstige Staats- und Verwaltungsrecht, das Polizeirecht, das Schulrecht, das gesamte Gerichtsverfassungs- und Verfahrensrecht (auch der Zivilgerichtsbarkeit) sowie – für die Soziale Arbeit besonders wichtig – das gesamte **Sozialrecht**. Auch das Strafrecht ist Teil des Öffentlichen Rechts, wird aber auch in diesem Lehrbuch wie üblich als gesondertes Rechtsgebiet in Teil IV behandelt. Die verfassungsrechtlichen Grundlagen der Sozialen Arbeit wurden bereits im Teil I dargestellt. Im Folgenden wird der Schwerpunkt auf die mit dem Begriff „Sozialrecht" bezeichneten Gebiete des Öffentlichen Rechts gelegt sowie auf einige weitere für die Soziale Arbeit besonders relevante Normenbereiche.

1 Sozialrecht – Allgemeines Sozialverwaltungsrecht (SGB I und SGB X) (Trenczek)

1.1 Das Sozialrechtsverhältnis
1.2 Das sozialrechtliche Verwaltungsverfahren
1.2.1 Allgemeine Grundsätze
1.2.2 Ablauf des Verwaltungsverfahrens
1.2.3 Sozialdatenschutz
1.3 Handlungsformen der Sozialverwaltung
1.3.1 Verwaltungsakt
1.3.1.1 Inhalt und Form des Verwaltungsaktes
1.3.1.2 Wirksamkeit des Verwaltungsaktes
1.3.1.3 Rechtsfolgen fehlerhafter Verwaltungsakte
1.3.2 Öffentlich-rechtlicher Vertrag
1.4 Verwaltungskontrolle und Rechtsschutz
1.5 Verwaltungsvollstreckung und Verwaltungszwang

Sozialrecht Mit dem (nicht immer einheitlich definierten) Begriff „Sozialrecht" bezeichnet man das Gesamtsystem von öffentlich-rechtlichen Regelungen für den Teilbereich des Gemeinwesens, in dem der Zugang zu den Sozialleistungen und die Arbeit der

Sozialleistungsträger geregelt werden. Es betrifft also einen Teil der öffentlichen Verwaltung, die sog. Sozialverwaltung (s. I-4.1). Man spricht deshalb im Hinblick auf die zu beachtenden Rechtsnormen auch von **Sozialverwaltungsrecht**. Die Entwicklung des sozialrechtlichen Normensystems in Deutschland ist eine Folge des **Sozialstaatsprinzips** des GG (vgl. I-2.1.3) und damit das „Soziale" an der sozialen Marktwirtschaft.

Es soll nach § 1 SGB I nicht nur der bloßen Existenzsicherung (immerhin geht es um ein menschenwürdiges Dasein) dienen, sondern darüber hinaus zur **Verwirklichung sozialer Gerechtigkeit und sozialer Sicherheit** und insb. dazu beitragen, Chancengleichheit (s. I-1.2.3) zu schaffen, die Familie zu schützen und zu fördern und besondere Belastungen des Lebens auszugleichen. Man spricht hier auch vom **System** und Netz **der sozialen Sicherung**, welches sich auf die vier Säulen Vorsorge/Versicherung, Versorgung, Förderung und Hilfe stützt (vgl. hierzu I-2.1.3 und Übersicht 9, nach anderer Sichtweise unterscheidet man in Deutschland die drei Systeme Sozialversicherung, Versorgung und Fürsorge, welche heute zumindest ansatzweise durch ein System der Bürgerversicherung ergänzt werden müsste; vgl. Opielka 2004, 25 ff.).

§ 1 SGB

Der einzelne Bürger kann allerdings aus den Vorschriften des SGB nur dann einen individuellen Anspruch (subjektiv-öffentliches Recht) herleiten, wenn dessen Voraussetzungen und Inhalt im Besonderen Teil des SGB geregelt sind (§ 2 Abs. 1 SGB I). Die einzelnen materiellen Regelungsgebiete des Sozialrechts (vgl. hierzu §§ 3–10 und §§ 18–29 SGB I) sind z.T. codiert in eigenen „Büchern" (besser vorstellbar als „Bände" bzw. Teile des gesamten Sozialgesetzbuches; diese Bücher/Bände sind wiederum in Kapitel und Abschnitte gegliedert):

- SGB II: Grundsicherung für Arbeitssuchende,
- SGB III: Arbeitsförderung,
- SGB IV: Gemeinsame Vorschriften für die Sozialversicherung (vgl. § 4 SGB I),
- SGB V: Gesetzliche Krankenversicherung (vgl. § 21 SGB I),
- SGB VI: Gesetzliche Rentenversicherung (vgl. § 23 SGB I),
- SGB VII: Gesetzliche Unfallversicherung (vgl. § 22 SGB I),
- SGB VIII: Kinder- und Jugendhilferecht (vgl. §§ 8, 27 SGB I),
- SGB IX: Rehabilitation und Teilhabe behinderter Menschen (vgl. § 10 SGB I),
- SGB X: Verwaltungsverfahren nach dem Sozialgesetzbuch
- SGB XI: Pflegeversicherung (vgl. § 21a SGB I),
- SGB XII: Sozialhilfe/Grundsicherung bei Alter und Erwerbsminderung (vgl. §§ 9, 28 SGB I).

Regelungsbereiche des SGB

Weitere in Einzelgesetzen normierte Regelungsbereiche des Sozialrechts sind in § 68 SGB I genannt und gelten bis zu ihrer systematischen Einordnung in das SGB schon jetzt als besondere Teile des SGB, z.B. die Ausbildungsförderung (BAföG), die Familienförderung durch das Elterngeld und Betreuungsgeld (BEEG), das Bundesversorgungsrecht (vgl. § 5 SGB I) mit den dazugehörigen Teilbereichen (z.B. Soldaten- und Zivildienstversorgung, Infektionsschutz, Opferentschädigung), das Unterhaltsvorschussgesetz (UhVorschG), das Schwerbehindertengesetz (SchwbG), das Wohngeldgesetz (WoGG; vgl. § 7 SGB I) oder das

Schwangerschaftsabbruchhilfegesetz (SchwHG). Zudem gehören auch nicht in § 68 SGB I gelistete Regelungsbereiche zum Sozialrecht wie z. B. das HeimG oder das Schwangerschaftskonfliktgesetz (SchKG).

Beim Kindergeld handelt es sich nicht um eine Sozialleistung im „engen Sinne", sondern um eine steuerliche Entlastung nach dem EStG.

Gesetzliche Regelungen, die nicht zum SGB gehören, enthalten teilweise sozialrechtliche Bestimmungen (insb. zur Existenzsicherung, z. B. Asylbewerberleistungsgesetz). Gleichwohl sind in diesen Fällen die (allgemeinen) sozialrechtlichen Bestimmungen nicht anwendbar. Das betrifft insb. die Soziale Arbeit

- in den sozialen Migrationsdiensten,
- im Strafvollzug, in den sozialen Diensten der Justiz, der Bewährungs- und Gerichtshilfe (beachte aber: die sog. „Jugendgerichtshilfe" ist nach § 52 SGB VIII Aufgabe des JA und gehört damit zum Sozialleistungsbereich),
- im Gesundheitswesen (Krankenhaussozialarbeit),
- in der privaten Wirtschaft oder in öffentlichen Behörden (Betriebssozialdienst),
- im Bildungsbereich (insb. im Rahmen der außerbetrieblichen Ausbildung und Förderung; Ausnahme: Schulsozialarbeit nach § 13 SGB VIII).

Für diese Bereiche gilt – soweit sie öffentlich-rechtlich verfasst sind – das allgemeine Verwaltungsverfahrensrecht (VwVfG) sowie die bereichsspezifischen Regelungen z. B. AufenthG, AsylbLG, StrVollzG, StGB, StPO.

freie Träger Das SGB gilt unmittelbar nur für die öffentlichen Verwaltungsträger, **nicht** für freie Träger, die ihre Rechtsbeziehungen zu den Leistungsempfängern Sozialer Arbeit grds. nach den Regeln des Privatrechts (hierzu II-1) gestalten (z. B. Vereinbarung eines Betreuungsvertrags). Sozialrechtliche Bestimmungen (z. B. Schutzverpflichtungen, insb. zum Schutz von persönlichen Daten) können aber für freie Träger ggf. mittelbar aufgrund entsprechender Vereinbarungen mit den Trägern öffentlicher Verwaltung verbindlich sein (vgl. z. B. §§ 8a Abs. 4, 61 Abs. 3, 78a ff. SGB VIII).

europäisches Sozialrecht Das hier dargestellte Sozialrecht beschränkt sich im Wesentlichen auf die deutsche Rechtsordnung unter Einschluss der ins nationale Recht transferierten internationalen und völkerrechtlichen Regelungen (z. B. bilaterale Sozialversicherungsabkommen). Mittlerweile wirken sich aber auch im Sozialrecht inter- bzw. supranationale Regelungen (vgl. I-1.1.5) ohne besonderen Ratifizierungsakt unmittelbar im deutschen Recht aus, wie an der Rechtsprechung des EuGH (s. I-5.1.2) deutlich wird (Einschränkung des Territorialprinzips nach § 30 SGB I; z. B. EuGH NJW 1997, 43 zum Anspruch auf Erziehungsgeld von Grenzgängern beim Wohnsitz im EU-Ausland; EuGH NJW 1998, 1769 bzgl. der Kostentragung bei der Beschaffung von Hilfsmitteln/Brille im EU-Ausland; EuGH NJW 1998, 1771 ff. bzgl. der Kostenerstattung bei Zahnbehandlung im EU-Ausland).

Als **allgemeines Sozial(verwaltungs)recht** bezeichnet man die unabhängig vom jeweiligen Arbeitsfeld, also für alle Bereiche des SGB geltenden (sprichwörtlich „vor die Klammer" gezogenen) Regelungen des **SGB I** (vgl. im 3. Abschnitt die

„Gemeinsamen Vorschriften für alle Sozialleistungsgesetze" des SGB in §§ 30–59 SGB I) und des für den SGB-Bereich im **SGB X** normierten Verwaltungsverfahrens. Leider ist die Systematik (SGB I und X quasi als Einband am Anfang und Ende des SGB) nicht durchgehalten und durch die Integration weiterer SGB-Bücher mittlerweile gesprengt worden. So sind im SGB IV die allgemeinen Bestimmungen zusammengefasst, die für den gesamten Bereich der Sozialversicherung (SGB V–VII, XI) und z. T. für die Arbeitsförderung (SGB III) gelten. Nur soweit die einzelnen Bücher des SGB spezifischere Regelungen normieren, gehen diese den allgemeinen Normen vor (z. B. bereichsspezifische Regelungen zum Datenschutz in §§ 61 ff. SGB VIII gegenüber § 35 SGB I und §§ 67 ff. SGB X). Darüber hinaus bleiben Regelungen des über- und zwischenstaatlichen Rechts unberührt (§ 30 Abs. 2 SGB I).

Die Aufgaben nach dem SGB werden durch die **Behörden** wahrgenommen (§ 1 Abs. 2, § 10 Nr. 3 SGB X), das sind die selbstständig und nach außen (d. h. gegenüber dem Bürger) handelnden Stellen der öffentlichen Verwaltung, in der Kommunalverwaltung i. d. R. die (Ober)Bürgermeister bzw. die Landräte (vgl. I-4.1.2.1).

1.1 Das Sozialrechtsverhältnis

Auf Grundlage der in §§ 3–10 SGB I normierten Rechte und der sozialrechtlichen Leistungsnormen (SGB II–XII) entsteht im konkreten Einzelfall ein sog. Sozialrechtsverhältnis (bzw. auch Sozialleistungsverhältnis genannt) als spezifisch sozialrechtlich ausgestaltetes Schuldverhältnis. Hiermit wird die Rechtsbeziehung des Bürgers als Leistungsempfänger zum Sozialleistungsträger (vgl. § 12 SGB I) als Leistungsverpflichteter bezeichnet. Hieraus ergeben sich – durchaus vergleichbar mit dem zivilrechtlichen Schuldverhältnis (hierzu II-1.4.1) – über die konkrete Sozialleistung hinaus bestimmte Regeln, Rechte und Pflichten (z. B. auf Aufklärung, Auskunft und Beratung; vgl. §§ 13 ff. SGB I; Mitwirkungsobliegenheiten nach §§ 60 ff. SGB I, s. u. III-1.3.2; ausführlich Dillmann 2008, 91 ff.; Fichte et al. 2008, 66 ff.; Richter/Doering-Striening 2008, 21 ff.).

Leistungsinhalt können nach § 11 SGB I (vgl. § 10 SGB XII) Geld- (z. B. §§ 44 ff. SGB V, §§ 33 ff. SGB VI), Sach- (§ 28 SGB V) oder Dienstleistungen sein, letztere insb. in Form persönlicher und erzieherischer Hilfen (vgl. § 11 Abs. 1 S. 2 SGB I, z. B. §§ 27 ff. SGB VIII, §§ 70 ff. SGB XII) als besonderer Gegenstand der Sozialen Arbeit. Auf Sozialleistungen kann ggf. ein Anspruch bestehen (§ 38 SGB I) oder sie liegen im pflichtgemäßen Ermessen (zum Begriff vgl. I-3.4.1) der Sozialverwaltung (§ 39 SGB I). Ob das eine oder andere der Fall ist, richtet sich nach der konkreten Leistungsnorm der besonderen Teile des SGB. Ansprüche auf Sozialleistungen entstehen, sobald ihre im Gesetz oder aufgrund eines Gesetzes bestimmten Voraussetzungen vorliegen (§ 40 SGB I). Die zivilrechtliche Privatautonomie (insb. Vertragsfreiheit) besteht insoweit nicht (vgl. § 32 SGB I), es gilt der strenge sozialrechtliche **Gesetzesvorbehalt** (§ 31 SGB I; vgl. I-2.1.2.1).

Sozialleistungsanspruch

Sozialleistungsansprüche sind – soweit nicht gesonderte Regelungen vorliegen – bei Vorliegen der Leistungsvoraussetzungen fällig und Leistungen sind deshalb sofort zu erbringen (§ 41 SGB I). Sie können auch verjähren und zwar nach

§ 45 SGB I grds. nach vier Jahren. Ansprüche erlöschen – wenn auf sie nicht verzichtet wird (§ 46 SGB I) – mit ihrer Erfüllung gegenüber dem Leistungsberechtigten (vgl. §§ 362 ff. BGB; § 47 SGB I). Möglich ist aber auch eine Auszahlung und Überleitung des Anspruchs an Dritte (z. B. bei Unterbringung §§ 49 f. SGB I). Bei Geldleistungsansprüchen ist mitunter auch eine Aufrechnung (§ 51 SGB I) möglich sowie eine Pfändung zulässig, nicht aber bei Ansprüchen auf Sozialleistungen in Form von Dienst- oder Sachleistungen (§ 54 SGB I). Derartige Ansprüche können auch nicht auf andere Personen übertragen oder verpfändet werden (§ 53 SGB I). Sozialleistungsansprüche sind also nur bedingt verkehrsfähig. Bei Tod des Leistungsempfängers ist aber bei bereits fälligen Geldleistungen eine sog. Sonderrechtsnachfolge (§ 56 SGB I) und Vererbung (§ 58 SGB I) möglich. Im Übrigen erlöschen mit dem Tod die Ansprüche auf Sozialleistungen (§ 59 SGB I).

Leistungsstörungen
Treten bei der Erfüllung von Sozialleistungen Fehler oder Mängel auf, spricht man – wie im bürgerlich-rechtlichen Schuldrecht – von Leistungsstörungen, z. B. weil Leistungsempfänger zu viel, zu wenig oder etwas anderes erhalten haben, als ihnen bewilligt wurde. Soweit dies aufgrund eines fehlerhaften VAs erfolgt, gelten hierfür dann spezifische Regelungen (vgl. § 45 ff. SGB X; s. u. III-1.3.1.2). Bei **fehlerhafter Beratung** und Auskunft oder einer sonstigen Pflichtverletzung können Haftungsansprüche aus Amtshaftung gegen den Sozialleistungsträger entstehen (Art. 34 GG, § 839 BGB). Mittlerweile ist von der Rechtsprechung mangels anderer spezieller gesetzlicher Regelungen „gewohnheitsrechtlich" ein verschuldensunabhängiger (d. h. der Fehler, die Pflichtverletzung als solche lässt den Anspruch entstehen) **sozialrechtlicher Herstellungsanspruch** anerkannt, mit dem der Bürger verlangen kann, ihn so zu stellen, wie er bei einer fehlerfreien Beratung gestanden hätte (sozialrechtliche Naturalrestitution; vgl. BSG NZS 2006, 601; BSGE 11.03.2004 – B 13 RJ 16/03 R – BSGE 92, 241; vgl. Fichte et al. 2008, 144 ff.; Richter/Doering-Striening 2008, 122 ff.). Umstritten ist nur, ob darüber hinaus ein öffentlich-rechtlicher Schadensersatzanspruch besteht (vgl. BSGE 53, 150 [156]). Ein solcher ist bislang lediglich bei der Verletzung öffentlich-rechtlicher Verträge anerkannt worden. Im Sozialversicherungsrecht ist eine Erstattung zu Unrecht entrichteter Versicherungsbeiträge vorgesehen (§§ 26–28 SGB IV). Im Verhältnis mehrerer Leistungsträger untereinander gelten für die gegenseitigen Erstattungsansprüche die §§ 102–104 SGB X.

Sozialrechtliches Dreiecksverhältnis
Im Hinblick auf das sozialrechtliche Leistungsverhältnis ist zu beachten, dass die öffentlichen Sozialleistungsträger (z. B. die kommunalen Träger für die Sozial- oder die Kinder- und Jugendhilfe, die Kranken- und Pflegekassen, die Träger der Unfall- und Rentenversicherung) mangels personeller und sachlicher Mittel aber auch aus rechtlichen Gründen (zum Subsidiaritätsprinzip vgl. I-2.1.3) mit Ausnahme von Beratungsleistungen in der Regel nicht selbst Dienstleistungen erbringen, sondern sich bei der Erfüllung ihrer Leistungsverpflichtungen in der Regel dritter Personen, insb. der freien Träger der Wohlfahrtspflege (vgl. I-4.1.2.2; III-3.2.3), bedienen, mit denen sie sozialrechtliche Vereinbarungen getroffen haben (vgl. § 17 Abs. 2 SGB II; § 2 Abs. 2 und 3; §§ 69 ff., § 132 Abs. 1 SGB V; §§ 3, 78a SGB VIII; § 72 Abs. 1 SGB XI; § 75 Abs. 3 SGB XII). Gegenstand dieser öffentlich-rechtlichen Verträge (§§ 53 ff. SGB X; s. u. III-1.3.2) sind insb. Inhalt, Um-

Leistungs- und Entgeltvereinbarungen

Übersicht 34: Das sozialrechtliche Dreiecksverhältnis

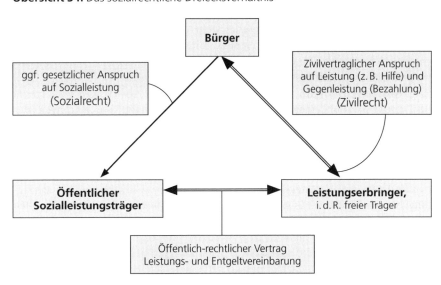

fang und Qualität der zu erbringenden Leistungen, die Höhe der erstattungsfähigen Vergütung (Entgelt) sowie weitere vertragliche Nebenpflichten (z. B. zur Gewährleistung der Schutzverpflichtung nach § 8a Abs. 4 SGB VIII; Einhaltung des Sozialdatenschutzes). Öffentliche Träger, Leistungserbringer und anspruchsberechtigte Bürger stehen deshalb (häufig) in einem **sozialrechtlichen Dreiecksverhältnis** (vgl. Übersicht 34; zu den Besonderheiten des Leistungsdreiecks in der Kinder- und Jugendhilfe vgl. III-3.5.3).

Nimmt der Bürger die Leistungen einer Einrichtung eines freien (oder gesetzlich nicht verpflichteten öffentlichen) Trägers in Anspruch, müsste er für die Inanspruchnahme der Leistungen aufgrund des privatrechtlichen Rechtsverhältnisses zunächst das Entgelt an den **Leistungserbringer** zahlen. Der **Bürger** hat ggf. aufgrund einer Leistungsnorm des SGB – konkretisiert durch einen entsprechenden Bescheid – einen (Leistungs-)Anspruch gegen den öffentlichen **Leistungsträger**. Wenn dieser die Leistung nicht selbst erbringt, ist er zur Übernahme der Kosten der Leistung verpflichtet, sofern die formellen und materiellen Leistungsvoraussetzungen vorliegen (zur Steuerungsverantwortung der öffentlichen Jugendhilfe nach 36a SGB VIII vgl. III-3.3.4.4). Im Bereich der Krankenbehandlung sind in dem Leistungsdreieck zusätzlich zwischen Krankenkassen und den behandelnden Kassenärzten noch die Kassenärztlichen Vereinigungen (§§ 77 ff. SGB V) dazwischengeschaltet, die die sog. Gesamtvergütung und entsprechende Verteilungsmaßstäbe aushandeln (§ 85 SGB V). Der Anspruch auf Dienst- oder Sachleistung wandelt sich damit in einen Anspruch auf Geldleistung (wichtig für § 53 SGB I). In der Praxis erfolgt die finanzielle Abwicklung deshalb i. d. R. nicht über die leistungsberechtigten Bürger, sondern durch unmittelbare Zahlung des Entgelts von den öffentlichen Leistungsträgern an die Leistungserbringer. Hierzu ist es rechtlich notwendig, dass der leistungsberechtigte Bürger seinen Anspruch auf Kostenübernahme in zulässiger Weise an den Leistungserbringer abgetreten (vgl. §§ 398 ff. BGB) bzw. übertragen hat. Dies ist nach § 53 Abs. 2 Nr. 2 SGB I nur zulässig, wenn der zuständige Leistungsträger feststellt, dass die Übertragung im wohlverstandenen Interesse des Berechtigten liegt. Teilweise ist eine Übertragung spezialgesetzlich ausgeschlossen (z. B. § 17 Abs. 1 SGB XII); soweit eine **Selbstbeschaffung** zulässig ist, sind Kostenerstattungsansprüche teilweise besonders geregelt (§ 13 Abs. 3 SGB V; § 15 SGB IX; beachte aber § 36a Abs. 3 SGB VIII, hierzu III-3.3.4.4). Im Hinblick auf die Kostenübernahme sehen die Vereinbarungen zwischen öffentlichen Leistungsträgern und den Leistungserbringern i. d. R. auch eine Klausel über die Höhe der erstattungsfähigen Kosten vor (sog. **Leistungs- und Entgeltverträge**; vgl. § 17 Abs. 2 SGB II; §§ 69 ff., § 132 Abs. 1 SGB V; §§ 78a ff. SGB VIII; § 3, § 72 Abs. 1 SGB XI; § 75 Abs. 3 SGB XII). Rechtsdogmatisch unklar ist der Rechtscharakter der sog. **Kostenzusage-** bzw. Kostenübernahmeerklärung. Nach h. M. handelt es sich um einen gesetzlich nicht ausdrücklich geregelten sog. Schuldbeitritt, d. h. der Leistungserbringer erhält einen zweiten Schuldner, kann das Entgelt aber nur einmal einfordern, allerdings zwischen den beiden Schuldnern (Bürger und öffentlicher Träger) wählen (hierzu Münder et al. 2013 Vor Kap 5 Rz. 11). Ungeachtet dessen sollte eine solche Kostenzusage wie ein Schuldanerkenntnis (§ 781 BGB) schriftlich erfolgen. Soweit der Bürger mit dem Leistungserbringer eine Vereinbarung geschlossen hat, nach der die Vergütung der Leistung höher ist als das von dem öffentlichen Leistungsträger erstattete Entgelt (z. B. die sog. Hotelkosten für Unterkunft und Verpflegung bei der Pflegeleistung), muss er die Differenz selber tragen. Freilich ist der Leistungsanbieter verpflichtet, den Bürger als Kunden vor Vertragsschluss über die Kostenstruktur bzw. die Höhe des vom öffentlichen Träger übernommenen Entgelts aufzuklären (§§ 311, 241 Abs. 2 BGB; soweit der Leistungserbringer öffentlich-rechtlich agiert §§ 13 ff. SGB I).

1.2 Das sozialrechtliche Verwaltungsverfahren

Das Verwaltungsverfahren im Bereich der öffentlichen Sozialverwaltung unterscheidet sich wesentlich vom Verfahren zur Durchsetzung zivilrechtlicher Ansprüche z. B. gegen private Kranken-, Lebens- oder Unfallversicherer. Ansprüche aus derartigen Verträgen sind privatrechtlicher Natur, die ggf. im zivilrechtlichen Klageweg geltend zu machen sind. Das Verwaltungsverfahren, das bei der Umsetzung des SGB anzuwenden ist, richtet sich nach den Vorschriften des SGB I und SGB X, soweit die besonderen Teile („Bücher") des SGB keine speziellen Verfahrensvorschriften enthalten (§ 37 SGB I).

Nach den §§ 8 ff. SGB X ist das Verwaltungsverfahren im Sinne des SGB die nach außen wirkende Tätigkeit der Behörden, die auf die Prüfung der Voraussetzungen, die Vorbereitung und den Erlass eines VA (hierzu III-1.3.1) oder auf den Abschluss eines öffentlich-rechtlichen Vertrages (hierzu III-1.3.2) gerichtet ist. Sofern das Verwaltungshandeln nicht auf den Erlass eines VA gerichtet ist (sog. schlicht-hoheitliches Verwaltungshandeln; vgl. I-4.1.1.1), richtet sich das Verfahren nicht unmittelbar nach den §§ 8–66 SGB X. Es gelten allerdings die darin enthaltenen allgemeinen sowie die in den §§ 1–7 SGB X normierten Grundsätze sowie die Regeln des SGB I. Im Rahmen der Mitwirkung in gerichtlichen Verfahren (z. B. §§ 50–52 SGB VIII) sind zusätzlich die Regelungen des FamFG, ZPO, StPO und JGG zu beachten, soweit sie Regelungen für die Sozialverwaltung, wie z. B. das Jugendamt, vorsehen.

1.2.1 Allgemeine Grundsätze

Nach § 9 SGB X ist das Verwaltungsverfahren an keine bestimmte Formen gebunden, soweit keine besonderen Rechtsvorschriften für die Form des Verfahrens bestehen (z. B. Schriftform nach § 7 Abs. 1 BEEG; § 9 Abs. 1 BKGG; § 46 Abs. 1 BAföG). Es ist einfach, zweckmäßig und auch zügig (vgl. § 17 Abs. 1 SGB I) durchzuführen. Anträge sind deshalb in der Regel formlos wirksam, die Verwendung von Vordrucken kann aber zur Angabe von Tatsachen vorgesehen (§ 60 Abs. 2 SGB I), nicht aber erzwungen werden, wenn der Bürger seine Mitwirkungspflichten (s. u. III-1.2.2) vollständig und verständlich, wenn auch formlos erfüllt. **Formfreiheit**

Die Amtssprache ist deutsch (§ 19 Abs. 1 S. 1 SGB X). Damit ist es grds. Sache des nichtdeutsch sprechenden Bürgers, sich ggf. eine Übersetzung zu beschaffen, allerdings gibt es Erleichterungen insb. zur Fristwahrung (§ 19 Abs. 2 SGB X). Darüber hinaus ist umstritten, ob es für EU-Bürger aufgrund des vorrangigen EU-Gemeinschaftsrechts (vgl. § 30 Abs. 2 SGB I) möglich sein muss, dass sie sich in ihrer eigenen Sprache an die deutschen Behörden wenden können (vgl. Diering et al. 2011 § 19 Rz. 6). Jedenfalls dürfen sie durch die deutsche Amtssprache nicht in ihren Grundfreiheiten verletzt und benachteiligt werden (Diskriminierungsverbot Art. 12 EG-Vertrag), was dafür spricht, dass EU-Bürger sich in ihrer offiziellen **Landessprache** an die deutschen Behörden wenden dürfen. Nach a. A. könne die Pflicht zur Verwendung der jeweiligen Amtssprache EG-rechtliche Gleichbehandlungsgebote nicht verletzen. Schon nach Art. 84 Abs. 4 der EWG-Verordnung 1408/71 dürfen aber die Behörden, Träger und Gerichte eines Mitgliedstaats die bei ihnen eingereichten Anträge und sonstigen Schriftstücke nicht deshalb zurückweisen, weil sie in einer Amtssprache eines anderen Mitgliedstaats abgefasst sind. Allerdings kann die Behörde nach § 19 Abs. 2 SGB X die Vorlage einer Übersetzung innerhalb einer angemessenen Frist verlangen, sofern sie nicht in der Lage ist, die Anträge oder Dokumente zu verstehen. Zumindest Englisch sollte inzwischen von allen Mitarbeitern der Sozialverwaltung beherrscht werden. Die Kosten für eine Übersetzung aus einer anderen Sprache tragen die Antragsteller. Klarheit besteht auch für Angehörige der Staaten, mit denen die Bundesrepublik Deutschland entsprechende Abkommen über die gegenseitige Anerkennung der jeweils anderen Sprache geschlossen hat, insb. Türkei, Israel, Schweiz, Kanada und USA (vgl. § 30 Abs. 2 SGB I, § 6 SGB IV; Diering et al. 2011 § 19 Rz. 25). Hörbehinderte Menschen haben das Recht, zur Verständigung die **Gebärdensprache** zu verwenden (§ 17 Abs. 2 SGB I; § 19 Abs. 1 S. 2 SGB X). Insoweit ist ausdrücklich geregelt, dass Aufwendungen für Dolmetscher von der Behörde oder dem für die Sozialleistung zuständigen Leistungsträger zu tragen sind. **Amtssprache**

Fristen Gesetzliche, d. h. durch Rechtsnormen bestimmte Fristen sind einzuhalten (z. B. Widerspruchsfrist). Wer sie nicht einhält, hat grds. „selber Schuld". In Ausnahmefällen kann bei unverschuldetem Versäumnis (z. B. Unfall und nicht vorhersehbarer Krankenhausaufenthalt; nicht aber Urlaub; bei längerer Abwesenheit ist zur Wahrung von Fristen eine Post-Nachsendung bzw. ein Bevollmächtigter zu bestellen, vgl. BSG NJW 1992, 3120) die Wiedereinsetzung in den vorherigen Stand gewährt werden (§ 27 SGB X). Für die Berechnung von Fristen und für die Bestimmung von Terminen gelten nach § 26 Abs. 1 SGB X die §§ 187 bis 193 BGB entsprechend, soweit nicht durch die Absätze 2 bis 5 etwas anderes bestimmt ist. Fällt das Fristende auf ein Wochenende oder gesetzlichen Feiertag, so läuft die Frist erst am nächsten Wochentag ab (§ 26 Abs. 3 SGB X).

Behördliche Fristen, die die Verwaltung nach pflichtgemäßen Ermessen zur Erledigung ihrer Aufgaben (z. B. Anhörungsfrist) setzt (§ 26 Abs. 2 ff. SGB X), können ggf. auch nach Fristablauf verlängert werden (§ 26 Abs. 7 SGB X), z. B. wegen der berufsbedingten Abwesenheit im Ausland im Hinblick auf eine Anhörungsfrist nach § 24 SGB X oder im Hinblick auf eine Frist zur Mängelbeseitigung, wenn ein notwendiger Experte oder Handwerker erst nach Ablauf der Frist zu bekommen ist.

Kosten In Sozialverwaltungsverfahren gilt bislang noch der Grundsatz der **Kostenfreiheit** (§ 64 SGB X), d. h. die Behörden dürfen für ihre Tätigkeiten im Verfahren als solche keine Gebühren und Auslagen erheben. Das gilt auch für das Rechtsbehelfsverfahren nach § 62 SGB X. Soweit dem Bürger selbst, z. B. durch die Beauftragung eines Rechtsanwalts, Kosten entstanden sind, werden diese nur im Rechtsbehelfsverfahren und nur dann erstattet, wenn sie „zur zweckentsprechenden Rechtsverfolgung" notwendig waren (§ 63 Abs. 2 SGB X; s. a. I-5.2.2). Für Leistungen und andere Aufgaben dürfen entsprechend der gesetzlichen Regelungen nach dem SGB Gebühren, Teilnehmer- oder Kostenbeiträge erhoben werden (vgl. z. B. §§ 90 ff. SGB VIII).

Zuständigkeiten Die öffentliche Verwaltung darf nur im Rahmen der ihr durch Rechtsvorschrift eingeräumten Zuständigkeit tätig werden. Die Einhaltung der gesetzlichen Zuständigkeiten ist kein Bürokratismus. Sie ist vielmehr Ausdruck der verfassungsrechtlichen Gewaltenteilung und des Rechtsstaatsprinzips. Nur eine zuständige Behörde handelt rechtmäßig und mit der zu erwartenden Fachlichkeit. Handelt eine nicht zuständige Behörde, greift sie in die rechtlich verbürgten Kompetenzen, im Fall von Selbstverwaltungsträgern in das Recht zur Regelung der eigenen Angelegenheiten ein (vgl. für die Gemeinden Art. 28 Abs. 2 GG). Dem Recht der zuständigen Verwaltungsträger entspricht auf der anderen Seite die Pflicht, gegenüber dem Bürger tätig zu werden und hierfür zunächst die notwendigen Kosten zu tragen. Verantwortlichkeiten können nicht auf einen nichtzuständigen Verwaltungsträger abgeschoben werden, nur weil dieser die Sache vielleicht schneller oder billiger erledigen könnte.

Die gesetzlich geregelte Zuständigkeit knüpft i. d. R. nicht an ein Amt, sondern an die Eigenschaft als öffentlicher **Verwaltungsträger** an. Man unterscheidet vor allem die sachliche und örtliche Zuständigkeit, die i. d. R. im jeweiligen Leistungsgesetz geregelt sind (z. B. §§ 85 ff. SGB VIII, §§ 97 ff. SGB XII; §§ 41 ff. BAföG; bei Kompetenzstreitigkeiten vgl. § 2 SGB X). Die **sachliche Zuständig-**

keit betrifft die Verteilung der Kompetenzen im Hinblick auf den (Sach)Inhalt der zu bewältigenden Aufgabe. Die **örtliche Zuständigkeit** verteilt die Verwaltungskompetenzen gleichermaßen sachlich zuständiger Verwaltungsträger nach dem geografischen Anknüpfungspunkt. Dieser ist häufig nicht der Wohnsitz (§ 30 Abs. 3 S. 1 SGB I), sondern der tatsächliche (aktuell-physische) oder der sog. gewöhnliche Aufenthalt (§ 30 Abs. 3 S. 2 SGB I). Letzterer befindet sich nach der Auslegung durch die Rspr. dort, wo jemand seinen „**Lebensmittelpunkt**" (geprägt z. B. durch Arbeit, Schule, Familie) hat. Die Begründung eines gewöhnlichen Aufenthalts setzt keine bestimmte Verweildauer, keinen längeren oder dauerhaften Aufenthalt voraus (BVerwG 18.03.1999 – NVwZ-RR 1999, 583), vielmehr kann dieser schon vom ersten Tag der Aufenthaltsannahme anzunehmen sein, sofern eine gewisse Verfestigung der Lebensverhältnisse an einem bestimmten Ort zu erwarten und er prinzipiell „zukunftsoffen" (also nicht von vorn herein als vorübergehend geplant) ist. Der gewöhnliche Aufenthalt wird nicht durch eine U- oder Strafhaft von bis zu sieben Monaten unterbrochen (vgl. VG Freiburg 4 K 1340/12 – 07.11 2013).

<small>gewöhnlicher Aufenthalt</small>

Die Frage, welche Stelle, welches Amt, welche Abteilung, welcher Mitarbeiter in einer Behörde für die Erledigung einer Aufgabe verantwortlich ist, ist eine Frage der sog. **funktionellen Zuständigkeit**. Diese innerhalb des Verwaltungsträgers vorgenommene Zuständigkeitsverteilung ist gesetzlich nicht geregelt und obliegt der Organisationshoheit des Trägers. Ein Verstoß gegen diese Zuordnung macht eine Entscheidung im Außenverhältnis zum Bürger nicht rechtswidrig.

Amtshilfe, d. h. die Unterstützung, die eine Behörde einer anderen auf deren Ersuchen leistet, ist nur unter ganz bestimmten Voraussetzungen zulässig; Regelungen hierzu finden sich in verschiedenen (insb. Landes-) Gesetzen (vgl. z. B. Art. 35 Abs. 1 GG; §§ 3 ff. SGB X; hierzu ausführlich Schlink 1982). Sie überwindet lediglich die Grenzen der örtlichen, nicht aber der sachlichen Zuständigkeit. Eine Behörde kann nicht eine Aufgabe, die ihr als Sachgebiet nicht zugewiesen ist, von einer anderen erledigen lassen (Gesetzmäßigkeit der Verwaltung). Notwendig ist eine gesetzliche Regelung. In Thüringen leistet die Polizei in den Fällen des § 42 SGB VIII auf Ersuchen des JA Vollzugshilfe (§ 20 Abs. 4 Thüringer KJHAG). Eine entsprechende Regelung findet sich aber nicht in allen Bundesländern. Amtshilfe darf insb. nicht geleistet werden, wenn sie aus rechtlichen Gründen nicht zulässig ist (§ 4 Abs. 2 SGB X) und Geheimhaltungs- und sozialdatenschutzrechtliche Vorschriften verletzt werden (hierzu III-1.2.3). Von Rechtshilfe spricht man bei der Einschaltung eines Gerichts zur Durchführung richterlicher Handlungen (vgl. § 5 SGG; § 14 VwGO).

<small>Amtshilfe</small>

Anträge auf Sozialleistungen sind beim (gesetzlich) zuständigen Leistungsträger zu stellen (§ 16 SGB I). Zum Schutze des rechtsunkundigen Bürgers sind Anträge, die bei einer unzuständigen Behörde oder Gemeinde gestellt werden, von dieser unverzüglich an den zuständigen Leistungsträger weiterzuleiten. Zur Fristwahrung gelten sie bereits als zu dem Zeitpunkt gestellt, an dem sie bei der unzuständigen Behörde eingegangen sind (§ 16 Abs. 2 SGB I, vgl. auch § 19 SGB XII). Diese Regelung gilt entsprechend für Leistungen, die nicht von einem Antrag abhängig sind, also insb. im Bereich der Jugend- und Sozialhilfe (vgl. BVerwG NVwZ 1996, 402). Für das Einsetzen der Sozialhilfe bestimmt § 18

Abs. 2 SGB XII ausdrücklich, dass es auf den Zeitpunkt der Kenntniserlangung der leistungsauslösenden Umstände bei dem nichtzuständigen Träger der Sozialhilfe oder der unzuständigen Gemeinde ankommt. Dieser Zeitpunkt der ersten Antragstellung ist auch dann maßgeblich, wenn nicht alle erforderlichen Unterlagen eingereicht worden sind (Mrozynski 2010 § 60 Rz. 33 f.).

Beteiligte Beteiligte des Verwaltungsverfahrens sind natürliche und juristische Personen sowie Behörden (§ 10 SGB X). Die das Verfahren betreibende **Behörde** ist nicht Antragsgegner i. S. d. § 12 Abs. 1 Nr. 1 SGB X, sondern vielmehr Trägerin des Verfahrens.

Zur Vornahme von Verfahrenshandlungen fähig sind grds. nur Menschen. Juristische Personen handeln durch ihre gesetzlichen Vertreter und Organe (§ 11 Abs. 1 Nr. 3 SGB X), Behörden durch ihre Leiter, deren Vertreter bzw. Beauftragte (§ 11 **Handlungsfähigkeit** Abs. 1 Nr. 4 SGB X). Im Hinblick auf die Handlungsfähigkeit verweist § 11 SGB X auf die Regelungen der Geschäftsfähigkeit nach dem BGB (vgl. §§ 104 ff. BGB; s. II-1.1). Im Sozialrecht können Personen, die das 15. Lebensjahr vollendet haben (d. h. 15 Jahre alt sind), selbstständig Anträge auf Sozialleistungen stellen und Sozialleistungen entgegennehmen (§ 11 Abs. 1 Nr. 2 SGB X, § 36 Abs. 1 S. 1 SGB I; das ist freilich für sie nicht immer von Vorteil; zu den Friktionen im Asylverfahrensrecht vgl. III-7.3.2). Nach dem SGB VIII können darüber hinaus bereits Kinder unter 15 Jahren ihren Anspruch auf Beratung und Schutzgewährung durch Inobhutnahme selbst geltend machen (§§ 8 Abs. 2 und 3, 42 Abs. 1 Nr. 1 SGB VIII), nicht dagegen andere ihnen ggf. zustehende Leistungen, z. B. einen Platz in einer Kindertagesstätte nach § 24 SGB VIII beantragen. Insoweit bedarf es der rechtsgeschäftlichen Vertretung durch die PSB (§§ 104 ff., 1629 Abs. 1 BGB; beachte zudem: Anspruchsinhaber nach dem SGB VIII sind zumeist die PSB, nicht die Minderjährigen, s. III-3.2.1). Ein unwirksamer Antrag eines noch nicht 15-Jährigen verpflichtet allerdings die Behörde zu prüfen, ob sie nicht von Amts wegen tätig werden muss.

Nichtöffentlichkeit Grds. ist das Verfahren – auch soweit es nicht um einen VA geht – nicht öffentlich, d. h., Beteiligte können nur die in § 12 SGB X genannten Personen sein. Das ist vor allem von Bedeutung im Hinblick auf das Akteneinsichtsrecht oder Anhörungsvorschriften. Dritte können nur im Rahmen der Vorschriften über die Vertretung oder **Beistände** (§ 13 Abs. 4 SGB X) im Verfahren „mit dabei sein". Ein Beteiligter muss nicht – soweit es das Gesetz nicht ausdrücklich vorschreibt – persönlich anwesend sein und handeln, sondern kann sich durch einen **Bevollmächtigten** vertreten lassen (§ 13 Abs. 1 S. 1 SGB X). Die Behörde muss sich dann i. d. R. stets an den Bevollmächtigten wenden (§ 13 Abs. 3 S. 1 SGB X). Bevollmächtigte und Beistand kann jede geschäftsfähige Person sein, es muss sich nicht um einen Rechtsanwalt handeln. Auf Seiten der Behörde dürfen ausgeschlossene (§ 16 SGB X) oder befangene Personen (§ 17 SGB X) nicht tätig werden, insb. weil sie durch die Tätigkeit für eine Behörde oder durch deren Entscheidung einen unmittelbaren Vorteil oder Nachteil erlangen könnten und damit ein Grund vorliegt, der geeignet ist, Misstrauen gegen eine unparteiische Amtsausübung auszulösen.

1.2.2 Ablauf des Verwaltungsverfahrens

Verwaltungsverfahren im Sozialrecht (siehe Übersicht 35) werden nach § 18 SGB X (vgl. auch § 19 SGB IV) entweder durch Anträge (z. B. § 37 Abs. 1 SGB II; § 115 Abs. 1 SGB VI; § 46 BAföG; § 22 WoGG; § 7 Abs. 1 BEEG; § 9 BKGG) oder von Amts wegen in Gang gesetzt (z. B. §§ 42 SGB VIII; § 18 Abs. 1 SGB XII). Schreibt das Gesetz einen Antrag vor, so ist ein VA ohne einen entsprechenden Antrag rechtswidrig. Ist aber ein Antrag für die Einleitung eines Verfahrens zum Erlass eines VA nicht erforderlich, so entscheidet die Behörde über die Einleitung eines Verwaltungsverfahrens nach pflichtgemäßen Ermessen (Opportunitätsprinzip). Das in der Praxis vielfach behauptete Antragserfordernis wurzelt häufig in der Gewohnheit („haben wir schon immer so gemacht"). Sofern das Gesetz einen Antrag nicht ausdrücklich vorschreibt (z. B. im SGB VIII), darf die Verwaltung eine Leistung nicht von der Stellung eines förmlichen Antrags abhängig machen; vielmehr ist ein (Prüf-)Verfahren aufgrund fachlicher Gründe einzuleiten. Besteht ein Leistungsanspruch, reicht es aus, dass die Leistungsempfänger zu erkennen geben, dass sie mit der Inanspruchnahme der Leistung einverstanden sind. Das ist insb. im Bereich der Kinder- und Jugendhilfe der Fall, ein formelles Antragserfordernis besteht hier nicht (Münder et al. 2013 Anhang Verfahren Rz. 23).

Antrag

Die Behörde ist grds. für die Aufklärung des Sachverhalts verantwortlich und ermittelt den Sachverhalt von Amts wegen (sog. Amtsermittlungs- oder Untersuchungsgrundsatz). Sie bestimmt dabei Art und Umfang der Ermittlungen (§ 20 SGB X), wobei sie – wie bei jeder Handlung öffentlicher Verwaltungsträger – insb. den Schutz der Sozialdaten (hierzu III-1.2.3) sowie das Gebot der Verhältnismäßigkeit (vgl. I-2.1.2.2) zu wahren hat. Für das Verwaltungsverfahren gilt der Grundsatz der objektiven **Beweislast**, wenn sich trotz umfassender Aufklärung des Sachverhalts das Vorliegen einer beweiserheblichen Tatsache nicht feststellen lässt. Danach haben die Folgen der Nichtfeststellbarkeit einer rechtserheblichen Tatsache stets diejenigen zu tragen, die aus dieser eine begünstigende Rechtsfolge, insb. einen Anspruch, herleiten wollen. Die Last des nicht erbrachten Beweises trägt hinsichtlich der anspruchsbegründenden Tatsachen i. d. R. der Antragsteller, hinsichtlich der anspruchshindernden oder -vernichtenden Tatsachen die Behörde. Amtsermittlung und freie Beweiswürdigung bedeuten nicht, dass jede Behauptung eines Leistungsberechtigten bezweifelt werden müsste oder dürfte (keine Vorurteile im Hinblick auf den Wahrheitsgehalt von Anträgen). Die Aufklärungspflicht beschränkt sich auf die Beseitigung ernsthafter Zweifel.

Untersuchungsgrundsatz

Soll ein VA, der in Rechte eines Beteiligten eingreift (z. B. Herabsetzung oder Entzug einer Sozialleistung, Rücknahme eines VA, Heranziehung zu Kostenbeitrag), erlassen werden, ist den Beteiligten zuvor die Gelegenheit zu geben, sich zu den für die Entscheidung erheblichen Tatsachen zu äußern (§ 24 Abs. 1 SGB X, Ausnahmen § 24 Abs. 2 SGB X; **zum Anspruch auf rechtliches Gehör** nach Art. 103 Abs. 1 GG vgl. I-5). Die **Anhörungspflicht** gilt auch, wenn ein Leistungsantrag aufgrund neuer, dem Antragsteller nicht bekannter Umstände abgelehnt werden soll. Stets sind die Betroffenen über ihre Rechte und Pflichten ordnungsgemäß zu beraten (§ 14 SGB I). Auch darüber hinaus müssen im Verwaltungsverfahren die **Beteiligungsrechte** der Bürger beachtet werden. Diese sind häufig in

Übersicht 35: Ablauf des Verwaltungsverfahrens und der gerichtlichen Rechtskontrolle

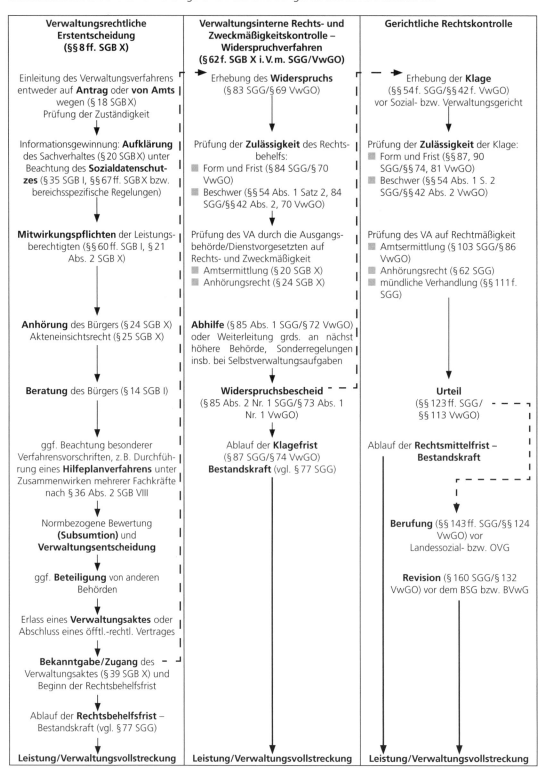

den besonderen Teilen des SGB spezifisch geregelt. So sind z. B. im Hinblick auf Leistungen der Jugendhilfe die besonderen Beteiligungsrechte von Minderjährigen oder das Wunsch- und Wahlrecht der Leistungsberechtigten zu beachten (§§ 5, 8, 9 und 36 SGB VIII; hierzu vgl. III-3.5.2).

Die Beteiligten sollen im Rahmen der Leistungsverwaltung bei der Ermittlung des Sachverhaltes mitwirken, insb. die ihnen bekannten Tatsachen und Beweismittel angeben (§ 21 Abs. 2 SGB X). Nach **§§ 60 ff. SGB I** ist derjenige, der Sozialleistungen beantragt oder erhält, grds. zur Mitwirkung verpflichtet. Tut er dies nicht, können Sozialleistungen versagt oder entzogen werden (§ 66 SGB I). Für dritte Personen besteht eine Mitwirkungs- und Aussagepflicht, wenn diese für die Entscheidung unabweisbar ist (z. B. Zeugenpflicht nach § 21 Abs. 3 SGB X). Freilich sind stets die **Grenzen der Mitwirkungspflicht** (§ 65 SGB I) und hierbei insb. das Verhältnismäßigkeitsprinzip zu beachten.

Mitwirkungsrechte und -pflichten

Sofern es um die Prüfung von Leistungsvoraussetzungen geht, ist der Hausbesuch als **Beweismittel der Augenscheinnahme** nach § 21 Abs. 1 Nr. 4 SGB X zulässig, sofern er verhältnismäßig ist; ob er in der Sache sinnvoll ist, ist v. a. eine fachlich-sozialpädagogische Frage. Wird der Zugang verweigert und gibt es keine angemessene Alternative, den Sachverhalt festzustellen, treffen die Folgen der Nichtfeststellbarkeit einer rechtserheblichen Tatsache ggf. den Antragsteller. Eine Verpflichtung der Bürger, das Betreten der (nach Art. 13 GG verfassungsrechtlich geschützten) Wohnung zu gestatten, folgt daraus jedoch nicht. Eine solche ergibt sich auch nicht aus spezialgesetzlichen Regelungen (z. B. § 6 Abs. 1 Satz 2, 2. HS SGB II, wonach die Träger einen Außendienst zur Bekämpfung von Leistungsmissbrauch einzurichten haben; vgl. III-4.1.4). Auch aus der Mitwirkungsverpflichtung (§§ 60 ff. SGB I, § 21 Abs. 2 Satz 1 SGB X) ergibt sich keine solche Pflicht, da die Regelungen über die Mitwirkung die Duldung eines Hausbesuchs nicht kennen. Das Betreten einer Wohnung ohne Einwilligung der Inhaber des Hausrechts ist nur aufgrund einer richterlichen Anordnung oder zur akuten Gefahrenabwehr zulässig (vgl. Art. 13 GG).

Hausbesuch

Das Verwaltungsverfahren endet in der ersten Phase in der Regel mit einer normbezogenen Entscheidung der Verwaltung (zur **Subsumtion** vgl. I-3.6), vielfach mit einem sog. VA (hierzu III-1.3.1) oder dem Abschluss eines verwaltungsrechtlichen Vertrages (hierzu III-1.3.2).

Zum Verwaltungsverfahren zählt auch das Rechtsbehelfsverfahren, in dem die Verwaltung die Recht- und Zweckmäßigkeit des VA überprüft (§§ 62 ff. SGB X, §§ 40, 68 ff. VwGO, §§ 78 ff. SGG). Ein solches verwaltungsinternes Vorverfahren ist grds. erforderlich, bevor eine Anfechtungs- oder Verpflichtungsklage bei den Gerichten erhoben werden kann (zu den mittlerweile in einigen Bundesländern bestehenden Ausnahmen s. u. III-1.3.1.3 und zur Verwaltungs- und Rechtskontrolle ausführlich I-5). Man unterscheidet hier zwischen sog. formlosen Rechtsschutzmöglichkeiten und Aufsichtsverfahren (hierzu I-5.2.1) und förmlichen Rechtsbehelfen, insb. aufgrund eines Widerspruchs bei VA (hierzu I-5.2.2). Die (förmlichen) Rechtsbehelfe gegen VAe sind in § 62 SGB X geregelt, der im Wesentlichen auf die Bestimmungen des SGG (insb. im Hinblick auf sozialversicherungsrechtliche und Streitigkeiten über die Sozialhilfe, AsylbLG) bzw. der VwGO

Rechtsbehelfsverfahren

Widerspruch

(im Hinblick auf Streitigkeiten aus Anwendung des SGB VIII, BAföG, WoGG) verweist (vgl. I-5.2.2).

Rechtsschutz

Liegt ein VA nicht vor, also bei sog. schlicht-hoheitlichem Verwaltungshandeln bzw. Realakten, ist zwar ein Widerspruch nicht möglich (§ 62 SGB X), der Bürger aber nicht schutzlos (hierzu I-5.2.3). Zulässig ist die allgemeine Leistungsklage (insb. Folgenbeseitigungsanspruch) bzw. Unterlassungsklage sowie subsidiär auch die Feststellungs- (§ 55 SGG, § 43 VwGO) und die Untätigkeitsklage (§ 88 Abs. 2 S. 1 SGG/§ 75 S. 2 VwGO). Möglich ist auch ein Eilverfahren zum vorläufigen Rechtsschutz durch eine einstweilige Anordnung nach § 86b Abs. 2 SGG bzw. § 123 VwGO.

Schließlich gehört zum Verwaltungsverfahren auch die **Vollziehung** und **Vollstreckung** der Verwaltungsentscheidung ggf. auch unter Anwendung von Zwang. Im Hinblick auf die Rechtsgrundlagen verweist § 66 SGB X auf unterschiedliche bundes- bzw. landesrechtliche Regelungen (vgl. hierzu III-1.5).

1.2.3 Sozialdatenschutz

Zur Vorbereitung von Verwaltungsentscheidungen und zur Überprüfung von Leistungsansprüchen benötigt die öffentliche Verwaltung eine Reihe von Informationen. Diese Informationen betreffen häufig sensible, persönliche Daten der Bürger, die vom Staat im Hinblick auf das in Art. 1 u. 2 GG verankerte **Grundrecht der informationellen Selbstbestimmung** (vgl. das sog. Volkszählungsurteil des BVerfG 15.12.1983 – 1 BvR 209, 269 sowie BVerfG 13.06.2007 – 1 BvR 1550/03) bzw. das Grundrecht auf Gewährleistung der Vertraulichkeit und Integrität informationstechnischer Systeme (BVerfG 27.02.2008 – 1 BvR 370/07) geschützt werden müssen (s. a. I-2.2.5), selbst wenn sich der Bürger des digitalen Zeitalters in sog. sozialen Netzwerken wie z. B. facebook u. a. ungehemmt exponiert oder durch die mit Vergünstigungsanreizen erkaufte Verwendung von Kundenkarten „freiwillig" durchsichtig macht. Zwar sind mittlerweile die Gefahren des Datenmissbrauchs durch nicht-staatliche Nutzer wohl größer als durch die öffentliche Verwaltung (immerhin lässt § 36a SGB I auch die elektronische Kommunikation zwischen Bürger und Sozialverwaltung grds. zu), es geht hier allerdings um den durch den Staat zu gewährleistenden Sozialdatenschutz, unabhängig von der Art des Informationsmediums. Das schließt die Verpflichtung des Staates zum Schutz seiner Bürger vor (unerlaubter oder bislang nicht ausdrücklich geregelter) Überwachung und Datennutzung durch ausländische (Geheim- und Such-)Dienste und Unternehmen ein. Allerdings stößt der Datenschutz angesichts des globalen Datenverkehrs nicht nur an technische Grenzen, sondern mitunter fehlt es – wie der Umgang mit den Enthüllungen von Edward Snowden gezeigt hat – zudem am politischen Willen, auch „befreundete" Nationen in ihre Grenzen zu verweisen.

Jeder hat Anspruch darauf, dass die ihn betreffenden Sozialdaten bzw. Betriebs- und Geschäftsgeheimnisse (§ 67 Abs. 1 SGB X) von den Sozialleistungsträgern nicht unbefugt erhoben, verarbeitet oder genutzt werden (Sozialgeheimnis) – die Datenerhebung und –nutzung ist auf das für die im Gesetz genannten Zwecke **unverzichtbare Minimum** zu reduzieren (vgl. BT-Ds 11/3480, 67 zu §§ 293 ff.). Zweck des BDSG ist es, den Einzelnen davor zu schützen, dass er durch den Umgang mit seinen personenbezogenen Daten in seinem Persönlichkeitsrecht beeinträchtigt wird – und zwar nicht nur von öffentlichen Stellen des Bundes und der Länder, sondern auch von nicht-öffentlichen Stellen, soweit sie die Daten unter Einsatz von Datenverarbeitungsanlagen erheben, verarbeiten, nutzen etc. (§ 1 Abs. 1 und 2 BDSG). Auch Privatfirmen sind nach §§ 27 BDSG zur Einhaltung datenschutzrechtlicher Regelungen sowie auch der europäischen Datenschutzrichtlinie verpflichtet, unabhängig davon, ob die Datenverarbeitung in oder außerhalb Europas stattfindet (vgl. EuGH 13.05.2014 – C -131/12 (Google vs. Gonzáles), zum sog. Recht auf Vergessen, I-5.1.2). Der Schwerpunkt der datenschutzrechtlichen Regelungen liegt aber bislang gleichwohl auf den sich zunächst an die öffentliche Verwaltung richtenden **bereichsspezifischen Vorschriften über den Sozialdatenschutz**, z. B.

Adressaten des Datenschutzes

- §§ 42, 282 ff. SGB III,
- §§ 18 f f., §§ 28a f. SGB IV,
- §§ 284 ff. SGB V,
- §§ 147 ff. SGB VI,
- §§ 199 ff. SGB VII,
- §§ 61 ff. SGB VIII (hierzu. III-3.5.2)
- §§ 10 Abs. 4, 21, § 23 Abs. 4, § 130 SGB IX,
- § 7a Abs. 6, § 92c Abs. 7, § 97 SGB XI,
- §§ 117 ff. SGB XII.

Diese bereichsspezifischen Regelungen haben Vorrang vor den allgemeinen Regelungen (§ 35 SGB I, §§ 67 ff. SGB X; bzw. ergänzend die Bestimmungen des BDSG und der Landesdatenschutzgesetze) und den Regelungen über die Ermittlung des Sachverhalts nach den §§ 20 ff. SGB X (§ 37 S. 2 und 3 SGB I).

Personenbezogene bzw. Sozialdaten beinhalten nach § 3 BDSG bzw. § 67 Abs. 1 SGB X Einzelangaben über persönliche oder sachliche Verhältnisse einer bestimmten oder bestimmbaren natürlichen Person (Betroffener), die von einer in § 35 SGB I genannten Stelle im Hinblick auf ihre Aufgaben nach dem SGB erhoben, verarbeitet oder genutzt werden). Es gibt keine unwichtigen oder nicht geschützten personenbezogenen Daten (Schmidl 2011, I). Jeder hat zu Recht, etwas zu verbergen: seine Privatsphäre, weshalb diese auch durch Art. 1 f. GG, Art. 8 EMRK geschützt ist. Es geht beim Datenschutz nicht darum, etwas Illegales zu verbergen. Die bloße Befürchtung der Beobachtung und Ausforschung allein behindert schon die Ausübung von Grundrechten: Datenschutz ist relevant „even if you have ‚Nothing to Hide'" (Solove 2011). Besonders sensibel sind „Angaben über die rassische und ethnische Herkunft, politische Meinungen, religiöse oder philosophische Überzeugungen, Gewerkschaftszugehörigkeit, Gesundheit oder Sexualleben" (§ 67 Abs. 12 SGB X; § 3 Abs. 9 BDSG).

Begriffsdefinitionen

Betroffener ist derjenige, auf den sich all diese Angaben beziehen. Dieser Begriff ist weiter als z. B. der des Leistungsberechtigten (vgl. z. B. § 62 Abs. 4 SGB VIII). **Erheben** ist das Beschaffen von Daten über den Betroffenen (§ 67 Abs. 5 SGB X; § 3 Abs. 3 BDSG). **Verarbeiten** ist das Speichern, Verändern, Übermitteln, Sperren und Löschen von Sozialdaten (§ 67 Abs. 6 SGB X; § 3 Abs. 4 BDSG). **Nutzen** ist jede Verwendung von Sozialdaten, soweit es sich nicht um Verarbeitung handelt, auch die Weitergabe innerhalb der verantwortlichen Stelle (§ 67 Abs. 7 SGB X). **Übermitteln** ist das Bekanntgeben gespeicherter oder durch Datenverarbeitung gewonnener Sozialdaten an einen Dritten. Zu weiteren für den Datenschutz relevanten Begriffsbestimmungen (z. B. Pseudonymisieren, Anonymisieren) siehe § 67 SGB X; § 3 BDSG.

Adressaten der Datenschutznormen sind weder das Amt oder die Behörde als solche noch die einzelnen Mitarbeiter (Ausnahme § 65 SGB VIII), sondern die „verantwortlichen Stellen" der öffentlichen Leistungsträger bzw. der (privaten) Organisation (§ 67 Abs. 9 SGB X; §§ 3 Abs. 7, 27 BDSG). Eine Stelle ist diejenige kleinste Einheit innerhalb einer Organisation, die für die konkrete Aufgabenerledigung funktional zuständig ist (**funktionaler Stellenbegriff**), so etwa die Erziehungsberatungsstelle des Trägers der öffentlichen Jugendhilfe, nicht das gesamte Jugendamt. Das bedeutet, dass bei der Weitergabe von einer Stelle zur anderen eine Offenbarung bzw. Weitergabe von Sozialdaten an Dritte usw. vorliegt und deswegen die dafür maßgeblichen Datenschutzvorschriften zu beachten sind.

Grundsätze Das Datenschutzrecht gilt als ein sehr komplexes und schwieriges Rechtsgebiet. Allerdings lassen sich viele (Zweifels-)Fragen des Arbeitsalltages im Wesentlichen mit Hinweis auf fünf Grundsätze für die Erhebung, Speicherung und Verwertung von Sozialdaten beantworten (vgl. Peters et al. 2012; Schmidl 2011, II), die auch und gerade im Hinblick auf die Amtshilfe (§ 4 Abs. 2, S. 2 SGB X) zu beachten sind:

1. Die Erhebung, Verarbeitung und Nutzung von personenbezogenen Daten ist verboten, es sei denn sie ist ausdrücklich erlaubt (**Verbotsgrundsatz** mit Erlaubnisvorbehalt).
2. **Zweckbindungsprinzip**: Die Kenntnis der Sozialdaten ist zur Erfüllung der **konkreten Aufgabe erforderlich** und Daten dürfen nur für den Zweck verwendet werden, zu dem sie erhoben wurden (§ 67a Abs. 1 SGB X, § 62 Abs. 1 SGB VIII). Damit ist ein Sammeln von für die Erfüllung einer gesetzlichen Aufgabe nicht unbedingt erforderlichen Daten, das Sammeln von Daten auf Vorrat ohne einen bestimmten Zweck oder die laufende Verwendung alter Daten bzw. (ver)alte(te)r Berichte grds. unzulässig. Das BVerfG (1 BvR 256/08 – 02.03.2010) hat z. B. die sechsmonatige, anlasslose Speicherung von Telekommunikationsdaten durch private Dienstanbieter kritisiert. Allerdings verbiete Art. 10 Abs. 1 GG nicht jede vorsorgliche Erhebung und Speicherung von Daten, sondern schütze vor einer unverhältnismäßigen Datensammlung und vor entgrenzenden Zwecksetzungen. Im Schutzbereich der sozialrechtlich normierten informationellen Selbstbestimmung ist aber die Speicherung

von personenbezogenen Daten auf Vorrat zu unbestimmten und noch nicht bestimmbaren Zwecken verboten.
3. **Erhebung** grds. **bei den Betroffenen** (Direkterhebungsgrundsatz), wobei diese über den (richtigen) Zweck und die Rechtsgrundlage aufzuklären sind (§ 67a Abs. 2 u. 3 SGB X; § 62 Abs. 2 SGB VIII; § 4 BDSG). Im Hinblick auf besonders sensible Daten nach § 67 Abs. 12 SGB X hat sich die Einwilligung ausdrücklich auf diese zu beziehen. Ohne /gegen die Mitwirkung der Betroffenen ist die Erhebung nach § 67a Abs. 2 SGB X nur zulässig, wenn sie gesetzlich erlaubt ist oder keine Anhaltspunkte dafür bestehen, dass überwiegende schutzwürdige Interessen des Betroffenen beeinträchtigt werden (beachte zusätzliche Grenzen z. B. von § 62 SGB VIII).
4. **Datenverarbeitung, -nutzung** und -weitergabe nur mit **Einwilligung** des Betroffenen oder soweit dies **gesetzlich** erlaubt ist (§ 67b Abs. 1 SGB X). Einwilligung ist die vorherige Zustimmung (vgl. § 183 BGB), wirksam ist diese nur, wenn insb. über den Zweck der Nutzung aufgeklärt wurde. Eine nachträgliche Genehmigung (vgl. § 184 BGB) beseitigt die Rechtswidrigkeit nicht. Der Betroffene muss nicht voll geschäftsfähig sein, es reicht die natürliche Einsichtsfähigkeit. Ohne/gegen seine Mitwirkung ist eine Datenweitergabe nur zulässig, soweit ein Gesetz dies zulässt (Gesetzesvorbehalt) und die Nutzung verhältnismäßig ist. Besonders praxisrelevante **Übermittlungsbefugnisse** sind z. B.

- § 68 SGB X: Übermittlung von „harten Daten" (Name, Adresse, …) an Polizeibehörden, Staatsanwaltschaften und Gerichte sowie der Behörden der Gefahrenabwehr oder zur Durchsetzung öffentlich-rechtlicher Ansprüche;
- § 69 Abs. 1 Nr. 1 SGB X: Übermittlung zur Erfüllung einer gesetzlichen Aufgabe nach dem Sozialgesetzbuch, dabei kann es sich um eine eigene Aufgabe des Leistungsträgers oder eines anderen Leistungsträgers handeln; Beurteilung der Erforderlichkeit der Datenweitergabe aufgrund eigener Fachkompetenz; im Rahmen dieser Vorschrift kann ein Sozialleistungsträger nicht zur Datenweitergabe gezwungen werden (z. B. § 62 Abs. 3 Nr. 2c SGB VIII zur Vorbereitung einer Inobhutnahme; im Rahmen der Beratung der Pflegeeltern nach § 37 SGB VIII Weitergabe von Informationen über leibliche Eltern);
- § 69 Abs. 1 Nr. 2 SGB X: Datenweitergabe an das VG, wenn der Leistungsanspruch strittig ist (vgl. Auskunftspflicht nach § 99 VwGO); an das FamG nach § 8a Abs. 2 SGB VIII; auch an das Strafgericht wg. Sozialbetrug im selbst bearbeiteten Fall (Zusammenhang mit Aufgabe nach Nr. 1); hier **nicht**: Anzeige an Polizei und StA wg. Kindesmisshandlung oder Datenweitergabe vom JA im Jugendstrafverfahren;
- § 71 SGB X: besondere Mitteilungspflichten und -befugnisse z. B.
  – Abs. 1 Nr. 1 i. V. m. § 138 StGB: Pflicht, bestimmte geplante (noch zu verhindernde) schwere Verbrechen oder gemeingefährliche Straftaten anzuzeigen: Tötung, Raub, Entführung, Brandstiftung (hierzu IV-2.3.1);
  – Abs. 2 i. V. m. § 87 AufenthG insb. für die Entscheidung über den Aufenthalt des Ausländers oder die Gewährung oder Nichtgewährung von Leistungen;
  – § 71 Abs. 3 SGB X an Betreuungsgericht wg. Betreuungsmaßnahmen

- § 73 SGB X: Datenübermittlung an das Gericht (nicht StA und Polizei!) zur Durchführung eines Strafverfahrens wegen eines Verbrechens oder erheblicher Straftat, z. B. im Fall Kindesmisshandlung, nicht aber Vergehen wie z. B. Leistungsbetrug (bezieht sich nur auf den fremden, von einer anderen Behörde bearbeiteten Fall), dann nur Übermittlung nach § 73 Abs. 2 SGB X: „harte Daten". Im Hinblick auf ein strafbares Verhalten einer Person im von der Behörde selbst bearbeiteten Fall erfolgt die Übermittlung zur Durchführung eines Strafverfahrens nach § 69 Abs. 1 Nr. 2 SGB X (s. o.).

5. **Transparenzgebot**: Wenn schon Daten (mitunter auch ohne den Willen des Betroffenen) erhoben, verarbeitet bzw. weitergegeben werden, so folgt aus dem Grundrecht auf informationelle Selbstbestimmung, dass die Betroffenen grds. – unter bestimmten gesetzlich geregelten Voraussetzungen – einen Anspruch auf Auskunft, Berichtigung, Löschung oder Sperrung von personenbezogenen Daten haben (vgl. §§ 83–84a SGB X; §§ 19–21 BDSG). Eine besondere Ausprägung erfährt dieses Transparenzgebot im Bereich des Kinderschutzes in § 4 Abs. 3 Satz 1 f.. HS KKG (hierzu III-3.2.2).

Sowohl in der letzten schwarz-gelben wie in der derzeitigen Bundesregierung (große Koalition) war die Umsetzung der EU-RL 2006/24/EG über die sog. **Vorratsdatenspeicherung** von Telekommunikationsdaten durch die EU-Mitgliedsländer sehr umstritten. Während ein Teil der „Innenpolitiker" die Vorratsdatenspeicherung aus Sicherheitsgründen vor allem zur Terrorismusabwehr für erforderlich halten, gehen deren Wünsche den sog. Rechtspolitikern im Hinblick auf den Grundrechtsschutz viel zu weit. Der EuGH (C-468/10 und – 469/10 - 24.11.2011) hatte freilich bereits in einer früheren Entscheidung klargestellt, dass die Mitgliedstaaten nicht berechtigt sind, über die in der Richtlinie aufgestellten Anforderungen für die Rechtmäßigkeit der Erhebung, Verarbeitung und Nutzung von personenbezogenen Daten hinauszugehen (Schmidl 2011, IV 2). Nachdem der zuständige EU-Generalanwalt Perdro Cruz Villalon in seinem Gutachten (C 293/12 – 12.12.2013) die EU-RL als nicht mit der Grundrechte-Charta der EU vereinbar kritisiert hatte, hat der EuGH im April 2014 in einem relativ kurzem, aber geradezu historischen Urteil die EU-RL für ungültig und damit die anlasslose Vorratsdatenspeicherung für rechtswidrig erklärt (EuGH C-293/12 u. C-594/12 – 08.04.2014; s. a. I-1.1.5.1). Da die EU-RL sich ohne jedwede Einschränkung auf sämtliche Verbindungsdaten und alle Personen erstrecke, führe sie „zu einem Eingriff in die Grundrechte fast der gesamten europäischen Bevölkerung", denn aus der Gesamtheit der Daten könne man „genaue Schlüsse auf das Privatleben" ziehen. Ein solch massiver Grundrechtseingriff verstoße gegen die Grundrechte-Charta, zumal er keiner vorherigen Kontrolle durch die Gerichte unterliege. Auch die Speicherung sog. Verbindungsdaten (also nicht des Inhalts des Gesprächs bzw. der Email etc.) müsse ungeachtet der legitimen Sicherheitsinteressen einer Gesellschaft auf das „*absolut Notwendigste*" beschränkt bleiben. Im Kern basiert die EuGH-Entscheidung auf der konsequenten Anwendung des **Verhältnismäßigkeitsprinzips**. Gespeichert werden dürfen nur Daten von Personen, die „in irgendeiner Weise in eine schwere Straftat verwickelt sein" könnten. Zudem darf das Berufsgeheimnis geschützter Berufe, insb. von Anwälten, Ärzten, von Geistlichen und Journalisten nicht ausgehebelt werden. Auch das BVerfG hat in der o. g. Entscheidung (1 BvR 256/08 – 02.03.2010) deutlich gemacht, dass der Abruf und die unmittelbare Nutzung von Sozialdaten nur verhältnismäßig sind, wenn sie überragend wichtigen Aufgaben des Rechtsgüterschutzes dienen. Im Bereich der **Strafverfolgung** setzt dies einen durch bestimmte Tatsachen begründeten Verdacht einer schweren Straftat voraus. Für die Gefahrenabwehr und die Erfüllung der Aufgaben der Nachrichtendienste dürfen sie nur bei Vorliegen tatsächlicher Anhaltspunkte für eine konkrete Gefahr für Leib, Leben oder Freiheit einer Person, für den Bestand oder die Sicherheit des Bundes oder eines Landes oder für eine gemeine Gefahr zugelassen werden.

Die heimliche Infiltration eines informationstechnischen Systems, mittels derer die Nutzung des Systems überwacht und seine Speichermedien ausgelesen werden können, ist verfassungsrechtlich nur zulässig, wenn tatsächliche Anhaltspunkte einer konkreten Gefahr für ein überragend wichtiges Rechtsgut bestehen und steht unter dem Gesetzes- wie Vorbehalt richterlicher Anordnung. Das Gesetz, das zu einem solchen Eingriff ermächtigt, muss Vorkehrungen enthalten, um den Kernbereich privater Lebensgestaltung zu schützen (BVerfG 27.02.2008 – 1 BvR 370/07).

Am Daten- und Grundrechtsschutz wird sichtbar, ob sich der Rechtsstaat trotz terroristischer Bedrohungen vom Sicherheitsstaat unterscheidet. Zur Logik des Sicherheitsstaats gehört die Maßlosigkeit; die Imperative der Prävention sprengen die Rechtsstaatlichkeit (Heribert Prantl SZ v. 21.01.2014). Auch im Hinblick auf Terrorismusabwehr und Strafverfolgung muss die Datenspeicherung „auf das *absolut Notwendigste*" (s. o.) beschränkt bleiben. Angesichts fehlender überragender Sicherheitsinteressen müssen im **Sozialrecht** sowohl die Vorratsdatenspeicherung wie auch die nicht durch ausdrückliche Übermittlungsbefugnisse gesetzlich erlaubte Datenweitergabe weiterhin unzulässig bleiben.

Bei besonders schutzwürdigen, insb. medizinischen Daten ist nach § 76 SGB X die Übermittlungsbefugnis mit Verweis auf die Sanktionen bei Bruch des Privatgeheimnisses nach § 203 StGB (hierzu IV-2.3.1) zusätzlich eingeschränkt. Die **berufliche Schweigepflicht** von Ärzten, Psychologen, Anwälten, Mitarbeitern von anerkannten Ehe-, Familien-, Erziehungs- oder Jugend- sowie Suchtberatungsstellen und den staatlich anerkannten Sozialarbeitern/Sozialpädagogen (sog. Berufsgeheimnisträger) ist **vorrangig** gegenüber allgemeinen Weitergabevorschriften. Deren Schweigepflicht wird auf die Sozialleistungsträger verlängert, damit die Daten dort ebenso geschützt werden wie bei den Angehörigen dieser Berufsgruppen. Einen besonderen, den Belangen des Kindesschutzes Vorrang einräumenden Rechtfertigungsgrund für die Weitergabe von geschützten Daten statuiert § 4 KKG (hierzu III-3.2.2).

Die Sozialleistungsträger haben im Hinblick auf die Datenverarbeitung und -speicherung die besonderen Vorschriften in §§ 78a ff. SGB X zu den technischen und organisatorischen Vorkehrungen zum Schutz der Sozialdaten sowie der Datenverarbeitung zu beachten. Alle öffentlichen und nicht-öffentlichen Stellen mit mehr als neun Mitarbeitern, die personenbezogene Daten automatisiert verarbei-

Organisatorische Vorkehrungen

ten, müssen einen **Beauftragten für den Datenschutz** beschäftigen (§ 81 Abs. 2 SGB X; §§ 4e, 22 BDSG; vgl. auch die Informationen der Bundesdatenschutzbeauftragten: http://www.bfdi.bund.de).

Konsequenzen der Verletzung des Datenschutzes
Fügt eine verantwortliche Stelle durch eine Verletzung der datenschutzrechtlichen Regelungen einem Betroffenen Schaden zu, ist der öffentliche Träger dem Betroffenen, unabhängig von einem Verschulden, zum **Schadensersatz** verpflichtet (§ 82 SGB X i. V. m. §§ 7, 8 BDSG). Handelt es sich („nur") um eine unzulässige oder unrichtige Erhebung, Verarbeitung oder Nutzung seiner personenbezogenen Daten, entfällt die Ersatzpflicht, soweit die verantwortliche Stelle die nach den Umständen des Falles gebotene Sorgfalt beachtet hat (§ 7 Satz 2 BDSG). Im Fall der fehlerhaften automatisierten Erhebung, Verarbeitung oder Nutzung von personenbezogenen Daten tritt die Schadensersatzpflicht ohne Verschulden und damit ohne Möglichkeit der Entlastung ein (§ 8 Abs. 1 BDSG). Bei einer schweren Verletzung des Persönlichkeitsrechts hat der Betroffene nach § 8 Abs. 2 BDSG sogar einen Anspruch auf den Ersatz des immateriellen Schadens in Geld (Schmerzensgeld; Höchstbetrag von 130.000 €). Darüber hinaus werden Verstöße gegen die Regelungen des Sozialdatenschutzes in den Fällen des § 85 SGB X als **Ordnungswidrigkeit** mit Bußgeld, bei einer vorsätzlichen Verletzung (gegen Entgelt oder mit Bereicherungs- oder Schädigungsabsicht) mitunter sogar als **Straftat** geahndet (§ 85a SGB X), woraus sich regelmäßig dann auch arbeits- bzw. beamtenrechtliche Konsequenzen ableiten.

Datenschutz bei freien Trägern
Die sozialrechtlichen Regelungen des Datenschutzes gelten unmittelbar nur für die Verwaltungstätigkeit öffentlicher Träger, während das BDSG sowie die Landesdatenschutzgesetze auch für private Datenunternehmer gelten. Für die Kirchen und ihre Sozialdienste gelten aufgrund Art. 140 GG i. V. m. Art. 137 Weimarer Verfassung Sonderregelungen (Datenschutzgesetz der Evangelischen Kirche in Deutschland – DSG-EKD bzw. Anordnung über den kirchlichen Datenschutz – KDO für die katholische Kirche). Soweit im Rahmen der Leistungserbringung freie Träger der Wohlfahrtspflege oder kommerzielle Anbieter tätig sind, hat der öffentliche Träger z. B. über Vereinbarungen sicherzustellen, dass der Schutz der personenbezogenen Daten in entsprechender Weise gewährleistet ist. Dieser **allgemeine Grundsatz** wurde für den Bereich der Kinder- und Jugendhilfe ausdrücklich in § 61 Abs. 3 SGB VIII normiert. Dies führt zu einer faktischen Geltung des Sozialdatenschutzes bei freien Trägern, nicht zuletzt auch aufgrund des sogenannten **verlängerten Datenschutzes** nach § 78 SGB X unter besonderer Betonung der Zweckbindung: Erhalten Einrichtungen der freien Träger Sozialdaten vom öffentlichen Träger, dann haben sie diese Daten im selben Umfang geheim zu halten wie der öffentliche Träger selbst (§ 78 Abs. 1 Satz 2 SGB X). Zu der besonderen Problematik des Sozialdatenschutzes im Rahmen ärztlicher Behandlungen siehe die Ausführungen zur Schwangerschaftskonfliktberatung (IV-2.3.1 und 2.3.4 sowie V-2.3).

Zeugnisverweigerungsrecht
Der Sozialdatenschutz konkretisiert sich auch im Recht auf Zeugnisverweigerung im gerichtlichen Verfahren. Während ein Zeugnisverweigerungsrecht in den Verfahren vor den **Zivil-, Arbeits-, Sozial- und Verwaltungsgerichten** (vgl. § 383

Abs. 1 Nr. 6 ZPO, § 29 Abs. 2 FamFG, § 46 Abs. 2 ArbGG, § 118 Abs. 1 SGG, § 98 VwGO) im Hinblick auf die Schweigepflicht nach § 203 StGB mittlerweile anerkannt ist (vgl. OLG Hamm FamRZ 1992, 201 – 203; OLG Köln FamRZ 1986, 709; Baumbach/Hartmann 2010 § 383 Rz. 9 ff.; Zöller-Greger 2010 § 383 Rz. 16 ff.), wird das Zeugnisverweigerungsrecht **im Strafverfahren** von der strafrechtlichen Literatur und Rechtsprechung noch weitgehend abgelehnt (hierzu IV-2.3.1). Aus sozialrechtlicher Sicht ergibt sich allerdings auch hier ein Zeugnisverweigerungsrecht für Mitarbeiter der Sozialverwaltung aus § 35 SGB I und verdichtet sich sogar zu einer **Zeugnisverweigerungspflicht** (Kunkel 2004, 428), soweit keine Übermittlungsbefugnisse nach den §§ 68 ff., 73 SGB X bestehen. Zudem lässt sich für die Mitarbeiter der JÄ ein umfassendes Zeugnisverweigerungsrecht aufgrund der datenschutzrechtlichen Regelungen des SGB VIII (insb. §§ 64, 65 SGB VIII; s. u. III-3.5.2) begründen (Münder et al. 2013 Vor § 50 Rz. 37 f.). **Merke**: Wenn eine Übermittlung nach den bereichsspezifischen Regelungen bzw. nach §§ 68 ff. SGB X nicht zulässig ist, besteht **keine Auskunftspflicht, keine Zeugnispflicht**, keine Pflicht zur Vorlage von Akten und anderen Schriftstücken und es darf auch **keine Aussagegenehmigung** für Mitarbeiter des öffentlichen Dienstes (vgl. § 54 StPO) erteilt werden! In diesen Fällen ist dann auch eine Beschlagnahme von Akten der Sozialbehörden (insb. der JÄ) durch die Strafjustiz unzulässig, da dies sonst eine Umgehung der sozialrechtlich normierten Datenschutzbestimmungen darstellte (s. IV-2.3.1).

Datenschutz wird in der Praxis manchmal als Behinderung eines sinnvollen Informationsaustausches und deswegen bisweilen als lästig angesehen. In der Sozialen Arbeit – so die Vorstellung – sei es notwendig, dass umfassende Informationen zur Verfügung stünden, weil nur dann die Helfer dank ihres fachlichen Wissens professionell handeln könnten. In einem solchen Verständnis sind die Professionellen die „Herren" des Hilfeprozesses, sie haben alleine die Definitionsmacht. Dies entspricht weder den rechtlichen Bestimmungen noch einer ethisch vertretbaren professionellen Haltung in der Sozialarbeit. Sozialleistungen können – insb. wenn es sich um personelle Dienstleistungen handelt – nicht einseitig realisiert werden, sondern nur dann, wenn es gelingt, die Leistungsberechtigten für diese Angebote und Leistungen zu gewinnen: die **Klienten sind sog. Co-Produzenten der Hilfe** (ausführlich z. B. für die Kinder- und Jugendhilfe Münder/Trenczek 2011 Kap. 3.2.2). Die Schaffung und Aufrechterhaltung einer Vertrauensbeziehung zwischen Klient und Betreuer ist zumindest im Bereich der sozialrechtlich verfassten Sozialarbeit (umstritten ist dies für die justiziellen Sozialdienste) die Geschäftsgrundlage jeder Hilfe und wesensmäßig auf die Erwartung gegründet, Sozialarbeiter werden Informationen aus der Privatsphäre des Klienten gegenüber jedermann verschweigen. Das ist auch der Kern des Datenschutzes, ohne den eine den Zielen des sozialen Rechtsstaats verpflichtete Sozialarbeit nicht möglich ist. Das BVerfG (E 65, 1 ff.) hat ausdrücklich darauf hingewiesen, dass grds. jeder das Recht habe, „selbst zu entscheiden, wann und innerhalb welcher Grenzen persönliche Lebenssachverhalte offenbart werden." Auch im Bereich des Kinderschutzes steht der Datenschutz nicht im Widerspruch zu den Grundsätzen der Kinder- und Jugendhilfe (ausführlich Münder et al. 2013 § 8a Rz. 74.).

Akteneinsichtsrecht Auch der allgemeine Anspruch auf **Akteneinsichtnahme** von Verfahrensbeteiligten (das Verwaltungsverfahren ist grds. nicht öffentlich) im laufenden Verfahren (§ 25 SGB X) findet seine Grenze in den datenschutzrechtlichen Vorschriften. Andererseits gewähren die datenschutzrechtlichen Vorschriften jedem Betroffenen spezifische Rechte auf Auskunft (§§ 83, 101 SGB X; §§ 19, 34 BDSG) sowie ggf. auf Berichtigung, Löschung oder Sperrung seiner Daten (§ 84 SGB X; §§ 20, 35 BDSG). Diese Rechte können nicht durch Rechtsgeschäft ausgeschlossen oder beschränkt werden. Nach § 84 Abs. 2 SGB X (vgl. § 20 Abs. 2 BDSG) sind Sozialdaten zu löschen, wenn ihre Speicherung unzulässig ist. Sie sind auch zu löschen, wenn ihre Kenntnis für die verantwortliche Stelle zur rechtmäßigen Erfüllung der in ihrer Zuständigkeit liegenden Aufgaben nicht mehr erforderlich ist und kein Grund zu der Annahme besteht, dass durch die Löschung schutzwürdige Interessen des Betroffenen beeinträchtigt werden. Eine im Hinblick auf ein sog. Täter-Opfer-Ausgleich beauftragte Stelle hat die personenbezogenen Daten nach Ablauf eines Jahres seit Abschluss des Strafverfahrens zu vernichten (§ 155b Abs. 4 StPO; hierzu IV-6.3).

Anspruch auf Löschung der Daten

Informationsfreiheit Über den Anspruch auf Akteneinsicht in einem laufenden Verfahren hinaus regeln das sog Informationsfreiheitsgesetz (IFG) bzw. die entsprechenden Landesgesetze (in Berlin, BB, Bremen, HH, M-V, NRW, Saarland, S-A, Thür., R-P) bzw. Satzungen einiger Kommunen (z. B. Nürnberg, München, Braunschweig, Göttingen, LK Hameln-Pyrmont u. a.) den **Zugang zu amtlichen Informationen** von Bundes- bzw. der entsprechenden Landesbehörden. Auf diesen Zugang hat jede (natürliche oder juristische) Person einen voraussetzungslosen, allerdings durch zahlreiche in §§ 3–6 IFG geregelte Ausnahmetatbestände (z. B. ausschließlich abgeschlossene Vorgänge, Schutz personenbezogener Daten und von Betriebs- oder Geschäftsgeheimnissen) eingeschränkten Rechtsanspruch. Das Verfahren ist in § 7 IFG geregelt und setzt grds. einen Antrag voraus, über den die Behörde unverzüglich zu entscheiden hat. Der Informationszugang soll innerhalb eines Monats erfolgen (§ 7 Abs. 5 IFG). Auskünfte können mündlich, schriftlich oder elektronisch erteilt werden (§ 7 Abs. 3 IFG). Zu weiteren Informationen vgl. auch hier die Internetseite der Bundesbeauftragten für den Datenschutz und die Informationsfreiheit (http://www.bfdi.bund.de)

An der Gegenüberstellung von Datenschutz und Informationsfreiheit wird das im demokratischen Rechtsstaat fair zu definierende Spannungsfeld überdeutlich. Datenschutz reguliert die Information und damit die Kommunikation, weshalb jede Regelung einer sorgfältigen Abwägung bedarf. Ausgangspunkt muss die Würde und Souveränität des Menschen (Art. 1 GG) sein. Daher muss die (Meinungs- und Wirtschafts-)Freiheit des Einzelnen (Art. 2, Abs. 2, 5 Abs. 1, 14 Abs. 1 GG) den Schutz der Freiheit und Privatsphäre des Anderen (Art. 8 EMRK) beachten (vgl. bereits das sog. Volkszählungsurteil des BVerfG 1 BvR 209, 269 – 15.12.1983). Die Bürger- und Menschenrechte zur Gewährleistung individueller Freiheit und Teilhabechancen dürfen nicht den Kontroll-, Sicherheits- und Wirtschaftsinteressen von Organisationen geopfert werden. Diese Notwendigkeit ist nichts Neues, sondern berührt das Grundverständnis zwischen Bürger und Staat bzw. zwischen den Individuen und ihren Organisationen in der modernen Gesellschaft. Das festzustellen folgt nicht einer gerade aktuellen Tendenz; das Zeitalter der digitalen Information und Kommunikation macht dies nur auf besondere Weise dringend, wenn auch für viele sich „freiwillig" exponierende Konsumenten offenbar unmerklich. Nicht nur die Selbstentblößung ist ein Rechtsproblem. Die in einer kaum fassbaren immer schnelleren Abfolge zur Verfügung stehenden neuen technischen Möglichkeiten, die globale Vernetzung über das Internet, „soziale" Netzwerke, Such- und Geolokalisationsdienste erfordern rechtliche Rahmenbedingungen, die, selbst wenn sie gegenwärtig nicht global durchsetzbar erscheinen mögen, dann zumindest auf nationaler Ebene zu setzen sind (vgl. Schmidl 2011). Das BDSG wie §§ 67 ff. SGB XII stammen aus einer Zeit, in der weder Internet noch Google oder die „sozialen" Netzwerke Themen waren. Im Hinblick auf das Arbeitsrecht (hierzu V-3) ist eine klarstellende Neuregelung des § 32 BDSG angedacht, wonach eine Internet-Recherche durch Arbeitgeber über Bewerber oder Mitarbeiter lediglich in beruflich (z. B. XING), nicht aber in privat orientierten Netzwerken (z. B. facebook) zulässig ist. Im Sozialrecht hat der auf Hilfe hoffende und leicht verletzbare Bürger allemal Schutz verdient – für die soziale Arbeit ist dies die ethische wie rechtliche **Geschäftsgrundlage der** asymmetrischen **Hilfebeziehung**.

Zum Sozialverwaltungsverfahren: *Dillmann 2008; Fichte et al. 2008; Münder et al. 2013 Anhang Verfahren; Winkler 2004; zum Sozialdatenschutz: Krahmer/Stähler 2010; Peters et al. 2012; Wilmers-Rauschert 2004 sowie die Kommentarliteratur zu § 67 ff. SGB X bzw. § 61 ff. SGB VIII.*

1.3 Handlungsformen der Sozialverwaltung

Ein Sozialleistungsanspruch wird nicht unmittelbar durch die Sozialleistungsgesetze begründet. Diese regeln nur abstrakt die Leistungsvoraussetzungen. Zur Konkretisierung der Rechte und Pflichten bedarf es einer transformierenden Einzelfallentscheidung, durch die konkret geregelt wird, welche unmittelbaren Rechtswirkungen (z. B. HLU in bestimmter Höhe, HzE in bestimmter Form und Dauer) bestehen oder nicht bestehen. Während im Privatrechtsverkehr in aller Regel Entscheidungen zwischen Bürgern durch Vertrag geregelt werden, ist das häufigste und von der Bedeutung wichtigste Regelungsinstrument der öffentlichen Verwaltung der Verwaltungsakt (VA), zumeist als „Bescheid" bezeichnet, mit dem die Behörden durch einseitiges Handeln eine Regelung treffen. Die Verwaltung hat aber auch in vielen Fällen die Möglichkeit, wechselseitige Rechte und Verpflichtungen durch einen Vertrag zu vereinbaren und wird dies im Hinblick auf eine leistungsorientierte und bürgerfreundliche Ausrichtung verstärkt tun (müssen) (hierzu III-1.3.2).

1.3.1 Verwaltungsakt

Die Bedeutung des VA liegt im Wesentlichen in seiner

- **Klarstellungsfunktion:** Was ist im Einzelfall geregelt?
- **Stabilisierungswirkung:** Der VA wird nach Ablauf der Rechtsbehelfsfrist bzw. (ausbleibender) Rechtsbehelfsverfahren bestandskräftig, d. h. für Bürger und Verwaltung dauerhaft verbindlich (vgl. III-1.3.1.2).
- **Titelfunktion:** Sobald der VA nach Ablauf der Rechtsbehelfsfrist bestandskräftig ist, kann er ohne Anrufung des Gerichts zwangsweise durchgesetzt und vollstreckt werden (vgl. III-1.5).
- **Rechtsschutz** klärenden Funktion: Die Wahl des zulässigen Rechtsbehelfs ist davon abhängig, in welchen Rechtsformen die öffentliche Hand gehandelt hat. Liegt ein VA vor, stehen dem Bürger besondere außergerichtliche (Widerspruch) und gerichtliche Möglichkeiten (Anfechtungs- und Verpflichtungsklage) im – für ihn grds. vorteilhaften – Verwaltungsrechtsweg offen (vgl. III-1.4).

Der Begriff „Verwaltungsakt" (VA) ist in § 31 SGB X definiert. Seine Wesensmerkmale grenzen ihn deutlich von anderen Handlungsformen ab (siehe Übersicht 36).

Übersicht 36: Tatbestandsmerkmale des Verwaltungsakts

Tatbestandsmerkmal	Definition und Abgrenzung
hoheitliche Maßnahme auf dem Gebiet des Öffentlichen Rechts	einseitige, öffentlich-rechtlich legitimierte (= hoheitliche) Entscheidung (z. B. Verfügung); nicht: privatrechtliche und/oder vertragliche Regelung
Behörde	§ 1 Abs. 2 SGB X (vgl. I-4.1.1.1) nicht: Privatperson, freier Träger
Regelung	Entscheidung, die unmittelbare rechtliche Wirkungen hat (z. B. Genehmigung, Verbot) nicht: schlicht-hoheitliches Verwaltungshandeln (vgl. I-4.1.1.2), z. B. Auskünfte, Beratung, vorbereitende Handlungen, Gutachten, Stellungnahmen, Mitteilungen
Einzelfallentscheidung	konkret-individuelle Regelung; Ausnahme: Allgemeinverfügung § 31 S. 2 SGB X nicht: Rechtsnormsetzung (RVO, Satzung) oder generelle Dienstanweisungen (intern)
rechtliche Außenwirkung	Adressat ist Bürger außerhalb des öffentlichen Verwaltungsbereiches; nicht: behördeninterne Regelungen oder Anweisungen

1.3.1.1 Inhalt und Form des Verwaltungsaktes

Ein VA enthält stets eine Regelung (z. B. Gebot/Verbot; Genehmigung/Versagung) und muss dabei inhaltlich hinreichend bestimmt, d. h. eindeutig sein (§ 33 Abs. 1 SGB X). Die Bestimmtheit bezieht sich auf die erlassende Behörde, den Adressaten sowie den Regelungsinhalt. Der Adressat muss aus dem VA zweifelsfrei entnehmen können, was von ihm verlangt wird bzw. was ihm (nicht) gewährt wird (Vollständigkeit, Unzweideutigkeit und Widerspruchsfreiheit der Regelung). Ein VA kann allerdings mit **Bedingungen und Auflagen** sowie mit anderen **Nebenbestimmungen** (Befristung, Widerrufsvorbehalt, Auflagenvorbehalt) verbunden werden (§ 32 Abs. 2 SGB X).

Bestimmtheit

Ein VA ist grds. formfrei und kann – soweit das Gesetz nichts anderes vorschreibt – in unterschiedlichen **Formen** ergehen (§ 33 Abs. 2 und Abs. 3 SGB X): mündlich, schriftlich, elektronisch oder in anderer Weise, z. B. auch durch konkludentes (schlüssiges) Handeln (z. B. Wink eines Polizeibeamten, mit dem ein Anhalten signalisiert wird; in der Durchführung der Inobhutnahme eines Kindes nach § 42 SGB VIII wird die vorweg getroffene VA-Entscheidung erstmals sichtbar, häufig anschließend schriftlich bestätigt). Nach § 33 Abs. 2 S. 2 SGB X kann der Bürger bei einem mündlichen VA unverzüglich eine schriftliche Bestätigung verlangen, wenn hieran ein berechtigtes Interesse besteht. Ein berechtigtes Interesse besteht nicht nur im Hinblick auf die damit verbundene Begründungspflicht (siehe nachfolgend § 35 Abs. 1 SGB X), sondern insb. auch dann, wenn Zweifel bestehen, ob es sich bei einer (mündlichen) Verwaltungshandlung überhaupt um einen VA handelt und welcher Rechtsbehelf deshalb ggf. gegeben ist. Im Sozialrecht ergehen VAe überwiegend in schriftlicher Form als sog. Bescheide. Ist die erlassende Behörde nicht erkennbar, führt dies zur Nichtigkeit des VA (§ 40 Abs. 2 Nr. 1 SGB X), d. h., er entfaltet ausnahmsweise keinerlei Rechtswirkung (§ 39 Abs. 3 SGB X). Sonstige Verstöße gegen die Formvorschriften führen lediglich zur „einfachen" Rechtswidrigkeit des VA (vgl. z. B. § 40 Abs. 3 SGB X; hierzu s. u. III-1.3.1.2 und 1.3.1.3) und können ggf. geheilt werden (§ 41 SGB X).

Formen

Ein schriftlicher VA ist grds. schriftlich zu begründen (§ 35 Abs. 1 SGB X), damit sind die wesentlichen tatsächlichen und rechtlichen Gründe für die Entscheidung darzulegen, mithin der der Entscheidung zugrunde liegende **Sachverhalt** sowie die tragenden rechtlichen Überlegungen mit Hinweis auf die angewendeten **Rechtsnormen**. Auf die Angabe der Rechtsgrundlage kann nur verzichtet werden, wenn sich diese aus den übrigen Angaben zweifelsfrei ergibt (BVerwG NVwZ 1985, 905). Der Bürger muss die Entscheidung inhaltlich und – ggf. mit Unterstützung durch einen Rechtsbeistand oder Sozialarbeiter – rechtlich nachvollziehen können. Dies gilt insb. für **Ermessensentscheidungen** (§ 35 Abs. 1 S. 3 SGB X). Vor allem (teil-)ablehnende Ermessensentscheidungen müssen erkennen lassen, von welchem Sachverhalt die Behörde ausgegangen ist, inwieweit die allgemeinen Tatbestandsvoraussetzungen des geltend gemachten Anspruchs gegeben sind oder nicht, ob die Behörde das ihr eingeräumte Ermessen erkannt hat und welche Ermessensgesichtspunkte sie ihrer Entscheidung zugrunde gelegt hat. Die formelhafte Wiedergabe von Gesetzestexten stellt keine (substantiierte) Begründung dar. Die Ausnahmen von der Begründungspflicht sind in § 35 Abs. 2 SGB X abschlie-

Begründung

ßend ausgeführt. Bei fehlender Begründung ist der VA (nur) rechtswidrig (Heilungsmöglichkeit gem. § 41 Abs. 1 Nr. 2 SGB X).

Rechtsbehelfsbelehrung Ein schriftlicher VA muss mit einer ordnungsgemäßen Rechtsbehelfsbelehrung versehen sein (§ 36 SGB X; § 84 SGG/§ 70 VwGO), z. B.: „Gegen diesen Bescheid können Sie innerhalb eines Monats nach Bekanntgabe/Zugang schriftlich oder zur Niederschrift Widerspruch bei der Landkreis X – Landratsamt/Kreisverwaltung – (Adresse) einlegen." Das Fehlen einer Rechtsbehelfsbelehrung hat keine Auswirkungen auf die Rechtmäßigkeit des VA, wohl aber auf die Rechtsbehelfsfrist. Rechtsbehelfe können dann nach §§ 66 Abs. 2, 84 Abs. 2 SGG/§§ 58 Abs. 2, 70 Abs. 2 VwGO innerhalb eines Jahres nach Bekanntgabe des VA eingelegt werden.

1.3.1.2 Wirksamkeit des Verwaltungsaktes

Ein VA ist bekannt zu geben (§ 37 SGB X), damit er überhaupt wirksam wird (§ 39 Abs. 1 SGB X) und die Rechtsbehelfsfrist zu laufen beginnt (§ 84 Abs. 1 SGG/§ 70 Abs. 1 VwGO). Die **Bekanntgabe** ist grds. formfrei (vgl. § 37 SGB X), welche Form (mündlich, Brief, Fax, Einschreiben, Zustellung, öffentliche Bekanntgabe) die Behörde wählt, liegt im fachlichen Ermessen, soweit nicht spezialgesetzlich etwas anderes vorgeschrieben ist (z. B. Zustellung des Widerspruchsbescheids nach § 85 Abs. 3 SGG/§ 73 Abs. 3 VwGO).

Zugang Die Bekanntgabe setzt einen amtlich veranlassten **Zugang**, nicht aber die tatsächliche Kenntnisnahme des Empfängers voraus. Der Zugang gilt auch als erfolgt, wenn die Annahme verweigert oder der Empfänger nicht angetroffen wird. Es reicht aus, dass der VA so in den Herrschaftsbereich des Empfängers gelangt ist, dass er – bei Annahme gewöhnlicher Verhältnisse – von ihm Kenntnis erlangen konnte. Wird ein Empfänger eines Einschreibens durch einen Benachrichtigungszettel informiert, ist allerdings der Zugang erst mit der Abholung erfolgt (BVerwG NJW 1983, 2344; BSG NZS 2001, 53). Der mit einfachem Brief übermittelte VA gilt mit dem dritten Tage nach Aufgabe zur Post als bekannt gegeben (**Zugangsfiktion**), selbst wenn er tatsächlich früher zugegangen sein sollte (§ 37 Abs. 2 SGB X). Erforderlich ist ein (Abgangs)Vermerk über die Aufgabe bei der Post. Hierunter fallen künftig auch die privaten Zustelldienste. Zwar gab es diese neben der staatlichen Behörde „Deutsche Bundespost" noch nicht, als die SGB X-Regelung erlassen wurde, allerdings lässt sich die Privilegierung der heutigen Post AG nicht mehr aufrechterhalten, da der Markenschutz für die „Post" gefallen ist (vgl. OLG Köln 28.01.2005 – 6 U 131/04). Der Begriff Post ist mittlerweile eine allgemein übliche Bezeichnung für den Transport von Brief- und Paketsendungen.

Im Zweifel, d.h., wenn ein Beteiligter nachvollziehbar behauptet, dass der VA nicht oder erst nach Ablauf des 3-Tages-Zeitraums zugegangen ist, trägt die Behörde den Nachteil, wenn der Zugang und dessen Zeitpunkt nicht nachweisbar sind. Es reicht aber nicht aus, dass der Zugang nur (durch vage, nicht substantiierte Behauptungen) bestritten wird.

Bestandskraft Sofern ein VA nicht an derart schweren Fehlern leidet, dass er nichtig ist (s. u. III-1.3.1.3), wird er grds. zu dem Zeitpunkt wirksam, zu dem er bekannt gegeben wird (§§ 37, 39 Abs. 1 SGB X). Der VA bleibt – **auch wenn er rechtswidrig ist!** – wirk-

1.3.1 Verwaltungsakt

Übersicht 37: Verwaltungsakt und mögliche Fehlerquellen

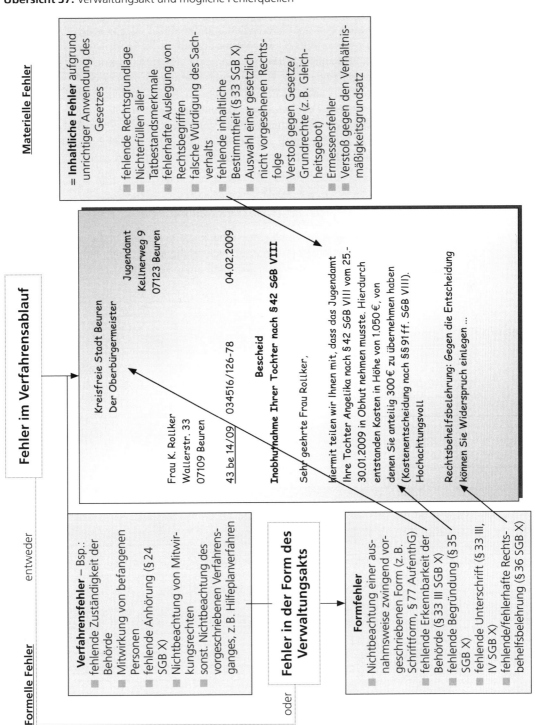

sam und damit für den Bürger und die Verwaltung verbindlich, solange und soweit er nicht zurückgenommen, widerrufen, anderweitig (z. B. aufgrund eines Widerspruchs) aufgehoben wird oder sich durch Zeitablauf oder in anderer Weise erledigt hat (§ 39 Abs. 2 SGB X). Der VA hat deshalb in der Sache (wie ein Gerichtsurteil) rechtskraftähnliche Wirkung (man nennt dies Bestandskraft), sofern er nicht innerhalb enger Fristen mit Erfolg angefochten wird. In § 77 SGG ist dies ausdrücklich geregelt, dasselbe Prinzip ergibt sich in verwaltungsrechtlichen Streitigkeiten aus §§ 68 ff. VwGO. Das bedeutet, aus einem VA – auch aus einem rechtswidrigen VA – kann unmittelbar vollstreckt werden (§ 66 SGB X, §§ 1 ff. VwVollstrG). Mitunter, insb. zur Abwendung dringender Gefahren, ist bereits die sofortige Vollziehung schon vor Ablauf der Rechtsbehelfsfrist zulässig (vgl. § 86a Abs. 2 SGG/ § 80 Abs. 2 VwGO).

1.3.1.3 Rechtsfolgen fehlerhafter Verwaltungsakte

Ein VA muss sowohl formell (im Hinblick auf Form und Verfahren des Zustandekommens) wie inhaltlich-materiell rechtmäßig sein (zu den Fehlerquellen vgl. Übersicht 37 sowie das Prüfungsschema einer verwaltungsrechtlichen Erstentscheidung im Anhang VI-4).

Übersicht 38: Rechtsfolgen fehlerhafter Verwaltungsakte

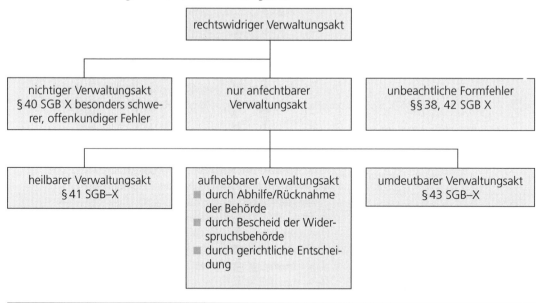

Anfechtung

Ein fehlerhafter VA ist rechtswidrig und deshalb anfechtbar (zum Widerspruch s. u. III-1.4 und I-5.2.2), soweit es sich nicht nur um offensichtliche Unrichtigkeiten (§ 38 SGB X; z. B. Tipp- und Schreibfehler) oder andererseits um die sehr seltenen besonders schweren und zur Nichtigkeit führenden Mängel (§ 41 SGB X) handelt (vgl. Übersicht 38).

Aufhebung

Ob und inwieweit VAe nach ihrer Bekanntgabe, insb. auch bestandskräftige VAe (d. h. nach Ablauf der Rechtsbehelfsfrist), von der Behörde aufgehoben werden dürfen, richtet sich nach den §§ 44 ff. SGB X (vgl. Übersicht 39; hierzu ausführlich Diering et al. 2011 Vor §§ 44 ff.; Richter/Doering-Striening 2008, 134 ff.). Gegen den **Widerruf** eines zwar rechtmäßigen, aber belastenden VA wird der Betroffene kaum etwas einwenden wollen, weshalb dies grds. jederzeit möglich ist (§ 46 SGB X). Bei rechtswidrigen VAen spricht man von **Rücknahme** (§§ 44, 45 SGB X). **Rechtswidrige belastende VAe** müssen von Behörde zurückgenommen werden (§ 44 SGB X). Stellt die Behörde, etwa im Rahmen interner Überprüfungen oder aus Anlass einer Beschwerde, die Rechtswidrigkeit eines nicht begünstigenden VAs fest, so ist sie von Amts wegen zu seiner Rücknahme verpflichtet, und

Übersicht 39: Aufhebung von Verwaltungsakten

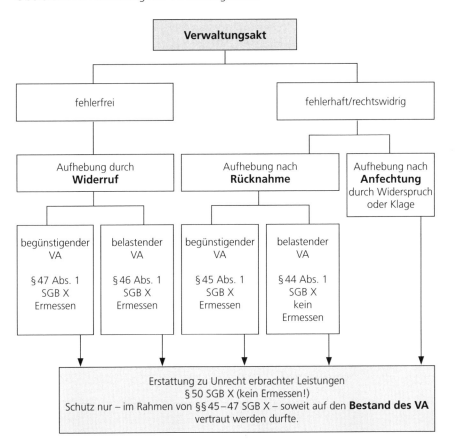

zwar auch dann, wenn kein Widerspruch eingelegt wurde und die Widerspruchsfrist bereits verstrichen ist. Allerdings wird von der Rechtsprechung eine Nachbewilligung zu Unrecht nicht erbrachter Leistungen im Bereich der Sozialhilfe aufgrund des Bedarfdeckungsprinzips nur dann nicht abgelehnt, wenn der Betroffene rechtzeitig Widerspruch eingelegt hatte (vgl. BVerwG 68, 285; BVerwG NDV 1985, 123). Möglich ist aber grds. ein sozialrechtlicher Herstellungsanspruch bzw. ein Anspruch aus Schadensersatz wegen Amtspflichtverletzung (s. o. III-1.1).

Begünstigende VAe dürfen von der Behörde, nachdem sie unanfechtbar geworden sind, nur unter den Einschränkungen der §§ 45, 47 SGB X aufgehoben werden. Ein rechtswidriger begünstigender VA darf nach § 45 SGB X ggf. zurückgenommen, ein rechtmäßig begünstigender nach § 47 SGB X im Wesentlichen nur dann widerrufen werden, wenn der Widerruf schon vorbehalten oder der VA mit einer Auflage verbunden war und der Begünstigte diese nicht erfüllt hat. Soweit seine Rechtsposition bei einem begünstigenden VA betroffen ist, darf das **schutzwürdige Vertrauen** des Bürgers auf die Rechtmäßigkeit des Verwaltungshandelns (Art. 20 Abs. 3 GG!) und damit auf den Bestand des VA nicht verletzt werden (§ 45 Abs. 2, § 47 SGB X). Dies erfordert eine Abwägung zwischen Vertrauen und dem Interesse des Begünstigten auf den Bestand des VA und dem öffentlichen Interesse an dessen Aufhebung. Das Vertrauen ist in der Regel schützenswert, wenn der Begünstigte erbrachte Leistungen verbraucht oder nur durch unverhältnismäßigen Aufwand rückgängig zu machende Vermögensdispositionen getroffen hat (§ 45 Abs. 2, S. 2, § 47 Abs. 2 SGB X). Es ist insb. nicht schutzwürdig, wenn der Leistungsempfänger (vorsätzlich oder grob fahrlässig) falsche Angaben gemacht hat (§ 45 Abs. 2 S. 3 SGB X). Sozialleistungen, die zu Unrecht (z. B. aufgrund eines aufgehobenen VA) erbracht worden sind, sind zu **erstatten**. Der Verwaltung steht insoweit kein Ermessen zu (§ 50 Abs. 1 SGB X).

Erstattung von Sozialleistungen

Widerspruchsverfahren

Schließlich wird ein fehlerhafter VA aufgrund eines Widerspruchverfahrens aufgehoben (§§ 68 ff. VwGO, §§ 78 ff. SGG). Der Widerspruch ist der in aller Regel zunächst zu ergreifende Rechtsbehelf gegen VAe (hierzu III-1.4 und I-5.2.2). Das Rechtsbehelfsverfahren gegen VAe ist in den §§ 62 und 63 SGB X geregelt. Grds. ist ein **Vorverfahren** erforderlich, bevor vor den Sozial- bzw. Verwaltungsgerichten Anfechtungs- oder Verpflichtungsklage erhoben werden kann (§ 78 SGG/§ 68 Abs. 1 u. 2 VwGO). Allerdings haben einige Bundesländer das Widerspruchsverfahren auch in einigen für die Soziale Arbeit relevanten verwaltungs- und sozialrechtlichen Streitigkeiten abgeschafft (hierzu I-5.2.2; vgl. Sodan/Ziekow – Geis 2014 § 68 Rz. 131 ff.). Obwohl der Widerspruch grds. eine zwingende Prozessvoraussetzung der Klage ist (und man deshalb auch von einem „Vorverfahren" spricht), handelt es sich bei dem Widerspruchsverfahren um ein **verwaltungsinternes Kontrollverfahren**. Neben dem SGG und der VwGO gelten deshalb auch für diesen Teil des Verwaltungsverfahrens die allgemeinen verfahrensrechtlichen Regelungen nach dem SGB I und X (§ 62 HS 2 SGB X).

1.3.2 Öffentlich-rechtlicher Vertrag

Der öffentlich-rechtliche Vertrag ist neben dem VA die zweite Handlungsform einer Behörde zur Erfüllung ihrer Aufgaben, deren Bedeutung zumindest außerhalb der sozialleistungsrechtlichen Massenverfahren (wie z. B. der Bewilligung von Sozialhilfe) weiter zunehmen wird. Der moderne Rechtsstaat ist stärker an der Partizipation seiner Bürger interessiert (vgl. § 33 SGB I; §§ 5, 8, 9, 36 SGB VIII) und wird zur Erledigung seiner Aufgaben deshalb nicht nur auf das klassische Regelungsinstrument des VA, sondern zunehmend auf Konsens und vertragliche Vereinbarungen zurückgreifen. Ein solches **kooperatives Verwaltungshandeln** und die damit einhergehenden Aushandlungsprozesse entsprechen auch viel mehr dem sozialpädagogischen Ansatz, Betroffene als Akteure ernst zu nehmen und ihre Ressourcen zu aktivieren.

Allerdings ist die vertragliche Vereinbarung im SGB X mit Verweis auf die ergänzende Geltung der bürgerlich-rechtlichen Bestimmungen (§ 61 SGB X) nur sehr rudimentär geregelt. Das SGB X unterscheidet einerseits nach der Rechtsstellung der Vertragspartner, andererseits nach dem Grund des Vertragsabschlusses vier Arten des öffentlich-rechtlichen Vertrages:

- der **koordinationsrechtliche Vertrag**, z. B. mit freien Trägern (§ 17 Abs. 2 SGB II; §§ 76 f., 78b SGB VIII; § 75 Abs. 3 SGB XII). Besondere Bedeutung hat der öffentlich-rechtliche Vertrag mittlerweile im Sozialversicherungsrecht bei den Vereinbarungen mit Leistungserbringern (vgl. z. B. §§ 64, 72a Abs. 3, 73a, 83, 109, 111 SGB V; s. o. III-1.1 zum sozialrechtlichen Leistungsdreieck).
- der sog. **subordinationsrechtliche Vertrag** anstelle eines VA (§ 53 Abs. 1 S. 2 SGB X), wobei die begriffliche Vorstellung eines Über-Unterordnungs-Verhältnisses bei vertraglichen Vereinbarungen eigentlich geradezu widersinnig ist, zutreffend aber auf die unterschiedliche Verhandlungsmacht der Vertragsparteien hinweist, z. B. Eingliederungsvereinbarung (§ 15 SGB II), Leistungsabsprache (§ 12 SGB XII). Von echten Vereinbarungen und einem dadurch symbolisierten Gleichordnungsverhältnis von Bürger und Verwaltung kann freilich keine Rede sein, wenn letztere ihre Interessen schließlich doch einseitig durchsetzen kann (z. B. § 15 Abs. 1 Satz 6 SGB II; vgl. III-4.1.5). Im Hinblick auf Sozialleistungen ist zum Schutz des Bürgers ein öffentlich-rechtlicher Vertrag nur zulässig, soweit der Behörde ein Ermessen zusteht, nicht aber wenn auf die Sozialleistung ein konkreter Anspruch besteht (§ 53 Abs. 2 SGB X).
- der **Vergleichsvertrag** insb. zur Vermeidung weiterer Rechtsstreitigkeiten (§ 54 SGB X). Zulässig ist ein solcher Vergleich nur, wenn trotz verständiger Würdigung eine Ungewissheit des Sachverhalts und der Rechtslage besteht und diese durch gegenseitiges Nachgeben am besten beseitigt werden kann. Wesentlich für die Beurteilung der Zweckmäßigkeit eines Vergleichs ist gerade auch die Vermeidung weiterer, langwieriger Streitverfahren, wobei über einen bloßen Kompromiss (gegenseitiges Nachgeben) hinaus bei einvernehmlichen Regelungen beide Parteien gewinnen können (sog. Win-win-Situation). Der Vergleichsvertrag erhält deshalb mit der Verbreitung des Mediationsverfahrens auch im Öffentlichen Recht zunehmende Bedeutung (zur Mediation vgl.

I-6.3). Der Vergleich wirkt gleichzeitig als Prozesshandlung und beendet wie der zivilrechtliche Prozessvergleich das Streitverfahren. Dies ist auch im Widerspruchsverfahren möglich.
- der **Austauschvertrag**, in dem sich der Vertragspartner der Behörde z. B. im Rahmen eines Genehmigungsverfahrens zu einer Gegenleistung verpflichtet (§ 55 SGB X).

Vergleichs- und Austauschverträge sind – ausdrücklich anders als subordinationsrechtliche Verträge – auch dann zulässig, wenn der Bürger eigentlich einen Leistungsanspruch und damit die Behörde bei der entsprechenden Entscheidung kein Ermessen und an sich keinen Verhandlungsspielraum hat (vgl. §§ 54 Abs. 2, 55 Abs. 2 SGB X).

Ein öffentlich-rechtlicher Vertrag ist im Übrigen nur dann zulässig, wenn nicht besondere Rechtsvorschriften entgegenstehen. Eine vertragliche Regelung kommt z. B. nicht in Betracht, wenn und soweit die Behörden aufgrund des strikten Gesetzesvorbehaltes (§ 31 SGB I) die gesetzlich normierten Aufgaben und Leistungspflichten zu erfüllen haben und ihnen kein Entscheidungsspielraum eingeräumt ist (§ 53 Abs. 2 SGB X). Der öffentlich-rechtliche Vertrag bedarf immer der Schriftform (§ 56 SGB X) und ggf. der (schriftlichen) Zustimmung von Dritten oder Behörden (§ 57 SGB X).

Da (öffentlich- wie privat-rechtliche) Verträge selbst keine Vollstreckungstitel sind und im Streit zunächst Klage erhoben werden muss, können sich die Vertragspartner der sog. subordinationsrechtlichen Verträge der sofortigen Vollstreckung unterwerfen (§ 60 Abs. 1 SGB X), womit der Vertrag zum Vollstreckungstitel wird und damit ähnliche Rechtswirkungen wie ein VA hat. § 60 Abs. 2 SGB X unterscheidet hinsichtlich der Vollstreckung mit Verweis auf die entsprechenden Regelungen der VwGO (§ 170 bzw. § 172 VwGO) danach, ob zugunsten einer Behörde oder gegen sie vollstreckt werden soll.

Kündigung Abweichend vom bürgerlich-rechtlichen Vertragsrecht ist die **Beendigung** der öffentlich-rechtlichen Vertragsverhältnisse geregelt. Das SGB X nennt keine Kündigungsfristen. Sofern diese nicht ausdrücklich vereinbart wurden, können die Vertragsparteien den Vertrag nur kündigen, wenn aufgrund der geänderten Verhältnisse das weitere Festhalten an der Vereinbarung unzumutbar ist (§ 59 Abs. 1 SGB X). Aber auch ein Recht auf anpassende Abänderung des Vertrages besteht nach § 59 SGB X nur, wenn sich die Verhältnisse, die für die Festsetzung des Vertragsinhalts maßgebend waren, seit dem Abschluss des Vertrages so wesentlich geändert haben, dass einer Vertragspartei das Festhalten an der ursprünglichen Vereinbarung nicht zuzumuten ist. Anpassung und einseitige Beendigung (Kündigung) sind damit nur unter erschwerten Bedingungen möglich (vgl. BayVGH BayVwBl 1995, 659). Auch eine Behörde darf einen öffentlich-rechtlichen Vertrag nur kündigen, um schwere Nachteile für das Gemeinwohl zu verhüten oder zu beseitigen (§ 59 Abs. 1 S. 2 SGB X). Die Kündigung bedarf der Schriftform und sie soll (i. d. R. = muss) begründet werden (§ 59 Abs. 2 S. 2 SGB X).

Soweit sich aus den §§ 53–60 SGB X nicht Abweichendes ergibt, gelten auch die übrigen Regelungen des SGB X (§ 61 SGB X). Das betrifft insb. die Vorschriften über die Zuständigkeit und die Regelungen über den Sozialdatenschutz

(§§ 67 ff. SGB X, s.o. III-1.2.3). Anderseits ist damit klargestellt, dass die auf den VA als einseitige Maßnahme zugeschnittenen Bestimmungen (§§ 24, 31–51 SGB X) nicht gelten.

Ergänzend finden die Bestimmungen des BGB zum Vertragsrecht (ausführlich hierzu Kap. II.1.4). entsprechende Anwendung (§ 61 S. 2 SGB X). Das betrifft zum Beispiel die Regelungen über die Wirksamkeit und Anfechtung von Willenserklärungen, die vertraglichen Schutz- und Haftungspflichten (Grundsatz von Treu und Glauben), die Regelungen im Hinblick auf Leistungsstörungen (z. B. Unmöglichkeit, Verzug, Schlechtleistung), die Regelungen der Geschäftsführung ohne Auftrag (§§ 677 BGB) oder der ungerechtfertigten Bereicherung (§§ 812 BGB).

1.4 Verwaltungskontrolle und Rechtsschutz

Die Verwaltungs- und Rechtskontrolle der Sozialverwaltung unterscheidet sich aufgrund einer spezifischen Verknüpfung von verwaltungsinternen und gerichtlichen Kontrollinstrumenten stark von der Rechtskontrolle im allgemeinen Rechtsverkehr. Soweit es um die **Kontrolle von VA** geht, wird auf die Darstellung im Teil I (I-5.2) und III-1.2.2 (Übersicht 35) verwiesen. Gegen schlichtes Verwaltungshandeln, Rechtsnormen (z. B. Satzungen, Rechtsverordnungen) oder interne Verwaltungsvorschriften sowie gegen privatrechtliches (fiskalisches) Verwaltungshandeln kann kein Widerspruch eingelegt werden. Hier erfolgt die Rechtskontrolle ggf. direkt über den Zugang zu den Gerichten (I-5.2.3). Zu beachten ist die vorrangige Zuständigkeit der Schiedsstellen in Streit- und Konfliktfällen im Hinblick auf Leistungs- und Entgeltvereinbarungen (s. I-6.2.2).

Bei **Rechtsstreitigkeiten über** und aus dem **öffentlich-rechtlichen Vertrag** muss ebenfalls der Verwaltungs- bzw. der Sozialgerichtsweg eingeschlagen werden, da der Vertrag öffentlich-rechtlicher Natur ist (vgl. §§ 61, 62 SGB X). Leistungsansprüche aus dem Vertrag sind ebenso wie eine Anpassung des Vertrages durch eine allgemeine Leistungsklage geltend zu machen. Die Unwirksamkeit oder die Kündigung des Vertrages kann durch eine Feststellungsklage erreicht werden. Die Möglichkeiten des vorläufigen Rechtsschutzes gelten entsprechend (vgl. I-5.2.3).

1.5 Verwaltungsvollstreckung und Verwaltungszwang

Rechtsfeststellende VAe (z. B. Feststellung des Grades der Behinderung, § 69 SGB IX) sind mit ihrer Bekanntgabe wirksam und bedürfen keiner Vollstreckung. Leistungsbescheide werden von der Sozialverwaltung selbst vollzogen (z. B. durch die Auszahlung der bewilligten Sozialhilfe). Sofern hierfür eine Mitwirkung des Leistungsberechtigten erforderlich ist (z. B. Angabe der Bankverbindung, persönliches Erscheinen; vgl. §§ 60 ff. SGB I), kann diese nicht zwangsweise durchgesetzt werden, die Nichtmitwirkung führt aber i. d. R. zum Ausbleiben der Leistung und Verlust des Leistungsanspruchs. Von **Verwaltungsvollstreckung** spricht man, wenn eine z. B. durch einen VA begründete Handlungspflicht zwangsweise durchgesetzt werden soll. Regelungen zur Vollstreckung gegen die Behörde gibt es nicht. Erfüllt diese ausnahmsweise ihre auf einem VA gründenden Leistungspflichten nicht, so müsste der Bürger eine Leistungsklage vor den Gerichten erheben (§ 54 Abs. 5 SGG; vgl. I-5.2.3).

Titelfunktion des Verwaltungsaktes VA
Anders als bei privatrechtlichen Ansprüchen muss die Verwaltung für die Durchsetzung eines VA nicht erst ein Gericht anrufen, vielmehr genügt ein bestandskräftiger VA (Titelfunktion). Behörden schaffen sich somit durch einen Bescheid ihre Vollstreckungstitel selbst, wenn sich der Bürger nicht rechtzeitig dagegen wehrt (beachte: nicht jeder Widerspruch besitzt eine aufschiebende Wirkung, vgl. I-5.2.2). Rechtsgrundlage für die Verwaltungsvollstreckung ist § 66 SGB X, der auf eine Reihe von bundes- und landesrechtlichen Regelungen verweist. Für die Vollstreckung zugunsten der Behörden des Bundes, der bundesunmittelbaren Körperschaften, Anstalten und Stiftungen des öffentlichen Rechts gilt das (Bundes)VwVG. Landes- und Gemeindebehörden vollstrecken nach den landesrechtlichen Regelungen. Die Vollstreckung kann aber nach § 66 Abs. 4 SGB X auch nach den Regeln der zivilrechtlichen Zwangsvollstreckung stattfinden (vgl. I-5.3.1).

Beitreibung
Geldforderungen (z. B. Gebühren und Kostenbeiträge, Rückforderungen nach § 50 SGB X) werden beigetrieben. Die Vollstreckungsanordnung ist nur zulässig, wenn der entsprechende VA bestandskräftig, die Forderung fällig und seit Bekanntgabe des VA bzw. der Fälligkeit eine Woche vergangen ist (vgl. § 3 VwVG). Zudem soll vor Anordnung der Vollstreckung der Schuldner ferner mit einer Zahlungsfrist von einer weiteren Woche besonders gemahnt werden (vgl. § 66 Abs. 4 S. 2 SGB X, § 3 Abs. 3 VwVG). Die Beitreibung erfolgt wie bei der zivilrechtlichen Zwangsvollstreckung durch Pfändung von Sachen (mit anschließender Versteigerung) oder Forderungen (mit anschließender Einziehung z. B. der Lohnforderung). Sozialleistungen sind nur eingeschränkt pfändbar (vgl. § 54 SGB I). Das Öffnen, Betreten und Durchsuchen der Wohnung des Schuldners ist im Hinblick auf Art. 13 Abs. 2 GG nur aufgrund eines richterlichen Beschlusses zulässig.

Verwaltungszwang
Die Vollstreckung von VA, die auf die Herausgabe einer Sache (z. B. Rückgabe von Urkunden vgl. § 51 SGB X, 69 Abs. 5 S. 4 SGB IX), die Vornahme einer Handlung (z. B. Ausreise nach Ausweisung §§ 58 AufenthG), auf Duldung (z. B. einer Inobhutnahme nach § 42 SGB VIII) oder Unterlassung gerichtet sind, nennt man Verwaltungszwang (vgl. §§ 6–18 VwVG). Voraussetzung des Verwaltungszwangs ist, dass der VA bestandskräftig und unanfechtbar ist, insb. ein Rechtsbehelf keine aufschiebende Wirkung hat oder sein sofortiger Vollzug angeordnet worden ist (vgl. § 86a Abs. 2 Nr. 4 SGG/§ 80 Abs. 2 Nr. 4 VwGO). **Zwangsmittel** sind die Ersatzvornahme (§ 10 VwVG), das Zwangsgeld (§ 11 VwVG) sowie der sog. unmittelbare Zwang (§ 12 VwVG). Die zwangsweise Vollstreckung muss stets **verhältnismäßig** sein (§ 9 Abs. 2 VwVG) und grds. angedroht werden (§ 12 VwVG). Die Auswahl der Zwangsmittel erfolgt durch VA, womit diese selbstständig angefochten werden können (§ 18 VwVG). Ist die Vornahme einer Handlung durch einen Dritten möglich, kommt eine sog. Ersatzvornahme (§ 10 VwVG) in Betracht, deren Kosten vom eigentlich handlungspflichtigen Schuldner zu erstatten sind. Kann eine Handlung durch einen anderen nicht vorgenommen werden und hängt sie nur vom Willen des Pflichtigen ab, so kann dieser zur Vornahme der Handlung durch ein Zwangsgeld (i. d. R. bis zu 50.000 €) angehalten werden. Ist das Zwangsgeld uneinbringlich, so kann Ersatzzwangshaft angeordnet werden (§ 16 VwVG, § 66

Ersatzvornahme

Zwangsgeld

Abs. 1 S. 2 SGB X). Führt die Ersatzvornahme oder das Zwangsgeld nicht zum Ziel oder sind sie untunlich, so kann die Vollzugsbehörde den Pflichtigen zur Handlung, Duldung oder Unterlassung zwingen oder die Handlung selbst vornehmen (sog. unmittelbarer Zwang, vgl. § 13 VwVG), z. B. eine Sache beschlagnahmen, und dabei Gewalt anwenden. So ist es z. B. im Rahmen einer Inobhutnahme zulässig, eine gewalttätige Person festzuhalten, deren Widerstand und Gegenwehr zu brechen, die Tür zur Wohnung aufzubrechen oder ein Fenster einzuschlagen. Die Befugnis zur Anwendung des unmittelbaren Zwangs steht allerdings in aller Regel nicht den Sozialarbeitern zu, sondern nur Verwaltungsvollzugsbeamten und Gerichtsvollziehern sowie der Polizei (vgl. die ausdrückliche Regelung in § 42 Abs. 6 SGB VIII; Münder et al. 2013 § 42 Rz. 59.). Die Durchsetzung polizeilicher Maßnahmen erfolgt aufgrund polizeirechtlicher Vorschriften.

unmittelbarer Zwang

Fichte et al. 2008; Diering et al. 2011; Eichenhofer 2012; Fuchs 2012; Papenheim et al. 2013; Richter/Doering-Striening 2008; Winkler 2004; v. Wulffen/Schroeder-Printzen 2004

http://www.bmas.de/DE/Service/Publikationen/a101-09-sozialbericht-2009.html

1. Warum prüft die Verwaltung, bevor sie Maßnahmen ergreift oder Leistungen bewilligt, ob sie zuständig ist? (1.2.1)
2. Muss man, um Sozialleistungen zu erhalten, stets einen Antrag stellen? (1.2.2)
3. Wo liegen die Grenzen der Mitwirkungspflicht im sozialrechtlichen Verwaltungsverfahren? Muss ein Leistungsberechtigter einen Hausbesuch dulden? (1.2.2)
4. Nennen Sie die drei Grundsätze des Sozialdatenschutzes. (1.2.3)
5. Welche Konsequenzen ergeben sich aus dem „funktionalen Stellenbegriff des SGB? (1.2.3)
6. Nehmen Sie zu der folgenden Aussage Stellung: „Datenschutz ist Täterschutz und behindert die korrekte Wahrnehmung öffentlicher Aufgaben." (1.2.3)
7. Welche wesentlichen Funktionen hat ein VA? (1.3.1)
8. Wann ist ein VA zugegangen und was versteht man unter der Bestandskraft des VA? (1.3.1.2)
9. Unter welchen Voraussetzungen kann eine Behörde mit einem Leistungsempfänger einen öffentlich-rechtlichen Vertrag schließen? (1.3.2)
10. Beschreiben Sie die förmlichen Rechtsbehelfsmöglichkeiten gegen VA in der Sozial- und Jugendhilfe. (1.4 und I-5.2.2)
11. Welche Fristen müssen bei den verschiedenen Rechtsbehelfen eingehalten werden? (1.4 und I-5.2)
12. Kann im Widerspruchsverfahren eine Verwaltungsentscheidung auch zu Ungunsten des Bürgers abgeändert werden? (I-5.2.2)
13. Welche Kostenrisiken muss der Bürger im Rahmen des Rechtsschutzes beachten? (I-5.2.4)
14. Was versteht man unter der Titelfunktion eines VA? (1.3.1 und 1.5)
15. Welche Möglichkeiten des Verwaltungszwangs gibt es? (1.5)

2 Sozialversicherungsrecht (von Boetticher/Tammen)

2.1	Die gesetzliche Krankenversicherung – SGB V
2.1.1	Entwicklung, Organisation und Finanzierung
2.1.2	Der versicherte Personenkreis
2.1.3	Leistungen der Krankenversicherung
2.2	Die soziale Pflegeversicherung – SGB XI
2.2.1	Entwicklung, Organisation und Finanzierung
2.2.2	Der versicherte Personenkreis
2.2.3	Pflegebedürftigkeit als Versicherungsfall
2.2.4	Die Leistungen der Pflegeversicherung
2.3	Die gesetzliche Rentenversicherung – SGB VI
2.3.1	Entwicklung, Organisation und Finanzierung
2.3.2	Der versicherte Personenkreis
2.3.3	Die Leistungen der Rentenversicherung
2.4	Die gesetzliche Unfallversicherung – SGB VII
2.4.1	Entwicklung, Organisation und Finanzierung
2.4.2	Der versicherte Personenkreis
2.4.3	Arbeitsunfall und Berufskrankheit als Versicherungsfall
2.4.4	Leistungen der gesetzlichen Unfallversicherung
2.5	Arbeitsförderung – SGB III
2.5.1	Entwicklung, Organisation und Finanzierung
2.5.2	Der versicherte Personenkreis
2.5.3	Die Leistungen im Rahmen des SGB III

Charakteristika der Sozialversicherungen Die Sozialversicherung besteht gem. § 1 Abs. 1 SGB IV aus den fünf Zweigen der gesetzlichen Kranken-, Renten- und Unfallversicherung, der sozialen Pflegeversicherung sowie aus dem Recht der Arbeitsförderung, das die Arbeitslosenversicherung mit beinhaltet. Bei allen Sozialversicherungen handelt es sich um die Absicherung gegen **zentrale Lebensrisiken** durch **verpflichtende Zusammenfassung** einer großen Gruppe von Menschen mit ähnlichen Risiken, die sich bei einer Teilmenge verwirklichen (**Versicherung**). Die Versicherten haben i. d. R. **Beiträge** zu entrichten (§§ 20 ff. SGB IV, Ausnahme: GUV, s. III-2.4.1) und bei Eintritt des Versicherungsfalls **Anspruch auf Leistungen ohne Bedürftigkeitsprüfung** und grds. selbst bei eigenem Mitverschulden. Die Beiträge werden nicht individuell angespart, sondern damit werden aktuelle Bedarfe anderer Versicherter gedeckt (**Umlageprinzip**). Soweit es sich nicht um Geldleistungen handelt (wie z. B. Renten, Arbeitslosengeld, Krankengeld), werden den Versicherten die Leistungen i. d. R. von den Trägern gestellt (**Sachleistungsprinzip**) und die Versicherten müssen diese nicht wie in der Privatversicherung selbst vorfinanzieren gegen spätere Kostenerstattung. Die Sozialversicherung ist in besonderem Maße dem Gedanken des **sozialen Ausgleichs** und der **Solidarität** verpflichtet. Auch Personen, die aufgrund ihres Einkommens nur geringe Beiträge leisten können, haben Zugang zu den Versicherungen und können Leistungen in Anspruch nehmen, die im Ergebnis deutlich über den selbst eingezahlten Beiträgen liegen. Auf der anderen Seite zahlen andere Personengruppen hohe Beiträge, auch wenn sie – etwa im Rahmen der Krankenversicherung – über Jahre hinweg keine Leistungen benötigen. Personen, die von den Versicherten wirtschaftlich abhängig sind, sind z. T. beitragsfrei in den Versicherungsschutz mit einbezogen (Familienversicherung, Witwen- und Waisenrenten). Durchgeführt wird die Sozialversicherung von **Sozialversicherungsträgern** (SV-Träger) in Form öffentlich-rechtlicher Körperschaften (s. I-4.1.2) mit **Selbstverwaltung** (§ 29 Abs. 1 SGB IV). Dies ist eine Form der Bürgermitbestimmung, bei der in alle sechs Jahre stattfindenden Sozialwahlen (§§ 43 ff. SGB IV) Vertreter der Versicherten und der Arbeitgeber in ehrenamtliche Organe gewählt werden (außer bei der BA, s. III-2.5.1), die im Rahmen der gesetzlichen Vorgaben die Satzung, den Haushalt sowie Grundlinien des Geschäftes des jeweiligen SV-Trägers beschließen, die hauptamtliche Führung bestimmen und diese kontrollieren (§§ 30 ff. SGB IV). Neben den gemeinsamen organisatorischen Vorgaben finden sich im **SGB IV**, den Gemeinsamen Vorschriften für die Sozialversicherung, für alle Sozialversicherungszweige geltende Begriffsbestimmungen wie z. B. der **Beschäftigung** (§ 7 SGB IV) und der geringfügigen Beschäftigung (§§ 8, 8a SGB IV). Der in § 7 Abs. 4 SGB IV a. F. enthaltene Begriff der sog. **Scheinselbstständigkeit** ist im Jahr 2002 aufgehoben worden. Dessen Kriterien (keine Beschäftigung eines Arbeitnehmers, im Wesentlichen nur für einen Auftraggeber tätig, arbeitnehmerähnliche Tätigkeiten, keine typische unternehmerische Handlungsweise, gleiche Tätigkeit wie zuvor für gleichen Auftraggeber als Arbeitnehmer) sind jedoch nach wie vor relevant im Rahmen der Abwägung, ob eine Tätigkeit selbstständig oder als abhängige Beschäftigung ausgeübt wird (s. a. BSG 25.04.2012 – B 12 KR 24/10 R – SozR 4 – 2400 § 7 Nr 15 zu der Frage, ob eine freie Mitarbeit selbstständig oder in Form einer sozialversicherungspflichtigen Beschäftigung i. S. d. § 7 SGB IV ausgeübt wird). Leistungen der Sozialversicherungsträger werden gem. § 19 SGB IV grds. nur auf **Antrag** erbracht, nur bei unaufschiebbarer Krankenbehandlung wird davon abgesehen.

2.1 Die gesetzliche Krankenversicherung – SGB V

2.1.1 Entwicklung, Organisation und Finanzierung

Das bismarcksche Krankenversicherungsgesetz vom 15.06.1883 ist der Ausgangspunkt der gesetzlichen Krankenversicherung (GKV), die damit der älteste Zweig der Sozialversicherung ist. Seit dem 01.01.1989 ist die gesetzliche Krankenversicherung im SGB V geregelt.

Auch wenn die ursprünglichen Grundstrukturen in der Krankenversicherung im Wesentlichen erhalten geblieben sind, zeigt sich seit Ende der 1980er Jahre – wie auch in anderen sozialen Bereichen – auch im Krankenversicherungsbereich das Bemühen um Kostendämpfung, um angesichts der demografischen Entwicklung

Gesundheitsreformen und des kostenintensiven technologischen Fortschritts eine finanzierbare (Grund-)Versorgung im Krankheitsfall aufrecht zu erhalten. Dies hat seither zu einer bis heute anhaltenden Reihe von Gesundheitsreformen und Strukturanpassungen geführt. Hervorzuheben sind dabei die Ablösung der Selbstkostenerstattung im Krankenhausbereich durch eine prinzipiell leistungsorientierte Krankenhausfinanzierung im Jahr 1992, ab 1995 die Umstellung von allgemeinen Tagespflegesätzen auf Fallpauschalen, sog. DRG („disease related groups"), allgemein die Einführung der Wahlfreiheit bezüglich der Krankenkasse, die Verschärfung bei der Zulassung von Ärzten zur Behandlung von Kassenpatienten (sog. vertragsärztliche Versorgung). Im Jahr 2004 folgte insb. die stärkere Kostenbeteiligung der Versicherten durch Zuzahlungen und die Kürzung von Leistungen (Sterbegeld, Zahnersatz, Bagatellarzneimittel), die seitdem von den Versicherten (überwiegend) allein zu tragen sind. Durch das GKV-Wettbewerbsstärkungsgesetz (GKV-WSG) wurde im Jahr 2007 erstmals eine umfassende **Krankenversicherungspflicht** in der gesetzlichen oder privaten Krankenversicherung eingeführt. Versicherungspflichtig in der GKV sind nun mit wenigen Ausnahmen auch Personen, die keinen anderweitigen Anspruch auf Absicherung im Krankheitsfall haben, wenn sie entweder zuletzt gesetzlich krankenversichert waren oder bisher nicht gesetzlich oder privat krankenversichert waren (§ 5 Abs. 1 Nr. 13 SGB V). Zudem wurde der Wettbewerb unter den Krankenkassen verschärft und die Verwaltungskosten wurden gedeckelt. Ein Überblick über die wichtigsten Gesundheitsreformen seit 1989 und deren jeweiligen Inhalt ist abzurufen unter http://www.aok-bv.de/politik/reformaktuell/geschichte/index.html.

Krankenkassen **Träger** der gesetzlichen Krankenversicherung sind die Krankenkassen. Sie gliedern sich in Allgemeine Ortskrankenkassen, Betriebskrankenkassen, Innungskrankenkassen, Sozialversicherung für Landwirtschaft, Deutsche Rentenversicherung Knappschaft-Bahn-See und Ersatzkassen (§ 4 Abs. 2 SGB V). Die Krankenkassen sind Körperschaften des öffentlichen Rechts mit Selbstverwaltung (§ 4 Abs. 1 SGB V, vgl. Einl. III-2 und I-4.1.2.1), das Organisationsrecht der Krankenkassen und ihrer Verbände auf Landes- und Bundesebene wird in §§ 143–172a, 207–219d SGB V geregelt. Seit dem 01.01.1996 besteht für versicherte Personen ein **Kassenwahlrecht** (§§ 173–175 SGB V): die Versicherungspflichtigen können zwischen allen Krankenkassen wählen, die regional zuständig sind. An ihre Wahl sind sie grds. für 18 Monate gebunden (§ 175 Abs. 4 SGB V). Die Leistungen der Krankenkassen sind zu einem großen Teil vereinheitlicht, um eine gleichmäßige Versorgung sicherzustellen. Die Krankenkassen können aber in ihren Satzungen weitergehende Leistungen vorsehen (§ 11 Abs. 6 SGB V), wie z. B. Homöopathie und Akupunktur. Daneben unterscheiden sie sich durch das Angebot bestimmter Wahltarife (§ 53 SGB V) und Zusatzversicherungen (§ 194 Abs. 1a SGB V). Die mit der Einführung des Kassenwahlrechts einsetzende Tendenz der Krankenkassen, sich zu wirtschaftlicheren Einheiten zusammenzuschließen, wurde durch Intensivierung des Wettbewerbs ab 2007 (s. o.) noch verstärkt, so dass aus über 1.000 Krankenkassen im Jahr 1994 nur noch 132 im Jahr 2014 geworden sind. Dieser Zusammenschlussprozess wird sich weiter fortsetzen, eine **Einheitskasse** ist politisch jedoch nicht erwünscht (http://www.bmg.bund.de/fileadmin/dateien/Downloads/R/Reden/110909_Rede_Bundeshaushalt.pdf).

Die **Finanzierung** der gesetzlichen Krankenversicherung (§§ 220–274 SGB V) beruht überwiegend auf Beiträgen. Seit dem GKV-WSG ist zur Schaffung einheitlicher Wettbewerbsvoraussetzungen der **Beitragssatz** für alle Krankenkassen einheitlich gesetzlich festgelegt (§§ 241 ff. SGB V). Die Höhe des Beitragssatzes ist seit 2007 mehrfach verändert und zuletzt im Jahr 2014 durch das GKV-Finanzstruktur- und Qualitäts-Weiterentwicklungsgesetz (GKV-FQWG) mit Wirkung ab 01.01.2015 auf 14,6 % der beitragspflichtigen Einnahmen festgesetzt worden (§ 241 SGB V). Für einige Personengruppen ist ein abweichender Beitragssatz vorgesehen, z. B. für Studenten beträgt er sieben Zehntel des allgemeinen Beitragssatzes (§ 245 SGB V). Bei versicherungspflichtig Beschäftigten wird der Beitrag zu gleichen Teilen (sog. Parität) von den Versicherten und den Arbeitgebern getragen (§ 249 SGB V), also hat jede Seite 7,3 % zu finanzieren, wobei beide Anteile vom Arbeitgeber abgeführt werden. Der 2004 eingeführte Sonderbeitrag für Beschäftigte von 0,9 % (§ 249 Abs. 1 SGB V a. F.) wurde mit dem GKV-FQWG aufgehoben. Die Beiträge der versicherten Rentner werden anteilig von der Rentenversicherung und von den Rentnern getragen. Nur in Ausnahmefällen tragen die Pflichtversicherten den Beitrag alleine, z. B. Studierende und freiwillige Mitglieder und die „sonstigen Pflichtversicherten" nach § 5 Abs. 1 Nr. 13 SGB V (s. III-2.1.2). Die Beiträge von Empfängern von Arbeitslosengeld II nach dem SGB II werden vom Bund gezahlt (§ 251 Abs. 4 SGB V).

Beitragsfinanzierung

Die Höhe des Beitrags richtet sich nach den jeweiligen **beitragspflichtigen Einnahmen** (§§ 226 ff. SGB V) und damit nach der individuellen Leistungsfähigkeit des jeweiligen Mitglieds. Zu den Einnahmen zählt insb. das Arbeitsentgelt. Bei Rentnern zählen dazu nicht nur die Rente, sondern auch vergleichbare Einnahmen (z. B. betriebliche Altersversorgung). Die beitragspflichtigen Einnahmen werden allerdings nur bis zur Höhe der sog. **Beitragsbemessungsgrenze** (§ 223 SGB V) berücksichtigt, die jährlich vom BMAS per Rechtsverordnung festgesetzt wird (www.bmas.de, 2014: 48.600 €/Jahr). Die Berechnung der Beiträge krankenversicherter Studierender erfolgt auf der Grundlage der jeweiligen BAföG-Sätze (§ 236 SGB V). Die Beiträge freiwillig Versicherter werden nach § 240 SGB V durch die Satzung der jeweiligen Versicherung geregelt, ebenso diejenigen der „sonstigen Pflichtversicherten" (§ 227 SGB V). Es werden jedoch **Mindesteinnahmen** zugrunde gelegt, im Jahr 2014 in den neuen Bundesländern 781,66 €/Monat und 921,67 €/Monat in den alten. Anknüpfend an die nach wie vor bestehenden Einkommensunterschiede in beiden Gebieten ist die Teilung Deutschlands auch im Bereich des Sozialversicherungsrechts noch nicht vollständig überwunden.

Die Beiträge fließen nicht (mehr) direkt vom Beitragspflichtigen zur Krankenkasse, sondern werden in den sog. Gesundheitsfonds (§ 271 SGB V) eingezahlt, aus dem die Krankenkassen für jeden ihrer Versicherten einen Grundbetrag erhalten, der auf der Grundlage eines Risikostrukturausgleichs je nach Geschlecht, Alter und Krankheitsfaktoren der Versicherten modifiziert wird. Dadurch soll gesichert werden, dass die Krankenkassen um die beste Versorgung kranker Menschen konkurrieren statt (nur) um junge und gesunde Mitglieder.

Gesundheitsfonds

Sofern die Finanzierung einer Krankenkasse durch den ihr aus dem Gesundheitsfonds zugewiesenen Anteil nicht gedeckt ist, muss die Kasse einen von den Versicherten allein zu tragenden Zusatzbeitrag erheben. Während dieser bei seiner

Zusatzbeitrag

Einführung im Jahr 2007 als Euro-Betrag unmittelbar von den Versicherten an die Krankenkasse zu entrichten war, ist er seit dem GKV-FQWG ab dem Jahr 2015 als prozentualer Satz von den beitragspflichtigen Einnahmen der Versicherten zu erheben. D. h. zum einen, dass dieser Zusatzbeitrag auch am Risikostrukturausgleich des Gesundheitsfonds (s. o.) teilnimmt, zum anderen, dass durch die gemeinsame Erhebung zusammen mit dem allgemeinen Beitragssatz der Zusatzbeitrag den Versicherten nicht mehr so deutlich vor Augen geführt wird, als wenn sie diesen wie zuvor selber überweisen müssten. Gleichwohl müssen die betroffenen Krankenkassen über die Erhebung oder Erhöhung eines Zusatzbeitrages informieren und die Versicherten auf ihr **Sonderkündigungsrecht** hinweisen (§ 175 Abs. 4 SGB V).

Neben den Beiträgen beteiligt sich der Bund mit Zuschüssen aus dem Staatshaushalt an der Finanzierung der GKV, laut § 221 SGB V mit 14 Mrd € pro Jahr. Allerdings soll angesichts der Überschüsse der GKV laut dem Haushaltsbegleitgesetz 2014 (derzeit im Entwurfsstadium) der Bundeszuschuss 2014 auf 10,5 Mrd € und 2015 auf 11,5 Mrd € vorübergehend abgesenkt werden, ab 2016 wieder auf 14 Mrd € ansteigen und ab 2017 auf jährlich 14,5 Mrd € festgeschrieben werden. Ein Beleg für die Begehrlichkeiten, denen die Sozialversicherungen ausgesetzt sind (s. insoweit auch zur Mütterrente unter III-2.3.3).

2.1.2 Der versicherte Personenkreis

Versicherungspflicht Grundsatz ist das Prinzip der in § 5 SGB V geregelten Versicherungspflicht. Anknüpfungspunkt ist dabei in erster Linie eine abhängige Beschäftigung; demnach sind versicherungspflichtig nach § 5 Abs. 1 Nr. 1 SGB V Arbeiter, Angestellte und zu ihrer Berufsausbildung gegen Arbeitsentgelt **Beschäftigte** (zum Begriff s. § 7 SGB IV und Einl. III-2). Weitere wichtige versicherungspflichtige Gruppen sind etwa nach § 5 Abs. 1 Nr. 2 SGB V die **Bezieher von Arbeitslosengeld** (s. III-2.5.3), nach Nr. 2a die **Bezieher von Arbeitslosengeld II**, nach Nr. 9 eingeschriebene **Studierende** i. d. R. längstens bis zum Abschluss des 14. Fachsemesters bzw. bis zur Vollendung des 30. Lebensjahres und nach Nr. 11 die **Rentner**. Die mit dem GKV-WSG im Jahr 2007 eingeführte allgemeine Versicherungspflicht findet sich in § 5 Abs. 1 Nr. 13 SGB V und gilt für alle „sonstigen Pflichtversicherten", die keine anderweitige Absicherung im Krankheitsfall haben (z. B. kleine Selbstständige, Menschen, die von Miet- oder Zinseinnahmen leben) und die – anders als die in § 6 Abs. 1 und 2 SGB V genannten Personen – als schutzbedürftig gelten. Die allgemeine Versicherungspflicht gilt seit dem 1. April 2007 und seitdem besteht auch die Beitragspflicht (§ 186 Abs. 11 SGB V). Allein der Bezug von Sozialhilfe oder von Grundsicherung im Alter und bei dauerhafter Erwerbsminderung führt nicht zu einer Versicherungspflicht, da mit der Hilfe zur Gesundheit nach §§ 45 SGB XII eine anderweitige Absicherung im Krankheitsfall besteht (s. III-4.2.4.1). Gehörten die Bezieher allerdings zuvor bereits dem Kreis der sonstigen Pflichtversicherten i. S. d. § 5 Abs. 1 Nr. 13 SGB V an, bleiben sie versichert und die Beiträge werden übernommen (§ 32 Abs. 1 SGB XII). Bei zuvor freiwillig Versicherten ist der Sozi-

sonstige Pflichtversicherte

Sozialhilfe- und Grundsicherungsbezieher

alhilfeträger dazu hingegen nur dann verpflichtet, wenn der Hilfebedarf absehbar kurzzeitig ist (§ 32 Abs. 2 SGB XII).

In § 10 SGB V ist die Familienversicherung des Ehegatten, des Lebenspartners einer eingetragenen Lebenspartnerschaft und der Kinder von Mitgliedern geregelt. Die genannten Personen sind **beitragsfrei** (§ 3 S. 3 SGB V) in der Krankenversicherung des Mitglieds mitversichert, sofern ihr eigenes Einkommen eine Einkommensgrenze (2014: 395 € [West] bzw. 335 € [Ost]) nicht übersteigt. Kinder des Mitglieds können bis zur Vollendung des 18. Lebensjahres, bei fortdauernder (Hoch-)Schul- oder Berufsausbildung maximal bis zur Vollendung des 25. Lebensjahrs (zuzüglich Wehr- oder Zivildienstzeiten) bei diesem familienversichert sein, wobei auch Stief- und Pflegekinder mit erfasst sind. Die Familienversicherung soll ein Ausgleich für die besondere Belastung der Familien sein. Kritisiert wird allerdings, dass damit die sozialpolitisch gewollte beitragsfreie Krankenversicherung von Kindern nur durch den Kreis der krankenversicherten Personen finanziert wird, während sich andere Personen nicht an der Finanzierung beteiligen müssen. Allerdings hat der Gesetzgeber die Beteiligung des Bundes an Aufwendungen der GKV nach § 221 SGB V (s. o.) u. a. mit den Kosten für solche sog. „versicherungsfremden Leistungen" begründet. Aus der Familienversicherung haben die entsprechenden Personen im Grundsatz dieselben Ansprüche wie der sog. Stammversicherte, allerdings – mangels relevanter eigener Erwerbstätigkeit – ohne Anspruch auf Krankengeld.

Familienversicherung

Außer den Pflichtversicherten umfasst die GKV auch diejenigen Personen, die **zur Versicherung berechtigt** sind (s. § 2 SGB IV). In § 9 SGB V ist geregelt, wer sich freiwillig bei einer Krankenkasse versichern lassen kann. Dies betrifft z. B. gut verdienende Beschäftigte, die wegen Überschreitung der Jahresarbeitsentgeltgrenze (s. u.) aus der gesetzlichen Krankenversicherung ausscheiden, und Personen, deren Familienversicherung (s. o.) z. B. aufgrund einer rechtskräftigen Scheidung erlischt. Die freiwillige Versicherung in der GKV ist für viele (insb. ältere) Privatversicherte interessant, da die Leistungen der gesetzlichen Krankenversicherung umfassend und im Vergleich zur privaten Versicherung auch preisgünstiger sind. Deswegen besteht die Versicherungsberechtigung auch nur innerhalb von drei Monaten nach Fortfall der bisherigen Absicherung in der GKV und diejenigen, die aus der Versicherungspflicht ausgeschieden sind, müssen zudem noch bestimmte Vorversicherungszeiten erfüllt haben (§ 9 Abs. 1 Nr. 1, Abs. 3 SGB V).

freiwillige Versicherung

In § 6 SGB V ist geregelt, wer versicherungsfrei ist, z. B. Beamte, Richter und Soldaten (Abs. 1 nach Nr. 1). Zudem ist für die Frage der Versicherungsfreiheit die sog. **Jahresarbeitsentgeltgrenze** nach § 6 Abs. 1 Nr. 1 und Abs. 4–7 SGB V entscheidend. Wenn Beschäftigte mit ihrem Einkommen diese Grenze überschreiten, sind sie versicherungsfrei. Derzeit (2014) liegt die Jahresarbeitsentgeltgrenze bei 53.550 €. Versicherungsfrei sind auch Personen, die nach Vollendung des 55. Lebensjahres versicherungspflichtig werden (Abs. 3a), um zu verhindern, dass ältere, langjährig Privatversicherte durch spezielle Arbeitsvertragsgestaltung wieder zurück in die GKV wechseln können (s. BT-Ds 14/1245, 59). Versicherungsfreiheit besteht gem. § 7 SGB V auch bei sog. **geringfügiger**

Nicht schutzbedürftige Personen

Beschäftigung, die in §§ 8, 8a SGB IV definiert wird (sog. 450-Euro-Job oder Saisonarbeiter-Job).

Auf Antrag kann nach § 8 Abs. 1 SGB V eine Befreiung von der Versicherungspflicht stattfinden. Dies ist z. B. möglich, wenn Personen wegen der jährlich vorzunehmenden Erhöhung der Jahresarbeitsentgeltgrenze versicherungspflichtig geworden sind. Eine andere Fallgruppe bilden Personen, die privat versichert sind und ein Studium aufnehmen und solche, die während der Elternzeit eine eingeschränkte Erwerbstätigkeit ausüben.

2.1.3 Leistungen der Krankenversicherung

Krankheit Den Schwerpunkt des SGB V bilden die Leistungen bei Krankheit. D. h. es muss ein sog. regelwidriger Körper- oder Geisteszustand vorliegen, der entweder Behandlungsbedürftigkeit oder Arbeitsunfähigkeit oder beides zur Folge hat (BSG 12.11.1985 – 3 RK 48/83). Nicht regelwidrig sind etwa das altersbedingte Nachlassen der Kräfte oder die Schwangerschaft, weswegen letztere ausdrücklich als Leistungsgrund mit einbezogen wurde (§ 11 Abs. 1 Nr. 1 SGB V). Wichtige Grundsätze für die Leistungen der Krankenversicherung sind in §§ 2, 12 ff. SGB V geregelt. Einerseits haben Versicherte einen **Anspruch auf Leistungen**, die **wirksam, ausreichend und zweckmäßig** sind, den Behandlungsbedarf zu decken, andererseits dürfen die Leistungen dem Wirtschaftlichkeitsgebot zufolge das Maß des

Wirtschaftlichkeitsgebot Notwendigen nicht übersteigen. Unwirtschaftliche Leistungen können nicht in Anspruch genommen werden (z. B. Behandlungsmethoden, deren Wirksamkeit nicht nachgewiesen ist). Überwiegend gilt in der gesetzlichen Krankenversiche-

Sachleistungsprinzip rung das Sachleistungsprinzip, d. h., die Versicherten können die Leistungen vom Arzt, Krankenhaus usw. in Anspruch nehmen, ohne sie selbst bezahlen zu müssen. Der Gegensatz dazu ist das Kostenerstattungsprinzip, das bei der privaten Krankenversicherung gilt. Hier müssen die Versicherten die Kosten selber zahlen und erhalten sie dann erstattet. Das Kostenerstattungsprinzip ist seit dem 01.01.2004 im Rahmen des § 13 SGB V auch in der gesetzlichen Krankenversicherung in beschränktem Umfang vorgesehen, wenn der Versicherte dies ausdrücklich möchte oder er sich unaufschiebbare oder zu Unrecht von der KK abgelehnte Leistungen selbst besorgt hat.

Krankenbehandlung § 11 SGB V enthält eine Übersicht über die Leistungsarten. Die Krankenbehandlung umfasst gem. § 27 SGB V insb. die (zahn-) ärztliche und psychotherapeutische Heilbehandlung, die Krankenhausbehandlung sowie die Versorgung mit Zahnersatz, Arznei-, Verband-, Heil- und Hilfsmitteln. Hinzu kommen häusliche Krankenpflege, Haushaltshilfe, Soziotherapie (§ 37a SGB V, www.soziotherapie.de), die schmerzlindernde Palliativversorgung (SAPV) für Todkranke (§ 37b SGB V) sowie Hospizleistungen (§ 39a SGB V). Ebenfalls Bestandteil der Krankenbehandlung ist die medizinische Rehabilitation für Menschen mit (drohender) Behinderung (§§ 11 Abs. 2, 40 SGB V, s. III-5.3.1). Der ef-

Prävention und Vorsorge fektivste Weg, Krankheiten zu behandeln, ist, sie erst überhaupt nicht entstehen zu lassen. Daher gehören neben der Krankenbehandlung auch Leistungen zur Verhütung und Früherkennung gem. §§ 20 – 26 SGB V zum Leistungsspektrum der

2.1.3 Leistungen der Krankenversicherung

Krankenkassen. Unabhängig von der Person des einzelnen Versicherten sind das u. a. Prävention durch allgemeine Aufklärung und Gesundheitskurse, Vorbeugung typischer Gesundheitsrisiken am Arbeitsplatz durch betriebliche Gesundheitsförderung, Förderung von Selbsthilfegruppen, Impfungen und Zahnprophylaxe. In Abhängigkeit vom Alter der Versicherten umfasst dies auch Früherkennungsmaßnahmen, wie z. B. die Gesundheitsuntersuchungen bei Kindern (die sog. U1 – U9), die Krebsvorsorge für Volljährige und den sog. „Check-Up 35" ab Vollendung des 35. Lebensjahres zur Früherkennung typischer Volkskrankheiten alle 2 Jahre. Zeigen sich bei Versicherten konkrete Anzeichen einer Erkrankung, z. B. in Form von Erschöpfung oder Übergewicht, ist dem aufgrund ärztlicher Verordnung mit Leistungen der medizinischen Vorsorge, z. B. in Form von Vorsorgekuren, entgegenzuwirken. Im Abschnitt der Präventions- und Vorsorgeleistungen finden sich zudem Leistungen zur Familienplanung sowie bei Schwanger- und Mutterschaft.

Um zum einen die GKV finanziell zu entlasten und zum anderen eine Steuerungswirkung bezüglich der Inanspruchnahme von Leistungen zu erzielen, müssen Versicherte zu Krankenbehandlungen Zuzahlungen leisten. Diese betragen i. d. R. bei ambulanten Leistungen 10 % des Abgabepreises (mindestens 5 €, höchstens 10 €), bei stationären Leistungen 10 € pro Tag, im Krankenhaus für maximal 28 Tage (§ 61 SGB V). Um Versicherte nicht zu überfordern, beträgt die Belastungsgrenze, bis zu der Zuzahlungen zu leisten sind, pro Jahr gem. § 62 Abs. 1 SGB V 2 % der nach Abs. 2 zu berechnenden Haushalts-Bruttoeinnahmen. Bei chronisch kranken Menschen beträgt diese Grenze 1 %, wenn sie vor der Erkrankung regelmäßig an Vorsorgeuntersuchungen teilgenommen haben. Jenseits dieser Grenze werden Versicherte auf Antrag bei der KK von weiteren Zuzahlungen befreit. **Zuzahlung**

Neben der Kostenerstattung in Ausnahmefällen (s. o.) ist das Krankengeld im Krankheitsfall (§§ 44 ff. SGB V) die einzige Geldleistung an Versicherte in der GKV. Dabei handelt es sich um eine **Entgeltersatzleistung**, die geleistet wird, wenn die Versicherten arbeitsunfähig sind oder stationär behandelt werden. Es beträgt 70 % des erzielten regelmäßigen Arbeitsentgelts und -einkommens (zur Definition s. §§ 14, 15 SGB IV) und darf 90 % des durchschnittlichen Nettoentgelts nicht übersteigen (§ 47 SGB V). Der Anspruch auf Krankengeld ruht, solange der Versicherte Arbeitsentgelt, insb. in Form von Lohnfortzahlung im Krankheitsfall, oder Arbeitseinkommen erhält. Krankengeld wird für längstens 78 Wochen wegen derselben Krankheit binnen drei Jahren gewährt (§ 48 SGB V), da es nur Entgeltersatzfunktion hat, aber keine rentengleiche Dauerleistung sein soll. **Kinderkrankengeld** wird einem Elternteil gewährt, wenn ein Kind unter 12 Jahren im Haushalt krank und keine weitere Betreuungsperson im Haushalt vorhanden ist, pro Kind für 10 Arbeitstage, für alle Kinder zusammen aber höchstens 25 Arbeitstage pro Jahr. Für Alleinerziehende wurden die Fristen auf 20 Tage pro Kind bzw. maximal 50 Tage pro Jahr festgelegt (§ 45 SGB V). **Krankengeld**

2.2 Die soziale Pflegeversicherung – SGB XI

2.2.1 Entwicklung, Organisation und Finanzierung

Die soziale Pflegeversicherung ist im SGB XI geregelt und am 01.01.1995 als fünfte Säule der Sozialversicherung in Kraft getreten.

Hauptgrund für die Einführung war der Umstand, dass das Risiko der Pflegebedürftigkeit zuvor über die Krankenversicherung nicht hinreichend abgesichert war. Es bestand nur die Möglichkeit einer privaten Absicherung. Ansonsten konnten die zum Teil erheblichen Kosten, die mit einer ambulanten oder stationären Pflege verbunden sind, von den Betroffenen oft nicht aufgebracht werden, so dass in vielen Fällen die Sozialhilfe einspringen musste (Hilfen zur Pflege, jetzt §§ 61 ff. SGB XII, s. III-4.2.4.3). Um die Ausgaben überschaubar zu halten, ist die Pflegeversicherung nur als **Grundversorgung** ausgestaltet: Es werden nicht die gesamten Kosten der Pflege übernommen (§ 4 Abs. 2 SGB XI spricht insoweit von „Ergänzung" und „Entlastung"), sondern bestimmte, gesetzlich festgelegte Maximalbeträge. Außerdem werden sie nur ab einem bestimmten Grad der Pflegebedürftigkeit übernommen. Durch die soziale Pflegeversicherung nicht abgedeckte Kosten der Pflege sind nach wie vor privat oder bei Bedürftigkeit vom Sozialhilfeträger zu tragen (vgl. III-4.2.4.3). **Träger** der sozialen Pflegeversicherung sind die Pflegekassen (§§ 1 Abs. 3, 46 Abs. 1 SGB XI). Organisatorisch wurde die soziale Pflegeversicherung eng an die gesetzliche Krankenversicherung angelehnt, es gilt der Grundsatz „**die Pflegeversicherung folgt der Krankenversicherung**". D. h. die Pflegekassen sind rechtlich selbstständige Körperschaften des öffentlichen Rechts mit Selbstverwaltung, werden aber *bei* den Krankenkassen errichtet, d. h. sie werden von den Organen der jeweiligen Krankenkasse administriert (§ 46 Abs. 2 SGB XI): Bei jeder Krankenkasse besteht eine Pflegekasse.

Die Finanzierung der Pflegeversicherung erfolgt ebenfalls grds. durch **paritätische Beiträge** der Mitglieder und der Arbeitgeber. Der gesetzlich festgelegte einheitliche Beitragssatz beträgt bis zum Ende des Jahres 2014 noch 2,05 % (§ 55 SGB XI) und wurde durch das 5. SGB XI-ÄndG mit Wirkung ab 01.01.2015 zur Finanzierung von Leistungsausweitungen auf 2,35 % angehoben. Die daraus folgenden Beiträge sind grds. hälftig zu tragen, allerdings wurden bei Einführung der Pflegeversicherung die zusätzlichen „Lohnkosten" der Arbeitgeber durch Streichung eines gesetzlichen Feiertages kompensiert (§ 58 Abs. 2 SGB XI) (Ausnahme: Sachsen, dort tragen die Beschäftigten einen Betrag in Höhe von 1 % vorweg allein, haben dafür aber am Buß- und Bettag noch arbeitsfrei, § 58 Abs. 3 SGB XI). Die Beitragshöhe richtet sich wie in der gesetzlichen Krankenversicherung nach den **beitragspflichtigen Einnahmen** des Mitglieds bis zur **Beitragsbemessungsgrenze**, mitversicherte Familienangehörige und Lebenspartner sind beitragsfrei versichert. Zum 01.01.2005 wurde – ausgehend von einer Entscheidung des Bundesverfassungsgerichts – der **Beitragssatz für Kinderlose** (nach Vollendung des 23. Lebensjahres) um 0,25 % erhöht (§ 55 Abs. 3 SGB XI). Dadurch soll (ansatzweise) der Tatsache Rechnung getragen werden, dass Menschen mit Kindern einen generativen Beitrag für die soziale Pflegeversicherung leisten.

2.2.2 Der versicherte Personenkreis

Es lassen sich hinsichtlich des versicherten Personenkreises zwei Gruppen unterscheiden: Der Versicherungspflicht unterliegen alle Personen, die auch in der gesetzlichen Krankenversicherung versichert sind (§ 1 Abs. 2 SGB XI). Parallel dazu gehören auch die Familienversicherten zu dem kraft Gesetzes versicherten Personenkreis (§ 25 SGB XI). Wer freiwillig krankenversichert ist, hat allerdings die Möglichkeit, sich von der Versicherungspflicht in der sozialen Pflegeversicherung befreien zu lassen, wenn er nachweist, dass er bei einem privaten Versicherungsunternehmen für sich und seine Familienangehörigen einen gleichwertigen Versicherungsschutz erhält (§ 22 SGB XI).

Versicherungspflicht

Wie in der GKV besteht für einen eng gefassten Personenkreis eine Versicherungsberechtigung dahingehend, sich nach dem Ausscheiden aus der Versicherungspflicht in der SPV freiwillig weiterzuversichern (§ 26 SGB XI). Ansonsten besteht ein Beitrittsrecht nur für Zuwanderer oder Auslandsrückkehrer (§ 26a Abs. 3 SGB XI)

Versicherungsberechtigung

Insb. Personen, die privat krankenversichert sind, sind verpflichtet, auch eine private (Pflege-)Pflichtversicherung abzuschließen (§ 23 SGB XI). Der Leistungsumfang muss dem der SPV entsprechen. Auch ansonsten gelten dieselben Inhalte für die private Versicherung, auch die Beiträge sind identisch.

private Versicherung

2.2.3 Pflegebedürftigkeit als Versicherungsfall

Pflegebedürftig ist gem. § 14 Abs. 1 SGB XI, wer durch **Krankheit oder Behinderung Hilfe** bei den gewöhnlichen und regelmäßig wiederkehrenden **Verrichtungen des täglichen Lebens** mindestens für die Dauer von sechs Monaten in einem erheblichen oder höheren Maße **benötigt**. Als Krankheit oder Behinderung zählen dabei Beeinträchtigungen des Stütz- oder Bewegungsapparates, der Sinnes- wie der inneren Organe und des Zentralnervensystems (Abs. 2). Hilfe i. S. d. Abs. 1 ist definiert u. a. als Unterstützung, Beaufsichtigung oder Anleitung bei den **Alltagsverrichtungen** oder als (teilweise) Übernahme der Verrichtung (Abs. 3). Bei den regelmäßig wiederkehrenden, also mindestens zweimal wöchentlich anfallenden Alltagsverrichtungen werden laut Abs. 4 vier Bereiche unterschieden: Körperpflege, Ernährung, Mobilität und hauswirtschaftliche Versorgung.

Pflegebedürftigkeit

Mit dem erforderlichen Maß der Hilfebedürftigkeit sind die unterschiedlichen Pflegestufen angesprochen. Es gibt nach § 15 SGB XI drei Pflegestufen. In Abhängigkeit von der **Häufigkeit des Hilfebedarfs** sowie des **Zeitaufwandes**, den ein Familienangehöriger oder eine andere nicht als Pflegekraft ausgebildete Pflegeperson für die erforderlichen Leistungen der Grundpflege und hauswirtschaftlichen Versorgung im Tagesdurchschnitt benötigt, werden diese wie aus Übersicht 40. ersichtlich eingeteilt:

Pflegestufen

Übersicht 40: Einteilung der Pflegestufen

Hilfebedarf bei ■ Körperpflege, ■ Ernährung oder ■ Mobilität (= Grundpflege)	1x täglich bei mind. zwei Verrichtungen	3 x täglich	rund um die Uhr
und Hilfebedarf bei hauswirtschaftlicher Versorgung	zusätzlich mehrfach in der Woche	zusätzlich mehrfach in der Woche	zusätzlich mehrfach in der Woche
täglicher Zeitaufwand einer nicht ausgebildeten Pflegeperson…	mind. 90 Min.	mind. 3 Std.	mind. 5 Std.
…davon Grundpflege	mind. 45 Min.	mind. 2 Std.	mind. 4 Std.
geregelt in § 15 SGB XI	Abs. 1 S. 1 Nr. 1, Abs. 3 S. 1 Nr. 1	Abs. 1 S. 1 Nr. 2, Abs. 3 S. 1 Nr. 2	Abs. 1 S. 1 Nr. 3, Abs. 3 S. 1 Nr. 3
Pflegestufe	I „Erhebliche Pflegebedürftigkeit"	II „Schwerpflegebedürftigkeit"	III „Schwerstpflegebedürftigkeit"

Feststellung auf Pflegebedürftigkeit

Der jeweilige Hilfebedarf wird im Auftrag der Pflegekasse gem. § 18 SGB XI durch den Medizinischen Dienst der Krankenversicherung (MDK, vgl. §§ 275 ff. SGB V) ermittelt, der den Versicherten zu diesem Zweck in seiner Wohnung untersucht (s. www.mdk.de › Versicherte › Pflegebegutachtung). Nach Vorlage des Untersuchungsberichts des MDK verbunden mit einer Empfehlung legt die Pflegekasse die Pflegestufe fest. Die Begutachtung und Entscheidung der Pflegekasse hat i. d. R. innerhalb von fünf Wochen nach Antragstellung zu erfolgen. Die Frist kann sich im Einzelfall auf eine Woche verkürzen (§ 18 Abs. 3 SGB XI). Um sicherzustellen, dass diese Fristen eingehalten werden, muss die Pflegekasse nach § 18 Abs. 3a SGB XI für jede angefangene Woche der Fristüberschreitung 70 € an den Versicherten zahlen.

Pflegestufe 0

Der Hilfebedarf von Menschen, der die Mindestanforderungen der Pflegstufen nach § 15 SGB XI nicht erreicht, wird umgangssprachlich „Pflegestufe Null" genannt. An der Einteilung der Pflegestufen ist u.a problematisch, dass sie den Hilfebedarf insb. von **Menschen mit demenziellen Erkrankungen** nicht richtig erfasst. Auch wenn sie die Verrichtungen des täglichen Lebens (s. o.) als solche noch in den im Feststellungsverfahren vorgesehenen Zeitkorridoren erledigen können, kommen sie im Alltagsleben aufgrund der eingeschränkten Gedächtnisleistung allein jedoch nicht zu recht. Für diese Versicherten mit „erheblichem allgemeinen Betreuungsbedarf wurde im Jahr 2008 grds. die Möglichkeit eröffnet, zusätzliche Betreuungsleistungen nach §§ 45a f. SGB XI zu erhalten. Pflegeeinrichtungen können Zuschläge für die stationäre Versorgung dieser Personengruppe erhalten (§ 87b SGB XI). Gleichwohl blieb und bleibt die generelle Berücksichtigung dieser Personengruppe mit **eingeschränkter Alltagskompetenz** im Rahmen eines **neuen Pflegebedürftigkeitsbegriffs** zentrales Anliegen – und dessen Finanzierung das Kernproblem. Zwei Expertenkommissionen haben dazu Berichte vorgelegt (2009 und 2013), wonach das bisherige System der drei Pflegestufen durch fünf Pflegegrade ersetzt und neben körperlichen Einschränkungen auch kognitive Einschränkungen, z. B. von Demenzkranken, einbezogen werden sollen. Durch das Pflegeneuordnungsgesetz (PNG) wurde zum 01.01.2013 in §§ 123, 124 SGB XI zunächst eine Übergangslösung („bis zum Inkrafttreten eines [….] neuen Pflegebedürftigkeitsbegriffs") dahingehend gefunden, dass dieser Personenkreis Teilleistungen aus dem regulären Leistungskatalog der Pflegekassen erhält, solange er nur der Pflegestufe 0 zuzuordnen ist, im Übrigen z. T. Zuschläge zu den regulären Pflegeleistungen bekommt (s. Übersicht 41). Mit dem 5. SGB XI-ÄndG wurden die Beträge dieses speziellen Teil-Leistungskataloges zum 01.01.2015 mit erhöht (s. 2.2.4) und die Einführung eines neuen Pflegebedürftigkeitsbegriffs noch für die 18. Wahlperiode angekündigt (Kabinettsentwurf des 5. SGB XI-ÄndG. vom 20.05.2014, S. 2). Im April 2014 wurden dazu zwei Modellversuche gestartet (s. www.bmg.de > Pflege > Start Erprobungsphase neuer Pflegebedürftigkeitsbegriff).

Weitere Leistungsvoraussetzungen

Unübersichtlich geregelt ist im SGB XI, dass für einen Anspruch auf Leistungen nicht nur eine Pflegebedürftigkeit i. S. d. §§ 14 f. und 45a SGB XI vorliegen muss, sondern daneben auch noch die in § 33 SGB XI genannten Leistungsvoraussetzungen erfüllt sein müssen. Diese beinhalten erstens das Erfordernis der Antragstellung (Abs. 1), wobei der **Antrag** zugleich den frühestmöglichen Leistungszeitpunkt markiert, und zweitens die Erfüllung einer **Vorversicherungszeit** von zwei Jahren in den letzten zehn Jahren. Damit soll erreicht werden, dass Leistungen nur Personen – insb. aus dem Ausland kommende – erhalten, die bereits eine gewisse Zugehörigkeitsdauer zur SPV aufweisen und – außer in der Familienversicherung – auch Beiträge bezahlt haben. Tritt bereits vorher Pflegebedürftigkeit ein, muss die betreffende Person die Vorlaufzeit von zwei Jahren ohne Leistungen der SPV „überstehen".

Erfolgt der Zuzug nach Deutschland in missbräuchlicher Absicht, sind Leistungen nach § 33a SGB XI ganz ausgeschlossen. Im Gegenzug ruhen bestehende Leistungsansprüche, während sich der Leistungsberechtigte im **Ausland** aufhält (§ 34 SGB XI). Eine Ausnahme besteht insoweit für das Pflegegeld (§ 37 SGB XI), das aufgrund eines Urteils des EuGH (05.05.1998 – C-160/96, Slg. 1998, I-843, [Rechtssache Molenaar]) auch bei Umzug in einen anderen Mitgliedstaat der EU „mitgenommen" werden darf. Bei sonstigen vorübergehenden Auslandsaufenthalten wird es für längstens sechs Wochen weitergezahlt (§ 34 Abs. 1 Nr. 1 und Abs. 1a SGB XI).

2.2.4 Die Leistungen der Pflegeversicherung

Einen Überblick über die Leistungen im Pflegefall gibt § 28 SGB XI. Die dort aufgeführten Leistungen lassen sich in mehrere Gruppen einteilen: häusliche Pflege, teil- und vollstationäre Pflege, Pflegehilfsmittel, zusätzliche Betreuungs- und Entlastungsleistungen und Leistungen für Pflegepersonen. Ziel der Pflege ist es gem. § 2 SGB XI, betroffenen Personen trotz ihres Hilfebedarfs ein möglichst

Leistungsgrundsätze

selbstständiges und **selbstbestimmtes Leben** zu ermöglichen. Bei der Auswahl von Pflegediensten und -einrichtungen haben die Versicherten ein **Wunsch- und Wahlrecht**, welches einschließlich geschlechtsspezifischer und religiöser Bedürfnisse zu respektieren ist, soweit es angemessen ist (§ 2 Abs. 2 ff. SGB XI). Dabei hat die häusliche Pflege gem. § 3 SGB XI Vorrang vor teil- und vollstationärer Pflege. Zum einen, weil dies dem Versicherten den möglichst langen Verbleib in der gewohnten Umgebung sichern soll, zum anderen, weil dies für die Pflegkassen die günstigere Versorgungsform ist (s. Übersicht 41). Die wesentlichen Leistungsgrundsätze entsprechen wiederum denen der Krankenversicherung: das **Sachleistungsprinzip** nach § 4 Abs. 1 SGB XI – hier aufgeweicht durch den Anspruch auf Pflegegeld (§§ 37 f. SGB-XI) – und das **Wirtschaftlichkeitsgebot** nach §§ 4 Abs. 3, 29 SGB XI (vgl. 2.1.3). Wählen Versicherte gemäß § 2 SGB XI vollstationäre Pflege, obwohl die Pflegekasse dies aufgrund des Prüfverfahrens nicht für erforderlich hält, bekommen die Versicherten nur einen Zuschuss i. H. d. ihnen zugedachten ambulanten Leistung der häuslichen Pflege (§ 43 Abs. 4 SGB XI).

häusliche Pflege

Vorrangig kommen Leistungen bei häuslicher Pflege in Betracht. Die häusliche Pflege wird grds. als **Pflegesachleistung** (§ 36 SGB XI) erbracht. Pflegebedürftige haben bei häuslicher Pflege im eigenen oder in einem anderen Haushalt Anspruch auf Grundpflege und hauswirtschaftliche Versorgung durch einen Pflegedienst o. Ä. D. h. der Anspruch ist nicht auf Erhalt einer Geldleistung gerichtet, sondern auf Erhalt von Sachleistungen – abhängig vom individuellen Bedarf bis zu einem Gesamtwert in Höhe der Beträge, wie sie der Übersicht 41 in Abhängigkeit von der Pflegestufe zu entnehmen sind. Dabei sind unterhalb der Pflegestufen übergangsweise auch Leistungen für die sog. Pflegstufe Null vorgesehen (s. 2.2.3), aber auch oberhalb, wenn bei Pflegebedürftigkeit der Pflegestufe III ein außergewöhnlich hoher Pflegeaufwand vorliegt, der das übliche Maß weit übersteigt.

Pflegegeld

Statt die Pflegesachleistungen in Anspruch zu nehmen, ist es versicherten Pflegebedürftigen aber auch möglich, sich für selbst beschaffte Pflegehilfen ein Pflegegeld nach § 37 SGB XI auszahlen zu lassen, wenn sie die erforderliche Pflege in geeigneter Weise selbst sicherstellen. Bezüglich der Verwendung des Pflegegeldes, das – wie der Vergleich der Beträge nach § 37 und § 36 SGB XI in Übersicht 41 ergibt – niedriger ist als die Pflegesachleistung, ist der Pflegebedürftige nicht nachweispflichtig. Er kann damit Pflegeleistungen von Angehörigen oder Nachbarn honorieren oder aber auch (mit) einsetzen, um selbst eine Pflegekraft zu beschäftigen. Er muss sich aber nachweislich halb- bzw. vierteljährlich beraten lassen; tut er dies nicht, müssen die Pflegekassen das Pflegegeld kürzen und im Wiederholungsfall entziehen (§ 37 Abs. 3, 4 und 6 SGB XI).

Möglich ist nach § 38 SGB XI auch eine **Kombination** dieser beiden Leistungen, also teilweise Pflegesachleistungen und teilweise Pflegegeld. Fällt eine selbst beschaffte Pflegehilfe aus, besteht ein Anspruch auf **Verhinderungspflege** nach § 39 SGB XI.

Pflegehilfsmittel, Wohnumfeldverbesserung, Pflege-WGs

Um die Pflege im häuslichen Bereich zu ermöglichen oder zu erleichtern, haben Pflegebedürftige gem. § 40 Abs. 1 Anspruch auf notwendige Pflegehilfsmittel, seien es solche zum Verbrauch wie Einmalhandschuhe und Desinfektionsmittel, die monatlich maximal 31 € kosten dürfen, seien es technische Hilfen wie Wannenlifter oder Pflegebetten, wobei diese vorrangig auf Leihbasis vergeben werden sollen (§ 40 Abs. 2 und 3 SGB XI). Zudem können die Pflegekassen Umbaumaßnahmen, sog. Wohnumfeldverbesserungen, wie z. B. Türverbreiterungen oder den Einbau von Rampen gemäß § 40 Abs. 4 SGB XI mit (ab 01.01.2015) 4.000 € pro Maßnahme bezuschussen. Deutlich gefördert wird seit einigen Jahren der **Ausbau neuer Versorgungsstrukturen** in Form von Pflege-Wohngemeinschaften (s. §§ 45c und 45e SGB XI). Pflegebedürftige in solchen Wohnformen erhalten einen pauschalen Zuschlag i. H. v. 200 € (§ 38a SGB XI).

Pflegebedürftige mit Behinderungen i. S. d. § 2 SGB IX (s. III-5.1) können gem. § 35a SGB XI die dort genannten ambulanten Leistungen auf Antrag auch als Bestandteil eines trägerübergreifenden **persönlichen Budgets** nach § 17 Abs. 2–4 SGB IX (s. III-5.5) erhalten. Dies erlaubt den pflegebedürftigen Personen, sich die Pflegesachleistungen selbst zu organisieren.

Wenn die häusliche Pflege nicht in ausreichendem Umfang sichergestellt werden kann, etwa wegen Teilzeittätigkeit oder Erkrankung der Pflegeperson, ist nach § 41 SGB XI eine **teilstationäre Pflege** in Form von ergänzender **Tagespflege oder Nachtpflege** möglich. Die Höhe der Leistungen entspricht derjenigen der Pflegesachleistungen (§ 41 Abs. 2, s. Übersicht 41). Allerdings ist der Anspruch beschränkt auf die pflegebedingten Aufwendungen und die Aufwendungen für die soziale Betreuung – Aufwendungen für Unterkunft und Verpflegung, sog. „Hotelkosten", sind davon nicht erfasst (vgl. §§ 4 Abs. 2, 41 Abs. 2 SGB XI). Um zu

Übersicht 41: Höhe der Pflegeleistungen ab 01.01.2015

Pflegestufe	häusliche Pflegesachleistung und Tages- u. Nachtpflege §§ 36, 41 SGB XI	Pflegegeld § 37 SGB XI	vollstationäre Pflege § 43 SGB XI
0 §§ 123, 124 SGB XI	231 € + häusliche Betreuung	123 € + häusliche Betreuung	Zuschlag für zusätzliche Betreuung nach Vereinbarung**
I Zuschlag für Demenzkranke*	(bis zu) 468 € + 221 € u. häusliche Betreuung	244 € + 72 € u. häusliche Betreuung	1.064 € Zuschlag für zusätzliche Betreuung nach Vereinbarung**
II Zuschlag für Demenzkranke*	(bis zu) 1.144 € + 154 € u. häusliche Betreuung	458 € + 87 € u. häusliche Betreuung	1.330 € Zuschlag für zusätzliche Betreuung nach Vereinbarung**
III Zuschlag für Demenzkranke*	(bis zu) 1.612 € kein Zuschlag, aber häusliche Betreuung	728 € kein Zuschlag, aber häusliche Betreuung	1.612 € Zuschlag für zusätzliche Betreuung nach Vereinbarung**
in besonderen Härtefällen	(bis zu) 1.995 € (bei Pflegesachleistung)	kein Zuschlag	1.995 €

* gem. § 123 SGB XI   ** gem. § 87b SGB XI

vermeiden, dass wegen absehbar vorübergehender Krisensituationen die häusliche Pflege aufgegeben werden muss, gewährt § 42 SGB XI einen Anspruch auf **Kurzzeitpflege**, d. h. vollstationäre Pflege von kurzer Dauer bis zu vier Wochen bzw. ab 01.01.2015 in Kombination mit Verhinderungspflege bis zu acht Wochen. Bei der Kurzzeitpflege werden die pflegebedingten Aufwendungen und die Aufwendungen für soziale Betreuung mit bis zu 1612 € bzw. bei acht Wochen Dauer mit bis zu 3.224 € vergütet.

Wenn auch unter diesen Bedingungen eine häusliche Pflege oder eine teilstationäre Pflege nicht mehr möglich ist, besteht nach § 43 SGB XI Anspruch auf eine **vollstationäre Pflege**. Diese in stationären Einrichtungen durchgeführte Pflege ist ebenfalls beschränkt auf die pflegebedingten Aufwendungen und die Aufwendungen für soziale Betreuung. Nach § 43 Abs. 1 SGB XI übernimmt die Pflegekasse die Kosten abhängig von der Pflegestufe i. H. d. aus Übersicht 41 zu entnehmenden Beträge. Da ein Heimplatz den Bewohner mindestens ca. 2.500 € monatlich kostet, bleibt ein erheblicher Teil übrig, der aus eigenen Mitteln oder – falls diese nicht ausreichend zur Verfügung stehen – durch die Sozialhilfe zu finanzieren ist (s. III-4.2.4.2).

Die Sätze der Pflegeleistungen waren durch das Pflege-Weiterentwicklungsgesetz im Jahr 2008 erstmals seit Einführung des SGB XI erhöht und in drei Stufen bis zum Jahr 2012 angehoben worden – mit Ausnahme der Sätze für vollstationäre Pflege für Versicherte mit den Pflegestufen I und II. Diese blieben unverändert, um einen Anreiz für die weitere Versorgung des Pflegebedürftigen im häuslichen Umfeld zu schaffen. Zugleich mit der Anhebung wurde in § 30 SGB XI ein Auftrag zur Dynamisierung aufgenommen, wonach alle drei Jahre die Leistungen der SPV zu prüfen und ggf. anzuheben sind. Durch das 5. SGB XI-ÄndG ist dies zum 01.01.2015 geschehen, so dass die nächste Überprüfung und ggf. Anhebung im Jahr 2017 vorzunehmen ist. Die Höhe der Leistungen vor dem 01.01.2015 ist den §§ 36 Abs. 3, 37 Abs. 1, 41 Abs. 2, 43 Abs. 2 und 123 Abs. 2 f. SGB XI zu entnehmen.

Betreuungs- und Entlastungsleistung Personen mit **erheblichem allgemeinen Betreuungsbedarf** erhalten eine zusätzliche Betreuungs- und Entlastungsleistung in Höhe von monatlich maximal 104 € als Grundbetrag oder 208 € als erhöhter Betrag in besonders gravierenden Fällen (§ 45b SGB XI). Diese Leistung wird auch Versicherten gewährt, die einen pflegerischen Bedarf nach § 14 SGB XI aufweisen, der unterhalb der Pflegestufe I liegt (Pflegestufe Null, s. o.). Voraussetzung für die Betreuungs- und Entlastungsleistung ist, dass aufgrund einer erheblichen Einschränkung der Alltagskompetenz ein erheblicher Bedarf an Beaufsichtigung und Betreuung gegeben ist. Dies ist der Fall bei demenzbedingten Fähigkeitsstörungen, geistigen Behinderungen oder psychischen Erkrankungen, wenn der Betroffene z. B. zu gefährdendem Verhalten neigt oder bei Unfähigkeit, den Tagesablauf eigenständig zu planen und zu strukturieren (§ 45a SGB XI). Durch das PNG wurden zum 01.01.2013 vorübergehend bis zur Einführung des neuen Pflegebedürftigkeitsbegriffs dieser Personengruppe ein Anspruch auf Teilleistungen der häuslichen Pflege bzw. bei Erfüllung einer Pflegestufe entsprechende Zuschläge (§ 123 SGB XI, s. Übersicht 41) sowie ein Anspruch auf häusliche Betreuung (§ 124 SGB XI) eingeräumt. Aufgrund des

5. SGB XI-ÄndG haben Versichte der Pflegestufe Null ab dem 1.1.2015 auch Anspruch auf den Zuschlag in Pflege-WGs nach § 38a SGB XI sowie auf Tages-, Nacht- und Kurzzeitpflege (§ 123 Abs. 2 SGB XI).

Ergänzend zu den genannten unmittelbaren Pflegeleistungen werden zur Stärkung der häuslichen Pflege zur sozialen Absicherung von Pflegepersonen, die mehr als 14 Stunden wöchentlich, aber nicht erwerbsmäßig eine oder mehrere pflegebedürftige Person/en pflegen (§ 19 SGB XI), Rentenversicherungsbeiträge geleistet und Pflegekurse für Angehörige und andere Ehrenamtliche (§§ 44, 45 SGB XI) gewährt. Arbeitnehmerinnen und Arbeitnehmer, die Angehörige pflegen möchten, können nach dem **Pflegezeitgesetz** zudem eine maximal 6-monatige Freistellung von der Arbeit in Anspruch nehmen. Während dieses Zeitraums bleiben sie sozialversichert, beziehen aber kein Gehalt. Die Regelung findet keine Anwendung für Beschäftigte in Kleinbetrieben mit fünfzehn oder weniger Beschäftigten. Daneben gibt es für akute Fälle, insb. zur Einleitung und Organisation der Pflege, Anspruch auf unbezahlte, kurzfristige Freistellung für bis zu zehn Tage. **Leistungen für Pflegende**

Zur umfassenden Beratung über Fragen der Pflege sowie zur Organisierung und Koordinierung der Versorgung und Betreuung haben Leistungsberechtigte nach dem SGB XI Anspruch auf Pflegeberatung (§ 7a SGB XI). Zu diesem Zweck mussten die Pflegekassen seit 2008 sog. **Pflegestützpunkte** einrichten. Über ihre Einrichtung wird in jedem Bundesland eine Entscheidung durch die oberste Landesbehörde getroffen (§ 92c SGB XI). Wünscht der Leistungsberechtigte eine unabhängige Pflegeberatung, muss die Pflegekasse ihm entsprechende Stellen benennen und ihm einen konkreten Beratungstermin anbieten oder dafür einen Beratungsgutschein ausstellen (§§ 7a f. SGB XI). Zur Sicherung der Qualität der Pflegeleistungen sind die Pflegekassen und die Pflegeeinrichtungen verpflichtet, verbindliche **Standards für die Pflegequalität** zu vereinbaren (§§ 112 ff. SGB XI). Seit dem Jahr 2011 findet in jeder Einrichtung mindestens einmal jährlich eine unangemeldete stichprobenartige Prüfung der Pflegequalität durch den Medizinischen Dienst der Krankenkassen statt. Die Ergebnisse sind in Form der sog. Pflegetransparenzberichte in verständlicher Weise sowohl durch die Einrichtung selbst, als auch über die Landesverbände der Krankenkassen im Internet zu veröffentlichen. **Pflegetransparenzbericht**

http://www.aok-gesundheitsnavi.de/pflege.69.de.html
http://www.pflegelotse.de

2.3 Die gesetzliche Rentenversicherung – SGB VI

2.3.1 Entwicklung, Organisation und Finanzierung

Ziele der gesetzliche Rentenversicherung (GRV) sind die Absicherung der Risiken der Minderung oder des Fortfalls des Erwerbseinkommens wegen Alters, verminderter Erwerbsfähigkeit oder Tod eines Elternteils oder Ehe- bzw. Lebenspartners überwiegend durch Geldleistungen („Renten", §§ 33 ff. SGB VI). Um eine Ver- **Ziele der GRV** minderung der Erwerbsfähigkeit zu verhindern oder zu beseitigen, erbringt die GRV zudem Leistungen zur Teilhabe in Gestalt der medizinischen und der beruflichen Rehabilitation (§ 9 SGB VI) s. III-5.3.1 und III-5.3.2).

Entwicklung der GRV Die rechtliche Grundlage für die Anfänge der GRV trat am 01.01.1891 in Kraft. Ab dem Jahr 1911 wurden die entsprechenden Regelungen in die Reichsversicherungsordnung (RVO) aufgenommen. Die Rentenversicherung war damals gespalten in die Versicherung für Angestellte und in die Arbeiterrentenversicherung, deren Leistungen deutlich schlechter waren als die für Angestellte. Mit der Rentenreform 1992 wurde die Rentenversicherung für Arbeiter und Angestellte im **SGB VI** zusammengefasst. Die beitragsfinanzierte GRV befindet sich bezüglich ihrer Aufgaben fortwährend in dem Spannungsfeld, einerseits den Rentenbeziehern angemessene Geldleistungen zur Sicherung des Lebensunterhalts zu gewähren, andererseits die Beitragszahler nicht übermäßig zu belasten. Verschärft wird dieses Spannungsfeld durch die prognostizierte demografische Entwicklung, der zufolge sich aufgrund beständig steigender Lebenserwartung einerseits und sinkender Geburtenraten andererseits das Verhältnis von Beitragszahlern zu Rentenbeziehern deutlich verschlechtern soll. Der Gesetzgeber hat darauf reagiert, indem er den Anspruch einer auskömmlichen Rente aufgegeben und das Risiko teilprivatisiert hat. Mittelfristig bis 2020 soll die sog. Standardrente basierend auf einer 45-jährigen Erwerbsbiografie mit Durchschnittsverdienst (nur) noch mindestens 46 % des dann verfügbaren Durchschnitts-Nettoentgeltes betragen, im Jahr 2030 noch mindestens 43 % (§ 154 Abs. 3 SGB VI). Die daraus erwachsende „**Rentenlücke**" zur Sicherung des Lebensstandards, die für Menschen mit weniger Beitragsjahren und/oder unterdurchschnittlichem Verdienst entsprechend größer ausfällt, soll durch **private Vorsorge** gefüllt werden. Mit dem zum 01.01.2002 in Kraft getretenen Altersvermögensgesetz und Altersvermögensergänzungsgesetz wird der Aufbau einer freiwilligen kapitalgedeckten privaten Altersvorsorge – besser bekannt unter der Bezeichnung „**Riester-Rente**" – staatlich gefördert. Zumindest bemerkenswert an dieser Lösung ist, dass dadurch aus dem verfügbaren Einkommen der Bevölkerung eine bessere Absicherung im Alter in die Breite erreicht werden soll, wenn daraus private Versicherungskonzerne zusätzlich noch Gewinne erwirtschaften und abschöpfen. Die Wirksamkeit des Instruments insb. für Menschen unterer Einkommensschichten ist zudem fraglich, da zum einen angesichts der Freiwilligkeit der Riester-Rente der Verzicht auf aktuelles Einkommen deutlich spürbar ist, zum anderen die volle Anrechnung der Riester-Rente bei einer ggf. erforderlichen Grundsicherung im Alter die private Vorsorge unattraktiv macht.

Als weitere Maßnahme wurde 2005 eine stufenweise **Anhebung der Regelaltersgrenze** von bisher 65 Jahren auf das 67. Lebensjahr beschlossen. Neben der GRV und der privaten Vorsorge bilden die betrieblichen Altersversorgungen („**Betriebsrenten**") die dritte Säule der Altersvorsorge.

Träger der GRV Träger der GRV sind öffentlich-rechtliche Körperschaften mit Selbstverwaltung im Sinne der §§ 29 ff. SGB IV (s. Einf. III-2). Bis zum Jahr 2004 blieb die Trennung zwischen Arbeitern und Angestellten (s. o.) organisatorisch noch bestehen. Träger der Rentenversicherung der Arbeiter waren in erster Linie die Landesversicherungsanstalten (LVA), Träger der Rentenversicherung für Angestellte war die Bundesversicherungsanstalt für Angestellte (BfA). Mit einer Organisationsreform der Rentenversicherung wurde die Trennung von Arbeiter- und Angestelltenversicherung 2005 aufgehoben. Seitdem ist die Deutsche Rentenversicherung nun einheitlich für alle Bereiche der Träger. Dabei sind die früheren Landesversicherungsanstalten als Regionalträger in die Deutsche Rentenversicherung übergegangen (www.deutsche-rentenversicherung.de, zur Aufteilung der Versicherten s. § 127 Abs. 2 SGB VI). Die Versicherten werden einem RV-Träger zugeordnet, es besteht insoweit keine Wahlfreiheit. Allerdings stehen die RV-Träger auch nicht im Wettbewerb untereinander, sie bilden vielmehr einen Finanzverbund, der für einen vollständigen Finanzausgleich der RV-Träger untereinander sorgt (§ 219 SGB VI).

Die Finanzierung der GRV ist in §§ 153–227 SGB VI geregelt. Die Einnahmen beruhen zu ca. 75–80 % auf Beiträgen der Beitragszahler, im Übrigen auf Zuschüssen des Bundes (§ 213 SGB VI). Getragen werden die Beiträge bei Beschäftigten grds. von den Arbeitnehmern und den Arbeitgebern je zur Hälfte (§ 168 SGB VI), Selbstständige, freiwillig Versicherte usw. müssen ihre Beiträge vollständig selbst tragen. Die Höhe des Beitrags bemisst sich nach § 157 SGB VI nach einem Prozentsatz (2014 sind dies 18,9 %) von der Beitragsbemessungsgrundlage, die in der Regel dem Bruttoeinkommen entspricht. Einkommen oberhalb der sog. **Beitragsbemessungsgrenze** bleiben dabei unberücksichtigt. Die Beitragsbemessungsgrenze in der GRV liegt 2014 bei 5.950 € im Monat in den westlichen Bundesländern und 5.000 € im Monat in den östlichen Bundesländern. Die Höhe wird jährlich durch eine Rechtsverordnung des BMAS angepasst. Die Finanzierung der Renten erfolgt im sog. Umlageverfahren (§ 156 SGB VI). Das bedeutet, dass die Ausgaben eines Kalenderjahres durch die Einnahmen desselben Kalenderjahres und, soweit erforderlich, durch Entnahmen aus einer von der GRV zu bildenden Rücklage (§§ 216 ff. SGB VI) gedeckt werden. Es werden also die Beiträge der gegenwärtigen Beitragszahler an die derzeitigen Rentner weitergegeben. Die gegenwärtigen Beitragszahler erlangen eine **Anwartschaft** für ihre späteren Rentenleistungen, deren individuelle Höhe in einer **jährlichen Renteninformation** prognostiziert wird.

Umlageverfahren

2.3.2 Der versicherte Personenkreis

Der versicherte Personenkreis ist in §§ 1–6 SGB VI geregelt. Versicherungspflichtig sind in erster Linie Personen, die gegen Arbeitsentgelt oder zu ihrer Berufsausbildung beschäftigt sind (§ 1 SGB VI). Darüber hinaus erstreckt sich die Versicherungspflicht auf verschiedene andere Personengruppen, wie etwa als schutzbedürftig angesehene Gruppen von Selbstständigen, insb. arbeitnehmerähnliche Klein(st)unternehmer (§ 2 SGB VI), und für sonstige Versicherte wie etwa Pflegepersonen, Wehr- oder Zivildienstleistende oder Empfänger von Arbeitslosengeld (§ 3 SGB VI). Hinsichtlich der Bezieher von Arbeitslosengeld II wurde im Rahmen des sog. Sparpakets der Bundesregierung vom Juni 2010 die Versicherungspflicht in der GRV abgeschafft. Die Versicherungspflicht ist in einigen Fallkonstellationen für nicht versicherungspflichtige Personen nach § 4 SGB VI auf **Antrag** möglich. Dies betrifft z. B. Deutsche, die vorübergehend im Ausland beschäftigt sind und Personen, die selbstständig tätig sind. Letztere müssen den Antrag innerhalb von fünf Jahren nach Aufnahme der Tätigkeit stellen (§ 4 Abs. 2 SGB IV). In § 5 SGB VI werden verschiedene Fälle der Versicherungsfreiheit geregelt. Dies betrifft insb. Beamte, Richter und Soldaten, die einen Anspruch gegen den Staat auf Versorgung im Alter haben, sog. Pensionen. Versicherungsfrei sind zudem Studenten, Personen, die eine Altersrente beziehen und jene, die eine sog. zeitgeringfügige Beschäftigung von maximal zwei Monaten am Stück oder 50 Arbeitstagen pro Jahr nach § 8 Abs. 1 Nr. 2 SGB IV ausüben. Hingegen ist eine sog. **entgeltgeringfügige Beschäftigung** bis zu 450 € im Monat seit dem 01.01.2013 versicherungspflichtig (mit einer Übergangsregelung in § 229 SGB VI für Altfälle), betreffende Personen können sich allerdings auf Antrag gem. § 6 Abs. 1b SGB VI befreien lassen. Nach § 6 SGB VI ist ansonsten eine Befreiung von der Versicherungspflicht für Personen möglich, die bereits anderweitig abgesichert sind, etwa weil sie Mitglied einer berufsständischen Versorgungseinrichtung sind (z. B. Rechtsanwälte oder Ärzte) oder weil Versorgungsansprüche nach beamtenrechtlichen oder kirchenrechtlichen Grundsätzen bestehen.

Das Versicherungsverhältnis beginnt kraft Gesetzes ohne Antrag (mit Ausnahme von § 4 SGB VI) und endet nur durch Tod oder – ausnahmsweise – durch Beitragserstattung (§ 210 Abs. 6 SGB VI). Mit Beginn der Versicherung erhält die Versicherte eine **Versicherungsnummer** (§ 147 SGB VI) und einen **Sozialversicherungsausweis** (§ 18h SGB IV), der bei Beginn einer Beschäftigung dem Arbeitgeber vorzulegen ist. Auch wenn die Versicherungspflicht z. B. durch Wechsel in eine versicherungsfreie Tätigkeit endet, bleibt das Versicherungsverhältnis bestehen, da bereits entstandene Ansprüche, sog. Anwartschaften (s. o.), bei Eintritt des Versicherungsfalls zu Leistungen führen.

2.3.3 Die Leistungen der Rentenversicherung

Die GRV hat zwei Leistungsschwerpunkte: Die **Leistungen zur Teilhabe**, die früher als Rehabilitationsleistungen bezeichnet wurden (§§ 9–31 SGB VI), und die **Rentenleistungen** (§§ 33–105a SGB VI). Hinzu kommen verschiedene andere Aufgaben wie etwa Witwen- und Witwerabfindungen sowie Beitragserstattungen, Zuschüsse zu den Aufwendungen für die Kranken- und Pflegeversicherung, Leistungen für Kindererziehung und Rentenauskunft. Voraussetzung für die Leistung der Rente ist zunächst, dass die betreffende Person zum versicherten Personenkreis gehört. Weitere Voraussetzung für die Leistungen ist, dass eine bestimmte **Wartezeit** (i. d. R. Vorversicherungszeit) erfüllt wurde, die je nach Leistung unterschiedlich lang ist, und dass bei dem Betreffenden ein **Versicherungsfall** eingetreten ist, der einen Leistungsanspruch auslöst. Leistungen erbringt die GRV nur auf **Antrag** und i. d. R. auch erst ab dem Zeitpunkt der Antragstellung.

Leistungen zur Teilhabe Die Leistungen zur Teilhabe werden unter dem Aspekt erbracht, dass die Rehabilitation Vorrang vor der Rente hat (§ 9 SGB VI). Es soll daher zunächst versucht werden, die Erwerbsfähigkeit des betroffenen Versicherten durch entsprechende

Rehabilitationsleistungen (wieder-)herzustellen. Deswegen sind die Rentenversicherungsträger auch in großem Umfang Leistungsträger für Rehabilitationsleistungen. Angesichts der Überschneidungen mit dem Rehabilitationsrecht wird bezüglich der Details auf Kapitel III-5.3.1 und III-5.3.2 verwiesen. Die Rentenarten sind in § 33 SGB VI aufgelistet. Sie lassen sich in drei große Gruppen einteilen: Renten wegen Alters, Renten wegen verminderter Erwerbsfähigkeit und Renten wegen Todes. *Rentenarten*

Die Einzelheiten sind komplex und oftmals unübersichtlich geregelt. Zunächst werden die **Anspruchsvoraussetzungen** für die einzelnen Rentenarten in den §§ 35 ff. SGB VI aufgeführt. Diese Regelungen werden aber z. T. durch Übergangsregelungen modifiziert, die im Fünften Kapitel – Sonderregelungen – in den §§ 235 ff. SGB VI angeführt werden. Z. B. wurde das Eintrittsalter für die verschiedenen Altersrenten stufenweise angehoben. So wird das Erreichen der **Altersgrenze** für die Regelaltersrente (§ 35 SGB VI), die bis zum Jahr 2012 noch bei Vollendung des 65. Lebensjahrs lag, dort inzwischen mit Vollendung des 67. Lebensjahrs angegeben. Die Anhebung erfolgt ausweislich der Tabelle in § 235 SGB VI schrittweise für den Geburtsjahrgang 1947 um einen Monat, je späterem Geburtsjahr um jeweils einen weiteren Monat und ab dem Geburtsjahrgang 1958 sogar um jeweils weitere zwei Monate, so dass im Jahr 1964 und später geborene Menschen erst mit 65 Jahren plus 24 Monaten die Regelaltersgrenze erreichen. Entsprechende Regelungen sind für die anderen Altersrenten vorgesehen. Eine Altersrente kann auch schon vor Erreichen der Altersgrenze in Anspruch genommen werden, allerdings wird die Rente dann um Abschläge verringert. Die Abschläge betragen pro Monat der vorzeitigen Inanspruchnahme 0,3 % des Rentenbetrages, für jedes Jahr früher also insgesamt 3,6 %. Der Abschlag wird dann nicht nur bis zum Erreichen der Altersgrenze vorgenommen, sondern lebenslang. Dies bekommen z. B. Bezieher von Alg II zu spüren, die mit Vollendung des 63. Lebensjahrs zur Beantragung einer vorzeitigen Altersrente gezwungen werden können (§§ 5, 12a SGB II). *Altersrente*

Bestimmte Altersrenten gelten nur noch für ältere Geburtsjahrgänge vor dem 1. Januar 1952 und können von jüngeren Personen gar nicht mehr in Anspruch genommen werden, wie z. B. die Altersrente wegen Arbeitslosigkeit oder nach Altersteilzeit oder die Altersrente für Frauen (§§ 237, 237a SGB VI). Als Ausgleich für die Anhebung der Altersgrenze auf die Vollendung des 67. Lebensjahres wurde durch das RV-Leistungsverbesserungsgesetz im Jahr 2014 eine vorübergehende Regelung für besonders langjährig Versicherte in § 236b SGB V geschaffen, die abweichend von der Grundregel des § 38 SGB VI bereits eine abschlagsfreie Altersrente ab Vollendung des 63. Lebensjahres beziehen können. Voraussetzung hierfür sind 45 Jahre an Pflichtbeiträgen aus Beschäftigung und selbständiger Tätigkeit; berücksichtigt werden auch Zeiten der Kindererziehung bis zum vollendeten zehnten Lebensjahr des Kindes und Zeiten der Pflegearbeit. Diese Sonderregelung gilt für vor 1953 Geborene, für alle nachfolgenden Geburtsjahrgänge verschiebt sich die Altersgrenze um zwei Monate, so dass für die Jahrgänge ab 1964 wieder die Grundregel des § 38 SGB VI gilt.

Ähnliches gilt für die Renten wegen verminderter Erwerbsfähigkeit. Aufgrund einer Neuregelung dieser Renten zum Jahr 2000 kann z. B. die **Rente wegen teilwei-** *Erwerbsminderungsrente* ser **Erwerbsminderung** bei Berufsunfähigkeit nach § 240 SGB VI nur von vor dem 2. Januar 1961 geborenen Personen in Anspruch genommen werden. Für jüngere Personen kommt die Rente wegen teilweiser oder voller Erwerbsminderung nach § 43 SGB VI in Betracht. Hier kommt es darauf an, ob man aufgrund einer Krankheit oder Behinderung nicht mehr in der Lage ist, unter den üblichen Bedingungen des allgemeinen Arbeitsmarkts mindestens sechs Stunden (teilweise Erwerbsminderung) bzw. drei Stunden (volle Erwerbsminderung) erwerbstätig zu sein (§ 43 SGB VI). Es ist nur entscheidend, ob man überhaupt zu irgendeiner Art von Erwerbstätigkeit in dem entsprechenden zeitlichen Umfang in der Lage ist, die Qualifikation und die bisherige Berufsausübung werden nicht (mehr) berücksichtigt.

Wartezeiten Voraussetzungen für den Erhalt von Renten ist in der Regel die Erfüllung bestimmter Versicherungszeiten, die in der Rentenversicherung als Wartezeiten bezeichnet werden. Die sog. allgemeine Wartezeit beträgt nach § 50 Abs. 1 SGB VI fünf Jahre. Sie ist die kürzeste der Wartezeiten und Voraussetzung für den Anspruch auf Regelaltersrente, auf Rente wegen verminderter Erwerbsfähigkeit und auf Rente wegen Todes. Für andere Rentenarten ist eine Wartezeit von 15 Jahren (Altersrente wegen Arbeitslosigkeit oder nach Altersteilzeitarbeit und Altersrente für Frauen, § 243b SGB VI), 20 Jahren (Rente wegen voller Erwerbsminderung), 25 Jahren (Altersrente für Bergleute), 35 Jahren (Altersrente für langjährig Beschäftigte) oder 45 Jahren (Altersrente für besonders langjährig Beschäftigte) erforderlich (vgl. § 50 Abs. 2–4 SGB VI). Die Renten sind im Grundsatz lohn- und

Rentenhöhe beitragsbezogen. Nach § 63 Abs. 1 SGB VI richtet sich die Höhe einer Rente vor allem nach der Höhe der während der Versicherungszeit durch Beiträge versicherten Arbeitseinkommen. Für die Ermittlung der individuellen Rente sind aber neben den Beitragszeiten (§ 55 SGB VI) **weitere rentenrechtliche Zeiten** relevant, insb. **aus soziopolitischen Gründen**. Im Einzelnen sind dies **Kindererziehungszeiten** für die Zeiten der Erziehung eines Kindes in dessen ersten drei Lebensjahren (§ 56 SGB VI, sog. „**Mütterrente**"), Berücksichtigungszeiten wegen der Erziehung von Kindern bis zu deren vollendetem zehnten Lebensjahr (§ 57 SGB VI), Anrechnungszeiten, z. B. Zeit des Bezuges von Alg II (§ 58 SGB VI), Zurechnungszeiten, d. h. Zeiten fiktiver Erwerbstätigkeit bei vorzeitigen Renten wegen Todes oder Erwerbsminderung (§ 59 SGB VI.), Ersatzzeiten, z. B. Zeiten der Kriegsgefangenschaft vor dem 01.01.1992 (§ 250 SGB VI) und Nachteilsausgleiche (Berufliches Rehabilitierungsgesetz – BerRehaG). In diesem Bereich hat die jüngste Reform der GRV durch das RV-Leistungsverbesserungsgesetz im Jahr 2014 Veränderungen gebracht. So werden für die Erziehung vor dem Jahr 1992 geborener Kinder künftig *zwei* Jahre an Kindererziehungszeiten anerkannt statt wie bisher nur ein Jahr (§ 249 Abs. 1 SGB VI a. F.). Sozialpolitisch und gesamtgesellschaftlich gesehen ist diese Maßnahme sinnvoll, nicht nachzuvollziehen ist hingegen deren Finanzierung allein aus Rentenversicherungsbeiträgen statt aus Steuermitteln. Ebenfalls – wenn auch geringfügig – verbessert wurden die Leistungen der Erwerbsminderungsrenten, indem bei den Zurechnungszeiten in § 59 SGB VI so getan wird, als ob die betreffende Person bis zur Vollendung des 62. (statt wie zuvor des 60.) Lebensjahres gearbeitet und Beiträge bezahlt hätte. Zudem werden bei ihr die letzten vier Jahre vor Eintritt der Erwerbsminderung dann nicht berücksichtigt, wenn sich ohne Berücksichtigung dieser Zeiten ein höherer Rentenanspruch ergibt (§ 73 S. 1 SGB VI).

Die Einzelheiten der Rentenberechnung sind relativ kompliziert, da unterschiedliche Faktoren maßgeblich sind und gemeinsam in die sog. Rentenformel (§ 64 SGB VI) einfließen, nämlich die sog. Entgeltpunkte, der Zugangsfaktor, die aktuellen Rentenwerte und der Rentenartfaktor (im Einzelnen vgl. Bundesministerium für Arbeit und Soziales 2013d, 385 ff.). Jeder Versicherte erwirbt während seiner Versicherungszeit eine bestimmte Anzahl **persönlicher Entgeltpunkte** (§§ 66, 70 ff. SGB VI). Diese werden mit dem **Rentenartfaktor** (§ 65 SGB VI) multipliziert, der z. B. für die Regelaltersrente „1" beträgt, für Vollwaisenrente z. B. aber nur „0,2", d. h. die Waisenrente beträgt bei ansonsten gleichen Ausgangsvoraussetzungen nur 1/5 der Regelaltersrente. Dieser Betrag wird dann mit dem **aktuellen Rentenwert** multipliziert. Dies ist gemäß § 68 Abs. 1 SGB VI der Betrag, der einer monatlichen Rente wegen Alters der allgemeinen Rentenversicherung entspricht, wenn für ein Kalenderjahr Beiträge aufgrund des Durchschnittsentgelts gezahlt worden sind. Er beträgt derzeit (Stand 2014) in den alten Bundesländern 28,14 € und in den neuen Bundesländern 25,74 €, so dass auch 25 Jahre nach dem Mauerfall noch kein bundesweit einheitliches Rentenniveau erreicht ist.

Rentenformel

Zum 1. Juli eines Jahres erfolgt jeweils eine Anpassung der Renten. Dann wird der bisherige aktuelle Rentenwert durch den neuen aktuellen Rentenwert ersetzt, der sich an der Entwicklung der Bruttolöhne orientiert – eine sog. „modifizierte Bruttolohnanpassung". Dies hat dazu geführt, dass der aktuelle Rentenwert im Laufe der letzten Jahre mehrfach unverändert geblieben ist.

Dynamisierung

2.4 Die gesetzliche Unfallversicherung – SGB VII

2.4.1 Entwicklung, Organisation und Finanzierung

Die gesetzliche Unfallversicherung (GUV) hat die Aufgaben, Arbeitsunfälle und Berufskrankheiten sowie arbeitsbedingte Gesundheitsgefahren zu verhüten, nach deren Eintritt die Folgen zu begrenzen und den Versicherten möglichst wieder in den bisherigen Beruf und Betrieb einzugliedern sowie den Versicherten bzw. dessen Hinterbliebene durch Geldleistungen zu entschädigen (§ 1 SGB VII). Die Leistungen der GUV sind gegenüber denen der sonstigen Sozialversicherungen vorrangig.

Ziele

Die GUV geht auf das Jahr 1884 zurück. Von den Grundzügen her ist sie weitgehend unverändert geblieben, jedoch ist der Kreis der versicherten Personen, der ursprünglich nur Arbeitnehmer betraf, immer mehr ausgeweitet worden. 1996 wurde das Recht der gesetzlichen GUV in das Sozialgesetzbuch als **SGB VII** eingeordnet.

Träger der GUV sind gem. §§ 114 ff. SGB VII die gewerblichen Berufsgenossenschaften, die Sozialversicherung für Landwirtschaft, Forsten und Gartenbau (SVLFG) und die Unfallkassen der öffentlichen Hand (etwa Unfallkasse des Bundes, Unfallkasse der Länder, Gemeindeunfallversicherungsverbände). Die neun in der Anlage 1 zu § 114 SGB VII aufgelisteten Berufsgenossenschaften sind für die

Berufsgenossenschaften

Unternehmen zuständig, die zu den ihnen zugeteilten Gewerbezweigen gehören. Die Unfallversicherungsträger der öffentlichen Hand sind für die Arbeitnehmer der öffentlichen Verwaltungen zuständig, darüber hinaus aber auch für bestimmte weitere Personengruppen wie etwa Lebensretter, Kinder in Tageseinrichtungen, Schüler und Studenten.

Finanzierung Im Gegensatz zu den sonstigen Sozialversicherungen zahlen Versicherte keine Beiträge, sondern diese werden **allein von den Unternehmern** getragen (§ 150 SGB VII). Diese Beiträge werden im Wege eines Umlageverfahrens so bemessen, dass sie die Ausgaben des letzten Jahres decken. Zur Finanzierung der laufenden Ausgaben werden von den Berufsgenossenschaften i. d. R. Vorschüsse erhoben. Maßgeblich für die Beitragshöhe sind in den gewerblichen Unternehmen die Arbeitsentgelte der Versicherten und die Gefahrenklassen, in die die einzelnen Unternehmen nach dem jeweiligen Grad der Unfallgefahr eingeordnet sind. Diese bestimmen sich nach Zahl und Schwere der in den einzelnen Gewerbezweigen eingetretenen Versicherungsfälle.

2.4.2 Der versicherte Personenkreis

§ 2 SGB VII enthält einen umfangreichen Katalog verschiedener Personengruppen, die kraft Gesetzes versichert sind. Über die Arbeitnehmer hinaus, für die das Gesetz ursprünglich geschaffen wurde und die in § 2 Abs. 1 Nr. 1 SGB VII an erster Stelle unter der allgemein gehaltenen Bezeichnung „**Beschäftigte**" angeführt werden, sind dies etwa Personen, die in der Landwirtschaft arbeiten, Kinder während des Besuches von Kindertageseinrichtungen oder in Tagespflege, Schüler, **Studierende, ehrenamtlich tätige Personen**, Personen, die bei Unglücksfällen Hilfe leisten, die Blut oder Organe spenden, die sich zum Schutz eines widerrechtlich Angegriffenen oder zur Festnahme einer Person einsetzen, oder Pflegepersonen. § 4 SGB VII benennt Personen, die versicherungsfrei sind. Dies betrifft insb. Personen, die in anderer Weise gegen Arbeitsunfälle und Berufskrankheiten abgesichert sind, z. B. durch beamtenrechtliche Unfallfürsorgevorschriften oder das Bundesversorgungsgesetz. Nach § 6 SGB VII gibt es für einzelne Personengruppen die Möglichkeit, sich freiwillig in der GUV zu versichern, wie z. B. für die Unternehmer selbst und ihre mitarbeitenden Ehepartner sowie für gewählte Ehrenamtsträger in gemeinnützigen Organisationen.

2.4.3 Arbeitsunfall und Berufskrankheit als Versicherungsfall

Arbeitsunfall Gemäß § 7 SGB VII sind Versicherungsfälle im Rahmen des SGB VII Arbeitsunfälle und Berufskrankheiten. Ein Arbeitsunfall ist gem. § 8 SGB VII ein Unfall infolge einer versicherten Tätigkeit. Es muss sich also nicht – wie der Begriff vermuten lassen könnte – um einen Unfall bei der Arbeit handeln. Entscheidend ist vielmehr, in welchem Zusammenhang der Betroffene versichert ist. So ist für den Schüler etwa ein Unfall auf dem Weg zum Klassenraum oder auf dem Schulhof ebensowie für den Helfer im Unglücksfall ein Arbeitsunfall, wenn er bei der Versorgung eines verletzten Autofahrers selbst angefahren und verletzt wird. Ein Unfall ist nach § 8 Abs. 1 SGB VII ein zeitlich begrenztes, von außen auf den Körper einwirkendes Ereignis, das zum Gesundheitsschaden oder zum Tod führt. Das Kriterium des zeitlich begrenzten Ereignisses dient zur Abgrenzung von der langsamer entstehenden Berufskrankheit. Es lässt sich dahin konkretisieren, dass es sich längstens innerhalb einer Arbeitsschicht zugetragen hat. Zwischen der versicherten Tätigkeit und dem Unfallgeschehen sowie zwischen dem Unfallgeschehen und dem Schaden muss jeweils ein ursächlicher Zusammenhang bestehen. Nicht jeder Unfall, der am Ort der versicherten Tätigkeit stattfindet, ist allerdings ein Arbeitsunfall. Eine Tätigkeit ist nur dann versichert, wenn sie den Interessen des Unternehmens zu dienen bestimmt ist. Abzugrenzen davon sind sog. **eigenwirtschaftliche Tätigkeiten**, die im Interesse des Betroffenen selbst liegen, z. B. die Beschäftigung mit privaten Dingen am Arbeitsplatz einschließlich dem Gang zur Toilette. Hat sich der Betroffene durch Alkohol oder sonstige Drogen in einen Zustand versetzt, in dem er zu einer dem Unternehmen dienlichen Arbeit gar nicht mehr in der Lage ist, ist sein Tun ebenfalls nicht mehr versichert. Geringer Alkoholkonsum lässt jedoch den Versicherungsschutz nicht automatisch entfallen.

Der Versicherungsschutz ist nach § 8 Abs. 2 SGB VII auf die sog. Wegeunfälle ausgedehnt. Als Arbeitsunfälle gelten danach auch Unfälle auf einem mit der versicherten Tätigkeit zusammenhängenden Weg nach und von dem Ort der Tätigkeit. Grds. ist nur der unmittelbare Weg versichert, der nicht unbedingt der entfernungsmäßig kürzeste sein muss. Auch hier gilt, dass eigenwirtschaftliche Tätigkeiten nicht mitversichert sind, also etwa eine Unterbrechung des Arbeitswegs zum Einkaufen oder Essen. Allerdings sind Umwege versichert, die der Versicherte macht, um sein Kind wegen der beruflichen Tätigkeit fremder Obhut anzuvertrauen, oder um mit anderen Personen eine Fahrgemeinschaft zu bilden. Wegeunfall

Im Gegensatz zu den plötzlich auftretenden Arbeitsunfällen treten Berufskrankheiten zumeist erst nach einiger Zeit auf. § 9 SGB VII definiert die Berufskrankheit als „Krankheit, die die Bundesregierung in einer Rechtsverordnung […] als Berufskrankheit bezeichnet, und die ein Versicherter infolge einer […] [versicherten] Tätigkeit erleidet" (§ 9 SGB VII). Leistungen der GUV kommen aber auch bei Krankheiten in Frage, die nicht in der Liste der Berufskrankheiten aufgeführt sind, aber dennoch durch die versicherte Tätigkeit hervorgerufen wurden. Im Rahmen der Öffnungsklausel sind die Unfallversicherungsträger nach § 9 Abs. 2 SGB VII verpflichtet, durch die versicherte Tätigkeit verusachte Krankheiten wie eine Berufskrankheit zu entschädigen, die nur deshalb nicht in die Liste der Berufskrankheiten aufgenommen worden sind, weil die Erkenntnisse der medizinischen Wissenschaft über die besondere Gefährdung bestimmter Personengruppen bei ihrer Arbeit bei der letzten Fassung der Berufskrankheitenverordnung noch nicht vorhanden bzw. dem Verordnungsgeber nicht bekannt waren. Berufskrankheit

2.4.4 Leistungen der gesetzlichen Unfallversicherung

Die Leistungen nach Eintritt eines Versicherungsfalls lassen sich grob in zwei Gruppen einteilen. Zum einen die erforderlichen Leistungen, um die Folgen des

Arbeitsunfalls bzw. der Berufskrankheit soweit als möglich zu beseitigen, die Erwerbsfähigkeit zu erhalten und eine Wiedereingliederung in das Arbeitsleben zu erreichen. Die andere Gruppe bilden Entschädigungsleistungen insb. bei Einschränkung oder Verlust der Erwerbsfähigkeit des Versicherten oder bei dessen Tod.

Wiederherstellung und Wiedereingliederung

Die Leistungen zur Wiederherstellung und Wiedereingliederung sind in den §§ 26 ff. SGB VII geregelt. Es handelt sich um **Heilbehandlungen** einschließlich der medizinischen Rehabilitation, Leistungen zur Teilhabe am Arbeitsleben, Leistungen zur Teilhabe am Leben in der Gemeinschaft und ergänzende Leistungen, Pflege und Geldleistungen. Die Heilbehandlung wird wie in der GKV als Sachleistung durch Ärzte und andere Heilberufe erbracht (s. §§ 28–34 SGB VII). Bezüglich der medizinischen Rehabilitation (§§ 27 Abs. 1 Nr. 7, 33 SGB VII) und den anderen **Leistungen zur Teilhabe** (§§ 35–43 SGB VII) wird angesichts der Überschneidungen mit dem Rehabilitationsrecht auf Kapitel III-5.3.1 und III-5.3.2 verwiesen. Ist die leistungsberechtigte Person pflegebedürftig i.S.d. § 44 Abs. 1 SGB VII, erhält sie vom UV-Träger **Pflegegeld** gewährt, eine **Pflegekraft** gestellt oder **Heimpflege** gewährt. Die Höhe des Pflegegelds beträgt in Abhängigkeit vom Ausmaß der Hilflosigkeit, dem Gesundheitsschaden des Versicherten und dem dadurch bedingten Umfang der notwendigen Hilfe zwischen monatlich 323 € und 1.291 € (West) bzw. 294 € und 1.177 € (Ost) (§ 44 Abs. 2 SGB VII, Stand Juli 2014). Das Pflegegeld wird zum 1. Juli eines jeden Jahres entsprechend der Rentenanpassung angeglichen.

Da die GUV Schäden an der Gesundheit oder bei Tod eines Versicherten ausgleichen soll, werden grds. **keine Sachschäden** erstattet mit Ausnahme von Beschädigungen oder dem Verlust eines Hilfsmittels. Dies gilt gem. § 8 Abs. 3 SGB VII als Gesundheitsschaden, der nach § 27 Abs. 2 SGB VII ausgeglichen wird. Dies betrifft nach § 31 SGB VII etwa Brillen oder Körperersatzstücke. Zudem werden ausnahmsweise Personen, die als Hilfeleistende in Notfällen versichert sind, nach § 13 SGB VII auf Antrag auch die erlittenen Sachschäden sowie die Aufwendungen ersetzt, die sie den Umständen nach für erforderlich halten durften. Wie in der GKV das Krankengeld, leistet auch die GUV mit dem **Verletztengeld** eine Entgeltersatzleistung, wenn der Versicherte infolge des Versicherungsunfalls arbeitsunfähig wird (§§ 45 ff. SGB VII). Während des Bezuges von Leistungen zur Teilhabe am Arbeitsleben erhält der Leistungsberechtigte stattdessen als Entgeltersatzleistung Übergangsgeld nach §§ 49–52 SGB VII, 46–51 SGB IX (s. III-5.3.3).

Renten, Beihilfen und Abfindungen

Lassen sich die Folgen des Versicherungsfalls nicht vollständig beheben und bleibt eine Erwerbsminderung von mindestens 20 % bestehen, besteht ein Anspruch auf **Erwerbsminderungsrente**. Bei vollständigem Verlust der Erwerbsfähigkeit beträgt die Vollrente zwei Drittel des Jahresarbeitsverdienstes, bei Erwerbsminderung eine entsprechend anteilige Rente (§ 56 SGB VII). Verstirbt der Leistungsberechtigte an den Folgen des Versicherungsfalls, haben seine Angehörigen Anspruch auf ein Sterbegeld, die Erstattung der Überführungskosten und eine **Hinterbliebenenrente** (§§ 63 ff. SGB VII). Die Leistungen der GUV sind teilweise den Leistungen der sonstigen Sozialversicherungsträger ähnlich, etwa was Heilbehandlungen angeht. Sie sind aus Sicht der Betroffenen jedoch durchweg vorteilhafter, insb. sind die Renten bei Minderung der Erwerbsfähigkeit und die Hinterbliebenenrenten deutlich höher als die entsprechenden Renten der GRV. Dementsprechend ist es für die Betroffenen von hoher praktischer Bedeutung, dass ihre Schädigung als Folge eines Arbeitsunfalls oder einer Berufskrankheit anerkannt wird (ausführlich zu den Leistungen vgl. Bundesministerium für Arbeit und Soziales 2013d, 418 ff.).

Für den Verursacher des Schadens sieht das SGB VII in §§ 104 ff. Haftungsfreistellungen vor, wenn es sich um den Unternehmer oder im selben Betrieb wie die geschädigte Person Beschäftigte handelt (vgl. IV-1.3.1.2).

2.5 Arbeitsförderung – SGB III

Die Arbeitsförderung ist in dem am 01.01.1998 in Kraft getretenen SGB III geregelt. Damit wurde das zuvor geltende Arbeitsförderungsgesetz (AFG) in das Sozialgesetzbuch (SGB) eingegliedert. Die Arbeitsförderung ist Teil der sozialen Versicherung. Das SGB III stellt im Grundsatz eine Kombination von Risikovorsorge und Risikovermeidung und Risikoschutz dar. Entsprechend den unterschiedlichen Ausrichtungen wird dies als aktive Leistung (aktive Arbeitsmarktpolitik) bzw. als passive Leistung (insb. Arbeitslosengeld) bezeichnet. Aufgrund dieser Doppelfunktion gilt die Arbeitsförderung nicht durchgängig als Sozialversicherungszweig, sondern nimmt insoweit eine Sonderstellung ein, nicht zuletzt bei der Organisation (vgl. §§ 3, 4 SGB I, § 1 Abs. 1 SGB IV). Zurzeit ist die Arbeitsförderung (nach der Rentenversicherung und der Krankenversicherung) die drittgrößte Position bei den Ausgaben für öffentliche Sozialleistungen.

2.5.1 Entwicklung, Organisation und Finanzierung

Das versicherte Risiko der Arbeitslosigkeit und damit verbundener Einkommensausfälle wurde erst relativ spät gesetzlich geregelt. Die bismarckschen Sozialversicherungen erfassten das Risiko der Arbeitslosigkeit noch nicht. Erste Schritte wurden im Zusammenhang mit der Demobilisierung nach dem verlorenen Ersten Weltkrieg angegangen. Mit dem Arbeitsnachweisgesetz wurden 1922 die Grundlagen für die Arbeitsvermittlung geschaffen. 1927 folgte das Gesetz über Arbeitsvermittlung und Arbeitslosenversicherung, wodurch die heute noch vorzufindenden aktiven und passiven Elemente zusammengefasst wurden und von der Fürsorge (Erwerbslosenfürsorge) vollständig zum Versicherungsprinzip (Arbeitslosenversicherung) übergegangen wurde. Mit dem 1969 in Kraft getretenen Arbeitsförderungsgesetz (AFG) fand der Wandel hin zu einer aktiven Arbeitsmarktpolitik seinen deutlichen Ausdruck. In dieser Zeit näherte sich die Vollbeschäftigung dem Ende. Seither kam es zu zahlreichen Änderungen des Arbeitsförderungsrechts, die auch durch Leistungsreduzierungen bei den Versicherungsleistungen gekennzeichnet waren. Zum 01.01.1998 wurde die Arbeitsförderung als **Drittes Buch in das SGB** eingefügt.

Zentrale Veränderungen folgten 2002 auf der Basis der Regierungs-Kommission „Moderne Dienstleistungen am Arbeitsmarkt" (sog. Hartz-Kommission), deren Vorschläge in mehreren Schritten (Hartz I bis Hartz IV) gesetzgeberisch umgesetzt wurden. Wichtige Regelungen waren die Neuregelung der sog. Minijobs, Schaffung von Personalserviceagenturen, Förderung der sog. Ich-AG, Beschleunigung der Arbeitsvermittlung, Organisationsreform der Bundesanstalt für Arbeit zur Bundesagentur, Leistungseinschnitte wie Verkürzung der Anspruchsdauer, Änderungen im Leistungsrecht und schließlich (bekannt unter Hartz IV) die Herauslösung der Arbeitslosenhilfe aus dem SGB III und die damit verbundene Zusammenführung mit der Sozialhilfe für Erwerbsfähige zur Grundsicherung für Arbeitsuchende im SGB II. Zum 01.04.2012 sind die Maßnahmen der Aktiven Arbeitsförderung im Dritten Kapitel zusammengefasst und das SGB III komplett neu durchstrukturiert worden.

Träger der Arbeitsförderung ist nach § 367 SGB III die Bundesagentur für Arbeit (ehemals Bundesanstalt für Arbeit), eine Körperschaft öffentlichen Rechts (vgl. I-4.1.2.1) mit Selbstverwaltung. Anders als bei den übrigen Sozialversicherungsträgern (s. Einl. III-2) sind in dem Selbstverwaltungsorgan neben Vertretern der Arbeitnehmer und der Arbeitgeber auch die Gebietskörperschaften (Bund, Länder und Kommunen) vertreten (§§ 371 Abs. 4, 379 SGB III). Die Mitglieder der Selbstverwaltung gehen auch nicht aus allgemeinen Sozialwahlen hervor, sondern werden vom BMAS berufen, welches auch den hauptamtlichen Vorstand benennt (§ 371 SGB III). Die Bundesagentur ist damit enger an das BMAS angebunden und weniger autonom als andere Sozialversicherungsträger. Unter der Bundesagentur für Arbeit bestehen zehn Regionaldirektionen (früher Landesarbeitsämter) und 156 Agenturen für Arbeit (ehemals Arbeitsämter). Zudem bilden die Arbeitsagenturen gemeinsam mit den kreisfreien Städten bzw. Landkreisen die Jobcenter als sog. gemeinsame Einrichtungen, die Träger der Grundsicherung für Arbeitsuchende sind (§ 6 SGB II, s. III-4.1.3) Die Leistungen der Arbeitsförderung werden finanziert gemäß § 340 SGB III durch Beiträge der Versicherungspflichtigen (Arbeitgeber und Arbeitnehmer grds. zur Hälfte) und durch Mittel des Bundes (Bundeszuschuss, § 363 SGB III). Der Beitragssatz beträgt 3,0 % (§ 341 SGB III) und wird auf die beitragspflichtigen Einnahmen bis zur Höhe der Beitragsbemessungsgrenze erhoben. Diese entspricht derjenigen in der GRV und beträgt aktuell (2014) 5.950 € (West) und 5.000 € (Ost). Systematisch gesehen dienen die Versicherungsbeiträge dazu, insb. die Versicherungsleistungen (Arbeitslosengeld, Konkursausfallgeld, Schlechtwettergeld usw.) zu finanzieren, der Bundeszuschuss dient dazu, die arbeitsmarktpolitischen aktiven Leistungen zu finanzieren.

Finanzierung

2.5.2 Der versicherte Personenkreis

Versicherungspflicht Versicherungspflichtig sind grds. alle Personen, die gegen Arbeitsentgelt oder zu ihrer Berufsausbildung beschäftigt sind (§§ 24, 25 SGB III). Darüber hinaus gibt es nach § 26 SGB III sonstige Versicherungspflichtige, z. B. Jugendliche in beruflichen Rehabilitationseinrichtungen, Personen, die Wehrdienst oder Zivildienst leisten, Personen, die z. B. Mutterschaftsgeld, Krankengeld, Verletztengeld oder Übergangsgeld beziehen, und solche, die ein Kind erziehen, das das dritte Lebensjahr noch nicht vollendet hat, sofern sie vor Beginn dieser Leistung versicherungspflichtig waren. Im Gegensatz zur Krankenversicherung gibt es – wie bei der GRV – keine Verdienstgrenze, ab der die Versicherungspflicht endet. Auf eigenen Antrag in die Versicherungspflicht einbezogen werden nach § 28a SGB III u. a. Pflegepersonen i. S. d. § 19 SGB XI und Selbstständige. Sie müssen jedoch vor Aufnahme der Tätigkeit entweder 12 Monate in den letzten 24 Monaten versicherungspflichtig gewesen sein oder an einer Maßnahme der Arbeitsförderung teilgenommen haben (§ 28a Abs. 2 SGB III). Zudem kann der Antrag nur innerhalb der ersten drei Monate der Tätigkeit gestellt werden (Ausschlussfrist, § 28a Abs. 3 SGB III).

Versicherungsfrei sind nach (§§ 27, 28 SGB III) wie in anderen Sozialversicherungszweigen diejenigen, die bezogen auf das Risiko nicht als schutzwürdig eingestuft werden, also insb. Beamte, geringfügig Beschäftigte, Schüler und Studierende, wenn sie während ihrer Ausbildung eine Beschäftigung ausüben, und Altersrentner.

Versicherungsfreiheit

2.5.3 Die Leistungen im Rahmen des SGB III

Die Leistungen teilen sich auf in Leistungen der aktiven Arbeitsförderung (§ 3 Abs. 2 und 3 SGB III) und Entgeltersatzleistungen als sog. passive Leistungen (§ 3 Abs. 4 SGB III). Leistungen der aktiven Arbeitsförderung werden erbracht an Arbeitnehmer und Arbeitgeber. Die wichtigsten Leistungen an **Arbeitnehmer** sind Berufsberatung (§ 30 SGB III), Ausbildungs- und Arbeitsvermittlung bzw. Vermittlungsgutscheine (§§ 35 ff. SGB III), vermittlungsunterstützende Leistungen zur Aktivierung und beruflichen Eingliederung (§§ 44 ff. SGB III), hierbei insb. die Förderung durch das **Vermittlungsbudget** nach § 44 SGB III, Maßnahmen zur Berufsorientierung und -vorbereitung (§§ 48 ff. SGB III), die Förderung der **Berufsausbildung** (§§ 56 ff. SGB III) und der **beruflichen Weiterbildung** (§§ 81 ff. SGB III), die Förderung der Teilhabe behinderter Menschen am Arbeitsleben (§§ 112 ff. SGB III, Details s. III-5.3.2), Kurzarbeitergeld (§§ 95 ff. SGB III) und Saison-Kurzarbeitergeld (§§ 101 ff. SGB III), um den Verbleib in einer Beschäftigung zu sichern.

Leistungen der aktiven Arbeitsförderung

Ein Teil der Leistungen richtet sich allgemein an alle Jugendlichen und Erwachsenen, wie etwa die Berufsberatung. Andere Leistungen werden nur versicherten Personen erbracht, die **arbeitslos** sind und die vor Eintritt der Arbeitslosigkeit versichert waren. Dies betrifft neben den verschiedenen genannten Entgeltersatzleistungen insb. die Arbeitsvermittlung. Arbeitslos ist gem. § 16 SGB III, wer vorübergehend nicht in einem Beschäftigungsverhältnis steht, eine versicherungspflichtige Beschäftigung sucht und den Vermittlungsbemühungen der BA zur Verfügung steht und der sich arbeitsuchend meldet. Gemäß § 38 SGB III ist man verpflichtet, sich arbeitsuchend zu melden, wenn man absehen kann, dass ein Beschäftigungsverhältnis endet, spätestens jedoch drei Monate vor dessen Ende, sofern man dies zu dem Zeitpunkt schon absehen kann. Andernfalls drohen Sanktionen bei den Entgeltersatzleistungen (s. u.).

Arbeitslosigkeit

Im Vorfeld der **Vermittlung** erfolgt eine sog. Potenzialanalyse des Betroffenen und die Agentur für Arbeit schließt mit dem Arbeitslosen eine sog. Eingliederungsvereinbarung ab, in der die **Eigenbemühungen** des Betroffenen und die Ver-

Eingliederungsvereinbarung

mittlungsbemühungen der Agentur für Arbeit konkretisiert und verbindlich festgelegt werden (§ 37 SGB III, vgl. auch III-4.1.7 bzgl. des SGB II).

Die wichtigsten **Leistungen an Arbeitgeber** sind **Eingliederungszuschüsse** zu den Arbeitsentgelten (§§ 88 ff. SGB III) und Leistungen im Zusammenhang mit beruflicher Ausbildung und Weiterbildung (§§ 82 ff. und 131 ff. SGB III) sowie Leistungen zur Teilhabe am Arbeitsleben nach § 34 SGB IX (s. III-5.3.2).

Abgesehen von der Bezuschussung der Förderung der Berufsausbildung (§ 74 SGB III) sieht das SGB III nach der SGB-III-Reform zum 01.04.2012 keine Leistungen an **freie** Träger berufsbildender Maßnahmen mehr vor. Vielmehr bedürfen solche Träger nunmehr der Zulassung einer fachkundigen Stelle nach §§ 176 SGB III, um Maßnahmen der Arbeitsförderung selber durchzuführen oder durchführen zu lassen. Die Beauftragung mit solchen Maßnahmen durch die Arbeitsagenturen erfolgt nur noch im Rahmen **öffentlicher Ausschreibungen**.

Alle Leistungen der aktiven Förderung im Rahmen des SGB III sind im Grundsatz nur **Ermessensleistungen** (§ 3 Abs. 3 SGB III). Es bestehen also keine Ansprüche der entsprechenden Personen darauf, dass sie die Leistungen erhalten, sondern es ist insb. von der finanziellen Ausstattung der Agenturen für Arbeit abhängig, ob die Leistungen gewährt werden. § 7 SGB III nennt einige Kriterien, die das Ermessen der Agenturen bei der Auswahl von Leistungen der aktiven Arbeitsförderung binden, allerdings sind die Agenturen für Arbeit im Grunde genommen weitgehend frei in ihrer Entscheidung.

passive Leistungen

Die sog. „passiven Leistungen" im Rahmen des SGB III betreffen Entgeltersatzleistungen für den Fall der Arbeitslosigkeit, von denen einige, wie etwa das Kurzarbeitergeld (s. o.) und das Arbeitslosengeld bei beruflicher Weiterbildung (§ 3 Abs. 2 SGB III), allerdings auch zu den aktiven Leistungen zählen. Die in § 3 Abs. 4 SGB III aufgeführten **Entgeltersatzleistungen** sind in §§ 136 ff. SGB III geregelt.

Arbeitslosengeld

Die wichtigste dieser Leistungen ist das in den §§ 136–162 SGB III geregelte Arbeitslosengeld. Voraussetzung für die Leistung ist zunächst, dass **Arbeitslosigkeit** gegeben ist. Dies setzt nach § 138 SGB III voraus, dass **Beschäftigungslosigkeit**, **Eigenbemühungen** die Beschäftigungslosigkeit zu beenden und **Verfügbarkeit** für die Vermittlungsbemühungen der Agentur für Arbeit, die im Einzelnen in der Verfügbarkeitsanordnung geregelt ist, vorliegen. Von zentraler Bedeutung in diesem Zusammenhang ist auch die Zumutbarkeitsregelung des § 140 SGB III, wonach ein Arbeitsloser alle seiner Arbeitsfähigkeit entsprechenden Beschäftigungen, die ihm zumutbar sind, ausüben und dabei Pendelzeiten von täglich bis zu zweieinhalb Stunden bei einer Vollzeitstelle in Kauf nehmen muss.

Neben der Arbeitslosigkeit ist weiterhin erforderlich, dass sich der Betroffene persönlich **arbeitslos meldet** (§ 141 SGB III) und dass er die **Anwartschaftszeit** von zwölf Monaten innerhalb einer Rahmenfrist von zwei Jahren erfüllt hat (§§ 142, 143 SGB III), d. h., dass er in den letzten zwei Jahren vor Erfüllung der Anspruchsvoraussetzungen auf Arbeitslosengeld mindestens zwölf Monate versicherungspflichtig gewesen sein muss.

Anspruch auf Arbeitslosengeld besteht zudem nur zeitlich befristet. Die **Dauer** des Anspruchs hängt von der Dauer der vorangegangenen Versicherungszeit innerhalb der letzten fünf Jahre vor Eintritt der Arbeitslosigkeit ab. In der Regel beträgt die **maximale Bezugsdauer zwölf Monate** (§ 147 Abs. 2 SGB III). Erst nach Vollendung des 50. Lebensjahres besteht ein Anspruch auf 15 Monate, allerdings nur, wenn eine Versicherungspflicht von 30 Monaten innerhalb der letzten fünf Jahre vorangegangen ist (§ 147 Abs. 1 Nr. 1 SGB III). Nach Vollendung des 55. Lebensjahres beträgt die maximale Bezugsdauer bei einer Vorversicherungszeit von 36 Monaten 18 Monate und ab Vollendung des 58. Lebensjahrs liegt sie bei einer Vorversicherungszeit von 48 Monaten bei 24 Monaten.

Die **Höhe** des Arbeitslosengeldes richtet sich nach dem vorangegangenen Verdienst. Anhand des Bruttogehalts wird ein pauschaliertes Nettoentgelt berechnet und die Bemessungsgrundlage ermittelt. Sie ist nahezu identisch mit dem Nettoverdienst. Das Arbeitslosengeld beträgt für Personen ohne Kinder 60 % der Bemessungsgrundlage, für Personen mit Kindern 67 % (§ 149 SGB III).

Versicherungswidriges Verhalten löst nach § 159 SGB III eine **Sperrzeit** aus, um die sich die Bezugsdauer des Arbeitslosengeldes vermindert. Dies kann etwa vorliegen, wenn der Arbeitslose sein Arbeitsverhältnis selbst gelöst oder durch arbeitsvertragswidriges Verhalten Anlass zu einer Kündigung gegeben hat, wenn er keine ausreichenden Eigenbemühungen nachweist, wenn er eine zumutbare Beschäftigung nicht aufnimmt oder wenn er es unterlässt, sich – sofern absehbar – bis spätestens drei Monate vor dem Ende seine aktuellen Ausbildung bzw. Beschäftigung nach § 38 SGB III arbeitsuchend zu melden. Voraussetzung für die Verhängung einer Sperrzeit ist allerdings, dass **kein wichtiger Grund** für das Verhalten des Arbeitnehmers vorlag. Nach einer Entscheidung des LSG Hessen ist z. B. die Beeinträchtigung durch Zigarettenrauch am Arbeitsplatz ein wichtiger Grund im Sinne des § 159 Abs. 1 S. 1 SGB III, der zu einer Kündigung des Arbeitsverhältnisses durch den Arbeitnehmer berechtigt (LSG HE 11.10.2006 – L 6 AL 24/05). In diesem Fall ist die Verhängung einer Sperrzeit rechtswidrig. Die Dauer der Sperrzeit liegt – je nach ihrem Grund – bei bis zu 12 Wochen (§ 159 Abs. 3–6 SGB III). Hat der Arbeitslose Anlass für den Eintritt von Sperrzeiten von insgesamt mindestens 21 Wochen gegeben, so erlischt der Anspruch auf Arbeitslosengeld ganz (§ 161 Abs. 2 SGB III).

Kokemoor 2013; Muckel/Ogorek 2011, Bundesministerium für Arbeit und Soziales 2013/2014

1. Im Rahmen welcher Sozialversicherungen gibt es eine Familienversicherung? (2.1.2, 2.2.2)
2. Ist eine Schwangerschaft eine Krankheit im Sinne des Krankenversicherungsrechts? (2.1.3)
3. Was versteht man unter der „Pflegestufe Null"? (2.2.3)
4. Auf welcher gesetzlichen Grundlage kommen Leistungen bei „Pflegestufe Null" in Frage? (2.2.3)
5. Ist es einer pflegebedürftigen Person möglich, im Rahmen der sozialen Pflegeversicherung sowohl einen professionellen Pflegedienst als Pflegesachleistung als auch Pflegegeld für eine selbst beschaffte Pflegeperson in Anspruch zu nehmen? (2.2.4)
6. Was versteht man im Rahmen der GRV unter dem Umlageverfahren? (2.3.1)

7. Was versteht man im Sozialversicherungsrecht unter einer Wartezeit? (2.3.3)
8. Was ist der aktuelle Rentenwert? (2.3.3)
9. Welche Sozialversicherung greift, wenn ein Schüler im Sportunterricht verunglückt? (2.4.2)
10. Was versteht man unter einem Arbeitsunfall? (2.4.3)
11. Was sind sog. eigenwirtschaftliche Tätigkeiten? (2.4.3)
12. Was ist eine Eingliederungsvereinbarung? (2.5.3)
13. Welche Voraussetzungen sind erforderlich, damit eine Person im Sinne des SGB III arbeitslos ist? (2.5.3)
14. In welche zwei großen Gruppen teilen sich die Leistungen im Rahmen des SGB III auf? (2.5.3)
15. Kann der Anspruch auf Arbeitslosengeld vor Ablauf der Bezugsdauer erlöschen? (2.5.3)

3 Kinder- und Jugendhilferecht – SGB VIII (Tammen/Trenczek)

3.1 Die Entwicklung des Kinder- und Jugendhilferechts
3.2 Wichtige Gliederungs- und Strukturprinzipien des SGB VIII
3.2.1 Leistungsorientierung
3.2.2 Der Schutzauftrag der Jugendhilfe
3.2.3 Die Träger der Kinder- und Jugendhilfe
3.2.4 Aufgaben der Jugendhilfe nach dem SGB VIII – Grundlagen
3.3 Leistungen der Kinder- und Jugendhilfe
3.3.1 Jugendarbeit, Jugendsozialarbeit, erzieherischer Kinder- und Jugendschutz (§§ 11–15 SGB VIII)
3.3.2 Förderung der Erziehung in der Familie (§§ 16–21 SGB VIII)
3.3.3 Förderung von Kindern in Tageseinrichtungen und in Tagespflege (§§ 22–26 SGB VIII)
3.3.4 Individuelle Hilfen: Hilfen zur Erziehung, Eingliederungshilfe und Volljährigenhilfe (§§ 27–41 SGB VIII)
3.3.4.1 Die Hilfen zur Erziehung
3.3.4.2 Eingliederungshilfe für seelisch behinderte junge Menschen
3.3.4.3 Volljährigenhilfe
3.3.4.4 Hilfeplanverfahren und Steuerungsverantwortung
3.4 Andere Aufgaben der Jugendhilfe
3.4.1 Schutzmaßnahmen für Minderjährige
3.4.1.1 Inobhutnahme (§ 42 SGB VIII)
3.4.1.2 Schutz von Minderjährigen in Einrichtungen (§§ 43–49 SGB VIII)
3.4.2 Mitwirkung in gerichtlichen Verfahren (§§ 50–52 SGB VIII)
3.4.2.1 Mitwirkung in Verfahren vor den Familiengerichten (§ 50 SGB VIII)
3.4.2.2 Mitwirkung in Verfahren nach dem Jugendgerichtsgesetz (§ 52 SGB VIII)
3.4.3 Aufgaben als Beistand, Vormund, Pfleger und Beurkundungsbehörde (§§ 52a–60 SGB VIII)
3.5 Verfahren und Kosten
3.5.1 Zuständigkeit
3.5.2 Besonderheiten des jugendhilferechtlichen Verfahrens
3.5.3 Kosten und Finanzierung
3.5.4 Rechtsschutz

Das Recht der Kinder- und Jugendhilfe ist auf Bundesebene im SGB VIII geregelt. Daneben sind in vielen Bereichen auch landesrechtliche Regelungen relevant.

3.1 Die Entwicklung des Kinder- und Jugendhilferechts

polizeirechtliche Anfänge

Die historischen Wurzeln des Kinder- und Jugendhilferechts waren weitgehend polizeirechtlich geprägt (ausführlich Jordan 2005, 17 ff.; Peukert 1986; Münder/Trenczek 2011, 21 ff.). Die ersten gesetzlichen Regelungen betrafen das in der ersten Hälfte des 19. Jahrhunderts weitverbreitete sog. Pflege- und Haltekinderwesen. Hier führten gravierende Missstände in gewerblich betriebenen Pflegestellen 1840 in Preußen zu einer „Königlichen Zirkularverfügung zur Aufnahme von Haltekindern". Danach war die entgeltliche Aufnahme von Pflegekindern unter vier Jahren von einer polizeilichen Erlaubnis abhängig. 1878 wurde in Preußen das „Gesetz zur Unterbringung verwahrloster Kinder in Erziehungsanstalten" zur Regelung der **staatlichen Zwangserziehung** erlassen, das im Jahr 1900 durch das Preußische Gesetz für die Fürsorgeerziehung Minderjähriger abgelöst wurde.

Auch im Strafrecht (vgl. Teil IV) begann im 19. Jahrhundert die gesonderte Behandlung von Kindern und Jugendlichen. Nach dem Reichsstrafgesetzbuch von 1871 waren die unter 12-jährigen Kinder strafunmündig. Bei den zwölf bis 18-Jährigen sah § 56 RStGB einen Freispruch für den Fall vor, dass der Angeschuldigte die zur Erkenntnis der Strafbarkeit seiner Tat erforderliche Einsicht nicht besaß. Es bestand dann allerdings die Möglichkeit der Erziehung in einer Erziehungs- oder Besserungsanstalt, die 1876 auf MJ unter zwölf Jahren ausdehnt wurde. Aus diesen strafrechtlichen Regelungen entwickelte sich später die im RJWG und JWG geregelte sog. Fürsorgeerziehung. Die strafrechtlichen Rechtsfolgen wurden im Übrigen im RJGG von 1923 geregelt.

Neben den genannten Maßnahmen gab es den im BGB seit 1900 geregelten privatrechtlichen Kindesschutz mit der Möglichkeit eines Eingriffs des Gerichts in die väterliche (bzw. später: elterliche) Gewalt. Eine entsprechende Regelung findet sich heute noch in § 1666 BGB.

Die Bereiche der Jugendarbeit und Jugendpflege wurden zunächst ausschließlich privat betrieben. Anfangs waren in erster Linie kirchliche Organisationen in diesem Bereich aktiv, in der zweiten Hälfte des 19. Jahrhunderts entstanden bürgerlich-nationale Organisationen und mit Beginn des 20. Jahrhunderts folgte die Arbeiterjugendbewegung. Nachdem der Staat zunächst (1904, 1908) mit vereinsrechtlichen Mitteln repressiv auf diese Organisationen reagierte, folgte kurze Zeit später die Steuerung der Jugendpflege und Jugendarbeit mit dem heute noch klassischen Instrumentarium der Finanzierung.

Die Zuständigkeit für die Kinder- und Jugendhilfe lag zu Beginn des 20. Jahrhunderts bei den Armen- oder Fürsorgeämtern, die in größeren Orten zuweilen eine spezielle Abteilung für Kinderpflege hatten. Außerdem waren Polizei- und Ordnungsämter als zuständige Behörde für das Pflegekinderwesen und als Antragsstelle für die Fürsorgeerziehung in erheblichem Umfang in der Jugendhilfe tätig. Die zunehmenden Aufgaben veranlassten größere Städte, eigene Kinder- und Jugendfürsorgeämter zu gründen (1909 Mainz; 1910 Hamburg; in Frankfurt zunächst als Waisen- und Armenamt, ab 1914 Jugendamt; 1917 Berlin).

RJWG

1922 wurde das Reichsjugendwohlfahrtsgesetz (RJWG) verabschiedet, welches aber auf der Grundlage des Ermächtigungsgesetzes „zur Überwindung der Not von Volk und Reich" von 1923 nur in reduzierter Form in Kraft gesetzt wurde.

Das RJWG bewirkte die Zusammenfassung wichtiger Regelungsbereiche in Bezug auf Kinder und Jugendliche in einem Gesetz und die Etablierung des JA als einer eigenständigen, für die Angelegenheiten der Jugendwohlfahrt zuständigen Behörde. Inhaltlich wurde der jugendfürsorgerische Bereich geregelt (JA-Vormundschaft für nichteheliche Kinder, Pflegekinder- und Heimaufsicht). Das JA war verpflichtet, bei der Fürsorge für gefährdete Kinder und Jugendliche (Schutzaufsicht, Jugendgerichtshilfe, Fürsorgeerziehung) verbindlich mitzuwirken.

Während der NS-Diktatur gab es formal recht wenige Änderungen am RJWG (z. B. Einführung des Führerprinzips, Abschaffung des Jugendwohlfahrtsausschusses), weshalb es von den Besatzungsmächten für anwendbar erklärt wurde. Erst 1953 wurden die früheren Einschränkungen aufgehoben, womit das RJWG im Westen in seiner 1922 verabschiedeten Form in Kraft trat. Demgegenüber wurden in der DDR nach 1945 die JÄ neben dem Schulamt in die Volksbildung eingegliedert (ausführlich zur Jugendhilfe in der DDR Seidenstücker/Münder 1990).

In der Bundesrepublik trat 1961 das Jugendwohlfahrtsgesetz (JWG) als Nachfolger des RJWG in Kraft. Das Gesetz erschien in neuer Paragrafenfolge, es gab auch einige inhaltliche Änderungen an einzelnen Punkten, an den wichtigen Stellen blieben die Regelungen jedoch so gut wie unverändert. **JWG**

Unter dem Geltungsbereich des RJWG und des JWG wurde ein möglicher Einfluss des Staates auf junge Menschen über lange Zeit hinweg in erster Linie unter dem Aspekt betrachtet, dass es darauf ankam, ihre „Verwahrlosung" zu unterbinden, um zu verhindern, dass daraus eine Gefahr für die **öffentliche Sicherheit oder Ordnung** entstand. Daneben rückte im Laufe der Zeit auch zunehmend das Wohlergehen von jungen Menschen und Familien in schwierigen Lebenslagen ins Zentrum des Interesses. Dabei wurden allerdings nach dem Konzept der **Fürsorglichkeit** die Vorstellungen darüber, was dem Wohl der Betroffenen am besten entsprechen würde, lange Zeit einseitig von Fachkräften aus JÄ vorgegeben, ohne dass auf die Wünsche und (Lebens-)Vorstellungen der Betroffenen eingegangen wurde.

Von diesen Grundlinien war noch das in der Bundesrepublik bis zum Ende der 1980er Jahre geltende JWG geprägt. In der Praxis kam es jedoch seit den 1960er Jahren im Zuge der gesellschaftlichen Reformprozesse auch zu massiver **Kritik** an der bestehenden Jugendhilfepraxis. Die hierdurch angestoßenen fachlichen Diskussionen bewirkten weitgehende Veränderungen im Verständnis von Anspruch, Standards und Aufgaben der Jugendhilfe. Diese fanden auch auf gesetzlicher Ebene bei der Schaffung des neuen Kinder- und Jugendhilferechts ihren Niederschlag, welches nach verschiedenen gescheiterten Anläufen 1991 als SGB VIII bundesweit in Kraft trat.

Mit Art. 1 KJHG wurde 1991 das Kinder- und Jugendhilferecht als 8. Buch des **SGB VIII** SGB eingeführt. Im Zentrum des SGB VIII steht ein Verständnis von Jugendhilfe, das stark auf **sozialpädagogische Dienstleistungen** ausgerichtet ist und die jungen Menschen und Familien als deren Adressaten in den Mittelpunkt stellt (s. III-3.2.1). An die Stelle von Maßnahmen traten **Sozialleistungen**, anstelle von Bevormundung und Entscheidungen der Fachkräfte des JA *über* die Betroffenen ist nun ein Dialog *mit* den Betroffenen getreten, um unter Berücksichtigung ihrer Vorstellungen und Wünsche an Problemen arbeiten und Unterstützung leisten zu können.

Jugendhilfe versteht sich insofern als Unterstützungstätigkeit zur Selbstverwirklichung nach eigenen Vorstellungen (vgl. Münder/Trenczek 2011, 25 ff.; Münder et al. 2013 Einleitung Rz. 33). Am **Schutzauftrag** der Kinder- und Jugendhilfe (s. III-3.2.2) ist durch das SGB VIII allerdings nichts geändert worden (vgl. z. B. § 1 Abs. 3 Nr. 3 SGB VIII), die Debatte um den Kinderschutz geriet aber in den letzten Jahren nicht zuletzt aufgrund einer intensiven Medienberichterstattung über schlimme Fälle massiver Kindesmisshandlung und –tötungen in den Mittelpunkt der öffentlichen Diskussion, die ihren vorläufigen Abschluss mit dem zum 01.01.2012 in Kraft getretenen BKiSchG (nebst KKG) fand (hierzu III-3.2.2). Mittlerweile (01.01.2014) sind weitere, durch das sog. Gesetz zur Verwaltungsvereinfachung in der Kinder- und Jugendhilfe (KJVVG) bedingte Änderungen insb. im Kostenbeitragsrecht (§ 93 Abs. 3 SGB VIII) sowie in der örtlichen Zuständigkeit in Kraft getreten (§ 86 Abs. 5 SGB VIII).

3.2 Wichtige Gliederungs- und Strukturprinzipien des SGB VIII

3.2.1 Leistungsorientierung

Ziele der Kinder- und Jugendhilfe

Das Ziel der Kinder- und Jugendhilfe ist das klassische Leitbild der Pädagogik von einer gelungenen Entwicklung zu einer eigenverantwortlichen und gemeinschaftsfähigen Persönlichkeit (§ 1 Abs. 1 SGB VIII). Die im SGB VIII angebotenen Leistungen richten sich allerdings nur z. T. an den jungen Menschen selbst (wie z. B. die Leistungen nach §§ 11 ff. SGB VIII oder in Krisensituationen nach §§ 8 f. und 42 SGB VIII), überwiegend aber nicht an diesen, sondern an Personen, die auf die Entwicklung von Kindern in besonderer Weise Einfluss nehmen (können). **Anspruchsinhaber** sind vor allem die Eltern der MJ, deren grundgesetzlich normierte Verpflichtung es ist, für das Kindeswohl zu sorgen (Art. 6 Abs. 2 GG, § 1 Abs. 2 SGB VIII). Die Eltern sollen bei der Wahrnehmung ihrer Erziehungsaufgaben unterstützt und die Erziehungskraft der Familie gestärkt werden. Soweit aufgrund dieser **Familienorientierung** allerdings auf eigene Rechtsansprüche (insb. auf Er-

§ 8 Abs. 2 u. 3 SGB VIII

ziehungshilfen) von MJ verzichtet wird, ist das eltern- und familienzentrierte Konzept des SGB VIII nicht unumstritten. Andererseits steht es auch Kindern und Jugendlichen zu, sich in allen sie betreffenden Angelegenheiten selbst an das JA zu wenden (§ 8 Abs. 2 SGB VIII). In Not- und Konfliktsituationen können sie auch ohne Wissen ihrer Eltern beraten werden (§ 8 Abs. 3 SGB VIII). Im Übrigen bestehen Ansprüche der MJ selbst z. B. nach §§ 18 Abs. 3, 24, 35a, 42 Abs. 2 SGB VIII.

Prävention

Von besonderer Bedeutung für Funktion und Stellung der Jugendhilfe ist ihr präventiver Handlungsauftrag, denn

> „Schwierigkeiten entwickeln sich in Stufen, in Phasen, im Lauf einer Biographie; sie würden sich häufig nicht entwickeln, wenn die Situationen weniger belastend wären und wenn Hilfen rechtzeitig gelängen, also: wenn präventive Hilfen erreichbar gewesen wären" (8. Jugendbericht, BT-Ds 11/6576, 85).

Im Hinblick auf die sozialstaatliche Verpflichtung des Grundgesetzes (hierzu I-2.1.3) muss die öffentliche Jugendhilfe nicht nur alles tun, um Kinder und Jugendliche vor Gefahren für ihr Wohl zu schützen, sondern durch frühzeitige Förderung und Unterstützung alles tun, um Gefährdungen zu vermeiden und die sozialen Teilhabechancen zu verbessern.

Mit der präventiven Ausrichtung der Jugendhilfe hat sich der Schwerpunkt der Tätigkeit der öffentlichen Jugendhilfe vom Eingriff zur Leistung verschoben. Das Jugendhilferecht hat sich zu einem präventiv orientierten Leistungsgesetz im Rahmen der staatlichen und kommunalen Daseinsvorsorge entwickelt. Diese vorbeugende Ausrichtung zeigt sich nicht nur in Art und Konzeption der verschiedenen Hilfearten, sondern wird auch bei den Leistungsvoraussetzungen sichtbar (vgl. z. B. § 27 SGB VIII im Unterschied zu § 1666 BGB; s. u. III-3.3.4). Jugendhilfeangebote werden nicht von stigmatisierenden Defizitzuschreibungen abhängig gemacht, sondern von **Benachteiligungssituationen** (vgl. §§ 1 Abs. 3, 27 Abs. 1 SGB VIII). Hilfen sind frühzeitig (vgl. § 52 Abs. 2 SGB VIII) zur Ermöglichung von Teilhabe und Chancen anzubieten, um Benachteiligungen und Belastungen vor allem in den Bereichen Familie und sozialer Umwelt, Schule, Ausbildung und Berufsleben zu vermeiden oder abzubauen.

In inhaltlicher Hinsicht gewährt das SGB VIII Eltern und MJ eine Vielzahl von Rechtsansprüchen für unterschiedliche Formen der Unterstützung, Förderung und Hilfe. Gleichzeitig verpflichtet es die zuständigen staatlichen Stellen (zumeist das JA) – auch über die Erbringung von individueller Hilfe und Unterstützung hinaus – dazu, zur Förderung der Entwicklungsmöglichkeiten junger Menschen tätig zu werden. Die Leistungsansprüche ergeben sich allerdings nicht unmittelbar aus der sozialstaatlichen Zielbestimmung des § 1 Abs. 1 SGB VIII, sondern im Einzelfall jeweils aus der konkreten Leistungsnorm insb. der §§ 11 ff. SGB VIII.

Rechtsansprüche

Auf der anderen Seite sieht das Jugendhilferecht praktisch keine Eingriffe mehr in die Rechte von Betroffenen vor und verzichtet deshalb im Bereich der Jugendhilfeleistungen auf den zweideutigen Maßnahmebegriff. Aus der jugendhilferechtlichen Aufgabenbeschreibung (hierzu vgl. III-3.2.4) – sowohl im Bereich der Leistungen als auch der sog. „anderen Aufgaben" (z. B. auch §§ 50 ff. SGB VIII) – folgt kein Recht des JA zu Eingriffen in die Rechtssphäre der jungen Menschen und ihrer Familien. Lediglich zur Abwendung akuter Krisen und Gefährdungssituationen sind die Fachkräfte des JA in ganz engen Grenzen ausdrücklich berechtigt, MJ gegen ihren Willen bzw. gegen den Willen ihrer sorgeberechtigten Eltern vorübergehend in Obhut zu nehmen (§§ 8a Abs. 2, 42 SGB VIII; zum Schutzauftrag s. III-3.2.2; zur Inobhutnahme s. u. III-3.4.1.1). Ist ansonsten zum Schutz von MJ der Eingriff in Rechtspositionen erforderlich, etwa durch Einschränkung oder Entzug des elterlichen Sorgerechts oder durch freiheitsentziehende Unterbringung eines MJ in der Psychiatrie, so trifft hierüber das **FamG** die Entscheidungen aufgrund besonderer gesetzlicher Regelungen.

Kontrolle und Eingriffe

Grds. können die Betroffenen selbst entscheiden, ob sie angebotene Hilfen annehmen möchten oder nicht. Ein wesentlicher Grund für das Prinzip der Freiwilligkeit ist die sozialwissenschaftliche Erkenntnis, dass der Erfolg einer Hilfe in wesentlichem Umfang auch davon abhängt, ob sie von den Betroffenen akzeptiert und mitgetragen wird oder ob sie als aufgezwungen empfunden wird (zum Prob-

Prinzip der Freiwilligkeit

lem des unterschiedlichen Problem- und Hilfeverständnisses und dem Dreischritt von Problemakzeptanz, Problemkongruenz und **Hilfeakzeptanz** vgl. Kinderschutz-Zentrum Berlin 2009, 96 ff.; Trenczek 2008b, 45 ff.). In der Logik des SGB VIII wird das Freiwilligkeitsprinzip auch gewahrt, wenn Eltern durch eine Entscheidung des FamG die Personensorge (teilweise) entzogen wird und die Anspruchsberechtigung auf einen Pfleger bzw. Vormund übertragen wird (s. u. III-3.3.4.1).

Partizipation Autonom handelnde Persönlichkeiten können nicht „gemacht" werden, sie bilden sich allenfalls heraus. Für den Hilfeprozess ist der **aktive Dialog** mit den Betroffenen unumgänglich. Nicht das alte Fürsorgekonzept, sondern ein **emanzipatorisches Erziehungsverständnis** ist charakteristisch für das des SGB VIII. Die Einbeziehung der Betroffenen, insb. auch der Kinder und Jugendlichen (z. B. §§ 8 Abs. 1, 9 Nr. 2 SGB VIII), und die Berücksichtigung ihrer Vorstellungen ist deshalb ein Wesensmerkmal jeder jugendhilferechtlichen Entscheidungsfindung. Insbesondere im Rahmen der Hilfeplanung sollen Eltern bzw. sonstige Inhaber des Sorgerechts als auch die MJ selbst entsprechend ihrem Entwicklungsstand mitwirken (§ 36 SGB VIII; vgl. III-3.3.4.4). Im Bereich der Jugendhilfe werden Interventionen selbst in Krisen nicht einfach angeordnet (vgl. die gemeinsame Risikoabschätzung in Gefährdungslagen nach § 8a Abs. 1 SGB VIII, s. u. III-3.2.2). Im

Wunsch- und Wahlrecht Leistungsbereich steht den Berechtigten darüber hinaus das sog. Wunsch- und Wahlrecht zu: § 5 SGB VIII gewährt den leistungsberechtigten Personen das Recht, auf die Ausgestaltung einer Hilfe weitgehend Einfluss zu nehmen (vgl. III-3.5.2), beschränkt auf Angebote, die im konkreten Fall geeignet sind und die keine unverhältnismäßigen Mehrkosten verursachen. Unverhältnismäßige Mehrkosten sind nicht schon dann gegeben, wenn die durchschnittlichen Kosten für ein bestimmtes Angebot überschritten werden. Stets müssen die individuellen Gegebenheiten des konkreten Falles berücksichtigt werden. Von Bedeutung sind z. B. die Wohnortnähe des Angebots, der Familienzusammenhalt oder die Grundrichtung der Erziehung. Manche Träger gehen davon aus, dass eine Überschreitung von bis zu 20 % noch unerheblich sei; andererseits wurden Überschreitungen der durchschnittlichen Kosten von 16 bis 19 % bereits als unverhältnismäßig hoch angesehen (OVG BE FEVS 55, 278). Eine Überschreitung von mehr als 75 % jedenfalls ist als unverhältnismäßig hoch zu betrachten (BVerwGE 65, 52 ff.).

Lebensweltorientierung Gemeinsam ist allen Hilfeformen des Jugendhilferechts die lebensweltorientierte Ausrichtung. Das SGB VIII greift die biografischen, subjektiven und objektiven Anforderungen und Möglichkeiten der individuellen Lebenssituation als Ansatzpunkte für sozialpädagogisches Handeln auf (vgl. Thiersch 1992 u. 2014). Sozialpädagogische Leistungen sollen aus der Lebenswelt der Beteiligten entwickelt und das engere soziale Umfeld der jungen Menschen (insb. die Familie, Freundinnen und Freunde) in die pädagogische Arbeit mit einbezogen werden (vgl. z. B. § 27 Abs. 2 SGB VIII). Das Konzept der Lebensweltorientierung wendet sich gegen jede Form der Ausgrenzung und ist auf die (Re-)Integration der Betroffenen in das „normale" Alltagsleben in dieser Gesellschaft gerichtet (Normalisierungsarbeit).

Sozialanwalt Der Präventions- und Leistungsgedanke ist eng verbunden mit der besonderen sozialen (nicht juristischen) Anwaltsfunktion der Jugendhilfe, insb. um Benachteiligungen zu vermeiden und abzubauen (§ 1 Abs. 3 Nr. 1 SGB VIII). Das Recht des Sozialgesetzbuches und damit auch das Jugendhilferecht soll zur Verwirklichung sozialer Gerechtigkeit und sozialer Sicherung und dazu beitragen, ein menschenwürdiges Dasein zu sichern (vgl. § 1 Abs. 1 SGB I), die Jugendhilfe soll darüber hinaus dazu beitragen, positive Lebensbedingungen für junge Menschen und ihre Familien sowie eine kinder- und familienfreundliche Umwelt zu erhalten oder zu schaffen (§ 1 Abs. 3 Nr. 4 SGB VIII). Die Jugendhilfe erfüllt deshalb ihre Leistungen und anderen Aufgaben **zugunsten** junger Menschen und ihrer Familien (§ 2 Abs. 1 SGB VIII). Sie muss sich im Interesse des jungen Menschen und seiner Familie im Sinne eines Sozialanwalts (nicht Rechtsanwalts) einmischen (vgl. Deichsel 2014). Die öffentliche Jugendhilfe ist als Sozialleistungsträger nach § 17 SGB I und § 79 SGB VIII verpflichtet, darauf hinzuwirken, dass jeder Berechtigte die ihm zustehenden Sozialleistungen in zeitgemäßer Weise, umfassend und schnell erhält und die zur Ausführung von Sozialleistungen erforderlichen sozialen Dienste und Einrichtungen rechtzeitig und ausreichend zur Verfügung stehen.

3.2.2 Der Schutzauftrag der Jugendhilfe

Zu den wesentlichen Aufgaben der Kinder- und Jugendhilfe gehört nach § 1 Abs. 3 Nr. 3 SGB VIII auch, Kinder und Jugendliche vor Gefahren für ihr Wohl schützen. Aufgrund einiger Fälle schwerster Vernachlässigung, körperlicher, seelischer oder sexueller Misshandlung gerät die sozialpädagogische Fachlichkeit immer wieder unter Druck von Medien und Politik, die jeweils ihre eigenen Vorstellungen darüber entwickeln, was Jugendhilfe alles tun muss oder nicht tun darf, um Kinder zu schützen. Mit dem Kinder- und Jugendhilfeweiterentwicklungsgesetz (KICK) 2005 und dem hierdurch eingefügten § 8a SGB VIII sind die **Schutzfunktionen** des JA stärker ins Bewusstsein gehoben worden (vgl. z. B. Meysen/Schindler 2004, 450 f.; Deutsches Jugendinstitut 2006; Tammen 2006, 381 ff.; Salgo 2008; Jordan 2008). § 8a SGB VIII macht deutlich, dass es sich beim Schutzauftrag der Jugendhilfe nicht um eine polizeilich-präventive, sondern um eine originäre Aufgabe der Jugendhilfe handelt, die mit sozialpädagogischen Mitteln zu bewältigen ist. In der Gesetzesbegründung wurde darauf hingewiesen, dass mit dem SGB VIII die Funktion der Kinder- und Jugendhilfe als eine Instanz betont werde, die die elterliche Erziehungsverantwortung in erster Linie durch Hilfeangebote unterstützt und ergänzt. Allerdings könne sich die Kinder- und Jugendhilfe nicht darauf beschränken, Leistungen nur auf Nachfrage zu gewähren, sondern müsse – jedenfalls bei Anhaltspunkten für eine Gefährdung des Kindeswohls – im Rahmen ihres Schutzauftrags zugunsten von Kindern und Jugendlichen darüber hinaus auch von Amts wegen tätig werden (BT-Dr. 15/3676, 25 f., 30; dazu Münder et al. 2013 § 8a Rz. 4).

§ 8a SGB VIII regelt den **Umgang mit möglichen Gefährdungssituationen** durch die öffentliche Jugendhilfe. Zum einen handelt es sich bei § 8a SGB VIII um eine Verfahrensvorschrift, z. B. im Hinblick auf das Zusammenwirken mehrerer Fachkräfte, die Einbeziehung der PSB bzw. der Erziehungsberechtigten (EB) oder zur Informationsweitergabe vom Träger der freien an den Träger der öffentlichen

Jugendhilfe (Abs. 2 S. 2 a. E.). Zum anderen beinhaltet die Vorschrift auch konkrete **eigenständige Aufgaben**, so etwa zur Abschätzung des Gefährdungsrisikos (Abs. 1 S. 1, Abs. 2 S. 1) oder zur Anrufung des FamG (Abs. 3 S. 1). Neue, gegenüber den bisherigen Vorschriften (vgl. z. B. §§ 42, 50 Abs. 3 a. F. SGB VIII) weiter reichende Eingriffsbefugnisse des JA in Rechte der Betroffenen statuierte die Neuregelung nicht. Mit dem zum 01.01.2012 in Kraft getretenen BKiSchG wurde § 8a SGB VIII neu gefasst und in diesem Zusammenhang insb. durch § 8b SGB VIII ergänzt sowie das KKG eingeführt, welches zum SGB VIII korrespondierende (z. T. inhaltlich identische) Regelungen enthält (ausführlich Münder et al. 2013 § 8b Anhang).

BKiSchG und KKG

§ 8a Abs. 1 SGB VIII regelt, dass das JA das Gefährdungsrisiko im Zusammenwirken mehrerer Fachkräfte abzuschätzen hat, wenn ihm gewichtige Anhaltspunkte für die Gefährdung des Wohls eines Kindes oder Jugendlichen bekannt werden (vgl. auch Übersicht 42). Bei der **Risikoabschätzung** sind auch die Personensorgeberechtigten (PSB) sowie das Kind oder der Jugendliche einzubeziehen, soweit hierdurch der wirksame Schutz des MJ nicht in Frage gestellt wird. Für den Regelfall wird damit festgelegt, dass die Sachverhaltsaufklärung nicht an den Betroffenen vorbei bzw. hinter ihrem Rücken erfolgt, sondern im Zusammenwirken mit ihnen. Ohne Mitwirkung des Betroffenen dürfen Daten nach § 62 Abs. 3 Nr. 2d SGB VIII nur erhoben werden, wenn die Erhebung beim Betroffenen nicht möglich ist oder die jeweilige Aufgabe ihrer Art nach eine Erhebung bei anderen erfordert, die Kenntnis der Daten aber für die Erfüllung des Schutzauftrags nach § 8a SGB VIII erforderlich ist (zum **Sozialdatenschutz** s. III-3.5.2). Dies kann etwa der Fall sein, wenn bei einer frühzeitigen Einbeziehung der PSB eine (weitere) Gefährdung des Kindes zu befürchten ist.

Verfahren zur Abschätzung von Gefährdungssituationen

Hält das JA zur Abwendung der Gefährdung die Gewährung von Hilfen für geeignet und notwendig, so hat es diese den PSB oder den EB anzubieten. Damit betont § 8a Abs. 1 SGB VIII, dass die freiwillige Inanspruchnahme öffentlicher Hilfen nach wie vor Vorrang vor Eingriffen in das Elternrecht hat. Leistungen sind ohnehin frühzeitig, schon weit vor einer möglichen Gefährdung, anzubieten, um Vertrauen, Akzeptanz und Mitwirkung zu erwerben (s. o. III-3.2.1). Nicht jede Weigerung der Eltern, solche Angebote anzunehmen, deutet auf eine Kindeswohlgefährdung hin. § 8a Abs. 2 SGB VIII regelt das weitere Vorgehen für den Fall, dass der möglichen Kindeswohlgefährdung nicht durch die Inanspruchnahme von Hilfen begegnet werden kann (zu den unterschiedlichen Interventionsschwellen der Leistung und des zivilrechtlichen Sorgeeingriffs s. III-3.3.4.1). Absatz 2 verpflichtet das JA zur Anrufung des FamG, wenn es das Tätigwerden des Gerichts im Hinblick auf das Kindeswohl für erforderlich hält (zur Kooperation mit dem FamG im Hinblick auf eine Erörterung einer Kindeswohlgefährdung s. auch II-2.4.6). Entgegen einer in der Praxis weit verbreiteten Formulierung stellt das JA insoweit **keinen Antrag** auf (Teil)Entzug der elterlichen Sorge (dies würde einen Kampf gegen die Eltern um Gewinnen oder Verlieren suggerieren). Das JA verfolgt nicht das Ziel, gegen die Eltern „zu siegen". Es verliert deshalb auch nicht, sollte das Gericht zu einer anderen Einschätzung kommen. Eltern sind keine Gegner des JA, es geht diesem nicht um eine parteiliche, einseitige Interessensvertretung für das Kind (das ist die Aufgabe des Verfahrensbeistands; hierzu II-2.4.6.4), sondern um

Anrufung des Familiengerichts

3.2.2 Der Schutzauftrag der Jugendhilfe

Übersicht 42: Schutzauftrag und Umgang mit Gefährdungsmeldungen

Idealtypisches Vorgehen bei „gewichtigen Anhaltspunkten" für eine Kindeswohlgefährdung

---

Eingang der ersten Information,
erste Hinweise und Anhaltspunkte für eine konkrete Kindeswohlgefährdung
auch anonymen Anrufen ist nachzugehen

↓

Prüfung und Bewertung der Informationslage – erste Risikoeinschätzung (§ 8a Abs. 1 S. 1)
- Informationssichtung: Welche Tatsachen sind bekannt? Sind bereits Vorgänge im ASD vorhanden?
- Hypothesenbildung
- Risikoeinschätzung (ggf. mit Hilfe standardisierter Verfahren) in Zusammenwirken mehrerer Fachkräfte: Liegen nach allem, was man weiß, „gewichtige Anhaltspunkte" für eine Kindeswohlgefährdung oder sogar ein akuter Notfall vor, der zu sofortigen Schutzmaßnahmen zwingt?
- Methodenwahl: Welche Möglichkeiten der Kontaktaufnahme mit der Familie bestehen?
- Dokumentation der Entscheidung(sgrundlagen); Information der Dienstvorgesetzten

↓

(Einzelfall-angemessene) Kontaktaufnahme mit der Familie (§ 8a Abs. 1 S. 2)
Daten sind grundsätzlich beim Betroffenen zu erheben (§ 62 Abs. 2), erster Anruf und Information der Familie, Hausbesuche sind i. d. R. zu vereinbaren (Ausnahme: unangemeldet).

↓

Scheitern der Kontaktaufnahme
Rechtfertigen die vorliegenden Informationen über die Gefährdungslage die Datenerhebung bei Dritten? Datenerhebung ohne Mitwirkung der Betroffenen bei Dritten im Hinblick auf Schutzauftrag und zur Vorbereitung einer Inobhutnahme ausnahmsweise zulässig (§ 62 Abs. 3 Nr. 2c und d, Nr. 4): Einholung von Informationen im Kindergarten, Schule; bei Nachbarn nur soweit nicht anders lösbar und **dringende Anzeichen einer Gefährdung** vorliegen.

↓

gemeinsame Problemkonstruktion mit der Familie (§ 8a Abs. 1 S. 2 u. 3)
Hausbesuch und Augenscheinnahme; kein Zwangsrecht zum Betreten der Wohnung; i. d. R. zwei Fachkräfte, ggf. Hinzuziehung eines Arztes; Information der Familie, Klärung der Situation, gemeinsame Risikoabschätzung und Einstieg in die Hilfeplanung (Problemakzeptanz, Problemkongruenz, Hilfeakzeptanz), ggf. Angebot über Jugendhilfeleistungen; Hinwirken auf Inanspruchnahme von Hilfen.

↓

wiederholte Bewertung der Informationslage und des bisherigen Hilfeprozesses
- Abschätzung des Gefährdungsrisikos und Hilfeplanung (§ 36)
- Unterbringung außerhalb der Familie notwendig? Kann dies mit Einverständnis der Eltern erfolgen?
- Muss das Familiengericht eingeschaltet werden (§ 8a Abs. 2)?
- Liegt ein akuter Notfall vor, der zu sofortigen Schutzmaßnahmen zwingt? Bei akuter Kindeswohlgefährdung: Inobhutnahme (beachte: Jugendamt hat keine Zwangsbefugnisse).
- Dokumentation der Beratungs- und Entscheidungsergebnisse

↓

Krisenintervention (§§ 8a Abs. 2 S. 2, 42)
Inobhutnahme: Entfernung des Kindes aus der eigenen Familie i. d. R. mit, ggf. aber auch gegen den Willen der Eltern, Unterbringung und Beratung/Betreuung des Minderjährigen; Information und Beratung der Eltern; ggf. Einschaltung der Polizei (§ 8a Abs. 3)

↓

Information/Anrufung des Familiengerichts
(§ 8a Abs. 2 bzw. § 42 Abs. 3) ggf. Einschränkung bzw. Entzug der Personensorge, Vollstreckung durch Gerichtsvollzieher u. U. durch Anwendung unmittelbaren Zwangs (§ 90 FamFG)

eine systemische Aufgabenerfüllung zugunsten der Kinder und ihrer Familien. Klarzustellen ist in diesem Zusammenhang, dass dem JA im Hinblick auf die Definition und Feststellung der Kindeswohlgefahr kein **Beurteilungsspielraum** (hierzu I-3.3.3) zusteht. Etwas anderes ist die dem JA in diesem Zusammenhang nach § 8a Abs. 2 SGB VIII ausdrücklich zugewiesene Einschätzungsbefugnis, ob es – selbst bei Vorliegen einer kindeswohlgefährdenden Situation – erforderlich ist, das FamG anzurufen. Im Hinblick auf die Notwendigkeit eines soweit als irgend möglichen dialogischen Prozesses unter Einbeziehung der gesamten Familie, insb. der Eltern, hat der Gesetzgeber es den Fachkräften (§ 72 SGB VIII) des JA übertragen, zunächst mit sozialpädagogischen Mitteln zu versuchen, die Bereitschaft und/oder Fähigkeit der Eltern zur Abwendung der kindeswohlgefährdenden Situation zu wecken und zu fördern. Nur wenn dies nicht ausreicht, das JA keinen Zugang zu den Eltern gewinnen kann, diese nicht bereit oder in der Lage sind, bei der Abschätzung des Gefährdungsrisikos mitzuwirken (§ 8a Abs. 2 SGB VIII) und die kindeswohlgefährdende Situation nicht abgewendet werden kann, muss das JA das FamG anrufen, damit dieses die ggf. notwendigen personensorgerechtlichen Entscheidungen treffen kann. Nach § 8a Abs. 3 SGB VIII sind ggf. die Polizei und andere Institutionen einzuschalten, sofern das zur Abwendung der Gefahr nötig ist.

Einbezug freier Träger
§ 8a Abs. 4 SGB VIII trifft Regelungen, mit denen sichergestellt werden soll, dass auch Träger der freien Jugendhilfe dem Schutzauftrag nachkommen. Dabei verpflichtet das Gesetz nicht unmittelbar die freien Träger. Vielmehr hat der Träger der öffentlichen Jugendhilfe in Vereinbarungen mit den Trägern der freien Jugendhilfe sicherzustellen, dass deren Fachkräfte den Schutzauftrag nach Absatz 1 in entsprechender Weise wahrnehmen und bei der Abschätzung des Gefährdungsrisikos eine insoweit erfahrene Fachkraft hinzuziehen. Insbesondere ist in diese Vereinbarungen die Verpflichtung aufzunehmen, dass die Fachkräfte bei den PSB/EB auf die Inanspruchnahme von Hilfen hinwirken, wenn sie diese für erforderlich halten und das JA informieren, falls die angenommenen Hilfen nicht ausreichend erscheinen, um die Gefährdung abzuwenden.

Datenaustausch
Mit dem BKiSchG wurde in § 8a Abs. 5 SGB VIII die Verpflichtung der JÄ zur Zusammenarbeit geregelt zum Schutz von Kindern, deren Eltern sich durch Wohnungswechsel der Kontaktaufnahme entziehen wollen (sog. „Jugendamt-Hopping"). Gleichzeitig wurde durch § 4 KKG eine bundeseinheitliche **Befugnis** sog. (kinder- und jugendnaher) Berufsgeheimnisträger (z. B. Ärzte, Hebammen, Lehrkräfte …) zur Weitergabe von Informationen an das JA geschaffen (Übersicht 43; hierzu ausführlich DIJuF 2010; Meysen/Eschelbach 2012, 108 ff.). Für Fachkräfte des JA gilt nicht § 4 KKG, sondern der Sozialdatenschutz des SGB gem. §§ 61 Abs. 1, 64, 65 SGB VIII, § 35 SGB I, s. III-3.5.2. Auch Erzieher sind nicht in § 4 KKG einbezogen; vgl. ggf. entsprechende Regelungen im Landesrecht.

Im Hinblick auf die gewichtigen Anhaltspunkte für die Gefährdung des Kindeswohls ist einerseits der Grad des Gefährdungspotentials, andererseits der Grad der Gewissheit, mit der sich diese Anhaltspunkte feststellen lassen, zu berücksichtigen (DIJuF 2010, 42 f.). Die ausreichend sichere Annahme eines Gefährdungspotentials allein rechtfertigt aber ohne Einverständnis noch keine Weitergabe von Daten. Zunächst muss zudem die Tragfähigkeit der konkreten Hilfebeziehung bewertet

Übersicht 43: Umgang mit gewichtigen Anhaltspunkten für eine Kindeswohlgefährdung

aus der Sicht von Berufsgeheimnisträgern (z. B. Ärzte, Lehrer, Sozialarbeiter/-päd. ... *)

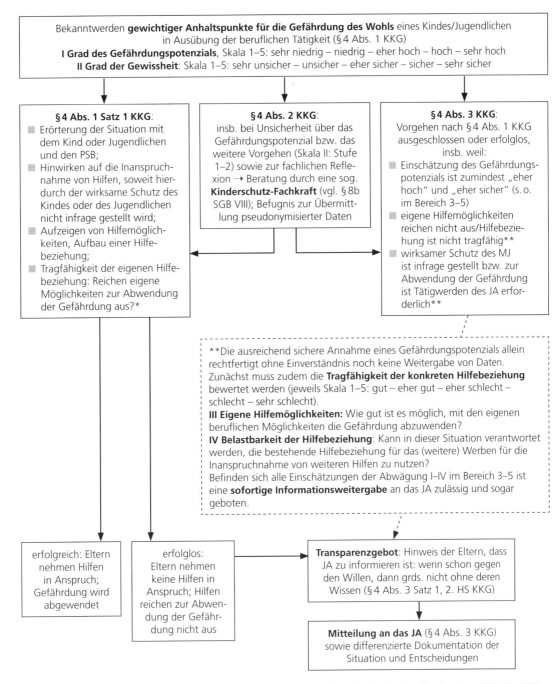

*Für Sozialarb./-päd. im JA gilt nicht §4 KKG, sondern der Sozialdatenschutz des SGB (§§ 61 Abs. 1, 64, 65 SGB VIII SGB VIII, § 35 SGB I). Erzieher/innen sind nicht in § 4 KKG einbezogen; ggf. entspr. Regelungen im Landesrecht.

werden. Schließlich ist das **Transparenzgebot** zu beachten: Wenn schon Daten an das JA weitergegeben werden, dann ist das zwar ggf. gegen den Willen, aber grds. nicht ohne Wissen der Betroffenen zulässig (§ 4 Abs. 3 Satz 1, 2. HS KKG).

Kinderschutzfachkraft

Auch wenn „Schutz" Kontrolle nahelegt, macht § 8a SGB VIII deutlich, dass es sich beim Schutzauftrag der Jugendhilfe nicht um eine polizeilich-präventive, sondern um eine originäre Aufgabe der Jugendhilfe handelt, die mit sozialpädagogischen Mitteln zu bewältigen ist. Neu eingeführt wurde mit § 8b SGB VIII auch der Rechtsanspruch von Personen, die beruflich in Kontakt mit Kindern oder Jugendlichen stehen (bzw. den entsprechenden Einrichtungsträgern) gegenüber dem örtlichen Träger der Jugendhilfe auf fachliche Beratung bei der Einschätzung einer Kindeswohlgefährdung durch eine sog. Kinderschutzfachkraft (vgl. auch § 4 Abs. 2 KKG).

Die durch das BKiSchG vorgenommene Neufassung des § 8 Abs. 3 SGB VIII, der Kindern und Jugendlichen einen Anspruch auf Beratung ohne Kenntnis des Personensorgeberechtigten gewährt, kann man als Stärkung der **Kinderrechte** ansehen (zur UN-KRK und der Verpflichtung aller staatlichen Behörden, mehr für die Kinderrechte und das Wohl des Kindes zu tun, s. I-1.1.5.2). Im Leistungsbereich wurde vor allem der Ausbau von Netzwerken **Früher Hilfen** während der Schwangerschaft und in den ersten Lebensjahren des Kindes auf der örtlichen Ebene insb. unter Einschluss der Familienhebammen geregelt (§ 1 Abs. 4, § 3 Abs. 4 KKG; vgl. Meysen et al 2008; www.fruehe-hilfen.de).

Frühe Hilfen

In diesem Zusammenhang finden die sog. Willkommens- und Familienbesuche Erwähnung (§ 2 KKG), als Erweiterung der bisherigen Leistungen wird nun in § 16 Abs. 3 SGB VIII auch schwangeren Frauen und werdenden Vätern ein Anspruch auf Beratung und Hilfe in Fragen der Partnerschaft und des Aufbaus elterlicher Erziehungs- und Beziehungskompetenzen eingeräumt. Dem Kinderschutz dient auch die neu im SGB VIII verankerte Verpflichtung zur Vorlage erweiterter Führungszeugnisse für alle in der Jugendhilfe beschäftigten Personen sowie die Verpflichtung der Träger der öffentlichen Jugendhilfe, mit den Trägern der freien Jugendhilfe Instrumente zur Feststellung der aufgabenspezifischen Eignung ehrenamtlicher Personen zu vereinbaren (§ 72a SGB VIII). Schließlich wurde mit § 79a SGB VIII die (für eine gute Praxis selbstverständliche) Verpflichtung der Träger der öffentlichen Jugendhilfe eingefügt, die fachlichen Standards (in Kooperation mit den freien Trägern) weiter zu entwickeln, insb. im Hinblick auf die Gewährung und Erbringung von Leistungen, die Erfüllung anderer Aufgaben sowie den Prozess der Gefährdungseinschätzung nach § 8a SGB VIII. Die vielfach angemahnte Gesamtreform der Vorschriften der örtlichen Zuständigkeit ist allerdings ausgeblieben (Münder et al 2013 Vor § 85 m.w.N.). Lediglich § 86c SGB VIII wurde im Hinblick auf die fortdauernde Zuständigkeit und Fallübergabe bei Zuständigkeitswechsel neu gefasst.

Materialien zum Schutzauftrag der Jugendhilfe, vgl. DJI 2006: http://db.dji.de/asd/ASD_Inhalt.htm; ISA Münster 2006: www.kindesschutz.de

3.2.3 Die Träger der Kinder- und Jugendhilfe

Die Aufgaben der Kinder- und Jugendhilfe werden von öffentlichen und freien Trägern wahrgenommen. Die öffentlichen Träger werden in örtliche und überörtliche Träger unterschieden, beide aufgrund der Föderalismusreform I (vgl. Münder et al. 2013 Vor § 69 Rz. 3 f.) mit Inkrafttreten des KiFöG am 10.12.2008 durch das Landesrecht bestimmt (§ 69 Abs. 1 SGB VIII). **Örtliche Träger** sind traditionell die Landkreise und kreisfreien Städte sowie insb. in NRW einzelne größere kreisangehörige Gemeinden (§ 2 NRW AG-KJHG), die die Aufgaben nach dem SGB VIII (traditionell bzw. ausdrücklich) als Selbstverwaltungsaufgabe wahrnehmen (z. B. § 1 Abs. 1 Nds AG KJHG, § 1 S. 2 ThürKJHAG) und deshalb nur der Rechtsaufsicht des Landes unterliegen (hierzu I-5.2.1). **Überörtliche Träger** sind die Bundesländer selbst (in NRW die beiden Landschaftsverbände Rheinland und Westfalen Lippe). Hieran hat sich bislang noch nichts geändert (z. B. § 1 Nds AG KJHG; §§ 1 u. 6 ThürKJHAG; § 1a und 8 NRW AG-KJHG).

Öffentliche Träger

Der Bund hat zwar weiterhin die konkurrierende Gesetzgebungskompetenz auf dem Gebiet der Kinder- und Jugendhilfe (Art. 74 Abs. 1 Nr. 7 GG: „öffentliche Fürsorge"), er darf aber den Kommunen keine neuen Aufgaben übertragen (Art. 84 Abs. 1 Satz 7 GG). Den öffentlichen Trägern obliegt nach § 79 SGB VIII die **Gesamtverantwortung** einschließlich der Planungsverantwortung für die Erfüllung der Aufgaben nach dem SGB VIII. Damit sind die Träger der öffentlichen Jugendhilfe dazu verpflichtet, zu gewährleisten, dass die zu dieser Aufgabenerfüllung erforderlichen und geeigneten Einrichtungen, Dienste und Veranstaltungen den verschiedenen Grundrichtungen der Erziehung entsprechend rechtzeitig und ausreichend zur Verfügung stehen (§ 79 Abs. 2, vgl. auch § 3 Abs. 2 S. 2 SGB VIII) und damit auch hierfür zunächst die Kosten zu tragen (vgl. §§ 79, 89 ff. SGB VIII). Für die meisten Aufgaben liegt nach § 85 SGB VIII die **sachliche Zuständigkeit** (hierzu s. u. III-3.5) bei den kreisfreien Städten und Landkreisen als örtlichen Trägern. Die überörtlichen Träger (i. d. R. die Länder) sind nur für die abschließend in § 85 Abs. 2 SGB VIII aufgelisteten Aufgaben, überwiegend Beratung, Information, Planung und Förderung der Jugendhilfe, sachlich zuständig. Hierzu gehört weder die Rechts- noch die Fachaufsicht über die JÄ (hierzu I-5.2.1).

Nach § 69 Abs. 3 SGB VIII errichtet jeder örtliche Träger ein JA und jeder überörtliche Träger ein Landesjugendamt. Hinsichtlich der (funktionalen) Zuständigkeit der JÄ obliegt es nach der Föderalismusreform den Ländern, Regelungen zur Behördenorganisation, zur Zuständigkeit und zum Verfahren zu treffen. Es ist zu befürchten, dass das JA als spezifische, eigenständige sozialpädagogische Fachbehörde zur Disposition steht und dessen Aufgaben neben anderen unter einem Dach in einer kommunalen Sozialbehörde wahrgenommen werden sollen. Auch Interessensgruppen, die „schlechte Erfahrungen" mit dem JA gemacht haben („Kinderklaubehörde"), fordern teilweise lautstark dessen Abschaffung. Die Aufsplitterung der Aufgaben und Zuständigkeiten an unterschiedliche Behörden würde aufgrund des Wegfalls des JA als einheitlicher Ansprechpartner für die jungen Menschen und Familien zu einem Verlust an fachlicher Kompetenz führen. Derartige Umstrukturierungen sind ohne deutliche Qualitätsverluste nicht zu rea-

Jugendamt

lisieren, wie das z.B die Auflösung der Landesjugendämter als eigenständige Behörden in einigen Bundesländern (z. B. Hessen und Niedersachsen) gezeigt hat.

Eine zentrale Entscheidung zur Organisation der JÄ trifft § 70 Abs. 1 SGB VIII, wo die sog. **Zweigliedrigkeit** des JA festgelegt wird. Das bedeutet, dass das JA aus dem Jugendhilfeausschuss und der Verwaltung besteht. Nach § 71 Abs. 1 SGB VIII stammen die stimmberechtigten Mitglieder des Jugendhilfeausschusses zu 3/5 aus der Vertretungskörperschaft (z. B. Stadtrat, Kreistag o. Ä.) oder es sind Frauen und Männer, die in der Jugendhilfe erfahren sind und von der Vertretungskörperschaft direkt gewählt werden. 2/5 der stimmberechtigten Mitglieder entfallen auf Frauen und Männer, die auf Vorschlag der anerkannten Träger der freien Jugendhilfe von der Vertretungskörperschaft gewählt werden.

Jugendhilfeausschuss

Innerhalb der Jugendamtsverwaltung bestehen unterschiedliche Organisationsstrukturen. Immer gibt es einen sozialpädagogischen Basisdienst, durch den gesichert werden soll, dass alle Menschen in einem JA-Bezirk sowohl durch die Leistungen als auch im Bereich der anderen Aufgaben (z. B. bei der Sicherung des Kindeswohls) erreicht werden. Diese „Basiseinheit" wird üblicherweise als Allgemeiner Sozialer Dienst (**ASD**) bezeichnet. Daneben gibt es in den meisten JÄ auch spezialisierte Abteilungen z. B. für die Beistandschaft und die Aufgabe Jugendgerichtshilfe.

Verwaltung des Jugendamts

Die Zweigliedrigkeit des JA bedingt, dass die Aufgaben zwischen Jugendhilfeausschuss und Verwaltung des JA aufgeteilt werden müssen. Der Aufgabenbereich des Jugendhilfeausschusses ist in § 71 Abs. 2 SGB VIII benannt. Danach befasst er sich mit allen Angelegenheiten der Jugendhilfe. Seine Rechte sind in § 71 Abs. 3 SGB VIII benannt: Dies sind das Antragsrecht, Anhörungsrecht/Anhörungspflicht und das Beschlussrecht. Im Verhältnis zur Verwaltung des JA ist der Jugendhilfeausschuss nach § 70 Abs. 2 SGB VIII das „übergeordnete" Gremium (freilich nicht im Sinne einer Hierarchie mit Fachaufsicht). Die Geschäfte der laufenden Verwaltung werden von der/dem Leiter in der Verwaltung im Rahmen der Beschlüsse des Jugendhilfeausschusses geführt. Andererseits ist der Jugendhilfeausschuss an die Vorgaben der Vertretungskörperschaft (Kommunalparlamente: Stadt- und Gemeinderäte bzw. Kreistage) gebunden (ausführlich Münder/Trenczek 2011, 178 ff.). Auch in Bezug auf die Zweigliedrigkeit des JA ist durch die im Wege der Föderalismusreform gesteigerten Kompetenzen der Bundesländer mit Veränderungen zu rechnen (vgl. Art. 84 Abs. 1 S. 2 GG). Hier ist zu befürchten, dass der von der Verwaltung oft als unbequem empfundene Jugendhilfeausschuss vielerorts Umstrukturierungen zum Opfer fallen wird. Damit würden die freien Träger und das bürgerschaftliche Engagement, deren Bedeutung durch den Jugendhilfeausschuss besonders betont wird, deutlich an Einfluss verlieren.

Träger der freien Jugendhilfe

Neben den öffentlichen Trägern sind zahlreiche private (gemeinnützige wie privat-gewerbliche) Organisationen als sog. freie Träger (hierzu I-4.1.2.2) auf dem Gebiet der Jugendhilfe tätig (zu den verschiedenen Formen vgl. Münder et al. 2013 § 3 Rz. 7 f.). Durch sie wird ein großer Teil der Angebote und Leistungen der Jugendhilfe erbracht. Allerdings richten sich Ansprüche der Bürger (z.B auf einen Kindergartenplatz § 24 SGB VIII) nur an den öffentlichen Träger (§ 3 Abs. 2 S. 2 SGB VIII). Die meisten Kindertagesstätten werden jedoch nicht in städtischer oder kommunaler Trägerschaft betrieben, sondern von freien Trägern wie etwa von Kirchen oder kirchennahen Organisationen wie der Caritas oder der Diakonie oder von sonstigen Vereinen mit speziellen pädagogischen Konzepten. Der öffentliche Träger finanziert jedoch weitgehend die Leistungserbringung durch die freien Träger (vgl. III-3.5.3).

Das SGB VIII differenziert zwischen anerkannten freien Trägern und (sonstigen, nicht anerkannten) freien Trägern, insb. im Hinblick auf ihre Einbindung in die Aufgabenerledigung und Willensbildung der öffentlichen Jugendhilfe: Mitwirkung im Jugendhilfeausschuss (§ 71 Abs. 1 Nr. 2 SGB VIII), Übertragung anderer Aufgaben (§ 76 Abs. 1 SGB VIII); Beteiligung bei der Jugendhilfeplanung (§ 80 Abs. 3 SGB VIII) sowie auf die auf Dauer angelegte (finanzielle) Förderung des Trägers durch die öffentliche Jugendhilfe (§ 74 Abs. 1 S. 2 SGB VIII). Sofern die Träger nicht gesetzlich wie die Kirchen und auf Bundesebene zusammengeschlossenen Verbände der freien Wohlfahrtspflege anerkannt sind (vgl. § 75 Abs. 3 SGB VIII), erfolgt die Anerkennung aufgrund eines Verwaltungsaktes, wenn die Voraussetzungen des § 75 Abs. 1 SGB VIII (insb. gemeinnützige Tätigkeit) erfüllt sind.

anerkannte freie Träger

§§ 3 und 4 SGB VIII gehen grds. auf die Stellung der freien Träger und auf das Verhältnis zwischen öffentlichen und privaten Trägern ein. In § 3 Abs. 1 SGB VIII wird die Vielfalt der Träger als Kennzeichen der Jugendhilfe benannt. Absatz 2 hebt ausdrücklich hervor, dass die Leistungen der Jugendhilfe von den freien Trägern erbracht werden können. Leistungsverpflichtet sind jedoch die öffentlichen Träger (§ 3 Abs. 2 S. 2 SGB VIII). In § 4 Abs. 1 SGB VIII wird der Grundsatz der partnerschaftlichen Zusammenarbeit zwischen öffentlichen und freien Trägern festgehalten, wobei die Selbstständigkeit der freien Träger zu beachten ist. In § 4 Abs. 2 SGB VIII wird das Verhältnis zwischen öffentlichen und freien Trägern angesprochen, das oft mit den Stichworten der **Subsidiarität** und des Korporatismus bezeichnet wird (vgl. I-2.1.3; hierzu ausführlich Münder et al. 2013 § 4 Rz. 4 ff.). Danach soll die öffentliche Jugendhilfe von eigenen Maßnahmen absehen, wenn und soweit geeignete Angebote schon von Trägern der freien Jugendhilfe vorgehalten werden. Die traditionell vorherrschende Finanzierung der freien Träger durch Zuwendungen/Sozialsubventionen wird vor dem Hintergrund des europäischen Wettbewerbsrechts (vgl. I-1.1.5.1) zunehmend in Frage gestellt (vgl. Münder et al. 2013 § 74 Rz. 4 u. 35 ff.).

Verhältnis zwischen öffentlichen und freien Trägern

3.2.4 Aufgaben der Jugendhilfe nach dem SGB VIII – Grundlagen

Das SGB VIII besteht neben allgemeinen Vorschriften etwa zur Definition von Begriffen (vgl. z. B. Kind, Jugendlicher und junger Mensch: § 7 SGB VIII) und organisatorischen Regelungen, z. B. der Finanzierung oder der Zuständigkeit, aus zwei großen inhaltlichen Abschnitten. Es handelt sich dabei um die **Leistungen** der Jugendhilfe, die in den §§ 11–41 SGB VIII beschrieben werden und um die sog. „**anderen Aufgaben**" der Jugendhilfe, die in den §§ 42–60 SGB VIII verankert sind.

Begriffsdefinitionen

Die Leistungen der Jugendhilfe enthalten ein breites Angebotsspektrum, das von niedrigschwelligen Angeboten reicht, die alle jungen Menschen bzw. alle Fa-

Leistungen

milien oder Eltern in Anspruch nehmen können, bis hin zu intensiven, auf den Einzelfall zugeschnittene Hilfen für junge Menschen und Familien in schwierigen Lebenslagen. Teilweise handelt es sich dabei um zwingende Ansprüche, die in jedem Fall zu erfüllen sind, sobald die im Gesetz benannten Voraussetzungen vorliegen (Muss-Leistung, vgl. I-3.2), teilweise hat das JA hingegen Ermessen, ob oder wie eine bestimmte Leistung im konkreten Einzelfall erbracht wird (vgl. I-3.4). Das Kennzeichen von Sozialleistungen ist, dass sie beansprucht und angeboten werden können, allerdings vom Bürger nicht angenommen werden müssen (Dispositionsfreiheit).

Andere Aufgaben der Jugendhilfe

Demgegenüber enthalten die „anderen Aufgaben der Jugendhilfe" Pflichten des JA, in hoheitlicher Weise zum Schutz von MJ tätig zu werden. Die in diesem Bereich geregelten Aufgaben sind unterschiedlicher Art. Sie reichen von der akuten Krisenintervention und Schutzgewährung, der Aufsicht über Personen, die Kinder in Pflege haben, oder Einrichtungen, in denen MJ leben, über die Mitwirkung in Gerichtsverfahren, von denen Kinder und Jugendliche betroffen sind, bis hin zur Unterstützung etwa bei der Durchsetzung von Unterhalt oder der Beurkundung der Vaterschaft eines Kindes.

Konsequenzen der Unterscheidung

Die Aufteilung in diese zwei großen Bereiche spiegelt die zwei zentralen Aufgaben der Jugendhilfe wider: zum einen die Erbringung sozialpädagogischer Dienstleistungen und zum anderen verschiedene hoheitliche Aufgaben, insb. Kontroll- und Schutzpflichten. Während die „anderen" Aufgaben abschließend gesetzlich geregelt sind, sind die Leistungen in §§ 2 Abs. 2, 11–41 SGB VIII nur exemplarisch aufgeführt, so dass in der Praxis mit konzeptionellen Neuerungen flexibel auf die gesellschaftlichen Entwicklungen reagiert werden kann. Die Unterscheidung in „Leistungen" und „andere Aufgaben" hat zudem Konsequenzen für die **Rechtsstellung der Klienten**. Während die Leistungen der Jugendhilfe von den Betroffenen freiwillig angenommen und gewollt werden müssen, stehen die „anderen Aufgaben" der Jugendhilfe grds. nicht zur Disposition der Betroffenen, d. h. nicht sie, sondern die JÄ entscheiden über das Ob und Wie der Mitwirkung. Freilich geht es auch hier nicht ohne Partizipation (§§ 3, 9 SGB VIII) und Akzeptanz. Die Grundmaximen der Jugendhilfe (s. o. z. B. § 2 Abs. 1 SGB VIII: sozialanwaltliche Funktion „zugunsten junger Menschen und Familien") gelten für beide Aufgabenbereiche. Zudem muss beachtet werden, dass es sich bei den „anderen Aufgaben" zwar um typische Aufgaben eines Hoheitsträgers handelt, aus dem Begriff allein ergeben sich aber noch **keine Eingriffsbefugnisse** des JA. Die Unterscheidung in Leistungen und „andere Aufgaben" hat auch Folgen für die Betätigungsmöglichkeit freier Träger (§ 3 Abs. 2 und 3, § 76 Abs. 1 SGB VIII) und ist auch Anknüpfungspunkt für die örtliche Zuständigkeit der öffentlichen Jugendhilfeträger (s. III-3.5).

Kosten für die Betroffenen

Ein großer Teil der Leistungen und Angebote der Jugendhilfe ist für die Empfänger bzw. für ihre Eltern kostenfrei. Dies gilt etwa für Beratungsangebote, die Jugendsozialarbeit und die ambulanten Formen der HzE. Teilweise werden jedoch Teilnahmebeiträge oder Kostenbeiträge bei den MJ bzw. ihren Eltern erhoben. § 90 SGB VIII sieht die pauschalierte Kostenbeteiligung für die Inanspruchnahme von Angeboten der Jugendarbeit, der allgemeinen Förderung der Erziehung in der

Familie und der Förderung von Kindern in Tageseinrichtungen und Kindertagespflege vor. § 91 SGB VIII enthält einen Katalog der Leistungstatbestände mit Kostenbeteiligung. Erfasst sind dabei nur vollstationäre und teilstationäre Leistungen sowie die stationäre Inobhutnahme. Die Ausgestaltung der Heranziehung ergibt sich aus den §§ 92 ff. SGB VIII (hierzu III-3.5.3) und der gem. § 94 Abs. 5 SGB VIII erlassenen Kostenbeitragsverordnung. Das KJVVG hat dies insoweit vereinfacht, dass nun das Einkommen nach § 93 Abs. 3 SGB VIII i. d. R. pauschal um 25 % im Hinblick auf bestehende Belastungen reduziert wird. Bei vollstationären Leistungen ist mindestens ein Kostenbeitrag in Höhe des Kindergeldes fällig.

3.3 Leistungen der Kinder- und Jugendhilfe

Die Leistungen der Jugendhilfe sind in den §§ 11–41 SGB VIII in vier Abschnitten geregelt. Sie sind hinsichtlich ihrer Art und Intensität unterschiedlich ausgerichtet.

3.3.1 Jugendarbeit, Jugendsozialarbeit, erzieherischer Kinder- und Jugendschutz (§§ 11–15 SGB VIII)

Der erste Abschnitt der Leistungen der Jugendhilfe beinhaltet in den §§ 11–15 SGB VIII die Angebote der Jugendarbeit, der Jugendsozialarbeit und den erzieherischen Kinder- und Jugendschutz. Zielsetzung dieser Angebote ist die Erziehung und Bildung im Sinne einer allgemeinen Förderung von Kindern und Jugendlichen. Sie sollen dabei helfen, dass das Hineinwachsen junger Menschen in die Erwachsenenwelt gelingt. Dabei setzen die Leistungen in unterschiedlichen Lebensbereichen an.

Die Jugendarbeit (§ 11 SGB VIII) ist ein Angebot, das sich an alle jungen Menschen richtet, also keine speziellen Zugangsvoraussetzungen hat. Sie betrifft vor allem den Freizeitbereich und ist inhaltlich von besonderer Vielfältigkeit und Breite gekennzeichnet (ausführlich Münder et al. 2013 § 11 Rz. 11 ff.). Zu den Angeboten der Jugendarbeit gehören etwa Jugendzentren und -freizeitheime, Kinder- und Jugendferienstätten, Jugendzeltplätze und Abenteuerspielplätze, die politische und kulturelle Jugendbildung und Angebote der Sportjugend. Gemeinsam ist den verschiedenen Formen der Jugendarbeit, dass sie der Förderung der Entwicklung junger Menschen dienen sollen. Zudem sieht die gesetzliche Regelung ausdrücklich vor, dass die Angebote an den Interessen junger Menschen anknüpfen und von ihnen mitbestimmt und mitgestaltet werden sollen (**Partizipation**).

Jugendarbeit

Es handelt sich bei der Regelung des § 11 SGB VIII um eine objektive Rechtsverpflichtung des öffentlichen Jugendhilfeträgers, der allerdings kein individueller subjektiver Rechtsanspruch junger Menschen gegenübersteht. § 11 Abs. 1 SGB VIII richtet sich an die öffentlichen Träger. Die möglichen Adressaten und Voraussetzungen der Angebote sind nicht hinreichend konkret oder konkretisierbar benannt. Die Norm wendet sich an alle „jungen Menschen" und benennt auch keine konkreten Rechtsfolgen. Damit fehlt es an der hinreichenden Konkretisierung aus der Perspektive möglicher Leistungsberechtigter und es liegt keine einklagbare individuelle Leistungsberechtigung vor. Der Gestaltungsspielraum des Trägers der öffentlichen Jugendhilfe wird aber durch § 79 Abs. 2 Satz 2 SGB VIII eingeschränkt. Hier ist ausdrücklich festgelegt, dass von den insgesamt für Jugendhilfe zur Verfügung stehenden Mitteln ein angemessener Anteil für die Jugendarbeit zu verwenden ist (zum finanziellen Umfang vgl. Münder et al. 2013 Vor § 11 Rz. 11 ff.). Mit dieser Formulierung wurde der Versuch unternommen, für die Jugendarbeit eine hinreichende Infrastruktur zu schaffen. Allerdings ergibt sich auch hieraus kein individueller Rechtsanspruch etwa von Einrichtungen der Jugendarbeit auf entsprechende Bereitstellung von Mitteln (nur objektive Rechtsverpflichtung des öffentlichen Trägers, vgl. VG Berlin ZfJ 2000, 194 ff.).

Jugendsozialarbeit Im Gegensatz zur Jugendarbeit stehen im Zentrum der Jugendsozialarbeit Aspekte der Bildung und Ausbildung. Ursprünglich verstand sich Jugendsozialarbeit als Antwort auf die Not junger Menschen, die in der Nachkriegszeit in ihrer persönlichen und wirtschaftlichen Existenz bedroht waren. Durch Hilfen in speziellen Jugendwohnheimen oder Lehrlingsheimen wollte man ihnen ein Zuhause geben und berufsbezogene Hilfen vermitteln. Heute hat Jugendsozialarbeit das Ziel, benachteiligten jungen Menschen sozialpädagogische Hilfestellung im Rahmen der schulischen und beruflichen Ausbildung, der beruflichen Tätigkeit und zur sozialen Eingliederung zu geben. Die wichtigsten Aufgabenfelder der Jugendsozialarbeit sind die Schulsozialarbeit, sofern diese in Trägerschaft der Jugendhilfe durchgeführt wird, und die sog. Jugendberufshilfe.

Schulsozialarbeit Die inhaltlichen Schwerpunkte der Schulsozialarbeit sind heute überwiegend auf die sozialen Probleme im Alltag der Schüler ausgerichtet. Im Mittelpunkt der Arbeit stehen z. B. die Unterstützung der persönlichen und sozialen Reifeprozesse, Hilfen bei der Lösung von Konflikten und Problemen sowie deren Bewältigung und erforderlichenfalls Weiterleitung an andere Fachdienste sowie Mitgestaltung von Umweltbedingungen und Verbesserung der Lebenssituation im Wohnumfeld der Schüler durch Aktivierung von Selbsthilfekräften. Aufgrund von teilweise unterschiedlichen Erziehungs- und Bildungsvorstellungen zwischen Schule und Jugendhilfe ist die Kooperation nicht immer reibungslos.

Jugendberufshilfe Die Jugendberufshilfe richtet sich an junge Menschen, die zum Ausgleich sozialer Benachteiligungen oder zur Überwindung individueller Beeinträchtigungen in erhöhtem Maß auf Unterstützung angewiesen sind. Dies sind vor allem junge Menschen, die wegen individueller oder sozialer Schwierigkeiten keinen Ausbildungs- und Arbeitsplatz finden, junge Menschen mit Migrationshintergrund, Jugendliche oder junge Erwachsene, die in sozialen Brennpunkten leben, die soziale, persönliche oder finanzielle Schwierigkeiten und Probleme bei der Beschaffung oder Erhaltung von Wohnraum haben, sowie Mädchen und junge Frauen mit speziellem Förderbedarf. Für die benachteiligten jungen Menschen werden ggf. spezielle Ausbildungs- und Beschäftigungsmaßnahmen (vgl. § 13 Abs. 2 SGB VIII) zur Verfügung gestellt, die sozialpädagogisch begleitet werden. Im Zusammenhang mit fehlenden Ausbildungs- und Arbeitsplätzen hat sich deren Zielgruppe von individuell sozial benachteiligten seit Mitte der 1990er Jahre auch auf junge Menschen ausgeweitet, die in zeitlich begrenzten Sonderformen (quasi

"Warteschleifen") anstelle von regulärer Ausbildung und Beschäftigung betreut werden. Angesichts der problematischen Situation auf dem Arbeitsmarkt führen derartige Maßnahmen nur noch selten tatsächlich in ein gesichertes Beschäftigungsverhältnis.

Begleitend zu schulischen oder beruflichen Bildungsmaßnahmen im Rahmen der Jugendsozialarbeit kommt auch die Unterbringung in sozialpädagogisch begleiteten Wohnformen in Frage (§ 13 Abs. 3 SGB VIII). Dies können etwa Lehrlings- und Jugendwohnheime oder auch Einzel- oder Gruppenwohnungen sein.

Der erzieherische Kinder- und Jugendschutz (§ 14 SGB VIII) ist stark auf Prävention ausgerichtet. Seine Angebote zielen darauf, Gefährdungen und mögliche Schädigungen für Kinder und Jugendliche frühzeitig zu erkennen und zu verhindern. Die Vorschrift ergänzt die Vorschriften des repressiv orientierten Jugendschutzgesetzes (JuSchG) oder vergleichbarer Gesetze (hierzu III-7), welche sich vorrangig gegen Verursacher potenzieller Gefährdungen von MJ richten. Demgegenüber stehen nach § 14 SGB VIII präventiv ausgerichtete Angebote an junge Menschen und ihre EB im Vordergrund. Dies sind vor allem alters- und entwicklungsgemäße Informationsveranstaltungen im Freizeitbereich, Aufklärung, Erörterung aktueller Themen usw. Den JÄ obliegt allerdings aufgrund landesrechtlicher Regelungen (vgl. z.B. § 20 ThürKJHAG, § 16 Nds AG-KJHG, § 27 BW LKJHG) gleichzeitig auch die Durchführung von Teilen des sog. „gesetzlichen" Jugendschutzes nach dem JuSchG (hierzu ausführlich III-7).

erzieherischer Kinder- und Jugendschutz

Münder/Wiesner/Meysen 2011 Kap. 3.1

3.3.2 Förderung der Erziehung in der Familie (§§ 16–21 SGB VIII)

Die Angebote zur Förderung der Erziehung in der Familie umfassen sowohl allgemeine Förderungsaufgaben zur Unterstützung der familiären Erziehung als auch Ansprüche auf Beratung und Unterstützung in einer Reihe von familiären Not- und Konfliktsituationen.

Die allgemeine Förderung der Erziehung in der Familie (§ 16 SGB VIII) hat das Ziel, die Erziehungskompetenz der Familie zu stärken, wobei der Begriff der Familie weit zu verstehen ist. Es zählen dazu z.B. auch nichteheliche Lebenspartner, Stiefeltern oder Pflegeeltern. Ausdrücklich sollen dabei auch Wege aufgezeigt werden, wie Konfliktsituationen in Familien gewaltfrei gelöst werden können. Klassische Formen der allgemeinen Förderung der Erziehung in der Familie sind Angebote der Familienbildung, etwa in Form von Seminaren, aber auch z.B. in Selbsthilfegruppen, Angebote der allgemeinen Erziehungs- und Lebensberatung und schließlich Formen der Familienfreizeit und Familienerholung (vgl. im Einzelnen Münder et al. 2013 § 16 Rz. 6ff.).

allgemeine Förderung der Erziehung in der Familie

Um Hilfe in familiären Konfliktsituationen zu gewährleisten, von denen Kinder oder Jugendliche betroffen sein können, sieht das Gesetz zahlreiche Beratungs- und Unterstützungsansprüche für die EB sowie für die MJ vor, die von verschiedenen Beratungsstellen und den JÄ wahrgenommen werden (§§ 17, 18 SGB VIII;

Beratung und Unterstützung

Trennungs- und Scheidungs- beratung

hierzu ausführlich Münder/Trenczek 2011, 67 ff.). Zur Bewältigung geringfügiger Krisen und Konflikte kann eine sog. Partnerschaftskonfliktberatung in Anspruch genommen werden (zu allgemeinen Grundsätzen der Mediation vgl. I-6.3). Hierdurch soll Eskalationen vorgebeugt und Trennung und Scheidung möglichst vermieden werden. Kommt es in der Familie (dennoch) zur Trennung, so verfolgt die Beratung und Unterstützung der Eltern das Ziel, dem Kind möglichst optimale Beziehungen zu beiden Eltern zu erhalten. Die Eltern sind bei der Entwicklung eines **einvernehmlichen Konzepts** zur Wahrnehmung der elterlichen Sorge nach der Trennung bzw. Scheidung zu unterstützen (zur Mediation s. I-6.3). Hierbei ist auch das betreffende Kind oder der Jugendliche in angemessener, d. h. altersabhängiger Weise zu beteiligen.

Ansprüche auf Beratung und Unterstützung bestehen auch für alleinerziehende Elternteile. Die Angebote beziehen sich auf Fragen des Sorgerechts und der Gewährung des Unterhalts (§ 18 Abs. 1 u. 2 SGB VIII). Darüber hinaus haben sowohl das Kind bzw. die Jugendlichen als auch sämtliche ihnen gegenüber potenziell umgangsberechtigte Personen Anspruch auf Beratung und Unterstützung in Bezug auf die Gestaltung des Umgangs (§ 18 Abs. 3 SGB VIII). Dies betrifft in erster Linie den nicht mehr mit dem Kind in einem Haushalt lebenden Elternteil, daneben aber auch Großeltern, Geschwister, Stiefeltern und frühere Pflegeeltern und nun auch den leiblichen, nicht rechtlichen Vater (§ 1686a BGB; vgl. II-2.4.5; vgl. Art. 9 Abs. 3 UN-KRK, Art. 24 Abs. 3 Charta der Grundrechte der EU; zur zwangsweisen Durchsetzung von Umgangsanordnungen vgl. BVerfG 01.04.2008 – 1 BvR 1620/04 – FamRZ 2008, 845).

gemeinsame Wohnform

Um ganz speziell der besonderen Situation junger Eltern – insb. Mütter – Rechnung zu tragen, gibt es das Angebot der gemeinsamen Wohnform für Mütter/Väter und Kinder (§ 19 SGB VIII). Die Leistung richtet sich an Elternteile, die in ihrer Persönlichkeit noch nicht so weit entwickelt sind, dass sie den zusätzlichen Anforderungen durch die Geburt eines Kindes und der damit verbundenen Elternverantwortung gerecht werden können (zum Ruhen der Personensorge minderjähriger Mütter und Bestellung des JA als Amtsvormund gem. §§ 1673 Abs. 2, 1773, 1791c BGB, vgl. II-2.4.3.5). Ist diese Voraussetzung gegeben und hat das Kind das sechste Lebensjahr noch nicht vollendet, so hat der Elternteil einen Anspruch auf gemeinsame Unterbringung mit dem Kind (nicht jedoch gemeinsam mit dem anderen Elternteil!) in einer geeigneten Wohnform. Dort soll die Mutter oder der Vater bei der Persönlichkeitsentwicklung unterstützt werden mit dem Ziel, später selbstständig gemeinsam mit dem Kind leben zu können. Es soll zudem darauf hingewirkt werden, dass der Elternteil eine schulische oder berufliche Ausbildung bzw. eine Berufstätigkeit aufnimmt oder fortführt. Eine schwangere Frau kann auch schon vor der Geburt des Kindes in die Wohnform aufgenommen werden (§ 19 Abs. 1 S. 3 SGB VIII). Das Angebot soll dazu beitragen, in Situationen, die den Betroffenen als ausweglos erscheinen, Schwangerschaftsabbrüche zu vermeiden. Das Angebot richtet sich an Eltern von Kindern unter sechs Jahren, wobei dann auch ältere Geschwister in die Leistung mit einbezogen werden können. Eine Altersgrenze für die Mütter oder Väter, die das Angebot in Anspruch nehmen können, besteht dagegen nicht, so dass eine Leistung auch über das 27. Lebensjahr hinaus möglich ist.

Versorgung des Kindes in Notsituationen

Für den Fall, dass der Elternteil, der das Kind überwiegend betreut, ein alleinerziehender Elternteil oder gar beide Eltern des Kindes aus gesundheitlichen oder aus anderen vergleichbaren, zwingenden Gründen ausfallen (die physische Abwesenheit ist nicht notwendig), besteht das Angebot der Betreuung und Versorgung des Kindes in Notsituationen (§ 20 SGB VIII). Das Angebot besteht z. B. auch, wenn sich der Elternteil in Kur, einer freiheitsentziehenden oder therapeutischen Einrichtung befindet. Ziel der Vorschrift ist es, Kindern ihr vertrautes Familienumfeld zu erhalten und eine Fremdunterbringung in derartigen Notfällen zu vermeiden. In Frage kommen hierzu verschiedene Hilfen zur Sicherstellung der Haushaltsführung und der Pflege und Erziehung des Kindes (insoweit ist allerdings die Abgrenzung zu vergleichbaren Leistungen anderer Sozialleistungsträgern zu beachten; vgl. § 10 Abs. 1 und 4 SGB VIII, § 37 SGB V, § 28 SGB VI, § 42 SGB VII, § 54 SGB IX, § 70 SGB XII). Nicht um Notsituationen handelt es sich, wenn der Ausfall der Eltern planbar ist oder es sich insb. um eine ausbildungs- oder berufsbedingte Verhinderung handelt.

Für den Fall, dass die Eltern aus berufsbedingten Gründen die Erziehung ihrer Kinder nicht selbst wahrnehmen können, besteht ein Angebot auf Unterstützung nach § 21 SGB VIII. Dies betrifft Familien, in denen die Eltern berufsbedingt sehr häufig ihren Arbeitsplatz wechseln müssen (z. B. Artisten, Schausteller, Binnenschiffer). Sofern das Kind zur Erfüllung der Schulpflicht anderweitig untergebracht werden muss, da durch den ständigen Ortswechsel eine kontinuierliche Schulausbildung nicht gewährleistet wäre, haben die Eltern Anspruch auf Beratung und Unterstützung. Diese kann z. B. in der Hilfe bei der Organisation von gemeinsamen Unternehmungen liegen, um den Kontakt zwischen Eltern und Kind aufrechtzuerhalten. Es kommt jedoch – je nach Einkommens- und Vermögenslage – auch die Übernahme der Unterbringungskosten in Frage (im Einzelnen vgl. Münder et al. 2013 § 21 Rz. 4 ff.).

Unterstützung zur Erfüllung der Schulpflicht

Münder et al 2013 § 17; Münder/Wiesner/Meysen 2011 Kap. Kap. 3.2 – 3.3

3.3.3 Förderung von Kindern in Tageseinrichtungen und in Tagespflege (§§ 22 – 26 SGB VIII)

Im dritten Abschnitt des Leistungskapitels regelt das SGB VIII die Förderung von Kindern in Tageseinrichtungen und in Tagespflege. Daneben sind auch landesrechtliche Gesetze zu beachten. Die quantitative Bedeutung der Kindertagesbetreuung wird insb. daraus deutlich, dass ca. 2/3 aller in der Jugendhilfe beschäftigten Personen in diesem Bereich arbeiten. Die Zielsetzung dieser Angebote liegt darin, für Eltern die Vereinbarkeit von Familie und Beruf sicherzustellen. Betreuung bedeutet aber nicht, Kinder lediglich zu „verwahren", sondern der Förderungsauftrag beinhaltet nach § 22 Abs. 3 SGB VIII die **Erziehung und Bildung** des Kindes (Münder/Trenczek 2011, 79 ff.). In den entsprechenden Tageseinrichtungen soll die Entwicklung des Kindes zu einer eigenverantwortlichen und gemeinschaftsfähigen Persönlichkeit gefördert werden. Es besteht eine gesetzliche

Tageseinrichtungen Verpflichtung, die EB an den Entscheidungen in wesentlichen Angelegenheiten der Einrichtung zu beteiligen.

Das Gesetz definiert in § 22 SGB VIII den Begriff der Tageseinrichtungen als Einrichtungen, in denen sich Kinder für einen Teil des Tages oder ganztägig aufhalten und in Gruppen gefördert werden. Zum Oberbegriff der Tageseinrichtungen gehören Einrichtungen mit zahlreichen verschiedenen Bezeichnungen, die sich regional unterscheiden. Es fallen darunter z.B. Kinderkrippen, Krabbelstuben, Kindergärten, Kindertagesstätten, Kinderhorte, altersgemischte Gruppen.

§ 24 in der Fassung ab dem 01.08.2013 regelt den Anspruch auf Förderung in Tageseinrichtungen und in Kindertagespflege in Abs. 1 bis Abs. 4 systematisch-chronologisch nach Altersstufen (Übersicht 44): Während es sich bei den unter einjährigen Kindern lediglich um eine objektive Gewährleistungs- und Vorhalte-

Anspruch auf einen Kindergartenplatz pflicht des JA-Trägers bzgl. bestimmter Bedarfslagen handelt, haben Kinder mit Vollendung des ersten Lebensjahres (1. Geburtstag) sowie Kinder ab dem 3. Lebensjahr (bis zum Eintritt in die Schule) einen zwingenden **Rechtsanspruch** auf eine Tagesbetreuung (§ 24 Abs. 2 u. 3 SGB VIII). Der Anspruch, der i.d.R. von den Eltern als gesetzliche Vertreter (§ 1629 BGB) geltend gemacht wird, ist an keine weiteren Voraussetzungen geknüpft, es ist also z.B unerheblich, ob das Kind auch zu Hause versorgt werden könnte, weil etwa ein Elternteil nicht berufstätig ist oder betreuungsbereite Großeltern zur Verfügung stehen.

Wohnortnähe Der Kindergartenplatz muss von der Wohnung des Kindes in vertretbarer Zeit zu erreichen sein. In diesem Zusammenhang haben Gerichte entschieden, dass ein Zeitaufwand von 20 oder 30 Minuten für eine Strecke nicht zumutbar ist (VG Schleswig ZfJ 2000, 193; OVG SL ZfJ 1998, 435; Nachweise bei Münder et al. 2013 § 24 Rz. 21). Ausnahmen hiervon kann es allerdings geben, wenn ein Kind in einer völlig entlegenen Siedlung lebt.

Problematisch an dem Anspruch auf einen Kindergartenplatz ist, dass das SGB VIII keine Angaben zum zeitlichen Umfang enthält. Damit der Zweck der

Übersicht 44: Inhalt und Verpflichtungsgrad der Kindertagesbetreuung (§ 24 SGB VIII)

Alter der Kinder	Art der Kindertagesbetreuung	Stärke des Rechtsanspruchs	§ 24 SGB VIII
< 1 Jahr	Krippe	objektiv-rechtliche Verpflichtung, Gewährleistungs- und Vorhaltepflicht bzgl. bestimmter Bedarfslagen	Abs. 1
1 bis 3 Jahre	Krippe oder Kindertagespflege	individueller Rechtsanspruch des Kindes; mind. 6 Std.	Abs. 2
3 Jahre bis Schuleintritt	Kindergarten oder	individueller Rechtsanspruch des Kindes; mind. 6 Std.	Abs. 3 Satz 1
		bzgl. Ganztagsplatz Hinwirkungspflicht bzgl. bedarfsgerechtem Angebot	Abs. 3 Satz 2
	Kindertagespflege	ergänzend bei spez. Bedarfslagen	Abs. 3 Satz 3
6 bis < 14 Jahre	Hort oder	Vorhaltepflicht bzgl. bedarfsgerechtem Angebot	Abs. 4 Satz 1
	Kindertagespflege	ergänzend bei spez. Bedarfslagen	Abs. 4 Satz 2

Regelung erfüllt werden kann, die Erwerbstätigkeit der Eltern zu ermöglichen, muss die Betreuungszeit im Kindergarten jedenfalls eine Halbtagstätigkeit des Elternteils möglich machen, der ansonsten das Kind betreut. Unter Berücksichtigung der Wege zum Kindergarten und zur Arbeitsstätte muss die **Betreuungszeit mindestens sechs Stunden** täglich umfassen (mit weiteren Nachweisen Münder et al. 2013 § 24 Rz. 17 ff.). Ein zwingender Anspruch auf ganztägige Betreuung besteht jedoch nicht.

zeitlicher Umfang der Betreuung

Auf eine Tagesbetreuung von Schulkindern besteht – vorbehaltlich anderer landesrechtlicher Regelungen – kein individueller Rechtsanspruch. Vielmehr hat der Gesetzgeber hier für den öffentlichen Träger (nur) eine objektiv rechtliche Pflicht formuliert, Plätze vorzuhalten, die von den Betroffenen nicht eingeklagt werden kann.

Hort

Da es sich bei der Förderung von Kindern in Tageseinrichtungen um ein allgemeines Förderungsangebot handelt, ist nicht erforderlich, dass bei dem jeweiligen Kind eine erzieherische Mangelsituation vorliegt oder die entsprechende Betreuung aus Kindeswohlgründen erforderlich wäre. Das BVerwG (27.01.2000 – 5 C 19/99) hat zum Begriff der Bedarfsgerechtigkeit entschieden, dass Bedarf hier nicht subjektiv im Sinne der faktischen Nachfrage zu bestimmen sei, sondern „objektiv" im Rahmen der Planungsverantwortung des öffentlichen Jugendhilfeträgers (§ 79 SGB VIII) „unter Berücksichtigung der Wünsche, Bedürfnisse und Interessen der jungen Menschen und der Personensorgeberechtigten" zu ermitteln sei. Rechtswidrig ist es, den „Bedarf" unter einen „Haushaltsvorbehalt" zu stellen, also davon abhängig zu machen, dass genügend Haushaltsmittel vorhanden sind (Münder et al. 2013 § 24 Rn. 41).

Bedarf

In Deutschland gab es 2013 knapp 52.500 Kindertagesstätten (davon 2/3 in freier Trägerschaft) für insgesamt mehr als 3.2 Mio Kinder, in denen 472.353 Personen beschäftigt waren (Stat. Bundesamt 2013). Die Ausgaben für Tagesbetreuung stellen auch den **größten Ausgabenblock in der Kinder- und Jugendhilfe** dar. Im Jahr 2011 wurden für die Kindertagesbetreuung etwa 19 Mrd. € aufgewendet (abzüglich der Einnahmen sind es 17,4 Mrd. €), das sind 2/3 der Gesamtkosten der Kinder- und Jugendhilfe i. H. v. 30.219 Mio € (Kom-Dat 1/2013, 2).

Der Anteil der in Kindertageseinrichtungen oder in öffentlich geförderter Kindertagespflege betreuten unter 3-Jährigen an allen Kindern dieser Altersgruppe (sog. Betreuungsquote) lag am 01.03.2013 bundesweit bei 29,3 %, die Betreuungsquote für die 3- bis 6-jährigen Kinder betrug im März 2012 ca. 93,6 %, jeweils mit großen regionalen Unterschieden (Stat. Bundesamt 2013). Das Angebot in den westdeutschen Bundesländern bleibt zumeist deutlich hinter dem Angebot in den östlichen Bundesländern zurück, wo Kinderkrippen zu Zeiten der DDR die Betreuung praktisch aller Kinder unter drei Jahren abdeckten und das Betreuungsangebot auch nach dem Beitritt zur Bundesrepublik sehr umfangreich geblieben ist.

Betreuungsquote

Das von Bund, Länder und Gemeinden selbst gesteckte Ziel, bis zum Jahr 2013 eine Betreuungsquote von 35 % der unter 3-Jährigen zu erreichen, wurde nicht erreicht. Zwar ist durch die Schaffung des Rechtsanspruches auf einen Kindergartenplatz der Versorgungsgrad angestiegen. Im westeuropäischen Vergleich ist die Versorgungssituation in Deutschland jedoch noch unterdurchschnittlich. Von erheblicher Bedeutung sind deshalb immer noch die KiTa-Plätze, die von Eltern selbst initiiert und organisiert werden (2013: 4.353 Elterninitiativen mit insg. 136.408 Plätzen).

Kindertagespflege Neben der Betreuung in Kindertageseinrichtungen kommt auch die Betreuung von Kindern in Kindertagespflege in Betracht. Kindertagespflege wird von einer **geeigneten Person** (i. d. R. sog. „**Tagesmutter**") in ihrem Haushalt oder im Haushalt der PSB des Kindes geleistet (§ 22 Abs. 1 SGB VIII). Die Tagespflege ist aus der Sicht des Gesetzes ein gleichrangiges Förderungsangebot zu den Tageseinrichtungen, ihre Ziele und Aufgaben sind identisch. Auch die Tagespflege soll die Entwicklung des Kindes fördern, die Erziehung und Bildung in der Familie unterstützen und ergänzen und den Eltern dabei helfen, Erwerbstätigkeit und Kindererziehung besser miteinander zu vereinbaren (§ 22 Abs. 2 SGB VIII). Die Kindertagespflege kann dabei flexibler als Tageseinrichtungen mit festen Öffnungszeiten auf Arbeitszeiten der Eltern eingehen und stundenweise Betreuung leisten. Andererseits ist die Betreuung der Kinder bei kurzfristigem Ausfall der Tagesmutter in i. d. R. „Ein-Frau-Betrieben" nicht immer gesichert.

Die Inhalte der Kindertagespflege sind in § 23 SGB VIII geregelt. Danach umfasst die Förderung in Kindertagespflege die Vermittlung des Kindes zu einer geeigneten Tagespflegeperson (soweit diese nicht bereits von der erziehungsberechtigten Person nachgewiesen wird), deren fachliche Beratung, Begleitung und weitere Qualifizierung sowie die Gewährung einer laufenden Geldleistung. Als **geeignet** begreift das Gesetz Personen, die sich durch ihre Persönlichkeit, Sachkompetenz und Kooperationsbereitschaft mit EB und anderen Tagespflegepersonen auszeichnen und über kindgerechte Räumlichkeiten verfügen. Sie sollen über vertiefte Kenntnisse hinsichtlich der Anforderungen der Kindertagespflege verfügen, die sie in qualifizierten Lehrgängen erworben oder in anderer Weise nachgewiesen haben. EB und Tagespflegepersonen haben Anspruch auf Beratung in allen Fragen der Kindertagespflege. Für Ausfallzeiten einer Tagespflegeperson ist rechtzeitig eine andere Betreuungsmöglichkeit für das Kind sicherzustellen (§ 23 Abs. 4 SGB VIII). Zusammenschlüsse von Tagespflegepersonen sollen beraten, unterstützt und gefördert werden. In Folge der durch das TAG erfolgten gesetzlichen Neuregelungen wurde die Tagespflege aufgewertet und inhaltlich weiter qualifiziert. Zudem hat sich die Bezahlung der Tagespflege verbessert: Neben dem Sachaufwand und der Anerkennung der Erziehungsleistung werden auch die Kosten einer Unfallversicherung und ein Zuschuss zur Alterssicherung der Tagespflegepersonen von der öffentlichen Jugendhilfe getragen (hierzu Münder et al. § 23 Rn 30). Die JÄ schließen die Unfallversicherung für die Tagespflegepersonen ab und erstatten die Hälfte der Kosten der Alterssicherung, höchstens allerdings 30 € pro Person. Die Leistungen für die Anerkennung der Erziehungsleistung sind regional unterschiedlich und können vielfach kaum als angemessen betrachtet werden.

Kosten für die Betroffenen Sowohl für die Tageseinrichtungen als auch für die Betreuung von Kindern in Tagespflege ergibt sich einheitlich aus § 90 SGB VIII, dass im Wege der pauschalierten Kostenbeteiligung Teilnahmebeiträge oder Kostenbeiträge festgesetzt werden können. Die Höhe kann nach Einkommensgruppen, Kinderzahl, oder der Zahl der Familienangehörigen gestaffelt werden.

Im Zusammenhang mit dem Ausbau der Regelungen zur Kindertagesbetreuung wurde das umstrittene Betreuungsgeld zunächst vorübergehend in § 16 Abs. 5 SGB VIII und nun als finanzpolitische Familienleistung im Bundeselterngeld- und Elternzeitgesetz (BEEG) verankert. Das Betreuungsgeld erhalten ab 01.08.2013 Eltern, die für ihr Kind eine frühkindliche Förderung in öffentlich bereit gestellten bzw. refinanzierten Tageseinrichtungen bzw. Kindertagespflege (§ 24 Abs. 2 SGB VIII) nicht in Anspruch nehmen. Die Bezugszeit von längstens 22 Monaten schließt nahtlos an die vierzehnmonatige Bezugszeit für das Elterngeld an. Das Betreuungsgeld gilt als Einkommen und wird deshalb mit ALG II („Hartz IV"), Sozialhilfe oder Kinderzuschlag verrechnet (hierzu III-6.1).

Betreuungsgeld

Begründet wird das Betreuungsgeld mit dem Gebot der Wahlfreiheit (BT-Ds 17/9917, 13). Es ist freilich widersinnig, Geldleistungen dafür zu gewähren, dass (Sozial)Leistungen nicht in Anspruch genommen werden (deshalb der Begriff „Herdprämie"). Die Folge sind häufig reine Mitnahmeeffekte, ohne dass sich die Betreuung der Kinder verbessert (sondern mitunter verschlechtert). Darüber hinaus fehlen diese Mittel nicht nur im Hinblick auf den notwendigen (auch qualitativ) bedarfsgerechten Ausbau der Kindertagesbetreuung. Die frühkindliche Bildung, Betreuung und Erziehung soll durch frühzeitige Förderung in den ersten Lebensjahren verbesserte Startchancen für Kinder ermöglichen und zugleich die Vereinbarkeit von Familien und Beruf ermöglichen (BMBF 2012, C 52). Nicht nur aus verfassungsrechtlichen Gründen (hierzu Münder et al. 2013 § 16 Rn 23 m. w. N.) wird das Betreuungsgeld kritisiert, weil es ein rückwärtsgerichtetes Familienmodell perpetuiere und mitunter die soziale Integration von Kindern in Benachteiligungslagen, insb. in sozial schwachen und bildungsfernen sowie in Familien mit mangelnden Deutschkenntnissen (insb. mangelnde Förderung der sozialen Handlungs- und Sprachkompetenz) gefährde, wenn und weil gerade sie aus finanziellen Gründen nicht bei einer KiTa angemeldet bzw. vorzeitig abgemeldet werden (vgl. Bertelsmann 2008; ZEW 2009, Opielka/Winkler 2009, 143 f.).

Münder et al 2013 § 22 ff.; Münder/Wiesner/Meysen Kap. 3.4

3.3.4 Individuelle Hilfen: Hilfen zur Erziehung, Eingliederungshilfe und Volljährigenhilfe (§§ 27–41 SGB VIII)

Leistungen, die von individuellen, persönlichkeitsbezogenen Voraussetzungen abhängen, finden sich in erster Linie bei den HzE, der Eingliederungshilfe für seelisch behinderte Kinder und Jugendliche und bei der Hilfe für junge Volljährige. Zwischen den drei Leistungsbereichen bestehen sowohl hinsichtlich des Verfahrens zur Planung der Hilfe als auch hinsichtlich der Art der Hilfen deutliche Parallelen.

3.3.4.1 Die Hilfen zur Erziehung

Erzieherischer Bedarf
Der Anspruch auf Hilfe zur Erziehung (HzE) richtet sich nach § 27 SGB VIII an den/die PSB und setzt – in Abgrenzung zu den niederschwelligen Hilfen (vgl. §§ 16 ff. SGB VIII) – zunächst voraus, dass ein erzieherischer Bedarf des betreffenden Kindes oder Jugendlichen besteht. Früher wurden in diesem Zusammenhang Begriffe wie „Erziehungsdefizit", „Verhaltensauffälligkeiten", „Störungen" oder „Verwahrlosung" des Kindes verwendet. Der Gesetzeswortlaut („eine dem Kindeswohl entsprechende Erziehung ist nicht gewährleistet") verzichtet aber auf negative Zuschreibungen und macht zudem deutlich, dass es sich auch nicht um eine sog. Kindeswohlgefährdung handeln muss (zu den verschiedenen **Interventionsschwellen** vgl. Übersicht 45). Bei den HzE handelt es sich um Angebote der Jugendhilfe, die – anders als es bei § 1666 BGB der Fall ist – grds. nicht mit Eingriffen in das elterliche Sorgerecht verbunden sind. Von Bedeutung ist insb. der **präventive Handlungsauftrag** (s. o. III-3.2.1) der Jugendhilfe, so dass weder eine Kindeswohlgefährdung noch ein konkreter Schaden vorliegen muss. Der jugendhilferechtliche Leistungsanspruch wird bereits ausgelöst, wenn die Sozialisationsbedingungen den jungen Menschen im Vergleich zu anderen erheblich benachteiligen. **Benachteiligung** liegt vor, wenn das, was für Sozialisation, Ausbildung und Erziehung von MJ in dieser Gesellschaft „normal", üblich und erforderlich ist, tatsächlich nicht vorhanden ist (Mangelsituation).

Normalitätsperspektive

Ist ein entsprechender erzieherischer Bedarf des MJ gegeben, so kommen zahlreiche Hilfen mit völlig unterschiedlicher Intensität in Frage (vgl. §§ 27–35 SGB VIII, hierzu ausführlich Münder et al. 2013 § 27 ff.). Zu beachten ist, dass der Leistungsanspruch als solcher bereits an Geeignetheit und Erforderlichkeit der konkreten Hilfe geknüpft ist. Es handelt sich in § 27 SGB VIII insoweit **nicht** um eine Frage der Rechtsfolge (so dass also auch **kein Ermessen** besteht), sondern um die Ausfüllung unbestimmter Rechtsbegriffe bei der Prüfung einer Leistungsvoraussetzung, bei der dem JA **kein Beurteilungsspielraum** zusteht (hierzu vgl. I-3.3.3; ausführlich Münder et al. 2013 § 27 Rz. 56 f.; a. A. OVG NW 11.10.2013 – 12 A 1590 – JAmt 2014, 90). Dabei besteht schon im Hinblick auf die Leistungsvoraussetzungen eine Wechselbeziehung zwischen Problemlage und Jugendhilfeangebot. Es reicht deshalb nicht aus, auf das begrenzte Standardangebot der idealtypisch beschriebenen Hilfen der §§ 28–35 SGB VIII hinzuweisen. Vielmehr müssen die **Hilfen „nach Maß"** – eben dem Hilfebedarf entsprechend – entwickelt und angeboten werden (ausführlich hierzu Münder et al. 2013 Vor § 27 Rz. 13 ff.). In jedem Einzelfall ist die genaue Bedarfslage des Kindes oder des Jugendlichen festzustellen und anhand dessen zu entscheiden, welche Art der Hilfe in welchem zeitlichen Umfang und für welche Dauer angebracht ist.

Wechselbeziehung von Problem und Hilfe

So entschied das BVerwG, in einem Fall, in dem die Mutter eines Kindes eine Freiheitsstrafe zu verbüßen hatte, dass die gemeinsame Unterbringung von Mutter und Kind in einer Mutter-Kind-Einrichtung des Strafvollzuges als HzE zu gewähren sei. Dem Urteil lag der Fall einer alleinerziehenden Mutter zugrunde, die zu einer viermonatigen Freiheitsstrafe verurteilt worden war. Vorgesehen war die Verbüßung der Haftstrafe in einer Justizvollzugsanstalt, die über eine Mutter-Kind-Abteilung verfügte, in die sie ihren damals nur wenige Monate alten Sohn

3.3.4 Individuelle Hilfen: Hilfen zur Erziehung, Eingliederungshilfe und Volljährigenhilfe (§§ 27–41 SGB VIII)

Übersicht 45: Interventions- und Eingriffsschwellen von Jugendhilfeleistungen und sorgerechtlicher Entscheidung des Gerichts

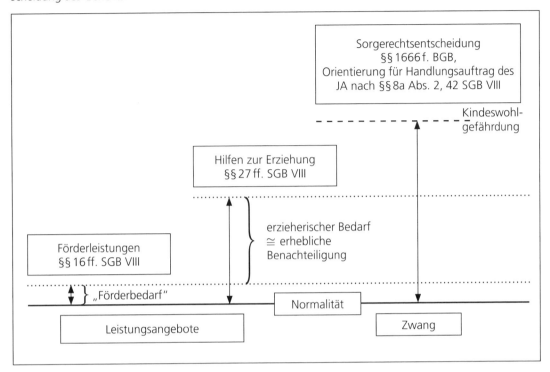

mitnehmen konnte. Da sie aus eigenen Mitteln die Unterbringungskosten für ihren Sohn nicht aufbringen konnte, beantragte sie zur Übernahme der Kosten HzE bei dem zuständigen JA. Vor dem BVerwG hatte sie Erfolg. Das Gericht führte aus, zwar sei die Unterbringung in einer Mutter-Kind-Einrichtung des Strafvollzugs als Form der HzE im Gesetz nicht genannt, jedoch seien neben den ausdrücklich im SGB VIII aufgeführten Hilfearten auch andere Hilfeformen möglich, sofern ein entsprechender erzieherischer Bedarf bestehe. Die besondere Situation während des Strafvollzugs in einer Justizvollzugsanstalt führe schon deshalb zu einem erzieherischen Bedarf im Sinne des § 27 SGB VIII, weil eine inhaftierte Mutter bei der Wahrnehmung ihrer elterlichen Sorge durch das Leben in der Vollzugsanstalt wesentlich eingeschränkt sei und die Vollzugsbedingungen in aller Regel nicht ohne Einfluss auf die Erziehungsbedingungen sein könnten. Im konkreten Fall sei die Gewährung von HzE durch gemeinsame Unterbringung des Kindes mit seiner Mutter in der Justizvollzugsanstalt im Hinblick auf das Alter des Kindes und die Bedeutung der frühkindlichen Mutter-Kind-Bindungen sowohl geeignet als auch notwendig gewesen (BVerwG 12.12.2002 – 5 C 48.01 – FEVS 2003, 311 ff., vgl. dazu Tammen 2004, 43 ff.).

Andererseits besteht kein Anspruch auf HzE, wenn die PSB zur **Selbsthilfe** willens und in der Lage sind oder wenn (unentgeltliche) Hilfe Dritter, etwa Verwandter, zur Verfügung steht. Das schließt allerdings HzE unter Einschluss von Verwandten nicht aus (vgl. § 27 Abs. 2a SGB VIII z. B. im Hinblick auf die Vollzeitpflege durch die Großeltern).

Idealtypische Hilfeformen Das SGB VIII beschreibt in den §§ 27–35 SGB VIII in einer Art sozialpädagogischer Kurzprogrammatik einige in der Praxis bewährte idealtypische Hilfeformen. Diese Hilfearten sind grds. gleichwertig, auch wenn sich die Reihenfolge der Vorschriften an der pädagogischen Intensität der einzelnen Hilfearten orientiert. Deshalb bedarf es – auch zur Wahrung der Verhältnismäßigkeit (hierzu I-2.1.2.2) – eines differenzierten pädagogischen Vorgehens, um den vielfältigen Problemlagen der unterschiedlichen Adressatenkreise gerecht zu werden und ein bedarfsgerechtes Leistungsprogramm anzubieten. Es ist zunächst zu klären (**Abwägung**: pro und contra), ob eine sog. Fremdplatzierung, also die außerfamiliäre Unterbringung, des MJ erforderlich ist. Dies kann z. B. der Fall sein, wenn von der Familie und deren sozialen Umfeld erhebliche Gefährdungen ausgehen oder der Ablösungsprozess des heranwachsenden MJ von der Familie gefördert werden soll. Im Zweifel ist der ambulanten Hilfe der Vorzug zu geben, um das familiäre Lebensumfeld zu erhalten (Lebensweltorientierung).

ambulante Hilfen Als eine der möglichen Hilfen ist die **Erziehungsberatung** benannt (§ 28 SGB VIII). Ebenfalls gesetzlich geregelt ist die sog. **soziale Gruppenarbeit** (§ 29 SGB VIII), die sich an ältere Kinder und Jugendliche richtet und helfen soll, deren soziale Kompetenzen zu entwickeln bzw. zu stärken. Benötigt ein MJ individuelle Unterstützung bei der Bewältigung von Entwicklungsproblemen, so kann ihm ein **Erziehungsbeistand** (§ 30 SGB VIII) zur Seite gestellt werden, der mit ihm etwa Probleme mit den Eltern oder in der Schule in pädagogischer Weise bearbeitet. Mehr auf die gesamte Familie bezogen ist das Angebot der **sozialpädagogischen Familienhilfe** (§ 31 SGB VIII). Im Rahmen dieser Hilfe ist eine bestimmte Einzelperson für die Betreuung der Familie zuständig. Sie kommt mehrmals wöchentlich in die Wohnung und leistet dort auch praktische Hilfestellung, etwa wenn die Eltern mit der Versorgung der Kinder und des Haushalts überfordert sind.

stationäre Hilfen Neben den ambulanten Hilfen, bei denen das Kind im Elternhaus bleibt, kommen bei besonders schwierigen Lebensverhältnissen innerhalb der Familie auch stationäre und teilstationäre Hilfen in Frage, bei denen der MJ ganz oder zeitweise außerhalb des Elternhauses untergebracht wird. Es gibt zunächst die Möglichkeit einer **Tagesgruppe** (§ 32 SGB VIII), in der das Kind für einen Teil des Tages untergebracht ist und speziell betreut wird. Ist es nötig, dass der MJ zumindest vorübergehend vollständig außerhalb seiner Familie untergebracht wird, so gibt es hierfür verschiedene Möglichkeiten. Es kann eine Pflegeperson bzw. eine Pflegefamilie gesucht werden, bei der der MJ untergebracht wird (**Vollzeitpflege**, § 33 SGB VIII). Diese Form der Hilfe wird überwiegend für jüngere Kinder gewählt. In Frage kommt auch die Unterbringung in einem **Heim**, wobei es heute viele unterschiedliche Formen gibt, die teilweise familienähnliche Wohnstrukturen aufweisen. Gerade ältere Jugendliche und junge Volljährige können auch in Wohngemeinschaften oder Einzelwohnungen mit sozialpädagogischer Betreuung untergebracht werden (§ 34 SGB VIII). In „besonders schwierigen" Fällen ist

3.3.4 Individuelle Hilfen: Hilfen zur Erziehung, Eingliederungshilfe und Volljährigenhilfe (§§ 27–41 SGB VIII)

auch eine spezielle **intensive sozialpädagogische Einzelbetreuung** möglich (§ 35 SGB VIII).

Nach der Konstruktion des SGB VIII können die Hilfeleistungen von den PSB nur freiwillig in Anspruch genommen werden. Bei den Angeboten handelt es sich allerdings teilweise um solche, die von den Familien eher als Eingriff denn als Hilfe wahrgenommen werden. Vor allem eine Fremdunterbringung ihres Kindes nehmen viele Eltern nicht bereitwillig in Anspruch. Auch die sozialpädagogische Familienhilfe wird teilweise kritisiert, da sie durch ihre häufige Anwesenheit tiefe Einblicke in das Familienleben erhält und aus diesem Grund von manchen Eltern nicht gern gesehen ist. Hier ist sozialpädagogische Überzeugungsarbeit und Feingefühl der Fachkräfte des JA gefragt, damit die anvisierte Hilfe für das Kind akzeptiert wird. Lehnen die Eltern dennoch eine Hilfe ab, so muss das JA prüfen, ob unter den gegebenen Umständen eine Gefahr für das Wohl des Kindes vorliegt, etwa im Sinne einer gesundheitlichen oder psychischen Gefährdung (§ 8a Abs. 2 SGB VIII). Ist eine solche Gefahr gegeben und sind die Eltern dennoch nicht zur Kooperation mit dem JA im Interesse des Kindes bereit, so hat das JA das FamG zu informieren (das JA stellt insoweit – entgegen einer in der Praxis weit verbreiteten Formulierung – keinen Antrag!), das den Fall prüft und gegebenenfalls den Eltern das Sorgerecht ganz oder teilweise entzieht (vgl. §§ 1666 f. BGB). Es wird dann ein Vormund oder Pfleger für das Kind eingesetzt, der dann (freiwillig) darüber entscheiden kann, welche Hilfen für das Kind in Anspruch genommen werden. Damit ist rein formal das Freiwilligkeitsprinzip gewahrt, sind doch die Personenberechtigten Inhaber des Leistungsanspruchs. Darauf können sich freilich engagierte Sozialarbeiter nicht ausruhen. Erfolgreich sind vor allem Hilfen, die von den Beteiligten akzeptiert werden. Liegt keine Gefährdung des MJ vor, so können trotz eines erzieherischen Bedarfs gegen den Willen der sorgeberechtigten Eltern keine Hilfen realisiert werden. Dies gilt auch dann, wenn der MJ die Hilfe selbst wünscht, z. B. ein Jugendlicher aufgrund ständiger familiärer Konflikte die elterliche Wohnung verlassen und in eine betreute Wohngemeinschaft ziehen möchte (ausführlich Tammen 2011c Rz. 9 f.).

Freiwilligkeitsprinzip

Meldung an das FamG bei Kindeswohlgefährdung

Birtsch et al. 2001; Münder et al. 2013 §§ 27 ff.; Tammen 2011c; Trenczek 2000

3.3.4.2 Eingliederungshilfen für seelisch behinderte junge Menschen

In Anlehnung an die HzE sind auch die Angebote der Eingliederungshilfe für seelisch behinderte Kinder und Jugendliche (§ 35a SGB VIII) ausgestaltet, allerdings mit einer stärkeren therapeutischen Ausrichtung.

Da die Träger der öffentlichen Jugendhilfe gleichzeitig auch **Rehabilitationsträger** im Sinne des SGB IX sind (§ 6 Abs. 1 Nr. 6 SGB IX; vgl. III-5), finden die Vorschriften des SGB IX Anwendung, soweit das SGB VIII keine eigenständigen Regelungen enthält. Voraussetzung für den Anspruch auf eine Eingliederungshilfe ist eine seelische Behinderung oder das Drohen einer solchen Behinderung. Mit der Formulierung des § 35a Abs. 1 SGB VIII knüpft die Vorschrift an die Definition des **Begriffs der Behinderung** in § 2 Abs. 1 SGB IX an. Danach sind Menschen behindert, wenn ihre körperliche Funktion, geistige Fähigkeit oder seelische

Gesundheit mit hoher Wahrscheinlichkeit länger als sechs Monate von dem für das Lebensalter typischen Zustand abweichen wird und daher ihre Teilhabe am Leben in der Gesellschaft beeinträchtigt ist.

ICD 10 Grundlage für die Beurteilung, ob gem. § 35a Abs. 1 S. 1 Nr. 1 SGB VIII eine Abweichung von der seelischen Gesundheit vorliegt, ist die von der WHO erstellte Internationale Klassifikation psychischer Störungen – Kapitel V (F) der ICD-10. Die Abkürzung ICD steht für „International Statistical Classification of Diseases and Related Health Problems"; die Ziffer 10 bezeichnet deren 10. Revision. Die ICD 10 enthält in 21 Kapiteln und 1.182 Kategorien aufgelistete Diagnosen, die mit 3- bis 5-stelligen Schlüsselzahlen versehen sind. Die ICD 10 ermöglicht eine äußerst differenzierte Beschreibung von Krankheitsbildern. Sie wird regelmäßig auf der Grundlage des fachlichen Kenntnisstandes aktualisiert.

Das Gesetz benennt ausdrücklich den Personenkreis, der befähigt sein soll, eine Stellungnahme hinsichtlich der Abweichung der seelischen Gesundheit abzugeben. Dies sind die Fachärzte für Kinder- und Jugendpsychiatrie und -psychotherapie (Nr. 1), die approbierten Kinder- und Jugendlichenpsychotherapeuten (Nr. 2, wobei das Gesetz missverständlich von Kinder- und Jugendpsychotherapeuten spricht) und sonstige Ärzte bzw. approbierte psychologische Psychotherapeuten, die über besondere Expertise in dem Feld der psychischen Störungen von Kindern und Jugendlichen verfügen. Die Person, die die Stellungnahme abgegeben hat, soll gemäß § 36 Abs. 3 Satz 1 SGB VIII am Hilfeplanverfahren beteiligt werden. Zur Vermeidung von Interessenkollisionen soll der Arzt bzw. Psychotherapeut, der eine Stellungnahme nach Abs. 1a abgibt, in keiner Form an der Leistungserbringung beteiligt sein.

Für sonstige Formen der Behinderung ist nicht die Jugendhilfe, sondern in erster Linie die Sozialhilfe zuständig. Schwierigkeiten bereiten nicht nur die diagnostische Abgrenzung zwischen geistiger und seelischer Behinderung, sondern auch die damit verbundenen Zuständigkeitsfragen (vgl. Tammen 2011a Rz. 18 ff.), insb. die Abgrenzung zu Leistungen der Sozialhilfe (Eingliederungshilfe für geistig behinderte Menschen), der Krankenkassen (Leistungen bei Krankheit) und zum Bildungswesen (Hochbegabung oder schulische Teilleistungsstörungen wie z.B. Legasthenie). Darüber hinaus ist nicht zuletzt aufgrund Art. 2 und 23 UN-KRK die **integrative Förderung** von Kindern mit Behinderung seit langem auf der jugendpolitischen Agenda.

Tammen 2011a

3.3.4.3 Volljährigenhilfe

Hilfen für junge Volljährige (§ 41 SGB VIII) sollen verhindern, dass junge Menschen mit den formalen Eintritt der Volljährigkeit aus dem System der Jugendhilfe herausfallen. Voraussetzung der Hilfe ist ein Bedarf des jungen Volljährigen an Hilfe zur Persönlichkeitsentwicklung und zur eigenverantwortlichen Lebensführung. Individuelle Situationen, in denen eine Hilfe für die jungen Menschen nach § 41 notwendig ist, lassen sich nur beschränkt pauschalierend beschreiben. Mangelnde Kompetenz zur Gestaltung einer eigenverantwortlichen Lebensführung kann sich sowohl aus individuellen Beeinträchtigungen als auch aus sozialen Benachteiligungen ergeben. Derartige Benachteiligungen liegen vor, wenn die altersgemäß übliche individuelle Entwicklung oder gesellschaftliche **Integration** unzureichend bzw. unterdurchschnittlich gelungen ist. Individuelle Beeinträchtigungen sind insb. bei psychischen, gesundheitlichen, körperlichen oder sonstigen Beeinträchtigungen individueller Art gegeben, so z. B. bei Abhängigkeiten, Behinderungen, häufiger bzw. schwerer Delinquenz, Freiheitsentzug, aber auch bei wirtschaftlicher Benachteiligung. Soziale Benachteiligungen sind z. B. gegeben bei fehlender oder unzureichender schulischer und beruflicher Ausbildung oder bei Menschen mit Problemen im Kontakt zur sozialen Umwelt (ausführlich Tammen 2011b Rz. 7 ff.).

Von der Ausrichtung her zielen die hier in Frage kommenden Hilfen naturgemäß in erster Linie auf Verselbstständigung ab. Sie müssen insoweit geeignet und notwendig sein. Das bedeutet aber nicht, dass zum Beginn der Hilfe deren Erfolg innerhalb eines bestimmten Zeitraumes (etwa bis zur Vollendung des 21. Lebensjahres) feststehen muss (vgl. Münder et al. 2013 § 41 Rz. 7). Im Rahmen einer sozialpädagogischen Betreuung kommt z.B die Unterstützung bei der Wohnungssuche, bei der Suche nach einem Ausbildungs- oder Arbeitsplatz oder bei Behördenangelegenheiten in Frage.

Eine Hilfe für junge Volljährige kann nur vor Vollendung des 21. Lebensjahrs begonnen, dann aber darüber hinaus fortgesetzt werden (sog. Fortsetzungshilfe) und findet spätestens ihr Ende, wenn der Betroffene das 27. Lebensjahr vollendet. Vornehmlich aus Kostendämpfungsgründen wird immer wieder über die Reduzierung der Altersgrenze und die Voraussetzungen der Gewährung der Hilfe debattiert. Abgrenzungsfragen ergeben sich bei § 41 SGB VIII in erster Linie zu Leistungen der Sozialhilfe nach § 67 und § 53 SGB XII, insb. im Bereich der Straffälligenhilfe (s. III-4.2.4.4).

Fortsetzungshilfe

Tammen 2011b; Trenczek 2009f

3.3.4.4 Hilfeplanung und Steuerungsverantwortung

Entscheidende Bedeutung für die Bestimmung der konkreten Hilfe im Einzelfall haben die Verfahrensvorschriften der §§ 36–37 SGB VIII. Von Bedeutung sind hier insb. die Berücksichtigung des Wunsch- und Wahlrechts, das Zusammenwirken zwischen mehreren Fachkräften und die gemeinsam mit den PSB und MJ vorzunehmende Aufstellung des Hilfeplans vor Bewilligung der Hilfe (zum idealtypischen Ablauf des Hilfeplanverfahrens vgl. Übersicht 46). Eine **Hilfeplanung** (Prüfung der Leistungsvoraussetzungen) ist – wie bei allen anderen Leistungen auch – stets erforderlich. Die sog. **Teamkonferenz** ist bei einer Entscheidung über voraussichtlich länger dauernde Hilfen (im Hinblick auf das Lebensalter von Kindern und Jugendlichen teilweise schon ab drei Monaten) verbindlich (§ 36 Abs. 2 S. 1 SGB VIII). Diese Bestimmungen sind Ausdruck der Ausrichtung der Leistungen des SGB VIII an den Leistungsberechtigten und Leistungsempfängern: Betroffene sind nicht Objekt, sondern Subjekt des Hilfeprozesses, und Hilfe zur

Übersicht 46: Idealtypischer Ablauf des Hilfeplanverfahrens

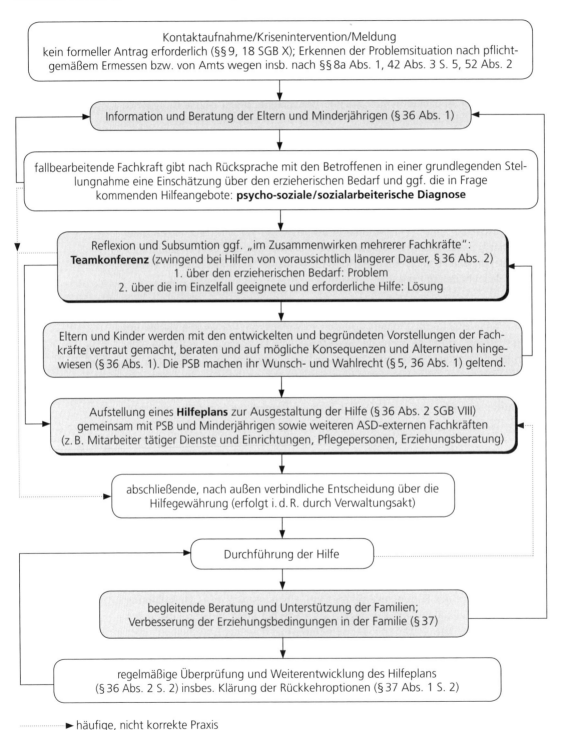

Selbsthilfe kann nur dort gelingen, wo die Beteiligten soweit wie möglich in ihrer Subjektstellung ernst ge- und Hilfen angenommen werden. Betroffene sind sog. Co-Produzenten der Hilfe. Bei längeren Hilfen ist regelmäßig zu überprüfen, ob die angestrebten Ziele erreicht wurden und ob sich die Hilfe als geeignet erweist. Erforderlichenfalls sind Änderungen vorzunehmen.

Die Bedeutung des Hilfeplanverfahrens hat der Gesetzgeber auch im Zusammenhang mit der sog. Selbstbeschaffung und der Kooperation mit den Gerichten hervorgehoben. Nach § 36a Abs. 1 SGB VIII trägt der öffentliche Träger der Jugendhilfe die Kosten der Hilfe grds. nur dann, wenn sie auf Grundlage einer fachgerechten Hilfeplanung durch die Fachkräfte des JA erbracht wird (sog. Steuerungsverantwortung). Das gilt auch dann, wenn Eltern durch das FamG oder Jugendliche und junge Volljährige durch das Jugendgericht zur Inanspruchnahme von Hilfen verpflichtet werden (s. III-3.4.2.2). Die Kostenübernahme bei einer sog. Selbstbeschaffung von Jugendhilfeleistungen durch die Eltern z.B. unmittelbar bei freien Trägern vor Einschaltung des JA ist – außerhalb der besonderen niederschwelligen Angebote insb. der Erziehungsberatung (vgl. § 36a Abs. 2 SGB VIII) – nur noch in seltenen Ausnahmesituationen (bei einem sog. Systemversagen; vgl. Münder et al. 2013 § 27 Rz. 44) möglich, eine Kostenübernahme erfolgt grds. nur aufgrund einer fachgerechten Hilfeplanung (§ 36a Abs. 2 SGB VIII).

§ 37 SGB VIII enthält (ergänzend zu § 36 weitere) Vorgaben für die Förderung der Zusammenarbeit zwischen den Herkunftsfamilien und den Personen, die das Kind außerhalb des Elternhauses betreuen und erziehen, insb. Pflegeeltern und -personen. Auch insoweit kann die Vermittlung einvernehmliche Regelungen fördern (zur Mediation s. I-6.3). In § 37 Abs. 2 SGB VIII wird Pflegepersonen ein eigenständiger Beratungs- und Unterstützungsanspruch eingeräumt, andererseits ist in Abs. 3 die Kontrolle von laufenden Familienpflegeverhältnissen geregelt. Abs. 2a sichert die Transparenz (Dokumentation) und Verbindlichkeit der Entscheidungsfindung. Eine Abweichung von den dort getroffenen Feststellungen ist nur bei einer Änderung des Hilfebedarfs und des Hilfeplans zulässig.

Steuerungsverantwortung

Selbstbeschaffung

Zusammenarbeit bei Hilfen außerhalb der Familie

Merchel 2006; Tammen 2011c; Trenczek 2007, 21 ff.

3.4 Andere Aufgaben der Jugendhilfe

Die sog. „anderen Aufgaben" der Jugendhilfe sind sehr unterschiedlicher Art. Verbindender Aspekt ist, dass das JA im Rahmen dieser Vorschriften zur Sicherung des Wohls und zur Unterstützung der MJ und ihrer Familien **hoheitlich** tätig wird.

3.4.1 Schutzmaßnahmen für Minderjährige

3.4.1.1 Inobhutnahme (§ 42 SGB VIII)

Als unmittelbare Schutzmaßnahme für Kinder und Jugendliche hat das JA die Möglichkeit, MJ in akuten, nicht anders abwendbaren Krisensituationen in Obhut zu nehmen (§ 42 SGB VIII; hierzu ausführlich AKI-IGfH 2009, Münder et al. 2013 § 42; Trenczek 2008a;). Voraussetzung dafür ist, dass eine der drei in Abs. 1 genannten (das Wohl des MJ typischerweise beeinträchtigenden) Situationen vorliegt:

Selbstmelder Meldet sich ein Kind oder ein Jugendlicher beim JA bzw. bei einem Kinder- und Jugendnotdienst mit der Bitte um Aufnahme, so hat das JA ihn **ohne jede Vorprüfung** der Situation in Obhut zu nehmen (hierzu Münder et al. 2013 § 42 Rz. 10 ff.). Gründe der MJ liegen zumeist in familiären Konflikten und Überforderung der Eltern in schwierigen Erziehungssituationen, seltener in Fällen von Misshandlung und Missbrauch. Der MJ braucht aber keine Begründung anzugeben (zur anonymen Aufnahme Münder et al. 2013, § 42 Rn 10), die Schutzverpflichtung gilt unbedingt, trägt aber die Aufnahme nicht auf Dauer.

dringende Kindeswohlgefahr Eine Verpflichtung zur Inobhutnahme besteht auch dann, wenn MJ sich in einer dringenden, nicht anders abwendbaren (Kindeswohl-)Gefahr befinden (Abs. 1 Nr. 2). Dies kann z. B. sein, wenn sie von der Polizei an einem gefährdenden Ort, etwa im Drogen- oder Prostitutionsmilieu, aufgegriffen worden sind oder wenn sie ein selbstgefährdendes Verhalten zeigen (hierzu Münder et al. 2013 § 42 Rz. 12 ff.). Im Unterschied zur Nr. 1 muss hier vor der Entscheidung grds. Rücksprache mit den Eltern genommen werden. Die Inobhutnahme darf nur durchgeführt werden, wenn die PSB nicht widersprechen oder – wenn sie dies tun bzw. nicht erreicht werden können – eine familiengerichtliche Entscheidung nicht rechtzeitig eingeholt werden kann (ausführlich Münder et al. 2013 § 42 Rz 12 ff.).

unbegleitete minderjährige Flüchtlinge Ebenfalls in Obhut zu nehmen sind die etwa 4.500 ausländischen MJ, die derzeit jährlich unbegleitet in die Bundesrepublik kommen (§ 42 Abs. 1 Nr. 3 SGB VIII; sog. UMF; hierzu BT-Ds 16/13166; B-UMF 2009). Zwar ergeben sich aufgrund der parallelen Durchführung eines Asylverfahrens erhebliche Friktionen, wenn ein nach § 12 Abs. 1 AsylVfG handlungsfähiger zumindest 16-jähriger MJ einen Asylantrag stellt. Die Verpflichtung zur Schutzgewährung durch Inobhutnahme gegenüber minderjährigen Flüchtlingen und Migranten ergibt sich aber aus dem Völkerrecht (hierzu I-1.1.5.2), insb. dem in Deutschland am 01.01.2011 in Kraft getretenen Haager **Kinderschutzübereinkommen** 1996 (KSÜ; hierzu I-1.1.5.2; früher bereits durch das Haager Minderjährigenschutzabkommen von 1961) und Art. 19, 22 UN-KRK (vgl. § 6 Abs. 4 SGB VIII). § 42 SGB VIII wird deshalb nicht durch die Regelungen des Asylrechts (AsylVfG, AsylbLG) verdrängt (vgl. auch BVerwG 24.06.1999 – 5 C 24.98 – ZfJ 2000, 33). Vielmehr müssen die Regelungen des AsylVfG aufgrund der Rücknahme der Vorbehaltserklärung bzgl. der **UN-KRK** im Juli 2010 (vgl. I-1.1.5.2) nunmehr zugunsten der MJ anders ausgelegt bzw. verändert werden (Münder et al. 2013 § 42 Rz. 15). So stehen nach FamG Gießen (16.07.2010 – 244 F 1159/09 VM) die Regelungen zur Handlungsfähigkeit MJ (§ 12 AsylVerfG, § 80 AufenthaltsG; hierzu III-8.3.2) im Widerspruch zur UN-KRK, weshalb zum Schutz der MJ die Verfahrensmündigkeit erst ab 18 statt bisher 16 Jahren (Art. 1 i. V. m. Art. 18, Art 22 KRK) zu begründen und auch für einen bereits 16-jährigen Migranten ein Ergänzungspfleger zu bestellen ist.

Durchführung der Inobhutnahme Die Aufgaben und Befugnisse des JA im Rahmen der Inobhutnahme sind an verschiedenen Stellen der Vorschrift geregelt, ohne dass es einen Unterschied macht, aus welchem Grund die Inobhutnahme erfolgt. Die Übersicht 47 ermöglicht einen Überblick über den chronologischen Ablauf und das Verfahren der Inobhutnahme.

Die Entscheidung, einen MJ in Obhut zu nehmen, ist ein **Verwaltungsakt** (§ 31 Satz 1 SGB X; vgl. III-1.3.1). Zwar können anerkannte Träger der freien Jugendhilfe bei der Durchführung der Inobhutnahme nach §§ 3 Abs. 3 Satz 2, 76 Abs. 1 SGB VIII beteiligt oder diese Aufgabe zur Ausführung übertragen werden. Die hoheitliche Befugnis, durch VA zu entscheiden, ob eine Inobhutnahme erfolgt, ist insoweit nicht übertragbar. Damit ist eine Inobhutnahme ohne oder erst aufgrund der nachträglichen Einschaltung des JA unzulässig. Dies gilt auch dann, wenn Selbstmelder bei Einrichtungen der freien Jugendhilfe um Inobhutnahme bitten. Schon deshalb muss im JA eine **24-stündige Rufbereitschaft** gesichert sein, die nicht an andere Dienste, die Polizei oder freie Träger delegiert werden kann.

Das JA ist bei mangelnden Handlungsalternativen zum Schutz von Kindern und Jugendlichen berechtigt, den MJ zum Zweck der Inobhutnahme auch von seinen Eltern oder sonstigen Personen (z. B. Pflegepersonen) weg- und aus der Familie herauszunehmen (zu den Befugnissen des JA im Einzelnen vgl. Trenczek 2008b, 209 ff.; Münder et al. 2013, § 42 Rz. 24 ff.). Ist dabei unmittelbarer Zwang erforderlich (z.B Aufbrechen der Tür), so ist die Polizei als zuständige Stelle hinzuzuziehen (§ 42 Abs. 6 SGB VIII). Herausnahme

Im Rahmen der Inobhutnahme ist der MJ zunächst in geeigneter Art und Weise unterzubringen. Dafür kommen z. B. Kinder- und Jugendschutzstellen, Bereitschaftspflegestellen oder Mädchenhäuser in Frage (zur Art und Weise der Unterbringung vgl. Trenczek 2008b, 212 ff.). Wesensinhalt der Inobhutnahme ist aber nicht die bloße Unterbringung, sondern die **sozialpädagogisch betreute Schutzgewährung** für Kinder und Jugendliche. Während der Inobhutnahme ist eine sozialpädagogische Betreuung des MJ zur Klärung der bestehenden Konfliktlage erforderlich, ihnen ist zunächst unverzüglich (i. d. R. sofort) Gelegenheit zu geben, eine Vertrauensperson zu benachrichtigen (§ 42 Abs. 2 S. 2 SGB VIII). Die Eltern sind unverzüglich (Auslegung: ohne nicht entschuldbare Verzögerung, nicht zwingend sofort) darüber zu informieren, dass ihr Kind in Obhut genommen worden ist (§ 42 Abs. 3 S. 1 SGB VIII). Wenn zu befürchten ist, dass die Angabe des Ortes, an dem sich das Kind aufhält, die Problemlage noch verschärfen würde, kann diese spezielle Information zunächst unterbleiben. Im Zuge der Kontaktaufnahme mit den Eltern ist zu versuchen, zu einer gemeinsamen Lösung zu kommen. Vielfach können sie dazu bewegt werden, ihr Einverständnis über den Verbleib ihres Kindes in der Schutzstelle zu erklären. Dann kann dort in Ruhe unter Einbeziehung der Eltern an einer Lösung des Konflikts gearbeitet werden. Es könnte z. B. die Initiierung einer HzE in Frage kommen. Verlangen die Eltern dagegen die sofortige Rückkehr ihres Kindes (Widerspruch i. S. d. § 42 Abs. 2 S. 2 SGB VIII), so hat das JA auf der Grundlage der ihm vorliegenden Informationen zu prüfen, ob das Wohl des Kindes durch die Rückkehr zu den Eltern – etwa bei besonders gravierenden Konflikten, Misshandlung, sexuellem Missbrauch usw. – in Gefahr wäre. Ist dies der Fall, so ist das FamG (Sonderrechtswegzuweisung i. S. d. § 62 SGB X nach § 42 Abs. 3 Satz 2 Nr. 2 SGB VIII; hierzu Trenczek/Meysen 2010, 543 ff.) unverzüglich (hier = sofort) anzurufen, das über den Verbleib des Kindes entscheidet und unter Umständen den Eltern das Sorgerecht ganz oder teilweise entzieht. Im Unterbringung und Schutzgewährung

Widerspruch

anderen Fall muss das Kind seinen Eltern herausgegeben werden, das JA hat insoweit kein Ermessen (vgl. Münder et al. 2013 § 42 Rz. 43).

Ausübung der Personensorge
Während der Inobhutnahme übt das JA wesentliche Teilbereiche der Personensorge (Beaufsichtigung und Aufenthaltsbestimmung) aus, inklusive der rechtsgeschäftlichen Vertretung (§ 42 Abs. 2 S. 4 SGB VIII), z. B. im Hinblick auf den Abschluss von Behandlungsverträgen bei ärztlichen Untersuchungen.

Freiheitsentzug
Eine Inobhutnahme ist eine Schutz gewährende Krisenintervention zugunsten des Kindes/Jugendlichen und hat grds. nichts mit Zwang, Einsperren o. Ä. zu tun. Kann eine **akute Gefahr für Leib oder Leben** des MJ oder sonstiger Personen nicht auf andere Weise abgewendet werden, darf der MJ im Rahmen der Inobhutnahme nur ausnahmsweise und vorübergehend freiheitsentziehend untergebracht werden. Dies wäre etwa denkbar bei Suizidgefahr oder wenn von dem MJ eine ernsthafte Bedrohung für Leib und Leben einer anderen Person ausgeht, nicht aber aufgrund der (wiederholten) Begehung von sonstigen Straftaten. Die freiheitsentziehende Maßnahme im Rahmen einer Inobhutnahme hat nichts zu tun mit einer – nach dem SGB VIII – nicht vorgesehenen sog. **geschlossenen Unterbringung** (s. V-4.3.1; ausführlich dazu Trenczek 2008b, 242 ff.; Hoffmann/Trenczek 2011, 177 ff.).

Dauer und Ende der Inobhutnahme
§ 42 Abs. 4 SGB VIII sieht zwei Beendigungsformen vor: Übergabe an die PSB/EB oder Überleitung in eine andere Hilfeform (zu den Praxisproblemen Trenczek 2008b, 237 f.). Die Dauer der Inobhutnahme ist im Gesetz nicht geregelt, sie muss sich grds. auf **kurzfristige, vorläufige Interventionen** beschränken. Krisenintervention muss auf die konkrete Konflikt- und Notlage im Einzelfall gerichtet sein und verträgt keine pauschale Begrenzung auf einen bestimmten Zeitraum. Sie muss und darf erst beendet werden, wenn die (Hilfe auslösenden und damit gleichzeitig normativen) Voraussetzungen der Inobhutnahme nicht mehr vorliegen. Die Inobhutnahme ist keine Dauerlösung, sondern als Einstieg in die Hilfeplanung zu nutzen (§ 42 Abs. 2 Satz 1, Abs. 3 Satz 4 SGB VIII).

Münder et al. 2013, § 42; Trenczek 2008b

3.4.1.2 Schutz von Minderjährigen in Einrichtungen (§§ 43–49 SGB VIII)

Die §§ 43–49 SGB VIII regeln die traditionell mit dem Begriff „Heim- und Pflegekinderaufsicht" bezeichneten Schutzaufgaben des JA. Allerdings sind auch diese in erster Linie mehr präventiv als ordnungsrechtlich ausgerichtet. Es geht vor allem um sozialpädagogische Beratung und Unterstützung der Betreuungs- und Pflegepersonen und Einrichtungen.

Pflegeerlaubnis
Tagespflegepersonen und Pflegepersonen, bei denen ein MJ für längere Zeit lebt und die nicht im Rahmen von HzE vom JA selbst ausgewählt worden sind, benötigen grds. eine Pflegeerlaubnis (§§ 43, 44 SGB VIII). Die Erlaubnis ist bei dem örtlichen JA zu beantragen (vgl. § 85 Abs. 1 SGB VIII i. V. m. den landesrechtlichen Regelungen). Darüber hinaus wird die Pflegestelle auch nach Erteilung der Genehmigung beraten und ggf. überprüft.

Eine parallele Regelung besteht für Einrichtungen wie z. B. Heime, in denen MJ untergebracht sind (§ 45 SGB VIII). Der Betreiber der Einrichtung hat unter An-

Übersicht 47: Chronologischer Ablauf und Verfahren der Inobhutnahme § 42 SGB VIII

24 h **Bereitschaftsdienst des JA** (Information der Mitarbeiter ggf. über Polizei oder Rettungsleitstelle) ausgebautes System zielgruppenspezifischer Jugendschutz- und Bereitschaftspflegestellen, bei Zugang über Jugendschutzstelle eines freien Trägers: **sofortige** Information des JA!

> **Anlass der Inobhutnahme** (Abs. 1 Nr. 1–3)
> - Selbstmelder
> - dringende Gefahr für das Wohl des Kindes
> - unbegleiteter minderjähriger Ausländer
>
> nur im Fall Nr. 2: vor Entscheidung erste Risikoabschätzung insbesondere mit den Eltern; Vorliegen einer Gefährdungssituation, deren Abwendung keinen Aufschub duldet (PSB widersprechen nicht oder Entscheidung des FamG kann nicht abgewartet werden)

- **Entscheidung** durch das JA, dass Mj. in Obhut genommen wird (VA, nicht an freie Träger delegierbar) = **Beginn** der Inobhutnahme
- ggf. Heraus- und **Wegnahme** aus der das Kindeswohl gefährdenden Situation (Abs. 1 S. 2 a. E.)
- unter **Zwang** (grds. nur) mit polizeilicher Hilfe (Abs. 6)
- **Schutzgewährung** (Sicherstellung von Kindeswohl, Unterhalt und Krankenhilfe, Abs. 2 S. 3)
- ggf. sofortige **ärztliche Versorgung**!
- **Unterbringung** bei einer geeigneten Person oder Einrichtung und **Betreuung** (Abs. 1 S. 2, Abs. 2)
- **Situationsklärung** und Risikoabschätzung mit dem Kind bzw. Jugendlichen (Abs. 2 S. 1) und
- unverzüglich (sofort) dem Mj. Gelegenheit geben, eine **Vertrauensperson** zu informieren (Abs. 2 S. 1)
- bei mj. **unbegleiteten Migranten**: unverzügliche Bestellung eines Vormunds/Pflegers (Abs. 3 S. 3)
- (unverzügliche) **Unterrichtung der Personensorgeberechtigten** (bzw. EB) und gemeinsame Risikoabschätzung (Abs. 3 S. 1):

Zustimmung	Widerspruch	Scheitern der Kontaktaufnahme
- vorläufige Fortführung der Inobhutnahme - Einstieg in die **Hilfeplanung** (Abs. 3 S. 5)	- wenn keine Kindeswohlgefährdung: Beendigung der Inobhutnahme durch **Übergabe** des Mj. an die Eltern (Abs. 3 S. 2 Nr. 1) - bei Vorliegen einer Kindeswohlgefährdung unverzüglich (hier: sofortige) Herbeiführung einer Entscheidung des **FamG** (Abs. 3 S. 2 Nr. 2) - vorläufige Fortführung der Inobhutnahme bis zur Entscheidung des FamG, in der Zwischenzeit **Hilfeplanung** (§ 36)	- unverzüglich (hier: sofortige) Herbeiführung einer Entscheidung des **FamG** (Abs. 3 S. 3) - vorläufige Fortführung der Inobhutnahme bis zur Entscheidung des FamG oder Beendigung der Kindeswohlgefährdung

- **Beendigung** der Inobhutnahme durch Übergabe des Mj. an die Eltern oder Überleitung in eine andere Hilfeform (Abs. 4).

Beachte: *Vor* **freiheitsentziehenden Maßnahmen** ist die Genehmigung des FamG einzuholen (Art. 104 Abs. 2 S. 1 GG), ausnahmsweise **sofort** nach Beginn. Ohne richterliche Entscheidung ist der Freiheitsentzug spätestens am Ende des nächsten Tages zu beenden (Abs. 5 S. 2).

Betriebserlaubnis gaben über die Räumlichkeiten, das pädagogische Konzept, die Mitarbeiter usw. eine Erlaubnis zu beantragen. Erscheint das Wohl der MJ als gesichert, so wird die Betriebserlaubnis erteilt. Auch hier finden bei Hinweisen auf Mängel Überprüfungen der Einrichtung durch die Heimaufsicht der JÄ statt, die in den Zuständigkeitsbereich des überörtlichen Trägers fällt (§ 85 Abs. 2 Nr. 6 SGB VIII). Im schlimmsten Fall kann dies zu einem Entzug der Erlaubnisse (vgl. § 45 Abs. 2 S. 5 SGB VIII) und einer Tätigkeitsuntersagung (§ 48 SGB VIII) führen.

3.4.2 Mitwirkung in gerichtlichen Verfahren (§§ 50–52 SGB VIII)

In den §§ 50–52 regelt das SGB VIII die Aufgaben des JA, die es aus Anlass gerichtlicher Verfahren vor den Familien- und Jugendgerichten wahrzunehmen hat, um junge Menschen in diesen Verfahren zu begleiten und die spezielle jugendhilfespezifische Kompetenz der JÄ einfließen zu lassen (ausführlich Trenczek 2011b). Hierbei handelt es sich ungeachtet der Spezifika der justiznahen Arbeitsfelder nicht um eine vom Gericht abgeleitete, sondern um eine originäre Aufgabe des JA. Während es sich bei den Aufgaben nach §§ 50 und 52 SGB VIII um eine Art sachverständige Mitwirkung im gerichtlichen Verfahren handelt, betrifft § 51 nur einen Teil des Adoptionsverfahrens und zwar das Verfahren zur Ersetzung der Einwilligung eines Elternteils zur Adoption (hierzu ausführlich Münder et al. 2013 § 51). Die Adoptionsvermittlung ist im AdVermiG geregelt (vgl. II-2.4.7).

Die Tätigkeit der Jugendhilfe steht auch bei ihrer Mitwirkung in gerichtlichen Verfahren unter dem Primat der **sozialpädagogischen**, jugendrechtlich geschützten **Handlungsstandards** (s. o. III-3.2; ausführlich Münder et al. 2013 Vor § 50 Rz. 1ff.). Vorrangig sind deshalb helfende, unterstützende, auf (Wieder)Herstellung eines verantwortungsgerechten Verhaltes sowie die (Re-)Organisation sozialer Beziehungen gerichtete **einvernehmliche Konfliktregelungen** (zur Mediation vgl. I-6.3). Auch im (familien- und jugend-)gerichtlichen Verfahren haben informelle Lösungswege Vorrang.

Das JA unterliegt keinen gerichtlichen Weisungen, weder im Hinblick auf die Art und Weise der Aufgabenwahrnehmung (im Hinblick auf konkrete Mitwirkungshandlungen, z. B. bestimmte Ermittlungen durchzuführen, Entscheidungsvorschläge zu machen) noch im Hinblick auf ein persönliches Erscheinen der Mitarbeiter des JA. Während sich die Aufgaben und Befugnisse des JA aus dem Sozialrecht ergeben (insb. SGB I, VIII und X; das betrifft selbstverständlich auch den Sozialdatenschutz, s. III-3.5.2), bestimmt sich seine **prozessrechtliche Stellung** im Gerichtsverfahren aus den jeweiligen Verfahrensnormen des FamFG und der ZPO bzw. des JGG und der StPO (Münder et al. 2013 § 50 Anhang Rz. 10ff., § 52 Rz 10ff.).

3.4.2.1 Mitwirkung in Verfahren vor den Familiengerichten (§ 50 SGB VIII)

Das JA übernimmt im Hinblick auf das familiengerichtliche Verfahren verschiedene Aufgaben und Funktionen (Mitwirkung, Leistungserbringer, Beistand, Pfleger und Vormund), die mitunter in Konflikt geraten können (hierzu Münder/Trenczek 2011, 150 f.). § 50 SGB VIII regelt aus der Sicht der öffentlichen Jugendhilfe die oftmals unzureichend als „Familiengerichtshilfe" bezeichnete **interdisziplinäre und Institutionen übergreifende Zusammenarbeit** von JA und FamG. § 50 SGB VIII ergänzt insoweit die parallelen Beratungs- und Leistungsverpflichtungen gegenüber den Familien (z. B. §§ 8, 17, 18, 28 SGB VIII). In diesen Verfahren wird z. B. über das Sorgerecht und über Fragen des Umgangs mit dem Kind entschieden oder es handelt sich um Verfahren im Zusammenhang mit der Adoption eines MJ (hierzu II-2.4.7). Die Unterstützung des Gerichts bezieht sich auf alle Entscheidungen des Gerichts, die die Sorge für das Kind oder den Jugendlichen betreffen und im Interesse des **Kindeswohls** getroffen werden können (§ 1697a BGB).

Familiengerichtshilfe

Mit der Reform des familienrechtlichen Verfahrens (FGG-RG/FamFG; hierzu ausführlich II-2.4.6) 2009 wurde § 50 SGB VIII neu gefasst. Abs. 1 Satz 2 listet die Gegenstände der Verfahren vor den FamG (nicht abschließend) auf, in denen die Mitwirkung des JA besonders wichtig ist, namentlich die

- Kindschaftssachen (§ 162 FamFG),
- Abstammungssachen (§ 176 FamFG),
- Adoptionssachen (§ 188 Abs. 2, §§ 189, 194, 195 FamFG),
- Ehewohnungssachen (§ 204 Abs. 2, § 205 FamFG) und die
- Gewaltschutzsachen (§§ 212, 213 FamFG).

Das JA unterrichtet dabei über Leistungen, die den Betroffenen angeboten oder bereits erbracht wurden, es bringt erzieherische und soziale Gesichtspunkte zur Entwicklung des Kindes oder des Jugendlichen ein und weist auf weitere Möglichkeiten der Hilfe hin (§ 50 Abs. 2 SGB VIII). § 50 SGB VIII legt aber im Hinblick auf die Unterstützung und die Mitwirkung weder in Abs. 1 noch in Abs. 2 die Art und Weise der Unterstützung (in welcher Form und in welchem Umfang) fest, sondern überlässt es dem JA nach fachlichen Standards zu entscheiden, wie es seine Mitwirkungspflicht erfüllt. Die umstrittene Frage, ob das JA Stellungnahmen (hierzu Oberloskamp et al. 2009) abzugeben und insb. einen Entscheidungsvorschlag zu unterbreiten hat, lässt sich nicht allgemein und kategorisch klären. Vielmehr ist stets eine Abwägung im konkreten Einzelfall erforderlich, welche Vorgehensweise dem Kindeswohl und dem Handlungsauftrag des JA am besten gerecht wird. Entsprechendes gilt für die Frage, ob sich das JA im Verfahren als sog. „echter" **Verfahrensbeteiligter** einbringt (hierzu II-2.4.6.3). Ob förmliche oder (wie früher) sonstige Verfahrensbeteiligung – die hervorgehobene Stellung des JA im *Deichsel 2014* gerichtlichen Verfahren erfordert eine erweiterte Qualifizierung der Fachkräfte sowie die Anpassung der bestehenden Organisationsstrukturen und Arbeitsabläufe an die FamFG-Bestimmungen.

Münder et al. 2013 Vor § 50, § 50 und § 50-Anhang; Trenczek 2011b

3.4.2.2 Mitwirkung in Verfahren nach dem Jugendgerichtsgesetz (§ 52 SGB VIII)

Das JA hat auch in Strafverfahren nach dem JGG mitzuwirken (§ 52 SGB VIII i. V. m. §§ 38, 50 JGG; vgl. IV-6.2). Dies sind Verfahren, in denen gegen Jugendliche oder junge Heranwachsende wegen der Begehung von Straftaten ein Ermittlungsverfahren eingeleitet wurde. Die soziale Kontrolle von jungen Menschen ist durch ihren **doppelten rechtlichen Bezugsrahmen** gekennzeichnet, einerseits dem Jugend*hilfe*recht und andererseits dem Jugend*straf*recht (siehe Übersicht 48). In der Praxis wird allerdings die Regelungsrelevanz des SGB VIII häufig nicht ausreichend beachtet.

Jugendgerichtshilfe Im strafrechtlichen Verfahren wird die Funktion des JA zumeist noch als Jugendgerichtshilfe (JGH) bezeichnet (§ 38 JGG). Rechtsgrundlage für das Handeln des JA ist allerdings § 52 SGB VIII, womit betont wird, dass die JGH-Aufgabe in den Verantwortungsbereich des kommunalen Jugendhilfeträgers eingebunden ist. §§ 38, 50 JGG, auf die § 52 Abs. 1 SGB VIII verweist, konkretisieren die verfahrensrechtliche Stellung des JA im Strafverfahren sowie die neben dem leistungsbezogenen Auftrag obliegenden spezifischen Aufgaben im Strafverfahren. Ziel des JA ist es aber auch im Rahmen der JGH (vgl. § 38 Abs. 2 S. 2 JGG „*zu diesem Zweck*"), die sozialpädagogischen („erzieherischen") Gesichtspunkte auch im Rahmen eines Strafverfahrens zur Geltung zu bringen und die **soziale Integration** des jungen Menschen zu fördern (Zweckbindungsprinzip).

Diversion An erster Stelle steht die Soziale Arbeit v. a. mit den nicht nur jugendtypisch und vorübergehend, sondern mehrfach auffälligen jungen Menschen. Aufgabe des JA ist es dabei zunächst, von Amts wegen **frühzeitig** (also noch *vor* Anklageerhebung) in der Interaktion mit dem jungen Menschen und seiner Familie zu prüfen, ob Jugendhilfeleistungen in Betracht kommen und diese ggf. zu initiieren (§ 52 Abs. 2 SGB VIII), damit das Ermittlungsverfahren möglichst informell ohne Anklage beendet werden kann (Diversion; hierzu IV-5.2). Hierzu gehört zunächst und vor allem die Unterstützung bei einvernehmlichen Konfliktlösungen (Wiedergutmachung, sog. Täter-Opfer-Ausgleich).

Betreuungsaufgaben Neben der Förderung der Diversion hat das JA den Jugendlichen während des gesamten Verfahrens (vom Beginn eines Ermittlungsverfahrens bis zur Vollstreckung einer gegebenenfalls verhängten Sanktion) zu betreuen (§ 52 Abs. 3 SGB VIII). Diese Betreuung muss entsprechend den Grundmaximen des Jugendhilferechts sozialpädagogisch und sozialanwaltlich zugunsten des Jugendlichen erfolgen (Deichsel 2014, 164 f.; Trenczek 2010a). Die JGH hat die Aufgabe, Krisen zu managen, Hilfestellungen, insb. zur Entwicklung von Handlungskompetenzen, zu leisten, Lebenslagen zu verbessern, zu beraten und Wege (Handlungsalternativen) aufzuzeigen. Gefragt ist mit der sozialarbeiterischen/sozialpädagogischen Fachkompetenz bewusst eine andere als die strafrechtlich orientierte Perspektive. Sowohl im Ermittlungsverfahren wie auch nach Anklage vor dem Gericht soll die JGH die **sozialpädagogischen Aspekte** zur Geltung bringen (§ 52 Abs. 1 SGB VIII i. V. m. § 38 JGG) und z.B aufzeigen, wie die Persönlichkeitsentwicklung des jungen Menschen durch Angebote der Jugendhilfe positiv beeinflusst werden könnte, um strafrechtliche, insb. freiheitsziehende Sanktionen möglichst zu vermeiden.

3.4.2 Mitwirkung in gerichtlichen Verfahren (§§ 50–52 SGB VIII)

Übersicht 48: Zweispurigkeit der öffentlichen Sozialkontrolle gegenüber Jugendlichen

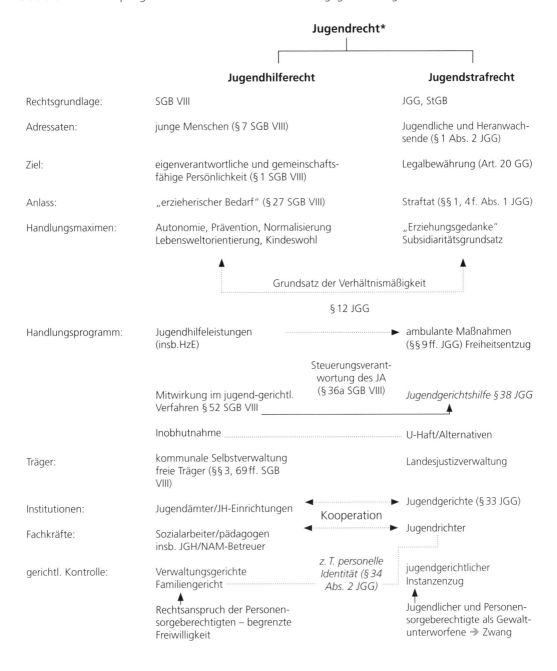

---

* Zur Sozialkontrolle von jungen Menschen und dem Jugendrecht gehört als drittes Feld noch das (hier vernachlässigte) Jugendschutzrecht.

Zusammenfassend können die Aufgaben der Jugendhilfe im Rahmen der JGH wie folgt beschrieben werden (hierzu Trenczek 2009d, e und f): Sie hat

- sozialpädagogische Angebote und Leistungen z.B – aber nicht nur – in Form der sog. Neuen Ambulanten Maßnahmen (spezifische HzE nach §§ 27 ff. SGB VIII bzw. Hilfen für junge Volljährige nach § 41 SGB VIII; vgl. IV-5.3) auch unabhängig vom Strafverfahren aufzuzeigen, diese zu initiieren, gegebenenfalls zu vermitteln und durchzuführen;
- zur Förderung der Diversion (insb. Einstellung des Verfahrens, hierzu IV.3.3) ambulante Leistungen und Hilfen, besonders einen Ausgleich mit dem Geschädigten anzubieten oder zu vermitteln und durchzuführen;
- die Jugendlichen oder Heranwachsenden auf die Verhandlung vorzubereiten und über den Gang und die möglichen Folgen des Verfahrens aufzuklären;
- sie während des gesamten Verfahrens zu betreuen (insb. in der Hauptverhandlung anwesend zu sein) und bei der Wiedereingliederung zu unterstützen;
- vorläufige Entscheidungen besonders zum Zwecke der Haftvermeidung bzw. -verschonung anzuregen;
- Eltern und Bezugspersonen in die Erörterung möglicher Hilfen und Angebote einzubeziehen und zu beraten;
- im Hinblick auf eine verstehende Untersuchung von Biografie und Lebenslage sowie zur Vorbereitung jugendhilferechtlicher Interventionen psychosoziale Daten zu erheben und entsprechend sozialpädagogische Standards zu bewerten (sog. „Erforschung der Persönlichkeit" § 38 Abs. 1 JGG)
- Staatsanwaltschaft und Gericht zu unterstützen, indem sie ggf. durch fachliche Stellungnahmen die persönlichen, familiären und sozialen Gegebenheiten des Jugendlichen oder Heranwachsenden unter besonderer Berücksichtigung der aktuellen Lebenssituation darstellt und verständlich macht, die Justiz frühzeitig über die in Frage kommenden Leistungen der Jugendhilfe informiert, sie über die zu treffenden Entscheidungen insb. im Hinblick auf deren lebensweltliche Konsequenzen berät und bei Bedarf bestimmte Angebote der Jugendhilfe unterbreitet, in Haftsachen beschleunigt Alternativen zur Untersuchungshaft prüft und initiiert.

Stellungnahme Von den Mitarbeitern des JA wird im Hinblick auf ihre fachlichen Stellungnahmen (hierzu Oberloskamp et al. 2009, 296 ff.; Trenczek 2003a und 2010b) insb. erwartet, in jedem Einzelfall zur strafrechtlichen Reife eines jungen Menschen (§ 3 JGG; hierzu IV-5.1) und zur Jugendlichkeit von Heranwachsenden (§ 105 JGG) Stellung zu nehmen, da sie in aller Regel in Sozialarbeit und Entwicklungspsychologie ausgebildet sind und eher als das Gericht über die notwendigen Kenntnisse der Diagnose verfügen. Es ist nach § 3 JGG unzulässig, wenn auch eine mitunter verbreitete Praxis, davon auszugehen, dass ein Jugendlicher reif genug ist, das Unrecht der Tat einzusehen und dementsprechend danach zu handeln.

Maßnahme- Im Hinblick auf die Stellungnahmen ist weiterhin darauf hinzuweisen, dass es
vorschlaf nicht Aufgabe des JA ist, (jugend)strafrechtliche Sanktionen vorzuschlagen oder zu beantragen, sondern lediglich, sich zu den (Folgen der von der Justiz) zu ergreifenden Maßnahmen zu äußern (vgl. § 38 Abs. 2 S. 2 JGG). Fachkräfte des JA sol-

len aus ihrer fachlich-begründeten Sichtweise heraus darlegen, ob und in welcher Weise eine „Behandlung" des Beschuldigten notwendig und möglich erscheint. „Sanktions-" und „Ahndungsvorschläge" – insb. skandalös vor der gerichtlichen Feststellung von Täterschaft und strafrechtlicher Verantwortlichkeit (zur Unschuldsvermutung, Art. 6 Abs. 2 EMRK, s. IV-3.1) – haben zu unterbleiben. Fachkräfte des JA werden im Interesse und zugunsten des Wohls des jungen Menschen zu den Auswirkungen justizieller Entscheidungen auf die Entwicklungsperspektiven des jungen Menschen Stellung nehmen (müssen), schlagen aber selbst grds. nur solche Interventionen vor, die dem Hilfe- und Erziehungsverständnis des SGB entsprechen (Münder et al. 2013 § 52 Rz. 39). Gerade für JGH-Fachkräfte müsste es in aller Regel nicht besonders schwierig sein nachzuweisen, dass der Jugendliche durch Jugendhilfeleistungen „erzieherisch erreichbar" ist (Klier et al. 2002, 133). In den Stellungnahmen des JA sollte deshalb in Übereinstimmung sowohl mit den Ergebnissen der kriminologischen Forschung als auch mit kontroll- und integrationstheoretischen Ansätzen (hierzu Walter/Neubacher 2011, 49 ff.) weitgehend auf die Darstellung von biografischen Belastungsmerkmalen verzichtet und größeres Gewicht auf die Einschätzung des aktuellen **Integrations- und Hilfebedarfs** und der entsprechenden Unterstützungsmöglichkeiten gelegt werden.

Die Leistungen der Jugendhilfe sind mit den jugendstrafrechtlichen Weisungen nicht deckungsgleich. Beide Bereiche überschneiden sich teilweise in den sog. Neuen Ambulanten Maßnahmen (NAM; hierzu ausführlich Trenczek 1996; 2009e und 2009f), z.B im Hinblick auf die Betreuung (§ 30 SGB VIII/§ 10 Abs. 1 Nr. 5 JGG) und gruppenpädagogische Angebote (§ 29 SGB VIII/§ 10 Abs. 1 Nr. 6 JGG). Das SGB VIII enthält aber keinen Auftrag zur Durchführung von Erziehungsmaßregeln oder Zuchtmitteln nach dem JGG, die Jugendhilfe nimmt deshalb auch **keine strafrechtlichen Sanktionsaufgaben** wahr. Bei der Ableistung von Arbeitsstunden, einem Verkehrsunterricht oder sonstigen jugendstrafrechtlichen Maßnahmen handelt es sich i. d. R. nicht um Aufgaben der Jugendhilfe. Im konkreten Einzelfall kann ein Konflikt klärender Täter-Opfer-Ausgleich auch erzieherisch geeignet und erforderlich sein und deshalb vom JA initiiert und finanziert werden, auch wenn der TOA konzeptionell keine „erzieherische Intervention" ist, sondern über eine Vermittlung zwischen zwei Parteien herbeigeführt wird (vgl. Mediation, I-6.3 u. IV-4.1).

Neue Ambulante Maßnahmen

Im Hinblick auf die Kooperation von JA und Justiz ist von besonderer Bedeutung, dass eine jugendstrafrechtliche Entscheidung noch keine sozialrechtliche Leistungs- und/oder Kostentragungspflicht begründet. Durch jugendgerichtliche Entscheidungen werden jugendhilferechtliche Umsetzungen nicht automatisch mitentschieden. Die in der Praxis teilweise tradierte Auffassung, eine Hilfeplanung sei bei einem Zusammenspiel von Justiz und JGH nicht erforderlich, findet im Gesetz keine Stütze. § 36a Abs. 1 SGB VIII betont ausdrücklich die Steuerungsverantwortung des JA auch im Hinblick auf die Kooperation mit dem Jugendgericht. Nur wenn das JA in einem fachlichen Standards entsprechenden Hilfeplanungsverfahren eine Entscheidung trifft, trägt es die mit der Leistung verbundenen Kosten. Insoweit ist auch eine Selbstbeschaffung durch einen verurteilten Jugendlichen bzw. Eltern ausgeschlossen (§ 36a Abs. 3 SGB VIII; s. o. III-3.3.4.4).

Steuerungsverantwortung

Der jugendhilferechtliche Leistungsanspruch richtet sich nach den allgemeinen

Regeln (s. o. III-3.3.4.1). Nicht die Straffälligkeit als solche, sondern die sich (unter Umständen hierin widerspiegelnden) realen Lebens- und Verhaltensschwierigkeiten und Bedürfnisse der Jugendlichen („erzieherischer Bedarf") sind der entscheidende Ansatzpunkt für die Jugendhilfe. Das JA darf Jugendhilfeleistungen auch im Rahmen eines Strafverfahrens nur nach der obligatorischen Hilfeplanung unter Beteiligung des Jugendlichen und der Personensorgeberechtigten (§§ 36 f. SGB VIII) und nur dann anbieten, wenn sie fachlich von der pädagogischen Eignung „angeregter" Hilfen überzeugt ist.

Diversion Ohne die Zustimmung der PSB darf jugendhilferechtlich grds. keine Hilfe gewährt werden. Solange eine strafrechtliche Verurteilung nicht vorliegt, dürfen mit Zwang verbundene Grundrechtseingriffe zu Erziehungszwecken nicht erfolgen. Deshalb bedarf es im Hinblick auf die jugendstrafrechtlichen Weisungen und Auflagen (insb. die sog. Neuen Ambulanten Maßnahmen) im Rahmen der Diversion (d. h. informelle Erledigung des Strafverfahrens, s. IV-5.2) der Zustimmung der Eltern. Sind Eltern nicht bereit, öffentliche Hilfen anzunehmen, und stößt die Jugendhilfe damit an ihre Grenzen, ist sie bei einer drohenden Kindeswohlgefahr grds. auf eine Intervention des FamG angewiesen. Sollten allerdings Weisungen und Auflagen nach §§ 9 ff., 13 ff. JGG durch den Richter im Urteil ausgesprochen werden, so wird damit die familiengerichtliche Entscheidung nach **§§ 1666, 1666a BGB** ersetzt (zum jugendkriminalrechtlichen Dreieck vgl. Trenczek 2009f Rz. 18). Eltern müssen insoweit einen Eingriff in ihr grds. weiter bestehendes Personensorgerecht dulden. Soweit die JGG-Sanktionen mit den Leistungen des SGB VIII korrespondieren, richten sich die Anordnungen der Justiz aber nicht an den Träger der Jugendhilfe, sondern stets nur an die jungen Menschen und ihre PSB. Diese können mit einem „Antrag" (kein formelles Antragserfordernis!, s. u. III-3.5.2) ein Tätigwerden des JA auslösen.

Die verfahrensrechtliche Stellung des JA im jugendstrafrechtlichen Verfahren bestimmt sich vor allem nach den Regeln des JGG und der StPO. Die JGH ist mit umfangreichen Beteiligungsrechten (Information, Anhörungs- und Äußerungsrechte, Anwesenheits-, Verkehrs- und Kontaktrechte; hierzu Trenczek 2009d Rz. 19) ausgestattet, ist aber anders als im familiengerichtlichen Verfahren nicht formeller Verfahrensbeteiligter.

Im Jugendkriminalbereich stehen die pädagogischen Gebote von Freiwilligkeit, Parteilichkeit und Autonomie den reglementierenden Anordnungen und dem eingreifenden Charakter des Strafrechts gegenüber. Die JGH steht damit an der Schnittstelle von Jugendhilfe und Strafrecht, sie agiert in einem **Spannungsfeld**, in dem wesensmäßig verschiedene Diskurse mit eigenen Logiken und differenten Konsequenzen aufeinandertreffen. Nach Jahren der Auseinandersetzung mit der Dominanz einer trotz gefälliger Erziehungsterminologie ungebrochen straforientierten Justiz drohen seit einigen Jahren allerdings viel größere Gefahren durch die Ressourcenprobleme kommunaler Haushalte. Rechtsansprüche unterlaufende Anweisungen (z. B. keine Leistungen bei mehrfach straffälligen Jugendlichen oder jungen Volljährigen zu initiieren), andere verwaltungstechnische Tricks, Schwellen und Strukturen (Bestehen auf formaler Antragstellung der Eltern; Anweisung, dass JGH-Mitarbeiter keine HzE initiieren dürfen; langwierige Entscheidungsfindung, so dass sich das „Problem" bei weiteren Krisen und Straftaten aufgrund von Inhaftierung von selbst erledigt) sind Anzeichen einer teilweise systematischen rechtswidrigen Leistungsverweigerung. Sie widersprechen dem Ziel und Zweck des SGB VIII, sich gerade auch um die Integration straffällig gewordener junger Menschen zu bemühen.

BAG NAM 2000; Trenczek 2000; 2003b; 2009d, e und f

3.4.3 Aufgaben als Beistand, Vormund, Pfleger und Beurkundungsbehörde (§§ 52a – 60 SGB VIII)

Der letzte Bereich innerhalb der „anderen Aufgaben" der Jugendhilfe betrifft Aufgaben, die im Zusammenhang mit familienrechtlichen Regelungen stehen. Zunächst hat das JA die Aufgabe, auf Antrag eines alleinerziehenden Elternteils als sog. Beistand tätig zu werden. In dieser Rolle kann der alleinerziehende Elternteil das JA mit der Feststellung der Vaterschaft des Kindes und mit der Durchsetzung von Unterhalt für das Kind beauftragen (§ 52a SGB VIII). Dieses Angebot ist 1998 an die Stelle der bis dahin in den westlichen Bundesländern für nichteheliche Kinder automatisch geltenden Amtspflegschaft getreten. **Beistandschaft**

Darüber hinaus übernimmt das JA in vielen Fällen die Rolle des Vormunds oder Pflegers für MJ, wenn die Eltern verstorben sind oder ihnen das Sorgerecht ganz bzw. teilweise entzogen worden ist (§ 55 SGB VIII). Das JA überträgt die Ausübung der Aufgaben des Beistands, des Amtspflegers oder des Amtsvormunds einzelnen seiner Beamten oder Angestellten. Die damit verbundene Stellung als gesetzlicher Vertreter der MJ führt zu einer auch dienstrechtlich relevanten Sonderstellung (z. B. begrenztes Weisungsrecht der JA-Leitung; Fachaufsicht durch FamG nach § 1837 Abs. 2 BGB), verhindert aber nicht zwingend die unter Umständen bestehenden **Interessenkollisionen**, wenn das JA einerseits im Interesse des MJ, andererseits als Kostenträger agiert (hierzu Münder et al. 2013 § 55 Rz. 11), auch wenn der Amtsvormund nicht selbst in einem sein Mündel betreffenden Verwaltungsverfahren für die Behörde tätig werden darf (§ 16 Abs. 1 Nr. 1 u. 3 SGB X). Im Zusammenhang mit den Änderungen im Vormundschaftsrecht (hierzu II-2.4.8) wurde auch § 55 SGB VIII novelliert. Neu sind insb. die Regelungen über die Anhörung des Kindes oder Jugendlichen vor Übertragung des Amts (Abs. 2 Satz 2 u. 3), die Begrenzung der Fallzahl pro Fachkraft (Abs. 2 Satz 4) und den verpflichtenden persönlichen Kontakt (Abs. 3 Satz 2). **Amtsvormundschaft**

Schließlich sind die Urkundspersonen beim JA dazu befugt, eine Reihe von Beurkundungen und Beglaubigungen vorzunehmen, die im Zusammenhang mit MJ erfolgen (§§ 59 f. SGB VIII). So kann beim JA die Anerkennung der Vaterschaft für ein außerhalb der Ehe geborenes Kind beurkundet werden, ebenso wie die übereinstimmende Erklärung der Eltern, das Sorgerecht gemeinsam ausüben zu wollen, oder die Verpflichtung eines Elternteils zur Unterhaltsleistung. Im Gegensatz zu sonstigen Stellen, die Beurkundungen vornehmen, wie etwa Notare, erhebt das JA keine Gebühren (vgl. §§ 64 Abs. 1 und 2 S. 3 Nr. 2 SGB X), sofern nicht Landesrecht anderes regelt (§ 97c SGB VIII). **Beurkundungen**

Oberloskamp 2010, 388 ff.

3.5 Verfahren und Kosten

Bezüglich des Verfahrens gelten zunächst die allgemeinen Grundsätze des Verwaltungsverfahrens (s. III-1.2). Für die Aufgaben des SGB VIII verantwortlich sind die öffentlichen Träger der Jugendhilfe (§ 69 Abs. 1 SGB VIII). Funktional werden im SGB VIII ausdrücklich dem JA bestimmte Aufgaben zugewiesen, so dass man dieses als Behörde i. S. d. § 1 Abs. 2 SGB X ansehen kann (vgl. I-4.1.2 und III-3.2.3).

3.5.1 Zuständigkeit

sachliche Zuständigkeit — Die Zuständigkeit wird in den §§ 85 ff. SGB VIII geregelt. Die sachliche Zuständigkeit bestimmt sich nach § 85 SGB VIII, wobei nach Absatz 1 für die meisten Aufgaben die örtlichen Träger, auch nach Landesrecht derzeit i. d. R. kreisfreie Städte und Landkreise (§ 69 Abs. 1 SGB VIII), zuständig sind. In § 85 Absatz 2 SGB VIII findet sich eine abschließende Auflistung von Zuständigkeitsbereichen für den überörtlichen Träger. Zur internationalen Zuständigkeit beachte § 6 SGB VIII sowie völker- und europarechtliche Regelungen (vgl. I-1.1.5).

örtliche Zuständigkeit — §§ 86 ff. SGB VIII regelt die örtliche Zuständigkeit. Hierbei wird ganz überwiegend auf den durch den gewöhnlichen Aufenthalt (vgl. § 30 Abs. 3 S. 2 SGB I) der Eltern bzw. des jungen Volljährigen bestimmten **Lebensmittelpunkt** der Familie (nicht den Wohnsitz) abgestellt (vgl. I-1.2.1). Bei der Gewährung von Leistungen ist bislang in erster Linie der gewöhnliche Aufenthaltsort der Eltern maßgeblich.

Schwierigkeiten bereitet in der Praxis mitunter die Feststellung der Zuständigkeit, wenn die Eltern nach Leistungsbeginn verschiedene gewöhnliche Aufenthalte begründen. Entgegen dem Wortlaut, nach dem ein dynamischer Zuständigkeitswechsel nur dann stattfindet, wenn die Eltern erst nach Hilfebeginn verschiedene gewöhnliche Aufenthalte begründen, hatte das BVerwG § 85 Abs. 5 SGB VIII als umfassende Regelung für alle Fallkonstellationen erklärt (BVerwG 09.12.2010 – 5 C 17.09 – JAmt 2011, 276; hierzu Münder et al § 86 Rz. 14 f.). Dies führte dazu, dass die Zuständigkeit am früheren Wohnort bestehen blieb, auch wenn dieser weit entfernt vom neuen Lebensort der Familie ist. Mit dem KJVVG wurde Abs. 5 durch Einschub weniger Worte ergänzt um sicherzustellen, dass dessen Anwendung auf die Fälle des Aufenthaltswechsels begrenzt bleibt, in denen beiden oder keinem Elternteil das Sorgerecht zusteht (BT-Ds 17/13531, 9).

Entsprechendes gilt grds. für die Mitwirkung in gerichtlichen Verfahren, bei denen die Zuständigkeit der Gerichte anderen, strafrechtlichen Regelungen unterliegt (vgl. IV-3.2). Haben die Eltern verschiedene gewöhnliche Aufenthaltsorte oder haben nicht beide einen gewöhnlichen Aufenthaltsort in der Bundesrepublik, dann ist in der folgenden Reihenfolge der gewöhnliche Aufenthaltsort des personensorgeberechtigten Elternteils, der gewöhnliche Aufenthalt des MJ oder schließlich der tatsächliche Aufenthalt des MJ entscheidend. Nach § 87b Abs. 2 Satz 1 SGB VIII bleibt aber im Gegensatz zur wandernden Zuständigkeit in § 86 die nach Abs. 1 einmal begründete Zuständigkeit bis zum Abschluss des Strafverfahrens bestehen.

Der Begriff „tatsächlicher Aufenthalt" bezeichnet die rein physische Anwesenheit an einem Ort, ohne dass es auf die (beabsichtigte) Dauer oder die Bindungen der Person ankommt. Auf diesen kommt es insb. bei einer schnellen Krisenintervention im Rahmen der Inobhutnahme an (§ 87 SGB VIII).

3.5.2   Besonderheiten des jugendhilferechtlichen Verfahrens

Das jugendhilferechtliche Verfahren beginnt grds. nach pflichtgemäßem Ermessen (§ 18 SGB X), wenn es nicht von Amts wegen einzuleiten ist (z. B. §§ 42, 52 Abs. 2 SGB VIII). An keiner Stelle des SGB VIII findet sich im Hinblick auf Leistungen ein formelles Antragserfordernis (hierzu Münder et al. § 27 Rz. 44). Richtig ist, dass den Anspruchsberechtigten die Hilfe nicht gegen ihren Willen aufgenötigt werden darf. Das heißt aber nicht, dass das JA vor bzw. ohne einen Antrag nicht tätig werden kann, vielmehr muss ein Verfahren begonnen und in diesem die Leistungsvoraussetzungen geprüft werden, wenn fachliche Gründe einen Hilfebedarf nahe legen. Liegen die Leistungsvoraussetzungen vor, reicht es aus, wenn die Anspruchsberechtigten zu erkennen geben, dass sie mit der Inanspruchnahme der Hilfe einverstanden sind.

Sowohl im Hinblick auf den Leistungsbereich als auch auf die Erfüllung der anderen Aufgaben betont das SGB VIII in besonderen Maße die Notwendigkeit der **Einbeziehung der Betroffenen**, Eltern wie auch der minderjährigen jungen Menschen (z.B § 8 Abs. 1, § 9 Nr. 2 SGB VIII) in die Entscheidungsfindung (hierzu, insb. zum Wunsch- und Wahlrecht nach § 5 SGB VIII, s. o. III-3.2.1). **Partizipation**

Als spezielle Verfahrensvorschriften sind die Regelungen zum Hilfeplanverfahren nach § 36 SGB VIII sowie zur Steuerungsverantwortung und Selbstbeschaffung nach § 36a SGB VIII zu beachten (vgl. III-3.3.4.4). § 36 SGB VIII betrifft zwar unmittelbar nur die Leistungsbereiche der HzE, der Eingliederungshilfe und der Volljährigenhilfe, die grds. Inhalte der Norm, die eine **Subsumtion und psychosoziale Diagnose** fordern, sind darüber hinaus jedoch auch in anderen Bereichen der Kinder- und Jugendhilfe von Bedeutung. Der nach fachlichen Standards vorzunehmende Klärungs- und Subsumtionsprozess im Einzelfall (Hilfeplanung) ist sowohl im Bereich der Leistungen wie auch bei den anderen Interventionen der Jugendhilfe stets notwendiger Teil des Verfahrens nach dem SGB VIII. **Hilfeplanung**

Von besonderer Bedeutung sind die Vorschriften zum Datenschutz. Ergänzend zu den § 35 SGB I, §§ 67 ff. SGB X (s. III-1.2.3) trifft das SGB VIII in den §§ 61 ff. bereichsspezifische Regelungen für die Kinder- und Jugendhilfe, die als speziellere Normen gegenüber den allgemeinen Bestimmungen des Datenschutzes vorrangig sind. Besonders hervorgehoben ist hierbei die Beachtung der jugendhilferechtlichen **Zweckbindung** (§§ 62 Abs. 1, 63 Abs. 1, 64 Abs. 1 SGB VIII). Ebenso gilt der Grundsatz, dass Daten grds. nur mit Einwilligung der Betroffenen erhoben, gespeichert und weitergegeben werden dürfen (§ 62 Abs. 2 ff. SGB VIII). **Sozialdatenschutz**

Eine Datenerhebung ohne/gegen die Mitwirkung des Betroffenen ist nach § 62 Abs. 3 SGB VIII nur zulässig, soweit das Gesetz dies ausdrücklich zulässt oder ihre Erhebung beim Betroffenen entweder nicht möglich ist oder die jeweilige **Datenerhebung**

Aufgabe ihrer Art nach eine Erhebung bei anderen erfordert, und die Kenntnis der Daten aber (für die Erledigung der in 2a bis d genannten Aufgaben) erforderlich ist. Dies ist z. B. im Hinblick auf die Vorbereitung einer Inobhutnahme und der Erfüllung der Schutzpflicht nach § 8a SGB VIII der Fall, i. d. R. aber nicht im Bereich der Jugendgerichtshilfe nach § 52 SGB VIII. Hier ist v. a. das Gespräch mit dem jungen Menschen erforderlich.

Datenübermittlung

Eine Datenübermittlung für die Erfüllung sozialer Aufgaben ist nur zulässig, soweit dadurch der Erfolg einer zu gewährenden Leistung nicht in Frage gestellt wird (§ 64 Abs. 2 SGB VIII). Besonderer Vertrauensschutz ist nach § 65 SGB VIII in der persönlichen und erzieherischen Hilfe sicherzustellen. Daten, die dem Mitarbeiter eines Trägers der öffentlichen Jugendhilfe zum Zweck persönlicher und erzieherischer Hilfe anvertraut worden sind, dürfen nur in sehr engen Grenzen weitergegeben werden. Hiermit wird die fachlich-methodische Notwendigkeit einer besonders **vertrauensvollen Beziehung** zwischen Fachkräften und Ratsuchenden unterstrichen und datenschutzrechtlich abgesichert (vgl. Münder et al. 2013 § 65 Rz. 1 ff.). Für den Bereich der Beistandschaft, Amtspflegschaft und Amtsvormundschaft trifft § 68 SGB VIII eine Sonderregelung, die andere Datenschutzregelungen ausschließt. Für diese Aufgabenbereiche sind die Befugnisse gegenüber den Betroffenen deutlich weiter gefasst, da es hier nicht um öffentlich-rechtliche Verwaltungstätigkeit geht, sondern in erster Linie die Aufgaben eines gesetzlichen Vertreters des MJ wahrgenommen werden (vgl. Münder et al. 2013 § 68 Rz. 1 ff.).

Institutionsübergreifende Kooperation

Von besonderer Bedeutung ist die jugendhilferechtliche Zweckbindung (§§ 62 Abs. 1, 63 Abs. 1, 64 Abs. 1, 65 SGB VIII) im Kooperationsbereich mit Berufsgruppen, die andere Aufgaben zu erfüllen haben (z.B Polizei und Justiz). Die Träger der öffentlichen Jugendhilfe haben nach § 81 SGB VIII mit anderen Stellen und öffentlichen Einrichtungen, deren Tätigkeit sich auf die Lebenssituation junger Menschen und ihrer Familien auswirkt, zusammenzuarbeiten, insb. mit den Schulen, der Bundesagentur für Arbeit und den Trägern anderer Sozialleistungen sowie der Polizei. Letztere ist überall rund um die Uhr verfügbar und zur Erfüllung ihrer Aufgaben mit höchst effektiven Mitteln ausgestattet (hierzu IV-1.2). Gerade die Jugendhilfe ist in vielen Arbeitsfeldern auf die gelingende Kooperation mit der Polizei angewiesen, z.B im Rahmen der Krisenintervention bei der Inobhutnahme (§ 42 Abs. 6 SGB VIII) oder im Bereich des Jugendschutzes (§ 8 JuSchG i. V. m. landesrechtlichen Regelungen z. B. § 20 ThürKJHAG). Deshalb ist es wichtig, die unterschiedlichen Aufgaben, Funktionen und Befugnisse zu kennen und in der interdisziplinären und Institutionen übergreifenden Zusammenarbeit auseinanderzuhalten.

Durch das BKiSchG wurden insb. mit § 8a Abs. 5 SGB VIII und § 4 KKG einige datenschutzrelevante Regelungen (insb. Verpflichtung der JÄ zur Zusammenarbeit, Befugnis zur Datenweitergabe von Berufsgeheimnisträger an das JA) eingeführt (s. o. III-3.2.2).

Münder et al 2013 Anhang Verfahren; Münder/Trenczek 2011

3.5.3 Kosten und Finanzierung

Die Kosten der Leistungen und der anderen Aufgaben der Kinder- und Jugendhilfe sind grds. von den für diese Aufgaben zuständigen öffentlichen Trägern der Jugendhilfe, also der jeweils zuständigen Gebietskörperschaft, im Rahmen ihrer Gesamtverantwortung (§ 79 Abs. 2 SGB VIII; s. III-3.2.3).) zu tragen. Um Belastungen bestimmter Träger zu vermeiden, sollen die Vorschriften über die Kostenerstattung nach §§ 89 ff. SGB VIII für einen finanziellen Ausgleich zwischen den öffentlichen Trägern sorgen. Kostenerstattungsregelungen bestehen zunächst für Fälle, in denen hinsichtlich der Zuständigkeit an den tatsächlichen anstelle des gewöhnlichen Aufenthalts angeknüpft wird (§§ 89, 89b, 89c SGB VIII), und für die Fälle, in denen ein eigentlich bzw. neu zuständig gewordener Träger nicht tätig geworden ist und daher der bislang zuständige Träger gehandelt hat (§ 89c SGB VIII). Zudem gibt es Erstattungsregelungen zum Schutz von Einreiseorten (§ 89d SGB VIII), von Einrichtungsorten (§ 89e SGB VIII) und von Pflegestellenorten (§ 89a SGB VIII).

Kostenerstattung

Für einen Teil der Jugendhilfeleistungen und für die Inobhutnahme ist die Beteiligung der Betroffenen an den Kosten vorgesehen. In den §§ 90 ff. SGB VIII werden Regelungen dazu getroffen, welche Personen sich in welchem Umfang an den Kosten zu beteiligen haben. Kostenfrei für die Betroffenen bleiben die Leistungen der Jugendsozialarbeit nach § 13 SGB VIII (mit Ausnahme der Unterbringung in einer sozialpädagogisch begleiteten Wohnform), der erzieherische Kinder- und Jugendschutz nach § 14 SGB VIII, die Beratung nach §§ 16 Abs. 2 Nr. 2, 17 und 18 SGB VIII, die ambulanten Hilfen im Rahmen der HzE, Leistungen der Eingliederungshilfe und der Volljährigenhilfe (§§ 28–31 SGB VIII) und die Nachbetreuung für junge Volljährige nach § 41 Abs. 3 SGB VIII. Sämtliche andere Aufgaben der Kinder- und Jugendhilfe mit Ausnahme der Inobhutnahme bleiben ebenfalls kostenfrei. Für einen Teil der sonstigen Leistungen ist eine pauschalierte Kostenbeteiligung nach § 90 SGB VIII zulässig (insb. Kindertagesbetreuung, §§ 22 ff. SGB VIII). Für die sonstigen Leistungen und die Inobhutnahme nach § 42 SGB VIII erfolgt eine individuelle Kostenbeteiligung durch Heranziehung der Verpflichteten zu den Kosten nach §§ 91–94 SGB VIII. Zur Kostenbeteiligung verpflichtet sind nach § 92 SGB VIII – je nach Art der Leistung – die MJ selbst und ihre Eltern, junge Volljährige sowie Ehe- oder Lebenspartner des jungen Menschen bzw. des Leistungsberechtigten. Der Umfang der Heranziehung richtet sich nach § 94 SGB VIII, wobei das Einkommen der Verpflichteten (§ 93 SGB VIII) eine maßgebliche Rolle spielt.

Kostenbeteiligung

Kostenheranziehung

Die Tätigkeit der **Träger der freien Jugendhilfe** wird ganz überwiegend von den öffentlichen Trägern als Leistungsverpflichteten (re-)finanziert (zur Gesamtverantwortung nach § 79 SGB VIII vgl. III-3.2.3). Grds. sieht das Kinder- und Jugendhilferecht zwei Finanzierungsstrukturen vor: Zum einen nach § 74 SGB VIII im Wege der Förderung der freien Jugendhilfe durch Zuwendung und zum anderen die Finanzierung auf der Grundlage gegenseitiger Verträge nach §§ 77, 78a ff. SGB VIII.

Finanzierung freie Träger

Zuwendungen   Zuwendungen auf der Grundlage des § 74 SGB VIII sind Subventionen, d. h. vermögenswerte Leistungen, die vom Träger der öffentlichen Verwaltung einem privaten Träger gewährt werden, damit dieser einen öffentlichen Zweck erfüllt, ohne dass der Subvention eine konkrete, marktmäßig gekaufte Gegenleistung gegenübersteht. Diese Finanzierungsform findet sich in der Kinder- und Jugendhilfe heute noch vornehmlich in den Bereichen, in denen keine Rechtsansprüche bestehen oder es sich um Rechtsansprüche auf inhaltlich eher wenig konkret bestimmte Leistungen handelt (z. B. in der Jugendarbeit, der allgemeinen Erziehungsförderung und bei Beratungsangeboten). Hier ist die Finanzierung (und Abrechnung) über einzelne leistungsberechtigte Personen nicht möglich oder nicht sinnvoll. Allerdings ist die Zulässigkeit der klassischen Zuwendungsfinanzierung vor dem Hintergrund der europarechtlichen Regelungen (s. o. I-1.1.5.1) umstritten (vgl. Münder et al. 2013 § 74 Rz. 4 ff.; Banafsche 2010, 162 ff.; Boetticher/Münder 2009). Liegen die Voraussetzungen nach § 74 Abs. 1 SGB VIII vor, so besteht kein Rechtsanspruch einzelner Träger (OVG BE, FEVS 49, 368 ff.; OVG NW 26.09.2003 – 12 B 1727/03 – JAmt 2004, 42 ff.), sondern die Förderung steht im Ermessen des öffentlichen Trägers (zum Anspruch auf fehlerfreie Ermessensausübung s. I-3.4.1; BVerwGE 45, 197 ff.; OVG RP, FEVS 48, 208 ff.).

Übersicht 49: Das leistungsrechtliche Dreiecksverhältnis in der Jugendhilfe

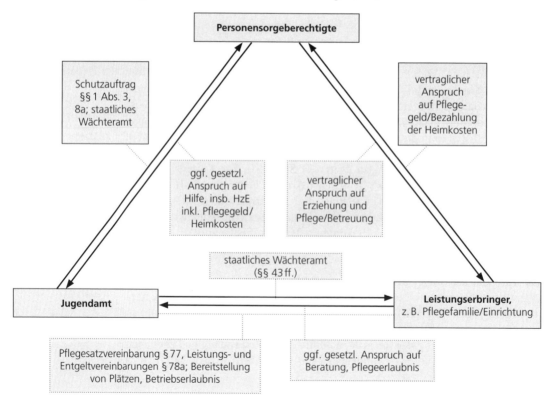

Vielfach erfolgt die Finanzierung auf der Grundlage von Verträgen, in denen die **Leistungsverträge**
Erbringung konkreter Leistungen gegen Leistungsentgelte vereinbart wird. Hierbei liegen dreiseitige Beziehungen zwischen dem öffentlichen Träger, dem freien Träger und dem leistungsberechtigten Bürger vor (zum **jugendhilferechtlichen Leistungsdreieck** vgl. Übersicht 49). Der leistungsberechtigte Bürger hat – konkretisiert durch einen entsprechenden Bescheid des JA – einen Anspruch gegen den Leistungsträger. Er nimmt dabei die Leistungen eines freien Trägers als Leistungserbringer in Anspruch. Für diese Inanspruchnahme der Leistungen hätte der leistungsberechtigte Bürger im Grunde zunächst das Entgelt an den Leistungserbringer zu bezahlen. Aufgrund seines Rechtsanspruchs gegen den öffentlichen Träger auf die Leistung ist dieser allerdings zur Übernahme der Kosten verpflichtet, sofern die Steuerungsverantwortung der öffentlichen Jugendhilfe nach 36a SGB VIII beachtet worden ist (vgl. III-3.3.4.4).

Die entsprechenden gesetzlichen Regelungen finden sich in den § 77 und § 78a ff. SGB VIII (hierzu Münder et al. 2013 VorKap5 Rz. 8, § 78a Rz. 6). Für die in § 78a Abs. 1 SGB VIII aufgeführten teilstationären und stationären Leistungen gehen die Spezialregelung der §§ 78b ff. SGB VIII vor. Für diese Bereiche ist der Abschluss von **Leistungs-, Qualitätsentwicklungs- und Entgeltvereinbarungen** zwischen dem leistungserbringenden freien Träger und dem örtlichen JA vorgesehen, auf deren Basis die Finanzierung erfolgt. Für andere Leistungen, insb. die ambulanten Einzelfallhilfen und die Kindertageseinrichtungen (§§ 22, 24 SGB VIII) sowie die Inobhutnahme (§ 42 SGB VIII), kann nach § 78a Abs. 2 SGB VIII Landesrecht die unmittelbare, zwingende und vorrangige Anwendung der §§ 78b ff. SGB VIII bestimmen. Sofern die §§ 78a ff. SGB VIII nicht zur Anwendung kommen, ist die entsprechende Rechtsgrundlage § 77 SGB VIII. § 77 SGB VIII stellt somit einerseits die Rechtsgrundlage für die Leistungserbringung und Finanzierung auf der Basis des leistungsrechtlichen Dreiecksverhältnisses dar, wenn es sich **nicht** um Leistungen handelt, die in § 78a Abs. 1 SGB VIII genannt sind, und andererseits für die zweiseitigen Leistungsverträge zwischen den öffentlichen Jugendhilfeträgern und privaten Anbietern. Wegen der Spezialregelung der §§ 78a ff. SGB VIII gilt dies vornehmlich für ambulante Leistungen.

3.5.4 Rechtsschutz

Zahlreiche Entscheidungen des JA, z. B. die Gewährung oder Ablehnung von Leistungen oder die Inobhutnahme von Kindern, erfolgen durch einen Verwaltungsakt (hierzu ausführlich III-1.3.1). Beratung und sonstige persönliche Dienstleistungen des JA sind Beispiele sog. schlichten Verwaltungshandelns (s. I-4.1.1.2). Soweit es sich um VAe handelt, stehen den Betroffenen die Rechtsbehelfe nach § 62 SGB X zur Verfügung (ausführlich I-5.2.2 und III-1.4). Da es sich bei den Angelegenheiten nicht um die in § 51 SGG gelisteten Streitverfahren handelt, ist in der Regel nach § 40 VwGO der Rechtsweg zu den Verwaltungsgerichten eröffnet. Eine Sonderregelung besteht im Hinblick auf den Widerspruch gegen eine noch andauernde Inobhutnahme, der, soweit es um den Personensorgerechtseingriff geht, nach § 42 Abs. 3 S. 2 Nr. 2 SGB VIII vom FamG entschieden wird, weshalb dieser

Widerspruch keine aufschiebende Wirkung hat, da insoweit die Regelungen von §§ 40, 68 ff. VwGO nicht anwendbar sind (hierzu ausführlich Trenczek/Meysen 2010, 543 ff.). Im Übrigen (auch bei einer beendeten Inobhutnahme) steht Adressaten von VAen vor Erhebung einer entsprechenden Klage der Widerspruch nach §§ 68 ff. VwGO zur Verfügung (hierzu ausführlich I-5.2.1), soweit dies nicht durch Landesrecht abgeschafft worden ist (z. B. § 8a Nds AG VwGO; § 6 NRW AG VwGO und § 110 NRW Justizgesetz; in Bay besteht nach Art. 15 Abs. 1 Nr. 4 Bay AGVwGO ein fakultatives Widerspruchs- und Klagerecht). Zu beachten ist auch die vorrangige Zuständigkeit der Schiedsstellen in Streit- und Konfliktfällen im Hinblick auf Leistungs- und Entgeltvereinbarungen (§ 78g; hierzu I-6.2.2). Geht es um eine Entscheidung des JA als Amtspfleger/Amtsvormund, ist das FamG zuständig. (OVG NW 28.09.2001 – 12 E 489/01 – NDV-RD 2002, 28 f.).

Noch nicht abschließend geklärt ist z. B. die Frage, ob der Widerspruch gegen einen Kostenbeitragsbescheid über die außerfamiliäre Hilfe zur Erziehung (vgl. § 91 Abs. 1 Nr. 5 SGB VIII) aufschiebende Wirkung entfaltet. Maßgeblich ist dafür die Beurteilung, ob mit dem Kostenbeitrag öffentliche Abgaben bzw. Kosten i. S. d. § 80 Abs. 2 Satz 1 Nr. 1 VwGO begründet werden. Zum Teil wird die Auffassung vertreten, dies gelte bei Kostenbeiträgen nach §§ 91 ff. SGB VIII (im Unterschied zu den pauschalierten Gebühren nach § 90 SGB VIII) nicht, da nur bei der Erhebung solcher Abgaben und Kosten, die sich nach leicht erkennbaren Merkmalen ermitteln lassen und damit keine individuelle Berechnung im Einzelfall erforderlich machen, die aufschiebende Wirkung entfalle. Die (herrschende) Gegenmeinung vertritt mit Bezug auf die Reform der Kostenbeteiligung durch das KICK 2005 die Ansicht, dass mit dem Kostenbeitrag öffentliche Abgaben erhoben werden, da der Beitrag zur Deckung der Kosten der Leistung erforderlich sei (hierzu Münder et al. 2013 § 92 Rz. 17).

Münder et al. 2013 Anhang Verfahren Rn. 55 ff.

www.dji.de; www.dijuf.de; www.kindesschutz.de

1. Welche Bedeutung hat die historische Entwicklung des „Jugendrechts" für das heutige Verständnis des Kinder- und Jugendrechts? (3.1)
2. Was versteht man unter dem sog. Schutzauftrag der Jugendhilfe? (3.2.2)
3. Dürfen/Müssen sog. Berufsgeheimnisträger, die mit Kindern arbeiten, eine Kindeswohlgefahr an das JA melden? (3.2.2)
4. Was bedeutet es, öffentlicher „Träger" der Jugendhilfe zu sein? (3.2.3)
5. Welche Aufgaben und Kompetenzen hat der Jugendhilfeausschuss? (3.2.3)
6. Welche Unterschiede gibt es zwischen den sog. Leistungen und den „anderen Aufgaben" der Jugendhilfe, und in welcher Weise knüpft das SGB VIII an diesen Unterschied an? (3.2.4)
7. Hat ein Jugendlicher Anspruch darauf, an einem Angebot der Jugendarbeit teilnehmen zu können? (3.2.1 u. 3.3.1)
8. In welchen Arbeitsfeldern der Jugendhilfe hat die Mediation eine besondere Bedeutung? (3.3.2 f..4.2.1, 3.4.2.2)

9. Haben Eltern, die beide arbeitslos sind und bei denen die Aufnahme einer Erwerbstätigkeit auch nicht absehbar ist, einen Anspruch darauf, dass ihr 2-jähriges Kind einen Platz in einer Kinderkrippe erhält? (3.3.3)
10. Worin besteht der Unterschied zwischen dem sog. „erzieherischen Bedarf" und einer Kindeswohlgefährdung? Muss das JA initiativ werden, wenn eine Kindeswohlgefährdung noch nicht vorliegt? (3.3.4.1)
11. Woran bemisst sich die Geeignetheit einer erzieherischen Hilfe? (3.3.4.1)
12. Was muss im Hinblick auf die Erforderlichkeit einer erzieherischen Hilfe beachtet werden? (3.3.4.1)
13. Bis zu welchem Alter soll (= muss i. d. R.) Hilfe für einen jungen Volljährigen geleistet werden? Kann sie, ggf. unter welchen Voraussetzungen und ggf. wie lange, danach weiter geführt werden? (3.3.4.3)
14. Was versteht man unter der „Steuerungsverantwortung" des JA? (3.3.4.4)
15. Können sich Eltern die geeigneten und notwendigen Erziehungshilfen bei einem freien Träger selbst beschaffen? (3.3.4.4)
16. Auf welcher Grundlage kann das JA bei Verdacht der schweren Vernachlässigung eines Kleinkindes das Kind aus der elterlichen Wohnung herausnehmen? Was ist anschließend zu veranlassen? Was ist, wenn die Eltern sich weigern, die Tür zu öffnen? (3.4.1.1)
17. Ist das JA in einem Scheidungsverfahren verpflichtet, eine Stellungnahme im Hinblick auf die elterliche Sorge abzugeben? (3.4.2.1)
18. Das JA erhält von der Polizei eine Meldung, dass der 16-jährige Franz, der bereits früher mehrfach wegen Körperverletzungen aufgefallen war, nun bei einem Einbruchsdiebstahl festgenommen wurde. Was hat das JA in diesem Fall zu tun? (3.4.2.2)
19. Im Rahmen der Betreuung durch die Jugendgerichtshilfe haben sich bei Franz deutliche Entwicklungsprobleme und ein erheblicher Hilfebedarf offenbart. Insbesondere ist er für sein Alter sehr unselbstständig und reagiert bei Überforderung gerade in Gruppen schnell aggressiv. Der Jugendrichter hält eine Teilnahme an einem gruppenpädagogischen Angebot oder einer Einzelbetreuung für eine zu milde Sanktion und verurteilt Franz zu 120 Std. gemeinnütziger Arbeit. Was hat das JA zu tun? (3.4.2.2)
20. Warum knüpfen die Zuständigkeitsregelungen des SGB VIII teilweise an den gewöhnlichen Aufenthalt der Eltern und teilweise an den tatsächlichen Aufenthalt eines MJ an? (3.5.1)
21. Die 7-jährige Ilka stammt aus Berlin, wo sie zunächst mit ihren Eltern gemeinsam gelebt hat. Vor zwei Jahren haben sich die Eltern getrennt, aber die gemeinsame elterliche Sorge behalten. Der Vater ist nach München gezogen, wo er seitdem lebt. Ilka hat mit ihrer Mutter weiterhin in Berlin Spandau gelebt. Nun kommt Ilka aufgrund massiver familiärer Probleme in eine Pflegefamilie in Oranienburg, das im Landkreis Oberhavel in Brandenburg liegt. Welches JA ist für die Betreuung von Ilka zuständig? Ändert sich an der Zuständigkeit etwas, wenn Ilka nach zwei Jahren immer noch in der Pflegefamilie lebt und damit zu rechnen ist, dass sie dort auch bleiben wird? (3.5.1)
22. Welche Besonderheiten müssen im Jugendhilfeverfahren gegenüber den Allgemeinen Regelungen des SGB I und X beachtet werden? (3.5.2)

23. Auf welche Weise kann ein Träger, der ein Kinderheim betreibt, die Finanzierung durch die öffentliche Kinder- und Jugendhilfe erreichen? Wer trägt das Risiko, dass die finanziellen Mittel nicht ausreichen, weil in der Einrichtung weniger Kinder und Jugendliche untergebracht sind, als zunächst erwartet? (3.5.3)
24. Müssen sich MJ an den Kosten der für sie erbrachten Leistungen beteiligen? (3.5.3)
25. Was können Eltern gegen eine Ablehnung einer Hilfeleistung tun? Was müssen sie dabei beachten (3.5.4)

4 Existenzsicherungsrecht – Grundsicherung für Arbeitsuchende nach dem SGB II und Sozialhilfe nach dem SGB XII (Tammen/von Boetticher)

4.1	SGB II – Grundsicherung für Arbeitsuchende
4.1.1	Abgrenzung zu SGB III und SGB XII
4.1.2	Grundprinzipien des SGB II
4.1.3	Die Träger der Grundsicherung für Arbeitsuchende
4.1.4	Der Kreis der Berechtigten
4.1.5	Hilfebedürftigkeit – Einsatz eigener Mittel und Verpflichtungen anderer
4.1.6	Die Leistungen zur Sicherung des Lebensunterhalts nach dem SGB II
4.1.6.1	Abgrenzung zwischen Arbeitslosengeld II und Sozialgeld
4.1.6.2	Inhalt und Umfang der Leistungen
4.1.7	Leistungen zur Eingliederung in Arbeit
4.1.8	Sanktionen
4.2	SGB XII – Sozialhilfe
4.2.1	Hilfe zum Lebensunterhalt
4.2.2	Leistungen der Grundsicherung im Alter und bei Erwerbsminderung
4.2.3	Einsatz eigener Mittel und Verpflichtungen anderer bei Hilfe zum Lebensunterhalt und Grundsicherung
4.2.4	Hilfen in besonderen Lebenslagen
4.2.4.1	Hilfen zur Gesundheit
4.2.4.2	Eingliederungshilfe für behinderte Menschen
4.2.4.3	Hilfe zur Pflege
4.2.4.4	Hilfe zur Überwindung besonderer sozialer Schwierigkeiten
4.2.4.5	Hilfe in anderen Lebenslagen
4.2.5	Einsatz eigener Mittel und Verpflichtungen anderer bei den Hilfen in besonderen Lebenslagen

Die wesentlichen bedürftigkeitsabhängigen Sozialleistungen sind als „unterste Netze" der sozialen Sicherung im SGB II – Grundsicherung für Arbeitsuchende –, im SGB XII – Sozialhilfe – und für spezielle Personengruppen ohne deutsche Staatsangehörigkeit und gesicherten Aufenthaltsstatus im Asylbewerberleistungsgesetz (dazu siehe III-8.4.2) geregelt. Das SGB II und das SGB XII sind aktuell die jüngsten Bücher des Sozialgesetzbuchs. Beide Bücher traten (von einigen Übergangsregelungen abgesehen) zum 01.01.2005 im Rahmen des Vierten Gesetzes für moderne Dienstleistungen am Arbeitsmarkt in Kraft. Sie beruhen auf dem Bericht der sog. Hartz-Kommission, weshalb sich umgangssprachlich der Begriff „Hartz IV" für die Reform und auch die Leistungen nach dem SG II durchgesetzt hat. Seit Inkrafttreten der Regelungen hat es zahlreiche Gesetzesänderungen gegeben. Die aktuellsten inhaltlichen Änderungen sind durch das Gesetz zur

Hartz IV

Änderung des Zweiten Buches Sozialgesetzbuch und anderer Gesetze vom 7. Mai 2013 zum 1. August 2013 bzw. das Zweite Gesetz zur Änderung des Zwölften Buches Sozialgesetzbuch vom 1. Oktober 2013 zum 9. Oktober 2013 in Kraft getreten.

4.1 SGB II – Grundsicherung für Arbeitsuchende

4.1.1 Abgrenzung zu SGB III und SGB XII

Das SGB II regelt seit dem 01.01.2005 die Grundsicherung für Arbeitsuchende. Zuvor fielen die arbeitsuchenden Personen entweder unter den Regelungsbereich des SGB III (Arbeitsförderung) oder unter den der Sozialhilfe nach dem damaligen Bundessozialhilfegesetz (BSHG). Welches Gesetz für eine hilfebedürftige Person Anwendung fand, hing davon ab, ob diese lange genug vor Eintritt der Arbeitslosigkeit pflichtversichert im Rahmen der Arbeitslosenversicherung gewesen war, um einen Anspruch auf Arbeitslosengeld erworben zu haben. War dies der Fall, so erhielt die betreffende Person zunächst bedürftigkeitsunabhängiges Arbeitslosengeld nach dem SGB III (vgl. III-2.5) und nach Ende der Bezugsdauer ebenfalls auf der Grundlage des SGB III bedürftigkeitsabhängige Arbeitslosenhilfe. Hatte sie hingegen keinen Anspruch auf Arbeitslosengeld erworben, so fiel sie unter den Geltungsbereich des BSHG. Die Grenzlinie zwischen Versicherungsleistungen und Fürsorgeleistungen verlief somit bis zum 31.12.2004 durch das SGB III selbst mit seinen beiden Leistungsbereichen Arbeitslosengeld und Arbeitslosenhilfe.

Im Zuge der Reformen durch das Vierte Gesetz für moderne Dienstleistungen am Arbeitsmarkt wurde die Arbeitslosenhilfe aus dem SGB III ersatzlos gestrichen und damit der sog. Fürsorgebereich aus dem Gesetz ausgegliedert, wie auch die Sozialhilfe für erwerbsfähige Personen aus dem SGB XII. Die **bedürftigkeitsabhängigen sozialen Hilfen für arbeitsuchende Personen** sind seither eigenständig und abschließend im SGB II geregelt. Daneben kommen Hilfen zur Sicherstellung des Lebensunterhalts der Sozialhilfe nicht mehr in Betracht (zu den Hilfen in besonderen Lebenslagen s. III-4.2.4). Insofern hat das SGB II die Zusammenführung von Arbeitslosenhilfe und Sozialhilfe für Arbeitsuchende bewirkt. Die Gründe für die Gesetzesänderung lagen vornehmlich darin, dass in der bisherigen Regelung eine unangemessene Ungleichbehandlung von Hilfebedürftigen gesehen wurde. So hatte bislang die unterschiedliche Art des Leistungsbezugs den Zugang zu den arbeitsmarktpolitischen Maßnahmen geprägt, Empfänger von Arbeitslosenhilfe und Sozialhilfe waren in unterschiedlichem Maß in die Sozialversicherungssysteme einbezogen (Krankenversicherung, Pflegeversicherung, Rente), unterschiedliche Gerichte waren zuständig (Sozialgerichte/Verwaltungsgerichte) und es war immer wieder zu Versuchen der Lastenverschiebung zwischen den Gebietskörperschaften gekommen. Von wichtiger Bedeutung war auch die Absicht, öffentliche Mittel einzusparen. So erfolgte die Zusammenführung von Arbeitslosenhilfe und Sozialhilfe auf dem damaligen Leistungsniveau der Sozialhilfe, was für einen Teil der Arbeitslosenhilfeempfänger eine deutliche Niveauabsenkung mit sich brachte. Es wurde erwartet, dass das Gesetz zur entsprechenden Einsparung öffentlicher

Mittel führen würde. Da sich diese Vermutung zunächst nicht bewahrheitete, sind bislang mehrere Gesetzesänderungen erfolgt, um Ausgaben zu reduzieren.

Inhaltlich ist das SGB II weitgehend eine Mischung aus Regelungsbereichen des SGB III und des SGB XII. Das Gesetz enthält ebenso wie das SGB III sog. **aktive Leistungen** zur (Wieder-)Eingliederung in den Arbeitsmarkt und **passive Leistungen** zur Sicherstellung des Lebensunterhalts. Bei den aktiven Leistungen, den Leistungen zur Eingliederung in Arbeit (§§ 15–16g SGB II), findet durch Verweis in § 16 SGB II eine entsprechende Anwendung des Leistungsrechts des SGB III statt. Auch die **Sanktionen** in den §§ 31 ff. SGB II, also die Einschränkung bzw. der Ausschluss von Leistungen, sind denen des SGB III vergleichbar. Bei den passiven Leistungen, den Leistungen zur Sicherung des Lebensunterhalts (§§ 19–30 SGB II), erfolgt zwar kein Verweis auf das Sozialhilferecht des SGB XII, aber es besteht durchgängig strukturelle Identität, da dieselben **Prinzipien** Anwendung finden. In beiden Gesetzen gelten die Prinzipien der Bedürftigkeit (§ 9 SGB II/§ 19 SGB XII), der Bedarfsdeckung durch pauschale Regelbedarfe bzw. Regelsätze (§ 20 SGB II/§ 28 SGB XII) und der nur ausnahmsweisen Zulassung ergänzender Leistungen (§§ 21, 24 SGB II/§§ 30, 31 SGB XII), der Anrechnung von Einkommen und Vermögen (§§ 11 ff. SGB II/§§ 82 ff., 90 SGB XII) sowie des Übergangs von Ansprüchen gegen Dritte (§ 33 SGB II/§§ 93, 94 SGB XII). Auch die Höhe der passiven Leistungen ist grundsätzlich gleich (§ 20 Abs. 5 SGB II/§ 28 SGB XII).

Sowohl nach § 4 Abs. 1 SGB II als auch nach § 10 Abs. 1 SGB XII werden die Leistungen der Existenzsicherung erbracht in Form von Dienst-, Geld- und Sachleistungen. Nur § 10 Abs. 3 SGB XII weist ausdrücklich darauf hin, dass Geldleistungen grundsätzlich Vorrang haben vor Gutscheinen oder Sachleistungen. Aus der Zielsetzung des SGB II, die Eigenverantwortung von leistungsberechtigten Personen zu stärken (§ 1 Abs. 2 SGB II), lässt sich ableiten, dass der grundsätzliche Vorrang von Geldleistungen auch hier zu gelten hat. Zur Dienstleistung gehört insb. die Beratung sowie die Unterstützung in sonstigen sozialen Angelegenheiten (vgl. § 10 Abs. 2 SGB XII).

Leistungsformen

Die Abgrenzung des SGB II zum SGB III ist unproblematisch. Vorrangig ist das SGB III anwendbar (s. § 5 Abs. 1 SGB II), insofern erhalten Leistungen nach dem SGB II eigentlich nur Personen, die kein Arbeitslosengeld nach dem Arbeitsförderungsrecht des SGB III erhalten. Es gibt allerdings auch Fälle, in denen zwar ein Anspruch auf Arbeitslosengeld besteht, die Leistungen für die Empfänger aber nicht ausreichend sind, um ihren Lebensbedarf zu decken. Diese Personen bekommen ergänzende Leistungen im Rahmen des SGB II in Form von Alg II (sog. „Aufstocker"). Sie erhalten damit Leistungen sowohl nach dem SGB III als auch nach dem SGB II. In diesen Fällen erhalten sie die aktiven Arbeitsförderungsleistungen nach dem SGB III.

Abgrenzung zum SGB III

Dem SGB XII gegenüber ist das SGB II nach § 5 Abs. 2 SGB II vorrangig (ausführlich Berlit 2013a). Die Abgrenzung erfolgt in erster Linie anhand des Alters der hilfebedürftigen Person und anhand der Frage, ob sie erwerbsfähig ist bzw. ob sie mit einer erwerbsfähigen Person zusammenlebt (im Einzelnen s. III-4.1.4). Ausnahmen ergeben sich vor allem für Personen, die in stationären Einrichtungen untergebracht sind (§ 7 Abs. 4 SGB II) sowie verschiedene Personengruppen ohne

Abgrenzung zum SGB XII

deutsche Staatsangehörigkeit. Die Altersgrenze nach § 7a SGB II bzw. § 41 Abs. 2 SGB XII ist identisch mit der Altersgrenze für die Regelaltersrente nach dem SGB VI (vgl. III-2.3.3). Aktuell (2014) liegt sie für den Geburtsjahrgang 1949 bei 65 Jahren und drei Monaten und sie wird bis 2031 schrittweise auf die Vollendung des 67. Lebensjahrs angehoben. Nach Erreichen der Altersgrenze ist i. d. R. die Grundsicherung im Alter nach §§ 41 ff. SGB XII einschlägig.

Während vor Inkrafttreten des SGB II die Sozialhilfe als „letztes Netz der sozialen Sicherung" unter das SGB III geknüpft war und damit z. B. Bezieher von Arbeitslosenhilfe, bei denen die Höhe der Leistung zur Deckung des Bedarfs nicht ausreichend war, ergänzende Sozialhilfe bekommen konnten, ist dies nun nach § 5 Abs. 2 SGB II nicht mehr möglich. Der Anspruch auf Leistungen zur Sicherung des Lebensunterhalts nach dem SGB II schließt Leistungen der Hilfe zum Lebensunterhalt nach dem SGB XII aus.

4.1.2 Grundprinzipien des SGB II

Fördern und Fordern

Das erste Kapitel des SGB II trägt die Überschrift „Fördern und Fordern" und macht die Grundlinie des SGB II deutlich, die von dem Gedanken von Leistung und Gegenleistung geprägt ist. Zuvor war nach dem sog. Welfare-Ansatz die Existenzsicherung, die vor allem im Wege der Sozialhilfe erfolgte, aus der sozialstaatlichen Verpflichtung zur Überwindung der Hilfebedürftigkeit abgeleitet worden. Mit dem SGB II rückt nunmehr der sog. Workfare-Ansatz in den Vordergrund, wonach die Sicherung des Existenzminimums nicht Ausdruck der einseitigen sozialstaatlichen Verpflichtung zur Überwindung von Hilfebedürftigkeit ist, sondern Gegenleistung für die von den Hilfebedürftigen zu erbringenden Aktivitäten (vgl. Münder – Münder 2011 Einleitung Rz. 7 ff.). Die Leistungsberechtigten sind verpflichtet, alle Möglichkeiten zur Beendigung oder Verringerung der Hilfebedürftigkeit auszuschöpfen, insb. durch Aufnahme zumutbarer Arbeit. Prinzipiell ist nach § 10 SGB II jede Arbeit zumutbar, zu der die betreffende Person körperlich, geistig und seelisch in der Lage ist. Es gibt nur wenige Gründe, die zur Unzumutbarkeit einer Tätigkeit führen können (ausführlich Berlit 2013b Rz. 20 ff.). Dies betrifft hauptsächlich Tätigkeiten, die die zukünftige Ausübung der bisherigen Tätigkeit aufgrund der besonderen körperlichen Anforderungen wesentlich erschweren würden (§ 10 Abs. 1 Nr. 2 SGB II), sowie Tätigkeiten, die die Erziehung eines Kindes gefährden würden (§ 10 Abs. 1 Nr. 3 SGB II) oder mit der Pflege eines Angehörigen nicht vereinbar wären (§ 10 Abs. 1 Nr. 4 SGB II). Daneben kann ein sonstiger wichtiger Grund zur Unzumutbarkeit führen (§ 10 Abs. 1 Nr. 5 SGB II), wie etwa der Besuch einer Schule, ungewöhnlich lange Pendelzeiten oder eine Tätigkeit, die gegen zwingende Vorschriften des Arbeitsschutzes verstößt. Dieser Auffangtatbestand ist nach der Gesetzesbegründung restriktiv auszulegen. Erforderlich ist hier eine Abwägung zwischen den Interessen der Hilfebedürftigen und den Interessen der Allgemeinheit, die die Leistungen an die hilfebedürftige Person und die Mitglieder ihrer Bedarfsgemeinschaft zu erbringen hätte. Insofern gehen die Anforderungen an die Betroffenen über die Anforderungen im Rahmen des SGB III hinaus (vgl. III-2.5). Aus den Regelungen des SGB III, etwa über die zu-

Zumutbarkeit der Arbeit

mutbaren Pendelzeiten nach § 140 SGB III, lassen sich allenfalls Hinweise auf eine verhältnismäßige Auslegung des Begriffs der sonstigen wichtigen Gründe nach § 10 Abs. 1 Nr. 5 SGB II ableiten (vgl. Münder – Armborst 2011 § 10 Rz. 25 ff.).

Die Verpflichtung, alle Möglichkeiten zur Beendigung oder Verringerung der Hilfebedürftigkeit auszuschöpfen, wird von einem System von Anreizen und Sanktionen flankiert. Als Anreiz ist vor allem die Freibetragsregelung des § 11b Abs. 1 Nr. 6 und Abs. 3 SGB II von Bedeutung. Danach ist bei erwerbstätigen Hilfebedürftigen ein Teil ihres Einkommens bei der Bemessung der Leistungen nicht anzurechnen (s. III-4.1.7). Als Sanktionen enthalten §§ 31 ff. SGB II für einen umfangreichen Katalog von Tatbeständen Regelungen zur Absenkung und zum Wegfall der Leistungen. Die Sanktionen sind als Reaktion auf unzureichende Bemühungen zur Beseitigung oder Verringerung der Hilfebedürftigkeit vorgesehen (im Einzelnen vgl. III-4.1.8). Das System der Anreize und Sanktionen hat das Ziel, die Arbeitslosigkeit durch Beeinflussung der Motivation erwerbsfähiger Arbeitsloser zu reduzieren. Angesichts der aktuellen Lage auf dem Arbeitsmarkt, insb. für gering qualifizierte Personen, erscheint dieser Ansatz als problematisch.

Anreize

Sanktionen

4.1.3 Die Träger der Grundsicherung für Arbeitsuchende

Die Trägerschaft der Grundsicherung für Arbeitsuchende liegt nach § 6 Abs. 1 SGB II für einen Teil der Aufgaben bei der Bundesanstalt für Arbeit und für einen anderen Teil bei den kreisfreien Städten und Landkreisen als kommunale Träger. Die Zuständigkeit der kommunalen Träger betrifft in erster Linie die **Unterkunftskosten** nach § 22 SGB II. Daneben sind sie zuständig für einige der wenigen im Gesetz enthaltenen Leistungen zum Lebensunterhalt, die neben den laufenden Leistungen erbracht werden. Nach § 24 Abs. 3 Nr. 1 und 2 SGB II sind dies Erstausstattungen für eine Wohnung sowie für Kleidung und bei Schwangerschaft und Geburt. Zudem betrifft die Zuständigkeit einen Teil der Leistungen für Auszubildende (§ 27 Abs. 3 SGB II). Darüber hinaus sind die kommunalen Träger nach § 16a SGB II verantwortlich für die Betreuung minderjähriger oder behinderter Kinder oder die häusliche Pflege von Angehörigen, Schuldnerberatung, psychosoziale Betreuung und Suchtberatung als flankierende Leistungen zur aktiven Eingliederung in Arbeit. Mit dem RBEG vom 24. März 2011 wurde den Kommunen zudem die Verantwortung für das sog. Bildungspaket (§ 28 SGB II, s. III-4.1.6.1) übertragen. Die übrigen Aufgaben nach dem SGB II fallen in den Zuständigkeitsbereich der Bundesagentur für Arbeit. Damit die Aufgaben nach außen hin einheitlich wahrgenommen werden und die gespaltene Leistungsträgerschaft nicht zwei unterschiedliche Anlaufstellen für die Bürger zur Folge hat, verpflichtet § 44b SGB II die beiden Träger dazu, in jeder Kommune eine gemeinsame Einrichtung zu bilden, die die Aufgaben nach dem SGB II wahrnimmt. Ganz überwiegend ist also die gemeinsame Einrichtung Anlaufstelle für die Kunden. Die gemeinsamen Einrichtungen nach § 44b SGB II und die zugelassenen kommunalen Träger nach § 6a SGB II führen die Bezeichnung **Jobcenter** (§ 6d SGB II).

Jobcenter

Arbeitsgemein-
schaft – ARGE

Ursprünglich wurden die Aufgaben von Arbeitsgemeinschaften (ARGE) wahrgenommen, die von den kommunalen Trägern und der Bundesagentur errichtet wurden (§ 44b Abs. 3 SGB II a. F.). Die Regelung wurde vom BVerfG jedoch wegen Verstoßes gegen die kommunale Selbstverwaltung für verfassungswidrig erklärt (BVerfG 20.12.2007, 2 BvR 2433/04 und 2 BvR 2434/04). Das Gericht befand, die ARGEn widersprächen dem Grundsatz eigenverantwortlicher Aufgabenwahrnehmung, der den zuständigen Verwaltungsträger verpflichte, seine Aufgaben grundsätzlich mit eigenem Personal, eigenen Sachmitteln und eigener Organisation wahrzunehmen. Um weiterhin eine einheitliche Anlaufstelle für die um Hilfe nachfragenden Personen bereitstellen zu können, wurde 2010 eine Verfassungsänderung vorgenommen, auf deren Grundlage die Regelung bezüglich der gemeinsamen Einrichtungen erfolgte. Um zu prüfen, ob eventuell mittelfristig von der gespaltenen Trägerschaft abgerückt und eine Gesamtzuständigkeit eines Trägers festgelegt werden kann, wurde 2005 mit § 6a SGB II a. F. eine Experimentierklausel in das Gesetz aufgenommen, die es 69 kommunalen Trägern ermöglichte, gegen Erstattung der Kosten auch die Aufgaben der Bundesagentur für Arbeit zu übernehmen. Auf der Grundlage des § 6a SGB II a. F. wurden 2005 69 sog. Optionskommunen ausgewählt, in denen die Aufgaben des SGB II insgesamt von den kreisfreien Städten bzw. Landkreisen erfüllt werden und in denen keine ARGE eingerichtet wurde. Nach Auswertung der Wirkung durch das Bundesministerium für Wirtschaft und Arbeit im Jahr 2008 wurde einerseits von der ausschließlichen Zuständigkeit der Kommunen Abstand genommen. Zugleich wurde unter der Voraussetzung, dass sich die sog. Optionskommunen verpflichteten, mit der zuständigen Landesbehörde eine Zielvereinbarung über die Leistungen nach dem SGB II abzuschließen und Daten an die Bundesagentur zu übermitteln, ihre Zulassung inzwischen unbefristet verlängert (§ 6a Abs. 1 SGB II). Zudem ist die Zulassung einer begrenzten Zahl weiterer kommunaler Träger vorgesehen (§ 6a Abs. 2 SGB II). Derzeit (2014) bestehen bereits mehr als 100 zugelassene Kommunen.

Optionskommunen

Die örtliche Zuständigkeit bestimmt sich grundsätzlich nach dem gewöhnlichen Aufenthalt (vgl. § 30 Abs. 3 S. 2 SGB I) der leistungsberechtigten Person (§ 36 SGB II).

4.1.4 Der Kreis der Berechtigten

Der berechtigte Personenkreis, der Leistungen nach dem SGB II beziehen kann, ergibt sich aus § 7 SGB II. Die Voraussetzungen für die Berechtigung werden in Absatz 1 aufgeführt. Die anspruchsberechtigte Person muss das 15. Lebensjahr vollendet, die Altersgrenze nach § 7a SGB II allerdings noch nicht erreicht haben, derzeit (2014) also zwischen 15 und 65 Jahre und drei Monate alt sein, sie muss erwerbsfähig und damit nach § 8 SGB II in der Lage sein, mindestens drei Stunden täglich unter den üblichen Bedingungen des allgemeinen Arbeitsmarktes erwerbstätig zu sein, sie muss hilfebedürftig im Sinne des § 9 SGB II sein und ihren gewöhnlichen Aufenthalt in der Bundesrepublik haben (s. § 30 Abs. 3 Satz 2 SGB I). Ausnahmen bestehen nach § 7 Abs. 1 S. 2 SGB II für verschiedene Gruppen von Personen ohne deutsche Staatsangehörigkeit. Weitere Personengruppen sind nach

§ 7 Abs. 4 bis 5 SGB II vom Leistungsbezug ausgeschlossen. Dies betrifft im Regelfall Personen, die sich in stationären Einrichtungen aufhalten, eine ggfs. vorgezogene Altersrente beziehen, die sich in einer nach dem BAföG oder dem SGB III förderungsfähigen Ausbildung befinden (vgl. aber §§ 7 Abs. 6, 27 SGB II) oder die sich ohne Zustimmung des zuständigen Trägers außerhalb des zeit- und ortsnahen Bereiches aufhalten (§ 7 Abs. 4a; vgl. auch III-2.5.3).

Leben Personen, bei denen nicht jedes der Kriterien nach § 7 Abs. 1 SGB II vorliegt, die für sich allein betrachtet also nicht nach dem SGB II leistungsberechtigt wären, mit einer erwerbsfähigen leistungsberechtigten Person nach Absatz 1 in einer sog. Bedarfsgemeinschaft, so werden sie dadurch u. U. nach § 7 Abs. 2 SGB II in den Geltungsbereich des SGB II mit hineinzogen. Sie erhalten dann nicht wie die erwerbsfähigen Leistungsberechtigten Alg II, sondern im Regelfall Sozialgeld nach § 19 Abs. 1 S. 2 SGB II (s. III-4.1.6.2). Insofern ist der Begriff „Bedarfsgemeinschaft" von besonderer Bedeutung für Ansprüche nach dem SGB II. Dies ergibt sich auch daraus, dass innerhalb einer Bedarfsgemeinschaft entweder wechselseitig oder auch einseitig Einkommen und Vermögen anderer Mitglieder bei der Frage berücksichtigt werden, ob eine Person hilfebedürftig ist.

Bedarfsgemeinschaft

§ 7 Abs. 3 i. V. m. Abs. 3a SGB II regelt, welche Personen miteinander eine Bedarfsgemeinschaft bilden. Nach § 7 Abs. 3 **Nr. 1** ist dies zunächst der **erwerbsfähige Leistungsberechtigte** nach Absatz 1. Ohne diese Person wäre der Anwendungsbereich des Gesetzes gar nicht eröffnet, sie ist also gesetzessystematisch praktisch der „Kern" der Bedarfsgemeinschaft. Zur Bedarfsgemeinschaft gehören nach **Nr. 2** auch **die im Haushalt lebenden Eltern** oder der im Haushalt lebende Elternteil eines unverheirateten erwerbsfähigen Kindes, welches das 25. Lebensjahr noch nicht vollendet hat, und der im Haushalt lebende Partner dieses Elternteils. Bei dieser in der Praxis eher seltenen Konstellation ist die erwerbsfähige leistungsberechtigte Person also das erwerbsfähige Kind und die Eltern bzw. der Elternteil gehören nicht zum Kreis der erwerbsfähigen Leistungsberechtigten. Nach **Nr. 3** gehört auch **der Partner** (zum Begriff der Partnerschaft BSG 23.8.2012 – B 4 AS 34/12 R) der erwerbsfähigen leistungsberechtigten Person zur Bedarfsgemeinschaft. Dies ist der Fall, wenn es sich um den nicht dauernd getrennt lebenden Ehegatten, den nicht dauernd getrennt lebenden Lebenspartner nach dem LPartG oder um eine Person handelt, die mit der erwerbsfähigen leistungsberechtigten Person in einem gemeinsamen Haushalt so zusammenlebt, dass nach verständiger Würdigung der wechselseitige Wille anzunehmen ist, Verantwortung füreinander zu tragen und füreinander einzustehen. Bis zum August 2006 verwendete das Gesetz an dieser Stelle die Formulierung „die Person, die mit dem erwerbsfähigen Hilfebedürftigen in eheähnlicher Gemeinschaft lebt". Der Nachweis, dass eine eheähnliche Gemeinschaft vorlag, gestaltete sich jedoch – bei korrekter Rechtsanwendung – als schwierig. In einer Grundsatzentscheidung hat das Bundesverfassungsgericht 1992 den Begriff der eheähnlichen Gemeinschaft dahin gehend definiert, dass eine eheähnliche Gemeinschaft nur vorliegt, wenn zwischen den Partnern so enge Bindungen bestehen, dass von ihnen ein gegenseitiges Einstehen in den Not- und Wechselfällen des Lebens erwartet werden kann im Sinne einer Verantwortungs- und Einstehensgemeinschaft. Nur wenn sich die Partner einer Gemeinschaft so sehr füreinander verantwortlich fühlen, dass sie zu-

Einstehensgemeinschaft

nächst den gemeinsamen Lebensunterhalt sicherstellen, bevor sie ihr persönliches Einkommen zur Befriedigung eigener Bedürfnisse verwenden, ist laut BVerfG ihre Lage mit derjenigen nicht dauernd getrennt lebender Ehegatten im Hinblick auf die verschärfte Bedürftigkeitsprüfung vergleichbar (BVerfGE 87, 234). Da diese Frage von inneren Einstellungen und Motivationen abhängt, die dem zuständigen Sozialleistungsträger nicht zugänglich sind, konnte nur versucht werden, diese Frage anhand von Indizien zu klären. Um die Beweislage für die Träger zu verbessern, hat der Gesetzgeber diesen Punkt präziser geregelt und die Beweislast umgekehrt. Über die eheähnlichen Gemeinschaften hinaus, die in Anlehnung an die Ehe nur zwischen zwei Partnern unterschiedlichen Geschlechts bestehen können, erfasst die aktuelle Regelung aufgrund der offeneren Formulierung nun auch gleichgeschlechtliche und damit lebenspartnerschaftsähnliche Partnerschaften. Die aktuelle Gesetzesfassung greift die Formulierung des Bundesverfassungsgerichts auf und zudem trifft das Gesetz in § 7 Abs. 3a SGB II auch eine Regelung dazu, wann ein wechselseitiger Wille, Verantwortung füreinander zu tragen und füreinander einzustehen, vermutet wird. Dies ist der Fall, wenn Partner entweder länger als ein Jahr zusammenleben, mit einem gemeinsamen Kind zusammenleben, Kinder oder Angehörige im Haushalt versorgen oder befugt sind, über Einkommen oder Vermögen der anderen Person zu verfügen. Diese gesetzliche Vermutung kann von den Betroffenen widerlegt werden, was sich aber aufgrund der schwierigen Nachweisbarkeit innerer Motivationen und u. U. stillschweigend getroffener Vereinbarungen der betroffenen Personen sehr schwer realisieren lassen dürfte. Ausreichend ist laut Gesetzesbegründung nicht die Behauptung, dass der Vermutenstatbestand nicht erfüllt sei; erforderlich ist vielmehr, dass der Betroffene darlegt und nachweist, dass alle Kriterien des § 7 Abs. 3a SGB II nicht erfüllt werden bzw. die Vermutung durch andere Umstände entkräftet wird. Zudem ist es laut Gesetzesbegründung nicht ausgeschlossen, dass auch, wenn die gesetzliche Vermutung nicht greift, andere, in § 7 Abs. 3a SGB II nicht genannte äußere Tatsachen das Vorliegen einer Einstehensgemeinschaft begründen können. Dies ist vom zuständigen Leistungsträger unter Würdigung aller Umstände von Amts wegen zu prüfen und zu entscheiden (BT-Ds 16/1410, 19 f.). Dabei ist zu beachten, dass eine übermäßig weite Auslegung des Begriffs der Bedarfsgemeinschaft und eine unkritische „Zwangsverklammerung" von Personen zu Bedarfsgemeinschaften die Grenze zur Verfassungswidrigkeit überschreiten könnte (vgl. Spellbrink NZS 2007, 121, 127). Für den Träger gilt bei der Feststellung ein strenger Maßstab, da die vorschnelle Einstufung einer Beziehung als Einstehensgemeinschaft dazu führen kann, dass eine hilfebedürftige Person von dem Partner mangels tatsächlich vorhandener Verantwortung und Einstehensbereitschaft keine Unterstützung erhält, andererseits aber auch keine existenzsichernden Leistungen nach dem SGB II erhält (Sartorius 2013a Rz. 22).

Hausbesuche Im Zusammenhang mit der Prüfung, ob eine Einstehensgemeinschaft gegeben ist, werden oft Hausbesuche durchgeführt (vgl. III-1.2.2). Seit August 2006 gilt die Regelung des § 6 Abs. 1 S. 2, 2. Halbsatz SGB II, wonach die Träger einen Außendienst zur Bekämpfung von Leistungsmissbrauch einrichten sollen. Laut Gesetzesbegründung liegt eine wesentliche Aufgabe des Außendienstes auch in der Sachverhaltsermittlung, indem er die Anspruchsvoraussetzungen in den Fällen zu überprüfen hat, in denen eine Entscheidung nach Aktenlage nicht möglich ist (BT-Ds 16/1410, 45). Schwerpunktmäßig bezieht sich dies auf die Überprüfung des Einkommens und Vermögens und die Mitglieder der Bedarfsgemeinschaft. In diesem Zusammenhang ermitteln die Bedarfs- oder Sachverhaltsermittler des Außendienstes im Rahmen der Hausbesuche Indizien, die Aufschluss über den Charakter des Zusammenlebens geben könnten. Derartige Indizien können etwa die gemeinsame Nutzung von Wohnräumen sein, das Einkaufen, Kochen oder Waschen der Wäsche durch eine Person auch für den (eventuellen) Partner oder das Vorhandensein von Kleidung oder sonstigen persönlichen Gegenständen des Partners in der Wohnung, obwohl diese Person unter einer abweichenden Adresse behördlich gemeldet ist. Der Hausbesuch ist eine Form der Inaugenscheinnahme als Beweismittel zur Sachverhaltsaufklärung (§ 21 Abs. 1 Nr. 4 SGB I). Es besteht in diesem Zusammenhang keine Rechtsgrundlage für ein Betreten der Wohnung gegen den Willen der Betroffenen. Eine solche Befugnis kann auch nicht mit gerichtlicher Hilfe erzwungen werden. Der Hausbesuch ist weder spezialgesetzlich noch bei den §§ 60 ff. SGB I als Mitwirkungspflicht geregelt (vgl. III-1), insofern kann die Leistung bei Verweigerung des Zutritts zur Wohnung nicht aufgrund fehlender Mitwirkung nach § 66 SGB I abgelehnt werden (LSG NRW 19.12.2007 – L 7 B 284/07 AS ER, Bay LSG 11.03.2011 – L 7 AS 83/11 B ER). Allerdings besteht die Möglichkeit, die Leistung zu versagen, wenn das Jobcenter seiner Pflicht zur Sachverhaltsaufklärung nach § 20 SGB X nicht auf andere Weise nachkommen kann und somit der infrage stehende Bedarf nicht feststellbar ist (Münder – Armborst 2011 Anhang Verfahren Rz. 17). Aus der Weigerung, einen unangekündigten Hausbesuch zuzulassen, darf der Träger der Grundsicherung nur dann negative Konsequenzen ziehen, wenn die Feststellung der zu überprüfenden Tatsache keine andere Vorgehensweise zulässt und die Hilfe ohne diese Feststellung versagt werden muss (BVerwG 17.01.1985 – 5 C 133/81 – FEVS 34, 309).

Nach § 7 Abs. 3 Nr. 4 SGB II schließlich zählen zur Bedarfsgemeinschaft auch die dem Haushalt angehörenden **unverheirateten Kinder** der in den Nummern 1 bis 3 genannten Personen, wenn sie das 25. Lebensjahr noch nicht vollendet haben, soweit sie die Leistungen zur Sicherung ihres Lebensunterhalts nicht aus eigenem Einkommen oder Vermögen beschaffen können. Ursprünglich waren nur die minderjährigen Kinder in die Bedarfsgemeinschaft miteinbezogen, dies wurde im Frühjahr 2006 auf die Kinder unter 25 Jahren ausgedehnt, um die Kosten einzudämmen.

Nach dem Gesetzeswortlaut kann ein Mitglied einer Bedarfsgemeinschaft zugleich Mitglied einer weiteren sein. Lebt etwa eine unverheiratete Person, die das 25. Lebensjahr noch nicht vollendet hat, mit ihren Eltern zusammen, so bildet sie mit diesen nach § 7 Abs. 3 Nr. 2 bzw. u. U. Nr. 4 SGB II eine Bedarfsgemeinschaft. Hat sie zusätzlich ein eigenes Kind und/oder lebt auch ihr Partner i. S. d. § 7 Abs. 3 Nr. 3c SGB II mit im selben Haushalt, so würde sie auch mit diesen Personen eine Bedarfsgemeinschaft bilden. Bei so einer Konstruktion ist ungeregelt, ob die beteiligten Personen durch das „Bindeglied" zu einer einheitlichen Bedarfsgemeinschaft zusammengefasst werden oder ob es dadurch zumindest zu zwei sog. „überlappenden" Bedarfsgemeinschaften kommt (Schoch 2013 Rz. 14). Die Frage wurde vom BSG noch nicht abschließend entschieden, es neigt jedoch zu der Ansicht, eine einheitliche Bedarfsgemeinschaft anzunehmen (BSG 17.07.2014 – B 14 AS 54/13 R). Diese Ansicht ist mit dem Gesetz nicht in Einklang zu bringen, weil durch die Einbeziehung des Partners der Tochter in eine einzige Bedarfsgemeinschaft dieser u. U. auch für den Stiefvater der Tochter und dessen in den Haushalt eingebrachte Kinder einstehen müsste, wobei ein solcher Einstandswille lebensfremd ist. Auch das Konstrukt zweier getrennter, sich aber überlappender Bedarfsgemeinschaften bringt jedoch erhebliche Schwierigkeiten mit sich, denn es bliebt die Frage, in welcher Bedarfsgemeinschaft oder ggfs. wie in beiden die Anrechnung von Einkommen und Vermögen der doppelt zu berücksichtigenden Person (im Bsp. die noch nicht 25 jährige Tochter) zu vollziehen wäre. Daher ist dem LSG Hessen – entgegen der o. g. Ansicht des BSG – zuzustimmen, § 7 Abs. 3 SGB II dahingehend eng auszulegen, dass mit der Aufnahme des Partners in den Haushalt bzw. der Geburt des (Enkel-)Kindes die Bedarfsgemeinschaft mit den eigenen Eltern „gekappt" wird, und nur noch eine Bedarfsgemeinschaft mit dem Partner/Kind besteht (LSG Hessen, 24.04.2013 – L 6 AS 376/11 – Rn 26 f. m. w. N.) und davon getrennt eine Bedarfsgemeinschaft der Eltern. Zu prüfen wäre in diesem Fall noch eine Haushaltsgemeinschaft beider Bedarfsgemeinschaften nach § 9 Abs. 5 SGB II.

Wichtig zu wissen ist, dass gemäß § 38 SGB II zwar vermutet wird, dass die Person, die einen Antrag auf SGB-II-Leistungen stellt, bevollmächtigt ist, dies zugleich für alle Mitglieder der Bedarfsgemeinschaft mit zu beantragen und insoweit auch nur ein Bescheid ergeht, jedoch nicht die Bedarfsgemeinschaft als solches einen einheitlichen Anspruch hat, sondern jedes Mitglied einen eigenen. Das hat zur Folge, dass jedes volljähriges Mitglied verlangen kann, seine Leistung auf ein separates Konto überwiesen zu bekommen, aber auch, dass jedes einzelne Mitglied Widerspruch und ggfs. Klage einlegen muss, wenn ein Bescheid des Jobcenters für unrichtig gehalten wird.

4.1.5 Hilfebedürftigkeit – Einsatz eigener Mittel und Verpflichtungen anderer

Aufgrund der **Nachrangigkeit der Grundsicherung** sind zunächst alle eigenen Kräfte und Mittel einzusetzen und auch Verpflichtungen anderer Träger oder Personen zu nutzen, bevor der bestehende Bedarf durch Leistungen des SGB II gedeckt wird (z. B. § 2 Abs. 1 SGB II). Hilfebedürftig ist nach § 9 Abs. 1 SGB II (nur), wer seinen Lebensunterhalt nicht oder nicht ausreichend aus dem zu berücksichtigenden Einkommen oder Vermögen sichern kann und die erforderliche Hilfe nicht von anderen, insb. von Angehörigen oder von Trägern anderer Sozialleistungen, erhält. Das zu **berücksichtigende Einkommen oder Vermögen** betrifft nicht nur Einkommen oder Vermögen der jeweiligen Person selbst, sondern **auch** das verschiedener mit ihm **in Bedarfsgemeinschaft lebender Personen**. Nach § 9 Abs. 2 SGB II sind bei Personen, die in einer Bedarfsgemeinschaft leben, auch das Einkommen und Vermögen des Partners zu berücksichtigen. Bei unverheirateten Kindern vor Vollendung des 25. Lebensjahres, die mit ihren Eltern oder einem Elternteil in einer Bedarfsgemeinschaft leben und die die Leistungen zur Sicherung ihres Lebensunterhalts nicht aus ihrem eigenen Einkommen oder Vermögen beschaffen können, sind auch das Einkommen und Vermögen der Eltern oder des Elternteils und dessen in Bedarfsgemeinschaft lebenden Partners zu berücksichtigen. Dies gilt jedoch nicht umgekehrt. Kinder sind dazu zwar verpflichtet, eigenes Einkommen oder eigenes Vermögen für ihren eigenen Bedarf einzusetzen, müssen dieses aber nicht im Rahmen der Bedarfsgemeinschaft ihren Eltern zur Verfügung stellen. Ist der Bedarf bereits durch eigenes Einkommen oder eigenes Vermögen gedeckt, fallen diese Kinder vielmehr aus der Bedarfsgemeinschaft mit den Eltern heraus (vgl. § 7 Abs. 3 Nr. 4 SGB II). Die Anrechnung von Einkommen und Vermögen von Ehe- oder Lebenspartnern und der Eltern bzw. des in Bedarfsgemeinschaft lebenden Elternteils auch bei den Kindern ist konsequent, da diese Personen auch zum Unterhalt verpflichtet sind (vgl. II-2.2 ff.). Problematisch ist allerdings die Anrechnung von Einkommen und Vermögen des Partners einer Einstehegemeinschaft und insb. des Partners eines Elternteils. Letztere Regelung ist seit ihrem Inkrafttreten umstritten. So hat das Sozialgericht Berlin bereits zu Beginn des Jahres 2007 Zweifel an der Verfassungsmäßigkeit zum Ausdruck gebracht (SG Berlin 08.01.2007 – S 103 AS 10869/06 ER; ablehnend LSG BE-BB 22.5.2007 – L 5 B 240/07 AS ER). Nach der Rechtsprechung des BSG ist die Regelung jedoch verfassungsgemäß (BSG 13.11.2008 – B 14 AS 2/08 R; die gegen die Entscheidung erhobene Verfassungsbeschwerde ist mangels Zulässigkeit nicht vom BVerfG angenommen worden: BVerfG 29.05.2013 – 1 BvR 1083/09). Das BSG führt aus, es sei jedenfalls bezogen auf minderjährige Kinder nicht zu beanstanden, dass der Gesetzgeber mit der Regelung des § 9 Abs. 2 Satz 2 SGB II in Ausübung seines Gestaltungsspielraums davon ausgeht, dass für diese Kinder ausreichende und vorrangige eigene Mittel durch das Zusammenleben mit dem leistungsfähigen Partner des Elternteils zur Verfügung stehen und die Gewährung staatlicher Hilfe zu ihrer Existenzsicherung nicht erforderlich sei. Der Gesetzgeber dürfe bei der Gewährung von Sozialleistungen unabhängig von bestehenden bürgerlich-rechtlichen Unterhaltspflichten die Annahme von Hilfebedürftigkeit davon abhängig machen, ob sich für die einzelne Person typisierend aus dem Zusammenleben mit anderen Personen Vorteile ergeben, die die Gewährung staatlicher Hilfe nicht oder nur noch in eingeschränktem Umfang gerechtfertigt erscheinen lassen. Bestehe in der Partnerschaft ein so starkes Gefühl wechselseitiger Verantwortlichkeit, dass die Partner einer Gemeinschaft zunächst den gemeinsamen Lebensunterhalt sicherstellen, bevor sie ihr persönliches Einkommen zur Befriedigung eigener Bedürfnisse verwenden, dann dürfe der Gesetzgeber daran die weitere Vermutung knüpfen, dieses gemeinsame Wirtschaften beeinflusse auch die tatsächlichen Lebensumstände der Kinder dieser Personen, schon weil der leibliche Elternteil verpflichtet sei, für sein Kind entsprechend Sorge zu tragen. Diese Argumentation setzt voraus, dass der betreffende Elternteil Verfügungsgewalt über die Mittel des Partners hat und somit in der Lage ist, diese Mittel auch zugunsten des Kindes einzusetzen. Ob dies in jedem Fall der Realität entspricht, erscheint fraglich. Hinsichtlich eines durchsetzbaren Anspruchs auf Sicherung des Existenzminimums des Kindes besteht jedenfalls eine Lücke, da das Kind darauf verwiesen wird, sich den notwendigen Lebensunterhalt von einer Person zu beschaffen, die zu dessen Sicherstellung nicht verpflichtet ist. Hier bestehen keine

Unterhaltsansprüche, so dass die betroffene Person sich auf beiden Ebenen praktisch rechtlos wiederfindet. Sie kann vom Partner des Elternteils keine Unterstützung verlangen, erhält aber auch keine Leistungen nach dem SGB II (zu verfassungsrechtlichen Bedenken m. w. N. Schoch 2013, Rz. 20). Ein Kind in einer Bedarfsgemeinschaft, das schwanger ist oder sein eigenes Kind bis zur Vollendung des sechsten Lebensjahres betreut, ist nach § 9 Abs. 3 SGB II von der Regelung ausgenommen. Hiermit soll verhindert werden, dass aufgrund der Sorge, Angehörigen finanziell zur Last zu fallen, ein Schwangerschaftsabbruch stattfindet.

Ist in einer Bedarfsgemeinschaft nicht der gesamte Bedarf aus eigenen Kräften und Mitteln gedeckt, gilt nach § 9 Abs. 2 S. 3 SGB II jede Person der Bedarfsgemeinschaft **im Verhältnis des eigenen Bedarfs zum Gesamtbedarf** als hilfebedürftig, wobei nur die Bedarfe für Bildung und Teilhabe nach § 28 SGB II außer Betracht bleiben. Vorhandenes Einkommen und Vermögen wird somit je nach dem Anteil der Bedürftigkeit bei den in der Bedarfsgemeinschaft vorhandenen Personen angerechnet, unabhängig davon, wem es tatsächlich zusteht. Mit dieser **Methode der sog. „horizontalen Einkommensverteilung"** werden auch Personen, die an sich ihren Lebensunterhalt aus ihrem eigenen Einkommen und Vermögen decken könnten, „künstlich" zu Hilfeempfängern gemacht, indem ihre Mittel den anderen Personen der Bedarfsgemeinschaft anteilmäßig zugerechnet werden. Diese Konstruktion, „Personen mit bedarfsdeckendem Einkommen hilfebedürftig zu machen, um ihnen einen Teil des Einkommens zu nehmen, es auf andere Mitglieder zu verteilen und das erst genommene Existenzminimum dann durch einen Leistungsanspruch mit Obligationen und Sanktionsmöglichkeiten zurückzugeben" (Schoch 2013 Rz. 20), begegnet schon unter dem Aspekt des Rechts auf Menschenwürde erheblichen verfassungsrechtlichen Bedenken. Darüber hinaus wird umgekehrt auch dem individuellen Rechtsanspruch jeder einzelnen Person auf die Gewährleistung eines menschenwürdigen Existenzminimums (BVerfG 09.02.2010 – 1 BvL 1, 3 f./09) nicht entsprochen, indem ein Teil des Bedarfs und damit auch der daraus resultierenden existenzsichernden Leistung nicht der tatsächlich hilfebedürftigen Person zugestanden wird, sondern dem anderen Mitglied der Bedarfsgemeinschaft, das für sich allein betrachtet gar keinen leistungsrechtlich relevanten Bedarf hat. Insofern wäre eine Streichung des Konstrukts der Bedarfsgemeinschaft angebracht (BSG 07.11.2006 – B 7 b AS 8/06 R; i. E. Schoch 2013 Rz. 25). Zumindest jedoch ist es erforderlich, die Regelungen zur Bedarfsgemeinschaft verfassungskonform (BSG 13.11.2008 – B 14 AS 2/08 R) und damit großzügig im Sinne der Betroffenen (BSG 07.11.2006 – B 7 b AS 8/06 R) auszulegen, z. B. hinsichtlich der Sanktionierung des „arm gerechneten" Mitgliedes der Bedarfsgemeinschaft, der seinen Bedarf eigentlich selbst deckt, oder bei nicht funktionierenden Bedarfsgemeinschaften, innerhalb derer an sich verfügbare Mittel nicht weitergeleitet werden.

Haushaltsgemeinschaft

Auch wenn Personen nicht in Bedarfsgemeinschaft zusammenleben, kann Einkommen und Vermögen von Haushaltsangehörigen von Bedeutung sein. § 9 Abs. 5 SGB II trifft eine Regelung zur Haushaltsgemeinschaft. Leben Hilfebedürftige in Haushaltsgemeinschaft mit Verwandten oder Verschwägerten, z. B. Großeltern und Enkel, Eltern und erwachsene Kinder nach Vollendung des 25. Lebensjahrs oder Geschwister, so wird danach vermutet, dass sie von ihnen Leistungen erhalten, soweit dies nach deren Einkommen und Vermögen erwartet werden kann. Diese vermuteten Leistungen verringern die Hilfebedürftigkeit der Betroffenen bzw. heben sie ganz auf. Eine Haushaltsgemeinschaft in diesem Sinne liegt beim Zusammenleben von Verwandten oder Verschwägerten (vgl. II-2.4) in einer Wohn- und Wirtschaftsgemeinschaft vor, in der „aus einem Topf" gewirtschaftet wird (BT-Ds 15/1516, 53). Ob eine Unterstützung im Sinne des § 9 Abs. 5 SGB II erwartet werden kann, hängt in erster Linie von der Höhe des vorhandenen Einkommens und Vermögens ab. Hierzu trifft die Verordnung zur Berechnung von Einkommen sowie zur Nichtberücksichtigung von Einkommen und Vermögen beim Alg II/Sozialgeld – **Alg II–V** – Aussagen. Nach § 1 Abs. 2 Alg II-V ist das Einkommen der Verwandten bzw. Verschwägerten zunächst nach § 11b SGB II zu „bereinigen" (s. sogleich nachfolgend). Verbleibende Einnahmen sind in der Regel nicht als Einkommen zu berücksichtigen, soweit sie einen Freibetrag in Höhe der doppelten Regelbedarfsstufe 1 (2014: 2 x 391 € = 782 €) zuzüglich der anteiligen Aufwendungen für Unterkunft und Heizung nicht überschreiten. Soweit die Einnahmen diesen Freibetrag übersteigen, werden davon 50 % der leistungsberechtigten Person angerechnet. Bezüglich des Einsatzes des Vermögens gelten gemäß § 7 Abs. 2 Alg II-V die gleichen Grundsätze wie für die Hilfebedürftigen selbst (s. sogleich nachfolgend). Die **gesetzliche Vermutung** des § 9 Abs. 5 SGB II, dass eine Unterstützung der hilfebedürftigen Person stattfindet, kann von den Betroffenen widerlegt werden, indem sie entsprechende Tatsachen benennen, die dieser Vermutung entgegenstehen (Münder – Thie 2013 § 9 Rz. 58). Es besteht keine Auskunftsverpflichtung der Verwandten bzw. Verschwägerten hinsichtlich ihrer Einkommens- und Vermögensverhältnisse gegenüber dem Jobcenter. Eine faktische Bedarfsdeckung durch Hilfeleistungen Dritter kann auch nicht dann unterstellt werden, wenn das Lebensnotwendige bei der antragstellenden Person ohne Grundsicherungsleistungen offensichtlich gesichert war (so BSG 18.02.2010 – B 14 AS 32/08 R).

Welches Einkommen wie zu berücksichtigen ist, ist in den §§ 11 ff. SGB II und ergänzend in der Alg II-V geregelt. Die Regelungen wurden mit dem RBEG vom 24.03.2011 zum 01.01.2011 in eine neue Systematik gebracht. Hierbei wurden Regelungen in das SGB II integriert, die zuvor in der Alg II-V verankert waren. Die Einkommensprüfung vollzieht sich in drei Schritten: Was ist grundsätzlich zu berücksichtigendes Einkommen, welches Einkommen bleibt gleichwohl ausgenommen und welche Beträge werden noch vor der Anrechnung von dem Einkommen abgezogen? **Einkommen**

Vom Grundsatz her sind nach § 11 Abs. 1 S. 1 SGB II alle **Einkünfte** in Geld oder Geldeswert, also auch freie Kost und Logis (s. § 2 Abs. 5 und 6 Alg II-V), als Einkommen zu berücksichtigen. Fortlaufende Einnahmen sind gemäß § 11 Abs. 2 SGB II in dem Monat anzurechnen, in dem sie der leistungsberechtigten Person zufließen, in dem sie ihr also faktisch zur Verfügung stehen (bezüglich abhängiger Beschäftigung s. § 2 Alg II-V, bezüglich selbstständiger Tätigkeit § 3 Alg II-V). Der **Kinderzuschlag** nach § 6a BKGG wird als Einkommen dem jeweiligen Kind zugerechnet. Das **Kindergeld** für zur Bedarfsgemeinschaft gehörende Kinder gemäß § 6 BKGG (aktuell 2014: 184 € für das erste und zweite Kind, 190 € für das dritte und 215 € für jedes weiter) gilt zunächst als Einkommen des Kindes, soweit es bei dem jeweiligen Kind zur Sicherung des Lebensunterhalts, mit Ausnahme allerdings der Bedarfe nach § 28 SGB II für Bildung und Teilhabe, benötigt wird (§ 11 Abs. 1 S. 3 und 4 SGB II). Übersteigt das Kindergeld den für die Sicherung des Lebensunterhalts des Kindes notwendigen Betrag, etwa weil der Bedarf des Kindes schon durch Unterhaltsleistungen oder Halbwaisenrente bereits vollständig oder weitgehend gedeckt ist, so ist der für das Kind nicht benötigte Teil beim empfangsberechtigten Elternteil anzurechnen (kritisch unter Hinweis auf BVerfG 14.07.2011 – 1 BvR 932/10 Conradis 2013 Rz. 12).

Nach § 11 Abs. 3 SGB II sind einmalige Einnahmen, wie z. B. Erbschaften, Lottogewinne oder Abfindungszahlungen, in dem Monat, in dem sie zufließen, zu berücksichtigen. Sofern in dem betreffenden Monat bereits Leistungen ohne Berücksichtigung der einmaligen Einnahme erbracht worden sind, werden sie im Folgemonat berücksichtigt. Entfiele der Leistungsanspruch durch die Berücksichtigung in einem Monat, ist die einmalige Einnahme auf einen Zeitraum von sechs Monaten gleichmäßig aufzuteilen und monatlich mit einem entsprechenden Teilbetrag zu berücksichtigen. Hintergrund ist, dass ein kurfristiger Wechsel von Hilfebedürftigkeit/Nichthilfebedürftigkeit vermieden werden soll, was zum einen verwaltungsaufwändig, zum anderen aber auch für die leistungsberechtigte Person u. a. bei der Krankenversicherung und der Berechtigung, vergünstigte Konditionen z. B. im Nahverkehr zu nutzen, nachtteilig wäre. Aus dieser zum 01.01.2011 in Kraft getretenen Regelung folgt, dass eine Anrechnung über die genannten sechs Monate hinaus nicht möglich ist. Damit wird aus dem übrigen Betrag der einmaligen Einnahme dann Vermögen, das deutlich günstigeren Freibetragsregelungen unterliegt.

Im zweiten Schritt ist das Einkommen um Einkommensarten zu bereinigen, die aus sozialpolitischen Gründen nicht anzurechnen sind. § 11a SGB II und § 1 Abs. 1 Alg II-V enthalten insoweit eine ganze Liste von Ausnahmen, von denen im Folgenden nur einige Ausgewählte beschrieben werden. Ausdrücklich ausgenommen sind nach § 11a Abs. 1 SGB II Leistungen nach dem SGB II selbst (z. B. die Mehraufwandsentschädigung nach § 16d SGB II), einzelne Leistungen nach dem Bundesversorgungsgesetz und den Gesetzen, die dieses entsprechend anwenden (s. III-5.4), sowie nach dem Bundesentschädigungsgesetz. Nach § 11a Abs. 2 SGB II ist zudem Schmerzensgeld nach § 253 Abs. 2 BGB nicht als Einkommen zu berücksichtigen. Nach § 11a Abs. 3 SGB II sind Leistungen, die aufgrund öffentlich-rechtlicher Vorschriften zu einem ausdrücklich genannten Zweck erbracht werden, nur so weit als Einkommen zu berücksichtigen, als die Leistungen nach diesem Buch im Einzelfall demselben Zweck dienen (z. B. Überbrückungsgeld Haftentlassener für die ersten 4 Wochen nach der Entlassung nach § 51 StrafVollzG). Es sind allerdings die Leistungen nach § 39 SGB VIII, die für den erzieherischen Einsatz erbracht werden (sog. Pflegegeld, s. III-3.3), für das dritte Pflegekind zu 75 % und für das vierte und jedes weitere Pflegekind vollständig anzurechnen. Ebenfalls angerechnet werden die Leistungen nach § 23 SGB VIII für die Kostenerstattung der Tagspflegeperson. Anrechnungsfrei bleiben nach § 11a Abs. 4 SGB II zweckbestimmte Einnahmen und Zuwendungen der freien Wohlfahrtspflege, die einem anderen Zweck als die Leistungen nach dem SGB II dienen und die Lage der Empfänger nicht so günstig beeinflussen, dass daneben Leistungen nach dem SGB II nicht gerechtfertigt wären (in der Praxis wird das bis zu einem Betrag der halben Regelbedarfsstufe 1 geduldet), sowie nach § 11a Abs. 5 SGB II Zuwendungen, die eine andere Person erbringt, ohne hierzu eine rechtliche oder sittliche Pflicht zu haben, soweit ihre Berücksichtigung für die Leistungsberechtigten grob unbillig wäre oder sie die Lage der Anspruchsberechtigten nicht so günstig beeinflussen, dass daneben Leistungen nach diesem Buch nicht gerechtfertigt wären. Laut Gesetzesbegründung sind mit den Leistungen Dritter, deren Berücksichtigung grob unbillig wäre, Fälle gemeint, „bei denen eine Berücksichtigung des zugewendeten Betrages – ohne Rücksicht auf die Höhe der Zuwendung – nicht akzeptabel wäre und die Zuwendung erkennbar nicht auch zur Deckung des physischen Existenzminimums verwendet werden soll" (BT-Ds 17/3404, 94). Als Beispiele werden angeführt: Soforthilfen bei Katastrophen, gesellschaftliche Preise zur Ehrung von Zivilcourage, Ehrengaben aus öffentlichen Mitteln (z. B. bei Alters- oder Ehejubiläum, Lebensrettung), Spenden aus Tombolas für bedürftige Menschen (insb. in der Vorweihnachtszeit) sowie „Begrüßungsgelder" für Neugeborene.

Bis Ende des Jahres 2010 war nach § 10 BEEG a. F. auch das **Elterngeld** bis zu einer Höhe von 300 € nicht als Einkommen anzurechnen. Diese Regelung wurde jedoch im Wege des sog. Sparpakets zum 01.01.2011 weitgehend gestrichen. Seit Anfang des Jahres 2011 wird das Elterngeld als Einkommen auf die Leistungen des Alg II angerechnet, wenn es sich nicht zumindest teilweise aus vor der Geburt erzieltem Einkommen berechnet (§ 10 BEEG; Ausnahme: Nachzahlungen nach § 1 Abs. 5 Alg II-V). Aus der Liste des § 1 Abs. 1 Alg II-V seien exemplarisch genannt die Bagatelleinnahmen von bis zu 10 € im Monat (Nr. 1), das steuerfreie Pflegegeld für pflegende Angehörige im Sinne des § 37 SGB XI (Nr. 4), Einnahmen aus Schülerjobs von unter 15-Jährigen in Höhe von bis 100 € im Monat (Nr. 9), Geldgeschenke an Minderjährige in Höhe von bis zu 3.100 € anlässlich religiöser oder weltanschaulicher Initiationsrituale (Nr. 12) und Ferienjobs bis maximal vier Wochen von Schülern bis zum 25. Lebensjahr in Höhe von bis zu 1.200 € im Jahr (Absatz 4).

Das so ermittelte zu berücksichtigende Bruttoeinkommen ist in einem dritten Schritt zu „bereinigen", indem nach § 11b SGB II Absetzbeträge abzuziehen sind. Dadurch werden Beträge von der Anrechnung ausgeschlossen, die entweder gesetzlich verpflichtend oder in vom Gesetzgeber als sinnvoll eingestufter Weise von der leistungsberechtigten Personen ausgegeben werden und somit nicht zur Sicherung des Lebensunterhaltes zur Verfügung stehen. Dies betrifft in erster Linie Steuern (Nr. 1), Sozialversicherungsbeiträge (Nr. 2) bzw. entsprechende Beiträge für private Versicherungen (Nr. 3) oder sonstige Versicherungen, soweit diese Beiträge gesetzlich vorgeschrieben (etwa Kfz-Haftpflicht) oder nach Grund und Höhe angemessen sind (z. B. die private Haftpflichtversicherung). In Ergänzung dazu ist gemäß § 6 Abs. 1 Nr. 1 Alg II-V bei volljährigen Leistungsberechtigten bei vorhandenem Einkommen eine Versicherungspauschale von 30 € abzusetzen, unabhängig davon, ob und welche Versicherungen bestehen. Höhere Absetzbeträge für Versicherungen müssen ebenso nachgewiesen werden wie Versicherungen für Minderjährige, da diese i. d. R. über die Eltern mitversichert sind. Weiterhin ab-

Absetzbeträge

Versicherungspauschale

setzbar sind u. a. geförderte Altersvorsorgebeiträge (Riester-Rente, Nr. 4), Werbungskosten und verpflichtende Unterhaltszahlungen. Besonderheiten ergeben sich für erwerbstätige Personen, bei denen sowohl die sog. Werbungskosten (Nr. 5 und Absatz 2) als auch ein eigener Erwerbstätigenfreibetrag (Nr. 6 und Absatz 3) abzusetzen sind. Werbungskosten sind diejenigen Kosten, die man aufwenden muss, um überhaupt Einkommen zu erzielen, z. B. Kosten von Bewerbungsschreiben, Fachliteratur oder Fahrkosten zur Arbeit. Gemäß § 6 Abs. 1 Nr. 3a Alg II-V sind die Werbungskosten Erwerbstätiger pauschal monatlich mit 15,33 € abzusetzen, nach Nr. 3b die Fahrtkosten mit 20 Ct pro Kilometer einfache Strecke zur Arbeit, letztere allerdings gedeckelt auf die Kosten von für diesen Weg zumutbaren öffentlichen Verkehrsmitteln (§ 6 Abs. 2 Alg II-V). Um die Absetzbeträge zu vereinfachen, sind bei erwerbstätigen Leistungsberechtigten mit einem Einkommen bis zu 400 € gemäß § 11b Abs. 2 SGB II die Absetzbeträge für Versicherungen, Altersvorsorgebeiträge und Werbungskosten pauschal mit einem Betrag von 100 € abzusetzen. Verdient die leistungsberechtigte Person mehr als 400 €, kann sie gegen Nachweise höhere Absetzbeträge gelten machen. Einen speziellen Anreiz gibt es für ehrenamtlich Tätige, die für ihr Engagement eine Aufwandsentschädigung (z. B. sog. Übungsleiterpauschale oder Ehrenamtspauschale) erhalten; sie dürfen pauschal 200 € absetzen und ab einem Einkommen von mehr als 200 € gegen Nachweis höhere Absetzbeträge geltend machen.

Absetzbetrag für Erwerbstätige
Ein weiterer Anreiz, trotz des Erhalts von Alg II erwerbstätig zu sein, auch wenn dadurch der eigene Bedarf bzw. derjenige der Bedarfsgemeinschaft nicht vollständig gedeckt wird, liegt im sog. **Erwerbstätigenfreibetrag**. Für erwerbstätige Personen gibt es den Absetzbetrag nach § 11b Abs. 1 Nr. 6 i. V. m. Abs. 3 SGB II, demzufolge prozentuale Anteile des Einkommens von der Anrechnung ausgenommen werden (der Gesetzestext hierzu sollte unbedingt gelesen werden). Die Prozentangaben beziehen sich dabei auf das jeweilige Bruttoeinkommen. Dieses ist bei der Berechnung nach § 11b Abs. 3 SGB II in mehrere Abschnitte aufzuteilen: Der Betrag bis 100 €, der ja schon nach Absatz 2 von der Anrechnung freigestellt ist, bleibt unberücksichtigt. Von der Spanne zwischen unmittelbar über 100 € bis 1.000 € (bis zum 01.07.2011 galt insoweit noch ein Betrag von 800 €, vgl. § 77 Abs. 3 SGB II), also von einem Betrag von 900 €, bleiben jeweils 20 % freigestellt, also maximal 180 €. Von der Spanne zwischen unmittelbar über 1.000 € bis 1.200 € bzw., sofern ein Kind vorhanden ist, 1.500 €, also einem Betrag von 200 € bzw. 500 €, bleiben weitere 10 % freigestellt, also maximal weitere 20 € bzw. mit Kind 50 €. Das darüber liegende Einkommen bleibt bei der Ermittlung des Freibetrags unberücksichtigt, ist also voll anzurechnen. Die so errechneten Beträge (maximal 200 € bzw. mit Kind 230 €) werden zusätzlich von dem nach § 11b Abs. 1 und 2 SGB II bereinigten Einkommen abgezogen.

Außer dem Einkommen ist auch das Vermögen vorrangig zur Deckung des eigenen Bedarfes bzw. dessen der Bedarfsgemeinschaft einzusetzen. Bei der Abgrenzung zwischen Einkommen und Vermögen wendet die Rechtsprechung die sog. „modifizierte Zuflusstheorie" an (so etwa BSG 30.07.2008 – B 14/7b AS 12/07 R und – B 14/11 AS 17/07 R). Diese besagt im Grundsatz, dass als Einkommen all das zu betrachten ist, was der betreffenden Person nach der Antragstellung und somit während des Bedarfszeitraums zufließt, während alles das, was die Person bei Antragstellung und somit in der Bedarfszeit schon hat, als Vermögen zu werten ist (ausführlich Meßling/Sartorius 2013a Rz. 28 ff.). Das zu berücksichtigende **Vermögen** wird in § 12 SGB II und der Alg II-V geregelt. Wiederum ist bei der Prüfung in drei Schritten vorzugehen, die, anders als beim Einkommen, nicht an drei verschiedenen Paragrafen festzumachen sind, sondern an den verschiedenen Absätzen des § 12 SGB II. Gemäß § 12 Abs. 1 und Abs. 4 SGB II sind grundsätzlich alle verwertbaren Vermögensgegenstände mit ihrem aktuellen Verkehrswert zu berücksichtigen. D.h. ausgenommen bleiben grundsätzlich nur solche Gegenstände, die zwar einen Wert haben, sich aber rechtlich nicht verwerten lassen (z.B. die Mietkaution nach § 551 BGB, die dem Vermieter als Sicherheit dient; weitere Fälle s. Münder – Geiger 2013 § 12 Rz. 12 ff.). Wie beim Einkommen nach § 11a SGB II bleiben auch bestimmte Vermögensarten bzw. –gegenstände nach § 12 Abs. 3 SGB II unberücksichtigt (s.u.). Von dem verbleibenden zu berücksichtigenden Vermögen sind nach Absatz 2 bestimmte Beträge abzusetzen. § 12 SGB II wurde vom Gesetzgeber ungeschickt strukturiert, da der Absatz 3 vor dem Absatz 2 zu prüfen ist.

Verschiedene Vermögensgegenstände sind nach § 12 Abs. 3 SGB II nicht zu berücksichtigen. Dies betrifft insb. angemessene Haushaltsgegenstände (Nr. 1), ein angemessenes Kraftfahrzeug für jede (!) erwerbsfähige hilfebedürftige Person (Nr. 2), wobei ein Verkehrswert von bis zu 7500 € als angemessen betrachtet wird, unter bestimmten Voraussetzungen Vermögensgegenstände zur Altersvorsorge (Nr. 3) und ein angemessen großes selbst genutztes Hausgrundstück bzw. eine entsprechende Eigentumswohnung (Nr. 4). Die angemessene Größe des Hauses hängt in erster Linie von der Anzahl der Bewohner ab. Die Rechtsprechung hat (zur parallelen Regelung im Sozialhilferecht) für einen Haushalt von vier Personen im Eigenheim 130 m² (BSG 17.12.2002 – B 7 AL 126/01 R; Münder – Geiger 2011 § 12 Rz. 49 ff. m.w.N.) und bei Eigentumswohnungen 120 m² (BSG 07.11.2006 – B 7b AS 2/05 R) anerkannt. Bei kleineren Haushalten ist der Wert um 20 m² pro Person zu reduzieren, allerdings ist auch bei Belegung mit nur einer Person eine Wohnfläche von ca. 90 m² (Eigenheim) bzw. 80 m² (Eigentumswohnung) als angemessen zu betrachten (BSG 15.04.2008 – B 14/7b AS 34/06 R; BSG 07.11.2006 – B 7b AS 2/05 R). Als angemessene Grundstücksgröße können im städtischen Raum zumindest bis 500 m² und im ländlichen Raum bis 800 m² gelten (Meßling/Sartorius 2013b Rz. 44). Es können jedoch auch größere Flächen anerkannt werden, insbesondere wenn eine solche für das jeweilige Grundstück im Bebauungsplan festgelegt ist. Gemäß § 12 Abs. 3 Nr. 5 bleibt auch Vermögen zum baldigen Erwerb von angemessenem Wohnungseigentum (s.o.) unberücksichtigt, aber nur, wenn es (auch) zu Wohnzwecken behinderter oder pflegebedürftiger Menschen dienen soll.

Nach § 12 Abs. 3 Nr. 6 SGB II sind auch Sachen und Rechte nicht einzusetzen, deren Verwertung offensichtlich unwirtschaftlich ist oder für den Betroffenen eine besondere Härte bedeuten würde. Letzteres könnte etwa bei Familien- und Erbstücken, Sammlungen oder auch bei Bestattungs- und Grabpflegeguthaben der Fall sein (OVG NW 19.12.2003 – 16B 2078/03, FEVS 55, 478 ff.). Eine offensichtliche Unwirtschaftlichkeit im Sinne der Vorschrift liegt vor, wenn der zu erwartende

Erlös deutlich unter dem tatsächlichen Wert liegt (so etwa BSG 17.10.1990 – 11 RAr 133/88; BSG 25.04.2002 – B 11 AL 69/01 R). Bei einer **Immobilie** käme Unwirtschaftlichkeit in diesem Sinne etwa in Betracht, wenn bei einem Verkauf wesentlich weniger als der von den Betroffenen zum Erwerb des Grundstücks und zur Erstellung des Hauses aufgewendete Gesamtbetrag erzielt werden könnte. Dabei können laut BSG gewisse Verluste, z. B. im Hinblick auf veränderte Marktpreise und den bisher in Anspruch genommenen Wohnwert, allerdings als zumutbar angesehen werden (BSG 16.05.2007 – B 11b AS 37/06 R). Hierzu entschied das SG Berlin, der Begriff der offensichtlichen Unwirtschaftlichkeit beim Verkauf von Immobilien sei im Zusammenhang mit § 2 Abs. 2 S. 1 SGB II auszulegen, wonach erwerbsfähige Hilfebedürftige alle Möglichkeiten zu nutzen haben, ihren Lebensunterhalt aus eigenen Mitteln und Kräften zu bestreiten. Das habe zur Folge, dass die hilfesuchende Person bei der Vermögensverwertung auch deutlich höhere Verluste als zehn Prozent hinnehmen müsse (SG Berlin 13.12.2005 – S 63 AS 7329/05).

Unter dem Aspekt der Unwirtschaftlichkeit wird auch besonders häufig die Frage des **Rückkaufs einer Lebensversicherung** diskutiert. Abgestellt wird hier von der Rechtsprechung auf den Substanzwert der Versicherung (die eingezahlten Beiträge) und nicht auf den Verkehrswert (den Rückkaufswert). Der Aspekt, dass mit einer Lebensversicherung auch eine Chance bzw. Anwartschaft auf eine deutlich höhere Gesamtsumme im Fall der Auszahlung bzw. der Rentenzahlung verbunden ist, wird vom BSG zwar gesehen (BSG 06.09.2007 B 14/7b – AS 66/06 R), aber nur dahingehend berücksichtigt, dass kein unbegrenzter Verlust hinsichtlich der eingezahlten Beiträge hinzunehmen ist. Das BSG hat einen Verlust von 12,9 % gegenüber den eingezahlten Beträgen als noch nicht offensichtlich unwirtschaftlich bezeichnet (BSG 06.09.2007 B 14/7b – AS 66/06 R und 15.04.2008 – B 14/7b AS 6/07). Ob ein Verlust von 18,5 % noch im Rahmen der Wirtschaftlichkeit liegt, hat das Gericht in Frage gestellt (BSG 06.09.2007 B 14/7b – AS 66/06 R). Zur offensichtlichen Unwirtschaftlichkeit bei der Verwertung von Versicherungen im Sinne von § 12 Abs. 3 Nr 8 SGB II entschied das SG Berlin demgegenüber, Verluste von bis zu 30 % seien noch nicht als unwirtschaftlich im Sinne dieser Vorschrift anzusehen (SG Berlin 02.08.2005 – S 63 AS 2117/05). Nach der jüngsten Rechtsprechung des BSG kann die Unwirtschaftlichkeit der Verwertung einer Lebensversicherung allerdings nicht alleine aufgrund der Verlustquote beurteilt werden, sondern es sind zahlreiche andere Faktoren, wie etwa Laufzeit, Ablaufleistung und Kündigungsfrist ebenfalls zu beachten (BSG 20.02.2014 – B 14 AS 10/13 R).

Freibeträge Von dem verbleibenden, nicht nach 12 Abs. 3 SGB II von der Berücksichtigung ausgenommenen Vermögen gewährt § 12 Abs. 2 SGB II noch verschiedene Freibeträge, die nicht als Vermögen einzusetzen sind. Zunächst gibt es nach § 12 Abs. 2 Nr. 1 SGB II einen Grundfreibetrag in Höhe von 150 € je vollendetem Lebensjahr jeder volljährigen hilfebedürftigen Person und deren Partner, mindestens aber jeweils 3.100 €, wobei der Grundfreibetrag pro Person gedeckelt ist auf eine vom Geburtsjahr abhängige Höchstgrenze, die zwischen 9.750 € und 10.050 € liegt. Bei Partnern sind somit die jeweiligen lebensalterbezogenen Freibeträge zu addieren und dem bei den Personen vorhandenen Vermögen gegenüberzustellen. Es erfolgt also eine wechselseitige Zurechnung mit der Folge, dass der von einer Person nicht ausgeschöpfte Freibetrag ihrem Partner zugute kommt. Der Grundfreibetrag ist nicht zweckgebunden und kann für jede Art von Vermögen eingesetzt werden. Für jedes hilfebedürftige minderjährige Kind gibt es nach § 12 Abs. 2 Nr. 1a SGB II einen Grundfreibetrag in Höhe von 3.100 €. Dieser kann allerdings nur für Vermögen geltend gemacht werden, das dem Kind rechtlich tatsächlich zugeordnet ist, also etwa für Guthaben auf einem Konto oder einem Sparvertrag des Kindes. Eine wechselseitige Übertragung ungenutzter Freibeträge zwischen Eltern und Kindern ist ausgeschlossen (BSG 13.05.2009 – B 4 AS 58/08 R – NZS 2010, 410). Zuätzlich ist nach § 12 Abs. 2 Nr. 4 SGB II ein Freibetrag für notwendige Anschaffungen in Höhe von 750 € für jede in der Bedarfsgemeinschaft lebende hilfebedürftige Person zu berücksichtigen. Dies ergibt sich daraus, dass die Mittel für besondere Anschaffungen aus dem Regelbedarf anzusparen sind und dies voraussetzt, dass überhaupt Rücklagen möglich sind. Dieser Freibetrag steht allen Mitgliedern der Bedarfsgemeinschaft wechselseitig zur Verfügung. Zudem ist Vermögen zur Altersvorsorge nach § 12 Abs. 2 Nr. 2 und 3 SGB II nicht einzusetzen, wobei die geförderten Modelle der „Riester"-Anlageformen privilegiert sind und sonstige Altersvorsorgebeträge nur bis zu einer festgelegten Höchstgrenze anrechnungsfrei bleiben. Voraussetzung für den Schutz eines Vermögens als Altersvorsorge außerhalb von „Riester"-Modellen ist, dass die Inhaberin oder der Inhaber die Ansprüche aufgrund einer unwiderruflichen vertraglichen Vereinbarung nicht vor Eintritt in den Ruhestand durch Rückkauf, Beleihung, Verpfändung o. Ä. verwerten kann. Sofern ein Versicherungsvertrag keine derartige Regelung enthält, ist es für die Geltendmachung des Freibetrags nach § 12 Abs. 2 Nr. 3 SGB II zwingend erforderlich, vor Antragstellung mit der Versicherung eine entsprechende Ergänzung des Vertrages zu vereinbaren.

Ist einzusetzendes Vermögen vorhanden, so setzen Leistungen nach dem SGB II erst dann ein, wenn es verbraucht ist. Soweit Hilfebedürftigen der sofortige Verbrauch oder die sofortige Verwertung von zu berücksichtigendem Vermögen nicht möglich ist oder für sie eine besondere Härte bedeuten würde (s. § 9 Abs. 4 SGB II), sind Leistungen gemäß § 24 Abs. 5 SGB II als **Darlehen** zu erbringen. Sie können davon abhängig gemacht werden, dass der Anspruch auf Rückzahlung durch Eintragung einer Hypothek für ein Grundstück oder in anderer Weise gesichert wird.

Da Hilfebedürftigkeit nach § 9 Abs. 1 SGB II nur dann vorliegt, wenn die erforderliche Hilfe nicht von anderen, insb. von Angehörigen oder von Trägern anderer Sozialleistungen erbracht wird, sind diese vorrangig heranzuziehen. Das Zusammenleben in einer Bedarfsgemeinschaft und Ansprüche gegen andere Sozialleistungsträger führen dazu, dass Leistungsansprüche unter Verweis auf diese vorrangig Verpflichteten abgelehnt werden. Anders ist es, wenn leistungsberechtigte Personen Ansprüche gegen Dritte außerhalb ihres Haushaltes haben (zu den familienrechtlichen Unterhaltsansprüchen s. II-2.2.4, II-2.4.2). In diesem Zusammenhang regelt § 33 SGB II den Übergang von Ansprüchen der Hilfebedürftigen gegen andere auf den Träger des SGB II. Haben Empfänger von Leistungen zur Sicherung des Lebensunterhalts für die Zeit des Leistungsbezugs einen Anspruch

Übergang von Ansprüchen

gegen einen anderen, der nicht Leistungsträger ist, geht der Anspruch bis zur Höhe der geleisteten Aufwendungen auf die Träger des SGB II über. In diesem Zusammenhang ist insb. der **Rückforderungsanspruch des verarmten Schenkers** auf Herausgabe der Schenkung nach § 528 Abs. 1 BGB von Bedeutung. Danach kann innerhalb von zehn Jahren eine Schenkung zurückverlangt werden, wenn die Person, die die Schenkung getätigt hat, während dieser Zeit bedürftig wird (dazu Münder – Münder 2013 § 33 Rz. 16). Ein **Unterhaltsanspruch** nach bürgerlichem Recht geht jedoch nicht über, wenn die unterhaltsberechtigte Person mit der verpflichteten Person in einer Bedarfsgemeinschaft lebt oder mit ihr verwandt ist und den Unterhaltsanspruch nicht geltend macht. Hier können die Hilfebedürftigen also selbst entscheiden, ob sie sich an ihre unterhaltsverpflichteten Angehörigen wenden, um Hilfe zu bekommen, oder ob sie Leistungen nach dem SGB II in Anspruch nehmen. Diese Regelung gilt jedoch nicht für Unterhaltsansprüche minderjähriger hilfebedürftiger Personen sowie von solchen, die das 25. Lebensjahr noch nicht vollendet und die Erstausbildung noch nicht abgeschlossen haben, gegen ihre Eltern. Ein Übergang des Unterhaltsanspruchs gegen die Eltern erfolgt parallel zur Regelung des § 9 Abs. 3 SGB II auch dann nicht, wenn die unterhaltsberechtigte Person schwanger ist oder ihr leibliches Kind bis zur Vollendung seines sechsten Lebensjahres betreut. Bei sonstigen Unterhaltsansprüchen, deren Übergang nicht ausgeschlossen ist, ist insb. der Fall problematisch, dass die leistungsberechtigte Person auf ihren Unterhaltsanspruch vor dem gesetzlichen Anspruchsübergang verzichtet hat (Münder – Münder 2013 § 33 Rz. 17 ff. m. w. N.), wenn also etwa der Unterhaltsanspruch gegen einen (früheren) Ehepartner durch Ehevertrag ausgeschlossen wurde. Ein derartiger Verzicht kann nach § 138 BGB sittenwidrig und damit unwirksam sein. Die Sittenwidrigkeit kann sich auch daraus ergeben, dass eine Schädigungsabsicht zulasten des Sozialleistungsträgers durch den Unterhaltsverzicht angenommen wird. Hierbei kommt es maßgeblich auf den Zeitpunkt an, zu dem der Unterhaltsverzicht vereinbart wurde. Eine entsprechende Schädigungsabsicht wird angenommen, wenn die verzichtende Person zu dem Zeitpunkt bereits bedürftig war, oder wenn jedenfalls schon absehbar war, dass sie in Zukunft auf bedürftigkeitsabhängige Sozialleistungen angewiesen sein würde (BGH 09.07.1992 – XII ZR 57/91 – NJW 1992, 3164). Auch wenn keine Sittenwidrigkeit gegeben ist, kann der Unterhaltsverzicht unwirksam sein, wenn sich nachträglich ergibt, dass er nach § 242 BGB mit Treu und Glauben (vgl. II-1.4.1) nicht vereinbar ist. Solche Fälle wurden z. B. angenommen, wenn aus der zum Zeitpunkt des Verzichts noch kinderlosen Ehe später Kinder hervorgingen und die an sich unterhaltsberechtigte Person aus diesem Grund bedürftig wurde (so etwa BGH 31.10.2012 – XII ZR 129/10).

4.1.6 Die Leistungen zur Sicherung des Lebensunterhalts nach dem SGB II

Das Prinzip des Förderns wird im Rahmen des SGB II neben den Eingliederungsleistungen maßgeblich durch die sog. passiven Leistungen zur Sicherung des Lebensunterhaltes verwirklicht, die im zweiten Abschnitt des Kapitels 3 „Leistungen" des SGB II geregelt sind. Als Leistungen zur Sicherung des Lebensunterhalts werden im Rahmen des SGB II Alg II und Sozialgeld nach § 19 SGB II erbracht. Umgangssprachlich werden beide Leistungen oft als „Hartz IV" bezeichnet. Das Alg II wird erwerbsfähigen Leistungsberechtigten gewährt, das Sozialgeld ist die Leistung für nichterwerbsfähige Mitglieder einer Bedarfsgemeinschaft (s. III-4.1.4).

4.1.6.1 Abgrenzung zwischen Arbeitslosengeld II und Sozialgeld

§ 19 Abs. 1 S. 1 SGB II gewährt **erwerbsfähigen** Hilfebedürftigen i. S. d. § 7 Abs. 1 SGB II einen Anspruch auf **Alg II** zur Sicherung des Lebensunterhalts einschließlich der angemessenen Kosten für Unterkunft und Heizung. Der noch bis zum Ende des Jahres 2010 vorgesehene befristete Zuschlag nach § 24 SGB II a. F. für Leistungsberechtigte, die vor Bezug des Alg II Arbeitslosengeld nach dem SGB III bezogen hatten und anschließend geringere Leistungen nach dem SGB II erhielten, wurde mit dem Haushaltsbegleitgesetz aus dem Jahr 2010 – dem sog. „Sparpaket" – mit Wirkung zum 1. Januar 2011 gestrichen. *Arbeitslosengeld II*

Das Alg II wird nur erwerbsfähigen Leistungsberechtigten im Sinne des § 7 Abs. 1 SGB II gewährt. Die **nichterwerbsfähigen Mitglieder in einer Bedarfsgemeinschaft** mit einer erwerbsfähigen leistungsberechtigten Person erhalten stattdessen **Sozialgeld** nach § 19 Abs. 1 S. 2 i. V. m. § 23 SGB II. Ein Anspruch auf Sozialgeld besteht jedoch nicht für Personen, soweit sie einen Anspruch auf Leistungen der Sozialhilfe nach dem Vierten Kapitel des SGB XII in Form von Leistungen der Grundsicherung im Alter und bei Erwerbsminderung haben. Diese Leistung der Sozialhilfe betrifft Personen, die entweder die Altersgrenze für den Bezug von Regelaltersrente erreicht haben, oder die das 18. Lebensjahr vollendet haben und dauerhaft voll erwerbsgemindert im Sinne des § 43 SGB VI sind und bei denen unwahrscheinlich ist, dass die volle Erwerbsminderung behoben werden kann (s. III-4.2.2). Für diesen Personenkreis sind die Leistungen der §§ 41 ff. SGB XII vorrangig, das SGB II kommt nicht zur Anwendung. Anspruchsberechtigt im Hinblick auf das Sozialgeld sind daher in erster Linie Kinder von erwerbsfähigen Hilfebedürftigen vor Vollendung des 15. Lebensjahrs und nur vorübergehend voll erwerbsgemindete Personen. *Sozialgeld*

Das Sozialgeld entspricht von seiner Struktur her im Wesentlichen dem Alg II. Es umfasst nach § 19 Abs. 1 S. 3 SGB II den Regelbedarf, Mehrbedarf und die Kosten für Unterkunft und Heizung. Zudem ist auch im Rahmen des Sozialgelds die abweichende Erbringung von Leistungen nach § 24 SGB II möglich, es kommen also z. B. Darlehen bei unabweisbaren Bedarfen oder Leistungen zur Erstausstattung der Wohnung bzw. für Bekleidung in Frage. Es gibt allerdings einige Abweichungen im Vergleich zum Alg II. Am bedeutendsten sind die Abweichungen in der Höhe der maßgeblichen **Regelbedarfe für Kinder und Jugendliche** vor Vollendung des 15. Lebensjahres (s. Übersicht 50). Zudem wird für nicht erwerbsfähige Personen, die voll (aber nicht dauerhaft!) erwerbsgemindert nach dem Sechsten Buch sind, ein Mehrbedarf von 17 % der nach § 20 maßgebenden Regelbedarfe anerkannt, wenn sie Inhaberin oder Inhaber eines Schwerbehindertenausweises mit dem Merkzeichen G für erheblich beeinträchtigte Bewegungsfreiheit im Straßenverkehr gemäß § 3 Abs. 1 Nr. 7 der SchwbAwV sind; dies gilt nicht, wenn bereits ein Anspruch auf einen Mehrbedarf wegen Behinderung besteht (§ 23 Nr. 4 SGB II).

4.1.6.2 Inhalt und Umfang der Leistungen

Voraussetzung für den Anspruch sowohl auf Alg II als auch auf Sozialgeld ist, dass Hilfebedürftigkeit besteht, d.h. dass der Betroffene seinen Lebensunterhalt nicht aus eigenen Kräften und Mitteln sichern kann. Der Bedarf, der die Höhe des erforderlichen Lebensunterhalts nach dem SGB II und damit letztlich auch die Höhe der Leistung bestimmt, setzt sich zusammen aus dem Regelbedarf zur Sicherung des Lebensunterhalts nach § 20 bzw. § 23 SGB II, möglichem Mehrbedarf nach § 21 SGB II, Leistungen für Unterkunft und Heizung nach § 22 SGB II und möglichen Bedarfen, die im Wege der abweichenden Erbringung von Leistungen nach § 24 SGB II oder als Bedarfe für Bildung und Teilhabe nach § 28 SGB II zu erbringen sind.

Regelbedarf Die Sicherung des Lebensunterhalts erfolgt im Wesentlichen über den Regelbedarf nach § 20 SGB II. Dieser macht i.d.R. den weitaus größten Posten innerhalb des Alg II und des Sozialgeldes aus. In Absatz 1 werden in nicht abschließender Form die Bedarfe aufgeführt, die aus dem Regelbedarf zu decken sind. Diese sind insb. Ernährung, Kleidung, Körperpflege, Hausrat, Haushaltsenergie ohne die auf die Heizung und Erzeugung von Warmwasser entfallenden Anteile, Bedarfe des täglichen Lebens sowie in vertretbarem Umfang auch Beziehungen zur Umwelt und eine Teilnahme am kulturellen Leben. Bereits im November 2006 hatte sich das Bundessozialgericht mit zwei Klagen zu befassen, die sich gegen die geringe Höhe des Regelbedarfs (damals: Regelleistung) richteten. Das BSG entschied zunächst, dass die Umstellung des früheren Systems der Arbeitslosenhilfe nach dem SGB III auf das für viele Personen ungünstigere System des SGB II rechtmäßig war (BSG 23.11.2006 – B 11b AS 9/06 R). Ein schutzwürdiges Vertrauen in die dauerhafte Gewährung einer Leistung zur Sicherung des Lebensunterhalts in gleicher Höhe kann laut BSG nicht anerkannt werden. Nach Auffassung des Gerichts in der zweiten Entscheidung (BSG 23.11.2006 – B 11b AS 1/06 R) bestanden auch keine durchgreifenden verfassungsrechtlichen Bedenken gegen die gesetzlich festgeschriebene Höhe der Regelleistungen nach § 20 Abs. 2 und Abs. 3 SGB II sowie in diesem Zusammenhang gegen die aus den Gesetzesmaterialien nachzuvollziehende Art der Bedarfsermittlung und deren Ergebnis. Es sei grundsätzlich zulässig, den Bedarf gruppenbezogen zu erfassen und eine Typisierung bei Massenverfahren vorzunehmen. Das Gericht entschied, die Höhe der Regelleistung sei ausreichend, um den Lebensunterhalt davon zu bestreiten.

Neubemessung zum 01.01.2011 Der Regelbedarf wurde zu Beginn des Jahres 2011 neu bemessen, nachdem das Bundesverfassungsgericht die bisherige Regelleistung im Jahr 2010 für verfassungswidrig erklärt hatte. Die Entscheidung des Gerichts erfolgte aufgrund eines Vorlagebeschlusses des Bundessozialgerichts aus dem Jahr 2009 (BSG 27.01.2009 – B 14 AS 5/08 R). Geklagt hatten drei Kinder, die 1991 und 1993 geboren wurden. Die Kläger forderten höhere Leistungen und beriefen sich darauf, die damalige Höhe der Regelleistung für Kinder bis zur Vollendung des 14.

Lebensjahres, die zu der Zeit 207 € monatlich betrug, sei verfassungswidrig. Das Verfahren blieb vor dem Sozialgericht und vor dem Landessozialgericht erfolglos. Auf die Revision der Kläger beschloss der 14. Senat des BSG, das Verfahren auszusetzen und im Wege eines Normenkontrollverfahrens eine Entscheidung des BVerfG gemäß Art. 100 Abs. 1 GG einzuholen (s. I-5.1).

Nach der Entscheidung des BVerfG (BVerfG 09.02.2010 – 1 BvL 1/09) sichert das **Grundrecht auf Gewährleistung eines menschenwürdigen Existenzminimums** aus Art. 1 Abs. 1 GG in Verbindung mit dem Sozialstaatsprinzip des Art. 20 Abs. 1 GG jeder hilfebedürftigen Person diejenigen materiellen Voraussetzungen zu, die für ihre physische Existenz und für ein Mindestmaß an Teilhabe am gesellschaftlichen, kulturellen und politischen Leben unerlässlich sind. Zur Konkretisierung und Aktualisierung dieses Grundrechts erkennt das Gericht einen Gestaltungsspielraum des Gesetzgebers an, wobei die zu erbringenden Leistungen an dem jeweiligen Entwicklungsstand des Gemeinwesens und den bestehenden Lebensbedingungen auszurichten sind. Zur Ermittlung des Anspruchumfangs hat der Gesetzgeber laut BVerfG alle existenznotwendigen Aufwendungen in einem transparenten und sachgerechten Verfahren realitätsgerecht sowie nachvollziehbar auf der Grundlage verlässlicher Zahlen und schlüssiger Berechnungsverfahren zu bemessen. Das Gericht räumt dem Gesetzgeber die Möglichkeit ein, den typischen Bedarf zur Sicherung des menschenwürdigen Existenzminimums durch einen monatlichen Festbetrag zu decken. Das BVerfG rügt ausdrücklich nicht die Höhe der Regelleistung, sondern ihre intransparente Ermittlung und den Umstand, dass für untypische laufende Bedarfe keine zusätzlichen Leistungen vorgesehen waren. Mit dieser Begründung erklärte das Gericht die Regelungen über die Höhe der Regelleistung sowohl für das Alg II (§ 20 Abs. 2 SGB II) als auch für das Sozialgeld (§ 28 Abs. 1 a.F. SGB II) für verfassungswidrig. Dem Gesetzgeber wurde eine Frist bis zum 31.12.2010 eingeräumt, um eine verfassungskonforme Neuregelung zu treffen. Bis zum Inkrafttreten dieser Neuregelung blieben die Vorschriften weiterhin anwendbar. Nach mehrwöchigen Diskussionen im Vermittlungsausschuss trat die Neuregelung mit dem Gesetz zur Ermittlung von Regelbedarfen und zur Änderung des Zweiten und Zwölften Buches Sozialgesetzbuch (Regelbedarfsermittlungsgesetz – RBEG) schließlich am 24.03.2011 rückwirkend zum 01.01.2011 in Kraft.

Das RBEG regelt die Bemessung sowohl der Regelbedarfe nach dem SGB II als auch der Regelsätze nach dem SGB XII. Die Ermittlung der Regelbedarfe erfolgt auf der Grundlage von Sonderauswertungen zur jeweils **aktuellen Einkommens- und Verbrauchsstichprobe** (§§ 1 ff. RBEG, § 28 SGB XII). Als Referenzgruppe für die Ermittlung der Regelbedarfe werden die Haushalte nach ihrem Nettoeinkommen geschichtet und bei den Einpersonenhaushalten die unteren 15 %, bei den Familienhaushalten (Paare mit einem Kind) die unteren 20 % berücksichtigt. Dabei werden Haushalte, die im Erhebungszeitraum ausschließlich Grundsicherung im Alter oder bei Erwerbsminderung oder Hilfe zum Lebensunterhalt nach dem SGB XII bzw. Alg II und Sozialgeld nach dem SGB II bezogen haben, nicht in die Referenzgruppe einbezogen. Haben Haushalte allerdings neben den genannten Leistungen des SGB XII und SGB II im Erhebungszeitraum auch Erwerbseinkommen, einen befristeten Zuschlag nach Bezug von Arbeitslosengeld, Elterngeld

Ermittlung der Regelbedarfe

oder eine Eigenheimzulage erhalten, so sind sie aus der Referenzgruppe nicht ausgeschlossen. Damit sind auch Bezieher von Leistungen zur Sicherstellung des Existenzminimums nach dem SGB XII und SGB II in der Referenzgruppe enthalten, was insoweit zu einem Zirkelschluss führt, da die Betrachtung der Referenzgruppe gerade Anhaltspunkte für den Bedarf dieser Personengruppe geben soll.

Zur Weiterentwicklung der Methodik der Regelbedarfs-Ermittlung für die Neuermittlung der Regelbedarfe auf der Grundlage der Einkommens- und Verbrauchsstichprobe 2013 hat das BMAS gemäß § 10 RBEG im Juni 2013 einen Bericht vorgelegt, der sich mit der Frage der Abgrenzung von Referenzhaushalten und mit der Überprüfung und Weiterentwicklung des Verteilungsschlüssels für Ausgaben von Mehrpersonenhaushalten auf die einzelnen Haushaltsangehörigen befasst (Regelbedarfsermittlungsbericht: http://www.bmas.de/SharedDocs/Downloads/DE/PDF-Meldungen/regelbedarfsermittlungsbericht.pdf?__blob=publicationFile). Der Bericht kommt zu dem Ergebnis, dass die geltende Methodik zur Ermittlung der Regelbedarfe und die sich daraus ergebende Höhe angemessen und sachgerecht seien. Die im Rahmen von Forschungsprojekten als Grundlage des Berichts durchgeführten alternativen Berechnungen stellten nicht in Frage, dass das mit den geltenden Regelbedarfen verfolgte Ziel der Sicherung des Existenzminimums erreicht werde (BMAS 2013, 6).

Von den Verbrauchsausgaben der Haushalte der Referenzgruppen sind je nach Art der Ausgaben, die in 12 Abteilungen untergliedert werden, unterschiedliche Anteile regelbedarfsrelevant, werden also für den Regelbedarf berücksichtigt. Dabei wird wiederum differenziert zwischen Einpersonenhaushalten und Familienhaushalten. Für die Familienhaushalte wird zudem hinsichtlich der regelbedarfsrelevanten Beträge für Minderjährige zwischen verschiedenen Altersgruppen unterschieden. Es wird differenziert zwischen der Altersgruppe der Kinder bis zur Vollendung des 6. Lebensjahrs, der Kinder vom Beginn des 7. bis zur Vollendung des 14. Lebensjahres und den Jugendlichen vom Beginn des 15. bis zur Vollendung des 18. Lebensjahres. Der höchste monatliche Betrag ergibt sich dabei durchgängig für die Abteilung der Lebensmittel und alkoholfreien Getränke. Hier lag der **Betrag für den Einpersonenhaushalt** bei 128,45 € im Jahr 2008. Alkoholhaltige Getränke sind nicht mehr regelbedarfsrelevant, ihr Verbrauch durch die Referenzgruppen fließt also nicht mehr in den Regelbedarf ein. Nach der Gesetzesbegründung stellt Alkohol ein gesundheitsgefährdendes Genussgift dar und gehört als legale Droge nicht zu dem das Existenzminimum abdeckenden Grundbedarf. Gleiches gilt für Tabakwaren, da es sich bei dem Genussgift Tabakwaren (Nikotin) wie bei Alkohol um eine legale Droge handelt (BT-Ds 17/3404, 53 f.; zur Kritik am Ausschluss dieser Bedarfstatbestände überzeugend Sartorius 2013b Rz. 107 ff.).

Am niedrigsten sind jeweils die Beträge in der Abteilung Bildung. Hier wurden im Jahr 2008 für den Einpersonenhaushalt 1,39 € als regelbedarfsrelevant anerkannt, bei Kindern bis zur Vollendung des 6. Lebensjahrs 0,98 €, in der Altersgruppe von 7 bis 13 Jahren 1,16 € und für die 14- bis 17-Jährigen nur noch 0,29 €. Das BVerfG hatte in seiner Entscheidung zur Verfassungswidrigkeit der Bemessung der Regelleistung vom Februar 2010 gerügt, dass Ausgaben für Bildung und außerschulischen Unterricht in Sport und musischen Fächern in der Regelleistung bis 2010 keine Berücksichtigung gefunden hatten und insofern nach-

Bedarfsrelevante Verbrauchsgüter

gebessert werden müsse (BVerfG 09.02.2010 – 1 BvL 1/09, Absatz-Nr. 180 ff.). Der Gesetzgeber hat sich bei der Neuregelung dafür entschieden, die betreffenden Ausgaben nicht in die Regelbedarfe einzubeziehen, sondern gesondert über das sog. **Bildungspaket** Leistungsansprüche für Minderjährige und junge Volljährige zu gewähren, die das 25. Lebensjahr noch nicht vollendet haben (ausführlich nachfolgend). Die Neubemessung der Regelbedarfe für Minderjährige hat letztlich zu geringeren Beträgen geführt, als sie aufgrund der vorigen Rechtslage gewährt wurden (§ 8 Abs. 1 RBEG). Um eine Schlechterstellung gegenüber der früheren Rechtslage zu verhindern, wurden die Regelbedarfe ab dem 01.01.2011 in unveränderter Höhe gewährt (§ 8 Abs. 2 RBEG). Die rechnerischen Differenzbeträge, die sich im Vergleich zur Neuberechnung ergeben, wurden allerdings jeweils mit den Fortschreibungen in den Folgejahren verrechnet (BT-Ds 17/3404, 90).

Die einmal auf der Grundlage der Stichprobe aus dem Jahr 2008 für die Regelbedarfe ermittelten Beträge werden bis zur Neuermittlung nach einer neuen Einkommens- und Verbrauchsstichprobe jährlich „fortgeschrieben", also an bestimmte volkswirtschaftliche Entwicklungen angepasst. Nachdem das BVerfG eine Anknüpfung an die fast jährlich stattfindende Änderung des aktuellen Rentenwertes für unzulässig erklärt hat (BVerfG 09.02.2010 – 1 BvL 1/09, Absatz-Nr. 184), werden seit dem 01.01.2012 die Regelbedarfe jeweils zum 01.01. eines Jahres anhand eines Mischindexes fortgeschrieben, der sich zu 70 % aus Preisentwicklung und zu 30 % aus der Nettolohnentwicklung zusammensetzt. Das Gesetz verweist hier in § 20 Abs. 5 SGB II auf die Regelung des § 28a SGB XII, der die Einzelheiten der Fortschreibung regelt. Zudem erfolgte zum 01.01.2012 als Ergebnis der Verhandlungen im Vermittlungsausschuss eine Anhebung der Regelleistung für die Alleinstehenden bzw. Alleinerziehenden um 3 €. Hierdurch sollte ausgeglichen werden, dass sich die Bemessung des Regelbedarfs nur auf die Durchschnittswerte des Jahres 2009 im Vergleich zum Jahr 2008 bezogen hatte und damit nur die Steigerung innerhalb eines Jahres berücksichtigt wurde. Derzeit (2014) beträgt der Regelbedarf einer alleinstehenden oder alleinerziehenden Person 391 €.

Fortschreibung der Regelbedarfe

Leben mehrere Personen in einer **Bedarfsgemeinschaft** (s. III-4.1.4) zusammen, so verringert sich der Betrag des individuellen Regelbedarfs. Diese Regelung hat den Hintergrund, dass weniger Kosten entstehen, wenn Personen in einem Haushalt zusammenleben und wirtschaften, als wenn jede der Personen allein in einem Haushalt lebt. Haben zwei Partner der Bedarfsgemeinschaft das 18. Lebensjahr vollendet, beträgt der aktuelle Regelbedarf nach § 20 Abs. 4 SGB II jeweils monatlich 353 €. Dies entspricht 90 % des Regelbedarfs für die Alleinstehenden und Alleinerziehenden nach Absatz 2 S. 1. Der Regelbedarf für sonstige volljährige Angehörige des Haushalts – z. B. volljährige Kinder bis zur Vollendung des 25. Lebensjahres oder vorübergehend erwerbsunfähige Eltern leistungsberechtigter Kinder – beträgt monatlich 313 € (§ 20 Abs. 2 S. 2 Nr. 2 SGB II). Dies entspricht 80 % des Regelbedarfs nach S. 1. Für minderjährige erwerbsfähige Angehörige der Bedarfsgemeinschaft liegt der Regelbedarf bei monatlich 296 € (§ 20 Abs. 2 S. 2 Nr. 1 SGB II). Personen unter 25 Jahren, die ohne Zusicherung des Trägers umgezogen sind, erhalten – auch wenn sie nun alleinstehend oder alleinerziehend sind – nur 313 € und damit 80 % des Regelbedarfs. Der Hintergrund dieser Regelung liegt darin, dass sie für den Fall eines im Sinne des Leistungsrechts des SGB II unzulässigen Umzugs nicht privilegiert werden sollen. Sie erhalten daher den Regelbedarf in derselben Höhe, die ihnen auch zustehen würde, wenn sie weiterhin bei ihren Eltern oder einem Elternteil wohnten. Die Höhe der Regelbedarfsstufen eins bis vier bezieht sich jeweils sowohl auf Empfänger von Alg II als auch von Sozialgeld. Hier findet keine Differenzierung zwischen den verschiedenen Leistungen statt. Die Regelbedarfsstufen fünf und sechs betreffen Kinder und Jugendliche vor Vollendung des 15. Lebensjahres, die aufgrund ihres Alters nicht Alg II erhalten, sondern Sozialgeld (III-4.1.6.1). Nach § 23 Abs. 1 Nr. 1 SGB II beträgt der Regelbedarf bis zur Vollendung des 6. Lebensjahres derzeit (2014) 229 €, bis zur Vollendung des 14. Lebensjahres 261 € und im 15. Lebensjahr 296 €.

Es ergeben sich damit für die Leistungsberechtigten je nach Alter und Wohnsituation bezogen auf die Jahre 2011 bis 2014 die in Übersicht 50 enthaltenen Regelbedarfsstufen. Der Regelbedarf wird grundsätzlich als Geldleistung gewährt, die gemäß § 41 Abs. 1 S. 4 SGB II „im Voraus", also am Monatsanfang, erbracht wird. Über die konkrete Verwendung kann die leistungsberechtigte Person gemäß § 20 Abs. 1 S. 4 SGB II eigenverantwortlich entscheiden, d. h. sie muss weder die konkrete Verwendung nachweisen, noch ist sie an die Höhe der statistisch ermittelten Durchschnittsausgaben der 12 Verbrauchsabteilungen der §§ 5, 6 RBEG gebunden. Allerdings hat sie bei der Verwendung laut § 20 Abs. 1 S. 4 Halbsatz 2 SGB II „das Eintreten unregelmäßig anfallender Bedarfe zu berücksichtigen". D. h. sie ist gehalten, monatlich einen Betrag, dessen Höhe nicht definiert ist, beseite zu legen, um unvorhergesehene Ausgaben wie z. B. den Ersatz eines defekten Haushaltsgegenstandes abdecken zu können.

Übersicht 50: Regelbedarfsstufen nach § 8 RBEG

Regel-bedarfs-stufe	Leistungsberechtigte	Höhe des monatlichen Regelbedarfs nach § 8 RBEG	Regel-bedarf 2011	Regel-bedarf 2012	Regel-bedarf 2013	Regel-bedarf 2014
1	alleinstehende oder alleinerziehende Leistungsberechtigte	364 €	364 €	374 €	382 €	391 €
2	Ehegatten und Lebenspartner sowie andere erwachsene Leistungsberechtigte, die in einem gemeinsamen Haushalt leben und gemeinsam wirtschaften	328 €	328 €	337 €	345 €	353 €
3	erwachsene Leistungsberechtigte, die keinen eigenen Haushalt führen, weil sie im Haushalt anderer Personen leben	291 €	291 €	299 €	306 €	313 €
4	Jugendliche vom Beginn des 15. bis zur Vollendung des 18. Lebensjahres	275 €	287 €	287 €	289 €	296 €
5	für Kinder vom Beginn des 7. bis zur Vollendung des 14. Lebensjahres	242 €	251 €	251 €	255 €	261 €
6	Kinder bis zur Vollendung des 6. Lebensjahres	213 €	215 €	219 €	224 €	229 €

Nur wenn sich die leistungsberechtigte Person, insb. bei Drogen- oder Alkoholabhängigkeit sowie im Falle unwirtschaftlichen Verhaltens, als ungeeignet erweist, mit den Leistungen für den Regelbedarf nach § 20 SGB II ihren Bedarf zu decken, kann das Alg II bis zur Höhe des Regelbedarfs für den Lebensunterhalt in voller Höhe oder anteilig in Form von Sachleistungen erbracht werden (§ 24 Abs. 2 SGB II).

Für bestimmte Personen sieht § 21 SGB II Mehrbedarfe vor. Dies betrifft Personengruppen, die aufgrund spezieller Lebenslagen typischerweise einen erhöhten Bedarf haben, der mit den Pauschalbeträgen der Regelleistung, die einen durchschnittlichen Bedarf abdecken, nicht zu befriedigen ist. Einen Anspruch auf Mehrbedarf haben nach § 21 Abs. 2 SGB II zunächst **schwangere Frauen** nach der 12. Schwangerschaftswoche in Höhe von 17 % des für sie maßgeblichen Regelbedarfs. Nach Absatz 3 haben **alleinerziehende Personen** einen Mehrbedarf in Höhe von 36 % des für sie maßgeblichen Regelbedarfs, wenn sie mit einem Kind unter sieben oder mehreren Kindern unter 16 Jahren zusammenleben (Abs. 3 Nr. 1). Der anerkannte Mehrbedarf beträgt in den übrigen Fällen hingegen 12 % pro Kind, wird jedoch auf maximal 60 %, also bei fünf Kindern, gedeckelt (Abs. 3 Nr. 2). Die in Nr. 2 zusätzlich genannte Einschränkung im Gesetz, „wenn sich dadurch ein höherer Prozentsatz als nach der Nummer 1 ergibt", ist immer auf den konkreten Einzelfall bezogen. Bei nur einem Kind von 10 Jahren etwa ergäbe sich nach Nr. 1 gar kein Mehrbedarf. Im Verhältnis dazu sind 12 % nach Nr. 2 ein höherer Betrag, so dass diese Variante in dem Fall greift. Die Vorschrift ist nicht dahingehend zu verstehen, dass sich auf Grundlage der Nr. 2 immer ein höherer Betrag als die in Nr. 1 genannten 36 % ergeben muss, denn sonst würde das konsequent angewandt bedeuten, dass es erst ab 4 Kindern den Mehrbedarf nach Nr. 2 gäbe, da nur dann ein höherer Prozentsatz als 36 % möglich ist (i. E. Münder – von Boetticher 2013 § 21, Rz. 17). Voraussetzung für den Mehrbedarf ist die alleinige Pflege und Erziehung durch den Berechtigten. Dies bedeutet nicht notwendigerweise, dass keine weitere Person mit im Haushalt leben darf. Entscheidend ist nur, dass eventuelle Mitbewohner an der Pflege und Erziehung des Kindes nicht oder nur in geringem Umfang mitwirken (BSG, Urteil vom 23.08.2012 – B 4 AS 167/11 R). Unerheblich ist auch, ob die alleinerziehende Person alleinige Inhaberin der elterlichen Sorge nach §§ 1626 f. BGB ist (BSG 27.01.2009 – B 14/7 B).

Mehrbedarf

Leistungsberechtigte mit Behinderung haben nach Absatz 4 (ggf. i. V. m. § 23 Nr. 2 und 3 SGB II) einen Mehrbedarf, wenn sie spezielle Hilfen im Zusammenhang mit dem Arbeitsleben oder der Ausbildung erhalten. Die genannten Personengruppen erhalten zur Abdeckung des Mehrbedarfs einen Betrag in Höhe von 35 % des jeweils maßgebenden Regelbedarfs.

Leistungsberechtigte, die aus medizinischen Gründen einer kostenaufwendigen Ernährung bedürfen, erhalten nach Absatz 5 einen Mehrbedarf in angemessener Höhe (**Krankenkostzulage**). Die Gewährung des Mehrbedarfes setzt voraus, dass die leistungsberechtigte Person aus medizinischen Gründen einer gegenüber dem Durchschnitt kostenaufwändigeren Ernährung bedarf, die wegen des erhöhten Kostenaufwandes nicht aus dem Regelbedarf gesichert werden kann. In Frage kommt dies etwa bei sog. verzehrenden Erkrankungen wie Krebs, AIDS oder Multipler Sklerose, bei Niereninsuffizienz und Zöliakie. Nicht (mehr) anerkannt wird ein solcher Mehrbedarf bei Diabetes mellitus Typ 1 und Typ 2. Die Gerichte gehen davon aus, dass die Hilfebedürftigen die Kosten für die im Hinblick auf ihre Diabetes-Erkrankung erforderliche Vollkost (Mischkost) aus den ihnen gewährten Regelleistungen vollumfänglich decken können (zu Details auch bezüglich weiterer Erkrankungen s. Münder – von Boetticher 2013 § 21 Rz. 24 ff.). Liegen bei einer leistungsberechtigten Person mehrere Erkrankungen vor, für die jeweils ein Mehrbedarf für kostenaufwändige Ernährung aus medizinischen Gründen geltend gemacht wird, so ist der Ernährungsaufwand aufgrund des gesamten Krankheitsbildes konkret zu ermitteln. Die Heranziehung ausschließlich des höchsten einzelnen Mehrbedarfs für eine der vorhandenen Erkrankungen oder Behinderungen ist rechtswidrig (BSG 27.02.2008 – B 14/7b AS 32/06 R).

Für die einzelnen Krankheiten gibt es Regelwerte des DV, der anhand ernährungswissenschaftlicher Untersuchungen die Differenz zwischen dem Ernährungsanteil der sozialhilferechtlichen Regelsätze und dem notwendigen Ernährungsaufwand bei der jeweiligen Erkrankung ermittelt und entsprechende Empfehlungen erarbeitet hat (DV 2008 http://www.deutscher-verein.de/05-empfehlungen/empfehlungen_archiv/empfehlungen2008/pdf/DV%2025-08.pdf. Allerdings sind diese nicht zwingend, sondern es handelt sich „allenfalls um in der Verwaltungspraxis etablierte generelle Kriterien, die im Normalfall eine gleichmäßige und schnelle Bearbeitung geltend gemachten Mehrbedarfs im Bereich der Krankenkost erlauben. Durch diese „Empfehlungen" wird jedoch die grundsätzliche Verpflichtung der Verwaltung und der Gerichte der Sozialgerichtsbarkeit, den Sachverhalt vom Amts wegen aufzuklären, nicht aufgehoben" (BSG 15.4.2008 – B 14/11b AS 3/07 R Absatz 16; i. E. so auch Sartorius 2013c Rz. 33).

Absatz 8 deckelt die Summe der insgesamt anerkannten Mehrbedarfe nach den Absätzen 2 bis 5 auf die Höhe des jeweiligen Regelbedarfes – z.B. bei einem Ehegatten aktuell (2014) auf 353 €. Diese Deckelung ist verfassungsrechtlich problematisch, da die Mehrbedarfe zusammen mit dem Regelbedarf ja gerade das Existenzminimum sichern sollen. Kommt die Kappung nach Absatz 8 bei einer Häufung von Mehrbedarfen tatsächlich zur Anwendung, würde dieses an sich anerkannte Existenzminimum unterschritten.

Um der Forderung des BVerfG in seinem Urteil vom 09.02.2010 nach Anerkennung laufender untypischer Bedarfe gerecht zu werden, ist zum 01.01.2011 in § 21 Abs. 6 SGB II ein **Mehrbedarf für unabweisbare laufende Bedarfe** aufgenommen worden. Der Mehrbedarf ist nach Abs. 6 unabweisbar, wenn er insb. nicht durch die Zuwendungen Dritter sowie unter Berücksichtigung von Einsparmöglichkeiten der Leistungsberechtigten gedeckt ist und seiner Höhe nach erheblich von einem durchschnittlichen Bedarf abweicht. Dies kann etwa der Fall sein in Bezug auf Mehraufwendungen, die für getrennt lebende Elternteile bei der Ausübung des Rechts auf Umgang mit dem Kind anfallen (LSG Nds-HB 21.06.2007 – L 8 AS 491/05; LSG R-P 24.11.2010 – L 1 SO 133/10 B). Als weitere unabweisbare laufende Bedarfe sind Gesundheitskosten und Aufwendungen denkbar, die sich aus einer Behinderung ergeben (m. w. N. Sartorius 2013c Rz. 54).

Ebenfalls zum 01.01.2011 eingeführt wurde der Mehrbedarf nach § 21 Abs. 7 SGB II. Dieser **Mehrbedarf** trägt der Tatsache Rechnung, dass seit diesem Zeitpunkt die Kosten **für die Erzeugung von Warmwasser** nicht mehr im Regelbedarf enthalten sind. Wird das Warmwasser vom Vermieter zentral bereitgestellt, so werden die Kosten im Rahmen der Unterkunftskosten nach § 22 SGB II übernommen. In den Fällen, in denen Warmwasser dezentral erzeugt wird, also durch eine in der Unterkunft installierte Vorrichtung wie z. B. einen Boiler oder Durchlauferhitzer, wird ein Mehrbedarf für die Kosten nach § 21 Abs. 7 SGB II anerkannt, dessen Höhe je nach Altersgruppe der Anspruchsberechtigten zwischen 0,8 % und 2,3 % des jeweiligen Regelbedarfs liegt. Anders als bei anderen Regel- und Mehrbedarfen enthält der Absatz 7 eine Öffnungsklausel, der bei einem abweichenden Bedarf auch höhere Leistungen zulässt. Tatsächlich liegen Hinweise darauf vor, dass die Mehrbedarfe nach Abs. 7 strukturell zu gering angesetzt worden sind (Eckhardt, info also 2012, 203).

Im Rahmen des Arbeitslosengeldes II werden nach § 22 SGB II auch Leistungen für Unterkunft und Heizung erbracht. Nach § 22 Abs. 1 SGB II werden sie in Höhe der tatsächlichen Aufwendungen erbracht, soweit diese angemessen sind. Heizkosten sind im Rahmen der Angemessenheit ebenfalls in tatsächlicher Höhe zu übernehmen. Sofern Warmwasser zentral vom Vermieter zur Verfügung gestellt wird, werden auch diese Kosten im Rahmen der § 22 SGB II berücksichtigt. Wird es in der Wohnung produziert, wird dies als Mehrbedarf nach § 21 Abs. 7 SGB II anerkannt. Leben mehrere Personen in der Wohnung, so sind die für die Wohnung anfallenden Unterkunfts- und Heizkosten grundsätzlich nach der Kopfzahl auf die jeweiligen Bewohner aufzuteilen (m. w. N. Berlit 2013f Rz. 33 f.).

Unterkunftskosten

Die Frage der Angemessenheit der Wohnungskosten richtet sich nach dem Produkt aus der Wohnfläche und dem Mietzins pro Quadratmeter bzw. den Aufwendungen für eine Immobilie (ausführlich Berlit 2013f Rz. 35 ff.). Es gibt aufgrund der regionalen Unterschiede auf dem Wohnungsmarkt keine bundeseinheitlichen Richtwerte; vielmehr ist bezüglich der Angemessenheit auf die örtlichen Verhältnisse abzustellen. Als Anhaltspunkt kann man sich an den Mietobergrenzen des § 12 WoGG orientieren, wobei sich die Zuordnung eines Ortes zu den Mietstufen 1–6 auf der Internetseite des Bundesministeriums für Verkehr und digitale Infrastruktur nachvollziehen lässt (http://www.bmvi.de//SharedDocs/DE/Artikel/SW/wohngeld-und-mietenstufen.html). Viele Kommunen haben jedoch im Wege von Verwaltungsanweisungen eigene Angemessenheitsgrenzwerte festgelegt. Nach Informationen des Landkreises Mecklenburgische Seenplatte (http://www.lk-mecklenburgische-seenplatte.de/media/custom/2037_1307_1.PDF?1389690845) etwa sind bei einer Mietwohnung zur Prüfung der Angemessenheit der Leistungen der Unterkunft (Gesamtmiete abzüglich Heizkosten) für Antragsteller mit Wohnsitz in der Stadt Neubrandenburg nachfolgende Richtwerte in Anwendung zu bringen: Für 1 Person bis max. 300 €, für 2 Personen bis max. 350,50 €, für 3 Personen bis max. 419,50 €, für 4 Personen bis max. 498,50 € und für jede weitere Person zusätzlich max. 79,50 €. Bei derartigen Verwaltungsvorschriften oder -richtlinien handelt es sich um verwaltungsinterne Anweisungen, die zwar eine Bindungswirkung für die Mitarbeiter des jeweiligen Trägers besitzen, jedoch mangels Rechtsnormcharakters keine Außenwirkung gegenüber den Leistungsberechtigten entfalten (I-1.1.3.6). Die Tatsache, dass konkrete Mietkosten die in einer Verwaltungsvorschrift festgelegten Höchstbeträge überschreiten, führt somit nicht automatisch dazu, dass die Kosten als unangemessen zu betrachten sind. Erforderlich ist vielmehr eine Einzelfallprüfung. Zur Ermittlung der Leistung für die Unterkunft, auf die die leistungsberechtigte Person Anspruch hat, ist in mehreren Schritten vorzugehen: Im ersten Schritt ist die angemessene Leistung für die Unterkunft abstrakt zu ermitteln. Anschließend ist ggf. zu prüfen, ob in dem örtlichen Vergleichsraum eine solche abstrakt angemessene Wohnung auch tatsächlich hätte angemietet werden können bzw. ob dies auch zumutbar gewesen wäre (ausführlich BSG 13.04.2011 – B 14 AS 106/10 R). Überschreitet die Wohnung die im Einzelfall angemessene Größe, wirkt sich dies auf die Angemessenheit der Miete, der Nebenkosten und der Heizkosten aus. Leistungen nach § 22 SGB II sind für tatsächliche Aufwendungen nach der Rechtsprechung stets in angemessener Höhe zu übernehmen (so etwa BSG 07.11.2006 – B 7b 10/06 R). Überschreiten die tatsächlichen Unterkunftskosten den angemessenen Umfang, obliegt es der leistungsberechtigten Person, die darüber hinausgehenden, nicht vom zuständigen Träger übernommenen Kosten aus eigenen Mitteln aufzubringen, insbesondere aus dem Regelbedarf oder dem vorhandenen Vermögen. Der zuständige Träger darf die Übernahme jedenfalls der angemessenen Kosten auch dann nicht verweigern, wenn feststeht, dass die Unterkunft aufgrund der Einkommens- und Vermögenslage der leistungsberechtigten Person langfristig nicht finanzierbar sein wird (Berlit 2013f Rz. 95).

Zu den Unterkunftskosten zählen bei selbstgenutzten und vermögensgeschützten **Immobilien** (vgl. § 12 Abs. 3 S. 1 Nr. 4 SGB II) insb. die sog. kalten Betriebskosten, Schuldzinsen (BSG 14.05.2008 – B 14/7b AS 34/06), Steuern und die Instandsetzungs- und -haltungskosten (§ 22 Abs. 2 SGB II). Diese dürfen nicht zu einer Wertsteigerung der Immobilie führen und müssen notwendig sowie angemessen sein (LSG ST 03.01.2011 – L 5 AS 423/09 B ER). Nach der Gesetzesbegründung sind die zu berücksichtigenden Aufwendungen begrenzt auf die innerhalb von zwölf Monaten insgesamt als angemessen übernahmefähigen Unterkunftskosten, die auch bei Mietern berücksichtigt werden könnten. Liegen die tatsächlichen Aufwendungen für eine Immobilie bereits oberhalb der für Mieter geltenden Obergrenzen, werden danach keine Zuschüsse erbracht. Es kann in den Fällen jedoch bei unabweisbaren Aufwendungen für Instandhaltung und Reparatur nach S. 2 zur Sicherung der Unterkunft ein Darlehen erbracht werden (BT-Ds 17/3404, 99). In Ausnahmefällen werden auch Tilgungsleistungen teilweise berücksichtigt, wenn die leistungsberechtigte Person ansonsten zur Aufgabe der Immobilie gezwungen wäre (BSG 18.06.2008 – B 14/11b AS 67/06 R).

Auch die angemessenen Kosten für alternative Wohnformen sind nach § 22 SGB II zu übernehmen, so etwa die Unterhaltskosten für ein Wohnmobil, das zu Wohnzwecken genutzt wird (BSG 17.06.2010 – B 14 AS 79/09 R).

Seit dem 01.01.2011 besteht eine **Satzungsermächtigung** (vgl. I-1.1.3.4), nach der die Länder die Kreise und kreisfreien Städte durch Gesetz ermächtigen oder verpflichten können, durch Satzung zu bestimmen, in welcher Höhe Unterkunftskosten auf ihrem Gebiet angemessen sind (ausführlich Berlit 2013f Rz. 62 ff.). Die Länder können die Kreise und kreisfreien Städte in diesem Rahmen auch ermächtigen, abweichend von § 22 Abs. 1 S. 1 SGB II die Bedarfe für Unterkunft und Heizung in ihrem Gebiet durch eine monatliche Pauschale zu berücksichtigen, wenn auf dem örtlichen Wohnungsmarkt ausreichend freier Wohnraum verfügbar ist und dies dem Grundsatz der Wirtschaftlichkeit entspricht (§ 22a SGB II). Im Gegensatz zu den Verwaltungsvorschriften entfalten Satzungen aufgrund ihres Rechtsnormcharakters Außenwirkung den Leistungsberechtigten gegenüber. Gegen eine solche Satzung ist die Klage vor dem Landessozialgericht zulässig (§ 55a SGG).

Selbst wenn die Unterkunftskosten zu hoch sind, so sind sie so lange zu übernehmen, wie es den Personen nicht zuzumuten ist, die Kosten durch **Umzug** oder (Unter)Vermietung zu senken, in der Regel jedoch für längstens sechs Monate. Sowohl bei der Frage der Angemessenheit der Kosten als auch bei der Frage der Zumutbarkeit eines Umzugs o. Ä. sind die Besonderheiten des Einzelfalls zu berücksichtigen, wobei etwa Krankheit oder Behinderung einer Bewohnerin eine Rolle spielen können. Wäre ein Wohnungswechsel unwirtschaftlich, etwa weil die Angemessenheitsgrenze nur gerigfügig überschritten wird oder die Hilfebedürftigkeit in absehbarer Zeit enden wird, muss keine Absenkung der an sich unangemessenen Kosten verlangt werden. Nach § 22 Abs. 4 SGB II soll die erwerbsfähige leistungsberechtigte Person vor Abschluss eines Vertrages über eine neue Unterkunft die Zusicherung des für die Leistungserbringung bisher örtlich zuständigen kommunalen Trägers zu den Aufwendungen für die neue Unterkunft einholen. Dabei ist der kommunale Träger zur Zusicherung verpflichtet, wenn der Umzug erforderlich ist und die Aufwendungen für die neue Unterkunft angemessen sind. Wohnungsbeschaffungskosten, Umzugskosten und Mietkaution können nach § 22 Abs. 6 SGB II übernommen werden, sofern dies vom zuständigen Träger vorab zugesichert wurde. Die Mietkaution soll als Darlehen, also als rückzahlbare Leistung, gewährt werden. Im Falle eines nicht erforderlichen Umzugs, der zu erhöhten Unterkunftskosten führt, werden die Leistungen anschließend nur in der bisherigen Höhe erbracht (§ 22 Abs. 1 SGB II).

Verschärfte Anforderungen bestehen für **Personen unter 25 Jahren**. Wenn sie um- bzw. aus dem Elternhaus ausziehen, werden ihnen nach § 22 Abs. 5 SGB II Leistungen für Unterkunft und Heizung für die Zeit nach einem Umzug bis zur Vollendung des 25. Lebensjahres nur erbracht, wenn der kommunale Träger dies vor Abschluss des Vertrages über die Unterkunft zugesichert hat. Der kommunale Träger ist zur Zusicherung verpflichtet, wenn der junge Mensch aus schwerwiegenden sozialen Gründen nicht auf die Wohnung der Eltern oder eines Elternteils verwiesen werden kann, der Bezug der Unterkunft zur Eingliederung in den Arbeitsmarkt erforderlich ist oder ein sonstiger, ähnlich schwerwiegender Grund vorliegt. Schwerwiegende Gründe i. S. d. Vorschrift können etwa dauerhafte und gravierende Auseinandersetzungen innerhalb der Familie, sexuelle Übergriffe, Gewalt oder der Hinauswurf des jungen Menschen aus der elterlichen Wohnung sein (m. w. N. Berlit 2013f Rz. 137). Auch „positive Motivationen" kommen allerdings in Frage, so kann etwa der Wunsch, nach der Geburt eines Kindes mit diesem und dem Partner in einer eigenen Wohnung zusammenzuleben, ein schwerwiegender Grund i. S. d. § 22 Abs. 5 S. 2 Nr. 3 SGB II sein. Durch die im Frühjahr 2006 eingefügte Regelung des Absatz 5 und durch die eingeschränkte Regelleistung nach § 20 Abs. 3 SGB III für den Fall eines i. S. d. Gesetzes nicht erforderlichen Umzugs (s. o.) soll verhindert werden, dass junge Menschen unter 25 Jahren ohne Notwendigkeit aus der Wohnung ihrer Eltern ausziehen und mit einer eigenen Wohnung zusätzliche Kosten verursachen. Zur Einschätzung der vorgetragenen Gründe wird teilweise von den Jobcentern eine Stellungnahme des Jugendamts zur Situation in der Familie erbeten. Die Vorschrift betrifft den jungen Menschen (und neben ihm faktisch auch seine Eltern bzw. den Elternteil, bei dem er lebt und ggf. auch dessen Partner/in) massiv in der Ausgestaltung des Privatlebens. Ob sich unter verfassungsrechtlichen Aspekten – speziell im Hinblick auf den Gleichheitsgrundsatz nach Art. 3 Abs. 1 GG – ein hinreichend tragfähiger Grund für die Schlechterstellung von Personen unter 25 und ihren Eltern anderen Personen gegenüber anführen lässt, ist zweifelhaft. Insofern ist zwingend eine enge Auslegung der Umzugsbeschränkung erforderlich, um eine Wahrung der Grundrechte der betreffenden Personen sicherzustellen (so auch Berlit 2013f Rz. 132 ff.). § 22 Abs. 7 SGB II eröffnet die Möglichkeit, die Unterkunftskosten direkt an Vermieter oder andere empfangsberechtigte Personen zu zahlen, wenn die zweckentsprechende Verwendung der Mittel durch die leistungsberechtigte Person nicht sichergestellt ist. Die **Direktzahlungsvariante** ist keinesfalls die Regel, sondern ein Ausnahmefall, der konkrete Anhaltspunkte voraussetzt, dass Leistungsberechtigte die Unterkunftskosten zweckwidrig verwenden. Zum 01.01.2011 wurde die Regelung präzisiert, indem ein Katalog von Gründen aufgenommen wurde, aus denen entsprechende Anhaltspunkte gewonnen werden können: insb. Miet- oder Energiekostenrückstände, krankheits- oder suchtabhängiges Unvermögen zum zweckentsprechenden Einsatz der Mittel und konkrete Anhaltspunkte für eine zweckwidrige Verwendung bei einer im Schuldnerverzeichnis eingetragenen Person. Nach der Gesetzesbegründung kann von dem Vorliegen konkreter Anhaltspunkte für ein krankheits- oder suchtbedingtes Unvermögen zur künftigen sachgerechten Mittelverwendung durch Leistungsberechtigte erst dann ausgegangen werden, wenn Leistungsberechtigte in der Vergangenheit Alg II, soweit es für Bedarfe für Unterkunft und Heizung geleistet wurde, nicht zweckentsprechend verwendet haben (BT-Ds 17/3404, 99).

Werden Unterkunfts- und Heizungskosten übernommen, so können vom zuständigen Träger auch Mietschulden übernommen werden (§ 22 Abs. 8 SGB II). Sie sollen übernommen werden, wenn dies gerechtfertigt und notwendig ist und sonst Wohnungslosigkeit einzutreten droht. Führt die Schuldenlage zu drohender Wohnungslosigkeit i. S. v. § 22 Abs. 8 S. 1 SGB II, verbleibt für die Ausübung des Ermessens regelmäßig kein Spielraum, sondern die Schulden sind zu übernehmen (BSG 17.06.2010 – B 14 AS 58/09 R). Der Betrag ist dabei nicht auf eine bestimmte – etwa im Wege von Verwaltungsvorschriften festgelegte – Höhe begrenzt (LSG NRW 17.9.2013 – L 19 AS 1501/13 B). Allerdings ist vorrangig vorhandenes Vermögen der leistungsberechtigten Person einzusetzen und Geldleistungen des Grundsicherungsträgers sind i. d. R. in Form von Darlehen zu erbringen. Um Wohnungslosigkeit zu verhindern, sind die Gerichte verpflichtet, dem zuständigen

Träger Mitteilung zu machen, wenn eine Räumungsklage wegen Mietrückständen eingeht (vgl. dazu §§ 543 Abs. 2 Nr. 3 und 569 Abs. 3 BGB).

Einige wenige, nicht regelmäßig anfallende Bedarfe sind nicht im Regelbedarf enthalten. Nach § 24 Abs. 3 SGB II werden Leistungen für **Erstausstattungen** für die Wohnung einschließlich Haushaltsgeräten (etwa beim Auszug eines jungen Menschen aus dem elterlichen Haushalt oder einer Jugendhilfeeinrichtung, bei Entlassung aus der Haft oder der Rückkehr aus dem Ausland, m. w. N. Berlit 2013g Rz. 18 ff.) sowie Erstausstattungen für Bekleidung und Erstausstattungen bei Schwangerschaft und Geburt auf gesonderten Antrag hin (s. § 37 Abs. 1 S. 2 SGB II) zusätzlich zum Regelbedarf erbracht. Seit dem 01.01.2011 gilt dies auch für Anschaffung und Reparaturen von orthopädischen Schuhen, Reparaturen von therapeutischen Geräten und Ausrüstungen sowie die Miete von therapeutischen Geräten. Auf die Leistungen nach § 24 Abs. 3 SGB II besteht auch dann ein Anspruch, wenn keine laufenden Leistungen erbracht werden, weil der regelmäßige Lebensbedarf aus dem Einkommen bzw. Vermögen gedeckt werden kann, dies aber für die genannten zusätzlichen Bedarfe nicht ausreicht.

Nicht regelmäßig anfallende Bedarfe

Alle anderen notwendigen An- oder Ersatzbeschaffungen, etwa für Möbel, Haushaltsgeräte oder Bekleidung außerhalb des speziellen und seltenen Falls der Erstausstattung, sind aus dem Regelbedarf zu bezahlen bzw. anzusparen. Liegt im Einzelfall ein unabweisbarer Bedarf vor, kann also nicht abgewartet werden, bis Mittel zur Beschaffung angespart wurden (z. B. bei einem Defekt des Kühlschranks oder fehlender Winterbekleidung im Dezember), sind aber keine ausreichenden finanziellen Mittel bei den Betroffenen vorhanden, so wird zur Deckung des Bedarfs nach § 24 Abs. 1 SGB II ein Darlehen erbracht. Dieses wird durch monatliche Aufrechnung in Höhe von 10 % des für die Darlehensnehmer maßgebenden Regelbedarfs getilgt (§ 42a Abs. 2 SGB II). D. h. die leistungsberechtigte Person bekommt in den Folgemonaten solange einen um 10 % verminderten Regelbedarf, bis das Darlehen für den angeschafften Gegenstand wieder „zurückbezahlt" worden ist.

Darlehen

Zum 01.01.2011 wurden nach langen kontroversen Diskussionen über das sog. **Bildungspaket** Bedarfe für Bildung und Teilhabe in § 28 SGB II in das Gesetz aufgenommen. Diese werden für Kinder, Jugendliche und junge Erwachsene neben dem Regelbedarf gesondert berücksichtigt. Ziel der Regelung ist es, möglichst frühzeitig Chancengerechtigkeit herzustellen und Ausgrenzungsprozesse zu vermeiden (BT-Ds 17/3404, 42). Bedarfe für Bildung werden gemäß § 28 Abs. 1 S. 2 anerkannt bei Schülern, die das 25. Lebensjahr noch nicht vollendet haben. Bei diesen – sowie bei Kindern in Kindertageseinrichtungen – werden die tatsächlichen Aufwendungen anerkannt für **Schulausflüge** und mehrtägige Klassenfahrten im Rahmen der schulrechtlichen Bestimmungen (§ 28 Abs. 2 SGB II). Zudem werden gemäß Absatz 3 für die Ausstattung mit persönlichem **Schulbedarf** bei Schülern 70 Euro zum 1. August und 30 Euro zum 1. Februar eines jeden Jahres berücksichtigt. Bei Schülern, die für den Besuch der nächstgelegenen Schule des gewählten Bildungsgangs auf **Schülerbeförderung** angewiesen sind, werden Absatz 4 zufolge die Fahrtkosten berücksichtigt, soweit sie nicht von Dritten übernommen werden und es der leistungsberechtigten Person nicht zugemutet werden

Bedarfe für Bildung und Teilhabe

kann, die Aufwendungen aus dem Regelbedarf zu bestreiten. Dabei gelten seit dem 01.08.2013 i. d. R. 5 € monatlich als zumutbarer Eigenanteil gemäß § 28 Abs. 4 S. 2 SGB II. Darüber hinaus wird gemäß Absatz 5 eine schulische Angebote ergänzende angemessene **Lernförderung** durch Nachhilfeunterricht berücksichtigt, soweit diese geeignet und zusätzlich erforderlich ist, um die nach den schulrechtlichen Bestimmungen festgelegten wesentlichen Lernziele zu erreichen. Voraussetzung für den Anspruch ist also zunächst, dass die Lernförderung erforderlich ist, um die Versetzung in die nächste Klassenstufe bzw. ein ausreichendes Leistungsniveau oder den Schulabschluss zu erreichen. Der Wunsch nach Notenverbesserung allein ist laut Gesetzesbegründung kein hinreichender Grund für die Lernförderung, auch wenn die Verbesserungen zum Erreichen einer besseren Schulartempfehlung notwendig ist (BT-Ds 17/3404, 105; kritisch etwa Zimmermann NJ 2011, 269; Demmer ArchSozArb 2011, 48). Darüber hinaus muss die Lernförderung auch geeignet sein, den angestrebten Zweck zu erreichen, d. h. es muss insoweit eine positive Prognose getroffen werden können (BT-Ds 17/3404, 105). Liegt eine solche Prognose vor, wird der Anspruch nicht dadurch ausgeschlossen, dass der Grund für die vorübergehende Lernschwäche im früheren Verhalten der betreffenden Person begründet ist (etwa häufiges unentschuldigtes Fehlen o. Ä.). Bei Teilnahme an einer **gemeinschaftlichen Mittagsverpflegung** werden die entstehenden Mehraufwendungen sowohl für Schüler als auch für Kinder in Kindertageseinrichtungen oder Kindertagespflege anerkannt (§ 28 Abs. 6 SGB II). Für Schüler gilt dies unter der Voraussetzung, dass die Mittagsverpflegung in schulischer Verantwortung angeboten wird. Die bis zum 31.12.2013 geltende Übergangsregelung des § 77 Abs. 11 S. 4 SGB II, wonach insoweit auch eine Mittagsverpflegung in einem außerschulischen Hort anerkannt worden ist, ist mit Ablauf der Frist ersatzlos entfallen. Da die Leistung nur die entstehenden Mehraufwendungen abdecken soll, ist von den leistungsberechtigten Personen ein Eigenanteil von einem Euro für jedes Mittagessen zu erbringen (§ 5a Nr. 3 Alg II-V i. V. m. § 9 RBEG).

Anders als bei den Bildungsbedarfen hängt die Leistungsberechtigung bei den Bedarfen zur Teilhabe am sozialen und kulturellen Leben in der Gemeinschaft nicht vom Schülerbegriff ab, sondern von der Minderjährigkeit. Nur bei Leistungsberechtigten bis zur Vollendung des 18. Lebensjahrs wird ein Bedarf in Höhe von insgesamt 10 € monatlich berücksichtigt für **Mitgliedsbeiträge** in den Bereichen Sport, Spiel, Kultur und Geselligkeit, Unterricht in künstlerischen Fächern (z. B. Musikunterricht) und vergleichbarer angeleiteter Aktivitäten der **kulturellen Bildung** sowie die Teilnahme an Freizeiten. Die Legitimation für den zur Abdeckung der genannten Bedarfe komplett realitätsfernen Betrag von 10 € monatlich leitet sich daraus ab, dass die Einkommens- und Verbrauchsstichprobe 2008 als Grundlage des RBEG in der Position „Außerschulischer Unterricht, Hobbykurse" für Kinder nur einen Betrag von 3,58 € monatlich ausweist. Im Hinblick auf das angestrebte Ziel, Teilhabechancen Minderjähriger effektiv zu erhöhen und Ausgrenzungen zu vermeiden, wäre eine Orientierung an den Durchschnittsausgaben von Personen angebracht, die Ausgaben für die betreffende Position überhaupt getätigt haben (so auch Groth 2013, Rz. 35). Ebenfalls fragwürdig ist die Einschätzung des Gesetzgebers, dass der Bedarf an Teilhabe am sozialen und kulturellen Leben mit der Volljährigkeit enden würde, während er schulische Bildung noch bis zum 25. Lebensjahr für förderungswürdig erachtet. Seit dem 01.08.2013 ist es durch einen neu angefügten Satz 2 in § 28 Abs. 7 SGB II möglich, dass neben den eigentlichen Teilnahmegebühren auch andere insoweit erforderliche Aufwendungen aus den 10 € finanziert werden, wie z. B. die Leihgebühr für ein Instrument.

Bis auf die Schulausstattung nach Absatz 3 müssen gemäß § 37 Abs. 1 S. 2 SGB II die übrigen **Bildungs- und Teilhabeleistungen gesondert beantragt** werden. Die Leistungen zur Deckung der Bedarfe werden nach § 29 SGB II überwiegend durch **Sach- und Dienstleistungen** erbracht, insb. in Form von personalisierten Gutscheinen oder Direktzahlungen an Anbieter von Leistungen zur Deckung dieser Bedarfe. In welcher Form dies geschieht, ist durch die Kommune zu entscheiden. Gutscheine können für den gesamten Bewilligungszeitraum im Voraus ausgegeben werden. Die Erbringung der Bildungs- und Teilhabeleistungen als Sachleistung wurde begründet mit der Zielsetzung, dass dadurch die zweckentsprechende Verwendung im Sinne der anspruchsberechtigten Kinder, Jugendlichen und jungen Erwachsenen sichergestellt werden soll (BT-Ds 17/4304, 149). Der darin liegende Generalverdacht gegen Alg-II-Empfänger, Leistungen für ihre Kinder diesen nicht zukommen zu lassen, sondern diese zweckfremd zu missbrauchen, wird jedoch nicht begründet und steht zudem auch nicht im Einklang mit dem Grundsatz, dass die SGB-II-Leistungen zur Eigenverantwortung befähigen sollen (§ 1 Abs. 2 S. 1). Auch an anderer Stelle werden solange Leistungen in Geld gezahlt, bis eine zweckfremde Verwendung auffällig geworden ist, woraufhin die Geldleistung durch Gutscheinvergabe oder etwa Direktzahlung der Miete an den Vermieter ersetzt werden kann (vgl. §§ 24 Abs. 2 und 22 Abs. 7 SGB II). Nur die persönlichen Schulbedarfe und Fahrtkosten werden in Form von Geldleistungen gedeckt. Speziell für die Bedarfe für Bildung und Teilhabe besteht nach § 30 SGB II seit dem 01.08.2013 die Verpflichtung des zuständigen Trägers, Aufwendungen der Betroffenen zu erstatten, wenn diese im Rahmen der sog. **berechtigten Selbsthilfe** durch Zahlungen an Anbieter in Vorleistung gegangen sind, etwa durch den Kauf einer Fahrkarte für die Schülerbeförderung oder die Bezahlung des Mittagessens im Kindergarten. Die Übernahmepflicht setzt voraus, dass zu dem Zeitpunkt, in dem die Aufwendungen von der leistungsberechtigten Person getätigt wurden, ein entsprechender Bedarf nach § 28 SGB II bestand und die Erbringung der Leistung durch den zuständigen Träger ohne Verschulden der Leistungsberechtigten nicht rechtzeitig möglich war. Die Leistungen für Bildung und Teilhabe werden auch jungen Menschen, die Sozialgeld (vgl. u.), Sozialhilfe (s. III-4.2), den Kinderzuschlag nach § 6a BKGG (vgl. III-5.1) oder Wohngeld (vgl. III-5.3) beziehen, gewährt.

Empfänger von Alg II sind i. d. R. in der **Kranken- und Pflegeversicherung** pflichtversichert. Dies ergibt sich nicht aus dem SGB II selbst, sondern aus den einzelnen Sozialversicherungsgesetzen (§ 5 Abs. 1 Nr. 2a SGB V, § 20 Abs. 1 Nr. 2a SGB XI). Dort wird auch geregelt, dass der Träger des SGB II die Sozialversicherungsbeiträge unmittelbar an die jeweiligen Sozialversicherungsträger zahlt. Sofern Personen von der Sozialversicherungspflicht befreit sind, sieht § 26 SGB II einen Zu-

Sozialversicherungen

schuss zu entsprechenden freiwilligen Versicherungen vor. Bis zum Ende des Jahres 2010 bestand zudem Rentenversicherungspflicht und die entsprechenden Beiträge wurden durch die Träger des SGB II an die **Rentenversicherung** gezahlt. Die Versicherungspflicht ist zum 01.01.2011 entfallen, so dass nun während des Bezugs von Alg II keine Rentenansprüche mehr begündet bzw. gesteigert werden können, wodurch die Gefahr von Altersarmut zusätzlich gesteigert wird.

4.1.7 Leistungen zur Eingliederung in Arbeit

Die Leistungen zur Eingliederung in Arbeit werden in einem kurzen Abschnitt des SGB II geregelt, wobei hinsichtlich der einzelnen Leistungen im Wesentlichen auf Vorschriften des SGB III (III-2.5) verwiesen wird.

Fallmanagement

Unter dem Stichwort „Grundsatz des Förderns" bestimmt § 14 SGB II, dass die Träger der Leistungen nach diesem Buch erwerbsfähige Hilfebedürftige umfassend mit dem Ziel der Eingliederung in Arbeit unterstützen. Die Agentur für Arbeit soll **einen persönlichen Ansprechpartner** für jede erwerbsfähige leistungsberechtigte Person und die mit ihr in einer Bedarfsgemeinschaft Lebenden benennen. Mit diesen Regelungen soll ein kompetentes Fallmanagement sichergestellt, ein Vertrauensverhältnis zwischen der leistungsberechtigten Person und der jeweiligen Mitarbeiterin bzw. dem Mitarbeiter des zuständigen Trägers gefördert und die Effizienz der Betreuung unterstützt werden (BT-Ds 15/1516, 54). Die Benennung des persönlichen Ansprechpartners ist allerdings nur eine Verpflichtung der öffentlichen Träger, subjektive Rechtsansprüche der Bürger lassen sich daraus nicht ableiten.

Eingliederungs-vereinbarung

§ 15 SGB II regelt parallel zu § 37 SGB III (vgl. III-2.5.) den Abschluss einer Eingliederungsvereinbarung. Darin soll die Agentur für Arbeit im Einvernehmen mit dem kommunalen Träger mit jeder erwerbsfähigen leistungsberechtigten Person die für ihre Eingliederung erforderlichen Leistungen vereinbaren. In der Vereinbarung wird z. B. festgelegt, an welchen Qualifizierungsmaßnahmen die leistungsberechtigte Person teilnehmen soll und/oder welche vorrangigen bzw. flankierenden Maßnahmen getroffen werden müssen, wie z. B. der Besuch einer Schuldnerberatungsstelle o. Ä. Zugleich werden darin die von der leistungsberechtigten Person zu erbringenden Eigenbemühungen in Form von Bewerbungsschreiben o. Ä. konkretisiert. Die Eingliederungsvereinbarung soll jeweils für sechs Monate abgeschlossen werden. Diese Dauer entspricht dem in § 41 SGB II festgelegten Regelbewilligungszeitraum für Leistungen zur Sicherung des Lebensunterhalts. Danach wird auf der Grundlage der gewonnenen Erfahrungen eine neue Vereinbarung getroffen. Nach § 15 Abs. 1 S. 6 SGB II sollen die für die Eingliederungsvereinbarung vorgesehenen Regelungen per Verwaltungsakt erfolgen, wenn keine Eingliederungsvereinbarung zustande kommt. Spätestens an diesem Punkt zeigt sich, dass von einer Vereinbarung im eigentlichen Sinne nicht die Rede sein kann. Der zuständige Träger kann seine Vorstellungen im Wege des Verwaltungsakts durchsetzen, wenn sich der Betroffene weigert, eine Eingliederungsvereinbarung abzuschließen. Damit ist ein Gleichordnungsverhältnis, das üblicherweise Grundlage einer Vereinbarung ist, schon formal nicht gegeben. Hinzu kommt, dass nach § 31 Abs. 1 Nr. 1 SGB II die Weigerung, in einer Eingliederungsvereinbarung oder in dem diese ersetzenden Verwaltungsakt festgelegte Pflichten zu erfüllen, mit Sanktionen belegt werden (s. III-4.1.8).

§ 15a SGB II sieht vor, dass erwerbsfähigen Personen, die innerhalb der letzten zwei Jahre laufende Geldleistungen zur Sicherung des Lebensunterhalts weder nach dem SGB II noch nach dem SGB III bezogen haben, bei der Beantragung von Leistungen nach diesem Buch unverzüglich Leistungen zur Eingliederung in Arbeit angeboten werden sollen (Sofortangebot). Durch die frühzeitige Unterbreitung von Eingliederungsangeboten soll Hilfebedürftigkeit vermieden bzw. einer länger andauernden Zeit der Hilfebedürftigkeit vorgebeugt sowie die Bereitschaft der Hilfesuchenden zur Arbeitsaufnahme überprüft werden.

§ 16 Abs. 1 SGB II verpflichtet das Jobcenter durch einen Verweis auf § 35 SGB III dazu, **Ausbildungs- und Arbeitsvermittlung** für die erwerbsfähigen Leistungsberechtigten durchzuführen. Im Übrigen verweist die Vorschrift auf die wesentlichen Eingliederungsleistungen des SGB III, die im Rahmen des SGB II durch das Jobcenter als Ermessensleistungen erbracht werden können, wie z. B. Leistungen zur Aktivierung und beruflichen Eingliederung, zur Berufsausbildung und zur Weiterbildung sowie zur Aufnahme einer sozialversicherungspflichtigen Beschäftigung. Auch die Anbahnung und Aufnahme einer schulischen Berufsausbildung kann in diesem Zusammenhang gefördert werden (§ 16 Abs. 3 SGB II). *Eingliederungsleistungen des SGB II*

Darüber hinaus können nach §§ 16a bis 16g SGB II weitere Leistungen erbracht werden, die für die Eingliederung des erwerbsfähigen Hilfebedürftigen in das Erwerbsleben erforderlich sind. Hier sind in den letzten Jahren mehrere Eingliederungsleistungen modifiziert worden bzw. neu hinzugekommen. Zu den weiteren Leistungen gehören zunächst die **Betreuung** minderjähriger oder behinderter **Kinder** oder die **häusliche Pflege** von Angehörigen, die **Schuldnerberatung**, die **psychosoziale Betreuung** und die **Suchtberatung** als kommunale Eingliederungsleistungen (§ 16a SGB II). Eine spezifische Eingliederungsleistung des SGB II ist zudem das Einstiegsgeld nach § 16b SGB II, das bei Aufnahme einer sozialversicherungspflichtigen oder (nicht notwendigerweise hauptberuflichen) selbstständigen Tätigkeit erbracht werden kann. Bei der Aufnahme oder Ausübung einer hauptberuflichen selbstständigen Tätigkeit können Leistungen zur Eingliederung von **Selbstständigen** nach § 16c SGB II erbracht werden. Voraussetzung ist, dass die selbstständige Tätigkeit nach der Stellungnahme einer fachkundigen Stelle wirtschaftlich tragfähig ist und die Hilfebedürftigkeit durch die Tätigkeit innerhalb eines angemessenen Zeitraums dauerhaft überwunden oder verringert werden kann. *Kommunale Eingliederungsleistungen* *Einstiegsgeld*

Weitere spezielle Eingliederungsleistungen sind die in § 16d SGB II geregelten Arbeitsgelegenheiten. Die Vorschrift wurde durch das Gesetz zur Verbesserung der Eingliederungschancen am Arbeitsmarkt vom 20. Dezember 2012 mit Wirkung zum 1. April 2012 (sog. „Instrumentenreform") völlig neu gefasst, wobei die Voraussetzungen gegenüber der vorherigen Fassung deutlich konkretisiert wurden. Die Zuweisung in eine Arbeitsgelegenheit kommt zur Erhaltung oder Wiedererlangung der Beschäftigungsfähigkeit von Leistungsberechtigten in Frage. Es muss sich hierbei um Arbeiten handeln, die **zusätzlich** durchgeführt werden, im **öffentlichen Interesse** liegen und **wettbewerbsneutral** sind. *Arbeitsgelegenheiten*

Zusätzlich ist eine Arbeit nach § 16d Abs. 2 SGB II, wenn sie ohne die Förderung – also in diesem Fall ohne die Arbeitsgelegenheit – nicht, nicht im selben Umfang oder erst zu einem späteren Zeitpunkt durchgeführt wird. Das Kriterium der Zusätzlichkeit verbietet es, Arbeitsgelegenheiten für die Einsparung von regulären Arbeitskräften zu verwenden und Beschäftigungsverhältnisse auf dem ersten Arbeitsmarkt zu verdrängen. Klassisches Beispiel für zusätzliche Arbeiten sind jahreszeitbedingt nicht unbedingt erforderliche Reinigungsarbeiten in Grünanlagen (m. w. N. Münder – Thie 2011 § 16d Rz. 15 ff.). Dennoch lässt sich eine solche Verdrängung in der Praxis nicht ausschließen, da die Arbeitsgelegenheiten teilweise auch in Bereichen durchgeführt werden, wo ansonsten Fachkräfte zum Einsatz kämen. Dies gilt auch in Bereichen der Sozialen Arbeit, etwa in der Kinder- und Jugendhilfe oder in der Altenpflege (Kothe in Gagel 2014 § 16d Rz. 18; zu den Einsatzbereichen vgl. IAB 2007). Das öffentliche Interesse ist nach § 16d Abs. 3 SGB II zu bejahen, wenn das Arbeitsergebnis der Allgemeinheit dient. Die Arbeit muss zu einer Wertschöpfung führen, die einem nicht von vornherein begrenzten Personenkreis zugute kommt. Dies kann etwa der Fall sein bei Arbeiten, die der Verbesserung der wirtschaftlichen, sozialen oder kulturellen Infrastruktur oder der Förderung des Umweltschutzes dienen (Thie 2013 Rz. 72). Das Kriterium der Wettbewerbsneutralität ist mit der „Instrumentenreform" zum 1. April 2012 als weiteres Erfordernis hinzugekommen. Wettbewerbsneutralität setzt nach § 16d Abs. 4 SGB II voraus, dass eine Beeinträchtigung der Wirtschaft nicht zu befürchten ist und Erwerbstätigkeit auf dem allgemeinen Arbeitsmarkt weder verdrängt noch in ihrer Entstehung verhindert wird.

Eine Beschränkung der Dauer ergibt sich seit April 2012 aus Abs. 7. Hiernach darf die Dauer der Zuweisung innerhalb eines Zeitraums von fünf Jahren nicht mehr als 24 Monate betragen. Eine gesetzliche Regelung des wöchentlichen Stundenumfangs liegt nicht vor. Das BSG hat einen zeitlichen Umfang von bis zu 30 Wochenstunden gebilligt (BSG 16.12.2008 – B 4 AS 60/07 R).

Die Arbeitsgelegenheiten in Form der im öffentlichen Interesse liegenden zusätzlichen Arbeiten i. S. d. § 16d SGB II begründen kein Arbeitsverhältnis. Dies gilt auch, wenn es an einem der erforderlichen Merkmale nach § 16d Abs. 1 SGB II fehlt und die Zuweisung in die Arbeitsgelegenheit somit rechtswidrig ist (BSG 27.08.2011 – B 4 AS 1/10 R). In einem solchen Fall kann sich allerdings ein öffentlich-rechtlicher Erstattungsanspruch der betroffenen Person gegen den zuständigen Grundsicherungsträger ergeben, der seiner Höhe nach der üblichen Vergütung für die erbrachte Tätigkeit entspricht (BSG 13.04.2011 – B 14 AS 98/10 R). Im Rahmen der Arbeitsgelegenheit finden in jedem Fall die Vorschriften über Arbeitsschutz, Urlaub und die arbeitsrechtliche Haftungsbegrenzung Anwendung (§ 16d Abs. 7; s. IV-3).

Umgangssprachlich sind die Arbeitsgelegenheiten als **„Ein-Euro-Jobs"** bekannt, da den Teilnehmern kein Lohn o. Ä. gezahlt wird, sondern eine geringe Mehraufwandsentschädigung (sog. „MAE"), die in der Praxis bei etwa 1 bis 2,50 € pro Stunde liegt. Die leistungsberechtigte Person hat Anspruch auf eine Entschädigung, die den entstandenen Aufwand etwa durch Fahrtkosten oder häufige Reinigung der Kleidung tatsächlich abdeckt (BSG 13.11.2008 – B 14 AS 66/07 R). Es ist jedoch nicht erforderlich, dass darüber hinaus Geld zur freien Verfügung übrig bleibt. Nach dem Zweck der Arbeitsgelegenheit stellt sie eine Leistung an die Betroffenen dar, die diesen bei der (Wieder-)Eingliederung ins Arbeitsleben helfen soll. Es handelt sich nicht um eine Arbeitsleistung der betreffenden Person, die – wenn auch auf geringem Niveau oder auch nur symbolisch – in irgendeiner Weise zu entlohnen wäre. Die Arbeitsgelegenheiten werden nicht durchgängig allen Leistungsberechtigten des SGB II angeboten bzw. nahegelegt. Vielfach werden Personen in Arbeitsgelegenheiten vermittelt, die selbst den Wunsch haben, einer Beschäftigung nachzugehen. Für sie lässt sich die Arbeitsgelegenheit in der Tat als Leistung zur Eingliederung verstehen. Andererseits ist das Angebot einer Arbeitsgelegenheit oft auch ein Mittel, die Arbeitswilligkeit von Personen zu testen, die aus der Sicht des zuständigen Trägers wenig Engagement erkennen lassen. In Anbetracht der Tatsache, dass die Teilnahme an einer Arbeitsgelegenheit nur sehr selten die Vermittlung in ein Arbeitsverhältnis nach sich zieht, empfinden die Betroffenen diese Vorgehensweise oft als Schikane. Aufgrund einer erheblichen Kürzung der Mittel für die Eingliederungsleistungen und der Beschränkung der Dauer nach § 16d Abs. 6 SGB II hat sich die Anzahl der durchgeführten Arbeitsgelegenheiten seit Beginn des Jahres 2010 deutlich reduziert.

§ 16e SGB II regelt Leistungen zur Förderung von Arbeitsverhältnissen. Auch diese Vorschrift hat Änderungen durch die „Instrumentenreform" zum 1. April 2012 erfahren. In ihr sind nun die Variante der Arbeitsgelegenheit gegen Entgelt (im Gegensatz zur Aufwandsentschädigung nach § 16d SGB II) und der bisher vorgesehene Beschäftigungszuschuss für Arbeitgeber zusammengefasst. Auf ihrer Grundlage können Arbeitgeber, die eine erwerbsfähige leistungsberechtigte Person mit **Vermittlungshemmnissen** beschäftigen, einen Zuschuss zum Arbeitsentgelt erhalten. Als relevantes Vermittlungshemmnis ist in Abs. 3 Nr. 1 ausdrücklich Langzeitarbeitslosigkeit der erwerbsfähigen leistungsberechtigten Person genannt. Zwei weitere in ihrer Person liegende Vermittlungshemmnisse müssen hinzukommen. Diese können sich etwa ergeben aus dem Lebensalter, fehlender schulischer oder beruflicher Qualifikation, gesundheitlichen Einschränkungen, Sucht- oder Schuldenproblemen oder aus einem Migrationshintergrund (Thie 2013 Rz. 90). Die betreffende Person muss seit mindestens sechs Monaten leistungsberechtigt sein und für die Dauer der Zuweisung muss die Förderung voraussichtlich für die Erwerbstätigkeit auf dem allgemeinen Arbeitsmarkt erforderlich sein (§ 16e Abs. 3 Nr. 2, 3 SGB II). Der Zuschuss soll sowohl die zu erwartende Minderleistung der zugewiesenen Person ausgleichen als auch sonstige Kosten, die der Arbeitgeberin oder dem Arbeitgeber durch die Beschäftigung entstehen, und damit einen Anreiz zur Einstellung arbeitsmarktferner Personen darstellen. Voraussetzung ist, dass ein sozialversicherungspflichtiges Arbeitsverhältnis im arbeitsrechtlichen Sinne zwischen der betreffenden Person und der Arbeitgeberin oder dem Arbeitgeber zustandekommt. Lediglich in der Arbeitslosenversicherung sind die nach § 16e SGB II geförderten Beschäftigungsverhältnisse versicherungsfrei (§ 27 Abs. 3 Nr. 5 SGB III). Zusätzlich muss eine Zuweisung der erwerbsfähigen leistungsberechtigten Person an die Arbeitgeberin oder den Arbeitgeber erfolgen. Der Zuschuss kann bis zu 75 % des berücksichtigungsfähigen Arbeitsentgelts betragen. Die Dauer der Förderung ist für die jeweilige Arbeitgeberin oder den jeweiligen Arbeitgeber auf 24 Monate innerhalb eines Zeitraums

Förderung von Arbeitsverhältnissen

von fünf Jahren beschränkt (§ 16e Abs. 3 Nr. 4 SGB II). Um einer missbräuchlichen Inanspruchnahme vorzubeugen, ist der Zuschuss ausgeschlossen, wenn zu vermuten ist, dass ein anderes Beschäftigungsverhältnis beendet wurde, um die Förderung zu erhalten (§ 16e Abs. 5 SGB II). Darüber hinaus soll die erwerbsfähige leistungsberechtigte Person umgehend aus der Beschäftigung abberufen werden, wenn diese in eine zumutbare Arbeit oder Ausbildung vermittelt wird oder die Förderung aus anderen Gründen – insbesondere Kündigung des Arbeitsvertrags – beendet wird.

Freie Förderung Zur Flexibilisierung der Eingliederungsleistungen kann die Agentur für Arbeit nach § 16f SGB II diese durch sog. freie Leistungen erweitern, die den Zielen und Grundsätzen des SGB II entsprechen müssen. Dabei können sowohl neue, bislang gesetzlich nicht vorgesehene Eingliederungsleistungen entwickelt als auch für Langzeitarbeitslose und Personen unter 25 Jahren mit erheblichen Vermittlungshemmnissen die bereits ausdrücklich vorgesehenen Eingliederungsleistungen (sog. „Basisinstrumente") modifiziert und erweitert werden. Allerdings sind die finanziellen Mittel für Eingliederungsleistungen nach §§ 16e und f gedeckelt. Gemäß § 46 Abs. 2 S. 3 SGB II dürfen dafür nur 20 % der Eingliederungsmittel der jeweiligen Arbeitsagentur verwendet werden, die Leistungen können also nur sehr selektiv eingesetzt werden.

Förderung bei Wegfall der Hilfebedürftigkeit § 16g SGB II sieht die Möglichkeit vor, eine bereits angelaufene Maßnahme zur Eingliederung auch dann weiter zu fördern, wenn die Hilfebedürftigkeit der Betroffenen zwischenzeitlich weggefallen ist. Voraussetzung ist, dass die weitere Förderung wirtschaftlich erscheint und die Maßnahme wahrscheinlich erfolgreich abgeschlossen wird. Damit soll verhindert werden, dass erfolgreich verlaufende Maßnahmen beendet werden müssen, wenn die betroffene Person etwa durch die Begründung einer Bedarfsgemeinschaft mit einem Partner mit höheren Einkommen oder Vermögen nicht länger hilfebedürftig ist. Die weitere Förderung soll in diesem Fall jedoch als Darlehen erfolgen.

4.1.8 Sanktionen

Als Bestandteil des Grundsatz des „Forderns" sehen die §§ 31 ff. SGB II Sanktionen in Form von **Absenkung und Wegfall des Arbeitslosengeldes II** vor (zur Sanktionspraxis vgl. IAB-Kurzbericht: http://doku.iab.de/kurzber/2010/kb1010.pdf). Diese Regelungen sind zum 01.01.2007 verschärft und zum 01.01.2011 erneut geringfügig verändert worden (ausführlich und differenziert zur Frage der Verfassungswidrigkeit des Sanktionssystems Berlit 2013c).

Pflichtverletzung Die Sanktionen kommen zum Tragen, wenn eine Pflichtverletzung begangen wird, ohne dass die leistungsberechtigte Person hierfür einen wichtigen Grund hat. Eine Pflichtverletzung ist nach § 31 Abs. 1 SGB II zunächst gegeben, wenn sich erwerbsfähige Leistungsberechtigte weigern, die in einer Eingliederungsvereinbarung oder in dem die Eingliederungsvereinbarung ersetzenden Verwaltungsakt festgelegten Verpflichtungen zu erfüllen, wie z. B. den Nachweis ausreichender Eigenbemühungen zu erbringen (Nr. 1), wenn sie eine zumutbare Arbeit, Ausbildung o. Ä. oder ein Sofortangebot nicht annehmen oder fortführen bzw. deren Anbahnung durch ihr Verhalten verhindern (Nr. 2) oder wenn sie eine zumutbare Maßnahme zur Eingliederung in Arbeit nicht angetreten, abgebrochen oder Anlass für den Abbruch gegeben haben (Nr. 3). Eine Pflichtverletzung liegt in diesen Fällen nur vor, wenn die Leistungsberechtigten zuvor schriftlich über die Rechtsfolgen ihres Verhaltens – d.h. die mögliche Sanktion – belehrt worden sind oder Kenntnis von den Rechtsfolgen hatten. Hierin liegt eine Verschärfung der Regelung, da bis zum Ende des Jahres 2010 allein eine schriftliche Rechtsfolgenbelehrung zwingende Voraussetzung für eine Sanktion war und Kenntnis der Rechtsfolge somit nicht ausreichte. Dies eröffnete für die Mitarbeiter der Behörde die Möglichkeit, eine Sanktionierung zu vermeiden, wenn eine solche nicht für sinnvoll gehalten wurde, indem die Rechtsfolgenbelehrung unterlassen wurde. Da die aktuelle Rechtslage auf die bloße Kenntnis der Rechtsfolgen abstellt, genügt nun auch eine frühere Belehrung in einem vorangegangenen Bewilligungszeitraum oder etwa die Übergabe von Informationsblättern. Die bis zum Ende des Jahres 2010 vorgeschriebene Sanktion im Falle der Weigerung der Leistungsempfänger, eine Eingliederungsvereinbarung abzuschließen, ist zum 01.01.2011 weggefallen, da die Behörde seitdem die in der Eingliederungsvereinbarung angestrebten Regelungen nach § 15 Abs. 1 SGB II in dem Fall per Verwaltungsakt erlassen kann (s. III-4.1.5).

Nach § 31 Abs. 2 SGB II ist eine Pflichtverletzung von erwerbsfähigen Leistungsberechtigten auch anzunehmen, wenn sie nach Vollendung des 18. Lebensjahres ihr Einkommen oder Vermögen in der Absicht vermindert haben, die Voraussetzungen für die Gewährung oder Erhöhung des Arbeitslosengeldes II herbeizuführen (Nr. 1), sie trotz Belehrung über die Rechtsfolgen oder deren Kenntnis ihr unwirtschaftliches Verhalten fortsetzen (Nr. 2), ihr Anspruch auf Arbeitslosengeld wegen einer Sperrzeit nach § 159 SGB III ruht oder nach § 161 SGB III erloschen ist (Nr. 3) oder sie die im Dritten Buch dafür genannten Voraussetzungen erfüllen (Nr. 4). Daneben führt auch ein Meldeversäumnis zu einer Saktion (§ 32 SGB II).

Ebenso wie im Arbeitsförderungsrecht nach dem SGB III (vgl. III-2.5.3) treten auch hier die Sanktionen nicht ein, wenn ein **wichtiger Grund** für das Verhalten vorlag und nachgewiesen wird. D.h. die Leistungsberechtigten sind insoweit nachweispflichtig. Dabei können insb. familiäre oder gesundheitliche Gründe eine Rolle spielen (Berlit 2013c Rz. 40 f. m. w. N.). Generell gilt, dass Widerspruch und Klage gegen einen die Pflichtverletzung und die Minderung des Auszahlungsanspruchs feststellenden Verwaltungsakt nach § 31b Absatz 1 und § 31c keine aufschiebende Wirkung haben (§ 39 SGB II).

Bei der Art und Weise der Sanktion bestehen deutliche Unterschiede zwischen jungen Menschen, die das 25. Lebensjahr noch nicht vollendet haben und Personen über 25. Für die über 25-jährigen Leistungsberechtigten erfolgt die Absenkung der Leistung nach § 31a Abs. 1 SGB II in einer ersten Stufe um 30 % des Regelbedarfs. Bei der ersten wiederholten Pflichtverletzung innerhalb eines Jahres seit Beginn der letzten Minderung erfolgt nach § 31a Abs. 1 S. 2 SGB II zunächst eine Kürzung um 60 % des Regelbedarfs, bei jeder weiteren Pflichtverletzung fällt die Leistung einschließlich der Unterkunftskosten völlig weg (Satz 3). Demgegenüber wird bei Personen vor Vollendung des 25. Lebensjahres bereits beim ersten Pflichtverstoß in einer ersten Stufe das Alg II auf die Leistung für Unterkunftskosten nach § 22 SGB II beschränkt gemäß § 31a Abs. 2 SGB II. Schon beim zweiten Pflichtverstoß entfällt das Alg II vollständig. Weder bezüglich des „Ob" noch bezüglich der Höhe einer Sanktion besteht Ermessen – anders als im Sozialhilferecht (vgl. § 39a SGB XII). Die Dauer der Sanktionen beträgt drei Monate (§ 31b Abs. 1 S. 3 SGB II); sie kann bei unter 25-jährigen allerdings auf 6 Wochen verkürzt werden.

Bei einer Minderung des Arbeitslosengeldes II um mehr als 30 % des nach § 20 SGB II maßgebenden Regelbedarfs kann der zuständige Träger auf Antrag in angemessenem Umfang ergänzende Sachleistungen oder geldwerte Leistungen erbringen (§ 31a Abs. 3 S. 1 SGB II). Angesichts des Grundrechts auf Gewährleistung des Existenzminimums reduziert sich das Ermessen des Jobcenters in aller Regel auf Null (s. dazu I-3.4.2). Ob die Versagung der Sachleistung überhaupt unter irgendeinem Aspekt rechtmäßig sein könnte, ist fraglich (einschränkend unter Hinweis auf mögliches einsetzbares Vermögen Berlit 2013c Rz. 14). Der Träger muss die Sachleistungen nach § 31a Abs. 3 S. 2 SGB II erbringen, wenn Hilfebedürftige mit minderjährigen Kindern in Bedarfsgemeinschaft leben. Um eine – notwendigerweise entstehende – Belastung gerade von Kindern einzugrenzen, deren in Bedarfsgemeinschaft lebender Elternteil von einer Sanktion betroffen ist, kann vom Grundsatz der Verteilung der Unterkunftskosten nach Anzahl der Bewohner abgewichen werden, so dass die gesamten Unterkunftskosten an andere leistungsberechtigte Personen der Bedarfsgemeinschaft erbracht werden (Berlit 2013c Rz. 14). Bei einer Minderung des Arbeitslosengeldes II um mindestens 60 % des für die jeweilige Person nach § 20 SGB II maßgebenden Regelbedarfs soll das Alg II, soweit es für den Bedarf für Unterkunft und Heizung nach § 22 Absatz 1 SGB II erbracht wird, wie in den Fällen des § 22 Abs. 7 SGB II an den Vermieter oder andere Empfangsberechtigte gezahlt werden (§ 31a Abs. 3 SGB II).

Wie bereits erwähnt, wird auch das Nichteinhalten von angeordneten Terminen beim Jobcenter oder bei Ärzten sanktioniert. Diese Verstöße werden aber als weniger gravierend eingeschätzt als die Pflichtverletzungen nach § 31 SGB II. Daher liegt die Absenkung bei Verstößen gegen die Meldepflichten bei beiden Altersgruppen – selbst bei wiederholten Verstößen – „nur" bei 10 % des maßgeblichen Regelbedarfs (§ 32 SGB II). Die Minderungen nach § 32 SGB, die ebenfalls drei Monate dauern (§ 32 Abs. 2 S. 2 SGB II), werden im Wiederholungsfall ebenso miteinander zusammengerechnet wie beim Zusammentreffen mit Sanktionen nach § 31a SGB II (§ 32 Abs. 2 S. 1 SGB II). Da die in § 31 SGB II genannten Pflichten nur erwerbsfähige Leistungsberechtigte betreffen, können auch nur Alg-II-Bezieher nach § 31a SGB II sanktioniert werden. Meldepflichten unterliegen hingegen auch die Bezieher von Sozialgeld, z. B. bezüglich ärztlicher Termine, um ihre Erwerbsfähigkeit prüfen zu lassen; bei deren Nichteinhaltung mindert sich also ihr Sozialgeldanspruch jedes Mal um 10 % des Regelbedarfs gemäß § 32 SGB II.

Münder 2011; Berlit, U./Conradis, W./Sartorius, U. 2013.

Übersicht 51: Sanktionsstufen nach dem SGB II

	Sanktionen für Personen <u>nach</u> Vollendung des 25. Lebensjahrs nach §31a Abs. 1 SGB II	Sanktionen für Personen <u>vor</u> Vollendung des 25. Lebensjahrs nach §31a Abs. 2 SGB II
1. Pflichtverletzung	▪ Das Arbeitslosengeld II mindert sich um 30 Prozent des für die erwerbsfähige leistungsberechtigte Person nach §20 maßgebenden Regelbedarfs.	▪ Das Arbeitslosengeld II wird auf die für die Bedarfe nach §22 zu erbringenden Leistungen (KdU) beschränkt. ▪ Es können auf Antrag ergänzende Sachleistungen oder geldwerte Leistungen in angemessenem Umfang erbracht werden. ▪ Leistungen für Bedarfe für Unterkunft und Heizung sollen an den Vermieter oder andere Empfangsberechtigte gezahlt werden.
2. Pflichtverletzung innerhalb eines Jahres seit der ersten Minderung	▪ Das Arbeitslosengeld II mindert sich um 60 Prozent des für die erwerbsfähige leistungsberechtigte Person nach §20 maßgebenden Regelbedarfs. ▪ Es können auf Antrag ergänzende Sachleistungen oder geldwerte Leistungen in angemessenem Umfang erbracht werden. ▪ Leistungen für Bedarfe für Unterkunft und Heizung sollen an den Vermieter oder andere Empfangsberechtigte gezahlt werden.	▪ Das Arbeitslosengeld II entfällt vollständig. ▪ Es können ergänzende Sachleistungen oder geldwerte Leistungen in angemessenem Umfang erbracht werden. ▪ Erklärt sich die Person nachträglich bereit, ihren Pflichten nachzukommen, kann der Träger unter Berücksichtigung aller Umstände des Einzelfalles ab diesem Zeitpunkt wieder die für die Bedarfe nach §22 zu erbringenden Leistungen gewähren.
3. und jede weitere Pflichtverletzung jeweils innerhalb eines Jahres nach dem letzten Minderungszeitraum	▪ Das Arbeitslosengeld II entfällt vollständig. ▪ Es können auf Antrag ergänzende Sachleistungen oder geldwerte Leistungen in angemessenem Umfang erbracht werden. ▪ Erklärt sich die Person nachträglich bereit, ihren Pflichten nachzukommen, kann der zuständige Träger die Minderung der Leistungen ab diesem Zeitpunkt auf 60 Prozent des für sie nach §20 maßgebenden Regelbedarfs begrenzen.	▪ s. o.
Meldeversäumnisse	▪ Das Arbeitslosengeld II mindert sich um zehn Prozent des für die erwerbsfähige leistungsberechtigte Person nach §20 maßgebenden Regelbedarfs. ▪ Zusammenrechnung mit Sanktionen nach §31a SGB II	▪ Das Arbeitslosengeld II mindert sich um zehn Prozent des für die erwerbsfähige leistungsberechtigte Person nach §20 maßgebenden Regelbedarfs. ▪ Zusammenrechnung mit Sanktionen nach §31a SGB II
Dauer der Sanktion	▪ drei Monate	▪ grundsätzlich drei Monate ▪ Der Träger kann die Minderung in Höhe der Bedarfe nach den §§20 und 21 unter Berücksichtigung aller Umstände des Einzelfalls auf sechs Wochen verkürzen.

4.2 SGB XII – Sozialhilfe

Die Sozialhilfe war bis Ende des Jahres 2004 im 1961 verabschiedeten Bundessozialhilfegesetz (BSHG) geregelt. Durch das Gesetz zur Einordnung des Sozialhilferechts in das Sozialgesetzbuch vom 27.12.2003 wurde sie in Form des SGB XII in das SGB eingegliedert. Damit erfolgte auch eine Reihe von inhaltlichen Änderungen, die sich zum Teil bereits daraus ergeben, dass mit den erwerbsfähigen Hilfebedürftigen, die seither unter den Anwendungsbereich des SGB II fallen, ein großer Personenkreis aus der Sozialhilfe herausgenommen wurde. Die letzte Änderung des Gesetzes ist durch das Zweite Gesetz zur Änderung des Zwölften Buches Sozialgesetzbuch vom 01.10.2013 erfolgt, die letzten maßgeblichen Leistungsänderungen im Bereich der Leistungen zur Teilhabe und Bildung brachte das Gesetz zur Änderung des Zweiten Buches Sozialgesetzbuch und anderer Gesetze vom 07.05.2013. Zum Beginn des Jahres 2014 wurde – wie jedes Jahr – die Höhe der Regelbedarfsstufen nach § 28a SGB XII fortgeschrieben.

Das Leistungsspektrum des SGB XII (vgl. § 8 SGB XII) teilt sich in zwei große Bereiche auf: Im dritten und vierten Kapitel werden mit der Hilfe zum Lebensunterhalt (3. Kap.) und der Grundsicherung im Alter und bei Erwerbsminderung (4. Kap.) die **Leistungen zur Sicherung des Lebensunterhalts** geregelt, die voneinander und von denen des SGB II abzugrenzen sind. Vom fünften bis zum neunten Kapitel werden **Leistungen für Personen in besonderen Lebenslagen** geregelt, die im BSHG auch treffenderweise als Hilfen in besonderen Lebenslagen bezeichnet wurden und die grundsätzlich sowohl nebeneinander als auch zusätzlich zu Leistungen nach dem SGB II sowie zu den vorgenannten Leistungen zur Sicherung des Lebensunterhalts nach dem SGB XII erbracht werden können.

Aufgabe der Sozialhilfe

Von der Systematik und den Grundprinzipien her sind die Sozialhilfeleistungen zur Sicherung des Lebensunterhalts der Grundsicherung für Arbeitsuchende im SGB II ähnlich. Aufgabe der Sozialhilfe ist es nach § 1 S. 1 SGB XII, den Empfängern die Führung eines menschenwürdigen Lebens zu ermöglichen. Die **Menschenwürde** (vgl. I-2.2.5) ist daher bei jeder Auslegung und Ermessensbetätigung im Rahmen des Gesetzes zu berücksichtigen (ausführlich zu den Strukturprinzipien der existenzsichernden Sozialleistungen Berlit 2013d; zum Ermessen vgl. Tammen 2013a Rz. 11 ff.).

Nachrangigkeit

Ebenso wie die Leistungen des SGB II sind auch die der Sozialhilfe **nachrangig** und greifen nur dann, wenn die bestehende Notlage nicht durch Mittel und Kräfte der Betroffenen selbst bzw. anderer Träger oder Personen behoben werden kann (vgl. §§ 19, 27, 41 SGB XII). Daraus resultiert das **Selbsthilfeprinzip**, wonach auch die Sozialhilfe in erster Linie als Hilfe zur Selbsthilfe die Betroffenen befähigen soll, ihre eigenen Kräfte zu entfalten, um unabhängig von Sozialhilfe zu werden. Daneben ist ein weiterer wichtiger Grundsatz der **Bedarfsdeckungsgrundsatz**, der besagt, dass nur der wirklich aktuell bestehende Bedarf gedeckt werden muss, dieser jedoch vollständig. Daraus ergibt sich auch, dass Sozialhilfe grundsätzlich nicht für die Vergangenheit geleistet wird (ausführlich Siebel-Huffmann 2013). Zu den Voraussetzungen eines Anspruchs gehört, dass eine gegenwärtige Notlage besteht. Laut Bundesverwaltungsgericht kann sich eine Notlage in der Vergangenheit grundsätzlich nicht durch eine Leistung in der Gegenwart überwinden lassen (BVerwG 10.05.1979 – V C 79.77 – BVerwGE 58, 68, 71). Von diesem Grundsatz gibt es nur wenige enge Ausnahmen (s. §§ 25 und 36 SGB XII). Von Bedeutung ist auch der **Individualisierungsgrundsatz** (§ 9 SGB XII). Danach ist die Hilfe nicht schematisierend und typisierend zu erbringen, sondern individuell auf den Leistungsempfänger zugeschnitten. Die Hilfe ist auf die individuelle Notlage der einzelnen Berechtigten jeweils konkret anzupassen, ihren Wünschen bei der Ausgestaltung der Leistung soll entsprochen werden, soweit sie angemessen, d. h. insbesondere nicht mit unverhältnismäßigen Mehrkosten verbunden sind (§ 9 Abs. 2 SGB XII). Besondere Bedeutung hat dies angesichts der weitgehend pauschalierten Geldleistungen der Kapitel drei und vier in erster Linie bei den sozialen Sach- und Dienstleistungen. Wichtiges Prinzip bei der Sozialhilfe ist zudem, dass auf wesentliche Leistungen ein **Rechtsanspruch** besteht (§ 17 Abs. 1 SGB XII), auch wenn über **Art und Maß** der Leistungserbringung i. d. R. nach pflichtgemäßem Ermessen zu entscheiden ist (§ 17 Abs. 2 SGB XII; zu den Leistungsformen Geld-, Sach- bzw. Dienstleistungen nach § 10 SGB XII, s. o. III-4.1.1).

Die Sozialhilfe ist überwiegend **nicht antragsabhängig**. Nach § 18 Abs. 1 SGB XII setzt die Sozialhilfe, mit Ausnahme der Leistungen der Grundsicherung im Alter und bei Erwerbsminderung, ein, sobald dem Träger der Sozialhilfe oder den von ihm beauftragten Stellen bekannt wird, dass die Voraussetzungen für die Leistung vorliegen. Wird einem nichtzuständigen Sozialhilfeträger oder einer nichtzuständigen Gemeinde im Einzelfall bekannt, dass Sozialhilfe beansprucht oder auch nur benötigt wird, so hat dieser nach § 18 Abs. 2 SGB XII die relevanten Informationen unverzüglich an den Sozialhilfeträger weiterzuleiten.

Einsetzen der Sozialhilfe

Ein verfahrensrechtliches Instrument zur Beteiligung und Mitwirkung der Betroffenen an der Leistungsgestaltung im Rahmen des SGB XII ist die Leistungsabsprache nach § 12 SGB XII, die spätestens bis zu vier Wochen nach Beginn fortlaufender Leistungen erfolgen soll. Darin sollen die Situation der leistungsberechtigten Personen sowie gegebenenfalls Wege zur Überwindung der Notlage und zu gebotenen Möglichkeiten der aktiven Teilnahme in der Gemeinschaft gemeinsam festgelegt und unterzeichnet werden. Soweit erforderlich, ist ein **Förderplan** zu erstellen und in die Leistungsabsprache einzubeziehen. Sofern Leistungen im Hinblick auf die sie tragenden Ziele zu überprüfen sind, kann dies in der Leistungsabsprache näher festgelegt werden. Die Leistungsabsprache soll regelmäßig gemeinsam überprüft und fortgeschrieben werden. Es bestehen insofern Parallelen zum Hilfeplan nach § 36 SGB VIII (vgl. III-3.3.4.4) und zur Eingliederungsvereinbarung nach § 37 Abs. 2 SGB III (vgl. III-2.5.3) und nach § 15 SGB II (vgl. III-4.1.5).

Leistungsabsprache

Die Träger der Sozialhilfe sind nach § 3 SGB XII auf örtlicher Ebene die Kreise und die kreisfreien Städte, sofern nicht durch Landesrecht etwas anderes bestimmt wird. Daneben gibt es überörtliche Träger, die von den Ländern bestimmt werden. Näheres zur sachlichen und örtlichen Zuständigkeit ist in den §§ 46b, 97–99 SGB XII und den jeweiligen Ausführungsgesetzen der Länder zum SGB XII geregelt.

Träger

Als Leistungen zur **Existenzsicherung** kommen im Rahmen des SGB XII die **Hilfe zum Lebensunterhalt** nach dem Dritten Kapitel (§§ 19 Abs. 1 und 27 ff. SGB XII) und die **Grundsicherung im Alter und bei Erwerbsminderung** nach dem Vierten Kapitel (§§ 19 Abs. 2 und 41 ff. SGB XII) in Betracht. Vorrangig ist

Leistungs-berechtigte jeweils Alg II nach dem SGB II (III-4.1.6.1). Für erwerbsfähige leistungsberechtigte Personen nach dem SGB II sind daher sowohl Hilfe zum Lebensunterhalt als auch Grundsicherung im Alter und bei Erwerbsminderung ausgeschlossen (§ 21 SGB XII). Für Personen, die nach dem SGB II Sozialgeld (III-4.1.6.2) beanspruchen können, ist Hilfe zum Lebensunterhalt nach dem SGB XII ausgeschlossen. Dagegen sind Leistungen der Grundsicherung im Alter und bei Erwerbsminderung gegenüber dem Sozialgeld vorrangig und schließen dessen Bezug aus (§ 19 Abs. 1 S. 2 SGB II). Innerhalb des SGB XII ist Grundsicherung im Alter und bei Erwerbsminderung gegenüber der Hilfe zum Lebensunterhalt vorrangig, soweit die Hilfe zum Lebensunterhalt jedoch weitergehende Leistungen enthält, sind diese durch den Bezug von Grundsicherung nicht ausgeschlossen (§ 19 Abs. 2 S. 2 SGB XII; ausführlich zur Abgrenzung der verschiedenen Leistungen des SGB II und SGB XII Berlit 2013a). Die Regelungen zum Einsatz eigener Mittel und zur Anrechnung von Einkommen und Vermögen von Partnern sowie von Eltern bzw. **Ausnahmen** Elternteilen sind weitgehend identisch (III-6.2.3). Ebenso wie die Leistungen des SGB II sind auch die Hilfe zum Lebensunterhalt und die Grundsicherung im Alter und bei Erwerbsminderung nach § 22 SGB XII grundsätzlich ausgeschlossen für Auszubildende, deren Ausbildung im Rahmen des Bundesausbildungsförderungsgesetzes oder der §§ 60–62 des SGB III dem Grunde nach förderungsfähig ist. Einschränkungen bestehen zudem für Personen ohne deutsche Staatsangehörigkeit (§ 23 SGB XII) und für Deutsche, die ihren gewöhnlichen Aufenthalt im Ausland haben (§ 24 SGB XII).

Anders als die Leistungen zur materiellen Existenzsicherung nach dem 3. und 4. Kapitel stehen die sog. Hilfen in besonderen Lebenslagen nach dem 5. bis 9. Kapitel (Übersicht in § 8 Nr. 3–7 SGB XII) weder zu diesen noch zu denen des SGB II in einem Ausschlussverhältnis, sondern können ergänzend daneben in Anspruch genomen werden (s. III-4.2.4).

4.2.1 Hilfe zum Lebensunterhalt

Im dritten Kapitel ist in den §§ 27 ff. SGB XII die Hilfe zum Lebensunterhalt geregelt. Vorrangig sind sowohl die Leistungen des SGB II (§ 21 SGB XII) als auch die Grundsicherung im Alter und bei Erwerbsminderung in den §§ 41 ff. SGB XII (§ 19 Abs. 2 S. 3 SGB XII). Die Hilfe zum Lebensunterhalt ist damit eine Art **Auffangbecken** für die wenigen Personenkreise, die unter keine der genannten anderen Leistungen fallen. Dies sind Personen, die nicht unter den Begriff der erwerbsfähigen Leistungsberechtigten nach § 7 Abs. 1 SGB II fallen, die auch nicht als Mitglieder einer Bedarfsgemeinschaft einer erwerbsfähigen leistungsberechtigten Person in den Anwendungsbereich des SGB II einbezogen sind und Sozialgeld erhalten, die nicht die Altersgrenze für den Bezug der Regelaltersrente erreicht haben und die nicht das 18. Lebensjahr vollendet haben und dauerhaft voll erwerbsgemindert sind (§ 19 Abs. 1 SGB XII). In Frage kommen damit in erster Linie Minderjährige, die nicht mit einer erwerbsfähigen leistungsberechtigten Person in einer Bedarfsgemeinschaft leben und für die auch nicht vorrangig Leistungen der

Jugendhilfe nach §§ 27 ff., 39 SGB VIII erbracht werden (III-3.3.4.1), und volljährige Personen, die vorübergehend – also perspektivisch länger als sechs Monate, aber eben nicht dauerhaft – voll erwerbsgemindert sind.

Hilfe zum Lebensunterhalt ist bezogen auf diesen Adressatenkreis gemäß §§ 19 Abs. 1, 27 Abs. 1 SGB XII Personen zu leisten, die ihren notwendigen Lebensbedarf nicht oder nicht ausreichend aus eigenen Mitteln und Kräften decken können. Der notwendige Lebensbedarf im Rahmen der Hilfe zum Lebensunterhalt wird in § 27a SGB XII bestimmt. Ebenso wie bei der parallelen Regelung der §§ 19 Abs. 1, 20 Abs. 1 SGB II (vgl. III-4.1.6.1) umfasst der notwendige Lebensunterhalt insb. Ernährung, Unterkunft, Kleidung, Körperpflege, Hausrat, Heizung und persönliche Bedürfnisse des täglichen Lebens, wobei zu den persönlichen Bedürfnissen des täglichen Lebens in vertretbarem Umfang auch eine Teilnahme am sozialen und kulturellen Leben gehört. Letzteres gilt insb. für Kinder und Jugendliche. Gemäß § 27a Abs. 2 und 3 SGB XII wird der gesamte Bedarf des notwendigen Lebensunterhalts außerhalb von Einrichtungen mit Ausnahme der zusätzlichen Bedarfe (§§ 30 ff. SGB XII), der Leistungen für Bildung und Teilhabe (§ 34 SGB XII) und der Leistungen für Unterkunft und Heizung (§§ 35 ff. SGB XII) nach Regelsätzen erbracht. Mit dem Regelsatz wird der **Regelbedarf** abgedeckt, der mit dem RBEG vom 24.03.2011 identisch zum Regelbedarf im Rahmen des SGB II ermittelt und festgelegt wurde (vgl. III-4.1.6.1). Deswegen sind die Beträge – anders als die irreführenden, weil bereits veralteten Angaben im § 20 SGB II – auch im SGB XII selbst nicht genannt, sondern in einer Anlage zu § 28a SGB XII, die im Anschluss an das SGB XII abgedruckt ist. Ebenfalls anders als im SGB II sind die Bedarfe jedoch nicht völlig starr, sondern werden abweichend vom Regelsatz festgelegt, wenn im Einzelfall ein Bedarf ganz oder teilweise anderweitig gedeckt ist oder unabweisbar seiner Höhe nach erheblich von einem durchschnittlichen Bedarf abweicht (§ 27a Abs. 4 SGB XII). Ebenso wie im SGB II setzt sich der Bedarf also aus einem pauschalen Betrag zusammen – im SGB XII dem Regelsatz zur Abdeckung des Regelbedarfs – und es kommen die Kosten für Unterkunft und Heizung sowie eventuelle zusätzliche Bedarfe hinzu. Der notwendige Lebensunterhalt in Einrichtungen bemisst sich nach der speziellen Regelung des § 27b SGB XII. In (teil-)stationären Einrichtungen wird ein (Groß-)Teil des Regelbedarfes bereits als Sachleistung durch die Einrichtung abgedeckt, nur der insoweit nicht abgedeckte Bedarf wird als Geldleistung gewährt. Damit auch in stationären Einrichtungen Spielraum für ein Minimum eigenverantwortlicher Lebensführung erhalten bleibt, sieht § 27b Abs. 2 SGB XII einen „weiteren notwendigen Lebensbedarf" insbesondere für Kleidung und einen angemessenen Barbetrag, eine Art „Taschengeld" zur freien Verfügung, vor. Letzterer beträgt bei Erwachsenen mindestens 27 % der Regelbedarfsstufe 1, aktuell (2014) also 105,57 €, kann aber gemindert werden, wenn der Betreffende nicht in der Lage ist, den Betrag „bestimmungsgemäß" zu verwenden, z. B. bei Wachkoma-Patienten.

Ebenso wie bei der Grundsicherung für Arbeitsuchende in § 21 SGB II sieht die Sozialhilfe in § 30 SGB XII Mehrbedarfe für Personen vor, die aufgrund besonderer Umstände ihren Bedarf nicht aus den Regelsätzen decken können. Die Mehrbedarfstatbestände sind überwiegend identisch mit denen des SGB II (s. III-

Regelsatz

Mehrbedarf

4.1.6.1). Mehrbedarf wird parallel zum SGB II gewährt für Schwangere (§ 30 Abs. 2 SGB XII), Alleinerziehende (§ 30 Abs. 3 SGB XII), Menschen mit Behinderung, die an einer beruflichen Rehabilitationsmaßnahme oder einer Bildungsmaßnahme im Rahmen der Eingliederungshilfe (s. III-4.2.4.2) teilnehmen, und Personen, die krankheitsbedingt einer kostenaufwendigen Ernährung bedürfen (§ 30 Abs. 5 SGB XII). Ein weiterer Mehrbedarf wird parallel zu § 21 Abs. 7 SGB II in § 30 Abs. 7 SGB XII für die Kosten der dezentralen Warmwassererzeugung anerkannt (vgl. III-4.1.6.1). Darüber hinaus erhalten nach § 30 Abs. 1 SGB XII Personen einen Mehrbedarf, die entweder die Altersgrenze nach § 41 Abs. 2 SGB XII erreicht haben (derzeit – 2014 – mit Vollendung des 65. Lebensjahres plus drei Monate) oder vor Erreichen dieser Altersgrenze voll erwerbsgemindert nach SGB VI sind, und die einen Ausweis nach § 69 Abs. 5 SGB IX (Schwerbehindertenausweis) mit dem Merkzeichen G (erhebliche Einschränkung der Bewegungsfähigkeit im Straßenverkehr) besitzen. Das Erfordernis des Schwerbehindertenausweises bezieht sich auf beide genannten Personengruppen, also auch Personen ab 65 Jahren bekommen den Mehrbedarf nur dann, wenn sie einen entsprechenden Schwerbehindertenausweis besitzen und nicht etwa allein aufgrund des Alters. Dadurch sollen z. B. erhöhte Aufwendungen für die Pflege von Kontakten, Aufmerksamkeiten für gelegentliche Hilfeleistungen von Bekannten oder zusätzliches Fahrgeld aufgrund der verminderten Beweglichkeit sowie erhöhte Schuhbedarfe abgedeckt werden (BSG 29.9.2009 – B 8 SO 5/08 R – BSGE 104, 200 ff.). Da bereits im Rahmen des notwendigen Lebensunterhaltes in § 27a Abs. 4 SGB XII eine Anpassungsklausel bei abweichenden laufenden Bedarfen vorgesehen ist (s. o.), gibt es im § 30 SGB XII keine weitere Öffnungsklausel, die dem § 21 Abs. 6 SGB II entspräche.

einmalige Bedarfe § 31 SGB XII regelt die Gewährung einmaliger Bedarfe. Die Vorschrift ist inhaltlich identisch mit § 24 Abs. 3 SGB II (s. III-4.1.6.1). Nach Absatz 1 sind u. a. Leistungen für Erstausstattungen für die Wohnung, für Bekleidung und bei Schwangerschaft und Geburt sowie für orthopädische bzw. therapeutische Bedarfe nicht von den Regelsätzen umfasst und werden gesondert erbracht. Diese Leistungen erhalten auch Personen, die ihren laufenden Lebensbedarf aus eigenen Mitteln bestreiten können, jedoch die in § 31 Abs. 1 SGB XII genannten Bedarfe damit nicht abdecken können. Das bis Ende 2004 geltende BSHG enthielt einen umfangreichen Katalog einmaliger Leistungen, etwa für Bekleidung, Haushaltsgegenstände oder Ausstattung für die Schule. Im SGB XII sind davon nur die in § 31 Abs. 1 SGB XII genannten übrig geblieben. Die Regelsätze wurden mit Inkrafttreten des SGB XII zu Beginn des Jahres 2005 im Gegenzug erhöht, damit nun auch Bedarfe damit abgedeckt sein sollten, die in unregelmäßigen Zeitabständen anfallen (ausführlich Rothkegel 2005a Rz. 75 ff.). Dies ist problematisch, da es auch bei den erhöhten Regelsätzen schwierig – wenn nicht unmöglich – ist, daraus Mittel anzusparen, die im Bedarfsfall zur Anschaffung höherwertiger Gebrauchsgüter eingesetzt werden können. Es werden also bei den Betroffenen nur in seltenen Fällen ausreichend Rücklagen vorhanden sein, um etwa höherwertige Haushaltsgeräte wie z. B. Kühlschrank oder Waschmaschine oder Möbel bzw. Matratzen zu ersetzen, die defekt sind. Hinzu kommt, dass entsprechende Bedarfe auch gehäuft auftreten können. Hier ist zu befürchten, dass es nicht selten zu Bedarfsdeckungslücken kommt. Da die Neubemessung der Regelbedarfe durch das RBEG vom 24.03.2011 unmittelbar nur zu einer Anhebung des Regelbedarfs für den Alleinstehenden oder Alleinerziehenden um 5 Euro geführt (seither insgesamt 27 Euro) und für manche Altersgruppen der Haushaltsangehörigen zunächst gar keine Anhebung mit sich gebracht hat (vgl. III-4.1.6.1), ist diese Situation durch die Neubemessung nicht verbessert worden.

Ebenso wie das SGB II (§ 24 Abs. 1 SGB II, s. III-4.1.6.1) sieht auch das SGB XII vor, dass Darlehen gewährt werden, wenn ein unabweisbarer Bedarf besteht, der eigentlich aus dem Regelsatz zu decken wäre, für den im konkreten Einzelfall aber keine Mittel zur Verfügung stehen. Parallel zu § 24 Abs. 1 SGB II regelt § 37 SGB XII, dass in diesem Fall auf Antrag ein Darlehen erbracht werden soll. Anders als in § 42a Abs. 2 SGB II, der i. d. R. eine Rückzahlung des Darlehens durch automatischen Einbehalt von fixen 10 % des Regelbedarfes festlegt, steht es im Ermessen des Trägers der Sozialhilfe, monatliche Teilbeträge in Höhe von bis zu 5 % des maßgeblichen Regelbedarfs von der Leistung der Darlehensnehmer zur Darlehnstilgung einzubehalten.

Darlehen

Im Gegensatz zur Grundsicherung nach dem SGB II sind nicht alle Personen, die existenzsichernde Leistungen der Sozialhilfe beziehen, automatisch kranken- und pflegeversichert. Nach § 32 SGB XII sind nur für einzelne Personenkreise auch Kranken- und Pflegeversicherungsbeiträge zu übernehmen. Dies betrifft insb. Personen ohne anderweitigen Krankenversicherungsschutz als Pflichtversicherte im Sinne des § 5 Abs. 1 Nr. 13 SGB V (vgl. III-2.1.2), Landwirte, Personen, die nach § 9 Abs. 1 Nr. 1 SGB V in der Krankenkasse weiterversichert sind, Rentenantragsteller (§ 189 SGB V) und Personen, die nur kurzfristig Hilfe zum Lebensunterhalt beziehen (§ 32 Abs. 2 S. 2 SGB XII). Bei diesen Personengruppen soll der Krankenversicherungsschutz nicht durch den Sozialhilfebezug verloren gehen. Für andere Personen hat der Träger nach § 32 Abs. 2 S. 1 SGB XII Ermessen, ob er eine Krankenversicherung übernimmt. Wichtige Kriterien bei der Ermessensausübung sind der Grundsatz der präventiven Hilfe, die Dauer einer bereits bestehenden Krankenversicherung und Kostengesichtspunkte (Münder – Bieritz-Harder/Birk 2008 § 32 Rz. 24). Werden keine Kranken- und Pflegeversicherungsbeiträge übernommen, so sind die gesetzlichen Krankenversicherungen in den meisten Fällen verpflichtet, gegen Kostenerstattung durch den jeweiligen Sozialhilfeträger die Krankenbehandlung von nicht versicherten Personen, die Sozialhilfeleistungen beziehen, zu übernehmen (§ 264 Abs. 2 SGB V, sog. Statusversicherung). Greift auch diese Leistung nicht, so kommen in den entsprechenden Lebenslagen Hilfen zur Gesundheit nach §§ 47 ff. SGB XII und Hilfe zur Pflege nach §§ 61 ff. SGB XII in Betracht. Um die Voraussetzungen eines Anspruchs auf eine angemessene Alterssicherung oder auf ein angemessenes Sterbegeld zu erfüllen, können die erforderlichen Kosten nach § 33 SGB XII übernommen werden.

Kranken- und Pflegeversicherung

Die Leistungen für Unterkunft und Heizung werden gemäß § 35 SGB XII in tatsächlicher Höhe übernommen. Die Vorschrift ist inhaltlich in den Grundzügen der

Unterkunfts- und Heizungskosten

Regelung des § 22 SGB II ähnlich (s. III-4.1.6.1). Auch hier werden die Unterkunftskosten und nach Absatz 4 auch die Leistungen für Heizung und zentrale Warmwaserbereitung erbracht, soweit sie angemessen sind, was von den regionalen Verhältnissen abhängt. Sind sie zunächst unangemessen hoch, sind die Kosten übergangsweise zu erbringen, bis es der leistungsberechtigten Person möglich und zumutbar ist, sie durch einen Umzug o. Ä. zu senken (i. d. R. bis zu sechs Monaten). Vor Abschluss eines neuen Mietvertrags ist der zuständige Träger über die maßgeblichen Umstände, d. h. in erster Linie über die Kosten, in Kenntnis zu setzen. Stimmt er dem Umzug zu, können Wohnungsbeschaffungs- und Umzugskosten sowie die Mietkaution zusätzlich erbracht werden, Letztere jedoch nur als Darlehen. Allerdings enthält § 35 SGB XII – wie überhaupt das SGB XII insgesamt – im Gegensatz zu § 22 SGB II keine speziellen Regelungen für Personen unter 25 Jahren, so auch keine Einschränkung, die deren Auszug aus dem Elternhaus erschwert. Auch in § 35 SGB XII ist die Möglichkeit der Direktzahlung an den Vermieter vorgesehen, wenn die leistungsberechtigte Person das so möchte oder aber die Weiterleitung der Miete an den Vermieter nicht sichergestellt ist (Absatz 1). § 35a SGB XII regelt – soweit vorhanden – die Anwendbarkeit von **Satzungen** nach §§ 22a f. SGB II (vgl. III-4.1.6.1). Dies setzt allerdings voraus, dass in der Satzung Sonderregelungen für Personen mit einem besonderen Bedarf für Unterkunft und Heizung getroffen werden und dabei zusätzlich auch die Bedarfe älterer Menschen berücksichtigt werden. Schulden im Zusammenhang mit der Unterkunft können – als Ausnahme zum Bedarfsdeckungsprinzip (s. III-4.2) – nach § 36 SGB XII zur Sicherung der Unterkunft übernommen werden und sollen übernommen werden, wenn dies gerechtfertigt und notwendig ist und ansonsten Wohnungslosigkeit droht. Anders als im SGB II können diese Leistungen nicht nur als Darlehen, sondern auch als nicht rückzahlbare Beihilfe erbracht werden. Auch hier sind die Gerichte verpflichtet, den Trägern Mitteilung zu machen, wenn eine Räumungsklage wegen Mietschulden erhoben wird, damit der zuständige Träger rechtzeitig aktiv werden kann.

Mietschulden

Bedarfe für Bildung und Teilhabe werden nach §§ 34 ff. SGB XII im gleichen Umfang berücksichtigt wie im Rahmen des SGB II (s. III-4.1.6.1).

Bedarfe für Bildung und Teilhabe

Ebenso wie das SGB II (s. III-4.1.8) sieht auch das SGB XII bei der Hilfe zum Lebensunterhalt Sanktionen bei Pflichtverletzungen der Leistungsempfänger vor. Nach § 39a SGB XII vermindert sich die maßgebende Regelbedarfsstufe in einer ersten Stufe um bis zu 25 %, bei wiederholter Ablehnung in weiteren Stufen um jeweils bis zu 25 %, wenn Leistungsberechtigte entgegen ihrer Verpflichtung die Aufnahme einer ihnen zumutbaren Tätigkeit oder die Teilnahme an einer erforderlichen Vorbereitung ablehnen (vgl. § 11 Abs. 3 und 4 SGB XII). Die Leistungsberechtigten sind vorher entsprechend zu belehren. Im Gegensatz zum SGB II ist die Höhe der Sanktionsstufen geringer und liegt zudem im Ermessen des Sozialhilfeträgers („bis zu 25 %"). Die praktische Relevanz dieser Regelung ist ohnehin eher gering, da die Leistungsempfänger nach dem SGB XII gar keiner oder allenfalls einer geringfügigen Tätigkeit nachgehen können bzw. dürfen. Wären sie erwerbsfähig, würden sie in den Anwendungsbereich des SGB II fallen. Nach § 26 Abs. 1 SGB XII soll die

Sanktionen

Leistung bis auf das zum Lebensunterhalt Unerlässliche eingeschränkt werden bei volljährigen Leistungsberechtigten, die ihr Einkommen oder Vermögen vermindert haben in der Absicht, die Voraussetzungen für die Gewährung oder Erhöhung der Leistung herbeizuführen, und bei Leistungsberechtigten, die trotz Belehrung ihr unwirtschaftliches Verhalten fortsetzen. Nach § 26 Abs. 1 S. 2 SGB XII, der auch für den Fall der Leistungseinschränkung nach § 39a SGB XII gilt, ist so weit wie möglich zu verhüten, dass die unterhaltsberechtigten Angehörigen oder andere mit ihnen in Haushaltsgemeinschaft lebende Leistungsberechtigte durch die Einschränkung der Leistung mitbetroffen werden. Dies schließt die Sanktionierung von Personen, die mit anderen Personen – insbesondere Kindern – in einem Haushalt leben, praktisch aus, da bei geringeren Geldmitteln i. d. R. alle Familienmitglieder betroffen sind (Münder – Conradis 2012, § 26 Rz. 11).

4.2.2 Leistungen der Grundsicherung im Alter und bei Erwerbsminderung

Das vierte Kapitel regelt in den §§ 41 ff. SGB XII die Grundsicherung im Alter und bei Erwerbsminderung (ausführlich Conradis 2013 Rz. 10 ff.). Erst wenige Jahre vor Inkrafttreten des SGB XII waren die Leistungen im Alter und bei Erwerbsminderung aus der Sozialhilfe herausgenommen und im Gesetz über eine bedarfsorientierte Grundsicherung im Alter und bei Erwerbsminderung (GSiG) geregelt worden. Dieser Schritt sollte in erster Linie zur Vermeidung von Altersarmut dienen, da vor allem ältere Menschen sich trotz Bedürftigkeit oft scheuen, Leistungen der Sozialhilfe in Anspruch zu nehmen. Zum 01.01.2005 wurde die Ausgliederung aufgegeben und das GSiG in das SGB XII integriert. Diese Lösung hat zum einen bewirkt, dass die älteren Menschen nun doch wieder auf die Sozialhilfe verwiesen sind und dass zum anderen nun im SGB XII zwei unterschiedliche Leistungen für die Sicherung des Lebensunterhalts in selbstständigen Kapiteln nebeneinanderstehen, die inhaltlich nahezu identisch sind. Allerdings weist die Grundsicherung doch eine Reihe von Eigenheiten gegenüber der Hilfe zum Lebensunterhalt auf. Geblieben aus Zeiten des GSiG ist auch, dass gemäß § 46a SGB XII der Bund die Grundsicherung finanziert, diese Leistungen also die Haushalte der Kommunen nicht belasten.

Anspruchsberechtigt sind nach § 41 Abs. 1 SGB XII Personen mit gewöhnlichem Aufenthalt im Inland, die entweder die dem Eintrittsalter in die Regelaltersrente entsprechende **Altersgrenze** nach § 41 Abs. 2 erreicht, die derzeit schrittweise von 65 auf 67 Jahre angehoben wird (aktuell – 2014 – 65 Jahre plus drei Monate für den Geburtsjahrgang 1949), oder die das 18. Lebensjahr vollendet haben, unabhängig von der jeweiligen Arbeitsmarktlage **voll erwerbsgemindert** im Sinne des § 43 Abs. 2 SGB VI sind und bei denen unwahrscheinlich ist, dass die volle Erwerbsminderung behoben werden kann. Noch minderjährige dauerhaft voll Erwerbsgeminderte erhalten hingegen entweder Sozialgeld, wenn sie in einer Bedarfsgemeinschaft nach § 7 Abs. 3 SGB II leben, oder andernfalls Hilfe zum Lebensunterhalt. Bei Vorliegen der Voraussetzungen besteht ein Rechtsanspruch auf die Grundsicherungsleistungen. Es besteht allerdings ein **Antragser-**

fordernis. Die Feststellung der dauerhaften vollen Erwerbsminderung i. S. d. § 41 Abs. 1 Nr. 2 SGB XII erfolgt nach § 45 SGB XII i. d. R. durch den zuständigen Träger der Rentenversicherung. Dessen Einschätzung ist auch für die Agentur für Arbeit nach § 44a Abs. 1a SGB II bei deren Beurteilung der Erwerbsfähigkeit maßgebend. Ausgeschlossen ist der Anspruch nach § 41 Abs. 3 SGB XII für Personen, die in den letzten zehn Jahren ihre Bedürftigkeit vorsätzlich oder grob fahrlässig herbeigeführt haben. Für diesen Personenkreis ist stattdessen die Hilfe zum Lebensunterhalt (III-4.2.1) einschlägig. Diese Verweisung hat ihren Sinn darin, dass bei der Hilfe zum Lebensunterhalt andere Regeln für die Inanspruchnahme Dritter vorgesehen sind (s. nachfolgenden Abschnitt), sowie die Möglichkeit der Einschränkung von Leistungen (s. o. und § 26 SGB XII).

Vom Umfang der Leistung her verweist § 42 SGB XII weitgehend auf die Hilfe zum Lebensunterhalt (z. B. aber nicht auf den Barbetrag in Einrichtungen nach § 27b). Es gilt insofern das unter III-4.2.1 Ausgeführte. Allerdings gibt es einige Unterschiede zwischen den beiden Leistungen. Ein wesentlicher Unterschied liegt darin, dass die Grundsicherung im Alter und bei Erwerbsminderung im Gegensatz zu den sonstigen Sozialhilfeleistungen nicht schon bei Kenntnis des Trägers von der Bedarfssituation einsetzt, sondern die Leistung nach § 41 Abs. 1 letzter Halbsatz SGB XII nur auf Antrag gewährt wird (s. auch § 18 SGB XII). Allerdings haben die Träger der Rentenversicherung nach § 46 SGB XII Informations- und Beratungspflichten und müssen Personen mit geringer Rentenhöhe Antragsformulare zuleiten, damit die Hilfebedürftigen einen Antrag nicht aus Unkenntnis über die bestehenden Ansprüche unterlassen.

Nach § 44 Abs. 1 SGB XII wird die Leistung i. d. R. für zwölf Monate bewilligt, während die Hilfe zum Lebensunterhalt quasi täglich erneut regelungsbedürftig ist und daher i. d. R. für kürzere Zeiträume bewilligt wird. Zudem werden Grundsicherungsleistungen auch nicht erst ab dem Zeitpunkt der Antragstellung gewährt, vielmehr wirkt der Antrag auf den Beginn des Antragsmonats zurück (§ 44 Abs. 1 S. 2 SGB XII). Diese Rückwirkung zum Monatsanfang greift auch bei Veränderungen im Lauf des Monats, die den Leistungsanspruch erhöhen, während Veränderungen, die den Leistungsanspruch absenken, erst zum Folgemonat berücksichtigt werden gemäß § 44 Abs. 1 S. 4 SGB XII.

Unterschiede ergeben sich auch hinsichtlich der Vermutung der Bedarfsdeckung innerhalb einer Haushaltsgemeinschaft, der Leistungsgewährung für Personen, für die der sofortige Einsatz vorhandenen Vermögens nicht möglich ist oder eine Härte bedeuten würde, und hinsichtlich des Übergangs von Unterhaltsansprüchen der Leistungsberechtigten gegenüber ihren Kindern und Eltern (dazu s. III-4.2.3).

4.2.3 Einsatz eigener Mittel und Verpflichtungen anderer bei Hilfe zum Lebensunterhalt und Grundsicherung

Der vorrangige Einsatz des Einkommens und des Vermögens bei der Hilfe zum Lebensunterhalt (§ 19 Abs. 1 SGB XII) sowie der Grundsicherung im Alter und bei Erwerbsminderung (Absatz 2) erfolgt von den Grundzügen her parallel zu den Regelungen im SGB II (vgl. III-4.1.7).

Einzusetzen ist auch hier zur Abwendung der Hilfebedürftigkeit nicht nur Einkommen und Vermögen der um Sozialhilfe nachfragenden Person, sondern u. U. auch das von Angehörigen. Das SGB XII verwendet – anders als das SGB II – nicht den Begriff „Bedarfsgemeinschaft". Der Sache nach geht jedoch auch das Sozialhilferecht bei zusammenlebenden Angehörigen oder nahestehenden Personen von einer sog. Einsatzgemeinschaft aus. Die §§ 27 Abs. 2 und 43 Abs. 1 SGB XII regeln, ohne dies ausdrücklich so zu bezeichnen, wer zur **Einsatzgemeinschaft** gehört. So ist bei nicht getrennt lebenden Ehegatten oder Lebenspartnern auch deren Einkommen und Vermögen zu berücksichtigen. Allerdings wird ihr Einkommen und Vermögen nur insoweit berücksichtigt, als es über ihren eigenen, fiktiv zu berechnenden notwendigen Lebensunterhalt hinausgeht. Bei dieser sog. „vertikalen Einkommensanrechnung" wird nur dieser Überschuss an Einkommen und/oder Vermögen der leistungsberechtigten Person zugerechnet. Anders als bei der „horizontalen Einkommensverteilung" nach § 9 Abs. 2 S. 3 SGB II, wird im SGB XII diejenige Person, die ihren Bedarf aus eigenen Mitteln decken kann, durch die Einsatzgemeinschaft nicht „arm gerechnet".

Einsatzgemeinschaft

Gehören minderjährige unverheiratete **Kinder** dem Haushalt ihrer Eltern oder eines Elternteils an und können sie den eigenen notwendigen Lebensunterhalt aus ihrem Einkommen und Vermögen nicht beschaffen, sind auch das Einkommen und das Vermögen der Eltern oder des Elternteils gemeinsam zu berücksichtigen. Entsprechend den Regelungen im SGB II (vgl. III-4.1.7) gilt zum einen die Pflicht zum Einkommenseinsatz zwischen Kindern und Eltern umgekehrt nicht und zum anderen werden nach § 19 Abs. 4 SGB XII Einkommen und Vermögen der Eltern nicht für eine Person herangezogen, die schwanger ist oder ihr leibliches Kind bis zur Vollendung des sechsten Lebensjahrs betreut. Dies ergibt sich durch den Verweis auf § 39 Satz 3 Nr. 1 SGB XII. Im Unterschied zum SGB II ist das Einkommen und Vermögen des Partners eines Elternteils, mit dem ein Kind zusammenlebt, nicht für das Kind anzurechnen. Zudem sind die dem Haushalt angehörigen Kinder bereits mit Vollendung des 18. Lebensjahres nicht mehr zur Einsatzgemeinschaft der Eltern oder eines Elternteils zu zählen und nicht wie im SGB II erst mit Vollendung des 25 Lebensjahres. Nach § 20 SGB XII dürfen Personen, die in eheähnlicher oder lebenspartnerschaftsähnlicher Gemeinschaft leben, nicht besser gestellt werden als Ehepartner. Damit sind auch **eheähnliche** und gleichgeschlechtliche Gemeinschaften in die Einsatzgemeinschaft mit einbezogen.

§ 39 SGB XII regelt zusätzlich die **Haushaltsgemeinschaft**. Lebt eine Person, die Sozialhilfe beansprucht, mit anderen Personen zusammen, so wird vermutet, dass sie gemeinsam wirtschaften (Haushaltsgemeinschaft) und dass sie von ihnen Leistungen zum Lebensunterhalt erhält, soweit dies nach deren Einkommen und Vermögen erwartet werden kann. Die Vorschrift geht zunächst insofern über die Regelung in § 9 Abs. 5 SGB II hinaus, als die Haushaltsgemeinschaft hier nicht auf Personen beschränkt ist, die miteinander verwandt oder verschwägert sind, sondern **alle Personen erfasst, die zusammenleben** (zur verfassungsrechtlichen Bedenklichkeit vgl. Schoch 2013 Rz. 72). Zudem wird nach § 39 SGB XII bei Zusammenleben automatisch von Gesetzes wegen vermutet, dass eine Wohn- und

Haushaltsgemeinschaft

Wirtschaftsgemeinschaft besteht. Unter dieser Voraussetzung greift dann ebenso wie bei § 9 Abs. 5 SGB II die **gesetzliche Vermutung**, dass die ansonsten hilfebedürftige Person von den anderen Personen der Haushaltsgemeinschaft unterstützt wird. Beide Vermutungen lassen sich von den Betroffenen widerlegen, was auch hier nicht ganz einfach ist. Diese Regelung betrifft z. B. auch Kinder im Verhältnis zu ihren Stiefeltern unabhängig von der Frage, ob der Partner mit dem Elternteil des Kindes verheiratet ist. Nicht erfasst sind wieder Personen, die schwanger sind oder ihr leibliches Kind bis zur Vollendung seines 6. Lebensjahres betreuen und mit ihren Eltern oder einem Elternteil zusammenleben. Zudem sind auch Personen nicht erfasst, die eine (drohende) Behinderung im Sinne des § 53 SGB XII haben oder im Sinne des § 61 SGB XII pflegebedürftig sind und von in S. 1 genannten Personen betreut werden.

Die Unterstützung der ansonsten hilfebedürftigen Person kann nur vermutet werden, wenn ein deutlich über dem Bedarf der Hilfe zum Lebensunterhalt liegendes Einkommen vorliegt (BVerwGE 59, 294). Eine konkrete Regelung zur Höhe liegt im Gegensatz zu § 1 Abs. 2 Alg II-V (s. III-4.1.7) für den Bereich der Sozialhilfe nicht vor. Bei Unterhaltspflichtigen kann eine Leistung in Höhe des gesetzlichen Unterhaltsbetrags erwartet werden. Von nicht unterhaltspflichtigen Personen kann jedenfalls keine Unterstützung erwartet werden, die höher ist als die Leistung, die bei Unterhaltspflichtigen angenommen werden kann (ausführlich zur Berechnung Schoch 2013 Rz. 73 ff., Münder – Conradis 2008 § 39 Rz. 10 ff.). Die Vermutung der Unterstützung innerhalb einer Haushaltsgemeinschaft ist nach § 43 Abs. 1 SGB XII bei der Grundsicherung im Alter und bei Erwerbsminderung nicht anzuwenden

Einkommen

Was genau als einzusetzendes Einkommen und Vermögen anzusehen ist, ist im elften Kapitel geregelt. § 82 SGB XII regelt den Begriff des Einkommens und die vom Einkommen abzusetzenden Beträge im Wesentlichen parallel zu §§ 11–11b SGB II (s. III-4.1.7). Auch nach dem Recht der Sozialhilfe gehören gemäß § 82 Abs. 1 SGB XII zum Einkommen grundsätzlich **alle Einnahmen mit Ausnahme** der Leistungen nach dem SGB XII selbst (z. B. Grundsicherung nach § 41 SGB XII oder Pflegegeld nach § 64 SGB XII), einzelner Leistungen nach dem Bundesversorgungsgesetz und entsprechenden Gesetzen sowie Renten oder Beihilfen nach dem Bundesentschädigungsgesetz. Hier ist ebenfalls zu beachten, dass das Elterngeld seit Anfang des Jahres 2011 als Einkommen auf die Leistungen der Sozialhilfe angerechnet wird, soweit es sich nicht aus vor der Geburt erzieltem Einkommen berechnet (§ 10 BEEG). Das Kindergeld ist auch hier dem minderjährigen Kind als Einkommen anzurechnen, (nur) soweit es für dessen Lebensunterhalt benötigt wird (§ 82 Abs. 1 S. 3 SGB XII), im Übrigen bei dessen Eltern.

Nach § 82 Abs. 2 SGB XII sind verschiedene Beträge vom Einkommen abzusetzen, also nicht anzurechnen. Dies sind in erster Linie Steuern, Sozialversicherungsbeträge, Beiträge zu öffentlichen oder privaten Versicherungen oder ähnlichen Einrichtungen, soweit diese Beiträge gesetzlich vorgeschrieben oder nach Grund und Höhe angemessen sind, sowie geförderte Altersvorsorgebeiträge bis zu einer Höchstgrenze, Werbungskosten sowie Arbeitsförderungsgeld nach dem SGB IX. Details dazu sind in der Durchführungsverordnung zu § 82 des SGB XII

(DV zu § 82 SGB XII) festgelegt, einer Parallele zur Alg II-V. In den Details weisen beide Verordnungen jedoch deutliche Unterschiede auf, z. B. bei den absetzbaren Pauschalen. Eine Versicherungspauschale i. H. v. 30 € kennt die DV zu § 82 SGB XII nicht und auch die Pauschalen für die Werbungskosten in § 3 DV zu § 82 SGB XII weichen erheblich ab (vgl. exemplarisch die Fahrtkostenregelung).

In der Höhe deutlich beschränkter ist auch der **Erwerbstätigenfreibetrag** nach § 82 Abs. 3 SGB XII. Für erwerbstätige Sozialhilfeempfänger ist ein Betrag in Höhe von 30 % des Einkommens aus selbstständiger und nichtselbstständiger Tätigkeit abzusetzen, maximal jedoch 50 % der Regelbedarfsstufe 1, aktuell (2014) also maximal 195,50 €. Als Anreiz für ehrenamtliches Engagement bleiben bis zu 200 € ohne die 30 %-Anteilsregelung anrechnungsfrei, wenn zumindest Teile des Einkommens aus einer sog. Übungsleiter- oder Ehrenamtspauschale stammen. Ebenso wie im Rahmen des SGB II sind nach § 83 SGB XII zweckbestimmte Leistungen, die einem anderen Zweck als die Sozialhilfe gewährt werden, und Schmerzensgeld, das auf der Grundlage von § 253 Abs. 2 BGB gezahlt wird, nicht anzurechnen. Auch Zuwendungen der freien Wohlfahrtspflege bleiben nach § 84 SGB XII als Einkommen außer Betracht, wenn nicht die Zuwendung die Lage der Leistungsberechtigten so günstig beeinflusst, dass daneben Sozialhilfe ungerechtfertigt wäre. Zuwendungen, die eine andere Person erbringt, ohne hierzu eine rechtliche oder sittliche Pflicht zu haben, sollen als Einkommen außer Betracht bleiben, soweit ihre Berücksichtigung für die Leistungsberechtigten eine besondere Härte bedeuten würde.

Erwerbstätigenfreibetrag

Neben dem Einkommen, also allem Geldwertem, was der leistungsberechtigten Person nach dem Einsetzen der Sozialhilfe zufließt, ist auch das Vermögen einzusetzen, also alles Geldwerte, was bereits vor dem Einsetzen der Sozialhilfe oder im vorangegangenen Bewilligungszeitraum erworben wurde. Der Einsatz des Vermögens wird in § 90 SGB XII und der zugehörigen Durchführungsverordnung geregelt. Ebenso wie im SGB II (s. III-4.1.7) ist vom **Grundsatz** her nach § 90 Abs. 1 SGB XII das gesamte verwertbare Vermögen einzusetzen. In Absatz 2 findet sich eine Auflistung von Vermögensgegenständen, die abweichend von diesem Grundsatz nicht einzusetzen sind (sog. **Schonvermögen**). Hierunter fallen insb. öffentliche Mittel zum Existenzaufbau, die staatlich geförderte Altersvorsorge, angemessenes Wohneigentum, Hausrat, Gegenstände, die für die Berufsausbildung oder Erwerbstätigkeit unentbehrlich sind, Familien- und Erbstücke, deren Veräußerung eine besondere Härte bedeuten würde und Gegenstände, die zur Befriedigung geistiger Bedürfnisse dienen und deren Besitz nicht Luxus ist, also etwa Musikinstrumente oder Bücher. Die Angemessenheit des selbstgenutzten Wohneigentums bestimmt sich nach der Zahl der Bewohner, dem Wohnbedarf (zum Beispiel behinderter, blinder oder pflegebedürftiger Menschen), der Grundstücksgröße, der Hausgröße, dem Zuschnitt und der Ausstattung des Wohngebäudes sowie dem Wert des Grundstücks einschließlich des Wohngebäudes. Anders als im SGB II gehört ein PKW nicht per se zum Schonvermögen, sondern bleibt gemäß § 90 Abs. 2 Nr. 5 SGB XII nur dann unberücksichtigt, wenn es zur Ausübung einer Erwerbstätigkeit unentbehrlich ist, die Arbeitsstätte also nicht auf zumutbarem Weg mit öffentlichem Nahverkehr zu erreichen ist, oder wenn ein sonstiger Härtefall nach Absatz 3 vorliegt.

Einzusetzendes Vermögen

kleinere Barbeträge	Für kleinere Barbeträge oder sonstige Geldwerte besteht ein **Freibetrag**, wobei eine besondere Notlage der nachfragenden Person zu berücksichtigen ist. Die kleineren Barbeträge werden konkretisiert durch die Verordnung zur Durchführung des § 90 Abs. 2 Nr. 9 des SGB XII (DV zu § 90 SGB XII). § 1 DV zu § 90 SGB XII trifft differenzierte Regelungen im Wesentlichen danach, ob die Sozialhilfe nur vom Einsatz des Vermögens der nachfragenden Person allein abhängig gemacht wird oder noch vom Vermögen weiterer Personen, nach dem Alter und danach, ob unterhaltsberechtigte Personen vorhanden sind. Ist nur das Vermögen der nachfragenden Person zu berücksichtigen, so beträgt der Freibetrag bis zur Vollendung des 60. Lebensjahrs 1.600 €, nach Vollendung des 60. Lebensjahrs oder bei voller Erwerbsminderung 2.600 €. Ist die Sozialhilfe vom Einsatz des Vermögens der nachfragenden Person und ihres Ehe- oder Lebenspartners abhängig, erhöht sich der Betrag um 614 € für den Partner. Zudem erhöht sich der Betrag um 256 € für jede Person, die von der nachfragenden Person, ihrem Ehegatten oder Lebenspartner überwiegend unterhalten wird. Die Freibeträge sind somit durchweg deutlich niedriger als im Rahmen des SGB II (vgl. III-4.1.7).

Einen Auffangtatbestand für weitere Vermögensgegenstände enthält § 90 Abs. 3 SGB XII. Danach darf die Sozialhilfe nicht vom Einsatz oder von der Verwertung eines Vermögens abhängig gemacht werden, soweit dies für den, der das Vermögen einzusetzen hat, und für seine unterhaltsberechtigten Angehörigen eine **Härte** bedeuten würde (insb. Erschwerung einer angemessenen Alterssicherung). Eine weitere Einschränkung bei der Vermögensanrechnung trifft § 92 SGB XII für Menschen mit Behinderung, die stationär untergebracht sind.

Parallel zu § 24 Abs. 5 SGB II regelt § 91 SGB XII, dass ein **Darlehen** erbracht werden soll, wenn zwar Vermögen einzusetzen ist, der sofortige Verbrauch oder die sofortige Verwertung des Vermögens jedoch nicht möglich ist oder für die, die es einzusetzen hat, eine Härte bedeuten würde (ausführlich zum Vermögenseinsatz vgl. Meßling/Sartorius 2013b Rz. 96 ff.).

Übergang von Ansprüchen	Die §§ 93 ff. SGB XII regeln die **Verpflichtungen anderer**, die zwar nicht mit der leistungsberechtigten Person zusammenleben, gegen die sie jedoch Ansprüche hat, z. B. auf Unterhalt. Der Sozialhilfeträger darf zwar die Hilfe unter Hinweis auf diese Ansprüche nicht verweigern. Aber nach § 93 SGB XII kann der Sozialhilfeträger Ansprüche des Leistungsberechtigten gegen andere in Höhe der geleisteten Sozialhilfe auf sich überleiten. Auch in diesem Zusammenhang ist insb. der Rückforderungsanspruch des verarmten Schenkers auf Herausgabe der Schenkung nach § 528 Abs. 1 BGB von Bedeutung (s. III-4.1.7).

Eine spezielle Regelung für **Unterhaltsansprüche** trifft § 94 SGB XII. Danach geht ein Unterhaltsanspruch der leistungsberechtigten Person für den Zeitraum des Leistungsbezugs bis zur Höhe der geleisteten Aufwendungen kraft Gesetzes auf den Sozialhilfeträger über. Problematisch ist auch hier der Fall, dass der Leistungsberechtigte auf seinen Unterhaltsanspruch vor dem gesetzlichen Anspruchsübergang verzichtet hat, wenn also etwa der Unterhaltsanspruch gegen den (früheren) Partner durch Ehevertrag ausgeschlossen wurde (s. III-4.1.7). Der Übergang des Unterhaltsanspruchs wird für verschiedene Fallkonstellationen ausgeschlossen oder beschränkt. Der Übergang des Anspruchs ist nach § 94 Abs. 1 SGB XII ausgeschlossen, soweit der Unterhaltsanspruch durch laufende Zahlung erfüllt wird, ebenso wenn die unterhaltspflichtige Person zur Einsatzgemeinschaft gehört oder die unterhaltspflichtige Person mit der leistungsberechtigten Person vom zweiten Grad an verwandt ist. Es werden also keine Großeltern, Enkel usw. der Leistungsempfänger herangezogen. Der Übergang von Unterhaltsansprüchen gegen Verwandte ersten Grades einer Person, die schwanger ist oder ihr leibliches Kind bis zur Vollendung seines sechsten Lebensjahres betreut, ist auch hier ausgeschlossen. Die Unterhaltsansprüche von Menschen mit Behinderung und von pflegebedürftigen Personen gehen nach § 94 Abs. 2 SGB XII nur in eingeschränktem Umfang über. Nach § 94 Abs. 3 SGB XII bestehen ebenfalls Einschränkungen, wenn die unterhaltspflichtige Person selbst Anspruch auf Hilfe zum Lebensunterhalt hat bzw. bei Erfüllung des Anspruchs hätte oder wenn der Übergang des Anspruchs eine unbillige Härte bedeuten würde.

Sonderregelungen bestehen für die Grundsicherung im Alter und bei Erwerbsminderung. Nach § 43 Abs. 2 SGB XII bleiben Unterhaltsansprüche der Leistungsberechtigten gegen ihre Kinder und Eltern unberücksichtigt, wenn deren jährliches Gesamteinkommen 100.000 € nicht überschreitet. Es wird von Gesetzes wegen zunächst vermutet, dass dieser Betrag nicht überschritten wird und nur, wenn Anhaltspunkte für das Gegenteil vorliegen, sind die Kinder insoweit auskunftspflichtig. Der Sinn dieser Regelung liegt darin, auch den Lebensunterhalt von Personen sicherzustellen, die bislang auf Leistungen verzichtet haben, weil sie den Rückgriff des Sozialhilfeträgers auf ihre Kinder oder Eltern fürchteten. Hat jedoch ein Kind ein nachgewiesenes höheres Einkommen, ist nach § 43 Abs. 3 S. 6 SGB XII der Anspruch auf Grundsicherung ingesamt ausgeschlossen. Der Leistungsbrechtigte erhält dann stattdessen Hilfe zum Lebensunterhalt mit der Folge des gesetzlichen Anspruchsübergangs gegen das Kind nach § 94 SGB XII, da die Nichtberücksichtigung von dessen Einkommen sozialpolitisch nicht mehr angemessen wäre.

4.2.4 Hilfen in besonderen Lebenslagen

Die Kapitel fünf bis neun enthalten Leistungen, die im Geltungsbereich des BSHG als „Hilfen in besonderen Lebenslagen" überschrieben waren und die diese Funktion auch ohne entsprechende Bezeichnung im SGB XII der Sache nach heute noch haben (zur Struktur des Gesetzes Münder – Münder 2008 Einleitung Rz. 22 ff.). Hier finden sich Hilfen zur Gesundheit, Eingliederungshilfen für Menschen mit Behinderung, Hilfe zur Pflege, Hilfe zur Überwindung besonderer sozialer Schwierigkeiten und Hilfen in anderen Lebenslagen. Die Hilfen in besonderen Lebenslagen unterscheiden sich von der Hilfe zum Lebensunterhalt und der Grundsicherung dadurch, dass Hilfe in besonderen Bedarfssituationen erbracht wird, die über die Abdeckung des allgemeinen Lebensunterhalts hinausgehen und auch nicht voraussetzen, dass die betroffene Person Leistungen zum Lebensunterhalt im Rahmen der Sozialhilfe erhält. D. h. auch Leistungsberechtigte nach dem SGB II und Personen, die gar keinen Anspruch auf Hilfen zum Lebensunterhalt haben, können diese besonderen Hilfen erhalten. Zwar sind auch diese Hilfen bedürftigkeitsabhängig, jedoch sind an den Einsatz vorhandenen Einkommens geringere Anforderungen gestellt als bei der Hilfe zum Lebensunterhalt und der Grundsicherung im Alter und bei Erwerbsminderungund und beim Vermögen bestehen geringfügig höhere Freibeträge (s. III-4.2.5). Da die Hilfen überwiegend nicht in Form von Geld-, sondern als Sach- oder Dienstleistungen erbracht werden, ist bei der konkreten Ausgestaltung der Leistungen das Wunsch- und Wahlrecht der Betroffenen (§§ 33 SGB I, 9 SGB XII) von zentraler Bedeutung (Tammen 2013b).

4.2.4.1 Hilfen zur Gesundheit

Im fünften Kapitel sind in den §§ 47 ff. SGB XII Hilfen zur Gesundheit geregelt. Vor dem 01.01.2004 waren die entsprechenden Hilfen im Rahmen des BSHG von hoher Bedeutung, da nur ein geringer Teil der Sozialhilfeempfänger krankenversichert war. Die Hilfe bei Krankheit nach dem BSHG war insofern praktisch die Krankenkasse für Sozialhilfeempfänger. Zum 01.01.2004 wurde durch das GKV-Modernisierungsgesetz in § 264 Abs. 2 SGB V die Regelung aufgenommen, dass die Krankenbehandlung von Empfängern laufender Hilfe zum Lebensunterhalt von den **Krankenkassen** vorgenommen wird. Die Kosten werden durch die Träger der Sozialhilfe erstattet. Nach dem 01.01.2005 bestand zudem für Personen, die in der Vergangenheit laufende Leistungen zum Lebensunterhalt empfangen hatten und noch nie krankenversichert waren, die Möglichkeit, sich nach § 9 Abs. 1 Nr. 8 SGB V freiwillig in der Krankenversicherung zu versichern. Darüber hinaus wurden durch das Gesetz zur Stärkung des Wettbewerbs in der gesetzlichen Krankenversicherung vom 01.04.2007 alle im Inland wohnenden Personen, die keinen Anspruch auf eine anderweitige Absicherung im Krankheitsfall haben und entweder zuletzt gesetzlich krankenversichert oder in Deutschland bisher weder gesetzlich noch privat krankenversichert waren, nach § 5 Abs. 1 Nr. 13 SGB V in die Versicherungspflicht in der gesetzlichen Krankenversicherung einbezogen. Zudem erhalten nach § 265 Abs. 2 S. 1 SGB V alle Empfänger von Hilfen in besonderen Lebenslagen, die nicht selbst krankenversichert sind, Leistungen von den Krankenkassen (zur Systematik Wrackmeyer-Schoene 2013 Rz. 34 ff.). Es bleibt somit nur eine sehr geringe Anzahl von Personen übrig, für die im Krankheitsfall nicht unter irgendeiner Konstellation die Krankenversicherungen zuständig sind. Für diese greift dann die Hilfe zur Gesundheit.

Inhaltlich umfasst die Hilfe vorbeugende Gesundheitshilfe (§ 47 SGB XII), Hilfe bei Krankheit (§ 48 SGB XII), Hilfe zur Familienplanung (§ 49 SGB XIII), Hilfe bei Schwangerschaft und Mutterschaft (§ 50 SGB XII) und Hilfe bei Sterilisation (§ 51 SGB XII). Nach § 52 Abs. 1 SGB XII entsprechen die Hilfen nach den §§ 47–51 SGB XII den Leistungen der gesetzlichen Krankenversicherung. Soweit Krankenkassen in ihrer Satzung Umfang und Inhalt der Leistungen bestimmen können, entscheidet der Träger der Sozialhilfe über Umfang und Inhalt der Hilfen nach pflichtgemäßem Ermessen. Die Hilfeempfänger können ebenso wie die Mitglieder der gesetzlichen Krankenversicherung den Arzt, Zahnarzt oder das Krankenhaus frei wählen.

4.2.4.2 Eingliederungshilfe für behinderte Menschen

Die Eingliederungshilfe für behinderte Menschen ist im sechsten Kapitel in den §§ 53 ff. SGB XII geregelt (ausführlich Krutzki 2013a). Sie ist das einzige umfassende und damit das wichtigste Leistungsgesetz für Menschen mit Behinderung. Die Ausgaben für die Eingliederungshilfe machen allein 58 % der Sozialhilfegesamtausgaben aus (destatis 2013). Zwar ist die Teilhabe und Rehabilitation von Menschen mit Behinderung seit 2001 im SGB IX geregelt, bei dem SGB IX handelt es sich jedoch in erster Linie um ein Leistungsausführungsgesetz, das nur Ziele, Grundsätze und Verfahrensvorgaben enthält, bezüglich der Leistungen und deren Voraussetzungen jedoch auf andere Bücher des SGB verweist (§ 7 SGB IX). Neben den Trägern der Sozialhilfe gibt es nach § 6 SGB IX sechs weitere Träger der Leistungen zur Teilhabe (Rehabilitationsträger, s. III-5.2). In vielen anderen Leistungsgesetzen sind somit ebenfalls Leistungen für Menschen mit Behinderung vorgesehen, die aufgrund des Nachrangprinzips der Sozialhilfe vorrangig zum Tragen kommen. Abgrenzungs- und Zuständigkeitsfragen sind daher vielfach problematisch.

Die Eingliederungshilfe hat nach § 53 Abs. 3 SGB XII die **Zielsetzung,** eine drohende Behinderung abzuwenden oder eine bereits bestehende Behinderung oder deren Folgen zu beseitigen oder zu mildern. Zudem soll der behinderte Mensch in die Gesellschaft eingegliedert werden (s. III-5.1). Der Fokus liegt dabei vor allem auf der gleichberechtigten Teilhabe am Leben der Gemeinschaft, der Ausübung eines Berufes oder einer sonstigen angemessenen Tätigkeit und auf einem Leben möglichst unabhängig von Pflege.

Nach § 53 Abs. 1 SGB XII erhalten Personen, die durch eine Behinderung im Sinne von § 2 Abs. 1 S. 1 des Neunten Buches wesentlich in ihrer Fähigkeit, an der Gesellschaft teilzuhaben, eingeschränkt oder von einer solchen wesentlichen Behinderung bedroht sind, Leistungen der Eingliederungshilfe, wenn und solange nach der Besonderheit des Einzelfalles, insb. nach Art oder Schwere der Behinderung, Aussicht besteht, dass die Aufgabe der Eingliederungshilfe erfüllt werden kann. Personen mit einer anderen – also nicht wesentlichen – körperlichen, geistigen oder seelischen Behinderung haben keinen Rechtsanspruch auf Eingliederungshilfe, aber können diese Leistungen als Ermessensleistungen erhalten. Eine Behinderung i. S. d. § 2 SGB IX ist gegeben, wenn die körperliche, geistige oder seelische Gesundheit einer Person von dem für ihr Lebensalter typischen Zustand abweicht, dieser Zustand mit hoher Wahrscheinlichkeit länger als sechs Monate anhalten und die Teilhabe des Betroffenen am Leben in der Gemeinschaft beeinträchtigt wird. Von einer Behinderung bedroht sind nach § 53 Abs. 2 SGB XII Personen, bei denen der Eintritt der Behinderung nach fachlicher Erkenntnis mit hoher Wahrscheinlichkeit zu erwarten ist. Insofern gehen die Anforderungen des SGB XII über die des SGB IX hinaus (s. dazu III-5.1). Die Sozialhilfe erbringt als Pflichtleistung nur Leistungen für **wesentlich behinderte Menschen** und geht von einer drohenden Behinderung nur dann aus, wenn der Eintritt mit hoher Wahrscheinlichkeit zu erwarten ist (Details s. III-5.1).

_{Behinderung}

In der Verordnung nach § 60 SGB XII (Eingliederungshilfe-VO) ist in den §§ 1, 2 und 3 im Einzelnen ausgeführt, welche Personenkreise als körperlich, geistig oder seelisch wesentlich behindert anzusehen sind. Dabei ist nach § 1 Eingliederungshilfe-VO das Vorliegen der genannten körperlichen Beeinträchtigungen ausreichend, während es bei den geistigen und den seelischen Beeinträchtigungen jeweils noch detaillierterer Feststellungen bedarf. So kann bei manchen Störungsbildern eine eindeutige Qualifikation als Behinderung schwierig sein. Dies betrifft etwa Autismus oder schulische Teilleistungsstörungen wie z. B. Legasthenie oder das Aufmerksamkeitsdefizitsyndrom.

Leistungen Die Leistungen der Eingliederungshilfe werden zunächst recht allgemein in § 54 SGB XII aufgeführt. Nach § 54 Abs. 1 SGB XII sind Leistungen der Eingliederungshilfe zunächst die gesamten Leistungen nach dem SGB IX. Im Einzelnen wird hier verwiesen auf § 26 (medizinische Rehabilitation), § 33 (Teilhabe am Arbeitsleben), § 41 (Leistungen im Arbeitsbereich einer anerkannten Werkstatt für behinderte Menschen) und § 55 SGB IX (Teilhabe am Leben in der Gemeinschaft). Daneben sieht § 54 SGB XII als weitere Leistungen insb. Hilfen zu einer angemessenen Schulbildung, Hilfe zur schulischen Ausbildung für einen angemessenen Beruf einschließlich des Besuchs einer Hochschule, Hilfe zur Ausbildung für eine sonstige angemessene Tätigkeit, Hilfe in vergleichbaren sonstigen Beschäftigungsstätten nach § 56 SGB XII (vergleichbar der Werkstatt für Behinderte), nachgehende Hilfe zur Sicherung der Wirksamkeit der ärztlichen und ärztlich verordneten Leistungen und Hilfe zur Sicherung der Teilhabe der behinderten Menschen am Arbeitsleben vor. Die Leistungen zur medizinischen Rehabilitation entsprechen denen der gesetzlichen Krankenversicherung (§ 54 Abs. 1 S. 2) und spielen in der Praxis aufgrund des Nachranges der Sozialhilfe nur eine untergeordnete Rolle. Die Leistungen zur Teilhabe am Arbeitsleben entsprechen den Rehabilitationsleistungen der Bundesagentur für Arbeit. Diese ist zwar grundsätzlich auch vorrangig zuständig, nicht aber für den Arbeitsbereich in anerkannten Werkstätten. Für diese Leistungen und für den gesamten Bereich der Leistungen zur Teilhabe am Leben in der Gemeinschaft ist die Eingliederungshilfe praktisch allein zuständig, denn die anderen für diese Bereiche mitzuständigen Rehabilitationsträger sind jeweils nur für einen speziellen und damit kleinen Personenkreis zuständig (gesetzliche Unfallversicherung für Arbeitsverunfallte, Versorgungsämter für Gewaltopfer mit bleibenden Schäden und Kinder und Jugendhilfe für seelisch behinderte Kinder). Das vielfältige Leistungsspektrum der Eingliederungshilfe wird deutlich differenzierter in den §§ 9–24 der Eingliederungs-VO dargestellt.

Nach § 58 SGB XII ist ein **Gesamtplan** zur Durchführung der einzelnen Leistungen aufzustellen. § 57 SGB XII ermöglicht die Leistungserbringung im Wege eines **persönliches Budget** trägerübergreifenden persönlichen Budgets. Damit soll den Rehabilitationsträgern die Möglichkeit eröffnet werden, gemeinsam mit anderen Trägern Komplexleistungen zu erbringen. Ziel ist es, den Menschen mit Behinderung ein selbstbestimmtes Leben zu ermöglichen. Sie sollen durch Auszahlung eines Budgets entscheiden können, welche Hilfen sie wann in Anspruch nehmen und welche Personen oder Dienste sie mit notwendigen Dienstleistungen beauftragen. Indem sie sich die entsprechenden Leistungen dann mit Hilfe ihres persönlichen Budgets selbst „einkaufen" können, erhöht sich ihre Selbstständigkeit und Flexibilität und sie können den Anbietern gegenüber als unmittelbare Kunden selbstbewusster auftreten (s. III-5.3).

4.2.4.3 Hilfe zur Pflege

Im siebten Kapitel ist in den §§ 61 ff. SGB XII die Hilfe zur Pflege geregelt. Sie kommt für Personen zum Tragen, die nicht in den Anwendungsbereich der Pflegeversicherung fallen (vgl. III-2.2.3), und für solche, die zwar Leistungen der gesetzlichen Pflegeversicherung oder entsprechender privater Versicherungen erhalten, deren Bedarf dadurch aber nicht abgedeckt wird. Im Gegensatz zur Pflegeversicherung, die nur der Entlastung der Betroffenen dient und den Pflegebedarf nur zum Teil abdeckt, hat die Sozialhilfe aufgrund des Bedarfsdeckungsgrundsatzes den gesamten Bedarf sicherzustellen, macht dies allerdings vom vorrangigen Einsatz von eigenen Mitteln der Pflegebedürftigen und ihrer Angehörigen abhängig (ausführlich Krutzki 2013b).

Nach § 61 Abs. 1 S. 1 SGB XII ist Personen Hilfe zur Pflege zu leisten, die wegen einer körperlichen, geistigen oder seelischen Krankheit oder Behinderung für die gewöhnlichen und regelmäßig wiederkehrenden Verrichtungen im Ablauf des täglichen Lebens auf Dauer, voraussichtlich für mindestens sechs Monate, in erheblichem oder höherem Maße der Hilfe bedürfen. Dies ist der gleiche Personenkreis, der in §§ 14, 15 SGB XI als erheblich pflegebedürftig definiert wird (vgl. III-2.2.3). S. 1 setzt also voraus, dass die betroffene Person die Voraussetzungen erfüllt, um mindestens in **Pflegestufe I** nach § 15 SGB XI eingestuft zu werden. Darüber hinaus ist aber nach § 61 Abs. 1 S. 2 SGB XII Hilfe zur Pflege auch kranken und behinderten Menschen zu leisten, die voraussichtlich für weniger als sechs Monate der Pflege bedürfen oder einen geringeren Bedarf als nach S. 1 haben oder die der Hilfe für andere Verrichtungen als nach Absatz 5 bedürfen. Damit werden alle Personen einbezogen, die die Voraussetzungen der §§ 14, 15 SGB XI nicht erfüllen, also auch solche, bei denen z. B. Pflege in zeitlich geringerem Umfang oder für weniger Verrichtungen nötig ist, als § 15 SGB XI dies für die Einstufung in eine Pflegestufe verlangt (sog. „Pflegestufe Null"). Bei der Entscheidung über das Ausmaß der bestehenden Hilfebedürftigkeit ist der Sozialhilfeträger an die Entscheidung der Pflegekasse gebunden (§ 62 SGB XII). Gemäß § 61 Abs. 6 SGB XII finden auch die darin genannten Verordnungen, Richtlinien, Rahmenverträge und Vereinbarungen nach dem SGB XI entsprechende Anwendung.

Pflegebedürftigkeit

Die Hilfe zur Pflege umfasst nach § 61 Abs. 2 SGB XII häusliche Pflege, Hilfsmittel, teilstationäre Pflege, Kurzzeitpflege und stationäre Pflege. Der Inhalt der Leistungen nach S. 1 bestimmt sich nach den Regelungen der Pflegeversicherung für die in § 28 Abs. 1 Nr. 1, 5 bis 8 des SGB XI aufgeführten Leistungen. Damit entsprechen die Leistungen der Hilfe zur Pflege inhaltlich im Wesentlichen denen der Pflegeversicherung. Wichtig ist allerdings, dass sie im Gegensatz zur Pflegeversicherung nicht der Höhe nach beschränkt sind. So wird Personen, die durch eine selbstbeschaffte Pflegehilfe gepflegt werden, ein Pflegegeld in Höhe der in § 37 SGB XI festgesetzten Beträge gezahlt. Darüber hinaus können aber nach § 65 Abs. 1 S. 1 SGB XII auch die angemessenen Aufwendungen der Pflegeperson erstattet werden. Ist neben oder anstelle der selbst beschafften Pflegeperson die Heranziehung einer besonderen Pflegekraft erforderlich, wird also Pflege in Form der Sachleistung nach § 36 SGB XI erbracht, so sind die angemessenen Kosten zu übernehmen. Die Höchstbeträge nach § 36 SGB XI gelten also nicht. Auch die er-

Leistungen

forderlichen Hilfsmittel sind ohne Beschränkung auf bestimmte Höchstbeträge zu erbringen. Nach § 61 Abs. 2 S. 2 SGB XII kann auch im Rahmen der Hilfe zur Pflege ein trägerübergreifendes persönliches Budget erbracht werden.

4.2.4.4 Hilfe zur Überwindung besonderer sozialer Schwierigkeiten

Das achte Kapitel regelt in §§ 67 ff. SGB XII die Hilfe zur Überwindung besonderer sozialer Schwierigkeiten. Die Hilfe setzt an Problembündelungen an, die ihre Ursachen in komplexen Wirkungszusammenhängen von Beeinträchtigungen der individuellen Lebensführung und den Beziehungen zum sozialen Umfeld haben (ausführlich Trenk-Hinterberger 2013). § 67 SGB XII benennt den Kreis der Leistungsberechtigten. Es handelt sich um Personen, bei denen **besondere Lebensverhältnisse** so mit sozialen Schwierigkeiten verbunden sind, dass an beiden Punkten angesetzt werden muss. Ihnen sind Leistungen zur Überwindung dieser Schwierigkeiten zu erbringen, wenn sie aus eigener Kraft hierzu nicht fähig sind.

Mit dem Begriff „besondere Lebensverhältnisse" in der Vorschrift wird auf **objektivierbare Tatbestände** abgestellt. Es sind darunter Lebensverhältnisse zu verstehen, die von den allgemeinen Lebensverhältnissen in der Bevölkerung abweichen, indem sie die Standards unterschreiten, die für die Führung eines menschenwürdigen Lebens als notwendig angesehen werden (ausführlich Trenk-Hinterberger 2013 Rz. 9 ff.). Die entsprechenden Lebensverhältnisse sind insofern gekennzeichnet durch Mangel, der in verschiedenen Bereichen vorliegen kann. In Frage kommen nach § 1 Abs. 2 der Verordnung zur Durchführung der Hilfe zur Überwindung besonderer sozialer Schwierigkeiten (DV zu § 67 SGB XII) fehlender oder nicht ausreichender Wohnraum, ungesicherte wirtschaftliche Lebensgrundlage, gewaltgeprägte Lebensumstände, Entlassung aus einer geschlossenen Anstalt oder vergleichbare nachteilige Umstände. Als solche kämen z. B. Ausbeutung bei Prostitution oder mangelnde Möglichkeit zur Teilhabe an Grundbildung in Frage (zu weiteren Fallgruppen vgl. auch Münder – Roscher 2008 § 67 Rz. 6 ff.).

Im Zusammenhang mit den besonderen Lebensverhältnissen, aber nicht notwendigerweise durch sie verursacht, müssen auch **soziale Schwierigkeiten** bestehen. Nach § 1 Abs. 3 DVO liegen soziale Schwierigkeiten vor, wenn ein Leben in der Gemeinschaft durch ausgrenzendes Verhalten der hilfesuchenden oder dritter Personen wesentlich eingeschränkt ist, insb. im Zusammenhang mit der Erhaltung oder Beschaffung einer Wohnung, der Erlangung oder Sicherung eines Arbeitsplatzes, mit familiären oder anderen sozialen Beziehungen oder mit Straffälligkeit. Die Schwierigkeiten liegen hier also in der **Interaktion mit dem sozialen Umfeld**. Die Beeinträchtigungen müssen nicht von den Betroffenen ausgehen, entscheidend ist allein, ob sie in der Lage sind, sich selbst zu helfen und sie zu überwinden. Können sie dies nicht, greift der Anspruch nach § 67 SGB XII.

So vielfältig wie die möglichen Problemlagen sind auch die in Frage kommenden **Leistungen** Hilfen. Nach § 68 Abs. 1 SGB XII umfassen die Leistungen alle Maßnahmen, die notwendig sind, um die Schwierigkeiten abzuwenden, zu beseitigen, zu mildern oder ihre Verschlimmerung zu verhindern, insb. Beratung und persönliche Betreuung für die Leistungsberechtigten und ihre Angehörigen, Hilfen zur Ausbildung, Erlangung und Sicherung eines Arbeitsplatzes sowie Maßnahmen bei der Erhaltung und Beschaffung einer Wohnung. In detaillierterer Weise beschreiben §§ 2 ff. DVO Art und Umfang der Maßnahmen. Speziell genannt werden Beratung und persönliche Unterstützung (§ 3 DVO), Hilfe zur Erhaltung und Beschaffung einer Wohnung (§ 4 DVO), Hilfe zur Ausbildung, Erlangung und Sicherung eines Arbeitsplatzes (§ 5 DVO) und Hilfe zum Aufbau und zur Aufrechterhaltung sozialer Beziehungen und zur Gestaltung des Alltags (§ 6 DVO). Sowohl Geld- oder Sachleistungen als auch Dienstleistungen können Bestandteile der Hilfe sein. Beispiele für Hilfen nach §§ 67 ff. SGB XII sind die Übernahme der Kosten zum Erhalt der Wohnung eines Strafgefangenen während der Haft, die Vermittlung einer Wohnung bei Obdachlosigkeit durch Kontaktaufnahme zu Wohnungsträgern oder betreutes Wohnen (Trenk-Hinterberger 2013 Rz. 19 ff.). Explizit ist auch die Unterbringung in einem Frauenhaus in § 2 Abs. 5 S. 4 der DV zu § 67 SGB XII angesprochen, um Opfern häuslicher Gewalt eine schnelle Abhilfe und weitere Maßnahmen zur Stabilisierung der Lebenssituation anbieten zu können. Zur Durchführung der erforderlichen Maßnahmen ist in geeigneten Fällen nach § 68 Abs. 1 S. 2 SGB XII ein Gesamtplan zu erstellen.

Zu beachten ist allerdings, dass die Leistungen der Hilfe zur Überwindung besonderer sozialer Schwierigkeiten nicht nur im Vergleich zu anderen Leistungsgesetzen, sondern auch gegenüber den anderen besonderen Hilfen des SGB XII nachrangig sind.

4.2.4.5 Hilfe in anderen Lebenslagen

Das neunte Kapitel regelt in den §§ 70 ff. SGB XII Hilfe in anderen Lebenslagen. Hier werden einzelne Hilfen für völlig unterschiedliche Lebensbereiche aufgeführt.

§ 70 SGB XII regelt die Hilfe zur Weiterführung des Haushalts. Sie wird – i. d. R. allerdings nur vorübergehend – erbracht, wenn die bislang maßgeblich für den Haushalt verantwortliche Person ausfällt und die Fortsetzung des Haushalts geboten ist, d. h., wenn die ansonsten drohende Auflösung sozialpädagogisch nicht zu vertreten wäre. Vergleichbare und vorrangige Regelungen enthalten § 38 SGB V und § 20 SGB VIII.

Weiterführung des Haushalts

§ 71 SGB XII beinhaltet die Altenhilfe. Das Ziel der Hilfe ist die Erhaltung der Möglichkeit, am Gemeinschaftsleben teilzunehmen. Den alten Menschen soll eine möglichst selbstständige Teilnahme in einer von ihnen selbst bestimmten Weise gesichert werden (Münder – Münder 2008 § 71 Rz. 13). Die Vorschrift definiert nicht, ab welchem Lebensjahr eine Person als alter Mensch zu verstehen ist. Da verschiedentlich im SGB XII auf das 65. Lebensjahr abgestellt wird – insb. hinsichtlich der Grundsicherung im Alter in § 41 SGB XII – wird diese Grenze zumeist auch im Rahmen des § 71 SGB XII herangezogen. Nach § 71 Abs. 3 SGB XII sollen allerdings Leistungen nach Absatz 1 auch erbracht werden, wenn sie der Vorbereitung auf das Alter dienen.

Altenhilfe

Eine nicht abschließende Aufzählung der in Frage kommenden Leistungen regelt § 71 Abs. 2 SGB XII. Danach kommen insb. Leistungen zu einer Betätigung und zum gesellschaftlichen Engagement, Leistungen bei der Beschaffung und zur Erhaltung einer bedarfsgerechten Wohnung, Beratung und Unterstützung in allen Fragen der Aufnahme in eine Einrichtung, die der Betreuung alter Menschen dient, insb. bei der Beschaffung eines geeigneten Heimplatzes, Beratung und Unterstützung in allen Fragen der Inanspruchnahme altersgerechter Dienste, Leistungen zum Besuch von Veranstaltungen oder Einrichtungen, die der Geselligkeit, der Unterhaltung, der Bildung oder den kulturellen Bedürfnissen alter Menschen dienen und Leistungen, die alten Menschen die Verbindung mit nahestehenden Personen ermöglichen, in Betracht. Beispiele von Leistungen, die im Rahmen des § 71 SGB XII erfolgen, sind Unterhaltungsnachmittage oder Ausflugsfahrten, materielle Hilfen zur altersgerechten Ausstattung der Wohnung, Fahrtkostenzuschüsse für Besuche bei nahestehenden Personen und Beratung in allen relevanten Fragen (Münder – Münder 2008 § 71 Rz. 18 ff.).

Blindenhilfe § 72 SGB XII beinhaltet die Blindenhilfe. Sie wird – ebenfalls nachrangig – zum Ausgleich der durch die Blindheit bedingten Mehraufwendungen gewährt. Leistungen der Pflegeversicherung sind teilweise anzurechnen. Die Blindenhilfe beträgt aktuell (2014) für blinde Menschen nach Vollendung des 18. Lebensjahres 629,99 € monatlich, für blinde Menschen, die das 18. Lebensjahr noch nicht vollendet haben, beträgt sie 315,54 € monatlich. Die Beträge werden jährlich angepasst, soweit sich der aktuelle Rentenwert in der gesetzlichen Rentenversicherung ändert.

Hilfe in sonstigen Lebenslagen Eine Auffangklausel enthält § 73 SGB XII, der Hilfe in sonstigen Lebenslagen regelt. Die Vorschrift soll eine flexible Reaktion auf anderweitig nicht erfasste Bedarfslagen ermöglichen. Ihre Bedeutung ist gering, da sich zu den meisten denkbaren Bedarfslagen Regelungen in speziellen Leistungsgesetzen oder explizit im SGB XII befinden. Denkbar sind sowohl Lebens- und Bedarfslagen, die völlig neu entstanden sind oder jedenfalls dem Gesetzgeber bislang noch nicht bekannt waren als auch Situationen, in denen durch Veränderung sozialer Verhältnisse neue Probleme entstehen (Münder – Berlit 2008 § 73 Rz. 5 m.w.N.). Die Vorschrift eröffnet keine Möglichkeit, in speziell geregelten Bereichen als unzureichend empfundene Leistungen zu erhöhen, etwa für zu niedrig befundene Regelsätze aufzustocken. Sie greift nur bei *sonstigen* Lebenslagen, also bei solchen, die nicht anderweitig geregelt sind.

Bestattungskosten § 74 SGB XII bestimmt die Übernahme der Bestattungskosten durch den Träger der Sozialhilfe, soweit den hierzu Verpflichteten nicht zugemutet werden kann, die Kosten zu tragen. Die Vorschrift soll eine der Würde des Verstorbenen entsprechende Bestattung sicherstellen. Eine Verpflichtung, die Bestattungskosten zu tragen, besteht zumeist für Angehörige. Die Einzelheiten der Bestattungspflicht ergeben sich aus den Bestattungsgesetzen der einzelnen Bundesländer. Nach § 1968 BGB sind die Erben zur Finanzierung der Bestattung verpflichtet, nach §§ 1615 Abs. 2, 1360a Abs. 3, 1361 Abs. 4, 1586 Abs. 1 BGB die Unterhaltsverpflichteten oder nach § 1615m BGB der mit der Mutter eines Kindes nicht verheiratete Vater, wenn die Mutter infolge von Schwangerschaft oder Entbindung gestorben ist. Zur Totenfürsorge und damit zur Bestattung berechtigt kann nach dem Tode einer Heimbewohnerin oder eines Heimbewohners kraft Vereinbarung im Heimvertrag auch der Heimträger sein (OVG Lüneburg 27.07.2000 – 4 L 2110/00). Es kann auch eine öffentlich-rechtliche Bestattungspflicht des Ordnungsamts bestehen, wenn keine sonstigen Verantwortlichen für die Bestattung vorhanden sind.

Die Frage der **Zumutbarkeit** der Kostentragung ist im Einzelfall zu prüfen. Für Erben ist stets der Einsatz des gesamten Nachlasses zumutbar (BVerwGE 04.02.1999 – 5 B 133.98 – FEVS 51, 5). Zudem müssen Leistungen eingesetzt werden, die aus Anlass des Todes des Verstorbenen erbracht wurden, etwa Sterbegeld oder Leistungen aus einer Sterbegeldversicherung. Wenn die Bestattungskosten nicht durch den Nachlass gedeckt sind, ist die Zumutbarkeit in Anlehnung an die Grundsätze des Einsatzes von Einkommen für die Leistungen nach dem fünften bis neunten Kapitel zu beurteilen (vgl. III-4.2.5). Dabei spielt jedoch neben wirtschaftlichen Gesichtspunkten auch die persönliche Beziehung zur verstorbenen Person eine Rolle. Je enger das Verwandtschaftsverhältnis oder die persönliche Nähe war, desto geringer sind in der Regel die Anforderungen an die Zumutbarkeit des Einkommens- und Vermögenseinsatzes (BSG 29.09.2009 – B 8 SO 23/08 R). Gehört die verpflichtete Person zu den nahen Angehörigen, so ist ihr nach der Rechtsprechung zum BSHG i. d. R. zuzumuten, die von dritter Seite nicht gedeckten Bestattungskosten in Höhe von 50 % des die Einkommensgrenze des § 79 BSHG übersteigenden Betrages aufzubringen (OVG Nds 08.05.1995 – 12 L 6679/83 – NVwZ-RR 1996, 440). Dies entspricht etwa der Einkommensgrenze des heutigen § 85 SGB XII (s. III-4.2.5). Die Zumutbarkeit des Einsatzes von Vermögen wird dagegen aus der Leistungsfähigkeit der betreffenden Person nach § 1603 BGB abgeleitet und nicht aus den Regelungen des SGB XII zum Vermögenseinsatz (Berlit 2013e Rz. 11 m. w. N.).

Unter den vom Träger der Sozialhilfe zu übernehmenden erforderlichen Kosten einer Bestattung sind die Kosten für ein ortsübliches, angemessenes Begräbnis zu verstehen. Dabei sind angemessene Wünsche sowohl der verstorbenen als auch der bestattungspflichtigen Person zu berücksichtigen, etwa was die Frage einer Erd- oder Feuerbestattung sowie die Aspekte des religiösen Bekenntnisses angeht (im Einzelnen vgl. Münder – Berlit 2008 § 74 Rz. 12 ff.). Die zu übernehmenden Kosten können vom Träger der Sozialhilfe nicht pauschal begrenzt werden, sondern die Erforderlichkeit der Kosten ist im Hinblick auf den Individualgrundsatz in jedem Einzelfall zu ermitteln und zu beurteilen, wobei die auch nach dem Tod fortwirkende Menschenwürde zu beachten ist (BSG 25.08.2011 – B 8 SO 20/10 R).

4.2.5 Einsatz eigener Mittel und Verpflichtungen anderer bei den Hilfen in besonderen Lebenslagen

Der Einsatz eigener Mittel und die Verpflichtungen anderer sind bei den Hilfen in besonderen Lebenslagen abweichend von der Hilfe zum Lebensunterhalt und

Einzusetzendes Einkommen

der Grundsicherung im Alter und bei Erwerbsminderung geregelt. Unterschiede bestehen auch zwischen den einzelnen Leistungen in besonderen Lebenslagen.

Im Gegensatz zu den Hilfen des dritten und vierten Kapitels ist bei den Hilfen des fünften bis neunten Kapitels nicht das gesamte vorhandene Einkommen und Vermögen einzusetzen, sondern gemäß § 19 Abs. 3 SGB XII soweit dies zuzumuten ist. Damit soll sichergestellt werden, dass die Leistungsberechtigten der Hilfen in besonderen Lebenslagen einen Lebensstandard oberhalb des Standards der Hilfe zum Lebensunterhalt oder der Grundsicherung im Alter und bei Erwerbsminderung halten können. Die besondere Lebenslage, aus der sich der Bedarf ergibt, soll den Lebensstandard der betroffenen Person bzw. ihrer Einsatzgemeinschaft nicht auf das soziokulturelle Existenzminimum absenken. Es soll auch während des Bezugs der Leistungen eine angemessene Lebensführung möglich sein.

Einkommensgrenze

Die Zumutbarkeit des Einkommenseinsatzes richtet sich nach einer Einkommensgrenze, die in § 85 SGB XII geregelt wird. Nach § 85 Abs. 1 SGB XII ist der Einsatz des Einkommens nicht zuzumuten, wenn das monatliche Einkommen der um Sozialhilfe nachfragenden Person und ggf. des Ehe- oder Lebenspartners zusammen eine Einkommensgrenze nicht übersteigt, die sich zusammensetzt aus einem Grundbetrag in Höhe des Zweifachen der Regelbedarfsstufe 1 (2014: 782 €), d. h. des Regelbedarfs einer alleinstehenden oder alleinerziehenden Person (Bezeichnung bis Ende 2010: Eckregelsatz), den angemessenen Kosten der Unterkunft und einem Familienzuschlag in Höhe von 70 % der Regelbedarfsstufe 1 (2014: 273,70 €) für den Ehegatten oder Lebenspartner und für jede Person, die von der nachfragenden Person oder ihrem Partner überwiegend unterhalten worden ist oder für die sie nach der Entscheidung über die Erbringung der Sozialhilfe unterhaltspflichtig werden. Nach § 86 SGB XII kann der Grundbetrag durch die Länder oder die Träger der Sozialhilfe für einzelne Hilfearten erhöht werden. Angesichts der Tatsache, dass die in § 85 SGB XII geregelte Einkommensgrenze sehr niedrig ist, erscheint es fraglich, ob das bezweckte Ziel, einen Lebensstandard oberhalb der Hilfe zum Lebensunterhalt aufrechtzuerhalten, tatsächlich erreicht wird (Meßling/Sartorius 2013 Rz. 189).

Der Einsatz des Einkommens unterhalb der Einkommensgrenze kann – von wenigen in § 88 SGB XII genannten Ausnahmefällen abgesehen – nicht verlangt werden. Er kommt z. B. dann in Frage, wenn zur Deckung des Bedarfs nur geringfügige Mittel erforderlich sind oder wenn bei (teil-)stationären Leistungen Aufwendungen für den häuslichen Lebensunterhalt erspart werden. Soweit das zu berücksichtigende Einkommen die Einkommensgrenze übersteigt, ist der Einsatz nach § 87 Abs. 1 SGB XII in angemessenem Umfang zuzumuten. Bei der Konkretisierung des angemessenen Umfangs sind nach § 87 Abs. 1 S. 2 SGB XII insb. die Art des Bedarfs, die Schwere einer Behinderung oder Pflegebedürftigkeit, die Höhe der erforderlichen Aufwendungen sowie ihre Dauer und besondere Belastungen der Betroffenen zu berücksichtigen (Meßling/Sartorius 2013 Rz. 192 ff., Münder – Schoch 2008 § 87 Rz. 5 ff.). Für einige Personengruppen trifft das Gesetz präzisere Regelungen. So ist nach § 87 Abs. 1 S. 3 SGB XII bei schwerstpflegebedürftigen Menschen nach § 64 Abs. 3 SGB XII und blinden Menschen nach § 72 SGB XII ein Einsatz des Einkommens über

4.2.5 Einsatz eigener Mittel und Verpflichtungen anderer bei den Hilfen in besonderen Lebenslagen

der Einkommensgrenze in Höhe von mindestens 60 % nicht zuzumuten. § 92 SGB XII schränkt den Einsatz bei stationärer Unterbringung von Menschen mit Behinderung ein.

Nach § 71 Abs. 4 SGB XII soll Altenhilfe in Form von Beratung und Unterstützung ohne Rücksicht auf das Einkommen oder Vermögen erbracht werden. Eine spezielle Regelung besteht schließlich auch für die Hilfe zur Überwindung besonderer sozialer Schwierigkeiten. Hier schreibt § 68 Abs. 2 SGB XII vor, dass Dienstleistungen ohne Rücksicht auf Einkommen und Vermögen erbracht werden. Einkommen und Vermögen der in § 19 Abs. 3 SGB XII genannten Personen (nicht getrennt lebende Ehegatten oder Lebenspartner, bei minderjährigen unverheirateten Personen die Eltern oder ein Elternteil) ist nicht zu berücksichtigen und von der Inanspruchnahme nach bürgerlichem Recht Unterhaltspflichtiger ist abzusehen, soweit dies den Erfolg der Hilfe gefährden würde. Dies ist dann der Fall, wenn der Leistungsberechtigte bei Inanspruchnahme von Angehörigen die Hilfe nicht annehmen möchte oder sie abzubrechen droht, etwa weil er fürchtet, dass er dann nicht in der erhofften Weise in die Familiengemeinschaft aufgenommen wird.

Der Einsatz des Vermögens ist bei den Hilfen in besonderen Lebenslagen im Wesentlichen parallel zu der Hilfe zum Lebensunterhalt und der Grundsicherung im Alter und bei Erwerbsminderung geregelt. Eine Abweichung besteht allerdings bei der Höhe des kleineren Barbetrags nach § 90 Abs. 2 Nr. 9 SGB XII. Nach § 1 Abs. 1b DV zu § 90 SGB XII ist der Grundbetrag des geschützten Barbetrags auf 2.600 € erhöht. Hinzu kommt ein Betrag von 256 € für jede Person, die von der um Sozialhilfe nachfragenden Person überwiegend unterhalten wird. Der geschützte Barbetrag erhöht sich zudem nach § 1 Abs. 1 S. 2 DVO bei der Blindenhilfe und dem Pflegegeld für Schwerstpflegebedürftige, wenn beide Partner oder bei Minderjährigen beide Elternteile blind oder pflegebedürftig sind.

Einzusetzendes Vermögen

Die Verpflichtungen anderer sind bei den Hilfen in besonderen Lebenslagen nahezu identisch mit denen bei Hilfe zum Lebensunterhalt und bei Grundsicherung im Alter und bei Erwerbsminderung. Auch hier besteht aber eine Einschränkung des Übergangs des Unterhaltsanspruchs behinderter und pflegebedürftiger Personen gemäß § 94 Abs. 2 S. 1 SGB XII. Danach geht der Anspruch einer volljährigen unterhaltsberechtigten Person, die behindert im Sinne von § 53 SGB XII oder pflegebedürftig im Sinne von § 61 SGB XIII ist, gegenüber ihren Eltern wegen Leistungen der Eingliederungshilfe für behinderte Menschen und der Hilfe zur Pflege nur in Höhe von bis zu 26 € monatlich über.

Verpflichtungen anderer

Berlit, U./Conradis, W./Sartorius, U. 2013, Münder 2011, Münder et al. 2008

1. Was versteht man unter einer Bedarfsgemeinschaft, einer Einsatzgemeinschaft und einer Haushaltsgemeinschaft? Welche Unterschiede bestehen zwischen der Haushaltsgemeinschaft des SGB II und derjenigen des SGB XII? (4.1.4, 4.1.7, 4.2.3)
2. Welche Möglichkeit gibt es nach dem SGB II oder dem SGB XII für eine Person über 65 Jahren, die Rente „aufzustocken", die für den Lebensunterhalt nicht ausreicht? (4.2.2)

3. Hat ein Empfänger von Alg II, der in einem voll ausgestatteten Haushalt lebt, Anspruch auf einen neuen Kühlschrank, wenn sein Kühlschrank defekt ist? (4.1.6.1)
4. Findet bei einem Empfänger von Leistungen der Grundsicherung im Alter und bei Erwerbsminderung der Unterhaltsanspruch gegen seinen Sohn Berücksichtigung, wenn dessen jährliches Bruttoeinkommen bei 40.000 € liegt? (4.2.3)
5. Welche Folgen hat es, wenn ein 30-jähriger Empfänger von Alg II eine zumutbare Arbeitsgelegenheit ablehnt, die ihm vom Jobcenter angeboten wird? Was ändert sich insoweit bei einem unter 25-jährigen Alg-II-Empfänger? (4.1.8)
6. Unter welchen Voraussetzungen kann eine erwerbsfähige hilfebedürftige Person unter 25 Jahren, die noch bei ihren Eltern lebt, in eine eigene Wohnung umziehen? (4.1.6.1)
7. Was versteht man unter einem Sofortangebot? (4.1.5)
8. Kann ein Empfänger von Alg II ergänzende Sozialhilfe zur Abdeckung seines laufenden Lebensunterhalts bekommen? (4.1.1)
9. Was sind sog. Optionskommunen? (4.1.3)
10. Welche bedürftigkeitsabhängige Sozialleistung bekommt ein Kind, das mit seiner erwerbsfähigen Mutter zusammenlebt, wenn der Lebensunterhalt nicht aus eigenen Mitteln gesichert werden kann? (4.1.6.2)
11. Welche bedürftigkeitsabhängige Sozialleistung zur Abdeckung des Lebensunterhalts bekommt eine Person, die vorübergehend voll erwerbsgemindert ist? (4.2.1)
12. Muss ein erwerbsfähiger Hilfebedürftiger seinen PKW verkaufen und den Erlös zunächst verbrauchen, bevor er Leistungen nach dem SGB II bekommt? (4.1.7)
13. Muss ein 65-jähriger Hilfebedürftiger mit Gehbehinderung, der Grundsicherung im Alter beantragt, seinen PKW verkaufen und den Erlös zunächst verbrauchen, wenn er in einer entlegenen Siedlung lebt und ohne eigenen PKW nur unter großen Schwierigkeiten Einkäufe erledigen oder Arzttermine wahrnehmen könnte? (4.2.3)
14. Wird Sozialhilfe auch für die Vergangenheit gezahlt, etwa um damit Schulden des Hilfebedürftigen zu begleichen? (4.2, 4.2.1)
15. Welche Leistungen zur Pflege erhält eine pflegebedürftige Person, die zwar in der Pflegeversicherung versichert ist, bei der pflegerische Aufwand jedoch für die Eingruppierung in eine Pflegestufe nicht hoch genug ist? (4.2.4.3)
16. Müssen vor der Inanspruchnahme von Leistungen nach dem fünften bis neunten Kapitel SGB XII („Hilfen in besonderen Lebenslagen") zunächst Einkommen und Vermögen in vollem Umfang eingesetzt werden? (4.2.5)
17. Welche Folgen hat es für einen Empfänger von Alg II, wenn die Miete für seine Wohnung unangemessen hoch ist? (4.1.6.1)
18. Können Eltern, die ihren Lebensunterhalt und den ihres Kindes gerade noch aus eigenen Mitteln sichern, aber die Klassenfahrt ihres Kindes nicht bezahlen können, dafür Leistungen nach dem SGB II oder SGB XII bekommen? (4.1.6.1)
19. Sind Empfänger von Alg II in der Regel rentenversichert? (4.1.6.1)

20. Muss ein 66-jähriger Hilfebedürftiger, der seinen Lebensunterhalt nicht aus seiner geringen Rente sichern kann, sein kleines schlicht ausgestattetes Einfamilienhaus verkaufen, bevor er bedürftigkeitsabhängige Sozialleistungen erhält? (4.2.3)

5 Rehabilitation und Teilhabe von Menschen mit Behinderungen (von Boetticher)

5.1 Begriffe und Grundsätze
5.2 Rehabilitationsträger und deren Zusammenarbeit
5.2.1 Zuständigkeit für Leistungsgruppen
5.2.2 Zusammenarbeit und Zuständigkeitsklärung
5.2.3 Gemeinsame Servicestellen
5.3 Rehabilitationsleistungen
5.3.1 Medizinische Rehabilitation
5.3.2 Teilhabe am Arbeitsleben – Berufliche Rehabilitation
5.3.3 Unterhaltssichernde und andere ergänzende Leistungen
5.3.4 Teilhabe am Leben in der Gemeinschaft – Soziale Rehabilitation
5.4 Ausführung von Leistungen – das Persönliche Budget
5.5 Schwerbehindertenrecht

Der Begriff Rehabilitation leitet sich vom lateinischen Wort „habil" ab, das gewandt oder vermögend i. S. von können bedeutet. Zusammen mit der Vorsilbe „Re-" für „wieder" lässt es sich am besten mit Wiederherstellung übersetzen. Teilhabe ist insoweit der weitere, offenere Begriff, da er auch auf Menschen zutrifft, die aufgrund angeborener Beeinträchtigungen überhaupt erst in die Lage versetzt werden müssen, an unserer barrierereichen Gesellschaft teilhaben zu können. Passender wäre also der Begriff der „Eingliederungshilfe", der aktuell nur im Sozialhilferecht verwendet wird (§ 53 SGB XII), welches trotz seiner Nachrangigkeit (§ 2 SGB XII) immer noch das wichtigste Leistungsgesetz für Menschen mit Behinderungen in Deutschland ist (s. 5.3.4).

Anfänge des Reha-Rechts Seinen Ursprung hat das Rehabilitationsrecht einerseits in der zunehmenden Industrialisierung am Ende des 19. Jahrhunderts und dem Versuch, mit der Entwicklung eines Sozialversicherungssystems den wachsenden sozialen Druck abzuschwächen, andererseits in den Folgen des ersten Weltkrieges mit seinen zahllosen Kriegsversehrten. Die u. a. im Reichsversorgungsgesetz von 1919 vorgesehenen Leistungen der Heilbehandlung und der Versorgung erfolgten nicht aus Wohlfahrt heraus, sondern um die Erwerbsfähigkeit der Betroffenen zu sichern bzw. wiederherzustellen und somit Arbeitskräfte zu erhalten und Renten- und Versorgungsansprüche zu minimieren. Die Versorgung derjenigen, die nicht mehr in den Arbeitsprozess integriert werden konnten und zusätzliche Leistungen zu ihren Renten benötigten, wurde der bedürftigkeitsabhängigen Armenfürsorge zugeordnet, wo sie im Wesentlichen heute noch angesiedelt ist (s. 5.3.4 und III-4.2.4.2). In der Sozialgesetzgebung nach dem Zweiten Weltkrieg wurden Zivilisten den Kriegsversehrten bezüglich Rehabilitationsleistungen gleichgestellt, wobei die jeweilige Zuständigkeit der **verschiedenen Sozialleistungsträger** mit ihren unterschiedlichen **systemeigenen Regelungen** fortgeführt wurde (ausführlich zur Geschichte: Neumann in: Neumann 2004, 1 ff.).

Diese unübersichtliche Rechtslage hatte bis ins 21. Jahrhundert Bestand (bzw. dauert z. T. noch an). Im Jahr 1994 wurde ein **allgemeines Diskriminierungsverbot** in Art. 3 Abs. 3 GG aufgenommen, das u. a. eine Benachteiligung wegen einer Behinderung ausschließt, eine Bevorzugung deswegen – anders als bei den anderen dort genannten Merkmalen – hingegen zulässt. Zur Umsetzung dieses Benachteiligungsverbotes wurde auf Initiative aller Parteien im Bundestag (vgl. BT-Ds 14/2913) zum 01.07.2001 das SGB IX – Rehabilitation und Teilhabe behinderter Menschen in Kraft gesetzt. Erklärte Ziele dabei waren u. a. „die Beendigung von Divergenz und Unübersichtlichkeit" und die „Fortentwicklung des Rehabilitations- und Schwerbehindertenrechts durch Zusammenfassung" im SGB IX (BT-Ds 14/5074, 1 ff.). So wurden im ersten Teil allgemeine Regelungen für Menschen mit (drohenden) Behinderungen getroffen und im zweiten Teil die Regelungen aus dem bis dahin gültigen Schwerbehindertengesetz eingefügt. Jedoch waren mit dem Gesetz weder Leistungsausweitungen noch Mehrausgaben beabsichtigt (ebenda, S. 2). Insbesondere wurde an der Vielzahl der Rehabilitationsträger (Reha-Träger) festgehalten. Zudem enthält das SGB IX nicht etwa umfassend das Leistungsrecht für Menschen mit (drohenden) Behinderungen. Es hat lediglich die Funktion, die besonderen sozialrechtlichen Regelungen zugunsten dieses Personenkreises sinnvoll zu ordnen und zu koordinieren und Verfahrensregelungen in gewissem Rahmen zu vereinheitlichen. Spezielle Leistungen für Menschen mit Behinderung werden von mehreren Trägern aufgrund verschiedener Spezialgesetze erbracht. Daher ist das SGB IX **kein Leistungsgesetz,** sondern ein **Leistungsausführungsgesetz,** das auf Leistungen und deren Voraussetzungen in anderen Gesetzen Bezug nimmt.

SGB IX

Weitere relevante Rechtsgrundlagen neben dem SGB IX und den Spezialgesetzen der einzelnen Reha-Träger für den Bereich der Teilhabe von Menschen mit Behinderung sind das Gesetz zur Gleichstellung behinderter Menschen (**Behindertengleichstellungsgesetz** – BBG) vom 01.05. 2002 und das **Allgemeine Gleichbehandlungsgesetz** (AGG) vom 14.08.2006. Während das BBG zum Ziel hat, die Gleichberechtigung und die barrierefreie Teilhabe speziell von Menschen mit Behinderung in allen Bereichen des öffentlichen und privaten Lebens durchzusetzen und zu sichern, wendet sich das AGG generell gegen Diskriminierung, wobei Behinderung nur einer von mehreren potenziellen Benachteiligungsgründen ist, die das Gesetz aufgreift.

Für die weitere Entwicklung auch des nationalen Rehabilitationsrechts von herausragender Bedeutung ist die Behindertenrechtskonvention der Vereinten Nationen (CRPD). Die Konvention wurde am 13.12.2006 in New York verabschiedet und trat in Deutschland am 26.03.2009 in Kraft. Sie hat gem. Art. 1 das Ziel, „den vollen und gleichberechtigten Genuss aller Menschenrechte und Grundfreiheiten durch alle Menschen mit Behinderungen zu fördern, zu schützen und zu gewährleisten und die Achtung der ihnen innewohnenden Würde zu fördern." Dazu gehört nach Art. 3 die volle und wirksame Teilhabe an der Gesellschaft und Einbeziehung in die Gesellschaft. Leitbild der Konvention ist die **Inklusion**, d. h. die vollständige Einbeziehung von Menschen mit Behinderungen in die Gesellschaft.

Behindertenrechtskonvention

Behinderung wird als Teil der menschlichen Vielfalt begriffen und hat als solcher Akzeptanz zu erfahren. In Anerkennung der kulturellen Besonderheiten und vor allem der unterschiedlichen Finanzkraft der UN-Mitgliedstaaten verlangt die CRPD von den Unterzeichnerstaaten nur, „geeignete Maßnahmen" unter „Ausschöpfung der verfügbaren Mittel" zu treffen, also solche, die in ihr jeweiliges Rechts- und Sozialsystem und kulturelles Verständnis passen, um „nach und nach die volle Verwirklichung dieser Rechte zu erreichen". Die CRPD ist daher i. d. R. keine geeignete Grundlage, um im Einzelfall eine bestimmte Leistung einzufordern, allerdings verbindliche Messlatte für die Ausgestaltung unseres aktuellen Reha-Rechts und alle weiteren Reformen.

www.un.org/disabilities

http://www.disability-europe.net/de (Länderberichte über die Umsetzung der CRPD in der EU)

5.1 Begriffe und Grundsätze

Behinderung

Behindert sind gem. § 2 SGB IX Menschen, deren körperliche Funktion, geistige Fähigkeit oder seelische Gesundheit mit hoher Wahrscheinlichkeit länger als sechs Monate von dem für das Lebensalter typischen Zustand abweicht und daher ihre Teilhabe am Leben in der Gesellschaft beeinträchtigt ist. Für die Diagnose einer Behinderung ist zunächst die Einschätzung des Krankheitsbildes anhand der **Internationalen Klassifikation für Krankheiten (sog. ICD 10)** maßgeblich, die von der WHO erstellt und vom Deutschen Institut für medizinische Dokumentation und Information (DIMDI) im Auftrag des Bundesministeriums für Gesundheit ins Deutsche übertragen worden ist und regelmäßig auf der Grundlage des fachlichen Kenntnisstandes aktualisiert wird (http://www.dimdi.de/static/de/klassi/icd-10-gm/kodesuche/onlinefassungen/htmlgm2014/index.htm). Dieser Krankheitszustand muss aufgrund einer ärztlichen Prognose mit hoher Wahrscheinlichkeit länger als sechs Monate andauern. Dadurch sollen vorübergehende Störungen ausgeschlossen werden; nicht jedoch ein frühzeitiges Tätigwerden der Reha-Träger. Über die Einbeziehung drohender Behinderungen (§ 2 Abs. 1 S. 2 SGB IX) und das **Gebot der Prävention** in § 3 SGB IX werden diese vielmehr verpflichtet, den Eintritt von Behinderungen strukturell zu erkennen und ihm generell entgegenzuwirken sowie das Eintreten von Behinderungen im Einzelfall möglichst zu verhindern. Der für das Lebensalter typische Zustand stellt auf „normalerweise" vorhandene Fähigkeiten ab. Mit dem Abweichen hiervon sollen Funktionsabweichungen vom Behinderungsbegriff ausgeschlossen werden, die statistisch mit bestimmten Lebensaltersstufen einhergehen. Dies zielt primär auf die nachlassende Leistungsfähigkeit im Alter, erfasst aber auch die eingeschränkten Fähigkeiten jedes Menschen zu Beginn seines Lebens. In einer weiteren Stufe ist zu klären, ob und inwieweit durch das diagnostizierte Krankheitsbild die Teilhabe der betroffenen Person am Leben in der Gemeinschaft beeinträchtigt wird. Für die Frage, welche Lebensbereiche auf mögliche Teilhabebeeinträchtigungen hin untersucht werden sollen, kann die **Internationale Klassifikation der Funktionsfähigkeit, Be-**

hinderung und Gesundheit (ICF)** als Orientierung dienen (http://www.dimdi.de/dynamic/de/klassi/downloadcenter/icf/endfassung/icf_endfassung-2005-10-01.pdf). Hier werden z. B. Kommunikation, Mobilität, Selbstversorgung, häusliches Leben, Bildung und Arbeit genannt (Münder – Bieritz-Harder 2012, § 53 Rz. 4 f.).

Das erklärte Ziel, dass sich der Behinderungsbegriff des SGB IX in Anlehnung an die Begriffsdefinition der ICF der WHO nicht mehr an wirklichen oder vermeintlichen Defiziten der einzelnen Person orientieren soll, sondern am Ziel der Teilhabe an den verschiedenen Lebensbereichen (Partizipation) (Gesetzesbegründung BT-Ds 14/5074, 98), ist als nicht erfüllt anzusehen. Denn während dem Verständnis der ICF zufolge die Behinderung aus einer Wechselwirkung einer individuellen Beeinträchtigung mit den Umweltfaktoren einer Person entsteht („Behindert-Werden", so auch die CRPD in Präambel e] und Art. 1 S. 2), stellt die Definition in § 2 SGB IX darauf ab, dass eine Person einen „unnormalen" Zustand aufweist und deswegen nicht gleichberechtigt teilhaben kann („Behindert-Sein", s. auch BMAS 2013c, 7 ff.). Schon bei der Begriffsdefinition der Behinderung besteht bei der weiteren Umsetzung der CRPD in Deutschland Handlungsbedarf (s. auch BMAS 2013c, 8). Im Vorgriff darauf soll hier der Begriff der Menschen mit Behinderungen verwendet werden.

Nach § 1 SGB IX erhalten Menschen mit (drohenden) Behinderungen Leistungen nach diesem Buch und den für die Rehabilitationsträger geltenden Leistungsgesetzen, um ihre Selbstbestimmung und gleichberechtigte Teilhabe am Leben in der Gesellschaft zu fördern sowie Benachteiligungen zu vermeiden oder ihnen entgegenzuwirken. Dabei verpflichtet das Gesetz die Reha-Träger, den besonderen Bedürfnissen behinderter und von Behinderung bedrohter Frauen und Kinder Rechnung zu tragen. Die beiden obersten Leitprinzipien des § 1 SGB IX werden konkretisiert in den Zielen, die für die Leistungen zur Teilhabe in § 4 SGB IX vorgegeben werden. So sollen die notwendigen Sozialleistungen Behinderungen möglichst frühzeitig, weitgehend und umfassend entgegenwirken, die Erwerbsfähigkeit sichern oder wiederherstellen, Pflegebedürftigkeit vermeiden und dadurch Sozialleistungsbezug mindern (wie zu Beginn des Reha-Rechts vor rd. 100 Jahren, s. o.). Zudem soll die Teilhabe am Arbeitsleben dauerhaft gesichert sowie die Persönlichkeitsentwicklung und die selbstständige und selbstbestimmte Lebensführung gefördert werden. Dabei verpflichtet § 4 Abs. 2 SGB IX *alle* Reha-Träger auf *alle* dieser Ziele, um ein Spartendenken zu vermeiden und eine aufeinander abgestimmte Erbringung verschiedener Leistungen zu sichern.

Selbstbestimmung und Teilhabe

In den Allgemeinen Regeln im ersten Kapitel des SGB IX sind des Weiteren Grundsätze formuliert, die für den gesamten Bereich der Eingliederung von Menschen mit Behinderungen gelten. Das bereits erwähnte Gebot frühzeitigen Handelns, z. B. nach dem Grundsatz „Prävention vor Reha" (§ 3 SGB IX) und „Reha vor Rente und vor Pflege" (§ 8 Abs. 2, 3 SGB IX), wird ergänzt durch ein **„Mitdenkgebot"** bezüglich der Reha-Träger. Diese haben bei einem Antrag auf Sozialleistungen aufgrund einer (drohenden) Behinderung automatisch zu prüfen, ob eine Reha-Leistung in Betracht kommt (§ 8 Abs. 1 SGB IX), Reha-Leistungen möglichst so zu erbringen, dass Leistungen anderer Reha-Träger überflüssig sind

Grundsätze

(§ 4 Abs. 2 S. 2 SGB IX) bzw. bei einer medizinischen Reha automatisch zu prüfen, ob diese ggf. parallel oder im Anschluss durch eine Maßnahme der beruflichen Reha ergänzt werden sollte (§ 11 SGB IX).

Das schon im Allgemeinen Sozialrecht vorgesehene **Wunsch- und Wahlrecht** (§ 33 SGB I) wird in § 9 SGB IX ausdrücklich verstärkt: Berechtigten, also nicht rechtswidrigen Wünschen *ist* zu entsprechen, die individuelle Lebenssituation bei der Entscheidung ist umfänglich mit einzubeziehen. Bei Leistungen außerhalb von Einrichtungen – wobei auch im Reha-Recht der Vorrang ambulanter vor stationären Leistungen gilt (§ 19 Abs. 2 SGB IX) – besteht zudem ein Wahlrecht, sich statt einer Sachleistung des Reha-Trägers eine Geldleistung auszahlen zu lassen (§ 9 Abs. 2 S. 1 SGB IX). Diese Form der **Selbstbeschaffung** ist eine Vorstufe zum Persönlichen Budget (s. 5.4). Wird Wunsch oder Wahl der leistungsberechtigten Person nicht entsprochen, muss der Reha-Träger das in einem gesonderten Bescheid begründen, der gerichtlich angefochten werden kann (§ 9 Abs. 2 S. 3 SGB IX). Das Wahlrecht steht allerdings unter dem Vorbehalt, dass die Geldleistung nur beansprucht werden kann, wenn dadurch die Leistung ebenso wirksam und wirtschaftlich ausgeführt wird wie vom Reha-Träger selbst. Das damit angesprochene **Wirtschaftlichkeitsgebot** (s. auch § 10 Abs. 1 SGB IX), also einerseits die notwendigen Leistungen in ausreichendem Maße zu erbringen, zugleich aber sparsam zu handeln, stehen u. U. in einem Spannungsverhältnis zu den Wünschen der leistungsberechtigten Person.

Vorbehalt abweichender Regelungen

Die weitaus **größere Einschränkung** erfährt das Ziel der selbstbestimmten und gleichberechtigten Teilhabe allerdings durch den Vorbehalt abweichender Regelungen in § 7 SGB IX. Das SGB IX ist also für alle Reha-Träger verbindlich, aber nur, solange und soweit in ihren jeweiligen Leistungsgesetzen nichts Abweichendes geregelt ist. D. h. entsprechende Regelungen in den anderen SGBs zur Reha gehen dem SGB IX vor. Bezüglich der konkreten Zuständigkeiten und Voraussetzungen eines Leistungsanspruches gilt sogar nur das jeweilige Leistungsgesetz, d. h. hier dürfen nicht einmal nachrangig verbindliche Regelungen im SGB IX getroffen werden. So wird in den speziellen Leistungsgesetzen z. B. auf die Definition der Behinderung in § 2 SGB IX verwiesen, allerdings werden dort teilweise weitere einschränkende Voraussetzungen aufgestellt: So gelten laut § 19 SGB III nur Menschen als behindert, deren Arbeitsmarktchancen unabhängig von ihrer Beeinträchtigung *wesentlich* gemindert sind; § 10 SGB VI setzt voraus, dass die betroffene Person in ihrer Erwerbsfähigkeit behindert ist (s. 5.3.2), das Kinder- und Jugendhilferecht enthält in § 35a SGB VIII nur einen Anspruch für Kinder- und Jugendliche mit seelischer Beeinträchtigung (vgl. III-3.3.4.2) und die Eingliederungshilfe nach § 53 SGB XII sieht Leistungen nur für Menschen mit einer *wesentlichen* Beeinträchtigung der Teilhabe vor (s. 5.3.4). Mit der Vorbehaltsregelung des § 7 SGB IX ist faktisch die zersplitterte und unübersichtliche Rechtslage bis zur Einführung des SGB IX (sog. gegliedertes System) fortgeführt worden. Ob eine leistungsberechtigte Person Ansprüche hat und wenn ja, welche, ergibt sich nicht allein aus dem SGB IX, sondern erst aus einer Zusammenschau des SGB IX mit dem für den jeweiligen Reha-Träger geltenden Sozialgesetzbuch.

5.2 Rehabilitationsträger und deren Zusammenarbeit

In § 6 SGB IX sind die Reha-Träger aufgeführt. Im Einzelnen sind dies die gesetzlichen Krankenkassen, die Bundesagentur für Arbeit, die Träger der gesetzlichen Unfallversicherung, die Träger der gesetzlichen Rentenversicherung, die Träger der Kriegsopferfürsorge, die Träger der öffentlichen Jugendhilfe (vgl. III-3.3.4.2) und die Träger der Sozialhilfe (vgl. III-4.2.4.2). Trotz der inhaltlichen Nähe und Zusammenhänge von Behinderung einerseits und Pflege andererseits (s. § 4 Abs. 1 Nr. 2 SGB IX, §§ 5 und 14 Abs. 1 SGB XI) sind die Träger der Pflegeversicherung *nicht* Reha-Träger. Dies ist umso unverständlicher, als die Pflegeversicherung in Personalunion durch die Krankenkassen wahrgenommen wird (§ 46 Abs. 1 SGB XI). Einen angesichts des mit den Pflegekassen ohnehin bestehenden Abstimmungsbedarfs (vgl. nur § 17 Abs. 2 S. 4 SGB IX, § 31 SGB XI) zu erwartenden Grund für diese Auslassung ist der Gesetzgeber in seiner Begründung schuldig geblieben (vgl. BT-Ds 14/5074, 99 f.). **Pflegekassen**

Auch die Jobcenter als Träger der im Jahr 2005 eingeführten Grundsicherung für Arbeitsuchende (s. III-4.1) erbringen Leistungen für erwerbsfähige Leistungsberechtigte mit Behinderungen gem. § 16 Abs. 1 S. 2 SGB II. Da die Jobcenter gemeinsame Einrichtungen der Bundesagentur für Arbeit einerseits und der jeweiligen Kommunen andererseits sind (§§ 6, 44b SGB II) und die Bundesagentur für Arbeit ohnehin selbst Reha-Träger ist, ist sie dies gem. § 6a SGB IX auch für Leistungsberechtigte mit Behinderungen i. S. d. SGB II, muss allerdings das jeweilige Jobcenter miteinbeziehen, welches letztlich über die Reha-Leistung entscheidet und die Leistungen gewährt. **Jobcenter**

5.2.1 Zuständigkeit für Leistungsgruppen

Die Leistungen zur Teilhabe sind gem. § 5 SGB IX zusammengefasst in die vier Leistungsgruppen der medizinischen Rehabilitation, der Teilhabe am Arbeitsleben, der unterhaltssichernden und anderen ergänzenden Leistungen sowie der Leistungen zur Teilhabe am Leben in der Gemeinschaft. Nicht jeder der genannten Rehabilitationsträger erbringt alle Formen dieser Teilhabeleistungen, sondern jeder Träger erbringt nur die Leistungen, die in sein spezifisches Aufgabenspektrum fallen. Aus einer Zusammenschau der §§ 5, 6 SGB IX ergibt sich dabei folgendes Zuständigkeitsraster:

Übersicht 52: Zuständigkeiten der Reha-Träger

Leistung zur Reha-Träger	medizinischen Rehabilitation	Teilhabe am Arbeitsleben	Unterhaltssicherung	Teilhabe am Leben in der Gemeinschaft
gesetzliche Krankenkassen	X		X	
Bundesagentur für Arbeit		X	X	
gesetzliche Unfallversicherung	X	X	X	X
gesetzliche Rentenversicherung	X	X	X	
Versorgungsämter	X	X	X	X
Träger der Kinder- und Jugendhilfe	X	X		X
Sozialhilfeträger	X	X		X

Rangfolge der Reha-Träger Zwar können demnach mehrere Reha-Träger für die jeweiligen Leistungsgruppen zuständig sein, aber den §§ 5,6 SGB IX lässt sich weder entnehmen, welcher Träger im Einzelfall konkret zuständig ist, noch welcher der infrage kommenden Träger vorrangig die Verantwortung trägt. Dies ergibt sich aufgrund des § 7 S. 2 SGB IX (s. o.) nur aus einer Zusammenschau der Leistungsgesetze der Träger. Die gesetzliche Unfallversicherung und die Versorgungsämter zur Durchführung der Kriegsopferfürsorge sind vorrangig zuständig, da in ihren Leistungsgesetzen kein Verweis auf vorrangig zuständige Träger enthalten ist (§ 26 SGB VII, §§ 10, 25 BVG), allerdings jeweils nur für einen beschränkten Personenkreis: die Unfallversicherung für Menschen, die aufgrund eines Arbeits- oder Wegeunfalls (wobei u. a. auch Schüler, Studenten und Ehrenamtliche in den Schutz einbezogen sind, s. III-2.4.2) oder einer Berufskrankheit behindert sind, und die Versorgungsämter für Menschen, deren Behinderungen Folge eines Gewaltverbrechens, eines Impfschadens oder eines gesellschaftlichen Sonderopfers (§ 1 OEG) sind. Als nächstes zuständig sind die Träger der gesetzlichen Rentenversicherung (§ 12 Abs. 1 Nr. 1 SGB VI), allerdings nur unter den einschränkenden Voraussetzungen der §§ 9 bis 13 SGB VI. D. h. die betreffende Person muss rentenversichert und ihre Erwerbsfähigkeit zumindest erheblich gefährdet sein, sie muss einen (i. d. R. langjährigen) Bezug zum Arbeitsleben aufweisen und perspektivisch noch zum Kreis der abhängig Beschäftigten gehören. Außerdem sind die Rentenversicherungsträger ebenso wenig für Maßnahmen der sozialen Reha zuständig wie auch die gesetzlichen Krankenkassen und die Bundesagentur für Arbeit. Die Krankenkassen sind nachrangig und nur für die medizinische Reha derjenigen zuständig (§§ 11 Abs. 2 und 4, 40 Abs. 4 SGB V), die bei ihnen versichert sind (s. §§ 5 ff. SGB V). Um nachrangig Leistungen der beruflichen Reha von der Bundesagentur für Arbeit zu erhalten (§ 22 Abs. 1 SGB III), muss man dort nicht versichert sein, da die Bundesagentur nicht nur Sozialversicherungsträger (s. § 1 SGB IV), sondern zugleich auch Träger der Allgemeinen Arbeitsförderung ist (s. III-2.5). Dafür greift ihre Zuständigkeit erst ein, wenn die Aussicht auf Teilhabe am Arbeitsleben *wesentlich* gemindert ist (§ 19 SGB III). Am Ende der Zuständigkeitskette sind die Träger der Kinder- und Jugendhilfe sowie die Träger der Sozialhilfe für alle Leistungsgruppen außer den unterhaltssichernden und den anderen ergänzenden Leistungen zuständig (§ 10 SGB VIII, § 2 SGB XII). Unter den beiden Reha-Trägern erfolgt die Abgrenzung dadurch, dass die Kinder- und Jugendhilfe nur für Kinder mit seelischer Beeinträchtigung zuständig ist (§ 35a SGB VIII), während die Zuständigkeit ansonsten bei der Sozialhilfe liegt. Diese ist also auch für Kinder mit körperlicher und geistiger Beeinträchtigung zuständig. Bei der sozialen Reha läuft es trotz des formalen Nachrangs der Sozialhilfe – außer für den zahlenmäßig überschaubaren Personenkreis, für den Unfallversicherung und Versorgungsämter zuständig sind – somit weit überwiegend auf eine Erst- und Letztzuständigkeit der Sozialhilfeträger für diese Leistungen hinaus; das Gleiche gilt für den Arbeitsbereich in WfbM (s. § 42 Abs. 2 SGB IX, s. 5.3.2 und 5.3.4).

5.2.2 Zusammenarbeit und Zuständigkeitsklärung

Da es nicht nur mehrere Reha-Träger gibt, sondern diese im Einzelfall auch parallel für (verschiedene) Leistungen zuständig sein können, ist die Koordination zwischen den verschiedenen Trägern von zentraler Bedeutung. Zu diesem Zweck enthält das SGB IX mehrere Regelungen, die sicherstellen sollen, dass die Leistungen nicht „aneinander vorbei" gewährt werden, sondern nahtlos ineinandergreifen und aufeinander abgestimmt sind, um die Leistungsempfänger möglichst wie **„aus einer Hand"** zu erreichen. In diesem Zusammenhang sind insb. die Vorschriften der §§ 10 bis 13 SGB IX relevant. Danach soll der laut dem Zuständigkeitsklärungsverfahren hauptverantwortliche Träger (s. u.) in Abstimmung mit den anderen Reha-Trägern und dem Leistungsberechtigten die für den festgestellten Bedarf erforderlichen Leistungen in einem **Teilhabeplan** schriftlich festhalten und im Verlauf der Reha-Maßnahmen ggf. fortschreiben.

Pflicht zur Koordination

Damit die Einzelschritte dieser Koordination nicht in jedem Fall neu abgestimmt werden müssen, verpflichtet § 13 die Reha-Träger i. S. d. § 6 Abs. 1 Nrn. 1 bis 5 SGB IX dazu, im Rahmen der **Bundesarbeitsgemeinschaft für Rehabilitation (BAR)** in Abstimmung mit dem BMAS Gemeinsame Empfehlungen (GE) zu den konkret benannten Verwaltungsabläufen zu vereinbaren (§ 13 Abs. 7 SGB IX) und nach Abs. 8 alle zwei Jahre über die Erfahrungen mit den GE zu berichten. Die Träger der Kinder- und Jugendhilfe sowie die Träger der Sozialhilfe sind an der Vorbereitung der GEs ebenso zu beteiligen wie die Interessenverbände von Menschen mit Behinderungen. Mittlerweile liegen alle laut §§ 12 und 13 SGB IX erforderlichen GEs abgestimmt vor und sind über die BAR abrufbar (www.bar-frankfurt.de). Zum Beispiel sind in der GE „Einheitlichkeit/Nahtlosigkeit" die Verwaltungsprozesse und das Ineinandergreifen der Themen der übrigen GE umfassend beschrieben. Ihrem Rechtscharakter nach handelt es sich bei den GE um **Verwaltungsvereinbarungen,** die wie Verwaltungsanweisungen keine Außenwirkung entfalten (s. I-1.1.3.6). D. h. die GE dürfen keine Einschränkung der gesetzlichen Rechte von Leistungsbe-

Gemeinsame Empfehlungen

rechtigten vorsehen (BSG 17.06.2008 – B 1 KR 31/07 R), gewähren aber auch unmittelbar keine subjektiven, einklagbaren Rechte. Über den Grundsatz der Selbstbindung der Verwaltung gemäß dem Gleichbehandlungsgrundsatz nach Art. 3 Abs. 1 GG (s. I-1.1.3.6) entfalten die GE faktische Außenwirkung. Von ihrem Inhalt kann also nur in atypischen Fällen mit entsprechender Begründung abgewichen werden.

Zuständigkeitsklärungsverfahren   Aufgrund der Vielzahl der Reha-Träger kommt es oftmals zu Zuständigkeitsproblemen. Hier erfüllt § 14 SGB IX, der das Verfahren zur Zuständigkeitsklärung unter Vorgabe verbindlicher Fristen regelt, eine wichtige Funktion. Damit soll sichergestellt werden, dass die Abgrenzungsschwierigkeiten zwischen einzelnen Bedarfen und Leistungsarten nicht zulasten der Betroffenen gehen. Wird ein Antrag auf Reha-Leistungen bei einem (beliebigen) Reha-Träger gestellt (sog. **erstangegangener Träger**), hat dieser binnen zwei Wochen zu prüfen, ob er selbst zuständig ist (§ 14 Abs. 1 S. 1 SGB IX). Hält er sich für zuständig oder wird er aufgrund einer Überschreitung der Zwei-Wochen-Frist zuständig (LSG Nds-HB 04.11.2013 – L 2 R 438/13 ER), muss er unverzüglich den Reha-Bedarf der Antragstellerin feststellen (§ 14 Abs. 2 S. 1 SGB IX). Reicht seine Sachkunde dafür aus, muss er zudem innerhalb von drei Wochen nach Antragseingang inhaltlich über den Antrag entscheiden und der Antragstellerin einen Bescheid erteilen. Reicht seine Sachkunde zur Bedarfsfeststellung nicht aus, muss er ein Gutachten durch einen Sozialmediziner einholen. Dafür muss sich die Antragstellerin bei einem von drei wohnortnahen, barrierefrei erreichbaren Sachverständigen untersuchen lassen (Mitwirkungspflicht gem. § 62 SGB I), die ihr der Reha-Träger zuvor benannt hat (§ 14 Abs. 5 SGB IX). Der Sachverständige muss binnen zwei Wochen ab Auftragseingang ein Gutachten auf Kosten des Reha-Trägers erstellen (§ 14 Abs. 5 S. 5 SGB IX). Liegt das Gutachten vor, hat der Reha-Träger weitere zwei Wochen Zeit für die Entscheidung über den Antrag (§ 14 Abs. 2 S. 4 SGB IX). Auf diesem Wege erhält die Antragstellerin spätestens nach drei bzw. sechs Wochen (zuzüglich der Zeit bis zur Auftragserteilung an den Gutachter) eine Entscheidung über ihren Antrag.

Hält sich der erstangegangene Träger hingegen nicht für zuständig, leitet er den Antrag binnen zwei Wochen an den seiner Meinung nach zuständigen Reha-Träger weiter (sog. **zweitangegangener Träger**) (§ 14 Abs. 1 S. 2 SGB IX). Dieser hat nicht mehr die Möglichkeit, den Antrag weiterzuleiten und darf ihn auch nicht wegen Unzuständigkeit ablehnen, vielmehr muss er unverzüglich in die inhaltliche Prüfung des Bedarfs ggf. unter Einschaltung eines Gutachters (s. o.) einsteigen (§ 14 Abs. 2 S. 3 SGB IX). Der zweitangegangene Träger wird also jedenfalls durch den Umstand der Weiterleitung zuständig. Muss er deswegen Leistungen erbringen, obwohl er inhaltlich nicht zuständig gewesen wäre, kann er die Kosten vom an sich zuständigen Reha-Träger ersetzt verlangen (§ 14 Abs. 4 SGB IX). Für die Antragstellerin ändert sich insofern nur, dass sich die Entscheidungsfrist, wenn der Reha-Träger den Bedarf selbst feststellen kann, von drei auf fünf Wochen verlängern kann (§ 14 Abs. 2 S. 4 SGB IX). Der zweitangegangene Reha-Träger wird selbst dann zuständig, wenn er inhaltlich nicht zuständig ist und die erforderlichen Leistungen überhaupt nicht erbringen kann, z. B. wenn ein weitergeleiteter Antrag auf soziale Reha bei einem Rentenversicherungsträger landet; in diesen Fällen ist dieser Reha-Träger dafür zuständig zu klären, von welchem Reha-Träger die Antragstellerin fristgerecht eine Entscheidung erhält, und hat dieser das Ergebnis mitzuteilen. Somit bleibt der zweitangegangene Träger im Außenverhältnis zuständig (zum Ganzen BSG 11.05.2011 – B 5 R 54/10 R – BSGE 108, 158).

Werden die vorgenannten Fristen nicht eingehalten, muss der zuständige Reha-Träger der Antragstellerin dies unter Angabe von Gründen mitteilen (§ 15 Abs. 1 S. 1 SGB IX). Unterlässt er dies oder sind die genannten Gründe nicht stichhaltig, kann die Antragstellerin dem Reha-Träger zunächst eine „angemessene" Nachfrist setzen (als angemessen dürfen die in § 14 SGB IX genannten Fristen anzusehen sein) unter Androhung der Selbstbeschaffung. Lässt der Reha-Träger die Nachfrist verstreichen, kann die Antragstellerin sich die Leistungen selbst beschaffen und vom Reha-Träger die Kosten ersetzt verlangen (§ 15 Abs. 1 S. 3 SGB IX). Dasselbe gilt, wenn der Reha-Träger eine unaufschiebbare Leistung nicht rechtzeitig erbringen kann (bei „Gefahr im Verzug") oder aber eine Leistung zu Unrecht abgelehnt hat (§ 15 Abs. 1 S. 4 SGB IX). Allerdings hat die Selbstbeschaffung den Nachteil, dass die Antragstellerin erstens die notwendigen Leistungen vorfinanzieren muss und zweitens das Risiko hat, die Kosten nicht oder nicht zur Gänze erstattet zu bekommen. Dies ist der Fall, wenn die für die Verzögerung genannten Gründe ggf. vor Gericht als zureichend oder die von der Antragstellerin gesetzte Nachfrist im Einzelfall als unangemessen gewertet werden. Zudem sind die Reha-Träger dem Grundsatz der Wirtschaftlichkeit und Sparsamkeit verpflichtet und die Antragstellerin kann schwer bis gar nicht einschätzen, ob die von ihr getätigten Ausgaben zur Selbstbeschaffung dem genügen (s. Benz, NZS 2002, 511). Auch wenn § 15 SGB IX insofern einen Fortschritt im SGB IX dahingehend bedeutet, dass die Möglichkeit der Selbstbeschaffung gegen Kostenerstattung überhaupt ausdrücklich im Gesetz geregelt wurde (zum Persönlichen Budget s. 5.4), eignet sie sich aufgrund dieser Risiken kaum als Druckmittel zur Durchsetzung der Fristen im Rahmen des Zuständigkeitsklärungsverfahrens.

Selbstbeschaffung

5.2.3 Gemeinsame Servicestellen

Damit die Betroffenen eine einheitliche Stelle haben, an die sie sich mit ihren Belangen wenden können, und nicht alle infrage kommenden Träger aufsuchen müssen, schreiben die §§ 22 ff. SGB IX vor, dass die Rehabilitationsträger in allen Landkreisen und kreisfreien Städten (402 an der Zahl) Gemeinsame Servicestellen einzurichten haben. D. h. sie müssen Vereinbarungen treffen, welcher Reha-Träger vor Ort als Gemeinsame Servicestelle fungiert (sog. front office) und welche Mitarbeiter der anderen Reha-Träger konkret als Ansprechpartner zur Verfügung stehen (sog. back office), um Einzelfälle gemeinsam besprechen zu können. Diese haben umfangreiche Informations-, Beratungs- und Unterstützungspflichten – auch für Angehörige und Vertrauenspersonen nach § 60 SGB IX – jedoch inhaltlich keine Entscheidungskompetenz. Aktuell gibt es 391 Gemeinsame Servicestellen, allerdings sind diese gemäß der zur Kosteneinsparung ergangenen gesetzlichen Vorgabe „unter Nutzung bestehender Strukturen" (§ 23 Abs. 1 S. 1 SGB IX) oftmals dadurch entstanden, dass sich Reha-Träger ein entsprechendes zusätzliches Schild an die Tür ihrer Geschäftsstelle gehängt haben, ohne für spezielle Kompetenzen oder Strukturen zu sorgen. Die Bekanntheit der Gemeinsamen Servicestelle, ihre Kompetenzen und Kooperationsbereitschaft sind damit stark einzelfallabhängig und werden nicht etwa flächendeckend nachgehalten – trotz des Druckmittels des BMAS, gem. §25 SGB IX durch Verordnung für effektive Strukturen zu sorgen. Wird eine ratsuchende Person durch eine Gemeinsame Servicestelle falsch beraten und entsteht ihr daraus ein Schaden unterbliebener Sozialleistungen, kann sie eine Herstellung rechtmäßiger Zustände über den sog. sozialrechtlichen Herstellungsanspruch verlangen (BSG -27.07.2004 – B 7 SF 1/03 R; s. III-1.1).

5.3 Rehabilitationsleistungen

Offene Leistungskataloge

Die §§ 26 bis 59 SGB IX enthalten die Reha-Leistungen, die in vier Leistungsgruppen unterteilt sind: medizinische und berufliche Reha, die sie ggf. begleitenden Leistung der Unterhaltssicherung und die soziale Reha. Die Leistungskataloge sind offen gestaltet, d. h. es werden **typische Leistungen und Leistungsformen benannt**, aber diese werden mit einem „insbesondere" eingeleitet (§§ 26 Abs. 2, 33 Abs. 3, 55 Abs. 2 SGB IX), sodass weitere Leistungen möglich sind. Diese Offenheit hat den Vorteil, dass auf den Einzelfall zugeschnittene Lösungen möglich sind, um die Ziele der gleichberechtigten Teilhabe und der selbstbestimmten Lebensführung (§ 1 SGB IX) optimal verwirklichen zu können. Als Nachteil kann sich dies insoweit erweisen, als die Weite der Möglichkeiten die einzelne Betroffene darin überfordern kann, eine für sich passende Lösung mit zu entwickeln. Verfahrenstechnisch hat dies außerdem zur Konsequenz, dass bei der Erfüllung der Leistungsvoraussetzungen – die sich neben dem Vorliegen einer Behinderung i.S.d. § 2 SGB IX erst aus den einzelnen SGBs ergeben (§ 7 S. 2 SGB IX, s. III-5.1) – zwar ein **Anspruch** auf Reha-Leistungen **dem Grunde** nach besteht, also bezogen auf das „Ob" einer Leistung, Art und Umfang der Leistung, also das „Wie", aber nach **pflichtgemäßem Ermessen** vom zuständigen Reha-Träger zu entscheiden sind (z. B. § 40 Abs. 3 SGB V, zum Ermessen vgl. I-3.4.1). D. h. eine betroffene Person kann zwar *eine* Leistung beanspruchen, hat aber i. d. R. keinen Anspruch auf eine *bestimmte* Leistung. Insoweit bekommt das Wunsch- und Wahlrecht aus § 9 SGB IX (s. III-5.1), dem zu folgen ist, wenn das Gewünschte nicht rechtswidrig ist, ein besonderes Gewicht. Zum Persönlichen Budget s. III-5.4.

5.3.1 Medizinische Rehabilitation

Ziele

Gem. § 26 Abs. 1 SGB IX wird medizinische Reha mit dem Ziel erbracht, Behinderungen und chronischen Erkrankungen entgegenzuwirken, Pflegebedürftigkeit zu vermeiden und die Erwerbsfähigkeit zu erhalten sowie den Bezug laufender Sozialleistungen zu vermeiden oder zu beenden.

Leistungskatalog

Der in § 26 Abs. 2 SGB IX enthaltene Leistungskatalog ist im Ansatz vergleichbar mit dem der Krankenbehandlung nach § 27 Abs. 1 SGB V. Anders als dort werden bei der medizinischen Reha die Leistungserbringung neben Ärzten auch durch andere Heilberufe betont, sowie mit der Anleitung, eigene Heilungskräfte zu entwickeln, die Gesundheitserziehung als Hilfe zur Selbsthilfe ausdrücklich erwähnt. Spezielle Leistungen der medizinischen Reha sind die **Früherkennung** und **Früh-**

förderung bei Kindern (§§ 26 Abs. 2 Nr. 2, 30, 32 SGB IX sowie die auf dieser Grundlage erlassene Frühförderungsverordnung). Hierbei handelt es sich um multidisziplinäre Leistungen von sog. Frühförderstellen (§ 30 Abs. 2 SGB IX) und sog. sozialpädiatrischen Zentren (§§ 43a, 119 SGB V), die in Kombination **mit heilpädagogischen Leistungen als Komplexleistung** erbracht werden (§§ 30 Abs. 1 S. 2, 56 SGB IX), um Entwicklungsstörungen von Kindern bis zum Schuleinritt möglichst frühzeitig zu diagnostizieren und ihnen entgegenzusteuern. Weitere spezielle Leistungen sind die Belastungserprobung und Arbeitstherapie (§ 26 Abs. 2 Nr. 7 SGB IX) sowie die stufenweise Wiedereingliederung in die berufliche Tätigkeit (§ 28 SGB IX). Anders als Bezeichnung und Zusammenhang vermuten lassen, handelt es sich sehr wohl um Leistungen der medizinischen Reha. Mit der **Belastungserprobung** soll überprüft werden, ob ein Rehabilitand wieder einen vollen Arbeitstag ohne gesundheitliche Risiken durchstehen kann. Sie kann von mehreren Stunden pro Tag bis zu max. 6 Wochen dauern. Die **Arbeitstherapie** dient dem Training allgemeiner und spezieller beruflicher Fähigkeiten zur Wiederherstellung der Arbeitsfähigkeit und kann mehrere Stunden pro Tag bis zu Vollzeit über 2 bis 3 Monate umfassen. Auch wenn ein Arbeitnehmer noch nicht wieder voll arbeitsfähig ist, kann die **stufenweise Wiederaufnahme** der Beschäftigung eine Brücke zur Rückkehr in das Arbeitsleben darstellen, in der die Arbeitsbelastung auf die psychische und körperliche Situation des Patienten abgestimmt werden kann. Die schrittweise Gewöhnung an die volle Arbeitsbelastung soll helfen, Leistungsfähigkeit sowie Selbstvertrauen zu stärken und somit den Weg zurück ins Berufsleben statt in die Rente zu ebnen (vgl. § 8 Abs. 2 SGB IX). Der Leistungskatalog ist jedoch nicht abschließend; wie die einleitende Formulierung „insbesondere" verdeutlicht, ist die Zielrichtung der medizinische Reha maßgebend für die Wahl der zu erbringenden Leistungen. So findet zwar Zahnersatz keine ausdrückliche Erwähnung, kann aber gem. § 15 Abs. 1 S. 2 SGB VI Leistung der medizinischen Reha sein, soweit dieser unmittelbar erforderlich ist für die Wiederherstellung oder Besserung der Erwerbsfähigkeit (z. B. bei Künstlern oder Artisten). Für eine Krankenbehandlung untypisch sind hingegen die in § 26 Abs. 3 SGB IX genannten **psychosozialen Begleitleistungen**. U. a. die Hilfen zur Problemeinsicht und –verarbeitung und zur seelischen Stabilisierung sowie die Aktivierung von Selbsthilfepotenzialen können zwar nicht alleinige Leistungen der medizinischen Reha sein, aber deren integraler Bestandteil neben den in Abs. 2 genannten Leistungen. Schließlich sind die Reha-Träger angehalten, die Hilfe zur Selbsthilfe durch die Förderung von Selbsthilfegruppen, -organisationen und –kontaktstellen zu unterstützen (§ 29 SGB IX, s. Gemeinsame Empfehlung zur Förderung der Selbsthilfe, www.bar-frankfurt.de). Speziell das Recht der GKV sieht zudem ausdrücklich Mutter- bzw. Vater-Kind-Kuren als Reha-Maßnahme u. a. in Mütter-Genesungswerken vor (§ 41 SGB V), wenn dies erforderlich ist, um eine Krankheit zu erkennen, zu heilen, ihre Verschlimmerung zu verhüten oder die Beschwerden zu lindern.

Schwierig vorzunehmen ist die Abgrenzung der medizinischen Reha von der (akuten) Krankenbehandlung. Überschneidungen ergeben sich schon zwangsläufig anhand der Leistungskataloge. § 27 SGB IX betont zudem, dass schon bei der Krankenbehandlung die Ziele der medizinische Reha mit zu berücksichtigen und ggf. andere zuständige Reha-Träger frühzeitig zu beteiligen sind. Laut § 27 Abs. 1

Abgrenzung zur Krankenbehandlung

Nr. 6 SGB V ist die medizinische Reha sogar Bestandteil der Krankenbehandlung und § 40 Abs. 1 SGB V greift das auf, indem Krankenkassen medizinische Reha dann erbringen, wenn die Reha-Ziele (s. auch § 11 Abs. 2 SGB V) nicht ausreichend durch Krankenbehandlung erreicht werden können. Relativ leicht fällt die Abgrenzung nur bei der Erkennung von Krankheiten einerseits, die der Krankenbehandlung unterfallen, und der Behandlung im Anschluss an eine Krankenbehandlung zur Sicherung des Behandlungserfolgs als sog. Anschlussheilbehandlung (BSG 19.11.1997 – 3 RK 1/97 – BSGE 81, 189). Einen Anhaltspunkt für die Unterscheidung liefert der § 107 SGB V, der Krankenhäuser und Reha-Einrichtungen definiert. Beide dienen zwar dazu, Krankheiten zu heilen, ihre Verschlimmerung zu verhüten oder Krankheitsbeschwerden zu lindern, aber in Reha-Einrichtungen liegt gem. § 107 Abs. 2 Nr. 2 SGB V der Fokus darauf, den Gesundheitszustand der Patienten **vorwiegend durch Anwendung von Heilmitteln** einschließlich Krankengymnastik, Bewegungstherapie, Sprachtherapie oder Arbeits- und Beschäftigungstherapie, ferner durch andere geeignete Hilfen, auch **durch geistige und seelische Einwirkungen,** zu verbessern und ihnen bei der Entwicklung eigener Abwehr- und Heilungskräfte zu helfen. Wenn auch bei der akuten Krankenbehandlung eine positive Einstellung des Patienten mindestens hilfreich ist (z. B. „Placebo"-Effekt), so ist diese und die aktive Mitwirkung bei der medizinischen Reha unerlässlich. Deutlich wird die Unterscheidung z. B. bei der Anschlussheilbehandlung, die i. d. R. binnen 14 Tagen nach einer Krankenhausbehandlung bei bestimmten Erkrankungen in Betracht kommt, wie u. a. bei Herzinfarkt, Schlaganfall oder Wirbelsäulen- und Schädelverletzungen (s. § 40 Abs. 6 SGB V). Dabei ist zunächst primär eine ärztliche Behandlung der Krankheitsursache bzw. ihrer unmittelbaren Folgen notwendig, im Anschluss bzw. währenddessen aber zunächst sekundär eine medizinische Reha erforderlich, um durch fortwährendes Training Langzeitfolgen zu vermeiden oder zu mindern. Bei Suchterkrankungen gehört die sog. Entgiftung zur Krankenbehandlung, die anschließende Entwöhnung zur medizinischen Reha. Neben der Frage der Zuständigkeit (vgl. § 13 Abs. 2 Nrn. 1 und 2 SGB VI) ist die Abgrenzung für die Leistungsberechtigten von Bedeutung bezüglich der Dauer der Leistungen, eventueller Ausschlüsse (s. u.), und ihres Wunsch- und Wahlrechts.

Voraussetzungen In Anlehnung an die Abgrenzung zur Krankenbehandlung setzt der Anspruch auf medizinische Rehabilitation neben einer (drohenden) Behinderung oder chronischen Erkrankung i. S. d. § 2 SGB IX voraus, dass ein **Reha-Bedarf** besteht, die betreffende Person **rehafähig** ist und eine **positive Reha-Prognose** vorliegt. Unter Reha-Bedarf ist dabei das Erfordernis komplexer Maßnahmen über die Heilbehandlung hinaus (§ 15 Abs. 3 SGB VI, § 40 Abs. 1 SGB V) zu verstehen, die wiederum aufgrund der notwendigen Mitwirkung nur dann gegeben ist, wenn die betreffende Person rehafähig ist, also hinreichend mobil, belast- und motivierbar. Schließlich muss eine positive Reha-Prognose des verordnenden Arztes, der über eine rehabilitationsmedizinische Qualifikation und eine entsprechende Genehmigung verfügen muss, dahingehend bestehen, dass das angestrebte Rehabilitationsziel wahrscheinlich auch nachhaltig erreichbar ist (s. §§ 7 bis 10 der sog. Reha-Richtlinie des G-BA, www.g-ba.de/informationen/richtlinien/23/). Wie alle Sozialversicherungsleistungen, die nicht wegen Akutbedarf ohne vorherige Rücksprache mit dem Leistungsträger in Anspruch genommen werden können, setzen

Leistungen der medizinischen Reha zudem voraus, dass gem. § 19 Abs. 4 SGB IV zuvor ein **Antrag** gestellt wurde.

Wenn die o. g. Voraussetzungen erfüllt sind, besteht ein Rechtsanspruch auf Reha-Leistungen dem Grunde nach, also bezüglich des „Ob" einer Reha. Da damit die „richtige" Leistung noch nicht automatisch vorbestimmt ist, sondern angesichts der Reha-Ziele und des offenen Leistungskatalogs eine individuell passende Leistung gefunden werden muss, entscheidet der Reha-Träger über die Auswahl, also das „Wie" der Leistung, nach **pflichtgemäßem Ermessen** (u. a. § 13 Abs. 1 SGB VI, § 40 Abs. 3 SGB V) unter Berücksichtigung u. a. des Wunsch- und Wahlrechts (§ 9 SGB IX), aber auch des Wirtschaftlichkeitsgebotes. Zu berücksichtigen ist seitens der Reha-Träger zudem eine **zeitliche Ausschlussklausel**. So darf i. d. R. keine Wiederholung derselben oder einer ähnlichen medizinischen Reha-Leistung innerhalb von vier Jahren stattfinden (§ 12 Abs. 2 SGB VI, § 40 Abs. 3 S. 4 SGB V). Der Grund dafür liegt dabei in der erforderlichen Mitwirkung der Rehabilitandin – sie muss in Eigenverantwortung durch Fortsetzung des Erlernten (z. B. der Ernährungsumstellung bei Übergewicht) für Nachhaltigkeit der Reha-Maßnahme sorgen und es soll nicht zulasten der Versichertengemeinschaft gehen, wenn sie es nicht tut. Eine Ausnahme liegt vor, wenn die erneute Reha aus dringenden medizinischen Gründen erforderlich ist, etwa weil eine Verschlimmerung der Grunderkrankung eingetreten ist. Bei der Leistungsentscheidung ist festzulegen, ob die Reha-Leistung **mobil** (also vor Ort beim Leistungsberechtigten), **ambulant oder stationär** ausgeführt wird. Als Ausfluss des Wirtschaftlichkeitsgebotes gilt dabei in der gesetzlichen Krankenversicherung ausdrücklich das Gebot „ambulant vor stationär" (§ 40 Abs. 2 SGB V), bei der Rentenversicherung ist dies nicht so ausdrücklich formuliert, zumal deren Träger im Unterschied zu den Krankenkassen insoweit eine Reihe von Eigeneinrichtungen unterhalten (vgl. § 15 Abs. 2 SGB VI). Allerdings hat sich die Form der Leistungsgewährung vorrangig **an den Bedarfen der Berechtigten** zur Erreichung des Reha-Ziels zu orientieren, sodass mitentscheidend ist, ob der Rehabilitand hinreichend mobil, ein Reha-Zentrum für eine ambulante Reha binnen 45 Min. erreichbar oder eine stationäre Reha entweder wegen pflegerischer Versorgung oder anderer „Kontextfaktoren", wie z. B. die (Nicht-)Unterstützung durch das häusliche Umfeld, angezeigt ist. Zudem sind die Belange pflegender Angehöriger zu berücksichtigen (§ 40 Abs. 3 S. 1 Hs. 2 SGB V). Die **Dauer** einer ambulanten medizinischen Reha ist in der GKV grundsätzlich auf 20 Behandlungstage begrenzt (§ 40 Abs. 3 S. 2 SGB V, für die RV enthält § 15 Abs. 1 SGB VI keine zeitliche Grenze), die stationäre Reha auf drei Wochen (§ 40 Abs. 3 S. 2 SGB V, § 15 Abs. 3 SGB VI), bei Kindern unter 14 Jahren aufgrund unterschiedlicher Entwicklungs- und Anpassungszeiten i. d. R. auf vier bis sechs Wochen (§§ 40 Abs. 3 S. 5, 23 Abs. 7 SGB V). Entscheidend kommt es aber auf den individuellen Fall an. Für eine Reihe von Indikationen ist auf Bundesebene bereits jeweils eine (längere) Regeldauer anerkannt (§ 40 Abs. 3 S. 4 SGB V, z. B. bei Suchtentwöhnung).

Obwohl laut §§ 5,6 SGB IX sechs Reha-Träger für die medizinische Reha zuständig sein können, trifft dies in der Praxis vorwiegend für die **RV-Träger** (s. §§ 9 bis 32 SGB VI) und die **KK** (§§ 11 Abs. 2, 40 bis 43 SGB V) zu. Dabei sind die RV-Träger insb. für bereits langjährig Versicherte und andernfalls angehende Bezieher von Erwerbsminderungsrente zuständig (§ 11 Abs. 1 und 2 SGB VI), deren Er-

Leistungsentscheidung

Zuständigkeit

werbsfähigkeit erheblich gefährdet oder bereits gemindert ist (§ 10 SGB VI), um diese im Arbeitsleben zu halten und einen vorzeitigen Rentenbezug zu vermeiden. Im Übrigen sind die gesetzlichen KK zuständig, sofern die betreffenden Personen Versicherte im Sinne der §§ 5, 9 und 10 SGB V sind. Für Personen, die trotz bestehender Krankenversicherungspflicht (s. III-2.1) nicht krankenversichert sind, sind die **Sozialhilfeträger** für die medizinische Reha zuständig. Eine Besonderheit gilt bezüglich der Früherkennung und -förderung: Einerseits sind für diese Leistungen die RV-Träger gem. § 15 Abs. 1 S. 1 SGB VI ausdrücklich nicht zuständig, andererseits ergibt sich aufgrund der Kombination mit der Heilpädagogik nach § 56 SGB IX i.d.R. die Zuständigkeit eines zusätzlichen Reha-Trägers neben der KK, da die Heilpädagogik Teil der sozialen Reha ist (s. 5.3.4), für die die KK nicht zuständig sein können.

5.3.2 Teilhabe am Arbeitsleben – Berufliche Rehabilitation

Ziel beruflicher Reha

Ziel aller in den §§ 33 bis 43 SGB IX genannten Leistungen und Maßnahmen der beruflichen Reha ist es, jugendliche und erwachsene Menschen mit Behinderungen möglichst *dauerhaft* in den allgemeinen Arbeitsmarkt (wieder)einzugliedern, ggf. nach einer Ausbildung, einer Qualifizierung und/oder mit technischer oder finanzieller Unterstützung (§§ 33 Abs. 1, 4 Abs. 1 Ziff. 3 SGB IX). Eine Standardleistung gibt es nicht, vielmehr müssen die im Einzelfall wegen Art oder Schwere der Behinderung „erforderlichen Leistungen" (§ 33 Abs. 1 SGB IX) erbracht werden. Gemäß dem Auftrag, die Belange behinderter Frauen besonders zu berücksichtigen (§ 1 S. 2 SGB IX), schreibt § 33 Abs. 2 SGB IX vor, insoweit speziell geeignete, wohnortnahe und auch in Teilzeit nutzbare Angebote zu machen.

Leistungen

In § 33 Abs. 3 SGB IX werden beispielhaft **berufs- oder arbeitsplatzbezogene Leistungen** benannt mit dem Ziel, entweder eine bestimmte Ausbildung oder (ggf. Weiter-)Qualifizierung zu erreichen, um somit die Vermittlungschancen auf dem allgemeinen Arbeitsmarkt zu erhöhen, oder aber eine konkrete Stelle zu erlangen oder zu erhalten oder aber zumindest eine angemessene Beschäftigung zu gewährleisten. Sowohl die einleitende Formulierung „insbesondere" als auch die „sonstigen Hilfen" in Ziff. 6 machen deutlich, dass die genannten Leistungen nicht abschließend aufgeführt, sondern andere Leistungen mit entsprechendem Ziel möglich sind. Die Abs. 6 bis 8 enthalten Begleit- und ergänzende Leistungen mit demselben Ziel, aber jeweils anderem Ansatzpunkt. In Abs. 6 werden **psychosoziale Hilfen** genannt, die darauf ausgerichtet sind, den behinderten Menschen bei der persönlichen Bewältigung der Beeinträchtigung und der Überwindung der beruflichen Barrieren zu unterstützen. Abs. 7 sieht die Übernahme von **Kosten der Aus- und Weiterbildung** in Form von außerhäusiger Kost und Logis sowie Lehrgangskosten und Prüfungsgebühren vor. Ebenfalls eine Kostenübernahme für spezifische Fälle sieht Abs. 8 vor, so u.a. für den Erwerb des Führerscheins und den Erwerb und/oder Umbau eines behindertengerechten Pkw gemäß der **Kraftfahrzeughilfe**-Verordnung (Nr. 1). Übernommen werden können auch die Kosten für eine **Arbeitsassistenz** für Menschen mit Schwerbehinderungen (Nr. 3), d.h. die Unterstützung durch einen Dritten in der Arbeitsumgebung als Eingliederungshilfe bei einem neuen Arbeitsplatz. Diese Leistungen werden gem. § 33 Abs. 8 S. 2 SGB IX vom für Menschen mit Schwerbehinderungen zuständigen Integrationsamt (§ 102 Abs. 4 SGB IX) erbracht, allerdings längstens für drei Jahre. Zudem stehen die Mittel der Arbeitsassistenz unter Haushaltsvorbehalt, denn ihre Gewährung ist gem. § 102 Abs. 4 SGB IX daran geknüpft, dass ausreichend Mittel aus der Ausgleichsabgabe nach § 77 SGB IX (s. 5.5) zur Verfügung stehen. Neben den Kosten für Verdienstausfall im Zusammenhang mit Maßnahmen der beruflichen Reha (Nr. 2) können zudem Kosten für **berufsspezifische Hilfsmittel** übernommen werden (Nr. 4), die für einen Ausgleich der individuellen Beeinträchtigung sorgen, wie z. B. spezielle Prothesen oder Hör- und Sehhilfen, soweit sie nicht schon vom Arbeitgeber oder den Krankenkassen gewährt werden müssen. Schließlich werden noch Kosten für technische Arbeitshilfen (Nr. 5) sowie für die Beschaffung, Ausstattung oder Erhaltung einer **behinderungsgerechten Wohnung** (Nr. 6) genannt, sofern dies im Zusammenhang mit einer beruflichen Eingliederung erforderlich ist. Gem. § 34 SGB IX können auch **Leistungen an Arbeitgeber** gewährt werden, um Anreize dafür zu schaffen, dass sie Menschen mit Behinderungen ausbilden und/oder beschäftigen. Die Leistungen umfassen Zuschüsse für die Ausbildung, die Arbeitsentgelte von Menschen mit Behinderungen (gem. § 34 Abs. 3 SGB IX i. d. R. max. 50 % des tariflichen Entgeltes für ein Jahr) und spezielle Arbeitshilfen. Für Probebeschäftigungen von bis zu drei Monaten, im Rahmen derer beide Seiten testen können, ob die Beschäftigung auf einer bestimmten Stelle für einen behinderten Menschen infrage kommt, können die Kosten ganz oder teilweise übernommen werden.

Voraussetzung für einen Rechtsanspruch auf eine Leistung der berufliche Reha ist zum einen eine (drohende) Behinderung i. S. d. § 2 SGB IX und zum anderen ein Bedarf zur Überwindung von Barrieren zur dauerhaften Teilhabe am Arbeitsleben (§ 4 Abs. 1 Nr. 3 SGB IX). Aufgrund der Verweisung in § 7 S. 2 SGB IX auf die Leistungsgesetze der Reha-Träger bezüglich der Leistungsvoraussetzungen finden sich bei einzelnen Reha-Trägern weitere einschränkende Voraussetzungen (s. u. Zuständigkeiten). Bei Erfüllung der Voraussetzungen besteht ein Rechtsanspruch auf die Leistungen dem Grund nach, die Auswahl erfolgt jedoch durch den jeweiligen Reha-Träger nach pflichtgemäßem Ermessen (§ 13 Abs. 1 SGB VI, § 112 Abs. 1 SGB III, wobei sich entgegen dem Wortlaut das „Können" nicht auf das „Ob", sondern nur auf das „Wie" der Leistung beziehen kann, vgl. 5.3.1).

Voraussetzungen

Bei der **Auswahl der erforderlichen Leistungen** schreibt § 33 Abs. 4 SGB IX die angemessene Berücksichtigung sowohl subjektiver als auch objektiver Faktoren vor. In subjektiver Hinsicht sind dabei die **Eignung, Neigung und bisherige Tätigkeiten** des Leistungsberechtigten zu berücksichtigen, in objektiver Hinsicht Lage und Entwicklung auf dem allgemeinen Arbeitsmarkt, um den Leistungsberechtigten nicht am diesbezüglichen Bedarf vorbei zu qualifizieren. Hinsichtlich der **Dauer der Leistungen** gilt, dass diese gem. § 37 SGB IX zur Erreichung des Zieles nach § 33 Abs. 1 SGB IX so lange erbracht werden, wie dies, z. B. bei Ausbildungen in Ausbildungsordnungen, vorgeschrieben oder allgemein üblich ist. Weiterbildungen sollen allerdings nur für maximal zwei Jahre gewährt werden. Eine längere Förderung ist jedoch jeweils möglich, wenn dies im Einzelfall aufgrund besonderer Umstände gemessen an dem Teilhabeziel erforderlich ist.

Leistungsentscheidung

Mitwirkung der BA — Aufgrund der speziellen Kompetenzen der Bundesagentur für Arbeit bei der Arbeitsförderung räumt § 38 SGB IX den anderen Reha-Träger ein Recht ein, diese Kompetenzen gutachterlich bezüglich Art und Umfang der Leistungen beruflicher Reha auch mit Blick auf die jeweiligen Chancen am Arbeitsmarkt in Anspruch zu nehmen.

Besondere Leistungsformen — Neben den Leistungen zur möglichst dauerhaften Eingliederung in den allgemeinen Arbeitsmarkt sehen die Vorschriften der beruflichen Reha noch spezielle Leistungsformen für diejenigen behinderten Menschen vor, die entweder auf dem Weg dorthin oder währenddessen besonderer Unterstützung bedürfen oder für die dieses Ziel aufgrund der Schwere der Behinderung mittel- bis langfristig unrealistisch ist. In § 35 SGB IX sind als besondere Einrichtungen der beruflichen Reha die **Berufsbildungswerke** (BBW) und **Berufsförderungswerke** (BFW) genannt. Die BBW sind überregionale Einrichtungen, die jungen Menschen, die aufgrund der Schwere der Behinderung keine klassische duale betriebliche Ausbildung machen können, eine berufliche Erstausbildung ermöglichen. Sie vereinen Wohngelegenheiten, Ausbildungsstätten und Berufsschule an einem Ort. Die BFW sind das Pendant für Erwachsene, die in der Regel bereits berufstätig waren (zu Details zu BBW und BFW s. die gleichnamigen Broschüren unter www.bmas.de). Um Konzepte innovativer Leistungserbringung zur Erreichung oder Erhaltung angemessener und geeigneter sozialversicherungspflichtiger Beschäftigungsverhältnisse zu fördern, wurde zu Ende 2008 in § 38a SGB IX die sog. **Unterstützte Beschäftigung** eingeführt, die sich in die individuelle betriebliche Qualifizierung (InBeQ) und die Berufsbegleitung unterteilt und die von Integrationsfachdiensten (s. §§ 109 ff. SGB IX) und anderen freien Träger im Auftrag des zuständigen Reha-Trägers erbracht wird. Die auf max. zwei Jahre angelegte InBeQ soll der Orientierung, Qualifizierung und Stabilisierung während betrieblicher Praktika dienen, während derer arbeitsuchende Menschen mit Behinderung durch sog. Jobcoaches oder Qualifizierungstrainer/-innen unterstützt werden. Die Berufsbegleitung kann *nach* Begründung eines sozialversicherungspflichtigen Beschäftigungsverhältnisses mit einer Wochenarbeitszeit von mindestens 15 Std. erbracht werden mit dem Ziel, das bestehende Arbeitsverhältnis durch Unterstützung sowohl der behinderten Arbeitnehmerin als auch der Arbeitgeberin dauerhaft zu sichern.

Werkstatt für behinderte Menschen — Behinderten Menschen, die einerseits wegen Art oder Schwere der Behinderung nicht, noch nicht oder noch nicht wieder auf dem allgemeinen Arbeitsmarkt beschäftigt werden können, die andererseits – nach Qualifizierung – aber wenigstens ein Mindestmaß wirtschaftlich verwertbarer Arbeitsleistung erbringen, haben einen Rechtsanspruch auf eine angemessene berufliche Bildung und eine entgeltliche Beschäftigung sowie auf Förderung ihrer Leistungs- oder Erwerbsfähigkeit und ihrer Persönlichkeit in einer Werkstatt für behinderte Menschen (WfbM, § 136 SGB IX). Die Details sind in den §§ 39 bis 43 SGB IX sowie in der dazu erlassenen Werkstattverordnung [WVO] geregelt, woraus sich ergibt, dass das fünfte Kapitel des SGB IX auch die berufliche Reha von Menschen mit Schwerbehinderungen umfasst, der zweite Teil des SGB IX (s. den Überblick in 5.5) also nicht ausschließliche, sondern nur zusätzliche Regelungen für diese Personengruppe umfasst.

Unterteilt sind die WfbM in das sog. Eingangsverfahren, den Berufsbildungs- und den Arbeitsbereich (§§ 40, 41 SGB IX). Im **Eingangsverfahren** wird während max. drei Monaten festgestellt, ob die WfbM eine geeignete Maßnahme ist und welche Kompetenzen und Neigungen der Leistungsberechtigte hat, und ggf. ein Eingliederungsplan erstellt. Im anschließenden **Berufsbildungsbereich** soll während einer ein- bis zweijährigen Phase die Person mit Behinderung dahingehend qualifiziert werden, dass ihre Arbeitsleistung ein wirtschaftlich verwertbares Mindestmaß erreicht. Dieses ist nicht näher definiert, aber die Betreffende muss geeignet sein, ggf. mit Unterstützung manuelle Fertigungen vorzunehmen, wie sie im Arbeitsbereich für die Kooperationspartner der jeweiligen WfbM aus Industrie und Gewerbe vorzunehmen sind. Der **Arbeitsbereich** dient der dauerhaften Beschäftigung von nicht auf dem ersten Arbeitsmarkt vermittelbaren Menschen, solange das Ziel der dauerhaften Integration in Arbeit theoretisch erreichbar ist. Nach 20 Jahren ununterbrochener Beschäftigung in einer WfbM haben betroffene Personen einen Anspruch auf eine Erwerbsminderungsrente (§ 43 Abs. 6 SGB VI); diese setzen Menschen mit Behinderung allerdings aufs Spiel, wenn sie sich zwischendurch und im Ergebnis erfolglos am ersten Arbeitsmarkt ausprobieren und dadurch die sog. rentenrechtliche Wartezeit unterbrechen. Die WfbM müssen über ein möglichst breites Angebot an Berufsbildungs- und Arbeitsplätzen einschließlich ausgelagerter Plätze auf dem allgemeinen Arbeitsmarkt verfügen (§ 136 Abs. 1 SGB IX). Einzelheiten zur Qualifikation des Personals und des begleitenden Dienstes sowie zum Personalschlüssel sind der WVO zu entnehmen. Menschen mit Behinderungen, die entweder das erforderliche Mindestmaß wirtschaftlich verwertbarer Arbeitsleistungen nicht erbringen oder die eine erhebliche Selbst- oder Fremdgefährdung darstellen, sollen in der WfbM angegliederten Einrichtungen oder Gruppen gefördert und beschäftigt werden, dem sog. **verlängerten Dach** der WfbM (§ 136 Abs. 3 SGB IX). Diese Maßnahme ist nicht mehr Bestandteil der beruflichen, sondern der sozialen Reha.

Obwohl laut §§ 5, 6 SGB IX sechs Reha-Träger für die berufliche Reha zuständig sein können, trifft dies in der Praxis vorwiegend für die **RV-Träger** (s. §§ 9 bis 32 SGB VI) und die **BA** (§§ 112 bis 135 SGB III) zu. Dabei sind die Rentenversicherungsträger für bereits langjährig Versicherte und andernfalls angehende Bezieher von Erwerbsminderungsrente zuständig (§ 11 Abs. 1 und 3 SGB VI), deren Erwerbsfähigkeit erheblich gefährdet oder bereits gemindert ist, um diese im Arbeitsleben zu halten und einen vorzeitigen Rentenbezug zu vermeiden. Bezüglich der Leistungen verweist § 16 SGB VI auf das fünfte Kapitel des SGB IX, zu beachten sind aber noch die **sonstigen Leistungen** in § 31 SGB VI. Die BA ist – nachrangig – sowohl für die berufliche Ersteingliederung behinderter Schulabgänger und Jugendlicher zuständig als auch für die Wiedereingliederung behinderter Erwachsener, die ihre bisherige berufliche Tätigkeit nicht mehr ausüben können. Voraussetzung für die Gewährung von Rehabilitationsleistungen ist allerdings, dass eine *wesentliche* Minderung der Aussicht zur Teilhabe am Arbeitsleben besteht (§ 19 Abs. 1 SGB III). Hinsichtlich der Leistungen sieht § 113 SGB III eine Zweistufigkeit vor: Vorrangig werden allgemeine Leistungen erbracht (§§ 115 ff. SGB III), wie sie auch Menschen ohne Behinderung bekommen können, allerdings mit Erleichterungen bezüglich der Voraussetzungen (§ 116 SGB III), z. B.

Zuständigkeit

müssen sie nicht arbeitslos i. S. d. § 16 SGB III sein. Wenn die allgemeinen Leistungen nicht ausreichen, sind die besonderen Leistungen nach §§ 117 ff. SGB III zu gewähren. Auch ohne ausdrücklichen Verweis sind hiermit die Leistungen des fünften Kapitels des SGB IX gemeint, zusätzlich die unterhaltssichernden und anderen ergänzenden Leistungen des sechsten Kapitels des SGB IX (§ 118 SGB III, s. 5.3.3). Handelt es sich bei den Leistungsberechtigten um materiell hilfebedürftige Personen i. S. d. § 7 Abs. 1 S. 1 SGB II, muss sich die BA gem. § 6a SGB IX mit dem **Jobcenter** abstimmen (s. 5.2). Eine Sonderzuständigkeit besteht für den **Arbeitsbereich der WfbM** gem. § 42 Abs. 2 SGB IX. Angesichts der Beschränkung der Zuständigkeit der dort in den Nrn. 1 bis 3 genannten Reha-Träger auf eine jeweils quantitativ kleine Personengruppe, sind die **Träger der Sozialhilfe** für diesen Bereich der beruflichen Reha trotz der Nachrangigkeit (§ 2 SGB XII) faktisch allein zuständig.

5.3.3 Unterhaltssichernde und andere ergänzende Leistungen

Ziele Unterhaltssichernde und andere ergänzende Leistungen sind **keine eigenständige Leistungsgruppe** neben den anderen, sondern kommen nur ergänzend zu Leistungen der medizinischen Reha oder der Teilhabe am Arbeitsleben in Betracht. Ziel dieser Leistungen ist es, die Durchführbarkeit der anderen Reha-Leistungen durch Geldleistungen für den Lebensunterhalt sowie die Übernahme ergänzender Kosten und den Erfolg durch körperliches Training abzusichern.

Unterhaltssicherung Zur Sicherung des Lebensunterhalts während einer Reha-Maßnahme sieht § 44 Abs. 1 Nr. 1 SGB IX als **Entgeltersatzleistung** Krankengeld, Versorgungskrankengeld, Verletztengeld und Übergangsgeld vor. Voraussetzungen, Inhalt und Umfang der Geldleistungen bestimmen sich nicht nach dem SGB IX, sondern nach den einzelnen SGB (vgl. § 7 S. 1 SGB IX); § 45 Abs. 1 und 2 SGB IX ist dabei zu entnehmen, welcher Reha-Träger welche dieser Leistungen erbringt. Im SGB IX ist nur das **Übergangsgeld** näher ausgestaltet, das wie Kranken-, Versorgungskranken- und Verletztengeld vorherige Erwerbstätigkeit voraussetzt und bezüglich der Höhe an das vorher erzielte Entgelt anknüpft (§§ 46 bis 52 SGB IX). Übergangsgeld wird einerseits nur nachrangig gegenüber anderem Einkommen und anderen Sozialleistungen zur Sicherung des Unterhalts gezahlt (§ 52 Abs. 1 SGB IX), andererseits wird es auch weiter gewährt, wenn nicht durchgehend an Reha-Maßnahmen teilgenommen werden kann oder bis zu drei Monate im Nachgang, wenn Arbeitslosigkeit ohne Anspruch auf Arbeitslosengeld besteht. Junge Menschen mit Behinderungen, die im Rahmen der beruflichen Reha erstmalig eine Qualifizierung erfahren, erhalten – in Ermangelung eines vorherigen Entgeltes, das zu ersetzen wäre – gem. § 45 Abs. 5 SGB IX entweder **Ausbildungsgeld** (§§ 122 ff. SGB III) oder **Unterhaltsbeihilfe** (§§ 26, 26a BVG).

Ergänzende Leistungen Ebenfalls der wirtschaftlichen und sozialen Absicherung dient die Übernahme der bzw. die Gewährung von Zuschüssen zu den Sozial- bzw. ggf. auch Privatversicherungsbeiträgen (§ 44 Abs. 1 Nr. 2, Abs. 2 SGB IX). Einzelheiten der Versicherungs- und Beitragspflichten sind nur den jeweiligen Leistungsgesetzen der entsprechenden Sozialleistungsträger zu entnehmen, die Regelungen in § 44 SGB IX gewähren *keinen* eigenständigen Rechtsanspruch. Anders sieht das aus beim **Reha-Sport** und dem **Funktionstraining**, auf die ein Rechtsanspruch besteht, wenn sie ärztlich verordnet sind. Beim Reha-Sport sollen durch bewegungstherapeutische Übungen in Gruppen die verschiedenen Elemente körperlicher Funktions- und Leistungsfähigkeit, aber auch das Selbstvertrauen gestärkt werden, insb. für Frauen und Mädchen mit Behinderungen in speziellen Selbstbehauptungskursen. Beim Funktionstraining wird in Gruppen vorwiegend mit Mitteln der Physio- und der Ergotherapie Einschränkungen insb. des Stütz- und Bewegungsapparates entgegengewirkt. Reha-Sport und Funktionstraining können als Ergänzung auch noch zeitlich *nach* einer medizinischen oder beruflichen Reha erbracht werden. Als weitere ergänzende Leistung ist schließlich die Übernahme von unmittelbaren bzw. mittelbaren Begleitkosten von Reha-Maßnahmen vorgesehen (§§ 53, 54 SGB IX). Unter unmittelbare Kosten fallen insoweit **Fahr-, Verpflegungs- und Übernachtungskosten** einschließlich derjenigen für eine erforderliche Begleitperson inkl. deren Verdienstausfall, aber auch für die Mitnahme von Kindern. Mittelbare Kosten sind **Kosten zur Betreuung von Kindern** bis zum 12. Lebensjahr während einer Reha-Maßnahmen, wenn die Betreuung nicht anderweitig sichergestellt ist (§ 54 SGB IX).

5.3.4 Teilhabe am Leben in der Gemeinschaft – Soziale Rehabilitation

Ziel der sozialen Reha ist es, die Teilhabe von Menschen mit Behinderungen am Leben in der Gesellschaft zu ermöglichen oder sie so weit wie möglich von Pflege unabhängig zu machen. Die Leistungen sollen alltagspraktische Grundbedürfnisse abdecken (helfen), damit Menschen mit Behinderungen auch jenseits des Settings „Arbeitswelt" ein möglichst selbstständiger und selbstbestimmter Teil der Gesellschaft sein können. Die in den §§ 55 bis 59 SGB IX genannten Leistungen werden gem. § 55 Abs. 1 SGB IX nur **nachrangig** gegenüber den anderen drei Leistungsgruppen erbracht. Soziale Reha wird also nur geleistet, wenn der bestehende Bedarf durch die anderen Leistungsgruppen nicht oder nicht ausreichend gedeckt wird.

Ziele

Der in § 55 Abs. 2 SGB IX enthaltene und wiederum offen ausgestaltete Leistungskatalog spricht mit Kommunikation, Mobilität, Wohnen, praktischer Alltagsbewältigung und gemeinschaftlicher und kultureller Partizipation verschiedene menschliche Grundbedürfnisse an. **Hilfsmittel** im Sinne der Nr. 1 sind solche Gegenstände zum Ausgleich von Behinderungen (z. B. spezielle Schreibmaschinen, Blindenführhunde), die ihrem konkreten Zweck nach (s. BSG 19.05.2009 – B 8 SO 32/07 R – SGb 2009, 475) nicht nur der medizinischen oder beruflichen Reha, sondern der gesamten Alltagsbewältigung dienen (s. auch § 9 EinglHV). So fällt auch die **Kraftfahrzeughilfe** darunter, wenn ein Kfz erforderlich und angemessen ist (s. § 8 EinglHV und KraftfahrzeughilfeV), um die erstrebte Teilhabe am Leben in der Gesellschaft zu erreichen (BSG 23.08.2013 – B 8 SO 24/11 R – info 2014, 42). **Heilpädagogische Leistungen** werden gem. § 56 SGB IX als Komplexleistung in Kombination mit Früherkennung und –förderung (s. 5.3.1) an schwerst- und

Leistungen

schwerstmehrfachbehinderte Kinder vor der Einschulung erbracht, um eine drohende Behinderung abzuwenden oder bestehenden Behinderungen entgegenzuwirken. Das **Training lebenspraktischer Fähigkeiten** kann alles umfassen, was insb. eingeschulten und erwachsenen behinderten Menschen hilft, ihren Alltag zu bewältigen, z. B. räumliche Orientierung, Mobilität im Verkehr, hauswirtschaftliche Grundkenntnisse, Körperpflege, Umgang mit anderen Menschen. Während § 55 Abs. 2 Nr. 4 SGB IX allgemein **Hilfen zur Förderung der Verständigung** mit der Umwelt vorsieht, konkretisiert § 57 SGB IX dies für Menschen mit Hör- und besonders starken Sprachbehinderungen, die aus besonderem Anlass der Hilfe anderer, z. B. eines Gebärdensprachendolmetschers, bedürfen, dahingehend, dass sie die erforderlichen Hilfen zur Verfügung gestellt oder die Aufwendungen hierfür erstattet bekommen. Da Sozialleistungsträger bereits nach § 17 Abs. 2 SGB I und § 19 Abs. 1 SGB X verpflichtet sind, auf eigene Kosten Verständigungshilfen zur Verfügung zu stellen, können mit dem „besonderen Anlass" nur private Anlässe gemeint sein, wie z. B. Elternabende oder Vertragsverhandlungen (Joussen in Dau 2009, § 57 Rn. 5). Die Nrn. 5 und 6 umfassen **Wohnhilfen** zum einen bezüglich der eigenen Häuslichkeit, zum anderen zum selbstbestimmten Wohnen in betreuten Wohnformen. U. a. diesbezüglich sorgt die UN-BRK für Diskussion und Kritik am sog. Mehrkostenvorbehalt des § 13 Abs. 1 S. 3 SGB XII, dem zufolge der Vorrang „ambulant vor stationär" nicht gelten soll, wenn eine Leistung für eine geeignete stationäre Einrichtung zumutbar und eine ambulante Leistung mit unverhältnismäßigen Mehrkosten verbunden ist. Denn Deutschland hat sich mit der Ratifikation zur Umsetzung des Art. 19 UN-BRK verpflichtet, behinderten Menschen die Entscheidungsfreiheit einzuräumen, mit wem und in welcher Wohnform sie leben möchten, und diese Freiheit durch den „Zugang zu einer Reihe von gemeindenahen Unterstützungsdiensten zu Hause und in Einrichtungen" abzusichern (s. Münning, NDV 2013, 148; SG Oldenburg 12.04.2013 – S 21 SO 15/08 – RdLH 2013, 192 m. Anm. Kroll). Die in Nr. 7 genannten **Hilfen zur Teilhabe am gemeinschaftlichen Leben** beinhalten gem. § 58 SGB IX vor allem (also nicht abschließend) Hilfen zur Förderung der Begegnung und des Umgangs mit nicht behinderten Menschen, z. B. auch durch Kommunikation via Internet (Bay LSG 16.05.2013 – L 18 SO 6/12 – SAR 2013, 98), Hilfen zum Besuch geselliger oder kultureller Veranstaltungen und Einrichtungen sowie die Bereitstellung von Informationsmedien über das Zeitgeschehen und kulturelle Ereignisse, wenn der Mensch mit Behinderungen wegen der Schwere der Behinderung nicht oder nicht ausreichend an außerhäusigen Angeboten teilnehmen kann.

Voraussetzungen   Dem Wortlaut des § 55 Abs. 1 SGB XI nach erhalten nur Menschen mit Behinderungen i. S. d. § 2 SGB IX Leistungen sozialer Reha, nicht aber auch von Behinderung bedrohte Menschen. Diese Einschränkung lässt sich schon angesichts der Ausgestaltung der Heilpädagogik nach § 56 SGB XI nicht halten, durch die u. a. eine drohende Behinderung abgewendet werden soll. Zudem steht sie im Widerspruch zu dem u. a. in §§ 3 und 8 SGB IX enthaltenen Grundsatz, dass Reha möglichst frühzeitig geleistet werden soll, um Eintritt, Verstetigung oder Verschlimmerung einer Beeinträchtigung möglichst effektiv entgegenzuwirken. Neben einer Behinderung ist Voraussetzung, dass Barrieren bezüglich der Teilhabe am Leben in der Gesellschaft und/oder bei der Fähigkeit zur Selbstversorgung bestehen und

Leistungen notwendig sind (s. auch § 4 SGB IX), um diese zu überwinden. Während bei der medizinischen und der beruflichen Reha das Ziel und damit die Voraussetzungen klar umrissen und nur die Leistungen aufgrund der erforderlichen Einzelfalllösung nicht eindeutig bestimmt sind, verhält es sich bei der sozialen Reha anders. Denn was Teilhabe am Leben in der Gesellschaft ist, ist nicht objektiv definierbar, sondern hängt sehr stark von **individuellen Bedürfnissen** und persönlichen Präferenzen ab (BSG 12.12.2013 – B 8 SO 18/12 R – SGb 2014, 86). Somit ist einerseits schon auf der Seite der Tatbestandsvoraussetzungen Raum für die Berücksichtigung individueller Belange, andererseits macht es die Möglichkeiten für die einzelnen Leistungsberechtigten noch weniger konkret. Eine **deutliche Einschränkung** für Leistungen der sozialen Reha erfolgt durch das SGB XII (s. u. Zuständigkeit), dem nach wie vor wichtigsten Leistungsgesetz für Menschen mit Behinderungen, denn nach § 53 SGB XII, der die sog. **Eingliederungshilfe** beinhaltet (s. III-4.2.4.2), haben zum einen nur Menschen mit Behinderungen einen Rechtsanspruch auf diese Leistungen, die *wesentlich* in ihrer Teilhabefähigkeit eingeschränkt sind (s. dazu §§ 1 bis 3 EinglHV), während die Leistungen für Personen mit anderen Behinderungen im Ermessen des Sozialhilfeträgers stehen. Zudem sind Sozialhilfeleistungen generell **bedürftigkeitsabhängig** (§ 2 Abs. 1 SGB XII), sodass Leistungen der sozialen Reha nur erbracht werden, wenn und soweit der Einsatz eigenen Einkommens und Vermögens nicht zumutbar ist (§§ 85 ff. SGB XII; s. 4.2.5).

Gemäß §§ 5 Nr. 4, 6 SGB IX kommen sowohl die gesetzlichen Unfallversicherungsträger, die Versorgungsämter, die Träger der Kinder- und Jugendhilfe sowie diejenigen der Sozialhilfe als Träger der sozialen Reha in Betracht. Aufgrund der beschränken Zuständigkeit der drei erstgenannten Reha-Träger für eine jeweils quantitativ kleine Personengruppe sind die **Träger der Sozialhilfe** für die soziale Reha trotz der Nachrangigkeit auch gegenüber anderen Sozialleistungen (§ 2 SGB XII) faktisch allein zuständig. Die Eingliederungshilfe nach dem SGB XII umfasst neben der sozialen Reha zwar auch Leistungen der medizinischen und beruflichen Reha (s. § 54 Abs. 1 SGB XII); von denen aber neben der sozialen Reha nur die Leistungen im Arbeitsbereich der WfbM (s. 5.3.2) relevant sind. Für diese Leistungen wendeten die Sozialhilfeträger im Jahr 2011 mit 14,4 Mrd. € fast die Hälfte aller Reha-Ausgaben (29,7 Mrd. € insgesamt) auf (BAR Reha-Info 1/2013).

Zuständigkeiten

5.4 Ausführung von Leistungen – das Persönliche Budget

Das zweite Kapitel des ersten Teils des SGB IX macht den Reha-Trägern Vorgaben bezüglich der Ausführung der Leistungen zur Teilhabe. So tragen sie gemeinsam gem. § 19 SGB IX die Verantwortung dafür, dass in ausreichender Zahl und Qualität ambulante Reha-Dienste und stationäre Reha-Einrichtungen sowie **familienentlastende und -unterstützende Dienste** vorhanden sind und Kinder mit (drohenden) Behinderungen vorzugsweise gemeinsam mit nicht behinderten Kindern betreut werden. Bezüglich der **Qualität** haben die Reha-Träger entsprechende

Einrichtungen und Dienste

Standards bezüglich der Leistungserbringung festzulegen (§ 20 SGB IX, s. „GE Qualitätssicherung", www.bar-frankfurt.de) und u. a. diese zum Gegenstand der mit den Leistungserbringern zu schließenden **Vereinbarungen** zu machen (§ 21 SGB IX).

Persönliches Budget Eine spezielle Form der Leistungserbringung, das sog. Persönliche Budget, sieht § 17 Abs. 2 SGB IX vor (vgl. auch III-4.2.4.2). Ursprünglich richtete sich auch diese Norm nur an die Reha-Träger und eröffnete ihnen die Möglichkeit („kann"), die erforderlichen Reha-Leistungen auf Antrag nicht als Dienst- oder Sachleistung zu gewähren, sondern in Form eines **finanziellen Budgets**, mit dem sich die Leistungsberechtigte ihre Leistungen eigenverantwortlich und selbstbestimmt beschaffen kann. Nach Abschluss eines entsprechenden Modellversuchs (s. § 17 Abs. 5 und 6 SGB IX) ist die bloße Möglichkeit in § 159 Abs. 5 SGB IX zu einem konkret einklagbaren **Rechtsanspruch** verstärkt worden, wenn auch in nicht besonders transparenter Weise.

Die Leistungsberechtigte hat seitdem ein **Wahlrecht**, ob und ggf. für welchen Teil der ihr zustehenden Reha-Leistungen sie ein Persönliches Budget in Anspruch nehmen möchte, um sich die Leistungen selbst zu beschaffen. Sind Leistungen mehrerer Reha-Träger betroffen, wird das Persönliche Budget als **trägerübergreifende Komplexleistung** im Auftrag und im Namen durch den nach § 14 SGB IX zuständigen Träger erbracht (§ 17 Abs. 2 S. 3, Abs. 4 SGB IX; s. 5.2.2). Budgetfähig sind dabei auch die Leistungen der Pflegekassen (§ 17 Abs. 2 S. 4 SGB IX, § 35a SGB XI) und auch sonstige Leistungen der gesetzlichen Krankenkassen (§ 2 Budgetverordnung [BudgetV]), obwohl es sich dabei nach der Konzeption des Gesetzgebers überhaupt nicht um Reha-Leistungen handelt (vgl. § 5 **Budgetverordnung** SGB IX). Das Persönliche Budget wird als monatlich laufende Geldleistung gewährt – Gutscheine sind nur in begründeten Ausnahmefällen zulässig –, deren Höhe die Kosten der andernfalls zu erbringenden Dienst- oder Sachleistung nicht übersteigen soll (§ 17 Abs. 3 SGB IX). Die Details zum Persönlichen Budget sind auf der Grundlage von § 21a SGB IX in der **BudgetV** geregelt. Danach hat der nach § 14 SGB IX zuständige Träger ggf. von den anderen beteiligten Reha-Trägern Stellungnahmen insb. bezüglich des Bedarfes, der Höhe des jeweiligen Teilbudgets und des bestehenden Beratungs- und Unterstützungsbedarfes einzuholen, die binnen zweier Wochen abzugeben sind (§ 3 Abs. 1 BudgetV). In einer **Budget-** **Zielvereinbarung** **konferenz** werden die Ergebnisse dieser Stellungnahmen mit der Antragstellerin, die dabei einen Beistand mitnehmen kann (§ 3 Abs. 3 S. 2 SGB IX), beraten und eine **Zielvereinbarung** abgeschlossen (§ 3 Abs. 3, 4 BudgetV). In dieser werden zumindest die individuellen Förder- und Leistungsziele vereinbart, die mit dem Budget erreicht werden sollen, sowie die Art und Weise des Nachweises der Zielerreichung sowie die Qualitätssicherung. Nach Abschluss der Zielvereinbarung legen die einzelnen Reha-Träger ihre Teilbudgets fest und der zuständige Träger fasst diese in einem **Verwaltungsakt** zusammen. Die Zielvereinbarung wird für die Dauer der Bewilligung der Leistungen des Persönlichen Budgets ab- **Mindestdauer und** geschlossen (§ 4 Abs. 5 BudgetV). Die Leistungsberechtigte ist für die **Dauer** von **Kündigung** sechs Monaten an die Entscheidung gebunden (§ 17 Abs. 2 S. 5 SGB IX), unter bestimmten Voraussetzungen hat sie jedoch die Möglichkeit, das Persönliche

Budget **vorzeitig zu kündigen**. Ist ihr die Fortsetzung unzumutbar, z. B. aus Gründen der persönlichen Lebenssituation (Verschlimmerung einer Erkrankung, Änderungen im persönlichen Umfeld), ist die Zielvereinbarung gem. § 4 Abs. 2 BudgetV jederzeit mit sofortiger Wirkung kündbar, der parallele Verwaltungsakt ist dann aufzuheben.

Das Persönliche Budget ist neben dem Wahlrecht nach § 9 Abs. 2 SGB IX und der ersatzweisen Selbstbeschaffung nach § 15 (s. 5.1 und 5.2.2) eine und zugleich die am weitesten gehende Form, um die Selbstbestimmung von Menschen mit Behinderung zu fördern. Damit entscheidet die betroffene Person selbst über die gewünschte Hilfe und die Form ihrer Ausgestaltung. Gleichwohl wird das Persönliche Budget bis heute nur von wenigen Leistungsberechtigten in Anspruch genommen. Neben reiner Unkenntnis von dieser Möglichkeit dürften dafür der zusätzliche Aufwand des sich Kümmern-Müssens und der Umstand wesentlich sein, dass das Persönliche Budget der Höhe nach gedeckelt sein soll auf die ansonsten notwendigen Sach- und Dienstleistungen (§ 17 Abs. 3 S. 4 SGB IX), die Budgetnehmer somit um die Aufnahme zusätzlicher Regiekosten zur Verwaltung des Budgets streiten müssen. Ohne diese läuft der Rechtsanspruch auf das Persönliche Budget jedoch ins Leere, wenn weder die Budgetnehmerin noch Personen aus ihrem Umfeld die Verwaltung des Budgets selbst leisten können.

5.5 Schwerbehindertenrecht

Die besonderen Belange schwerbehinderter Menschen werden im zweiten Teil des SGB IX geregelt. Vor Inkrafttreten des SGB IX war hierfür das Schwerbehindertengesetz einschlägig, das aufgehoben und in das SGB IX integriert wurde. Menschen sind gem. § 2 Abs. 2 SGB IX schwerbehindert, wenn der Grad ihrer Behinderung (GdB) wenigstens 50 % beträgt und sie in der Bundesrepublik wohnen, hier ihren gewöhnlichen Aufenthalt haben oder hier beschäftigt sind. Gleichgestellt sind ihnen Menschen mit Behinderungen mit einem GdB von mindestens 30 %, wenn diese infolge der Behinderung keinen geeigneten Arbeitsplatz finden. Der GdB wird dabei auf der Grundlage der Versorgungsmedizin-Verordnung (VersMedV) ermittelt, die Grundsätze für die medizinische Bewertung von Funktionsbeeinträchtigungen aufstellt. In einer Anlage (s. § 2 VersMedV) sind neben Grundsätzen in einer Tabelle Körperfunktionen aufgeführt und Einschränkungen – je nach Schweregrad – mit einem GdB hinterlegt. Liegen mehrere Beeinträchtigungen vor, werden die einzelnen GdB-Werte nicht einfach addiert, sondern es wird ausgehend von der gravierendsten Beeinträchtigung ein Gesamt-GdB unter Berücksichtigung der wechselseitigen Auswirkungen der Beeinträchtigungen in ihrer Gesamtheit festgestellt. Einzelheiten zum Schwerbehindertenausweis (§ 69 SGB IX) regelt die Schwerbehindertenausweisverordnung (SchwbAwV).

Schwerbehinderung

Der zweite Teil des SGB IX enthält ein weites Spektrum von Vorschriften, die überwiegend die Teilhabe von Menschen mit Schwerbehinderungen am Arbeitsleben zum Gegenstand haben. So ist dort u. a. in §§ 71 ff. SGB IX die **Beschäftigungspflicht der Arbeitgeber** (s. auch § 122 SGB IX) sowie die ggf. ersatzweise zu leistende **Ausgleichsabgabe** geregelt, der **besondere Kündigungsschutz** von

Besondere Hilfen

Menschen mit Schwerbehinderungen in §§ 85 ff. SGB IX, die Schwerbehindertenvertretung nach §§ 93 ff. SGB IX, **Integrationsprojekte** (§§ 132 ff. SGB IX) und **Werkstätten für behinderte Menschen** (§§ 136 ff. SGB IX, 5.3.2). Am Ende finden sich in den §§ 145 ff. SGB IX Regelungen zur unentgeltlichen Beförderung von Menschen mit Schwerbehinderungen im öffentlichen Personenverkehr.

Verlust der Hilfen

Sinkt der GdB unter 50 % bzw. unter 30 % bei gleichgestellten behinderten Menschen, sind die Regelung des Schwerbehindertenrechts gem. § 116 SGB IX nicht weiter anzuwenden. Gibt ein schwerbehinderter Mensch ohne berechtigten Grund einen zumutbaren Arbeitsplatz auf oder verweigert er die Teilnahme an einer Maßnahme der beruflichen Reha, werden ihm nach einer Anhörung gem. § 117 SGB IX die besonderen Hilfen für eine Frist von längstens sechs Monaten entzogen.

Zuständigkeiten

Die besonderen Hilfen des Schwerbehindertenrechts werden von den **Integrationsämtern** durchgeführt (§ 102 SGB IX), welche eng mit den Reha-Trägern nach § 6 SGB IX, insb. der BA kooperieren (§§ 101, 102 Abs. 2 SGB IX, www.integrationsaemter.de). Einige Aufgaben der Integrationsämter stehen unter dem Vorbehalt, dass insoweit genügend Mittel aus der Ausgleichsabgabe der Arbeitgeber (§ 77 SGB IX) zur Verfügung stehen, wie z. B. die Arbeitsassistenz nach § 33 Abs. 8 S. 1 Nr. 3 SGB IX oder die Unterstützte Beschäftigung nach § 38a SGB IX (§ 102 Abs. 3a, Abs. 4 SGB IX). Die Integrationsämter können **Integrationsfachdienste** einschließlich psychosozialer Dienste frei-gemeinnütziger Einrichtungen und Organisationen i. S. d. §§ 109 ff. SGB IX an der Durchführung der Aufgaben beteiligen (§ 102 Abs. 2 S. 5 SGB IX).

http://www.integrationsaemter.de

Kokemoor 2013, Bundesministerium für Arbeit und Soziales 2013b; 2013d

1. Warum ist das SGB IX kein Leistungsgesetz, sondern nur ein Leistungsausführungsgesetz? (Einführung 5)
2. Was ist unter einem Mitdenkgebot bezüglich der Reha-Träger zu verstehen? (5.1)
3. Wodurch ist sichergestellt, dass die Antragstellerin zeitnah eine inhaltliche Entscheidung über ihren Antrag von einem Reha-Träger erhält? Wie lange darf das maximal dauern? (5.2.2)
4. Welche Voraussetzungen müssen für eine medizinische Rehabilitation erfüllt sein? (5.3.1)
5. Was ist unter einer „Komplexleistung" zu verstehen? (5.3.1 und 5.4)
6. Welche Bereiche werden bei Werkstätten für behinderte Menschen unterschieden und was ist unter deren „verlängertem Dach" zu verstehen? (5.3.2)
7. Welche Rehabilitationsträger sind für die Leistungen zur Teilhabe von Menschen mit Behinderungen am Leben in der Gemeinschaft zuständig? (5.2.1 bzw. 5.3.4)
8. Besteht ein Rechtsanspruch auf ein Persönliches Budget i. S. d. § 17 Abs. 2 SGB IX und wenn ja, woraus ergibt sich das? (5.4)

6 Sonstiges Sozialrecht (Tammen)

6.1 Leistungen für Familien
6.2 Ausbildungsförderung
6.3 Wohnzuschuss
6.4 Opferentschädigung

Das Sozialrecht ist ein umfangreiches Rechtsgebiet, das eine Fülle von Gesetzen enthält, die die unterschiedlichsten Lebensbereiche betreffen und die ausweislich der in § 68 SGB I genannten Gesetze auch noch deutlich über die in den zwölf Büchern des Sozialgesetzbuches geregelten Bereiche hinausgehen. An dieser Stelle soll ein kurzer Überblick über die Bereiche des Sozialrechts erfolgen, die von besonderer praktischer Relevanz für die Soziale Arbeit sind.

6.1 Leistungen für Familien

Von besonderer Bedeutung sind zunächst Sozialleistungen, die im Zusammenhang mit Kindern erbracht werden. Die Maßnahmen zur Unterstützung von Familien und Leistungen für Kinder sollen nicht zuletzt die Nachteile ausgleichen, die eine Entscheidung für ein Leben mit Kindern gegenüber einer Lebensplanung ohne Kinder haben kann.

Das Sozialrecht berücksichtigt in vielen Bereichen Familienstand und Kinder. So sind die Entgeltersatzleistungen für **Arbeitslose** mit Kindern höher als für Personen ohne Kinder (vgl. III-2.5.3). In der gesetzlichen **Kranken- und Pflegeversicherung** sind Kinder als Familienangehörige einer pflichtversicherten Person ohne eigene Beiträge familienversichert (vgl. III-2.1 und III-2.2), in der Pflegeversicherung ist der Beitragssatz kinderloser Versicherter höher (§ 55 Abs. 2 SGB XI). In der gesetzlichen **Rentenversicherung** werden Zeiten der Kindererziehung für die Rente angerechnet, wobei seit 2014 durch die sog. Mütterrente eine verstärkte Berücksichtigung dieser Zeiten erfolgt (vgl. III-2.3). In besonderer Weise unterstützen auch die Leistungen der **Kinder- und Jugendhilfe** Minderjährige und Familien (vgl. III-3).

Die Unterstützung beginnt durch die Regelungen des Mutterschutzes bereits vor der Geburt des Kindes. Alle Frauen, die in einem Arbeitsverhältnis stehen, genießen während der Schwangerschaft und im Anschluss an die Geburt einen besonderen Schutz. Dieser betrifft Leben und Gesundheit von Frau und Kind, den Erhalt des Arbeitsplatzes und die Einkommenssicherung. Für die werdende Mutter gelten im Rahmen des Mutterschutzgesetzes (MuSchG) zahlreiche **Schutzvorschriften**, die eine Gefährdung durch Beschäftigungen ausschließen, durch die Gesundheit oder Leben der Frau oder des ungeborenen Kindes beeinträchtigt werden könnten. So dürfen werdende Mütter nicht beschäftigt werden, soweit nach ärztli-

Mutterschutz

chem Zeugnis Leben oder Gesundheit von Mutter oder Kind bei Fortdauer der Beschäftigung gefährdet ist. Untersagt ist auch die Beschäftigung in Akkordarbeit (§ 3 MuSchG). Es bestehen darüber hinaus z. B. **Beschäftigungsverbote** für Tätigkeiten, die mit dem Heben schwerer Lasten verbunden sind, für Arbeiten, die mit häufigem erheblichem Strecken oder Beugen einhergehen, für solche, die mit schädlichen Einwirkungen durch gesundheitsgefährdende Stoffe verbunden sind und nach dem Ablauf des dritten Schwangerschaftsmonats zudem für die Beschäftigung auf Beförderungsmitteln sowie nach Ablauf des fünften Monats für Arbeiten, die mit ständigem Stehen verbunden sind (§ 4 MuSchG). Verrichtet jedoch die schwangere Frau im Rahmen ihres Beschäftigungsverhältnisses Tätigkeiten trotz eines entgegenstehenden Beschäftigungsverbots, so entfällt damit nicht ihr Anspruch auf das entsprechende Arbeitsentgelt, da die gesundheitliche Gefährdung, die das MuSchG verhindern soll, durch die Arbeit entsteht und nicht durch deren Vergütung (LG B-W 27.01.2012 – 12 Sa 46/11). Die Verpflichtung der Arbeitgeber zum Schutz der Mütter am Arbeitsplatz ergibt sich ergänzend aus der Mutterschutzrichtlinienverordnung vom 15.04.1997. Besondere Schutzvorschriften bestehen zudem nach der Geburt für stillende Mütter (§§ 7, 8 MuSchG).

Die **Mutterschutzfrist** beginnt im Regelfall sechs Wochen vor dem berechneten Geburtstermin und endet acht Wochen, bei Frühgeburten und Mehrlingsgeburten zwölf Wochen nach der Entbindung (§§ 3, 6 MuSchG). Während dieser Zeit gilt ein Beschäftigungsverbot für die Frau. Während der sechs Wochen vor der Entbindung kann sie allerdings ihrer Tätigkeit auf eigenen Wunsch weiterhin nachgehen. Das Beschäftigungsverbot während der Schutzfrist nach der Entbindung ist dagegen zwingend. Nur bei Tod des Kindes kann die Frau schon vorzeitig wieder beschäftigt werden, wenn sie dies ausdrücklich verlangt (§ 6 MuSchG). Bei Frühgeburten verlängert sich die Mutterschutzfrist nach der Geburt um die Tage, die vor der Entbindung nicht in Anspruch genommen werden konnten.

In den meisten Fällen umfasst der Mutterschutz auch den Schutz vor einer Minderung des Einkommens. Für den Fall eines Beschäftigungsverbots aus schwangerschaftsbedingten Gründen erhält die werdende Mutter ihren bisherigen Durchschnittsverdienst (Mutterschutzlohn, § 11 MuSchG). Während der Mutterschutzfristen vor und nach der Geburt und für den Entbindungstag erhalten Frauen, die bei Arbeitsunfähigkeit Anspruch auf Krankengeld haben oder denen wegen der Mutterschutzfristen kein Arbeitsentgelt gezahlt wird, **Mutterschaftsgeld** von der Krankenkasse in Höhe von maximal 13 € pro Tag (§ 13 MuSchG, § 24i SGB V) und einen Arbeitgeberzuschuss in Höhe der Differenz zwischen diesem Betrag und ihrem durchschnittlichen Arbeitsentgelt (§ 14 MuSchG). Arbeitgeber erhalten im Mutterschaftsfall von der gesetzlichen Krankenkasse 100 % der wesentlichen Arbeitgeberkosten erstattet (sog. U2-Erstattung).

Darüber hinaus schützt das MuSchG die schwangere Frau und die Mutter grundsätzlich vor einer **Kündigung** ihres Arbeitsverhältnisses. Nach § 9 Abs. 1 MuSchG ist die Kündigung gegenüber einer Frau während der Schwangerschaft und bis zum Ablauf von vier Monaten nach der Entbindung grundsätzlich unzulässig, sofern der Arbeitgeberin oder dem Arbeitgeber die Schwangerschaft bzw. Entbindung bekannt ist oder innerhalb von zwei Wochen nach der Kündigung bekannt wird. Versäumt die schwangere Frau diese Frist aus einem Grund, den sie nicht zu vertreten hat, etwa weil ihr selbst die Schwangerschaft noch gar nicht bekannt ist, ist es ausreichend, wenn sie die Mitteilung unverzüglich nachholt. Bei der Auslegung des Begriffs „unverzüglich" sind dabei stets alle Umstände des Einzelfalls zu berücksichtigen (LAG Hamm 17.10.2006 – 9 Sa 1503/05: Zugang der Mitteilung 13 Tage nach Kenntnis der Schwangerschaft durch die Schwangere ist noch unverzüglich). Ausnahmsweise ist eine Kündigung bei Vorliegen besonderer Gründe möglich, die aber nicht mit der Schwangerschaft im Zusammenhang stehen dürfen (§ 9 Abs. 3 MuSchG). Bei der Einschätzung, ob ein besonderer Fall i. S. d. Abs. 3 vorliegt, ist darauf abzustellen, ob „eine wesens- und sinngerechte Fortsetzung der Rechtsbeziehungen" überhaupt noch möglich ist (Buchner/Becker 2008, § 9 Rz. 223). Ein derartiger Ausnahmefall kann etwa bei Insolvenz oder bei der teilweisen Stilllegung des Betriebes bestehen, wenn nicht die Möglichkeit besteht, die Betroffene auf einen anderen Arbeitsplatz umzusetzen. Auch eine besonders schwere Pflichtverletzung durch die Schwangere kann im Einzelfall ausnahmsweise zu einer Kündigung berechtigen (VGH Bay 29.02.2012 – 12 C 12.264: Nicht ausreichend ist ein diffamierendes Posting im privaten Bereich von Facebook). In jedem Fall bedarf die Kündigung jedoch der Zustimmung der Aufsichtsbehörde (§ 9 Abs. 3 MuSchG).

Nach der Geburt des Kindes besteht in aller Regel ein Anspruch auf Kindergeld. **Kindergeld** Für den weitaus größten Teil der Bevölkerung wird das Kindergeld auf der Grundlage des zehnten Abschnitts des Einkommensteuergesetzes (§§ 62 ff. EStG) gezahlt. Daneben berücksichtigt das Steuerrecht besondere Belastungen durch Kinder in zusätzlichen Einzelregelungen. Voraussetzung für einen Anspruch auf Kindergeld nach dem EStG ist, dass die berechtigte Person in der Bundesrepublik unbeschränkt steuerpflichtig ist (§ 62 EStG). Für die Gewährung von Kindergeld können neben den eigenen Kindern auch Stiefkinder, Enkel und Pflegekinder berücksichtigt werden (§ 63 EStG). Das Kindergeld wird grundsätzlich nicht an das Kind selbst, sondern für das Kind an eine sog. kindergeldberechtigte Person gezahlt. Dies ist in der Regel ein Elternteil, bei dem das Kind lebt. Eine Ausnahme gilt für Vollwaisen und für Kinder, die den Aufenthalt ihrer Eltern nicht kennen und für die keine andere Person Kindergeld erhält. Hier ist das Kind selbst anspruchsberechtigt nach § 1 Abs. 2 BKGG. Wird die Unterhaltspflicht durch die kindergeldberechtigte Person verletzt, kann das Kindergeld zudem nach § 74 EStG sowie § 48 SGB I an das Kind ausgezahlt werden.

Die **Höhe** des Kindergeldes beträgt monatlich für das erste und zweite Kind jeweils 184 €, für das dritte Kind 190 € und für das vierte und jedes weitere Kind je 215 € (§ 66 EStG, Stand 2014). Das älteste Kind ist jeweils das erste, jedoch werden nur die Kinder mitgezählt, für die Kindergeld gewährt wird (sog. Zählkinder). Dabei muss das Kindergeld nicht an dieselbe berechtigte Person gezahlt werden. Außerdem werden auch Kinder berücksichtigt, für die kindergeldähnliche Leistungen erbracht werden. Wird für das erste Kind etwa wegen Erreichens der Altersgrenze kein Kindergeld mehr gezahlt, rücken die anderen Kinder auf. Dadurch vermindert sich z. B. das Kindergeld für das vierte Kind, das nun zum dritten Kind wird.

Das Kindergeld wird nur bis zum Erreichen bestimmter **Altersgrenzen** des Kindes gezahlt (§ 32 EStG). Ohne besondere Voraussetzungen erfolgt die Leistung bis zur Vollendung des 18. Lebensjahrs. Vom vollendeten 18. bis zum vollendeten 21. Lebensjahr wird ein Kind berücksichtigt, das nicht in einem Beschäftigungsverhältnis steht und bei der Agentur für Arbeit als arbeitsuchend gemeldet ist. Bis zur Vollendung des 25. Lebensjahrs wird Kindergeld im Wesentlichen dann geleistet, wenn das Kind sich in Ausbildung oder in einem Übergangszeitraum von höchstens vier Monaten zwischen zwei Ausbildungsabschnitten befindet, keinen Ausbildungsplatz findet oder ein freiwilliges soziales oder ökologisches Jahr bzw. einen Freiwilligendienst absolviert. Die Altersgrenze erhöht sich ggf. um die Zeit eines Wehr- oder Zivildienstes. Der Kindergeldanspruch besteht unabhängig vom eigenen Einkommen des Kindes. Die ursprüngliche Regelung, nach der ab Vollendung des 18. Lebensjahres nur dann Kindergeld gezahlt wurde, wenn das Kind keine höheren Einkünfte als 8.004 € im Jahr hatte, gilt seit Beginn des Jahres 2012 nicht mehr. Ist das Kind aufgrund einer vor Vollendung des 25. Lebensjahres festgestellten körperlichen, geistigen oder seelischen Behinderung außerstande, sich selbst zu unterhalten, so wird das Kindergeld zeitlich unbegrenzt geleistet (§ 32 Abs. 3 Nr. 3 EStG). Ein Anspruch auf Kindergeld für verheiratete oder in eingetragener Lebenspartnerschaft lebende Kinder besteht nur, wenn die Partnerin oder der Partner des Kindes dessen Unterhalt nicht sicherstellen kann.

Personen, die nicht unbeschränkt steuerpflichtig sind, erhalten unter bestimmten Voraussetzungen Kindergeld nach dem Bundeskindergeldgesetz (BKGG).

Der **Antrag** auf Kindergeld ist i. d. R. an die Familienkasse zu richten, die bei der Bundesagentur für Arbeit eingerichtet ist.

Kinderzuschlag

Während das Kindergeld einkommensunabhängig erbracht wird, kommt nach § 6a Bundeskindergeldgesetz (BKGG) mit dem Kinderzuschlag auch eine einkommens- und vermögensabhängige Leistung infrage. Die Leistung richtet sich an Personen, die zwar ihren eigenen Lebensunterhalt aus eigenen Kräften und Mitteln bestreiten können, nicht aber den ihrer Kinder. Durch den Zuschlag soll verhindert werden, dass die Familie allein wegen der Kinder auf Leistungen nach dem SGB II oder SGB XII angewiesen ist. Die Regelungen wurden im Jahr 2008 geändert, um einen größeren Personenkreis in die Leistung einzubeziehen. In dem Zusammenhang wurde auch eine Wahlmöglichkeit für Personen eingeführt, die Anspruch auf den Kinderzuschlag haben, bei Inanspruchnahme von Leistungen nach dem SGB II aber einen Mehrbedarf (vgl. III-4) geltend machen könnten. Diese können sich nun anstelle des Kinderzuschlags für die Leistungen nach dem SGB II entscheiden.

Für den Anspruch auf Kinderzuschlag werden die Kinder berücksichtigt, die mit der berechtigten Person in einem Haushalt leben, das 25. Lebensjahr noch nicht vollendet haben und für die die berechtigte Person auch Kindergeld erhält. Voraussetzung für den Bezug ist, dass das Einkommen der Eltern, bei denen das Kind lebt, innerhalb eines bestimmten Rahmens liegt (§ 6a Abs. 1 BKGG; anschauliche Berechnungsbeispiele unter http://www.arbeitsagentur.de/zentraler-Content/Veroeffentlichungen/Merkblatt-Sammlung/Merkblatt-Kinderzuschlag.pdf). Zunächst muss das Einkommen eine gesetzlich festgelegte Einkommensgrenze überschreiten. Die Eltern müssen hierzu ein gemeinsames **Mindesteinkommen** von derzeit (2014) 900 € monatlich haben. Bei Alleinerziehenden liegt der Betrag bei 600 €. Andererseits darf auch eine **Höchsteinkommensgrenze** nicht überschritten werden. Das Einkommen und Vermögen muss so gering sein, dass ohne Leistung des Kinderzuschlags Hilfebedürftigkeit i. S. d. § 9 SGB II (vgl. III-4.1.6) bestünde. Die Grenze ist im Einzelfall anhand der Bedarfe nach dem SGB II zu ermitteln, wobei jedoch Mehrbedarfe nicht berücksichtigt werden, um den Zugang zum Kinderzuschlag zu erleichtern. Die Unterkunftskosten sind in tatsächlicher Höhe zu berücksichtigen und nicht nur im Rahmen der Angemessenheit i. S. d. § 22 SGB II (s. III-4.1.6). Dies folgt daraus, dass durch den Kinderzuschlag Hilfebedürftigkeit und damit Anwendbarkeit des SGB II gerade vermieden werden soll und es sich daher verbietet, die auf hilfebedürftige Personen i. S. d. SGB II bezogenen Angemessenheitsmaßstäbe im Rahmen des Kinderzuschlags anzusetzen (BSG 14.03.2012 – B 14 KG 1/11 R). Abweichend von der Zuordnung der Unterkunftskosten auf die einzelnen im Haushalt lebenden Personen im SGB II, die grundsätzlich nach der Kopfzahl erfolgt, sind die Bedarfe für Unterkunft und Heizung hier in dem Verhältnis aufzuteilen, das sich aus den im jeweils letzten Bericht der Bundesregierung über die Höhe des Existenzminimums von Erwachsenen und Kindern festgestellten entsprechenden Bedarfen für Alleinstehende, Ehepaare und Kinder ergibt (§ 6a Abs. 4 BKGG). Es ergibt sich derzeit (2014) die aus Übersicht 53 ersichtliche prozentuale Aufteilung.

Übersicht 53: Aufteilung der Bedarfe für Unterkunft und Heizung nach § 6a Abs. 4 S. 2 BKGG

Anzahl der Kinder	Anteil des Elternpaars an den Kosten von Unterkunft und Heizung	Anteil eines alleinerziehenden Elternteils an den Kosten von Unterkunft und Heizung
1	83,30 %	76,69 %
2	71,38 %	62,20 %
3	62,45 %	52,31 %
4	55,50 %	45,13 %
5	39,69 %	39,69 %

Liegt nach dieser Bedarfsberechnung die Voraussetzung vor, dass ohne Leistung des Kinderzuschlags Hilfebedürftigkeit i. S. d. SGB II vorläge, mit dem Kinderzuschlag und ggf. Wohngeld der Bedarf jedoch gedeckt wäre, so ist ein Anspruch auf Kinderzuschlag dem Grunde nach gegeben. Die Höhe beträgt bis zu 140 € pro Kind (Stand 2014). Um die konkrete Höhe im Einzelfall zu ermitteln, werden von diesem Betrag zunächst Einkommen und Vermögen des betreffenden Kindes abgezogen. Ziel der Leistung ist es, den Bedarf des Kindes aus dem Kinderzuschlag, dem Kindergeld und dem anteiligen Wohngeld für das Kind zu decken. Insofern bleiben bei der Anrechnung vom Einkommen des Kindes das Kindergeld und das Wohngeld unberücksichtigt. Sonstiges Einkommen und Vermögen des Kindes ist allerdings bedarfsmindernd anzurechnen. Bekommt das Kind also z. B. Unterhalt in Höhe von 150 € monatlich, so liegt dieses Einkommen über der Höhe des Kinderzuschlags mit der Folge, dass im konkreten Fall kein Anspruch besteht. Bleibt es hingegen nach dieser Berechnung noch bei einem Anspruch auf Kinderzuschlag, so wird der betreffende Betrag in einem weiteren Schritt durch das die Bemessungsgrenze übersteigende Einkommen und Vermögen der Eltern bzw. des Elternteils und ggf. seiner Partnerin oder seines Partners vermindert. Dabei bleiben hier ggf. 50 % des Einkommens aus Erwerbstätigkeit unberücksichtigt (§ 6a Abs. 4 BKGG), um einen Anreiz zur Erwerbstätigkeit zu geben. Sofern auch die Leistung des Zuschlags die Hilfebedürftigkeit nach dem SGB II nicht abwenden kann, weil ungedeckte Bedarfe übrig bleiben, besteht kein Anspruch auf Kinderzuschlag.

Elterngeld Unmittelbar nach der Geburt des Kindes entsteht auch ein Anspruch auf Elterngeld nach dem Bundeselterngeld- und Elternzeitgesetz (BEEG), das zum 01.01.2007 das bis dahin zu leistende Erziehungsgeld abgelöst hat. Änderungen des Gesetzes sind zuletzt mit dem Gesetz zur Vereinfachung des Elterngeldvollzugs am 18.09.2012 für Eltern, deren Kinder ab dem 01.01.2013 geboren werden, in Kraft getreten.

Elterngeld ist eine Familienleistung für alle Eltern, die sich in den ersten 14 Lebensmonaten eines Kindes vorrangig selbst der Betreuung des Kindes widmen und daher nicht voll erwerbstätig sind. Teilzeitarbeit bis zu 30 Stunden in der Woche ist allerdings möglich (§ 1 Abs. 6 BEEG). Elterngeld gibt es für Erwerbstätige, Beamte, Selbstständige und erwerbslose Elternteile, Studierende und Auszubildende sowie Adoptiveltern. In Ausnahmefällen können es auch Ehe- oder Lebenspartner des Elternteils, die das Kind betreuen und Verwandte bis zum dritten Grad erhalten, die Zeit in die Betreuung eines neugeborenen Kindes investieren. Dies setzt voraus, dass die Eltern aufgrund schwerer Krankheit, Schwerbehinderung oder Tod ihr Kind nicht selbst betreuen können. Sonstige Pflegeeltern (mit Ausnahme der Adoptionspflege) haben jedoch keinen Anspruch auf Elterngeld (LSG NRW 09.03.2012 – L 13 EG 37/11).

Die **Höhe** des Elterngeldes richtet sich grundsätzlich nach dem bisherigen Erwerbseinkommen der anspruchsberechtigten Person (§ 2 BEEG). Die Elterngeldleistung beträgt bis zu einem bisherigen Monatseinkommen von 1.200 € 67 % des Nettoeinkommens. Seit dem 01.01.2011 vermindert sich der Prozentsatz jedoch in den Fällen, in denen das durchschnittlich erzielte monatliche Einkommen aus Erwerbstätigkeit vor der Geburt höher als 1.200 € war. In diesen Fällen sinkt der Prozentsatz von 67 % um 0,1 Prozentpunkte für je 2 €, um die das maßgebliche Einkommen den Betrag von 1.200 € überschreitet, auf bis zu 65 % (§ 2 Abs. 2 BEEG). Das bisherige monatliche Erwerbseinkommen wird überhaupt nur bis zu einer Höhe von 2.770 € berücksichtigt. Beträge, die darüber liegen, führen nicht zu einer Erhöhung des Elterngeldes, sodass der Höchstbetrag bei 1.800 € liegt (§ 2 Abs. 1 BEEG). Hat die elterngeldberechtigte Person während des Bezugszeitraums Erwerbseinkommen aus einer Teilzeitbeschäftigung, das geringer ist als das vor der Geburt des Kindes erzielte Einkommen, wird ein Durchschnittsbetrag aus beiden Beschäftigungszeiträumen gebildet.

Die **Mindesthöhe des Elterngeldes** beträgt 300 €. Dieser Satz kommt zum Tragen, wenn die berechtigte Person vor der Geburt des Kindes nicht über Erwerbseinkommen verfügt hat. Das Elterngeld wurde bis zum Ende des Jahres 2010 in Höhe dieses Mindestbetrags nicht als Einkommen bei bedürftigkeitsabhängigen Sozialleistungen berücksichtigt. Im Rahmen des sog. „Sparpakets" wurde diese Regelung jedoch eingeschränkt, sodass **seit dem 01.01.2011 das Elterngeld** auf

Leistungen nach dem SGB II (Arbeitslosengeld II und Sozialgeld), dem SGB XII (Sozialhilfe) und auf den Kinderzuschlag nach dem BKGG **als Einkommen angerechnet** wird. Nur in den Fällen, in denen das Elterngeld infolge von Erwerbstätigkeit vor der Geburt des Kindes geleistet wird, bleibt es, soweit es als Prozentsatz des bisherigen Erwerbseinkommens gezahlt wird, bis zu einer Höhe von maximal 300 € weiterhin anrechnungsfrei (§ 10 Abs. 5 BEEG; vgl. III-4.1.5, III-4.2.3). Mit dem Sparpaket wurde zudem eine **Einkommensobergrenze** für das Elterngeld eingeführt (§ 1 Abs. 8 BEEG). Eltern, die vor der Geburt des Kindes ein zu versteuerndes Jahreseinkommen von zusammen mehr als 500.000 € hatten, sind vom Bezug des Elterngeldes ausgenommen. Bei Alleinerziehenden liegt die Grenze bei 250.000 €.

Für das acht Wochen nach der Geburt gewährte Mutterschaftsgeld einschließlich des Arbeitgeberzuschusses sowie vergleichbare beamtenrechtliche Leistungen werden zwei Monate der Elterngeldleistung für die Mutter angerechnet, da beide Leistungen den gleichen Zweck verfolgen (§ 3 BEEG). Sofern das Elterngeld 300 € übersteigt, werden auch ggf. Elterngeld für ein älteres Kind sowie Einnahmen als Ersatz für Erwerbseinkommen (z. B. Arbeitslosengeld) angerechnet. Für Geringverdiener mit einem Erwerbseinkommen vor der Geburt des Kindes von unter 1.000 € gibt es ein erhöhtes Elterngeld, um den Arbeitsanreiz zu erhalten (§ 2 Abs. 2 BEEG). Mehrkindfamilien erhalten zudem einen Geschwisterbonus in Höhe von 10 % des Elterngeldes, mindestens aber 75 € im Monat. Auch bei Mehrlingsgeburten erhöht sich das Elterngeld. Hier kommt eine Erhöhung von 300 € zum Tragen, wenn (nur) eine berechtigte Person das Elterngeld beansprucht. Im Falle einer Zwillingsgeburt ist es jedoch auch möglich, dass beide Eltern – sofern die Anspruchsvoraussetzungen nach § 1 BEEG vorliegen – ihren Anspruch für jeweils ein Kind geltend machen. In diesem Fall kommt nicht nur der Mehrlingszuschlag zum Tragen, sondern für beide Elternteile ist jeweils ein voller Elterngeldanspruch gegeben (BSG 27.06.2013 – B 10 EG 3/12 R). Die **Dauer** der Elterngeldleistung beträgt mindestens zwölf Monate nach der Geburt des Kindes. Sind zwei Eltern für die Betreuung des Kindes vorhanden, kann ein Elternteil für höchstens zwölf Monate Elterngeld beantragen. Zwei zusätzliche Monate stehen dem anderen Elternteil des Kindes zu, wenn dieser für zwei Monate zugunsten der Betreuung des Kindes ganz oder teilweise auf seine Erwerbstätigkeit verzichtet (§ 4 BEEG). Alleinerziehende können insgesamt 14 Monate Elterngeld beanspruchen. Das Elterngeld kann bei gleichem Budget auf die doppelte Anzahl der Monate verteilt werden. Dann kann für 24 bzw. 28 Monate jeweils der halbe Betrag bezogen werden (§ 6 BEEG).

Arbeitnehmerinnen und Arbeitnehmer haben nach dem BEEG zudem einen Anspruch auf Elternzeit bis zur Vollendung des dritten Lebensjahrs des Kindes, während derer sie ihre **Erwerbstätigkeit einstellen** oder **reduzieren** können (§ 15 BEEG). Die Arbeitgeber müssen dem Wunsch im Regelfall entsprechen. Von dem Zeitpunkt, an dem der Elternteil die Elternzeit bei dem Arbeitgeber verlangt hat, bis zum Ende der Elternzeit gilt ein besonderer **Kündigungsschutz** (§§ 18 f. BEEG).

Elternzeit

Durch das Gesetz zur Einführung eines Betreuungsgeldes (Betreuungsgeldgesetz – BetrGeldG) vom 15.02.2013 wurden zum 01.08.2013 mit dem zweiten Ab-

Betreuungsgeld

schnitt Regelungen zum Betreuungsgeld in das BEEG aufgenommen. Die (sozial-)politisch äußerst umstrittene Leistung wurde nach kontroverser Diskussion zunächst durch das KiFöG als Absichtserklärung in § 16 Abs. 5 SGB VIII aufgenommen (s. III-6.3.3.3) und anschließend zum 01.08.2013 konkretisiert und im BEEG umgesetzt.

Das Betreuungsgeld beträgt pro Kind 150 € monatlich. Im Falle des Bezugs von bedürftigkeitsabhängigen Leistungen nach dem SGB II oder SGB XII wird es als Einkommen angerechnet (s. III-4). Es kann unabhängig vom Umfang der Erwerbstätigkeit der Eltern i.d.R. in der Zeit vom ersten Tag des 15. Lebensmonats des Kindes bis zur Vollendung des 36. Lebensmonats bezogen werden (§ 4d Abs. 1 BEEG) und schließt somit zeitlich nahtlos an den Bezug des Elterngeldes an. Voraussetzung ist, dass das Kind keine Leistungen nach § 24 Abs. 2 i.V.m. §§ 22 bis 23 SGB VIII in Anspruch nimmt (§ 4a Abs. 1 BEEG), also während der Bezugsdauer keine Betreuung in einer Kindertageseinrichtung oder in Kindertagespflege erhält. Indem die Regelung somit den Anspruch auf die Geldleistung an den Verzicht der frühkindlichen Förderung des Kindes im Rahmen der Kinder- und Jugendhilfe knüpft, geht sie von einem **Gegensatz elterlicher Erziehung und der Förderung in Kindertageseinrichtungen und in Kindertagespflege** aus und stellt deren familienergänzende Funktion infrage (Struck in Wiesner u. a. 2011, § 16 Rz. 26). Die Leistung ist als Zugeständnis an die familienpolitischen Vorstellungen der CSU und konservativer Teile der CDU zu verstehen. Sie soll eine Anerkennungs- und Unterstützungsleistung für Eltern darstellen, die ihre Betreuungs- und Erziehungsaufgaben innerhalb der Familie oder im privaten Umfeld erfüllen. Damit soll sie größere Gestaltungsspielräume schaffen und die Wahlfreiheit bezüglich der Betreuungsform erhöhen (http://www.bmfsfj.de/RedaktionBMFSFJ/Broschuerenstelle/Pdf-Anlagen/Betreuungsgeld-Flyer; BT-Ds 17/9917, 1). Es besteht jedoch die Gefahr, dass mit dem Betreuungsgeld der Anreiz geschaffen wird, auf die Leistungen der Kindertagesbetreuung nach §§ 22 ff. SGB VIII zu verzichten, obwohl diese u. U. für die Förderung des Kindes günstiger und somit im Sinne des Kindeswohls vorzugswürdig wären (Struck in Wiesner u. a. 2011, § 16 Rz. 26). In den skandinavischen Ländern sind aufgrund vergleichbarer Geldleistungen außerdem negative Anreize für die Erwerbsintegration von Frauen, insbesondere solchen mit Migrationshintergrund, festgestellt worden (Hardoy/Schøne 2010; Ellingsæter 2012; Eydal/Rostgaard 2011, 98 ff.). Das Betreuungsgeld ist zudem dazu geeignet, tradierte Rollenbilder zu festigen („Herdprämie") und den flächendeckenden Ausbau eines guten Kinderbetreuungsangebots zu schwächen. Bislang (2014) bleibt die Inanspruchnahme des Betreuungsgeldes hinter den Erwartungen zurück.

Unterhaltsvorschuss Eine weitere wichtige Sozialleistung für alleinstehende Personen mit Kindern ist der Unterhaltsvorschuss nach dem Gesetz zur Sicherung des Unterhalts von Kindern alleinstehender Mütter und Väter durch Unterhaltsvorschüsse oder -ausfallleistungen (Unterhaltsvorschussgesetz – UhVorschG). Die Leistungen sollen die Belastungen eines Elternteils ausgleichen, bei dem das Kind lebt, wenn von dem anderen Elternteil kein regelmäßiger Unterhalt für das Kind geleistet wird (§ 1 Abs. 1 Nr. 3 UhVorschG). Der berechtigte Elternteil muss ledig, verwitwet oder geschieden sein oder von seinem Ehegatten dauernd getrennt leben. Nach § 1

Abs. 3 UhVorschG besteht kein Anspruch, wenn der Elternteil, bei dem Kind das lebt, mit dem anderen Elternteil zusammenlebt oder sich weigert, die Auskünfte, die zur Durchführung des Gesetzes erforderlich sind, zu erteilen oder bei der Feststellung der Vaterschaft oder des Aufenthalts des anderen Elternteils mitzuwirken. Der Anspruch ist ausgeschlossen, „wenn der Elternteil, bei dem das Kind lebt, durch ein bewusstes und gewolltes Verhalten vor der Geburt des Kindes eine Situation schafft, in der die Feststellung der Vaterschaft und damit des barunterhaltspflichtigen anderen Elternteils von vornherein ausgeschlossen ist und deshalb die öffentliche Unterhaltsleistung nur als Ausfallleistung gewährt werden kann" (BVerwG 16.05.2013 – 5 C 28.12; OVG Lüneburg 16.01.2014 – 4 LA 3/14). Ist der Mutter bekannt, wer der biologische Vater des Kindes ist, so berechtigt nur eine beachtliche anerkennenswerte Konfliktlage dazu, dessen Namen nicht mitzuteilen (so schon BVerwG FEVS 16, 201 ff.).

Der Unterhaltsvorschuss wird nach § 2 Abs. 1 UhVorschG in **Höhe** des familienrechtlichen Mindestunterhalts nach § 1612a BGB gewährt. Es werden auf dieser Grundlage aktuell (2014) für Kinder vor Vollendung des 6. Lebensjahres 317 € und für ältere Kinder 364 € Unterhaltsvorschuss gezahlt. Das Kindergeld in Höhe des für ein erstes Kind zu zahlenden Betrages und Unterhaltsleistungen sowie Waisenbezüge des Kindes werden nach Abs. 2 und 3 allerdings in vollem Umfang angerechnet. Bei der Anrechnung des Kindergeldes ergibt sich ein Auszahlungsbetrag von 133 € für Kinder unter sechs Jahren und von 180 € für Kinder, die das sechste Lebensjahr bereits vollendet haben. Der Unterhaltsvorschuss wird bei Bezug von Sozialgeld oder Sozialhilfe als Einkommen des Kindes angerechnet (s. III-4). Die **Dauer** der Leistung beträgt nach § 3 UhVorschG maximal sechs Jahre. Der Unterhaltsvorschuss wird unabhängig davon nur an Kinder unter 12 Jahren geleistet.

Da sich die Leistung als Unterhaltsvorschuss versteht, geht nach § 7 UhVorschG der Unterhaltsanspruch des Kindes gegen seinen abwesenden Elternteil auf das Land über, sodass dieses versuchen kann, die geleisteten Beträge von dem ursprünglich Verpflichteten zurückzubekommen. Für den Unterhaltsvorschuss sind die **Jugendämter** zuständig.

6.2 Ausbildungsförderung

Neben den Leistungen für Familien ist die Ausbildungsförderung ein weiterer Bereich des Sozialrechts von hoher praktischer Relevanz. Die Förderung der beruflichen Aus- und Weiterbildung ist in erster Linie in den §§ 56 ff. und 73 ff. SGB III geregelt. Hier ist die Berufsausbildungsbeihilfe (BAB) (§ 56 SGB III) von besonderer Bedeutung.

Die Ausbildung an **Schulen und Hochschulen** ist im Bundesausbildungsförderungsgesetz (BAföG) geregelt. Die Regelungen sind in erster Linie für Studierende von Interesse – in den wenigsten Fällen in einer Rolle als Klienten der Sozialen Arbeit. Diese Darstellung möchte lediglich einen allgemeinen Überblick vermitteln und kann nicht auf die differenzierten Einzelheiten dieses Rechtsgebietes eingehen und die konkreten Einzelfragen der Betroffenen beantworten.

BAföG

Ziel des BAföG ist es, jedem jungen Menschen die Möglichkeit zu geben, unabhängig von seiner sozialen und wirtschaftlichen Lage eine Ausbildung zu absolvieren, die seinen Fähigkeiten und Interessen entspricht. Eine qualifizierte Ausbildung soll nicht an fehlenden finanziellen Mitteln der Auszubildenden selbst bzw. ihrer Eltern oder Ehegatten scheitern. Die Förderung setzt zunächst voraus, dass eine **förderungsfähige Ausbildung** absolviert wird (§§ 2, 3 BAföG). Umfasst sind nach § 2 BAföG Schulen, Kollegs, Akademien und Hochschulen. Die Förderung einer Ausbildung im Ausland, etwa in Form von Auslandssemestern oder -praktika von Studierenden, ist möglich (§§ 5 ff. BAföG). Förderungsfähig ist nach § 7 BAföG grundsätzlich nur die **Erstausbildung**. Ein Fachrichtungswechsel oder eine weitere Ausbildung nach einem Ausbildungsabbruch wird nach § 7 Abs. 3 BAföG nur unter engen Voraussetzungen gefördert. Der Abbruch der Ausbildung bzw. der Wechsel der Fachrichtung muss aus wichtigem oder unabweisbarem Grund erfolgt sein. Ein wichtiger Grund wird etwa anerkannt bei fehlender Eignung oder schwerwiegendem und grundsätzlichem Neigungswandel. Bei einem erstmaligen Abbruch oder Wechsel wird in der Regel vermutet, dass die genannten Voraussetzungen vorliegen. Bei höheren Fachschulen, Akademien oder Hochschulen gilt dies jedoch nur bis zum dritten Fachsemester. Die Ausbildungsförderung wird grundsätzlich nur dann geleistet, wenn die betreffende Person bei Beginn des Ausbildungsabschnitts das 30. Lebensjahr noch nicht vollendet hat. Bei Masterstudiengängen liegt die **Altersgrenze** bei 35 Jahren. Zudem gelten hinsichtlich der Altersgrenze Ausnahmen, etwa für Auszubildende des zweiten Bildungsweges oder für Eltern, die ihren Ausbildungsabschnitt aufgrund der Erziehung eines Kindes unter 10 Jahren nicht früher beginnen konnten (§ 10 Abs. 3 BAföG). Die **Förderungshöchstdauer** richtet sich gem. § 15a BAföG grundsätzlich nach der Regelstudienzeit. Eine weitere Förderung ist in Ausnahmefällen möglich, etwa bei Überschreiten der Förderungshöchstdauer aufgrund von Behinderung, Schwangerschaft, Kindererziehung oder der Mitwirkung in Gremien oder Selbstverwaltungsorganen der Hochschule (§ 15 Abs. 3 BAföG). Studierende an Hochschulen, die sich in einem in sich selbstständigen Studiengang befinden, können nach § 15 Abs. 3a BAföG nach Überschreiten der Förderungshöchstdauer für maximal zwölf Monate Hilfe zum Studienabschluss erhalten, wenn sie innerhalb von vier Semestern nach Überschreiten der Förderungshöchstdauer zur Prüfung zugelassen werden und die Ausbildungsstätte bescheinigt, dass die Ausbildung innerhalb der Dauer der Abschlusshilfe abgeschlossen werden kann. Die Hilfe zum Studienabschluss wird in Form von Bankdarlehen gewährt.

Die Leistung ist **bedürftigkeitsabhängig**, d. h., sie ist abhängig vom **Einkommen und Vermögen** der Auszubildenden selbst sowie vom Einkommen ihrer Ehe- oder Lebenspartner und ihrer Eltern (§§ 21 ff. BAföG). Eine elternunabhängige Förderung ist in Ausnahmefällen möglich, so z. B. wenn bei Beginn der Ausbildung das 30. Lebensjahr bereits vollendet ist oder wenn die anspruchsberechtigte Person vor Beginn des zu fördernden Ausbildungsabschnitts bereits mehrere Jahre erwerbstätig war (§ 11 Abs. 3 BAföG). Das Einkommen der jeweils zu berücksichtigenden Personen wird nicht in vollem Umfang angerechnet, sondern es gibt Freibeträge, die sich aus den §§ 23, 25 BAföG ergeben. Den Auszubildenden selbst steht dabei aktuell (2014) ein Freibetrag von jeweils 255 € zu; ggf. kommen für Ehe- oder Lebenspartner 535 € und für eigene Kinder jeweils 485 € hinzu. Die Freibeträge für das Einkommen der Eltern betragen für verheiratete bzw. in Lebenspartnerschaft verbundene und zusammenlebende Eltern 1.605 €, für alleinstehende Elternteile 1.070 €, für Stiefelternteile 535 € und für weitere Kinder und sonstige Unterhaltsberechtigte jeweils 485 €. Leisten Eltern trotz bestehender Unterhaltspflicht keinen Unterhaltsbeitrag für die Ausbildung, so erfolgt auf Antrag im Rahmen des BAföG eine Vorausleistung durch den Staat, der diese anschließend von den Eltern zurückfordert (§ 36 BAföG).

Die Ausbildungsförderung wird für den Lebensunterhalt und den ausbildungsbedingten Bedarf geleistet (§ 11 Abs. 1 BAföG). Die **Höhe** der Förderung richtet sich nach pauschalen Bedarfssätzen (§§ 12 f. BAföG) abzüglich anzurechnenden Einkommens. Hierbei wird in erster Linie zwischen Schülern und Studierenden differenziert sowie danach, ob die auszubildende Person bei ihren Eltern wohnt oder nicht. Aktuell (2014) beträgt der Höchstsatz der Förderung für Studierende 670 € monatlich. Für Auszubildende, die mit mindestens einem Kind, das das 10. Lebensjahr noch nicht vollendet hat, in einem Haushalt leben, wird ein Kinderbetreuungszuschlag geleistet (§ 14b BAföG).

Als Leistung kommen **Zuschüsse** infrage, die nicht zurückgezahlt werden müssen, oder **Darlehen**, die grundsätzlich nicht zu verzinslichen sind (§ 18 Abs. 2 BAföG). Beim Besuch von Hochschulen, Akademien und höheren Fachschulen wird der monatliche Betrag nach § 17 BAföG **zur Hälfte als Darlehen** erbracht. Die Rückzahlung ist nach § 18a BAföG einkommensabhängig. Die Darlehensnehmer sind von der Rückzahlungspflicht auf Antrag freizustellen, wenn bzw. solange das Einkommen bestimmte Grenzen nicht übersteigt. Bei einer alleinstehenden Person liegt die Grenze bei 1.070 € monatlich (Stand 2014). Ein Teilerlass des Darlehens kommt bei vorzeitiger Tilgung infrage (§§ 18 Abs. 5b, 18b BAföG). Der früher mögliche Teilerlass bei vorzeitigem Studienabschluss oder überdurchschnittlichem Ergebnis wird nur noch dann gewährt, wenn die Ausbildung bis Ende 2012 abgeschlossen wurde (§§ 18 Abs. 5b, 18b BAföG). Wer sich in einer durch BAföG oder BAB förderfähigen Ausbildung befindet, ist grds. von Leistungen zur Sicherung des Lebensunterhaltes nach dem SGB II und SGB XII ausgeschlossen (§ 7 Abs. 5 SGB II, § 22 SGB XII). Dieser Ausschluss bezieht sich auf den sog. „ausbildungsgeprägten Bedarf", also die Bedarfsbestandteile wie Lebensmittel, Kleidung und Unterkunft, die bereits durch die Ausbildungsbeihilfen abgedeckt werden. Daneben kommen jedoch ergänzende Leistungen in Betracht, die von den Ausbildungsbeihilfen nicht abgedeckt werden, z. B. ein Mehrbedarfszuschlag bei Schwangerschaft (§ 27 Abs. 2 SGB II) und (darlehensweise) Hilfen in Härtefällen (§ 27 Abs. 4 SGB II und § 22 Abs. 1 S. 2 SGB XII).

http://www.bafoeg.bmbf.de/

6.3 Wohnzuschuss

Sozialleistungen zur (teilweisen) Abdeckung der Wohnungskosten sind auf verschiedenen rechtlichen Grundlagen möglich. Die Empfänger von Leistungen zur

Wohngeldgesetz

Abdeckung des Lebensunterhalts nach dem SGB II und SGB XII erhalten die Unterkunftskosten in der tatsächlichen Höhe als Bestandteil ihrer Leistung (vgl. III-4.1.6, III-4.2.1 und III-4.2.2). Für sonstige Personen gewährt das Wohngeldgesetz (WoGG) Zuschüsse zur Miete oder zu vergleichbaren Aufwendungen. Infrage kommen Mietzuschüsse (§ 3 Abs. 1 WoGG) und Lastenzuschüsse für Eigentümer eines Eigenheims oder einer Eigentumswohnung (§ 3 Abs. 2 WoGG). Die Einzelheiten zur Ermittlung der Miete und der Wohngeld-Lastenberechnung sind in der Wohngeldverordnung (WoGV) geregelt.

Auch das Wohngeld ist eine **bedürftigkeitsabhängige** Sozialleistung. Maßgeblich für die Frage nach der Wohngeldberechtigung und ggf. der **Höhe** der Leistung sind nach § 4 WoGG die Anzahl der zur berücksichtigenden Haushaltsmitglieder, die zu berücksichtigende Miete bzw. die Belastungen durch das Eigenheim und das Gesamteinkommen der Haushaltsmitglieder. Die Formel zur Berechnung der **Höhe** des Wohngeldes findet sich in § 19 WoGG. Voraussetzung für die Förderung ist nach §§ 5 ff. WoGG, dass angesichts der Höhe der Miete bzw. einer anderweitigen Belastung und der Anzahl der Haushaltsmitglieder Bedürftigkeit besteht, das vorhandene Einkommen also nicht hoch genug ist. Zu den Haushaltsmitgliedern zählen neben Ehe- und Lebenspartnern und Verwandten sowie Verschwägerten auch Partner einer Einstehensgemeinschaft i. S. d. § 7 Abs. 3 Nr. 3c SGB II (vgl. III-4.1.4) sowie Pflegekinder und Pflegeeltern (§ 5 Abs. 1 WoGG). § 12 WoGG legt Höchstbeträge für Mieten und Belastungen fest, bis zu denen die Kosten Berücksichtigung finden. Sie sind abhängig von der Zahl der Haushaltsmitglieder und von der **Mietstufe** der Gemeinde, in der sich die Wohnung befindet. Die Mietstufen tragen dem Umstand Rechnung, dass die Höhe der Mieten in den einzelnen Regionen des Landes sehr unterschiedlich ist. Aus diesem Grund sind die Miethöchstbeträge regional nach sechs Mietstufen gestaffelt. Eine Neufestlegung der Mietstufen und eine Neufestlegung der Miethöchstbeträge ist zuletzt im Zuge der letzten **Wohngeldreform** zum 01.01.2009 erfolgt. Ein Kernstück der Reform war die Einführung einer Heizkostenpauschale, mit der erstmalig auch die Heizkosten im Wohngeld berücksichtigt wurden. Insbesondere dieser Zuschuss für die Heizkosten führte dazu, dass das durchschnittlich gewährte Wohngeld stark anstieg. Bekam ein Haushalt vorher durchschnittlich rund 90 € Wohngeld monatlich, stieg dieser Durchschnittsbetrag auf rund 140 € an. Die Anzahl der Wohngeldempfänger erhöhte sich infolge der Reform deutlich. Lag die Zahl der Empfängerhaushalte 2008 noch bei ca. 570.000, so betrug sie im Jahr 2011 mehr als 900.000. Bis zum Ende des Jahres 2012 verringerte sich die Anzahl jedoch um 13 % auf 783.000. Die Inanspruchnahme in den neuen Bundesländern ist nahezu doppelt so hoch wie in den alten Ländern (https://www.destatis.de/DE/ZahlenFakten/Gesellschaft-Staat/Soziales/Sozialleistungen/Wohngeld/Aktuell_Wohngeldhaushalte). Durch das Haushaltsbegleitgesetz ist der Heizkostenzuschuss zum 01.01.2011 wieder abgeschafft worden. Insofern ist der größte Teil der mit der Wohngeldreform von 2009 verbundenen Leistungsverbesserungen wieder weggefallen.

§ 7 WoGG nennt verschiedene Ausschlussgründe für die Gewährung von Wohngeld. So kommt der Bezug von Wohngeld insb. nicht in Betracht für Personen, die Arbeitslosengeld II oder Sozialgeld nach dem SGB II beziehen, oder die Grundsicherung im Alter und bei Erwerbsminderung oder Hilfe zum Lebensunterhalt nach dem SGB XII erhalten. Den genannten Leistungen gegenüber ist jedoch das Wohngeld nach dem WoGG vorrangig und daher ist vor Inanspruchnahme der genannten Leistungen des SGB II und des SGB XII zunächst zu prüfen, ob Anspruch auf Leistungen nach dem WoGG besteht.

BMVI: http://www.bmvi.de/SharedDocs/DE/Publikationen/BauenUndWohnen/wohngeld-2014-ratschlaege-und-hinweise.pdf

6.4 Opferentschädigung

Das Gesetz über die Entschädigung für Opfer von Gewalttaten (Opferentschädigungsgesetz – OEG) aus dem Jahr 1976 (Neufassung 1985) ist Teil des Rechtsbereichs der **sozialen Entschädigung**. Diese bezeichnet zusammenfassend Leistungen, mit denen Folgen **gesundheitlicher Schädigungen** ausgeglichen werden sollen, für die eine besondere Verantwortung der Allgemeinheit anzuerkennen ist (BSG 08.12.1982 – 9 a RV 18/82). Die zentrale Rechtsgrundlage des Entschädigungsrechts ist das Gesetz über die Versorgung der Opfer des Krieges (Bundesversorgungsgesetz – BVG, „Grundgesetz der Versorgung"), das nach dem Zweiten Weltkrieg für die Versehrten und Kriegshinterbliebenen geschaffen wurde und in dem der überwiegende Teil der Leistungen des Entschädigungsrechts verankert ist. Inzwischen finden die Leistungen nicht mehr nur im Bereich kriegsbedingter Schädigungen Anwendung, sondern für verschiedene Personengruppen sehen Nebengesetze Entschädigungsleistungen vor, die vielfach auf die Regelungen des BVG verweisen. Neben der Opferentschädigung kommen Entschädigungsleistungen etwa infrage bei Impfschäden (§§ 60 ff. Infektionsschutzgesetz – IfSG), bei Wehrdienst- oder Zivildienstschäden (Soldatenversorgungsgesetz – SVG – und Zivildienstgesetz – ZDG) sowie bei Schäden aufgrund rechtsstaatswidriger Strafverfolgungsmaßnahmen im Beitrittsgebiet (Strafrechtliches Rehabilitierungsgesetz – StrRehaG). Hintergrund des OEG ist die Verantwortung des Staates, die Bevölkerung vor Gewalttaten und anderen schädigenden Straftaten zu schützen (BSG 07.11.1979 – 9 RvG 2/78). Gelingt dies nicht, so muss der betroffenen Person auch dann ein Versorgungsanspruch zustehen, wenn die Straftat nicht aufgeklärt werden kann oder die für die Schädigung verantwortliche Person nicht (ausreichend) zahlungsfähig ist.

Das OEG regelt die Versorgung von Personen, die durch einen vorsätzlichen, rechtswidrigen tätlichen Angriff gegen ihre oder eine andere Person oder durch die rechtmäßige Abwehr eines solchen Angriffs eine gesundheitliche Schädigung erlitten haben, sowie ggf. die Versorgung der Hinterbliebenen (§ 1 OEG). Eine Entschädigung kommt nur für Gesundheitsschäden oder Tod in Betracht. Einer gesundheitlichen Schädigung steht allerdings die Beschädigung eines am Körper getragenen Hilfsmittels (etwa Brille oder Kontaktlinsen) gleich (§ 1 Abs. 10 OEG). Leistungen kommen für Personen mit gewöhnlichem Aufenthalt in der Bundesrepublik auch bei einer Schädigung aufgrund einer Gewalttat im Ausland in Betracht (§ 3a OEG). Ansprüche nach dem OEG aufgrund einer Schädigung im Inland konnten Personen ohne deutsche Staatsangehörigkeit zunächst nur geltend ma-

Opferentschädigungsgesetz

chen, sofern sie aus einem Mitgliedstaat der Europäischen Union stammten oder aus einem Staat, der vergleichbare Leistungen auch an Deutsche erbringt (sog. Gegenseitigkeitsvorbehalt). Durch das Zweite Änderungsgesetz aus dem Jahr 1993 wurden darüber hinaus auch weitere Personen, die sich längerfristig rechtmäßig in der Bundesrepublik aufhalten, in das Gesetz einbezogen.

Der Begriff des **vorsätzlichen rechtswidrigen tätlichen Angriffs**, der nach § 1 Abs. 1 OEG Voraussetzung für einen Anspruch ist, entstammte ursprünglich dem Strafrecht, wurde im Laufe der Zeit aber von der Rechtsprechung zunehmend weit ausgelegt, sodass Maßstab heute nicht mehr die strafrechtliche Definition ist. Ein tätlicher Angriff im Sinne der Norm liegt vor, wenn vorsätzlich und rechtswidrig ein Angriff auf die körperliche Integrität einer anderen Person gerichtet wird (BSG 28.05.1997 – 9 RVg 1/95). So können über den unmittelbaren Bereich der Körperverletzung hinaus z. B. auch schwere Belästigung oder Nachstellung (Stalking), Mobbing, das die Grenze zur Körperverletzung überschreitet, Freiheitsberaubung oder die Vernachlässigung von Schutzbefohlenen unter den Begriff fallen (Petri-Kramer in Plagemann 2013, Rz. 54 ff. m. w. N.). Der Angriff, auf dem der Schaden beruht, muss in jedem Fall rechtswidrig sein, darf also nicht durch hoheitlich begründete Befugnisse oder Rechtfertigungsgründe gerechtfertigt sein. Darüber hinaus ist Vorsatz erforderlich, d. h. Wissen und Wollen der Tatbestandsverwirklichung.

Ausschlussgründe Leistungen sind zu versagen, wenn das Opfer selbst die Schädigung verursacht hat oder wenn die Entschädigung aus sonstigen, insbesondere in seinem Verhalten liegenden Gründen unbillig wäre (§ 2 Abs. 1 OEG). Sie können versagt werden, wenn die geschädigte Person es versäumt, im Rahmen ihrer Möglichkeiten zur Aufklärung des Sachverhalts beizutragen (§ 2 Abs. 2 OEG). Ein Leistungsausschluss erfolgt auch, wenn die Tat durch ein Kraftfahrzeug begangen wurde, da in diesen Fällen ein ausreichender versicherungsrechtlicher Schutz besteht (§ 1 Abs. 11 OEG).

Leistungsarten Hinsichtlich der Rechtsfolgen, d. h. der Art und des Umfangs der Entschädigung, verweist § 1 Abs. 1 und 8 OEG auf das Bundesversorgungsgesetz (BVG). Die dort geregelten Leistungen lassen sich grob in solche einteilen, die der Erhaltung oder Wiederherstellung der Gesundheit dienen und solche, die die Sicherstellung eines angemessenen Lebensunterhalts ermöglichen sollen (Petri-Kramer in Plagemann 2013, Rz. 104). Ein Teil der Leistungen richtet sich an die geschädigte Person, ein anderer Teil an dritte Personen, speziell Angehörige und Hinterbliebene.

Für die geschädigte Person kommen zunächst **medizinische Leistungen** und Leistungen bei Krankheit und Pflegebedürftigkeit (§§ 10 ff. OEG) in Betracht (ausführlich Petri-Kramer in Plagemann 2013, Rz. 106 ff. m. w. N.). Zur Sicherstellung des Lebensunterhalts wird die **Beschädigtenrente** erbracht (§§ 30 ff. OEG), die sich zusammensetzt aus der Grundrente, dem Berufsschadensausgleich, der Schwerstbeschädigtenzulage, der Ausgleichsrente und ergänzenden Leistungen zur Rente. Die Grundrente wird beim Bezug bedürftigkeitsabhängiger Sozialleistungen nicht als Einkommen angerechnet. Darüber hinaus umfasst der Anspruch sonstige Geldleistungen, etwa für außergewöhnlichen Verschleiß an Kleidung (§ 15 BVG) oder für den Unterhalt eines Blindenführhundes (§ 14 BVG).

Angehörige und Hinterbliebene können Krankenbehandlung (§ 10 Abs. 4 BVG), Bestattungsgeld und Sterbegeld (§§ 36 f. BVG), Hinterbliebenenrente (§§ 38 ff. BVG), Halbwaisen-/Waisenrente und Erziehungsbeihilfen (§§ 45 ff., 27 BVG) sowie Elternrente erhalten und einen Härteausgleich (§ 89 BVG) beanspruchen (ausführlich Petri-Kramer in Plagemann 2013 Rz. 167 ff. m. w. N.).

Zuständig für Leistungen nach dem OEG sind die Versorgungsämter.

Kokemoor 2013, Bundesministerium für Arbeit und Soziales 2013

1. Kann das Arbeitsverhältnis einer schwangeren Frau durch den Arbeitgeber gekündigt werden? (6.1)
2. Bis zu welcher Altersgrenze kann Kindergeld längstens gewährt werden? (6.1)
3. Unter welcher Voraussetzung wird das volle Elterngeld für einen Zeitraum von 14 Monaten geleistet? (6.1)
4. Wonach richtet sich die Höhe des Unterhaltsvorschusses? (6.1)
5. Wessen Einkommen wird bei der Frage berücksichtigt, ob ein Student Ausbildungsförderung nach dem BAföG erhält? (6.2)
6. Kann ein Empfänger von Arbeitslosengeld II zusätzlich Wohngeld nach dem Wohngeldgesetz beanspruchen? (6.3)
7. Unter welchen Voraussetzungen kann eine Person auf der Grundlage des Opferentschädigungsgesetzes eine Beschädigtenrente beanspruchen? (6.4)

7 Jugendschutzrecht (Tammen/Trenczek)

7.1   Jugendschutz in der Öffentlichkeit
7.1.1   Gaststätten und Tanzveranstaltungen
7.1.2   Spielhallen und Glücksspiele
7.1.3   Jugendgefährdende Veranstaltungen und Orte
7.1.4   Alkohol und Tabakwaren
7.2   Jugendschutz im Bereich der Medien
7.2.1   Trägermedien
7.2.2   Filmvorführungen
7.2.3   Zugang zu Bildträgern
7.2.4   Bildschirmspielgeräte
7.2.5   Vertriebs- und Wettbewerbsbeschränkungen
7.2.6   Telemedien
7.2.7   Bundesprüfstelle für jugendgefährdende Medien
7.3   Straf- und Ordnungswidrigkeitsvorschriften

Ziele   Aufgabe des Jugendschutzes ist es, MJ vor Gefahren für ihr Wohl zu schützen und vor Schädigungen zu bewahren. Das System des Jugendschutzes lässt sich dabei in drei Teilbereiche gliedern, den sog. erzieherischen, den gesetzlichen sowie den medizinischen Jugendschutz (s. Übersicht 54). Parallel zum sog. erzieherischen Jugendschutz im Kinder- und Jugendhilferecht (insb. § 14 SGB VIII) setzt der sog. gesetzliche Jugendschutz nach dem JuSchG im Hinblick auf die Erziehung junger Menschen zu eigenverantwortlichen und gemeinschaftsfähigen Persönlichkeiten in erster Linie auf die Stärkung der Kompetenz von Kindern und Jugendlichen (sog. **Minderjährige**, zur Altersdefinition s. § 1 Abs. 1 JuSchG), kritisch mit Angeboten und möglichen Gefährdungen umzugehen. Allerdings beschränkt er sich nicht darauf, sondern enthält auch Instrumentarien, um belastende Einflüsse aus dem Erziehungsprozess fernzuhalten, soweit dies erforderlich ist. Zum gesetzlichen Jugendschutz zählen auch die Regelungen des Arbeitsschutzes (JArbSchG) sowie die strafrechtlichen Bestimmungen zum Schutz von MJ (hierzu vgl. IV-2.3.2). Insb. im Bereich des Jugendschutzes ist die Jugendhilfe auf eine klar definierte Kooperation mit der Polizei angewiesen (vgl. z. B. § 8 JuSchG i. V. m. landesrechtlichen Regelungen, z. B. § 20 ThürKJHAG).

JuSchG   Das JuSchG von 2003 hat sowohl das frühere Gesetz zum Schutz der Jugend in der Öffentlichkeit (JSchÖG) als auch das Gesetz über die Verbreitung jugendgefährdender Schriften und Medieninhalte (GjS) ersetzt und beide Regelungsinhalte in sich vereinigt.

Schutz der Jugend in der Öffentlichkeit   Mit dem neugefassten Gesetz soll der Schutz von Kindern und Jugendlichen vor Gefahren und schädlichen Einflüssen in der Öffentlichkeit den gesellschaftlichen Veränderungen angepasst und dadurch verbessert werden. Seit Inkrafttreten des Gesetzes sind die Regelungen in mehreren Bereichen verschärft worden. Bezüglich der Freizeitaktivitäten von Kindern und Jugendlichen wurden jedoch kaum Änderungen gegenüber dem früheren Gesetz zum Schutz der Jugend in der Öffentlichkeit vorgenommen. Die neuen gesetzlichen Regelungen berücksichtigen vor allem die technischen und inhaltlichen Veränderungen und Entwicklungen des Medienbereichs innerhalb der letzten Jahre, etwa in Bezug auf Computerspiele und auf das Internet. Begleitend zum JuSchG wurde ein Jugendmedienschutz-Staatsvertrag der Bundesländer abgeschlossen, der den Jugendschutz im Fernsehen und in den Telemedien regelt. Zuständig dafür sind die Länder bzw. die Kommission für Jugendmedienschutz (KJM).

Jugendmedienschutz

Das JuSchG beschreibt Aktivitäten, die Kinder und Jugendliche vornehmlich in ihrer Freizeit betreiben und die potenzielle Gefährdungen mit sich bringen. Es richtet deshalb Anweisungen und Verbote an **Gewerbetreibende** und **Veranstalter**, um zu verhindern, dass diese ihre wirtschaftlichen Interessen über den Schutz von Kindern und Jugendlichen stellen. Um den Regelungen Nachdruck zu verleihen, ermöglicht das Gesetz Sanktionen gegenüber den Verantwortlichen: Zuwiderhandlungen gegen die gesetzlichen Verbote des JuSchG sind Straftaten oder Ordnungswidrigkeiten (s. u. III-7.3). Für Eltern, Lehrer, Erzieher und andere pädagogisch Verantwortliche setzt das JuSchG einen normativen Rahmen zur **Orientierung** und Unterstützung ihres **pädagogischen Handelns**. Die Regelungen des JuSchG sind deshalb im Rahmen der Schul- und Jugendhilfeeinrichtungen öffentlicher wie freier Träger zu beachten. Nur soweit diesen Personen die Personensorge übertragen wurde, dürfen sie als Vormünder bzw. Pfleger ggf. eigene Regelungen treffen. Im Übrigen werden auch sie durch das Gesetz teilweise mit Verboten und möglichen Sanktionen belegt (s. u. III-7.3). Kinder und Jugendliche werden im Rahmen des Gesetzes jedoch nicht bestraft.

Das Gesetz differenziert zwischen drei geschützten **Altersgruppen**. Dem stärksten Schutz unterliegen Kinder unter 14 Jahren. Die nächste Altersgruppe umfasst Jugendliche im Alter von 14 bis 16 Jahren und die dritte Gruppe beinhaltet Jugendliche von 16 Jahren bis zum Eintritt der Volljährigkeit. Der Schutz dieser Altersgruppen ist in den einzelnen vom Gesetz benannten Gefährdungsbereichen unterschiedlich. Zudem enthält das Gesetz differenzierte Regelungen, je nachdem, ob die MJ sich in Begleitung der Erziehungsberechtigten (vgl. § 7 Abs. 1 Nr. 6 SGB VIII) oder einer sog. erziehungsbeauftragten Person befinden oder nicht. Erziehungsbeauftragt in diesem Sinne kann jede Person über 18 Jahren sein, soweit sie zumindest zeitweise aufgrund einer Vereinbarung mit den PSB (i. d. R. den Eltern) Erziehungsaufgaben wahrnimmt oder soweit sie die MJ im Rahmen der Ausbildung oder der Jugendhilfe betreut (§ 1 Abs. 1 Nr. 4 JuSchG). Eine Erziehungsbeauftragung in diesem Sinne setzt voraus, dass die PSB den Erziehungsauftrag an eine konkrete, ihnen bekannte Person über 18 Jahren übertragen. Nicht ausreichend ist hingegen, dass etwa die Erziehungsbeauftragung vorab von den PSB blanko unterschrieben und die beauftragte Person nachträglich eingesetzt wird (OVG Bremen 26.09.2007 – 1 B 287/07). Allerdings erfordert die Erziehungsbeauftragung keine besonderen pädagogischen Fähigkeiten der beauftragten Person oder gar ein Autoritätsverhältnis oder einen bestimmten Altersunterschied (ausführlich OVG Bamberg 16.12.2008 – 2 Ss OWi 1325/2008, 2 Ss OWi 1325/08; OVG Bremen 26.09.2007 – 1 B 287/07). Erforderlich ist demgegenüber, dass

geschützte Altersgruppen

erziehungsbeauftragte Person

diese Person auch tatsächlich in der Lage und bereit ist, die Aufsichtspflicht wahrzunehmen, d. h., sie muss stets anwesend sein, auf die Einhaltung der sonstigen Jugendschutzbestimmungen (z. B. im Hinblick auf Rauchen und Alkohol) achten und sich im Konfliktfall auch durchsetzen können. Infrage kommen etwa ältere (volljährige) Geschwister oder Freunde der MJ, Großeltern, sonstige Verwandte, Nachbarn oder Freunde der Eltern (Erbs/Kohlhaas – Liesching 2013, § 1 Rz. 4).

Übersicht 54: System des Jugendschutzes

Jugendschutz				
Erzieherischer Jugendschutz		**Repressiver Jugendschutz (sog. „gesetzlicher" Jugendschutz)**		**Medizinischer Jugendschutz**
Schutz gegen potentielle Gefahren, soll		Abwendung konkreter Gefahren, z. B.		Gesundheitsvorsorge
▪ Kinder stark machen, damit sie sich selbst schützen können ▪ Eltern besser befähigen, ihre Kinder vor gefährdenden Einflüssen zu schützen		▪ Aufenthalt an jugendgefährdenden Orten ▪ Umgang mit (jugendgefährdenden) Medien ▪ Konsum von Drogen		
primärpräventiv insbesondere	*sekundärpräventiv*	*nach dem SGB VIII*	*nach anderen Gesetzen*	*insbesondere*
▪ Maßnahmen zur Förderung der Familie ▪ Jugendarbeit ▪ Jugendsozialarbeit	▪ Aufklärungsprogramme über Gefahren von Drogen, insb. Alkohol, ▪ Jugendsekten	▪ §§ 8a, 42 SGB VIII ▪ Pflegekinderschutz, § 43 f. SGB VIII ▪ „Heimaufsicht", §§ 45 ff. SGB VIII	▪ Jugendarbeitsschutz ▪ JuSchG (Jugendschutz in der Öffentlichkeit) ▪ Medienschutz ▪ Strafrechtsschutz, z. B. 174 ff. StGB	▪ Pränatale Diagnostik ▪ Mutterschutz ▪ Vorsorgeuntersuchungen ▪ Sportförderung
Adressaten: junge Menschen und ihre Personensorgeberechtigten; Eltern, Mütter, Väter, Erziehungsberechtigte (vgl. z. B. §§ 6 und 7 SGB VIII)		Adressaten: ▪ junge Menschen und ihre Eltern ▪ Einrichtungen der Jugendhilfe	Adressaten: ▪ Gewerbetreibende ▪ Anbieter von Leistungen und Konsumartikeln ▪ aufsichtspflichtige Personen	
verantwortlich: öffentliche und freie Jugendhilfe		verantwortlich: Jugendamt	verantwortlich: Polizei, Gewerbeaufsicht und Jugendamt (vgl. z. B. § 20 ThürAGKJHG)	verantwortlich: Gesundheitsbehörden
Mittel: ▪ Hilfen, Förderung, Angebote ▪ Streetwork ▪ Informations-, Öffentlichkeitsarbeit	Mittel: ▪ Streetwork ▪ Informations-, Öffentlichkeitsarbeit		Mittel: ▪ Verbot ▪ Sanktionen ▪ Entfernung ▪ Beschlagnahme	
Neben den allgemeinen Jugendschutz tritt der besondere Jugendschutz mit spezifischen Förderungsangeboten für besonders gefährdete Gruppen (z. B. Ausländer, Kinder in sozialen Brennpunkten, Behinderte, Arbeitslose usw.).				

Kommt es nach dem Gesetz auf die Begleitung durch eine erziehungsbeauftragte Person an, haben die in § 1 Abs. 1 Nr. 4 JuSchG genannten Personen ihre Berechtigung auf Verlangen darzulegen. Veranstalter und Gewerbetreibende haben in Zweifelsfällen die Berechtigung zu überprüfen (§ 2 Abs. 1 JuSchG). Dazu haben sie alle zumutbaren Anstrengungen zu unternehmen, z. B. entsprechende Gestaltung eines Vordrucks, gezielte Nachfrage bei den Erziehungsbeauftragten oder ggf. telefonische Nachfrage bei den PSB (OVG Bremen 26.09.2007 – 1 B 287/07). Neben den im Grundsatz geltenden Vorschriften sind an vielen Stellen Ausnahmen geregelt.

7.1 Jugendschutz in der Öffentlichkeit

Im ersten Abschnitt des JuSchG sind die Vorschriften zusammengefasst, die von Gewerbetreibenden und Veranstaltern sowie von den zuständigen Jugendbehörden, der Gewerbeaufsicht und der Polizei zu beachten sind, wenn Kinder und Jugendliche sich in der **Öffentlichkeit** aufhalten. Der Begriff „Öffentlichkeit" meint dabei alle allgemein zugänglichen Orte und Plätze. In diesem Zusammenhang trifft das Gesetz Regelungen zu Gaststätten, Tanzveranstaltungen, Spielhallen und Glücksspielen, jugendgefährdenden Veranstaltungen und Orten, alkoholischen Getränken und Tabakwaren als potenziellen Gefährdungsbereichen (s. Übersicht 55).

Gefährdungsbereiche

7.1.1 Gaststätten und Tanzveranstaltungen

Der Aufenthalt in Gaststätten ist MJ nur mit Einschränkungen erlaubt (§ 4 JuSchG). Unter die Regelung fallen alle Betriebe des Gaststättengewerbes, so vor allem Schank- und Speisewirtschaften, Pensionen und Hotels. Dies gilt auch, wenn ein besonderes Angebot für den Besuch im Vordergrund steht, wie etwa bei Internetcafés. Nicht unter den Begriff der Gaststätte im Sinne des JuSchG fallen dagegen Milchbars, Stehcafés oder Bäckereien und Metzgereien mit Stehtischen sowie Einrichtungen, die ohne Gewinnerzielungsabsicht und somit nicht gewerblich geführt werden. Der Aufenthalt in Gaststätten ist MJ unter 16 Jahren i. d. R. nur in Begleitung einer erziehungsberechtigten oder erziehungsbeauftragten Person gestattet. Zu dieser Regelung gibt es allerdings Ausnahmen: So dürfen sich Kinder und Jugendliche auch allein in der Zeit zwischen 5 und 23 Uhr in Gaststätten aufhalten, um dort eine Mahlzeit oder ein Getränk einzunehmen. Unabhängig davon dürfen sie sich auch in einer Gaststätte aufhalten, wenn sie sich auf Reisen befinden oder wenn der Gaststättenbesuch im Rahmen einer Jugendhilfe- oder Jugendbildungsveranstaltung erfolgt. Ab dem Alter von 16 Jahren können sich Jugendliche ohne Begleitung einer erziehungsberechtigten oder erziehungsbeauftragten Person bis 24 Uhr in Gaststätten aufhalten. Befinden sich MJ in Begleitung einer solchen Person, so ist der Aufenthalt unabhängig vom Alter an keine zeitliche Beschränkung gebunden. Ausnahmen von den genannten Einschränkungen kann die zuständige Behörde zulassen.

Gaststätten

Übersicht 55: Jugendschutzgesetz (JuSchG) – Gefährdungstatbestände und Erlaubnisse

Gefährdungsbereiche		Kinder unter 14 J.	Jugendliche unter 16 J.	Jugendliche unter 18 J.
§ 4	Aufenthalt in Gaststätten	X (1)	X (1)	bis 24 h x
	Aufenthalt in Nachtbars, Nachtclubs oder vergleichbaren Vergnügungsbetrieben	-	-	-
§ 5	Anwesenheit bei öffentlichen Tanzveranstaltungen, u. a. **Disco** (Ausnahmegenehmigung durch zuständige Behörde möglich)	x	x	bis 24 h x
	Anwesenheit bei Tanzveranstaltungen von anerkannten Trägern der Jugendhilfe. – bei künstlerischer Betätigung oder zur Brauchtumspflege	bis 22 h x	bis 24 h x	bis 24 h x
§ 6	Anwesenheit in öffentlichen **Spielhallen**, Teilnahme an Spielen mit Gewinnmöglichkeiten	- (2)	- (2)	- (2)
§ 7	Anwesenheit bei jugendgefährdenden Veranstaltungen und in Betrieben (Die zuständige Behörde kann durch Alters- und Zeitbegrenzungen sowie andere Auflagen das Verbot einschränken.)	-	-	-
§ 8	Aufenthalt an **jugendgefährdenden Orten**	-	-	-
§ 9	Abgabe/Verzehr von Branntwein, branntweinhaltigen Getränken und Lebensmitteln	-	-	-
	Abgabe/Verzehr anderer **alkoholischer Getränke**; z. B. Wein, Bier o. Ä. (Ausnahme: Erlaubt bei 14- und 15-Jährigen in Begleitung einer personensorgeberechtigten Person [Eltern])	-	PSB	+
§ 10	**Abgabe** und **Konsum** von **Tabakwaren**	-	-	-
§ 11	Besuch öffentlicher Filmveranstaltungen/**Kino**. Nur bei Freigabe des Films und Vorspanns: „ohne Altersbeschränkung/ab 6/12/16 Jahre". Kinder unter 6 Jahren nur mit einer erziehungsbeauftragten Person. Die Anwesenheit ist grundsätzlich an die Altersfreigabe gebunden! Ausnahme (3)	bis 20 Uhr	bis 22 Uhr	bis 24 Uhr
§ 12	Abgabe von Bildträgern mit Filmen oder Spielen nur entsprechend der Freigabekennzeichen: „ohne Altersbeschränkung/ab 6/12/16 Jahre"	(+)	(+)	(+)
§ 13	Spielen an elektronischen Bildschirmgeräten ohne Gewinnmöglichkeit nur nach den Freigabekennzeichen: „ohne Altersbeschränkung/ab 6/12/16 Jahre"	(+)	(+)	(+)

Erläuterungen: Das JuSchG gilt nicht für verheiratete Jugendliche.

+	-	= erlaubt/nicht erlaubt	(+) = Einschränkungen

x = Beschränkungen bzw. zeitliche Begrenzungen werden durch die Begleitung einer **erziehungsbeauftragten Person** aufgehoben; bei § 9 ist Begleitung eines PSB erforderlich. Personenberechtigte (Eltern), Erziehungsberechtigte und erziehungsbeauftragte Personen müssen sich in der Öffentlichkeit zwingend an das JuSchG halten, sofern dieses keine Ausnahmen zulässt. Sie sind nicht verpflichtet, alles zu erlauben, was das Gesetz gestattet. Das JuSchG gilt nicht für verheiratete Jugendliche.
Bei Reisen ins Ausland sind als Mindeststandard die deutschen Bestimmungen einzuhalten. Sind die Bestimmungen im Urlaubsland strenger, so gilt das Gesetz des Gastlandes.

Ausnahmeregelungen:
(1) Ausnahmen auf einer Reise, anlässlich einer Veranstaltung eines anerkannten Trägers der Jugendhilfe und zwischen 5 und 23 Uhr auch zur Einnahme einer Mahlzeit oder eines Getränkes. Die zuständige Behörde kann Ausnahmen genehmigen.
(2) Ausnahmen: Die Teilnahme an Spielen mit Gewinnmöglichkeit in der Öffentlichkeit darf Kindern und Jugendlichen nur auf Volksfesten, Schützenfesten, Jahrmärkten, Spezialmärkten oder ähnlichen Veranstaltungen und nur unter der Voraussetzung gestattet werden, dass der Gewinn in Waren von geringem Wert besteht.
(3) Die Anwesenheit bei öffentlichen Filmveranstaltungen mit Filmen, die für Kinder und Jugendliche ab zwölf Jahren freigegeben und gekennzeichnet sind, darf auch Kindern ab sechs Jahren gestattet werden, wenn sie von einer personensorgeberechtigten Person begleitet werden. Die Anwesenheit bei öffentlichen Filmveranstaltungen darf Kindern unter sechs Jahren nur mit Begleitung einer personensorgeberechtigten oder erziehungsbeauftragten Person gestattet werden.

Nachtbars Ohne Ausnahme verboten ist es, den Aufenthalt von MJ in Nachtbars, Nachtclubs oder vergleichbaren Vergnügungsbetrieben zu gestatten. Dieses gilt auch dann, wenn sie von einer erziehungsberechtigten bzw. -beauftragten Person begleitet werden.

Tanzveranstaltungen Auch bei öffentlichen Tanzveranstaltungen, etwa in Diskotheken, dürfen MJ unter 16 Jahren nur in Begleitung einer erziehungsberechtigten oder -beauftragten Person anwesend sein (§ 5 JuSchG). Jugendliche ab 16 Jahren dürfen sich dort auch ohne Begleitung bis 24 Uhr aufhalten. An Tanzveranstaltungen im Rahmen der Jugendbildung und der Jugendhilfe sowie der künstlerischen Betätigung (z. B. Ballett) oder der Brauchtumspflege (z. B. Fastnacht, Volkstanz) können jedoch Kinder unter 14 Jahren ohne Begleitung bis 22 Uhr und auch Jugendliche unter 16 Jahren bis 24 Uhr teilnehmen. Zudem sind auch in Bezug auf sonstige Tanzveranstaltungen Ausnahmeregelungen der zuständigen Behörde denkbar (z. B. im Hinblick auf den Auftritt von Kindern und Jugendlichen in Theater- und Opernaufführungen).

7.1.2 Spielhallen und Glücksspiele

Spielhallen Die Anwesenheit in öffentlichen Spielhallen oder ähnlichen vorwiegend dem Spielbetrieb dienenden Räumen darf MJ grundsätzlich nicht gestattet werden (§ 6 Abs. 1 JuSchG). Einrichtungen, die Computer vorwiegend für den Spielbetrieb zur Verfügung stellen, können dabei auch unter den Begriff der Spielhallen fallen. Ebenso kann die Veranstaltung von öffentlichen LAN-Partys (Local-Area-Network, Zusammenspiel mehrerer Personen in einem lokalen Netzwerk) in den Schutzbereich der Vorschrift fallen, sofern der Charakter der Räumlichkeiten während der Veranstaltung dem einer Spielhalle entspricht.

Glücksspiele Die Teilnahme an Spielen mit Gewinnmöglichkeit darf Kindern und Jugendlichen in der Öffentlichkeit nur bei speziellen Veranstaltungen, wie etwa auf Volksfesten, Schützenfesten, Jahrmärkten, Spezialmärkten o. Ä. gestattet werden, und auch dies nur unter der Voraussetzung, dass der mögliche Gewinn ausschließlich in Waren von geringem Wert besteht (§ 6 Abs. 2 JuSchG).

7.1.3 Jugendgefährdende Veranstaltungen und Orte

Um auch Gefährdungen für MJ zu begegnen, die sich weniger leicht typisieren lassen als die bisher genannten Gefährdungsbereiche, ist die zuständige Behörde (oft das Jugendamt) befugt, bei jugendgefährdenden Veranstaltungen und Betrieben die Anwesenheit von MJ zu untersagen oder nur unter Auflagen bzw. zeitlichen Beschränkungen zuzulassen (§ 7 JuSchG). Auch in diesem Zusammenhang können die bereits erwähnten LAN-Partys oder auch Internet-Cafés betroffen sein, allerdings auch z. B. Konzerte oder Ausstellungen (VG Köln 30.10.2009 – 27 L 1586/09 zur Ausstellung „Körperwelten").

Anders als in manchen anderen Staaten gibt es in Deutschland keine *allgemeine* Regelung, die vorschreibt, dass sich junge Menschen zu bestimmten Zeiten nicht

jugendgefährdende Orte in der Öffentlichkeit aufhalten dürfen (sog. Ausgangssperre). Neben jugendgefährdenden Veranstaltungen ist allerdings auch der Aufenthalt von MJ an jugendgefährdenden Orten geregelt (§ 8 JuSchG). Hält sich ein Kind oder ein Jugendlicher an einem Ort auf, an dem ihm eine unmittelbare Gefahr für das körperliche, geistige oder seelische Wohl droht, so hat die zuständige Stelle – in der Praxis zumeist die Polizei – die zur Abwendung der Gefahr erforderlichen Maßnahmen zu treffen. Wenn nötig hat sie die minderjährige Person entweder zum Verlassen des Ortes anzuhalten (sog. Platzverweis), sie einer erziehungsberechtigten (nicht nur erziehungsbeauftragten!) Person zuzuführen, oder, wenn eine solche nicht erreichbar ist, in die Obhut des Jugendamtes zu bringen. **Inobhutnahme** Seitens des Jugendamts erfolgt dann eine Inobhutnahme der oder des MJ nach § 42 SGB VIII, wenn dies nötig ist, um der Gefährdung zu begegnen (hierzu III-3.4.1.1). Im Hinblick auf die Kindeswohlgefahr knüpft das JuSchG inhaltlich an § 1666 BGB an (hierzu, insb. zu den unterschiedlichen Gefährdungslagen, vgl. II-2.4.3). Jugendgefährdende Orte im Sinne der Vorschrift können etwa im Alkohol-, Drogen- oder Prostitutionsmilieu gegeben sein, ebenso in der kriminellen Szene, wie etwa im Rahmen gewalttätiger Auseinandersetzungen von Jugendbanden, oder auch nur auf gefährlichen Baustellen oder Verkehrsflächen.

7.1.4 Alkohol und Tabakwaren

Konsum von alkoholischen Getränken Auch der Konsum von alkoholischen Getränken ist als Gefährdungsbereich im JuSchG geregelt. Das Gesetz differenziert dabei zwischen Branntwein, d. h. Spirituosen, branntweinhaltigen Getränken (Mischgetränke wie z. B. Cola-Rum) und Nahrungsmitteln (alkoholhaltige Süßspeisen oder Eisbecher) und sonstigen alkoholischen Getränken. So dürfen in der Öffentlichkeit Branntwein, branntweinhaltige Getränke oder Lebensmittel, die Branntwein in nicht nur geringfügiger Menge enthalten, an MJ generell nicht abgegeben werden (§ 9 JuSchG). Sonstige alkoholische Getränke (z. B. Bier, Wein oder Sekt) dürfen an Kinder und Jugendliche unter 16 Jahren nicht abgegeben werden. Auch der Verzehr darf ihnen nicht gestattet werden, es sei denn, die minderjährige Person ist mindestens 14 Jahre alt und wird von einer personensorgeberechtigten Person (i. d. R. also einem Elternteil) begleitet. Alkoholische Getränke dürfen in der Öffentlichkeit nicht in Automaten angeboten werden, sofern die Nutzung durch MJ nicht ausgeschlossen werden kann. Überwiegend branntweinhaltige Getränke dürfen gar nicht in Automaten angeboten werden (§ 20 Nr. 1 GastG).

Eine Verschärfung der Regelungen zum Alkoholkonsum von MJ ist im Zusammenhang mit den sog. Alkopops (alkoholhaltige Süßgetränke) im Sommer 2004 erfolgt. Alkoholhaltige Süßgetränke im Sinne des § 1 Abs. 2 und 3 des Alkopopsteuergesetzes (AlkopopStG) dürfen seitdem gewerbsmäßig nur noch mit dem Hinweis „Abgabe an Personen unter 18 Jahren verboten, § 9 Jugendschutzgesetz" in den Verkehr gebracht werden. Dieser Hinweis ist auf der Fertigpackung in der gleichen Schriftart und in der gleichen Größe und Farbe wie die Marken- oder Fantasienamen oder, soweit nicht vorhanden, wie die Verkehrsbezeichnung zu halten und bei Flaschen auf dem Frontetikett anzubringen (§ 9 Abs. 4 JuSchG).

Zudem wird seither zum Schutz junger Menschen auf der Grundlage des Gesetzes eine Sondersteuer auf Alkopops erhoben. Damit wird aufgrund der Sondersteuer eine Flasche Alkopops (275 ml) bei einem Alkoholgehalt von 5,5 vol % mit etwa 84 Cent belastet. Die dadurch bewirkte Preiserhöhung soll dafür sorgen, dass die Getränke bei Jugendlichen an Attraktivität verlieren und infolgedessen weniger konsumiert werden (vgl. DHS 2004). Laut einer Studie der Bundeszentrale für gesundheitliche Aufklärung ist der Konsum spirituosenhaltiger Alkopops bei den 12- bis 17-jährigen Jugendlichen sowohl nach Häufigkeit als auch nach Menge von 2004 bis 2005 *signifikant zurückgegangen* (vgl. BZgA 2005, 3). Demgegenüber haben andere alkoholische Getränke bei Jugendlichen an Beliebtheit gewonnen, so insbesondere andere alkoholhaltige Mischgetränke.

Als weiteren Gefährdungsbereich regelt das JuSchG den Zugang zu Tabakwaren und das Rauchen in der Öffentlichkeit (§ 10 JuSchG). Auch in diesem Zusammenhang ist es in jüngerer Zeit zu einer Verschärfung der Regelungen gekommen. In Bezug auf den Erwerb von Tabakwaren enthält das JuSchG im Vergleich zu den früheren Regelungen des JSchÖG seit jeher strengere Vorschriften, die nochmals durch das BNichtrSchG mit Wirkung zum 01.09.2007 verschärft wurden: In der Öffentlichkeit dürfen Tabakwaren an MJ weder abgegeben noch darf ihnen das Rauchen gestattet werden. Gegen die Vorschrift verstoßen auch aufsichtspflichtige Personen, z. B. Eltern, Lehrkräfte oder Erzieherinnen und Erzieher, die das Rauchen von MJ in der Öffentlichkeit dulden. Sonstigen erwachsenen Personen wird mit der Regelung verboten, das Rauchen von Kindern oder Jugendlichen in der Öffentlichkeit zu veranlassen bzw. zu fördern, etwa durch das Anbieten von Zigaretten. Das Rauchen als solches, z. B. im Privatbereich, ist nicht geregelt, kann aber u. U. als kindeswohlgefährdender Umstand durchaus nach § 1666 BGB relevant werden (hierzu II-2.4.3). Das Rauchverbot für MJ gilt allerdings auch in Schulen, Einrichtungen der Jugendarbeit und z. B. Krankenhäusern – auch in dortigen „Raucherzimmern" – soweit sie öffentlich zugänglich sind. Zudem dürfen Tabakwaren in der Öffentlichkeit seit dem 01.01.2009 nur dann in Automaten angeboten werden, wenn sichergestellt ist, dass Kinder und Jugendliche Tabakwaren nicht entnehmen können (§§ 10 Abs. 2, 30 Abs. 2 JuSchG). Die Alterskontrolle läuft dabei zumeist über den Geldkartenchip auf Bankkarten. Darüber hinaus gibt es ein Verbot für Tabak- und Alkoholwerbung in Kinos vor 18 Uhr (§ 11 Abs. 5 JuSchG).

Die 16-jährige S. aus Erfurt möchte mit Freunden am Samstag auf ein Megakonzert in Leipzig, das am Sonntag um 2 Uhr endet. Sie hofft, dass ihre Eltern damit einverstanden sind, wenn sie zusagt, keine Drogen zu nehmen und ihr 18-jähriger Freund B. als „erziehungsbeauftragte Person" fungiert. Ihre Eltern fragen, ob das erlaubt ist. Macht es einen Unterschied, ob es sich um ein Klassik-Konzert oder eine Rave-/Technoparty handelt? Macht es einen Unterschied, ob das Konzert in einer Veranstaltungshalle oder als Open-Air-Festival stattfindet?

Für Konzertveranstaltungen sieht das JuSchG keine ausdrücklichen Regelungen vor. Für klassische Konzerte und Opern gibt es keine Anwesenheitsverbote. Musikkonzerte und Festivals sind nur dann öffentliche Tanzveranstaltungen, wenn das Tanzen im Vordergrund steht (z. B. Technokonzerte; ggf. auch bei Rock- und Pop-Festivals). Nach § 5 Abs. 1 JuSchG darf Jugendlichen ab 16

Jahren die Anwesenheit bei öffentlichen Tanzveranstaltungen ohne Begleitung eines PSB oder einer erziehungsbeauftragten Person längstens bis 24 Uhr gestattet werden. Danach – wie von S. beabsichtigt – nur mit erziehungsbeauftragter Person (§ 1 Abs. 1 Nr. 4 JuSchG): Zwar ist der Freund über 18 Jahre alt, es ist aber fraglich, ob er gegenüber seiner Freundin S. tatsächlich in der Lage ist, den Erziehungsauftrag i. S. d. § 1 JuSchG umzusetzen, also ggf. auf die Einhaltung der Jugendschutzbestimmungen zu drängen und S. Anweisungen zu geben. Finden Konzerte in einer Gaststätte bzw. einem Veranstaltungszentrum mit Gastronomiebetrieb statt, gelten die Jugendschutzvorgaben für Gaststätten auch für das Konzert. Ebenso gelten dort die Vorgaben für den Umgang mit Alkohol und Tabak. Für Open-Air-Konzerte gelten die allgemeinen Bestimmungen, insb. §§ 7 und 8 JuSchG über jugendgefährdende Veranstaltungen bzw. Orte. Wird eine Veranstaltung vor allem von Kindern besucht, kann die zuständige Behörde bei jugendgefährdenden Veranstaltungen nach § 7 JuSchG auch ein generelles Alkohol- und Rauchverbot anordnen. Sie kann Alters- und Zeitbegrenzungen vorgeben oder andere Auflagen anordnen oder die Veranstaltung auch ganz verbieten, wenn diese Kinder und Jugendliche körperlich, geistig oder seelisch gefährden kann (z. B. bei besonders aggressiver Musik, pornografischen oder gewaltverherrlichenden Inhalten).

7.2 Jugendschutz im Bereich der Medien

Neben dem Jugendschutz in der Öffentlichkeit regelt das JuSchG den Jugendmedienschutz sowie die Voraussetzungen und das Verfahren zur Indizierung von jugendgefährdenden Medieninhalten. Darüber hinaus enthält es Vorschriften bezüglich der Wirkungen einer erfolgten Indizierung. Der Jugendmedienschutz hat die Aufgabe, Einflüsse aus dem Bereich der Medien, die dem Entwicklungsstand der MJ noch nicht entsprechen, von ihnen fernzuhalten und die MJ so bei ihrer Persönlichkeitsentwicklung zu unterstützen. Die im Einzelnen zuständigen Stellen beurteilen Medieninhalte dahingehend, ob sie jugendgefährdend oder jugendbeeinträchtigend sind. Wird dies festgestellt, so dürfen die entsprechenden Medien Kindern und Jugendlichen nicht zugänglich gemacht oder nur unter bestimmten Altersgruppen verbreitet bzw. zu einer bestimmten Sendezeit ausgestrahlt werden. Die Regelungen zum Jugendschutz im Medienbereich unterteilen sich in solche, die sich auf sog. Trägermedien beziehen und die im JuSchG verankert sind, und auf Regelungen zu den sog. Telemedien. Letztere finden sich im Jugendmedienschutz-Staatsvertrag der Bundesländer (JMStV).

7.2.1 Trägermedien

Zunächst wird im Rahmen des JuSchG der Zugang von MJ zu den sog. Trägermedien geregelt. Eine Definition des Begriffs ist in § 1 Abs. 2 JuSchG enthalten. Danach sind Trägermedien alle Medien, bei denen Texte, Bilder oder Töne durch gegenständliche Weitergabe verbreitet werden, z. B. als Heft, Buch, Audio- oder

Videokassette, Diskette, CD-ROM oder DVD. Darüber hinaus fallen unter den Begriff auch Medien, deren Texte, Bilder oder Töne zur unmittelbaren Wahrnehmung bestimmt sind, z. B. Texte und Bilder auf Anschlagtafeln, Plakaten, Werbebeschriftungen und -bemalungen. Trägermedien sind schließlich auch in Geräten eingebaute, feste Datenspeicher, die als Vorführ- oder Spielgeräte (besser: Wiedergabegeräte) für gespeicherte Texte, Bilder oder Töne dienen, wie etwa Taschenspielgeräte mit Display, Spielkonsolen mit festem Speicher, aber auch PCs, Laptops oder Mobiltelefone (vgl. BMFSFJ 2012, 10 f.).

7.2.2 Filmvorführungen

Eine wichtige Regelung in Bezug auf Trägermedien betrifft den Bereich der Filmvorführungen (§ 11 JuSchG): An Kinovorführungen und ähnlichen Veranstaltungen dürfen MJ nicht teilnehmen, wenn die Filme keine Jugendfreigabe für ihre Altersgruppe besitzen und es sich auch nicht um ausdrücklich gekennzeichnete Informations-, Instruktions- und Lehrfilme handelt. Altersfreigaben aus dem Ausland gelten im Rahmen des JuSchG nicht (Generalanwalt beim EuGH 13.09.2007 – C-244/06). Das Verbot wird dahin gehend eingeschränkt, dass 6- bis 12-Jährige in Begleitung von PSB (i. d. R. also einem Elternteil; die Begleitung durch eine erziehungsbeauftragte Person reicht nicht aus) die Vorführung auch besuchen dürfen, wenn der Film erst ab zwölf Jahren freigegeben ist (§ 11 Abs. 2 JuSchG). Noch nicht sechs Jahre alte Kinder dürfen an Kinovorführungen und ähnlichen Veranstaltungen nur dann teilnehmen, wenn sie sich in Begleitung von PSB oder Erziehungsbeauftragten befinden und wenn der Film ohne Altersbeschränkung freigegeben ist. Neben diesen inhaltlichen Beschränkungen gibt es auch solche, die sich auf den Zeitpunkt der Vorführung beziehen: Wenn die Vorführung nach 20 Uhr endet, dürfen 6- bis 13-Jährige nur in Begleitung einer erziehungsberechtigten oder -beauftragten Person teilnehmen. Gleiches gilt für MJ unter 16 Jahren, wenn die Vorführung nach 22 Uhr endet. Endet die Filmvorführung nach 24 Uhr, dürfen gar keine Kinder und Jugendlichen ohne entsprechende Begleitung anwesend sein.

Jugendfreigabe

7.2.3 Zugang zu Bildträgern

Parallel zur Regelung der Filmvorführungen dürfen auch sog. Bildträger, d. h. Trägermedien, die Filme oder Spiele enthalten, wie etwa CD-Roms, DVDs oder Videokassetten, MJ in der Öffentlichkeit nur dann zugänglich gemacht werden, wenn sie eine dem jeweiligen Alter entsprechende Jugendfreigabe besitzen (§ 12 JuSchG). Damit ist nun auch für Computerspiele eine altersgerechte Kennzeichnung verbindlich, wie sie bislang schon für Filme und Videos galt. Bildträger ohne jede Jugendfreigabe dürfen MJ gar nicht, auch nicht außerhalb der Öffentlichkeit, zugänglich gemacht werden. Zudem dürfen sie nicht im Versandhandel, in Kiosken oder auf der Straße gehandelt werden. Auch hier besteht eine Ausnahme für ausdrücklich gekennzeichnete Lehr- oder Informationsprogramme.

7.2.4 Bildschirmspielgeräte

Auch das Spielen an elektronischen Bildschirmspielgeräten ohne Gewinnmöglichkeit, die öffentlich aufgestellt sind, darf MJ ohne Begleitung einer personensorgeberechtigten oder erziehungsbeauftragten Person nur gestattet werden, wenn sie eine entsprechende Altersfreigabe besitzen oder wenn es sich um gekennzeichnete Informations-, Instruktions- oder Lehrprogramme handelt. Derartige Bildschirmspielgeräte dürfen zudem nur dann an für MJ zugänglichen Orten in der Öffentlichkeit aufgestellt werden, wenn sichergestellt ist, dass sie nur von Kindern oder Jugendlichen benutzt werden, für die eine entsprechende Altersfreigabe vorliegt (§ 13 JuSchG).

7.2.5 Vertriebs- und Wettbewerbsbeschränkungen

Indizierung Weitgehende Vertriebs- und Werbebeschränkungen (§ 15 JuSchG, vgl. BMFSFJ 2012, 48 ff.) bestehen für alle Trägermedien, die von der Bundesprüfstelle für jugendgefährdende Medien indiziert, d. h. in die Liste jugendgefährdender Medien aufgenommen worden sind (§ 18 JuSchG). Darüber hinaus werden Darstellungen benannt, die auch ohne Indizierung durch die Bundesprüfstelle von Gesetzes wegen unter die Vertriebs- und Wettbewerbsbeschränkungen fallen. Auch in diesem Bereich wurde in der jüngeren Vergangenheit der Schutz von Kindern und Jugendlichen verstärkt. Im Februar 2007 wurde das Sofortprogramm zum wirksamen Schutz von Kindern und Jugendlichen vor gewaltbeherrschten Computerspielen gestartet. Durch das am 01.07.2008 in Kraft getretene „Erste Gesetz zur Änderung des Jugendschutzgesetzes" wurde der Katalog der schwer jugendgefährdenden Trägermedien, die kraft Gesetzes indiziert sind, im Hinblick auf Gewaltdarstellungen erweitert. Darüber hinaus wurden die Indizierungskriterien in Bezug auf mediale Gewaltdarstellungen erweitert und präzisiert und es erfolgten Regelungen zur Mindestgröße und Sichtbarkeit der Alterskennzeichen der Freiwilligen Selbstkontrolle der Filmwirtschaft (FSK) und der Unterhaltungssoftware Selbstkontrolle (USK). Auch ohne Indizierung durch die Bundesprüfstelle bestehen Abgabe-, Vertriebs- und Werbeverbote für Trägermedien, wenn sie bestimmte Straftatbestände des StGB erfüllen (insbesondere Verbreitung von Propagandamitteln verfassungswidriger Organisationen, Volksverhetzung, Anleitung zu Straftaten, Gewaltdarstellung und pornografische Darstellungen), den Krieg verherrlichen, Menschen in einer ihre Würde verletzenden Weise darstellen, selbstzweckhafte Gewaltdarstellungen enthalten, Jugendliche in geschlechtsbetonter Körperhaltung zeigen oder ansonsten offensichtlich zu schwerer Jugendgefährdung geeignet sind (§ 15 Abs. 2 JuSchG). Letzteres ist etwa bei Inhalten der Fall, die im Sinne rassistischer, völkischer oder nationalistischer Ideologien wirken, die destruktiv-sektiererische Vorstellungen des Satans- oder Hexenglaubens verbreiten, den Suizid verherrlichen, die zwar unterhalb der Pornografieschwelle liegen, aber eine extrem diskriminierende oder frauenverachtende Gesinnung zum Ausdruck bringen oder nahelegen, die zum Erwerb und Gebrauch von Suchtmitteln verführen oder anleiten, oder die zur Nachahmung anreizende Darstellungen unmenschlicher Gewalttätigkeit zeigen (BMFSFJ 2012, 54).

7.2.6 Telemedien

Ähnliche – teilweise allerdings verschärfte – Regelungen wie für die Trägermedien liegen auch für die sog. Telemedien vor. Dies sind Angebote im Rundfunk und Fernsehen sowie im Internet und in begrenzten Netzen, wie auch in Chatrooms sowie Übermittlungen per E-Mail (BMFSFJ 2012, 11). Da für die Regelung dieses Bereichs die Länder zuständig sind (§ 16 JuSchG), finden sich diese Vorschriften im Staatsvertrag über den Schutz der Menschenwürde und den Jugendschutz in Rundfunk und Telemedien vom 10.–27.09.2002 – Jugendmedienschutz-Staatsvertrag der Länder (§§ 4 ff. JMStV; vgl. BMFSFJ 2012, 76 ff.). Eine im Jahr 2010 geplante und von den Ministerpräsidenten der Länder bereits beschlossene Novellierung des JMStV, die insbesondere eine Alterskennzeichnung von Inhalten im Internet beinhalten sollte, ist gescheitert. Das am 23.02.2010 nach langen Kontroversen in Kraft getretene Gesetz zur Bekämpfung der Kinderpornografie in Kommunikationsnetzen (Zugangserschwerungsgesetz) wurde bereits zum Ende des Jahres 2011 wieder aufgehoben.

7.2.7 Bundesprüfstelle für jugendgefährdende Medien

Das JuSchG regelt auch die Tätigkeit der Bundesprüfstelle für jugendgefährdende Medien (§§ 17 ff. JuSchG; weitere Informationen s. www.bundespruefstelle.de). Das Indizierungsverfahren ist dabei abweichend von der früheren Rechtslage ausgestaltet. Insbesondere ist jetzt die Möglichkeit gegeben, dass die Bundesprüfstelle auch in eigener Initiative, d. h. ohne Antrag, tätig werden kann (§ 21 Abs. 4, 5 JuSchG). Damit soll die Möglichkeit verbessert werden, dort möglichst alle jugendgefährdenden Angebote zu erfassen. Zu diesem Zweck wurde zudem die Zuständigkeit der Bundesprüfstelle im Bereich der elektronischen Medien ausgedehnt. Neben sämtlichen Trägermedien ist die Bundesprüfstelle auch für die Telemedien und damit für den gesamten Online-Bereich zuständig.

In die Liste der jugendgefährdenden Medien sind Träger- und Telemedien aufzunehmen, die geeignet sind, die Entwicklung von MJ zu gefährden (§ 18 JuSchG; sog. *Blankettbegriff*, dessen Konkretisierung der Bundesprüfstelle für jugendgefährdende Medien und den Gerichten überlassen ist). Dazu zählen vor allem unsittliche, verrohend wirkende, zu Gewalttätigkeit, Verbrechen oder Rassenhass anreizende Medien sowie Medien, die selbstzweckhafte detaillierte Gewaltdarstellungen beinhalten oder Selbstjustiz propagieren.

Die Bundesprüfstelle ist eine der wenigen Behörden, in denen der Verwaltung bei der Auslegung unbestimmter Rechtsbegriffe (z. B. im Hinblick auf die Abwägung der widerstreitenden Rechtgüter Kunstfreiheit und Jugendschutz) ausnahmsweise eine sog. Einschätzungsprärogative zugestanden wird (vgl. BVerwGE 39, 197 ff.; BVerwG NJW 1993, 1491, s. I-3.3.3).

7.3 Straf- und Ordnungswidrigkeitsvorschriften

Neben Bestimmungen des StGB, die dem Jugendschutz dienen (hierzu, insb. zur Kinderpornografie, s. IV-2.2.3), enthalten sowohl das JuSchG als auch der Jugendmedienschutz-Staatsvertrag der Länder zahlreiche Straf- und Ordnungswidrigkeitsvorschriften (§§ 27, 28 JuSchG, §§ 23, 24 JMStV), wobei Straftaten mit einer Freiheitsstrafe von bis zu einem Jahr oder Geldstrafe (§ 27 Abs. 1 JuSchG) und Ordnungswidrigkeiten im Rahmen des JuSchG mit einer Geldbuße von bis zu 50.000 und auf der Grundlage des JMStV mit einer Geldbuße von bis zu 500.000 € geahndet werden können. Die meisten dieser Regelungen richten sich in erster Linie an Gewerbetreibende, Veranstalter oder Anbieter, die gegen die Bestimmungen zum Jugendschutz verstoßen. Ein solcher Verstoß kann auch zum (teilweisen) Widerruf der Gaststättenerlaubnis oder einer sonstigen Gewerbeerlaubnis führen (so etwa VG Neustadt/Weinstraße 07.09.2007 – 4 L 1016/07. NW). Es können sich jedoch darüber hinaus alle volljährigen Personen und damit auch Erziehungspersonen und die PSB (i. d. R. die Eltern) strafbar bzw. einer Ordnungswidrigkeit schuldig machen, wenn sie MJ Verhaltensweisen gestatten bzw. Medien zugänglich machen, die nach dem Jugendschutzgesetz bzw. dem Jugendmedienschutz-Staatsvertrag der Länder unzulässig sind. Den PSB wird ein gewisser erzieherischer Freiraum zugestanden, wenn es darum geht, den MJ Zugang zu Medien zu gewähren. Sie machen sich nach diesen Vorschriften nur dann strafbar, wenn das Anbieten oder Zugänglichmachen der Medien als grober Verstoß gegen die Erziehungspflicht angesehen werden muss (§ 27 Abs. 4 JuSchG). In den meisten Fällen kommt jedoch die Verfolgung wegen einer Ordnungswidrigkeit in Betracht.

Erbs/Kohlhaas 2013; Mutke/Seidenstücker 2004; Liesching/Schuster 2011; BMFSFJ 2012

1. Welche Unterschiede bestehen zwischen dem gesetzlichen Jugendschutz nach dem JuSchG und dem sog. erzieherischen Jugendschutz nach § 14 SGB VIII? (7 und 7.3)
2. Müssen Mitarbeiter der Jugendhilfe die Regelungen des Jugendschutzes bei der Betreuung von MJ einfordern und ihnen ggf. insoweit Anweisungen geben? (7)
3. Was versteht man unter einem „jugendgefährdenden Ort" (vgl. § 8 JuSchG)? (7.1.3).
4. Darf sich eine 16-Jährige „alleine" (ohne Eltern oder Erziehungsberechtigte) nach 24 Uhr in einer Diskothek aufhalten? (7.1.1)
5. Was ist eine „erziehungsbeauftragte Person"? (7)
6. Dürfen alkoholische Getränke an Kinder oder Jugendliche abgegeben bzw. im Automaten verkauft werden? (7.1.4)
7. Dürfen 14- bzw. 16-Jährige in der Öffentlichkeit rauchen? Dürfen sie Tabakwaren am Automaten oder am Kiosk erwerben? (7.1.4)
8. Dürfen Kinder einen Film im Kino ansehen, wenn die Vorführung nach 20 Uhr endet? (7.2.2)

9. Welche Aufgaben und Kompetenzen hat die sog. Bundesprüfstelle? (7.2.7)
10. Können sich Personensorgeberechtigte strafbar machen, wenn sie MJ Verhaltensweisen gestatten, die nach dem Jugendschutzgesetz unzulässig sind? (7.3)

8 Migrations- und Flüchtlingsrecht (Behlert)

8.1 Überblick
8.2 Aufenthaltsrecht
8.2.1 Aufenthaltstitel
8.2.2 Aufenthaltszwecke
8.2.2.1 Ausbildung
8.2.2.2 Erwerbstätigkeit, Forschung
8.2.2.3 Aufenthalt aus familiären Gründen
8.2.3 Aufenthaltsbeendigung
8.3 Aufenthalt aus völkerrechtlichen, humanitären und politischen Gründen
8.3.1 Asyl-, Flüchtlings- und internationaler subsidiärer Schutz
8.3.2 Verfahren bei Antrag auf internationalen Schutz
8.3.3 Sonstiger subsidiärer Schutz
8.3.4 Bleiberecht
8.3.5 Sonstige völkerrechtliche, humanitäre oder politische Aufenthaltsgründe
8.4 Sozialleistungen für Zuwanderer
8.4.1 Überblick über die Leistungsansprüche
8.4.2 Leistungen nach Asylbewerberleistungsgesetz
8.5 Erwerb der deutschen Staatsangehörigkeit
8.5.1 Überblick
8.5.2 Einbürgerung

8.1 Überblick

Adressatenkreis Der Adressatenkreis des Migrationsrechts findet sich im weitesten Sinne innerhalb jener Gruppe, die für gewöhnlich mit der etwas sperrigen Bezeichnung „Personen mit Migrationshintergrund" belegt ist. Damit sind 1. Personen gemeint, die nicht die deutsche Staatsangehörigkeit besitzen, 2. Personen, deren Geburtsort außerhalb des heutigen Bundesgebietes liegt und die nach 1949 in das heutige Gebiet der Bundesrepublik Deutschland zugezogen sind, sowie 3. alle in Deutschland Geborenen mit zumindest einem zugewanderten Elternteil (§ 6 S. 2 MighEV).

Das heutige Migrations- oder Zuwanderungsrecht orientiert sich in seiner Systematik sowohl am sozialen Gegenstand der Zuwanderung als auch an den Subjekteigenschaften, die sich aus der jeweiligen Gruppenzugehörigkeit ergeben. Dementsprechend kann sowohl in tatsächlicher wie auch in rechtlicher Hinsicht zwischen folgenden Migrantengruppen unterschieden werden:

(1) **Arbeitsmigranten:** Die sog. erste Generation der Arbeitsmigranten nahm aufgrund verschiedener bilateraler Anwerbeabkommen von 1955 an bis zum

Anwerbestopp 1973 ihren Aufenthalt in Deutschland. Die Gastarbeitnehmer-Vereinbarungen mit Staaten Mittel- und Osteuropas, die Anfang bis Mitte der 1990er Jahre ebenfalls jeweils bilateral geschlossen wurden, erlangten nicht annähernd den gleichen zahlenmäßigen Umfang (Näheres hierzu bei Sieveking et al. 1997, 40 f.) und verlieren im Übrigen aufgrund der im Mai 2011 bzw. zum Januar 2014 eingetretenen nahezu vollen Arbeitnehmerfreizügigkeit (Ausnahme jetzt noch: Kroatien, zunächst bis Juni 2015, höchstens bis Juni 2020) im Rahmen der EU vollends an Bedeutung. wird vor allem in drei Formen wirksam: als Saisonarbeit bis max. insgesamt sechs Monate jährlich, über Werkvertragsarbeitnehmer auf der Grundlage bilateral geschlossener sog. Werksvertragsarbeitnehmerabkommen mit Staaten Ost- und Südosteuropas zeitlich befristet i. d. R. bis zwei Jahre sowie als Zuwanderung von Hochqualifizierten.

(2) **Studierende:** In der Migrationssoziologie werden sie als spezifische Migrantengruppe geführt. Dementsprechend ist das Studium auch als eigenständiger Aufenthaltsgrund im Gesetz benannt. Bundesweit studierten im Wintersemester 2013/2014 über 300.000 (Statistisches Bundesamt 2014) Ausländer an deutschen Universitäten und Hochschulen, von denen allerdings ca. 80.000 bereits über einen Wohnsitz in der Bundesrepublik Deutschland verfügten und demzufolge auch das deutsche Schulsystem durchlaufen hatten (sog. Bildungsinländer).

(3) **Nachziehende Familienangehörige:** Hiermit ist sowohl der Nachzug zu bereits in Deutschland lebenden ausländischen Ehepartnern oder Eltern als auch der Zuzug von Ausländern zu einheimischen Familienangehörigen gemeint. Dies waren 2012 knapp 55.000 Ehegatten und weitere Familienangehörige, v. a. minderjährige Kinder (Migrationsbericht 2012).

(4) **Flüchtlinge:** Im Jahre 2013 stellten 109.580 Personen einen Erstantrag auf Asyl in Deutschland; 1992 waren es demgegenüber 438.191 Personen. Nach dem niedrigsten Stand seit 1977 mit ca. 19.000 Asylbewerbern im Jahr 2007 setzt sich damit der seitdem zu beobachtende Anstieg weiter fort. 80.978 Fälle wurden 2013 entschieden; in 919 Fällen wurde einem Asylantrag stattgegeben, in 9.996 Fällen erfolgte eine Zuerkennung der Flüchtlingseigenschaft nach der GFK, was eine vergleichbare rechtliche Wirkung hat, 7.005-mal wurde sog. subsidiärer Schutz gewährt und 2.208-mal wurde das Vorliegen von Abschiebehindernissen anerkannt. Ende 2013 lebten in Deutschland ca. 250.000 geflüchtete Menschen, von denen etwa 122.000 über eine Anerkennung als Asylberechtigter oder als GFK-Flüchtling verfügten (BAMF 2013).

(5) **Jüdische Zuwanderer:** Es handelt sich hierbei um eine Gruppe von Zuwanderern aus den Gebieten der früheren Sowjetunion, die aufgrund entsprechender besonderer rechtsverbindlicher Vereinbarungen zunächst im Rahmen des sog. Kontingentflüchtlingsgesetzes in Deutschland aufgenommen wurden, später bei Vorliegen bestimmter Voraussetzungen (u. a. einer sog. günstigen Integrationsprognose auf Grundlage von § 23 Abs. 2 AufenthG) einen Aufenthaltstitel erlangten. Von den seit 1991 ca. 200.000 in Deutschland angekommenen jüdischen Zuwanderern ist allerdings knapp die Hälfte zwischenzeitlich nach Israel und Übersee weitergewandert. Im Jahr 2012 reisten lediglich

noch 458 jüdische Zuwanderer ein, sodass auf eine genauere Betrachtung der rechtlichen Situation dieser Gruppe hier verzichtet werden soll.

(6) **Spätaussiedler:** Es handelt sich hierbei um sog. deutsche Volkszugehörige und deren Familienangehörige, die insb. aus Gebieten der früheren Sowjetunion im Rahmen eines förmlichen Aufnahmeverfahrens nach dem BVFG in die Bundesrepublik Deutschland übersiedelten. Auch hier sind – auf anderem quantitativen Niveau – ähnliche Entwicklungstendenzen zu beobachten. Während etwa im Jahr 1990 knapp 400.000 Spätaussiedler in die Bundesrepublik Deutschland übersiedelten, waren es 2012 nur noch 1.817 (Migrationsbericht 2012).

Regelungsgegenstände Neben dieser Heterogenität des Adressatenkreises ist auch die große Streubreite der Regelungsgegenstände des Zuwanderungsrechts bemerkenswert. Dem Rechnung tragend, wurde das am 01.01.2005 in Kraft getretene, inzwischen jedoch bereits mehrfach wieder geänderte **Zuwanderungsgesetz** (ZuwG) als ein sog. Artikelgesetz verabschiedet. Die Regelungen zu Einreisevoraussetzungen, Aufenthaltsrecht und Ausreisepflicht, aber auch zu Erwerbstätigkeit und Integration von sog. Drittstaatsangehörigen (hierzu gleich u.) im neu geschaffenen **Aufenthaltsgesetz** (AufenthG) bilden dabei den Kern des ZuwG. Neben dem ebenfalls neu geschaffenen Freizügigkeitsgesetz/EU umfasst es noch Regelungen zum Asylverfahren, zur Rechtsstellung von Spätaussiedlern sowie zur Einbürgerung von Ausländern. Darüber hinaus durchdringt das Zuwanderungsrecht weite Teile der Sozialgesetzgebung in Gestalt von Bereichsausnahmen für unterschiedliche Migrantengruppen – vom Sozialhilfe- und Grundsicherungsrecht (§ 23 SGB XII; §§ 7 Abs. 1 S. 2 und 8 Abs. 2 SGB II) über Ausbildungsförderung (§ 8 Abs. 1 Nr. 2 bis 9, Abs. 2 u. 3 BAföG), Kindergeld (§ 62 EStG), dem Jugendhilferecht (§ 6 Abs. 2 SGB VIII) bis zu Leistungen bei Krankheit (§ 4 AsylbLG).

Ziele der Regelung Bereits vor seiner Verabschiedung war das ZuwG heftig umstritten; zwischenzeitlich wurde es aus formalen Gründen vom BVerfG sogar für verfassungswidrig erklärt (BVerfG 18.12.2002 – 2 BvF 1/02 – BVerfGE 106, 310). Einige seiner ursprünglichen Intentionen wurden im Zuge eines schier endlosen parlamentarischen Vermittlungsverfahrens aufgegeben. Dennoch steht es zweifellos für eine Neuorientierung im Verständnis von Zuwanderung und Recht. Zwar definiert § 1 Abs. 1 S. 1 AufenthG sehr deutlich als Zweck des Gesetzes die **Steuerung und Begrenzung** des Zuzugs von Ausländern. Jedoch stellt S. 2 klar, dass dies die Ermöglichung und Gestaltung einer an den Bedürfnissen der Aufnahmegesellschaft orientierten Zuwanderung einschließt. Inwieweit sich das Gesetz allerdings bereits tatsächlich auf der Höhe derartiger gesellschaftlicher Notwendigkeiten befindet, lässt sich nicht eindeutig beantworten. Hinreichend funktional ist mittlerweile der aufenthaltsrechtliche Zugang zum Arbeitsmarkt für drittstaatsangehörige Absolventen deutscher Hochschulen gestaltet. Weiterhin kam es mit dem Arbeitsmigrationssteuerungsgesetz aus dem Jahr 2009 zu erheblichen Verbesserungen der beschäftigungsrechtlichen Situation vor allem von Geduldeten mit qualifizierter Berufsausbildung bzw. Hochschulabschluss, aber auch der Ausbildungssituation für junge Geduldete. Auch führte das sog. **Berufsqualifizierungsfeststellungsgesetz** (BQFG) vom 06.12.2011 zu einer spürbaren Verbesserung der sozialen Situation von Migranten, die nicht zum Zweck der Erwerbstätigkeit eingewandert sind, sondern z. B. als Geflüchtete, als jüdische Zuwanderer oder als nachgezogene Familienangehörige. Ihre mitgebrachten Berufsabschlüsse werden nunmehr leichter anerkannt, wodurch sich ihre Zugangsmöglichkeiten zum Arbeitsmarkt verbessern und sie im Ergebnis seltener auf staatliche Leistungen zur Existenzsicherung angewiesen sind. Das Gesetz zur Umsetzung der HochqualifiziertenRL vom 01.06.2012 sowie die Verordnung zur Beschäftigung von Ausländerinnen und Ausländern (BeschV) vom 06.06.2013 schließlich brachten vor allem mit der Einführung der **Blauen Karte EU** eine Verbesserung der rechtlichen Situation für sog. Hochqualifizierte und eröffneten darüber hinaus überhaupt erst den Zugang zum Arbeitsmarkt für Migranten mit mittlerer Qualifikation. Auch wurden mit dem Gesetz zumindest ein Teil der bisherigen Zustimmungserfordernisse und Vorrangigkeitsprüfungen der BA außer Kraft gesetzt. Im Grundsatz wurden diese freilich beibehalten. Dies betrifft vor allem auch unqualifizierte Bewerber, denen der Zuzug als Arbeitsmigranten bis auf wenige Ausnahmen auch weiterhin kaum möglich sein wird.

Auch die Entwicklungen der letzten Jahre im Flüchtlingsrecht sind eher ambivalent zu beurteilen. Nach dem verfassungsrechtlichen Rückbau des Asylrechts bis an die Grenze seiner Unkenntlichkeit als Grundrecht im Jahr 1993 führte auch die Verabschiedung des ZuwG zunächst kaum zu der erhofften Effektivierung des Flüchtlingsschutzes. Erst nach und nach wurden bestimmte Schutzlücken (etwa bei geschlechtsspezifischer Verfolgung oder bei Verfolgung durch nicht staatliche Akteure) geschlossen. Mit der Vereinheitlichung des europäischen Flüchtlingsrechts der Jahre 2011 bis 2013 wurde vor allem eine Ausweitung des sog. subsidiären Schutzes für Geflüchtete erreicht. Zumindest für diese Gruppe konnte die Praxis der unsäglichen „Kettenduldungen" beendet werden. Bei anderen Regelungsgegenständen (etwa: besonderer Schutz, auch durch die Ausgestaltung des Verfahrens oder die Art und Weise der Unterbringung von Minderjährigen, Familien, Kranken und Behinderten, Opfern von Folter oder Genitalverstümmelung) klaffen Gesetz und soziale Wirklichkeit teilweise eklatant auseinander. Insgesamt führte das sog. europäische Asylpaket zu einer Bestätigung der auf Abwehr von nicht erwünschter Migration ausgerichteten europäischen Flüchtlingspolitik, teilweise auch zu Verschärfungen im Vergleich zur vorherigen Rechtslage. Zu bemerken ist weiterhin, dass sich die Neuregelung des vom BVerfG in einer Entscheidung vom 18.07.2011 (1 BvL 10/10; 1 BvL 2/11 – BVerfGE 132, 134) für grundgesetzwidrig erklärten AsylbLG, die nach dem Willen des Gerichts unverzüglich erfolgen sollte, noch immer auf dem Stand eines Referentenentwurfs befindet. Auch eine aufenthaltsrechtliche Regelung der Situation langjährig Geduldeter (vgl. hierzu den Gesetzentwurf unter BR-Ds 505/2013) steht noch aus; bisher wurden immer nur stichtagsbezogene Lösungen gefunden. Dennoch hat sich die rechtliche Situation von Menschen mit Duldung in den letzten Jahren teilweise deutlich verbessert. In der Gesamtbetrachtung muss man jedoch zu dem Ergebnis kommen, dass Lockerungen im Zuwanderungsrecht im Wesentlichen erwünschte Migration betreffen, während nicht erwünschte Migration mittels des Rechts nach wie vor soweit als möglich abgewehrt werden soll.

8.2 Aufenthaltsrecht

Hiermit wird herkömmlicherweise jener Teil des Zuwanderungsrechts bezeichnet, der im AufenthG geregelt ist. Er umfasst im Wesentlichen die Voraussetzungen der Einreise, die Erteilung eines Aufenthaltstitels sowie die Begründung und Durchsetzung der Ausreisepflicht. Hinzu kommt die gesetzliche Fixierung von Integrationsmaßnahmen für Migranten. Auf die Teilnahme an den in diesem Rahmen angebotenen Integrationskursen besteht einerseits für Drittstaatsangehörige, die sich dauerhaft im Bundesgebiet aufhalten, ein **Rechtsanspruch** nach Maßgabe von § 44 Abs. 1 und 2 AufenthG. Andererseits formuliert § 44a AufenthG eine Reihe von Tatbeständen, aus denen sich zugleich eine **Teilnahmeverpflichtung** ergibt. Für den Fall der Verletzung dieser Teilnahmepflicht kann die Ausländerbehörde den Verpflichteten mit Mitteln des Verwaltungszwangs (III-1.5) zur Teilnahme an den Kursen anhalten. Darüber hinaus müssen diejenigen, die ihrer Teilnahmepflicht nicht nachkommen, mit empfindlichen Nachteilen im Zusammenhang mit der Verlängerung oder Verfestigung ihres Aufenthaltstitels bzw. ihrer Einbürgerung rechnen. Bei Leistungsbeziehern nach SGB II, bei denen die Teilnahme zum Inhalt der Eingliederungsvereinbarung gemacht wurde, sind bei Nichtteilnahme die Leistungen zu kürzen. Nach Neuregelung von § 8 Abs. 3 S. 1 AufenthG hat die Ausländerbehörde vor Verlängerung einer Aufenthaltserlaubnis nunmehr festzustellen, ob einer etwaigen Pflicht zur Teilnahme an einem Integrationskurs ordnungsgemäß nachgekommen wurde. Die Zulässigkeit der hierfür nötigen Datenübermittlung der Träger von Integrationskursen an die Ausländerbehörden ergibt sich dabei aus § 88a AufenthG.

8.2.1 Aufenthaltstitel

Ausländer, die in die Bundesrepublik Deutschland einreisen wollen, bedürfen hierzu eines in § 4 AufenthG genannten Aufenthaltstitels. Ausgenommen hiervon ist im Wesentlichen nur der in § 1 Abs. 2 AufenthG genannte Personenkreis. Dieser umfasst vor allem die in Nr. 1 genannten **freizügigkeitsberechtigten EU-Bürger** und deren drittstaatsangehörigen Familienmitglieder. Letztere erhalten nach § 5 Abs. 1 FreizügG/EU eine Aufenthaltskarte für Familienangehörige von Unionsbürgern. Weil die Unterscheidung zwischen EU-Bürgern und Bürgern anderer Staaten aufenthaltsrechtlich so folgenreich ist, verwendet man heute nicht mehr den beide Gruppen umfassenden Begriff des Ausländers, sondern differenziert zwischen EU-Bürgern und sog. Drittstaatsbürgern. Weitere Befreiungen vom Erfordernis eines Aufenthaltstitels (etwa für Transitreisende, Inhaber bestimmter Dienstpässe, Flug- und Schiffspersonal o. Ä.) sind in §§ 18 ff. AufenthV geregelt. Die in § 4 AufenthG aufgeführten Aufenthaltstitel sind:

- das Visum,
- die Aufenthaltserlaubnis,
- die Blaue Karte EU
- die Niederlassungserlaubnis
- die Erlaubnis zum Daueraufenthalt – EU.

Die allgemeinen Voraussetzungen für die Erteilung der genannten Aufenthaltstitel sind in § 5 AufenthG geregelt. Zu ihnen gehört insb. die Erfüllung der Passpflicht sowie ein Nachweis, dass der Lebensunterhalt abgesichert ist. Weiterhin muss die Identität des Einreisebegehrenden geklärt sein und es darf kein Ausweisungsgrund für ihn vorliegen. Schließlich darf seine Einreise nicht die Interessen der Bundesrepublik Deutschland beeinträchtigen oder gefährden. Hiermit sind auch die in § 1 Abs. 1 AufenthG genannten wirtschaftlichen und arbeitsmarktpolitischen Interessen gemeint (Hailbronner 2014, 94), Jedoch werden sie nach inzwischen erfolgter Klarstellung des Gesetzes, dass die Bundesrepublik Deutschland ein Zuwanderungsland ist, nicht mehr undifferenziert und pauschal vorgetragen werden können. Vielmehr werden nunmehr exakte Zuwanderungsbedarfe bzw. -begrenzungen formuliert werden müssen (Heinhold/Classen 2004, 16). Im Übrigen greifen derartige besondere Interessenlagen der Bundesrepublik i. d. R. nicht, soweit ein Rechtsanspruch auf Erteilung eines Aufenthaltstitels besteht. allgemeine Einreisevoraussetzungen

Dem Visum kommt nach der Systematik des AufenthG eine **doppelte Funktion** zu. Zum einen ist es i. d. R. Voraussetzung für die Erteilung eines verfestigten Aufenthaltsziels (§ 5 Abs. 2 AufenthG). Es ist in diesem Regelungszusammenhang nur dann entbehrlich, wenn anderenfalls der humanitäre Schutz des Einreisebegehrenden nicht gewährleistet werden könnte oder wenn es aus anderen Gründen dem bereits eingereisten Ausländer nicht zugemutet werden kann, das Land noch einmal zum Zwecke der Visumsbeschaffung zu verlassen. Zum anderen aber ist es ein eigenständiger Aufenthaltstitel. Erteilt wird es gem. § 6 Abs. 1 Nr. 1, Abs. 2 AufenthG i. d. R. als sog. Schengen-Visum. Dies bedeutet, dass es für einen Aufenthalt bis zu drei Monaten für den gesamten Schengener Raum gültig ist (zum Schengener Abkommen vgl. I-1.1.5.1). Bei einem längeren Aufenthalt wird allerdings weiterhin ein nationales Visum erteilt. Hierfür müssen, wegen seines rechtlichen Charakters als Aufenthaltstitel die allgemeinen Erteilungsvoraussetzungen in § 5 AufenthG erfüllt sein; es bedarf gem. § 31 AufenthV der vorherigen Zustimmung der Ausländerbehörde. Eine dritte Form ist schließlich das Flughafentransitvisum, das zur Durchreise durch die internationale Transitzone der Flughäfen nötig ist (§ 6 Abs. 1 Nr. 2 AufenthG). Von der Visumspflicht befreit sind die Bürger jener Länder, die im Anhang II zur Verordnung Nr. 539/2001/EG, der sog. DrittländerVO, aufgeführt werden. Visum § 6 AufenthG

Bei der Aufenthaltserlaubnis gem. § 7 AufenthG handelt es sich um einen **befristeten Aufenthaltstitel**. Die Befristung erfolgt entsprechend dem Aufenthaltszweck, für den der Aufenthaltstitel beantragt wird. Als Zweck des Aufenthaltes kommen zunächst Ausbildung, Erwerbstätigkeit, Familiennachzug oder völkerrechtliche, humanitäre oder politische Gründe in Betracht (vgl. III-8.2.2). Hinzu treten aber noch die besonderen Aufenthaltsgründe der §§ 37 ff. AufenthG (Recht auf Wiederkehr) sowie § 25a AufenthG (Aufenthaltserlaubnis für gut integrierte langjährig geduldete Jugendliche und Heranwachsende). Sofern nicht bereits mit der Erteilung von vornherein durch die ausstellende Behörde ausgeschlossen, kann die Aufenthaltserlaubnis verlängert werden (§ 8 AufenthG). Aufenthaltserlaubnis § 7 AufenthG

Die Niederlassungserlaubnis nach § 9 AufenthG ist der Aufenthaltstitel, mit dem der Aufenthalt von Ausländern in der Bundesrepublik Deutschland am stärksten verfestigt ist. Sie wird unbefristet erteilt und berechtigt darüber hinaus zur Aus- Niederlassungserlaubnis § 9 AufenthG übung einer Erwerbstätigkeit. Mit Nebenbestimmungen darf sie nur in gesetzlich vorgesehenen Fällen versehen werden. Auf ihre Erteilung besteht bei Vorliegen der insgesamt neun in § 9 Abs. 2 AufenthG näher bezeichneten gesetzlichen Voraussetzungen (z. B. Sicherung des Lebensunterhalts, ausreichende Kenntnisse der deutschen Sprache) nach fünf Jahren Besitz einer Aufenthaltserlaubnis ein Rechtsanspruch, bei Asylberechtigten und Flüchtlingen i. S. d. Genfer Flüchtlingskonvention, sog. GFK-Flüchtlinge (vgl. III-8.3), bereits nach drei Jahren (§ 26 Abs. 2 AufenthG). Ebenfalls eine Verkürzung der Wartezeit auf drei Jahre sieht das Gesetz im Rahmen einer gebundenen Ermessensausübung für den ausländischen Ehegatten eines deutschen Bürgers, dessen ausländisches minderjähriges Kind sowie für den ausländischen sorgeberechtigten Elternteil dieses Kindes vor, § 28 Abs. 2 AufenthG (vgl. III-8.2.2.3). Nach 33 Monaten Beschäftigung entsteht ein Anspruch auf Erteilung der Niederlassungserlaubnis für Inhaber der Blauen Karte EU (§ 19a Abs. 6 AufenthG). In der besonderen und engen Fallgestaltung für sog. Hochqualifizierte nach § 19 AufenthG (vgl. III-8.2.2.2) kann die Niederlassungserlaubnis auch sofort erteilt werden. Einen Rechtsanspruch auf sofortige Erteilung einer Niederlassungserlaubnis haben unter den Voraussetzungen von § 38 Abs. 1 Nr. 1 AufenthG in das Bundesgebiet zurückkehrende ehemalige Deutsche.

Erlaubnis zum Daueraufenthalt EU § 9a AufenthG
Die Erlaubnis zum Daueraufenthalt EU gem. § 9a AufenthG ist ebenfalls ein unbefristeter Aufenthaltstitel. Sie ist der Niederlassungserlaubnis sowohl hinsichtlich ihrer Erteilungsvoraussetzungen als auch ihrer Wirkungen weitgehend gleichgestellt. Es handelt sich bei ihr in Umsetzung der Richtlinie 2003/109/EG um einen Aufenthaltstitel für Drittstaatsangehörige, die sich langfristig in der Bundesrepublik Deutschland aufhalten, und denen eine den Regelungen für EU-Bürger angenäherte Freizügigkeit innerhalb der EU ermöglicht werden soll.

Blaue Karte EU AufenthG
In Abweichung von der sonstigen Systematik des AufenthG ist die Blaue Karte EU nicht zusammen mit den anderen Aufenthaltstiteln unter den allgemeinen Einreise- und Aufenthaltsregelungen des ersten Abschnitts im zweiten Kapitel behandelt, sondern nur unter dem Regelungsaspekt des Aufenthaltszwecks. Dem soll hier hinsichtlich der Darstellung gefolgt werden (vgl. deshalb III-8.2.2.2).

keine Aufenthaltstitel
Keine Aufenthaltstitel sind die **Duldung** (§ 60a AufenthG) sowie die **Aufenthaltsgestattung** (§ 55 Abs. 1 S. 1 AsylVfG). Durch sie wird demzufolge auch kein rechtmäßiger Aufenthalt begründet. Vielmehr handelt es sich bei der Duldung um eine vorübergehende Aussetzung der Abschiebung, die jedoch eine bestehende Ausreisepflicht nicht berührt. Demgegenüber begründet die Aufenthaltsgestattung ein Aufenthaltsrecht, auf dessen Grundlage die Durchführung des Asylverfahrens ermöglicht wird (hierzu III-8.3.2).

8.2.2 Aufenthaltszwecke

Die in Kapitel 2 Abschnitt 3 bis 6 AufenthG für einen rechtmäßigen Aufenthalt in der Bundesrepublik Deutschland vorgesehenen Aufenthaltszwecke sind:

- Studium und Ausbildung,
- Erwerbstätigkeit, Forschung,

- völkerrechtliche, humanitäre oder politische Gründe,
- Familien- und Ehegattennachzug.

Daneben finden sich in den §§ 37 f. AufenthG noch besondere Regelungen für Ausländer, die als Minderjährige ihren rechtmäßigen gewöhnlichen Aufenthalt im Bundesgebiet hatten, sowie für in das Bundesgebiet zurückkehrende ehemalige Deutsche. Zusätzlich sieht der neu geschaffene § 37 Abs. 2a AufenthG erweiterte und erleichterte Rückkehrmöglichkeiten für Opfer von Zwangsverheiratung vor, wenn diese zuvor außer Landes verbracht und dort festgehalten wurden.

Da der Aufenthalt aus völkerrechtlichen, humanitären oder politischen Gründen häufig aus einem Asylverfahren heraus begehrt wird, werden die Regelungen dort (III-8.3) erläutert.

8.2.2.1 Ausbildung

Von der Regelung eines Aufenthaltes zu Ausbildungszwecken sollten vor allem Anreize für die Aufnahme eines Studiums an einer deutschen Hochschule oder Universität ausgehen. Deshalb ist u. a. ein studienvorbereitender Aufenthalt von maximal neun Monaten sowie ein Aufenthalt von bis zu 18 Monaten im Anschluss an ein Hochschulstudium zur Suche eines dem Ausbildungsabschluss adäquaten Arbeitsplatzes gesetzlich vorgesehen. Für die Zeit des Studiums selbst, für die der Lebensunterhalt auf dem Niveau des BAföG-Satzes nachweislich gesichert sein muss, wird die Ausübung einer Beschäftigung nicht gestattet. Ausgenommen hiervon sind allerdings studentische Nebentätigkeiten in einem Zeitumfang von insgesamt 120 vollen bzw. 240 halben Tagen pro Jahr (§ 16 Abs. 3 AufenthG). Nach dem Studium kann eine Beschäftigung aufgenommen werden, die der im Studium erworbenen Qualifikation entspricht, ohne dass hierfür, wie noch nach früherem Recht, eine gesonderte Zustimmung der BA erforderlich ist (§ 2 Abs. 1 Nr. 3 BeschV). § 18b AufenthG ermöglicht dann nach zweijähriger angemessener Beschäftigung die vorzeitige Erteilung einer Niederlassungserlaubnis.

Studium

§§ 16 f. AufenthG

Beschäftigungsmöglichkeiten im Anschluss an das Studium

Neben einem Hochschulstudium kommen als Ausbildungsmöglichkeiten im Übrigen noch betriebliche Aus- und Weiterbildungen, die Teilnahme an einem Sprachkurs sowie im Rahmen internationaler Schüleraustauschprogramme auch ein (zeitweiliger) Schulbesuch in Betracht.

8.2.2.2 Erwerbstätigkeit, Forschung

In der Eröffnung einer rechtlichen Möglichkeit von Zuwanderung zum Zweck der Erwerbstätigkeit bestand das ursprüngliche gesetzgeberische Grundanliegen der Neuregelung des Aufenthaltsrechts. Mit ihm sollten, nach dem Anwerbestopp für ausländische Arbeitskräfte 1973 und der allgemeinen Zuzugssperre für deren Familienangehörige 1975, die aufenthaltsrechtlichen Voraussetzungen für eine Neujustierung der gesamten Zuwanderungspolitik hin zu einer verstärkten Öffnung entsprechend den Bedürfnissen von Wirtschaft und Wissenschaft unter Berücksichtigung der jeweiligen Lage am deutschen Arbeitsmarkt erreicht werden. In diesem Zusammenhang wurde auch erstmalig in Deutschland ein eigenständiges Zu-

§§ 18 ff. AufenthG

Ziel der Regelung

zugsrecht für **Selbstständige** geschaffen (§ 21 AufenthG). Für die Erteilung einer entsprechenden Aufenthaltsgenehmigung waren zwar ursprünglich ein sehr hoher Eigenkapitaleinsatz und der Eintritt bestimmter Beschäftigungseffekte am Arbeitsmarkt vorausgesetzt; das Niveau dieser Voraussetzungen wurde jedoch seitdem immer weiter abgesenkt. Ähnliche Tendenzen lassen sich auch in Bezug auf die Erteilung von Aufenthaltstiteln für abhängig Beschäftigte erkennen. Sie verfolgen im Wesentlichen zwei Ziele. Zum ersten sollen sie zunehmend günstigere Bedingungen für die Zuwanderung von Hochqualifizierten schaffen und zum zweiten Zugewanderten, die sich aus anderen Gründen in der Bundesrepublik Deutschland aufhalten (Familienzusammenführung, humanitäre oder völkerrechtliche Gründe, Geflüchtete), den Zugang zum Arbeitsmarkt erleichtern. Damit sollen drei Effekte gleichzeitig erzielt werden: die Integrationschancen der Betroffenen sollen verbessert, ihr mitgebrachtes oder hier erworbenes Qualifikationspotenzial volkswirtschaftlich genutzt und damit zugleich die Sozialsysteme entlastet bzw. gestärkt werden.

Zustimmung der Arbeitsbehörde Bereits mit Einführung des Gesetzes wurde das bisherige doppelte Genehmigungsverfahren für das Aufenthaltsrecht und den Arbeitsmarktzugang durch einen einheitlichen Verwaltungsakt der Ausländerbehörde ersetzt. Notwendig blieb jedoch in den meisten Fällen eine **Zustimmung der Arbeitsbehörde**, die innerhalb eines behördeninternen Verfahrens zwischen Arbeits- und Ausländerbehörde erteilt wird (§ 18 Abs. 2 i. V. m. § 39 AufenthG). Im Ergebnis hatte und hat sich aber damit zunächst noch nichts an dem arbeitsmarktpolitischen Primat der Entscheidung über das Aufenthaltsrecht geändert (Marx 2005, § 3 Rz. 17). Nach ihm gelten vor allem die Grundsätze der Vermeidung eines Überangebots an Beschäftigungssuchenden sowie einer prinzipiellen Nachrangigkeit bei der Beschäftigung von Ausländern gegenüber deutschen bzw. EU-Arbeitnehmern und anderen gesetzlich privilegierten Gruppen (sog. Vorrangprüfung, § 39 Abs. 2 AufenthG). Die Verordnung zur Änderung des Ausländerbeschäftigungsrechts vom 06.06.2013 brachte jedoch eine weitgehende Neuordnung des Arbeitsmigrationsrechts mit sich. Zwar gelten die aufenthaltsrechtlichen Regelungen des § 39 AufenthG im Grundsatz unverändert weiter; mit der Neuregelung der BeschV, in die die alte BeschVerfV mit eingegangen ist, hat sich nunmehr aber die Reihe der bisher schon bestehenden Ausnahmeregelungen von diesem Grundsatz deutlich verlängert. Eine besondere Bedeutung hat in diesem Zusammenhang der in § 19a AufenthG i. V. m. § 4 Abs. 1 Nr. 2a **Blaue Karte EU** AufenthG neu geschaffene Aufenthaltstitel der Blauen Karte EU. Die Vorschrift wurde in Umsetzung der Richtlinie 2009/50/EG (HochqualifiziertenRL) eingefügt und eröffnet die Möglichkeit der Erlangung einer Aufenthaltserlaubnis für zunächst bis zu vier Jahren für hochqualifizierte Drittstaatsangehörige zum Zweck einer ihrer Qualifikation angemessenen Beschäftigung sowie eines privilegierten, d. h. zeitlich stark verkürzten Übergangs zur Niederlassungserlaubnis unter den in § 19a Abs. 6 AufenthG genannten Voraussetzungen – bei ausreichenden Kenntnissen der deutschen Sprache auf 21 Monate, sonst auf 33 Monate. Die Blaue Karte EU, für die regelmäßig ein Hochschulabschluss oder eine in mind. fünfjähriger Berufserfahrung nachgewiesene vergleichbare Qualifikation vorliegen muss, wird in zwei Fallgruppen erteilt. Die erste betrifft Bewerber auf eine Beschäftigungsstelle mit einem Gehalt von mindestens zwei Dritteln der jährlichen Beitragsbemessungsgrenze in der allgemeinen Rentenversicherung (derzeit 44.800 €). In diesem Fall bedarf die Erteilung des Aufenthaltstitels weder der Zustimmung der BA noch einer Vorrangprüfung. Die zweite Fallgruppe bilden Bewerber mit einem sog. Mangelberuf (insb. Naturwissenschaftler, Mathematiker, Ingenieure, Ärzte, IT-Spezialisten, Architekten) mit einem durch die RVO festgelegten Jahresgehalt von derzeit mindestens 37.128 €. Hier ist, zumindest wenn die Qualifikation nicht an einer deutschen Hochschule erworben wurde, weiterhin die Zustimmung der BA erforderlich, die jedoch ohne Vorrangprüfung erteilt wird (§ 2 BeschV). Eine Spezialregelung findet sich noch in § 20 AufenthG für die Aufenthaltserlaubnis zum Zweck der Forschung. Dem aus dieser Vorschrift berechtigten Personenkreis wird nach § 5 BeschV, ebenso wie auch Führungskräften i. S. v. § 3 BeschV, die Aufenthaltserlaubnis zustimmungsfrei erteilt. Für leitende Angestellte und Spezialisten hingegen, die z. B. benötigt werden, weil sie über unternehmensspezifische Spezialkenntnisse verfügen, ist wiederum für die Erteilung eines Aufenthaltstitels die Zustimmung der BA im Wege der Ermessensausübung erforderlich („kann" – Bestimmung in § 4 BeschV). In besonderen Fällen können Hochqualifizierte auch sofort eine Niederlassungserlaubnis erhalten (§ 19 AufenthG). Während sich der Zugang zum deutschen (und europäischen) Arbeitsmarkt für Hochqualifizierte also nahezu barrierefrei gestaltet, ist für Bewerber mit einem Ausbildungsberuf der Anwerbestopp de facto weiterhin in Kraft oder bestenfalls gelockert. Die Regelungen in § 18 AufenthG und § 6 BeschV, nach denen die BA dem Antrag auf Erteilung einer Aufenthaltsgenehmigung für ausländische Arbeitnehmer erteilen kann, wird, außer in den Sonderfällen des Vorliegens entsprechender zwischenstaatlicher Vereinbarungen oder besonderer Beschäftigtengruppen (Sprachlehrer, Spezialitätenköche, Hausangestellte u. a., vgl. §§ 10 ff. BeschV), weitestgehend nur dann praktisch werden, wenn der Beruf des Bewerbers in eine sog. Positivliste besonders gesuchter Berufe der BA aufgenommen wurde (v. a. Techniker, Elektroniker, Klempner, Fachkräfte in Gesundheits- und Pflegeberufen).

Aufenthalt zu Forschungszwecken

Nach § 18a AufenthG kann auch qualifizierten Geduldeten eine Aufenthaltserlaubnis zum Zweck der Ausübung einer ihrer Qualifikation entsprechenden Beschäftigung erteilt werden. Voraussetzungen sind hierfür neben den sonstigen allgemeinen Voraussetzungen, wie ausreichende Sprachkenntnisse, ausreichender Wohnraum, keine Vorstrafen u. a. (§ 18a Abs. 1 Nr. 2 bis 7 AufenthG), der Abschluss einer Berufs- oder Hochschulausbildung im Bundesgebiet bzw. alternativ ein anerkannter oder ein einem deutschen Hochschulabschluss gleichwertiger ausländischer Hochschulabschluss. Im letztgenannten Fall müssen zusätzlich noch zwei- bzw. dreijährige qualifizierte Beschäftigungszeiten nachgewiesen werden.

langjährig Geduldete

Auch für türkische Arbeitnehmer gelten zunächst, wie für andere Nicht-EU-Bürger auch, die aufenthaltsrechtlichen Bestimmungen zur Einreise in die Bundesrepublik Deutschland (hier also zum Zweck der Erwerbstätigkeit, aber auch z. B. zum Zweck der Familienzusammenführung). Ist jedoch die Einreise vollzogen, bestimmt sich ihre beschäftigungsrechtliche Position nach den für sie günstigeren Regelungen in Art. 6 bzw. – für Familienangehörige – Art. 7 des Beschlusses 1/80 des Assoziationsrates EWG – Türkei (ARB 1/80), die insoweit den Bestimmungen des AufenthG vorgehen. Hierzu gehört vor allem, dass bereits nach einem Jahr ordnungsgemäßer Beschäftigung ein Rechtsanspruch auf weiteren Aufenthalt und in der Folge nach insgesamt vier Jahren Vorbeschäftigungszeit ein ungehinderter Zugang zum Arbeitsmarkt entsteht.

Beschäftigungserlaubnis Von der Frage der Erteilung eines Aufenthaltstitels zum Zweck der Erwerbstätigkeit zu unterscheiden ist die Frage, unter welchen Voraussetzungen Ausländer, die aus anderen als den in §§ 18–21 AufenthG genannten Gründen über ein Aufenthaltsrecht verfügen, einer Beschäftigung nachgehen dürfen. Zwar regelt hierzu § 4 Abs. 2 S. 2 AufenthG, dass der Aufenthaltstitel selbst schon erkennen lassen muss, ob eine Erwerbstätigkeit erlaubt ist. Dies ist für die Niederlassungserlaubnis jedoch bereits per definitionem erfüllt (§ 9 Abs. 2 S. 2, 1. HS AufenthG). Auch in anderen gesetzlich vorgesehenen Fällen hat der entsprechende Vermerk hierzu lediglich deklaratorischen (rechtsfeststellenden) Charakter. Einer Zustimmung der Arbeitsbehörde bedarf es dann nicht. Wichtige praktische Anwendungsfälle einer derartigen Erwerbserlaubnis von Gesetzes wegen sind insb. das Aufenthaltsrecht für Asylberechtigte und anerkannte Flüchtlinge (§ 25 Abs. 1 S. 4, Abs. 2 S. 2 AufenthG) sowie der Familiennachzug (§ 27 Abs. 5 AufenthG). In den nicht ausdrücklich durch das Gesetz privilegierten Fällen hingegen bedarf eine Beschäftigungserlaubnis, die durch die Ausländerbehörde erteilt wird, wiederum der Zustimmung durch die Arbeitsbehörde. Hier entfaltet der entsprechende Vermerk auf dem Visum oder der Aufenthaltserlaubnis konstitutive (rechtsbegründende) Wirkung (§ 4 Abs. 2 AufenthG). Gesonderte Regelungen bestehen für Menschen im Asylverfahren und mit einer Duldung (hierzu III-8.3).

8.2.2.3 Aufenthalt aus familiären Gründen

Verfassungsrechtlicher Bezugsrahmen der Aufenthaltstitel wegen Familiennachzuges ist der in Art. 6 GG geregelte Grundrechtsschutz von Ehe und Familie (vgl. hierzu I-2.2.6). Hieraus folgt zugleich eine Zweckbindung des Aufenthaltstitels, die nicht nur für seine Erteilung, sondern auch für seine spätere Verlängerung maßgeblich ist: die Herstellung und Wahrung der familiären Lebensgemeinschaft (§ 27 Abs. 1 AufenthG). Die Regelung ist daher vor allem auf den Nachzug von ausländischen Ehegatten und minderjährigen Kindern zugeschnitten. Eine Gleichbehandlung lebenspartnerschaftlicher Gemeinschaften i. S. d. LPartG ist dabei mit § 27 Abs. 2 AufenthG sichergestellt. Ein Rechtsanspruch auf Erteilung einer Aufenthaltserlaubnis ist in § 36 Abs. 1 AufenthG auch für die Eltern von minderjährigen Asylberechtigten bzw. anerkannten Flüchtlingen enthalten, sofern sich kein sorgeberechtigter Elternteil des MJ im Bundesgebiet aufhält. Der Nachzug sonstiger Familienangehöriger hingegen ist nur auf der Grundlage der Härtefallregelungen in §§ 36 Abs. 2, 28 Abs. 4 AufenthG möglich (etwa im Falle des Nachzuges eines nach Eintritt der Volljährigkeit Adoptierten zu seinen Adoptiveltern, vgl. Marx 2005, § 4 Rn. 163 ff.).

Der Rechtsanspruch auf Erteilung einer Aufenthaltserlaubnis ist jedoch an das grundsätzliche Vorliegen der in § 5 Abs. 1 AufenthG genannten allgemeinen **Erteilungsvoraussetzungen** für einen Aufenthaltstitel gebunden. Allerdings lässt eine Reihe von Vorschriften zum Familiennachzug explizit Abweichungen von diesen allgemeinen Erteilungsvoraussetzungen zu. Dabei wird der Nachzug zu deutschen Staatsangehörigen durch die Regelung in Übereinstimmung mit der Rspr. des BVerfG (BVerfGE 76, 1) insgesamt privilegiert (§ 28 AufenthG). So wird im Falle des Nachzugs eines ausländischen minderjährigen Kindes zu einem deutschen Elternteil oder eines ausländischen personensorgeberechtigten Elternteils zu seinem deutschen Kind auf die Voraussetzung des gesicherten Lebensunterhalts (§ 5 Abs. 1 Nr. 1 AufenthG) verzichtet (§ 28 Abs. 1 S. 1 Nr. 2 und 3, S. 2 AufenthG), bei Nachzug zum deutschen Ehegatten soll auf sie verzichtet werden (§ 28 Abs. 1 S. 1 Nr. 1, S. 3 AufenthG). Demnach ist es möglich, dass hier die Genehmigung des Nachzuges zum deutschen Ehegatten davon abhängig gemacht wird, dass der Lebensunterhalt des nachziehenden Partners gesichert ist, mithin keine Leistungen nach SGB II oder XII in Anspruch genommen werden müssen. Im Fall des nicht sorgeberechtigten ausländischen Elternteils kann auf sie verzichtet werden, wenn er bereits mit seinem deutschen Kind im Bundesgebiet in einer familiären Gemeinschaft lebt (§ 28 Abs. 1 S. 4 AufenthG). Die zu Deutschen nachziehenden Familienangehörigen erhalten im Rahmen gebundener Ermessensausübung nach drei Jahren rechtmäßigen Aufenthalts eine Niederlassungserlaubnis. Voraussetzung sind hierfür u. a. ausreichende Kenntnisse der deutschen Sprache (§ 28 Abs. 2 AufenthG).

Nachzug zu deutschen Familienangehörigen

Für den Nachzug zu in der Bundesrepublik lebenden ausländischen Familienangehörigen wird neben den bereits genannten allgemeinen Erteilungsvoraussetzungen weiterhin verlangt, dass ausreichender Wohnraum zur Verfügung steht (§ 29 Abs. 1 Nr. 2 AufenthG). Darüber hinaus wird hier zwischen dem Ehegattennachzug (§ 30 AufenthG) und dem Kindernachzug, dort wiederum zwischen minderjährigen Kindern, die das 16. Lebensjahr bereits vollendet haben, und solchen, die jünger sind (§ 32 AufenthG), differenziert. Schließlich differieren die Regelungen zum Zuzug von ausländischen Familienangehörigen in Abhängigkeit von der Art des Aufenthaltstitels, der Dauer seines Bestehens und dem Zweck seiner Erteilung. So besteht etwa gem. § 30 Abs. 1 AufenthG in all den Fällen ein Rechtsanspruch auf Erteilung einer Aufenthaltserlaubnis, wenn der bereits in der Bundesrepublik lebende Ehegatte eine Niederlassungserlaubnis besitzt, wenn er als asylberechtigt bzw. als Flüchtling i. S. d. GFK anerkannt ist und er demzufolge zumindest über eine Aufenthaltserlaubnis verfügt, wenn er bereits seit fünf Jahren eine Aufenthaltserlaubnis besitzt oder wenn die Ehe jedenfalls zum Zeitpunkt der Erteilung der Aufenthaltserlaubnis für ihn bereits bestand. Als weitere Voraussetzungen treten nunmehr hinzu, dass beide Ehegatten das 18. Lebensjahr vollendet haben und der nachziehende Ehegatte sich zumindest auf einfache Art in deutscher Sprache verständigen kann. Diese Erweiterung soll nach den Vorstellungen des Gesetzgebers die Praxis von Zwangsverheiratungen erschweren. Der Gesetzgeber widmet diesem Thema in letzter Zeit verstärkt seine Aufmerksamkeit, u. a. auch dadurch, dass er mit § 237 StGB eine eigene Strafbestimmung zur **Zwangsheirat** eingeführt hat. Zwar war die Zwangsverheiratung auch bisher schon unter Strafe gestellt; sie galt nach § 240 Abs. 4 Nr. 1 StGB als besonders schwerer Fall der Nötigung. Auch hat sich der Strafrahmen nicht verändert. Jedoch soll Zwangsheirat dadurch, dass ihr ein eigenständiger Straftatbestand gewidmet wird, „stärker als bisher als strafwürdiges Unrecht" geächtet werden (BT-Ds 17/4401, 9). Zusätz-

Nachzug zu ausländischen Familienangehörigen

lich liegt mit § 55 Abs. 2 Nr. 11 AufenthG ein Ausweisungstatbestand (III 8.2.3) wegen (versuchter) Nötigung zur Eheschließung vor.

Ein **eigenständiges Aufenthaltsrecht** erhält der nachgezogene Ehegatte nach drei Jahren Ehebestandszeit (§ 31 Abs. 1 AufenthG), auf die allerdings in besonderen Härtefällen als Voraussetzung der Aufenthaltserteilung verzichtet werden kann (§ 31 Abs. 2 AufenthG). Mit der regelmäßigen Verlängerung der Mindestbestandszeit um ein Jahr im Vergleich zur vorherigen Regelung soll nach der Vorstellung des Gesetzgebers „der Anreiz für die Eingehung einer Scheinehe verringert" werden (BT-Ds 17/4401, 9; zur sog. Scheinehe vgl. II-2.2.1). Ein eigenständiges unbefristetes Aufenthaltsrecht (Niederlassungserlaubnis) für minderjährige ausländische Kinder ab einem Mindestalter von 16 Jahren ist in § 35 AufenthG geregelt.

Nach (gebundenem) Ermessen entschieden wird über die Erteilung einer Aufenthaltserlaubnis an Drittstaatsangehörige, deren Ehepartner oder Eltern im Rahmen von humanitären Hilfsaktionen Aufnahme in der Bundesrepublik Deutschland gefunden haben (§ 22 AufenthG), die ein Bleiberecht nach § 23 AufenthG haben, die subsidiären Schutz i. S. v. § 4 AsylVfG erhalten oder bei denen ein Abschiebungsverbot nach § 60 Abs. 5 oder 7 AufenthG besteht (§ 29 Abs. 3 S. 1 AufenthG). Zu Drittstaatsangehörigen hingegen, die über eine Aufenthaltserlaubnis nach § 25 Abs. 4 oder 5 AufenthG verfügen (hierzu gleich im Anschluss unter III-8.3), ist ein Familiennachzug durch § 29 Abs. 3 S. 2 AufenthG – übrigens wegen Art. 6 Abs. 1 GG in verfassungsrechtlich bedenklicher Weise (hierzu Marx 2005, § 4 Rn. 64 f.) – ohne jede Ausnahme ausgeschlossen. Durch dieses „System der ausgeklammerten Voraussetzungen" (Frings/Knösel 2005, 62) erweist sich der Regelungskomplex, der auf den ersten Blick durchaus überschaubar scheint, insgesamt als in hohem Maße fallgruppenbezogen ausdifferenziert. Dies setzt sich fort etwa bei einem eigenständigen Aufenthaltsrecht für Elternteile volljährig gewordener deutscher Kinder (§ 28 Abs. 3 AufenthG) wie auch für volljährig gewordene ausländische Kinder (§ 34 AufenthG). Hinzu treten die zusätzlich zu berücksichtigenden speziellen Nachzugsregelungen für Familienangehörige türkischer Arbeitnehmer nach Art. 7 ARB 1/80.

8.2.3 Aufenthaltsbeendigung

Begründung der Ausreisepflicht Die Verpflichtung zur Ausreise entsteht, wenn ein Ausländer einen Aufenthaltstitel nicht oder nicht mehr besitzt (§ 50 Abs. 1 AufenthG). Sie entsteht demnach dann, wenn der Ausländer ohne über einen Aufenthaltstitel zu verfügen in das Bundesgebiet eingereist ist oder aber weil sein Aufenthaltstitel erloschen ist. Letzteres tritt ein, wenn eine der in § 51 Abs. 1 Nr. 1 bis 8 AufenthG genannten Fallkonstellationen vorliegt. Die praktisch bedeutsamsten unter ihnen sind folgende:

- der Ablauf der Geltungsdauer des Aufenthaltstitels,
- der Eintritt einer auflösenden Bedingung (etwa Beendigung einer Ausbildung),
- der Widerruf, insb. bei Erlöschen der Anerkennung als Asylberechtigter oder als GFK-Flüchtling (§ 52 AufenthG), aber auch bei unerlaubter Erwerbstä-

tigkeit von Studierenden, wenn bei überschrittener durchschnittlicher Studiendauer keine ausreichenden Studienfortschritte zu erkennen sind oder wenn etwa ein Forschungsprojekt nicht fortgesetzt werden kann,
- die Rücknahme. Der VA war hier von Anfang an rechtswidrig, z. B. weil er aufgrund unrichtiger Angaben zustande gekommen war, § 48 VwVfG (vgl. BVerwG 19.11.2013 – 10 C 27/12, wonach die Rücknahme einer – durch Täuschung erlangten – Flüchtlingsanerkennung selbst dann möglich sein soll, wenn sie auf einem rechtskräftigen Urteil beruht, mit dem das BAMF zur Anerkennung verpflichtet wurde),
- die Ausweisung. Es handelt sich hierbei um eine aufenthaltsbeendende Ordnungsmaßnahme, die im Einzelfall zum Zweck der Gefahrenabwehr gegen Drittstaatsangehörige mit rechtmäßigem Aufenthalt in der Bundesrepublik Deutschland angewendet wird. Die hier in Rede stehenden Gefahren für die öffentliche Ordnung und Sicherheit sind in den §§ 53 ff. AufenthG als Reaktion auf verschiedene Straftaten und andere Rechtsverstöße, wie etwa die Zugehörigkeit zu einem verbotenen Verein oder die Teilnahme an einer verbotenen Demonstration, aber auch bei falschen Angaben bei der Beantragung eines Visums, bei illegaler Prostitution oder gegen sog. Hassprediger vorgesehen. Ausgestaltet ist sie je nach Schwere der Straftat (Höhe des Strafausspruchs und Anzahl der Strafen), Art des Delikts (Verstöße gegen das BtMG, Schleuserkriminalität) oder Intensität der rechtswidrigen Handlung als zwingende, Regel- oder Ermessensausweisung. Letztere kommt jedoch auch bei der Inanspruchnahme von Sozialhilfe, in besonderer Fallkonstellation sogar bei Inanspruchnahme stationärer Leistungen im Rahmen von Hilfen zur Erziehung in Betracht (vgl. III-8.4.1). Nicht nur aus humanitärem, sondern auch aus rechtlichem Blickwinkel müssen derartige Regelungen kritisch gesehen werden, da sie die **Einheitlichkeit der Rechtsordnung** infrage stellen. Es widerspricht auch allgemeinen Gerechtigkeitsgrundsätzen, wenn die Rechtsordnung für die Inanspruchnahme eines Rechts negative Sanktionen vorsieht. Insbesondere im Bereich des Kinder- und Jugendhilferechts entledigt sich der Gesetzgeber auf diese Art und Weise völkerrechtlich verbindlicher Verpflichtungen zum Schutz Minderjähriger, die er mit dem Beitritt zum Haager Minderjährigenschutzabkommen, seit 01.01.2011 dem Haager Kinderschutzübereinkommen, eingegangen ist (vgl. Münder et al. 2013, § 6 Rz. 15). Mit der Novellierung des Zuwanderungsrechts sind in § 55 Abs. 2 Nr. 9 bis 11 AufenthG schließlich noch die Ausweisungstatbestände der Einwirkung auf junge Menschen zur Hasserziehung, der Nötigung zur Nichtteilnahme am öffentlichen Leben sowie der (versuchten) Nötigung zur Eheschließung hinzugefügt worden. Jedoch gewährt § 56 AufenthG in Abhängigkeit vom Verfestigungsgrad des Aufenthaltstitels, der Aufenthaltsdauer, dem Aufenthaltszweck sowie der familiären Eingebundenheit besonderen Ausweisungsschutz. Ihm unterliegen gem. Abs. 2 noch einmal in besonderer Weise Minderjährige und Heranwachsende. Gleichwohl würde eine ins Detail gehende Analyse zu dem Ergebnis kommen müssen, dass das geltende Ausweisungsrecht dem durch Art. 8 Abs. 1 EMRK gebotenen Schutz nicht in im vollen Umfang gerecht wird (Behlert 2002, 328 f.; Marx 2005, § 5 Rn 162). Im Übrigen gelten für türkische Arbeitnehmer und deren Familienangehörige nicht

Ausweisung

§§ 53 ff. AufenthG, sondern die Vorschriften in Art. 14 Abs. 1 ARB 1/80 (i. E. Hailbronner 2014, 317).

- die Bekanntgabe einer Abschiebungsanordnung (§ 58a AufenthG). Dieses dem bisherigen Ausländerrecht nicht bekannte schärfste Instrument der Aufenthaltsbeendigung kann ohne vorherige Abschiebungsandrohung von einer obersten Landesbehörde erlassen werden und ist sofort vollziehbar. In das Gesetz aufgenommen wurde die Abschiebungsanordnung zur Abwehr einer besonderen Gefahr für die Sicherheit der Bundesrepublik Deutschland oder einer terroristischen Gefahr. Zur Anwendung kommt sie bereits aufgrund einer auf Tatsachen gestützten Prognose und ohne dass Raum für eine in welchem Umfang auch immer erfolgende Interessenabwägung bliebe. Darüber hinaus verstellt sie dauerhaft jegliche Wiederkehroption (§ 11 Abs. 1 S. 5 AufenthG). Aus diesen Gründen stößt sie sowohl aus menschenrechtlicher Sicht (Art. 8 EMRK; zum Geltungsrang von Art. 8 EMRK vgl. Benassi 2005, 400 f.) als auch aus dem Blickwinkel des Menschenwürdegebots des Art. 1 Abs. 1 GG auf nachhaltige Bedenken (Marx 2005, § 5 Rn. 387).

Abschiebung Ist in einer der genannten Formen eine Ausreisepflicht begründet worden, so hat der Ausländer unverzüglich oder, im Falle einer Fristsetzung, spätestens mit Ablauf dieser Frist das Bundesgebiet zu verlassen (§ 50 Abs. 2 AufenthG). Kommt er dieser Pflicht nicht nach, so wird er vollziehbar ausreisepflichtig. Damit ist gem. § 58 AufenthG, der in Abs. 2 noch weitere Fallkonstellationen der vollziehbaren Ausreisepflicht nennt, die Ausreisepflicht im Wege der Abschiebung zwangsweise durchzusetzen. Hierzu ergeht zunächst eine Abschiebungsandrohung nach § 59 Abs. 1 AufenthG, mit der zugleich eine Frist zur Ausreise gesetzt wird. Für abgelehnte Asylbewerber gilt § 34 AsylVfG. Nach Ablauf der Frist wird die Abschiebung festgesetzt und schließlich durchgeführt (im Jahr 2013 in insg. 10.198 Fällen). Ist die Abschiebung aus tatsächlichen oder rechtlichen Gründen unmöglich, so wird sie, sofern die Erteilung einer Aufenthaltserlaubnis nicht in Betracht kommt, gem. § 60a Abs. 2 AufenthG ausgesetzt (Duldung). Die hier in Betracht **Abschiebungs-** kommenden rechtlichen Gründe müssen dabei nicht zwingend zielstaatsbezogene **hindernisse** Abschiebungshindernisse nach § 60 AufenthG sein. Vielmehr können auch inlandsbezogene Abschiebungsverbote etwa aus Art. 2 Abs. 2 GG (z. B. bei Krankheit) oder aus Art. 6 Abs. 1 (z. B. wegen Ausübung des Umgangsrechts – Beschluss des BVerfG vom 08.12.2005 – 2 BvR 1001/04 – oder bei unmittelbar bevorstehender Eheschließung) vorliegen (hierzu: Duchrow/Spieß 2005, 149 ff.). Einen faktischen Abschiebungsschutz für unbegleitete minderjährige Drittstaatsangehörige vermittelt § 58 Abs. 1a AufenthG (vgl. auch BVerwG 13.06.2013 – 10 C 13.12 – BVerwGE 147, 8).

Abschiebungshaft Andererseits kann ein vollziehbar ausreisepflichtiger Ausländer auf der Grundlage einer richterlichen Anordnung aber auch zur Sicherung der Abschiebung in Abschiebungshaft genommen werden (§ 62 Abs. 2 u. 3. AufenthG). Eine derartige Sicherungshaft ist z. B. dann vorzunehmen, wenn der Ausländer aufgrund einer unerlaubten Einreise vollziehbar ausreisepflichtig ist oder er sich einer Abschiebung entzogen hat bzw. wenn der begründete Verdacht besteht, dass er sich ihr entziehen will. Das Verfahren hierfür richtet sich nach §§ 415 ff. FamFG. Obwohl

Abschiebungshaft keine Strafhaft ist, wurde sie in mehreren Bundesländern dennoch unter Umgehung der Festlegungen in Art. 16 Richtlinie 2008/115/EG vom 16.12.2008 (RückführungsRL) in Strafvollzugseinrichtungen durchgeführt. Dies betraf in direktem Verstoß gegen Art. 17 Abs. 4 der Richtlinie auch Minderjährige. Inzwischen hat auch der EuGH in seiner Entscheidung v. 17.07.2014 (C-473/13 et. al.) die Rechtswidrigkeit dieser Praxis festgestellt.

8.3 Aufenthalt aus völkerrechtlichen, humanitären und politischen Gründen

Mit der rasant wachsenden Anzahl von Asylbewerbern nach dem Zusammenbruch der sozialistischen Staaten in Mittel-, Ost- und Südosteuropa (von 57.379 im Jahre 1987 auf immerhin 438.191 im Jahre 1992) wurde die Praxis der Aufenthaltsgewährung aus humanitären Gründen zu einem der bestimmenden Themen der gesellschaftspolitischen Auseinandersetzung in der Bundesrepublik Deutschland. Gesetzgeberisch schlug sie sich in der Grundgesetzänderung vom 28.06.1993 sowie in weiteren mit dem 01.07.1993 in Kraft getretenen Asylrechtsänderungen nieder. Auf rechtlichem Gebiet wurde sie beherrscht von der Kontroverse um die Verfassungsmäßigkeit der genannten Verfassungs- und Gesetzesänderungen sowie ihre Vereinbarkeit mit den völkerrechtlich verbindlichen **Standards des internationalen Menschenrechtsschutzes**, wie sie etwa in der Genfer Flüchtlingskonvention (GFK) und der Europäischen Menschenrechtskonvention (EMRK) niedergelegt sind (vgl. hierzu Zimmermann 1994; Marx 1993). Formal wurde der Streit mit dem Urteil des BVerfG vom 14.05.1996 (BVerfGE 94, 49) beigelegt, wobei auch hier drei Verfassungsrichter, darunter die damalige Präsidentin des BVerfG, abweichende Voten abgaben, in denen sie die Entscheidung ihres eigenen Gerichts in ungewöhnlich scharfer Form kritisierten. Die damalige Entscheidung des BVerfG verwies vor allem auf europäische Entwicklungen, die für diesen Regelungskomplex von übergeordneter Bedeutung sein sollen. Mit ähnlicher Intention ließ das Gericht auch 17 Jahre später die Chance ungenutzt, dem Asylrecht als derzeitigem „Grundrecht Dritter Klasse" (Süddeutsche Zeitung vom 30./31.10.2010) wieder den ihm von Verfassungs wegen gebührenden Rang einzuräumen, indem es der Beantwortung der Frage nach der Grundgesetzwidrigkeit des geltenden Flüchtlingsrechts auswich (BVerfG 25.01.2011 – 2 BvR 2015/09 – BVerfGE 128, 224).

Asylrechtsänderung 1993

Die angesprochenen europäischen Entwicklungen sind mit dem sog. Asylpaket aus dem Jahr 2013 an einem vorläufigen Endpunkt angekommen. Das Paket besteht im Wesentlichen aus den Richtlinien 2011/95/EU vom 13.12.2011 (QualifikationsRL), 2013/33/EU (AufnahmeRL) und 2013/32/EU (AsylverfahrensRL) sowie den Verordnungen (EU) 604/2013 (Dublin III) und (EU) 603/2013 (Eurodac) – sämtlich vom 26.06.2013. Die Umsetzung der Richtlinien erfolgte für die Bundesrepublik Deutschland, vor allem in Bezug auf die QualifikationsRL, in einem zum 01.12.2013 in Kraft getretenen (zweiten) Richtlinienumsetzungsgesetz, das zu Änderungen in den §§ 25, 26, 60 und 104 AufenthG sowie im AsylVfG führte.

europäisches Asylsystem

8.3.1 Asyl-, Flüchtlings- und internationaler subsidiärer Schutz

Asylberechtigte § 25 Abs. 1 AufenthG

Ist ein Ausländer unanfechtbar als Asylberechtigter anerkannt, so hat er einen Rechtsanspruch auf Erteilung einer Aufenthaltserlaubnis (§ 25 Abs. 1 AufenthG). Diesem Aufenthaltstatbestand kommt zweifelsohne nach wie vor eine zentrale rechtspolitische Bedeutung zu, denn er folgt unmittelbar aus der Verwirklichung

Grundrecht auf Asyl

des Grundrechts auf Asyl aus Art. 16a Abs. 1 GG. Hiernach ist asylberechtigt, wer politisch verfolgt wird. Allerdings soll in den Genuss des Asylrechts nicht kommen, wer aus einem sog. sicheren Drittstaat in die Bundesrepublik einreist (Art. 16a Abs. 2 GG i. V. m. § 26a AsylVfG). Da hierunter aber u. a. sämtliche an die Bundesrepublik angrenzende Staaten fallen, besteht bei einer Einreise in die Bundesrepublik auf dem Landweg mit dem Ziel der Asylgewährung praktisch von vornherein keine Aussicht auf Erfolg.

anerkannte Flüchtlinge § 25 Abs. 2 AufenthG

Asylberechtigten aufenthaltsrechtlich insoweit gleichgestellt sind jedoch gem. § 25 Abs. 2 erste Alt. AufenthG auch Drittstaatsangehörige, bei denen das Vorliegen der Flüchtlingseigenschaften i. S. d. GFK festgestellt wurde (§ 3 AsylVfG). Benannt sind diese in § 60 Abs. 1 AufenthG; die Vorschrift zitiert hierzu weitgehend Art. I Buchst. A Nr. 2 GFK. Hiernach gilt als Flüchtling und

Genfer Flüchtlingskonvention

darf demzufolge nicht abgeschoben werden, wessen Freiheit oder Leben wegen seiner Rasse, Religion, Nationalität, seiner Zugehörigkeit zu einer bestimmten sozialen Gruppe oder wegen seiner politischen Überzeugungen bedroht ist. §§ 3a bis 3e AsylVfG definieren dies näher. So stellt § 3b AsylVfG klar, dass neben den bekannten Verfolgungsgründen (Zugehörigkeit zu einer Religion, einer ethnischen oder nationalen Minderheit etc.) auch die Verfolgung u. a. wegen der kulturellen oder auch geschlechtlichen Identität bzw. der sexuellen Orientierung rechtlich anzuerkennen ist. § 3c AsylVfG verweist darauf, dass Verfolgung nicht nur vom Staat selbst, sondern auch von staatsbeherrschenden Parteien und Organisationen und auch von nicht staatlichen Akteuren (z. B. „Warlords") ausgehen kann.

Ebenfalls aufenthaltsberechtigt sind nach der Gesetzesnovellierung 2013 nunmehr auch Menschen, die Anspruch auf sog. subsidiären Schutz i. S. v. § 4 AsylVfG haben (§ 25 Abs. 2 zweite Alt. AufenthG). Der Schutzanspruch tritt ein im Fall der Bedrohung mit der Todesstrafe oder mit Folter bzw. des Lebens oder der Unversehrtheit von Zivilpersonen durch willkürliche Gewalt im Rahmen eines Krieges oder Bürgerkrieges. In allen drei Fällen – bei anerkannten Asylberechtigten wie auch im Fall der Zuerkennung der Flüchtlingseigenschaft oder subsidiären Schutzes – ist der Rechtsanspruch auf Erteilung einer Aufenthaltserlaubnis verbunden mit einer Berechtigung zur Ausübung einer Erwerbstätigkeit. Darüber hinaus wird unter den in § 26 AsylVfG genannten Voraussetzungen für die miteingereisten Ehegatten und Kinder und auch die Eltern minderjähriger anerkannter Asyl- bzw. Schutzberechtigter Familienasyl bzw. internationaler Schutz gewährt. Unterschiede bestehen allerdings in Bezug auf die Aufenthaltsdauer. Anerkannte Asylberechtigte und anerkannte Flüchtlinge erhalten zunächst eine Aufenthaltserlaubnis für drei Jahre (§ 26 Abs. 1 S. 2 AufenthG) und haben danach gem. § 26 Abs. 3 AufenthG einen Rechtsanspruch auf Erteilung einer Niederlassungserlaubnis. Hierfür ist allerdings eine Mitteilung des Bundesamtes für Migration und

Flüchtlinge nach § 73 Abs. 2a AsylVfG notwendig, dass die Voraussetzungen für eine Rücknahme oder einen Widerruf der Anerkennung als Asylberechtigter oder als Flüchtling nicht vorliegen. Die sonstigen Voraussetzungen für die Erteilung einer Niederlassungserlaubnis gem. § 9 Abs. 2 bis 4 AufenthG müssen hier nicht vorliegen, weil es sich bei § 26 Abs. 3 AufenthG um das speziellere Gesetz (**lex specialis**) handelt (Marx 2005, § 2 Rn. 164). Menschen, denen subsidiärer Schutz zuerkannt wurde, hingegen erhalten nach § 26 Abs. 1 S. 3 AufenthG eine Aufenthaltserlaubnis für zunächst ein Jahr, die um zwei Jahre verlängert wird. Jedoch kann die Gewährung subsidiären Schutzes jederzeit bei Wegfall der Schutzgründe widerrufen werden. Eine Niederlassungserlaubnis kann hier gem. § 26 Abs. 4 AufenthG erst nach sieben Jahren Voraufenthalt (allerdings einschließlich der Zeit des Asylverfahrens) erlangt werden. Auch gelten für diesen Personenkreis, anders als bei Asylberechtigten und anerkannten Flüchtlingen, nicht die privilegierenden Bestimmungen zum Familiennachzug in § 29 Abs. 2 AufenthG. Dennoch ist die verbesserte rechtliche Situation für Menschen, die subsidiären Schutz begehren, einer der wirklich erkennbaren Fortschritte, die bei der Umsetzung der QualifikationsRL zu verzeichnen sind.

8.3.2 Verfahren bei Antrag auf internationalen Schutz

Sowohl für die Feststellung einer Asylberechtigung nach Art. 16a GG als auch für die Zuerkennung der Flüchtlingseigenschaft und nunmehr auch für die Zuerkennung des subsidiären Schutzes gilt das AsylVfG. Ziel des Verfahrens ist es aus Sicht der Betroffenen, einen Aufenthaltstitel zu erlangen, der den von ihnen begehrten Schutz vor Verfolgung bietet. Für die Dauer des Verfahrens wird ihnen der Aufenthalt im Bundesgebiet lediglich gestattet (§ 55 Abs. 1 AsylVfG). Dies bedeutet, dass Asylsuchende von dem Erfordernis eines Aufenthaltstitels i. S. v. § 4 AufenthG befreit sind. Sie sind jedoch verpflichtet, i. d. R. bis zu sechs Wochen, maximal jedoch bis zu drei Monate, in einer Erstaufnahmeeinrichtung zu wohnen (§ 47 AsylVfG). Kann das Verfahren nicht kurzfristig zum Abschluss gebracht werden, so erfolgt gem. § 53 AsylVfG i. d. R. eine Unterbringung in einer Gemeinschaftsunterkunft. Jedenfalls für die ersten neun Monate nach Antragstellung ist eine Erwerbstätigkeit ausgeschlossen. Danach kommt die Erlaubnis für die Ausübung einer Beschäftigung in Betracht, der aber, wie der Verweis in § 61 Abs. 2 auf §§ 39 ff. AufenthG deutlich macht, eine Prüfung des Vorranges anderer möglicher Bewerber auf den Arbeitsplatz vorausgeht. Dessen ungeachtet haben Personen mit Aufenthaltsgestattung einen Anspruch auf Beratung (§§ 29 ff. SGB III), Vermittlung (§§ 35 ff. SGB III) und Förderung (§ 45 SGB III) durch die Agentur für Arbeit; Jugendliche mit einer Aufenthaltsgestattung können ohne Zustimmung der Agentur ein freiwilliges soziales oder ökologisches Jahr absolvieren, Qualifizierungsangebote nach § 13 SGB VIII wahrnehmen oder Schulabschlüsse an Abendschulen, Abendgymnasien oder Volkshochschulen nachholen.

Für die Dauer des Verfahrens dürfen sich Asylbewerber nach dem Wortlaut von § 56 AsylVfG ohne besondere Erlaubnis nicht außerhalb des Bezirks der zuständigen Ausländerbehörde aufhalten (sog. Residenzpflicht). Allerdings eröffnet Abs. 6

§ 1 Abs. 1 AsylVfG

Aufenthaltsgestattung

Residenzpflicht

der genannten Vorschrift nunmehr den Landesregierungen die Möglichkeit, diese Regelung durch Rechtsverordnung zu lockern. Hiervon haben inzwischen alle Bundesländer in unterschiedlichem Ausmaß Gebrauch gemacht (am weitesten geht die Regelung in Berlin und Brandenburg, wo eine gebührenfreie Dauererlaubnis beantragt werden kann, die auch vollständige Bewegungsfreiheit im jeweiligen Nachbarland erlaubt; in Bremen, Hamburg und Schleswig-Holstein ist eine Generalerlaubnis zum vorübergehenden, i. d. R. bis zu sieben Tagen andauernden Aufenthalt im übrigen Bundesgebiet erlassen worden). Darüber hinaus sieht § 58 Abs. 1 AsylVfG eine Lockerung der Residenzpflicht für die Fälle vor, in denen dies zum Zweck der Ausübung einer erlaubten Beschäftigung nach § 61 Abs. 2 AsylVfG, des Schulbesuchs, einer betrieblichen Aus- und Weiterbildung oder eines Studiums erforderlich ist.

Dublin III Der Zugang zum Asylverfahren ist insgesamt weitgehend durch die bereits erwähnte Drittstaatenregelung sowie durch die Zuständigkeitsregelungen von Dublin III erschwert, die es den Grenzbehörden gem. § 18 AsylVfG praktisch erlauben, jede an oder in der Nähe der Grenze angetroffene Person, die ein Asylbegehren vorbringt, sofort zurückzuweisen bzw. zurückzuschieben. Dublin III soll vor allem dazu beitragen, innerhalb des europäischen Raumes das One-Chance-only-Prinzip des Art. 3 Abs. 1 S. 2 der VO (EU) Nr. 604/2013 durchzusetzen. Danach ist derjenige Mitgliedstaat für die Durchführung des Asylverfahrens zuständig, der ein Visum ausgestellt oder zu dem „Gebietskontakt" bestanden hat (Art. 12 bis 15 der VO). Bei nicht erlaubtem Grenzübertritt endet diese Zuständigkeit nach zwölf Monaten und verlagert sich danach auf den Aufenthaltsstaat, Art. 13 Abs. 1 S. 2 der VO. Für den Fall, dass im Zuge dieses Verfahrens eine **erhebliche Fluchtgefahr** besteht (eine Legaldefinition hierfür findet sich in Art. 2 lit. n der VO), kann nach Art. 28 der VO eine Inhaftierung erfolgen. Ohne Vorliegen dieses Grundes ist eine Inhaftierung allerdings unzulässig (BGH 26.06.2014 – V ZB 31/14). Die Zuständigkeit des Staates mit Erstkontakt kann allerdings dann nicht begründet werden, wenn in ihm die Gefahr einer entwürdigenden und unmenschlichen Behandlung des Schutzbegehrenden besteht (Art. 3 Abs. 2 S. 2 der VO), wie dies in der Vergangenheit mehrfach für Griechenland festgestellt wurde. Zu den positiven Entwicklungen im Vergleich zur Vorgänger-VO gehören die ausdrücklich in Art. 6 aufgenommenen Garantien für MJ, sich am Wohl des Kindes zu orientieren, ihre Sicherheit zu gewährleisten, MJ, die alleine reisen (unbegleitete minderjährige Flüchtlinge), im Verfahren durch Fachkräfte mit entsprechender Spezialqualifikation zu vertreten bzw. zu unterstützen und vor allem auch bei der Bestimmung des für das Verfahren zuständigen Staates auf eine Familienzusammenführung hinzuwirken bzw. den Familienverband zu bewahren. Hiernach haben MJ (und auch Familienangehörige) z. B. einen Anspruch auf Prüfung ihres Antrages auf internationalen Schutz in dem Staat, in dem sich bereits ein Familienmitglied (das können auch sein: Großeltern, Onkel, Tanten) aufhält (Art. 8 bis 11 der VO).

Eurodac Als entscheidendes Instrument für die Feststellung des für das Verfahren zuständigen Staates gilt die Eurodac-Verordnung, auf deren Grundlage Fingerabdruckdaten und andere personenbezogenen Daten von Antragstellern erhoben und in einer speziellen Datenbank gespeichert werden, von der aus sie durch die zuständigen Behörden abgerufen werden können. Mit der Neufassung der VO ist es nunmehr auch möglich, die Daten zum Zweck der Strafverfolgung und der Vorbeugung von Straftaten zu nutzen. Damit erhält Eurodac eine andere Dimension als bisher, denn Schutzsuchende werden auf diese Weise als potenzielle Kriminelle behandelt und entsprechend stigmatisiert.

In der Bundesrepublik Deutschland wird das Asylverfahren durch das Bundesamt für Migration und Flüchtlinge durchgeführt. Es entscheidet auf der Grundlage einer Antragstellung des Betroffenen nach § 13 AsylVfG nach dessen Anhörung. In ihr hat der Antragsteller von sich aus alle Tatsachen vorzutragen, aus denen sich seine Furcht vor Verfolgung begründet. Darüber hinaus hat er Angaben zu seinem Wohnsitz, dem Reiseweg, Aufenthalten in anderen Staaten und zu früheren Asylverfahren zu machen (§ 25 AsylVfG). Die Entscheidungsmöglichkeiten können lauten:

Bundesamt für Migration und Flüchtlinge

- Anerkennung als Asylberechtigter,
- Zuerkennung der Flüchtlingseigenschaft,
- Zuerkennung subsidiären Schutzes,
- (schlichte) Ablehnung des Antrages,
- Ablehnung des Antrages als offensichtlich unbegründet (§§ 29a, 30 AsylVfG),
- Antrag ist unbeachtlich (wegen Einreise aus sicherem Drittstaat, Art. 16a Abs. 2 GG, § 26a AsylVfG).

Da das AsylVfG, obgleich es ein Verwaltungsverfahren ist, kein Vorverfahren vorsieht, kann gegen ablehnende Bescheide sofort Klage vor dem VG erhoben werden. Die Klagefristen betragen gem. § 74 AsylVfG bei Ablehnung wegen offensichtlicher Unbegründetheit sowie bei Unbeachtlichkeit eine Woche, bei schlichter Ablehnung zwei Wochen. Nur in diesem letztgenannten Fall hat die Klageerhebung auch aufschiebende Wirkung in Bezug auf den Vollzug der zugleich mit der Ablehnung ergehenden Abschiebungsandrohung (§ 75 AsylVfG). Deshalb wäre in den anderen Fällen zur Vermeidung einer Abschiebung während des laufenden Verfahrens zusätzlich noch ein Antrag auf aufschiebende Wirkung gem. § 80 Abs. 5 VwGO zu stellen. Rechtsmittel sind gegen Urteile des VG nach § 78 Abs. 1 AsylVfG dann ausgeschlossen, wenn in ihnen die Klage als offensichtlich unzulässig oder offensichtlich unbegründet zurückgewiesen wird. Jedoch ist auch anderenfalls eine Berufung nur möglich, sofern sie vom OVG zugelassen wird. Bei der Entscheidung hierüber ist das OVG an die Vorgaben in § 78 Abs. 3 AsylVfG gebunden. Die Ablehnung eines Antrages auf Zulassung der Berufung, die keiner Begründung bedarf, führt unmittelbar zur Rechtskraft der VG-Entscheidung. Die Revision ist in Asylverfahren ausgeschlossen.

8.3.3 Sonstiger subsidiärer Schutz

Subsidiärer Schutz ist dann zu gewähren, wenn ein sog. zielstaatsbezogenes Abschiebungshindernis besteht. Dabei ist der subsidiäre Schutz nach § 60 Abs. 2 AufenthG im Zuge der unionsrechtlichen Regelung nunmehr, wie gesehen, als

Voraussetzungen

internationaler Schutz § 4 AsylVfG und damit auch dem vom BAMF durchzuführenden Zuerkennungsverfahren zugeordnet. Somit verbleiben als nationale Schutztatbestände § 60 Abs. 5 und 7 AufenthG. § 60 Abs. 5 AufenthG verbietet die Abschiebung, sofern sie nach der EMRK unzulässig wäre. Da die Bundesrepublik Deutschland jedoch Vertragsstaat der EMRK ist, ergibt sich das entsprechende Abschiebungsverbot für sie unmittelbar aus der entsprechenden völkerrechtlichen Verpflichtung. Insofern hat § 60 Abs. 5 lediglich deklaratorischen (rechtsfeststellenden) Charakter (i. E. Hailbronner 2014, 413 f.). § 60 Abs. 7 AufenthG sieht für die Fälle einen nationalen Abschiebungsschutz vor, in denen eine erhebliche konkrete Gefahr für Leib, Leben oder Freiheit besteht. Das BVerwG hat zur Verdeutlichung dessen, wie konkret und wie erheblich die Gefahr sein muss, die Formel geprägt, dass die Abschiebung dann unzulässig ist, wenn der Betroffene ansonsten „gleichsam sehenden Auges dem sicheren Tod oder schwersten Verletzungen ausgeliefert würde" (BVerwG 12.07.2001 – 1 C 5.01). Die aufenthaltsrechtliche Folge ist in beiden Fällen nach § 25 Abs. 3 AufenthG, dass eine Aufenthaltserlaubnis erteilt werden soll.

Versagungsgründe Jedoch nennt § 25 Abs. 3 S. 2 AufenthG eine Reihe von Versagungsgründen, in denen die großzügige Anlage der Regelung weitgehend wieder zurückgenommen ist (Heinhold/Classen 2004, 39). Eine Aufenthaltserlaubnis wird nämlich dann nicht erteilt, wenn die Ausreise in einen Staat möglich und zumutbar ist, in dem keine Verfolgung droht, oder wenn der Ausländer seine Mitwirkungspflichten wiederholt oder gröblich verletzt hat. Wann dies aber der Fall ist, unterliegt weitgehend der Beurteilung der für dieses Verfahren zuständigen Ausländerbehörde. Wird jedenfalls ein Versagungsgrund für eine Aufenthaltserlaubnis geltend gemacht, so kommt, selbst wenn eines der genannten Abschiebehindernisse besteht, auch weiterhin lediglich die Erteilung einer Duldung nach § 60a AufenthG in Betracht. Dies bedeutet, dass die Betroffenen über keinen rechtmäßigen Aufenthaltstitel verfügen und demzufolge weiterhin vollziehbar ausreisepflichtig sind. Lediglich ihre Abschiebung ist für die Dauer der Duldung ausgesetzt.

Weitere Einschränkungen in § 25 Abs. 3 S. 2 AufenthG sollen schließlich verhindern, dass sich Personen unter den Schutz des Gesetzes begeben können, denen schwere Straftaten, Kriegsverbrechen oder andere schwere Verstöße gegen international verbindliche Normen des Völkerrechts zur Last gelegt werden.

8.3.4 Bleiberecht

§ 23 Abs. 1 AufenthG § 23 Abs. 1 AufenthG hat mit der Aufenthaltsgewährung durch die obersten Landesbehörden zunächst ein Aufenthaltsrecht für zwei Fallgruppen im Blick. Zum einen soll den humanitären Interessen etwa von Kirchen, aber auch Privatpersonen, Rechnung getragen werden, einzelnen Ausländern aus bestimmten Staaten oder auch bestimmten Ausländergruppen, z. B. im Rahmen eines sog. Kirchenkontingents, Schutz zu gewähren (Heinold/Classen 2004, 30). Wohl wegen der damit verbundenen Kosten – es müsste in diesem Fall eine Verpflichtungserklärung nach § 68 AufenthG abgegeben werden, wonach die Bereitschaft besteht, sämtliche Kosten für den Lebensunterhalt (einschließlich Versorgung mit Wohnraum und Kosten bei Krankheit und Pflegebedürftigkeit) zu übernehmen – wird hierauf aber praktisch nicht zurückgegriffen. Von erkennbar größerer praktischer Relevanz hingegen ist die ebenfalls § 23 Abs. 1 AufenthG zu entnehmende Möglichkeit, eine Bleiberechtsregelung für bestimmte Gruppen von Drittstaatsangehörigen zu schaffen. Dies geschah in der Vergangenheit etwa für Bürgerkriegsflüchtlinge aus Bosnien-Herzegowina und dem Kosovo, afghanische Flüchtlinge oder auch – in Hessen – in Form einer Bleiberechtsanordnung für wirtschaftlich und sozial integrierte ausreisepflichtige ausländische Staatsbürger (vgl. Hailbronner 2014, 194). Nunmehr tritt als weiterer wichtiger Anwendungsfall die sog. Altfallregelung für langjährig Geduldete (§ 104a Abs. 5 AufenthG, vgl. auch III-8.3.5) hinzu. Nach § 23 Abs. 2 und 3 i. V. m. § 24 AufenthG, die eine Aufnahme zur Wahrung besonderer politischer Interessen der Bundesrepublik Deutschland ermöglichen, erfolgt gegenwärtig die (zunächst nur vorübergehende) Aufnahme syrischer Flüchtlinge. Außerdem bildet § 23 Abs. 2 AufenthG die Rechtsgrundlage für die (auf Dauer angelegte) Aufnahme jüdischer Zuwanderer aus den Gebieten der früheren Sowjetunion.

8.3.5 Sonstige völkerrechtliche, humanitäre oder politische Aufenthaltsgründe

§ 25 Abs. 4 S. 1 AufenthG ermöglicht die Erteilung einer Aufenthaltserlaubnis für einen **Aufenthalt aus dringenden humanitären oder persönlichen Gründen** (z. B. Betreuungsbedürftigkeit einer nahestehenden Person; schwere, im Herkunftsland nicht behandelbare Erkrankung; unmittelbar bevorstehender Schul- oder Berufsabschluss). Nach dem Wortlaut des Gesetzes handelt es sich hierbei um einen zeitlich befristeten Anschlussaufenthalt für Personen, die sich *rechtmäßig* im Bundesgebiet aufhalten. Nach der zweiten Alternative von § 25 Abs. 4 S. 1 AufenthG soll eine Aufenthaltserlaubnis darüber hinaus auch dann erteilt werden, wenn dringende öffentliche Interessen den Aufenthalt eines Ausländers erfordern. Dies kann z. B. dann der Fall sein, wenn er als wichtiger **Zeuge in einem Gerichtsverfahren** benötigt wird. Abs. 4a und 4b stellen hierfür noch einmal spezielle Regelungen für Opfer von Straftaten nach §§ 232 ff. StGB (Menschenhandel) bzw. § 10 Abs. 1 oder § 11 Abs. 1 Nr. 3 Schwarzarbeitsbekämpfungsgesetz (SchwarzArbG) oder § 15a Arbeitnehmerüberlassungsgesetz (AÜG) bereit, bei denen aber ein bereits bestehender rechtmäßiger Aufenthalt naturgemäß keine Voraussetzung für die Erteilung der Aufenthaltserlaubnis (i. d. R. für sechs Monate mit Verlängerungsmöglichkeit, § 26 Abs. 1 AufenthG) sein kann.

Darüber hinaus soll eine normalerweise nicht verlängerbare Erlaubnis für einen vorübergehenden Aufenthalt gem. § 25 Abs. 4 S. 2 AufenthG ausnahmsweise verlängert werden dürfen, wenn das Verlassen des Bundesgebietes im zu entscheidenden Einzelfall eine außergewöhnliche Härte bedeuten würde.

ausnahmsweise Verlängerung bei vorübergehendem Aufenthalt

Mit § 25 Abs. 5 AufenthG schließlich wurde eine Vorschrift in das ZuwG aufgenommen, von der – im Ergebnis allerdings weitgehend vergeblich – ein entscheidender Beitrag für die Lösung des Problems der sog. Kettenduldung erwartet

tatsächl. oder rechtl. Hindernisse wurde. Zwar sollen gemäß der Vorschrift nach 18 Monaten Duldung Personen, die aus tatsächlichen oder rechtlichen Gründen an der Ausreise gehindert sind, eine Aufenthaltserlaubnis erteilt bekommen, sofern in absehbarer Zeit nicht mit dem Wegfall des Ausreisehindernisses zu rechnen ist. Allerdings darf die Aufenthaltserlaubnis nicht erteilt werden, wenn der Ausländer die Verhinderung seiner Ausreise selbst verschuldet hat, weil er z. B. falsche Angaben gemacht, über die Identität seiner Person oder Staatsangehörigkeit getäuscht oder nicht in zumutbarer Weise an der Beseitigung des Ausreisehindernisses mitgewirkt hat. Genau dies führt jedoch in der Praxis dazu, dass die Erteilung einer Aufenthaltserlaubnis häufig verweigert wird. Seit August 2007 existiert deshalb mit §§ 104a f. AufenthG eine gesetzliche Regelung für sog. Altfälle. Sie betrifft Menschen, die mit Stichtag 01.07.2007 seit acht Jahren bzw. seit sechs Jahren, sofern sie minderjährige Kinder haben, ununterbrochen geduldet wurden. Diese sollten unter den Voraussetzungen von Abs. 1 Nr. 1 bis 6 (u. a. hinreichende Deutschkenntnisse, ausreichender Wohnraum, kein vorsätzliches Hinauszögern oder Behindern der Aufenthaltsbeendigung in der Vergangenheit, keine Straftaten) eine Aufenthaltserlaubnis „auf Probe" erhalten. Kann der Lebensunterhalt selbstständig durch Erwerbsarbeit gesichert werden, so wird bei Vorliegen der sonstigen Voraussetzungen gem. § 104a Abs. 1 S. 2 AufenthG eine Aufenthaltserlaubnis nach § 23 Abs. 1 S. 1 AufenthG erteilt. Um dies erfüllen zu können, ermöglicht § 32 Abs. 3 BeschV zusätzlich zu den Bestimmungen in § 18a AufenthG (III-8.2.2.2.) einen zustimmungsfreien und damit gleichrangigen Zugang zum Arbeitsmarkt nach vier Jahren Aufenthalt. Auch unverheiratete volljährige, bei ihrer Einreise aber noch minderjährige Kinder erhalten bei entsprechenden Voraufenthaltszeiten der Eltern eine Aufenthaltserlaubnis nach § 23 Abs. 1 AufenthG, ebenso wie unbegleitete MJ nach sechsjähriger Aufenthaltsdauer. Die Rechtsgrundlage hierfür findet sich in § 104a Abs. 2 AufenthG. In § 104b AufenthG ist weiterhin geregelt, dass gut integrierten Kindern, die sich seit mindestens sechs Jahren geduldet in der Bundesrepublik Deutschland aufhalten, ab vollendetem 14. Lebensjahr auch dann eine eigenständige Aufenthaltserlaubnis erteilt wird, wenn bei ihren Eltern die Voraussetzungen des § 104a Abs. 1 AufenthG nicht vorliegen und diese deshalb ausreisen müssen. Die Praktikabilität einer solchen Regelung ist allerdings zu hinterfragen (vgl. auch Hoffmann 2007, 10). Wie bereits im Überblick erwähnt, ist deshalb nunmehr mit § 25a AufenthG eine auf Dauer angelegte gesetzliche Lösung des Aufenthalts für langjährig Geduldete zumindest in Bezug auf gut integrierte Jugendliche und Heranwachsende gefunden worden. Für einen großen Kreis von Betroffenen – immerhin leben in der Bundesrepublik noch immer ca. 85.000 Personen mit einer Duldung, davon etwa die Hälfte seit mehr als sechs Jahren – steht sie freilich nach wie vor aus. Sie wird nunmehr von einer im Entwurf vorliegenden stichtagsunabhängigen Bleiberechtsregelung für Geduldete in einem künftigen § 25b AufenthG erwartet. Um ausreisepflichtige langjährig geduldete Menschen vor einer Abschiebung noch kurz vor der Gesetzesverabschiedung zu bewahren, haben inzwischen (Stand Mai 2014) die Bundesländer Schleswig-Holstein, NRW, Niedersachsen und Baden-Württemberg entsprechende Vorgriffsregelungen getroffen.

Härtefälle § 23a AufenthG § 23a AufenthG sieht erstmalig eine Aufenthaltsgewährung in **Härtefällen** vor. Insgesamt betrachtet hinterlässt die Regelung einen eher ambivalenten Eindruck.

Zum einen nämlich enthält das Aufenthaltsrecht nunmehr eine Rechtsgrundlage, mit der sich in Härtefällen ein Bleiberecht begründen lässt. Auf der anderen Seite ist die rechtliche Konstruktion der Regelung unter rechtsstaatlichem Gesichtspunkt nicht unumstritten. Bei Vorliegen dringender humanitärer oder persönlicher Gründe soll die oberste Landesbehörde anordnen dürfen, dass abweichend von den sonst geltenden gesetzlichen Vorschriften eine Aufenthaltserlaubnis zu erteilen ist. Hierzu kann sie auf Ersuchen einer Härtefallkommission veranlasst werden, an deren Votum sie aber in ihrer Entscheidung nicht gebunden ist. Die Härtefallkommission ihrerseits wird ausschließlich im Wege der Selbstbefassung tätig. Der Aufenthalt begehrende Ausländer hingegen hat kein eigenes Antragsrecht. Wegen des Fehlens der subjektiven Rechtsqualität des Betroffenen (§ 23a Abs. 1 S. 4 AufenthG) ist wohl zugleich auch kein Raum für einen Rechtsschutz nach Art. 19 Abs. 4 GG (Marx 2005, § 2 Rn. 119; a. A. Heinhold/Classen 2004, 32).

Härtefallkommission

§ 22 AufenthG ermöglicht eine Aufnahme von Ausländern aus völkerrechtlichen oder *dringenden* humanitären Gründen *aus dem Ausland*. Es handelt sich demzufolge nicht um Personen, die in die Bundesrepublik Deutschland eingereist sind, um hier Schutz zu finden, sondern um solche, die sich in einem anderen Land aufhalten und von dort, etwa im Rahmen internationaler humanitärer Hilfsaktionen, von der Bundesrepublik übernommen werden. Mit § 24 AufenthG schließlich wurden die Bestimmungen der EU-Richtlinie 2001/55/EG über die Mindestnormen für die Gewährung vorübergehenden Schutzes im Falle eines Massenzustroms von Vertriebenen in nationales Recht umgesetzt. Europarechtlich ist das Ziel der Regelung vor allem auch in einer ausgewogenen Verteilung der mit der Aufnahme von Kriegs- und Bürgerkriegsflüchtlingen verbundenen Belastungen unter den Mitgliedstaaten zu sehen. Innerstaatlich stehen neben Statusfragen vor allem auch Verteilungsregelungen innerhalb des Bundesgebietes im Mittelpunkt der Regelung. Flüchtlinge, die nach § 24 AufenthG eine Aufenthaltserlaubnis erhalten würden, hätten demnach gem. Abs. 5 keinen Anspruch darauf, sich in einem bestimmten Bundesland oder an einem bestimmten Ort aufzuhalten. Wohl aber könnte gem. Abs. 6 eine selbstständige oder nicht selbstständige Erwerbstätigkeit gestattet werden.

Aufnahme aus dem Ausland § 22 AufenthG

8.4 Sozialleistungen für Zuwanderer

8.4.1 Überblick über die Leistungsansprüche

Der Anspruch auf Sozialleistungen für zugewanderte Personen bestimmt sich in Art und Umfang nach deren Status (Spätaussiedler, EU-Bürger, Drittstaatsangehöriger), nach dem Aufenthaltszweck (Ausbildung/Erwerbstätigkeit, Familiennachzug, humanitärer Schutz) und sogar noch nach den einzelnen Tatbeständen, nach denen sich der Aufenthalt aus humanitären, völkerrechtlichen und politischen Gründen richtet. Hieraus ergibt sich ein Geflecht von Ansprüchen und Ausschlüssen hinsichtlich der unterschiedlichen Sozialleistungen, über das an dieser Stelle unter Auslassung der Details und Verästelungen nur ein knapper Überblick gegeben werden kann. Dabei soll eine Beschränkung auf die Bereiche der sozialen

Förderung (insb. ALG II, BAföG) und des sozialen Ausgleichs (insb.: SGB XII, Wohngeld, familienbezogene Leistungen) erfolgen, während sozialversicherungsrechtliche Fragen sowie solche der sozialen Entschädigung weitestgehend unberücksichtigt bleiben werden.

Spätaussiedler Spätaussiedler, deren Ehegatten und Abkömmlinge (§ 4 BVFG), die mit der Ausstellung einer Bescheinigung nach § 15 BVFG die deutsche Staatsangehörigkeit erlangen (vgl. III-8.5.1), haben Zugang zu den sozialen Systemen entsprechend ihres Status als deutsche Staatsangehörige. Für bestimmte Übergangszeiten gelten Sonderregelungen hinsichtlich des Krankenversicherungsschutzes (§ 11 BVFG); ihre Rechtsstellung in der Renten- und Unfallversicherung richtet sich nach dem sog. Fremdrentengesetz (§ 13 BVFG). Wollen sie allerdings öffentliche Hilfen nach SGB II oder XII beziehen, weil sie ihren Lebensunterhalt nicht selbstständig absichern können, gilt für sie eine Wohnortbindung für die ersten drei Jahre ihres Aufenthaltes (§§ 2, 3 a WoZuG).

Deutschen gleichgestellt sind nach einer Vereinbarung zwischen der Bundesrepublik Deutschland und der Schweizer Eidgenossenschaft über die Fürsorge **EU-Bürger** von Hilfsbedürftigen aus den Jahren 1953/54 Schweizer Staatsangehörige. In ähnlicher Weise **Inländern gleichgestellt** sind EU-Bürger, die grundsätzlich **Anspruch auf Sozialleistungen** und steuerliche Vergünstigungen wie Kindergeld, Elterngeld, Wohngeld oder Leistungen nach SGB III haben. Allerdings sollen auch sie unter bestimmte Anspruchsausschlüsse fallen, die nach SGB II und XII allgemein für Ausländer gelten, in der Rechtspraxis jedoch vor allem für die Gruppe der EU-Bürger relevant werden. Für sie gilt nämlich, dass sie zwar innerhalb der Gemeinschaft ein Recht auf Freizügigkeit haben; bei einem Aufenthalt von mehr als drei Monaten ist jedoch ein sog. Aufenthaltsgrund erforderlich (§ 2 Abs. 1 und 2 FreizügG/EU, vgl. auch Art. 7 Richtlinie 2004/38/EG – UnionsbürgerRL). Besteht dieser in „Arbeitssuche", sollen sie sowohl von Leistungen nach SGB II (§ 7 Abs. 1 S. 2 Nr. 2) als auch nach SGB XII (§ 23 Abs. 3 S. 1, zweite Alt. SGB XII) ausgeschlossen sein. Gleiches soll für EU-Bürger gelten, die sich aufgrund ihrer Freizügigkeitsberechtigung in der Bundesrepublik Deutschland aufhalten, ohne Arbeitnehmer zu sein, und auf die auch die Ausnahmeregelungen in § 2 Abs. 3 FreizügG/EU nicht anwendbar sind (§ 7 Abs. 1 S. 2 Nr. 1 SGB II). Allerdings wird in Literatur und Rechtsprechung völlig unterschiedlich bewertet, ob die Regelungen gegen das Diskriminierungsverbot aus Art. 18 AEUV verstoßen oder ob diese Ungleichbehandlung gegenüber deutschen Bürgern durch Art. 24 Abs. 2 UnionsbürgerRL 2004/38/EG gedeckt ist (vgl. Schreiber 2009, 195 ff.; Hailbronner 2009, 195 ff.; Frings 2012, 317 ff.). Die Gerichte tendieren allerdings in der neueren Rspr. insb. mit Verweis auf den nochmals in Art. 70 i. V. m. Art. 4 VO (EG) 883/2004 konkretisierten Antidiskriminierungsgrundsatz dazu, entsprechende ablehnende Bescheide der Jobcenter oder Sozialämter wieder aufzuheben (zu SGB II: LSG NRW 28.11.2013 – L 6 AS 130/13; Hessisches LSG 30.09.2013 – L 6 AS 433/13 B ER). Da auch der EuGH in einer Entscheidung vom 04.06.2009 (C 22/08 und C 23/08) noch keine abschließende Klärung herbeigeführt hat, soll er dies nach dem Willen des BSG nunmehr aufgrund eines entsprechenden Vorlagebeschlusses des Gerichts vom 12.12.2013 (B 4 AS 9/13 R) tun.

Ein Anspruch auf Sozialhilfe scheidet auch dann aus, wenn die Einreise **ausschließlich** aus dem Grund erfolgt ist, diese Hilfe zu erlangen (§ 23 Abs. 3 S. 1 erste Alt. SGB XII). Darüber hinaus kann die dauerhafte Inanspruchnahme von Leistungen nach SGB II oder SGB XII im Rahmen einer einzelfallbezogenen Abwägungsentscheidung u. U. auch zum Verlust des Rechts auf Freizügigkeit führen (§ 5 Abs. 4 FreizügG/EU). Der Zugang von Drittstaatsangehörigen zu Leistungen nach SGB II richtet sich nach § 7 Abs. 1 S. 2 SGB II. Allgemeine Voraussetzung für ihre Rechtsstellung als Berechtigte ist hiernach im Umkehrschluss, dass sie ArbN oder Selbstständige in der Bundesrepublik Deutschland sind. Die bereits besprochenen Leistungsausschlüsse gelten auch hier. Leistungsberechtigte nach § 1 AsylbLG (hierzu III-8.4.2) haben grds. keinen Anspruch nach SGB II. Der Zugang zur Sozialhilfe ist in § 23 SGB XII geregelt. Auch nach dieser Vorschrift sind Leistungsberechtigte nach § 1 AsylbLG von der Sozialhilfe ausgeschlossen (§ 23 Abs. 2 SGB XII). Ansonsten haben Drittstaatsangehörige einen **Rechtsanspruch auf Grundversorgung** (§ 23 Abs. 1 S. 1 SGB XII). Dies sind Leistungen zum Lebensunterhalt (§§ 27 ff. SGB XII), Hilfe bei Krankheit (§ 48 SGB XII), Hilfe bei Schwangerschaft und Mutterschaft (§ 50 SGB XII) sowie Hilfe zur Pflege (§§ 61 ff. SGB XII). Nicht betroffen von dieser Einschränkung ist die Grundsicherung im Alter (§ 23 Abs. 1 S. 2 SGB XII). Darüber hinausgehende Sozialhilfeleistungen liegen im Ermessen der Behörde (§ 23 Abs. 1 S. 3 SGB XII). Sie werden in Abwägung von der Notlage des Betroffenen und möglichen Folgen der Versagung der Leistung getroffen (Grube/Wahrendorf 2014, § 23 Rz. 17 m. w. N.). Der Hilfeanspruch entfällt jedoch nach § 23 Abs. 3 SGB XII auch hier, wenn die Einreise zum Zweck der Arbeitssuche oder einzig und allein zum Zweck des Bezuges von Sozialhilfe erfolgte. Der Wegfall betrifft auch miteinreisende Familienangehörige einschließlich minderjähriger Kinder, jedoch nicht Kinder, die auf dem Gebiet der Bundesrepublik Deutschland geboren wurden (Grube/Wahrendorf 2014, § 23 Rz. 18). Beziehen Personen, die eine Aufenthaltserlaubnis aus völkerrechtlichen, humanitären oder politischen Gründen haben, Leistungen nach SGB II oder SGB XII, so unterliegen sie einer räumlichen Beschränkung hinsichtlich der Wohnortwahl nach § 12 Abs. 2 AufenthG. Dies gilt mittlerweile auch für jüdische Zuwanderer (OVG M-V 1 L 107/02 – 15.09.2004), nicht jedoch für Asylberechtigte, anerkannte GFK-Flüchtlinge sowie Personen, die subsidiären Schutz erhalten haben. Andererseits gehören zwar neben Asylberechtigten und anerkannten GFK- Flüchtlingen u. a. auch jüdische Zuwanderer zu dem Personenkreis, für den als Inhaber einer Niederlassungserlaubnis oder einer auf dauerhaften Aufenthalt ausgerichteten befristeten Aufenthaltserlaubnis die Beschränkungen auf Kernleistungen wegfallen (§ 23 Abs. 1 S. 4 SGB XII), nicht jedoch Personen mit subsidiärem Schutz.

Die Angewiesenheit auf Sozialleistungen ist regelmäßig ein **Verweigerungsgrund für die Erteilung eines Aufenthaltstitels** (§ 5 Abs. 1 Nr. 1 AufenthG); sie kann auch einen Ausweisungsgrund darstellen (§ 55 Abs. 2 Nr. 6 AufenthG). Hiervon sind aber Ausnahmen möglich. So gehören zum Kreis der Berechtigten nach § 7 Abs. 1 S. 3 SGB II bzw. nach § 23 Abs. 1 S. 1 SGB XII auch diejenigen Personen, die als vormals langjährig Geduldete inzwischen eine Aufenthaltserlaubnis „auf Probe" nach § 104a Abs. 1 S. 1 AufenthG oder nach § 23 Abs. 1 i. V. m. § 104a

Drittstaatsangehörige

oder § 104b AufenthG erhalten haben. Eine Verlängerung einer nach § 23 Abs. 1 i. V. m. § 104a oder § 104b AufenthG erteilten Aufenthaltserlaubnis ist, ohne dass die Voraussetzung einer eigenständigen Sicherung des Lebensunterhalts vorliegt, nur in den abschließend in § 104a Abs. 6 AufenthG aufgezählten Härtefällen möglich. Ansonsten wird auf das Vorliegen eines gesicherten Lebensunterhalts regelmäßig bei der Aufnahme von (Bürger-)Kriegsflüchtlingen zum vorübergehenden Schutz i. S. v. § 24 AufenthG sowie aus humanitären Gründen im Rahmen von §§ 25 Abs. 1 bis 3, 26 Abs. 3 AufenthG verzichtet; in anderen humanitären Fällen ist eine Ermessensentscheidung möglich (§ 5 Abs. 3 AufenthG). Eine Ausweisung kommt nur bei längerfristiger (BVerwGE 102, 249, 252) tatsächlicher Inanspruchnahme von Leistungen nach SGB II oder XII in Betracht (im Einzelnen: Marx 2005, § 5 Rz. 119 f.). Aber auch dann wäre der in § 56 Abs. 1 AufenthG genannte Personenkreis hiervon ausgenommen. Er umfasst insb. Asylberechtigte und anerkannte Flüchtlinge, Inhaber einer Niederlassungserlaubnis bzw. einer Erlaubnis zum Daueraufenthalt-EU, im Bundesgebiet geborene Inhaber einer Aufenthaltserlaubnis, in familiärer/lebenspartnerschaftlicher Gemeinschaft mit Deutschen Lebende sowie in ehelicher/lebenspartnerschaftlicher Gemeinschaft mit einem Ausländer lebende Personen bei rechtmäßigem fünfjährigem eigenen Aufenthalt und verfestigtem Aufenthalt des Partners.

Das eigentlich praktisch bedeutsame Problem besteht deshalb eher darin, dass für die Verlängerung einer Aufenthaltserlaubnis gem. § 8 Abs. 1 i. V. m. § 5 Abs. 1 Nr. 1 AufenthG. jedes Mal das **Unterhaltssicherungserfordernis** besteht. Von ihm kann, außer in den genannten Fällen, in denen das Gesetz hierauf von vornherein verzichtet, nur bei der Verlängerung der Aufenthaltserlaubnis für den nachgezogenen Ehegatten (§ 30 Abs. 3 AufenthG) und für die Kinder (§ 34 Abs. 1 AufenthG) abgewichen werden. Darüber hinaus kommt der Frage nach der eigenständigen Absicherung des Lebensunterhalts durch Erwerbsarbeit die entscheidende Bedeutung für die Erteilung einer Aufenthaltserlaubnis nach § 23 Abs. 2 AufenthG für langjährig Geduldete zu. Die Dimension dieses Problems erschließt sich jedoch erst, wenn weitere Sozialleistungen mit in den Blick genommen werden. Dabei können die Gruppen der Spätaussiedler sowie der EU-Bürger ausgeblendet bleiben, insofern ihre diesbezügliche Gleichstellung mit Inländern bereits eingangs zu konstatieren war. Drittstaatsangehörige können hiernach einen Anspruch auf

- **Elterngeld** (§ 1 Abs. 7 BEEG) haben, sofern sie eine Niederlassungs- oder Aufenthaltserlaubnis besitzen. Ausgeschlossen sind jedoch Personen, die eine Aufenthaltserlaubnis zum Zweck der Ausbildung (§§ 16 f. AufenthG) oder befristet aufgrund zwischenstaatlicher Vereinbarungen zum Zweck der Erwerbstätigkeit (§ 18 Abs. 2 AufenthG) erhalten haben. Ebenfalls ausgeschlossen sind Inhaber der Aufenthaltserlaubnis „auf Probe" nach § 104a Abs. 1 AufenthG. Bestimmte Gruppen von aus humanitären Gründen Aufgenommenen (nicht Asylberechtigte und GFK-Flüchtlinge oder nach § 22 AufenthG Aufgenommene) erlangen den Anspruch erst nach mindestens dreijährigem Aufenthalt. Die weiteren in § 1 Abs. 7 Nr. 3b BEEG genannten Ausschließungsgründe hat das BVerfG in seiner Entscheidung vom 29.08.2012 (1 BvL 2/10; 1 BvL 4/10; 1 BvL 3/11 – BVerfGE 132, 72) für grundgesetzwidrig erklärt.

- **Kindergeld** (§ 62 Abs. 2 EStG) und Kinderzuschlag (§§ 1 Abs. 3, 6a BKGG). Anspruchsberechtigt ist der Personenkreis, der auch Elterngeld beziehen darf. Hinzu kommen zusätzlich noch Inhaber einer Aufenthaltserlaubnis auf Probe nach § 104a AufenthG. Für sie ist in den genannten Vorschriften kein Leistungsausschluss vorgesehen, da ihre Aufenthaltserlaubnis zur Erwerbstätigkeit berechtigt (vgl. Frings 2008, 260).
- **Wohngeld** (§ 3 Abs. 5 WoGG). Zum Kreis der Anspruchsberechtigten gehören hier neben Drittstaatsangehörigen mit Aufenthaltstitel auch Personen mit Aufenthaltsgestattung oder Duldung.
- **Ausbildungsförderung** (§ 8 Abs. 1 Nr. 2 bis 7, Abs. 2, 2a und 3 BAföG). Anspruchsberechtigt sind im Wesentlichen Personen, die eine Aufenthaltserlaubnis aus humanitären Gründen haben (Ausnahme: Schutzsuchende i. S. v. § 22 AufenthG), Kinder und Ehegatten von Deutschen, sofern sie über eine Aufenthaltserlaubnis verfügen, Kinder und Ehegatten von Drittstaatsangehörigen mit Aufenthalts- oder Niederlassungserlaubnis, teilweise mit bestimmten Voraufenthaltszeiten, sowie andere Drittstaatsangehörige, die selbst oder deren Eltern durch Steuern und Sozialabgaben aufgrund rechtmäßiger Erwerbstätigkeit zur Leistungsfähigkeit des Sozialstaates beigetragen haben (vgl. Ramsauer et al. 2005, § 8 Rz. 19). Dies gilt i. d. R. als erfüllt bei eigenem fünfjährigen Aufenthalt und rechtmäßiger Erwerbstätigkeit im Inland bzw. bei dreijährigem Aufenthalt und rechtmäßiger Erwerbstätigkeit mindestens eines Elternteils (im Einzelnen: Ramsauer et al. 2005, § 8 Rz. 20 bis 30). Seit der Novellierung des Gesetzes zum 01.01.2009 gehören auch Inhaber einer Aufenthaltserlaubnis nach § 104a AufenthG sowie nach § 60a AufenthG geduldete Personen nach einer Aufenthaltsdauer von vier Jahren zum Kreis der Leistungsberechtigten.

Aufenthaltsrechtliche Folgen der Inanspruchnahme von Sozialleistungen

Das Erteilungs- bzw. Verlängerungserfordernis des gesicherten Lebensunterhalts für die Aufenthaltserlaubnis für Ausländer gilt nach einer Entscheidung des BVerwG vom 26.08.2008 (1 C 32/07) dann als erfüllt, wenn das nach SGB II anrechenbare Einkommen so hoch ist, dass kein ergänzender SGB-II-Anspruch mehr besteht. Dieses Einkommen muss gem. § 2 Abs. 3 S. 1 AufenthG ohne Inanspruchnahme öffentlicher Mittel erzielt werden. Dies bedeutet im Ergebnis, dass der Bezug folgender Leistungen, gleichwohl der betroffene Drittstaatsangehörige anspruchsberechtigt ist, dazu führt, dass seine Aufenthaltserlaubnis nicht verlängert wird: Leistungen zur Sicherung des Lebensunterhalts nach SGB II, Hilfen zum Lebensunterhalt sowie Grundsicherungsleistungen im Alter und bei Erwerbsminderung nach SGB XII, Wohngeld oder auch Leistungen nach SGB VIII, die materiell Sozialhilfeleistungen entsprechen (Marx 2005, § 5 Rz. 121 m. w. N.). Für die Aufenthaltsverlängerung bzw. die Erlangung einer regulären Aufenthaltserlaubnis für langjährig Geduldete unschädlich sind hingegen der Bezug von Kindergeld und Kindergeldzuschlag, Elterngeld, Leistungen nach SGB III, Leistungen nach BAföG oder Leistungen der Jugendberufshilfe nach § 13 Abs. 2 SGB VIII.

8.4.2 Leistungen nach Asylbewerberleistungsgesetz

Im Rahmen der umfassenden Neuregelung des Asylrechts zum 01.07.1993 (s. III-8.3) wurde auch das AsylbLG eingeführt. Asylbewerber waren von diesem Zeitpunkt an von den Sozialhilfeleistungen, die bisher für sie nach BSHG erbracht wurden, ausgeschlossen und auf die deutlich niedrigeren Leistungen des AsylbLG verwiesen. Ziel der Regelung war es, den Asylsuchenden Anreize für die Einreise und den Verbleib in der Bundesrepublik Deutschland zu nehmen (Hohm 2010, § 2 Rz. 86) und darüber hinaus Kosten einzusparen (BT-Ds 12/4451, 5 f. und 12/5008, 14 f.). Seit seinem Inkrafttreten wurde das AsylbLG in insgesamt vier Novellierungen weiter verschärft. Unter anderem beschränkt sich der Personenkreis, der nach § 1 Abs. 1 AsylbLG auf Leistungen nach AsylbLG verwiesen wird, bei Weitem nicht mehr auf Asylsuchende mit Aufenthaltsgestattung (§ 55 AsylVfG) und Menschen, die sich im sog. Flughafenverfahren befinden (§ 18a AsylVfG). Er wurde ausgeweitet auf Geduldete (§ 60a AufenthG), Kriegsflüchtlinge (§§ 23 Abs. 1, 24 AufenthG) sowie Ausländer mit Aufenthaltserlaubnis aus humanitären Gründen (§ 25 Abs. 4 S. 1, Abs. 4a, Abs. 4b oder Abs. 5 AufenthG), vollziehbar Ausreisepflichtige (§ 58 Abs. 2 AufenthG) und andere. Die Dauer des Bezugs der nach AsylbLG abgesenkten Leistungen wurde von anfangs 12 auf derzeit 48 Monate verlängert (§ 2 Abs. 1 AsylbLG). Für Personen, die nur zum Zweck der Erlangung von Leistungen nach dem AsylbLG eingereist sind oder an denen aus von ihnen zu vertretenden Gründen die Ausreisepflicht nicht vollzogen werden kann, erfolgt, allerdings nach Ansicht des SG Frankfurt in Widerspruch zu Art. 1 GG (10.09.2013 – S 20 AY 11/13 ER), eine nochmalige Reduzierung der Grundleistungen auf sog. unabweisbare Leistungen (§ 1a AsylbLG). Die Höhe der Grundleistungen hingegen ist seit Inkrafttreten des Gesetzes trotz eines Anstiegs der Verbraucherpreise in diesem Zeitraum um ca. 25 % vom Bundesgesetzgeber nie geändert worden.

In einem Urteil vom 18.07.2012 hat das BVerfG nunmehr entschieden, dass zumindest die Grundleistungen des AsylbLG in Form von Geldleistungen mit dem Grundrecht auf Gewährleistung eines menschenwürdigen Existenzminimums aus Art. 1 Abs. 1 i. V. m. Art. 20 Abs. 1 GG nicht vereinbar sind (1 BvL 10/10; 1 BvL 2/11 – BVerfGE 132, 134). Es verlangt vom Gesetzgeber, ähnlich wie schon in seiner ALG-II- Entscheidung vom 09.02.2010 (1 BvL 1/09; 1 BvL 3/09; 1 BvL 4/09 – BVerfGE 125, 175), Nachvollziehbarkeit bei der Berechnung der Leistungssätze und gute Begründungen dafür, dass bei einem nur vorübergehenden Aufenthalt ein tatsächlicher Minderbedarf entsteht, der zu Abweichungen in der Leistungshöhe im Vergleich zu anderen Hilfeempfangenden führen kann. Insbesondere lasse das Menschenwürdegebot keinen Raum für migrationspolitische Erwägungen, die Leistungen für Asylbewerber in besonderer Weise niedrig zu halten oder für relativierende Vergleiche mit Herkunftsländern, in denen das Existenzniveau niedriger ist als in der Bundesrepublik Deutschland. Die gesetzgeberischen Bemühungen, mittels denen die nach den Feststellungen des BVerfG gegen die Menschenwürde verstoßenden Regelungen beseitigt werden sollen, befinden sich im Status eines Referentenentwurfs (Fassung vom 4.6.2014). Mit der Entscheidung des BVerfG sind allerdings Übergangsregelungen wirksam geworden, die inzwischen zu einer spürbaren Anhebung der Leistungssätze geführt haben.

Nach § 3 AsylbLG wird der notwendige Bedarf an Ernährung, Unterkunft, Heizung, Kleidung, Gesundheits- und Körperpflege und Gebrauchs- und Verbrauchsgütern des Haushalts (sog. physisches Existenzminimum), soweit möglich, durch Sachleistungen gedeckt. Hieran soll sich auch nach dem E-AsylbLG nichts ändern. Die Unterbringung erfolgt i. d. R. in Gemeinschaftsunterkünften. Hierfür stehen bspw. nach Thüringer Gemeinschaftsunterbringungs- und Sozialbetreuungsverordnung pro Bewohner 6 qm Wohnfläche und für zusammen 8 Personen jeweils ein WC und eine Dusche zur Verfügung. Die Übernahme von Kosten für eine Unterkunft in eigener Wohnung erfolgt nur ausnahmsweise; ein Anspruch auf eine bestimmte Größe der Wohnfläche besteht nicht (Frings 2008, 128). Daneben erhalten die Leistungsberechtigten einen Barbetrag zur Deckung des soziokulturellen Existenzminimums (sog. Taschengeld), der nach der BVerfG-Entscheidung für Alleinerziehende/Alleinstehende für das Jahr 2014 bei 140 €, für Erwachsene in Partnerschaft bei gemeinsamer Haushaltsführung bei 126 €, für haushaltsangehörige Erwachsene bei 112 € und bei Kindern altersgestaffelt entsprechend niedriger liegt. Das Sachleistungsprinzip gilt grundsätzlich. Von ihm kann aber gem. § 3 Abs. 2 AsylbLG abgewichen werden, sobald Asylbewerber nicht mehr verpflichtet sind, in einer Erstaufnahmeeinrichtung nach § 44 AsylVfG zu leben. Sie können dann Sachleistungen ggf. auch in Form von Wertgutscheinen oder an ihrer Stelle auch Geldleistungen erhalten, deren Umfang mit den bezeichneten Übergangsregelungen ebenfalls angehoben wurde.

§ 4 AsylbLG regelt Leistungen bei Krankheit, Schwangerschaft oder Geburt. Erbracht werden hiernach nur Leistungen zur Behandlung akuter Erkrankungen und Schmerzzustände. Eine Versorgung mit Zahnersatz ist nach § 4 Abs. 1 S. 2 AsylbLG nur bei Unaufschiebbarkeit möglich. Eine in der Leistungserbringungspraxis besondere Problematik, deren Lösung häufig auf Schwierigkeiten stößt, bildet dabei die Behandlung von psychischen Traumata infolge von Folter, Fluchterfahrung oder sozialer Isolation in der Gemeinschaftsunterbringung. Hier leistet, soweit zu sehen, auch die beabsichtigte Neuregelung keine zufriedenstellende Umsetzung von Art. 15 Abs. 2 AufnahmeRL, nach der Asylbewerbern mit besonderen Bedürfnissen (z. B. unbegleitete MJ, ältere Menschen, Behinderte, Alleinerziehende mit minderjährigen Kindern oder auch Menschen, die Folter, Vergewaltigung oder andere schwere Formen von Gewalt erlitten haben) besondere medizinische und sonstige Hilfe zusteht.

Sonstige Leistungen können nach § 6 AsylbLG gewährt werden, wenn sie im Einzelfall zur Sicherung des Lebensunterhalts oder der Gesundheit unerlässlich, zur Deckung besonderer Bedürfnisse von Kindern geboten oder zur Erfüllung einer verwaltungsrechtlichen Mitwirkungspflicht erforderlich sind. Dies können etwa ergänzende Leistungen für kranke oder schwangere Personen sein (z. B. Krankenkost, Sonderbedarf für Kleidung), eine Säuglingserstausstattung, Ausstattung für den Schulbesuch, Beerdigungskosten, aber auch Passbeschaffungskosten oder notwendige Reisekosten.

Arbeitsgelegenheiten

Nach § 5 AsylbLG sollen insb. zur Aufrechterhaltung und Betreibung von Gemeinschaftsunterkünften, wenn möglich aber auch bei staatlichen, kommunalen oder gemeinnützigen Trägern, Arbeitsgelegenheiten für Leistungsberechtigte nach dem AsylbLG geschaffen werden. Für die geleistete Arbeit ist eine Aufwandsentschädigung von 1,05 € pro Stunde zu zahlen, die nach § 7 Abs. 2 AsylbLG nicht als Einkommen angerechnet wird. Gemäß § 5 Abs. 4 AsylbLG sind arbeitsfähige nicht erwerbstätige Leistungsberechtigte, die nicht mehr im schulpflichtigen Alter sind, zur Wahrnehmung einer zur Verfügung gestellten Arbeitsgelegenheit verpflichtet. Bei unbegründeter Ablehnung einer solchen Tätigkeit besteht kein Anspruch auf Leistungen nach diesem Gesetz.

Verfügbares Einkommen und etwaiges Vermögen sind nach § 7 AsylbLG aufzubrauchen, bevor Leistungen nach dem Gesetz erbracht werden. Auch Kosten, die im Rahmen einer Unterbringung in einer Gemeinschaftsunterkunft entstehen, wären in diesem Fall von den Betroffenen zu erstatten. Einkommen aus Erwerbstätigkeit bleibt jedoch nach § 7 Abs. 2 AsylbLG in Höhe von 25 % anrechnungsfrei (zur Ausübung einer Beschäftigung bei Aufenthaltsgestattung vgl. III-8.3.2, bei Duldung vgl. III-8.2.2.2 und III-8.3.6).

Nach § 2 Abs. 1 AsylbLG erhalten Leistungsberechtigte, die über einen Zeitraum von insgesamt 48 Monaten Leistungen nach § 3 AsylbLG erhalten haben und die Dauer des Aufenthalts nicht rechtsmissbräuchlich selbst beeinflusst haben, Leistungen in entsprechender – also nicht unmittelbarer – Anwendung des SGB XII. Eine der Folgen einer derartigen Festlegung von sog. Vorbezugszeiten ist gegenwärtig u. a. noch, dass Kinder, die allein schon wegen ihres Lebensalters diese Vorbezugszeit noch nicht erfüllt haben können, Leistungen nach §§ 3 ff. AsylbLG erhalten, während ihre Eltern bereits zum Bezug nach § 2 Abs. 1 AsylbLG, also analog zu SGB XII, berechtigt sein können. Dies soll allerdings mit der Neufassung des Gesetzes korrigiert werden. Dann wird auch bereits eine zusammenhängende Voraufenthaltszeit von 12 Monaten zum Bezug von Leistungen nach SBG XII berechtigen. Es kommt dann also nicht mehr auf die Vorbezugszeiten von Leistungen nach AsylbLG an, sodass damit auch Erwerbszeiten in die Anrechnung einbezogen werden können. Im Entwurf für die Neuregelung ist weiterhin in § 3 Abs. 3 E-AsylbLG die entsprechende Geltung von §§ 34, 34a SGB XII (Leistungen zu Bildung und Teilhabe) für alle vom AsylbLG erfassten Kinder, Jugendlichen und jungen Erwachsenen vorgesehen.

8.5 Erwerb der deutschen Staatsangehörigkeit

8.5.1 Überblick

Auf eine Reihe von Grundrechten des GG können sich nur deutsche Staatsangehörige berufen (Art. 8, 9, 11, 12 GG, vgl. I-2.2.2). Gleiches gilt für einige grundrechtsgleiche Rechte, insb. das Recht auf Zugang zu öffentlichen Ämtern nach Art. 33 Abs. 2 GG sowie (mit Ausnahmen für Bürger anderer EU-Staaten bei Europa- und Kommunalwahlen) das Wahlrecht nach Art. 38 Abs. 2 und 3 GG. Wird von Zuwanderern eine aktive Integration in das politische Gemeinwesen des Aufnahmelandes erwartet, kommt demzufolge der Staatsangehörigkeit und mithin den Zugangsmöglichkeiten zu ihr eine Schlüsselstellung zu (vgl. auch BVerfG 31.10.1990 – 2 BvF 2/89, 2 BvF 6/89). Diesen integrationspolitischen Erwartungen konnte das deutsche Staatsangehörigkeitsrecht vor seiner ab dem 01.01.2000 geltenden Neuregelung aufgrund seiner vielfältigen Restriktionen kaum im Ansatz gerecht werden. Dies vor allem deshalb nicht, weil es zwei „eherne" **Prinzipien** bis dahin unangetastet ließ: das Abstammungsprinzip (das sog. ius sanguinis, § 4 Abs. 1 StAG) sowie das Prinzip der Vermeidung von Mehrstaatigkeit (§§ 9 Abs. 1 Nr. 1, 10 Abs. 1 S. 1 Nr. 4, 29 Abs. 1 StAG). Zumindest das erstere ist in der Neuregelung wenigstens teilweise aufgegeben worden, wodurch es nunmehr unter bestimmten Voraussetzungen möglich ist, dass Kinder nicht deutscher Eltern mit ihrer Geburt im Bundesgebiet die deutsche Staatsangehörigkeit erlangen (Territorialprinzip/ius soli, § 4 Abs. 3 StAG). An der Vermeidung von Mehrstaatigkeit als Prinzip wird seitens des Gesetzgebers allerdings weiterhin festgehalten, obgleich es durch die gesellschaftliche Wirklichkeit inzwischen weitgehend konterkariert und auch im internationalen Trend zunehmend von ihm abgerückt wird (Hailbronner et al. 2010, § 8 Rz. 87). Gleichwohl folgte die Entwicklung des Staatsangehörigkeitsrechts im Kontext der Verabschiedung des Zuwanderungsgesetzes zunächst der dort erkennbaren Tendenz, ein rechtliches Verständnis von der Bundesrepublik Deutschland als Zuwanderungsland zu entwickeln. Allerdings wurde das bereits unter III-8.1 erwähnte (erste) Richtlinienumsetzungsgesetz im Staatsangehörigkeitsrecht teilweise weniger dazu genutzt, weiterhin noch bestehende Einbürgerungshürden abzutragen, als vielmehr dazu, zusätzlich neue zu errichten. Hierzu gehören **Sprach- und Einbürgerungstests**, strengere Bagatellstrafgrenzen (keine Einbürgerung bei Vorstrafen von mehr als 90 Tagessätzen bzw. drei Monaten Freiheitsstrafe), das Erfordernis der Unterhaltsbestreitung nunmehr auch bei unter 23-Jährigen, im Übrigen auch erhöhte Gebühren von derzeit 255 € (§ 38 Abs. 1 StAG), wobei zu berücksichtigen gilt, dass die Entlassung aus der bisherigen Staatsbürgerschaft noch deutlich teurer sein kann. Während unmittelbar nach der Neugestaltung des Staatsangehörigkeitsgesetzes in den Jahren 2000 und 2001 mit jeweils um die 180.000 Einbürgerungen Höchstmarken gesetzt wurden, ist es 2012 noch zu ca. 112.000 Einbürgerungen gekommen (Migrationsbericht 2012). Die deutsche Staatsangehörigkeit kann im Wesentlichen erlangt werden

Erwerb der deutschen Staatsangehörigkeit

1. durch **Geburt** (§ 3 Abs. 1 Nr. 1 i. V. m. § 4 StAG):
    a) Nach § 4 Abs. 1 StAG ist deutscher Staatsangehöriger, wer **mindestens einen deutschen Elternteil** besitzt (ius sanguinis). Die erfolgreiche Anfechtung der Vaterschaft (II-2.4.1) führt zum rückwirkenden Wegfall des deutschen Staatsangehörigkeitserwerbs, wenn der bisher als Vater Zugeordnete der alleinige deutsche Elternteil war (OVG NRW 31.01.2007 – 18A 2065/06).
    b) Im Inland aufgefundene **Findelkinder** erwerben die deutsche Staatsangehörigkeit nach § 4 **Abs. 2** StAG aufgrund einer sog. fingierten Abstammung. Entsprechendes gilt für vertraulich geborene Kinder nach § 25 Abs. 1 SchwKG.

c) Sind die Eltern nicht deutsche Staatsangehörige, verfügen aber über ein unbefristetes Aufenthaltsrecht und haben ihren gewöhnlichen Aufenthalt seit acht Jahren rechtmäßig in der Bundesrepublik Deutschland, so erlangt ihr Kind zusätzlich zu der durch seine Abstammung begründeten Staatsangehörigkeit mit seiner Geburt im Inland nach § 4 **Abs. 3** StAG ebenfalls die deutsche Staatsangehörigkeit (ius soli). Eine bisher allgemein geltende Optionspflicht, wonach das Kind zwischen vollendetem 18. und 23. Lebensjahr eine Erklärung abgeben musste, dass es die deutsche Staatsbürgerschaft beibehalten will und den Verlust der anderen Staatsangehörigkeit nachzuweisen hatte, besteht nach einer am 03.07.2014 vom Deutschen Bundestag verabschiedeten Neuregelung zumindest dann nicht mehr, wenn es auch im Inland aufgewachsen ist. Diese gesetzliche Bedingung hat erfüllt, wer bis zur Vollendung seines 21. Lebensjahres (1) sich acht Jahre im Inland aufgehalten hat oder (2) sechs Jahre im Inland eine Schule besucht hat oder (3) über einen im Inland erworbenen Schulabschluss bzw. eine im Inland abgeschlossene Berufsausbildung verfügt (§ 29 Abs. 1a StAG).
2. durch **Adoption** als Minderjähriger (§ 3 Abs. 1 Nr. 3 i. V. m. § 6 StAG).
3. durch Erteilung einer Bescheinigung nach § 15 BFVG für **Spätaussiedler** (§ 3 Abs. 1 Nr. 4 i. V. m. § 7 StAG). Spätaussiedler sind zwar Deutsche im Sinne des Grundgesetzes (Art. 116 Abs. 1, 2 und 3 Alt. GG), gelten aber zunächst nicht als Staatsangehörige, sondern als sog. Statusdeutsche, die aber über einen Einbürgerungsanspruch verfügen.
4. durch sog. **Ermessenseinbürgerung** (§ 3 Abs. 1 Nr. 5 i. V. m. § 8 StAG).
5. durch **Einbürgerung von Ehegatten** oder Lebenspartnern Deutscher (§ 3 Abs. 1 Nr. 5 i. V. m. § 9 StAG).
6. durch **Einbürgerung** aufgrund eines Einbürgerungsanspruchs (§ 3 Abs. 1 Nr. 5 i. V. m. § 10 StAG).
7. aufgrund **Vertrauensschutzes** nach 12-jähriger Behandlung als deutscher Staatsangehöriger, ohne dass dies der Betroffene zu vertreten hätte (§ 3 Abs. 2 StAG). Die Regelung erfolgte mit der Novellierung des StAG im Rahmen des (ersten) Richtlinienumsetzungsgesetzes im Interesse der Rechtssicherheit.

8.5.2 Einbürgerung

Die Einbürgerung nach §§ 8 bis 10 StAG erfolgt auf Antrag durch **Erlass eines Verwaltungsaktes**. Hinsichtlich ihrer essenziellen Voraussetzungen unterscheiden sich die drei Formen (Ermessenseinbürgerung, Soll-Einbürgerung, Rechtsanspruch auf Einbürgerung) trotz unterschiedlicher textlicher Gestaltung nur wenig voneinander. Dies ergibt sich vor allem aus der durch die Behörden bei der Einbürgerung anzuwendenden Allgemeinen Verwaltungsvorschrift des Bundesministeriums des Innern zum Staatsangehörigkeitsrecht (StAR-VwV). Obgleich Verwaltungsvorschriften nur verwaltungsintern verbindlich sind und formal keine rechtsverbindliche Wirkung zu entfalten vermögen (vgl. I-1.1.3.6), wird die gesetzesähnliche Geltung der StAR-VwV in der Rechtspraxis kaum in Zweifel gezogen. Unter rechtsstaatlichem Aspekt ist dies sicherlich nicht unproblematisch. Die übergreifenden Voraussetzungen für die Einbürgerung sind:

- **Handlungsfähigkeit**. Ausländerrechtlich tritt die Handlungsfähigkeit mit Vollendung des 16. Lebensjahres (vgl. III-8.3.2) ein, sofern keine Geschäftsunfähigkeit besteht.
- die Einordnung in die deutschen Lebensverhältnisse, insb. ausgewiesen durch Integrationserfolge während bestimmter Voraufenthaltszeiten, die sich aus dem Gesetz (§§ 9 Abs. 1 Nr. 2, 10 Abs. 1 StAG) oder der StAR-VwV (Nr. 8.1.2.1) ergeben.
- **Sprachkenntnisse**, deren notwendiges Niveau sich aus dem Gesetz (§ 10 Abs. 4 StAG) oder den StAR-VwV (Nr. 8.1.2.1.1) ergibt, von dem aber bei Vorliegen besonderer Fallkonstellationen abgewichen werden kann (§ 10 Abs. 6 StAG).
- **Rechtstreue**, § 8 Abs. 1 Nr. 2; § 9 Abs. 1, 1. HS; § 10 Abs. 1 Nr. 5 StAG, wobei Bagatellverurteilungen außer Betracht bleiben sollen (§ 12a Abs. 1 StAG).
- **Wohnung/Unterkommen**, § 8 Abs. 1 Nr. 3; § 9 Abs. 1, 1. HS; § 10 Abs. 1 Nr. 3 StAG i. V. m. § 9 Abs. 2 Nr. 9 AufenthG.
- **Unterhaltsfähigkeit**, (§ 8 Abs. 1 Nr. 4; § 9 Abs. 1, 1. HS, § 10 Abs. 1 Nr. 3 StAG i. V. m. § 9 Abs. 2 Nr. 9 AufenthG), wobei auch hier wiederum der Bezug von Leistungen nach SGB II oder SGB XII sowie Wohngeld einer Einbürgerung entgegenstehen, andere Sozialleistungen hingegen unschädlich sind.
- **Verlust oder Aufgabe der bisherigen Staatsangehörigkeit**. Bei der Ermessenseinbürgerung wird dies im Rahmen der Ermessensausübung berücksichtigt (Hailbronner et al. 2010, § 8 Rz. 84 ff.; ansonsten vgl. §§ 9 Abs. 1 Nr. 1, 10 Abs. 1 Nr. 4 StAG). Ausnahmetatbestände, die ein Abweichen von der Regel zulassen, sind in § 12 StAG abschließend aufgezählt. Es handelt sich hierbei, neben Härtefallregelungen, vor allem um Ausnahmen bei Staaten, in deren Rechtsordnung das Ausscheiden aus der Staatsbürgerschaft nicht vorgesehen ist oder regelmäßig verweigert wird. Eine besondere Ausnahmeregelung, die zu vergleichsweise vielen Fällen doppelter Staatsbürgerschaft führen dürfte, findet sich noch in § 12 Abs. 2 StAG. Hiernach wird bei der Einbürgerung von Bürgern anderer EU-Mitgliedstaaten oder der Schweiz regelmäßig die Mehrstaatigkeit hingenommen. Eine weitere Ausnahme besteht nunmehr, wie gesehen, auch für in der Bundesrepublik Deutschland aufgewachsene Menschen, die mit ihrer Geburt eine doppelte Staatsangehörigkeit erwerben (§ 4 Abs. 3 StAG) und später nicht der Optionspflicht unterliegen (§ 29 Abs. 1a E-StAG).

allgemeine Voraussetzungen

Hinzu tritt nach § 11 StAG zu diesen allgemeinen Voraussetzungen, dass ein Einbürgerungsbegehren regelmäßig scheitert, wenn die begründete Annahme des Vorliegens gegen die freiheitlich-demokratische Grundordnung gerichteter Bestrebungen besteht bzw. entsprechende Ausweisungsgründe (§ 54 Abs. 5 und 5a AufenthG) vorliegen.

Die Ermessenseinbürgerung ist die Form, auf die in der Einbürgerungspraxis eher selten zurückgegriffen wird. Ohne dass dies ihrem Wortlaut zu entnehmen ist, wird nämlich auch hier, ebenso wie bei der Anspruchseinbürgerung, eine achtjährige Voraufenthaltszeit erwartet (Nr. 8.1.2.2 StAR-VwV). Es kann also zumindest

Ermessenseinbürgerung

aus diesem Blickwinkel nur dann sinnvoll sein, die Einbürgerung nach § 8 zu begehren, wenn etwa bestimmte Voraussetzungen für die Anspruchseinbürgerung, auf die im Wege der Ermessensausübung bei besonderer Fallgestaltung verzichtet werden soll, nicht vorliegen. Grundsätzlich aber werden die Prüfmaßstäbe im Rahmen der Ermessensausübung kaum von den gesetzlichen Voraussetzungen in § 10 StAG abweichen. Verkürzte Voraufenthaltszeiten werden allerdings in den folgenden Fällen im Rahmen von § 8 StAG wirksam:

- bei Personen, an deren Einbürgerung ein besonderes öffentliches Interesse besteht (praktisch vor allem bei Spitzensportlern), nach drei Jahren (Nr. 8.1.3.5 StAR-VwV);
- bei Bewerbern aus Liechtenstein, Österreich oder deutschsprachigen Gebieten anderer Staaten nach vier Jahren (Nr. 8.1.3.4 StAR-VwV) sowie
- bei Asylberechtigten nach sechs Jahren (Nr. 3.1.3.1 StAR-VwV).

Soll-Einbürgerung Die **Einbürgerung von Ehegatten oder Lebenspartnern** Deutscher nach § 9 StAG ist als Sollvorschrift ausgestaltet. Für diesen Personenkreis gelten zunächst die gleichen Voraussetzungen wie nach § 8 StAG. Der Unterhalt gilt hier allerdings schon dann als gesichert, wenn er von den Ehe-/Lebenspartnern gemeinsam ohne Inanspruchnahme von einschlägigen öffentlich-rechtlichen Transferleistungen aufgebracht wird. Die vom Gesetz noch einmal gesondert verlangte Einordnung in die deutschen Lebensverhältnisse gilt als gewährleistet bei dreijährigem Inlandsaufenthalt und zweijährigem Bestand der Ehe bzw. Lebenspartnerschaft (Nr. 9.1.2.1 StAR-VwV). Innerhalb von einem Jahr nach dem Tod des deutschen Ehepartners oder nach einer Scheidung kommt eine Einbürgerung dann noch in Betracht, wenn dem Einbürgerungsbewerber die elterliche Sorge für ein gemeinsames Kind, das bereits deutscher Staatsbürger ist, zusteht (Abs. 2).

Rechtsanspruch auf Einbürgerung Ein **Rechtsanspruch auf Einbürgerung** besteht nach § 10 StAG für **Ausländer mit achtjährigem rechtmäßigem Aufenthalt**. Dieser Zeitrahmen verkürzt sich bei Nachweis der erfolgreichen Teilnahme an einem Integrationskurs (s. o. III-8.2) auf sieben Jahre (§ 10 Abs. 3 S. 1 StAG). Bei Nachweis von Sprachkenntnissen, die über die von Gesetzes wegen geforderte Sprachprüfung zum Zertifikat B 1 des Gemeinsamen Europäischen Referenzrahmens für Sprachen hinausgehen, kann eine weitere Verkürzung auf sechs Jahre erfolgen (§ 10 Abs. 3 S. 2 i. V. m. Abs. 4 StAG). Ehegatte und minderjährige Kinder des Einbürgerungsbewerbers können auch ohne Erfüllung der Mindestaufenthaltsdauer miteingebürgert werden. Die Regelung ist rechtspolitisch vor allem als Abschied von der Vorstellung zu bewerten, eine Einbürgerung käme nur ausnahmsweise und bei hinreichendem öffentlichen Interesse in Betracht (Hailbronner et al. 2010, § 10 Rz. 6). Gleichwohl müssen für die Begründung eines in § 10 Abs. 1 StAG festgeschriebenen Rechtsanspruchs eine Reihe weiterer gesetzlicher **Voraussetzungen** vorliegen. Zu ihnen gehören insb.:

- **nach Nr. 1** ein Bekenntnis zur freiheitlich-demokratischen Grundordnung. Die Behörde kann es bei einer schriftlichen Erklärung hierzu bewenden lassen, im Zweifel aber auch das persönliche Erscheinen des Bewerbers zu einer münd-

lichen Befragung verlangen (Heilbronner et al. 2010, § 10 Rz. 16), insb. wenn Ausschlussgründe für die Einbürgerung nach § 11 StAG zu besorgen sind.
- **nach Nr. 2** ein unbefristetes Aufenthaltsrecht. Diese allgemeine Voraussetzung wird jedoch durch eine Reihe von Ausnahmetatbeständen relativiert, was im Ergebnis zu einer unübersichtlichen und schwer zu handhabenden Regelung führt. Als Faustregel kann gelten, dass eine Aufenthaltserlaubnis, die schon ihrem Charakter nach auf einen vorübergehenden Aufenthalt eingestellt ist (der praktisch nicht sehr bedeutsame Fall der Erwerbsarbeit nach § 18 AufenthG, die Aufenthaltserlaubnis für qualifizierte Geduldete nach § 18a AufenthG, der vorübergehende Aufenthalt für Opfer von Menschenhandel nach § 25 Abs. 4a AufenthG sowie die Aufenthaltserlaubnis aus humanitären Gründen für vollziehbar Ausreisepflichtige, § 25 Abs. 5 AufenthG), die genannte Voraussetzung jedenfalls nicht erfüllen kann.
- **nach Nr. 3** keine Inanspruchnahme von Leistungen nach SGB II oder SGB XII. Das Erfordernis der eigenständigen Sicherung des Lebensunterhalts bezieht sich auch auf künftige, prognostisch zu beurteilende Situationen (VGH Mannheim 12.03.2008 – 13 S 1487/06; vgl. auch Hailbronner et al. 2010, § 10 Rz. 36). Dies betrifft also auch die zu erwartende Inanspruchnahme von Grundsicherung im Alter und bei Erwerbsminderung, jedoch nur, soweit der Einbürgerungsbewerber dies zu vertreten hat.
- **nach Nr. 4** die Aufgabe oder der Verlust der bisherigen Staatsbürgerschaft; zur Hinnahme von Mehrstaatigkeit nach § 12 StAG vgl. oben.
- **nach Nr. 5** Straffreiheit (zu den strafrechtlichen Sanktionen vgl. III-8.4 und III-8.5.3). Außer Betracht bleiben hierbei Erziehungsmaßregeln und Zuchtmittel nach JGG, Geldstrafen bis zu 90 Tagessätzen und Freiheitsstrafen bis drei Monate zur Bewährung, die nach Ablauf der Bewährung bereits erlassen wurden. Berücksichtigung finden hingegen Maßregeln der Besserung und Sicherung gegen Schuldunfähige und auch ausländische Verurteilungen, wenn die Tat auch im Inland strafbar gewesen wäre und das Strafmaß verhältnismäßig war. Bedingung für ihre Heranziehung ist jedoch, dass die Verurteilung in einem rechtsstaatlichen Verfahren ausgesprochen wurde (Hailbronner et al. 2010, § 10 Rz. 57).
- **nach Nr. 6** ausreichende Kenntnisse der deutschen Sprache (s. o.), wobei Ausnahmen wegen Krankheit, Behinderung oder Alters zu machen sind, sowie
- **nach Nr. 7** Kenntnisse der Rechts- und Gesellschaftsordnung und der Lebensverhältnisse in Deutschland. Sie werden i. d. R. durch Bestehen des bei seiner Einführung politisch heftig umstrittenen bundeseinheitlichen Einbürgerungstests nachgewiesen.

Verlust der Staatsangehörigkeit

Nach Art. 16 Abs. 1 S. 1 GG darf die Staatsangehörigkeit nicht entzogen werden. Jedoch kann ihr Verlust aufgrund einer gesetzlichen Regelung eintreten (Gesetzesvorbehalt, vgl. I-2.2.3), die mit § 17 StAG vorliegt. Innerhalb der Reihe der Verlustgründe (v. a.: Entlassung aus der Staatsangehörigkeit auf eigenen Antrag, § 17 Abs. 1 Nr. 1 i. V. m. § 18 StAG) haben zwei Verlusttatbestände eine besondere Bedeutung im Zusammenhang mit der Einbürgerung. Zum einen verliert nach § 17 Abs. 1 Nr. 2 StAG die deutsche Staatsangehörigkeit, wer Bürger eines anderen

Staates wird (Ausnahmen regelt § 25 Abs. 1 S. 2 und Abs. 2 StAG). Hiermit sollte der Schlussstein in die Mauer zur Vermeidung von Mehrstaatigkeit gesetzt werden, indem für den Fall vorgesorgt wird, dass nach erfolgter Einbürgerung die aufgegebene vorherige Staatsangehörigkeit zurückerlangt wird. Darüber hinaus geht gem. § 17 Abs. 1 Nr. 7 StAG die Staatsangehörigkeit durch die Rücknahme eines rechtswidrigen Verwaltungsaktes (hierzu III-1.3.1.3) verloren. Die Voraussetzungen hierfür liegen nach § 35 Abs. 1 StAG vor allem dann vor, wenn der Verwaltungsakt der Einbürgerung durch arglistige Täuschung, Drohung oder Bestechung oder durch vorsätzlich unrichtige oder unvollständige Angaben zustande gekommen ist. Jedoch darf die Rücknahme nach § 35 Abs. 3 StAG nur bis zum Ablauf von fünf Jahren nach erfolgter Einbürgerung vorgenommen werden.

Hailbronner 2014; Marx 2005; Frings 2008; Hailbronner et al. 2010

1. Zwischen welchen Gruppen von Migranten ist in tatsächlicher wie auch in rechtlicher Hinsicht zu unterscheiden? (8.1)
2. Welche Aufenthaltstitel kennt das AufenthG und wodurch sind sie jeweils charakterisiert? (8.2.1)
3. Frau T. aus Serbien möchte gern zu ihrem seit fünf Jahren in der Bundesrepublik lebenden Ehemann nachreisen. Unter welchen Voraussetzungen wird sie hierfür einen Aufenthaltstitel erlangen können? (8.2.1 und 8.2.2.3)
4. Herr M. aus dem Sudan ist anerkannter Asylbewerber und studiert Sozialwesen. Nebenbei möchte er gern an vier Abenden pro Woche in einem Café als Bedienung arbeiten. Ist ihm dies erlaubt? Benötigt er hierfür u. U. eine besondere Genehmigung? (8.2.2.1; 8.3.1)
5. Frau S. aus dem Iran stellt einen Antrag auf Asyl, weil sie, unter dem Verdacht stehend, die Grüne Bewegung der Opposition in ihrem Land unterstützt zu haben, verhaftet und in der Haft misshandelt wurde. Sie reiste, über den Balkan kommend, unter Umgehung von Grenzkontrollen auf dem Landweg in die Bundesrepublik ein. Wird ihr Antrag erfolgreich sein? (8.3)

IV Grundzüge des Strafrechts (Trenczek)

1 Allgemeine Grundlagen

1.1 Strafrecht und Soziale Arbeit
1.2 Struktur und Bereiche des Strafrechts
1.3 Funktion und Grundsätze des Strafrechts

1.1 Strafrecht und Soziale Arbeit

Das Strafrecht kann jeden treffen, sei es als Opfer, Beschuldigte/r oder als Schöffe in einer Gerichtsverhandlung. Sozialarbeiter treffen häufig in einer professionellen Rolle auf das Strafrecht. Aufgrund der Normalität und Ubiquität deliktischen Verhaltens junger Menschen (zum Erkenntnisstand über Jugendkriminalität, vgl. Goldberg/Trenczek 2014; Heinz 2007; Walter/Neubacher 2011) hat das (Jugend-)Strafrecht zwangsläufig für **alle** Dienste und Einrichtungen der Jugendhilfe eine erhebliche Bedeutung. Eine Reihe von Aufgaben und Diensten der Sozialen Arbeit stehen unmittelbar im strafrechtlich geprägten Kooperationsfeld zur Polizei und Justiz, welches man etwas veraltet als „Strafrechtspflege" bezeichnet. Hierzu zählen insb. (vgl. Cornel et al. 2009, 62 f.): die JA-Aufgabe „Jugendgerichtshilfe" (s. u. 6.2), die Gerichts-, Bewährungshilfe und Führungsaufsicht (s. u. 6.1), die Soziale Arbeit im Jugendarrest, im Strafvollzug (6.1), in der Untersuchungshaft, die Sozialhilfe, insb. zur Überwindung besonderer sozialer Schwierigkeiten nach §§ 67–69 SGB XII (z. B. Entlassenenhilfe), die Suchtberatung und sog. Drogenhilfe- bzw. Therapiehilfeeinrichtungen sowie die sonstige/freie Straffälligen- und Gefährdetenhilfe. Diese Tätigkeitsfelder knüpfen an ein abweichendes, strafrechtlich relevantes Verhalten von Menschen an. Das Strafrecht und die Soziale Arbeit verfolgen dabei **unterschiedliche Funktionen** und basieren auf unterschiedlichen **Handlungslogiken** – verkürzt gesagt einerseits mit Blick auf die gesellschaftliche Ordnung (s. u. 1.3) sowie andererseits in Bezug auf den Menschen als Individuum. Doch ungeachtet unterschiedlicher Interessensrichtungen von Strafjustiz und Sozialpädagogik/Sozialarbeit gilt es, deren Kooperation, also das Ineinanderspiel von justiziellen und sozialpädagogischen Aktivitäten, so zu gestalten, dass die **soziale Integration** des Einzelnen gelingen kann.

Unabhängig von einem strafrechtlich relevanten Verhalten ihrer Klienten hat das Strafrecht für die Soziale Arbeit eine besondere Relevanz in der Schwangerschaftskonfliktberatung, im Hinblick auf die strafrechtliche Haftung bei Pflichtverletzungen und die damit zusammenhängende **Garantenstellung von Sozialarbeitern** (hierzu 2.2.2) sowie im Hinblick auf die professionelle **Schweigepflicht** und das Recht auf Zeugnisverweigerung (hierzu 2.3.1).

1.2 Struktur und Bereiche des Strafrechts

Das Strafrecht ist ein Teilgebiet des Öffentlichen Rechts (vgl. I-1.1.4) des Bundes (Art. 74 Nr. 1 GG), denn es regelt die Rechtsbeziehungen zwischen den Bürgern und dem Staat als Hoheitsträger. Die Strafgerichte gehören gleichwohl nach § 13 GVG zur sog. ordentlichen Gerichtsbarkeit (I-5.1.1; zum Gerichtsaufbau s. u. 3.1; Übersicht 57, S. 695). Man unterscheidet im Strafrecht – wie auch in anderen Rechtsgebieten (s. I-1.1.3) – zwischen materiellem und formellem Recht. Das **materielle Strafrecht** im StGB enthält zwei Teile, den sog. Allgemeinen und den Besonderen Teil.

Die im **Allgemeinen Teil** (AT) des StGB enthaltenen Regelungen betreffen allgemeine, für das gesamte Strafrecht geltende Grundsätze, die deshalb im AT „vor die Klammer gezogen" wurden. Hier geht es einerseits (§§ 13–37 StGB) um die Voraussetzungen der Strafbarkeit (s. u. 2.1) und die Begehungsformen der Delikte (z. B. Vorsatz/Fahrlässigkeit, Vollendung/Versuch, Tun/Unterlassen, Täter/Beteiligte; hierzu 2.2) sowie andererseits um die strafrechtlichen Rechtsfolgen, insb. die Festlegung der Art und Höhe der Sanktionen (§§ 38 bis 76a StGB; s. u. 4). Im **Besonderen Teil** (BT) des StGB findet man die Normierung der wesentlichsten Verhaltensweisen, die als Straftat verboten sind. Weitere Straftatbestände sind in den sog. strafrechtlichen Nebengesetzen normiert, z. B. §§ 369 ff. Abgabenordnung, §§ 95 ff. Aufenthaltsgesetz, §§ 29 ff. BtMG, § 27 JuSchG, §§ 21 ff. StVG sowie in den Straf- und Schlussvorschriften der SGB-Bücher. Strafrechtsnormen finden sich also in einer nahezu unübersehbaren Vielzahl von Gesetzeswerken.

AT und BT

strafrechtliche Nebengesetze

In den Verfahrensordnungen, vor allem der StPO und dem GVG, ist das **formelle Strafrecht**, die Gerichtsorganisation und der Ablauf des Strafverfahrens geregelt (s. u. 3). Es beginnt mit der Aufnahme polizeilicher Ermittlungen und endet mit der – ggf. erst nach Berufung und Revision eintretenden – rechtskräftigen Verurteilung und Vollstreckung der Sanktion. Das **Strafvollstreckungsrecht** ist im Wesentlichen in der StPO geregelt und Teil des Strafverfahrens. Demgegenüber ist das **Strafvollzugsrecht** ein Teil des besonderen Verwaltungsrechts und regelt die Ausgestaltung und Durchführung des Strafvollzugs, für den seit der Föderalismusreform 2006 die Länder zuständig sind (hierzu Laubenthal 2011).

Das **Jugendstrafrecht** vereinigt Regelungen aus mehreren Bereichen (s. u. 5). Es wird als Sonderstrafrecht für junge Menschen bezeichnet, knüpft aber im Hinblick auf das Verhalten an die Strafbarkeitsbestimmungen des StGB an. Das JGG enthält andererseits Abweichungen vom Erwachsenenstrafrecht, insb. im Hinblick auf die strafrechtliche Verantwortlichkeit junger Menschen sowie die spezifischen Rechtsfolgen. Im Übrigen enthält es Bestimmungen zur Justizorganisation und zum Verfahren sowie zur Vollstreckung und teilweise zum Vollzug jugendstrafrechtlicher Maßnahmen (zur Notwendigkeit spezifischer gesetzlicher Regelungen für den Jugendstrafvollzug vgl. BVerfG v. 31.05.2006 – 2 BvR 1673/04 – ZJJ 2006, 193 ff.; für sie sind mittlerweile die Bundesländer zuständig, hierzu Ostendorf 2012a).

Das Ordnungswidrigkeitenrecht, insb. das OWiG, gehört nicht zum Strafrecht, da es lediglich Verstöße gegen Verwaltungsnormen als Übertretungen mit Geldbußen

Ordnungswidrigkeiten

(nicht mit Kriminalstrafen) sanktioniert. Allerdings orientiert sich das OWiG „methodisch" am Strafrecht, z. B. im Hinblick auf die Voraussetzungen der Sanktionen und das Verfahren. So verweist § 46 Abs. 1 OWiG generell auf die StPO, das GVG sowie das JGG. Zudem gibt es insb. im Jugendbereich problematische Überschneidungen im Hinblick auf die Sanktionen bei Schulverweigerung (hierzu Höynck/Klausmann 2012).

Polizeirecht Nicht zum Strafrecht gehört das der **Gefahrenabwehr** dienende Polizeirecht (hierzu Götz 2008). Schon der alte Begriff „Policey" umfasste alle staatlichen Tätigkeiten zum Zweck der Abwehr von Gefahren für die öffentliche Sicherheit und Ordnung sowie der Beseitigung von Störungen (sog. materieller, **funktionaler Polizeibegriff**). Zur Polizei gehören deshalb nicht nur die nach außen in Erscheinung tretenden, uniformierten „Vollzugsbeamten", sondern alle mit Gefahrenabwehr beauftragten Verwaltungsbehörden.

Das Polizei- und Ordnungsrecht ist im Wesentlichen Landesrecht, Ausnahmen sind das Bundespolizeigesetz für die Bundespolizei (z. B. im Bereich von Flughäfen und der Bahn), das Gesetz über das Bundeskriminalamt sowie das Zollfahndungsdienstgesetz. Die landesrechtlichen Regelungen tragen unterschiedliche Bezeichnungen, sei es Polizei(aufgaben)gesetz oder Gesetz über die öffentliche Sicherheit und Ordnung o. Ä. Die Polizei ist zur Erfüllung ihrer Aufgaben mit höchst effektiven Mitteln ausgestattet. Die sog. **polizeirechtlichen Generalklauseln** (z. B. Art. 11 BayPAG; § 8 PolG NRW; § 11 NdsSOG; § 12 ThürPAG) erlauben der Polizei alle notwendigen Maßnahmen zur Abwehr von konkreten Gefahren für die öffentliche Sicherheit und Ordnung, soweit das Verhältnismäßigkeitsgebot (I-2.1.2.2) beachtet wird (Art. 4 BayPAG; § 2 PolG NRW; § 4 NdsSOG; § 4 ThürPAG). Besonders gesetzlich geregelt sind insb. die Erlaubnis, Störer vorübergehend in **Gewahrsam** zu nehmen (Art. 17 BayPAG; §§ 35 ff. PolG NRW; § 18 NdsSOG; § 19 ThürPAG; § 39 BPolG; vgl. auch V-4.3.1) und in andere grundrechtlich geschützte Bereiche der Bürger einzugreifen (insb. Haus- und Wohnungsdurchsuchung; zur sog. **Ortsverweisung** vgl. z. B. Platz- und Wohnungsverweisung zum Schutz vor häuslicher Gewalt Art. 16 BayPAG; §§ 34 f. PolG NRW; § 17 NdsSOG; § 18 ThürPAG). Die Generalklausel erlaubt also nicht alle (insb. grundrechtsrelevanten) Eingriffe. So hat z. B. das BVerfG (1 BvR 22/12 v. 08.11.2012) die dauerhafte Rundumüberwachung eines aus der Sicherungsverwahrung entlassenen Mannes durch die Polizei ohne eine spezifische gesetzliche Grundlage nur für eine kurze Zeit für zulässig erklärt (I-2.1.2.1). Zur Kooperation der Sozialarbeit mit der Polizei im Jugendschutz (z. B. § 20 ThürKJHAG) vgl. III-7.1; zur Kooperation in der Jugendhilfe vgl. III-3.5.2.

Die Polizei ist nicht nur i. R. der Gefahrenabwehr, sondern auch reaktiv i. R. des **strafrechtlichen Ermittlungsverfahrens** tätig und insoweit an die strafrechtlichen Regelungen gebunden (s. u. 3.2). Präventive und reaktive Tätigkeit der Polizei überschneiden sich und sind oft untrennbar miteinander verbunden, z. B. Verhinderung von Gewalttätigkeiten, Festnahme gewalttätiger Personen und Einleitung des strafrechtlichen Ermittlungsverfahrens.

1.3 Funktion und Grundsätze des Strafrechts

Strafrecht ist ein Teil des **Systems der sozialen Kontrolle** (zur Funktion des Rechts allgemein, vgl. I-1.1.1 u. 1.1.4; instruktiv zum „Selbstverständnis" des Strafrechts Hassemer 2008). Hierunter ist die soziale Reaktion auf abweichendes Verhalten zur Aufrechterhaltung der gesellschaftlichen Ordnung zu verstehen, die soziale Kontrolle knüpft also an die Verletzung sozialer Normen an. Der entscheidende Anknüpfungspunkt für das Strafrecht ist heute zumindest strafrechtstheoretisch nicht mehr die Unmoral oder Unbotmäßigkeit, sondern die besondere **Sozialschädlichkeit** eines bestimmten Verhaltens (zum Verhältnis von Recht und Moral s. I-1.1.2). Das Strafrecht bezweckt den **Rechtsgüterschutz** durch die Strafbarkeit des inkriminierten Verhaltens, d. h., bestimmte Verhaltensweisen werden dadurch verboten, dass der Staat Strafen für ihre Begehung androht. Hieraus wird traditionell der sog. staatliche Strafanspruch begründet. Einen solchen „Strafanspruch" hat bereits Kurt Tucholsky bestritten: „Es gibt kein staatliches Recht des Strafens. Es gibt nur das Recht der Gesellschaft, sich gegen Menschen, die ihre Ordnung gefährden, zu sichern. Alles andere ist Sadismus, Klassenkampf, dummdreiste Anmaßung göttlichen Willens, tiefste Ungerechtigkeit" (Tucholsky 1927, 619 f.). Es ist mittlerweile unbestritten, dass das Strafrecht systematisch soziale Ungleichheiten ebenso ausblendet wie den gesellschaftlich-politischen Kontext, in dem es praktiziert wird. So wendet sich das Kriminalrechtssystem „mit Vorliebe gut zugänglichen und leicht verarbeitbaren Geschehnissen zu", insb. dem individuellen Fehlverhalten von jungen Menschen, während „jeder Staat erhebliche Probleme hat, die ‚Kriminalität der Mächtigen' ins Visier zu nehmen" (Walter 1995, 17). Selbst extrem sozialschädliche Handlungen im (internationalen) Wirtschaftsverkehr (Wirtschaftskriminalität), wie z. B. die Gemeinwesen gefährdende Finanzspekulation und die Umweltzerstörung, der Datenmissbrauch und die Internetkriminalität, der Organ- und Menschenhandel sowie kriegerische Auseinandersetzungen, sind mit den Mitteln des (nationalen) Strafrechts kaum zu fassen. Bissig formulierte es der US-amerikanische Kriminologe J. H. Reiman 1984 bereits lange vor der Finanzkrise: „The rich get richer and the poor get prison". Das Strafrecht wurde häufig als Mittel zur Durchsetzung von Macht und Partikularinteressen benutzt (z. B. zum Verbot des Sammelns von Abfallholz vgl. K. Marx: Debatten über den Holzdiebstahl, 1842). Die heutige (herrschende) Strafrechtstheorie basiert aber auf der Prämisse, dass das Strafrecht einen **gesellschaftlichen Konsens** hinsichtlich eines Grundbestands an Werten und Rechtsgütern ausdrücket, der für so wichtig erachtet wird, dass er durch das Mittel des Strafrechts geschützt werden müsse. Gustav Radbruch (1929/1993), ein großer bürgerlich-freiheitlich denkender Rechtsgelehrter, hat dies als Illusion kritisiert: „So mag sich die Entstehung des Rechts vorstellen, wer überwiegend seine Wohltaten genießt. Die, auf denen vorzugsweise der Druck der Rechtsordnung lastet, werden in solchen Lehren nur schöne Träume erblicken." Oder mit den Worten des Literaturnobelpreisträgers Anatole France (1921, 112) gesprochen: „Das Gesetz in seiner majestätischen Gleichheit verbietet es Reichen wie Armen, unter Brücken zu schlafen, auf Straßen zu betteln und Brot zu stehlen."

> Zweck des Strafrechts

Zwar gehört das Strafrecht heute nicht mehr zu den zentralen Herrschaftsmitteln, gleichwohl ist der staatliche „Strafanspruch" nicht zuletzt aufgrund seines reaktiv-repressiven Ansatzes und der mangelnden (empirisch feststellbaren) Präventionswirkung der Kriminalstrafen zumindest im Bereich der „klassischen" Kriminalität (zur Rückfallstatistik Heinz 2008 und 2012; Jehle et al. 2013) umstritten. Insofern stellt sich die Frage der **Legitimation von staatlichen Sanktionen** (hierzu ausführlich 4.1), die aber nicht identisch ist mit der **Legitimation des Strafrechts,** in besonderer Weise. Die Aktivierung des Strafrechts ist rechtstheoretisch davon abhängig, dass es kein anderes geeignetes Mittel als das Strafrecht gibt, um das Rechtsgut zu schützen (insb. zivil-, gewerberechtliche und verbraucherschützende Regelungen sowie personelle und technische Vorkehrungen, z. B. im Hinblick auf den Ladendiebstahl und die Beförderungserschleichung). Man spricht von der Ultima-Ratio-Funktion des Strafrechts, welche allerdings nicht ernst genommen zu werden scheint, wenn die zu einem großen Teil medial erzeugten **gesellschaftlichen Unsicherheitsgefühle** und die öffentliche Hysterie vorschnell Forderungen nach immer neuen Straftatbeständen, härteren Strafen und neuen Ermittlungsmaßnahmen nach sich ziehen (vgl. hierzu z. B. 2.3.3), um das (unstillbare) Bedürfnis nach Orientierung und Ordnung zu befriedigen. Das Strafrecht ist dabei aufgrund der in jeder Gesellschaft vorhandenen (mitunter geschürten), häufig diffusen und von der sozialen Entwicklung in der Moderne stark beeinflussten Bedürfnissen nach Sicherheit und Ordnung immer in der Gefahr, (insb. für politische und wirtschaftliche Interessen) instrumentalisiert zu werden. Die Dominanz des Sicherheitsdenkens und die daran anknüpfende Rigidität ist das Kennzeichen einer verunsicherten und entgrenzten Gesellschaft. Für den Rechtsstaat wie für den Zusammenhalt einer demokratischen Gesellschaft ist es verhängnisvoll, wenn die Strafjustiz die mangelnde Bereitstellung und den Abbau integrativer Sozialleistungen durch eine verstärkt ordnungsrechtliche Sozialkontrolle und Exklusion kompensiert – dies wären (bzw. sind) die düsteren Zeichen des Wandels vom leistenden Sozialstaat zum strafenden Staat (Bettinger/Stehr 2009, 252 ff.; Wacquant 2009). Der problembehaftete und sich abweichend verhaltende Mensch wird bezeichnenderweise als „Krimineller" wahrgenommen und etikettiert (medial mitunter als Monster stilisiert), der zum Schutz der „Anständigen" und der Gesellschaft ausgegrenzt werden muss – ohne dass dies den Bedürfnissen der geschädigten Opfer oder dem Opferschutz dienen könnte (zu den Rückfallzahlen s.o.).

Gerade den Opfern kann das Strafrecht außer Symbolik nicht viel bieten (s. u. 3 a. E.; zur Wiedergutmachung und zum TOA s. u. 3.2.1 u. 4.1). Im Hinblick auf den Rechtsgüterschutz kommt das Strafrecht im konkreten Fall zu spät (zu den Strafzwecken s. 4.1), mitunter wird die Situation der Opfer sogar noch verschärft (z. B. erniedrigende Befragung von Missbrauchsopfern, mangelndes Aufenthaltsrecht und Ausweisung von ausländischen Opfern von Menschenhandel und Zwangsprostitution). Das verletzte Opfer ist im Strafverfahren kein Akteur, sondern als Zeuge nur Beweismittel (zu deren Rolle vgl. auch Hassemer 2009, 235 ff.).

Die Kritikpunkte am Strafrecht bzw. seiner Praxis sind vielfältig und richten sich in einer Kurzformel gegen eine politisch instrumentalisierte Problemabhilfe und Handlungsfähigkeit suggerierende **Symbolik**, welche das Strafrecht in seinen positiven Wirkungen überschätzt und seinen Anwendungsbereich unreflektiert ohne Rücksicht auf empirische Folgewirkungen bzw. -probleme erweitert (vgl. Hassemer 2008, 96).

Bei aller berechtigten Kritik an den vorherrschenden Strafrechtsdogmen darf die vielleicht **wichtigste Aufgabe des Strafrechts** nicht übersehen werden, die im Wesentlichen an das **Strafverfahren** anknüpft. Das materielle Strafrecht, das festlegt, welches Verhalten als strafbar zu qualifizieren ist und welche Strafe dann verhängt werden kann, bedarf für seine Aktualisierung und konkrete Durchsetzung eines fairen, rechtlich geordneten Verfahrens, mit dessen Hilfe das Vorliegen einer Straftat ermittelt und die im Gesetz vorgesehene Reaktion festgesetzt und vollstreckt werden kann (vgl. Art. 6 EMRK). Strafrecht dient im modernen Rechtsstaat dem Schutz des Individuums vor willkürlichen staatlichen Eingriffen und – untersetzt durch das Gewaltmonopol des Staates – vor privaten Rache- und Vergeltungsmaßnahmen. „Das Strafrecht und die damit befassten Instanzen haben Emotionen zu kanalisieren und dabei zivilisatorisch zu bändigen. Die über Jahrhunderte erkämpfte Strafrechtskultur mit ihrer Selbstverpflichtung auf Vernünftigkeit, Subsidiarität und Proportionalität, ihrer Bindung an möglichst präzise gesetzliche Vorgaben, ihren formalen Sicherungen gegen Missbräuche und ihrem Bemühen, Rechtsbrecher nicht aus der Solidargemeinschaft auszugrenzen, gehört zum Kernbestand unserer zivilisatorischen Errungenschaften" (Kunz 1998, 22). Es geht insoweit in erster Linie um die **Rechtsstaatlichkeit** und **Justizförmigkeit des Entscheidungsverlaufes**, die dem Schutz der Menschenwürde dienen. Das Strafrecht ist ein guter **Indikator für Rechtsstaatlichkeit** und das Entwicklungsstadium, in dem sich eine Gesellschaft befindet. Gerade deshalb spielen im Straf-, vor allem im Strafverfahrensrecht, aber auch im Hinblick auf das Strafvollzugsrecht (vgl. BVerfG 1 BvR 409/09 – 22.02.2011 zur menschenunwürdigen Unterbringung von Strafgefangenen), verfassungsrechtliche Aspekte eine große Rolle (vgl. insb. die sog. **Justizgrundrechte** Art. 101 ff. GG). Strafrecht ist „angewandtes Verfassungsrecht" (vgl. BVerfGE 32, 373 [383]; BGHSt 19, 325 [330]; vgl. auch Hassemer 2008, 81 ff. u. 219 ff.; s. u. a. I-1.2.4). Der Fall des Bundestagsabgeordneten Edathy, der Anfang 2014 in Verdacht geriet, kinderpornografische Medien bestellt zu haben, zeigt allerdings, wie schnell rechtsstaatliche Grundsätze vergessen werden, wenn hoch emotionale Themen in der öffentlichen Diskussion nicht in angemessener Weise diskutiert werden. Das Strafrecht, so der Bundesrichter Thomas Fischer, lebe davon, dass es klare gesetzliche Grenzen ziehe zwischen erlaubtem und unerlaubtem Verhalten. „Wenn nun aber die, die das Erlaubte tun [Anm. d. Verf.: auch wenn es moralisch anstößig ist], nach ‚kriminalistischer Erfahrung' stets auch das Unerlaubte tun, vorsorglich schon einmal mit einem Ermittlungsverfahren überzogen werden müssen, hat die Grenzziehung jeden praktischen Sinn verloren" (SZ v. 01.03.2014, S. 3). Dann regiert nicht nur Hysterie, sondern es ist nicht mehr weit zur Einführung von PreCrime- and Mind-Control-Technologien, über die in GB bereits nachgedacht wird (vgl. Murray 2012; zur Veranschaulichung siehe auch Steven Spielbergs Minority Report; zur Definition des sog. Anfangsverdachts s. 3.3.1).

Das deutsche Strafrecht gilt nicht nur für Taten, die im Inland begangen werden, sondern auch für eine Reihe von Taten gegen deutsche Staatsbürger, inländische

Fair Trial

Rechtsstaat

Auslandstaten

bzw. international geschützte Rechtsgüter (z. B. Organhandel, Geld- und Wertpapierfälschung, Kinderpornografie) auch unabhängig vom Recht des Tatorts (§§ 3 ff. StGB; zur Anwendbarkeit der Vorschriften des internationalen Strafrechts bei Auslandstaten s. Art. 1b EGStGB). Darüber hinaus sind im Strafrecht das Völkerrecht und internationale Standards zu beachten (vgl. Feest 2004, 69 ff.; Höynck et al. 2001; vgl. I-1.1.5). Aufgrund des Vertrags von Lissabon 2007 (I-1.1.5.1) wird die Zusammenarbeit der EU-Staaten auch auf strafrechtlichem Gebiet insb. bei besonders schwerer Kriminalität intensiviert, wobei ggf. auch durch EU-Richtlinien Mindestvorschriften für die Festlegung von Straftaten und Sanktionen normiert werden können (vgl. insb. Art. 67 Abs. 3, Art. 83 u. 87 AEUV). Die bereits 2002 gegründete Eurojust unterstützt als selbstständige EU-Justizbehörde mit Sitz in Den Haag die grenzüberschreitende Strafverfolgung innerhalb Europas und im Verhältnis zu Drittstaaten sowie die Strafverfolgungsbehörden der EU-Mitgliedstaaten bei grenzüberschreitenden Ermittlungen (Art. 85 AEUV; s. I-1.1.5.1).

Garantiefunktion Nach Art. 7 Abs. 1 EMRK, Art. 103 Abs. 2 GG und dem wortgleichen § 1 StGB kann eine Tat nur bestraft werden, wenn die Strafbarkeit gesetzlich bestimmt war, bevor die Tat begangen wurde (*nullum crimen nulla poena sine lege [scripta]* = keine Straftat und keine Strafe ohne [geschriebenes] Gesetz). Der Gesetzlichkeitsgrundsatz stellt für den Bürger eine Garantie dar, alles das ungestraft tun zu dürfen, was nicht – im Zeitpunkt seines Handelns – ausdrücklich unter Strafe steht. Dieses **Rückwirkungsverbot** gilt im Hinblick auf Strafbegründung und -verschärfung (vgl. auch § 2 StGB) ebenso wie bei den Sicherungsmaßnahmen (EGMR 19359/04 – 17.12.2009, s. u. 4.2), nicht aber im Hinblick auf das Strafverfahrensrecht (z. B. Notwendigkeit eines Strafantrags) oder die Veränderung von Verjährungsvorschriften (§§ 78 ff. StGB). Es findet seine Grenze zudem in den Menschenrechten (vgl. BVerfG 26.10.1996 – BvR 1862/94 v. 26.10.1996 zur Verurteilung der Mauerschützen: Das DDR-Recht habe den Grenzsoldaten zwar die Erschießung von DDR-Flüchtlingen erlaubt, doch liege darin eine so schwerwiegende Missachtung der Menschenrechte, dass die besondere Vertrauensgrundlage entfalle). Ein Ausfluss der Garantiefunktion des Strafgesetzes ist das sog. **Bestimmtheitsgebot**. Es erfordert eine konkrete Beschreibung der Tatbestandsmerkmale, so dass der Bürger als Adressat der Norm aus dem Gesetz selbst erkennen kann, was genau von ihm verlangt wird bzw. was verboten ist (vgl. BVerfG 2 BvR 794/95 v. 20.03.2002). Das BVerfG hat die Verwendung von unbestimmten Rechtsbegriffen und deren fachgerechte Auslegung (vgl. I-3.3.2) im Strafrecht für notwendig und zulässig erachtet (vgl. im Hinblick auf die Untreue nach § 266 StGB BVerfG 2 BvR 2559/08 – 23.06.2010 und 2 BvR 1980/07 – 10.03.2009). Unzulässig ist aber die Strafbarkeitsbegründung und Strafverschärfung durch – eine Strafbarkeitslücke schließende – Analogie (vgl. I-3.3.2). Zulässig ist die Analogie zugunsten des Beschuldigten und im Verfahrensrecht.

 Wie schwierig aber die Abgrenzung von noch zulässiger Auslegung und nicht mehr zulässiger Strafbarkeitsbegründung durch die Rspr. sein kann, zeigt sich z. B. bei der strafrechtlichen Definition (und Ausweitung) des Gewaltbegriffs i. R. der Nötigung nach § 240 Abs. 1 StGB. Hatte der BGH 1969 in seinem „Laepple-Urteil" die Sitzblockade noch als „psychisch wirkende Zwangseinwirkung" und damit als Gewalt angesehen, wurde dies vom BVerfG (1 BvR 718 – 10.01.1995) korrigiert, da die bloße körperliche Anwesenheit auf der Straße nicht als Gewalt angesehen werden könne. Daraufhin entwickelte der BGH seine sog. Zweite-Reihe-Rechtsprechung, nach der zwar nicht von der Sitzblockade selbst Gewalt ausgehe, wohl aber von der von ihr verursachten Reihe der blockierten Pkws (BGH 20.7.1995 – 1 StR 126/95). Das BVerfG hat diese sehr weit gehende Auslegung akzeptiert, wenn das durch den Stau in der zweiten Reihe verursachte physische Hindernis bewusst als Werkzeug eingesetzt werde, mahnte aber gleichzeitig, dass Sitzblockaden mit Blick auf das durch die Versammlungsfreiheit geschützte Demonstrationsrecht (Art. 8 Abs. 2 GG) nicht per se „verwerflich" seien (BVerfG 07.03.2011 – 1 BvR 388/05). In Fällen, in denen sich Demonstranten an Tore etc. angekettet haben, wurde Gewalt i.S.d. § 240 Abs. 1 StGB bejaht (BVerfG 24.01.2001 – 1 BvR 1190/90).

Als weitere Grundmaxime des Strafrechts gilt das ebenfalls in Art. 103 GG geregelte Verbot der Doppelbestrafung (*ne bis in idem* = nicht zweimal gegen dasselbe), d.h., dass gegen denselben Täter wegen derselben Tat nach rechtskräftiger Aburteilung grds. keine erneute Strafverfolgung eingeleitet werden darf (Art. 103 Abs. 3 GG, sog. Strafklageverbrauch aufgrund materieller Rechtskraft; BVerfGE 21, 378).

Verbot der Doppelbestrafung

2 Die Straftat

2.1 Die Grundvoraussetzungen der Strafbarkeit
2.1.1 Tatbestand
2.1.2 Rechtswidrigkeit
2.1.3 Schuld
2.1.4 Spezielle Strafbarkeitsvoraussetzungen und Strafbarkeitshindernisse
2.2 Deliktsformen
2.2.1 Versuch und Vollendung
2.2.2 Aktives Tun und Unterlassen
2.2.3 Täterschaft und Teilnahme
2.3 Deliktsbereiche
2.3.1 Strafrechtlicher Daten- und Vertrauensschutz
2.3.2 Strafrechtlicher Kinder- und Jugendschutz
2.3.3 Sexualstrafrecht
2.3.4 Schwangerschaftsabbruch
2.3.5 Drogenstrafrecht

Kriminalität

Delinquenz bezeichnet die abweichenden Verhaltensweisen (Devianz), die gegen strafrechtliche Normen verstoßen, unabhängig vom Alter bzw. der strafrechtlichen Verantwortlichkeit der Beschuldigten. Als „Kriminalität" bezeichnet man das nach den Strafgesetzen strafbare Verhalten (vgl. Art. 103 Abs. 2 GG). Kennzeichen dieses sog. **formellen Kriminalitätsbegriffs** ist seine Abhängigkeit vom jeweiligen Stand der Gesetzgebung. Diese unterliegt ständig Veränderungen, die sich aus der Kriminalisierung bzw. Entkriminalisierung bestimmter Verhaltensweisen ergeben (vgl. 2.3). Das betrifft nicht nur die Beschreibung der Verhaltensweisen an sich, sondern auch alle übrigen Strafbarkeitsvoraussetzungen (z. B. strafrechtliche Verantwortlichkeit). Eine kriminologisch ausgerichtete („materielle") Definition begreift Kriminalität als soziale Erscheinung und nimmt insb. auch das Handeln der Instanzen der Sozialkontrolle mit in den Blick. Kriminalität ist nämlich keine Qualität, die in einer Handlung selbst liegt, sondern eine Konstruktion und Zuschreibung in einem gesellschaftlichen Interaktionsprozess (hierzu Quensel 1970/2014; Walter/Neubacher 2011, 1 ff.). Die folgende Darstellung muss sich allerdings auf den formellen Kriminalitätsbegriff beschränken (weitergehend die Beiträge in AKKrimSoz 2014).

Verbrechen

Im Besonderen Teil des StGB sind die Verbotstatbestände nach Rechtsgütergruppen zusammengefasst. Man kann diese grob in Rechtsgüter der Allgemeinheit (Universalrechtsgüter) und Rechtsgüter der einzelnen Person (Individualrechtsgüter) unterscheiden, letztere wiederum in Person, Sach- oder Vermögenswerte. Die Aufteilung in Kern- (StGB) und Nebenstrafrecht lässt keine Rückschlüsse auf die Bedeutung der Rechtsgüter zu. Eine Differenzierung aufgrund einer wertenden Entscheidung erfahren die Rechtsgüter nach **§ 12 StGB**, wo zwischen sog. **Verbrechen** und **Vergehen** unterschieden wird. Verbrechen sind rechtswidrige Taten, die im Mindestmaß mit einer Freiheitsstrafe von einem Jahr bedroht sind. Bei Vergehen gibt es demgegenüber keine Mindeststrafe. Konsequenzen hat die Unterscheidung damit im Hinblick auf den Strafrahmen (s. u. 4.3). Die Unterscheidung ist zudem relevant für die Strafbarkeit des Versuchs (§ 23 StGB), im allgemeinen Verfahrensrecht (§§ 153, 153a StPO: Einstellung des Strafverfahrens gegen Erwachsene nur bei Vergehen) und im Hinblick auf die Zuständigkeit der Gerichte (§§ 24 f., 74, 78 GVG). Der Strafrahmen knüpft aber nicht nur an das Rechtsgut als solches an, sondern auch an die Art und Weise der Begehungsweise, also die Gefährlichkeit des Angriffs. Darüber hinaus differiert er nach typischen, die Schuld des Täters steigernden oder mildernden Gesichtspunkten. Man spricht insofern von **Qualifikationen** und **Privilegierungen** des Grundtatbestandes, z. B. § 224 StGB gefährliche und § 226 StGB schwere Körperverletzung als Qualifizierung der „einfachen" Körperverletzung (§ 223 StGB). Die herrschende Lehre betrachtet den Totschlag nach § 212 StGB als Grundtatbestand der Tötungsdelikte, den rechtsdogmatisch höchst umstrittenen, zwingend mit lebenslanger Gefängnisstrafe belegten Mord nach § 211 StGB (insoweit wird nicht eine Tat, sondern weitgehend ein Tätertypus beschrieben – und das in der Sprache der NS-Diktatur; zu den Reformbemühungen vgl. DAV 2014) als Qualifizierung bzw. § 216 StGB (Tötung auf Verlangen) als Privilegierung. Während es sich bei § 244 StGB um einen Qualifikationstatbestand des Diebstahls handelt, beschreibt § 243 StGB lediglich exemplarisch sog. Regelbeispiele, die i. R. der Strafzumessung (s. 4.3) berücksichtigt werden.

Die meisten Delikte verfolgt die StA von Amts wegen (§ 152 Abs. 2 StPO). Bei einigen Delikten tritt die **Verfolgung nur auf Antrag des Verletzten** ein (§§ 77 ff. StGB, z. B. § 123 Abs. 2, §§ 185, 194 Abs. 1, §§ 303 bis 303c StGB). Ohne Antrag darf bei diesen Delikten die StA nicht ermitteln, das Gericht nicht verurteilen (s. u. 2.1.4).

Offizial- und Antragsdelikte

Selbst wenn ein Strafantrag gestellt ist, verweist die StA den Antragsteller in Fällen des § 374 StPO auf den sog. Privatklageweg, wenn ein **öffentliches Interesse an der Verfolgung** von Amts wegen nicht besteht. Ob ein öffentliches Interesse besteht, entscheidet die StA nach Ermessen. Sie nimmt es regelmäßig an, „wenn der Rechtsfrieden über den Lebenskreis des Verletzten hinaus gestört und die Strafverfolgung ein gegenwärtiges Anliegen der Allgemeinheit ist" (RiStBV Nr. 86). Bei bestimmten Verletzungen der Privatsphäre ist nach § 380 StPO die Erhebung der Privatklage erst zulässig, nachdem ein sog. Sühneverfahren erfolglos durchgeführt wurde (hierzu I-6.2.1).

Privatklage

2.1 Die Grundvoraussetzungen der Strafbarkeit

Mit der gesetzlichen Umschreibung des verbotenen, mit Strafe bedrohten Verhaltens im Tatbestand will der Gesetzgeber zum Ausdruck bringen, welches Verhalten überhaupt strafrechtlich relevant ist. Das tatbestandsmäßige Verhalten kann aber nur strafbar sein, wenn es nicht ausnahmsweise erlaubt ist. Die **Rechtswidrigkeit** des Verhaltens ist deshalb die zweite Strafbarkeitsvoraussetzung. Tatbestand und Rechtswidrigkeit beschreiben zusammen das verwirklichte Unrecht der Tat

(„Man darf so *etwas* nicht tun!"). Allerdings ist auch ein unrechtmäßiges, strafrechtlich verbotenes Verhalten noch nicht ohne Weiteres strafbar. Das bisher festgestellte Unrechtsurteil missbilligt lediglich die Tat als solche, besagt aber noch nicht, dass der Einzelne für sein Verhalten strafrechtlich auch zur Verantwortung gezogen wird. Als dritte Voraussetzung der Strafbarkeit muss festgestellt werden, dass der Täter persönlich vorwerfbar, d. h. schuldhaft gehandelt hat („Du darfst so etwas nicht tun!") (s. Übersicht 56).

Übersicht 56: Grundvoraussetzung der Strafbarkeit

1. **Tatbestandsmäßigkeit** (objektiv und subjektiv)	**Unrecht** = Blick auf die Tat
2. **Rechtswidrigkeit** (es liegt kein Rechtfertigungsgrund vor)	(„Man darf so etwas nicht tun!")
3. **Schuld** (es liegt kein Schuldausschließungsgrund vor)	**Verantwortung** = der Blick auf den Handelnden („Du darfst so etwas nicht tun!")

2.1.1 Tatbestand

objektiver Tatbestand

Im Hinblick auf den Tatbestand unterscheidet man zwischen sog. objektiven und subjektiven Tatbestandselementen. Der objektive Tatbestand beschreibt den äußerlichen Vorgang (die Handlung) und die dadurch eingetretene Rechtsgutverletzung (sog. Handlungserfolg). Anders als im Ordnungswidrigkeitenrecht (vgl. §§ 29, 30 OWiG) können nach dem deutschen Strafrecht nur natürliche, nicht aber juristische Personen strafrechtlich verantwortlich sein. Anknüpfungspunkt für das Strafrecht ist das menschliche Verhalten. Täter („Wer ...") kann damit nur ein Mensch sein. Hetzt ein Hundehalter seinen Hund auf einen anderen und wird jener dabei verletzt, so verhält sich nicht das Tier, sondern ggf. der Hundehalter strafbar. Zudem kann nur ein vom Willen getragenes menschliches Verhalten strafbar sein, nicht aber nicht steuerbare Reflexbewegungen, Krampfanfälle, Körperbewegungen im Schlaf oder bei Bewusstlosigkeit oder durch absolute Gewalt erzwungenes Verhalten (jemand stößt einen anderen um, der wiederum auf den Dritten fällt und diesen verletzt). Man spricht insoweit davon, dass eine menschliche, vom Bewusstsein getragene Handlung – entweder durch aktives Tun oder Unterlassen (hierzu unten 2.2.2) – vorliegen muss. Im Hinblick auf die Beteiligungsformen unterscheidet man strafrechtlich zwischen der sog. Täterschaft und der bloßen Teilnahme (s. u. 2.2.3).

Tätigkeits- und Erfolgsdelikte

Sog. Erfolgsdelikte (z. B. §§ 123, 223, 212, 242, 303 StGB) setzen voraus, dass das Handeln oder Unterlassen einen „Erfolg" verursacht hat, also das Ereignis, dessen Eintritt das Strafrecht eigentlich verhindern sollte. Bei den sog. Tätigkeitsdelikten (z. B. §§ 153 f., 316 StGB; § 21 StVG) wird die reine (abstrakt gefährliche) Tathandlung (z. B. falsche Aussage, Trunkenheit im Verkehr, Fahren ohne Fahrerlaubnis) bestraft, ohne dass ein Schaden eingetreten sein muss. Bei den sog. Gefährdungsdelikten reicht der Eintritt einer konkreten Gefahr (z. B. §§ 315b–315d StGB), eine Verletzung oder Schädigung muss nicht eingetreten sein.

Bei einem Erfolgsdelikt müssen – ohne dass dies im Tatbestand ausdrücklich genannt ist – Handlung und Handlungserfolg in einem sog. objektiven Zurechnungszusammenhang stehen. Ausgangspunkt für die Zurechnung ist die sog. Kausalität. Wichtig ist dabei, immer auf den konkret eingetretenen Erfolg abzustellen, nicht auf hypothetische Verläufe. Das Verhalten muss eine nicht hinwegdenkbare Bedingung (*conditio sine qua non*) für den eingetretenen Schaden sein (sog. Äquivalenztheorie). Trotz vorliegender Kausalität sind Schadensfolgen objektiv nicht zurechenbar, wenn sie völlig atypisch sind und der Täter deshalb nicht mit ihnen zu rechnen hatte (z. B. A. erschreckt seinen völlig gesund erscheinenden Freund B. aus Spaß, der dadurch einen tödlichen Herzinfarkt erleidet), oder bei Fahrlässigkeitsdelikten, wenn der Schaden auch bei pflichtgemäßen Handeln eingetreten wäre (sog. Pflichtwidrigkeitszusammenhang). Strafrechtlich nicht erfasst werden Handlungen, die durchaus gefährlich sind und unbestreitbar eine Kausalitätskette in Gang setzen (z. B. Herstellung von Kfz oder Waffen für den Tod von Menschen), deren Risiko aber gesellschaftlich in Kauf genommen wird.

Kausalität und Zurechnungszusammenhang

Im Rahmen des subjektiven Tatbestandes geht es um die innere Haltung und Steuerung des menschlichen Verhaltens. Man unterscheidet Vorsatz und Fahrlässigkeit. Grds. ist nur **vorsätzliches Handeln** strafbar, es sei denn, die Strafbarkeit wegen Fahrlässigkeit ist ausdrücklich normiert (§§ 15, 222, 229, 306d ff., 315c Abs. 3 StGB). Vorsatz ist im Umkehrschluss von § 16 StGB das Wissen und Wollen in Bezug auf alle Merkmale des objektiven Tatbestandes (st. Rspr. seit BGHSt 19, 295, 298). Insoweit ist es mit Blick auf die normativen Bestandteile der Norm ausreichend, dass der Täter deren rechtlich-soziale Bedeutung anhand einer sog. Parallelwertung in der Laiensphäre richtig erkannt hat.

subjektiver Tatbestand

Bei der **Fahrlässigkeit** unterlässt der Täter die im Verkehr erforderliche (vgl. § 276 Abs. 2 BGB) und von ihm persönlich zu erwartende Sorgfalt, die ggf. über das Normalmaß hinausgehen kann (z. B. weil der Täter als gut ausgebildeter Spezialist mit Gefahrgut besonders sorgfältig umzugehen gelernt hat). Nicht fahrlässig, sondern vorsätzlich handelt derjenige, der den Taterfolg zwar nicht beabsichtigt, seinen Eintritt aber für möglich hält und (billigend) in Kauf nimmt (sog. bedingter oder Eventualvorsatz). Demgegenüber vertraut der Täter bei der sog. bewussten Fahrlässigkeit auf das Ausbleiben der Tatfolge.

Im Rahmen des subjektiven Tatbestandes wirken sich zum Teil die rechtsdogmatisch nicht einfachen Irrtumsregelungen des Strafrechts aus. So handelt nach § 16 Abs. 1 StGB jemand nicht vorsätzlich, wenn er bei Begehung der Tat einen Umstand nicht kennt, der zum objektiven Tatbestand des Delikts gehört (z. B. im Hinblick auf § 242 BGB die Fremdheit einer weggenommenen Sache). Wer nach der Vorlesung versehentlich ein Buch seines Sitznachbarn einsteckt, nimmt zwar objektiv eine fremde Sache im Sinne des § 242 Abs. 1 StGB weg, er handelt aber nicht vorsätzlich (er wollte ja kein fremdes Buch wegnehmen, sondern ging davon aus, dass es sein eigenes Buch ist). Allerdings ist nicht jeder Irrtum strafrechtlich relevant und entlastend, sondern nur, wenn er sich auf ein Tatbestandsmerkmal

Irrtum

bezieht. So ist es bei der fälschlich als „Ehrenmord" bezeichneten Tötung eines Menschen völlig irrelevant, wenn der Täter irrtümlich angenommen hat, das Opfer sei ein (aus welchen abweichenden Kulturvorstellungen auch immer) nicht akzeptierter Freund seiner Schwester (vgl. BGH 5 StR 538/01 – 20.02.2002; BGH 5 StR 31/07 v. 28.08.2007). Der Schutz eines Menschen hängt nicht von bestimmten „Eigenschaften" ab. Wer dagegen bei der Jagd einen Menschen tötet, weil er ihn im Dämmerlicht versehentlich für ein Reh gehalten hat, kann nicht wegen vorsätzlicher (§ 212 StGB), sondern allenfalls wegen fahrlässiger Tötung (§ 222 StGB) verurteilt werden.

Absichten Darüber hinaus fehlt in dem o. g. Buch-Fall auch die für die Strafbarkeit des Diebstahls nach § 242 StGB neben dem Vorsatz zum Zeitpunkt der Begehung der Tat zusätzlich erforderliche Zueignungsabsicht. Solche Absichten sind Willensrichtungen (zielgerichteter Erfolgswille), die in einigen Straftatbeständen (§§ 239a, 242, 249 ff., 263, 267, 271 Abs. 3, 316a StGB; nach § 211 StGB sog. niedrige Beweggründe) als besondere subjektive Merkmale neben dem Vorsatz (bzgl. der objektiven Tatbestandsverwirklichung) nachgewiesen werden müssen.

Im Hinblick auf die bei manchen Straftaten möglichen schweren Tatfolgen (z. B. Tod in §§ 227, 251 StGB) reicht es nach § 18 StGB in der Regel aus, dass dem Täter neben der vorsätzlichen Begehung der Straftat im Hinblick auf die Tatfolge zumindest Fahrlässigkeit vorgeworfen werden kann. In manchen Fällen muss eine Leichtfertigkeit, d. h. eine gesteigerte Form der Nachlässigkeit, vorliegen (z. B. § 178 StGB).

2.1.2 Rechtswidrigkeit

Die Tatbestände des StGB beschreiben vom Gesetzgeber als besonders sozialschädlich missbilligte und damit typischerweise unrechte Verhaltensweisen. *Rechtfertigungsgründe* Diese sind deshalb grds. rechtswidrig (man spricht auch davon, dass die Rechtswidrigkeit „indiziert" sei), es sei denn, das Verhalten ist ausnahmsweise erlaubt. Solche Erlaubnisse nennt man Rechtfertigungsgründe. Diese entstammen nicht nur dem Strafrecht, sondern der gesamten Rechtsordnung, denn Rechtswidrigkeit ist Widerspruch gegen das Recht (zur Übersicht vgl. Dölling et al. 2013, Vor § 32 Rz. 8 ff.; Schönke/Schröder et al. 2010, Vor § 32). Das ist z. B. nicht der Fall, wenn der Inhaber des Rechtsgutes in zulässiger Weise der Verletzung zustimmt (z. B. im Hinblick auf normale Sportverletzungen). Die Zustimmung schließt mitunter als **Einverständnis** den Tatbestand schon begrifflich aus, wo dieser ein Handeln gegen den Willen des Rechtsgutträgers voraussetzt (z. B. §§ 123, 177, 239, 240, 248b, 253 StGB; vgl. Kindhäuser 2012, Vor § 13 Rz. 189 ff.). Besonders geregelt ist die Einwilligung im Hinblick auf eine Körperverletzung (§ 228 StGB) und setzt bei ärztlichen Behandlungen eine ausdrückliche und differenzierte Aufklärung des Patienten, insb. über die Risiken des Eingriffs, voraus (BVerfG 25.7.1979 – 2 BvR 878/74). Dann ist auch eine Organspende nach § 8 TPG zulässig; eine Sterilisation bei MJ ist stets verboten (§ 1631c BGB). Die **Einwilligung**, die sich auf die Verwirklichung des Tatbestandes bezieht, ist nur wirksam, wenn der (z. B. minderjährige) Rechtsgutträger nach seiner geistigen und sittlichen Reife in der Lage ist, die

Bedeutung und Tragweite des Eingriffs und seiner Gestattung zu verstehen und danach zu handeln (**Einwilligungsfähigkeit**; vgl. BGHSt 23, 1 ff.; vgl. Kindhäuser 2012, Vor § 13 Rz. 169; zu den Grenzen der Einwilligungsfähigkeit bei Sexualdelikten s. 2.3.3). Da es sich hierbei nicht um ein Rechtsgeschäft, sondern um eine höchstpersönliche Willensentscheidung handelt, kommt es nicht auf eine Geschäftsfähigkeit (hierzu II-1.1.2) an. Ist der Betroffene einwilligungsfähig, so ist seine Einwilligung entscheidend, nicht die der gesetzlichen Vertreter (§ 1626 BGB) oder Betreuer (§ 1896 BGB). Eltern können i. R. ihrer Sorgeverantwortung (§§ 1626, 1629 BGB) deshalb i. d. R. nur bei noch nicht selbst einwilligungsfähigen Kindern in eine medizinisch notwendige Operation einwilligen (vgl. hierzu auch V-2.1). Die Einwilligung darf nach § 228 StGB (darüber hinaus str.) nicht gegen die guten Sitten verstoßen (z. B. Doping; medizinisch nicht notwendige Schönheitsoperationen bei MJ) und rechtfertigt auch nicht alles, z. B. nicht die eigene Tötung (§ 216 StGB; vgl. z. B. BGH 11.12.2003 – 3 StR 120/03 – NStZ 2004, 204: Grenze der Einwilligung bei Heroinfremdinjektion nach Aufforderung durch das Tatopfer). Kein Rechtfertigungsgrund ist das früher zuweilen anerkannte angebliche „Züchtigungsrecht", weder für Lehrer noch für Eltern (vgl. § 1631 Abs. 2 BGB, s. o. 2.3.2, zu den Grenzen des elterlichen Sorgerechts im Übrigen II-2.4.3).

Neu eingefügt wurde Ende 2012 § 1631d BGB, der einen Rechtfertigungsgrund für die Eltern im Hinblick auf die ohne medizinische Indikation vorgenommene Beschneidung (= Körperverletzung) eines nicht einwilligungsfähigen männlichen Kindes darstellt (vgl. LG Köln 7.5.2012 – 151 Ns 169/11). Allerdings gilt dies nicht, wenn durch die Beschneidung – auch unter Berücksichtigung ihres Zwecks – das Kindeswohl gefährdet wird (ausführlich Scheinfeld 2013, 268 ff.). Zwingend ist zudem, dass die „Regeln der ärztlichen Kunst" einzuhalten sind, weshalb Beschneidungen ausnahmslos nur mit effektivwirksamer Betäubung erfolgen dürfen.

Der wohl bekannteste Rechtfertigungsgrund ist die **Notwehr** (§ 32 StGB). Bei allen Rechtfertigungsgründen, insb. bei den Notwehr- und Abwehrrechten, muss die Verteidigungshandlung erforderlich und angemessen sein. Unzulässig ist die völlig überzogene Reaktion insb. bei einem krassen Missverhältnis zwischen Angriff (insb. gegen Eigentum) und Verteidigung (durch Tötung), z. B. der Schusswaffengebrauch gegen Kirschen klauende Kinder. Überschreitet jemand die Grenzen der Notwehr aus Verwirrung, Furcht oder Schrecken, so handelt er zwar rechtswidrig, aber ohne Schuld und wird deshalb nach § 33 StGB nicht bestraft (zu den Entschuldigungsgründen s. 2.1.3).

Notwehr

Im Rahmen des rechtfertigenden **Notstandes** nach § 34 StGB als Abwehr einer gegenwärtigen, nicht anders abwendbaren Gefahr ist ausdrücklich eine Güterabwägung vorzunehmen, wobei das geschützte Interesse das beeinträchtigte Rechtsgut wesentlich überwiegen muss. Das kann z. B. bei einer Strafanzeige des Sozialarbeiters im Hinblick auf einen ihm bekannt gewordenen sexuellen Missbrauch der Fall sein, obwohl die Anzeige einen Verstoß gegen seine Verschwiegenheitspflicht nach § 203 Abs. 1 Nr. 5 StGB darstellt (Abwägung Vertrauensschutz vs. Kindeswohl). Anders ist dies u. U., wenn das Kind selbst den Missbrauch ausdrücklich anvertraut hat (§ 65 SGB VIII; vgl. hierzu 2.3.2). Eine entsprechende Güterabwägung ist auch im Hinblick auf die Durchbrechung des Schweigegebots

Rechtfertigender Notstand

bei Mitteilungen an das JA gemäß dem neuen Rechtfertigungsgrund nach § 4 Abs. 3 KKG vorzunehmen (hierzu III-3.2.2).

Strafprozessuale Zwangsmaßnahmen
Auch die strafprozessualen Zwangsmaßnahmen (s. u. 3.3.1) stellen Rechtfertigungsgründe dar. Das jedermann zustehende Festnahmerecht nach § 127 Abs. 1 StPO ist ein Rechtfertigungsgrund im Hinblick auf die kurzfristige Freiheitsentziehung, leichte Körperverletzung und Nötigung, rechtfertigt aber lediglich das vorläufige Festhalten sowie (mit Rücksicht auf das Verhältnismäßigkeitsgebot) mildere Mittel bis zum Eintreffen der Polizei (z. B. Vorzeigeverlangen und ggf. Wegnahme des Ausweises zur sofortigen Identitätsfeststellung). Die Polizei ist darüber hinaus auch zu weitergehenden erkennungsdienstlichen Maßnahmen zur Feststellung der Identität sowie zur Durchsuchung des Verdächtigen befugt (§ 127 Abs. 1 S. 2, § 163b Abs. 1 S. 3 i. V. m. § 81b bzw. § 102 StPO).

Besonderheiten im Hinblick auf Nötigungshandlungen
Von der Regel, dass die Verwirklichung des Tatbestandes die Unrechtmäßigkeit des Handelns indiziert, gibt es zwei Ausnahmen, in denen die Rechtswidrigkeit besonders festgestellt werden muss (§§ 240 Abs. 2 und 253 Abs. 2 StGB). Danach ist die Tathandlung nur rechtswidrig, wenn die Anwendung der Gewalt oder die Androhung des Übels zu dem angestrebten Zweck als verwerflich anzusehen ist, d. h., es liegt kein „vernünftiger" Grund vor, weshalb die Nötigungshandlung den „guten Sitten" widerspricht. Ob dies so gewertet werden kann bzw. muss, ist freilich im Einzelfall gerade bei politisch motivierten, z. T. als Widerstand bezeichneten Handlungen (z. B. Sitzblockaden, Haus- und Baumbesetzungen) umstritten.

Erlaubnistatbestandsirrtum
Auch im Hinblick auf die Rechtfertigung an sich verbotener Handlungen können sich Irrtümer auswirken. So liegt ein sog. Erlaubnistatbestandsirrtum vor, wenn der Handelnde irrtümlich das Vorliegen eines Rechtfertigungsgrundes annimmt. Er handelt dann im Hinblick auf das verwirklichte Delikt ohne Vorsatz (analoge Anwendung von § 16 Abs. 1 StGB zugunsten des Beschuldigten), kann aber ggf. wegen Fahrlässigkeit verurteilt werden. Wer sich gegen einen Angriff wehrt und dabei jemanden in den Schwitzkasten nimmt, handelt in Notwehr. Wird die Person über die Notwehrlage hinaus gewürgt und stirbt dabei, weil das (ursprüngliche) Opfer nicht erkennt, dass die Notwehrlage aufgrund der Kampfunfähigkeit des Angreifers nicht mehr vorliegt, so liegt ein Erlaubnistatbestandsirrtum nach § 16 StGB vor, weshalb nur eine Strafbarkeit wegen Fahrlässigkeit in Betracht kommt (BGH 1 StR 449/13 – 21.08.2013).

2.1.3 Schuld

Schuldprinzip
Rechtswidriges Verhalten ist nur dann strafbar, wenn es dem Handelnden vorgeworfen werden kann, was man rechtsdogmatisch als „Schuld" bezeichnet. Diese ist zum einen materielle Voraussetzung der staatlichen Strafe, zum anderen ist die Schuld nach § 46 Abs. 1 S. 1 StGB Grundlage der Strafzumessung (hierzu 4.3; sog. **Schuldprinzip**; BVerfGE 20, 323 [331]; BGHSt 20, 194 [200]; BVerfG 2 BvR 794/95 67 – 20.03.2002). Die Rechtsordnung basiert auf der Vorstellung der Autonomie und Willensfreiheit des Menschen (vgl. Schild 1986). Dem Beschuldigten wird mit dem Begriff „Schuld" vorgeworfen, sich bei mehreren Alternativen nicht für das nicht strafbare, sondern für das kriminalisierte Verhalten entschieden zu

haben. Kindern ist das noch nicht möglich. Sie sind deshalb stets schuldunfähig (§ 19 StGB), weshalb sie zwar abweichend (deviant), aber nicht strafrechtlich relevant handeln können.

Anders als bei Jugendlichen (§ 3 JGG, s. u. 5) darf bei erwachsenen und heranwachsenden (18 bis 20 Jahre alten) Menschen (§ 1 Abs. 2 JGG) von der strafrechtlichen Verantwortungsfähigkeit ausgegangen werden. Die Schuld kann aber ausnahmsweise ausgeschlossen sein, weil der Täter wegen einer krankhaften seelischen oder Bewusstseinsstörung „nicht bei Sinnen" oder aus anderen Schuldausschließungsgründen schuldunfähig (§ 20 StGB) war. Gerade in diesem Bereich handelt es sich nicht um rein normative, sondern vor allem um medizinische oder psychosoziale Fragestellungen mit einer besonderen Verantwortung der hierbei zurate gezogenen Fachkräfte (zur Schuldfähigkeit und ihrer Begutachtung ausführlich Förster/Dreßling 2008; Streng 2002, 347 ff.). Die Schuld kann auch im konkreten Fall ausnahmsweise ausgeschlossen sein, z. B. beim sog. Notwehrexzess aus Verwirrung, Furcht oder Schrecken (§ 33 StGB) oder anderen situationsbedingten Entschuldigungsgründen (§ 35 StGB).

Schuldausschluss- bzw. Entschuldigungsgründe

Bei alkoholbedingtem Rausch hat die Rechtsprechung folgende Richtwerte festgelegt (vgl. Fischer et al. 2014, § 20 Rz. 19 ff.):

Alkoholeinfluss

- Ab einer Blutalkoholkonzentration von 3,0 ‰ (bei Jugendlichen und Heranwachsenden auch unter 3,0 ‰) liegt die Schuldunfähigkeit nahe; im Einzelfall kann aufgrund starker Alkoholgewöhnung gleichwohl Schuldfähigkeit gegeben sein.
- Bei einem Blutalkoholwert von 2,0 bis 3,0 ‰ kann verminderte Schuldfähigkeit (z. B. aufgrund einer Intoxikationspsychose) vorliegen, bei der die Strafe nach § 21 StGB gemindert werden kann.
- Bei einem Blutalkoholwert von unter 2,0 ‰ wird bei gesunden Personen i. d. R. von ungeminderter Schuldfähigkeit ausgegangen, wenn nicht im konkreten Fall Ausfallerscheinungen einen anderen Schluss nahelegen.

Entscheidend ist aber stets eine Gesamtwürdigung aller wesentlichen objektiven und subjektiven Umstände im konkreten Einzelfall, denn es gibt keinen empirisch belastbaren Erfahrungssatz, nachdem unter 2,0 ‰ eine Einschränkung der Steuerungsfähigkeit ausgeschlossen ist. Beachtet werden muss, dass die Begehung einer Tat unter Alkoholeinfluss weder eine Strafmilderung ausschließt noch eine Strafschärfung per se begründet. Weiß aber ein Täter, dass er unter Alkoholeinfluss größere Risiken eingeht bzw. dazu neigt, Straftaten zu begehen, oder hätte ihm dies zumindest bewusst sein können, ist für eine Strafmilderung kein Raum und eher ist bei einem Mangel an Verantwortungsbewusstsein das Gegenteil indiziert (vgl. BGH 15.12.2005 – 4 StR 314/05 – NStZ 2006, 184; Schönke/Schröder – Perron 2010 § 21 Rz. 20, § 46 Rz. 22).

Drogenabhängigkeit indiziert nicht automatisch einen Schuldausschluss, sondern kann im konkreten Einzelfall, z. B. bei schwersten Persönlichkeitsstörungen oder wenn die Tat bei starken Entzugserscheinungen oder im schweren Rausch begangen wurde, zur Bejahung von § 20 StGB führen.

Drogenkonsum

actio libera in causa Ist ein Täter bei der Begehung der Tat schuldunfähig, führt diese grds. zur Straflosigkeit. Hat aber der Täter im schuldfähigen Zustand einen Geschehensablauf in Gang gesetzt, der zu einer rechtswidrigen Tat im schuldunfähigen Zustand geführt hat, so kann er gleichwohl aufgrund des verwirklichten Delikts bestraft werden. Diese rechtsdogmatisch anerkannte Vorverlagerung des strafrechtlichen Schuldvorwurfs (sog. *actio* – bzw. bei Unterlassungsdelikten: *omissio – libera in causa*) führt zur Bestrafung wegen der Vorsatztat, wenn der Täter den Defektzustand selbst vorsätzlich herbeigeführt hat (z. B. durch „Mut antrinken") und die Tat vorsätzlich begangen (bzw. der Täter eine Handlungspflicht nicht erfüllt hat). Hat der Täter den Defektzustand vorsätzlich oder fahrlässig verursacht und das Delikt in diesem Zustand fahrlässig begangen, kommt eine Verurteilung wegen fahrlässiger Begehung der Tat in Betracht. Ist eine Bestrafung aufgrund einer *actio libera in causa* nicht möglich, so bleibt die Strafbarkeit wegen des spezifischen Vollrauschdelikts (§ 323a StGB) zu einer Freiheitsstrafe von bis zu fünf Jahren unbenommen.

Verbotsirrtum Fehlt jemandem bei der Begehung der Tat das (allgemeine, nicht auf das Strafrecht begrenzte) Unrechtsbewusstsein, so handelt er nach § 17 Abs. 1 StGB ohne Schuld, wenn dieser sog. Verbotsirrtum unvermeidbar war. Nicht erforderlich ist, dass der Täter die betreffende Rechtsnorm kennt, insoweit schützt Unwissenheit nicht vor Strafe. So kann sich jemand nach § 170 StGB strafbar machen, selbst wenn er davon ausgeht, dass die Verletzung der zivilrechtlichen Unterhaltspflicht strafrechtlich nicht verfolgt wird.

Irrtümer im Hinblick auf das Vorliegen der Voraussetzungen eines Schuldausschluss- oder Entschuldigungsgrundes sind nur im Hinblick auf den entschuldigenden Notstand nach § 35 StGB und nur dann beachtlich, wenn der Irrtum unvermeidlich war (§ 35 Abs. 2 StGB). Wer sein Verhalten irrig für verboten hält, begeht ein strafloses Wahndelikt (z. B. Verhexen).

2.1.4 Spezielle Strafbarkeitsvoraussetzungen und Strafbarkeitshindernisse

Neben den drei Grundvoraussetzungen der Strafbarkeit im engeren Sinn (Tatbestandsmäßigkeit, Rechtswidrigkeit und Schuld) müssen u. U. weitere besondere Strafbarkeitsbedingungen vorliegen bzw. besondere Strafbarkeitshindernisse fehlen. Zu den Strafbarkeitsvoraussetzungen zählen:

objektive Bedingungen der Strafbarkeit
- bei manchen Straftaten sog. objektive Bedingungen der Strafbarkeit, z. B. bei § 323a StGB das Begehen der Tat im Vollrausch; bei § 186 StGB die Nichterweislichkeit einer ehrenrührigen Tatsache; bei § 231 StGB das Vorliegen einer schweren Körperverletzung oder der Tod eines Menschen i. R. einer Schlägerei;

Strafantrag
- das Vorliegen eines Strafantrags (§§ 77 ff. StGB) bei einigen höchstpersönlichen und Bagatelldelikten (vgl. §§ 123 Abs. 2, 194, 230, 248a StGB). Der Strafantrag ist von der Strafanzeige zu unterscheiden. Letztere ist lediglich eine Information an die Ermittlungsbehörden, die dann von Amts wegen tätig werden (Offizialprinzip, s.o 3.2). Mit seinem Strafantrag macht der Berechtigte dage-

gen ausdrücklich deutlich, dass er die Strafverfolgung will. Der Strafantrag muss i. d. R. schriftlich (§ 158 Abs. 2 StPO) und innerhalb einer Frist von drei Monaten ab Kenntnis von Tat und Täter erfolgen (§ 77b StGB). Zwar kann ein Strafantrag zurückgenommen werden (§ 77d StGB), dies führt aber zur Auferlegung der Verfahrenskosten nach § 470 StPO.

Zu den **Strafhindernissen** (eine an sich vorliegende Strafbarkeit wird beseitigt) zählen:

- persönliche Strafausschließungsgründe, z. B. Straffreiheit der Schwangeren bei einem versuchten Schwangerschaftsabbruch (§ 218 Abs. 4 S. 2 StGB), Kinder und Jugendliche im Hinblick auf den Beischlaf zwischen Verwandten (§ 173 Abs. 3 StGB); Strafvereitelung zugunsten von Angehörigen (§ 258 Abs. 6 StGB); **Strafausschließungsgründe**
- persönliche Strafaufhebungsgründe: Rücktritt vom Versuch (§ 24 StGB s. u. 2.2.1), tätige Reue (§§ 83a, 98 Abs. 2; 306e Abs. 2, 314a Abs. 3, 320 Abs. 3, 330b Abs. 1 S. 2 StGB); bei Steuerdelikten die wirksame Selbstanzeige, d. h. die vollständige und rechtzeitig vorgenommene Selbstanzeige vor Einleitung eines Steuerstrafverfahrens (§ 370 AO); **Strafaufhebungsgründe**
- Verfolgungsverjährung: Nach Ablauf bestimmter Fristen können die meisten Straftaten nicht mehr verfolgt und bestraft werden (§§ 78–78c StGB). Mord verjährt aber nie (§ 78 Abs. 2 StGB). Zu unterscheiden ist die Verfolgungsverjährung von der sog. Vollstreckungsverjährung (§§ 79–79b StGB), die die Vollstreckung einer rechtskräftigen Verurteilung hindert. **Verjährung**

2.2 Deliktsformen

Straftaten können in unterschiedlichen Formen und Stufen begangen werden. Hierbei sind vier Aspekte zu berücksichtigen, die miteinander auf unterschiedliche Weise kombiniert werden können:

- die unterschiedliche Haltung und Intention: Vorsatz oder Fahrlässigkeit (zum subjektiven Tatbestand, s.o 2.1.1),
- die unterschiedlichen Verwirklichungsstufen des Delikts, insb. Versuch und Vollendung (s. 2.2.1),
- unterschiedliche Handlungsformen: aktives Tun oder Unterlassen (s. 2.2.2),
- unterschiedliche Beteiligungsformen (s. 2.2.3).

2.2.1 Versuch und Vollendung

Bleibt der Handlungserfolg aus, so ist die Tat nicht vollendet. Versuch ist die gewollte, aber unvollständig gebliebene Tat. Der Versuch ist bei Verbrechen (§ 12 Abs. 1 StGB) stets strafbar, bei Vergehen nur, wenn das Gesetz dies ausdrücklich bestimmt (§ 23 Abs. 1 StGB). Nach § 22 StGB ist eine Straftat versucht, wenn der **Versuch**

Täter nach seiner Vorstellung unmittelbar zur Verwirklichung der Tat ansetzt. Der subjektive Gesamtplan des Täters bildet damit die Beurteilungsgrundlage, aufgrund derer das konkrete Geschehen überprüft wird. Deshalb kann auch der sog. untaugliche Versuch strafbar sein (z. B. Eigentümer hält die von ihm weggenommene Sache für fremd, weil sich diese in einem Lagerhaus befindet). Neben dem Entschluss (Vorsatz) zur Tat setzt der strafbare Versuch eine objektive Betätigung des Entschlusses durch Handlungen voraus, die unmittelbar zur Tatbestandsverwirklichung ansetzen (z. B. Eindringen in das Lagerhaus; Einstecken eines Buches in der Bibliothek). Damit wird der Versuch von der in der Regel straflosen Vorbereitungshandlung abgegrenzt (z. B. Verstellen des Buches in einem Regal, damit es am nächsten Tag auf jeden Fall nicht ausgeliehen ist). Im Einzelnen kann die Abgrenzung freilich sehr schwierig sein. Vorbereitungshandlungen sind nur in den Fällen der §§ 30, 149, 152, 234a und 275 StGB selbstständig strafbar.

Rücktritt und tätige Reue — Der Täter kann vom Versuch zurücktreten, wenn er freiwillig die weitere Ausführung der Tat aufgibt oder deren Vollendung verhindert (§ 24 Abs. 1 StGB). Der **Rücktritt vom Versuch** wirkt strafbefreiend, dem Täter wird eine Brücke zurück in die Legalität gebaut. Eine ähnliche oder doch zumindest strafmildernde Wirkung hat die sog. **tätige Reue** (vgl. §§ 83a, 98 Abs. 2; 306e Abs. 2, 314a Abs. 3, 320 Abs. 3, 330b Abs. 1 S. 2 StGB), bei der ein Rücktritt aufgrund der Vollendung der Tat nicht mehr in Betracht kommt, der Täter aber alles tut, um die Gefahr und den Schaden abzuwenden (z. B. Löschen des selbst gelegten Brandes).

2.2.2 Aktives Tun und Unterlassen

Die meisten Strafrechtstatbestände sind als aktives Tun formuliert. Der strafrechtliche Handlungsbegriff umfasst aber auch das Unterlassen. Eine Straftat kann mithin auch vorliegen, wenn ein Ereignis nur deshalb eintritt, weil eine gebotene Handlung unterlassen wurde. Die sog. echten **Unterlassungsdelikte** können von *Unterlassungsdelikte* jedermann nur durch Unterlassen begangen werden (z. B. §§ 138, 323c StGB). Demgegenüber können alle anderen Tatbestände sowohl durch aktives Tun wie auch durch Unterlassen verwirklicht werden, im Fall des Unterlassens spricht man insoweit von sog. **unechten Unterlassungsdelikten**. Wer es unterlässt, eine Rechtsgutverletzung abzuwenden, macht sich nach § 13 Abs. 1 StGB strafbar, wenn er rechtlich dafür einzustehen hat, dass der Erfolg nicht eintritt und das Unterlassen der Verwirklichung des gesetzlichen Tatbestands durch ein Tun entspricht, er also *Garantenstellung* die gebotene Handlung nicht unterlassen durfte. z. B. Voraussetzung für die Strafbarkeit bei einem unechten Unterlassungsdelikt ist, dass man dazu verpflichtet ist, den negativen Erfolg abzuwenden. Der Person muss aufgrund ihrer besonderen Beziehung (Garantenstellung) zum geschützten Rechtsgut (z. B. Leben und Gesundheit des Kindes, Eigentum des Mitbewohners oder Arbeitgebers) eine spezielle **Rechtspflicht** zum Tätigwerden (Erfolgsabwendungspflicht) obliegen, die sie *Garantenpflicht* fahrlässig (also sorgfaltswidrig) oder vorsätzlich nicht erfüllt hat, worauf der Schaden ursächlich (objektive Zurechnung) zurückzuführen ist. Die Garantenstellung betrifft also die tatsächlichen Umstände, die Beziehung zwischen Garant und

2.2.2 Aktives Tun und Unterlassen

dem zu schützenden Rechtsgut, während die Garantenpflicht die daraus folgenden normativen Handlungsanforderungen beschreibt. Die entscheidende Frage ist damit, aus welchen Umständen sich die besondere Beziehung und Garantenstellung ergibt und welche daraus entstehenden Garantenpflichten erfüllt werden müssen. Heute werden die Garantenverhältnisse auch nach funktional-materiellen Kriterien begründet, entweder aufgrund der besonderen Verantwortlichkeit für besondere Gefahrenquellen (sog. Überwachungsgarant) oder weil der sog. Beschützergarant eine Rechtspflicht zum Schutz eines bestimmten Rechtsgutes vor unbestimmt vielen Gefahren hat (vgl. Schönke/Schröder et al. 2010 § 13 Rz. 7 ff.). Ungeachtet der teilweise heftig geführten Diskussion in der strafrechtlichen Rechtsdogmatik werden die Garantenstellung und die hieraus fließenden Garantenpflichten im Wesentlichen übereinstimmend aus ausdrücklichen gesetzlichen Pflichten (z. B. §§ 1353, 1626, 1631 BGB; § 2 LPartG; §§ 8a, 42 SGB VIII), vertraglichen Abmachungen (z. B. Arbeits- und Dienstvertrag, Betreuungsvereinbarung), einem vorausgegangenen gefährdenden Tun (z. B. zu schnelle Fahrweise im Straßenverkehr) oder einer engen Lebensbeziehung (Lebenspartnerschaft oder nicht eheliche Lebensgemeinschaft, Wohngemeinschaft, Gruppe bei gefährlichen, erlebnispädagogischen Aktionen, z. B. beim Klettern oder Wildwasserfahren; zur Garantenstellung der Mutter für das neugeborene Kind s. BGH 4 StR 227/09 – 12.11.2009) hergeleitet.

Sehr umstritten sind die (Abgrenzungs-)Fragen bzgl. der straflosen Beihilfe zur Selbsttötung (Helfer besorgt das Gift, mit dem sich der Lebensmüde selbstverantwortlich tötet) und der strafbaren Tötung auf Verlangen (vgl. BGH 14.08.63 – 2 StR 181/63 St 19, 135: Beim sog. einseitig fehlgeschlagenen Doppelselbstmord ist der Überlebende nach § 216 StGB nur dann zu bestrafen, wenn er das zum Tode führende Geschehen beherrscht hat – Täterherrschaft, s. 2.2.3 –, andernfalls liegt straflose Beihilfe zum Selbstmord vor), insb. auch im Hinblick auf die Garantenpflichten, also wenn es sich z. B. um die durch Unterlassen eines Arztes begangene Beihilfe zur Selbsttötung handelt. Nach bisheriger Rspr. war wegen eines Tötungsdelikts durch Unterlassen strafbar, wer einen Bewusstlosen in einer lebensbedrohenden Lage antrifft und ihm die erforderliche und zumutbare Hilfe zur Lebensrettung nicht leistet, obwohl ihn – z. B. als Ehegatten oder behandelnden Arzt – Garantenpflichten für das Leben des Verunglückten treffen (BGH 3 StR 96/84 – 04.07.1984 – BGHSt 32, 367). Demgegenüber wird zunehmend nicht nur die Straffreiheit der aktiven Beendigung einer von dem Patienten nicht oder nicht mehr gewollten Behandlung vertreten (BGH 2 StR 454/09 – 25.06.2010: Sterbehilfe durch Unterlassen; das Begrenzen oder Beenden einer begonnenen medizinischen Behandlung, d. h. ein Behandlungsabbruch, ist gerechtfertigt, wenn dies dem tatsächlichen oder mutmaßlichen Patientenwillen gem. § 1901a BGB entspricht und der Abbruch dazu dient, einem ohne Behandlung zum Tode führenden Krankheitsprozess seinen Lauf zu lassen), sondern auch das Nichteingreifen in einen frei verantworteten Suizidprozess, selbst wenn der Betroffene bereits bewusstlos ist (vgl. auch LG Deggendorf SZ 04.02.2014: Ablehnung der Eröffnung des Hauptverfahrens gegen einen Arzt, der mit Rücksicht auf den u. a. in einer Patientenverfügung im Hinblick auf das leidvolle Endstadium seiner Krankheit erklärten Suizidwunsch eines aufgrund von Medikamenteneinnahme bereits bewusstlosen Mannes auf lebenserhaltende Maßnahmen verzichtet hatte). In diesem Fall liegt nach h. M. auch kein Unglücksfall vor, der nach § 323c StGB zur Hilfestellung verpflichtet.

Garantenstellung in der Jugendhilfe

Aus dem SGB VIII ergibt sich für **alle Mitarbeiter der JÄ** die Pflicht, den gesellschaftlichen Handlungsauftrag aus Art. 6 Abs. 2 GG, §§ 1 Abs. 3, 8a SGB VIII („Wächteramt" und Schutzauftrag) zum Schutz von Kindern umzusetzen (vgl. Trenczek 2002, 383 ff.). Normativ konkretisierte Pflichten ergeben sich aus den §§ 8a, 42, 43 ff. SGB VIII (hierzu Münder et al. 2013, § 1 Rz. 40 ff.). Diese Pflichten treffen nicht nur den Letzten in der Kette, den einzelnen Mitarbeiter im ASD, sondern ebenso die Abteilungsleiter und die Leitung des JA sowie darüber hinaus die Verantwortlichen des kommunalen Trägers, Sozialdezernent und Bürgermeister. Es ist vorrangig die Pflicht der politisch und administrativ Verantwortlichen, ein dem Bedarf angemessenes Hilfeangebot in einer Gemeinde vorzuhalten und die Arbeit im JA sachgerecht zu organisieren (vgl. § 79 SGB VIII). Es liegt damit in ihrer (auch strafrechtlich relevanten) Verantwortung, wenn sich die JA-Fachkräfte aufgrund überhöhter Fallzahlen, mangelhafter Krankheits- und Urlaubsvertretung und gekürzter Betreuungsbudgets nicht im erforderlichen Maße um die Betreuung gefährdeter Kinder und ihrer Familien kümmern können.

Die Mitarbeiter der JÄ erfüllen ihre Pflichten durch fachgerechtes Arbeiten (vgl. Jordan 2001). Was *lege artis* (kunst- und fachgerecht) ist, also anerkannten **fachlichen Standards** entspricht, kann nicht strafbar sein! Das ist in der Sozialen Arbeit nicht anders als im Bereich der Medizin oder des Kfz-Wesens. Die entgegenstehende Position (z. B. Bringewat 1997, 63) widerspricht der notwendigen und traditionell gepflegten Zurückhaltung der Strafgerichte im Hinblick auf die Definition der erforderlichen Sorgfalt, die sich – wenn sie nicht ausdrücklich gesetzlich geregelt ist – nur aus den fachlich begründeten Verhaltensvorschriften und Qualitätsstandards (z. B. Unfallverhütungsbestimmungen, technischen Normen, ärztlichen Kunst- und sportlichen Spielregeln) ergeben kann (vgl. BGHSt 4, 182; 12, 75; 37, 184) und damit die Grenzen des erlaubten und rechtlich missbilligten Risikos deutlich macht.

2.2.3 Täterschaft und Teilnahme

Wenn mehrere Personen gemeinsam eine Straftat begehen, kann die Tatbeteiligung unterschiedlich ausgestaltet sein. Man unterscheidet rechtsdogmatisch die Täterschaft (§ 25 StGB) von der Teilnahme, die jeweils in unterschiedlichen Formen und Konstellationen möglich sind. Bei der Täterschaft unterscheidet man im Wesentlichen Allein- und Mittäter sowie den mittelbaren Täter, der die Tat durch einen anderen als (z. B. gutgläubiges oder schuldunfähiges) „Werkzeug" begeht und insoweit die Tatherrschaft innehat (§ 25 Abs. 1 Alt. 2 StGB). Bei der Teilnahme unterscheidet man Anstiftung (§ 26 StGB) und Beihilfe (§ 27 StGB). Eine Teilnahme ist immer nur möglich, wenn auch eine zumindest tatbestandsmäßige und rechtswidrige (nicht zwingend schuldhaft begangene) Täterschaft vorliegt (sog. Akzessorietät). Im Übrigen sind die Abgrenzungen und Voraussetzungen im Detail z. T. umstritten.

2.3 Deliktsbereiche

Empfohlen wird zunächst ein Gang durch die Gliederung des Besonderen Teils des StGB sowie der für das Arbeitsfeld einschlägigen Nebengesetze. Hier sind die strafrechtlich relevanten Verhaltensweisen in Abschnitten weitgehend systematisch geordnet, so dass ein erster Überblick möglich ist. Obwohl im medialen Interesse an erster Stelle „Mord und Totschlag" sind, ist insgesamt die Gewaltkriminalität (inkl. gefährlicher/schwerer Körperverletzung) mit einem Anteil von etwa 3,5 % am gesamten Straftataufkommen relativ selten (vgl. BKA 2014; BMI/BMJ 2006). Große Praxisrelevanz haben vor allem die **Diebstahls- und Vermögensdelikte**, die etwa 2/3 aller registrierten Straftaten ausmachen. Auf eine umfassende Darstellung der einzelnen Deliktsnormen des Besonderen Teils des StGB muss und kann hier aus Platzgründen verzichtet werden, da die Details der rechtsdogmatischen Definitionen und Probleme (z. B. Abgrenzung von Diebstahl und Unterschlagung; oder zur Strafbarkeit des Phishing genannten Absaugens von PINs und TANs mittels gefälschter Webseiten oder des Skimming, d. h. Auslesen und Kopieren des Inhalts des auf der Bank- oder Kreditkarte enthaltenen Magnetstreifens) die Soziale Arbeit nicht berühren und der strafrechtlichen Wissenschaft und Praxis überlassen bleiben können. Insoweit wird auf die einschlägige strafrechtliche Kommentierung verwiesen (vgl. z. B. Dölling et al. 2013; Kindhäuser 2012; Schönke/Schröder et al. 2010; Fischer et al. 2014; zum ersten Überblick und der Diskussion sog. kontroverser Straftatbestände s. a. Roxin et al. 2013, 45 ff.).

Wichtig zu betonen ist, dass die Strafbestimmungen stets dem **sozialen Wandel** unterliegen. Was gestern strafbar war, muss es heute nicht mehr sein (z. B. homosexuelle Handlungen zwischen erwachsenen Männern; § 175 StGB a. F., der erst 1969 reformiert und 1994 ganz gestrichen wurde). Was in der Vergangenheit (strafrechtlich) nicht sanktioniert wurde, ist mitunter heute strafbar (z. B. war die Vergewaltigung in der Ehe bis 1997 lediglich als Nötigung strafbar). Allerdings können die aktuellen gesellschaftlichen Debatten über die Strafbarkeit des Stalkings (Nachstellung, § 238 StGB), der Zwangsheirat (§ 237 StGB), des Dopings oder der Sterbehilfe (hierzu Kindhäuser 2012, Vor § 211 Rz. 14 ff.; BGH 2 StR 454/09 – 25.06.2010) bzw. der Zulässigkeit der Beschneidung von nicht einwilligungsfähigen männlichen Kindern (s. 2.1.2) hier aus Platzgründen nicht wiedergegeben werden. Im Folgenden wird lediglich auf einige für die Soziale Arbeit besonders relevante Strafrechtsbereiche kurz hingewiesen; weitere interessante Aspekte des BT werden im Zusammenhang mit grundsätzlichen Fragen diskutiert (z. B. Beihilfe zur Selbsttötung, s. 2.2.2).

2.3.1 Strafrechtlicher Daten- und Vertrauensschutz

Bei Anhaltspunkten, dass jemand nicht eines natürlichen Todes gestorben ist, oder wenn der Leichnam eines Unbekannten gefunden wird, sind die Polizei- und Gemeindebehörden zur sofortigen Anzeige an die StA oder das Amtsgericht verpflichtet (§ 159 StPO). Entgegen einer weit verbreiteten Laienansicht gibt es in Deutschland **keine allgemeine Anzeigepflicht**, weder für den einzelnen Bürger

Anzeigepflicht

noch für Sozialarbeiter. Nach § 138 StGB ist die Nichtanzeige von Straftaten nur dann strafbar, wenn es sich um ausdrücklich in § 138 Abs. 1 StGB genannte, besonders schwere Straftaten handelt, wie Mord und Totschlag, schwerer Menschenhandel oder (erpresserischer) Menschenraub, Raub oder gemeingefährliche Straftaten, die noch bevorstehen und deshalb noch abgewendet werden können. Eine besondere Garantenstellung (s.o 2.2.2) ist insoweit nicht erforderlich, die Vorschrift richtet sich an alle Bürger. Über § 138 StGB hinaus besteht auch für Sozialarbeiter keine besondere Anzeigepflicht – weder gegenüber Polizei und StA noch gegenüber dem Gericht. Im Hinblick auf in der Vergangenheit liegende Straftaten besteht vielmehr grds. die Pflicht zur Verschwiegenheit nach § 203 Abs. 1 Nr. 5 StGB.

Schweigepflicht Sozialarbeiter und Sozialpädagogen sind grds. zum umfassenden Daten- und Vertrauensschutz verpflichtet. Die Pflicht zur Verschwiegenheit ergibt sich im Geltungsbereich des SGB bereits aus den § 35 Abs. 1 u. 2 SGB I, §§ 67 bis 78 SGB X (hierzu ausführlich III-1.2.3) sowie weiteren bereichsspezifischen Regelungen, z. B. des Kinder- und Jugendhilferechts (§§ 61 ff. SGB VIII; hierzu III-3.5.2), im Übrigen aus arbeitsrechtlichen oder vertraglichen Regelungen. Der Daten- und Vertrauensschutz ist zusätzlich strafrechtlich abgesichert. Nach § 203 **§ 203 StGB** Abs. 1 Nr. 5 StGB dürfen staatlich anerkannte Sozialarbeiter und Sozialpädagogen fremde Geheimnisse, d. h. schutzwürdige Daten und Informationen, an denen ein Geheimhaltungsinteresse besteht, nicht unbefugt offenbaren – unabhängig davon, ob sie dem Sozialarbeiter anvertraut oder sonst i. R. der beruflichen Inanspruchnahme bekannt geworden sind. Die gleiche Pflicht zum Vertrauensschutz trifft u. a. Ärzte (Nr. 1), Berufspsychologen (Nr. 2) und Rechtsanwälte (Nr. 3), die Mitarbeiter anerkannter Ehe-, Familien-, Erziehungs- und Jugendberatungs- sowie Drogen- und Suchtberatungsstellen (Nr. 4) und Mitarbeiter anerkannter Beratungsstellen der Schwangerenkonfliktberatung (Nr. 4a). Zur Datenübermittlung sind Sozialarbeiter nur befugt, sofern der Betroffene eingewilligt hat oder eine gesetzliche Norm dies zulässt oder vorschreibt. So dürfen z. B. nach § 68 SGB X sog. sozio-biografische Grunddaten (u. a. Name, Vorname, Geburtsdatum, Geburtsort, derzeitige Anschrift und Aufenthalt, Name und Anschrift des derzeitigen Arbeitgebers) an die Polizei, StA und Gerichte übermittelt werden. Andererseits folgt aus den besonderen Vertrauensschutzvorschriften der §§ 64, 65 SGB VIII eine weitgehende Übermittlungssperre. Als Rechtfertigungsgrund gegenüber dem Vorwurf des Geheimnisverrats kommt ggf. der rechtfertigende Notstand (§ 34 StGB) in Betracht, wenn die Offenbarung das einzige Mittel zum Schutz höherrangiger Rechtsgüter war (s. o. 2.1.2). Auch der durch das BKiSchG eingeführte § 4 Abs. 3 KKG stellt nun für mit Kindern arbeitende Berufsgeheimnisträger einen Rechtfertigungsgrund für die Datenweitergabe an das JA (nicht die Polizei!) dar, wobei aber insb. das sog. Transparenzgebot zu beachten ist (§ 4 Abs. 3 S. 1 HS 2 KKG; hierzu ausführlich III-3.2.2).

Zeugnisverweigerungsrecht Als Befugnis, Sozialgeheimnisse zu offenbaren, gilt auch die vom Gericht auferlegte Pflicht zur Zeugenaussage. Insoweit ist umstritten, ob Sozialarbeiter zur Zeugnisverweigerung befugt oder gar verpflichtet sind, wenn sie in ihrer Eigenschaft als Betreuer von Klienten vor Gericht aussagen sollen. Ausdrücklich geregelt ist in der StPO das Recht auf Zeugnisverweigerung nur für Mitarbeiter einer anerkannten Stelle der Schwangerenkonfliktberatung (§ 53 Abs. 1 Nr. 3a StPO) sowie für Mitarbeiter der Suchtberatung im Bereich des BtMG (§ 53 Abs. 1 Nr. 3b StPO). Während ein allgemeines Zeugnisverweigerungsrecht von Sozialarbeitern in den Verfahren vor den Zivil-, Arbeits-, Sozial- und Verwaltungsgerichten (vgl. § 383 Abs. 1 Nr. 6 ZPO, § 29 FamFG, § 46 Abs. 2 ArbGG, § 118 Abs. 1 SGG, § 98 VwGO) im Hinblick auf die Schweigepflicht nach § 203 StGB anerkannt ist (vgl. Papenheim 2000, 261 f.; Zöller-Greger 2010 § 383 Rz. 16 ff.), wird ein solches mangels einer ausdrücklichen Regelung im Strafverfahren mit Verweis auf eine überholte Entscheidung des BVerfG aus dem Jahre 1972 (NJW 1972, 2214) von der strafrechtlichen Literatur noch weitgehend abgelehnt. Damals hieß es noch, der Sozialarbeiter übe keinen Beruf aus, für den ein – keine Offenbarung duldendes – Vertrauensverhältnis zum Klienten kennzeichnend sei. Zwar sei die Schaffung und Aufrechterhaltung einer Vertrauensbeziehung zwischen Klient und Betreuer von großer Bedeutung. Diese Vertrauensbeziehung sei aber nicht typischerweise auf die Erwartung gegründet, der Sozialarbeiter werde Tatsachen aus der Privatsphäre des Betreuten gegenüber jedermann verschweigen. Insoweit wird freilich auf ein überholtes Bild der Sozialarbeit Bezug genommen. Zumindest außerhalb der Sozialen Dienste der Justiz (für diese gelten die datenschutzrechtlichen Regelungen des SGB ohnehin nicht), hat sich mittlerweile das Berufsbild der Sozialarbeiter gewandelt, wobei der Schutz der Klientenbeziehung ein Wesensmerkmal, ja die **Geschäftsgrundlage** der professionellen Sozialen Arbeit, insb. der Familien- und Jugendhilfe, schlechthin ist. Zudem wird man aufgrund der mittlerweile geltenden bereichsspezifischen Regelungen der §§ 61 ff. SGB VIII zumindest mit Blick auf die Mitarbeiter des JA zu einer anderen Bewertung als das BVerfG im Jahr 1972 kommen und ein Zeugnisverweigerungsrecht bejahen müssen (vgl. Münder et al. 2013, Vor § 50 Rz. 38, § 52 Rz. 30; Münder/Trenczek 2011, 12.5.3). Mitarbeiter des JA bedürfen wie alle Beschäftigten des öffentlichen Dienstes ohnehin von ihrem Dienstherrn eine Aussagegenehmigung (§ 54 StPO i. V. m. § 3 Abs. 1 TVöD, § 67 BBG), die allerdings zur Wahrung des Vertrauensverhältnisses und der Funktionsfähigkeit der Kinder- und Jugendhilfe in der Regel verweigert werden sollte (vgl. VG Schleswig DVJJ-J 1990, 43; von Pirani DVJJ-J 1993, 190). Eine Beschlagnahme von JA-Akten durch die Strafjustiz stellt eine Umgehung der sozialrechtlich normierten Datenschutzbestimmungen (hierzu III-1.2.3) dar, weshalb sie über die Schutzwirkung von § 97 StPO hinaus in den o. g. Konstellationen unzulässig ist, ohne dass es einer Sperrerklärung nach § 96 StPO bedarf (Eisenberg 2013, § 38 Rn. 30b; Trenczek in Münder et al. 2013, § 52 Rn. 31).

Aussagegenehmigung

Mitarbeiter der justiziellen Sozialdienste, sei es i. R. der Gerichts- oder Bewährungshilfe oder im Vollzug, werden im Auftrag der Justiz tätig und sind insoweit ohnehin verpflichtet, ggf. auch strafrechtlich relevante Erkenntnisse an StA, Gericht bzw. Anstaltsleitung mitzuteilen. Die besondere Mitteilungspflicht der Bewährungshelfer aus § 56d Abs. 3 StGB besteht allerdings nur gegenüber dem in Bewährungssachen zuständigen Richter. Diesem müssen unaufgefordert grobe oder beharrliche Verstöße gegen Auflagen oder Weisungen mitgeteilt werden. Auf eine begangene Straftat muss der Bewährungshelfer zudem in seiner Stellungnahme über die Lebensführung des Probanden hinweisen.

besondere Mitteilungspflichten

2.3.2 Strafrechtlicher Kinder- und Jugendschutz

Neben dem Jugendschutzgesetz (s. III-7) und dem erzieherischen Jugendschutz (vgl. § 13 SGB VIII, III-3.3.1) soll auch das Strafrecht dem Schutz von jungen Menschen dienen. Das betrifft neben dem allen Personen unabhängig vom Alter dienenden Schutz von Leben und körperlicher Unversehrtheit auch ganz spezifische, nur dem Schutz von MJ dienende Regelungen, wie z. B. die Verletzung der Fürsorge- oder Erziehungspflicht nach § 171 StGB oder den sexuellen Missbrauch von Kindern nach § 176 StGB (auf die dem Minderjährigenschutz dienenden Vorschriften des Sexualstrafrechts wird in 2.3.3 eingegangen). Freilich ist die strafrechtliche Präventionswirkung hier ebenso umstritten wie die Aktivierung repressiver Sanktionsmechanismen im Fall der Gewalt gegen Kinder durch ihre Eltern. Besonders in den schlimmen Fällen des sexuellen Missbrauchs und anderer Formen der Kindesmisshandlung ist das Strafverfahren vielfach eine zusätzliche Belastung für die Kinder und Jugendlichen und bietet jedenfalls keinen schnellen Schutz in der aktuellen Situation. In vielen Fällen reicht die Beweislage nicht aus, um Verdächtige in Haft zu nehmen oder das Kind durch eine Verurteilung des Täters zu schützen. Selbst eine Gefängnisstrafe bietet keinen dauerhaften Schutz. Es ist deshalb im Hinblick auf die Verschwiegenheitsverpflichtung umstritten, ob in diesen Fällen von Mitarbeitern der Jugendhilfe oder von Beratungsstellen eine Strafanzeige gegen den Täter gestellt werden darf (zur Weitergabe an Informationen an das JA nach § 4 Abs. 3 KGG, s. o. 2.3.1). Bei insb. von Kindern und Jugendlichen anvertrauten Daten (§ 65 SGB VIII) kann dies nur in der Zusammenarbeit mit dem Opfer im konkreten Fall entschieden werden. Anderseits dokumentieren die strafrechtlichen Tatbestände die Grenzen gesellschaftlich akzeptierten Verhaltens und markieren im Bereich des Kinder- und Jugendschutzes absolute Tabus.

Gebot der gewaltfreien Erziehung Aus dem allgemeinen Strafrecht sind im Hinblick auf das Gebot einer gewaltfreien Erziehung (§ 1631 Abs. 2 BGB) vor allem die Körperverletzungsdelikte, insb. die Misshandlung von Schutzbefohlenen (§ 225 BGB), relevant. Das früher, vereinzelt noch bis heute in der strafrechtlichen Dogmatik vertretene „elterliche Züchtigungsrecht" kann nicht mehr als Rechtfertigungsgrund angeführt werden (zu § 1631d BGB als Rechtfertigungsgrund bei der Beschneidung eines Kindes s. 2.1.2).

In den letzten Jahren sind angesichts der extremen Vernachlässigung, insb. von Kleinkindern, einige Verfahren wegen Verletzung der Fürsorge- oder Erziehungspflicht (§ 171 StGB) in den Mittelpunkt der öffentlichen Diskussion gerückt (vgl. z. B. BGH NStZ 1984, 164; BGH 4 StR 444/02 v. 21.11.2002), vor allem weil in diesem Zusammenhang auch Sozialarbeiter (insb. wegen Unterlassung aufgrund einer Garantenpflicht gebotener Hilfeleistungen; vgl. 2.2.2) strafrechtlich verfolgt wurden.

Verstöße gegen die Regelungen des JuSchG (hierzu III-7) sind teilweise als Ordnungswidrigkeit (§ 28 JuSchG), teilweise als Straftat (vgl. §§ 23, 27 JuSchG) sanktionsbewehrt, allerdings erfolgen Sanktionen nicht lückenlos und die strafrechtliche Relevanz setzt teilweise eine (schwer nachweisbare) leichtfertige oder vorsätzliche Tat voraus (vgl. §§ 27 Abs. 2, 28 Nrn. 10–13 JuSchG).

2.3.3 Sexualstrafrecht

Neben einigen allgemeinen Verbotstatbeständen, die die sexuelle Selbstbestimmung jeder Person ungeachtet ihres Alters betreffen, z. B. sexuelle Nötigung und Vergewaltigung (§ 177 StGB) sowie das Verbot exhibitionistischer Handlungen (§ 183 StGB), finden sich im Sexualstrafrecht einige spezifische Regelungen zum Schutz von Kindern und Jugendlichen. Neben dem Beischlaf mit leiblichen Abkömmlingen (§ 173 StGB) sind (hetero- wie homo-)sexuelle Kontakte auch ohne Anwendung physischer Gewalt nicht erlaubt (ein wie auch immer gewertetes Einverständnis ist insoweit irrelevant) und strafbar, wenn es sich

- um Kinder unter 14 Jahren handelt (§§ 176, 176a StGB)
- um Personen unter 16 Jahren, die zur Erziehung, Ausbildung oder Betreuung anvertraut sind (§ 174 Abs. 1 Nr. 1 StGB),
- um Personen unter 16 Jahren, wenn die sexuellen Kontakte durch Vermittlung, Gewährung von Gelegenheit oder gegen Entgelt bzw. unter Ausnutzung einer Zwangslage stattfinden (§§ 180, 182 StGB),
- um Personen unter 18 Jahren unter Ausnützen einer mit dem Erziehungs-, Ausbildungs- oder Betreuungsverhältnis verbundenen Abhängigkeit (§ 174 Abs. 1 Nr. 2 StGB),
- um noch nicht 18 Jahre alte leibliche oder angenommene Kinder (§ 174 Abs. 1 Nr. 3 StGB).

Einen vergleichbaren Schutz leistet das Strafrecht unabhängig vom Alter gegen den sexuellen Missbrauch unter Ausnutzung eines Beratungs-, Behandlungs- oder Betreuungsverhältnisses (§ 174c StGB) und den sexuellen Missbrauch einer insb. aufgrund einer Behinderung widerstandsunfähigen Person (§ 179 StGB). In diesen Fällen steht einer Strafbarkeit das Einvernehmen des Opfers mit der vom Täter vorgenommenen sexuellen Handlung nicht entgegen (BGH 4 StR 669/10 – 14.04.2011). Von Bedeutung sind auch die Strafbestimmungen im Hinblick auf die Verbreitung, den Erwerb und Besitz (kinder)pornografischer Schriften/Medien (§§ 184 ff., 11 Abs. 3 StGB), wobei allerdings das Strafrecht gegenüber anderen Regelungen (z. B. Verbesserung des Datenschutzes zum Schutz der Privatsphäre) weder per se das geeignete Mittel darstellt noch einen lückenlosen Schutz sicherstellen kann (z. B. ist – Stand Mai 2014 – nach § 184b StGB der Besitz von Nacktbildern von Kindern ohne sexuelle Handlungen von, an oder vor Kindern nicht strafbar), weil die Grenze zwischen dem privaten und rechtsverletzenden und anderen grundgesetzlich geschützten Bereichen (Elternverantwortung, Art. 6 GG; Freiheit der Kunst, Art. 5 Abs. 3 GG) eindeutig nur schwer definiert werden kann. Anderseits ist umstritten, wie nicht hinnehmbare Lücken im Kinderschutz (z. B. Anfertigung und Weitergabe, Handel, gewerbliche Nutzung oder öffentliche Verbreitung von Kinderbildern mit sexuellem Bezug) geschlossen werden können, ohne dass „grenzlos" jede Nacktaufnahme kriminalisiert oder gegen das Bestimmtheitsgebot verstoßen wird. Mit der im April 2014 vorgeschlagene Erweiterung des § 201a StGB (Verletzung des höchstpersönlichen Lebensbereichs durch Bildaufnahmen) auf „bloßstellende" Bilder soll ganz allgemein – nicht nur im

Hinblick auf Kinder – die Herstellung, Verbreitung oder umfassende Veröffentlichung von Bildern unter Strafe gestellt werden, die ohne Kenntnis des Betroffenen hergestellt werden und ihn „bloßstellend" abbilden. Umfasst sind damit nicht nur Nacktfotos, sondern auch das geschmacklose Fotografieren von Unfallopfern ebenso wie die unbefugte Herstellung und Verbreitung von Schnappschüssen im betrunkenen Zustand in den sog. sozialen Netzwerken. Vor etwa 100 Jahren waren „unzüchtige" oder „das Schamgefühl gröblich verletzende" Bilder noch strafbar, die heute als Kunst angesehen werden. Strafrechtliche Verbote lassen sich aber nicht dadurch rechtfertigen, dass bestimmte Verhaltensweisen konventionellen Moralvorstellungen, gesellschaftlichen Tabus oder allgemein anerkannten Verhaltensvorstellungen widersprechen (vgl. ausführlich zum strafrechtlichen Schutz von Moral, Gefühlen und Tabus Hörnle 2004a). Weil Strafrecht Ultima Ratio, das letzte und (vermeintlich) schärfste Mittel des Rechts ist (s. o. 1.3), darf es **nicht** ein **Moralrecht** sein. Zudem sollte man nicht vergessen, dass kein politischer Aktionismus und keine strafrechtliche Normierung den Schutz der Kinder (und ihrer Bildrechte) durch ihre Eltern ersetzen kann.

Förderung sexueller Handlungen Minderjähriger

Der Tatbestand der „Förderung sexueller Handlungen Minderjähriger" (§ 180 StGB) hat für die Soziale Arbeit in der Jugendhilfe eine besondere Relevanz. Erfasst werden durch den Tatbestand auch das „Gewähren oder Verschaffen von Gelegenheiten" zu (hetero- oder homo-)sexuellen Handlungen, was z. B. i. R. einer gemeinschaftlichen Unterbringung oder Jugendfreizeit leicht der Fall sein kann. Gemeint ist nämlich das Herstellen äußerer Umstände, durch die sexuelle Handlungen ermöglicht oder wesentlich erleichtert werden. Dabei kommt die Tatbestandsverwirklichung bei einer entsprechenden Garantenstellung (s. o. 2.2.2) von Erziehern und Betreuern auch durch Unterlassen in Betracht. Insoweit gilt allerdings für (personensorgeberechtigte) Eltern der MJ (umstritten ist dies für Erziehungsberechtigte i. S. § 7 Abs. 1 Nr. 6 SGB VIII) – nicht aber für Erzieher oder sonstige Mitarbeiter der Jugendhilfe – das sog. Erzieherprivileg nach § 180 Abs. 1 S. 2 StGB, sofern sie ihre Erziehungspflichten nicht gröblich verletzt haben. Wo hier die Trennlinie zu ziehen ist, ist umstritten.

Erzieherprivileg

Jugendmedienschutz

Im Hinblick auf den Jugendmedienschutz und das Verbot der Verbreitung pornografischer Schriften und anderer Medien, insb. Bild- und Datenträger (§§ 184 ff., 11 Abs. 3 StGB), stößt die nationale Strafjustiz im globalen Cyberspace vor allem aufgrund der sich schnell wandelnden Internetpräsentationen internationaler Anbieter an ihre Ermittlungs- und Verfolgungsgrenzen.

2.3.4 Schwangerschaftsabbruch

Im Hinblick auf den Schutz des Lebens einerseits und die Selbstbestimmung von Frauen andererseits waren und sind die Regelungen zum Schwangerschaftsabbruch (sog. Abtreibung) z. T. sehr umstritten (mittlerweile hat sich die Diskussion über den Embryonenschutz verlagert auf die Grenzen der Pränatal- und Präimplantationsdiagnostik bzw. der gentechnischen Manipulation; vgl. § 6 Embryonenschutzgesetz: Verbot des Klonens). Nach der derzeit geltenden Rechtslage in

Deutschland ist der Schwangerschaftsabbruch immer noch grds. rechtswidrig (§ 218 Abs. 1 StGB). Handlungen, die die Einnistung der befruchteten Eizelle (sog. Nidation) verhindern (z. B. Spirale, „Pille danach"), gelten allerdings nicht als Schwangerschaftsabbruch (§ 218 Abs. 1 S. 2 StGB; vgl. BVerfGE 88, 203 ff.). Darüber hinaus sind in § 218a StGB eine Reihe von Ausnahmetatbeständen geregelt, nach denen der Schwangerschaftsabbruch straffrei oder sogar nicht rechtswidrig ist. Dies ist vor allem im Hinblick auf die Kostenerstattung und sonstige Hilfeleistungen i. R. des Schwangerschaftsabbruchs von Bedeutung. Rechtswidrig, aber straffrei ist der Schwangerschaftsabbruch, wenn er mit Einwilligung der Schwangeren innerhalb von zwölf Wochen nach der Befruchtung durch einen Arzt vorgenommen wird und zuvor eine Schwangerschaftskonfliktberatung bei einer anerkannten Beratungsstelle (vgl. §§ 218a Abs. 1, 219 StGB) stattgefunden hat. Als Beratungsstelle kommen insb. soziale Einrichtungen freier und kirchlicher Träger, aber auch Ärzte in Betracht (§ 8 SchwKG), die die in § 9 SchwKG genannten organisatorischen Standards erfüllen (siehe hierzu z. B. http://www.profamilia.de). Darüber hinaus haben die Beratungsstellen die insb. in § 219 Abs. 1 StGB normierten inhaltlichen Vorgaben einzuhalten (vgl. § 5 Abs. 1 SchKG). Aufgrund der bescheinigten Beratung kann die Schwangere einen Schwangerschaftsabbruch in einer Klinik oder bei einem Arzt straflos durchführen, wenn mindestens drei Tage zwischen dem Abschluss der Beratung und dem Eingriff liegen (§ 218a Abs. 1 Nr. 1 StGB). Darüber hinaus ist der Schwangerschaftsabbruch aufgrund einer medizinischen (§ 218a Abs. 2 StGB) oder sog. kriminogenen Indikation (§ 218a Abs. 3 StGB), letztere insb. aufgrund einer Vergewaltigung (§ 177 StGB), zulässig. Findet die Abtreibung nach der 12. und bis zur 22. Woche statt, ist sie zwar rechtswidrig, die Frau bleibt allerdings straffrei, nicht aber die den Abbruch vornehmenden oder Hilfe leistenden Personen (§ 218a Abs. 4 StGB).

Schwangerschafts-konfliktberatung

Zu den besonderen Problemen bei der ärztlichen Behandlung und dem Schwangerschaftsabbruch bei MJ s. V-2.

Das Aussetzen eines Neugeborenen ist dann nicht strafbar, wenn es nicht in einer hilflosen Lage im Stich gelassen wird (vgl. § 221 Abs. 1 StGB), sondern seine Versorgung insb. aufgrund einer sog. Babyklappe sichergestellt ist und es vom JA in Obhut genommen werden kann (vgl. Münder et al. 2013 § 42 Rz. 8). Allerdings ist derzeit weder die gesellschaftliche noch die juristische Bewertung der anonymen Kindesabgabe abgeschlossen (hierzu Deutscher Ethikrat 2009; Mielitz 2006).

Babyklappe

2.3.5 Drogenstrafrecht

Das Drogenstrafrecht der Bundesrepublik Deutschland ist nicht im StGB, sondern im BtMG geregelt, welches zunächst verwaltungsrechtlich den Verkehr und die Überwachung von Betäubungsmitteln regelt. Als Betäubungsmittel gelten nach § 1 BtMG die Stoffe und Zubereitungen, die durch Rechtsverordnung der Bundesregierung in den Anlagen zum BtMG aufgelistet sind. Diese Stoffe werden in drei Gruppen eingeteilt (zu den Betäubungsmitteln im Einzelnen vgl. ausführlich Böl-

Betäubungsmittel

linger/Stöver 2002; Körner 2012, Anhang C1): nicht verkehrsfähige BtM (z. B. Cannabis/Marihuana/Haschisch, Heroin, LSD und andere Partydrogen), verkehrsfähige, nicht verschreibungsfähige Stoffe (z. B. Codein, d-Cocain) und verkehrsfähige und verschreibungsfähige Stoffe (z. B. Amphetamin, Methadon, Morphin, Opium). Während die Stoffe der ersten beiden Gruppen weder in den Verkehr gebracht, verabreicht oder einem anderen überlassen werden dürfen, dürfen die Drogen der dritten Gruppe von Ärzten i. R. einer medizinisch begründeten Behandlung verschrieben oder verabreicht werden. Die Strafvorschriften sind in den §§ 29 bis 30c BtMG geregelt und umfassen u. a.

- das Anbauen (bzgl. Cannabispflanzen vgl. BGH 3 StR 407/12 – 20.12.2012), Herstellen, Handeltreiben, Ein- und Ausführen, Abgeben, Veräußern und Sonst-in-den-Verkehr-Bringen sowie das Sichverschaffen (vgl. § 29 Abs. 1 Nr. 1 BtMG),
- die unerlaubte Zubereitung (§ 29 Abs. 1 Nr. 2 BtMG),
- das unerlaubte Besitzen (§ 29 Abs. 1 Nr. 3 BtMG),
- das unerlaubte Verabreichen und Verschreiben (§ 29 Abs. 1 Nr. 6 BtMG),
- das Verschaffen von Gelegenheiten, insb. zum unbefugten Erwerb (§ 29 Abs. 1 Nr. 10 BtMG) oder Verbrauch (Nr. 11), sowie
- das Bereitstellen von Geldmitteln und Vermögensgegenständen im Hinblick auf die o. g. Vorgehensweisen (§ 29 Abs. 1 Nr. 13 BtMG).

Einmalspritzen Die Abgabe von sterilen Einmalspritzen an Betäubungsmittelabhängige und die öffentliche Information darüber sind nach § 29 Abs. 1 S. 2 BtMG ausdrücklich kein Verschaffen und kein öffentliches Mitteilen einer Gelegenheit zum Verbrauch nach § 29 Abs. 1 S. 1 Nr. 11 BtMG. Auch der Betrieb von Drogenkonsumräumen *Drogenkonsum-* ist unter den Bedingungen des § 10a BtMG zulässig, wenn auch erlaubnispflichtig *raum* (hierzu ausführlich Körner 2012, § 10a Rz. 3 ff.).

Während § 29 Abs. 3 BtMG eine sog. Strafzumessungsregelung für besonders schwere Fälle (z. B. gewerbsmäßiges Vorgehen) beinhaltet (zur Strafmilderung nach § 31 BtMG s. u. 4.3), sind die §§ 29a, 30 und 30a BtMG echte Verbrechenstat-*Diversion* bestände, die an besondere Tatumstände anknüpfen. Hervorzuheben sind die im BtMG geregelten Möglichkeiten, das Strafverfahren informell zu erledigen (zur Diversion allgemein 3.3), um möglichst vielen Drogenkonsumenten einen Weg in die Suchthilfe zu ebnen. Eine Einstellung des Strafverfahrens ist nach **§ 31a Abs. 1 BtMG** im Hinblick auf Vergehen nach § 29 Abs. 1, 2 und 4 BtMG möglich, wenn bei einer geringen Schuld des Täters kein öffentliches Interesse an einer Strafverfolgung besteht und es sich um Eigenverbrauch der Drogen in nur geringer Menge handelt. Das BVerfG hat in der sog. Haschisch-Entscheidung (BVerfG NJW 1994, 1577 [1583]) die Bundesländer dazu aufgefordert, im Hinblick auf diesen unbestimmten Rechtsbegriff verbindliche und bundeseinheitliche Richtlinien für die StA zu erlassen. Dem sind die Länder bislang immer noch nicht nachgekommen (vgl. Nr. 257 RiStBV), so dass man derzeit noch eine regional extrem unterschiedliche Einstellungspraxis beklagen muss. Die StA ist auch bei einer „geringen Menge" nicht zur Einstellung des Strafverfahrens verpflichtet (Kann-Regelung).

Allerdings ist ihr Ermessen nach § 31a Abs. 1 S. 2 BtMG eingeschränkt („von der Strafverfolgung *soll* abgesehen werden"), wenn der Täter in einem Drogenkonsumraum Betäubungsmittel lediglich zum Eigenverbrauch in geringer Menge besitzt. Kommt es nicht zur Einstellung des Strafverfahrens (was im Hinblick auf die Soll-Regelung inhaltlich zu begründen ist), kann nach § 29 Abs. 5 BtMG bei einem Eigenverbrauch in geringer Menge gleichwohl von der Bestrafung abgesehen werden.

Darüber hinaus kann unter dem Schlagwort „Therapie statt Strafe" die StA nach § 37 BtMG beim Verdacht einer Straftat aufgrund Drogenabhängigkeit mit Zustimmung des Gerichts vorläufig von der Erhebung der öffentlichen Klage absehen, wenn der Beschuldigte nachweist, dass er sich wegen seiner Abhängigkeit einer Suchttherapie in einer staatlich anerkannten Einrichtung unterzieht. Schließlich kann nach § 35 BtMG die Vollstreckung der Strafe, eines Strafrestes oder der Maßregel der Unterbringung in einer Entziehungsanstalt für längstens zwei Jahre zurückgestellt werden, wenn der Verurteilte sich wegen seiner Abhängigkeit in einer seiner Rehabilitation dienenden Behandlung befindet oder zusagt, sich einer solchen zu unterziehen, und deren Beginn gewährleistet ist.

Therapie statt Strafe

Das Gesetz zur diamorphingestützten Substitution regelt seit 2009 u. a., dass pharmazeutisch hergestelltes Heroin (Diamorphin) in engen Grenzen als Betäubungsmittel i. R. der Substitutionsbehandlung verschreibungsfähig wird (vgl. § 13 Abs. 2 S. 2 BtMG). Damit können schwerstkranke Opiatabhängige therapeutisch erreicht und zugleich die negativen Folgen der Drogenabhängigkeit für die öffentliche Sicherheit und Ordnung abgemildert werden (vgl. BT-Ds 16/11515). Die Diamorphinbehandlung darf nur in bestimmten Einrichtungen vorgenommen werden, die über eine Erlaubnis der zuständigen Landesbehörde verfügen (§ 13 Abs. 3 Nrn. 2a und b BtMG, § 5 Abs. 9b BtMVV).

Kontrollierte Heroinabgabe

3 Das Strafverfahren

3.1 Die Verfahrensbeteiligten
3.2 Prozessmaximen
3.3 Ablauf des Strafverfahrens
3.3.1 Ermittlungsverfahren
3.3.2 Zwischen- und Hauptverfahren
3.3.3 Strafvollstreckung

Das formelle Strafrecht ist vor allem im GVG und in der StPO geregelt, darüber hinaus sind die Sonderregelungen bei jugendlichen und heranwachsenden Beschuldigten im JGG zu beachten (s. u. 5.1). Aufgabe des Strafprozesses ist es, die Voraussetzungen der Strafbarkeit im konkreten Fall in einem rechtsstaatlichen, prozessordnungsgemäßen Verfahren (*Fair Trial*) zu klären (Art. 6 Abs. 1 EMRK). Das Strafverfahrensrecht und die Justizförmigkeit des Entscheidungsverlaufes dienen dem **Schutz des Individuums** vor willkürlichen staatlichen Eingriffen und damit dem Schutz der Menschenwürde.

3.1 Die Verfahrensbeteiligten

Strafjustiz An einem Strafverfahren ist eine Vielzahl unterschiedlicher Personen und Dienste beteiligt (Mönig 2014). Von Verfahrensbeteiligten im engeren Sinne spricht man allerdings nur, wenn diese prozessual aufgrund der ihnen gesetzlich zuerkannten Aufgaben und Kompetenzen durch eigene Willenserklärungen gestaltend am Prozess mitwirken können (Meyer-Goßner 2013, Einleitung Rz. 70 ff.). Den Richtern und Gerichten ist in Deutschland die Rechtsprechung als unparteiischer „Nichtbeteiligter" vorbehalten (Art. 92 GG). Weitere Hauptakteurin ist die **Staatsanwaltschaft** (StA) als Ermittlungs- und Anklagebehörde (§§ 141 ff. GVG; §§ 152 ff., 451 StPO). Die StA ist eine hierarchisch aufgebaute Behörde; die einzelnen Amts- und Staatsanwälte (§ 142 GVG) unterliegen der (Dienst- und Fachaufsicht – dazu I-5.2.1 – und sind weisungsgebunden, § 144 GVG, s. Übersicht 57). Demgegenüber sind die Richter unabhängig (Art. 97 GG), die gerichtlichen Entscheidungen werden aber in mehreren Instanzen überprüft.

Die **Polizei** ist kein formeller Verfahrensbeteiligter, sondern muss die StA (diese ist „Herrin des Ermittlungsverfahrens") unterstützen (s. 3.3.1). Die (durch Landesrecht nach Dienstgrad bestimmten) „Ermittlungspersonen" (früher „Hilfsbeamte") der StA dürfen im Eilfall bestimmte Zwangsmaßnahmen durchführen und müssen deren Anweisungen befolgen (§ 152 Abs. 2 GVG), weshalb die Polizei i. R. der Strafverfolgung auch als der „verlängerte Arm der Staatsanwaltschaft" bezeichnet wird (Meyer-Goßner 2013, § 163 Rz. 1 m. w. N.).

Übersicht 57: Strafverfolgungsbehörden und Strafgerichte

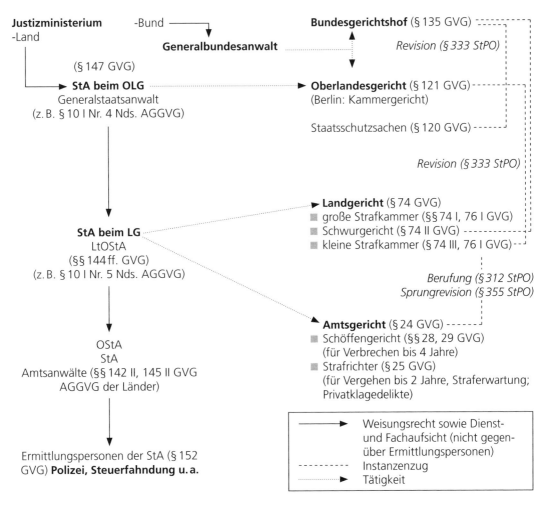

Im Mittelpunkt des klassischen Strafverfahrens steht der Beschuldigte bzw. Angeklagte (§ 157 StPO), geht es doch darum, zu prüfen, ob dieser eine Strafrechtsnorm verletzt hat. Rechtsdogmatisch steht die zu klärende Straftat im Vordergrund, nicht die Opfer und ihr Leid.

Zum Beschuldigten wird ein wegen einer Straftat **Verdächtiger** (zum Anfangsverdacht und der Einleitung der Ermittlungen s. u. 3.3.1), wenn gegen ihn Ermittlungsmaßnahmen ergriffen werden. Anders als der Zeuge kann der Beschuldigte nicht zu einer Aussage gezwungen werden. Schweigen darf niemandem zum Nachteil ausgelegt werden – selbst das Lügen eines Beschuldigten in eigener Sache ist nicht strafbar. Zudem darf niemand gezwungen werden, gegen sich selbst auszusagen (vgl. § 55 Abs. 1 StPO) oder durch Misshandlung, Übermüdung oder andere Foltermethoden zur Aussage gebracht oder in seiner Willensfreiheit beein-

Beschuldigter

trächtigt werden (Art. 3 EMRK; Art. 102 Abs. 1 S. 2 GG; § 136a StPO). Beschuldigte sind lediglich verpflichtet, zulässige Vernehmungen und strafprozessuale Zwangsmaßnahmen über sich ergehen zu lassen (hierzu und zu den Rechtsschutzmöglichkeiten s. 3.3.1). Der Beschuldigte kann sich in einem Rechtsstaat zudem in jeder Lage des Verfahrens eines **Verteidigers** bedienen (§ 137 Abs. 1 S. 1 StPO), um sich gegen den vom Staat erhobenen Tatvorwurf wehren zu können (vgl. §§ 136 Abs. 1, 163a Abs. 4 StPO). Man unterscheidet Wahlverteidiger (§ 138 StPO) und die vom Gericht beigeordneten Pflichtverteidiger in den Fällen der sog. notwendigen Verteidigung, insb. wenn ein Verbrechen zur Last gelegt wird, bei Haft oder wenn dem Verletzten ein Anwalt beigeordnet wird (§ 140 StPO). Die Verteidiger haben u. a. das Akteneinsichtsrecht (§ 147 StPO) sowie unbeschränkte Verkehrsrechte mit dem Beschuldigten auch während der Untersuchungshaft (§ 148 StPO). Dem nicht von einem Anwalt vertretenen Beschuldigten sind auf seinen Antrag grds. Auskünfte und Abschriften aus den Akten zu seiner angemessenen Verteidigung zu erteilen (§ 147 Abs. 7 StPO). Zur Beteiligung der Sozialen Dienste s. u. 6.

Verletzte Zwar werden die **Opfer** von Straftaten (zum Opferbegriff Haas 2014) nicht selten für sachfremde Interessen und für punitive Sanktionsforderungen instrumentalisiert (Ostendorf 2009); sich für die Interessen der Verletzten von Straftaten einzusetzen, muss aber nicht mit repressiven Strafkonzeptionen einhergehen, sondern ist vielmehr ein Gebot eines menschwürdigen, auf Fairness, Ausgleich und Wiedergutmachung gerichteten Kriminalrechts (zur Restorative Justice und zum TOA s. 3.3.1 u. 4.1, ausführlich Trenczek 2014). Ihre Einbeziehung in das Strafverfahren ist – neben ihrer zentralen Rolle als Zeuge – vorgesehen durch das Privatklageverfahren (§§ 374 ff. StPO), die Nebenklage (§§ 395 ff. StPO) und das in der Praxis vergessene Adhäsionsverfahren (§§ 403 ff. StPO). Ihre verfahrensrechtliche Stellung („Opferrechte") ist gleichwohl relativ schwach ausgeprägt (hierzu Schöch 2012, 246 ff.). Als Zeuge sind sie verpflichtet, zu dem zu ihrer Vernehmung bestimmten Termin vor dem Richter (§ 48 StPO) bzw. der StA (§ 161a Abs. 1 StPO), nicht aber vor der Polizei zu erscheinen und zur Sache auszusagen, soweit ihnen kein Zeugnisverweigerungsrecht (§§ 52 ff. StPO) zusteht. Opfer/Zeugen können sich eines anwaltlichen Beistands bedienen (§ 68b StPO). Der Zeugenbeistand ist aber kein Verfahrensbeteiligter, selbstständige Antragsrechte stehen ihm nicht zu. Einige der dem Opfer zustehenden Rechte kann dieses nur über einen anwaltlichen Vertreter geltend machen, z. B. das Recht auf Akteneinsicht (§ 406e StPO). In einigen wenigen Fällen (Sexualstraftat, versuchtes Tötungsdelikt oder bei unter 16-jährigen Nebenklägern) muss das Gericht auf Antrag des Nebenklägers einen Rechtsanwalt als Beistand bestellen (§ 397a StPO). Allerdings müssen die Kosten des Opferanwalts i. d. R. von diesem zunächst selbst getragen werden (Ausnahmen: §§ 68b Abs. 2, 397a StPO), ggf. kann aber Prozesskostenhilfe (hierzu I-5.3.3) bewilligt werden (§§ 397a Abs. 2, 406g Abs. 3 StPO). Mit dem 2. ORRG vom 29.07.2009 (vgl. Schöch 2012, 247) wurden einige Informationsrechte des Verletzten gestärkt (insb. ist er nach § 406 StPO möglichst frühzeitig, regelmäßig schriftlich und soweit möglich in einer für ihn verständlichen Sprache auf seine aus den §§ 406d bis 406g StPO folgenden Befugnisse hinzuweisen) und die besonderen Schutzbestimmungen für jugendliche Zeugen, die bis dahin nur für die unter 16-Jährigen galten, auf die unter 18-jährigen Jugendlichen erweitert (§§ 241a Abs. 1, 247 S. 2, 255a, 397a StPO). In den Deliktskatalog der Nebenklagebefugnis nach § 395 Abs. 1 StPO wurden zusätzlich der Menschenhandel (§§ 232 ff. StGB), die Zwangsheirat (§ 237 StGB) und andere besonders schwere Fälle der Nötigung aufgenommen (§ 240 Abs. 4 StGB).

Nicht zuletzt vor dem Hintergrund zahlreicher Fälle von sexuellem Kindermissbrauch auch in (kirchlichen) Einrichtungen der Kinder- und Jugendhilfe wurden mit dem Gesetz zur Stärkung der Rechte von Opfern sexuellen Missbrauchs (StORMG) vom 22.06.2011 (in Kraft im Wesentlichen ab 01.02.2013) einige weitere Opferrechte ausgebaut. So wurde die Bestellung eines Opferanwalts für volljährig gewordene Missbrauchsopfer erleichtert, die sich erst nach Vollendung des 18. Lebensjahres zur Anzeige entschließen (§ 397a Abs. 1 Nr. 4 StPO). Erweitert wurden auch die Möglichkeiten der richterlichen Videovernehmung im Ermittlungsverfahren für unter 18-jährige Opfer schwerer Sexual- und Gewaltdelikte, die nach § 255a StPO die persönliche Vernehmung in der Hauptverhandlung ersetzen können (§ 58a StPO). Auch die Möglichkeiten des Ausschlusses der Öffentlichkeit in der Hauptverhandlung wurden zum Schutz von minderjährigen Opfern erweitert (§ 171b Abs. 1 S. 2 GVG). Ganz allgemein ist nunmehr Verletzten von Straftaten Gelegenheit zu geben, sich zu den Auswirkungen, die die Tat auf sie hatte, zu äußern (§ 69 Abs. 2 S. 2 StPO). Materiell-rechtlich wurden die Verjährungsvorschriften bei Straftaten gegen die sexuelle Selbstbestimmung geändert: Nach § 78b StGB ruht die Verjährung bis zur Vollendung des 21. Lebensjahres.

3.2 Prozessmaximen

Neben den bereits erörterten materiellen Grundmaximen des Strafrechts (vgl. 1.3) sind die formellen **Justizgrundrechte**, die sog. **Prozessmaximen**, zu beachten. Das Grundgesetz knüpft im Hinblick auf die sog. Unschuldsvermutung an das materiell-rechtliche Schuldprinzip (2.1.3) an. Danach ist ein Beschuldigter bis zum gesetzlichen Nachweis der Schuld als unschuldig anzusehen. Die ausdrücklich in **Art. 6 Abs. 2 EMRK** formulierte Unschuldsvermutung ist eine Rechtsgarantie mit Verfassungsrang (vgl. z. B. BVerfG v. 14.10.2004 – 2 BvR 1481/04), die angesichts der Machbarkeiten datengestützter (PreCrime-)Prävention offenbar unter Druck gerät. Danach muss ein Beschuldigter zwar sämtliche zulässigen Strafverfolgungsmaßnahmen gegen sich ergehen lassen, Strafen darf allerdings nur ein Richter verhängen (vgl. Art. 92 GG). Die Unschuldsvermutung verbietet nicht nur, von der Schuld eines Beschuldigten auszugehen oder ihn als Straftäter zu bezeichnen, sondern alle Sanktionen und Nachteile, die in ihrer Wirkung der Strafe gleichkommen (Art. 6 Abs. 1 EMRK). Dabei gilt der Grundsatz *in dubio pro reo*, im Zweifel für den Angeklagten! Hierbei muss allerdings beachtet werden, dass es die endgültige Wahrheit niemals geben kann, letzte Zweifel nie ausgeräumt werden können. Deshalb reicht es für eine Verurteilung aus, dass ein Sachverhalt festgestellt werden kann, der – in der Sprache der Gerichte – „vernünftigen Zweifeln Einhalt gebietet".

Unschuldsvermutung

rechtliches Gehör Zu den elementaren Schutzrechten gehört auch das Recht auf rechtliches Gehör (Art. 103 Abs. 1 GG): der Einzelne soll nicht Objekt der Strafverfolgung sein, sondern vor einer Entscheidung, die seine Rechte betrifft, von dem Richter angehört werden, um auf das Verfahren und sein Ergebnis Einfluss nehmen zu können. Daraus folgt z. B. auch, dass ein Beschuldigter spätestens am Tage nach seiner Festnahme einem Richter vorzuführen ist (Art. 104 Abs. 3 GG).

Weitere Gestaltungsprinzipien des deutschen Strafverfahrens sind u. a.

- das **Offizialprinzip**: Die Strafverfolgung steht allein dem Staat zu und wird grds. ohne Rücksicht auf den Willen des Verletzten von Amts wegen durch Staatsorgane durchgeführt. Einschränkung: Antragsdelikte (z. B. §§ 184, 194 StGB); Ausnahme: Privatklagedelikte (§§ 374 ff. StPO);
- das **Legalitätsprinzip**: Verpflichtung der StA (und der Polizei), wegen aller verfolgbaren Straftaten einzuschreiten, sofern ausreichende tatsächliche Anhaltspunkte vorliegen z. B. und soweit nicht gesetzlich ein anderes bestimmt ist (§ 152 Abs. 2 StPO; ausführlich Naucke 2013). Diese Ausnahmen (z. B. §§ 5, 45, 47 JGG, §§ 153 ff. StPO) gehen in Deutschland nicht so weit wie das sog. Opportunitätsprinzip, welches in vielen anderen Staaten gilt und auch nach dem Entwurf des europäischen Strafprozessrechts gelten soll. Z. B. ist im allgemeinen Strafrecht (anders im Bereich des Jugendstrafrechts!) ein Absehen von der Strafverfolgung bei Verbrechenstatbeständen nicht möglich (nach §§ 153 f. StPO). Nach herrschender Meinung sind Staatsanwälte selbst bei privater Kenntniserlangung zur Einleitung eines Ermittlungsverfahrens bei einem überwiegenden öffentlichen Interesse verpflichtet, insb. wenn es sich nach Art oder Umfang um schwerwiegende Straftaten handelt (Fischer et al. 2014, § 258a Rn 4a m. w. N.; kritisch dazu Meyer-Goßner 2013, § 160 Rz. 10);
- das **Akkusationsprinzip** (§§ 151, 155, 264 StPO): Basierend auf der Trennung von Anklagebehörde und Gericht (im Unterschied zur Inquisition) legt es fest, dass eine gerichtliche Untersuchung die Erhebung einer Klage durch die StA voraussetzt;
- der **Untersuchungsgrundsatz**: Wahrheitserforschung durch das Gericht von Amts wegen im Unterschied zum Parteienprozess im Zivilrecht. Das Gericht ist zur selbstständigen Aufklärung berechtigt und verpflichtet (§ 244 Abs. 2 StPO). Daraus folgt: ein Geständnis bindet das Gericht nicht, Aufklärung auch ohne Beweisanträge;
- der Grundsatz der **freien Beweiswürdigung** (§§ 261 f. StPO). Er besagt insb., dass Strafrichter nicht an die Entscheidung eines anderen Gerichts gebunden sind;
- der **Grundsatz des gesetzlichen Richters** und das Verbot von Ausnahmegerichten (Art. 101 Abs. 1 GG), d. h., durch eindeutige Zuständigkeitsvorschriften steht bereits zum Zeitpunkt bei Tatbegehung fest, welches Gericht tätig wird;
- der Grundsatz der **Unmittelbarkeit** (§§ 226, 250 StPO) und **Mündlichkeit** (vgl. §§ 250, 261, 264 StPO): Das erkennende Gericht muss die für die Urteilsfindung bedeutsamen Tatsachen selbst feststellen und dabei grds. nur originäre Beweismittel verwenden, z. B. Zeugen persönlich hören. Es darf grds. nur der unmittelbar vor dem Gericht mündlich vorgetragene und erörterte Prozessstoff

dem Urteil zugrunde gelegt werden. Fotos, Skizzen usw. werden durch Erörterung vor dem Gericht zum Gegenstand der Hauptverhandlung gemacht. Auch Gutachter und die Sozialen Dienste müssen ihre Stellungnahmen mündlich vortragen, wenn hierauf ein Urteil basieren soll. Alle am Urteil mitwirkenden Personen (Richter, StA, Urkundsbeamte) müssen in ununterbrochener Gegenwart während der Hauptverhandlung anwesend sein (§ 226 StPO);
- der Grundsatz der **Öffentlichkeit** (§ 169 S. 1 GVG); Ausnahme: Ausschluss der Öffentlichkeit in der Hauptverhandlung gegen Jugendliche einschließlich der Verkündung der Entscheidung (§ 48 Abs. 1 JGG).

3.3 Ablauf des Strafverfahrens

Das gesamte Strafverfahren gliedert sich in das sog. Erkenntnisverfahren und das Vollstreckungsverfahren (3.3.3). Das Erkenntnisverfahren wiederum wird in das Ermittlungs-, Zwischen- und Hauptverfahren (ggf. mit Berufung und Revision) unterteilt (Übersicht 58). Strafen darf nur ein Richter verhängen (vgl. Art. 92 GG). Strafgerichte in unterschiedlichen Formen (z. B. Einzelrichter, Schöffengericht und Kammern), in unterschiedlicher Besetzung und mit unterschiedlichem Zuständigkeitsbereich gibt es bei den Amtsgerichten für die „kleinere" Kriminalität, bei den Landgerichten für die schweren Delikte und nach der Berufung gegen erstinstanzliche Urteile sowie bei den Oberlandesgerichten und dem BGH vor allem als Rechtsmittelinstanz (vgl. Übersicht 57).

3.3.1 Ermittlungsverfahren

Im Rahmen des Ermittlungs- oder sog. Vorverfahrens werden aufgrund eines sog. **Anfangsverdachts** (d.h. bei zureichenden tatsächlichen Anhaltspunkten, § 152 Abs. 2 StPO) Ermittlungen eingeleitet, um den Sachverhalt von Amts wegen zu klären und die für die Aufklärung der Tat notwendigen Tatsachen zu sichten und entsprechendes Beweismaterial – auch die zur **Entlastung** des Beschuldigten dienenden Umstände (§ 160 Abs. 2 StPO!) – zu sammeln.

Ermittlungsbehörden sind die Polizei und StA. In aller Regel (im Durchschnitt über 90%) wird ein Ermittlungsverfahren aufgrund einer Strafanzeige durch den Verletzten oder einen (anderen) Zeugen eingeleitet, nur selten durch eigene Ermittlungen der Polizei. (Beachte: Es gibt deliktsspezifisch starke Unterschiede, z. B. werden Drogendelikte und Verstöße gegen ausländerrechtliche Bestimmungen nahezu ausschließlich aufgrund einer polizeilichen Kontrolle registriert.) Die Polizei hat nach § 163 Abs. 1 StPO die Aufgabe, begangene Straftaten zu erforschen und alle keinen Aufschub gestattenden Anordnungen zu treffen. Dabei hat die **Polizei** allerdings nur das sog. **Recht des ersten Zugriffs** und muss die Ermittlungsunterlagen ohne Verzug der StA übersenden (§ 163 Abs. 2 StPO). Die StA leitet formal das Ermittlungsverfahren (§§ 152, 160 Abs. 1 StPO) und kann die Polizei auch anweisen („durch Ersuchen verpflichten") bestimmte Ermittlungen vorzunehmen (§ 161 Abs. 1 S. 2 StPO). Ungeachtet dessen ermittelt die Polizei in

Ermittlungsbehörden

der Praxis in nahezu allen Fällen den Vorgang abschließend und übersendet erst dann die Akten an die StA, was im Hinblick auf die unterschiedlichen (polizeilichen vs. juristischen) Perspektiven nicht unproblematisch ist.

Gefahr im Verzug   Zu den Umständen, die die StA ermitteln soll, gehören nicht nur die Aufklärung der Tat durch Feststellung des Täters und die Umstände der Tatbegehung, sondern nach **§ 160 Abs. 3 StPO** auch die Umstände, die für die Bestimmung der Rechtsfolge von Bedeutung sind. Dies wiederum betrifft vor allem die Person des Täters, sein Vorleben, seine persönlichen und wirtschaftlichen Verhältnisse und sein Verhalten nach der Tat (vgl. §§ 46, 46a StPO). Um diese Umstände festzustellen, kann sich die StA der **Gerichtshilfe** (s. u. 6.1) bedienen (§ 160 Abs. 3 StPO). Bei Jugendlichen und Heranwachsenden muss das kommunale JA eingeschaltet werden (§§ 38, 107 JGG, § 52 SGB VIII; hierzu 6.2 u. III-3.4.2.2).

Vernehmung   Wird ein Verdächtiger ermittelt, so wird ihn die Polizei bzw. die StA verantwortlich, d. h. als **Beschuldigten** (§§ 163a, 136, 136a StPO) vernehmen. In diesem Zusammenhang sind insb. die Pflicht zur **Belehrung über die Aussagefreiheit** und die Möglichkeit, einen Anwalt einzuschalten, zu beachten (§§ 136, 163a StPO). Der ungehinderte **Zugang zu einem Anwalt** (§ 137 Abs. 1 StPO) ist eines der wesentlichen Rechte eines Beschuldigten in einem rechtsstaatlichen Strafverfahren (zur notwendigen, sog. Pflichtverteidigung, vgl. §§ 140 ff. StPO). „Zusagen" der Polizei und StA bzgl. der sog. Kronzeugenregelung bzw. Strafmilderung (§ 46b StGB) sind nicht zulässig, da das Gericht im Hinblick auf die Rechtsfolgenbestimmung nicht gebunden werden kann (zu den sog. „Deals im Strafverfahren" s. u. 3.3.2). Beschuldigte müssen nicht gegen sich selbst aus- und die Wahrheit sagen, sie sind allerdings verpflichtet, zulässige Vernehmungen über sich ergehen zu lassen und Ladungen des Gerichts und der StA Folge zu leisten (§§ 133 – 136a, 163a, 243 Abs. 4 S. 1 StPO), andernfalls können sie zwangsweise vorgeführt werden (§§ 134, 163a Abs. 3 S. 2, 230 Abs. 2 StPO). Das gilt aber nicht für polizeiliche Ladungen; ein Vorführungsrecht der Polizei besteht nur unter den Voraussetzungen der vorläufigen **Festnahme** auf frischer Tat (§ 127 StPO) sowie bei staatsanwaltlich veranlassten Ermittlungsmaßnahmen nach § 163a und § 163b StPO (vgl. Meyer-Goßner 2013, § 133 Rz. 1). Die Konsequenzen prozessrechtswidrig erhobener Beweise sind sehr umstritten (vgl. Meyer-Goßner 2013, Einleitung Rz. 55 ff.; zum **Beweisverwertungsverbot** bei unterlassener qualifizierter Belehrung s. BGH 4 StR 455/08 –18.12.2008 mit Anm. von Roxin HRRS 5/2009, 186 ff.).

Fahndung   Als Fahndung werden alle Maßnahmen bezeichnet, die zur Ermittlung eines Täters oder Zeugen ergriffen werden. Dazu gehören auch Auskünfte von Behörden (§ 163 Abs. 1 S. 2 StPO, vgl. § 68 Abs. 1 SGB X). Eine besondere Bedeutung haben die Maßnahmen, die zur Aufklärung des Sachverhalts u. U. auch gegen den Willen des Beschuldigten und mit Zwang durchgeführt werden dürfen, z. B. Festnahme, Blutprobe oder Hausdurchsuchung (vgl. Übersicht 58). Allerdings sind viele der in TV-Krimis dargestellten Ermittlungsmaßnahmen und Vernehmungsmethoden unzulässig.

Zwangsmaßnahmen im Ermittlungsverfahren   Zwangsmaßnahmen im Ermittlungsverfahren sind Grundrechtseingriffe, der Grundsatz der **Verhältnismäßigkeit** ist hier besonders zu beachten. Ermittlungs- und Zwangsmaßnahmen sind nicht willkürlich (etwa nach

Hautfarbe, Ethnie oder Aussehen; zum sog. Racial Profiling vgl. I-2.1.2.4; Cremer 2013, 11 ff.) und verdachtslos, sondern nur bei konkreten (mitunter zureichenden) tatsächlichen Anhaltspunkten für eine Straftat zulässig. So hat der EGMR (Nr. 8080/08 und 8577/08 – 01.12.2011) im Zusammenhang mit den Inhaftierungen beim G8-Gipfel von Heiligendamm darauf hingewiesen, dass für einen legitimen Eingriff in das Recht auf Freiheit und Sicherheit nach Art. 5 Abs. 1 lit. c EMRK eine konkrete und spezifische Gefahr der Begehung einer Straftat vorliegen muss (zur Personenkontrolle auf öffentlichen Straßen und Plätzen, vgl. § 111 StPO). Auch die polizeilichen Personenkontrollen i. R. von §§ 22 Abs. 1a, 23 Abs. 3 BPolG, die nach dem äußeren Erscheinungsbild, insb. der Hautfarbe der Betroffenen, vorgenommen werden, verstoßen gegen das Diskriminierungsverbot aus Art. 3 Abs. 3 GG (OVG Rh-Pf 7 A 10532/12 – 29.10.2012).

Die meisten Zwangsmaßnahmen bedürfen zudem einer richterlichen Anordnung, bei **Gefahr im Verzug** genügt ggf. eine Anordnung der StA; die Polizei ist nur bei leichteren, für die Ermittlung unabdingbaren Eingriffen selbst zur Durchführung berechtigt (§ 163 Abs. 1 StPO). Gegen Tatverdächtige kann die Polizei zur Identitätsfeststellung (§ 163b StPO) auch eine **erkennungsdienstliche Behandlung** (Lichtbilder, Fingerabdrücke, Messungen und ähnliche Maßnahmen; § 81b StPO) sowie eine Gegenüberstellung mit Zeugen (§ 58 Abs. 2 StPO, vgl. Nr. 18 RiStBV) vornehmen. Nach § 81a StPO darf eine körperliche Untersuchung (grds. nur vom Richter) angeordnet werden. Zu diesem Zweck sind auch Entnahmen von **Blutproben** und andere körperliche Eingriffe ohne Einwilligung des Beschuldigten zulässig, wenn sie von einem Arzt nach den Regeln der ärztlichen Kunst vorgenommen werden und kein Nachteil für die Gesundheit zu befürchten ist (insoweit ist § 81a StPO ein Rechtfertigungsgrund gegenüber dem Vorwurf der Körperverletzung). Der zwangsweise Einsatz von Brechmitteln, um insb. an hinuntergeschluckte illegale Drogen zu gelangen, ist unzulässig (EGMR v. 11.06.2006 – Jalloh vs. Germany, 54810/00). Die Abnahme von **DNA-Proben** zur zukünftigen Identitätsfeststellung („genetischer Fingerabdruck") ist nach §§ 81e–g StPO bei bestimmten schweren Taten (gefährliche Körperverletzung, alle Verbrechen, insb. Sexualstraftaten) nur gegen einen Beschuldigten zulässig.

Identitätsfeststellung

Wird jemand auf frischer Tat betroffen oder verfolgt und vorläufig von der Polizei oder StA festgenommen (§ 127 StPO), so ist er unverzüglich, spätestens am Tage nach der Festnahme, dem Richter vorzuführen (§ 128 StPO), der über die Zulässigkeit der Untersuchungshaft (§ 112 StPO) entscheidet. Letztere ist bei Beachtung des Verhältnismäßigkeitsgebots (I-2.1.2.2) nur zulässig, wenn der Beschuldigte der Tat dringend verdächtig ist, ein **Haftgrund** besteht (insb. Flucht- oder Verdunkelungsgefahr bzw. bei schwersten Taten und Gefahr für Leib und Leben Wiederholungsgefahr) und dieser nicht durch andere geeignete Maßnahmen beseitigt werden kann. Zudem darf die Untersuchungshaft trotz dringenden Tatverdachts und obwohl ein Haftgrund besteht nicht angeordnet werden, wenn sie zu der Bedeutung der Sache und der zu erwartenden Strafe oder Maßregel der Besserung und Sicherung außer Verhältnis steht (zum sog. Übermaßverbot s. I-2.1.2.2). In der Praxis wird die U-Haft aber mitunter als Druckmittel gebraucht, um eine prozessuale Kooperation des Betroffenen herbeizuführen, oder sie wird als vorweggenommenes Sanktionsinstrument eingesetzt, obwohl sie ausschließ-

Festnahme und Untersuchungshaft

Übersicht 58: Ablauf des strafrechtlichen Erkenntnisverfahrens nach der StPO*

Ermittlungsverfahren

Amtliche Wahrnehmung des Verdachts einer Straftat i. d. R. durch **Anzeige** und Strafantrag (§§ 158 Abs. 1, 160 Abs. 1). Bei unnatürlichem Tod/Leichenfund „sofortige" Anzeige bei der StA oder dem AG durch Polizei und Gemeindebehörden (§ 159)

↓

Bei „zureichenden tatsächlichen" Anhaltspunkten (§ 152 Abs. 2) Einleitung eines Ermittlungsverfahrens durch StA (§§ 160, 163) bzw. Polizei (§ 152 GVG)

↓

Erforschung des Sachverhalts, ggf. weitere Ermittlungen auch der zur Entlastung dienenden Umstände (§ 160 Abs. 2), Prüfung rechtlicher Aspekte (z. B. Alter und strafrechtliche Verantwortlichkeit)

↓

ggf. „erster Zugriff" durch die **Polizei** (§ 163 Abs. 1) und weitere Ermittlungsbefugnisse:
- Auskunft von Behörden (§ 163 Abs. 1 S. 2)
- Festhalten und Durchsuchen zur Feststellung der Identität (§ 163b Abs. 1)
- Fahndungen (§ 131c Abs. 1)
- vorläufige Festnahme (§ 127 Abs. 1 u. 2)
- (erste) Vernehmung des Beschuldigten (§ 163a Abs. 4)
- körperliche Durchsuchung, Blutprobe (§ 81a Abs. 2)
- Observation (§ 163f Abs. 3 S. 1)
- Beschlagnahme von Gegenständen, ggf. auch Führerschein (§ 98 Abs. 1)
- Durchsuchung (§ 105 Abs. 1 S. 1)
- Zeugenvernehmung (§ 163a Abs. 5)

↓

Recht des Beschuldigten, sich „in jeder Lage des Verfahrens" eines **Verteidigers** zu bedienen (§§ 136 Abs. 1, 137 Abs. 1 S. 1, 168c Abs. 2 u. 5)

↓

„unverzügliche" Unterrichtung der StA durch die Polizei (§ 163 Abs. 2 S. 1); in der Praxis häufig „Durchermittlung" und Abschlussbericht

↓

eigene Ermittlungen der **StA** (§§ 160 Abs. 1–3, 161), z. B. durch Behördenauskunft (§ 161 Abs. 1 S. 1 Alt. 1); Anweisung von weiteren polizeilichen Ermittlungen (§ 161 Abs. 1 S. 1 Alt. 3, S. 2) oder Antrag auf richterliche Untersuchungshandlungen (§ 162)

↓

weitere Ermittlungs- und Zwangsbefugnisse der **StA** sowie ggf. der Polizei:
- Vornahme der Obduktion/Leichenschau (§ 87),
- Bestellung von Sachverständigen (§ 161a Abs. 1 S. 2)
- Einsatz eines verdeckten Ermittlers (§§ 110a, 100b)
- bei „Gefahr in Verzug" Telekommunikationsüberwachung (§ 100b Abs. 1) und
- „Späh-" und „kleiner Lauschangriff" (§ 100f Abs. 1 S. 1, Abs. 4)
- ggf. Beschlagnahme (vgl. § 111e)

↓

Entscheidung des (Ermittlungs-, Haft-)**Richters**; grds. vorab, wenn „Gefahr im Verzug" vorlag, nachträglich; zwingend vorab bei
- molekulargenetischen Untersuchungen (§ 81f Abs. 1 S. 1)
- „großer Lauschangriff" (§§ 100c, 100d)
- vorläufiger Entziehung der Fahrerlaubnis (§ 111a)
- Beschlagnahme eines periodischen Druckwerks (§ 111n Abs. 1 S. 1) und
- Untersuchungshaft (Art. 104 Abs. 2 S. 1 GG, §§ 112 ff.)

↓

Bestellung eines **Pflichtverteidigers** (§ 141 Abs. 3), obligatorisch bei U-Haft (§ 140 Abs. 1 Nr. 4)

↓

richterliche Entscheidung auf **Beschwerde** des Beschuldigten bzw. seines Verteidigers gegen Ermittlungsmaßnahmen

↓

richterliche Vernehmung des Beschuldigten (§§ 133 ff.) sowie der Zeugen und Sachverständigen und ggf. richterlicher Augenschein in Anwesenheit des Beschuldigten und seines Verteidigers (§§ 168c, ff.)

↓

Erledigung von Beweisanträgen des **Beschuldigten** bzw. seines **Verteidigers** (§ 219)

↓

Abschlussvermerk der **StA** (§ 169 a) mit der Folge vollen **Akteneinsichtsrechts des Verteidigers** (§ 147 Abs. 1 u. 2); dem **Beschuldigten** sind Auskünfte und Abschriften aus den Akten zu erteilen (§ 147 Abs. 7)

↓

Abschlussverfügung der StA:
- Einstellung, wenn kein „genügender Anlass zur Erhebung der öffentlichen Klage" besteht (§ 170 Abs. 2)
- bei Privatklagedelikten (§ 374 Abs. 1) wegen Fehlens des öffentlichen Interesses (§ 376), Verweis auf den Privatklageweg
- Einstellung/Absehen von der Klage nach §§ 153 ff. und § 45 JGG
- Strafbefehlsantrag (§§ 407 ff.)
- Anklage (§§ 151, 152 Abs. 1, 170 Abs. 1) bei „hinreichendem Tatverdacht" (vgl. § 203) oder
- Antrag auf Sicherungsverfahren (§ 413 ff. StPO)
- Antrag auf Entscheidung im beschleunigten Verfahren (§§ 417 ff.)

---

*Anm.: Die einzelnen Schritte und Maßnahmen werden nicht alle (immer oder zwangsläufig) durchgeführt, noch erfolgen sie immer nacheinander, sondern mitunter parallel. Die Befugnisse der Polizei stehen im weiteren Verfahren auch der StA zu.

↓

ggf. Klageerzwingungsverfahren durch den Antragsteller, der zugleich Verletzter ist; ggf. Beschluss des Oberlandesgerichts, Anklage zu erheben (§§ 171 ff.)

↓

Anschlusserklärung bzgl. **Nebenklage** (§§ 395 ff.)

↓

Zwischenverfahren

vor dem erkennenden Gericht (ohne Schöffen)

↓

Mitteilung der Anklageschrift an den **Angeschuldigten** (§ 201), Möglichkeit zur Stellungnahme (rechtliches Gehör)

↓

ggf. einzelne Beweiserhebungen (§ 202)

↓

Eröffnungsbeschluss
bei „hinreichendem Tatverdacht (§§ 203, 207), sonst Ablehnung der Eröffnung (§ 204 bzw. § 408 bei Ablehnung des Erlasses eines Strafbefehls)

↓

bei Ablehnung der Eröffnung sofortige Beschwerde der **StA** (§ 210 Abs. 2 bzw. § 408 Abs. 2)

↓

Hauptverfahren

- Vorbereitung der Hauptverhandlung und Terminbestimmung (§ 213)
- Ladung des Angeklagten, ggf. seines Verteidigers und der Zeugen (§ 214 ff.)
- Besetzungsmitteilung (§§ 222a, 222b)
- Einstellung des Verfahrens (z. B. §§ 153 Abs. 2, 153a Abs. 2; § 47 JGG)

↓

Öffentliche **Hauptverhandlung** (§§ 169 ff. GVG) geleitet vom Vorsitzenden (§ 238),
Mündlichkeits- und Unmittelbarkeitsgrds., grds. keine Hauptverhandlung gegen einen nicht anwesenden Angeklagten (§§ 230, 276, 285), vorübergehende Entfernung des Angeklagten u. U. zulässig (z. B. Zeugenschutz § 247)

Aufruf der Sache und Anwesenheitsfeststellungen, Zeugenbelehrung (§ 243 Abs. 1), danach verlassen diese den Sitzungssaal (§ 243 Abs. 2)

↓

Vernehmung des **Angeklagten** über „seine persönlichen Verhältnisse", hier nur die Personalien (§ 243 Abs. 2 S. 2)

↓

Verlesung der Anklage durch **StA** (§ 243 Abs. 3)

↓

Belehrung und ggf. Vernehmung des **Angeklagten**:

↓

Beweisaufnahme (Amtsermittlung, § 244 Abs. 2), ggf. Beweisanträge und Zusatzfragen von StA und Verteidigung (§ 245 Abs. 2)

↓

Beweismittel:
- Zeugen (§§ 48 ff.)
- Sachverständige (§§ 72 ff.)
- Augenschein (§§ 86 ff.)
- Urkunden und andere Schriftstücke (§§ 249 ff.)
- Aussagen des Angeklagten und Mitbeschuldigter (§§ 136, 163a Abs. 1, 243 Abs. 4)

↓

Erklärungen der Beteiligten (§ 257)

↓

ggf. Hinweis des **Gerichts** auf Veränderung des rechtlichen Gesichtspunkts (§ 265)

↓

Verständigung im Strafverfahren (§§ 257c, 273)

↓

Schlussvortrag **(Plädoyer)** des Staatsanwalts, ggf. des Nebenklägers (Verletzten) und dann des Verteidigers bzw. des Angeklagten

↓

letztes Wort des Angeklagten

↓

nicht-öffentliche **Beratung des Gerichts** über das Ergebnis der Verhandlung im Hinblick auf
- die angeklagte Tat (§ 264),
- Abstimmung über Schuldfrage und
- Rechtsfolgen der Tat (§ 263)

↓

mündliche **Verkündung** und Begründung des **Urteils** „im Namen des Volkes" durch den Vorsitzenden (§§ 260, 268): Freispruch, Verurteilung oder Einstellung des Verfahrens

↓

Fertigstellung des Sitzungsprotokolls (§§ 271 ff.) sowie Niederschrift des Urteils und der Gründe (§§ 267, 275)

↓

ggf. Zustellung des Urteils (§ 35 Abs. 2)

↓

ggf. **Rechtsmittelinstanz**
Berufung (§§ 312 ff.)
und/oder
Revision (§§ 333 ff.)

↓

Vollstreckungsverfahren (§§ 449 ff.)

lich der Verfahrenssicherung (bzw. der Verhinderung von Wiederholungstaten) dienen soll (zu den apokryphen Haftgründen vgl. Eidam 2013, 293).

Haus- und Wohnungsdurchsuchung

Haus- und Wohnungsdurchsuchungen sind im Hinblick auf Art. 13 GG (I-2.2.3) nur unter den Voraussetzungen der §§ 102, 105 StPO zulässig. Beweismittel können beschlagnahmt werden (§§ 94, 98 StPO; zu den Grenzen im Hinblick auf den Vertrauensschutz insb. bei Akten s.o 2.3.1). Der technischen (optischen und akustischen) Überwachung sind Grenzen gesetzt (vgl. §§ 100c, 100d, 100f StPO), insb. der Überwachung des Fernmeldeverkehrs (§§ 100a, 100b StPO).

Rechtsschutz gegen Ermittlungsmaßnahmen

Art. 19 Abs. 4 GG garantiert das Recht auf Überprüfung staatlicher Maßnahmen. Dies muss auch für strafprozessuale Ermittlungsmaßnahmen gelten, denn es handelt sich bei diesen stets um Grundrechtseingriffe. Gegen gerichtliche Anordnungen ist die (schriftliche, aber nicht an Fristen gebundene) **Beschwerde** nach §§ 304, 306 StPO zulässig (im Hinblick auf richterliche Zwangsmaßnahmen ist die Ausnahme von der Ausnahmeregelung in § 305 StPO zu beachten). Da diese keine aufschiebende Wirkung hat, ist ggf. einstweiliger Rechtsschutz notwendig (§ 307 StPO). Wenn die Zwangsmaßnahme durch die StA oder Polizei angeordnet wurde, muss der Betroffene „erst Recht" die Möglichkeit haben, diese Verfügung durch einen Richter überprüfen zu lassen. Eine ausdrückliche Regelung findet sich in der StPO aber nur für die Beschlagnahme (§ 98 Abs. 2 S. 2 StPO) und für verdeckte Ermittlungsmaßnahmen (§ 101 Abs. 7 S. 2 StPO). Im Hinblick auf Art. 19 Abs. 4 GG wird **§ 98 Abs. 2 S. 2 StPO** auch auf alle anderen Zwangsmaßnahmen analog angewendet, für die grds. ein richterlicher Beschluss erforderlich ist. Das gilt nach h. M. auch bei erledigten Zwangsmaßnahmen der Polizei und StA bei einer Wiederholungsgefahr oder schweren Folgen oder Grundrechtseingriffen (a. A. Rechtsschutz gegen Art und Weise der Durchführung der Zwangsmaßnahme nur nach §§ 23, 28 EGGVG beim OLG). Bei der U-Haft steht dem Betroffenen neben der (Haft-)Beschwerde auch die Möglichkeit der Haftprüfung nach § 117 Abs. 1 StPO zu. Das Gebot effektiven Rechtsschutzes gebietet auch sorgfältige Dokumentations- und Begründungspflichten der die Ermittlungsmaßnahme anordnenden Stelle, um eine umfassende gerichtliche Überprüfung zu ermöglichen (BVerfG 2 BvR 1046/08 – 11.06.2010).

Anklage

Die StA hat nach dem Ermittlungsergebnis zu entscheiden, ob genügender Anlass zur Erhebung der Anklage besteht (§ 170 Abs. 1 StPO). Kommt sie zu dem Ergebnis, dass eine Verurteilung wahrscheinlich erscheint und damit ein **hinreichender Tatverdacht** (vgl. § 203 StPO) besteht, schließt sie das Ermittlungsverfahren grds. mit der Erhebung der öffentlichen Klage, entweder durch eine Anklageschrift oder durch Antrag auf Erlass eines Strafbefehls (§§ 407 ff. StPO). Der Beschuldigte wird zum **Angeschuldigten** (§ 157 StPO). Aus dem Anklagesatz (§§ 200 Abs. 1, 264 Abs. 1 StPO), der später in der Hauptverhandlung verlesen wird (§ 243 Abs. 3 StPO) muss sich zweifelsfrei ergeben, wer die beschuldigte Person ist und welche Tat ihr zur Last gelegt wird, weil jemand eine Tat nicht zweimal vorgeworfen werden darf (Art. 103 Abs. 3 GG; *ne bis in idem*/Strafklageverbrauch, s.o 1.3). Dies folgt aus der materiellen Rechtskraft der Aburteilung und gilt auch bei Einstellung nach erfüllter Auflage bei Vergehen nach § 153a Abs. 1 S. 5 StPO.

Strafbefehl

Durch das Strafbefehlsverfahren soll im Bereich der Massendelikte eine schnelle und kostengünstige Erledigung erfolgen. Als Rechtsfolge dürfen dann aber keine Freiheitsstrafen, sondern u. a. nur Geldstrafe, Verwarnung mit Strafvorbehalt, Fahrverbot und die Entziehung der Fahrerlaubnis mit einer Sperre von nicht mehr als zwei Jahren angeordnet werden (§ 407 Abs. 2 StPO). Der Beschuldigte kann gegen den Strafbefehl innerhalb einer Frist von zwei Wochen nach Zustellung Einspruch einlegen (§ 410 Abs. 1 StPO). Dadurch wird das Verfahren in ein normales Strafverfahren übergeleitet. Wurde gegen einen Strafbefehl nicht rechtzeitig Einspruch erhoben, steht er einem rechtskräftigen Urteil gleich (§ 410 Abs. 3 StPO).

Verfahrenseinstellung

Ist nach den Feststellungen im Ermittlungsverfahren mit einer Verurteilung des Beschuldigten nicht zu rechnen, z. B. weil die Beweismittel zur Überführung des Täters nicht ausreichen oder weil Verfahrenshindernisse (z. B. Verjährung) vorliegen, muss das Verfahren eingestellt werden (§ 170 Abs. 2 StPO). Dabei gilt ebenfalls der Grundsatz *in dubio pro reo* (s.o 3.2), das Verfahren ist also im Zweifel nach § 170 Abs. 2 StPO einzustellen. Selbst wenn ein hinreichender Tatverdacht vorliegt, ist eine Anklage nicht immer zwingend, ja in vielen Fällen im Hinblick auf das Verhältnismäßigkeitsgebot nicht einmal geboten. StA und Gericht haben nach §§ 153–154e StPO vielfache Möglichkeiten der informellen Verfahrenserledigung (**Diversion**), und zwar nicht nur bei Bagatellsachen (§ 153 StPO) und bei Vergehen nach Erfüllung von Auflagen und Weisungen (z. B. TOA, sozialer Trainingskurs oder Geldbuße; vgl. § 153a StPO), sondern gerade im Hinblick auf § 46a StGB und § 153b StPO auch für Verbrechenstatbestände (vgl. Dölling et al. 2013, § 153b Rn. 1; Trenczek 2003b, 106). Dies folgt aus der materiellen Rechtskraft der Aburteilung und gilt auch bei einer Einstellung nach erfüllter Auflage bei Vergehen nach § 153a Abs. 1 S. 5 StPO. Zu beachten ist, dass bei einer Einstellung nach § 153 StPO wegen Geringfügigkeit (vgl. § 398 AO) – anders als nach § 153a Abs. 1 S. 5 StPO – kein Verfolgungshindernis entsteht. Besondere Möglichkeiten der Diversion finden sich im BtMG (§§ 29 Abs. 5, 31a Abs. 1, 37 Abs. 2 BtMG; s.o 2.3.5) sowie im Jugendstrafrecht (§§ 45, 47 JGG, s. 5.1).

Diversion

Täter-Opfer-Ausgleich

Im Rahmen der informellen Verfahrenserledigung kommt der Bearbeitung des **Straftatkonflikts** mithilfe einer Mediation im Hinblick auf einen sog. außergerichtlichen Tatausgleich (ATA) bzw. Täter-Opfer-Ausgleich (TOA) eine besondere Bedeutung zu. Hierbei handelt es sich um ein spezifisches Anwendungsfeld der **Restorative Justice** (hierzu BAG TOA 2006, Trenczek 2014; s. a. IV-4.1). Der ATA/TOA ist zwar gleichzeitig praktizierter Opferschutz, gleichwohl eine im traditionellen Strafrechtsdenken (s. u. 4.1) immer noch ungewohnte und viel zu selten genutzte Form der Verfahrenserledigung (Bals et al. 2005; Trenczek 2003b und 2014).

3.3.2 Zwischen- und Hauptverfahren

Zwischenverfahren

Erhebt die StA Anklage, so geht das Verfahren in eine zweite Phase über, das sog. Zwischenverfahren (§§ 199–211 StPO), in dem der (vorsitzende) Richter ohne Beteiligung von Schöffen überprüft, ob auf Basis der Anklagelage gegen den Angeschuldigten tatsächlich ein hinreichender Tatverdacht besteht, der die Eröffnung eines mitunter den „guten Ruf" gefährdenden öffentlichen Hauptverfahrens rechtfertigt (§ 203 StPO). Durch den Eröffnungsbeschluss wird der Angeschuldigte zum **Angeklagten** (§ 157 StPO) und das Strafverfahren tritt in die dritte Phase, die öffentliche Hauptverhandlung, ein (§§ 226 ff. StPO). Aber auch dann bestehen – selbst während der mündlichen Verhandlung – noch Möglichkeiten der informellen Verfahrenserledigung (z. B. §§ 153a Abs. 2, 153b Abs. 2 StPO, § 47 JGG).

Hauptverhandlung In aller Regel läuft die öffentliche und mündliche Hauptverhandlung (§§ 250, 261, 264 StPO) in den in der Übersicht 58 dargestellten Schritten ab. Es ist üblich, dem Gericht schon dadurch Respekt zu zollen, dass man beim Eintreten der Richter aufsteht und diese im Laufe des Verfahrens entsprechend tituliert. Die mündliche Verhandlung (§§ 243 ff. StPO) leitet der Vorsitzende, insb. die Vernehmung der Angeklagten und Zeugen und die sonstige Beweiserhebung (§§ 238 f. StPO). Ihm obliegt auch die sog. Sitzungspolizei (§ 176 GVG); er hat insoweit das umfassende Ordnungsrecht.

Beweisaufnahme Das Gericht hat zur Erforschung der Wahrheit die Beweisaufnahme von Amts wegen auf alle Tatsachen und Beweismittel zu erstrecken, die für die Entscheidung von Bedeutung sind (§ 244 StPO). Als **Beweismittel** kommen nach der StPO in Betracht: Zeugen (§§ 48 ff. StPO), Sachverständige (§§ 72 ff. StPO), der sog. Augenschein (§ 86 StPO), Urkunden und andere Schriftstücke (§ 249 StPO) sowie die Aussagen des Beschuldigten und Mitbeschuldigten (§§ 136, 163a Abs. 1, 243 Abs. 4 StPO). Selbst bei einem Geständnis eines Angeklagten ist es erforderlich, dass das Tatgeschehen rekonstruiert und durch Beweise nachgewiesen wird. Zeu-

Zeugenbeweis gen sind zwar das häufigste Beweismittel, allerdings ungeachtet ihrer Aussage- (§ 48 Abs. 1 StPO), Wahrheits- (§§ 153 ff. StGB) und Eidespflicht (§ 59 StPO) empirisch gesehen ein sehr unzuverlässiges. Insoweit sind auch die Vorschriften über die Zeugnisverweigerung (vgl. §§ 52 ff., 252 StPO; zu den Besonderheiten aufgrund des sozialrechtlichen Datenschutzes s. o. 2.3.1), den Zeugenschutz (§§ 58a, 247a, 255a StPO) und unerreichbare Zeugen (§ 251 StPO) zu beachten. I. R. der Beweisaufnahme haben auch die StA, der Angeklagte und sein Verteidiger sowie ggf. der Anwalt des Nebenklägers ein **Frage- und Beweisantragsrecht** (§ 245 Abs. 2 StPO).

Verständigung in Strafverfahren Nicht erst nach der Beweisaufnahme, sondern bereits im Laufe des gesamten Hauptverfahrens wird ein Gericht mit den Verfahrensbeteiligten den Stand des Verfahrens erörtern, um dessen Fortgang zu fördern (vgl. § 257b StPO). Seit August 2009 sind die (mit dem aus den angelsächsischen Krimiserien bekannten Vorgehen wenig gemein habenden) früher in Deutschland als anrüchig geltenden „**Deals**" im Hinblick auf den Ausgang des Strafverfahrens zulässig. Allerdings dürfen sich die **Absprachen** lediglich auf die Rechtsfolgen, auf verfahrensbezogene Maßnahmen sowie das Prozessverhalten der Verfahrensbeteiligten beziehen und eine Gegenleistung insb. für ein Geständnis des Angeklagten sein (§ 257c Abs. 2 StPO). Das betrifft vor allem auch die Strafmilderung aufgrund der sog. **Kronzeugenregelung** (§ 46b StGB). Die Verständigung von Angeklagtem, seinem Verteidiger, der StA und dem Gericht muss zudem im Protokoll der Hauptverhandlung offengelegt werden (§ 273 Abs. 1a StPO).

Nach den Schlussvorträgen (Plädoyers) der StA und ggf. der Verteidigung sowie des letzten Wortes des Angeklagten (§ 258 StPO) zieht sich das Gericht zu der nicht öffentlichen Beratung zurück, in der über das Ergebnis der Verhandlung im Hinblick auf die angeklagte Tat (§ 264 StPO), die Schuld des Angeklagten (§ 263 Abs. 2 StPO) sowie die Rechtsfolgen (§ 263 StPO) entschieden wird. Hierbei haben die ehrenamtlichen Laienrichter beim Schöffengericht (§ 29 GVG) bzw. den Kammern des LG (§ 76 GVG) das gleiche Stimmrecht wie die Berufsrichter (§ 30 Abs. 1 GVG). Insb. geht es um die Schuldfrage und die Rechtsfolge, für die jeweils eine Mehrheit von zwei Dritteln der Stimmen erforderlich ist (§ 263 Abs. 1 StPO). Das Urteil wird durch die/den Vorsitzende/-n in öffentlicher Sitzung im Namen des Volkes verkündet und begründet (§§ 260, 268 StPO).

Gegen strafrechtliche Urteile können die Verfahrensbeteiligten grds. das Rechtsmittel der **Berufung** (§§ 312 ff. StPO) und/bzw. der **Revision** (§§ 333 ff. StPO) einlegen (s. I-5.1.1), wodurch deren Rechtskraft vorläufig gehemmt wird (Suspensiveffekt) und die Sache im Instanzenzug vor eine höhere Instanz gebracht wird (Devolutiveffekt). Nach Ablauf der Rechtsmittelfrist werden strafrechtliche Entscheidungen formell und daraufhin auch materiell rechtskräftig (mit der Konsequenz des sog. Strafklageverbrauchs, *ne bis in idem*, s.o 1.3) und können vollstreckt werden.

Rechtsmittel

3.3.3 Strafvollstreckung

Das **Strafvollstreckungsverfahren** (§§ 449 ff. StPO) dient dazu, das strafrechtliche Urteil umzusetzen und Art, Umfang bzw. Dauer der Strafe zu überwachen (hierzu Laubenthal/Nestler 2010). Demgegenüber spricht man von **Strafvollzug**, wenn es um die Durchführung (das „Wie") des Freiheitsentzuges geht, für das seit 2006 die Länder zuständig sind (hierzu Cornel 2009; Laubenthal 2011; Ostendorf 2012a). Die Strafvollstreckung ist formal noch ein Abschnitt des Strafverfahrens, allerdings handelt es sich nicht mehr um Rechtsprechung, sondern um eine Justizverwaltungsaufgabe, die überwiegend von der StA wahrgenommen wird (§§ 36 Abs. 2, 451, 463 StPO). Die wesentlichen Regelungen finden sich in §§ 449 ff. StPO, aber u. a. auch in §§ 82 ff. JGG, dem StGB, dem BtMG, der StVollstrO sowie im Hinblick auf Geldstrafen in den Justizbeitreibungsordnungen (JBeitrO, EBAO). Bei der StVollstrO handelt es sich um eine Verwaltungsvorschrift (vgl. I-1.1.3.6), die aufgrund einer Vereinbarung des Bundes mit den Ländern einheitlich im Bundesgebiet angewendet wird. Darüber hinaus findet sich eine große Zahl weiterer Verwaltungsvorschriften in den Ländern.

4 Strafrechtliche Sanktionen

4.1 Sinn und Zweck der staatlichen Strafe
4.2 Sanktionsarten
4.3 Strafzumessung

4.1 Sinn und Zweck der staatlichen Strafe

Das Strafrecht soll dem Rechtsgüterschutz dienen (s.o 1.2). Damit ist noch nicht gesagt, in welcher Weise und zu welchen Zwecken das Mittel der Strafe eingesetzt werden soll. Unterschieden werden muss zunächst zwischen der Definition und dem Zweck der Strafe. Strafrechtliche **Strafen** sind eine bewusste, vom Staat angeordnete Zufügung eines Übels als Reaktion auf ein verbotenes, strafrechtlich relevantes Verhalten. Im Hinblick auf den Sinn und Zweck der staatlichen Strafe werden zumeist **drei** Grundauffassungen unterschieden (hierzu ausführlich Hörnle 2011): der Vergeltungsgedanke als sog. absolute Theorie (wobei als „absolut" alle nicht präventionsorientierten Begründungen tituliert werden) sowie die spezialpräventive Lehre und die Idee der Generalprävention als sog. relative, zweckgerichtete Theorien, beide jeweils wiederum mit unterschiedlichen Ausprägungen (vgl. Übersicht 59).

Strafe

Nach den sog. **absoluten Straftheorien** wird die staatliche Strafe alleine durch die Abweichung und das damit begangene Unrecht als solches begründet, weshalb auf die Gesetzesverletzung die Vergeltung als repressive Reaktion folgen müsse (im Anschluss an Hegels „Negation der Negation"). Demgegenüber bedarf es nach den relativen Straf(zweck)theorien eines darüber hinausreichenden, ethisch und sozial begründbaren Zwecks: der Verhinderung von Straftaten (Prävention). Mit Blick auf den Täter spricht man von (negativer bzw. positiver) **Spezialprävention** (Abschreckung bzw. Resozialisierung), zum anderen mit Wirkung auf die Allgemeinheit von (negativer bzw. positiver) **Generalprävention** (Abschreckung bzw. Bestätigung der Norm). Der Begriff „Verteidigung der Rechtsordnung" wird zumeist im Zusammenhang mit generalpräventiven Aspekten herangezogen (insb. als Argument zur Vermeidung von Selbstjustiz), er geht dabei über Abschreckungsaspekte hinaus und bezieht sich auf das Vertrauen der Bevölkerung in die Funktionsfähigkeit der Rechtspflege, für das die Strafe als öffentliche Negation des Rechtsbruchs notwendig ist, womit im Kern auf Elemente der absoluten Theorie zurückgegriffen wird (vgl. Hassemer 2009, 98 ff.; Schönke/Schröder et al. 2010, Vorbem. §§ 38 Rz. 12 ff.).

Verteidigung der Rechtsordnung

Alle Versuche, die Kriminalstrafe als staatliche Übelzufügung zu legitimieren, stoßen in der einen oder anderen Weise auf Kritik. So ist in einem modernen Rechtsstaat für eine reine (mitunter naturrechtlich begründete) Vergeltung kein Raum, da nach dem **Verhältnismäßigkeitsgrundsatz** jede staatliche Maßnahme

Übersicht 59: Legitimationen der staatlichen Kriminalstrafe

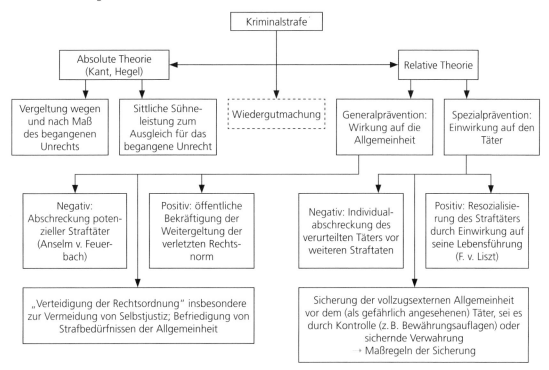

einem gesetzlich intendierten Zweck dienen und hierfür geeignet sein muss; der Eingriff muss außerdem erforderlich und in Bezug auf die Zweck-Mittel-Relation angemessen sein (vgl. I-2.1.2.2). Auch der sichernden Verwahrung eines Menschen sind im Rechtsstaat Grenzen gesetzt (BVerfGE 45, 187 zur lebenslangen Freiheitsstrafe; BVerfG 2 BvR 2365/09 – 04.05.2011 zur Sicherungsverwahrung). Im Hinblick auf die Abschreckungsphilosophie lässt sich die behauptete Wirkung weder im Hinblick auf die („negative") Spezial- noch im Hinblick auf die („negative") Generalprävention empirisch nachweisen (hierzu vgl. Eisenberg 2005, § 41; Streng 2012, 159 ff.). Soweit mit der Idee der positiven Spezialprävention die gelingende Resozialisierung versprochen wird, stößt auch diese Hoffnung zumeist an ihre Grenzen, vielfach wird die Desintegration gerade durch die strafrechtliche Sanktion (insb. Freiheitsentzug) erst mit verursacht. Eine nur auf die Resozialisierung und (Um-)Erziehung setzende Sanktionspolitik muss jedes dem Unrecht angemessene Maß verlieren. Die reine Spezialprävention kennt – anders als das Talionsprinzip „Aug' um Aug', Zahn um Zahn" – weder eine Begrenzung bei Bagatelltaten (das gilt auch für die negative Generalprävention) noch eine Reaktionsnotwendigkeit bei „an sich" bzw. mittlerweile wieder gut integrierten Straftätern, z.B. bei sog. Weiße-Kragen- oder Kavaliersdelikten (z.B. Steuerhinterziehung; Untreuevorwurf bei extrem hohen Abfindungszahlungen, vgl. BGH v. 21.12.2005 – 3 StR 470/04) oder bei einer in der Vergangenheit liegenden Straftatbegehung (z. B. NS-Unrecht oder die Strafverfahren gegen ehemalige Politbüromitglieder, z. B. BGH v. 06.11.2002 – 5 StR 281/01). Die Abschreckungsdoktrin basiert auf dem Modell des vor einer potenziellen Tat rational kalkulierenden Menschen, der mitunter in Bereichen der Wirtschafts- und Weiße-Kragen-Kriminalität vorhanden sein mag, allerdings deutlich seltener bei den in den Strafanstalten einsitzenden Verurteilten anzutreffen ist oder bei den häufig affektgesteuerten, in der Gruppe oder unter dem Einfluss von Alkohol durchgeführten Spontantaten, insb. jugendlicher Beschuldigter.

In der Unmöglichkeit, eine durchgehend stimmige und rechtsstaatlich saubere Legitimation der staatlichen Sanktion zu begründen, behilft man sich in Rechtsprechung und Wissenschaft mit einer als **Vereinigungstheorie** bezeichneten Begründung, um die Vorteile der jeweiligen Sinndeutungen zu nutzen und die Nachteile einseitiger Orientierungen auszugleichen, wobei allerdings nicht immer korrekt zwischen der Androhung (Appell) und der Verhängung von Sanktionen (Grundrechtseingriff) unterschieden wird; insb. folgt aus der Strafandrohung nicht zwingend, auf alle Normübertretungen strafend reagieren zu müssen. Der Gesetzgeber hat in § 46 StGB versucht, die verschiedenen Legitimationsansätze zu verknüpfen. Auf die „Verteidigung der Rechtsordnung" als generalpräventive Komponente nimmt das StGB in wenigen Fällen ausdrücklich Bezug (vgl. §§ 47 Abs. 1, 56 Abs. 3, 59 Abs. 1 Nr. 3 StGB). Einigkeit besteht darüber, dass die staatliche Strafe durch das Maß der **Tatschuld** begrenzt wird, dass also niemand aus spezial- oder generalpräventiven Gründen härter bestraft werden darf, als es dem Gewicht seiner Tat und seines persönlichen Verschuldens entspricht. So einfach dies klingt, so theoretisch bleibt dieses Konstrukt. Insb. müsste die kumulative Berücksichtigung der verschiedenen Theorien – entgegen ihrem Ansatz, Strafbegründung zu sein – rechtstheoretisch-„logisch" eine straf*begrenzende* Wirkung entfalten. Letztlich sagt die rechtstheoretische Grundlegung nichts über das konkrete Sanktionsmittel und seine empirisch nachzuweisende Wirksamkeit aus.

Wiedergutmachung

Weniger Legitimationsprobleme haben neuere, sog. **expressive Begründungen**, bei denen die kommunikative Funktion der Reaktion auf eine Straftat unter Einbeziehung des Opfers im Vordergrund steht und das Element der Übelszufügung zumindest herabgestuft wird (Hörnle 2011, 15 ff.), da es ihnen gelingt, deutlicher zwischen den verschiedenen Ebenen – einerseits Zweck des strafrechtlichen Normsystems und andererseits Legitimation der Sanktion – zu differenzieren. Zudem werden verfahrensrechtliche Aspekte gegenüber materiellen Zweckzuschreibungen stärker betont (vgl. „Justice as Fairness", I-1.2.3). In den letzten 20 Jahren wurden in Abgrenzung zu den „präventionsorientierten" Legitimationen die Interessen der geschädigten Opfer und in diesem Zusammenhang die Wiedergutmachung als zentrale Komponente eines rechtsstaatlichen Strafrechts wiederentdeckt (vgl. Hörnle 2006, 950 ff.) und teilweise als dritte Spur des Strafrechts oder sogar als Strafzweck bezeichnet (Schöch 1987). Allerdings entspringt der über die Begleichung materieller und (durch ein Schmerzensgeld) monetarisierter Schäden hinausreichende, durch einen kommunikativen Prozess gekennzeichnete (vgl. BGH 1 StR 257 v. 07.12.2005) sog. außergerichtliche **Tatausgleich** (ATA) bzw. **TOA** dem Strafrecht *vorgelagerten* Grundsätzen der selbstverantwortlichen Konfliktregelung (zur Mediation vgl. I-6.3), die international als **Restorative-Justice-**

Idee (ausführlich Trenczek 2014 u. 2014a) bezeichnet werden. Diese stellt im Wesentlichen ein die traditionelle Vergeltungslogik (Retributive Justice) und Strafphilosophien überwindendes Gerechtigkeitskonzept dar. Danach soll das aus der Begehung von Unrecht erfahrene Leid soweit wie möglich ausgeglichen und die als gerecht akzeptierte Ordnung in einer sozialen Gemeinschaft (wieder)hergestellt (to restore justice) werden. Innerhalb dieses auf Konsens, Ausgleich und Wiedergutmachung gerichteten Ansatzes findet sich eine Vielfalt von Theorie- und Praxismodellen unterschiedlicher Reichweite, die über die Grenzen des Strafrechts hinausgehen (Restorative Practice).

Der Gesetzgeber hat dem Ausgleichsgedanken nicht nur i. R. der Diversion, sondern durch den § 46a StGB auch i. R. der Strafzumessung Rechnung getragen. Wesentlich ist, dass erkannt wird, dass eine Straftat Folge, Ausdruck oder Ursache eines **Konfliktes** ist, der – wenn er nicht angemessen bewältigt wird – zu weiteren Konflikten und Eskalationen führt (vgl. Christie 1977, Hanak et al. 1989). Insoweit ist es unerheblich, ob man diese friedensstiftenden Reaktionen als dritte Spur des Strafrechts oder eher als Spur und Brücke aus dem Strafrecht hinaus betrachtet. Im Wesentlichen geht es in der Ausgleichs- und Wiedergutmachungsphilosophie um die Anerkennung des Opfers als Opfer und deshalb nicht um zweckfreie Vergeltung oder empirisch schwer nachzuweisende Zweckrationalitäten, sondern vielmehr darum, die gestörte Ordnung wieder in die Balance zu bringen und dabei – ggf. auch i. R. der strafrechtlichen Sozialkontrolle – den Fairness-Grundsatz (vgl. I-1.2.3 u. I-6.3.3) zu beachten (vgl. Hörnle 2004, 175 ff.). In der Praxis muss insoweit einerseits zwischen der Vermittlung (Mediation; hierzu I-6.3) in strafrechtlich relevanten Konflikten und andererseits dem TOA als strafrechtlicher Rechtsfolge unterschieden werden (Trenczek 2014a). Als Rechtsfolge stellt der TOA eine Anerkennung der durch die Mediation geförderten Verständigung zwischen den Konfliktbeteiligten sowie der Ausgleichsleistungen des Beschuldigten dar. Deshalb widerspricht die täterorientierte Instrumentalisierung des TOA als Sanktionsäquivalent oder (bei Jugendlichen) als „Erziehungsmaßregel" dem Grundgedanken der Restorative Justice.

4.2 Sanktionsarten

Strafen sind negative Sanktionen, eine bewusste Zufügung eines Übels als Reaktion auf ein unerwünschtes Verhalten. Das Recht kennt ganz unterschiedliche (negative) Sanktionen und zwar nicht nur im Strafrecht, sondern auch im Zivilrecht und im sonstigen Öffentlichen Recht, z. B. zivilrechtliche Vertragsstrafen (§§ 336 ff. BGB, wie das erhöhte Beförderungsentgelt beim sog. Schwarzfahren). Die Leib- und Todesstrafe ist in Deutschland abgeschafft (Art. 1, 102 GG). Als Strafe im Sinne des Strafrechts (s. Übersicht 60; ausführlich Meier 2009, 39 ff.; Streng 2012, 59 ff.) gelten nur die Geldstrafe (§§ 40 bis 43 StGB), die Freiheits- (§§ 38 f. StGB) und Jugendstrafe (§§ 17 f. JGG), sog. Nebenstrafen (z. B. Fahrverbot nach § 44 StGB) sowie spezifische Strafen aus den strafrechtlichen Nebengesetzen (z. B. Strafarrest nach § 9 WStG).

Kriminalstrafe

Das **Wesen der Kriminalstrafe** liegt in der Missbilligung der strafrechtlich rele-

Übersicht 60: Strafrechtliche Rechtsfolgen

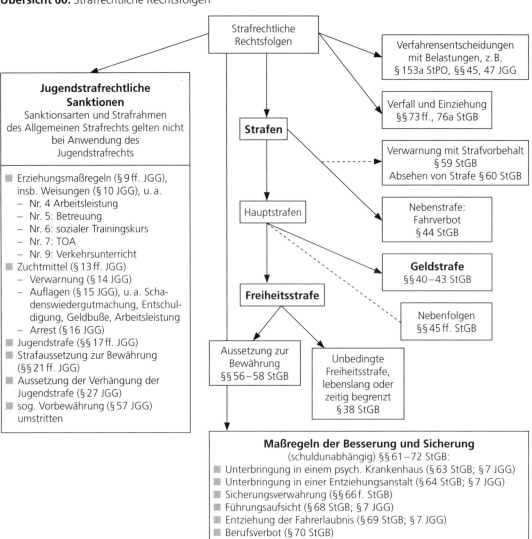

| | vanten Handlung, in dem sozialethischen Unwerturteil über die begangene Tat, dem Vorwurf, sich nicht – wie die anderen Gesellschaftsmitglieder – an elementare Regeln gehalten zu haben. Die Strafe soll deshalb dem Schuldausgleich dienen (§ 46 Abs. 1 S. 1 StGB, zum Schuldprinzip 2.1.3). Ist das z. B. aufgrund der mangelnden strafrechtlichen Verantwortlichkeit von Kindern (§ 19 StGB), von Jugendlichen (§ 3 JGG) oder aufgrund von Krankheit indizierter Schuldunfähigkeit (§ 20 StGB) nicht der Fall, so darf die Person nicht bestraft werden. Zum Schutz der Allgemeinheit können aber aufgrund der Gefährlichkeit der Person ggf. Maßregeln der Besserung und Sicherung (§§ 61 ff. StGB, z. B. die zeitlich unbe-

Schuldprinzip

stimmte Unterbringung in einem psychiatrischen Krankenhaus) ergriffen werden (s. u.). Man spricht insoweit von der **Zweispurigkeit des strafrechtlichen Sanktionensystems**. Während die Strafe rückwirkend und repressiv auf den Ausgleich der Tatschuld gerichtet ist, sollen Maßregeln präventiv künftige Gefahren für die Allgemeinheit verhindern. In beiden Fällen – bei den Kriminalstrafen aber auch bei den Maßregeln der Besserung und Sicherung – muss das Verhältnismäßigkeitsgebot gewahrt bleiben, bei Letzteren nicht nur mit Blick auf die begangene Tat, sondern auch auf das künftige Verhalten (vgl. § 62 StGB).

Freiheitsstrafe wird nach § 38 StGB entweder als lebenslange Strafe oder für einen bestimmten Zeitraum verhängt, wobei das Höchstmaß der zeitigen Freiheitsstrafe 15 Jahre beträgt. Eine Freiheitsstrafe unter sechs Monaten soll aufgrund der damit verbundenen negativen Folgen (z. B. Verlust des Arbeitsplatzes) nach § 47 StGB nur im Ausnahmefall verhängt werden. Freiheitsstrafen von bis zu einem Jahr muss das Gericht nach § 56 Abs. 1 StGB bei einer positiven Sozialprognose zur Bewährung aussetzen. Bei Freiheitsstrafen über einem Jahr bis zu zwei Jahren steht die Entscheidung im Ermessen des Gerichts, wobei insb. die Wiedergutmachungsbemühungen des Täters und im Hinblick auf das Verhältnismäßigkeitsgebot der Vorrang der Aussetzung zu berücksichtigen sind (§ 56 Abs. 2 StGB). Die Voraussetzungen und Kriterien für die i. d. R. durch die Soziale Arbeit vorzubereitende bzw. vorzunehmende **Sozialprognose** sind nicht nur empirisch naturgemäß unsicher, sondern auch normativ zum Teil sehr umstritten. Nach § 56 Abs. 1 StGB sind insb. die Persönlichkeit des Verurteilten, sein Vorleben, die Umstände der Tat, das Verhalten des Täters nach der Tat, seine Lebensverhältnisse und die Wirkungen der Verurteilung und der Aussetzungsentscheidung zu berücksichtigen. Frühere, auch einschlägige Verurteilungen schließen eine günstige Prognose nicht aus (BGH StV 1992, 417). Wird die Freiheitsstrafe zunächst vollstreckt, so kann nach Verbüßung von zwei Dritteln der Rest der Strafe zur Bewährung ausgesetzt werden (§ 57 Abs. 1 StGB); in Ausnahmefällen auch schon nach Vollstreckung der Halbstrafe (§ 57 Abs. 2 StGB). Auch die Vollstreckung der „an sich" lebenslangen Freiheitsstrafe (§ 38 Abs. 1 StGB) kann nach § 57a StGB ausgesetzt werden, allerdings frühestens nach 15 Jahren.

Für die Dauer der Bewährungszeit von zwei bis fünf Jahren kann die Bewährung mit Auflagen und Weisungen verbunden werden. Als Auflage kommen nach § 56b StGB z. B. die **Schadenswiedergutmachung**, die Zahlung einer **Geldbuße**, insb. an eine gemeinnützige Einrichtung, sowie die **gemeinnützige Arbeit** in Betracht, wobei die Schadenswiedergutmachung zugunsten der geschädigten Opfer Vorrang hat (vgl. § 56b Abs. 2 StGB). Weisungen (§ 56c StGB) sind Gebote und Verbote, die sich an die Lebensführung richten (z. B. bestimmte Orte oder Personen zu meiden) und den Verurteilten dabei unterstützen sollen, keine Straftaten zu begehen.

Das Gericht kann den Verurteilten für die Dauer oder einen Teil der Bewährungszeit auch der Aufsicht eines Bewährungshelfers (s. u. 6.1) unterstellen (§ 56d StGB). Bewährungshelfer haben nach § 56d Abs. 3 StGB die Aufgabe, Verurteilten helfend und betreuend zur Seite zu stehen und im Einvernehmen mit dem Gericht die Erfüllung der Auflagen und Weisungen zu überwachen. Der gröbliche (erhebliche und beharrliche) Verstoß gegen Weisungen und Auflagen kann nach § 56f

Freiheitsstrafe

Bewährung

Auflagen und Weisungen

Bewährungshelfer

StGB wie die Begehung neuer Straftaten zum Widerruf der Strafaussetzung führen. Aber auch hier gebietet wiederum das Verhältnismäßigkeitsgebot die Abwägung darüber, auf welche Weise weiteren Straftaten am besten vorgebeugt werden kann (z. B. Verlängerung der Bewährungszeit, weitere Auflagen).

Geldstrafe Die Geldstrafe (§ 40 StGB) wird in Deutschland nicht in festen Geldbeträgen, sondern nach sog. Tagessätzen verhängt. Die Höhe der Geldstrafe bemisst sich damit einerseits nach der Anzahl der Tagessätze und andererseits nach dem hierfür jeweils angesetzten Betrag. Die Anzahl der Tagessätze wird – formal-theoretisch – nach dem Unrechts- und Schuldgehalt der Tat bemessen. Die Anzahl kann mindestens fünf und maximal 360 volle Tagessätze betragen (bei Tatmehrheit sind insgesamt 720 Tagessätze Gesamtstrafe nach § 54 Abs. 2 StGB möglich, s. u.). Die Höhe des Tagessatzes – mindestens 1 €, höchstens 30.000 € (§ 40 Abs. 2 S. 3 StGB) – bestimmt das Gericht individuell nach den wirtschaftlichen Verhältnissen des Verurteilten, wobei i. d. R. das verfügbare Nettoeinkommen zugrunde gelegt wird. Dem Verurteilten soll schon im Urteil Stundung der Geldstrafe oder Ratenzahlung gewährt werden, damit er zunächst Wiedergutmachung an das Opfer leisten kann (§ 42 S. 3 StGB). Wird die Geldstrafe nicht gezahlt und ist diese „uneinbringlich", droht die Ersatzfreiheitsstrafe (§ 43 StGB).

Verwarnung mit Strafvorbehalt
Absehen von Strafe Die Geldstrafe kann – anders als die Freiheitsstrafe – nicht zur Bewährung ausgesetzt werden. Faktisch zu ähnlichen Ergebnissen führt aber die Verwarnung mit Strafvorbehalt (§ 59 StGB). Hier wird der Täter nur schuldig gesprochen und eine Verwarnung erteilt, die Verhängung einer Geldstrafe von bis zu 180 Tagessätzen aber noch nicht ausgesprochen. Das Absehen von Strafe (§ 60 StGB) ist möglich, wenn die Folgen der Tat, die den Täter getroffen haben, so schwer sind, dass die Verhängung einer Strafe offensichtlich verfehlt wäre.

gemeinnützige Arbeit und sozialer Trainingskurs Die Verhängung von gemeinnütziger Arbeit (bzw. eines sozialen Trainingskurses) ist im Allgemeinen Strafrecht nicht als selbstständige Sanktion, sondern nur im Zusammenhang mit der vorläufigen Einstellung des Verfahrens gem. § 153a Abs. 1 S. 2 Nr. 3 StPO oder als Auflage bei der Bewährung (§ 56b Abs. 2 Nr. 3 StGB) bzw. dem Strafvorbehalt (§ 59 Abs. 2 Nr. 5 StGB) sowie nach Landesrecht (vgl. Art 293 EGStGB i. V. m. den Tilgungsverordnungen der Länder) als „freie Arbeit" zum Zwecke der Vermeidung von Ersatzfreiheitsstrafen zulässig.

Nebenstrafe Das **Fahrverbot** nach § 44 StGB kann bis zu einer Dauer von drei Monaten verhängt werden, (bislang allerdings nur) wenn die Straftat bei oder im Zusammenhang mit einem Kfz begangen worden ist. Das Fahrverbot ist nur eine unselbstständige, aber repressive Nebenstrafe mit anschließender Rückgabe der Fahrerlaubnis. Im Unterschied hierzu erlischt bei der (präventiven) Maßregel der Entziehung der Fahrerlaubnis nach § 69 StGB diese mit Rechtskraft des Urteils, weshalb der Verurteilte nach Ablauf einer Sperrzeit (§ 69a StGB) eine neue Fahrerlaubnis erwerben muss. Die von der großen Koalition beabsichtigte Ausweitung des Anwendungsbereichs des Fahrverbots auf Straftaten, die nicht in Zusammenhang mit einem Kfz stehen, ist im Hinblick auf die damit verbundenen (ungleichen) Konsequenzen, insb. im Hinblick auf die Berufsausübungsfreiheit, die Unterschiede zwischen städtischen und ländlichen Regionen sowie mit Blick auf die fehlende empirische Begründung der ihr unterstellten Abschreckungsfunktion höchst umstritten.

Neben den Haupt- und Nebenstrafen sind schließlich die strafrechtlichen Nebenfolgen (§§ 45 ff. StGB; vgl. auch §§ 73 f. StGB) zu beachten. Strafrechtliche Verurteilungen können schließlich erhebliche ausländerrechtliche Konsequenzen (zum **Zuwanderungsrecht** allgemein vgl. III-8) nach sich ziehen, die für nicht deutsche Staatsangehörige in ihrer Wirkung häufig einschneidender sind als die strafrechtliche Sanktion.

Nebenfolgen

Nicht zu den Kriminalstrafen gehören die **strafprozessualen Zwangsmittel** und trotz ihres materiellen Sanktionscharakters die mit Belastungen versehenen **strafprozessualen Verfügungen**, z. B. Geldauflage bei Einstellung des Verfahrens nach § 153a StPO. Entsprechendes gilt für die sog. **Erziehungsmaßregeln und Zuchtmittel des Jugendstrafrechts** (§§ 9 ff. JGG; s. u. 5.2), die gelegentlich verniedlichend als „unechte" Strafen von den „echten" Kriminalstrafen unterschieden werden.

Sanktionen „ohne" sozialethischen Strafcharakter

Die Maßregeln der Besserung und Sicherung nach §§ 61 ff. StGB sollen keine Sanktion für das begangene Unrecht darstellen, sondern präventiv künftige Gefahren für die Allgemeinheit verhindern. Sie galten deshalb lange nicht als Strafen (anders aber EGMR 17.12.2009 – 19359/04). Besonders umstritten ist die – erstmals 1933 mit dem „Gesetz gegen gefährliche Gewohnheitsverbrecher" eingeführte – **Sicherungsverwahrung** (§§ 66 ff. StGB, § 7 JGG), die an die prognostizierte Gefährlichkeit des Straftäters anknüpft, welche sich zuvor bereits in einer besonders schweren Straftat realisiert haben muss. Ihre nicht im Urteil vorbehaltene bzw. ausgesprochene, sondern nachträgliche Anordnung bzw. Verlängerung (§ 66b StGB) verstößt gegen Art. 5 und 7 EMRK, weil sie sich (bislang) in ihrer Vollstreckung nicht wesentlich von einer Strafsanktion unterscheidet (EGMR Haidn vs. Germany – 6587/04 – 13.01.2011; M. vs. Germany – 19359/04 – 17.12.2009). Das BVerfG (30.06.2010 – 2 BvR 571/10) hat aber die sofortige Freilassung der für gefährlich gehaltenen Inhaftierten durch Erlass einer einstweiligen Anordnung abgelehnt. Insoweit geht es um die Abwägung widerstreitender Interessen: auf der einen Seite steht der Grundrechtsschutz von Inhaftierten, auf der anderen Seite der Schutz der Bevölkerung. Auch die EMRK lässt den Freiheitsentzug zur Sicherung vor „gefährlichen Menschen" (hierzu Böllinger et al. 2010) zu. Allerdings genügt eine reine Verlängerung der als Strafe angeordneten Inhaftierung unter anderem Namen ohne substantielle Änderungen im Vollzug weder der EMRK noch dem GG. Der Gesetzgeber hatte deshalb im Dezember 2010 das Gesetz zur Sicherungsverwahrung beschlossen, nach dem diese nur noch bei schweren Gewalttaten und Sexualstraftaten sowie bei Straftaten, die mit über zehn Jahren Haft geahndet werden, vollstreckt werden darf, wenn sie bereits durch das Tatgericht im Urteil angeordnet bzw. vorbehalten wurde. In seinem Urteil vom 04.05.2011 (2 BvR 2365/09, 2 BvR 740/10) hat das BVerfG entschieden, dass alle Vorschriften des StGB und des JGG über die Anordnung und Dauer der Sicherungsverwahrung wegen Verletzung des Abstandsgebotes (Strafe – Maßregel) mit

Maßregeln

dem GG nicht vereinbar sind. Zudem verletzt eine nachträgliche Verlängerung bzw. Anordnung der Sicherungsverwahrung das rechtsstaatliche Vertrauensschutzgebot aus Art. 2 Abs. 2 S. 2 i. V. m. Art. 20 Abs. 3 GG (s.o 1.3: Rückwirkungsverbot). Während einer Übergangszeit bis zum 31.05.2013 durften die Vorschriften deshalb nur dann angewendet werden, wenn aufgrund konkreter Umstände in der Person oder dem Verhalten des Verurteilten davon auszugehen war, dass von ihm die Gefahr schwerer Gewalt- oder Sexualstraftaten ausging. Die vorbehaltene Sicherungsverwahrung als solche verstößt nicht gegen das GG (BVerfG 2 BvR 1048/11 – 20.06.2012). Zum 01.06.2013 trat das neue, das Abstandsgebot berücksichtigende Recht der Sicherungsverwahrung in Kraft (hierzu Zimmermann 2013; vgl. auch Kinzig 2011), mit dem insb. die Ausgestaltung der Unterbringung in der Sicherungsverwahrung und des vorhergehenden Strafvollzugs geändert wurde (§ 66c StGB). Künftig (beachte die Übergangsregelung § 316e EGStGB) ist grds. nur noch die im Urteil angeordnete bzw. vorbehaltene Sicherungsverwahrung zulässig (§§ 66, 66a StGB; Ausnahme: § 66b StGB). Neben der in § 66 Abs. 1 StGB genannten Verurteilung zu einer Freiheitsstrafe von mindestens zwei Jahren wegen bestimmter Anlasstaten sowie den entsprechenden Vortaten bzw. Vorstrafen (beachte § 66 Abs. 4 StGB zu den Fristen) ist die Anordnung der Sicherungsverwahrung nur zulässig, wenn die Gesamtwürdigung des Täters und seiner Taten ergibt, dass der Verurteilte infolge eines „Hanges zu erheblichen Straftaten", namentlich zu solchen, durch welche die Opfer seelisch oder körperlich schwer geschädigt werden, zum Zeitpunkt der Verurteilung für die Allgemeinheit gefährlich ist. Diesen „Hang", vom BGH in st. Rspr. als „auf charakterliche(r) Anlage beruhende oder durch Übung erworbene intensive Neigung zu Rechtsbrüchen" (Fischer et al. 2014, § 66 Rn. 47) bezeichnet, ist allerdings prognostisch nicht hinreichend verlässlich festzustellen und deshalb als Voraussetzung des grds. unbefristeten Freiheitsentzuges höchst umstritten. Im Hinblick auf alle Maßregeln der Besserung und Sicherung ist zudem nach § 62 StGB das **Verhältnismäßigkeitsgebot** strikt zu beachten. Nach Jugendstrafrecht darf Sicherungsverwahrung neben der Strafe nicht angeordnet, allerdings kann die Anordnung der Sicherungsverwahrung im Urteil vorbehalten werden (§§ 7, 109 JGG).

Im Hinblick auf die sog. Altfälle wurde neben der Übergangsregelung in § 316e EGStGB mit dem sog. ThUG die Möglichkeit geschaffen, Personen, die von zwei Gutachtern als „psychisch gestört" eingeschätzt wurden, bei anhaltender Gefahr in besonderen Anstalten gesichert unterzubringen. (Zur verfassungsmäßigen Auslegung des Gesetzes vgl. BVerfG 2 BvR 2302/11 – 11.07.2013: Eine Unterbringung darf nur angeordnet werden, wenn eine „hochgradige Gefahr schwerster Gewalt- oder Sexualstraftaten aus konkreten Umständen in der Person oder dem Verhalten des Untergebrachten abzuleiten ist".) Es ist nun Sache der Länder zu beurteilen, welche Einrichtungen hierfür in Betracht kommen (vgl. ThUGVollzG v. 06.11.2013, BW LT-Ds 5/4301). Erstmalig wurde nun auch eine Regelung beschlossen, nach der die **elektronische Fußfessel** i. R. der **Führungsaufsicht** (eine intensivere Form der Überwachung der verurteilten Personen und der verhängten Weisungen durch Aufsichtsstelle und Bewährungshelfer, § 68b Abs. 1 Nr. 12 StGB) zur Überwachung von freigelassenen Sicherungsverwahrten eingesetzt werden darf.

4.3 Strafzumessung

Aus dem materiellen Schuldprinzip (2.1.3) folgt, dass die **Schuld** des Täters Grundlage für die Zumessung der Strafe ist (§ 46 Abs. 1 S. 1 StGB). Deshalb muss das Gericht im Einzelfall genau feststellen, welche Straftat oder -taten ein Beschuldigter begangen hat und welche Sanktion hierfür unter Berücksichtigung minder oder besonders schwerer Fälle vorgesehen ist. Anders als im Jugendstrafrecht (vgl. unten 5.2) hat der Gesetzgeber im Allgemeinen Strafrecht für jedes Delikt im Voraus die Art sowie Unter- und Obergrenze der Strafe gesetzlich festgelegt. Das deutsche Strafrecht sieht mit Blick auf das Schuldprinzip aber davon ab, absolute (verbindliche) Strafandrohungen festzulegen. Die konkret verhängte Strafsanktion muss sich innerhalb des gesetzlich vorgegebenen Strafrahmens bewegen, wobei nach § 46 Abs. 1 S. 2 StGB die Wirkungen, die von der Strafe für das künftige Leben des Täters in der Gesellschaft zu erwarten sind, berücksichtigt werden müssen. Darüber hinaus muss das Gericht sehr genau die in **§ 46 Abs. 2 StGB** genannten Umstände, die für und gegen den Täter sprechen, gegeneinander abwägen (zur Strafmilderung bzw. -verschärfung bei unter Alkoholeinfluss begangenen Taten s.o 2.1.3). Im Hinblick auf eine Strafmilderung wegen eines durchgeführten TOA nach § 46a StGB muss beachtet werden, dass dieser einen persönlich kommunikativen Prozess z. B. i. R. eines mediativen Ausgleichverfahrens voraussetzt (vgl. BGH 07.12.2005 – 1 StR 287/05 – NStZ 2006, 275 f.).

Strafrahmen

Eine Strafe kann auch gemildert werden, wenn der Täter durch freiwillige Offenbarung seines Wissens wesentlich dazu beigetragen hat, dass schwere Straftaten (insb. nach dem BtMG) über seinen eigenen Tatbeitrag hinaus aufgedeckt und verhindert werden konnten (§ 46b StGB, § 31 BtMG; sog. **Kronzeugenregelung**, zu den Absprachen im Hinblick auf die Rechtsfolge s.o 3.3.2). Dies ist allerdings nach § 46b Abs. 3 StGB ausgeschlossen, wenn der Täter sein Wissen erst offenbart, nachdem die Eröffnung des Hauptverfahrens (§ 207 StPO) gegen ihn beschlossen worden ist (vgl. § 31 S. 2 BtMG). Nach der Rechtsprechung des BGH geht i. R. der Strafzumessung grds. die Geld- der Freiheitsstrafe vor und die Aussetzung der Freiheitsstrafe zur Bewährung der unbedingten Freiheitsstrafe. Der Rechtsgüterschutz gebietet in der Regel keine Strafvollstreckung (vgl. BGH NJW 1971, 439 [440]).

An zahlreichen Stellen sind in Regelbeispielen typische Gründe formuliert, aus denen eine **Strafmilderung** (§§ 49, 213, 221 Abs. 4, 224 Abs. 1 StGB) bzw. **-schärfung** (z. B. §§ 176 Abs. 3, 177 Abs. 2, 240 Abs. 4, 243, 263 Abs. 3 StGB) in Betracht kommt.

Regelbeispiele

Entgegen der begrifflichen Vorstellung handelt es sich bei der Festlegung der konkreten Sanktion nicht um eine exakte Strafzumessung, vielmehr ist diese sehr von regionalen Tradierungen sowie von persönlichen Einstellungen und Erfahrungen der Richter abhängig (vgl. Meier 2009, 141 ff.; Streng 2012, 233 ff.). Zu Recht verzichtet man aber in Deutschland – anders als z. B. in manchen Staaten der USA („three strikes and you are out") – auf absolute Strafandrohungen, da sie dem Gericht eine Berücksichtigung von Unrecht und individueller Schuld nicht eröffnen (vgl. BVerfG 2 BvR 794/95 – 20.03.2002). Unterschiedliche Verurteilungen in gleich gelagerten Fällen werden von der Rechtsprechung hingenommen (zu den

Grenzen der vergleichenden Strafzumessung bei Tatbeteiligten BGH 1 StR 282/11 – 28.06.2011 mit Anm. von Hörnle 2011, 511 ff.), auch wenn dies von der Bevölkerung und den Verurteilten oft als ungerecht empfunden wird. Bei den konkreten Entscheidungen spielen in der Praxis vor allem die Art und Schwere der Tat, die Vorstrafenbelastung des Täters, die Art und Schwere der bisher verhängten Sanktionen sowie die Schadenshöhe eine wesentliche Rolle. Kriminalpolitisch bedenklich ist, dass sich hierbei (und insb. bei jungen Beschuldigten) ein Prozess der schrittweisen, gesetzlich aber nicht intendierten Sanktionseskalation insb. bei wiederholter Auffälligkeit feststellen lässt, die sich nicht aus der Steigerung des Handlungsunrechts und der Schuld begründet, sondern eine Eigendynamik entwickelt hat (vgl. hierzu Heinz 2012; Walter/Neubacher 2011, Rz. 570 ff.). Freilich hilft viel nicht immer viel, sondern entspringt zumeist dem Katastrophenrezept des „mehr desselben, nämlich nichts" (Watzlawick 1985, 27).

 Zur Sanktionswirklichkeit vgl. die laufend aktualisierten Angaben im Konstanzer Inventar Sanktionsforschung (www.uni-konstanz.de/rtf/kis).

5 Jugendstrafrecht

5.1 Grundsätzliches
5.2 Besonderheiten des Verfahrens im Jugendstrafrecht
5.3 Besonderheiten der Sanktionen im Jugendstrafrecht

5.1 Grundsätzliches

Die Besonderheiten des Jugendstrafrechts betreffen nicht die Straftatbestände, sondern vor allem die spezifische Rechtsfolgenentscheidung sowie das besondere Jugendstrafverfahren (vgl. § 1 Abs. 1, § 2 Abs. 1 JGG). Ob sich jemand eines Diebstahls oder eines anderen Delikts strafbar gemacht hat, richtet sich also nach dem materiellen Strafrecht, insb. dem StGB. Jugendstrafrecht ist deshalb ungeachtet seiner Besonderheiten und der Verschränkungen mit dem Jugendhilferecht zunächst einmal Strafrecht.

Anwendungsbereich

Das Jugendstrafrecht gilt nach § 1 Abs. 1 JGG für alle Straftaten Jugendlicher und Heranwachsender. **Jugendlicher** ist nach § 1 Abs. 2 S. 1 JGG, wer zur Zeit der Tat 14, aber noch nicht 18 Jahre alt ist. **Heranwachsender** ist, wer zu Zeit der Tat 18, aber noch nicht 21 Jahre alt ist (§ 1 Abs. 2 S. 2 JGG). Das Jugendstrafrecht findet bei diesen Personen Anwendung, wenn sie zur Zeit der Tat in ihrer Persönlichkeitsentwicklung einem Jugendlichen gleichstanden (§ 105 Abs. 1 Nr. 1 JGG) oder die Tat nach ihrer Art, den Umständen oder den Beweggründen als Jugendverfehlung angesehen werden kann (§ 105 Abs. 1 Nr. 2 JGG).

strafrechtliche Verantwortlichkeit von Jugendlichen

Entgegen einer verbreiteten Laienmeinung ist man mit Überschreiten der Altersgrenze von 14 Jahren nicht automatisch „strafmündig". Ein Jugendlicher ist nach § 3 S. 1 JGG strafrechtlich nur dann verantwortlich, wenn er zur Zeit der Tat emotional und kognitiv in der Lage war, das Unrecht der Tat einzusehen (**Einsichtsfähigkeit**), und darüber hinaus auch fähig war, nach dieser Einsicht zu handeln (**Steuerungsfähigkeit**). Das Jugendgericht hat dies nach § 3 JGG in jedem Einzelfall zu prüfen und explizit festzustellen. Hierbei ist – auch nach einem entsprechenden Hinweis durch das JA (§ 52 Abs. 1 SGB VIII) – mitunter ein Sachverständiger hinzuzuziehen. Es gibt insoweit kein Regel-Ausnahme-Verhältnis. Es muss für jeden Fall geprüft werden, ob die strafrechtliche Verantwortungsreife gegeben oder nicht gegeben ist. Im Unterschied zur Schuldunfähigkeit nach § 20 StGB, die Personen jeden Alters betreffen kann, handelt es sich bei der fehlenden Reife nach § 3 JGG nicht um einen krankheitsbedingten Ausschluss der Verantwortlichkeit, sondern um Mängel im Prozess der Reifeentwicklung, um eine Entwicklungsverzögerung, die zumindest potenziell noch ausgeglichen werden kann (vgl. Streng 1997, 382; Trenczek 2010b, 256 f.).

Erziehungsgedanke

Das Jugendstrafrecht ist weniger tat-, sondern stärker personenorientiert als das Allgemeine Strafrecht. So können z. B. nach § 5 Abs. 1 JGG Erziehungsmaßregeln „aus Anlass" der Straftat angeordnet werden, das „Ob" und „Wie" richtet sich grds. nicht nach dem Tatunrecht, sondern nach der Person des jungen Menschen. Ziel des Jugendstrafrechts ist nicht die Ahndung der Tat (diese ist nur der Anlass für die strafrechtliche Intervention), sondern es geht um (Re-)**Integration** des jungen Menschen. Vergeltung, Sühne und Generalprävention dürfen keine Bedeutung erlangen (BGHSt 15, 224). Der sog. Erziehungsgedanke soll strafrechtliche Orientierungen begrenzen und so zu einer Besserstellung straffällig gewordener junger Menschen beitragen (hierzu Ostendorf 2012, Grdl. §§ 1–2 Rz. 5; Pieplow 1989; Trenczek 1996, 39 ff.). Es geht nicht um Erziehung im umfassenden Sinne (anders das Erziehungsziel des § 1 SGB VIII), sondern um die Verhinderung von künftigen strafrechtlichen Auffälligkeiten (vgl. § 2 Abs. 1 JGG). Der Erziehungsgedanke des JGG ist eine besondere Ausformung des Verhältnismäßigkeitsgebots (I-2.1.2.2), er unterstreicht die Subsidiarität der strafrechtlichen Sozialkontrolle und erlaubt, ja fordert eine **Durchbrechung des Strafdenkens**. Das Jugendstrafrecht trägt

> „der Erkenntnis Rechnung, dass informelle Erledigungen als kostengünstigere, schnellere und humanere Möglichkeiten der Bewältigung von Jugenddelinquenz auch kriminalpolitisch im Hinblick auf Prävention und Rückfallvermeidung wirksamer sind" (BT-Ds 11/5829, 11).

Bei der Kontrolle von deviantem Verhalten junger Menschen (hierzu Goldberg/Trenczek 2014) sind deshalb nicht nur die (jugend)strafrechtlichen Bestimmungen, sondern auch die Regelungen des Jugendhilferechts (hierzu III-3) zu beachten. Man spricht insoweit von einem **doppelten Bezugsrahmen**, einerseits Jugendstraf-, andererseits Jugendhilferecht, die beide jeweils unterschiedlichen Grundsätzen und Handlungsprogrammen folgen (ausführlich Trenczek 1996, 2010a und 2010b; vgl. hierzu Übersicht 48 in III-3.4.2.2). In diesem Zusammenhang ist von Bedeutung, dass das JA nach § 52 SGB VIII die Aufgabe hat, im Verfahren nach dem JGG mitzuwirken (Jugendgerichtshilfe, s. u. 6.2).

5.2 Besonderheiten des Verfahrens im Jugendstrafrecht

Im Jugendstrafrecht gelten zahlreiche Besonderheiten gegenüber dem allgemeinen Strafverfahren (s. Übersicht 61). So ist z. B. das Klageerzwingungsverfahren (vgl. § 172 StPO) nach Entscheidungen aufgrund § 45 JGG (anders als bei einer Einstellung nach § 170 Abs. 2 StPO) unzulässig. Bei Jugendlichen (anders bei Heranwachsenden) ist eine Privatklage nicht (§ 80 Abs. 1 JGG) und die Nebenklage nach § 80 Abs. 3 JGG nur eingeschränkt bei Verbrechen mit schweren (seelischen oder körperlichen) Folgen zulässig. Im Verfahren gegen Jugendliche (nicht bei Heranwachsenden) ist auch das sog. Adhäsionsverfahren (§ 81 JGG), in dem zivilrechtliche Schadensersatzansprüche gleichzeitig entschieden werden könnten (§§ 403 ff. StPO), ausgeschlossen. Gewarnt werden muss vor den Versuchen, mit denen die Schutzinteressen des jungen Menschen mit den gegen die berechtigten Schutzinteressen der Opfer gegen einander ausgespielt werden (zur Rolle der Kriminalitätsopfer im Jugendstrafverfahren Höynck 2005 sowie die Beiträge im Schwerpunktheft der ZJJ 1/2005). Zudem stehen im Jugendverfahren erweiterte Möglichkeiten für Wiedergutmachungsleistungen und einen TOA (insb. § 45 Abs. 2 S. 2 JGG) zur Verfügung.

Bei der Vernehmung eines Jugendlichen als Beschuldigtem haben die gesetzlichen Vertreter und Erziehungsberechtigten ein Anwesenheitsrecht (Art. 6 Abs. 2 GG; § 67 Abs. 1 JGG; vgl. PDV 382, 3.6.4 u. 3.6.5). Ausnahmen sind nur in den engen Grenzen des § 51 Abs. 2 JGG zulässig (vgl. BVerfG ZJJ 2003, 68). Mit dem Anwesenheitsrecht korrespondiert eine Benachrichtigungspflicht der Polizei und der StA bzw. des Gerichts vor der Vernehmung (Eisenberg 2013, § 67 Rz. 11). **Vernehmung eines Jugendlichen**

Im Ermittlungsverfahren gegen einen Jugendlichen oder Heranwachsenden sollen so bald wie möglich alle Umstände ermittelt werden, die zur Beurteilung der Persönlichkeit dienen können (§§ 43, 109 Abs. 1 S. 1 JGG). Soweit die Justiz das JA um Unterstützung bittet, ist darauf hinzuweisen, dass aufgrund des sozialrechtlichen Zweckbindungsprinzips die JGH Daten nur insoweit erheben darf, als dies zur Erledigung ihrer Jugendhilfeaufgaben erforderlich ist (§§ 61 ff. SGB VIII; vgl. III-3.4.2.2). § 43 JGG richtet sich an die Justiz, nicht an das JA. Darüber hinaus muss sowohl von der Justiz als auch vom JA im Hinblick auf die sog. Persönlichkeitserforschung wie bei den Ermittlungen insgesamt das Verhältnismäßigkeitsgebot im Hinblick auf den Vorrang der informellen Verfahrenserledigung besonders berücksichtigt werden. **Ermittlungsverfahren**

Im Jugendstrafrecht werden die Strafverfahren überwiegend informell, also ohne gerichtliche Verurteilung beendet (Diversion; vgl. Heinz 2012.). Neben den allgemeinen Einstellungsmöglichkeiten nach § 153 StPO gibt es insb. in den §§ 45, 47 JGG differenzierte Möglichkeiten der informellen Verfahrenserledigung (s. Übersicht 61). Hinzuweisen ist darauf, dass die Diversion bei Verbrechenstatbeständen im Jugendstrafverfahren **nicht** ausgeschlossen ist. Darüber hinaus wird ein Geständnis des jugendlichen Beschuldigten nur im Fall des § 45 Abs. 3 JGG vorausgesetzt. Nach § 45 Abs. 2 S. 2 JGG steht einer erzieherischen Maßnahme das Bemühen des Jugendlichen um einen Ausgleich gleich. Nach h. M. kann der StA auch selbst die Voraussetzungen für ein Absehen von der Verfolgung nach § 45 Abs. 2 JGG schaffen („Richter vor dem Richter", str.) – allerdings haben Interventionen aus dem unmittelbaren Lebensumfeld, z. B. in der Familie, in der Schule oder am Arbeitsplatz, Vorrang (Eisenberg 2013, § 45 Rz. 20). Unproblematisch ist insoweit noch das Ermahnungsgespräch des StA mit dem Jugendlichen oder die Anregung, sich um einen Ausgleich mit dem Verletzten zu bemühen (§ 45 Abs. 2 S. 2 JGG). Andere Maßnahmen, insb. Arbeitsleistungen, darf aber der StA entgegen einer weit verbreiteten Praxis nicht zur Voraussetzung machen (vgl. Eisenberg 2013, § 45 Rz. 21; Trenczek 2004, 59). Diese kann der StA nur gegenüber dem Gericht anregen (§ 45 Abs. 3 JGG). Hinzuweisen ist auch darauf, dass die Einstellung unter (zulässigen) Bedingungen ein Eingriff in die Erziehungsverantwortung der Eltern nach Art. 6 Abs. 2 GG darstellt und deshalb ihrer Zustimmung bedarf. **Diversion** **Täter-Opfer-Ausgleich**

Neben den frühzeitigen Möglichkeiten der Verfahrenseinstellung vor Erhebung der Anklage hat das sog. formlose richterliche Erziehungsverfahren nach § 45 **formloses Erziehungsverfahren**

Abs. 3 JGG heute an Bedeutung verloren, wenngleich diese dritte Stufe der Diversion gerade bei jungen Menschen besonders sinnvoll sein kann (schnelle, tatnahe Reaktion durch den Richter, unmittelbare Kommunikation zwischen Jugendrichter und jungem Beschuldigten bei relativ geringerem personellen und verfahrensmäßigen Aufwand der Justiz). Darüber hinaus kann das Jugendgericht das Verfahren nach § 47 Abs. 1 JGG auch noch in der Hauptverhandlung und sogar in einer Berufung oder Revision informell beenden.

Aufgaben des Jugendamts
Für die Frage, ob angemessene erzieherische Reaktionen im sozialen Umfeld des Jugendlichen erfolgt sind oder sich entsprechende Möglichkeiten eröffnen, kommt dem JA i. R. der sog. Jugendgerichtshilfeaufgaben eine entscheidende Bedeutung zu. **§ 52 Abs. 2 SGB VIII** verpflichtet das JA, frühzeitig (d. h. vor einer Anklage!) zu prüfen, ob und welche Leistungen für den Jugendlichen in Betracht kommen und diese zu initiieren, gerade um die Diversion zu ermöglichen (hierzu vgl. III-3.4.2.2).

prozessuale Zwangsmaßnahmen
Die strafprozessualen Ermittlungs- und Zwangsmaßnahmen dürfen grds. auch gegenüber jugendlichen Beschuldigten ergriffen werden. Allerdings muss hierbei neben einigen Sonderregelungen (vgl. insb. §§ 43, 71 ff. JGG) vor allem das **Verhältnismäßigkeitsgebot** (I-2.1.2.2) besonders berücksichtigt werden, das im Hinblick auf die U-Haft (§§ 112 ff. StPO) in § 72 Abs. 1 JGG nochmals ausdrücklich hervorgehoben wird. § 72 Abs. 2 JGG schränkt den Haftgrund der Fluchtgefahr bei noch nicht 16-jährigen Beschuldigten zusätzlich ein. Selbst bei Vorliegen eines Haftgrundes darf U-Haft nur verhängt und vollstreckt werden, wenn ihr Zweck nicht durch eine vorläufige Anordnung über die Erziehung gem. § 71 JGG oder durch andere Maßnahmen erreicht werden kann (§ 72 Abs. 1 S. 1 JGG; zu den Alternativen zur U-Haft vgl. Eberitzsch 2012; Villmow 2009, 226 u. ders. 2013). Zudem normiert § 72 Abs. 1 S. 3 JGG eine besondere Begründungspflicht. In der Praxis wird allerdings der Haftgrund der Fluchtgefahr auch schon einmal aus „erzieherischen Gründen" rechtsstaatswidrig konstruiert und U-Haft nicht zur Verfahrenssicherung angeordnet, sondern zur „Krisenintervention", um eine „kriminelle Karriere" zu unterbrechen, oder eine – gesetzlich so nicht vorgesehene – Strafe der Tat auf dem Fuße folgen zu lassen (sog. apokryphe Haftgründe, vgl. BT-Ds 11/5829, 31; Eidam 2013, 293; Ostendorf 2012, § 72 Rn. 4). Nach § 72a S. 1 JGG ist die Jugendgerichtshilfe unverzüglich von der Vollstreckung eines Haftbefehls zu unterrichten; ihr soll bereits der Erlass eines Haftbefehls mitgeteilt werden, damit sie frühzeitig geeignete Initiativen und Unterstützungsangebote zur Vermeidung der U-Haft ergreifen kann. Nach § 72b JGG ist den Mitarbeitern des JA der Verkehr mit dem Beschuldigten in demselben Umfang wie einem Verteidiger gestattet.

Hauptverhandlung
Für das Hauptverfahren gelten – abgesehen von der besonderen Jugendgerichtsverfassung (§§ 33 ff. JGG) – im Hinblick auf Grundsätze und Ablauf grds. die gleichen Regeln wie im allgemeinen Strafverfahren. Allerdings ist die Hauptverhandlung bei Jugendlichen einschließlich der Verkündung der Entscheidung nicht öffentlich (§ 48 Abs. 1 JGG). Bei heranwachsenden Angeklagten kann die Öffentlichkeit ausgeschlossen werden, wenn dies im Interesse des Heranwachsenden

Übersicht 61: Ablauf des Strafverfahrens unter Berücksichtigung der Besonderheiten des JGG

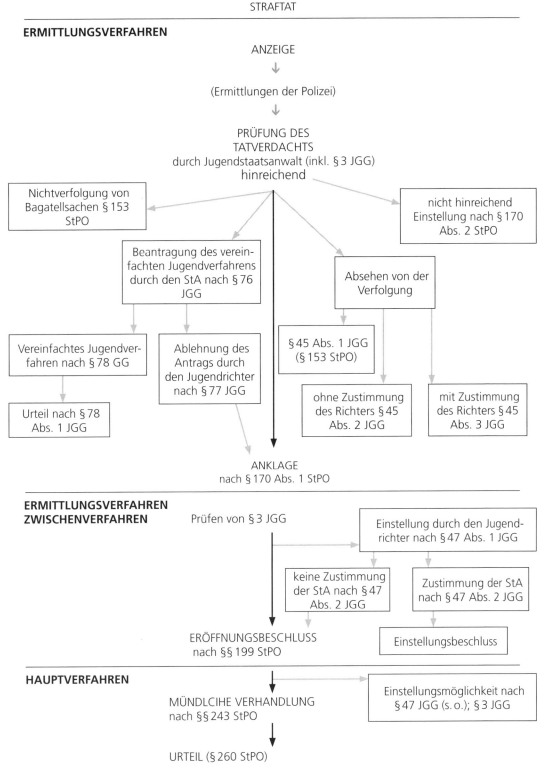

vereinfachtes Jugendverfahren geboten ist (§ 109 Abs. 1 S. 4 JGG). Gegen einen Jugendlichen (wohl aber bei einem Heranwachsenden) darf nach § 79 JGG weder das beschleunigte Verfahren (§§ 417 ff. StPO) noch das Strafbefehlsverfahren (§§ 407 ff. StPO) durchgeführt werden. Die §§ 76 ff. JGG sehen dagegen das sog. vereinfachte Jugendverfahren vor, in dessen Rahmen von einigen Verfahrensvorschriften abgewichen werden darf. Gegenüber dem Diversionsverfahren hat diese Verfahrensart aber an Bedeutung verloren.

Rechtsmittel Im Jugendstrafverfahren sind die Rechtsmittelmöglichkeiten eingeschränkt. Zum einen kann nach § 55 Abs. 1 JGG das Urteil insb. nicht wegen Art und Umfangs der Maßnahmen angefochten werden, zum anderen kann nach § 55 Abs. 2 JGG nur ein Rechtsmittel eingelegt werden: entweder Berufung oder (Sprung-) Revision.

5.3 Besonderheiten der Sanktionen im Jugendstrafrecht

Jugendkriminalität Straftaten junger Menschen sind grds. nicht Symptom eines sich verfestigenden Verhaltens. Auch das mehrmalige Begehen von Straftaten ist als solches nicht Ausdruck eines irgendwie gearteten „Erziehungsdefizits", sondern tritt in aller Regel als entwicklungsbedingte Auffälligkeit überall auf und klingt ganz überwiegend mit dem Eintritt in das Erwachsenenalter ab (zur Normalität, Ubiquität und Episodenhaftigkeit von Jugendkriminalität vgl. Walter/Neubacher 2011, 207 ff.). Nach der Grundidee des Jugendstrafrechts geht es deshalb vorrangig darum, auf strafrechtlich relevantes Fehlverhalten von jungen Menschen „erzieherisch", d. h. so zu reagieren, dass zukunftsgerichtet die soziale Integration des jungen Menschen unterstützt wird. **§ 5 Abs. 1 JGG** bestimmt als zentrale Norm, dass „aus Anlass" einer Straftat bestimmte Maßnahmen ergriffen werden können (nicht müssen!). Deshalb haben **jugendhilferechtliche Interventionen Vorrang** vor den strafrechtlichen Sanktionen. Im Jugendstrafrecht gibt es weder bestimmte Mindeststrafen noch die zwingende Notwendigkeit, in einer bestimmten Art und Weise zu reagieren. Informelle Reaktionen gehen formellen Sanktionen vor, hilfeorientierte haben Vorrang vor (bloß) ahndenden Maßnahmen und ambulante (nicht freiheitsentziehende) Sanktionen gehen freiheitsentziehenden vor (dreifache Subsidiarität).

jugendstrafrechtliche Rechtsfolgen Sanktionskatalog und Strafrahmen des allgemeinen Strafrechts gelten im Jugendstrafrecht nicht (§ 18 Abs. 1 S. 3 JGG). Die (formellen) Rechtsfolgen des JGG umfassen sog. **Erziehungsmaßregeln** (§§ 9 bis 12 JGG, insb. Weisungen nach § 10 JGG), sog. **Zuchtmittel** (§§ 13 bis 16 JGG: Verwarnung, Auflagen, Arrest) und **Jugendstrafe** (§§ 17 bis 30 JGG) sowie die Maßregeln nach § 7 JGG einschließlich der gerade bei jungen Menschen höchst umstrittenen Sicherungsverwahrung, aber auch die Führungsaufsicht inkl. der elektronischen Überwachung (§ 7 JGG; §§ 61, 68b Nr. 12 StGB). Die geltende Rechtsfolgenregelung des JGG wird z. T. heftig kritisiert, ohne dass die z. T. sehr konkreten Änderungsvorschläge insb. der 2. Jugendstrafrechtsreformkommission (vgl. DVJJ 2002) bislang umgesetzt wurden.

Auch wenn mehrere Straftaten eines jungen Menschen gleichzeitig abgeurteilt werden, die er vielleicht sogar in verschiedenen Alters- und Reifestufen begangen hat, gilt nach den §§ 31, 32 JGG das sog. Einheitsprinzip, d. h., die Rechtsfolgen werden – abweichend von den allgemeinen Grundsätzen der §§ 53, 54 StGB – einheitlich bestimmt. Das gilt nach § 31 Abs. 2 JGG auch für bereits vorliegende rechtskräftige Verurteilungen unabhängig vom Zeitpunkt der Begehung der abgeurteilten Taten.

Einheitsprinzip

Zulässig sind auch die in § 8 JGG vorgesehenen Kombinationsmöglichkeiten von mehreren Erziehungsmaßregeln und mehreren Zuchtmitteln. Manche Kombinationsmöglichkeiten (z. B. die Verknüpfung von ambulanten Hilfeangeboten mit Arrest) werden zu Recht als **kontraproduktive** „Sanktionscocktails" kritisiert.

Sanktionscocktails

Weisungen sind Ge- und Verbote, die die Lebensführung des Jugendlichen regeln und dadurch seine Erziehung fördern und sichern sollen (§ 10 Abs. 1 JGG). Der Katalog der Weisungen ist nicht abgeschlossen, sondern enthält nur Beispiele und bleibt damit offen für flexiblere, dem Einzelfall angemessene Reaktionsformen. Freilich müssen dabei stets die Grenzen der Zumutbarkeit und der Verhältnismäßigkeit eingehalten werden (§ 10 Abs. 1 S. 2 JGG). Ambulante „Zuchtmittel" sind die Verwarnung (§ 14 JGG) und die Erteilung von Auflagen (§ 15 JGG). Hierbei geht es zwar weniger um Unterstützung des Jugendlichen in Richtung eines sozialadäquaten Verhaltens, sondern um Ahndung der Tat (§ 13 Abs. 1 JGG), wobei man aber der Entschuldigung und **Schadenswiedergutmachung** durchaus eine pädagogische Intention und Wirkung zuerkennen kann. Anders ist dies bei der Arbeitsauflage (s. u.). Der Katalog der Auflagen in § 15 JGG ist abschließend.

Weisungen

Auflagen

Die als Rechtsfolge im JGG vorgesehenen Sanktionen finden ihren jugendhilferechtlichen Anknüpfungspunkt teilweise (soziale Gruppenarbeit und Betreuungshilfe) als Formen der Hilfe zur Erziehung in den §§ 27 ff. SGB VIII (zu den sog. Neuen Ambulanten Maßnahmen – NAM – vgl. BAG 2000; Trenczek 1996 u. 2009 f.). Die NAM können die traditionellen Sanktionen weitgehend ersetzen, ohne dass sich damit die Rückfallgefahr erhöht (vgl. BT-Ds 11/5829, 11). Das JA darf Leistungen aufgrund der sozialrechtlichen Bestimmungen (vgl. § 31 SGB I, §§ 27 ff., 36a SGB VIII) allerdings nur dann erbringen bzw. refinanzieren, wenn die formellen und materiellen Leistungsvoraussetzungen des **SGB VIII** vorliegen (sog. **Steuerungsverantwortung des JA**; vgl. III-3.3.4.1). Das Jugendgericht kann zwar gegenüber dem jungen Menschen Sanktionen verhängen sowie Weisungen und Auflagen erteilen, die auch gegenüber den Eltern wirken, nicht aber das JA zu deren Durchführung verpflichten (zum Dreiecksverhältnis zwischen Gericht, Jugendlichen/Eltern und JA s. Trenczek 2011b, Rz. 16 ff.).

neue Ambulante Maßnahmen

Es ist auch nicht Aufgabe des JA, in der JGH-Stellungnahme (jugend)strafrechtliche Sanktionen vorzuschlagen (Münder et al. 2013, § 52 Rn. 38 ff.), sondern lediglich, sich zu den zu ergreifenden Maßnahmen „zu äußern" (vgl. § 38 Abs. 2 S. 2 JGG). Das JA wird im Interesse und zugunsten des Wohls des jungen Menschen zu den Auswirkungen justizieller Entscheidungen auf die Entwicklungsperspektiven des jungen Menschen Stellung nehmen, schlägt aber selbst grds. nur solche Interventionen vor, die dem Jugendhilfe- und Erziehungsverständnis des Jugendhilferechts entsprechen.

Maßnahmevorschlag

Arbeitssanktionen Arbeitsleistungen können sowohl als Weisung/Erziehungsmaßregel (§ 10 Abs. 1 Nr. 4 JGG) als auch als Auflage/Zuchtmittel (§ 15 Abs. 1 Nr. 3 JGG) angeordnet werden (ausführlich Trenczek 2004). Häufig werden die Jugendlichen bei den (unabhängig von der Bezeichnung Weisung oder Auflage) in der Regel zur Ahndung der Straftat angeordneten Arbeitssanktionen überfordert, ihre pädagogische Betreuung ist zumeist mangelhaft oder überhaupt nicht vorhanden. Die rein administrative Abwicklung von Arbeitsleistungen fällt deshalb nicht in den Aufgabenbereich des JA.

Arrest Der **Freiheitsentzug** wird von der Landesjustizverwaltung im Wesentlichen in zwei Formen, als Arrest oder Jugendstrafe, durchgeführt. Nach § 16 JGG kann der Arrest in drei Formen verhängt werden: **Kurz-, Freizeit- und Dauerarrest** bis zu vier Wochen (§ 16 Abs. 4 JGG), seit 2012 ist auch der sog. Einstiegs- oder **Warnschussarrest** zusätzlich zur Bewährungsstrafe zulässig (§ 16a JGG). Eine „erzieherische" Funktion kann dem Jugendarrest nicht zugesprochen werden. Es verwundert deshalb nicht, dass nach dem Arrest mit die höchsten Rückfallquoten zu verzeichnen sind (bis über 75 %, vgl. BT-Ds 11/5829, 19; AGJ 2012, 23; Heinz 2012, 144; Ostendorf 2012, Grdl. §§ 13–16 Rn. 9). Von besonders problematischer Bedeutung in der Praxis ist auch der sog. **Ungehorsams- oder Beugearrest**, der nach §§ 11 Abs. 3, 15 Abs. 3 S. 2 JGG bei schuldhafter Nichterfüllung von Weisungen und Auflagen verhängt werden kann. Dabei verbergen sich aber hinter dem „Ungehorsam" häufig vielschichtige Problemlagen, die weniger mit fehlendem bzw. bösem Willen als mit mangelnder Handlungskompetenz zu tun haben.

Jugendstrafe Nach § 17 Abs. 2 JGG wird Jugendstrafe verhängt, wenn wegen der „schädlichen Neigungen" des Jugendlichen, die in der Tat hervorgetreten sind, Erziehungsmaßregeln oder Zuchtmittel zur Erziehung nicht ausreichen (1. Alt.) oder wenn wegen der Schwere der Schuld Strafe erforderlich ist (2. Alt.). Der Begriff „schädliche Neigungen" entspringt dem in der Zeit des Nazi-Unrechtsregimes gepflegten Konzept der Entartung, und die Versuche, den Begriff nach 1945 justiziabel zu gestalten, begegnen erheblichen Einwänden, vor allem weil er den Jugendlichen individualisierend als Defizit-Persönlichkeit abstempelt (Dünkel 1997; Eisenberg 2013, § 17 Rz. 18 ff.). Bei „schädlichen Neigungen" soll es sich nach der heutigen Rechtsprechung um persönliche Defizite handeln, die ohne längere Gesamterziehung die Gefahr der Begehung weiterer Straftaten in sich bergen, die nicht nur gemeinlästig sind oder den Charakter von Bagatelldelikten haben. In der Praxis werden die „schädlichen Neigungen" fehlerhaft vor allem aus der wiederholten Auffälligkeit an sich geschlossen und sind insofern Ausdruck eines die Sanktionspraxis kennzeichnenden Eskalationsdenkens. Im Hinblick auf die Erforderlichkeit einer längeren Gesamterziehung ist zu beachten, dass die erzieherischen Erfolgschancen in einer geschlossenen Jugendstrafanstalt gering sind. Noch so gut gemeinten und organisierten Resozialisierungsbemühungen einer engagierten Praxis stehen die negativen Bedingungen einer Haftanstalt und eines künstlichen Lebens unter den Bedingungen des Eingeschlossenseins gegenüber. Angesichts der hohen Rückfallquoten (nach dem geschlossenen Jugendstrafvollzug über 75 %, vgl. DVJJ 2002, 87; Heinz 2008 und 2012; Jehle et al. 2010, 45 u. 60 ff.) bestehen erhebliche Zweifel daran, ob Freiheitsentzug überhaupt zu einem straffreien Leben „erziehen" und deshalb als rechtsstaatlich „geeignete" Sanktion angesehen werden kann (vgl. OLG Schleswig NStZ 1985, 475). Zudem setzt die Verhängung von Jugendstrafe nach § 17 Abs. 2 Alt. 1 JGG voraus, dass ausreichende Alternativen zum Freiheitsentzug fehlen. Gerade für kriminologisch geschulte Sozialarbeiter dürfte es jedoch in aller Regel nicht besonders schwierig sein, nachzuweisen, dass auch schwierigste Jugendliche durch Jugendhilfeleistungen sowie ambulante Maßnahmen „erzieherisch erreichbar" sind (Klier et al. 2002, 133).

Das Mindestmaß der Jugendstrafe beträgt nach § 18 Abs. 1 JGG grds. sechs Monate, das Höchstmaß fünf Jahre (bei Heranwachsenden zehn Jahre, § 105 Abs. 3 JGG; bei bestimmten Verbrechen 10 bzw. 15 Jahre). Der Strafrahmen der Jugendstrafe liegt in Deutschland deutlich höher als in einigen europäischen Nachbarländern (z. B. Rap/Weijers 2013, 305). Bei der Verurteilung zu einer Jugendstrafe von nicht mehr als zwei Jahren wird die Vollstreckung der Strafe nach § 21 Abs. 1 und 2 JGG zur Bewährung ausgesetzt, wenn erwartet werden kann, dass der Jugendliche oder Heranwachsende die durch die Verurteilung ausgesprochene Warnung ernst nimmt und künftig keine (erheblichen) Straftaten mehr begeht. Die Strafaussetzung ist damit von einer günstigen Sozial- und positiven Sanktionsprognose abhängig. Allerdings dürfen die Erwartungen an einen künftig straffreien Lebenswandel angesichts der Dynamik des Erwachsenwerdens nicht zu hoch angesetzt werden. Im Zweifel ist die Jugendstrafe zur Bewährung auszusetzen. Bei der Aussetzungsentscheidung sind neben der Persönlichkeit des jungen Menschen vor allem auch die **Integrationshilfen der Jugendhilfe** und sonstigen Sozialen Dienste zu berücksichtigen (vgl. § 21 Abs. 1 JGG). Im Unterschied zum allgemeinen Strafrecht (vgl. § 56d Abs. 1 StGB) ist nach § 24 JGG die Unterstellung des jungen Menschen unter einen Bewährungshelfer obligatorisch. Darüber hinaus können nach § 23 JGG Weisungen und Auflagen sowie seit 2012 nach § 16a JGG auch der umstrittene „Einstiegs-" oder „Warnschussarrest" angeordnet werden.

Bewährung

Die Aussetzung nach § 21 JGG kann nach § 57 Abs. 1 und 2 JGG nicht nur im Urteil, sondern – ausnahmsweise – auch noch nachträglich durch Beschluss angeordnet werden, solange der Strafvollzug noch nicht begonnen hat. Das Gericht kann zudem nach §§ 61 ff. JGG im Urteil die Entscheidung über die Aussetzung der Jugendstrafe zur Bewährung ausdrücklich einem nachträglichen Beschluss vorbehalten (sog. Vorbewährung) und mit Auflagen und Weisungen verknüpfen. Insoweit können mittlerweile unternommene Integrationsbemühungen und Jugendhilfeangebote berücksichtigt werden. Nach § 27 JGG besteht schließlich die Möglichkeit einer Aussetzung der Verhängung der Jugendstrafe, wenn eine zuverlässige Feststellung über das Vorliegen „schädlicher Neigungen" und deren Umfang nicht möglich ist. Die Aussetzung nach § 27 JGG ist u. U. angezeigt, wenn sich die Möglichkeit bietet, den Jugendlichen – insb. im Zusammenhang mit Jugendhilfeleistungen und einer Bewährungsunterstellung (§ 29 JGG) – aus einer ungünstigen Umgebung oder Konstellationen herauszuleiten.

Vorbewährung

Aussetzung der Verhängung der Jugendstrafe

6 Arbeitsfeld Strafrecht

6.1   Soziale Dienste der Justiz
6.2   Jugendamt: Aufgabe Jugendgerichtshilfe
6.3   Freie Träger der Straffälligen- und Opferhilfe

In der Einleitung wurde bereits eine Reihe von Arbeitsfeldern genannt, für die das Strafrecht einen wesentlichen Bezugsrahmen darstellt. Auch wenn im Folgenden nicht auf alle Aspekte der Sozialen Arbeit i.R. der „Strafrechtspflege" eingegangen werden kann, sind hier – über die Erläuterung des strafrechtlichen Daten- und Vertrauensschutzes und der anderen dargestellten, für die Soziale Arbeit wichtigen Deliktsbereiche hinaus (s.o 2.3) – einige wichtige Differenzierungen zu den Aufgaben und Rollen der Sozialen Dienste notwendig (vgl. hierzu auch Deichsel 2014). Anders als zum Teil im Familienrecht (hierzu II-2.4.6.2) sind die sozialen Dienste – sei es der Justiz, Mitarbeiter des JA oder anderer Institutionen – im Strafverfahren grds. keine sog. (formellen) Verfahrensbeteiligten (vgl. Meyer-Goßner 2013 Einl. Rz. 70ff.); sie können nicht durch eigene Willenserklärungen in das Strafverfahren gestaltend einwirken. Ihre Funktion und Aufgaben liegen in anderen „sozialen" Bereichen.

6.1   Soziale Dienste der Justiz

Als Soziale Dienste der Justiz oder „Justizsozialarbeit" werden die unter dem Dach der Justizverwaltungen der Bundesländer tätigen Arbeitsfelder und Dienste der Sozialen Arbeit bezeichnet, namentlich die Gerichts- und Bewährungshilfe sowie die sozialen Hilfen im Strafvollzug (§ 71 StVollzG; vgl. hierzu auch die neuen gesetzlichen Regelungen in den Ländern Bay, BW, HH und Nds; Ostendorf 2012). Nicht dazu gehören die Mitarbeiter der JÄ und freier Träger. In einigen Bundesländern (z.B. Berlin, Brandenburg, Mecklenburg-Vorpommern) ist die Gerichts- und Bewährungshilfe auch organisatorisch zu einem „Sozialdienst der Justiz" zusammengefasst (zu den unterschiedlichen Organisationsstrukturen vgl. Grosser/Maelicke 2009, Rz. 39). Die Tätigkeit der Sozialen Dienste geht über die Betreuung der häufig als „Probanden" merkwürdig bezeichneten Betroffenen (die selten über einen Klientenstatus verfügen) hinaus und umfasst insb. i.R. (der Vorbereitung) von Stellungnahmen zahlreiche Anamnese- und Prognoseentscheidungen. Der Umstand, dass die Tätigkeit unter dem Dach der Strafjustiz und unter Einbindung in die Handlungs- und Entscheidungsstruktur der Justiz stattfindet, bringt einige die Handlungsgrundsätze der Sozialen Arbeit herausfordernde Friktionen mit sich (vgl. z.B. Böttner 2004). Zunächst folgen aus der organisatorischen Zuordnung zum Anstellungsträger die hierarchische Unterworfenheit (Dienst- und Fachaufsicht) und die damit einhergehende Weisungsgebundenheit gegenüber Anordnungen der StA, der Gerichte und Landesjustizverwaltungen.

Die Organisation der Sozialen Dienste ist den Ländern überlassen, es gibt aber kaum verbindliche Regelungen über ihre Aufgaben, verfahrensrechtliche Stellung, ihre Ausstattung und Qualitätsstandards. Ihr Einsatz steht im Wesentlichen im Ermessen der Justizorgane und wird häufig nur durch interne Verwaltungsvorschriften umschrieben.

Die Gerichtshilfe (hierzu Maelicke/Thier 2009) ist organisatorisch den StA bei den Landgerichten zugeordnet. Sie ist **weisungsgebunden** und ein Ermittlungsgehilfe der StA, allerdings nicht im Hinblick auf die Tat, sondern auf die Person des Beschuldigten (§ 160 Abs. 3 StPO). Die Gerichtshilfe wird vor allem zur Vorbereitung von Entscheidungen der StA bzw. entsprechender **Stellungnahmen** eingeschaltet, insb. der Straf- und Strafrestaussetzung zur Bewährung (vgl. §§ 454 Abs. 1 S. 2, 463d StPO), im Zusammenhang mit den Maßregeln der Besserung und Sicherung, bei der Bewilligung von Strafaufschub, Stundung oder Ratenzahlung sowie im Gnadenverfahren. In den letzten Jahren hat sich neben der traditionellen Ermittlungsarbeit im Strafverfahren vor allem die Haftentscheidungs- und Haftvermeidungshilfe besonders im Hinblick auf die Vollstreckung der Geld- und Ersatzfreiheitsstrafe als Tätigkeitsschwerpunkt entwickelt (vgl. Kawamura-Reindl 2009). Die in einigen Ländern vorgenommene Übertragung des TOA bei erwachsenen Beschuldigten auf die justiziellen Sozialdienste muss nicht nur wegen der Marginalität ihrer insoweit vorhandenen Ressourcen, sondern vor allem aufgrund ihrer abhängigen und nicht allparteilichen Stellung gerade im Hinblick auf die Opferinteressen als problematisch angesehen werden.

Gerichtshilfe

Die Bewährungshilfe wird i. d. R. erst i. R. der Strafvollstreckung eingeschaltet, insb. – wie der Name schon nahelegt – i. R. der Unterstellung des Verurteilten unter die Bewährungs- (§ 56d StGB, §§ 21, 88 JGG) oder Führungsaufsicht (§§ 68 ff. StGB). Sie unterstützt die ihnen unterstellten Personen nicht nur bei der Lebensführung im Alltag, sondern bereitet eine Vielzahl von – für das weitere Leben der Verurteilten sehr wesentlichen – Stellungnahmen vor. Die Bewährungshilfe ist nicht Verfahrensbeteiligte im Sinne eines Prozesssubjektes, sondern kann als Zeuge gehört werden.

Bewährungshilfe

Zu den Sozialen Diensten der Justiz gehört schließlich auch die Soziale Arbeit im Justizvollzug. Sozialarbeitern und Sozialpädagogen obliegen während des Vollzuges vielfältige Tätigkeiten (§§ 71 ff. StVollzG bzw. die neueren landesrechtlichen Regelungen; vgl. Cornel 2009, 308 ff.; Laubenthal 2011 Rn. 239 f.; Höflich 2000, 180 f.), beginnend mit dem Aufnahmeverfahren bis zur Entlassungsvorbereitung (sog. Übergangsmanagement). Von besonderer Bedeutung sind neben der individuellen (Lebens-, Schuldner- und Sucht-)Beratung der Gefangenen, z. B. im Hinblick auf die Geltendmachung ihrer Rechte und Pflichten (§ 73 StVollzG) und ihrer Unterstützung bei der Sicherung des Eigentums und der Beantragung von Sozial(versicherungs)leistungen, vor allem die Mitwirkung bei der Erstellung des Vollzugsplanes und von (Sozial-)Prognosen sowie die Konzeption und Durchführung des sozialen Trainings. Die Soziale Arbeit im Strafvollzug ist ein Prototyp der **Sozialarbeit im Zwangskontext** (hierzu Conen 2007; Kähler 2005; Lindenberg/Lutz 2014) und stößt im Besonderen an die Grenzen der Handlungsmöglich-

Sozialarbeit im Justizvollzug

keiten in einer sog. totalen Institution, in der das Leben der Insassen vollkommen geregelt wird (hierzu Goffman 1973). Im Hinblick auf die teilweise Menschenrechte verletzenden Zustände in den Anstalten, insb. aufgrund ihrer Überbelegung, hat das BVerfG bekräftigt, dass die Strafvollstreckung zu unterbrechen und die Inhaftierten zu entlassen seien, wenn und solange eine weitere Unterbringung nur unter menschenunwürdigen Bedingungen in Betracht komme (BVerfG 22.02.2011 – 1 BvR 409/09 Rz. 19).

6.2 Jugendamt: Aufgabe Jugendgerichtshilfe

Im Unterschied zur Gerichtshilfe ist die im Jugendstrafverfahren nach §§ 38, 50 JGG zwingend einzuschaltende, von der Bezeichnung ähnlich klingende Jugendgerichtshilfe (JGH) kein justizieller Sozialdienst, sondern eine originäre (nicht vom Jugendgericht abgeleitete) **Aufgabe des Jugendamts** (§ 52 Abs. 2 SGB VIII; vgl. hierzu III-3.4.2.2), welches die Ausführung dieser Aufgabe auch freien Trägern übertragen kann (§§ 3, 76 SGB VIII). Nach § 52 SGB VIII ist das JA damit beauftragt, den jungen Menschen zu betreuen, durch frühzeitige Leistungen ein Strafverfahren überflüssig zu machen, und sollte es doch zu einem solchen kommen, die durch das SGB VIII definierten fachlichen Gesichtspunkte der Jugendhilfe auch i. R. eines Strafverfahrens zur Geltung zu bringen (hierzu ausführlich Münder et al. 2013, § 52; Trenczek 2003a, 2009d). JGH ist weit mehr als „Berichte schreiben". Soweit sie Stellungnahmen erarbeitet, ist auf die datenschutzrechtlichen Regelungen der §§ 61 ff. SGB VIII sowie darauf hinzuweisen, dass es nicht Aufgabe des JA ist, in Stellungnahmen strafrechtliche Sanktionen vorzuschlagen, sondern sich lediglich zu den zu ergreifenden Maßnahmen mit Fachverstand „zu

Zweckbindung äußern" (vgl. § 38 Abs. 2 S. 2 JGG, s.o 5.2). Das Jugendstrafrecht ändert nichts an der jugendhilferechtlichen Zweckbindung der JGH-Aufgabe (vgl. § 38 Abs. 2 S. 2 JGG). Das SGB VIII hat zu einer veränderten Schwerpunktsetzung in der Arbeit des JA geführt, nach der der Jugendliche, seine Betreuung und soziale Integration im Mittelpunkt stehen. Damit unterscheidet sich die Jugendhilfe in ihrer Vorgehensweise von der ihr manchmal zugedachten Rolle eines neutralen Sachverständigen oder eines gar justiziellen Sozialdienstes, was mitunter zu Spannungen mit den Erwartungen der Strafjustiz führen kann. JGH ist Aufgabe des JA und untersteht deshalb weder der StA noch dem Gericht, sie ist diesen nicht weisungsunterworfen.

Heranziehungspflicht Das Mitwirkungs- und Anwesenheitsrecht des JA korrespondiert – als Ausfluss der in der Strafprozessordnung normierten richterlichen Aufklärungspflicht (§ 244 Abs. 2 StPO) – mit der Pflicht des Gerichts, das JA so früh wie möglich „heranzuziehen" (§ 38 Abs. 3 S. 1 u. 2 JGG). Insb. sind Ort und Zeit der Hauptverhandlung rechtzeitig mitzuteilen (§ 50 Abs. 3 S. 1 JGG), das JA wird dadurch aber nach h. M. nicht vollständig zum formellen Verfahrensbeteiligten, sondern nur zum partiell Beteiligten (vgl. Eisenberg 2013, § 38 Rz. 23; Meyer-Goßner 2013, Einl. Rz. 74; Münder et al. 2013, § 52 Rn. 13). Wird das JA nicht ordnungsgemäß in das Strafverfahren einbezogen, z. B. nicht mit angemessener Vorlaufzeit informiert, so kann dies einen mit der Revision angreifbaren Verfahrensfehler darstellen (§ 337 StPO), selbst wenn bereits eine schriftliche JGH-Stellungnahme vorliegt (Münder et al. 2009 § 52 Rz. 47). Das Gericht hat seinerseits keine Möglichkeit, die Teilnahme des JA an der Hauptverhandlung zu erzwingen.

6.3 Freie Träger in der Straffälligen- und Opferhilfe

Freie Träger (hierzu I.4.1.2.2) haben in der **Straffälligen- und Opferhilfe** eine lange Tradition und auch aktuell eine hohe Bedeutung (Kawamura-Reindl 2009a; Haas 2014), die sich aber in ihrer rechtlichen Stellung und finanziellen Ausstattung – ungeachtet der Kooperationsverpflichtung öffentlicher freier Träger und des Subsidiaritätsprinzips (hierzu I-2.1.3) – nicht widerspiegelt. Innerhalb der freien Straffälligenhilfe gibt es keine einheitliche Organisationsstruktur. Im Bereich der Straffälligenhilfe haben sich die Spitzenverbände der freien Wohlfahrtspflege zur Bundesarbeitsgemeinschaft für Straffälligenhilfe (BAGS) e. V. zusammengeschlossen. Darüber hinaus agiert der DBH als Fachverband für den Erwachsenen- und die DVJJ für den Jugendbereich.

Die freien Träger sind traditionell insb. in der Haftbetreuung und vor allem vor und nach der (Vorbereitung der) Strafentlassung (sog. Übergangsmanagement) tätig. Im Bereich der Opferhilfe agieren vor allem die im Arbeitskreis der Opferhilfen e. V. (ADO) zusammengeschlossenen Träger sowie der Weiße Ring e. V. Einen die Opfer- und Straffälligenperspektive integrierenden Ansatz, welcher der Idee des **Restorative Justice** entsprechenden Ansatz entspricht, verfolgen die (zumeist sog. TOA genannten) Wiedergutmachungs- und Schlichtungsstellen freier Träger (z. B. Handschlag Reutlingen, Waage Hannover e. V.; hierzu Trenczek 2014a).

Zwar können freie Träger i. R. der Straffälligenhilfe autonom oder im Auftrag der Justiz tätig werden. Angesichts der fehlenden Marktfähigkeit ihrer Dienstleistungen sowie der geringen finanziellen Ressourcen der anvisierten „Kunden" dürfte das letztlich davon abhängen, ob sie hierfür die nötigen Mittel über Spenden und Bußgelder (vgl. § 153a Abs. 1 Nr. 2 StPO) akquirieren können oder von dritter Seite (z. B. von der Justiz) refinanziert werden. Rechtlicher Anknüpfungspunkte sind hierbei i. d. R. (mit Ausnahme des TOA als allparteiliche Intervention) die sog. Hilfen zur Erziehung bzw. für junge Volljährige nach §§ 27 ff., 41 SGB VIII (hierzu III.3.3.4) bzw. die Hilfe in besonderen sozialen Schwierigkeiten nach §§ 67 ff. SGB XII (hierzu III.4.2.4.4).

Im Hinblick auf die Kooperation von freien Trägern und der Justiz bzw. den kommunalen Sozialdiensten ist insb. auf die datenschutzrechtlichen Regelungen zu achten. Nach § 155b StPO darf die Justiz zum Zweck des TOA einer beauftragten Stelle die hierfür erforderlichen personenbezogenen Daten übermitteln. Der freie Träger hat die Bestimmungen des BDSG (hierzu III.1.2.3) einzuhalten und die Daten nach Ablauf eines Jahres seit Abschluss des Strafverfahrens zu vernichten (§ 155b Abs. 4 StPO). Werden im Bereich der Jugend- und Sozialhilfe Einrichtungen und Dienste freier Träger in Anspruch genommen, so ist durch Vereinbarungen sicherzustellen, dass der Schutz der personenbezogenen Daten bei der Erhebung und Verwendung in entsprechender Weise gewährleistet ist (§ 61 Abs. 3 SGB VIII; § 4 Abs. 3 SGB XII).

Zum Strafrecht: Brühl et al. 2005; Cornel et al. 2009; Dölling et. al. 2013; Fischer et al. 2014; Kindhäuser 2012; Meyer-Goßner 2013; Riekenbrauk 2011; Roxin et al. 2013; Schönke/Schröder et al. 2010.
Zum Jugendstrafrecht: Eisenberg 2013; Meier et al. 2013; Ostendorf 2012 und 2013; Streng 2012.
Zum Arbeitsfeld Strafrecht, Resozialisierung und Kriminologie: AKKRimSoz 2014; Cornel et al. 2009.
Zum Verhältnis Jugendstraf- und Jugendhilferecht: Trenczek 1996, 2010a.

1. Was versteht man unter dem sog. subjektiven Tatbestand? Inwieweit ist hierbei ein Irrtum von Bedeutung? (2.1.1)
2. Nennen Sie die wichtigsten Rechtfertigungsgründe und beschreiben Sie deren Grenzen. (2.1.2)
3. Was versteht man unter der Garantenstellung und sind Mitarbeiter der Sozialen Arbeit insoweit verpflichtet? (2.2.2)
4. Muss bzw. darf ein Mitarbeiter des JA eine ihm i. R. einer Betreuung anvertraute Straftat bei der Polizei anzeigen bzw. gegenüber dem Strafgericht offenbaren? (2.3.1)
5. Welche besonderen Möglichkeiten der informellen Verfahrenserledigung gibt es nach dem BtMG? (2.3.5)
6. Was versteht man unter Diversion? Beschreiben Sie die wichtigsten Diversionsmöglichkeiten. (2.3.5, 3.3 und 5.2)
7. Welche strafrechtlichen Zwangsmaßnahmen können im Ermittlungsverfahren angewandt werden und wie kann man sich dagegen wehren? (3.3)
8. Wann ist ein junger Mensch strafrechtlich verantwortlich? (5)
9. Was versteht man unter den sog. Neuen Ambulanten Maßnahmen und welche Aufgaben hat insoweit das JA? (5.2)
10. Beschreiben Sie die Unterschiede zwischen der Gerichtshilfe und der sog. Jugendgerichtshilfe. (6.1 und 6.2)

V Querschnittsgebiete

1 Aufsichtspflichten und Haftung (Trenczek/Tammen)

1.1	Übersicht und Einführung in die Fragestellungen
1.2	Begriff und Inhalt der Aufsichts- und Schutzpflichten
1.2.1	Aufsichtspflicht als Teil der Personensorge
1.2.2	Übertragung der Aufsichtspflicht auf einen Träger
1.2.3	Sonstige Begründung von Schutzpflichten
1.2.4	Umfang und Grenzen der Aufsichtspflicht
1.2.5	Delegation der Aufsichtspflicht
1.3	Konsequenzen einer Aufsichtspflichtverletzung
1.3	Zivilrechtliche Folgen
1.3.1.1	Persönliche Haftung
1.3.1.2	Haftungsfreistellung und Versicherungsschutz
1.3.2	Arbeitsrechtliche Folgen
1.3.3	Strafrechtliche Folgen
1.4	Resümee

1.1 Übersicht und Einführung in die Fragestellungen

Bei dem Begriffskreis „Aufsicht und Haftung", insb. bei der Frage nach den Konsequenzen einer Aufsichtspflichtverletzung, geht es um Fragen, die unterschiedliche Rechtsbereiche betreffen und zwar insb. um Fragen des

- Zivilrechts, insb. des Schuld- und Familienrechts,
- Kinder- und Jugendhilferechts (Sozialverwaltungsrecht),
- Sozialversicherungsrechts,
- Arbeitsrechts und
- Strafrechts.

Im Folgenden kann nur ein grober Überblick über die wichtigsten Regelungen gegeben werden, wobei im Wesentlichen auf die Situation in der Jugendhilfe vor allem im Bereich der Erziehungshilfen und Neuen Ambulanten Maßnahmen eingegangen wird.

1.2 Begriff und Inhalt der Aufsichts- und Schutzpflichten

1.2.1 Aufsichtspflicht als Teil der Personensorge

Rechtlich gelten MJ, also auch Jugendliche, stets als aufsichtsbedürftig, Volljährige dagegen nur, wenn sie aufgrund ihrer geistigen oder körperlichen Fähigkeiten in einer konkreten Situation nicht die notwendige Selbstkontrolle besitzen (vgl. § 832 Abs. 1 BGB). Während man bei MJ zumeist von Aufsichtspflicht spricht, wird dieser Begriff bei Volljährigen seltener verwandt, auch wenn ihnen gegenüber ggf. besondere Schutzpflichten bestehen. Der Begriff „Aufsichtspflicht" beschreibt die Pflicht, MJ bzw. andere anvertraute Personen mit dem Ziel zu beaufsichtigen, sie einerseits vor einer Selbstschädigung oder einer Schädigung durch Dritte zu bewahren sowie andererseits zu verhindern, dass sie ihrerseits Dritte schädigen. Die Aufsichtspflicht ist bei MJ Bestandteil der **Personensorge** und obliegt daher ursprünglich den Personensorgeberechtigten, d. h. regelmäßig den Eltern. Nach **§ 1631 Abs. 1 BGB** umfasst die Personensorge neben der Pflicht und dem Recht, das Kind zu pflegen, zu erziehen und seinen Aufenthalt zu bestimmen, auch die Pflicht und das Recht, es zu beaufsichtigen. Im Übrigen sind verpflichtete Personen auch Vormünder (§§ 1793, 1800 i. V. m. § 1631 BGB), Pfleger (§§ 1909, 1915 BGB) und Betreuer (§§ 1896, 1901 BGB).

Aufsichtspflicht

Die Aufsichtspflicht kann auch auf einem (u. U. konkludent vereinbarten) **vertraglichen Schuldverhältnis** beruhen (vgl. § 832 Abs. 2 BGB), z. B. bei einer erziehungsberechtigten Person (§ 7 Abs. 1 Nr. SGB VIII), die MJ in Obhut hat. Problematisch ist die Frage der Übertragung der Aufsichtspflicht, wenn im Alltag ohne eindeutige Absprache jemand kurzzeitig einspringt, um auf ein Kind aufzupassen. So wird vertreten, nicht jede kurzfristige faktische Aufsicht über MJ begründe automatisch eine Aufsichtspflicht. Es müsse vielmehr in jedem Einzelfall geprüft werden, ob tatsächlich eine verbindliche Übernahme der Verantwortung durch die betreffende Person vorliege oder ob es sich um eine reine **Gefälligkeit** handele. Im Gegensatz zu einer vertraglichen, rechtlich verbindlichen Übernahme der Aufsichtspflicht ist eine Gefälligkeit dadurch gekennzeichnet, dass es am Rechtsbindungswillen der Person gerade fehlt (vgl. II-1.2.1). Die „gefällige" Person möchte sich nicht im rechtlichen Sinne dazu verpflichten, eine Tätigkeit zu übernehmen. Ein reines Gefälligkeitsverhältnis wird z. B. bejaht, wenn die Eltern eines Kindes auf dem Spielplatz kurz abwesend sind und auf ihre Bitte hin eine andere Person auf das Kind aufpasst oder wenn eine Mutter ihr Kind bei der Großmutter oder bei Freunden „abgibt", um Besorgungen erledigen zu können (BGH NJW 1968, 1874; OLG Nürnberg VersR 1961, 571; LG Oldenburg 10.01.2007 – 5 O 1003/06). Ebenso wird eine rechtlich verbindliche Übernahme der Aufsichtspflicht abgelehnt, wenn Kinder unaufgefordert zum Spielen mit dem eigenen Kind in die Wohnung kommen. Dies gilt auch, wenn die Eltern von den gegenseitigen Besuchen wissen und sie erlauben (BGH NJW 1968, 1874 f.). Unsere Rechtsordnung schließt eine Haftung bei Gefälligkeiten weitgehend aus. Anderenfalls wäre in der Bevölkerung wohl wenig Bereitschaft vorhanden, Gefälligkeiten zu übernehmen. Ob bei Gefälligkeitsverhältnissen allerdings eine

Haftung des „Gefälligen" wegen Verletzung von Schutz- und Sorgfaltspflichten i. S. v. § 241 Abs. 2 BGB in Betracht kommt, ist umstritten. Vertreten wird in diesem Zusammenhang zunehmend, dass Schutzpflichten allgemein als Ausprägung sozialer Kontakte anzusehen sind und daher auch bei solchen Gefälligkeitsverhältnissen zum Tragen kommen, bei denen die damit verbundenen Risiken für jedermann einsichtig und ersichtlich sind. Wenn eine übernommene Gefälligkeit gerade in der **Übernahme von Schutzpflichten** besteht, wie bei der Beaufsichtigung von MJ, ist dies offensichtlich; insofern ist eine Haftung bei Verletzung der Pflichten nach rechtsgeschäftlichen Grundsätzen zu bejahen (Westermann et al. 2013, § 2 Rz. 28 ff.). Ansonsten droht speziell im Bereich der Aufsichtspflichten eine Haftungslücke und damit auch eine Lücke hinsichtlich der Schutzpflichten dem Kind gegenüber. Die Eltern wären von ihren Pflichten befreit, da sie sie delegiert haben, bei der Person, die die Gefälligkeit der Beaufsichtigung übernommen hat, wären jedoch keine verbindlichen Aufsichts- und damit Schutzpflichten dem Kind gegenüber begründet worden (Münchener Kommentar – Wagner 2013, § 832 Rz. 19). Wenn die Gefälligkeit also ausgeführt wird (z. B. die Kinder des Nachbarn kurz beaufsichtigt werden), so trifft die Person demnach essenzielle Schutzpflichten, insb. im Hinblick auf Leib und Leben der beaufsichtigten Person, bei deren Verletzung auch Haftungsfolgen in Betracht kommen. Eine rechtlich verbindliche Übernahme von Aufsichtspflichten wird auch von der Rechtsprechung anerkannt, wenn etwa fremde Kinder auf Einladung der Eltern ins Haus kommen, z. B. wenn sie zu einer Geburtstagsfeier eingeladen werden. Mit der Einladung bringen die Eltern zum Ausdruck, dass sie die Kinder während der Feier auch beaufsichtigen werden (OLG Celle NJW-RR 1987, 1384 f.). Eine vertragliche Übernahme der Aufsichtspflicht ist auch dann anzunehmen, wenn es sich um eine weitreichende Obhut von längerer Dauer und weitgehender Einwirkungsmöglichkeit handelt (BGH NJW 1968, 1874).

Eine gesetzliche Aufsichtspflicht besteht aufgrund von Regelungen der jeweiligen Schulgesetze (z. B. § 62 SchG Nds, § 61 SchulG M-V) auch für Schulen.

1.2.2 Übertragung der Aufsichtspflicht auf einen Träger

Ob und inwieweit Fachkräfte der öffentlichen Jugendhilfe kraft Gesetzes zum Schutz von Kindern und Jugendlichen verpflichtet sind, ist im Detail noch umstritten. Während eine strafrechtliche Garantenstellung nach §§ 1 Abs. 3, 8a SGB VIII wohl jede Fachkraft der öffentlichen Jugendhilfe trifft (Trenczek 2002; IV-2.2.2), besteht eine darüber hinausreichende, konkretisierte gesetzliche Aufsichtspflicht der Fachkräfte des JA zumindest im Rahmen der Inobhutnahme (vgl. § 42 Abs. 2 SGB VIII). Mitarbeiter von Einrichtungen, insb. freier Träger, z. B. im Rahmen der Erziehungshilfen, sind aber nicht per se gesetzlich aufsichtspflichtig (vgl. § 1688 Abs. 3 BGB, § 38 SGB VIII). Andere Personen werden neben den Personensorgeberechtigten nur dann aufsichtspflichtig, wenn ihnen die Aufsichtspflicht von den Personensorgeberechtigten bzw. dem JA zur Ausübung übertragen wurde und sie diese übernommen haben. Melden die Eltern (bzw. andere Personensorgeberechtigte) ihre Kinder in einer Einrichtung oder zur Teilnahme an einer Aktivität, einem Kurs, einer Fahrt usw. an, kommt – rechtlich gesehen – regelmäßig ein Vertrag zustande (s. Übersicht 62), durch den nicht nur Umfang und Grenzen der Erziehungsberechtigung (vgl. § 7 Abs. 1 Nr. 6 SGB VIII) übertragen werden, sondern **auch** die **Aufsichtspflicht** von den Personensorgeberechtigten auf den Träger der Einrichtung übergeht (sog. Betreuungs- oder Aufnahmevertrag). Indem die Personensorgeberechtigten ihr Kind anmelden, erklären sie, ihre Aufsichtspflicht für die Dauer und den Umfang der jeweiligen Betreuung übertragen zu wollen: Die MJ sollen während ihrer Anwesenheit „erzogen", betreut und beaufsichtigt werden. Ratsam ist es freilich, ausdrücklich einen Passus zur Regelung der Aufsicht und des Erziehungsrechts in das Anmeldeformular aufzunehmen. Nimmt der Träger die Anmeldung an, ist der Vorgang der vertraglichen Begründung der Aufsichtspflicht abgeschlossen. Das Gleiche gilt für die Übertragung von Aufgaben durch das JA an freie Träger im Rahmen der Inobhutnahme (§§ 42, 76 SGB VIII).

Zwischen den Beschäftigten des Trägers und den Personensorgeberechtigten bestehen typischerweise keine Vertragsbeziehungen. Die Erzieherinnen sind vielmehr sog. Erfüllungsgehilfen (§ 278 BGB) des Trägers (hierzu II-1.4.3), soweit

Übersicht 62: Übertragung der Aufsichtspflicht durch Verträge

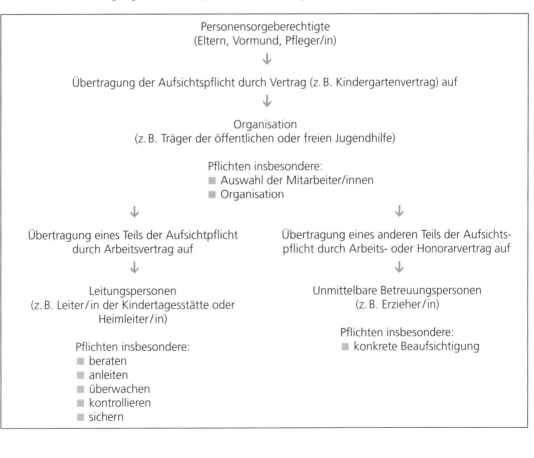

die Aufsichtspflichten an sie delegiert wurden (s. u. II-1.4.3). Die Mitarbeiter sind insb. aufgrund ihres Arbeitsvertrages mit dem Träger verpflichtet, die Vereinbarungen des Vertrages zwischen Träger und Personensorgeberechtigten zu erfüllen.

Durch die Verpflichtung der Beschäftigten zur unmittelbaren Beaufsichtigung wird der Träger jedoch von seiner Aufsichtspflicht **nicht** frei. Alle Beteiligten haben vielmehr Pflichten im Zusammenhang mit der Aufsicht der MJ: Der Träger hat durch eine angemessene **Organisations- und Personalplanung** sicherzustellen, dass die Aufsichtspflicht erfüllt werden kann. So darf er z. B. die ihm vertraglich übertragene Aufsichtspflicht nur Personen übertragen, die für die Aufgabe hinreichend qualifiziert, zuverlässig und (berufs)erfahren sind. Der Vorstand des Trägers hat insofern die Pflicht zur sorgfältigen Auswahl des Personals und zur Belehrung über die Aufsichtspflicht sowie zur Organisation, z. B. hinsichtlich der jeweiligen Gruppengröße. Kommt er dem nicht in ausreichendem Umfang nach, so verletzt der Träger selbst seine Aufsichtspflicht. Verstößt der Träger gegen diese Organisationspflichten, so haftet er nach der Rspr. ohne die Möglichkeit eines Entlastungsbeweises (§§ 823, 831, 31 BGB). Die Leitung der Einrichtung hat die Pflicht zur Einweisung, Beratung und Unterstützung der konkret bei der Betreuung oder Erziehung eingesetzten Mitarbeiter und zum Einschreiten bei deren offensichtlichem Fehlverhalten. Zudem hat auch sie Organisationspflichten, z. B. zur Gewährleistung einer Vertretung bei der Beaufsichtigung, wenn die eigentlich damit beauftragte Person ausfällt. In Notfällen ist sie selbst persönlich zur Aufsicht verpflichtet.

Heranwachsende haben keine Personensorgeberechtigten, sie sind i. d. R. voll geschäftsfähig und selbst Vertragspartner. Das heißt aber nicht, dass eine Einrichtung, ein Träger oder Veranstalter ihnen gegenüber keine Schutzpflichten hat. Diese können sich aus dem (Betreuungs-)Vertrag oder aus der konkreten Situation heraus ergeben.

1.2.3 Sonstige Begründung von Schutzpflichten

Über die gesetzliche Begründung der Aufsichtspflicht als Teil der Personensorge hinaus kann eine Schutzpflicht auch ohne (ausdrücklich oder konkludent/stillschweigend) geschlossenen Vertrag bestehen, die z. B. dann relevant wird, wenn sich nicht in der Einrichtung angemeldete Freunde eines betreuten Jugendlichen in einer Einrichtung aufhalten. Diese besonderen Schutzpflichten ergeben sich u. a. aus der sog. Verkehrssicherungs- und Organisationspflicht des Einrichtungsträgers wie auch aus der sog. Garantenstellung und den hieraus erwachsenden Pflichten, die vor allem in strafrechtlicher Hinsicht diskutiert werden.

Verkehrssicherungspflicht

Bei der Verkehrssicherungspflicht handelt es sich um die Pflicht, den Betrieb bzw. eine Einrichtung (insb. das Gebäude sowie die darin befindlichen Einrichtungsgegenstände) in einem verkehrssicheren Zustand zu halten und so zu führen, dass niemand geschädigt wird (vgl. §§ 836 bis 838 BGB). Die Verkehrssicherungspflicht beginnt und endet nicht an der Haustür der Einrichtung, sondern besteht auch außerhalb der Einrichtungsstätte für den gesamten Betrieb des Einrichtungsträgers, also auch für alle Veranstaltungen, die vom Träger durchgeführt werden. Sie besteht nicht nur gegenüber den Jugendlichen, die die Einrichtung nutzen, sondern gegenüber jeder Person, welche sie befugtermaßen betritt oder nutzt. Die Verkehrssicherungspflicht beruht auf dem Gedanken, dass die Person, die eine Gefahrenquelle schafft oder in deren Einwirkungsbereich sich eine solche befindet, die notwendigen Vorkehrungen treffen muss, um Dritte vor etwaigen Schäden zu bewahren.

Im Zusammenhang mit der Erziehung und Betreuung von MJ betrifft die Verkehrssicherungspflicht etwa das Aufstellen von Spielgeräten oder das Betreiben von Spielplätzen, die bauliche Gestaltung von Räumlichkeiten und Anlagen, in denen sich MJ aufhalten, aber auch die Durchführung von Festen o. Ä., bei denen es zu Gefahren kommen kann. Wichtig ist dabei zunächst, dass einschlägige Unfallverhütungsvorschriften eingehalten werden. Die notwendigen Schutzvorkehrungen hängen auch davon ab, an welche Altersgruppe sich Angebote richten und zu welchen Aktivitäten sie dienen sollen. Aus den Verkehrssicherungspflichten können sich ganz unterschiedliche Anforderungen ergeben. Sie fordern z. B., dass Spielgeräte auf Spielplätzen standsicher verankert sind und daraufhin auch regelmäßig kontrolliert werden (BGH NJW 1988, 48 f.). Bei Angeboten für Kleinkinder muss u. U. auch ein Untergrund mit aufprallhemmender Wirkung vorhanden sein, um Verletzungen zu vermeiden. Der Bundesgerichtshof hat in diesem Zusammenhang gefordert, dass die Risiken auf Spielplätzen zwar nicht völlig ausgeschlossen, aber doch für die Kinder überschaubar und kalkulierbar sein müssen (BGH FamRZ 1988, 810 ff.). Auch Gebäude müssen so beschaffen sein, dass keine versteckten Gefahrenquellen vorliegen. Werden bei Kinderfesten o. Ä. Spiele veranstaltet, die mit Gefahren verbunden sind, so ist dafür Sorge zu tragen, dass weder die teilnehmenden noch dritte Personen verletzt werden. Auch Fahrzeuge, mit denen MJ befördert werden, müssen selbstverständlich verkehrssicher sein. Wird ein PKW, der Mängel aufweist, zu einer Fahrt benutzt und kommt es zu einem Unfall, so haben alle Personen, die von den für den Unfall ursächlichen Mängeln wussten und gleichwohl das Fahrzeug benutzten, – neben dem Halter (i. d. R. Einrichtungsträger) – ihre Schutzpflicht verletzt.

Wie die Aufsichtspflicht zielt auch die allgemeine Verkehrssicherungspflicht darauf ab, Schutzmaßnahmen zu ergreifen. Wenn es um den Schutz von MJ geht, greifen diese Pflichten und die sog. Aufsichtspflicht daher zumeist derart ineinander, dass eine deutliche Trennung kaum möglich ist. Allerdings trifft die allgemeine Verkehrssicherungspflicht zunächst nur den Einrichtungsträger und nicht seine Beschäftigten, sofern diesen nicht selbst ein fehlerhaftes Verhalten oder Unterlassen vorzuwerfen ist.

Kommt z. B. der Träger seiner Verpflichtung nicht nach, indem er einen schadhaften Fußboden nicht reparieren lässt, auf dem man leicht stolpern kann, so gebietet die Aufsichtspflicht den Mitarbeitern, tätig zu werden. Andernfalls wären sie für eine etwaige Schädigung der Kinder mitverantwortlich. Sie haben den Träger daher nachdrücklich (wenn nötig auch schriftlich) an die Reparatur zu erinnern und Personen, die die Einrichtung besuchen, zu besonderer Aufmerksamkeit hinsichtlich der Gefahrenquelle zu veranlassen. Wenn der Träger nicht reagiert oder sich sogar weigert, die Reparatur durchzuführen, sollten die Beschäftigten ihm schriftlich mitteilen, mit ihrer Aufsichtsführung nicht länger dafür einstehen zu können, dass die Kinder sich wegen des schadhaften Fußbodens nicht verletzen. Im Schadensfalle dürften die Mitarbeiter hierdurch entlastet sein, da sie belegen können, alles in ihrer Macht Stehende und Zumutbare unternommen zu haben, um Schädigungen der Kinder zu vermeiden (vgl. § 832 Abs. 1 S. 2 BGB).

Organisationspflicht In einem engen Zusammenhang mit der Verkehrssicherungspflicht stehen spezifische Organisationspflichten des Einrichtungsträgers, nach denen dieser die Betriebsabläufe so zu gestalten hat, dass Schäden für Dritte ausgeschlossen sind.

1.2.4 Umfang und Grenzen der Aufsichtspflicht

Es ist nicht möglich, Umfang und Grenzen der Aufsichtspflicht im Detail gesetzlich für alle Fälle und Situationen verbindlich festzulegen. Der Gesetzgeber hat es vielmehr der Rechtsprechung überlassen, im konkreten Fall über die Auslegung der unbestimmten Rechtsbegriffe Umfang und Grenzen der Aufsichtspflicht festzulegen. Als Richtschnur gilt insoweit folgender Maßstab: „Hat die aufsichtspflichtige Person das getan, was von einer verständigen aufsichtspflichtigen Person in der Lage und nach den Umständen des Einzelfalles vernünftiger- und billigerweise verlangt werden konnte?" Damit wird zunächst auf den „gesunden Menschenverstand" Bezug genommen. Konkret gibt es eine Reihe unterschiedlicher Faktoren, die Inhalt und Umfang der Aufsichtspflicht bestimmen. Diese sind z. B. (vgl. z. B. BGH NJW 1984, 2574; NJW 1993, 1103; NJW 1996, 1404):

- die aufsichtsbedürftige Person selbst (körperliche, seelische, soziale und geistige Reife; hier wird man neben dem Alter insb. auch auf das Problemverhalten und die frühere „Auffälligkeit" der Kinder und Jugendlichen zu achten haben),
- das Gruppenverhalten der minderjährigen Person,
- die Gruppengröße,
- die Gefährlichkeit der Beschäftigung (insb. im Hinblick auf erlebnispädagogische Aktionen oder z. B. Wettrennen mit Fahrzeugen, aber z. B. auch im Hinblick auf den Umgang mit Medien),
- die Art der Spiel- und Beschäftigungsgeräte (Gebrauch von Waffen, Werkzeugen, Umgang mit Feuer usw.),
- die örtliche Umgebung (unbekannte Umgebung, Bergklippen, Ufergelände, Straßenverkehr),
- Anzahl und Person der Beschäftigten, insb. Qualifikationen und Fähigkeiten der Aufsichtsperson, ihre pädagogischen Erfahrungen und ihre Vertrautheit mit den MJ, aber auch eventuelle körperliche Einschränkungen, Krankheiten oder Behinderungen.

Im konkreten Fall sind meist mehrere dieser Faktoren zu berücksichtigen.

Interventions- und Maßnahmenkatalog Die Aufsichtsmaßnahmen sollten im Einklang mit den derzeit allgemein anerkannten pädagogischen Grundauffassungen stehen, sie sollten die Entwicklungsbedürfnisse der MJ berücksichtigen und ihr Interesse an selbstbestimmten Lernprozessen unterstützen. Das pädagogische Ziel der Erziehung zur Selbstständigkeit bestimmt also Umfang und Intensität der zumutbaren Aufsichtsmaßnahmen mit (vgl. BGH NJW 1976, 1684). Unpädagogisches Verhalten ist unzumutbar und kann daher im Rahmen der Aufsichtspflicht nicht verlangt werden. Es ist zu beachten, dass die Aufsichtspflicht nur eine Nebenpflicht der Erziehungspersonen ist. Vorrangig demgegenüber ist die Erziehung zu Selbstständigkeit, Mündigkeit und Verantwortungsbewusstsein. Ein steigendes Maß an Freiheit ist für die Entwicklung zur Selbstständigkeit nötig. Gefahren müssen im Rahmen des Beherrschbaren in Kauf genommen werden, da ansonsten das schwerwiegendere Risiko besteht, dass das bei Volljährigkeit den Aufgaben des Lebens nicht gewachsen ist. Leitlinie der Ausübung der Aufsicht sollte sein, den MJ ein ständig steigendes Maß an Freiheit zu gewähren. Erziehung und Pädagogik

Der Interventions- und Maßnahmenkatalog umfasst eine große Spannweite: Information und Aufklärung, Absprachen und Ermahnungen, Ge- und Verbote, Überprüfung der Gefahrenquellen und Kontrollen, wenn nötig wiederholt, ggf. die Unterbindung durch Wegnahme und sichere Verwahrung gefährlicher Gegenstände, die Inanspruchnahme fremder Hilfe oder auch den Abbruch von Veranstaltungen. Welche Vorkehrungen und Maßnahmen zur Gefahrenabwehr allein oder kumulativ geeignet, erforderlich und zumutbar sind, ist stets nach den **besonderen Umständen des Einzelfalls** zu beurteilen. Nicht alles, was an Aufsichtsmaßnahmen denkbar ist, ist zumutbar. Entscheidend ist letztlich, was eine verständige aufsichtspflichtige Person nach den Anforderungen im konkreten Fall vernünftigerweise unternehmen muss, um die Schädigung einer dritten Person oder die Eigenschädigung der betreuten Person zu verhindern. Hinsichtlich der einzelnen möglichen Aufsichtsmaßnahmen besteht dabei dem Verhältnismäßigkeitsprinzip entsprechend ein Stufenverhältnis. Die unterste Stufe besteht im **Informieren und Belehren** der MJ über mögliche Gefahren, was ggf. mehrfach zu erfolgen hat. Die Belehrungen, Erklärungen und Warnungen sind so zu gestalten, dass sie dem Alter und Entwicklungsstand der MJ entsprechen und verstanden werden. Insbesondere bei jüngeren und in ihrer Entwicklung beeinträchtigten Kindern hat sich die Aufsichtsperson durch Nachfragen zu versichern, ob ihre Hinweise verstanden wurden, ggf. sind sie zu wiederholen. Der sachgemäße Umgang mit ungewohnten Gegenständen wie etwa Werkzeugen, Sportgeräten oder auch mit Feuer ist vorzuführen. Auf der nächsten Stufe liegen **Überwachungen und Kontrollen**. Hier muss sich die Aufsichtsperson z. B. vergewissern, ob die MJ die erfolgten Belehrungen verstanden haben und diese auch umsetzen. Ebenso muss sie sich davon überzeugen, dass sie die im Einzelfall nötigen Fähigkeiten haben, etwa sicher genug schwimmen, um ins Schwimmerbecken zu können, oder den Roller bzw. das Fahrrad beherrschen. Auf der nächsten Stufe liegen **Ge- und Verbote**; sie sind vorzunehmen, wenn die Wahrscheinlichkeit einer Gefahr besteht. Auch in Bezug auf Ge- und Verbote hat sich die aufsichtspflichtige Person stets zu vergewissern, ob diese von den Aufsichtsbedürftigen tatsächlich verstanden und befolgt werden. Unter Umständen kann bei jüngeren oder entwicklungsbeeinträchtigten Kindern sowie bei solchen, die erfahrungsgemäß Anweisungen und Verbote nicht befolgen, die ständige Anwesenheit einer Aufsichtsperson bei einer Aktivität erforderlich sein. In jedem Fall muss die Aufsichtsperson wissen, wo die MJ sich aufhalten und was sie gerade tun. Hierüber muss sie sich in regelmäßigen Abständen versichern. Auf der höchsten Stufe der Verhältnismäßigkeit

Aufsichtsführung schließlich liegt das **Eingreifen** und Unmöglichmachen einer Handlung, so z. B. Wegschließen oder Wegnahme von gefährlichen Gegenständen oder Entfernung von einem gefährlichen Ort. Dies ist erforderlich, wenn ein besonders großer Schaden zu befürchten ist oder wenn der Eintritt eines Schadens besonders wahrscheinlich ist und andere Mittel nicht ausreichen. Um belegen zu können, dass und in welchem Umfang Aufsichtsmaßnahmen durchgeführt wurden, empfiehlt es sich, z. B. Verstöße von MJ gegen Belehrungen und Ermahnungen in geeigneter Weise zu **dokumentieren**.

Erlebnispädagogik

Die Aufsicht muss umso intensiver ausgeübt werden, je weniger die aufsichtsbedürftige Person bekannt ist, je geringer die bisherige Betreuung war, und auch je geringer die bisherigen Erziehungserfolge waren. Zudem gilt: Je größer das Gefahrenpotenzial einer Situation oder einer Beschäftigung, desto sorgfältiger ist die Aufsicht zu führen. Insbesondere unterliegen erlebnispädagogische Unternehmungen (z. B. Kanu- oder Wildwasserfahrten, Klettertouren, Auslandsreisen, Ferienlager) erhöhten Aufsichts- und Sorgfaltspflichten. Die Risiken müssen gerade im Hinblick auf die ausgewählte Zielgruppe kalkulierbar bleiben und zu dem verfolgten Zweck in einem angemessenen Verhältnis stehen. So müssen die Mitarbeiter bei erlebnispädagogischen Aktionen, Ausflügen und Fahrten z. B.

- die persönlichen Voraussetzungen, Fähigkeiten und (momentane) Verfassung der teilnehmenden Personen berücksichtigen,
- die örtlichen Gegebenheiten (z. B. durch Erkundungsgänge) kennen,
- insb. auch die möglichen Gefahrenquellen selbst beherrschen oder hierfür geeignete Fachkräfte einsetzen. Dies gilt insb., wenn die Begleitpersonen nicht selbst über eine entsprechende erlebnispädagogische Qualifikation verfügen (z. B. Klettern, Kanufahren).

Die Aufsicht würde dann ungenügend wahrgenommen, wenn

- keine klaren Regeln oder Absprachen zwischen den Jugendlichen und den Mitarbeitern bestehen,
- das Gelände offensichtliche Gefahren aufweist, die die Jugendlichen nicht einschätzen können, oder sie sich ohne weiteres der Aufsicht entziehen, weil sie sich vom Gelände entfernen können.
- besondere (erlebnispädagogische) Aktionen unternommen werden, ohne dass die Betreuungspersonen über eine spezifische Qualifikation verfügen oder entsprechend qualifiziertes Personal beauftragt haben oder
- teilnehmende MJ durch Krankheiten von Mitreisenden angesteckt werden, wenn die Aufsichtspflichtigen Kenntnis der ansteckenden Krankheit hatten, oder bei Vergiftung, z. B. aufgrund von Salmonellen durch (schlechte) Nahrungsmittel, wenn es hierfür Anhaltspunkte gibt.

Verstoß gegen Ermahnungen und Belehrungen

Inhalt und Grenzen notwendiger Belehrungen und die Konsequenzen bei einem Verstoß gegen die Belehrung ergeben sich aus der Pflichtenstellung des Einrichtungsträgers, insb. aus einem Betreuungs- bzw. Teilnahmevertrag. Bei einem Verstoß gegen vereinbarte Regelungen kann die Betreuung beendet und ggf. Jugendliche z.B. aus einer Freizeit nach Hause geschickt werden, wobei wiederum besondere Schutzpflichten zu beachten sind.

Soweit nicht ausdrücklich etwas anderes vereinbart ist, besteht die Aufsichtspflicht nur für die Zeit, in der die Einrichtung ihr Betreuungsangebot macht. Grundsätzlich sind für den Weg zu und von der Einrichtung die Personensorgeberechtigten verantwortlich. Im Übergangsbereich ist die Abgrenzung gelegentlich schwierig und sollte eindeutig geklärt werden. Die Aufsichtsbereiche der verschiedenen verantwortlichen Personen müssen nahtlos ineinander übergehen. Den Träger trifft kraft Gesetzes keine Verantwortung für den Heimweg. Dies betrifft auch das Zurückschicken von MJ aus einer Freizeit, allerdings müssen diese den Personensorgeberechtigten oder einer hierzu autorisierten Abholperson übergeben werden und dürfen grundsätzlich nicht einfach alleine nach Hause „geschickt" werden. Während man hier bei kleineren Kindern vor allem die Gefahren des Straßenverkehrs im Auge hat, die zu beherrschen sie nicht in der Lage sind (mangelnde Verkehrstüchtigkeit), bestehen die Gefährdungen bei Jugendlichen auf anderen Gebieten (nicht ausreichende Sozialkompetenz, z.B. im Hinblick auf unbekannte Reiseverbindung, weite Entfernung, Verlockungen des Alltags, falsche Freunde, Gefährdung von Dritten). Auch bei jungen Volljährigen bestehen aufgrund des mit ihnen bestehenden Vertrages oder zumindest aufgrund des vorausgegangenen tatsächlichen Kontakts gewisse Schutzpflichten. Ist z.B. die volljährige Person laufend betrunken oder steht unter Drogen, darf die Betreuung zwar einerseits beendet, die Person aber andererseits nicht alleine nach Hause geschickt werden, wenn sie dadurch in eine schutz- und hilflose Lage geraten könnte.

Dauer und Reichweite der Aufsichtspflicht

Erklären die Personensorgeberechtigten (möglichst schriftlich) ausdrücklich, dass ihr Kind den Heimweg alleine zurücklegen könne und sie es demzufolge nicht abholen, so trifft eine eventuelle zivilrechtliche und strafrechtliche Verantwortlichkeit für hierdurch entstehende Unfälle allein die Eltern und nicht die Einrichtung oder ihr Personal. Etwas anderes gilt allerdings, wenn der unbegleitete Heimweg des MJ in der konkreten Situation gefährlicher erscheint als zunächst angenommen und Risiken vorliegen, die von den Sorgeberechtigten bei ihrer Einwilligung nicht vorhergesehen werden konnten. Ist also erkennbar, dass die MJ bei dem von den Eltern gewünschten selbstständigen Heimweg in eine hilflose Lage oder gar in Lebensgefahr geraten können, gebieten es allgemeine Rechtspflichten, die minderjährige Person trotz der Erklärung der Eltern nicht alleine nach Hause zu schicken.

1.2.5 Delegation der Aufsichtspflicht

Die Aufsichtspflicht kann prinzipiell übertragen werden, z.B. vom Einrichtungsträger auf seine Mitarbeiter, auch Praktikanten (s.o. 1.2.2). Ein generelles Verbot, die Aufsichtspflicht weiterzudelegieren, gibt es nicht; eine Delegation kann aber vertraglich ausgeschlossen werden. Um etwa einen Ausflug leichter und sicherer durchzuführen, können auch ehrenamtliche Mitarbeiter, berufsfremde Personen und andere Erwachsene, etwa Eltern, oder ergänzend sogar MJ selbst zur Ausübung der Aufsichtspflicht mitherangezogen werden. Voraussetzung ist jedoch in jedem Fall, dass die betreffende Person bereit ist, die Aufsicht zu übernehmen, dass sie geeignet ist, hinreichend angeleitet wird und dass sich die Mitarbeiter der Erfüllung der übertragenen Aufsichtsaufgaben vergewissern. Keinesfalls darf die betreffende Person mit der ihr zugedachten Aufgabe überfordert sein. Soll die Aufsichtspflicht delegiert werden, haben die zunächst für die Aufsicht verantwortlichen Personen daher zum einen die Pflicht, die Betreffenden sorgfältig auszuwählen. Zum anderen müssen sie sie bei der Wahrnehmung der jeweiligen Aufgabe im erforderlichen Maße anleiten und sich ihrer Erfüllung vergewissern. Eine Delegation ist insb. im Hinblick auf den Einsatz von zusätzlichem Fachpersonal und Experten notwendig (spezifisch ausgebildete Personen bei gefährlichen erlebnispädagogischen Aktionen, z. B. Klettern, Wildwasserfahren), ohne dass die eigene Verantwortung der anderen aufsichtspflichtigen Personen und des Betreuers dadurch aufgehoben wird.

Zusammenarbeit von mehreren Personen

Besonderheiten ergeben sich bei einem Zusammenwirken von mehreren Personen. Hier muss eindeutig organisiert sein, wer welche Verantwortung hat. Es ist die Organisationspflicht des Anstellungsträgers bzw. der von ihm beauftragten Vertreter, die Verantwortlichkeiten eindeutig zuzuordnen. Zu warnen ist vor dem Versuch, **Teamentscheidungen** zum verbindlichen Entscheidungskriterium zu machen. Dies täuscht darüber hinweg, dass sich die einzelnen Fachkräfte nicht ihrer individuellen Verantwortung entledigen können. Dies ist u. U. nicht einmal bei einer Weisung von Vorgesetzten der Fall.

1.3 Konsequenzen einer Aufsichtspflichtverletzung

Wenn etwas passiert, z. B. ein Unfall oder die vorsätzliche Verursachung eines Schadens, kann dies zivilrechtliche, strafrechtliche und arbeits- oder dienstrechtliche Folgen haben. In der Praxis hatten bislang die strafrechtlichen Risiken gegenüber der zivilrechtlichen Haftung eher eine untergeordnete Bedeutung, allerdings hat sich die Aufmerksamkeit gerade in den letzten Jahren verschoben, nachdem Fachkräfte der Sozialen Arbeit für den Tod oder die Verletzung von Kleinkindern verantwortlich gemacht und wegen der Verletzung ihrer Aufsichts- und Fürsorgepflicht verurteilt worden sind.

1.3.1 Zivilrechtliche Folgen

1.3.1.1 Persönliche Haftung

Zivilrechtlich kann die Aufsichtspflichtverletzung zu einer Schadensersatzpflicht führen (§§ 280, 823, 832 BGB). Dies betrifft sowohl Personen- als auch Sachschäden, die

- bei den betreuten MJ,
- beim Träger oder den dort Beschäftigten oder
- bei Dritten (außerhalb des Einrichtungsträgers) entstehen.

Dabei kann die Haftung wegen einer Aufsichtspflichtverletzung mit der regulären Haftung wegen Pflichtverletzungen bzw. unerlaubter Handlungen zusammenfallen. Ist kein Schaden eingetreten, bleibt eine Aufsichtspflichtverletzung zivilrechtlich folgenlos.

Zunächst einmal haften die MJ nach den allgemeinen Regeln des BGB selbst für die von ihnen schuldhaft (fahrlässig oder vorsätzlich) verursachten Schäden, sei es für Personen- oder Sachschäden. Allerdings sind MJ nach § 828 Abs. 3 BGB erst ab dem siebten Lebensjahr für einen zugefügten Schaden verantwortlich und dies grundsätzlich auch nur dann, wenn sie bei der Begehung der schädigenden Handlung die zur Erkenntnis der Verantwortung erforderliche Einsicht hatten (vgl. II-1.3.2; Ausnahme: § 829 BGB aus Billigkeitsgründen). Dies lässt sich stets nur im Einzelfall klären. Bei Unfällen mit Kraftfahrzeugen, Schienen- oder Schwebebahnen besteht seit dem Jahr 2002 gem. § 828 Abs. 2 BGB die Sonderregelung, dass die Verantwortlichkeit der MJ erst mit Vollendung des zehnten Lebensjahrs einsetzt, es sei denn, dass die minderjährige Person den Schaden vorsätzlich verursacht hat. Die Altersgrenze für die Minderjährigenhaftung im Straßenverkehr liegt deshalb über der allgemeinen Altersgrenze von sieben Jahren, weil jüngere Kinder die besonderen Gefahren des Straßenverkehrs noch nicht erkennen können. Diese Regelung gilt allerdings nach der Rechtsprechung des BGH i.d.R. nur für fahrende, nicht aber für ordnungsgemäß geparkte Fahrzeuge (BGH 30.11.2004 – VI ZR 335/03). Es ist jeweils maßgeblich darauf abzustellen, ob eine typische Fallkonstellation der Überforderung des Kindes durch die Schnelligkeit, die Komplexität und Unübersichtlichkeit der Abläufe im motorisierten Straßenverkehr gegeben ist (BGH 30.06.2009 – VI ZR 310/08). Soweit eine private Haftpflichtversicherung besteht (ggf. über die Eltern), tritt diese i.d.R. jedoch nicht für vorsätzliche Schädigungen ein.

Haftung der Minderjährigen

Die jeweils verantwortlichen Mitarbeiter eines Einrichtungsträgers sind bei fahrlässiger oder vorsätzlicher Verletzung der Aufsichtspflicht nach §§ 823, 832 Abs. 2 BGB verpflichtet, den dadurch entstandenen Schaden zu ersetzen. Tritt ein Schaden im Rahmen der Betreuung bzw. in der Einrichtung ein, wird das Vorliegen einer Aufsichtspflichtverletzung in diesen Fällen als Regelfall vermutet (sog. Beweislastumkehr, § 832 Abs. 1 S. 1 BGB). Die aufsichtspflichtige Person kann die Schadensersatzpflicht aber abwenden, wenn sie nachweist, dass eine Aufsichtspflichtverletzung nicht vorliegt oder der Schaden auch bei ordnungsgemäßer Aufsichtsführung entstanden wäre (§ 832 Abs. 1 S. 2 BGB).

Haftung der Mitarbeiter

Der Einrichtungsträger als solcher, insb. auch die Ableistungsstelle von (jugendstrafrechtlich auferlegten) Arbeitsleistungen, haftet gegenüber Dritten für Schäden, die von ihren Beschäftigten – unabhängig von der Art des Arbeitsverhältnisses und der Unentgeltlichkeit der Arbeit – in Ausübung ihrer dienstlichen Tätigkeit verursacht werden. Der Einrichtungsträger muss sich bei einer Verletzung der vertraglich übertragenen Aufsichtspflicht ein Verschulden seiner Mitarbeiter nach § 278 BGB wie eigenes Verschulden zurechnen lassen. Bei Ableistung von (strafrechtlich auferlegten) Arbeitsleistungen können die Jugendlichen selbst als Beschäftigte der Einrichtung angesehen werden, nicht aber im Rahmen einer (gruppenpädagogischen) Betreuung, z. B. im Rahmen einer Betreuungshilfe oder

Haftung des Trägers

sozialen Gruppenarbeit, da sie nicht für die Einrichtung, sondern die Einrichtungen im Rahmen der Betreuung für sie tätig werden (vgl. III-3.4.2.2).

Da dritten Personen gegenüber grds. keine schuldrechtlichen Verpflichtungen bestehen, ist eine Haftung nur aufgrund unerlaubter Handlung nach § 831 BGB (und nicht nach § 278 BGB) möglich (vgl. II-1.4.3), und zwar für vermutetes eigenes Verschulden im Hinblick auf eine mangelnde Beaufsichtigung. Nach § 831 Abs. 1 S. 2 BGB tritt die Ersatzpflicht nicht ein, wenn der Geschäftsherr bei der Auswahl der bestellten Person die im Verkehr erforderliche Sorgfalt beachtet hat oder der Schaden auch bei Anwendung dieser Sorgfalt entstanden wäre. Dies bedeutet, dass der Träger nachweisen muss, dass er die Aufgabe einer fachlich und persönlich dafür qualifizierten Person übertragen hat, dass er sich von ihrer Fähigkeit, Eignung und Zuverlässigkeit überzeugt hat und diese Eigenschaften auch regelmäßig überprüft hat. An die Überprüfungspflicht dürfen keine überspannten Erwartungen gestellt werden, allerdings ist bei zutage getretenen Mängeln eine sorgfältige Überwachung der betreffenden Person erforderlich.

Im Übrigen haftet der Einrichtungsträger als juristische Person des Privatrechts unmittelbar für die Handlungen seiner Organe (§ 31 BGB), wenn die verantwortlichen Personen z. B. ein Verstoß gegen Verkehrssicherungspflichten oder ein Organisationsverschulden trifft. Bei Einrichtungen öffentlicher Träger trifft die Haftung nach Art. 34 S. 1 GG unmittelbar den öffentlichen Träger. Die Haftungsverlagerung tritt aber nur bei öffentlich-rechtlichem Handeln der Amtsträger ein (z. B. im Rahmen einer Inobhutnahme). Handeln Beschäftigte des öffentlichen Dienstes aufgrund eines privatrechtlich geschlossenen Betreuungsvertrages (sog. Fiskalverwaltung, vgl. I-4.1.1.1), so haftet der öffentliche Anstellungsträger nach §§ 89, 31 BGB wie ein eingetragener Verein.

Die inhaltlich mit der Aufsichtspflicht weitgehend gleichartigen sog. Garantenpflichten, die eine strafrechtliche Verantwortung begründen, betreffen stets nur das Verschulden einzelner Personen.

Mitverschulden Die Haftung ist nach § 254 BGB eingeschränkt, wenn ein Mitverschulden der geschädigten Person vorliegt, z. B. wenn sie durch eigene Unachtsamkeit zur Entstehung des Schadens beigetragen hat. Bei der Frage, wer in welchem Umfang für den eingetretenen Schaden aufzukommen hat, ist auch von Bedeutung, ob die jeweilige Person leicht bzw. einfach fahrlässig oder grob fahrlässig gehandelt hat. Mitverschulden kommt sowohl in Betracht durch geschädigte dritte Personen als auch durch die aufsichtsbedürftige Person selbst, die aufgrund einer Aufsichtspflichtverletzung zu Schaden gekommen ist. Bei den MJ ist jedoch § 828 BGB zu beachten, wonach Kinder unter sieben Jahren für verursachte Schäden nicht haftbar gemacht werden können. Aus diesem Grund kann ihnen auch kein Mitverschulden angerechnet werden. Gleiches gilt bei Verkehrsunfällen für Kinder im Alter von sieben bis neun Jahren, sofern der Schaden vom Kind nicht vorsätzlich verursacht worden ist.

Haftung mehrerer Personen Sind mehrere Personen für den entstandenen Schaden verantwortlich, so haftet im Außenverhältnis jede Person für den gesamten Schaden und es kommt im Innenverhältnis zu einem Ausgleich zwischen den Verantwortlichen. Es besteht damit ein sog. Gesamtschuldverhältnis (§§ 840 Abs. 1, 421 BGB, vgl. II-1.4.3). In diesen Fällen wird eine Person, die nach §§ 831, 832 BGB wegen (gesetzlich vermuteter) Aufsichtspflichtverletzung haftet, gegenüber anderen beteiligten Personen privilegiert, die wegen nachgewiesener Pflichtverletzung für den Schaden aufzukommen haben. Im Innenverhältnis muss sich die aufsichtspflichtige Person bzw. der Träger nicht am Schadensausgleich beteiligen (§ 840 Abs. 2 BGB).

1.3.1.2 Haftungsfreistellung und Versicherungsschutz

Ob und inwieweit eine Haftungsfreistellung oder ein Versicherungsschutz der Beschäftigten eingreift, richtet sich nach den arbeits- und versicherungsrechtlichen Beziehungen, die sich insb. im Hinblick auf die Art des Schadens unterscheiden. So kann es einerseits um die **Abdeckung** der (an sich bestehenden) Haftung für Personen- und Sachschäden gehen (Haftpflichtversicherung), andererseits um die arbeitsrechtliche oder sozialversicherungsrechtliche **Haftungsfreistellung**. Bei der Antwort auf diese Fragen muss regelmäßig unterschieden werden nach

- der Fallkonstellation, in der der Schaden aufgetreten ist (bei den Neuen Ambulanten Maßnahmen z. B. danach, ob es sich um Arbeitsleistungen oder andere Jugendhilfeleistungen handelt),
- der geschädigten Person (Eigenschaden der Einrichtung oder Drittschäden) und
- der Art des Einrichtungsträgers (öffentlicher oder freier Träger).

Die gesetzliche **Unfallversicherung** sieht nach §§ 104 ff. SGB VII eine Reihe von Haftungsfreistellungen vor. So haften nach den §§ 104 bis 106 Abs. 1 SGB VII die Mitarbeiter einer Einrichtung nicht für einen Schaden, den sie einer in der Unfallversicherung versicherten Person desselben Betriebes, einer betriebsangehörigen Person desselben Unternehmens oder dem Arbeitgeber zugefügt haben, wenn dieser auf einem von der gesetzlichen Unfallversicherung erfassten Unfall beruht. Bei der gesetzlichen Unfallversicherung geht es nur um den Ausgleich der wirtschaftlichen Folgen, die durch unfallbedingte Gesundheitsbeeinträchtigungen oder einen unfallbedingten Todesfall eintreten (vgl. III-2.4). Nicht ersetzt werden immaterielle Schäden (Schmerzensgeld) oder Sachschäden. Ein Schmerzensgeldanspruch der geschädigten gegen die schädigende Person ist nach § 105 Abs. 1 SGB VII im Regelfall ausgeschlossen (zur Zulässigkeit dieser Regelung vgl. BGHZ, 04.06.2009 – III ZR 229/07). Die Haftung der Schädiger für Sachschäden bleibt hingegen unberührt. Darüber hinaus haftet die Person, die den Schaden verursacht hat, nach § 110 Abs. 1 SGB VII dem Träger der Unfallversicherung gegenüber für dessen Aufwendungen, sofern sie grob fahrlässig oder vorsätzlich gehandelt hat.

Haftungsfreistellung durch die gesetzliche Unfallversicherung

Gesundheitsbeeinträchtigung

Bei der gesetzlichen Unfallversicherung besteht der Versicherungsschutz ohne vertragliche Grundlage und unabhängig davon, ob im Einzelfall Beiträge geleistet wurden. Entscheidend für die Haftungsfreistellung ist, ob die geschädigte Person und die unfallverursachende Person zum Kreis der Betriebsangehörigen desselben Unternehmens gehören. Betriebsangehörige desselben Unternehmens sind z. B. alle Angehörigen einer Schule, Kindertagesstätte oder Hochschule (BGHZ, 26.11.2002 – VI ZR 449/01). Haben Beschäftigte einer Jugendhilfeeinrichtung im Rahmen ihrer betrieblichen Tätigkeit – etwa aufgrund einer Verletzung ihrer

Aufsichtspflicht – bei einer der beaufsichtigten Personen einen Personenschaden verursacht, so haften sie der geschädigten Person gegenüber nur dann persönlich, wenn sie den Versicherungsfall vorsätzlich, also nicht nur fahrlässig herbeigeführt haben und/oder die geschädigte Person nicht zum Kreis der Versicherten desselben Betriebes bzw. der Betriebsangehörigen desselben Unternehmens gehört.

Kreis der Versicherten
Arbeitnehmer

Bis zum 31.12.1996 war die gesetzliche Unfallversicherung in der sog. Reichsversicherungsordnung (RVO) geregelt. Ursprünglich waren lediglich Arbeitnehmer gesetzlich unfallversichert. Erst mit der Zeit wurde der Kreis der Versicherten über das Arbeitsleben hinaus erweitert. Der Kreis der versicherten Personen in der gesetzlichen Unfallversicherung ist jetzt abschließend in § 2 SGB VII umschrieben (vgl. III-2.4.2). Ausdrücklich zum Kreis der Versicherten gehören die Kinder während des Besuches einer Kindertagesstätte (vgl. § 2 Abs. 1 Nr. 8a SGB VIII).

Tätigkeit „wie Beschäftigte"

Darüber hinaus sind MJ nach § 2 Abs. 2 S. 1 SGB VII in Einrichtungen der Jugendhilfe gesetzlich unfallversichert, wenn sie „wie Versicherte nach Abs. 1 Nr. 1", also wie „Beschäftigte" tätig werden. Ausdrücklich bestimmt § 2 Abs. 2 S. 2 SGB VII, dass dies auch für Personen gilt, die aufgrund einer strafrichterlichen, staatsanwaltlichen oder jugendbehördlichen Anordnung wie Beschäftigte tätig werden. Im Einzelnen bleiben aber Fragen offen.

Anordnung

Zunächst einmal muss es sich um eine Anordnung durch eine der o. g. Stellen handeln. Maßgeblich ist insoweit immer die anordnende Stelle, nicht die Stelle, wo die Beschäftigung ausgeführt wird. Es muss sich also um eine Anordnung der Justiz oder des JA handeln. Während es sich bei den jugendstrafrechtlichen Sanktionen unproblematisch um eine Anordnung handelt, ist dies im Hinblick auf den Leistungscharakter der „freiwilligen" Erziehungshilfen nach dem SGB VIII (hierzu III-3) zweifelhaft.

Beschäftigte

Darüber hinaus muss es sich um eine mit § 2 Abs. 1 Nr. 1 SGB VII vergleichbare Beschäftigung handeln. Das wird heute einhellig anerkannt bei Arbeitsleistungen aufgrund einer Weisung oder Auflage. Bei allen anderen Weisungen und Auflagen bzw. Jugendhilfeleistungen, also insb. im Rahmen der sozialen Gruppenarbeit oder Betreuungshilfe, besteht wohl **kein** gesetzlicher (Unfall-)Versicherungsschutz, da die Jugendlichen nicht für die Einrichtung tätig werden, sondern die Einrichtungen im Rahmen der Betreuung für sie. Damit sind auch die Beschäftigten eines Einrichtungsträgers für die im Rahmen einer solchen „Maßnahme" eintretenden Personenschäden **nicht** von der Haftung freigestellt. Eine solche Gesetzeslücke kann die Arbeit in diesem Bereich u. U. unmöglich machen. Damit wird der durch §§ 1 Abs. 3, 52 Abs. 2 SGB VIII intendierte Gesetzeszweck (insb. Förderung der Diversion) unterlaufen, weshalb eine Ergänzung oder zumindest eine Klarstellung der rechtlichen Bestimmungen dringend erforderlich ist.

Sofern kein Personenschaden vorliegt, die Regelungen der gesetzlichen Unfallversicherung somit nicht greifen und damit auch kein Haftungsausschluss aufgrund der Bestimmungen der Unfallversicherung vorliegt (also insb. für Sachschäden), haften neben dem Träger die Beschäftigten einer Einrichtung persönlich für die von ihnen – insb. aufgrund einer Aufsichtspflichtverletzung – schuldhaft verursachten Schäden.

Haftungsfreistellung durch Arbeitgeber

Ob und inwieweit Beschäftigten eines Trägers, die aufgrund einer Aufsichtspflichtverletzung in Anspruch genommen werden, von ihrem Arbeitgeber eine

Freistellung von ihrer Schadensersatzpflicht verlangen können, ist arbeitsrechtlich noch nicht abschließend geklärt. Nach einem Urteil des BGH (NJW 1996, 1532) ist der innerbetriebliche Ausgleich entsprechend den Regelungen des § 254 BGB (Mitverschulden) abzuwickeln. Das hat zur Folge, dass jeweils im Einzelfall das vorwerfbare Verhalten der beschäftigten Person und das Betriebsrisiko des Anstellungsträgers abgewogen werden müssen und der jeweilige Grad des Verschuldens darüber entscheidet, ob und inwieweit der Anstellungsträger die Schadensersatzpflicht des Mitarbeiters übernimmt. Man kann deshalb nicht pauschal sagen, wie sich die Haftung verteilt. In der Regel ist es so, dass bei grober Fahrlässigkeit eine Haftungserleichterung der beschäftigten Person nicht zwingend, aber auch nicht ausgeschlossen ist, sondern abhängig von einer Einzelfallabwägung. Bei normaler (leichter) Fahrlässigkeit verteilt sich die Haftung anteilig auf Arbeitnehmer und Arbeitgeber und bei leichtester Fahrlässigkeit haftet der Arbeitnehmer gar nicht, sondern der Anstellungsträger trägt den gesamten Schaden.

Verursacht eine im öffentlichen Dienst beschäftigte Person im Zuge ihrer dienstlichen Tätigkeit einen Schaden, so tritt nach § 839 BGB i. V. m. Art. 34 GG die sog. Amts- oder Staatshaftung ein, womit die Haftung auf den öffentlichen Anstellungsträger verlagert wird (vgl. II-1.4.3). Eine Aufsichtspflichtverletzung ist immer eine derartige Amtspflichtverletzung. Für Vorsatz oder grobe Fahrlässigkeit bleibt der Rückgriff des Staates auf die Person vorbehalten, die den Schaden verursacht hat. **Amts- und Staatshaftung**

Für Schäden, die von der gesetzlichen Unfallversicherung nicht ersetzt werden, insb. also für Sachschäden, lässt sich das zivilrechtliche Haftungsrisiko des Einrichtungsträgers und seiner Beschäftigten nur durch den Abschluss von Haftpflichtversicherungen begrenzen. Wenn eine solche Versicherung nicht bereits durch den Träger für alle seine Beschäftigten abgeschlossen wird, sollten sich diese selbst um den Abschluss einer besonderen **Berufshaftpflichtversicherung** bemühen. Zu beachten ist, dass nach den Bedingungen der Haftpflichtversicherer die Leistungspflicht der Versicherung immer für den Fall der vorsätzlichen Herbeiführung des Schadensfalls und i. d. R. auch für seine grob fahrlässige Verursachung ausgeschlossen ist. **Haftpflichtversicherungen** **Berufshaftpflichtversicherung**

Die kommunale Haftpflichtversicherung gilt i. d. R. nur für Beschäftigte der Kommunen, nicht für Mitarbeiterinnen und Mitarbeiter freier Träger. Auch für die Jugendlichen gilt sie deshalb nur dann, wenn sie für eine kommunale Einrichtung tätig sind (z. B. Arbeitsstunden im Krankenhaus) und unmittelbar vom JA eingesetzt werden.

Soweit es sich um fahrlässige Schädigungen handelt, kann das zivilrechtliche Haftungsrisiko ggf. durch eine private Haftpflichtversicherung abdeckt werden. Dabei handelt es sich immer um eine private Versicherung, die des Abschlusses eines Versicherungsvertrages und der Zahlung von Beiträgen bedarf. Entscheidend ist der jeweilige Versicherungsvertrag. In den meisten Verträgen der privaten Haftpflichtversicherung wird die Übernahme der Haftung für Schädigungen durch eine berufliche Tätigkeit der versicherten Person ausgeschlossen. Hier kann ggf. eine Absicherung durch eine spezifische Berufshaftpflicht des Mitarbeiters (s. o.) oder durch eine spezifische Betriebshaftpflicht des Einrichtungsträgers erfolgen. **private Haftpflichtversicherung**

Eigenschäden

Hier muss darauf geachtet werden, dass grobe Fahrlässigkeit und ehrenamtlich tätige Personen sowie mitreisende Jugendliche ausdrücklich einbezogen sind.

Schäden, die Jugendliche am Eigentum der Einrichtung verursachen, sind als Eigenschäden des Versicherungsnehmers (also der Kommune oder des Einrichtungsträgers) nicht durch die Betriebshaftpflicht versichert. Der Versicherungsschutz besteht also nur nach außen.

Kfz-Haftpflicht

Grundsätzlich sind Mitfahrende von der Haftpflichtversicherung des Pkw-Halters umfasst, weshalb es insoweit keiner besonderen Insassenunfallversicherung bedarf. Diese erhöht i. d. R. lediglich die Haftungssummen. Mitreisende Personen sind aber grds. nur dann von der Kfz-Haftpflicht umfasst, wenn die Mitnahme unentgeltlich erfolgt. Ist dies der Fall, so gilt der Versicherungsschutz vielfach auch bei dienstlich veranlassten Fahrten – im Einzelnen ist dies immer abhängig vom konkreten Versicherungsvertrag und den Versicherungsbedingungen der Versicherer. Bei einer Beteiligung an den Benzinkosten dürfen diese die tatsächlich anfallenden fahrtabhängigen Betriebskosten nicht übersteigen, da die Fahrt sonst nicht mehr als unentgeltlich, sondern als gewerblich gilt (§ 1 Abs. 2 PersBefGes) und der Haftpflichtversicherungsschutz eingeschränkt ist. Es empfiehlt sich hier ggf. die konkrete Nachfrage beim Versicherer.

1.3.2 Arbeitsrechtliche Folgen

Anders als in den Fällen der zivilrechtlichen Haftung kommt es für arbeits- und dienstrechtliche Konsequenzen einer Aufsichtspflichtverletzung auf den Eintritt eines Schadens nicht an. Jede Aufsichtspflichtverletzung stellt i. d. R. zugleich eine Verletzung der dienst- oder arbeitsvertraglichen Pflichten der Betreuer / Mitarbeiter dar. Abhängig von der Schwere der Pflichtverletzung kann sie unterschiedliche dienst- bzw. arbeitsvertragliche Folgen haben. Die Möglichkeiten reichen von der formlosen Belehrung oder Ermahnung über die Versetzung an einen anderen Arbeitsplatz und die formelle Abmahnung bis hin zur fristgerechten (ordentlichen) und in besonders schwerwiegenden Fällen sogar fristlosen (außerordentlichen) Kündigung des Beschäftigungsverhältnisses (zum Arbeitsrecht vgl. V-3).

1.3.3 Strafrechtliche Folgen

Eine Verletzung der Aufsichtspflicht kann schließlich strafrechtliche Folgen nach sich ziehen, insb. wenn aufgrund der mangelnden Aufsicht eine Person verletzt wird oder stirbt. Diese strafrechtliche Verantwortung von Fachkräften der Sozialen Arbeit wurde gerade in den letzten Jahren unter dem Stichwort „Verletzung der Garantenpflichten" (hierzu IV-2.2.2) heftig diskutiert. In einigen dieser Fälle kam es zu spektakulären Strafprozessen, in denen einzelnen Fachkräften, insb. Mitarbeitern der Jugendämter, fehlerhaftes Vorgehen vorgeworfen wurde, weil sie es unterließen, die nach Ansicht der Strafjustiz erforderlichen Maßnahmen zu ergreifen, insb. das Familiengericht anzurufen und eine Trennung des Kindes von der

Familie zu veranlassen (vgl. OLG Oldenburg ZfJ 1997, 56 ff.; OLG Stuttgart ZfJ 1998, 382; AG Mönchengladbach 09.03.2004 – 13 Cs 343/03; Bringewat 1997; Mörsberger/Restemeier 1997; Merchel 2005).

In § 171 StGB wird ausdrücklich die gröbliche Verletzung der Fürsorge- und Erziehungspflicht unter Strafe gestellt, strafrechtlich wird aber vor allem die Verantwortlichkeit für ein Unterlassen, also insb. für eine Verletzung der Aufsichtspflicht, thematisiert. Es geht dabei nicht um die unterlassene Hilfeleistung, die jeder Person vorgeworfen wird, die bei Unglücksfällen, gemeiner Gefahr oder Not nicht hilft (vgl. § 323c StGB). Vielmehr wird hier die Frage diskutiert, ob sich Fachkräfte der Sozialen Arbeit als Mitarbeiter der JÄ oder freier Träger der fahrlässigen Tötung eines Kindes bzw. der fahrlässigen Körperverletzung usw. durch Unterlassen (§ 13 StGB) strafbar gemacht haben (hierzu IV-2.2.2). Dies kann dann der Fall sein, wenn ihnen besondere – über die Jedermannspflicht hinausreichende – Schutzpflichten gegenüber ihren Klienten, insb. gegenüber den Kindern der von ihnen betreuten Familien, obliegen und sie diese sorgfaltswidrig nicht erfüllen. Die Garantenstellung und die hieraus fließenden Pflichten werden im Wesentlichen aus ausdrücklichen gesetzlichen Pflichten, vertraglichen Abmachungen, einem vorausgegangenen gefährdenden Tun (z. B. zu schnelle Fahrweise im Straßenverkehr) oder einer engen Lebensbeziehung und Gefahrengemeinschaft zwischen Garant und geschützter Person hergeleitet. Aufgrund der den Beschäftigten der Einrichtung vertraglich auferlegten Aufsichtspflicht sind diese zweifelsohne zum Schutz der von ihnen betreuten Jugendlichen verpflichtet. Darüber hinaus bestehen gerade bei erlebnispädagogischen Aktionen besondere Schutzpflichten der teilnehmenden Personen untereinander aufgrund einer sog. Gefahrengemeinschaft. Inhaltlich unterscheiden sich also diese Garantenpflichten nicht von den o. g. Aufsichtspflichten. Werden diese vorwerfbar verletzt, so droht neben der zivilrechtlichen Haftung auch eine strafrechtliche Sanktionierung.

Strafbarkeit für Unterlassen

1.4 Resümee

So schwierig es für Mitarbeiter der Jugendhilfe auch manchmal sein mag, für den Schutz der ihnen anvertrauten Jugendlichen persönlich die Verantwortung zu tragen – sie werden mit dem Gefühl leben müssen, dass ein völliger Ausschluss von Risiken nicht möglich ist. Die Fachkräfte der JÄ erfüllen ihre Pflichten allerdings durch **fachgerechtes Arbeiten**. Was *lege artis* (kunst- und fachgerecht) ist, also den anerkannten fachlichen Standards entspricht, kann nicht strafbar sein oder zu einer zivilrechtlichen Haftung führen! Das ist in der Sozialen Arbeit nicht anders als im Bereich der Medizin oder des Kfz-Wesens. Anderseits gilt: Wer seiner Aufsichtspflicht nicht nachkommt, haftet nicht nur zivilrechtlich, sondern macht sich ggf. auch strafbar. Hiervor schützt auch eine Haftpflichtversicherung nicht.

fachliche Standards

Wenn schon nicht klar sein kann, ob die Soziale Arbeit immer das Richtige tut, muss sie das, was sie tut, richtig tun, begründen und dokumentieren können (vgl. Schone 1998, 37 f.). Gemessen werden kann die Güte Sozialer Arbeit nicht so sehr an den Ergebnissen, sondern in erster Linie an der Einhaltung normativ vorgeschriebener Verfahren und fachlicher Standards. Deshalb bedarf es auch in der

Sozialarbeit der kontinuierlichen (Weiter-)Entwicklung von Qualitätsstandards und nicht des blinden Vertrauens auf die individuell unterschiedliche Kompetenz und Motivation.

Bänfer/Tammen 2006

1. Warum obliegt die sog. Aufsichtspflicht gegenüber MJ grundsätzlich den Personensorgeberechtigten? (1.2.1)
2. Woraus könnte sich eine Aufsichts- und Schutzpflichtverpflichtung für Fachkräfte des JA ergeben? (1.2.2)
3. Was muss im Hinblick auf Inhalt und Umfang der Aufsichtspflicht beachtet werden? (1.2.4)
4. Dürfen Aufsichtspflichten übertragen werden? Was ist dabei ggf. zu beachten? (1.2.5)
5. Was versteht man im Hinblick auf die zivilrechtlichen Konsequenzen einer Aufsichtspflichtverletzung unter „persönlicher Haftung"? (1.3.1.1)

2 Ärztliche Behandlung und Schwangerschaftsabbruch bei minderjährigen und unter Betreuung stehenden Personen (Trenczek/Behlert/von Boetticher)

2.1   Körperliche Untersuchung und Schwangerschaftsabbruch
2.2   Behandlungsvertrag und Arzthonorar
2.3   Sozialdatenschutz

Besondere, nur mit einer die verschiedenen Rechtsgebiete integrierenden Perspektive zu lösenden Probleme gibt es bei der ärztlichen Behandlung und in der Schwangerschaftskonfliktberatung von minderjährigen oder unter Betreuung stehenden Personen. Gehen diese ohne Wissen und Billigung ihrer Eltern (bzw. Personensorgeberechtigten § 1626 BGB) bzw. ihrer Betreuer (§ 1896 BGB) zum Arzt, ist zu differenzieren zwischen den Fragen nach

1.) der **Einwilligung in die körperliche Untersuchung** bzw. den Schwangerschaftsabbruch,
2.) der Wirksamkeit des **Behandlungsvertrages** bzw. dem Anspruch auf das **Arzthonorar** und schließlich
3.) der **Datenweitergabe** (insb. Information der Eltern).

Bei Punkt 1 handelt es sich vorrangig um eine strafrechtliche Frage, denn der zivilrechtliche Schutz sowohl der körperlichen Unversehrtheit der Schwangeren wie auch des Nasciturus geht nicht weiter als der strafrechtliche. Bei Punkt 2 geht es überwiegend um zivil- und sozialrechtliche Fragen und Punkt 3 betrifft straf- und sozialrechtliche Fragen des Datenschutzes.

2.1 Körperliche Untersuchung und Schwangerschaftsabbruch

Da die ärztliche (Heil-)Behandlung nach st. Rspr. tatbestandlich einen Eingriff in die körperliche Integrität darstellt (§ 223 StGB; BGH 29.6.1995 – 4 StR 760/94 – NStZ 1996, 34; Kindhäuser 2009, § 223 Rz. 7 ff.; Schönke/Schröder – Eser/Sternberg-Lieben 2010, § 223 Rz. 27 ff.), darf sie grds. nur mit (wirksamer) Einwilligung des Rechtsträgers vorgenommen werden. Hierbei handelt es sich nicht um ein Rechtsgeschäft, vielmehr geht es um die Disposition über ein höchstpersönliches Rechtsgut und damit um die grundgesetzlich geschützte **Selbstbestimmung** (Art. 1 Abs. 1, Art. 2 Abs. 1 u. 2 GG; vgl. I-2.2.5). Entsprechendes gilt für den Schwangerschaftsabbruch durch die schwangere Frau. Zwar genießt auch der

Einheit der Rechtsordnung

Nasciturus grds. den Schutz des GG (BVerfG 25.02.1975 – 1 BvF 1/74 u. a. – BVerfGE 39, 1 ff., 35), damit auch des Zivilrechts (vgl. z. B. § 1912 BGB) und unterliegt z. B. der elterlichen Sorge (Staudinger – Coester 2009, § 1666 Rz. 26). Gleichwohl kommt es auch insoweit allein auf die strafrechtliche Wertung an. Gegen eine davon abweichende zivilrechtliche Regelung spricht schon der Gedanke der Einheit der Rechtsordnung, nach dem das Recht dem Bürger keine widerstreitenden Handlungsanweisungen geben darf. In diesem Sinne hat das BVerfG 1993 entschieden, dass die „Durchschlagskraft, die einem strafrechtlichen Rechtfertigungsgrund für die gesamte Rechtsordnung jedenfalls dann zukommt, wenn es sich um den Schutz elementarer Rechtsgüter handelt, (…) es aus(schließt), ihn in seinen Wirkungen allein auf das Strafrecht zu beschränken" (BVerfG 28.5.1993 – 2 BvF 2/90, 2 BvF 4/92, 2 BvF 5/92 – BVerfGE 88, 203). Deshalb **präjudizieren die strafrechtlichen Regelungen die zivilrechtlichen:** Soweit das Strafrecht der Selbstbestimmung der Frau Vorrang einräumt, besteht kein Raum für einen davon abweichenden zivilrechtlichen Schutz des Nasciturus.

Einwilligungsfähigkeit

Im Hinblick auf die Rechtmäßigkeit des Eingriffs (Körperverletzung wie **Schwangerschaftsabbruch**) kommt es also nicht auf die **Geschäftsfähigkeit der Patientin**, sondern darauf an, ob diese nach ihrer geistigen und sittlichen Reife in der Lage ist, das Wesen, die Bedeutung und Tragweite des Eingriffs und seiner Gestattung zu verstehen (Einwilligungsfähigkeit; vgl. BGH 16.11.1971 -VI ZR 76/70 – NJW 1972, 335; BGH 26.06.1990 – VI ZR 289/89; BGH 15.02.2000 – VI ZR 48/99 – BGHZ 144, 1-14; OLG Hamm 8.01.1997 – 15 W 398/96 – FGPrax 1997, 64; Schönke/Schröder – Lenckner/Sternberg-Lieben 2013, Vor § 32 Rz. 39; vgl. hierzu auch V-2.1.2). Dies ist nicht durch eine starre Altersgrenze festgelegt, sondern hängt von der individuellen (Einsichts- und Entschluss-)Fähigkeit bzw. (Verständnis-)Reife ab (BGHZ 29, 33, 36). Bei **Heilbehandlungen** wird man zumindest Jugendlichen (also ab 14 Jahren) eine solche „natürliche" **Einsichtsfähigkeit** in der Regel zuerkennen können, bei Menschen mit einem erhöhten Betreuungsbedarf hängt die Fähigkeit vom Grad der Behinderung bzw. Erkrankung ab. Also selbst für den Fall, dass Eltern eine ärztliche Behandlung ihres Kindes wünschen und hierzu einen wirksamen Behandlungsvertrag (s. u.) abgeschlossen haben, darf der Arzt die Behandlung nur durchführen, wenn auch der einsichtsfähige MJ bzw. unter Betreuung stehende Patient der konkreten Behandlung zustimmt. Ist der MJ selbst einwilligungsfähig, kommt es insoweit nicht auf die elterliche Sorge an. Deshalb muss der Arzt das unabdingbare **Aufklärungsgespräch** über den Eingriff, seine Risiken, seine Konsequenzen (auch einer unterlassenen Heilbehandlung; ausführlich Deutsch/Spieckhoff 2014, 261 ff.) nicht nur mit den Eltern (grds. beiden, nur bei leichten Routineeingriffen reicht ein Elternteil), sondern immer auch mit dem (minderjährigen bzw. unter Betreuung stehenden) Patienten selbst führen und dessen Einsichtsfähigkeit und Einwilligung dokumentieren. Ist der junge Mensch nicht einwilligungsfähig und lehnt er einen ärztlichen Eingriff ab, so reichen die Rechte der Eltern nicht endlos weit, ihn im Zusammenwirken mit dem Arzt dazu zu zwingen. Gewalt ist durch § 1631 Abs. 2 BGB (nur) als Erziehungsmittel ausgeschlossen. Bei Anwendung von Zwang (z. B. Festhalten des Kindes, um es zu impfen, eine Wunde zu nähen, v. a. aber auch, um lebenswichtige Medikamente zu verabreichen o. ä.) kommt es darauf an, ob der Zwang dem Wohl des MJ entspricht. Dies ist allerdings dann grds. nicht der Fall, wenn von der Zwangshandlung/Gewaltanwendung erhebliche Gefahren, insb. für die seelische Entwicklung des Kindes, ausgehen können. Bei stationärer Zwangsbehandlung muss eine Genehmigung des FamG nach § 1631b BGB vorliegen. Zum Abbruch lebensverlängernder Maßnahmen bei MJ vgl. II-2.4.4.

Im Hinblick auf einen **Schwangerschaftsabbruch** wird bei jungen Frauen ab 16 Jahren i. d. R. davon ausgegangen, dass sie die erforderliche Einsichtsfähigkeit besitzen, bei Mädchen unter 14 Jahren ist das in aller Regel nicht der Fall. Lehnt eine einsichtsfähige schwangere Jugendliche den von ihren Eltern gewünschten Schwangerschaftsabbruch ab, so ist dieser unzulässig und strafbar (vgl. §§ 218 Abs. 2, 218a Abs. 1 Nr. 1 StGB). Lehnt ein einsichtsunfähiges, z.B. 13- oder 14-jähriges Mädchen den Abbruch ab, den die Eltern aber wünschen, so ist dieser unzulässig und strafbar, weil **nur die Schwangere selbst** sich **in einer Konfliktlage** befinden und in eine Konfliktberatung begeben kann (vgl. § 218a Abs. 1 Nr. 1 StGB). Ein Abbruch wäre hier gegen bzw. ohne den Willen der Schwangeren nur nach § 218a Abs. 2 StGB zulässig, wenn ihre Einwilligung mangels Einwilligungsfähigkeit durch die Eltern als gesetzliche Vertreter ersetzt werden kann.

Wünscht die einsichtsfähige MJ dagegen den Schwangerschaftsabbruch, stellt sich die Frage, ob dieser durchgeführt werden darf, wenn die Eltern – aus welchen (z.B. religiösen) Gründen auch immer – ihre Zustimmung verweigern. **Strafrechtlich** kommt es allein darauf an, ob der Schwangerschaftsabbruch straflos ist (§ 218a Abs. 1 StGB) bzw. eine Indikation (§ 218a Abs. 2 oder 3 StGB) *und* eine wirksame Einwilligung der einsichtsfähigen MJ als Rechtsgutträgerin vorliegen. Da es insoweit nicht auf die Einwilligung der Eltern ankommt, macht sich der Arzt auch nicht strafbar, wenn er in diesen Fällen die Eltern nicht informiert (zur Schweigepflicht siehe nachfolgend). Ist aber nach der begründeten Ansicht des Arztes die MJ nicht einsichtsfähig und stimmen die Eltern nicht zu, darf er den Schwangerschaftsabbruch trotz einer Indikation nach § 218a StGB mangels wirksamer Einwilligung nicht vornehmen – in Notsituationen zur Abwendung einer gegenwärtigen, nicht anders abwendbaren Gefahr für das Leben der Schwangeren wäre die Tat aber ggf. nach § 34 StGB gerechtfertigt. Können sich die Eltern nicht einigen oder könnte ihre Verweigerung der Zustimmung eine Gefährdung des Wohls der minderjährigen Schwangeren darstellen, entscheidet das FamG (§ 1628 bzw. § 1666 BGB). Allein die Verweigerung der Zustimmung stellt allerdings grds. keinen Missbrauch des Sorgerechts dar, der das FamG zur Ersetzung des Elternwillens berechtigt. Vielmehr müssen noch weitere Umstände hinzutreten, um eine Gefährdung des Kindeswohls zu begründen, wie z.B. die Verweigerung der Unterstützung nach der Entbindung oder das Fehlen jeglicher Auseinandersetzung mit den Motiven und Bedürfnissen der MJ (OLG HH 5.3.2014 – 10 UF 25/14).

Noch differenzierter stellt sich die Situation für volljährige **Personen** dar, die **unter Betreuung** stehen (zur Gesundheitssorge und zum Abbruch lebensverlängernder Maßnahmen bei unter Betreuung stehenden Personen s. II-2.5.2; ausführlich Deutsch/Spickhoff 2014, 646ff.). Sind sie einwilligungsfähig, dann erteilen sie die Einwilligung in den Schwangerschaftsabbruch selbst. Nur im Falle ihrer Einwilligungsunfähigkeit willigt der Betreuer als gesetzlicher Vertreter für sie ein, und zwar ohne dass er dafür noch zusätzlich einer gerichtlichen Genehmigung nach § 1904 BGB bedürfte. Allerdings wäre hierfür vorausgesetzt, dass der Schwangerschaftsabbruch in seinen gerichtlich bestimmten Aufgabenkreis fällt (vgl. Pardey 2009, 122). Dies ist z. B. dann der Fall, wenn die gesamte Personensorge zu seinem Aufgabenkreis zählt, nicht hingegen lediglich bei der Übertragung der Aufenthaltsbestimmung o. Ä., selbstverständlich auch nicht bei Betreuung nur in Vermögensangelegenheiten. Uneingeschränkt gilt dies allerdings nur in Bezug auf § 218a Abs. 2 StGB. In Fällen des § 218a Abs. 1 StGB hingegen kann der Betreuer wohl gar nicht die Einwilligung ersetzen, da er sich ja selbst nicht in der Konfliktlage befindet, demzufolge insoweit auch nicht i. S. v. § 219 StGB beraten werden kann. Hierdurch wiederum fehlt es aber am Vorliegen der tatbestandlichen Voraussetzung des § 218a Abs. 1 Nr. 1 StGB, ohne die der Schwangerschaftsabbruch nicht straffrei ist. Daher kommt ein Abbruch nach § 218a Abs. 1 StGB wohl nur bei einer einwilligungsfähigen schwangeren Betreuten, und dann ohne Mitwirkung des Betreuers, in Betracht (Fröschle 2009, 83 f.).

2.2 Behandlungsvertrag und Arzthonorar

Von der strafrechtlichen zu unterscheiden ist die zivilrechtliche Frage, wer die **Kosten des** (medikamentösen oder instrumentellen) **Schwangerschaftsabbruchs** von etwa 350–500 € (plus ggf. Tagessatz Krankenhaus) zu tragen hat. Da der Schwangerschaftsabbruch grds. nicht erlaubt ist (s. o.), dürfen von den KK nur die Kosten für die Vor- und Nachuntersuchung übernommen werden (§ 24b Abs. 3 SGB V), eine Übernahme der Kosten der eigentlichen (rechtswidrigen) Abtreibung durch die KK hat das BVerfG als mit Art. 1 GG unvereinbar erklärt (BVerfG 28.05.1993 – 2 BvF 2/90 u. a. – BVerfGE 88, 203). Anders ist dies nur bei einer „medizinischen" (§ 218a Abs. 2 StGB) oder „kriminologischen" (§ 218a Abs. 3 StGB) Indikation und damit einem rechtmäßigen Schwangerschaftsabbruch, der in einer nach § 13 SchKG zugelassenen Einrichtung vorgenommen wird. Hier müssen die Kosten von der KK (§ 24b Abs. 1 SGB V) oder staatlichen Beihilfe (z. B. bei Beamten) übernommen werden. Private Krankenversicherungen erstatten aufgrund der vertraglichen Vereinbarung erfahrungsgemäß zumindest die Kosten bei einer medizinischen Indikation, im Einzelfall ist dies allerdings vorab zu klären. Da die KK die Kosten des rechtswidrigen, aber straffreien Schwangerschaftsabbruches nicht übernehmen, können Frauen **mit geringem Einkommen** (nur!) **vor dem Eingriff** über die KK einen **Antrag** gem. § 23 Abs. 1 S. 1 SchKG stellen, damit die Kosten vom jeweiligen Bundesland übernommen werden (das gilt auch für nicht krankenversicherte Bezieherinnen von Sozialhilfe und von Leistungen nach dem AsylbLG bei einer beliebigen KK am Wohnort gem. § 23 Abs. 1 S. 2 SchKG). Als gering gelten dabei gem. § 19 Abs. 2 SchKG Einkünfte bis zu **maximal 1.036 €** zuzüglich 245 € für jedes im Haushalt lebende und von der Frau unterhaltene Kind und zuzüglich eines Mietzuschlages i. H. v. 304 € (bzw. in den neuen Bundesländern schon ab 289 € bis max. 304 €), wenn die tatsächliche Miete diesen Wert übersteigt. Zudem darf auch kein kurzfristig zumutbar ver-

Eingeschränkte Kostenübernahme durch Krankenversicherung

Kostenübernahme bei Geringverdienern

wertbares Vermögen zur Verfügung stehen. Ein **eventuelles Einkommen von Familienangehörigen** in einer Bedarfsgemeinschaft muss dabei **unberücksichtigt** bleiben, weil es sich bei der Entscheidung zum Schwangerschaftsabbruch um eine höchstpersönliche, allein aus den individuellen Grundrechten der Schwangeren heraus legitimierte und daher auch von der Schwangeren allein zu treffende Entscheidung handelt. Auch aus ihrem Recht auf informationelle Selbstbestimmung heraus muss es ihr u. a. auch möglich sein, selbst zu entscheiden, ob der (Ehe-)Partner überhaupt Kenntnis von der Schwangerschaft erlangen soll (BVerfG 28.05.1993 – 2 BvF 2/90 u. a. – BVerfGE 88, 203). Die in § 19 Abs. 2 SchKG genannten Beträge werden gem. § 24 SchKG zusammen mit den gesetzlichen Renten zum 1.7. jeden Jahres angepasst (vgl. III-2.3.3), für die neuen Bundesländer passt das BMFSFJ die Beträge per Rechtsverordnung zum selben Termin gem. § 25 Abs. 2 SchKG an (s. www.bmfsfj.de > Gleichstellung > Schwangere informieren > Schwangerschaftsabbruch nach § 218 Strafgesetzbuch). Es bleibt die Frage, wer die Kosten eines (zwar rechtswidrigen, aber straffreien) Schwangerschaftsabbruchs nach § 218a Abs. 1 StGB zu tragen hat, insb. auch in den Fällen, in denen eine jugendliche oder unter Betreuung stehende Schwangere alleine und ohne Kenntnis ihrer Eltern/Betreuer einen Schwangerschaftsabbruch vornehmen möchte.

Die ärztliche Behandlung erfolgt aufgrund eines privatrechtlichen Behandlungsvertrages, der den Arzt zur Leistung der versprochenen Behandlung und den Patienten zur Bezahlung der vereinbarten Vergütung verpflichtet, soweit diese kein Dritter (insb. KK oder private Krankenversicherung) übernimmt (§ 630a BGB, vgl. II-1.4.2.4). Die Bezahlungspflicht trifft dabei denjenigen, der den Vertrag abgeschlossen hat (s. II-1.2.5). Voraussetzung für einen wirksamen Vertragsschluss ist zivilrechtliche Geschäftsfähigkeit, die nicht gleichzusetzen ist mit der strafrechtlich relevanten Einwilligungsfähigkeit. Da Kinder und Jugendliche ab Vollendung des siebten Lebensjahres (§ 107 BGB) nicht voll, sondern nur beschränkt geschäftsfähig sind (vgl. II-1.1.2.1), werden ärztliche Behandlungsverträge grds. nur mit Zustimmung der **gesetzlichen Vertreter** (§ 1629 BGB, vgl. II-2.4.3.2) wirksam (§§ 107, 108, 182 ff. BGB, zur Ausnahme bei lediglich rechtlich vorteilhaften Geschäften s. u.). Allerdings schließen die Eltern die Behandlungsverträge in aller Regel nicht im Namen ihrer Kinder, sondern im eigenen Namen ab (s. hierzu I-1.2.6). Vertragspartner des Arztes werden also i. d. R. die personensorgeberechtigten Eltern (vgl. BGH 10.01.1984 – VI ZR 158/82 – BGHZ 89, 263), selbst wenn die MJ alleine in die Praxis kommen (bei Kenntnis und Einverständnis der Eltern fungieren sie ggf. als Stellvertreter oder Bote; vgl. II-1.2.6). Das Kind bzw. der Jugendliche ist aber aus dem mit den Eltern geschlossenen Vertrag berechtigt und als Dritter, nämlich als Patient, in dessen **Schutzbereich** einbezogen (HK-BGB/Schulze 2014, § 328 Rz. 12; BGHZ 89, 263).

Parteien des Behandlungsvertrages bei MJ

Bei der rechtlichen Betreuung ist der Patient und nicht der Betreuer Vertragspartei. Zwar ist der Betreuer gesetzlicher Vertreter (§ 1902 BGB), jedoch ohne dass dies Auswirkungen auf die Geschäftsfähigkeit des Betreuten hätte. Das bedeutet im Ergebnis, dass von beiden der Behandlungsvertrag wirksam abgeschlossen werden kann. Etwas anderes gilt nur, wenn in Bezug auf den Aufgabenkreis der Betreuung ein Einwilligungsvorbehalt angeordnet ist. In diesem Fall ergeben sich

Parteien des Behandlungsvertrages bei Betreuten

aus § 1903 Abs. 1 und 3 BGB Analogien zur beschränkten Geschäftsfähigkeit (vgl. II-2.5.3); insb. steht die Wirksamkeit des Vertrages dann unter dem Einwilligungsvorbehalt des Betreuers (§ 1903 Abs. 1 BGB).

Geht eine Jugendliche ohne Wissen ihrer gesetzlichen Vertreter (i. d. R. der Eltern) bzw. eine Betreute, bei der durch das Betreuungsgericht ein Einwilligungsvorbehalt nach § 1903 BGB im Hinblick auf den entsprechende Aufgabenkreis angeordnet wurde, ohne Wissen ihres Betreuers zur Ärztin, so ist der mit ihr selbst geschlossene Vertrag schwebend unwirksam und hängt grds. von der Genehmigung der gesetzlichen Vertreter ab (§ 108 Abs. 1 BGB). Allerdings kann ein beschränkt geschäftsfähiger junger Mensch (zwischen 7 und noch nicht 18 Jahren) selbst einen Arztvertrag schließen, wenn er dadurch „lediglich einen rechtlichen Vorteil erlangt", er also durch den Vertrag nur berechtigt, aber nicht verpflichtet wird (§ 107 BGB; vgl. II-1.2.1; für den Betreuten bei Einwilligungsvorbehalt vgl. § 1903 Abs. 3 S. 1 BGB). Das ist bei über die GKV mitversicherten Familienangehörigen der Fall (§ 10 Abs. 2 SGB V), soweit die KK den Vergütungsanspruch des Arztes übernimmt. Im Hinblick auf den ohne Wissen der Eltern durchgeführten Arztbesuch, die Heilbehandlung und die Verschreibung einer Antibabypille kann man wohl von einem lediglich rechtlichen Vorteil sprechen (vgl. § 107 BGB), da die KK die ärztliche Leistung nach § 24a Abs. 1 SGB V vergüten müssen, nicht aber bzgl. eines rechtswidrigen Schwangerschaftsabbruchs nach § 218 Abs. 1 StGB, da die KK die Kosten dafür nicht übernimmt (§ 24 Abs. 1 SGB V; s. o.). Das zur freien Verfügung überlassene Taschengeld, durch dessen Einsatz ein an sich durch den gesetzlichen Vertreter zu genehmigendes Geschäft als wirksam gilt (§ 110 BGB, s. II-1.2.1), reicht angesichts der Kosten zwischen 350 und 500 € (plus ggf. Tagessatz Krankenhaus) in aller Regel nicht dazu aus, um eine Wirksamkeit des Behandlungsvertrages bezüglich eines Schwangerschaftsabbruches zu begründen; das heißt, der ohne Wissen des gesetzlichen Vertreters geschlossene Behandlungsvertrag bezüglich eines rechtswidrigen, aber straffreien Schwangerschaftsabbruches ist schwebend unwirksam. Der Arzt könnte aber für seine Leistung die übliche Vergütung als Ersatz seiner Aufwendungen nach den Regelungen der sog. Geschäftsführung ohne Auftrag verlangen, wenn die Behandlung rechtmäßig und notwendig war und dem wirklichen oder mutmaßlichen Willen der Eltern entsprach oder durch deren Sorge- und Unterhaltspflicht geboten war (§ 683 BGB). Beides kann man zwar bei einer (vertraulichen) ärztlichen Beratung und Heilbehandlung, nicht aber auch zugleich auch bei einem Schwangerschaftsabbruch bejahen.

Im Hinblick auf den (privaten) Behandlungsvertrag und den Vergütungsanspruch des Arztes kommt es also darauf an, ob auch die **Eltern mit der Behandlung einverstanden** sind. Ohne Behandlungsvertrag ist ein Arzt nicht verpflichtet, eine Behandlung bzw. einen Schwangerschaftsabbruch vorzunehmen. Nur unaufschiebbare, lebensnotwendige Behandlungen dürfen (und müssen ggf.) ohne Behandlungsvertrag durchgeführt und diese Leistung ggf. nach den Regelungen der berechtigten Geschäftsführung ohne Auftrag abgerechnet werden.

Im Hinblick auf den Behandlungsvertrag reicht für ärztliche Routinebehandlungen (nicht aber beim Schwangerschaftsabbruch) neben der Einwilligung des einsichtsfähigen MJ (sonst wäre der Eingriff ja rechtswidrig und strafbar, s. o.) die

Verordnung der Antibabypille

Einwilligung eines Elternteils aus. Können sich die Eltern bei schwerwiegenden Eingriffen mit ggf. hohen Risiken trotz des mit beiden Eltern geführten Aufklärungsgesprächs nicht einigen, muss notfalls das FamG entscheiden (§§ 1627 f. BGB). Lehnen die Eltern eine vom Kind/Jugendlichen gewünschte Behandlung (für den Schwangerschaftsabbruch als solchen war das bereits oben festgestellt) ab, muss der Arzt im Hinblick auf die zivilrechtlichen Fragen das FamG einschalten und dieses ggf. nach **§ 1666 BGB** entscheiden (s. II-2.4.4.). Eltern können das Wohl ihrer schwangeren minderjährigen Tochter gefährden, wenn sie die Zustimmung zu dem Behandlungsvertrag für einen indizierten Schwangerschaftsabbruch verweigern und dadurch mittelbar Druck auf die abtreibungsbereite einsichts- und urteilsfähige Schwangere ausüben. Dies ist insb. der Fall, wenn sie das Lebensinteresse des Nasciturus über das Leben und die Gesundheit der MJ stellen. Bei einem nicht einsichts- und urteilsfähigen Mädchen gefährden Eltern das Wohl ihrer Tochter, wenn sie ihr die notwendige emotionale und materielle Unterstützung versagen (vgl. OLG Naumburg 19.11.2003 – 8 WF 152/03 – FamRZ 2004, 1806 f.). Eltern gefährden das Wohl ihrer schwangeren Tochter auch dadurch, dass sie diese zu einem strafbaren, weil nicht medizinisch-sozial bzw. kriminologisch indizierten (§ 218a Abs. 2 und 3 StGB) oder im Rahmen des Frist- und Beratungskonzepts nach § 218a StGB straflosen Schwangerschaftsabbruch drängen. Die elterliche Ablehnung eines rechtswidrigen Schwangerschaftsabbruchs kann dagegen nicht gegen das Kindeswohl verstoßen.

Kindeswohlgefährdung

2.3 Sozialdatenschutz

Bleibt noch die Frage des Sozialdatenschutzes und insb. der Schweigepflicht (§ 35 SGB I, hierzu III-1.2.3; § 203 Abs. 1 Nr. 1 StGB, s. o. V-2.3.1; ausführlich Deutsch/Spickhoff 2014, 575 ff.) zu klären. Auch insoweit sind MJ selbst Träger von Rechten, d. h. eine Datenweitergabe an die Eltern einsichtsfähiger Kinder und Jugendlicher ohne deren Zustimmung wäre rechtswidrig. Auch die **Schweigeentbindungserklärung** ist kein Rechtsgeschäft, es kommt also nicht auf die Geschäftsfähigkeit, sondern auf die Einsichts- und Einwilligungsfähigkeit an (s. o. 2.2). Will z. B. eine einwilligungsfähige schwangere Jugendliche nicht, dass ihre Eltern davon erfahren, darf der Arzt diese Information nicht an die Eltern weitergeben, auch nicht durch Übersendung einer Honorarabrechnung. Der Arzt hat damit keine Möglichkeit, seine Honorarforderung durchzusetzen. Gleiches gilt für die KK, bei der ein Antrag auf Übernahme der (ggf. Neben-)Kosten des Schwangerschaftsabbruches gestellt wird. Gem. § 36 SGB I kann bereits ein 15 Jahre alter Mensch wirksam Anträge auf Sozialleistungen stellen. Zwar soll der Sozialleistungsträger den gesetzlichen Vertreter nach § 36 Abs. 1 S. 2 SGB I über die Antragstellung informieren, dieses „Soll"-Gebot gilt aber nicht, wenn durch die Information das Vertrauensverhältnis tiefgreifend gestört werden würde, wie z. B. beim verheimlichten Schwangerschaftsabbruch (Schlegel/Voelzke – Diedong, § 36 Rn. 18).

Ärztliche Schweigepflicht

3 Arbeitsrecht (Behlert)

3.1 Gegenstand und Funktion
3.2 Struktur und Rechtsquellen des Arbeitsrechts
3.3 Kollektives Arbeitsrecht
3.3.1 Tarifrecht
3.3.2 Betriebliche Mitbestimmung
3.4 Individualarbeitsrecht
3.4.1 Anbahnung des Arbeitsverhältnisses
3.4.2 Begründung des Arbeitsverhältnisses
3.4.3 Formen von Arbeitsverträgen
3.4.4 Inhalt des Arbeitsverhältnisses
3.4.5 Schadenshaftung im Arbeitsvertrag
3.4.6 Beendigung des Arbeitsverhältnisses

3.1 Gegenstand und Funktion

Das Arbeitsrecht regelt die Rechtsbeziehungen zwischen Arbeitnehmer (ArbN) und Arbeitgeber (ArbGeb). Seine kaum zu überschätzende praktische Bedeutung ergibt sich schon allein quantitativ daraus, dass nahezu 85 % aller Erwerbstätigen in der Bundesrepublik ArbN sind. Wer ArbN oder ArbGeb ist, findet sich nirgends rechtsverbindlich geregelt. Jedoch liegt es nahe, als ArbGeb zu definieren, wer mindestens einen ArbN beschäftigt. Als Problem bleibt demnach, wer ArbN ist.

Arbeitgeber

Arbeitnehmer

ArbN, insoweit herrscht weitgehend Einigkeit, ist, wer **abhängig beschäftigt** ist. Während jedoch der Kern dieser Abhängigkeit in der Literatur ganz vorherrschend und gestützt durch § 7 Abs. 1 SGB IV in der **Weisungsgebundenheit** des Beschäftigten und seiner **Eingliederung in den Betrieb** gesehen wird, erblickt ihn ein kleinerer Teil in seiner **wirtschaftlichen Abhängigkeit**. Die erste Position bezieht sich in ihrer Argumentation u. a. auf die Vertragskonstruktion, die dem Rechtsverhältnis zwischen ArbN und ArbGeb zugrunde liegt. Denn der Arbeitsvertrag ist ein Unterfall des Dienstvertrages (§ 611 BGB) und unterscheidet sich von dessen allgemeiner Form eben genau dadurch, dass der Dienst nicht selbstständig, sondern innerhalb eines persönlichen Abhängigkeitsverhältnisses, eben weisungsgebunden, zu erbringen ist (vgl. statt vieler: Hromadka/Maschmann 2012, 9 ff.). Demgegenüber wird nun geltend gemacht, dass eine wichtige Funktion des Arbeitsrechts unmittelbar aus dem Schutzbedürfnis des ArbN vor einer in tatsächlicher Hinsicht überlegenen vertraglichen Gestaltungsposition des ArbGeb resultiert. Dies müsse sich auch im Begriff des ArbN niederschlagen (Wank 1992, 91).

Um die Problematik an einem Beispielfall deutlich zu machen: Der künftige ArbGeb der Sozialpädagogin P. macht ihr im Rahmen eines Bewerbungsgespräches klar, dass er aufgrund seiner engen finanziellen Spielräume, die im sozialen Bereich heutzutage nun einmal Realität seien, sie nicht entsprechend ihrer Qualifikation eingruppieren und ihr darüber hinaus lediglich eine 30-Stunden-Stelle anbieten könne. Gleichwohl erwarte er von ihr, dass sie wöchentlich mindestens 40 Stunden, wenn nötig auch mehr, für ihn arbeite. Aufgrund der finanziellen Unwägbarkeiten würden im Betrieb grds. nur Jahresverträge abgeschlossen, die dann ggf. Jahr für Jahr verlängert werden könnten. Über Urlaub könne man frühestens nach neunmonatiger Beschäftigungsdauer reden. Falls sie ein Kind bekäme, müsse das Arbeitsverhältnis im Übrigen sofort beendet werden, da der Ausfall einer Mitarbeiterin bei der geringen Größe des Betriebes nicht kompensiert werden könne. Deshalb fragt er vorsorglich auch jetzt schon, ob Frau P. schwanger sei. Aus dem gleichen Grund interessiert er sich auch für ihren allgemeinen Gesundheitszustand und ihre Familienverhältnisse. Frau P. ist angesichts der angespannten Situation auf dem Arbeitsmarkt froh, überhaupt etwas gefunden zu haben. Sähe sie sich in dieser Situation wohl in der Lage, günstigere Vertragsbedingungen für sich „auszuhandeln", oder ist es nicht gut und notwendig für sie, dass ihr rechtlicher Schutz gewährt wird?

Das Beispiel weist auf eine wesentliche Funktion des Arbeitsrechts überhaupt hin: seine Schutzfunktion. Neben dem technischen Arbeitsschutz, der sich auf den Schutz von Leben und Gesundheit des ArbN richtet und für dessen Gewährleistung das ArbSchG als Rahmengesetz maßgeblich ist, sind in diesem Zusammenhang vor allem die **Regelungen des sozialen Arbeitsschutzes** von Belang. Einige von ihnen sind im Beispielfall oben implizit angesprochen: das Arbeitszeitgesetz (ArbZG), das Teilzeit- und Befristungsgesetz (TzBfG), das Bundesurlaubsgesetz (BUrlG), das Entgeltfortzahlungsgesetz oder auch das Kündigungsschutzgesetz (KSchG). Eine weitere Vorschrift zum sozialen Arbeitnehmerschutz ist das Pflegezeitgesetz (PflegeZG), das es Arbeitnehmern ermöglicht, für kürzere Zeit (bis zu zehn Tage) der Arbeit fernzubleiben, um die Pflege eines nahen Angehörigen zu organisieren, oder aber Pflegezeit für max. sechs Monate in Anspruch zu nehmen, um einen nahen Angehörigen in häuslicher Umgebung pflegen zu können. Während der Pflegezeit, die aber nur von ArbGeb zu gewähren ist, die i. d. R. mind. 16 ArbN beschäftigen, besteht für den ArbN **Kündigungsschutz** (vgl. V-3.4.6). In ähnlicher Weise soll auch das Familienpflegezeitgesetz (FPfZG) von 2011 eine Vereinbarkeit von Beruf und häuslicher Pflege naher Angehöriger ermöglichen. Hiernach können ArbN über einen Zeitraum von bis zu 24 Monaten eine (wöchentlich mindestens um 15 Stunden) reduzierte Arbeitszeit zum Zweck der Familienpflege in Anspruch nehmen, für die der ArbGeb zunächst eine (durch staatliche Darlehen gestützte) Aufstockung des Arbeitseinkommens leistet. Als Ausgleich hierfür räumt ihm der ArbN für die Nachpflegephase dann vertraglich ein Recht auf Einbehaltung des Arbeitsentgelts in der entsprechenden Höhe ein. Auf den besonderen Schutz von bestimmten Gruppen von ArbN richten sich weiterhin das Mutterschutzgesetz (MuSchG), das Bundeselterngeld- und Elternzeitgesetz (BEEG), die §§ 68 bis 160 SGB IX, in denen der Schutz von schwerbehinderten Menschen im Arbeitsverhältnis und ihre berufliche Rehabilitation geregelt sind, sowie das Jugendarbeitsschutzgesetz (JArbSchG). In ihm sind vor allem das Verbot der Kinderarbeit, bestimmte Beschäftigungsverbote und Beschränkungen für Jugendliche (keine schweren und gefährlichen Tätigkeiten, keine Akkord- oder Fließbandarbeit), Regelungen zur Dauer der Arbeitszeit (max. 40 Stunden an max.

Schutzfunktion

fünf Tagen pro Woche), das Verbot der Sonntagsarbeit, erweiterte Mindesturlaubsansprüche sowie besondere Regelungen zur gesundheitlichen Betreuung (Pflicht zu Einstellungs- und Nachuntersuchungen) enthalten. Eine Reihe von Vorstrafen, die nach Strafhöhe und Deliktsart (etwa Verstoß gegen das BtMG) differenziert sind, disqualifizieren den Betroffenen als ArbGeb für Jugendliche (§ 25 JArbSchG). Von dem prinzipiellen Verbot der Kinderarbeit sind nur in den abschließend geregelten Fällen in §§ 5 ff. JArbSchG sowie in § 2 Kinderarbeitsschutzverordnung (KindArbSchV) Ausnahmen zulässig.

Abgesehen von dem zuletzt genannten Fall des Jugendarbeitsschutzes (vgl. hierzu § 1 JArbSchG) kann der soziale Arbeitsschutz eben nur erlangt werden, sofern man ArbN ist. Entscheidend ist demnach, ob eine solche ArbN-Eigenschaft vorliegt. § 5 Abs. 2 BetrVG nimmt hier lediglich eine negative Abgrenzung vor, sagt also, wer alles *nicht* ArbN ist. Ansonsten mag wirtschaftliche Abhängigkeit, also das Fehlen anderer Einkommensquellen, ein wichtiges Indiz für die ArbN-Eigenschaft sein. Letztlich ausschlaggebend ist jedoch, ob weisungsgebunden Dienste gegen Entgelt erbracht werden. Denn erst dann handelt es sich um einen Arbeitsvertrag – und **ohne Arbeitsvertrag kein Arbeitsrecht!** Es kommt hingegen nicht darauf an, wie dann die *Bezeichnung* des Vertrages oder des Entgeltes lautet. Ein ArbGeb kann also arbeitsrechtlichen Schutz nicht etwa dadurch umgehen, dass er den Vertrag, den er mit dem ArbN schließt, Honorarvertrag nennt oder dass er das Entgelt nicht für einen Monat, sondern nach einem anderen Zeitraum, etwa einem Tag, einer Woche oder einem Jahr, bemisst.

Arbeitsrecht ist aber für den sozialen Bereich nicht nur deshalb in besonderer Weise bedeutsam, weil hier gehäuft prekäre Beschäftigungsverhältnisse anzutreffen sind, die der Decke des arbeitsrechtlichen Schutzes, die an manchen Stellen ohnehin ein wenig dünn zu werden droht, dringend bedürfen. Für viele „kleine" ArbGeb, z. B. kleinere Vereine, kann auch die Kehrseite des Schutzgedankens mitunter Wirkungen unabsehbaren Ausmaßes zeitigen. Führen nämlich mangelnde arbeitsrechtliche Kenntnisse etwa zu Pflichtverletzungen im Vorfeld von Arbeitsvertragsabschlüssen (z. B. Verstoß gegen das Benachteiligungsverbot aus AGG; hierzu V-3.4.1), zu Fehlern in Haftungsfragen, zu Fehlern in der Ausübung des Weisungsrechts, etwa bei Versetzungen oder der Anordnung von Überstunden, oder vor allem zum fehlerhaften Ausspruch einer Kündigung, so kann dies für den ArbGeb im Ergebnis unter Umständen schon ein wirtschaftliches Fiasko bedeuten.

Ordnungsfunktion

Um nachfolgend die Struktur des Arbeitsrechts nachvollziehen und die Vielzahl der Rechtsquellen richtig aufeinander beziehen zu können, muss neben der Schutzfunktion des Arbeitsrechts auch seine Ordnungsfunktion in die Betrachtung einbezogen werden. Sie wird u. a. dadurch realisiert, dass über einheitliche rechtliche Regelungen die Arbeitskosten für alle Unternehmen oder wenigstens für die Unternehmen innerhalb einer Branche wettbewerbsneutral gestaltet werden (vgl. hierzu Zöllner/Loritz 1992, 5 ff.). Die hierfür zur Verfügung stehenden rechtlichen Instrumentarien, insb. das Mindestarbeitsbedingungsgesetz (MiArbG) sowie die Tarifverträge, erwiesen sich jedoch nicht mehr als hinreichend wirksam; letztere vor allem wegen einer vornehmlich im Niedriglohnsektor zunehmenden „Flucht aus dem Tarifvertrag" (d. h. die ArbGeb verlassen die Arbeitgeberverbände und unterliegen damit nicht mehr der Tarifbindung, i. E. V-3.3.1) sowie der Aufweichung des Rechtsgrundsatzes der Tarifeinheit, nach dem für jeden Betrieb ein einheitlicher TV gelten soll. Um Lohnkosten wenigstens in den untersten Einkommensbereichen einigermaßen als Wettbewerbsfaktor zu neutralisieren, wurde daher im Juli 2014 ein Mindestlohngesetz (MiLoG) verabschiedet, das einen branchenübergreifenden Mindestlohn von bundeseinheitlich zunächst 8,50 € (§ Abs. 2 MiLoG) festschreibt. Allerdings sind in § 22 MiLoG Personengruppen aufgelistet, die von der gesetzlichen Regelung ausgenommen bleiben. Zusätzlich sind im Rahmen von § 24 MiLoG Abweichungen nach unten noch in einer Übergangsfrist bis zum 31.12.2016 möglich. Die Ordnungsfunktion des Arbeitsrechts realisiert sich ferner über § 138 BGB, wonach sittenwidrige Lohnvereinbarungen („Lohnwucher") nichtig sind. Dies soll nach der Rspr. des BAG bei einer Unterschreitung der niedrigsten Tarifgruppe um 1/3 vorliegen (BAG 5 AZR 436/08 – 22.04.2009). In diesen Fällen wäre nach § 612 Abs. 2 BGB die übliche Vergütung, also Tariflohn, zu zahlen. Bei all dem muss jedoch gesehen werden, dass die verstärkte Regulierung der Lohngestaltung im unteren Einkommenssektor ArbGeb zunehmend zu einer „Flucht aus dem Arbeitsvertrag" und einem Ausweichen etwa auf Werkverträge veranlasst, woraus wiederum eine neue gesetzgeberische Herausforderung erwächst.

3.2 Struktur und Rechtsquellen des Arbeitsrechts

Die Kodifikationen, die dem Arbeitsrecht zuzuordnen sind, verfügen über eine extreme Streubreite und sind, zumindest in den Details, nur noch von Experten nachzuvollziehen. Versuche, diese unübersichtliche, zersplitterte und von gesetzgeberischen Lücken beachtlichen Ausmaßes gekennzeichnete Rechtsmaterie zu vereinheitlichen und zusammenzufassen, hat es immer wieder gegeben; gleichwohl sind sie allesamt letztlich politisch gescheitert. Dies erklärt sich nicht zuletzt daraus, dass die Interessengegensätze, die miteinander in Ausgleich zu bringen ja die eigentliche soziale Aufgabe des Rechts ist, im Arbeitsrecht fundamentale Fragen der sozialen Existenz von ca. 30 Mio. ArbN, in modifizierter Weise aber natürlich auch ihrer ArbGeb, berühren. Damit verbunden ist allerdings auch, dass unterschiedliche Rechtsvorstellungen hier häufig in den Rang ideologisch geprägter Glaubenssätze gehoben werden. Derartige Interessenpolarisationen lassen sich innerhalb jener eher diffusen Rechtssituation, wie wir sie im Arbeitsrecht vorfinden, offenbar sozial verträglicher auspendeln. Hiermit im Zusammenhang steht wiederum die überragende Bedeutung der Rechtsprechung im Arbeitsrecht. Das BAG, dem mit § 45 Abs. 4 ArbGG ausdrücklich die Befugnis zur Rechtsfortbildung eingeräumt wurde, hat dies genutzt und ein derart engmaschiges Netz von „Quasi-Rechtsnormen" (Däubler 2014, 35) geknüpft, wie wir es in dieser Form in keinem anderen Rechtsgebiet vorfinden.

Sowohl die Schutz- als auch die Ordnungsfunktion des Arbeitsrechts werden nicht nur unmittelbar durch gesetzliche Bestimmungen, sondern auch durch die, freilich ebenfalls gesetzlich geregelte, Möglichkeit des kollektiven Aushandelns von Arbeitsbedingungen sowie die gesetzliche Fixierung von Mitwirkungsrechten

Struktur des Arbeitsrechts

Übersicht 63: Struktur des Arbeitsrechts

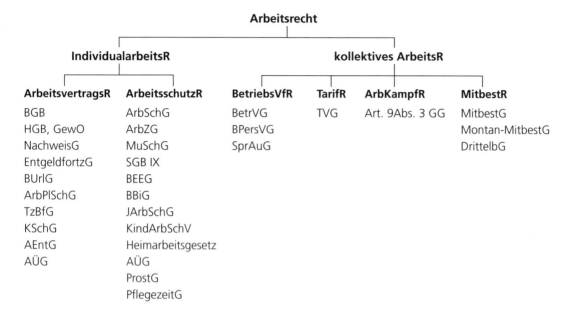

der ArbN-Vertreter im Betrieb realisiert. Demzufolge gliedert sich die Rechtsmaterie des Arbeitsrechts zunächst in die zwei großen Bereiche des Individualarbeitsrechts und des kollektiven Arbeitsrechts. Deren einzelnen Teilbereichen können dann die verschiedenen Rechtsvorschriften zugeordnet werden. Die hieraus folgende Struktur des Arbeitsrechts ist in Übersicht 63 dargestellt.

Rechtsquellen

Das Zusammenspiel der Rechtsquellen im Arbeitsrecht lässt, schematisch betrachtet, ein durchaus bizarres Gebilde entstehen. Dadurch, dass zudem für einen beträchtlichen Teil von Arbeitsverhältnissen im sozialen Sektor mit kirchlichen Einrichtungen ein **eigenständiges kirchliches Arbeitsrecht** gilt (i. E.: Richardi 2009), wird es nicht übersichtlicher. Bereits die oben (I-1.1.3) systematisch dargestellten Rechtsnormen haben für das Arbeitsrecht eine ganz unterschiedliche tatsächliche Bedeutung. Darüber hinaus treten zu den üblicherweise bekannten Rechtsquellen, dem Gesetz und dem Vertrag, hier noch weitere arbeitsrechtspezifische Rechtsquellen hinzu. Nachfolgend ein kurzer Gesamtüberblick:

(1) *Europäisches Recht:* Die beiden wichtigsten arbeitsrechtlichen Vorschriften innerhalb des europäischen Primärrechts (hierzu I-1.1.5.1) finden sich in Art. 45 AEUV – **Recht auf Freizügigkeit der Arbeitnehmer** – sowie in Art. 157 AEUV – **Lohngleichheit für Männer und Frauen** bei gleicher Arbeit. Im sekundären Recht wurde eine ganze Reihe von Richtlinien durch Umsetzung in innerstaatliches Recht mittelbar wirksam. Zu ihnen gehören, um einige der wichtigeren zu nennen: RL 77/187/EG, 98/50/EG und 2001/20/EG (umgesetzt in § 613a BGB); RL 2000/43/EG, 2000/78/EG und 2004/113/EG

(umgesetzt in AGG); RL 97/81/EG und 1990/70/EG (umgesetzt in TzBfG); RL 96/71/EG (umgesetzt in AEntG). Aus den Verordnungen, die im Bereich des Arbeitsrechts gelten, sei beispielhaft die VO (EG) Nr. 593/2008 (Rom I) herausgehoben, nach der die Wahl des anzuwendenden Rechts bei Rechtsverhältnissen mit Auslandsbezug gem. Art. 8 der VO auch Individualarbeitsverträge mit einschließt.

(2) *Verfassungsrecht:* Das GG ist nicht nur in formaler Hinsicht vorrangiges nationales Recht. In seiner Gesamtheit kann man das Arbeitsrecht durchaus als spezifische Ausprägungsform des Sozialstaatsgebots aus Art. 20 Abs. 1 GG begreifen. Das gesamte Tarif- und Arbeitskampfrecht etwa basiert auf Art. 9 Abs. 3 GG. Ansonsten ist hinsichtlich der Geltung von Grundrechten zu berücksichtigen, was bereits zum Problem ihrer mittelbaren Drittwirkung ausgeführt wurde (vgl. I-2.2.4). Eine besondere Bedeutung erlangen dabei v. a. Art. 3 GG (vgl. I-2.1.2.4) mit Bezug auf den arbeitsrechtlichen Gleichbehandlungsgrundsatz sowie Art. 2 GG, der im Arbeitsrecht vor allem Bezug nimmt auf die Pflicht des ArbGeb, Leben und Gesundheit, aber auch die Persönlichkeit des ArbN (ArbN-Datenschutz!) zu schützen. Jedoch sind vor allem beim Recht auf freie Meinungsäußerung aus Art. 5 Abs. 1 GG dessen Schranken hier in besonderer Weise zu beachten. Sie ergeben sich gem. Art. 5 Abs. 2 GG schon aus den Vorschriften der allgemeinen Gesetze. Eine solche Vorschrift ist § 611 BGB. Das Recht auf freie Meinungsäußerung darf daher nicht Arbeitsabläufe beeinträchtigen und muss zumindest auch auf grundrechtlich geschützte Interessen des ArbGeb, etwa aus Art. 14 GG, Rücksicht nehmen (Däubler 2014, 313).

Noch einmal eine besondere Situation finden wir in Bezug auf ArbGeb vor, die eine bestimmte geistig-ideelle Zielsetzung verfolgen (sog. Tendenzunternehmen, § 118 BetrVG) und die insb. in der Sozialen Arbeit verstärkt anzutreffen sind. In ihnen werden aus der Art der Betätigung (etwa: Arbeit mit Behinderten) oder aus dem fachlich-methodischen Ansatz der Einrichtung heraus noch einmal ganz besondere Erwartungen in das Verhalten der Mitarbeiter gesetzt, denen diese unbeschadet der Grundrechtsverbürgungen zu genügen haben. Über eine noch stärkere verfassungsrechtliche Position auch in dieser Hinsicht verfügen wiederum insb. die beiden großen Kirchen in ihrer Eigenschaft als (bundesweit zweitgrößte!) ArbGeb, deren arbeitsrechtliches Selbstgestaltungsrecht in Art. 140 GG i. V. m. Art. 137 Abs. 3 WRV festgeschrieben ist und die hieraus abgeleitet eine besonders stark ausgeprägte Loyalität ihrer Mitarbeiterinnen erwarten können (vgl. auch § 8 Abs. 2 AGG). Dies betrifft nicht nur das dienstliche Verhalten, sondern umfasst auch die außerdienstliche Lebensführung. Das BAG betont daher auch in seinem Urteil v. 08.09.2011 (2 AZR 543/10), dass eine Kündigung wegen Loyalitätsverstoßes – hier durch Eingehung einer nach kanonischem Recht (Kirchenrecht) ungültigen Ehe infolge Wiederverheiratung nach Scheidung – prinzipiell sozial gerechtfertigt ist (im zu entscheidenden Fall allerdings unverhältnismäßig war).

(3) *Bundesgesetze:* Sie bilden den größten Teil des Rechtsstoffes der Arbeitsrechtsordnung. Das insoweit grundlegende Bundesgesetz ist das Bürgerliche Gesetzbuch, ergänzt durch einige Vorschriften aus dem Handelsgesetzbuch

und der Gewerbeordnung. Von übergreifender Bedeutung sind darüber hinaus die Regelungen des AGG (s. I-2.1.2.4).

(4) *Ländergesetze:* Sie hingegen sind von geringerer praktischer Relevanz. Beispielhaft zu nennen wären aber die Bildungsurlaubsgesetze einiger Länder.

(5) *Rechtsverordnungen:* In Bezug auf sie lässt sich, ganz im Gegensatz zur sonstigen Gestaltung unserer Rechtsordnung, Gleiches sagen. Ein Beispiel für eine der wenigen bedeutsamen Rechtsverordnungen im Arbeitsrecht ist die 1. DVO des BetrVG (Wahlordnung).

(6) *Tarifvertrag:* Diese spezifische normative Rechtsform des Arbeitsrechts kommt durch Vereinbarung zwischen ArbGeb(-Verband) und Gewerkschaft zustande. Bundesweit existieren derzeit knapp 60.000 gültige Tarifverträge, die die Arbeitsverhältnisse von ca. 84 % (d.h. 25 Mio.) ArbN regeln (Näheres unter V-3.3.1).

(7) *Betriebsvereinbarung*: Sie wird zwischen Betriebsrat und ArbGeb im Rahmen der betrieblichen Mitbestimmung getroffen (Näheres unter V-3.3.2).

(8) *Arbeitsvertrag:* Mit ihm wird das Arbeitsverhältnis zwischen ArbN und ArbGeb begründet (vgl. V-3.4).

(9) *Betriebliche Übung:* Sie entsteht nach st. Rspr. des BAG (wegweisend: Urt. v. 18.03.2009 – 10 AZR 281/08) durch ein wiederholtes gleichförmiges Verhalten des ArbGeb (z. B. hinsichtlich Gratifikationen, betrieblicher Altersversorgung o. Ä.), ohne dass dieser hieran besondere Bedingungen geknüpft hätte. Hieraus, so das BAG, kann der ArbN schließen, dass der ArbGeb sich insoweit rechtlich binden wollte, woraus schließlich auch tatsächlich eine rechtswirksame Bindungswirkung entsteht.

(10) *Gleichbehandlungsgrundsatz:* Er wird subsidiär zu § 7 AGG herangezogen. Nach ihm ist es dem ArbGeb verwehrt, nach sachwidrigen Kriterien Gruppen zu bilden, die etwa Gratifikationen oder zusätzliche Urlaubstage erhalten bzw. umgekehrt einzelne ArbN ohne rechtfertigenden Grund schlechter zu behandeln als andere (Hromadka/Maschmann 2012, 47). Auch andere Ungleichbehandlungen, etwa im Hinblick auf Beförderung, Weisungserteilung oder Kündigung, sind unzulässig.

Zusammenwirken der Rechtsquellen Die gleichzeitige Geltung einer Vielzahl von Rechtsquellen unterschiedlicher Rechtsqualität führt notwendigerweise zur Frage nach ihrem Zusammenwirken. Hierfür sind in der Arbeitsrechtslehre und der Rspr. des BAG einige wichtige Prinzipien entwickelt worden:

(1) *Rangfolgeprinzip.* Zunächst gilt die allgemeine Regel (vgl. I-1.1.3.7), dass die höherrangige Rechtsquelle der niederrangigen vorgeht, weil sie „die größere Richtigkeitsgewähr und damit auch den größeren Schutz bietet" (Hromadka/Maschmann 2012, 42).

(2) *Günstigkeitsprinzip.* Insofern die Gesetze funktional auf den sozialen Schutz des ArbN ausgerichtet sind, haben sie grds. nur Mindestforderungen zum Inhalt, von denen demzufolge zugunsten des ArbGeb in Tarifvertrag, Betriebsvereinbarung oder Arbeitsvertrag jederzeit abgewichen werden kann. Ähnlich sind auch Tarifverträge stets Mindestvereinbarungen, Tariflöhne demzufolge

Mindestlöhne. Umgekehrt verdrängen Tarifverträge (sofern Tarifbindung vorliegt – hierzu V-3.3) sowie Betriebsvereinbarungen stets schlechtere arbeitsvertragliche Vereinbarungen. Hinzuweisen ist jedoch auf jene Teile der gesetzlichen Regelung, die tarifvertragsdispositiv ausgestaltet sind, z.B. § 622 Abs. 4 BGB, § 13 Abs. 1 BUrlG. Hier sind auch vom Gesetz abweichende für den ArbN ungünstigere Regelungen durch Tarifvertrag möglich.
(3) *Kompetenzabgrenzungsprinzip.* Zur Vermeidung von Kollisionen, die sich aus dem Zusammenspiel von Tarifvertrag und Betriebsvereinbarung ergeben können, wird schließlich auf den Grundsatz der Kompetenzabgrenzung zurückgegriffen. Er besagt, dass Regelungsbereiche des Tarifvertrages (Entgelt, materielle Arbeitsbedingungen) nicht Gegenstand einer Betriebsvereinbarung sein können, sofern der Tarifvertrag nicht ausdrücklich anderes zulässt (§ 77 Abs. 3 BetrVG). Die tarifvertragliche Regelung entfaltet demnach insofern eine Sperrwirkung gegenüber der Betriebsvereinbarung.

3.3 Kollektives Arbeitsrecht

Mit dem Tarifvertrag und der Betriebsvereinbarung sind die beiden zentralen kollektivrechtlichen Institutionen bereits mehrfach benannt. Weiterhin wird dem kollektiven Arbeitsrecht noch das Arbeitskampfrecht zugerechnet, in dem (weitgehend durch Rspr.!) geregelt ist, zur Erreichung welcher Ziele, mit welchen Mitteln und unter Beachtung welcher Grundsätze Streik bzw. Aussperrung durchgeführt werden dürfen (hierzu im Einzelnen Däubler 2014, 85). Schließlich ist noch hiersystematisch die Mitbestimmung im Unternehmen einzuordnen. In ihr wird der arbeitsrechtliche Grundsatz, dass unternehmerische Entscheidungen allein im Dispositionsbereich des ArbGeb liegen, für größere Kapitalgesellschaften (AG, GmbH, Genossenschaft) ab 500 ArbN ansatzweise gelockert. In den Aufsichtsräten dieser Unternehmen sind nämlich auch Arbeitnehmervertreter repräsentiert. Das gilt allerdings nicht für die in der Sozialen Arbeit häufig anzutreffenden Tendenzbetriebe (§ 1 Abs. 4 MitbestG, § 1 Abs. 1 S. 1 Nr. 2 DrittelbG).

Arbeitskampfrecht

Mitbestimmung im Unternehmen

3.3.1 Tarifrecht

Zustande kommt der Tarifvertrag durch einen Abschluss zwischen einer Gewerkschaft und einer ArbGeb-Vereinigung oder einem einzelnen ArbGeb (§ 2 Abs. 1 TVG). Im ersten Fall handelt es sich um einen Flächen-TV, im zweiten um einen Firmen- oder Haus-TV. Sein Inhalt ergibt sich aus § 1 Abs. 1 TVG. Danach besteht er aus einem **schuldrechtlichen Teil,** in dem die wechselseitigen Rechte und Pflichten der Vertragspartner geregelt sind, und einem **normativen Teil**, der Regelungen zu Abschluss, Inhalt und Beendigung von Arbeitsverhältnissen trifft. Häufig werden diese Fragen innerhalb eines Mantel- oder Rahmen-TV geregelt, während einzelne Materien, vor allem das Entgelt, der Vereinbarung in speziellen Tarifverträgen, etwa einem Entgelt-TV bzw. einem Entgeltrahmen-TV, vorbehalten bleibt.

Inhalt

Geltung Eine unmittelbare und zwingende Geltung der Normen des Tarifvertrages ergibt sich gem. § 4 Abs. 1 TVG zunächst nur für Tarifgebundene, d. h. für den ArbGeb sowie jene ArbN, die Mitglied der tarifvertragschließenden Gewerkschaft sind. Jedoch kann der Tarifvertrag gem. § 5 TVG durch den Bundes- oder einen Landesminister für Arbeit für allgemeinverbindlich erklärt werden, soweit dies im öffentlichen Interesse liegt. Ein solches Interesse kann z. B. in der Schaffung gleicher Arbeitsbedingungen für alle Beschäftigten zur Vermeidung eines internen „Wettbewerbs nach unten" (Hromadka/Maschmann 2014, 113 f.) bestehen. Entscheidende Bedingung hierfür wäre jedoch, dass der tarifgebundene ArbGeb mindestens 50 % der unter den Geltungsbereich des Tarifvertrages fallenden ArbN bei sich beschäftigt. Die praktische Bedeutung dieser gesetzlichen Möglichkeit entfaltet sich, wie bereits gesehen, vor allem im Rahmen des AEntG. Insgesamt ist sie allerdings eher gering. Häufiger kommt es vor, dass die Geltung der Normen des Tarifvertrages individualvertraglich vereinbart wird.

Im **kirchlichen Bereich** hingegen beschreitet man den sog. **„dritten Weg"**. Er besagt, dass die materiellen Arbeitsbedingungen weder einseitig (wie beispielsweise im Beamtenrecht durch den Dienstherrn – „erster Weg") noch vertraglich (Tarifvertrag – „zweiter Weg") festgelegt, sondern durch ein paritätisch besetztes Gremium ausgehandelt und ggf. mittels verbindlichen Schlichterspruchs durchgesetzt werden. Obgleich diese sog. Arbeitsvertragsrichtlinien (AVR) in Struktur und Inhalt Tarifverträgen ähnlich sind, handelt es sich bei ihnen ihrer Rechtsnatur nach jedoch um Allgemeine Geschäftsbedingungen (BAG 17.11.2005 – 6 AZR 160/05). Umstritten und umkämpft ist die Frage, ob auch ein Streikrecht für ArbN in konfessionellen Organisationen besteht (zuletzt: BAG 20.11.2012 – 1 AZR 179/11, wo zumindest von einem absoluten Streikverbot abgerückt wird).

3.3.2 Betriebliche Mitbestimmung

Betriebsrat bzw. Personalvertretung Die betriebliche Mitbestimmung ist im BetrVG geregelt. Über Mitbestimmungs- und Beschwerderechte verfügt zunächst durchaus auch der einzelne ArbN (§§ 81 ff. BetrVG). In der hier jedoch interessierenden kollektiven Form erfolgt die Mitbestimmung im Betrieb über den Betriebsrat, der in **Betrieben mit mindestens fünf ArbN** durch die (volljährigen) ArbN gewählt wird und dessen Wahl und Zusammensetzung sich nach §§ 7 ff. BetrVG richtet. Wer betriebsverfassungsrechtlich als ArbN gelten soll, bestimmt sich dabei nach § 5 BetrVG (u. a. auch Außendienstmitarbeiter und Beschäftigte in Tele- und Heimarbeit, jedoch keine Honorarkräfte; auf den Umfang der Beschäftigung – Teil- oder Vollzeit – kommt es nicht an. ArbN, die das 18. Lebensjahr noch nicht vollendet haben, sowie Auszubildende, die noch nicht älter als 25 Jahre sind, wählen eine betriebliche Jugend- und Auszubildendenvertretung, §§ 60 ff. BetrVG). Im öffentlichen Dienst treten an die Stelle des Betriebsrates die Personalvertretungen, die nach h. M. Einrichtungen des öffentlichen Rechts sind (Söllner/Reinert 1985, 59). Geregelt sind sie im Bundespersonalvertretungsgesetz bzw. in den Personalvertretungsgesetzen der Länder. Für den kirchlichen Bereich existieren eigenständige kirchliche Rechtsvorschriften: das Mitarbeitervertretungsgesetz – MVG EKD – für die evangelischen Kirchen und die Diakonischen Werke bzw. Mitarbeiterverordnungen – MAVO – für katholische Kirche und Caritas. Für den privatrechtlichen Bereich ist das BetrVG einschlägig.

Mitbestimmung bedeutet, dass auf all den Gebieten, für die sie gesetzlich vorgesehen ist, Betriebsrat und ArbGeb *gemeinsam* handeln müssen. Däubler (2014, 135) spricht in diesem Zusammenhang von einer „geteilten Handlungskompetenz". Dies betrifft:

Gegenstände der Mitbestimmung

- soziale Angelegenheiten (§§ 87 ff., 112 ff. BetrVG),
- die Gestaltung von Arbeitsplatz, Arbeitsablauf und Arbeitsumgebung (§§ 90, 91 BetrVG),
- personelle Angelegenheiten (§§ 92 ff. BetrVG) und
- wirtschaftliche Angelegenheiten (§§ 106 ff. BetrVG).

Die rechtliche Qualität und die rechtlichen Folgen dieses Zusammenwirkens stellen sich allerdings je nach konkretem Gegenstand höchst unterschiedlich dar. Die Mitbestimmungs- bzw. Beteiligungsrechte des Betriebsrates werden daher wie folgt differenziert:

Mitbestimmungsarten

(1) *Echte Mitbestimmungsrechte*. Der ArbGeb ist hier in seinem Handeln auf die Zustimmung des Betriebsrates angewiesen. Erhält er sie nicht, so ist eine Einigungsstelle zu bilden, in der ArbN und ArbGeb personell gleich stark vertreten sind und die von einem unparteiischen Vorsitzenden geleitet wird (§ 76 BetrVG). Echte Mitbestimmungsrechte betreffen im Wesentlichen den sozialen Bereich (§ 87 BetrVG), besonders gravierende Fälle der Änderung von Arbeitsbedingungen (§ 91 BetrVG), personelle Einzelmaßnahmen wie Einstellungen, Eingruppierungen, Umsetzungen, Umgruppierungen (§ 99 Abs. 2 BetrVG) sowie das Verlangen einer Ausschreibung zu besetzender Arbeitsplätze (§ 93 BetrVG), die (außerordentliche) Kündigung oder Versetzung von Betriebsratsmitgliedern (§ 103 BetrVG) sowie die Erzwingung eines Sozialplanes bei betriebsbedingten Massenentlassungen (§ 112a BetrVG).

(2) *Mitwirkungsrechte*. Hierzu gehören etwa das Beratungsrecht bei geplanten baulichen, technischen, technologischen oder organisatorischen Veränderungen im Betrieb (§ 90 Abs. 1 BetrVG) sowie das Anhörungsrecht bei Kündigungen (§ 102 BetrVG).

(3) *Unterrichtungsrechte*. Sie bestehen im Bereich der Gestaltung von Arbeitsplatz, Arbeitsablauf und Arbeitsumgebung (§ 90 Abs. 1 BetrVG) sowie der Personalplanung (§ 92 BetrVG). Für die Unterrichtung in wirtschaftlichen Angelegenheiten wird in Unternehmen mit mehr als 100 ArbN gem. §§ 106 ff. BetrVG ein Wirtschaftsausschuss gebildet. Dies gilt aber wiederum nicht für Tendenzunternehmen (§ 118 Abs. 1 BetrVG).

Die wichtigste Form, in der die Mitbestimmung ausgeübt wird, ist die zwischen ArbGeb und Betriebsrat abzuschließende Betriebsvereinbarung (§ 77 BetrVG). Sie kann Rechte und Pflichten zwischen den beiden Partnern der Vereinbarung, vor allem aber auch, wie bereits weiter oben gesehen, unmittelbar zwischen Arb-

Betriebsvereinbarung

Geb und ArbN begründen, die, soweit zwischen beiden nichts für den ArbN Günstigeres vereinbart ist, zwingend gelten.

3.4 Individualarbeitsrecht

Arbeitsvertrag Gegenstand des Individualarbeitsrechts ist das Arbeitsverhältnis zwischen ArbN und ArbGeb. Begründet wird es in aller Regel durch den Abschluss eines Arbeitsvertrages. Jedoch wirken auf diesen, wie oben gesehen, eine ganze Reihe anderer Rechtsquellen ein, die zum einen seiner rechtlichen Ausgestaltung, zum anderen der Kompensation einer i. d. R. sozial unterlegenen Position des ArbN dienen. Das Individualarbeitsverhältnis gestaltet sich daher im Ergebnis innerhalb einer rechtlichen Komplexität, deren Grundstruktur in Übersicht 64 dargestellt wird.

3.4.1 Anbahnung des Arbeitsverhältnisses

Bereits unmittelbar mit der Aufnahme von Vertragsgesprächen bzw. im Rahmen der Anbahnung eines Arbeitsverhältnisses, also schon vor Abschluss des Arbeitsvertrages, entsteht gem. § 311 Abs. 2 BGB ein Rechtsverhältnis zwischen ArbN und ArbGeb mit wechselseitigen Rechten und Pflichten. Bei Verletzung von hieraus sich ergebenden Obliegenheiten begründet sich daher ab diesem Zeitpunkt eine Schadensersatzpflicht (§ 280 Abs. 1 i. V. m. § 241 Abs. 2 BGB). Es kann sich hierbei etwa um Geheimhaltungspflichten, aber auch um Sorgfalts- und Obhutspflichten handeln.

Übersicht 64: Tarifvertrag

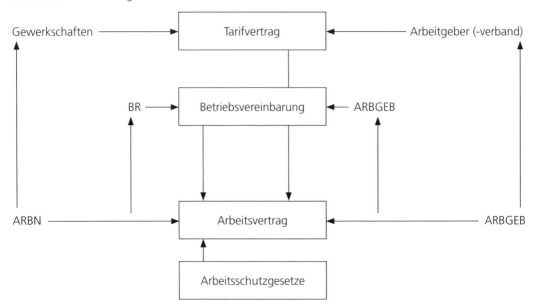

Eine derartige Pflichtverletzung kann z. B. vorliegen, wenn der ArbGeb den ArbN ermutigt, sich auf eine Stelle zu bewerben, über deren Besetzung jedoch bereits entschieden ist. In diesem Fall hätte der ArbN Anspruch auf Ersatz seiner Aufwendungen. Ansonsten besteht eine Pflicht zum Ersatz von Vorstellungskosten durch den ArbGeb nur dann, wenn er zu dem Vorstellungsgespräch ausdrücklich aufgefordert hat.

Weiterhin liegt eine Pflichtverletzung des ArbGeb vor, sofern ihm bei der Personalauswahl eine Benachteiligung i. S. v. § 1 AGG, also aus Gründen der „Rasse" (im Gesetz so bezeichnet) oder wegen der ethnischen Herkunft, des Geschlechts, der Religion oder Weltanschauung, einer Behinderung, des Alters oder der sexuellen Identität, nachzuweisen ist. Um einen derartigen Nachweis zu erbringen, wäre es zunächst erforderlich, Indizien vorzulegen, die für eine Benachteiligung sprechen. Beim ArbGeb läge es nun, darzutun, dass er nicht gegen das Benachteiligungsverbot verstoßen hat. Gelingt ihm dies nicht, gilt die Benachteiligung als erwiesen (§ 22 AGG; vgl. auch Degener et al. 2008, 220). Erfasst ist dabei nicht nur eine unmittelbare, sondern auch eine mittelbare Diskriminierung (§ 3 Abs. 2 AGG). Letztere liegt z. B. dann vor, wenn die Auswahlkriterien des ArbGeb zwar formal neutral formuliert sind, im Ergebnis jedoch eine Gruppe in besonderer Weise betreffen und dadurch diskriminierend wirken. Eine solche unmittelbare oder mittelbare Benachteiligung kann im Übrigen bereits im Rahmen der Stellenausschreibung erfolgen. Ist sie nachgewiesen, so folgt aus ihr zwar keine Einstellungsverpflichtung des ArbGeb, wohl aber ein differenzierter Schadensersatzanspruch (§ 15 AGG). Allerdings ist eine unterschiedliche Behandlung aus sachlichem Grund im Rahmen der §§ 8 bis 10 AGG zulässig. So wird das Schauspielhaus, an dem der „jugendliche Held" neu zu engagieren ist, gem. § 8 Abs. 1 AGG hierbei bestimmte Altersbeschränkungen und Vorgaben hinsichtlich der Geschlechtszugehörigkeit machen dürfen. Zulässige Altersungleichbehandlungen (z. B. Mindestalter oder Höchstalter bei Einstellungen oder für bestimmte Tätigkeiten) sind in § 10 AGG aufgelistet. Eine besondere Stellung nehmen auch in diesem Zusammenhang wiederum Arbeitsverhältnisse mit Religionsgemeinschaften ein. Nach dem Wortlaut von Art. 4 Abs. 2 RL 2000/78/EG v. 27.11.2000 (Gleichbehandlungsrahmenrichtlinie), deren Umsetzung das AGG dient, soll hier eine Ungleichbehandlung wegen der Religion oder der Weltanschauung gerechtfertigt sein, sofern dies „nach Art der Tätigkeit oder der Umstände ihrer Ausübung eine wesentliche, rechtmäßige und gerechtfertigte berufliche Anforderung angesichts des Ethos der Organisation darstellt." Allerdings verzichtet § 9 Abs. 1 AGG demgegenüber auf die gesetzliche Feststellung, dass es sich bei der Religionszugehörigkeit in diesen Fällen um eine *wesentliche* Anforderung an die berufliche Tätigkeit handeln muss. Die Vorschrift erweitert damit die Definitions- und Handlungsräume kirchlicher ArbGeb erkennbar über die Rahmenvorgabe der RL hinaus. Ungeachtet dessen hat das Arbeitsgericht Berlin jedoch in einer Entscheidung v. 18.12.2013 (54 Ca 6322/13) einer Bewerberin auf eine Stelle als Referentin bei einem Werk der Evangelischen Kirche in Deutschland (EKD) eine Entschädigung wegen Benachteiligung nach § 1 AGG mit der Begründung zugesprochen, die konfessionelle Bindung, wegen deren Fehlens sie bei der Personalauswahl offensichtlich nicht berücksichtigt wurde, sei in Bezug auf die angestrebte Tätigkeit nicht notwendig

Benachteiligungsverbot (§ 1 AGG)

gewesen. (Die Arbeitsaufgabe hätte in der Erstellung eines unabhängigen Berichts zur Umsetzung der UN-Antirassismuskonvention durch Deutschland bestanden.)

zulässige Fragen des ArbGeb In der Anbahnungsphase wird es regelmäßig dazu kommen, dass der ArbGeb, etwa im Rahmen eines Bewerbungsgespräches, bestimmte Fragen stellt. Das Recht hierzu wird aus Art. 12 Abs. 1 GG abgeleitet. Der ArbGeb muss hiernach frei und sachgerecht entscheiden können, welchen Bewerber er auswählen möchte. Dem steht allerdings das Recht auf informationelle Selbstbestimmung des ArbN aus Art. 2 Abs. 1 i. V. m. Art. 1 Abs. 1 GG gegenüber, nach dem dieser über die Offenbarung persönlicher Lebenssachverhalte selbst entscheiden kann (vgl. I-1.2.2.5). Darüber hinaus setzt auch Art. 3 Abs. 3 GG dem Recht des ArbGeb aus Art. 12 Abs. 1 GG insofern Schranken, als von vornherein Fragen, die gegen das **Diskriminierungsverbot** verstoßen, unzulässig sind. Das BAG löst diese Kollision dadurch auf, dass es nur solche Fragen des ArbGeb für zulässig hält, an denen er ein *berechtigtes Interesse* hat (BAG 07.06.1984 – AP Nr. 26 zu § 123 BGB). Steht dem im Einzelfall ein schützenswertes Interesse des ArbN gegenüber, so ist jedes Mal eine Interessenabwägung vorzunehmen. So sind Fragen zu Partei-, Gewerkschafts- oder Religionszugehörigkeit allenfalls bei Tendenzunternehmen bzw. Religionsgemeinschaften, sonst jedoch nicht zulässig. Bei Bewerbungen für den öffentlichen Dienst ist allerdings wegen des dort geforderten Bekenntnisses zur freiheitlich-demokratischen Grundordnung auch die Frage nach der Mitgliedschaft in Parteien, die nach Einschätzung der einstellenden Behörde verfassungsfeindliche Ziele verfolgen, zu beantworten. Nach chronischen Erkrankungen oder einer HIV-Infektion darf nur gefragt werden, wenn ein konkreter Bezug zum Arbeitsplatz (etwa bei allergischen Reaktionen auf bestimmte Stoffe, die in Arbeitsmitteln enthalten sind) oder eine konkrete Ansteckungsgefahr besteht. An der Frage nach einer Behinderung könnte der ArbGeb zwar ein berechtigtes Interesse haben, weil sich aus ihrem Vorliegen bestimmte gesetzliche Verpflichtungen für ihn ableiten (BAG 05.10.1996 – AP Nr. 40 zu § 123 BGB). Jedoch verstieße sie, so allgemein gestellt, gegen das Benachteiligungsverbot aus AGG. Das Fragerecht des ArbGeb beschränkt sich daher auf die Feststellung, ob der ArbN unter einer Behinderung leidet, durch die er für die vorgesehene Tätigkeit ungeeignet wäre (LAG Hamm 19.10.2006 – 15 Sa 740/06). Auch nach Vorstrafen darf nur dann gefragt werden, wenn diese im Zusammenhang mit der beabsichtigten Tätigkeitsaufnahme stehen, z. B. Vorstrafe wegen eines Sexualdelikts bei einem Bewerber im Bereich der Kinder- und Jugendhilfe (vgl. § 72a SGB VIII), Betrugs- oder Untreuedelikte bei einem Geschäftsführer. Die Frage nach der Schwangerschaft ist mittlerweile ausnahmslos als unzulässig anzusehen (vgl. Däubler 2014, 215).

Stellt der ArbGeb eine unzulässige Frage, so braucht der ArbGeb auf sie nicht oder nicht wahrheitsgemäß zu antworten. Andererseits hat er, auch ohne dass er danach gefragt wurde, eine **Offenbarungspflicht** hinsichtlich von Umständen in seiner Person oder seinen persönlichen Verhältnissen, wenn diese für das Arbeitsverhältnis von *erheblicher* Bedeutung sind (Zöllner/Loritz 1992, 134). Unterbleibt dies, so kann der ArbGeb seine Willenserklärung, die zum Abschluss des Arbeitsvertrages geführt hat, anfechten (§§ 119, 123 BGB) und ggf. Schadensersatz fordern. Gleiches gilt, wenn der ArbN Fragen, die zulässigerweise gestellt wurden, wahrheitswidrig beantwortet hat.

3.4.2 Begründung des Arbeitsverhältnisses

In Form und Gestaltung des Abschlusses eines Arbeitsvertrages sind die Vertragspartner frei, soweit sich aus Gesetz, Tarifvertrag oder Betriebsvereinbarung für sie nichts anderes ergibt (§ 105 GewO). Das bedeutet, dass der Arbeitsvertrag z. B. auch mündlich oder durch schlüssiges Verhalten zustande kommen kann. Zwar besteht nach § 2 NachwG eine Verpflichtung, den Arbeitsvertrag spätestens einen Monat nach vereinbartem Arbeitsbeginn schriftlich niederzulegen. Dies hat jedoch lediglich deklaratorischen (rechtfeststellenden), nicht jedoch konstitutiven (rechtbegründenden) Charakter. Die Niederschrift dient allein der Dokumentation des Vertragsinhaltes. Ein hohes Maß an Gewissheit hinsichtlich des Vereinbarten – und damit an Sicherheit – ist in jedem Fall dadurch zu erlangen, dass die Schriftform selbst im Arbeitsvertrag mit vereinbart wird. Dies erleichtert nicht nur die Beweisführung in einem eventuellen künftigen Streitfall, sondern führt zugleich dazu, dass auch spätere Änderungen des Vertrages nur in Schriftform wirksam werden.

Form

Die Vorstellung, dass Arbeitsverträge in der Praxis durch die Beteiligten individuell ausgehandelt würden, ist schon deshalb wenig realitätsnah, weil viele Arbeitsbedingungen bereits durch Gesetze, Tarifverträge oder Betriebsvereinbarungen vorgegeben sind, von denen nur noch zugunsten des ArbN abgewichen werden darf. Weil sich hierdurch ohnehin die Arbeitsbedingungen für eine Vielzahl von ArbN im Betrieb annähernd gleich gestalten, werden häufig Formulararbeitsverträge verwendet. Als solche enthalten sie allerdings allgemeine Geschäftsbedingungen (§§ 305 ff. BGB), die gem. § 310 Abs. 4 BGB einer Inhaltskontrolle i. S. v. § 307 BGB unterliegen (hierzu II-1.3.1.1). Dies bedeutet, dass Regelungen in einem Formulararbeitsvertrag, die den ArbN durch ihren Inhalt unangemessen benachteiligen, unwirksam sind. Hierfür nennt das Gesetz in §§ 308 f. BGB eine Reihe von Fallgruppen. Zu ihnen gehören etwa einseitige Änderungsvorbehalte oder Regelungen zur Abgeltung sämtlicher Überstunden. Formulierungen, die insb. durch die Art und Weise ihrer Platzierung und Verwendung im Text für den ArbN überraschend sind, werden nicht Vertragsbestandteil (§ 305c Abs. 1 BGB). Mehrdeutige Klauseln werden zulasten des ArbGeb ausgelegt (§ 305 Abs. 2 BGB). Im Übrigen bleibt die Wirksamkeit des Arbeitsvertrages von der Unwirksamkeit einzelner Regelungen unberührt (vgl. i. E.: Eckert/Wallstein 2002, 89 ff.).

Formulararbeitsvertrag

3.4.3 Formen von Arbeitsverträgen

Für die Neuvermessung der Koordinaten der Arbeit innerhalb des modernen Kapitalismus hat der amerikanische Soziologe Jeremy Rifkin Mitte der 1990er Jahre das Schlagwort vom „Ende der Arbeit" geprägt (Rifkin 1996, 17 ff.). Indiziert ist damit ein wirtschaftlich bedingt veränderter Stellenwert der Arbeit für die Sinnbestimmung individualisierter Lebensentwürfe, der einerseits neue soziale Räume individueller Verwirklichung eröffnet, andererseits aber auch ein hohes Risiko arbeitsbiografischer Brüche bis hin zum gesellschaftlichen Scheitern in sich birgt. Im Arbeitsrecht machen sich diese Veränderungen in Vorgängen bemerkbar, die –

je nach Interessenlage – als Flexibilisierung oder als Deregulierung des Arbeitsverhältnisses bezeichnet werden. Prototypisch ist hierfür die sog. **Zeit-** oder auch **Leiharbeit** nach AÜG. Einerseits führt der Rückgriff auf sie in den letzten Jahren zu bestimmten Beschäftigungseffekten. Andererseits ist der Preis, der hierfür zu zahlen ist, eine vergleichsweise niedrige Entlohnung. Dies ist deshalb möglich, weil der ArbGeb des sog. Leiharbeitnehmers nicht der Entleiher ist, bei dem er tatsächlich tätig ist und der auch mit entsprechendem Weisungsrecht ausgestattet ist, sondern der Verleiher (die sog. Zeitarbeitsfirma), mit dem er einen Arbeitsvertrag abgeschlossen hat. Zwar gilt in der Leiharbeit der Grundsatz der gleichen Behandlung und Bezahlung wie im Entleiherbetrieb (Equal Pay – Equal Treatment), der allerdings durch Tarifvertrag abbedungen werden kann (§ 9 Nr. 2 AÜG). Mittlerweile liegen mehrere derartige Tarifverträge vor. Für den Fall einer Allgemeinverbindlichkeitserklärung eines Tarifvertrages nach AEntG gelten die in *diesem* Tarifvertrag vorgeschriebenen Arbeitsbedingungen allerdings unbeschadet einer Tarifvertragsbindung des verleihenden ArbGeb auch für den LeihArbN (§ 8 Abs. 3 AEntG). Darüber hinaus ist seit Mai 2011 mit § 3a AÜG die gesetzliche Möglichkeit der Festlegung von Lohnuntergrenzen für Zeitarbeit im Wege des Erlasses einer RVO eröffnet, von der aktuell mit der Zweiten VO über eine Lohnuntergrenze in der Arbeitnehmerüberlassung v. 21.03.2014 (derzeit 7,86 € Mindestlohn in den neuen und 8,50 € in den alten Bundesländern) Gebrauch gemacht wird. Ansonsten ist mit Flexibilisierung oder Deregulierung v. a. aber auch das gerade auch für die Soziale Arbeit keinesfalls untypische Entstehen von immer mehr Beschäftigungsverhältnissen im Teilzeit- oder im befristeten Bereich gemeint. Gesetzlich geregelt sind sie im **Teilzeit- und Befristungsgesetz** (TzBfG). Zweck der Vorschrift ist es, den Betroffenen zumindest einen bestimmten sozialen Schutz zu bieten. Deshalb enthält sie z. B. mit § 4 TzBfG ein Diskriminierungsverbot. Dennoch dürfen die sozialen Gefährdungspotenziale vor allem für sog. geringfügig entlohnte Beschäftigte mit einem Einkommen von bis zu 450 € monatlich (im Januar 2014 gingen annähernd 7,4 Mio. ArbN einer solchen Beschäftigung nach, vgl. www.statistik.arbeitsagentur.de) sowie für die zunehmende Zahl von ArbN in befristeten Arbeitsverhältnissen nicht gering geschätzt werden.

Teilzeitverträge werden i. d. R. in gleicher Weise wie Vollzeitarbeitsverträge abgeschlossen. Teilzeitbeschäftigung kann aber auch aus einem bereits bestehenden Arbeitsverhältnis heraus vereinbart werden. Dies ist entweder auf Initiative des ArbGeb möglich, z. B. im Wege einer Änderungskündigung (§ 2 KSchG), oder weil es der ArbN nach § 8 TzBfG verlangt. Mittels Weisungsrechts oder durch Änderungsvorbehalt im Arbeitsvertrag hingegen ist eine Verkürzung der ursprünglich vereinbarten Arbeitszeit nicht durchzusetzen. Auch formuliert § 11 TzBfG ein Kündigungsverbot für den Fall, dass ein ArbN sich weigert, von einem Vollzeit- in ein Teilzeitarbeitsverhältnis oder umgekehrt zu wechseln. Das Recht zur Kündigung aus anderen, etwa betriebsbedingten, Gründen bleibt hiervon allerdings unberührt.

Teilzeitarbeitsverhältnisse bieten in besonderer Weise die Möglichkeit einer flexiblen Gestaltung der Lage der Arbeitszeit. Das Gesetz bietet hierzu zwei Modelle an. Bei der **Arbeit auf Abruf**, auch kapazitätsorientierte variable Arbeitszeit (KAPOVAZ) genannt (§ 12 TzBfG), kann die Lage (nicht der wöchentliche Umfang!) der Arbeitszeit dem Arbeitsanfall angepasst werden. Die Arbeitsplatzteilung, das sog. **Jobsharing** (§ 13 TzBfG), verfolgt demgegenüber die Idee, dass im Verhinderungsfall eines ArbN derjenige, der sich mit ihm den Arbeitsplatz teilt, ihn dann auch vertritt. Dieses Modell hat jedoch in der Praxis kaum Bedeutung erlangt; dort bevorzugt man wegen der besseren rechtlichen Handhabbarkeit anstelle der Arbeitsplatzteilung mehrere Teilzeitverträge. Ansonsten eröffnet § 12 Abs. 3 TzBfG noch die Möglichkeit, im Tarifvertrag den Abschluss von **Jahresarbeitszeitverträgen** vorzusehen, in denen sich Vollzeitarbeitsphasen mit Freizeitphasen abwechseln, so dass über das Jahr gesehen ein Teilzeitbeschäftigungsverhältnis vorliegt.

Die soziale Brisanz von befristeten Arbeitsverträgen liegt darin, dass sie prinzipiell geeignet wären, den gesetzlichen Kündigungsschutz zu umgehen. Um dies möglichst zu verhindern, ist für die Befristung eines Arbeitsverhältnisses zunächst ein **sachlicher Grund** notwendig. Der Arbeitsvertrag kann hiernach für eine kalendermäßig bestimmbare Zeit oder bis zum Eintritt eines den Vertrag dann auflösenden Ereignisses (etwa: Genesung des krankheitshalber vertretenen Beschäftigten, Erreichen der Altersgrenze) geschlossen werden. Beispielsfälle für einen sachlichen Grund sind in § 14 Abs. 1 TzBfG genannt. Die auch für die Soziale Arbeit bedeutsamsten sind:

befristete Arbeitsverträge

- Das Aushilfsarbeitsverhältnis. Es erfordert einen lediglich vorübergehenden zusätzlichen betrieblichen Bedarf an Arbeitsleistung, dessen künftiger Wegfall vorhersehbar ist (Hromadka/Maschmann 2012, 80). Allein eine unsichere Konjunkturlage ist demzufolge kein Befristungsgrund (Däubler 2014, 506).
- Das Vertretungsarbeitsverhältnis. Insb. kommen hier Krankheit, Urlaub oder längere Freistellungen in Betracht. Für die Schwangerschafts- und Elternzeitvertretung gilt hingegen § 21 BEEG.
- Die Befristung im Anschluss an eine Ausbildung oder ein Studium zur Erleichterung des Überganges in ein unbefristetes Arbeitsverhältnis.
- Das Probearbeitsverhältnis. Die Probezeit in der Form eines befristeten Arbeitsverhältnisses zu vereinbaren, ist nach dem Gesetz zwar möglich, jedoch nicht sehr gebräuchlich. In der Regel wird sie im Rahmen eines unbefristeten Arbeitsverhältnisses für die ersten sechs Monate vereinbart, in denen ohnehin kein gesetzlicher Kündigungsschutz besteht.
- Der ArbN wird aus Haushaltsmitteln vergütet, die nur für eine befristete Stelle bestimmt sind. Hierunter fallen zeitlich exakt begrenzte Mittelbewilligungen der öffentlichen Haushalte, ferner insb. im Hochschul- und Forschungsbereich auch sog. Drittmittelprojekte.

Jedoch kennt § 14 Abs. 2 TzBfG auch die Befristung ohne sachlichen Grund als ein arbeitsrechtliches Instrument, flexibel auf Bewegungen am Arbeitsmarkt zu reagieren. Die Befristung kommt hier jedoch für höchstens zwei Jahre in Betracht, wobei *innerhalb* dieses Zweijahreszeitraumes eine bis zu dreimalige Vertragsverlängerung möglich ist. Anderes gilt für Unternehmensneugründungen (Befristung bis zur Dauer von vier Jahren in den ersten vier Jahren nach Gründung des Unternehmens, § 14 Abs. 2a TzBfG) sowie für ältere Arbeitnehmer bei einer Altersgrenze von 52 Jahren (Befristung bis zur Dauer von fünf Jahren, sofern sie unmittelbar vor Beginn des befristeten Arbeitsverhältnisses mindestens vier Monate beschäftigungslos waren, § 14 Abs. 3 TzBfG).

Anders als der Arbeitsvertrag als solcher bedarf die Befristung zu ihrer Wirksamkeit der Schriftform (§ 14 Abs. 4 TzBfG). Darüber hinaus ist eine Befristung (nicht der Vertrag!) unwirksam, wenn sie ohne sachlichen Grund oder über einen längeren Zeitraum als zwei Jahre vereinbart wurde. In diesem Fall kann der ArbN auf der Grundlage von § 17 TzBfG die Fortdauer des Arbeitsverhältnisses gerichtlich feststellen lassen.

3.4.4 Inhalt des Arbeitsverhältnisses

§ 611 BGB bestimmt den wesentlichen Inhalt des Arbeitsverhältnisses. Danach hat der ArbN die geforderte Arbeitsleistung zu erbringen, der ArbGeb das vereinbarte Entgelt zu entrichten. Darüber hinaus werden insb. aus dem Rechtsgrundsatz von Treu und Glauben (§ 242 BGB), jedoch auch aus anderen Rechtsvorschriften sowie individual- und kollektivvertraglichen Regelungen, eine Reihe von sog. Nebenpflichten abgeleitet.

Pflichten des ArbN Die vom ArbN zu erbringende Arbeitsleistung bestimmt sich nach Inhalt, Ort und Umfang. Insbesondere der Leistungsinhalt ergibt sich regelmäßig aus dem Individualarbeitsvertrag. Veränderungen diesbezüglich sind nur durch einen Änderungsvertrag oder bei entsprechenden Versetzungsklauseln im Arbeitsvertrag möglich. Fehlt es hieran, so ist eine Versetzung im Rahmen des Direktionsrechts des ArbGeb praktisch ausgeschlossen. Im Umkehrschluss zu § 95 Abs. 3 BetrVG ist es aber durch das Weisungsrecht des ArbGeb abgedeckt, den ArbN für eine kürzere Zeit als einen Monat an einen anderen geografischen Arbeitsort zu versetzen oder ihm eine andere Arbeitsaufgabe zu übertragen. Auch eine Pflicht, Überstunden zu leisten, besteht nur im Rahmen individual- oder kollektivvertraglicher Vereinbarung sowie gem. § 14 Abs. 1 ArbZG in Not- und Havariefällen. In analoger Anwendung der genannten Vorschrift wird im Übrigen von jedem Mitarbeiter erwartet, dass er in einer derartigen Situation unabhängig vom vereinbarten Arbeitsinhalt jede anstehende Arbeit übernimmt.

Nebenpflichten des ArbN Zu den Nebenpflichten des ArbN zählen vor allem, Schäden und Störungen vom ArbGeb abzuwenden, Gefährdungen anzuzeigen, Verschwiegenheit über Betriebs- und Geschäftsgeheimnisse zu wahren, ruf- und kreditschädigende Mitteilungen an Dritte zu unterlassen sowie das Verbot der Annahme von Schmiergeldern (im Einzelnen Hromadka/Maschmann 2012, 210 ff.).

Pflichten des ArbGeb Die Höhe der vom ArbGeb zu leistenden Vergütung ergibt sich aus dem Arbeitsvertrag oder, sofern Tarifbindung besteht, aus dem Tarifvertrag. Sie kann verschiedene, auch miteinander kombinierbare Formen (Zeitlohn, Akkordlohn, Zielvereinbarung oder auch Provision) aufweisen und setzt sich in der Regel aus einem Grundlohn und Zuschlägen zusammen. Weitere Vergütungsformen sind z. B. Sonderzuwendungen (13. Monatsgehalt, Treueprämien), vermögenswirksame Leistungen, Gewinnbeteiligungen, Miteigentum (Investivlöhne). Neben der Entlohnung in Geld existieren auch Vergütungen in Form von Naturalien, etwa als Werkswohnung, Deputat oder in Gestalt der Genehmigung einer privaten Nutzung des Dienstfahrzeuges.

Zu den Nebenpflichten des ArbGeb gehört es, in den gesetzlich vorgesehenen Fällen auch dann ein Entgelt zu entrichten, wenn der ArbN hierfür keine Gegenleistung erbracht hat, z. B. bei Urlaub, Krankheit, an gesetzlichen Feiertagen oder bei vorübergehender Verhinderung des ArbN i. S. v. § 616 BGB. Weitere Nebenpflichten des ArbGeb bestehen u. a. darin, Steuern und Sozialabgaben abzuführen, das Leben und die Gesundheit des ArbN sowie dessen in den Betrieb eingebrachten Sachen zu schützen und den Schutz der Persönlichkeit des ArbN abzusichern (Datenschutz, Beschäftigungspflicht, Schutzpflichten aus § 618 BGB). Seine Pflicht, den ArbN wirksam vor sexuellen Belästigungen zu schützen, ergibt sich aus § 3 Abs. 4 AGG. Eine besondere Bedeutung kommt dem ArbN-Datenschutz zu. Nicht zuletzt aufgrund teilweise schockierender Vorkommnisse in großen Unternehmen der deutschen Wirtschaft lag dem Deutschen Bundestag deshalb der Entwurf eines Gesetzes zur Regelung des Beschäftigtendatenschutzes vor (BT-Ds 17/4230). Es handelte sich hierbei um ein sog. Artikelgesetz, in dessen Kern § 32 BDSG, der auch die derzeit gültige Regelung zum ArbN-Datenschutz enthält, geändert und die §§ 32a bis 32l in das BDSG eingefügt werden sollten. Die für Januar 2013 geplante Abstimmung wurde jedoch in letzter Minute durch die Bundesregierung von der Tagesordnung genommen, am 26.02.2013 schließlich stoppte die Bundesregierung das Vorhaben insgesamt.

Nebenpflichten des ArbGeb

3.4.5 Schadenshaftung im Arbeitsvertrag

Die arbeitsrechtliche Schadenshaftung weist gegenüber den allgemeinen zivilrechtlichen Haftungsgrundsätzen einige Besonderheiten auf. Sie ergeben sich aus der Notwendigkeit, zu einer gerechten Risikoverteilung zwischen ArbN und ArbGeb zu gelangen. Schließlich verpflichtet sich der ArbN vor allem auch deshalb dazu, Dienste für einen anderen zu erbringen, weil er hierzu zur Sicherung seiner sozialen Existenz faktisch gezwungen ist. Ihm jetzt noch einseitig das Risiko aufzubürden, für jedweden Schaden, den er in Erbringung seiner Leistung verursacht, im vollen Umfang haften zu müssen, erscheint unbillig. Gleichwohl muss aber auch der ArbGeb vor Schäden geschützt sein, die ihm der ArbN dadurch zufügt, dass er sich unangemessen unachtsam, sorglos oder riskant verhält. Folglich ist zwischen den Arbeitsvertragsparteien ein „innerbetrieblicher Schadensausgleich" (Hromadka/Maschmann 2012, 332) herbeizuführen.

Der Arbeitnehmer haftet deshalb zwar nach § 280 BGB für Sachschäden, die er dem ArbGeb zufürt. Jedoch sind im Arbeitsverhältnis zwei Besonderheiten zu beachten. Zum einen sieht § 619a BGB für diesen Fall eine sog. **Beweislastumkehr** vor. Das bedeutet, dass im Schadensfall der ArbGeb beweisen muss, dass der ArbN die Pflichtverletzung, die zum Schadenseintritt geführt hat, auch zu vertreten hat. Zum anderen haftet der ArbN gem. § 276 Abs. 1 S. 1 BGB nur im Rahmen der durch die Rspr. des BAG entwickelten Grundsätze der Haftungsmilderung in Abhängigkeit vom Grad seines Verschuldens. Hiernach kommt eine Haftung des

Arbeitnehmerhaftung

ArbN im vollen Umfang nur bei vorsätzlichem oder grob fahrlässigem Verhalten (z. B. Fahren unter Alkohol, bewusste Missachtung einer Weisung) in Betracht. Bei mittlerer (normaler) Fahrlässigkeit wird der Schaden zwischen ArbN und ArbGeb nach Lage des Einzelfalles aufgeteilt. In Fällen leichtester Fahrlässigkeit hingegen haftet der ArbN überhaupt nicht. Da das allgemeine Zivilrecht diese Kategorie jedoch nicht kennt, treten in der Praxis allerdings immer wieder Schwierigkeiten bei der Bestimmung dessen auf, was „leichteste Fahrlässigkeit" sein soll.

Ein besonderes Haftungsproblem stellt die sog. Mankohaftung dar. Hierbei geht es um einen Vermögensschaden in Gestalt einer Differenz zwischen Soll- und Istbestand bei Waren oder Geld, die dem ArbN anvertraut wurden. In derartigen Fällen ist ausnahmsweise sogar eine verschuldensunabhängige Haftung des ArbN möglich. Voraussetzung hierfür ist allerdings, dass arbeitsvertraglich eine entsprechende Abrede hierzu getroffen worden ist. In ihr muss eine sog. Mankovergütung vereinbart sein, die der ArbN als Ausgleich für das zusätzliche Haftungsrisiko in Form eines angemessen erhöhten Gehalts erhält (Hromadka/Maschmann 2012, 342). Tritt danach Mankohaftung ein, darf sie gleichwohl die Höhe der Mankovergütung, die der ArbGeb für einen vertraglich festgelegten Zeitraum gezahlt hat, nicht überschreiten (Senne 2014, 81 ff., s. a. hier weitere Einzelheiten).

Fügt der ArbN hingegen einem Kollegen fahrlässig einen Personenschaden zu, so tritt hierfür gem. §§ 7, 8 Abs. 1 SGB VII die gesetzliche Unfallversicherung ein, die der ArbGeb gem. § 150 SGB VII für seine Mitarbeiter abschließen muss.

Arbeitgeberhaftung

Der ArbGeb haftet zunächst aus § 280 BGB für Sachschäden, die er dem ArbN schuldhaft zugefügt hat. Nach § 670 BGB analog (hierzu: BAG, Urt. v. 16.03.1995, AP Nr. 12 zu § 611 BGB **Gefährdungshaftung des Arbeitgebers**) haftet er aber auch ohne Verschulden für sog. betrieblich veranlasste Schäden. Hierzu folgendes Beispiel: Der Mitarbeiter wird gebeten, sofort mit seinem Privatfahrzeug von der Einrichtung des ArbGeb in A. zu einer Einrichtung in B. zu fahren, weil dort eine Vertretung benötigt wird. Nach Dienstende bemerkt der Mitarbeiter einen Schaden an seinem Fahrzeug, den ein Unbekannter offensichtlich beim Einparken verursacht hat. Hierfür haftet in diesem Falle der ArbGeb.

Bei Personenschäden hingegen hat der ArbN keinen Schadensersatzanspruch gegenüber dem ArbGeb, weil hier wiederum die **gesetzliche Unfallversicherung** eintritt (§ 104 SGB VII; hierzu III-2.4).

Schließlich hat der ArbN gegenüber dem ArbGeb noch einen Anspruch auf Aufwendungsersatz (§ 670 BGB analog), wenn er aus seinem eigenen Vermögen Aufwendungen auf Weisung oder im Interesse des ArbGeb macht. Für die wichtigste Form des Aufwendungsersatzes, die Erstattung von Reisekosten, wird üblicherweise eine spezielle Regelung, etwa in Gestalt einer Reisekostenordnung, zur Verfügung stehen.

3.4.6 Beendigung des Arbeitsverhältnisses

Formen der Beendigung

Das Ende des Arbeitsverhältnisses kann keinesfalls nur durch eine Kündigung herbeigeführt werden. Zwar stellt sie die wichtigste Form seiner Beendigung dar. In

Betracht kommen jedoch auch eine vertragliche Vereinbarung (Aufhebungsvertrag), der Ablauf einer vereinbarten Frist oder der Eintritt einer vereinbarten Bedingung (vgl. V-3.4.3), die Anfechtung (vgl. II-1.2.2), der Tod des ArbN (i.d.R. jedoch nicht der des ArbGeb!) sowie die Auflösung des Arbeitsverhältnisses durch Entscheidung des Arbeitsgerichtes.

Die Kündigung ist eine einseitige Willenserklärung, die das Arbeitsverhältnis sofort (fristlos) oder nach Ablauf einer bestimmten Frist beendet. Wirksam wird sie mit ihrem Zugang (§ 130 BGB), d.h. dann, wenn sie in den Verfügungsbereich des Adressaten (z.B. in seinen Briefkasten) gelangt ist. Weiterhin bedarf es zu ihrer Wirksamkeit, dass sie von einem Berechtigten, also dem ArbGeb bzw. dessen ordnungsgemäßem Vertreter (§ 164 BGB) oder einem anderen hierzu Bevollmächtigten (§ 167 BGB) ausgesprochen wurde. Auch in der Sozialen Arbeit wird es häufig so sein, dass die Einrichtung nur durch zwei Berechtigte gleichzeitig vertreten werden kann. Allerdings kann jeder von ihnen seine Vollmacht auf den anderen übertragen, sodass die Wirksamkeit der Kündigung nicht daran scheitern wird, dass sie nur von einem der beiden Berechtigten ausgesprochen wurde. Dies wird hier regelmäßig der Geschäftsführer oder der Vorstandsvorsitzende, in großen Verbänden und Sozialunternehmen auch der Personalleiter oder der Leiter der jeweiligen Einrichtung sein. Von ihm muss die Kündigung wegen der in § 623 BGB geforderten Schriftform eigenhändig unterzeichnet sein. Die Kündigung ist grds. auch dann wirksam, wenn sie vom ArbGeb nicht begründet wird. Ausnahmen hiervon finden sich lediglich in § 15 Abs. 3 BBiG sowie § 9 Abs. 3 MuSchG. Jedoch verlangt das BVerfG in seiner Rechtsprechung zu Art. 12 Abs. 1 GG auch außerhalb des gesetzlichen Kündigungsschutzes für den ArbN einen Minimalschutz, weil er anders sein Recht auf freie Berufsausübung nicht wahrnehmen könne (BVerfG 27.01.1998 – 1 BvL 15/87 – E 97, 169). Insofern muss für die Kündigung im Zweifel immer auch ein sachbezogener und anerkennenswerter Grund benannt werden können (vgl. auch Däubler 2014, 242). In jedem Fall führt es jedoch zur Unwirksamkeit der Kündigung, wenn vor ihrem Ausspruch der Betriebsrat nicht gehört wurde (§ 102 Abs. 1 BetrVG).

Kündigung

Die beiden Kündigungsgrundtypen sind die ordentliche sowie die außerordentliche Kündigung. Die ordentliche Kündigung erfolgt unter Einhaltung einer **Frist**. Im Probearbeitsverhältnis beträgt sie zwei Wochen (§ 622 Abs. 3 BGB), ansonsten vier Wochen zum 15. oder zum Ende eines Kalendermonats (§ 622 Abs. 1 BGB). Sie verlängert sich in Abhängigkeit von der Dauer des Arbeitsverhältnisses (§ 622 Abs. 2 BGB). Da es sich hierbei um gesetzliche Mindestfristen handelt, können sie, abgesehen von den in § 622 Abs. 5 BGB genannten Ausnahmen, durch einen Arbeitsvertrag nicht verkürzt werden; jedoch sind abweichende tarifvertragliche Regelungen möglich (§ 622 Abs. 4 BGB). Einzelvertraglich können kürzere Kündigungsfristen v.a. für Aushilfsarbeitsverhältnisse mit einer Dauer von weniger als drei Monaten vereinbart werden (§ 622 Abs. 5 Nr. 1 BGB).

ordentliche Kündigung

Für bestimmte Gruppen von ArbN ist das Recht zur ordentlichen Kündigung durch den ArbGeb ausgeschlossen oder eingeschränkt, so für Auszubildende nach Ablauf der Probezeit (§ 15 BBiG), für Frauen während der Schwangerschaft und bis zum Ablauf von vier Monaten nach der Entbindung (§ 9 MuSchG), für Betriebs- und Personalräte, für Jugend- und Auszubildendenvertreter sowie für Wahl-

besonderer Kündigungsschutz

vorstände (§ 15 KSchG). Darüber hinaus kann die Unzulässigkeit einer ordentlichen Kündigung ab Erreichen eines bestimmten Dienst- und Lebensalters tarifvertraglich vereinbart sein (z. B. § 34 Abs. 2 TVöD: ab 15 Dienst- und 40 Lebensjahren für das Tarifgebiet West). Schwerbehinderten darf nur mit Zustimmung der zuständigen Integrationsstelle ordentlich gekündigt werden (§ 85 SGB IX). Während der Elternzeit kann ein Arbeitsverhältnis grds. nicht (§ 18 BEEG) und zu ihrem Ende nur mit einer Frist von drei Monaten (§ 19 BEEG) gekündigt werden. Im Falle einer Insolvenz verkürzen sich Kündigungsfristen, sofern sie nach § 622 Abs. 2 BGB verlängert waren, wiederum auf drei Monate zum Monatsende (§ 113 InsO).

allgemeiner Kündigungsschutz

Kündigungsschutz nach dem KSchG (§§ 1 Abs. 1, 23 Abs. 1 KSchG) tritt ein, wenn ein Arbeitsverhältnis länger als sechs Monate besteht und im Betrieb mehr als zehn ArbN beschäftigt sind. Auszubildende zählen in diesem Fall nicht mit, Teilzeitbeschäftigte werden anteilig berücksichtigt. Für ArbN, die bereits zum 31.12.2003 im Betrieb beschäftigt waren, gilt dabei die frühere Regelung, nach der für die Erlangung von Kündigungsschutz bereits die Beschäftigung von mehr als fünf ArbN ausreichend war, fort. Kündigungsschutz bedeutet hier, dass eine Kündigung nur dann rechtswirksam ist, wenn sie sozial gerechtfertigt ist. Dies wiederum ist nur dann der Fall, wenn sie aus betriebs-, personen- oder verhaltensbedingten Gründen erfolgte.

a) *betriebsbedingte Kündigung.* Für sie müssen dringende betriebliche Erfordernisse vorliegen, die allerdings als Folge einer ansonsten freien Unternehmerentscheidung nur einer insoweit eingeschränkten gerichtlichen Überprüfbarkeit hinsichtlich eines Verstoßes gegen das Willkürverbot bzw. gegen ein allgemeines Sachlichkeits- und Vernunftgebot unterliegen. Führt die unternehmerische Entscheidung zum Wegfall von Arbeitsplätzen, so ist die Kündigung dann sozial gerechtfertigt, wenn (1) keine anderen Lösungen, z. B. der Abbau von Überstunden oder der Verzicht auf Leiharbeit, möglich waren (Ultima-Ratio-Grundsatz), (2) es an einer anderweitigen Weiterbeschäftigungsmöglichkeit (auch in einem anderen Betrieb des gleichen Unternehmens!) fehlt und (3) eine ordnungsgemäße Sozialauswahl (die wichtigsten Kriterien hierbei: Dauer der Betriebszugehörigkeit, Lebensalter, Unterhaltspflicht) vorgenommen wurde.

b) *personenbedingte Kündigung.* Voraussetzung ist, dass der ArbN aus Gründen, die in seiner Person liegen, nicht mehr in der Lage ist, die vereinbarte Arbeitsleistung zu erbringen. Häufigster Anwendungsfall ist die krankheitsbedingte Kündigung. Die prinzipielle Zulässigkeit der Kündigung wegen Krankheit ergibt sich im Umkehrschluss aus § 8 Abs. 1 EntgFG. Allerdings ist sie nach der Rspr. nur dann gerechtfertigt, wenn sie einer Stufenprüfung standhält, die auf die Dauer der Erkrankung und Gesundheitsprognose, eine konkrete erhebliche Beeinträchtigung betrieblicher Interessen sowie eine Interessenabwägung zwischen ArbN und ArbGeb abstellt (BAG, Urt. v. 26.09.1991, EzA § 1 KSchG personenbedingte Kündigung Nr. 10).

c) *verhaltensbedingte Kündigung.* Sie kann ausgesprochen werden, wenn der ArbN sich vertragswidrig verhält und dadurch eine konkrete Beeinträchtigung des Arbeitsverhältnisses herbeiführt. Betroffen sind hiervon vor allem der Leistungsbereich (z. B. Arbeitsverweigerung) sowie der Vertrauensbereich (z. B. strafbare Handlungen zum Nachteil des ArbGeb). Auch hier gelten das Ultima-Ratio- und das Prognoseprinzip. Deshalb wird der verhaltensbedingten Kündigung i. d. R. eine **Abmahnung** (das ist ein formeller Hinweis auf ein Fehlverhalten mit der Aufforderung, dieses künftig zu unterlassen) vorausgehen müssen, zumindest immer dann, wenn sie sich auf durch den ArbN *steuerbares* Verhalten bezieht. Entbehrlich ist sie hingegen bei besonders schweren Verstößen, deren Rechtswidrigkeit eklatant ist (Hromadka/Maschmann 2012, 399).

Die außerordentliche Kündigung ist nur aus wichtigem Grund zulässig (§ 626 Abs. 1 BGB). Sie kann **fristlos** oder mit einer Auslauffrist (z. B. zum Monatsende) ausgesprochen werden. Der ArbGeb hat hierzu eine Erklärungsfrist von zwei Wochen ab dem Zeitpunkt, zu dem er von den für die Kündigung maßgeblichen Tatsachen Kenntnis erlangte (§ 626 Abs. 2 BGB). Als wichtiger Grund wurden in der bisherigen Rspr. u. a. anerkannt: hartnäckige Arbeitsverweigerung, Beleidigung Vorgesetzter, Tätlichkeiten gegenüber Kollegen, eigenmächtiger Urlaubsantritt, Annahme von Schmiergeldern, Verletzung der Verschwiegenheitspflicht, unter bestimmten engen Voraussetzungen auch der Verdacht einer Straftat u. a. m. (vgl. im Einzelnen Stahlhacke et al. 2010, 242 ff.). Auch bei Vorliegen eines wichtigen Grundes ist jedoch stets das Ultima-Ratio-Prinzip zu beachten. Dies bedeutet, dass der außerordentlichen Kündigung zumindest im Leistungsbereich eine Abmahnung vorausgegangen sein muss; außerdem darf eine Behebung der Vertragsstörung auf andere Weise (z. B. durch Versetzung oder einen Änderungsvertrag bei Arbeitsverweigerung aus Gewissensgründen) nicht möglich sein. Schließlich unterliegt die außerordentliche Kündigung letztlich einer Interessenabwägung zwischen ArbN und ArbGeb. Hierbei müssen insb. die Dauer der Betriebszugehörigkeit, aber auch Lebensalter sowie Unterhaltsverpflichtungen des gekündigten ArbN berücksichtigt werden.

außerordentliche Kündigung

Unabhängig davon, ob der ArbN geltend machen möchte, dass seine Kündigung sozial ungerechtfertigt i. S. v. § 1 Abs. 2 KSchG oder sonst rechtsunwirksam ist, etwa weil Fristen nicht eingehalten wurden, sie nicht von einem Berechtigten ausgesprochen wurde, es an der Schriftform fehlte, der Betriebsrat nicht angehört wurde, gegen ein gesetzliches Kündigungsverbot verstoßen wurde oder ihr Ausspruch willkürlich erfolgt ist, muss er innerhalb von drei Wochen beim Arbeitsgericht auf Feststellung klagen, dass das Arbeitsverhältnis durch die Kündigung nicht aufgelöst wurde (§ 4 KSchG). Gibt das Gericht der Klage statt, muss das aber nicht unbedingt zur Folge haben, dass das Arbeitsverhältnis auch tatsächlich fortgesetzt wird. Ist dies nämlich dem ArbN nicht mehr zuzumuten, kann das Gericht gem. § 9 Abs. 1 KSchG auf dessen Antrag das Arbeitsverhältnis auflösen und den ArbGeb zur Zahlung einer angemessenen Abfindung (zwölf Monatsverdienste, bei älteren ArbN mit langer Betriebszugehörigkeit bis zu 18 Monatsverdienste, § 10 KSchG) verurteilen. Um Klagen zu vermeiden, mit denen lediglich eine Abfindung erlangt werden soll, besteht bei einer Kündigung wegen dringender betrieblicher Erfordernisse ein genereller Abfindungsanspruch im Falle eines Klageverzichts durch den ArbN. Die Höhe der Abfindung beträgt hier 0,5 Monatsverdienste pro Beschäftigungsjahr (§ 1a KSchG). Die Inanspruchnahme

Kündigungsschutz

Abfindung

der Abfindung löst im Übrigen keine Sperrzeit für den Bezug des Arbeitslosengeldes aus, da der ArbN durch die bloße Hinnahme der Kündigung weder das Arbeitsverhältnis gelöst noch dessen Lösung durch eigenes Verhalten herbeigeführt hat, wie dies in § 144 Abs. 1 Nr. 1 SGB III verlangt ist.

Weiterbeschäftigungsanspruch

Erhebt der ArbN Kündigungsschutzklage, so führt dies aber regelmäßig nicht zu einem Weiterbeschäftigungsanspruch über den Ablauf der Kündigungsfrist hinaus. Das Gesetz kennt hiervon lediglich eine Ausnahme. Hat nämlich der Betriebsrat einer Kündigung form- und fristgerecht widersprochen (§ 102 Abs. 3 BetrVG) und hat der ArbN gleichzeitig Kündigungsschutzklage nach § 4 KSchG erhoben, so ist der ArbGeb gem. § 102 Abs. 5 S. 1 BetrVG verpflichtet, den ArbN bis zum rechtskräftigen Abschluss des Kündigungsschutzverfahrens weiterzubeschäftigen. Hiergegen kann er sich nur im Wege der Erlangung einer einstweiligen Verfügung durch das Arbeitsgericht wehren. Gesetzliche Voraussetzungen hierfür sind u. a., dass der Widerspruch des Betriebsrates offensichtlich unbegründet war oder die Weiterbeschäftigung zu einer für ihn unzumutbaren wirtschaftlichen Belastung führen würde (§ 102 Abs. 5 BetrVG). Darüber hinaus erkennt allerdings die Rspr. einen Weiterbeschäftigungsanspruch noch bei offensichtlicher Unwirksamkeit der Kündigung (z. B. wegen fehlender Anhörung des Betriebsrates, fehlender Schriftform oder bei Kündigung einer Schwangeren) sowie nach einer Unwirksamkeitsfeststellung in erster Instanz an (BAG, Urt. v. 10.03.1987, 17.01.1991, 12.02.1992, AP Nr. 1, 8,9 zu § 611 BGB Weiterbeschäftigungspflicht).

Däubler 2014; Senne 2014

1. Die Sozialarbeiterin P. hat eine musiktherapeutische Zusatzausbildung absolviert und führt nunmehr bei dem Träger „Weltenwandel", der mit geistig behinderten Menschen arbeitet, wöchentlich fünf gruppentherapeutische Sitzungen à 90 Minuten durch. Der Zeitpunkt der Sitzungen wird ihr jeweils eine Woche im Voraus mitgeteilt. Dabei erhält sie auch Hinweise auf Besonderheiten der Bewohner der Einrichtung, auf die sie in den Sitzungen eingehen soll. Als Honorar ist ein fester Stundensatz vereinbart. Nach acht Monaten möchte Frau P. bezahlten Urlaub nehmen. Hat sie einen Anspruch hierauf? (3.1)
2. Der Geschäftsführer eines großen sozialen Trägers möchte die freigewordene Stelle seines persönlichen Assistenten gern mit Herrn M. besetzen, den er schon aus Zeiten des gemeinsamen Studiums kennt und schätzt. Der Betriebsrat verlangt jedoch, dass die Stelle ausgeschrieben wird. Zu Recht? (3.3.2)
3. ArbN N. und ArbGeb G. haben einen befristeten Arbeitsvertrag über sechs Monate abgeschlossen, in dem N. zur Probe arbeiten soll. Danach soll er bei entsprechender Zufriedenheit des G. einen unbefristeten Arbeitsvertrag erhalten. Nach Ablauf der sechs Monate erklärt G. jedoch, dass er sich noch nicht sicher sei und möchte, dass N. noch weitere 6 Monate Probezeit leisten soll. Ist dies rechtens? (3.4.3)
4. In dem Verein „Hilfe am Ort" sind insgesamt neun Mitarbeiter beschäftigt, davon sechs voll und drei für 20 Stunden wöchentlich. Betriebsbedingt muss eine Stelle abgebaut werden. Die sechs vollbeschäftigten Mitarbeiter sind seit Gründung des Vereins zum 01.01.2002 dort angestellt. Zu ihnen gehört Frau

S., der der Vorstand gern kündigen möchte, weil sie nach dessen Beobachtung durch ihr häufiges Zuspätkommen und gelegentliches unentschuldigtes Fehlen ohnehin das Betriebsklima belastet. Ist dies möglich? (3.4.6)

4 Unterbringung und Freiheitsentziehung (Behlert/Trenczek)

4.1 Unterbringung als Bereitstellung von Unterkunft
4.2 Unterbringung als Freiheitsentziehung
4.3 Unterbringung nach BGB und nach Unterbringungsrecht der Länder
4.3.1 Zivilrechtliche Unterbringung
4.3.1.1 Unterbringung von Volljährigen (§ 1906 BGB)
4.3.1.2 Unterbringung von Minderjährigen (§ 1631b BGB)
4.3.2 Öffentlich-rechtliche Unterbringung
4.4 Verfahren

4.1 Unterbringung als Bereitstellung von Unterkunft

Der Begriff „Unterbringung" kann im Recht unterschiedliche Bedeutungen haben. Eher *unspezifisch* wird er gelegentlich verwendet, wenn etwa von Heimunterbringung oder der Unterbringung in einer Pflegefamilie die Rede ist und damit Hilfen zur Erziehung i. S. v. §§ 33, 34 SGB VIII gemeint sind. Im Gesetz selbst findet er sich hier ebenso wenig wie in anderen Regelungszusammenhängen, in denen es ebenfalls (unter anderem) darum geht, (stationäre) Leistungen in bestimmten Institutionen und Einrichtungen zu gewähren, etwa im Rahmen von Eingliederungshilfen nach § 35a SGB VIII oder § 53 SGB XII i. V. m. § 55 SGB XII, sowie bei Hilfen zur Überwindung besonderer sozialer Schwierigkeiten nach § 68 SGB XII. In anderen Fällen benutzt das Gesetz den Terminus ausdrücklich, und zwar im Sinne der Verschaffung einer Unterkunft, z. B. in § 21 SGB VIII, wo die Unterbringung von Kindern zur Erfüllung der Schulpflicht geregelt ist, wenn die Eltern berufsbedingt, etwa als Schausteller oder Binnenschiffer, permanent ihren Aufenthaltsort wechseln. Auch die gesetzliche Regelung der Unterbringung von Asylbewerbern in Gemeinschaftsunterkünften (§ 53 AsylVfG) erfolgt unter expliziter Verwendung des Begriffs. Eine weitergehende Bedeutung hat die Unterbringung im Zusammenhang mit der Inobhutnahme nach § 42 SGB VIII. Zwar geht es auch hier zunächst darum, dass der MJ außerhalb des Elternhauses an einem der vom Gesetz benannten Orte untergebracht wird. Jedoch kann diese Unterbringung weder in rechtlicher noch in tatsächlicher Hinsicht von einer umfassenden sozialpädagogischen Krisenintervention getrennt werden, zu deren Ermöglichung sie, jedenfalls in der Zielstellung, überhaupt erst vorgenommen wurde (Münder et al. 2013 § 42 Rz. 24).

4.2 Unterbringung als Freiheitsentziehung

Neben dieser im Großen und Ganzen eher an einen allgemein üblichen Sprachgebrauch angelehnten Verwendung des Begriffs kommt die Unterbringung im Recht jedoch noch in einer weiteren, diesmal sehr spezifischen Bedeutung vor. Nach einer schon älteren, gleichwohl noch immer verwendeten (Fröschle 2009, 89) Formel des OLG Düsseldorf, der sog. Düsseldorfer Formel, liegt eine Unterbringung in diesem Sinne immer dann vor, wenn eine Person auf einem beschränkten Raum festgehalten, ihr Aufenthalt überwacht und die Aufnahme eines Kontaktes ihrerseits mit Personen außerhalb des Raumes durch Sicherungsmaßnahmen verhindert wird (OLG Düsseldorf NJW 1963, 398). Es handelt sich daher bei der Unterbringung im rechtstechnischen Sinn um eine Maßnahme, die in den grundrechtsgeschützten persönlichen **Freiheitsbereich von Art. 2 Abs. 2 GG** (hierzu I-2.2.5) und **Art. 5 EMRK** eingreift. Sie kann demzufolge nur unter den engen Voraussetzungen für die Zulässigkeit eines Grundrechtseingriffs allgemein (I-2.2.3) sowie unter strikter Beachtung der zusätzlichen Verfahrensvorschriften für eine Freiheitsentziehung in Art. 104 GG erfolgen.

Freiheitsentziehung

Die Freiheitsentziehung ist von einer bloßen **Freiheitsbeschränkung** abzugrenzen. Während letztere allgemein nur aufgrund eines förmlichen Gesetzes und nur unter Beachtung der darin vorgeschriebenen Formen, wie Antragserfordernis, Zuständigkeiten, Einhaltung von Fristen, Anhörungen u. Ä. angeordnet werden darf (Art. 104 Abs. 1 GG), tritt bei der **Freiheitsentziehung** zusätzlich noch das **Erfordernis der richterlichen Entscheidung** bzw. deren unverzüglicher Herbeiführung hinzu (Art. 104 Abs. 2 GG). Dies trifft im Übrigen auch dann zu, wenn der Staat, wie etwa im Fall der Betreuerbestellung, Freiheitsentziehung durch Privatpersonen gestattet (BVerfGE 10, 302; zumindest im Ergebnis daher auch Jarass/Pieroth 2014 Art. 104 Rz. 29).

Freiheitsentziehung (Art. 104 Abs. 2 GG) ist dadurch gekennzeichnet, dass besondere Eingrenzungs- und Abschlussvorrichtungen oder andere Sicherungsmaßnahmen vorhanden sind, um ein Entweichen, also ein (unerlaubtes) Verlassen des gesicherten Bereiches, zu erschweren oder zu verhindern und die Anwesenheit des Betroffenen sicherzustellen (BGH 11.10.2000 – XII ZB 69/00 – NJW 2001, 888; Marschner et al. 2010 C § 1631b Rz. 5, § 1906 Rz. 4; Trenczek 2008b, 242). Die betroffene Person wird zur Anwesenheit gezwungen. Freiheitsentziehung liegt aber nicht nur dann vor, wenn der Betroffene durch äußere Hindernisse davon abgehalten wird, sich über einen beschränkten Raum hinaus zu bewegen, sondern auch, wenn er dies, ohne untergebracht zu sein (vgl. § 1906 Abs. 4 BGB), aufgrund ständiger Überwachung und Kontrolle nicht tun kann bzw. durch mechanische Vorrichtungen, durch die Verabreichung von Medikamenten oder auf andere Weise (z. B. aufgrund psychischen Drucks, Angst vor Sanktionen) am Verlassen des Orts gehindert wird (OLG Düsseldorf 02.11.1962 – 3 W 362, 383/62 – NJW 1963, 398; Dreier/Schulze-Fielitz 2007 Art. 104 Rz. 23). Es handelt sich auch um Freiheitsentziehung, wenn der Betroffene zwar den Raum, nicht aber die Wohnung oder das Gebäude verlassen kann. Entscheidend ist, ob die körperliche Bewegungsfreiheit allseitig beeinträchtigt ist, aus welchen („fürsorgerischen", „erzieherischen") Gründen dies erfolgt, spielt keine Rolle (BVerfGE 10, 302, 322 f.; Dreier/Schulze-Fielitz 2007 Art. 104 Rz. 23; Marschner et al. 2010 C § 1906 Rz. 6). Freiheitsentziehung liegt immer dann vor, wenn die körperliche Bewegungsfreiheit auf einen *eng umgrenzten* Raum und für eine gewisse *Mindestdauer* (also nicht nur für einige Stunden) eingeschränkt wird (Jarass/Pieroth

2014 Art. 104 Rz. 11). Eine Freiheitsentziehung liegt damit nicht vor bei einer nur kurzfristigen Maßnahme, bei der die körperliche Bewegungsfreiheit unvermeidlich aufgehoben wird (BVerwGE 82, 243, 245 – NJW 2004, 3697), z. B. beim An- und kurzfristigen Festhalten, bei der Anwendung unmittelbaren Zwangs oder der Mitnahme in einem Dienstfahrzeug des JA oder der Polizei (zur Sistierung oder Zuführung), die aber nicht auf die Einschränkung der Bewegungsfreiheit gerichtet ist. Ebenso wenig liegt eine Freiheitsentziehung vor, wenn die Unterbringung in einer Einrichtung ausschließlich mit – vom Erziehungsrecht der Eltern nach §§ 1626, 1631 BGB noch umfassten – altersgemäßen Freiheitsbeschränkungen (Ausgehverbote, Hausarrest; also ohne Festhalten) verbunden ist (a. A. Marschner et al. 2010 C § 1631b Rz. 6). Die Abgrenzung ist im Einzelfall schwierig. So sind begrenzte Ausgangszeiten ebenso wie das nächtliche Verschließen der Haustür von innen üblich und stellen unter Berücksichtigung des Personensorgerechts eine zulässige Freiheitsbeschränkung dar. Das Einschließen von MJ in ihren Zimmern (tagsüber wie zur Nachtzeit) ist dagegen bereits Freiheitsentziehung, selbst wenn sich an den Fenstern keine Gitter befinden (vgl. AG Kamen FamRZ 1983, 299 zur sog. halboffenen Unterbringung).

Unbeachtlich im Hinblick auf das Vorliegen einer Freiheitsentziehung ist, ob die Eltern oder andere das Sorgerecht Ausübende (z. B. das JA als Vormund) bzw. der Betreuer einer unter Betreuung stehenden Person der Maßnahme zustimmen. Maßgebliches Entscheidungskriterium ist die Zwangswirkung, also das Festhalten des Menschen gegen seinen Willen. Eine Freiheitsentziehung liegt tatbestandlich nur dann nicht vor, wenn der Betroffene kraft autonomer Entscheidung eingewilligt hat. Das gilt selbstverständlich auch bei minderjährigen und unter Betreuung stehenden Personen. Diese sind nach dem Grundrechtsverständnis des GG selbst Grundrechtsträger (BVerfG 29.07.1968 – 1 BvL 20/63 – E 24, 119, 144). Deshalb beseitigt lediglich das **Einverständnis des Betroffenen** den Zwangscharakter der Maßnahme (BVerfGE 10, 302, 309f.; Dreier/Schulze-Fielitz 2000 Art. 104 Rz. 24 u. 59; Jarass/Pieroth 2014 Art. 2 Rz. 116; insofern stößt die Regelung in § 7 Abs. 5 ThürPsychKG, wonach der Willen des gesetzlichen Vertreters maßgeblich sein soll, auf verfassungsrechtliche Bedenken). Da es bei einem Freiheitsentzug (§ 239 StGB) wie bei einer Nötigung (vgl. § 242 StGB) auf die Überwindung eines entgegenstehenden Opferwillens ankommt, ist für das Einverständnis der natürliche Wille entscheidend: Hat ein Kleinkind nichts dagegen, dass es sich in einem verschlossenen Raum befindet, wird es nicht (gegen seinen Willen) eingesperrt (vgl. BGH NJW 1993, 1807; Kindhäuser 2012 Vor §§ 13ff. Rz. 193ff. u. § 239 Rz. 14; Schönke/Schröder et al. 2010 Vor § 32 Rz. 31; Bauer et. al./Hoffmann 2011 § 1631b Rz. 5; Münchener-Kommentar/Huber 2008 § 1631b Rz. 4). Auf die Einsichts- und Einwilligungsfähigkeit kommt es – anders als z. B. bei einer Körperverletzung (§ 223 StGB; vgl. Kindhäuser 2012 § 223 Rz. 8ff.) – nicht an (a. A. Marschner et al. 2010 C § 1631b Rz. 7 u. § 1906 Rz. 8; Palandt – Götz 2013, § 1906 Rz. 8; vgl. V-2.1). Freilich kann man aus der **Nichtäußerung eines Willens** nicht ohne Weiteres ein Einverständnis konstruieren (nach dem Motto „der hat doch nichts dagegen gesagt"). Hinzuweisen ist in diesem Zusammenhang darüber hinaus darauf, dass die Einsichts- und Einwilligungsfähigkeit durchaus eine Rolle spielt, und zwar sowohl im Hinblick auf das Ziel der Unterbringung bzw.

der damit verbundenen Maßnahmen (z. B. ärztlicher Eingriff als Körperverletzung, hierzu V-2) sowie bzgl. der Freiheitsentziehung für die Fälle, in denen kein Einverständnis vorliegt und es deshalb im Hinblick auf die Rechtmäßigkeit der Freiheitsentziehung darauf ankommt, wessen Wille – entgegenstehender Wille des Betroffenen vs. Einwilligung des gesetzlichen Vertreters – letztlich rechtlich entscheidend ist (s. u.).

Bei freiheitsentziehenden Maßnahmen wird man zunächst an deren allgemein bekannte Formen der Freiheitsstrafe (§§ 38 f. StGB; vgl. hierzu IV-2), der Untersuchungshaft (§§ 112 ff. StPO; s. IV-3.2) sowie des polizeilichen Gewahrsams (z. B. §§ 19 ff. Thüringer PAG, s. IV-1.2) denken, ferner an die verschiedenen Varianten der Erzwingungshaft (etwa zur Zahlung einer Geldbuße, § 96 OWiG, oder zur Erzwingung einer Zeugenaussage, § 70 Abs. 2 StPO) bzw. auch der Ersatzzwangshaft (§ 16 VwVG, zum Verwaltungszwang vgl. III-1.5). Für diesen Komplex findet jedoch die Bezeichnung „Unterbringung" normalerweise keine praktische Verwendung, obgleich die Betroffenen natürlich auch in einer Justizvollzugsanstalt oder einem Haftraum untergebracht sind.

Formen der Freiheitsentziehung

Besondere Formen der Unterbringung mit Freiheitsentziehung im rechtlichen Umfeld sozialer Berufe finden sich etwa im Zusammenhang mit der Vermeidung von Untersuchungshaft für jugendliche Straffällige sowie der Inobhutnahme durch das JA. Im ersten Fall erfolgt eine Unterbringung in einer stationären Einrichtung der Jugendhilfe, wofür ein richterlicher Unterbringungsbefehl anstelle eines Haftbefehls ergeht (§§ 71 Abs. 2, 72 Abs. 4 JGG; vgl. IV-5.2; hierzu auch Neubacher 2009). Hier ist es freilich das Ziel, die U-Haft und damit den Freiheitsentzug mit pädagogischen Mitteln zu vermeiden. Bei der Inobhutnahme sind gem. § 42 Abs. 5 SGB VIII freiheitsentziehende Maßnahmen ausschließlich bei akuter, nicht anders abwendbarer **Eigen- oder Fremdgefährdung von Leib und Leben** zulässig. im Einzelnen ist allerdings die sog. „geschlossene Unterbringung" höchst umstritten(vgl. III-3.4.1.1).

Weitere Unterbringungsformen sieht das Strafrecht in Gestalt der Unterbringung in einem psychiatrischen Krankenhaus (§ 63 StGB; die einstweilige Unterbringung in diesen Fällen der Schuldunfähigkeit oder verminderten Schuldfähigkeit regelt § 126a StPO), einer Entziehungsanstalt (§ 64 StGB) sowie in Sicherungsverwahrung (§ 66 StGB; vgl. IV-4.2) vor. Das Verfahren nach JGG kennt darüber hinaus noch die Unterbringung zur Beobachtung gem. § 73 JGG, die zur Vorbereitung eines Gutachtens über den Entwicklungsstand des beschuldigten Jugendlichen oder Heranwachsenden angeordnet werden kann. Schließlich ist im Buch 7 des FamFG das Verfahren in dort so bezeichneten Freiheitsentziehungssachen geregelt, das materiell-rechtlich die Quarantäne nach § 30 Infektionsschutzgesetz (IfSG), die Abschiebungshaft für Ausländer zur Vorbereitung einer Ausweisung nach § 62 Abs. 1 AufenthG bzw. zur Sicherung einer Abschiebung nach § 62 Abs. 2 AufenthG (vgl. III-8.2.3), aber auch die Unterbringung psychisch gestörter Gewalttäter nach Therapieunterbringungsgesetz (ThUG) betrifft (zur Verfassungsmäßigkeit des ThUG vgl. BVerfG 11.07.2013-2 BvR 2302/11, 2 BvR 1279/12).

4.3 Unterbringung nach BGB und nach Unterbringungsrecht der Länder

Ungeachtet der vielfältigen bereits aufgezählten Formen der Unterbringung sind in der rechtlichen Praxis, sofern der Begriff dort Verwendung findet, zumeist jene mit Freiheitsentziehung verbundenen Maßnahmen gemeint, die den beiden Komplexen der zivilrechtlichen sowie der öffentlich-rechtlichen Unterbringung im Rahmen der jeweiligen Unterbringungsgesetze (UBG) der einzelnen Bundesländer zuzurechnen sind. Letztere tragen häufig auch die Kurzbezeichnung PsychKG (eine Übersicht über die jeweiligen genauen Bezeichnungen und Regelungen findet sich bei Damrau/Zimmermann 2011 § 312 Rz. 8; Marschner et al. 2010 Anhang).

Der Zusammenhang zwischen den beiden Grundformen ergibt sich in tatsächlicher Hinsicht u. a. daraus, dass sie sich teilweise auf den gleichen Personenkreis beziehen, was in der Praxis immer wieder auch zu Konkurrenzen bei der Anwendung der Vorschriften führt. Ist dies der Fall, ist aufgrund der Subsidiaritätsregel in den landesrechtlichen Bestimmungen (z. B. § 16 Abs. 1 Nds PsychKG) die zivilrechtliche Unterbringung vorrangig (Damrau/Zimmermann 2011 § 312 FamFG Rz. 13; Marschner et al. 2010 A Rz. 41 u. 139). In rechtlicher Hinsicht ist der Zusammenhang dadurch hergestellt, dass beide Unterbringungsformen nach einem einheitlichen, im 2. Abschnitt des 3. Buches FamFG geregelten Verfahren herbeigeführt werden. In der Praxis zeigt sich dann auch, dass die zivilrechtliche Unterbringung nach § 1906 Abs. 1 Nr. 1 BGB zumeist in denselben Stationen durchgeführt wird wie die öffentlich-rechtliche Unterbringung, was mitunter zu Konflikten führt (Marschner et al. 2010 D § 327 FamFG Rz. 4).

4.3.1 Zivilrechtliche Unterbringung

Bei der zivilrechtlichen Unterbringung mit Freiheitsentziehung handelt es sich um eine Entscheidung des **gesetzlichen Vertreters** des Betroffenen auf Grundlage eines privatrechtlichen Vertrages mit einer Einrichtung; sie betrifft im Wesentlichen drei Fallgruppen:

- die Unterbringung eines Minderjährigen (§ 1631b BGB),
- die Unterbringung eines Volljährigen durch einen Betreuer (§ 1906 Abs. 1 bis 3 BGB) sowie
- die Unterbringung eines Volljährigen durch einen Bevollmächtigten (§ 1906 Abs. 5 BGB).

Dualismus von Zivilrecht und Öffentlichem Recht Eine Unterbringung als Freiheitsentziehung kann aber nie nur zivilrechtlich am Maßstab des BGB bewertet werden. Der gesetzliche Vertreter nimmt vielmehr im Hinblick auf den Schutz vor Selbst- und Fremdgefährdung auch eine öffentliche Aufgabe wahr (Marschner et al. 2010 A Rz. 15; zur **Doppelgleisigkeit öffentlicher und privater Fürsorge** im Rahmen der Vormundschaft vgl. bereits BVerfG 10, 302 Rz. 75 – NJW 1960, 811, vgl. auch II-2.4.8). Hierbei handelt es sich aber nicht um eine Beleihung, denn es werden keine Hoheitsbefugnisse auf die Privatperson übertragen (vgl. I-4.1.2.2). Die öffentliche Verwaltung bedient sich nicht eines Privaten, vielmehr hat die dem Privaten obliegende Verantwortung einen öffentlich-rechtlichen Einschlag: „Was bürgerlich-rechtlich als Vertretung konstruiert ist, das ist öffentlich-rechtlich zugleich ein Eingriff in die Grundrechte des Betroffenen" (Marschner et. al. 2010 A Rz. 34). Der Private steht als gesetzlicher Vertreter gewissermaßen neben dem Staat. Einerseits respektiert Letzterer die Verantwortung des gesetzlichen Vertreters (im Fall der Eltern gar als Grundrecht, vgl. Art. 6 Abs. 2 GG; vgl. I-1.1.2 u. I-2.2.6); andererseits unterliegt der gesetzliche Vertreter bei der Erfüllung seiner Aufgaben der **Grundrechtsbindung** (zur Grundrechtskollision in der elterlichen Sorge und dem „fremdnützigen" Charakter des Elterngrundrechts vgl. I-2.2.6), weshalb an seine Entscheidungen der gleiche strenge Maßstab anzulegen ist wie bei einer öffentlich-rechtlichen Unterbringung. Zum einen ergibt sich daraus formell das Erfordernis der rechtlichen Grundlage (Art. 104 Abs. 1 GG) und der richterlichen Genehmigung (Art. 104 Abs. 2 GG), zum anderen ist in materieller Hinsicht das **Verhältnismäßigkeitsprinzip** zu beachten (hierzu I-2.1.2.2).

Privatrecht und Öffentliches Recht sind also im Bereich der Unterbringung in besonderem Maße verschränkt. Problematisch ist an der zivilrechtlichen Konstruktion der (freiheitsentziehenden) Unterbringung, dass zwar die zwangsweise Zuführung (§ 326 FamFG), nicht aber der Vollzug als solcher bzw. entsprechender Maßnahmen geregelt ist – und zwar im Unterschied zur öffentlich-rechtlichen Unterbringung (s. u.). Die Grenzen im Hinblick darauf, was im Rahmen der Unterbringung erlaubt ist, ergeben sich aus den Grenzen der gesetzlichen Vertretung, was insb. im Hinblick auf den grundrechtlich geschützten Bereich (z. B. Post- und Fernmeldekontrolle, Besuchsrecht) für die ausführenden Einrichtungen, die ja nicht selten öffentlich-rechtlich betrieben bzw. refinanziert werden, nicht ohne Pikanterie ist, zumal der BGH selbst bei der freiwilligen Unterbringung eines unter Betreuung stehenden Betroffenen in einer geschlossenen Einrichtung von der öffentlich-rechtlichen Natur der Rechtsbeziehungen ausgeht (BGH 31.01.2008 – III ZR 186/06 – NJW 2008, 1444). Beklagt werden muss insoweit zumindest ein rechtsstaatlich bedenkliches **vollzugsrechtliches Defizit** (ebenso Marschner et al. 2010 D § 327 FamFG Rz. 5 f.). Der Gesetzgeber hat lediglich verfahrensrechtlich die gerichtliche Überprüfung von Vollzugsmaßnahmen nach § 327 FamFG vorgesehen und im Übrigen auf eine gesetzliche Regelung verzichtet (BT-Ds 11/4528, 92 ff.). Im Wesentlichen kann der **Grundrechtsschutz** hier nur **durch** das **Verfahren** (vgl. Salgo 2001, 45), insb. durch die Bestellung eines Verfahrenspflegers bzw. -beistands (bei MJ § 167 Abs. 1 FamFG), gewährleistet werden (§§ 317, 419 FamFG, s. u. 4.4 u. II-2.4.6). Es bleibt abzuwarten, ob das BVerfG hier nicht ebenso materiell-rechtliche Kriterien anmahnt wie beim Jugendstrafvollzug, wo man auch jahrzehntelang meinte, aufgrund des Bestehens eines sog. Sonderrechtsverhältnisses ohne eine gesetzliche Grundlage auskommen zu können. Hier hat das BVerfG im Jahr 2006 eine 50 Jahre währende Zeit der Rechtswidrigkeit beendet und gerade im Hinblick auf die über das Grundverhältnis hinausgehenden Beschränkungen der Grundrechte (Briefzensur, Mediennutzung, Disziplinarmaßnahmen) eine besondere gesetzliche Grundlage gefordert (BVerfG 2 BvR 1673/04 – 31.05.2006 – ZJJ 2006, 193 ff.). In der Zwischenzeit muss man wegen des Fehlens eines kodifizierten Vollzugsrechts für die zivilrechtliche Unterbringung und der außerordentlichen Schwierigkeiten einer effektiven Rechtsverfolgung mit Wolfgang Lesting leider feststellen, dass „die zivilrechtlich Untergebrachten die rechtlosesten aller Menschen in unserer Gesellschaft sind" (in Marschner et. al. 2010 D § 327 FamFG Rz. 11).

4.3.1.1 Unterbringung von Volljährigen (§ 1906 BGB)

Da die gesetzlichen Voraussetzungen für die Unterbringung eines unter **Betreuung stehenden Volljährigen** bereits bei der Darstellung des Betreuungsrechts erörtert wurden, soll an dieser Stelle im Wesentlichen auf sie verwiesen werden (vgl. II-2.5.2). Nur konsequent ist es, dass dieselben Anforderungen wie dort auch für die Unterbringung gelten, die durch einen **Bevollmächtigten** veranlasst wird (hierzu Pardey 2009, 148). Allerdings kommt es hier darauf an, dass die Bevollmächtigung wirksam erteilt wurde. Dies bedeutet in diesem Zusammenhang vor allem, dass sie schriftlich vorliegt und ausdrücklich die freiheitsentziehende Unterbringung mit einbezieht (§ 1906 Abs. 5 BGB). Anderenfalls wäre zunächst ein Betreuer zu bestellen (HK-BGB/Schulze 2009 § 1906 Rz. 2).

4.3.1.2 Unterbringung von Minderjährigen (§ 1631b BGB)

Bei MJ ist die Situation noch etwas komplizierter (hierzu Fegert et al. 2001; Hoffmann/Trenczek 2011; Hoops/Permien 2006; IGfH 2013; Marschner et. al 2010 C § 1631b Rz. 8 u. 12 ff.; Münder et al. 2013 § 42 Rz. 53 ff.; Wolffersdorff-Ehlert/Sprau-Kuhlen 1990). Die Unterbringung betrifft die Personensorgeverantwortung i. d. R. der Eltern und insoweit v. a. das Aufenthaltsbestimmungsrecht (hierzu II-2.4.3.2). § 1631b BGB hat vor allem die Wirkung einer **Einschränkung des Elternrechts** für den Fall, dass die Eltern die freiheitsentziehende Unterbringung ihres Kindes wünschen oder jedenfalls mit ihr einverstanden sind. Zugleich steht die genannte Rechtsvorschrift dafür, dass auch der MJ selbst Grundrechtsträger ist (s. o.). Deshalb kann hier auch nur ein Einverständnis des MJ mit der Unterbringung deren Zwangscharakter beseitigen. Liegt dieses nicht vor, so stellt sich die Frage, ob der MJ über die entwicklungsbedingte Reife und Einsichtsfähigkeit verfügt, die eine autonome Willensentscheidung und damit eine „tragfähige" Versagung der Einwilligung zulässt. Ist der MJ nicht einsichts- und einwilligungsfähig, so wird die Einwilligung in die Freiheitsentziehung von den Eltern als den gesetzlichen Vertretern des MJ erteilt. Ein Festhalten eines einsichtsfähigen MJ gegen seinen Willen allein aufgrund einer elterlichen Einwilligung wäre aber eine Freiheitsberaubung. Hier soll § 1631b BGB helfen.

An einer derartigen Regelung ist zunächst hervorzuheben, dass mit ihr ein System vervollständigt wird, in dem *jede* Form der Unterbringung mit Freiheitsentziehung einer richterlichen Anordnung oder Genehmigung bedarf. Offen bleibt dabei freilich, welchen materiell-rechtlichen Bezug das Gericht bei seiner Genehmigungserteilung herzustellen hat. § 1631b BGB a. F. entsprach erkennbar nicht dem verfassungsrechtlichen Bestimmtheitsgebot, nach dem die Voraussetzungen der Freiheitsentziehung in berechenbarer, messbarer und kontrollierbarer Weise zu regeln sind (vgl. Schlink/Schattenfroh 2001, 111 ff.). Der Gesetzgeber hat im Jahr 2008 klargestellt, dass die freiheitsentziehende Unterbringung nur zulässig ist, wenn sie **zum Wohl des Kindes**, insb. zur Abwendung einer erheblichen Selbst- oder Fremdgefährdung, erforderlich ist und der Gefahr **nicht auf andere Weise**, auch nicht durch andere öffentliche Hilfen, begegnet werden kann.

Im Zusammenhang mit der geschlossenen Unterbringung von Kindern und Jugendlichen nach § 1631b BGB wird häufig davon gesprochen, sie seien „aus erzieherischen Gründen" untergebracht. Der Begriff „Erziehung" wird hier freilich zumeist pädagogisch unsinnig und rechtswidrig ausgelegt (Hoffmann/Trenczek 2011, 177 ff.; Salgo 2001, 28 ff.; aus erziehungswissenschaftlicher Sicht vgl. Wolffersdorff 2003, 93 ff. und 2009, 96). Eine freiheitsentziehende Unterbringung kommt ausschließlich zum Schutz vor einer erheblichen Gesundheits- oder Lebensgefahr, also der körperlichen Unversehrtheit des Kindes oder Jugendlichen, in Betracht, nicht aber wegen einer ungünstigen Entwicklungsprognose oder deliktischen Verhaltens. Anders als bei Volljährigen kann eine Unterbringung nach § 1631b BGB dem Wohl des Kindes dienen, um Gefährdungen seines Wohls (Leib und Leben) durch Dritte, z. B. durch Notwehrmaßnahmen bei Fremdgefährdung, vorzubeugen. Eigen- und Fremdgefährdung sind insoweit eng miteinander verbunden. Freiheitsentziehung nur aus „erzieherischen" Motiven ist ebenso unzulässig wie eine geschlossene Unterbringung zu Zwecken einer Sanktionierung (vgl. BT-Ds 16/6816, 10). Die Geschlossenheit, also der Freiheitsentzug, wird den Problemlagen von jungen Menschen nicht gerecht. Empirisch tragfähige Befunde zu den positiven Wirkungen einer geschlossenen Unterbringung fehlen. Es lassen sich auch keine außerhalb des Rechts norminierten Kriterien einer „Indikation" für die geschlossene Unterbringung legitimieren (BT-Ds 16/6815, 10; vgl. Kindler et al. 2007, 41 f.). Eine freiheitsentziehende Unterbringung kommt daher nur als letztes Mittel und nur für die kürzeste angemessene Zeit in Betracht (vgl. Art. 37b UN-KRK). Die Zwangsunterbringung junger Menschen in der Kinder- und Jugendhilfe ist nicht weniger problematisch als in der Psychiatrie bzw. vice versa. Stattdessen werden Kinder und Jugendliche mit emotionalen und seelischen Störungen, die darüber hinaus sozial auffällig und delinquent werden, relativ planlos zwischen den Institutionen hin und her geschoben (zu den „Verschiebebahnhöfen" und „Entsorgungsparks" für sog. schwierige Jugendliche vgl. Fegert et al. 2001; Köttgen 2008; Trenczek 2008b, 260 ff.). Dabei ist die einseitige Betonung stationärer Maßnahmen auch im Hinblick auf die Psychiatrie keineswegs zwingend (nach einer Untersuchung im Auftrag des BMJ könnten 80 % der stationären Interventionen in Kliniken der Kinder- und Jugendpsychiatrie in einem offenen Setting durchgeführt werden; vgl. Brünger et al. 2010, 345 ff.). Hilfe muss hier frühzeitig verzahnt werden zugunsten von jungen Menschen, die ambulanter therapeutischer Hilfen bedürfen, ohne dass sie damit aus dem Verantwortungsbereich der Jugendhilfe ausgegrenzt werden.

Die Sozialleistungsträger haben eigenständig zu prüfen, ob die Voraussetzungen für eine Leistung – nach SGB V oder SGB VIII – vorhanden sind. Liegt eine gerichtliche Genehmigung für eine freiheitsentziehende Unterbringung in einer Einrichtung der Kinder- und Jugendhilfe vor, muss das JA demnach gleichwohl das Bewilligen einer Hilfe zur Erziehung in einer geschlossenen Einrichtung ab-

Unterbringung aus „erzieherischen Gründen"

lehnen, wenn sich aus seiner Perspektive die Voraussetzungen des § 27 SGB VIII nicht feststellen lassen. Anders formuliert: Aus der gerichtlichen Genehmigung einer freiheitsentziehenden Unterbringung „nach § 1631b BGB" ergibt sich keine Verpflichtung zur Bewilligung einer entsprechenden Hilfe zur Erziehung (vgl. BT-Ds 11/5948, 66 f.; Münder et al. 2013 § 50 Anhang Rz. 54 ff.).

Von JA und Gericht ist substantiiert zu begründen, warum Alternativen zur freiheitsentziehenden Unterbringung, z. B. durch eine (personal)intensive sozialpädagogische Einzelbetreuung (*„Menschen statt Mauern"*), nicht ausreichen, nicht vorliegen oder geschaffen werden können. Deutlich wird hier die Wechselbeziehung zwischen dem verfassungsrechtlichen **Verhältnismäßigkeitsprinzip** und der Leistungsfähigkeit der Jugendhilfe (Trenczek 2008b, 205 ff.). Es gibt keine Pflicht der einzelnen örtlichen Träger im Sinne des § 79 Abs. 1 SGB VIII, Plätze in einer geschlossenen Einrichtung der Kinder und Jugendhilfe „vorzuhalten" (Hoffmann/Trenczek 2011, 178). Es mag zwar immer wieder Einzelfälle und Notsituationen geben, bei denen ein junger Mensch auch physisch festgehalten werden muss, um ihn und andere in Gefahrsituationen zu schützen und zur Besinnung kommen zu lassen. Das können aber immer nur Ausnahmefälle einer nicht anders möglichen Schutzgewährung sein, die eine institutionelle Regelpraxis nicht legitimieren. Der **Gefahr des systemischen Selbsterhalts** und Auslastungsinteresses und damit der rechtswidrigen Nutzung geschlossener Einrichtungen kann nur durch eine strikte Beachtung des Verhältnismäßigkeitsgebots begegnet werden. Für einen rigorosen Pragmatismus im Umgang mit der freiheitsentziehenden Unterbringung ist aufgrund der Grundrechtsrelevanz kein Raum.

Zwangsbehandlung   Ist Unterbringungsziel eine Zwangsbehandlung des MJ, besteht eine Befugnis zur freiheitsentziehenden Unterbringung nur, wenn auch die Voraussetzungen für die Zwangsbehandlung vorliegen. Die freiheitsentziehende Unterbringung eines im Hinblick auf das Ziel der Unterbringung (z. B. ärztliche Behandlung, Schutz vor Selbstschädigung) selbstbestimmungsfähigen, also einsichts- und urteilsfähigen Kindes oder Jugendlichen ist – auch wenn ausschließlich ein Vetorecht von Kindern und Jugendlichen angenommen und diesen keine eigene Entscheidungskompetenz zugebilligt wird (BGH VI ZR 74/05 10.10.2006 – FamRZ 2007, 130) – ebenso rechtswidrig, also unzulässig, wie die eines Erwachsenen.

4.3.2 Öffentlich-rechtliche Unterbringung

Von öffentlich-rechtlicher Unterbringung spricht man bei freiheitsentziehenden Maßnahmen zumeist, wenn sie durch die (Landes-)**Gesundheitsbehörden** beantragt wurden. Rechtsgrundlage der Unterbringung ist – anders als bei der zivilrechtlichen Unterbringung (s. o.) – kein Vertrag des gesetzlichen Vertreters mit der Einrichtung, sondern eine öffentlich-rechtliche Rechtsnorm. Insoweit ist begrifflich die Einengung auf den Anwendungsbereich der PsychKG/UBG der Länder nicht gerechtfertigt, da auch außerhalb dieser Regelungen eine ganze Reihe weiterer Unterbringungstatbestände existieren, die dem öffentlichen Recht zuzurechnen sind (s. o. 4.3 Formen der Unterbringung). Im Hinblick auf den Anwendungsbereich des PsychKG/UBG und des dadurch betroffenen Personenkreises ist, wie bereits erwähnt, eine große gemeinsame Schnittmenge mit der Unterbringung nach Betreuungsrecht zu verzeichnen, denn anders als nach dem Wortlaut der Gesetzesbezeichnung kommt es auch bei (geistig und seelisch) behinderten sowie bei suchtkranken Menschen zur Anwendung. Jedoch unterscheiden sich beide Formen in einigen Punkten erheblich hinsichtlich ihrer Voraussetzungen und Wirkungen voneinander.

Die rechtshistorischen Wurzeln der Unterbringung nach PsychKG verweisen zunächst auf das Polizeirecht (vgl. IV-1), sofern sie der Abwehr von Gefahren von der Öffentlichkeit oder einem Einzelnen dient (Pardey 2009, 143). Soweit dies bis in die Gegenwart hinein nachwirkt, werden die polizeilichen Aufgaben allerdings mittlerweile zumeist durch spezielle Ordnungsbehörden, etwa die **sozialpsychiatrischen Dienste,** als Teile der kommunalen Gesundheitsämter, wahrgenommen. Jedoch kann sich modernes Unterbringungsrecht nicht in Sicherheitsaspekten erschöpfen. So stellt z. B. das ThürPsychKG mit § 2 einen Fürsorgegrundsatz voran und formuliert in § 12 Abs. 1 einen **Rechtsanspruch auf Heilbehandlung.** Dies assoziiert als weitere geschichtliche Quelle des Unterbringungsrechts das Fürsorgerecht. Beide – das Fürsorgerecht ob seines teilweise zwangsfürsorglichen Charakters und das Polizeirecht, weil nach seinem Verständnis psychisch Kranke als *Störer* zu betrachten wären – bringen jedoch den Rechtsgedanken des heutigen Unterbringungsrechts nur unvollkommen zum Ausdruck (vgl. Marschner et al. 2010, A Rz. 45 f.). Gleichwohl bezeichnet das **Verhältnis von Sicherung und Besserung** nach wie vor das zentrale Spannungsmoment innerhalb des Unterbringungsrechts. Es aufzulösen wäre denkbar, wenn man den Zweck der Unterbringung sehr allgemein mit der *Sicherung besonderer verfassungsrechtlich anerkannter Güter* umschreibt, die dann im Falle der Fremdgefährdung sowohl Individualrechtsgüter als auch Rechtsgüter oder Interessen der Allgemeinheit sowie im Fall der Selbstgefährdung den Schutz der Allgemeinheit vor den Folgen einer möglichen Selbstschädigung betreffen könnten. Insofern ist das heutige öffentlich-rechtliche Unterbringungsrecht nicht ohne Weiteres einem der beiden Rechtsgebiete zuzuordnen, sondern es ist ein „Sonderrecht" für den Umgang mit psychisch kranken, suchtkranken und (geistig und seelisch) behinderten Menschen.

Die Unterbringung nach dem PsychKG wird auf Antrag der nach jeweiligem Landesrecht zuständigen Behörde durch gerichtliche Entscheidung angeordnet. Als Behörde kann hier die untere Verwaltungsbehörde bzw. das Krankenhaus (Baden-Württemberg), die Ortspolizeibehörde (Bremen) oder aber, wie zumeist, der Landkreis oder die kreisfreie Stadt bzw. der Landrat oder der (Ober-)Bürgermeister fungieren. In Thüringen wird diese Aufgabe von den Sozialpsychiatrischen Diensten der Gesundheitsbehörden wahrgenommen (§ 8 Abs. 1 ThürPsychKG). Die Voraussetzungen für eine derartige Anordnung sind in den einzelnen Ländergesetzen teilweise unterschiedlich ausgestaltet. Im Allgemeinen sind sie jedoch auf die Beseitigung einer bereits eingetretenen bzw. die **Abwendung** einer **unmittelbar bevorstehenden** oder der realen Möglichkeit nach jederzeit eintretenden **erheblichen Selbst- oder Fremdgefährdung** aufgrund einer psychischen Krankheit, einer Suchtkrankheit oder einer Behinderung gerichtet.

Voraussetzungen

Unter **Selbstgefährdung** ist dabei regelmäßig Lebensgefahr sowie eine erhebliche Gesundheitsgefahr zu verstehen. Anders als bei der Unterbringung nach Betreuungsrecht, die allein aus Gründen der Abwehr einer Gefahr für den Betreuten selbst und zu dessen Wohl zulässig ist, zielt die öffentlich-rechtliche Unterbringung jedoch, wie bereits angedeutet, auch im Falle der Selbstgefährdung mehr darauf ab, dass mit ihr zugleich auch eine Gefährdung der öffentlichen Sicherheit und Ordnung gegeben ist. Dies ist z. B. hinsichtlich der Suizidgefahr unstreitig, aber auch etwa bei Selbstverstümmelung oder Gifteinnahme gegeben (vgl. Marschner et al. 2010 C § 1906 BGB Rz. 12 ff.). Gleichwohl formulieren einige Ländergesetze die Selbstgefährdung als eigenständigen, rein durch den fürsorgerechtlichen Aspekt getragenen Unterbringungsgrund.

Eine besondere Situation liegt in diesem Zusammenhang noch einmal für die Unterbringung wegen einer Suchterkrankung vor. Anders als im Betreuungsrecht muss die Suchterkrankung hier noch nicht die Qualität einer psychischen Erkrankung angenommen haben, um eine Unterbringung überhaupt in Betracht kommen zu lassen. Jedoch muss sie ein Ausmaß erreicht haben, durch das einerseits die Fähigkeit zur freien Willensbestimmung erheblich beeinträchtigt und andererseits die vom Gesetz geforderte Erheblichkeit der Gesundheitsgefährdung gegeben ist. Diese Grenze wird jedoch wohl erst z. B. bei Gefahr eines dauernden Siechtums oder aber bei Lebensgefahr infolge einer akuten Alkoholintoxikation oder in Verbindung mit einem Alkoholdelirium erreicht sein (Marschner et al. 2010 C § 1906 BGB Rz. 19).

Die **Fremdgefährdung** wird teilweise, wie im ThürPsychKG, als Gefährdung bedeutender Rechtsgüter anderer, in einigen anderen Ländergesetzen aber auch mittels des hergebrachten polizeirechtlichen Begriffes der Gefährdung der öffentlichen Sicherheit erfasst. Dass hierunter eine Gefahr für das Leben und wohl in den allermeisten Fällen auch für die Gesundheit eines Dritten fällt, liegt auf der Hand. Bei einer Gefährdung von Sach- oder Vermögenswerten hingegen kommt es sowohl auf die Erheblichkeit dieser Werte als auch in besonderer Weise auf die Verhältnismäßigkeit der Unterbringung an.

In jedem Fall müssen die Gefährdung und die Kausalität zwischen ihr und der entsprechenden Erkrankung oder Behinderung gutachterlich festgestellt sein (z. B. § 8 Abs. 2 ThürPsychKG). Liegt ein solches Gutachten nicht vor, so kommt allenfalls eine vorläufige Unterbringung für höchstens sechs Wochen im Wege der einstweiligen Anordnung in Betracht (§ 331 FamFG). Während dieses Zeitraumes, der auf bis zu maximal drei Monate verlängert werden kann (§ 333 FamFG), besteht auch die Gelegenheit, das erforderliche Gutachten noch zu erstellen. Bei Gefahr im Verzug ist darüber hinaus auch eine vorläufige Unterbringung unmittelbar durch die Behörde selbst möglich. Jedoch wäre in diesem Fall unverzüglich ein Unterbringungsantrag beim zuständigen Gericht zu stellen (z. B. § 9 Abs. 1 ThürPsychKG).

Wirkungen Auch die konkrete Rechtsstellung der untergebrachten Person bestimmt sich nach den einzelnen Landesgesetzen mitunter unterschiedlich. Allen gemeinsam ist zwar die strenge Geltung des Verhältnismäßigkeitsgrundsatzes (z. B. § 10 ThürPsychKG; vgl. I-2.1.2.2) sowie die Berücksichtigung der eigentlichen Zielsetzung der Unterbringung, die in der Behandlung und Rehabilitation des Kranken besteht (z. B. § 12 ThürPsychKG). Gleichwohl erlaubt die öffentlich-rechtliche Unterbringung eine Reihe sehr weitgehender Eingriffe, die hier unmittelbar durch den zuständigen Arzt angeordnet werden dürfen und nicht, wie im Betreuungsrecht, einer zusätzlichen richterlichen Genehmigung bedürfen. Dies gilt auch im Falle der Zwangsbehandlung. Paradoxerweise führte die Rspr. des BVerfG zu diesem Gegenstand zunächst und vor allem zu Gesetzesänderungen im Bereich des Privatrechts (vgl. II-2.5.2), obgleich sie sich dem Verfahrensgegenstand nach auf die öffentlich-rechtliche Unterbringung bezog (hier v. a.: BVerfG v. 12.10.2011- 2 BvR 633/11). Tatsächlich ist auch zu fragen, ob die einzelnen landesrechtlichen Regelungen den entsprechenden Vorgaben des BVerfG in ausreichendem Maße genügen. Bejaht werden kann dies nunmehr im Hinblick auf § 8 UBG BW, dessen frühere Fassung in der genannten Entscheidung des BVerfG für grundgesetzwidrig erklärt wurde. In der geltenden Fassung ist nunmehr geregelt, dass eine Zwangsbehandlung im Rahmen der öffentlich-rechtlichen Unterbringung nur rechtlich zulässig ist, soweit der Betroffene krankheitsbedingt nicht zur Einsicht in die Notwendigkeit der Behandlung fähig ist und die Behandlung der Erreichung (mindestens) eines der nachfolgend genannten Ziele dient: (1) Abwendung einer Lebensgefahr oder einer gegenwärtigen erheblichen Gesundheitsgefahr für den Betroffenen, (2) Abwendung einer ebensolchen Gefahr für dritte Personen oder (3) Wiederherstellung der tatsächlichen Voraussetzungen freier Selbstbestimmung, um ein Leben in Freiheit und Gemeinschaft zu ermöglichen. Zu beachten ist auch hier der Verhältnismäßigkeitsgrundsatz: Mildere Mittel, insb. weniger invasive Eingriffe, stehen nicht zur Verfügung. Die Chance, das Behandlungsziel zu erreichen, muss den Einsatz der Mittel rechtfertigen. Die Behandlung steht nicht außer Verhältnis zum erwartbaren Nutzen. Ohnehin ginge eine die im Rahmen der Zwangsbehandlung zur Anwendung kommenden Maßnahmen ausschließende Patientenverfügung vor (außer im Fall der Gefährdung dritter Personen). § 12 Abs. 4 ThürPsychKG verweist in diesem Zusammenhang ausdrücklich auf die Unzulässigkeit von Behandlungsverfahren, die mit erheblichen Gefahren für Leben und Gesundheit verbunden sind oder durch die eine tiefgreifende und dauerhafte Persönlichkeitsveränderung hervorgerufen werden kann. Darüber hinaus kann der zuständige Arzt **besondere Sicherungsmaßnahmen** anordnen (§ 14 ThürPsychKG) sowie den persönlichen Brief- und Telefonverkehr überwachen, jedoch nicht den mit Gerichten, Rechtsanwälten, dem gesetzlichen Vertreter oder Betreuer, konsularischen oder diplomatischen Vertretungen des Herkunftslandes sowie inländischen Behörden und zwischenstaatlichen europäischen Menschenrechtsgremien (§§ 20 f. ThürPsychKG). Zugunsten des öffentlich-rechtlich Untergebrachten wirkt es sich schließlich aus, dass er, anders als der untergebrachte Betreute, der hierzu die Erlaubnis seines Betreuers benötigen würde, durch den ärztlichen Leiter der Einrichtung eine Beurlaubung oder Ausgang gewährt bekommen kann (§ 22 ThürPsychKG).

4.4 Verfahren

Das Unterbringungsverfahren nach BGB und PsychKG ist einheitlich in den §§ 312 ff. FamFG geregelt. Hinzu kommen noch die Bestimmungen des 1. Buches sowie Vorschriften aus dem Betreuungsverfahren (§§ 271 ff. FamFG). Die sachliche Zuständigkeit des Familiengerichts für Entscheidungen nach § 1631b BGB ergibt sich unmittelbar aus dieser Vorschrift; jedoch richtet sich das Verfahren gem. § 167 Abs. 1 FamFG nach den Vorschriften über die Unterbringung in §§ 312 ff. FamFG. In Betreuungs- und öffentlich-rechtlichen Unterbringungssachen ist nach § 23c GVG das Betreuungsgericht zuständig. In Gang gesetzt wird das Verfahren regelmäßig durch einen Antrag des Betreuers, des Bevollmächtigten, der Eltern des MJ oder der im Unterbringungsverfahren nach PsychKG zuständigen Behörde. Verfahrensfähig – und damit Beteiligter mit eigenen Rechten – ist, wer das 14. Lebensjahr vollendet hat. Auf die Geschäftsfähigkeit kommt es hierbei nicht an (§§ 167 Abs. 3, 316 FamFG). § 317 FamFG legt fest, dass dem Betroffenen, sofern erforderlich, ein Verfahrenspfleger (bei MJ ein Verfahrensbeistand, § 167 Abs. 1 S. 2 FamFG) zu bestellen ist. Die Erforderlichkeit ist von Amts wegen durch das Gericht zu prüfen. Sie ist zumindest immer dann gegeben, wenn ausnahmsweise von der persönlichen Anhörung des Betroffenen abgesehen werden soll (s. u.), wenn der Betroffene aufgrund stark geminderter geistiger Fähigkeiten, einer schweren Psychose oder aufgrund von Sprachschwierigkeiten gehindert ist, seine Interessen selbst ausreichend wahrzunehmen, oder in anderen Fällen, in denen z. B. dem Betroffenen der Inhalt eines ärztlichen Gutachtens oder nach § 325 Abs. 1 FamFG die Gründe für seine Unterbringung nicht mitgeteilt werden sollen, weil davon schwere Nachteile für seine Gesundheit zu befürchten sind (Damrau/Zimmermann 2011 § 317 FamFG Rz. 3 ff.). Sofern ein Rechtsanwalt oder ein anderer geeigneter Verfahrensbevollmächtigter durch den Betroffenen selbst mit der Wahrnehmung seiner Angelegenheiten beauftragt wurde, soll von der Bestellung eines Verfahrenspflegers abgesehen werden.

Verfahrenspfleger

Der Betroffene soll in jedem Fall von dem Richter, der mit der Durchführung des gesamten Verfahrens betraut ist, persönlich angehört werden (§ 319 FamFG). Das bedeutet, dass es zu einem Gespräch mit dem Richter kommen wird, in dessen Verlauf dieser sich einen unmittelbaren Eindruck vom Betroffenen verschafft und ihn zugleich über den möglichen Ablauf des Verfahrens unterrichtet. Nur in seltenen Ausnahmefällen wird von einer Anhörung abgesehen werden müssen, weil von ihr eine Gefahr für die Gesundheit des Betroffenen ausgehen könnte oder aber weil dieser offensichtlich nicht in der Lage ist, seinen Willen kundzutun (§ 34 Abs. 1 FamFG). Dies wäre aber jedes Mal zuvor gutachterlich festzustellen (§ 319 Abs. 3 FamFG). Ungeachtet dessen verbleibt die Pflicht des Richters, sich den Betroffenen persönlich anzusehen (Pardey 2009, 153). Andere Personen und Behörden hat das Gericht zu hören, sofern sie Verfahrensbeteiligte sind (§ 320 i. V. m. § 315 FamFG). Obligatorisch ist die Einholung eines Sachverständigengutachtens, das sich auch zur voraussichtlichen Dauer der Unterbringung äußern soll (§ 321b FamFG). Die gesetzliche Höchstfrist der Unterbringung beträgt regelmäßig ein Jahr, bei offensichtlich langer Unterbringungsbedürftigkeit zwei Jahre. Sie kann jedoch nötigenfalls verlängert werden, wobei das Gesetz bei einer Gesamtunterbringungsdauer von mehr als vier Jahren eine Begutachtung durch einen Arzt verlangt, der den Betroffenen bisher noch nicht begutachtet hat und der auch nicht der Einrichtung angehört, in der dieser untergebracht ist (§ 329 FamFG). Ansonsten ist die Unterbringung sofort aufzuheben, wenn die Voraussetzungen für ihre Anordnung weggefallen sind (§ 331 FamFG).

persönliche Anhörung

Dauer der Unterbringung

Fegert et al. 2001; Marschner et al. 2010; Pardey 2009; Damrau/Zimmermann 2011

1. Weshalb muss zwischen Freiheitsentziehung und -beschränkung unterschieden werden? Was ist das wesentliche Unterscheidungsmerkmal zwischen diesen beiden Einschränkungen der persönlichen Freiheit? (4.2)
2. Welche Formen der Freiheitsentziehung lassen sich unterscheiden? (4.2)
3. Was versteht man unter der zivilrechtlichen und was unter der öffentlich-rechtlichen Unterbringung? Wer stellt den Unterbringungsantrag bei einer privatrechtlichen und wer bei einer öffentlich-rechtlichen Unterbringung? In welcher Hinsicht sind die Unterschiede unbeachtlich? (4.3.1 und 4.3.2)
4. Unter welchen Voraussetzungen ist eine geschlossene Unterbringung in Einrichtungen der Kinder- und Jugendhilfe möglich? (4.3.1)
5. Ist es möglich, sich freiwillig in einer „geschlossenen Abteilung" unterbringen zu lassen? (4.2)
6. Unter welchen Voraussetzungen können bzw. müssen suchtkranke Menschen untergebracht werden? (II-2.5.1; 4.3.2)
7. Auf welche Weise ist das Grundrecht auf Freiheit auch von psychisch Kranken, von denen eine Gefahr für sich oder die Allgemeinheit ausgeht, geschützt? (II-2.5.2; 4.3.2)

VI Anhang

Anhang

1 Glossar der wichtigsten Rechtsbegriffe
2 Altersstufen im Recht (Auswahl)
3 Auswahl wichtiger Aktenzeichen
4 Prüfungsschemata für die Bearbeitung sozialverwaltungsrechtlicher Fälle
5 Aufbauschema zur Überprüfung privatrechtlicher Ansprüche
6 Prüfungsschema für die strafrechtliche Fallbearbeitung (Grunddelikt)
7 Literatur
8 Sach- und Personenregister

Anhang 1: Glossar der wichtigsten Rechtsbegriffe

Im Folgenden erläutern wir nur eine kleine Reihe der für das Verständnis der „Grundzüge des Rechts" besonders wichtigen Rechtsbegriffe und verweisen darüber hinaus auf das von der Bundeszentrale für politische Bildung herausgegebene Fachlexikon „Recht A–Z" (Bonn 2010).

Amt im Unterschied zur → Behörde ein rechtlich unselbstständiger Teil eines Hoheitsträgers, z. B. Jugend- und Sozialamt.

Anfechtung ist die Möglichkeit, eine fehlerhafte, aber gleichwohl wirksame → Willenserklärung wieder aus der Welt zu schaffen (§§ 142, 119 ff. BGB).

Anspruch ist das „subjektive" Recht, das ein Einzelner aus dem für alle geltenden „objektiven Recht", der Rechtsordnung, für sich herleiten kann – sei es aufgrund eines Vertrages oder einer gesetzlichen Regelung. Aufgrund eines Anspruches kann diese Person von einer anderen Person etwas (insb. ein Tun oder Unterlassen) verlangen (§ 194 BGB). Man unterscheidet obligatorische, auf einem Schuldverhältnis beruhende Ansprüche (→ Forderungen) sowie → dingliche Rechte aufgrund einer sachenrechtlichen Zuordnung.

Arbeitslosengeld II ist die bedürftigkeitsabhängige Sozialleistung, die als Grundsicherung für Arbeitssuchende von den Jobcentern an erwerbsfähige hilfebedürftige Personen gezahlt wird (§ 19 Abs. 1 S. 1 SGB II).

Bedarfsgemeinschaft i. S. d. SGB II ist eine Mehrzahl von Personen, die mit einer erwerbsfähigen Person in einem Haushalt leben und bei denen der Gesetzgeber davon ausgeht, dass sie aufgrund eines familiären oder partnerschaftlichen Näheverhältnisses den Willen haben, wechselseitig Verantwortung füreinander zu tragen und füreinander einzustehen, mit der Folge, dass ihr Einkommen und Vermögen bei der Prüfung der Hilfebedürftigkeit wechselseitig angerechnet wird (§§ 7 Abs. 3, 9 Abs. 2 SGB II).

Behinderung ist eine körperliche, seelische oder geistige Beeinträchtigung von voraussichtlich länger als mindestens 6-monatiger Dauer, die nicht dem Lebensalter entsprechend typisch ist und die die betroffene Person an der selbstbestimmten und gleichberechtigten Teilhabe an der Gesellschaft hindert (§ 2 SGB IX).

Behörde ist nach § 1 Abs. 2 SGB X (vgl. § 1 Abs. 4 VwVfG) jede Stelle, die Aufgaben der Verwaltung nach dem SGB wahrnimmt. Genauer definiert ist es das nach außen handelnde Organ eines Hoheitsträgers, also die organisatorische Einheit, die Aufgaben der öffentlichen Verwaltung selbstständig und gegenüber dem Bürger in eigenem Namen wahrnimmt. Behörde der Kommunalverwaltung ist der (Ober-)Bürgermeister bzw. der Landrat; hierzu I-4.1.2.

Beistand bezeichnet die Aufgabe des Jugendamts, insb. die Vaterschaft feststellen zu lassen und Unterhaltsansprüche geltend zu machen (§ 1712 BGB, § 55 SGB VIII). Im Strafrecht bezeichnet man Anwälte oder nicht anwaltliche Unterstützerpersonen als Beistand. Im Verwaltungsverfahren kann jeder Beteiligte zu Verhandlungen oder Besprechungen mit einem Beistand erscheinen.

Berufung vollständige Überprüfung einer gerichtlichen Entscheidung in tatsächlicher (ggf. inkl. Beweisaufnahme) und rechtlicher Hinsicht; i. d. R. sog. zweite Instanz (vgl. §§ 143 ff. SGG; §§ 312 ff. StPO; §§ 124 ff. VwGO; §§ 511 ff. ZPO).

Beschwerde Bezeichnung sowohl für informelle → Rechtsbehelfe (z. B. Dienst- und Fachaufsichtsbeschwerde) als auch für das förmliche → Rechtsmittel, insb. im Bereich der Freiwilligen Gerichtsbarkeit.

Besitz ist die tatsächliche Herrschaft über eine Sache (§ 854 Abs. 1 BGB).

Betreuung rechtliche Vertretung über Volljährige (früher Vormundschaft und Pflegschaft), im Wesentlichen in den §§ 1896 ff. BGB geregelt.

Betreuungsverfügung schriftliche Verfügung darüber, wer bei Eintritt der Betreuungsbedürftigkeit zum Betreuer bestellt werden soll (§ 1897 Abs. 4 BGB).

Deliktsfähigkeit Voraussetzung der Haftung für einen angerichteten Schaden (§ 827 BGB). Die Deliktsfähigkeit von Minderjährigen ist in §§ 828 f. BGB geregelt.

dingliche Rechte Herrschaftsrechte an Sachen, die den Rechtsinhaber berechtigen, über diese mit Wirkung gegenüber jedermann zu verfügen (sog. absolutes Recht).

Eigentum ist die umfassende, rechtliche Herrschaft über eine Sache (§ 903 S. 1 BGB), grds. unbeschränktes dingliches Recht.

Entgeltersatzleistung bezeichnet die Gesamtheit aller einkommensabhängigen Sozialleistungen, die von einem Träger der Sozialversicherung zur Sicherung des Lebensunterhalts gewährt werden, wenn aufgrund der Verwirklichung eines sozialen Risikos das Erwerbseinkommen ausbleibt, z. B. → Arbeitslosengeld, Kranken-, Verletzten- und Übergangsgeld, Alters- und Erwerbsminderungsrente.

Ermessen bezeichnet den Entscheidungsträgern gesetzlich eingeräumten Handlungsspielraum, bei Vorliegen der Tatbestandsvoraussetzungen die – im Hinblick auf den Zweck des Gesetzes – zweckmäßigste Regelung zu treffen. Ermessen ist nicht Beliebigkeit oder Willkür, es ist nicht „frei", sondern stets pflichtgemäß, d. h. nach festgelegten Regeln wahrzunehmen (vgl. I-3.4).

Erziehungsbeauftragte Person ist jede Person über 18 Jahren, soweit sie auf Dauer oder zeitweise aufgrund einer Vereinbarung mit der personensorgeberechtigten Person Erziehungsaufgaben wahrnimmt oder soweit sie ein Kind oder eine jugendliche Person im Rahmen der Ausbildung oder der Jugendhilfe betreut (§ 1 Abs. 1 Nr. 4 JuSchG).

Erziehungsberechtigte/-r ist die/der → Personensorgeberechtigte und jede sonstige Person über 18 Jahre, soweit sie aufgrund einer Vereinbarung mit dem Personensorgeberechtigten nicht nur vorübergehend und nicht nur für einzelne Verrichtungen Aufgaben der Personensorge wahrnimmt (§ 1 Abs. 1 Nr. 6 SGB VIII).

Exekutive bezeichnet im System der Gewaltenteilung im Wesentlichen die Regierung und Verwaltung, die die von der → Legislative aufgestellten Rechtsnormen auszuführen hat. Die Regierung als Teil der Exekutive ist aber i. d. R. nicht nur ausführendes Organ, sondern verfügt über ein Initiativrecht sowie ggf. auch über (beschränkte) von der Legislative „abgeleitete" Rechtsetzungsbefugnisse.

Fahrlässigkeit außer Acht lassen der im Verkehr erforderlichen Sorgfalt (§ 276 Abs. 2 BGB). Über diese objektive Komponente hinaus muss im Hinblick auf die strafrechtliche Vorwerfbarkeit auch eine individuelle Komponente vorliegen. Konnte der Handelnde nach seinen individuellen Kenntnissen und Fähigkeiten nicht erkennen oder vermeiden, dass sein Verhalten zur Tatbestandsverwirklichung führt, ist ihm strafrechtlich insoweit kein (Fahrlässigkeits-)Vorwurf zu machen.

Forderung ist der schuldrechtliche → Anspruch einer Person (→ Gläubiger) von einer anderen Person (→ Schuldner) eine Leistung zu verlangen.

formell weist im Hinblick auf Rechtsnormen häufig auf Form- und Verfahrensvorschriften hin.

Garantie(versprechen) beinhaltet i. d. R. ein zusätzliches, über die rechtlich geregelte Verpflichtung (inhaltlich, zeitlich) hinausreichendes Leistungsversprechen (z. B. § 443 BGB).

Geschäftsfähigkeit ist grundsätzlich die Bedingung, → Rechtsgeschäfte vornehmen zu können. Nach deutschem Recht tritt die Geschäftsfähigkeit mit der Volljährigkeit ein, derzeit also mit 18 Jahren (§ 2 BGB). Minderjährige sind nach §§ 106 ff. BGB ab Vollendung des siebten Lebensjahres beschränkt geschäftsfähig.

Gläubiger ist diejenige Person, die aufgrund eines Schuldverhältnisses etwas von einem anderen (→ Schuldner) verlangen kann (§ 241 BGB).

Grundrechte sind die wesentlichen, „unverbrüchlichen" Rechte, die einer Person gegenüber dem Staat zustehen (vgl. I-2.2). Sie werden zumeist von der Verfassung (in Deutschland in Art. 1–19 und 101–104 GG sowie Landesverfassungen) sowie der Charta der Grundrechte der Europäischen Union (I-1.1.5.1) anerkannt bzw. begründet und basieren z. T. auf universellen Menschenrechten (z. B. AEMR, EMRK, vgl. I-1.1.5.2).

Grundsicherung für Arbeitsuchende umfasst die Sozialleistung des → Arbeitslosengeldes II und des → Sozialgeldes. Grundsicherung im Alter und bei Erwerbsminderung ist die bedürftigkeitsabhängige Sozialleistung (§§ 41 ff. SGB XII).

Handlungsfähigkeit ist die Fähigkeit, durch eigenes Verhalten Rechtswirkungen auszulösen (→ Geschäftsfähigkeit; → Deliktsfähigkeit).

Haushaltsgemeinschaft bezeichnet das Zusammenleben von mehreren Personen in einem Haushalt, bei denen der Gesetzgeber vermutet, dass sie sich finanziell im Rahmen des Möglichen unterstützen (vgl. § 9 Abs. 5 SGB II; § 39 SGB XII).

Inklusion bezeichnet ausgehend von der WHO eine gesellschaftliche Konzeption, der zufolge die Gesamtheit aller Menschen die Normalität abbilden und es Aufgabe aller ist, dafür Sorge zu tragen, dass alle gleichberechtigt und selbstbestimmt teilhaben und sich entfalten können (s. Art. 3 UN-BRK).

Judikative bezeichnet im System der Gewaltenteilung im Wesentlichen die Normenkontrolle/Rechtsprechung.

Jugendliche/-r ist ein junger Mensch im Alter von 14 und noch nicht 18 Jahren (vgl. § 1 Abs. 1 Nr. 2 SGB VIII, § 1 Abs. 1 Nr. 2 JuSchG). Im JArbSchG werden erst 15 Jahre alte Menschen als Jugendliche bezeichnet (§ 2 Abs. 2 JArbSchG).

juristische Person Zusammenschluss von natürlichen Personen oder Sachmitteln, der als solcher Träger von Rechten und Pflichten und damit rechtsfähig ist. Sie kann als Rechtssubjekt – vertreten durch ihre Organe – am Rechtsverkehr teilnehmen. Bsp.: Vereine (§ 21 BGB) und Stiftungen des Privatrechts (§ 80 BGB); öffentlich-rechtliche → Körperschaften, Anstalten und Stiftungen des Öffentlichen Rechts.

Kassation ist die Aufhebung einer Entscheidung durch eine nächsthöhere Instanz.

Kind wird als Rechtsbegriff in unterschiedlichen Regelungszusammenhängen unterschiedlich definiert, z. B. im Sozial-, Jugend- und Strafrecht als Person, die das 14. Lebensjahr noch nicht vollendet hat (§ 7 Abs. 1 Nr. 1 SGB VIII; § 1 Abs. 1 Nr. 1 JuSchG; § 19 StGB). Nach § 2 Abs. 1 JArbSchG umfasst es noch nicht 15 Jahre alte Personen. Im Recht der Personensorge liegt die Grenze bei 18 Jahren („minderjährige Kinder", z. B. § 11 BGB; vgl. auch §§ 1 Abs. 2, 7 Abs. 2 SGB VIII). Im Abstammungs- und Unterhaltsrecht bleiben Kinder immer Kinder ihrer Eltern (vgl. zur Annahme als Kind auch volljähriger Personen § 1767 BGB).

Körperschaften sind ein Zusammenschluss (Verband) von natürlichen oder juristischen Personen. Sie sind mitgliedschaftlich organisiert, bestehen also unabhängig vom Wechsel ihrer konkreten Mitglieder. Man unterscheidet die Gebietskörperschaften (die Bundesrepublik Deutschland, die Bundesländer, Kreise und Gemeinden) sowie die Personalkörperschaften, insb. die Sozialversicherungsträger, und berufsständischen Organisationen (Kammern, Innungen). Körperschaften sind Rechtssubjekte mit Selbstverwaltungsrecht (Autonomie). Die öffentlich-rechtlichen Körperschaften sind das öffentlich-rechtliche Gegenstück zu den privatrechtlichen → Vereinen.

Legislative bezeichnet im System der Gewaltenteilung im Wesentlichen die Gesetzgebung.

materiell bezeichnet im Hinblick auf Rechtsnormen die sachlich-inhaltliche Kategorie.

Mündel Bezeichnung für einen Minderjährigen, der unter Vormundschaft steht (s. Vormund).

Nichtigkeit ohne rechtliche Wirkung; nicht alle fehlerhaften/rechtswidrigen Handlungen, Verwaltungsakte bzw. Rechtsgeschäfte sind nichtig und damit ohne rechtliche Wirkung, sondern eben „nur" fehlerhaft und können deshalb durchaus rechtliche Wirkung entfalten. Die Fälle der Nichtigkeit sind gesetzlich gesondert geregelt, z. B. §§ 134, 138 BGB, § 40 SGB X.

Obliegenheit ist ein Rechtsgebot (z. B. Anzeigepflicht, Untersuchungs- und Rügepflicht), welches im eigenen Interesse des Betroffenen zu befolgen ist. Es ist von Dritten nicht einklagbar, bei Verletzung der Obliegenheit drohen allerdings Rechtsnachteile bzw. ein Rechtsverlust.

Öffentliches Recht Teilgebiet der Rechtsordnung. Eine Rechtsnorm ist öffentlich-rechtlich, wenn aus ihr zwingend nur ein Träger öffentlicher Verwaltung berechtigt oder verpflichtet ist.

Patientenverfügung schriftliche Festlegung der künftigen Heilbehandlungen oder ärztlichen Eingriffe, die den Betreuer oder Bevollmächtigten in seiner Entscheidung bindet (§ 1901a Abs. 1 BGB).

Person Personen i. S. d. Rechts sind die Rechtssubjekte, entweder der Mensch als „natürliche" Person oder → juristische Personen, die am Rechtsverkehr teilnehmen können.

Personensorgeberechtigt ist, wem nach den Vorschriften des BGB die elterliche Sorge für den persönlichen Bereich (nicht für den Vermögensbereich) zusteht (vgl. §§ 1626 ff. BGB). Das Personensorgerecht beinhaltet die Verantwortung (Recht und Pflicht) für ein Kind zu sorgen (insb. Erziehung, Gesundheitssorge, Aufenthalts- und Umgangsbestimmung).

Pfleger nach §§ 1909 ff. BGB sind im Gegensatz zum Vormund nicht alle Angelegenheiten der Personensorge auf den Pfleger zu übertragen, sondern sein Wirkungskreis ist auf bestimmte Teilbereiche beschränkt (z. B. Aufenthaltsbestimmung, Vermögenssorge).

Privatrecht Teilgebiet der Rechtsordnung. Privatrechtlich ist eine Norm, wenn der betreffende Rechtssatz für jedermann gilt.

Ratifizierung bezeichnet insb. die Umsetzung internationaler/völkerrechtlicher Verpflichtungen in innerdeutsches Recht mittels eines Parlamentsgesetzes.

Realakt bezeichnet im Privatrecht eine rechtlich erhebliche Handlung, die aufgrund des äußeren Geschehensablaufes ohne Rücksicht auf einen damit ggf. verbundenen Willen Rechtsfolgen bewirkt. Im Öffentlichen Recht wird der Realakt vom regelnden Verwaltungshandeln (Verwaltungsakt und Vertrag) abgegrenzt.

Rechte absolute Rechte, wie z. B. das Eigentum oder andere dingliche Rechte an Sachen, Urheber- und Namensrechte (z. B. Firma, Markenname, Patente) wirken gegen jedermann. Relative Rechte, auch Forderungen, Ansprüche oder obligatorische Rechte genannt, bestehen nur zwischen bestimmten Personen, zwischen denen ein Rechtsverhältnis, z. B. ein Vertrag, besteht. Von einem subjektiven Recht spricht man im → Öffentlichen Recht, wenn der einzelne Bürger aus einer Rechtsnorm einen Anspruch für sich herleiten kann.

Rechtsbehelf ist jede Möglichkeit, gegen eine Entscheidung eines Hoheitsträgers (Verwaltung oder Gericht) mit dem Ziel der Aufhebung oder Abänderung vorzugehen. Man unterscheidet formlose (z. B. Gegenvorstellung, Aufsichtsbeschwerde) und förmliche Rechtsbehelfe, die bestimmten Zulässigkeitsvoraussetzungen (insb. Fristen) unterliegen, z. B. Widerspruch, Einspruch.

Rechtsfähigkeit ist die Fähigkeit, Träger von Rechten und Pflichten zu sein. Menschen (natürliche Personen) sind mit Vollendung der Geburt rechtsfähig (§ 1 BGB). Juristische Personen in der Regel mit der Eintragung in ein Register (zivilrechtlich) bzw. durch gesetzliche Verleihung der Rechtsfähigkeit (öffentlich-rechtlich).

Rechtsgeschäft bewusstes, äußerlich wahrnehmbares Verhalten einer Person, mit der eine bestimmte Rechtsfolge herbeigeführt werden soll. Man unterscheidet einseitige Rechtsgeschäfte (z. B. Testament, Kündigung) und zwei- oder mehrseitige Rechtsgeschäfte (z. B. → Vertrag). Das Rechtsgeschäft besteht zwingend aus einer → Willenserklärung sowie ggf. einer tatsächlichen Handlung (z. B. bei der Übereignung die Einigung über den Übergang des Eigentums sowie die tatsächliche Übergabe der Sache). Rechtsgeschäfte kann grundsätzlich nur eine (zivilrechtlich) geschäftsfähige bzw. (öffentlich-rechtlich) handlungsfähige Person vornehmen.

Rechtsmittel ist ein förmlicher Rechtsbehelf gegen eine gerichtliche Entscheidung, z. B. Berufung und Revision gegen Urteile und die Beschwerde gegen Gerichtsbeschlüsse.

Rechtspfleger sind Mitarbeiter des gehobenen Justizdienstes, die bei den Gerichten Aufgaben nach dem Rechtspflegegesetz wahrnehmen, z. B. Grundbuch- und registerrechtliche Aufgaben (vgl. insb. § 3 RPflG). Im strafrechtlichen Verfahren werden sie als Amtsanwalt tätig und nehmen bestimmte Aufgaben der Staatsanwaltschaft wahr (§ 142 GVG).

Rechtssubjekt natürliche oder → juristische Person, die → rechtsfähig ist.

Rehabilitation bezeichnet die Gesamtheit der Maßnahmen, mit der Menschen mit → Behinderungen in die Lage versetzt werden sollen, selbstbestimmt und gleichberechtigt am Leben in der Gesellschaft teilnehmen zu können (§§ 1 ff. SGB IX).

Revision Überprüfung einer gerichtlichen Entscheidung nur im Hinblick auf die fehlerhafte Rechtsanwendung; sowohl verfahrens- wie materiell-rechtliche Überprüfung (vgl. §§ 160 ff. SGG; §§ 333 ff. StPO; §§ 132 ff. VwGO; §§ 542 ff. ZPO).

Sachen sind im Unterschied zu → Personen keine Rechtssubjekte. Sie sind vielmehr Gegenstand von sog. dinglichen Rechten (= Sachenrechten) der Personen (z. B. Eigentum) und grundsätzlich verkehrsfähig, d. h., über sie kann verfügt werden (Ausnahmen: z. B. die menschliche Leiche). Man unterscheidet bewegliche Sachen und Immobilien (Grundstücke und deren Bestandteile). Tiere sind zwar keine Sachen, auf sie werden aber die Vorschriften über Sachen ergänzend angewandt (§ 90a BGB).

Schöffen sind ehrenamtliche Laienrichter, die insb. bei den Arbeits-, Sozial- und Verwaltungs- sowie Strafgerichten tätig sind.

Schuld bezeichnet zivilrechtlich das Verpflichtetsein (des → Schuldners) gegenüber einem Anderen (→ Gläubiger), d. h. also eine Leistungspflicht. Im Strafrecht bezeichnet es die Vorwerfbarkeit des verbotenen Verhaltens als eine materielle Voraussetzung der staatlichen Strafe, die Schuld ist nach § 46 Abs. 1 S. 1 StGB auch Grundlage der Strafzumessung.

Schuldner diejenige Person, die aufgrund eines Schuldverhältnisses gegenüber einem anderen (→ Gläubiger) zu einer Leistung verpflichtet ist (§ 241 BGB).

Sozialgeld ist die bedürftigkeitsabhängige Sozialleistung, die als → Grundsicherung für Arbeitsuchende von den Jobcentern an nicht erwerbsfähige Personen gezahlt wird (§ 19 Abs. 1 S. 1 SGB II), die hilfebedürftig sind und in einer → Bedarfsgemeinschaft mit einer erwerbsfähigen Person leben (§ 19 Abs. 1 S. 2 SGB II).

Sozialversicherung ist die verpflichtende Zusammenfassung eines Großteils der Bevölkerung in einem Risikopool bezüglich sozialer Risiken wie Arbeitslosigkeit, Krankheit, Alter, Erwerbsminderung und Pflege, in dem im Wesentlichen die Beiträge aller die Kosten bei denjenigen abdecken, bei denen das jeweils versicherte Risiko eingetreten ist. Unter anderem durch einkommensabhängige, aber risikounabhängige Beiträge, standardisierte Leistungen und beitragsfreie Mitversicherung bestimmter Personengruppen sind Elemente der Solidarität und des sozialen Ausgleiches prägend.

Stiftungen sind juristische Personen und zwar Sacheinrichtungen oder Vermögensmassen, die über keine Selbstverwaltung verfügen, sondern extern i. d. R. vom Stifterwillen bestimmt werden. Es gibt sowohl Stiftungen des Öffentlichen Rechts als auch des Privatrechts (§§ 80 ff. BGB). Öffentlich-rechtliche Stiftungen (z. B. öffentlich-rechtliche Rundfunkanstalten, Sparkassen) werden aufgrund eines Gesetzes errichtet. In der Regel bleibt das Vermögen einer Stiftung auf Dauer erhalten und es werden nur die Erträge für den Stiftungszweck verwendet.

Unternehmer ist jede natürliche oder juristische Person, die bei Abschluss eines → Rechtsgeschäfts gewerblich oder selbstständig beruflich tätig wird (§ 14 BGB).

Verbraucher ist jede natürliche Person, die bei Abschluss eines → Rechtsgeschäfts nicht gewerblich oder selbstständig beruflich tätig wird (§ 13 BGB).

Verbrauchervertrag ist jeder Vertrag, der zwischen einem → Verbraucher und einem → Unternehmer abgeschlossen wird (§§ 310 Abs. 3, 312 BGB).

Verein ist eine privatrechtlich verfasste Personenvereinigung, die sich durch ihre Mitglieder und die von ihnen gewählten Organe selbst verwaltet. Ein Verein ist damit eine juristische Person des Privatrechts. Rechtsfähige Vereine sind der im BGB geregelte eingetragene Verein (§§ 21 ff. BGB) sowie u. a. die im HGB geregelte Aktiengesellschaft (AG), die Gesellschaft mit beschränkter Haftung (GmbH) und die eingetragene Genossenschaft (eG).

Verfügung (auch Verfügungsgeschäft) Rechtsgeschäft, durch das ein Recht unmittelbar übertragen, belastet, geändert oder aufgehoben wird.

Verpflichtungsgeschäft Rechtsgeschäft, durch das eine Leistungspflicht begründet wird, i. d. R. in Gestalt eines → Vertrages.

Verschulden bedeutet zivilrechtlich subjektive Vorwerfbarkeit des Erfolges i. S. d. § 276 BGB, also Fahrlässigkeit oder Vorsatz. Insoweit spricht man auch vom „Vertretenmüssen". Zur strafrechtlichen → Schuld s. o.

Vertrag wechselseitige Verpflichtung aus einem Rechtsgeschäft zwischen mindestens zwei Parteien. Ist sowohl zivilrechtlich (§§ 311 ff. BGB) als auch öffentlich-rechtlich (§§ 53 ff. SGB X) möglich.

Vertretungsmacht ist die Befugnis, mit rechtlicher Wirkung für jemanden anderen handeln zu können, entweder aufgrund gesetzlicher Ermächtigung als Vertreter, wie z. B. der Vorstand beim Verein (§ 26 BGB) oder Eltern für ihre Kinder (§ 1629 BGB), oder durch rechtsgeschäftliche → Vollmacht (§ 166 Abs. 2 BGB).

Verwaltungsakt ist eine aufgrund gesetzlich verliehener Befugnis von einer Behörde nach Öffentlichem Recht getroffene Entscheidung zur Regelung eines Einzelfalls gegenüber dem Bürger (vgl. § 31 SGB X).

Volljährigkeit tritt mit der Vollendung des 18. Lebensjahres ein (§ 2 BGB). Ein junger Volljähriger ist, wer 18, aber noch nicht 27 Jahre alt ist (§ 1 Abs. 1 Nr. 3 SGB VIII).

Vollmacht durch Rechtsgeschäft erteilte Vertretungsmacht (§ 166 Abs. 2 BGB; grds. formfrei, Ausnahmen: §§ 1904 Abs. 5, 1906 Abs. 5 BGB); mit der sog. Vorsorgevollmacht kann im Voraus festgelegt werden, in welchen Bereichen und in welchem Umfang ein Bevollmächtigter für jemanden handeln kann, der zu einem späteren Zeitpunkt seine Angelegenheiten ganz oder teilweise nicht mehr selbst besorgen kann. Dadurch ist die Bestellung eines rechtlichen Betreuers nicht erforderlich.

Vormund Ihm sind die Personen- und Vermögenssorge inkl. der gesetzlichen Vertretung eines Minderjährigen übertragen (§ 1793 BGB), wenn die elterliche Sorge entzogen ist oder der Minderjährige aus anderen Gründen nicht unter elterlicher Sorge steht. Die Vormundschaft tritt entweder kraft Gesetzes ein (z. B. §§ 1751, 1791c BGB) oder der Vormund wird vom Familiengericht bestellt (§ 1791b Abs. 2 BGB). Ist kein geeigneter Einzelvormund vorhanden, kann das Jugendamt zum (Amts-)Vormund bestellt werden (§ 1791b BGB). Die sog. Gegenvormundschaft (§ 1792 BGB) übt die Aufsicht über die Führung der Vormundschaft durch einen Einzelvormund aus (§ 1799 BGB).

Vorsatz Wissen und Wollen der Tatbestandsverwirklichung.

Willenserklärung Äußerung eines rechtsgeschäftlichen Willens, die auf die Herbeiführung einer Rechtsfolge gerichtet ist. Wesentlicher Teil des Rechtsgeschäfts.

Anhang 2: Altersstufen im Recht (Auswahl)

Erzeugter, aber noch nicht geborener Mensch:	in den Schutzbereich des Art. 1 Abs. 1, Art. 2 Abs. 2 GG eingeschlossen; Erbfähigkeit (§ 1923 Abs. 2 BGB)
Geburt:	Rechtsfähigkeit (§ 1 BGB)/Parteifähigkeit (§ 50 ZPO) Kind kann einen Beistand erhalten (§ 1712 BGB) Anspruch auf Gesundheitsuntersuchungen zur Früherkennung von Krankheiten („U1–U9") (§ 26 SGB V)
1 Jahr:	Rechtsanspruch auf Kita/Tagesbetreuung (§ 24 SGB VIII), in einigen Bundesländern bereits früher
6 Jahre:	Beginn der Schulpflicht (Schulgesetze der Länder) Kinogang alleine bis max. 20 Uhr (§ 11 Abs. 3 Nr. 2 JuSchG), danach nur mit erziehungsbeauftragter Person mögliche Ausnahmebewilligung für Mitwirkung bei Musik- und anderen Aufführungen bis zu drei Stunden täglich zwischen 8 und 22 Uhr (§ 6 Abs. 1 Nr. 2b JArbSchG)
7 Jahre:	beschränkt geschäftsfähig (§§ 104, 106 ff. BGB) beschränkt deliktsfähig (§ 828 BGB) partielle Prozessfähigkeit (§§ 51 f. ZPO; § 62 Abs. 1 Nr. 2 VwGO)
10 Jahre:	Recht auf Anhörung beim Religionswechsel (§ 2 RKEG) beschränkt deliktsfähig im Straßenverkehr (§ 828 Abs. 2 BGB)
12 Jahre:	Religionswechsel gegen den Willen des Kindes nicht mehr möglich (§ 5 S. 2 RKEG)
13 Jahre:	Beschäftigung beschränkt zulässig (§ 5 Abs. 3 JArbSchG): leichte Tätigkeiten, Einwilligung der Eltern usw.; nicht mehr als zwei Stunden täglich, in landwirtschaftlichen Familienbetrieben nicht mehr als drei Stunden täglich; nicht zwischen 18 und 8 Uhr, nicht vor dem Schulunterricht und nicht während des Schulunterrichts
14 Jahre:	Beginn der Jugendphase (vgl. § 7 Abs. 1 Nr. 2 SGB VIII; § 1 Abs. 1 Nr. 2 JuSchG; § 1 Abs. 2 S. 1 JGG); beachte aber § 2 JArbSchG (Jugendlicher erst ab 15 Jahren) frühester Beginn strafrechtlicher Verantwortlichkeit (§ 19 StGB; § 3 JGG) Minderjähriger muss in seine Adoption selbst einwilligen (§ 1746 Abs. 1 S. 2 BGB) Möglichkeit des Ausbildungsbeginns, sofern keine Schulpflicht besteht volle Religionsmündigkeit (§ 5 S. 1 RKEG) eigenes Beschwerderecht im FamFG-Verfahren (§ 60 FamFG), Mitspracherecht bei Scheidung der Eltern im Hinblick auf elterliche Sorge (§ 1671 Abs. 1 BGB) sowie bei der alleinigen Übertragung der elterlichen Sorge auf den Vater (§ 1671 Abs. 2 BGB) Besuch öffentlicher Filmveranstaltung bis 22 Uhr (§ 11 Abs. 3 Nr. 3 JuSchG), danach nur mit erziehungsbeauftragter Person aktives und passives Wahlrecht für die Jugendvertretung im Betriebsrat (§ 61 BetrVerfG) Ende des strafrechtlichen Jugendschutzes gegen sexuellen Missbrauch (§§ 176 f. StGB)

15 Jahre:	Jugendlicher i. S. d. § 2 JArbSchG Fahrerlaubnis für Mofa (Mofa Prüfbescheinigung) Handlungsfähigkeit im Sozialverfahren (§ 36 Abs. 1 SGB I), kann aber durch gesetzlichen Vertreter eingeschränkt werden (§ 36 Abs. 2 SGB I) Beschäftigung während der Schulferien für höchstens vier Wochen im Kalenderjahr (§ 5 Abs. 4 JArbSchG) eigene Leistungsberechtigung bezüglich Arbeitslosengeld II (§ 7 Abs. 1 S. 1 Nr. 1 SGB II)
16 Jahre:	Ausweispflicht (§ 1 Abs. 1 PersAuswG) Testierfähigkeit (§ 2229 BGB) beschränkte Ehefähigkeit (§ 1303 Abs. 2 BGB) Eidesfähigkeit (vgl. § 61 Nr. 1 StPO, § 393 ZPO) Gaststättenaufenthalt bis 24 Uhr (§ 4 JuSchG) Möglichkeit der Führerscheinerteilung für Mopeds, Mokicks usw. (Klasse A1, M, S; § 10 Abs. 1 Nr. 4 FeV) Kinobesuch ohne Begleitung eines Erziehungsbeauftragten bis 24 Uhr (§ 11 Abs. 3 Nr. 4 JuSchG), danach nur mit erziehungsbeauftragter Person Disko/Tanzveranstaltungen sowie Besuch von Gaststätten bis 24 Uhr (vgl. § 5 Abs. 1 JuSchG) Zulässigkeit des Erwerbs nicht branntweinhaltiger alkoholischer Getränke (§ 9 Abs. 1 Nr. 2 JuSchG) Handlungsfähigkeit nach § 80 ZuwG und § 12 AsylVfg (umstr. wegen Unterlaufen des Minderjährigenschutzes) aktives Wahlrecht auf Kommunal- und Landesebene (abhängig vom Bundesland) und bei den Sozialwahlen (§ 50 Abs. 1 SGB IV)
17 Jahre:	Erlaubnis zum begleiteten Fahren eines Pkw (vgl. § 6e StVG, § 48a FEV)
18 Jahre:	Volljährigkeit (§ 2 BGB), Geschäftsfähigkeit aktives und passives Wahlrecht (Art. 38 Abs. 2 GG) Zulässigkeit des Rauchens in der Öffentlichkeit und des Erwerbs von Tabakwaren (§ 10 JuSchG) sowie Spirituosen (§ 9 Abs. 1 Nr. 1 JuSchG) Führerschein Pkw und Motorrad; Klasse B, BE, C, C1 (§ 10 Abs. 1 Nr. 3 FeV) Wehr-/Zivildienstpflicht (Art. 12a Abs. 1 GG; § 1 Abs. 1 Wehrpflichtgesetz), seit 01.07.2011 ausgesetzt Bestrafung als Heranwachsender (§ 1 Abs. 2 S. 2 JGG), ggf. nach StGB (§ 105 JGG) Erklärungspflicht für Menschen mit (bis dahin) doppelter Staatsangehörigkeit (§ 29 Abs. 1 StAG) Beginn der Zuzahlungspflicht bei Leistungen der GKV (§ 61 SGB V) Anspruch auf Krebsvorsorgeuntersuchungen nach den Richtlinien des G-BA (§ 25 Abs. 2 bis 4 SGB V)
21 Jahre:	volle strafrechtliche Verantwortlichkeit/Geltung des allg. Strafrechts (vgl. § 1 JGG) keine Erstbewilligung von Hilfen für junge Volljährige (§ 41 Abs. 1 S. 2 SGB VIII)
25 Jahre:	uneingeschränktes Adoptionsrecht (§ 1743 BGB) Ende der Pflicht, als Hilfebedürftiger im Haushalt der Eltern leben zu müssen (§ 22 Abs. 5 SGB II) grds. spätestes Ende der Kindergeldberechtigung (§ 2 BKGG)
27 Jahre:	Ende der Phase „junger Mensch" (§ 7 Abs. 1 Nr. 4 SGB VIII)

35 Jahre:	Anspruch auf Gesundheitsuntersuchungen zur Früherkennung von Volkskrankheiten alle zwei Jahre (sog. Check-Up 35) (§ 25 Abs. 1 SGB V)
40 Jahre:	passives Wahlrecht zum Bundespräsidenten (Art. 54 Abs. 1 S. 2 GG)
45 Jahre:	Ende der Wehrpflicht (§ 3 Abs. 3 u. 5 Wehrpflichtgesetz)
63 Jahre:	Altersgrenze, ab der Arbeitslosengeld-II-Empfänger verpflichtet werden können, vorzeitig Altersrente in Anspruch zu nehmen (§ 12a SGB II)
67 Jahre:	Anspruch auf die Regelaltersrente (§ 35 SGB VI, übergangsweise stufenweise Anhebung der Altersgrenze in Abhängigkeit vom Geburtsjahrgang, § 235 SGB VI); Regelaltersgrenze für Beamte (vgl. § 51 BBG)

Im Hinblick auf die „Minderjährigen" bestimmen die (personensorgeberechtigten) Eltern innerhalb des gesetzlichen Rahmens den Umfang der Ausübung ihrer Rechte (Art. 6 Abs. 2 GG), wobei sie die wachsende Fähigkeit und das wachsende Bedürfnis des Kindes zu selbstständigem verantwortungsbewusstem Handeln zu berücksichtigen haben (§ 1626 Abs. 2 BGB). Bei Missbrauch der elterlichen Sorge entscheidet das Familiengericht (vgl. §§ 1666 f. BGB). Zunehmendes Alter und zunehmende Verantwortlichkeit des jungen Menschen führen zu einer Abnahme der Verantwortlichkeit der Eltern. Die (gegenseitige) Unterstützungs- und Unterhaltspflicht besteht in eingeschränktem Maß auch gegenüber Volljährigen weiter fort.

Anhang 3: Auswahl wichtiger Aktenzeichen

Mit Register- und Aktenzeichen kennzeichnen die Behörden und Gerichte ihre Dokumente und Akten, um eine genaue Zuordnung von Vorgängen und Schriftstücken zu gewährleisten. Sie enthalten neben dem abgekürzten Bezeichnung der Behörde bzw. des Gerichts und ggf. der Nummer der Abteilung bzw. des Spruchkörpers (z. B. Kammer, Senats) i. d. R. ein Registerzeichen (mit der die Art des Verfahrens, der Angelegenheit/Streitsache bzw. das Rechtsgebiet bezeichnet wird), die laufende Nummer des Aktenregisters sowie den beiden letzten Ziffern der Jahreszahlen. Nachfolgend werden eine Reihe der gebräuchlichsten Registerzeichen und ihre Erläuterung aufgelistet:

Bei Rechtsstreitigkeiten vor dem **Bundesverfassungsgericht**:

BvF	abstrakte Normenkontrolle	Bundesverfassungsgericht
BvL	konkrete Normenkontrolle	Bundesverfassungsgericht
BvR	Verfassungsbeschwerden	Bundesverfassungsgericht

Bei Rechtsstreitigkeiten vor den **Amtsgerichten** (AG), den **Landgerichten** (LG) und den **Oberlandesgerichten** (OLG) in **Zivil- und in Strafsachen** sowie **Arbeitsgerichten**:

AZR	Revisionen in Arbeitsgerichtlichen	BAG
B	Mahnverfahren	Amtsgericht
C	Allgemeine Zivilsachen	Amtsgericht
Ca	Arbeitsrechtliche Verfahren	Arbeitsgericht
Cs	Strafbefehle	Amtsgericht
Ds	Strafverfahren vor dem Einzelrichter	Amtsgericht
F	Familiensachen	Amtsgericht
Js	Ermittlungsverfahren	Staatsanwaltschaft
K	Zwangsversteigerungen	Amtsgericht
KLs	Erstinstanzliche Strafsachen	Landgericht
Ks	Strafsachen vor dem Schwurgericht	Landgericht
Ls	Strafverfahren vor dem Schöffengericht	Amtsgericht
M	Zwangsvollstreckungssachen	Amtsgericht
Ns	Berufungen in Strafsachen	Landgericht
O	Allgemeine Zivilsachen 1. Instanz	Landgericht
PLs	Ermittlungsverfahren	Amtsanwaltschaft
Qs	Beschwerden in Straf- und Bußgeldsachen	Landgericht
S	Berufung in Zivilsachen	Landgericht
Sa	Berufung in Arbeitsgerichtlichen Streitigkeiten	Landesarbeitsgericht
Ss	Revisionen in Strafsachen	Oberlandesgericht
StR	Revisionen in Strafsachen	Bundesgerichtshof
StVK	Verfahren vor der Strafvollstreckungskammer	Landgericht
T	Beschwerden in Zivilsachen	Landgericht
U	Berufung in Zivilsachen	Oberlandesgericht
UJs	Ermittlungsverfahren gegen Unbekannt	Staatsanwaltschaft
ZR	Revisionen in Zivilsachen	Bundesgerichtshof

Bei Rechtsstreitigkeiten vor den **Verwaltungsgerichten** (VG, OVG bzw. VGH und BVerwG):

A	erstinstanzliche Hauptverfahren und Wiederaufnahmeverfahren (OVG/VGH und BVerwG); teilw. Berufungsverfahren (nicht einheitlich in allen Bundesländern); teilw. Verfahren auf Erlass einer einstweiligen Anordnung bzw. auf Anordnung oder Wiederherstellung der aufschiebenden Wirkung (VG)
B	Nichtzulassungsbeschwerden und andere Beschwerden (BVerwG); teilw. Berufungssachen (OVG/VGH) (nicht einheitlich)
C	Revisionen in Verwaltungsstreitsachen (BVerwG)
CN	Revisionen in Normenkontrollsachen (BVerwG)
K	Klagesachen (VG) (nicht einheitlich in allen Bundesländern)
L	Beschwerdesachen (OVG/VGH)
M	Beschwerde in Prozesskostenhilfesachen (OVG/VGH)
N	Anträge auf Zulassung der Berufung, einschließlich Prozesskostenhilfe (OVG/VGH)
X	Verfahren in Asylsachen (VG)

Bei Rechtsstreitigkeiten vor den **Sozialgerichten** (SG), **Landessozialgerichten** (LSG) und dem **Bundessozialgericht** (BSG):

AL	Arbeitslosenversicherung und übrige Aufgaben der Bundesagentur für Arbeit
AS	Grundsicherung für Arbeitsuchende
AY	Asylbewerberleistungsgesetz
BL	Blindengeld
EG	Elterngeld, Erziehungsgeld
KA	Vertrags(zahn)arztrecht
KG	Kindergeld
KR	Krankenversicherung
KS	Künstlersozialversicherung
LW	Alterssicherung der Landwirte und Zusatzversorgung
P	Pflegeversicherung
R	Rentenversicherung
SB	Schwerbehindertenrecht
SO	Sozialhilfe
U	Unfallversicherung
V	Soziales Entschädigungsrecht

In den **Kommunalverwaltungen** werden die verschiedenen Dezernate, Ämter und Dienststellen i. d. R. mit Ziffern bezeichnet, z. B.:

1	Allgemeine Verwaltung
10	Hauptamt
11	Personalamt
2	Finanzverwaltung
20	Kämmerei
30	Rechtsamt

32	Ordnungsamt
4	Schul- und Kulturdezernat
5	Sozial-, Jugend- und Gesundheitsverwaltung
50	Sozialamt
51	Jugendamt
513	Wirtschaftliche Jugendhilfe
514	Allgemeiner Sozialdienst

Anhang 4: Prüfungsschemata für die Bearbeitung sozialverwaltungsrechtlicher Fälle

I Gutachterliche Prüfung für eine Erstentscheidung

1 Vorfrage und Bestimmung des Arbeitsziels: Wer will was von wem?

- Was will der Bürger? Was will die Verwaltung erreichen?

2 Auswahl der in Betracht kommenden Anspruchsgrundlage/Rechtsgrundlage

- Welche Rechtsnorm enthält die gewünschte Rechtsfolge?
- Als Anspruchsgrundlage/Rechtsgrundlage kommen infrage: Gesetze, RVO, Satzungen; nicht aber Verwaltungsvorschriften.
- Für die Beantwortung jeder Rechtsfrage sind sämtliche einschlägigen Rechtsvorschriften zu beachten, wobei mit der rangniedrigsten und speziellsten zu beginnen ist:
  - z. B. Leistung von Hilfe zur Erziehung in Form des betreuten Wohnens nach §§ 27, 34 SGB VIII,
  - z. B. Eingriff durch vorläufige Weg- und Inobhutnahme des Minderjährigen ohne Zustimmung des Personensorgeberechtigten nach § 42 Abs. 1 SGB VIII,
  - z. B. Hilfe zum Lebensunterhalt §§ 19, 27 SGB XII.
- Ggf. Überprüfung ihrer Rechtmäßigkeit am Maßstab höherrangigen Rechts (Normenpyramide); kommt in Klausuren selten vor; gelegentlich vor allem bei Eingriffen in Freiheits- oder Vermögensrechte des Bürgers.

3 Prüfung der formellen Leistungsvoraussetzungen/Rechtmäßigkeit

3.1 Zuständigkeiten

3.1.1 Internationale Zuständigkeit

Hier ist zu prüfen, ob deutsche Behörden überhaupt tätig werden dürfen: § 6 SGB VIII i. V. m. § 30 SGB I, Haager Kinderschutzabkommen (KSÜ); Europäisches Fürsorgeabkommen (EFA); vgl. §§ 23, 24 SGB XII

3.1.2 Sachliche Zuständigkeit (Abgrenzung örtlicher – überörtlicher Träger nach Aufgabengebieten: § 85 i. V. m. § 2 SGB VIII; § 2 AdVermG; § 97 SGB XII)

- örtlicher Träger der Jugendhilfe für Leistungen nach §§ 11 bis 41 SGB VIII und zur Erfüllung anderer Aufgaben nach §§ 42 bis 60 SGB VIII; Sozialhilfe § 97 Abs. 1 SGB XII
- überörtlicher Träger für Aufgaben nach § 85 Abs. 2 SGB VIII; § 97 Abs. 2 u. 3 SGB XII

3.1.3 Örtliche Zuständigkeit

Hier ist zu prüfen, ob der/die angegangene/tätig werdende Träger/Behörde geografisch zuständig ist: z. B. §§ 86 ff. SGB VIII:

- örtlicher Träger der Jugendhilfe für Leistungen und andere Aufgaben i. d. R. nach gewöhnlichem Aufenthalt (§ 30 Abs. 3 S. 2 SGB I) der Eltern,
- überörtlicher Träger der Jugendhilfe nach § 87 Abs. 2 (Heimaufsicht), § 87d (Vereinsvormundschaften) und § 88 Abs. 1 SGB VIII (Gewährung von Leistungen ins Ausland),
- für Sozialhilfe vgl. § 98 SGB XII,

beachte: bei Anträgen gegenüber nicht zuständigen Behörden: § 16 Abs. 2 SGB I, speziell im Rehabilitationsrecht § 14 SGB IX.

3.2 Beteiligten- und Handlungsfähigkeit (§§ 10 bis 15 SGB X); ausgeschlossene Personen und Befangenheit (§§ 16 bis 17 SGB X)

3.3 Einhaltung gesetzlicher Fristen, z. B. § 45 Abs. 4 S. 2 SGB X

- § 26 Abs. 1 SGB X i. V. m. §§ 187 bis 193 BGB; § 26 Abs. 2 bis 5 SGB X

3.4 Verfahrensvorschriften

- Verfahren auf Antrag (§ 16 SGB I) oder von Amts wegen (§§ 18, 20 SGB X)
- Anhörung (§ 24 SGB X), Beratung (§ 36 Abs. 1 SGB VIII; §§ 13 bis 15 SGB I)
- Mitwirkung (§§ 60 bis 67 SGB I)
- Hilfeplanung und Teamkonferenz: § 36 Abs. 2 SGB VIII

3.5 Formvorschriften

- Anträge sind grundsätzlich formfrei (vgl. § 9 SGB X)

- Verwaltungsakte gem. § 33 Abs. 2 bis 4 SGB X; insb. Begründung (§ 35 SGB X), Bekanntgabe (§ 37 SGB X) und Rechtsbehelfsbelehrung (§ 36 SGB X)

3.6 Heilung von Form- und Verfahrensfehlern nach §§ 41, 42 SGB X?

4 Prüfung der materiellen Leistungsvoraussetzungen/Rechtmäßigkeit

4.1 Welche allgemeinen Tatbestandsmerkmale müssen erfüllt sein, damit die gewünschte Rechtsfolge eintreten kann?

z. B. Leistungsvoraussetzungen nach § 27 Abs. 1 SGB VIII:

- eine dem Wohl des Minderjährigen entsprechende Erziehung ist nicht gewährleistet = „erzieherischer Bedarf"
- Hilfe zur Erziehung ist grundsätzlich geeignet und notwendig

z. B. Eingriffsvoraussetzungen nach § 42 SGB VIII

- Bekanntwerden von Tatsachen, die die Annahme rechtfertigen, dass die Voraussetzungen einer Kindeswohlgefährdung i. S. v. § 1666 BGB vorliegen:
- kindeswohlgefährdende Situation, z. B. Misshandlung oder Vernachlässigung
- mangelnde Bereitschaft oder Fähigkeit der Eltern zur Gefahrenabwehr
- kein Widerspruch der Eltern oder familiengerichtliche Entscheidung nicht rechtzeitig möglich (Gefahr in Verzug)

4.2 Auswahl der Leistung/Maßnahme

Ist die (beanspruchte) Leistung/ergriffene Maßnahme als Rechtsfolge zwingend vorgeschrieben (so bei § 27 SGB VIII!) oder ist eine Ermessensentscheidung zu treffen?

- Einhaltung der normativen/sozialpädagogischen Auswahlkriterien
- Liegen Ermessensfehler vor? (Ermessensmangel/-nichtgebrauch, -überschreitung, -missbrauch)
- insb.: Ist die beanspruchte Leistung/ergriffene Maßnahme verhältnismäßig?

II Gutachterliche Prüfung einer Widerspruchsentscheidung

- Vorfrage: Ist die Eingabe als Widerspruch zu werten? Zugunsten des Bürgers auslegen, soweit Widerspruch zulässig und Überprüfung gewollt.
- Entscheidungszuständigkeit der mit dem Widerspruch befassten Behörde (§ 85 Abs. 2 Nr. 1 SGG/§ 73 VwGO). In Selbstverwaltungsangelegenheiten des eigenen Wirkungskreises ist diese i. d. R. selbst auch Widerspruchsbehörde (§ 85 Abs. 2 Nr. 4 SGG/§ 72 Abs. 1 Nr. 3 VwGO). In Thüringen sind Widerspruchsbehörden die Landkreise bzw. das Landesverwaltungsamt als Rechtsaufsichtsbehörde (§§ 124, 118 ThürKO). Nach den Gemeindeverfassungsgesetzen der Länder entscheidet im kommunalen Bereich häufig der sog. Verwaltungsausschuss, im Bereich der Jugendhilfe der Jugendhilfeausschuss über die Widersprüche (vgl. z. B. § 71 Abs. 3 SGB VIII, § 6 Nds AGKJHG, § 57 Nds KO; § 51 Abs. 3 NLO).

1 Zulässigkeit des Widerspruchs

- Erfüllt der Widerspruch die formellen Voraussetzungen?

1.1 Ist der Widerspruch statthaft (gesetzlich vorgesehen)?

1.1.1 Sozial- oder Verwaltungsrechtsweg gegeben? § 62 SGB X

- Im Bereich der Sozialhilfe ist der Sozialgerichtsweg nach § 51 Abs. 1 Nr. 6a SGG gegeben. In Jugendhilfestreitigkeiten ist der Rechtsweg vor den Verwaltungsgerichten nach § 40 VwGO gegeben, da es sich um keine der in § 51 SGG aufgeführten Streitigkeiten handelt. Ausnahme ist der Widerspruch der Personensorgeberechtigten gegen eine Inobhutnahme nach § 42 Abs. 3 S. 2 SGB VIII, der vor dem Familiengericht verhandelt wird.

1.1.2 Ziel: Anfechtungs- oder Verpflichtungsklage: § 54 SGG/§ 42 VwGO

- Aufhebung eines Verwaltungsaktes (Anfechtungswiderspruch) oder Verpflichtung zum Erlass eines beantragten Verwaltungsaktes (Verpflichtungswiderspruch). Hier ist ggf. zu prüfen, ob die vorliegende bzw. beantragte Maßnahme einen VA darstellt. Ist dies unzweifelhaft zu bejahen, sollte nur kurz darauf hingewiesen und keine überflüssige Prüfung vorgenommen werden.

1.1.3 Erforderlichkeit eines Vorverfahrens: § 78 Abs. 1 SGG/§ 68 Abs. 1 VwGO

- ausgeschlossen mittlerweile in vielen Bereichen nach Landesrecht sowie nach Sonderregelungen z. B. § 78 Abs. 1 S. 2 SGG/§ 68 Abs. 1 S. 2 VwGO

1.2 Ist der Widerspruch ordnungsgemäß eingelegt?

- richtige Stelle, Form, Frist: § 84 SGG bzw. § 70 VwGO; ggf. § 66 Abs. 2 SGG/§ 58 Abs. 2 VwGO

1.3 Beteiligungs- und Handlungsfähigkeit und ordnungsgemäße Vertretung?

- § 36 SGB I; §§ 10 bis 15 SGB X

1.4 Widerspruchsbefugnis gem. § 54 Abs. 2 SGG/§ 42 VwGO analog?

- Möglichkeit der Verletzung der eigenen Rechte des Widerspruchsführers (sog. Beschwer; stets gegeben bei einem Verwaltungsakt, der den Adressaten belastet, oder bei Ablehnung eines von ihm beantragten begünstigenden Verwaltungsakts)

2 Begründetheit des Widerspruchs

Hat der zulässige Widerspruch in der Sache Erfolg? Rechtswidrigkeit des VA bzw. dessen Versagung (bei Vorliegen eines Rechtsanspruchs des Bürgers) nach § 113 Abs. 1 S. 1, Abs. 5 VwGO analog (vgl. §§ 54, 131 SGG)

2.1 Rechtsgrundlage/Anspruchsgrundlage

- Prüfung der Anwendbarkeit der bei der Erstentscheidung ausgewählten (bzw. nicht oder nicht korrekt angewendeten) Rechtsgrundlage und ggf. ihrer Gültigkeit. Falls diese nicht anwendbar ist, Auswahl der zutreffenden Rechtsgrundlage

2.2 Formelle Rechtmäßigkeit des Verwaltungsakts

- Prüfung der Zuständigkeits-, Verfahrens- und Formvorschriften (vgl. hierzu Prüfschema I.3) unter Beachtung der §§ 41, 42 SGB X

2.3 Materielle Rechtmäßigkeit des Verwaltungsakts

- vgl. hierzu Prüfschema I.4. Hierauf ist i. d. R. trotz der wenigen Gliederungspunkte der Schwerpunkt der Klausurlösung zu legen. Hierbei kommt es meist gerade darauf an, den normativen Rahmen fachlich-pädagogisch auszufüllen (z. B. ist das Vorliegen eines „erzieherischen Bedarfs" nach § 27 SGB VIII keine rein juristische, sondern zunächst einmal eine jugendhilfe-pädagogische Frage). Dabei ist das „Abhaken" der Tatbestandsmerkmale einer Norm (außer bei völlig unproblematischen Fragen) meist nicht ausreichend, erforderlich ist vielmehr die – bei Zweifelsfragen sogar eingehende – fachliche und auf die Norm bezogene Begründung. In aller Regel gibt es keine einzig richtige Lösung, wichtiger als das (zumindest vertretbare) Ergebnis ist die hierzu gegebene Begründung.

2.4 Zweckmäßigkeit des Verwaltungshandelns

- Im Gegensatz zum Verwaltungsgerichtsprozess (§ 88 VwGO) ist im Widerspruchsverfahren nach den Grundsätzen für die Aufhebung bestandskräftiger VA (§ 45 SGB X) grundsätzlich auch die Abänderung des ursprünglichen VA zum Nachteil des Bürgers zulässig („Verböserung", reformatio in peius, vgl. BVerwGE 65, 313), denn bei dem Widerspruchsverfahren handelt es sich noch um eine verwaltungsinterne Kontrolle, bei der nicht nur die Recht-, sondern auch die Zweckmäßigkeit des Verwaltungsaktes geprüft wird.
- Beachte aber bei Selbstverwaltungsangelegenheiten, z. B. § 124 Nr. 1 ThürKO: Beschränkung der Prüfung des Prüfungsumfangs durch die Widerspruchsbehörde auf die Rechtmäßigkeit; zuvor hat die Selbstverwaltungsbehörde nach § 85 Abs. 1 SGG/§ 72 VwGO (Abhilfeprüfung) die Zweckmäßigkeit zu prüfen.

2.5 Tatsächliche Rechtsverletzung der Rechte des Widerspruchführers

- Die verletzte Norm muss gerade dem Interesse und Schutz des Widerspruchführers dienen.

3 Entscheidungsvorschlag

- Der Entscheidungstenor kann lauten:
  - Der Widerspruch wird als unzulässig/unbegründet zurückgewiesen.
  - Der angefochtene Bescheid wird aufgehoben/abgeändert (inhaltliche Ausführung).
- Widerspruchsbescheide müssen begründet werden und bedürfen einer Rechtsmittelbelehrung (§ 85 Abs. 3 SGG/§ 73 Abs. 3 VwGO). Hierauf sollte auch in einer Klausur hingewiesen werden. Im Hinblick auf die Begründung kann auf die gutachterliche Lösung verwiesen werden, soweit nicht ausdrücklich eine gesonderte Begründung (dann kein Gutachten, sondern Entscheidungsstil) verlangt wird.

Weitere Hinweise:

- Der Widerspruch nach § 68 VwGO hat (anders als der nach § 86 SGG) nach § 80 VwGO in der Regel aufschiebende Wirkung; beachte aber Ausnahmen, insb. bei Anforderungen von öffentlichen Abgaben und Kosten.
- Die Kostenfreiheit im Bereich der Sozialverwaltung nach dem SGB (§ 64 SGB X) schließt auch das Widerspruchsverfahren mit ein. Kostenerstattung bei Obsiegen für den Widerspruchsführer nach § 63 SGB X.

Anhang 5: Aufbauschema zur Überprüfung privatrechtlicher Ansprüche

1 Klärung der Aufgabenstellung

Wer will was von wem woraus? (ggf. Auslegung)

2 Bestimmung der Anspruchsgrundlage

2.1 Worauf ist der Anspruch gerichtet?

Erfüllung, Schadensersatz, Herausgabe, Unterlassung

2.2 Woraus ergibt sich dieser Anspruch? Auffinden der richtigen Anspruchsgrundlage, Prüfungsreihenfolge:

- vertragliches Schuldverhältnis (z. B. §§ 280 Abs. 1, 433 ff. BGB): Erfüllungs- bzw. Hauptleistungsanspruch und/oder Sekundärleistungsansprüche, wie Nacherfüllung, Minderung, Rücktritt oder Schadensersatz
- Ansprüche aus gesetzlich geregelter Sonderbeziehung (FamR, ErbR)
- vertragsähnliches Schuldverhältnis (z. B. §§ 122, 179; 311 Abs. 2 Nr. 1 i. V. m. 241 Abs. 2 BGB): Schadensersatz
- Geschäftsführung ohne Auftrag (§§ 677, 681, 687 BGB): Aufwendungsersatz
- sachenrechtliche Ansprüche (z. B. §§ 985, 861, 862, 1004 BGB): Herausgabe oder Abwehr von Störungen
- Haftung nach Deliktsrecht (z. B. §§ 823, 831 BGB): Schadensersatz wegen Schäden auch ohne Sonderbeziehung der Beteiligten
- Ansprüche aus Bereicherungsrecht (z. B. §§ 812, 816 BGB): Herausgabe oder Wertersatz

3 Prüfung der Anspruchsgrundlage

(hier am Beispiel des vertraglichen Anspruchs aus Kaufvertrag §§ 433 ff. BGB)

3.1 Ist der Anspruch entstanden?

- Wirksame Willenserklärungen
- objektiver Tatbestand: Abgabe bzw. zurechenbare Äußerung, ausdrücklich oder konkludent, Schweigen nur in bestimmten Fällen relevant;
- subjektiver Tatbestand: Handlungswille, Erklärungswille, Rechtsbindungs-/Geschäftswille, Abgrenzung zur Gefälligkeit;

- Vertragsschluss/übereinstimmende Willenserklärungen (§§ 145 ff. BGB): Angebot u. Annahme, die sich inhaltlich und zeitlich decken; Zugang ohne vorherigen Widerruf (beachte aber § 151 BGB); Dissens; Auslegung der Willenserklärungen (§§ 133, 157 BGB);
- Stellvertretung (§§ 164 ff. BGB):
  (1) Zulässigkeit der Stellvertretung (nicht bei höchstpersönlichem Geschäft z. B. Eheschließung),
  (2) eigene Willenserklärung des Vertreters,
  (3) Handeln in fremdem Namen (Offenkundigkeitsprinzip),
  (4) Vertretungsmacht (aus Gesetz, Rechtsgeschäft, Rechtsschein).
- Keine sonstigen rechtshindernden Einwendungen, z. B.
- Geschäftsunfähigkeit (§ 105 BGB),
- beschränkte Geschäftsfähigkeit (§§ 107, 108 Abs. 1, 184, 1629 BGB),
- Formmangel (§ 125 BGB, z. B. § 313 S. 1 BGB),
- Allgemeine Geschäftsbedingung unwirksam: AGB nicht Vertragsbestandteil (§ 305 BGB), AGB inhaltlich unwirksam (§§ 307 bis 309 BGB)
- gesetzliches Verbot (§ 134 BGB),
- Sittenwidrigkeit und Wucher (§ 138 BGB), Teilnichtigkeit (§ 139 BGB),
- anfängliche objektive Unmöglichkeit (§§ 275, 311a BGB).

3.2 Ist der Anspruch erloschen?

Erlöschen möglich durch

- Anfechtung (§ 142 BGB): (1) Anfechtungsgrund (§§ 119, 120, 123 BGB), (2) Anfechtungserklärung gegenüber (3) dem Anfechtungsgegner (§ 143 BGB) innerhalb (4) der Anfechtungsfrist (§§ 121, 124 BGB) ohne vorherige Bestätigung des Rechtsgeschäfts (§ 144 BGB) (5) ohne vorherige Bestätigung des Rechtsgeschäfts (§ 144 BGB)
- Erfüllung (§§ 362 ff. BGB);
- Hinterlegung (§ 378 BGB),
- Aufrechnung (§ 389 BGB),
- Parteivereinbarung (Aufhebung; Erlass, § 397 BGB),
- ausgeübte Gestaltungsrechte:
  - Verbraucher-Widerruf (z. B. §§ 312, 312d, 355, BGB),
  - Rücktritt (§ 346 S. 1 BGB, insb. Unmöglichkeit, Verzug),
  - Kündigung (z. B. §§ 314, 542 f., 568 ff., 620, 649 BGB).
  - Widerruf (§ 671 Abs. 1 BGB)
- Leistungsstörung/Unmöglichkeit: §§ 275, 326 BGB
- Wechsel der Berechtigung auf Gläubiger- oder Schuldnerseite: §§ 398 S. 2, 414 BGB
- Treu und Glauben, § 242 BGB (z. B. Wegfall der Geschäftsgrundlage)

3.3 Ist der Anspruch durchsetzbar?

- Verjährungseinrede (§ 214 BGB)
- Einrede der Stundung oder sonstige die Durchsetzung hemmende Vereinbarungen (§ 203 BGB)
- Einrede der Nichterfüllung (§ 320 BGB)
- Zurückbehaltungsrecht (§§ 273, 1000 BGB)
- Mängeleinrede (§ 438 IV BGB)
- Bürgeneinrede (§ 770 BGB)
- Bereicherungseinrede (§ 821 BGB)
- kein Verstoß gegen die guten Sitten (§ 242 BGB)

Anhang 6: Prüfungsschema für die strafrechtliche Fallbearbeitung (Grunddelikt)

1 Tatbestandsmäßigkeit

1.1 Objektiver Tatbestand

- Tatsubjekt
- Tatobjekt
- Tathandlung (bzw. Unterlassen, § 13 StGB)
- Handlungs-/Taterfolg

1.2 Subjektiver Tatbestand (wird bei der Versuchstat vor dem obj. TB geprüft)

- Vorsatz = Wissen und Wollen in Bezug auf alle Merkmale des obj. Tatbestandes.
- Fahrlässigkeit = Außerachtlassen der im Verkehr erforderlichen und den persönlichen Verhältnissen entsprechenden Sorgfalt (objektive Sorgfaltspflichtverletzung, obj. Vorhersehbarkeit der TB-Verwirklichung). Nur wenn Strafbarkeit ausdrücklich normiert (z. B. §§ 222, 229, 306d ff., 315c Abs. 5 StGB).
- beachte § 16 StGB Irrtumsregel
- bei einer versuchten Straftat wird wegen Ausbleiben des Taterfolgs der subjektive (Tatentschluss) vor dem objektiven Tatbestand (unmittelbares Ansetzen zur TB-Verwirklichung) geprüft.

2 Rechtswidrigkeit

Bei Verwirklichung des Tatbestandes ist das Unrecht grundsätzlich indiziert, Ausnahmen:

- bei der Nötigung muss die Verwerflichkeit positiv festgestellt werden (§ 240 Abs. 2 StGB)
- Vorliegen von Rechtfertigungsgründen

3 Schuld

Bei Vorliegen einer tatbestandlichen und rechtswidrigen Handlung eines Erwachsenen wird die Schuld grundsätzlich unterstellt, Ausnahmen:

- Vorliegen von Schuldausschlussgründen
- Vorliegen von Entschuldigungsgründen

4 Spezielle Strafbarkeitsvoraussetzungen – Fehlen von Strafbarkeitshindernissen

- objektive Bedingungen der Strafbarkeit
- Strafantrag
- keine Strafausschließungs- und Strafaufhebungsgründe
- keine Verfolgungsverjährung

Weitere Hinweise zur Bearbeitung von Strafrechtsfällen:

- keine abstrakte Prüfung von Einzelphänomenen und Fragen aus dem allgemeinen Teil des Strafrechts (z. B. Täterschaft oder Teilnahme; Vollendung oder Versuch; Rechtswidrigkeit oder Schuld), sondern immer nur konkret im Hinblick auf eine bestimmte Person und einen bestimmten Straftatbestand
- bei mehreren Beteiligten: Täterschaft vor Teilnahme, tatnäherer vor tatferneren Personen;
- Begehungs- vor Unterlassungsdelikten;
- Vorsätzliche Begehung vor Fahrlässigkeitstaten;
- Erfolgsdelikte vor Gefährdungsdelikten;
- Grunddelikte vor Qualifizierung und Privilegierungen (z. B. § 212 StGB vor § 211 StGB)

Anhang 7: Literatur

Ackermann, A., Medjedović, I., Witzel, A. (2004): Betreuungsrecht und Betreuungspraxis. Zeitschrift für Rechtssoziologie, 191 ff.

Agamben, G. (2001): Jenseits der Menschenrechte. Einschluss und Ausschluss im Nationalstaat. In: Jungle World 28/2001, 04.07.2001

Alexander, N., Gottwald, W., Trenczek, T. (2006): Mediation in Germany. In: Alexander, N. (Hrsg.): Global Trends in Mediation, Köln, 285 ff.

Amato, P. R. (2001): Children of Divorce in the 1990s. Journal of Family Psychology 15, 355 ff.

Amelung, K. (1995): Vetorechte beschränkt Einwilligungsfähiger in Grenzbereichen medizinischer Intervention, Berlin

Arbeitsgemeinschaft für Jugendhilfe (AGJ) (2012): Jugenddelinquenz. Zum Umgang mit straffällig gewordenen jungen Menschen in der Kinder- und Jugendhilfe und der Jugendgerichtsbarkeit, Berlin

Arbeitskreis Inobhutnahme in der IGfH – AKI-IGfH (2009): Inobhutnahme konkret, Pädagogische Aspekte der Arbeit in der Inobhutnahme und im Kinder- und Jugendnotdienst, Frankfurt

Arbeitskreis HochschullehrerInnen Kriminologie/Straffälligenhilfe in der Sozialen Arbeit (AKKrimSoz) (Hrsg.) (2014): Kriminologie und Soziale Arbeit, Weinheim.

Balloff, R. (2004): Kinder vor dem Familiengericht, München

Balloff, R., Koritz, N. (2006): Handreichung für Verfahrenspfleger, Stuttgart

Bals, N., Hilgartner, C., Bannenberg, B. (2005): Täter-Opfer-Ausgleich im Erwachsenenbereich, Bad Godesberg

BAMF (2013): Das Bundesamt in Zahlen. Asyl, Nürnberg

Banafsche, M. (2010): Das Recht der Leistungserbringung in der Kinder- und Jugendhilfe zwischen Korporatismus und Wettbewerb, Hamburg

Bänfer, M., Tammen, B. (2006): Aufsichtspflicht. Schutz von Kindern und Jugendlichen in der Erziehungshilfe. AFET-Veröffentlichung Nr. 65, Hannover

Bauer, A., Klie, T., Lütgens, K. (Hrsg.) (2011): Heidelberger Kommentar zum Betreuungs- und Unterbringungsrecht. 78. Auflage, Heidelberg (zit.: Bauer et al./Bearbeiter)

Baumbach, A., Hartmann, P. (2010): Zivilprozessordnung mit FamFG, GVG. 68. Auflage, München

Bäumel, D. (2009): Das neue Familienrecht, Freiburg/Berlin/München

Bayerisches Landesjugendamt (2001): Trennung und Scheidung. Arbeitshilfe für die Praxis der Jugendhilfe zu den Beratungs- und Mitwirkungsaufgaben gem. §§ 17, 18 Abs. 3, 50 SGB VIII, München

Behlert, W. (1990): Recht als Form sozialen Lebens. ZfR-Soz, 18 ff.

Behlert, W. (2002): Zuwanderung und Menschenrechte. In: Jahrbuch Menschenrechte 2003, Frankfurt, 324 ff.

Behlert, W. (2011): Schulisches Erziehungsrecht und Verantwortung für das Kindeswohl. In: Fischer, J., Buchholz, T., Merten, R. (Hrsg.): Kinderschutz in gemeinsamer Verantwortung von Jugendhilfe und Schule. Wiesbaden 2011, 65 ff.

Behlert, W., Hoffmann, H. (2004): Qualitätssicherung im Bereich bestellter Vormundschaften und Pflegschaften. Das Jugendamt, 345 ff.

Benassi, G. (2005): Die Bedeutung der humanitären Aufenthaltsrechte des § 25 Abs. 4 und 5 AufenthG im Lichte des Art. 8 EMRK. Informationsbrief Ausländerrecht, 397 ff.

Benz, M. (2002): Kostenerstattung für selbst beschaffte Leistungen im Rahmen der Heilbehandlung, der medizinischen Rehabilitation oder der Teilhabe. Neue Zeitschrift für Sozialrecht, München, 511 ff.

Berlit, U. (2013a): Abgrenzung der existenzsichernden Leistungssysteme: Grundsicherung für Arbeitsuchende, Sozialhilfe (Hilfe zum Lebensunterhalt) und der Grundsicherung im Alter und bei Erwerbsminderung. In: Berlit, U., Conradis, W., Sartorius, U. (Hrsg.): Existenzsicherungsrecht, 159 ff.

Berlit, U. (2013b): Obliegenheit zum Einsatz der eigenen Arbeitskraft. In: Berlit, U., Conradis, W., Sartorius, U. (Hrsg.): Existenzsicherungsrecht, 418 ff.

Berlit, U. (2013c): Sanktionen. In: Berlit, U., Conradis, W., Sartorius, U. (Hrsg.): Existenzsicherungsrecht, 668 ff.

Berlit, U. (2013d): Strukturprinzipien des Rechts der existenzsichernden Sozialleistungen. In: Berlit, U., Conradis, W., Sartorius, U. (Hrsg.): Existenzsicherungsrecht, 83 ff.

Berlit, U. (2013e): Bestattungskosten. In: Berlit, U., Conradis, W., Sartorius, U. (Hrsg.): Existenzsicherungsrecht, 832 ff.

Berlit, U. (2013f): Unterkunft und Existenzsicherung. In: Berlit, U., Conradis, W., Sartorius, U. (Hrsg.): Existenzsicherungsrecht, 561 ff.

Berlit, U. (2013g): Einmalige Leistungen. In: Berlit, U., Conradis, W., Sartorius, U. (Hrsg.): Existenzsicherungsrecht, 534 ff.

Berlit, U., Conradis, W., Sartorius, U. (Hrsg.) (2013): Existenzsicherungsrecht. 2. Auflage, Baden-Baden

Bertelsmann-Stiftung (2008): Volkswirtschaftlicher Nutzen von frühkindlicher Bildung in Deutschland, Gütersloh

Besemer, C. (2009): Mediation – Die Kunst der Vermittlung in Konflikten, Königsfeld

Bettinger, F., Stehr, J. (2009): Zur neuen Kultur der Kontrolle in Städten, Zeitschrift für Jugendkriminalrecht und Jugendhilfe 3, 252 ff.
Bieritz-Harder, R., Conradis, W., Thie, SW. (Hrsg.) (2012): Sozialgesetzbuch XII Sozialhilfe, Lehr- und Praxiskommentar. 6. Auflage, Baden-Baden
Birtsch, V., Münstermann, K., Trede, W. (Hrsg.) (2001): Handbuch Erziehungshilfen, Münster
Blanke, B., Nullmeier, F., Reichard, C., Wewer, G. (Hrsg.) (2011): Handbuch zur Verwaltungsreform. 4. Auflage, Opladen
Böckenförde, W. (1973): Kirchlicher Auftrag und politische Entscheidung, Freiburg
Boehme-Neßler, V. (2005): Hypertext und Recht. Rechtstheoretische Anmerkungen zum Verhältnis von Sprache und Recht im Internetzeitalter. Zeitschrift für Rechtssoziologie, 161 ff.
Boetticher, A. v., Tammen, B. (2003): Die Schiedsstelle nach dem Bundessozialhilfegesetz: Vertragshilfe oder hoheitliche Schlichtung? Beiträge zum Recht der sozialen Dienste und Einrichtungen 2003 (54), 28 ff.
Boetticher, A. v., Münder, J. (2009): Kinder- und Jugendhilfe und europäischer Binnenmarkt, Baden-Baden
Böllinger, L., Stöver, H. (2002): Drogenpraxis – Drogenrecht – Drogenpolitik. 5. Auflage, Frankfurt
Böllinger, L., Jasch, M., Kraasmann, S., Pilgram, A., Prittwitz, C., Reinke, H., Rzepka, D. (Hrsg.) (2010): Gefährliche Menschenbilder, Baden-Baden
Bogumil, J., Holtkamp, J. (2013): Kommunalpolitik und Kommunalverwaltung, Bonn
Borchardt, K.-D. (2010): Das ABC des Rechts der Europäischen Union, Luxemburg
Borth, H. (2009): Das Gesetz zur Strukturreform des Versorgungsausgleichs. FamRZ, 562 ff.
Böttner, S. (2004): Der Rollenkonflikt der Bewährungshilfe in Theorie und Praxis, Baden-Baden
Boulle, L. (1996): Mediation. Principles, Process, Practice, Sydney
Brandt, E. (1988): Die Bedeutung des Subsidiaritätsprinzips für Entpoenalisierungen im Kriminalrecht, Ammersbek bei Hamburg
Bringewat, P. (1997): Tod eines Kindes – Soziale Arbeit und strafrechtliche Risiken, Baden-Baden
Brühl, A., Deichsel, W., Nothacker, G. (2005): Strafrecht und Soziale Praxis, Stuttgart
Brünger, M., Naumann, A., Schepker, R. et al. (2010): Empfehlungen zum Umgang mit freiheitsentziehenden Maßnahmen bei der Behandlung von Kindern und Jugendlichen. JAmt 2010, 345 ff.
Buchner, H., Becker, U. (2008): Mutterschutzgesetz und Bundeselterngeld- und Elternzeitgesetz: MuSchG/BEEG. 8. Auflage, München
Bundesarbeitsgemeinschaft der Landesjugendämter – BAGLJÄ (2006): Empfehlungen zur Adoptionsvermittlung. 5. Auflage, Kiel
Bundesarbeitsgemeinschaft für ambulante Maßnahmen nach dem Jugendrecht – BAG NAM (Hrsg.) (2000): Neue Ambulante Maßnahmen. Grundlagen – Hintergründe – Praxis, Bonn
Bundesarbeitsgemeinschaft Täter-Opfer-Ausgleich e. V. – BAG TOA (TOA-Servicebüro) (Hrsg.) (2006): TOA-Standards – Qualitätskriterien für die Praxis des Täter-Opfer-Ausgleichs, Köln (vgl. neueste Version unter http://www.ausgleichende-gerechtigkeit.de)
B-UMF – Bundesfachverband Unbegleitete Minderjährig Flüchtlinge e. V. (Hrsg.) (2009): Handlungsleitlinien zur Inobhutnahme gemäß § 42 SGB VIII – Standards für den Umgang mit unbegleiteten minderjährigen Flüchtlingen. 4. Auflage, München
Bundeskriminalamt – BKA (2014): Polizeiliche Kriminalstatistik 2013, Bundesrepublik Deutschland. In: www.bka.de, 29.07.2014
Bundesministerium für Arbeit und Soziales – BMAS (Hrsg.) (2013a): Rehabilitation und Teilhabe behinderter Menschen, Berlin
Bundesministerium für Arbeit und Soziales – BMAS (Hrsg.) (2013b): Sozialbudget 2013, Berlin
Bundesministerium für Arbeit und Soziales – BMAS (Hrsg.) (2013c): Teilhabebericht der Bundesregierung über die Lebenslagen von Menschen mit Behinderungen, Berlin
Bundesministerium für Arbeit und Soziales – BMAS (Hrsg.) (2013d): Übersicht über das Sozialrecht, Nürnberg
Bundesministerium für Arbeit und Soziales – BMAS (Hrsg.), BW Bildung und Wissen Verlag und Software GmbH (Hrsg.) (2011/2012): Übersicht über das Sozialrecht, Nürnberg
Bundesministerium für Bildung und Forschung (BMBF) (Hrsg) (2012): Bildung in Deutschland 2012. Ein indikatorengestützter Bericht mit einer Analyse zur kulturellen Bildung im Lebenslauf, Berlin
Bundesministerium für Familie, Senioren, Frauen und Jugend – BMFSFJ (Hrsg.) (2012): Jugendschutzgesetz und Jugendmedienschutz – Staatsvertrag der Länder
Bundesministerium des Innern (Hrsg.) (2009): Migrationsbericht des Bundesamtes für Migration und Flüchtlinge im Auftrag der Bundesregierung, Nürnberg (zit.: Migrationsbericht 2009)
Bundesministerium des Innern, Bundesministerium der Justiz – BMI/BMJ (2006): Zweiter periodischer Sicherheitsbericht, Berlin
Bundesministerium der Justiz und für Verbraucherschutz (BMJ)(Hrsg.) (2014): Beratungshilfe und Prozesskostenhilfe, Berlin
Bundesministerium der Justiz und für Verbraucherschutz – BMJV (Hrsg.) (2013): Leitfaden zum Vereinsrecht, Berlin. Stand 01.07.2013. http://www.bmjv.de > Downloads, 07.05.2014
Bundesministerium der Justiz und für Verbraucherschutz – BMJV (Hrsg.) (2014): Erben und Vererben. Stand 01.04.2014. http://www.bmj.de > Downloads, 06.05.2014
Bundeszentrale für gesundheitliche Aufklärung (BzgA) (2005): Entwicklung des Alkoholkonsums bei Jugend-

lichen –unter besonderer Berücksichtigung der Konsumgewohnheiten von Alkopops (Alkopops-Studie), Köln
Bundeszentrale für Politische Bildung (Hrsg.) (2010): „Recht A – Z" Fachlexikon für Studium und Beruf, Bonn

Carl, E. (2013): Mediationsgesetz – Standards für das Mediationsverfahren. In: Trenczek et al. (Hrsg.): Mediation und Konfliktmanagement – Handbuch; Baden-Baden 2013, 487 ff.
Christie, N. (1977): Conflicts as Property. British Journal of Criminology, 5 ff.
Coester, M. (2005): Verfassungsrechtliche Vorgaben für die gesetzliche Ausgestaltung des Sorgerechts nicht miteinander verheirateter Eltern. Familie Partnerschaft Recht, 60 ff.
Coester, M. (2008): Inhalt und Funktionen des Begriffs der Kindeswohlgefährdung – Erfordernis einer Neudefinition? Das Jugendamt, 1 ff.
Conen, M.-L. (2007): Eigenverantwortung, Freiwilligkeit und Zwang. Zeitschrift für Jugendkriminalrecht und Jugendhilfe (ZJJ), 370 ff.
Conradis, W. (2013): Ältere Menschen. In: Berlit, U., Conradis, W., Sartorius, U. (Hrsg.): Existenzsicherungsrecht, 754 ff.
Cornel, H. (2009): Strafvollzug. In: Cornel, H., Kawamura-Reindl, G., Maelicke, B., Sonnen, B.-R.. (Hrsg.), 292 ff.
Cornel, H., Kawamura-Reindl, G., Maelicke, B., Sonnen, B.-R. (Hrsg.) (2009): Resozialisierung. Handbuch. 3. Auflage, Baden-Baden
Cremer, H. (2013): „Racial Profiling" – Menschenrechtswidrige Personenkontrollen nach § 22 Abs. 1a Bundespolizeigesetz. Deutsches Institut für Menschenrechte, Berlin

Dahrendorf, R. (1961): Die Funktion sozialer Konflikte. In: Dahrendorf, R. (Hrsg.): Gesellschaft und Freiheit, München, 112 ff.
Damrau, J., Zimmermann, W. (2011): Betreuungsrecht. Kommentar zum materiellen und formellen Recht. 4. Auflage, Stuttgart
Dau, D., Düwell, F., Joussen, J. (Hrsg.) (2014): Sozialgesetzbuch IX, Lehr- und Praxiskommentar, 4. Auflage, Baden-Baden (zit.: Dau – Bearbeiter)
Däubler, W. (2008): BGB kompakt. 3. Auflage, München
Däubler, W. (2014): Arbeitsrecht. 10. Auflage, Frankfurt/M.
Däubler, W., Bertzbach, M. (2013): Allgemeines Gleichbehandlungsgesetz. Handkommentar, 3. Auflage, Baden-Baden
Degener, T., Dern, S., Dieball, H., Frings, D., Oberlies, D., Zinsmeister, J. (2008): Antidiskriminierungsrecht, Frankfurt
Deichsel, W. (2014): Sozialadvokatorische Kriminologie – Sozialanwaltskriminologie für soziale Berufe. In: AKKrimSoz (Hrsg.): Kriminologie und Soziale Arbeit, Weinheim, 160
Demmer, M. (2011): Welche Konsequenzen hat das „Bildungspaket" für die Praxis der Bildungseinrichtungen? *ArchsozArb, 48 ff.*
Dethloff, N. (2012): Familienrecht. 30. Auflage, München
Dettenborn, H. (2014): Kindeswohl und Kindeswille. 3. Auflage, München/Basel
Deutsch, E., Spieckhoff, A (2014): Medizinrecht. 7. Auflage, Berlin
Deutsche Hauptstelle für Suchtfragen (DHS) (Hrsg.) (2004): Alkopops, Berlin
Deutschen Anwaltsverein (2014): Stellungnahme zur Reform der Tötungsdelikte Mord und Totschlag (§§ 211, 212, 213 StGB), Berlin
Deutscher Ethikrat (2009): Das Problem der anonymen Kindesabgabe, Berlin
Deutsches Institut für Jugendhilfe und Familienrecht e.V. (DIJuF) (Hrsg) (2010): Datenschutz bei frühen Hilfen – Praxiswissen kompakt. Nationales Zentrum Frühe Hilfen, Köln
Deutsches Jugendinstitut (2006): Handbuch Kindeswohlgefährdung nach § 1666 BGB und Allgemeiner Sozialer Dienst (ASD), München
Diering, B., Timme, H., Waschull, D. (Hrsg.) (2011): Sozialgesetzbuch X, Sozialverwaltungsverfahren und Sozialdatenschutz. Lehr- und Praxiskommentar. 3. Auflage, Baden-Baden
Diez, H. (2004): Werkstattbuch Mediation, Köln
Diez, H., Krabbe, H., Thomsen, C. (2009): Familienmediation und Kinder. Grundlagen, Methodik, Techniken, 3. Auflage, Köln
Dillmann, F. (2008): Allgemeines Sozialverwaltungsrecht und Grundzüge des sozialrechtlichen Verfahrens, Stuttgart
Dölling, D., Duttge, G., Rössner, D. (2013): Gesamtes Strafrecht. StGB – StPO – Nebengesetze. 3. Auflage, Baden-Baden
Dreier, H. (Hrsg.) (2007): Grundgesetz Kommentar. Bd. I (Art. 1 – 19) 2004. Bd. III (Art. 83 – 146), Tübingen 2000, Supplementum 2007 (zit.: Dreier/Bearbeiter)
Dreier, R. (1991): Staat – Recht – Vernunft, München
Duchrow, J., Spieß, K. (2005): Flüchtlings- und Asylrecht. 2. Auflage, München
Dünkel, F. (1997): Zur Schädlichkeit von schädlichen Neigungen. Neue Kriminalpolitik, 34 ff.
Durkheim, E. (1977): Über die Teilung der sozialen Arbeit (1895). Neuauflage, Frankfurt
DVJJ (Hrsg.) (2002): Vorschläge für eine Reform des Jugendstrafrechts. Abschlussbericht der 2. Jugendstrafrechtsreform-Kommission (Mitverfasser). DVJJ-Journal extra 5, Hannover

Eberitzsch, S. (2012): Haftentscheidungshilfe – Der Beitrag der Jugendhilfe zur Untersuchungshaftvermeidung. Ausgewählte Forschungsergebnisse aus Nordrhein-Westfalen. 3/2012, 296 ff.

Eckert, M., Wallstein, C. (2002): Das neue Arbeitsvertragsrecht, München

Eckhardt, B. (2012): Zur Frage der Angemessenheit der Energiekosten zur Bereitung von Warmwasser im SGB II. info also, 200 ff.

Eichenhofer, H. (2012): Sozialrecht. 8. Auflage, Tübingen

Eichenhofer, H. (2013): Sozialrecht der Europäischen Union, 5. Auflage, Berlin

Eidam, L. (2013): Das Apokryphe an den apokryphen Haftgründen; HRRS 7-8/2013, 292 ff.

Eisenberg, U. (2005): Kriminologie. 6. Auflage, München

Eisenberg, U. (2013): JGG. Kommentar. 16. Auflage, München

Ellingsaeter, A. L. (2012): Betreuungsgeld: Erfahrungen aus Finnland, Norwegen und Schweden, Stockholm

Engler, U., Goetz, M., Hesse, W., Tacke, G. (2011): Praxisratgeber Vereinsrecht. 3. Auflage, Regensburg

Epping, V. (2012): Grundrechte. 5. Auflage, Heidelberg

Erbs, G., Kohlhaas, M. (2013): Strafrechtliche Nebengesetze. Band 1 Stand 2013, München

Evaluationsbericht (2006): Bericht zur Evaluierung des Gesetzes zur Steuerung und Begrenzung der Zuwanderung und zur Regelung des Aufenthalts und der Integration von Unionsbürgern und Ausländern (Hg. v. Bundesministerium des Innern im Juli 2006) (unveröffentlicht), o. O. (Berlin)

Eydal, G. B., Rostgaard, T. (2011): Ay-care Schemes and Cash-for-Care at Home. In: Gíslason, I., Eydal, G. B. (Hrsg.): Parental Leave, Childcare and Gender Equality in the Nordic Countries, 65 ff.

Fasselt, U., Schellhorn, H., (2012): Handbuch Sozialrechtsberatung – HSRB. 4. Auflage, Baden-Baden

Feest, J. (2004): Internationale Standards für den Jugendstrafvollzug. In: Pollähne, H., Bammann, K., Feest, J. (Hrsg.): Wege aus der Gesetzlosigkeit, Godesberg, 69 ff.

Fegert, J., Späth, K., Salgo, L. (Hrsg.) (2001): Freiheitsentziehende Maßnahmen in der Kinder und Jugendhilfe und Kinder- und Jugendpsychiatrie, Münster

Fichte, W., Plagemann, H., Waschull, D. (Hrsg.) (2008): Sozialverwaltungsverfahrensrecht. Handbuch, Baden-Baden

Fieseler, G., Herboth, R. (2010): Recht der Familie und Jugendhilfe. 7. Auflage, Neuwied

Fischer, R. (2003): Nichteheliche Lebensgemeinschaft, Baden-Baden

Fischer, T., Schwarz, O., Dreher, E., Tröndle, H. (2014): Strafgesetzbuch mit Nebengesetzen. 61. Auflage, München

Fisher, R., Ury, W. (1981): Getting to Yes. Negotiating agreement without giving in, Boston

Förster, K., Dreßling, H. (2008): Psychiatrische Begutachtung: ein praktisches Handbuch für Ärzte und Juristen. 5. Auflage, München

France, A. (1919): Die rote Lilie, München

Francke, K., Dörr, G. (2010): Verfahren nach dem Sozialgerichtsgesetz. 2. Auflage, Stuttgart

Frehsee, D. (1991): Täter-Opfer-Ausgleich aus rechtstheoretischer Perspektive. In: Bundesministerium der Justiz (Hrsg.): Täter-Opfer-Ausgleich – Bonner Symposium, Bonn, 51 ff.

Frings, D. (2008): Sozialrecht für Zuwanderer, Baden-Baden

Frings, D. (2012): Grundsicherungsleistungen für Unionsbürger unter dem Einfluss der VO(EG) Nr. 883/2004. In: ZAR 2012, 317 ff.

Frings, D., Knösel, P. (2005): Das neue Ausländerrecht, Frankfurt

Fröschle, T. (2009): Studienbuch Betreuungsrecht. 2. Auflage, Köln

Fuchs, M. (Hrsg.) (2012): Europäisches Sozialrecht. Kommentar 6. Auflage, Baden-Baden

Gagel, A. herausgegeben von Knickrehm, S., Deinert, O. (2014): SGB II/SGB III Grundsicherung und Arbeitsförderung. Losebblattsammlung. Stand April 2014, München

Galtung, J. (1984): Institutionalisierte Konfliktlösung. In: Galtung, J. (Hrsg.): Strukturelle Gewalt, Reinbek bei Hamburg, 129 ff.

Geis, M.-E. (2013): Kommunalrecht. 3. Auflage, München

Gerhardt, P. (2013): Der Erwerbstätigenbonus bei der Berechnung des Ehegattenunterhalts. In: FamRZ 2013, 834 ff.

Gernhuber, J., Coester-Waltjen, D. (2010): Familienrecht. 6. Auflage, München

Gislason, I., Eydal, G. B. (Hrsg.) (2011): Parental Leave, Childcare and Gender Equality in the Nordic Countries, Kopenhagen

Goffman, E. (1973): Asyle. Über die soziale Situation psychiatrischer Patienten und anderer Insassen, Frankfurt/M. (orig.: Asylums. Essays on the Social Situation of Mental Patients and other Inmates, Chicago 1961)

Goldberg, B., Trenczek, T. (2014): Jugend und Delinquenz. In: AK KrimSoz (Hrsg.): Kriminologie und Soziale Arbeit, Weinheim, 263

Gottlieb, H.-D. (2001): Die Schiedsstellen nach dem Sozialgesetzbuch. Nachrichtendienst des Deutschen Vereins, 257 ff.

Gottwald, W. (1981): Streitbeilegung ohne Urteil, Tübingen

Götz, V. (2008): Allgemeines Polizei- und Ordnungsrecht. 14. Auflage, München

Greger, R. (2007): Abschlussbericht zum Forschungsprojekt Außergerichtliche Streitbeilegung in Bayern. In: http://www.reinhard-greger.de/aber/gueterichter-abschlussbericht.pdf, 16.06.2011

Greger, R. (2013): Evaluative Konfliktregelungsverfahren. In Trenczek et al. (Hrsg.): Mediation und Konfliktmanagement – Handbuch, Baden-Baden, 270 ff.

Greger, R., Unberath, H. (2012): MediationsG – Recht der alternativen Konfliktlösung, Kommentar, München.

Grimm, D., Kirchhof, P., Eichberger, M. (2007): Entscheidungen des Bundesverfassungsgerichts. Studienauswahl. 2 Bände. 3. Auflage, Tübingen

Grosser, R., Maelicke, B. (2009): Bewährungshilfe. In: Cornel, H., Kawamura-Reindl, G., Maelicke, B., Sonnen, B. R. (Hrsg.), 180 ff.

Groß, I. (2013): Beratungshilfe – Prozesskostenhilfe – Verfahrenskostenhilfe, 12. Auflage, Heidelberg

Groth, A (2013).: Leistungen für Bildung und Teilhabe. In: Berlit, U., Conradis, W., Sartorius, U. (Hrsg.): Existenzsicherungsrecht, 544 ff.

Grube, Ch., Wahrendorf, V. (Hrsg.) (2014): SGB XII. Sozialhilfe. Kommentar. 5. Auflage, München

Grziwotz, H. (1998): Partnerschaftsverträge für nichteheliche Lebensgemeinschaften, München

Haas, U. (2014): Das Kriminalitätsopfer. In: AKKrimSoz (Hrsg.): Kriminologie und Soziale Arbeit, Weinheim, 242

Habermas, J. (1971): Der Universalitätsanspruch der Hermeneutik. In: Apel, K. O., v. a. (Hrsg.): Hermeneutik und Ideologiekritik, Frankfurt, 120 ff.

Habermas, J. (1992): Faktizität und Geltung. 2. Auflage, Frankfurt

Haibach, R., Haibach, U. (2005): Trennung und Scheidung. 4. Auflage, Bonn

Hailbronner, K., Maaßen, H.-G., Renner, G. (2010): Staatsangehörigkeitsrecht. Kommentar. 5. Auflage, München

Hailbronner, K. (2009): Ansprüche nicht erwerbstätiger Unionsbürger auf gleichen Zugang zu sozialen Leistungen? ZFSH/SGB 4/195 ff.

Hailbronner, K. (2014): Asyl- und Ausländerrecht. 3. Auflage, Stuttgart

Haltern, U. (2007): Europarecht, Tübingen

Hanak, G., Stehr, J., Steinert, H. (1989): Ärgernisse und Lebenskatastrophen. Über den alltäglichen Umgang mit Kriminalität, Bielefeld

Hardoy, I., Schøne, P. (2010): Incentives to Work? The Impact of a "Cash-for-Care" Benefit for Immigrant and Native Mothers Labour Market Participation. In: Labour Economics. 17/6, 963 ff.

Hassemer, W. (2008): Strafrecht. Sein Selbstverständnis, seine Welt, Berlin

Hassemer, W. (2009): Warum Strafe sein muss. Ein Plädoyer, Berlin

Hausmann, R., Hohloch, G. (Hrsg.) (2004): Das Recht der nichtehelichen Lebensgemeinschaft. Handbuch, Berlin

Hausmanninger, T. (2003): Handeln im Netz, Neuwied

Hegel, G. W. F. (1821): Grundlinien der Philosophie des Rechts, Berlin 1981

Heinhold, H., Classen, G. (2004): Das Zuwanderungsgesetz. Hinweise für die Flüchtlingssozialarbeit, Karlsruhe

Heinz, W. (2007): „Besorgniserregend", „dramatisch" ... Einige aktuelle Daten zur Einordnung und Bewertung der kriminalpolitischen Diskussion. Zeitschrift für Jugendkriminalrecht und Jugendhilfe, 55 ff.

Heinz, W. (2008): Rückfall und Wirkungsforschung, Konstanz/Osaka: www.ki.uni-konstanz.de/kik, 30.07.2014

Heinz, W. (2012): Jugendstrafrechtliche Sanktionierungspraxis auf dem Prüfstand. In: ZJJ 23, H. 2, 129–147

Hettlage, R. (1998): Familienreport. Eine Familienform im Umbruch. 2. Auflage, München

Heyer, H.-U. (2013): Restschuldbefreiung und Verbraucherinsolvenz in der Praxis. Handbuch für Berater und Gläubiger, Regensburg

Hobbes, T. (1651/1978): Leviathan, Leipzig

Hoffmann, B. (2009): Personensorge, Baden-Baden

Hoffmann, B., Trenczek, T. (2011): Freiheitsentziehende Unterbringung „minderjähriger" Menschen in Einrichtungen der Kinder- und Jugendhilfe. JAmt, 177 ff.

Hoffmann, H. (2007): Altfall = Bleiberecht? Asylmagazin 7–8/2007

Höflich, P. (2000): Neue Anforderungen an die Sozialarbeiter im Strafvollzug. In: Lehmann, K.-H. (Hrsg.): Recht sozial, Hannover, 171 ff.

Höfling, W. (2009): § 155 Elternrecht. In: Isensee, J., Kirchhof, P. (Hrsg.): Handbuch des Staatsrechts der Bundesrepublik Deutschland. Bd. VII: Freiheitsrechte. 3. Auflage. Heidelberg

Hofmann, H. (2000): Einführung in die Rechts- und Staatsphilosophie, Darmstadt

Hohm, K.-H. (Hrsg.) (2010): Kommentar zum Asylbewerberleistungsgesetz. Loseblattsammlung. Stand: Juli 2010, Köln

Hohmann, J., Morawe, D. (2013): Praxis der Familienmediation, 2. Auflage, Köln

Hoops, S., Permien, H. (2006): „Mildere Maßnahmen sind nicht möglich!" Freiheitsentziehende Maßnahmen nach § 1631b BGB in Jugendhilfe und Jugendpsychiatrie, München

Hopf, W. (2010): Freiheit-Leistung-Ungleichheit. Bildung und soziale Ungleichheit in Deutschland, Weinheim/München

Hörnle, T. (2004): „Justice as Fairness" – Ein Modell auch für das Strafverfahren? Rechtstheorie 35, 2004, 175 ff.

Hörnle, T. (2004a): Grob anstößiges Verhalten. Strafrechtlicher Schutz von Moral, Gefühlen und Tabus, Frankfurt

Hörnle, T. (2006): Die Rolle des Opfers in der Straftheorie und im materiellen Strafrecht, JZ, 950 ff.

Hörnle, T. (2011): Straftheorien. In: Enzyklopädie zur Rechtsphilosophie

Hörnle, T. (2012): Vergleichende Strafzumessung bei Tatbeteiligung, HRRS 2011, 511 ff.

Höynck, T. (2005): Opfer im Jugendstrafverfahren – Einführung in den Schwerpunkt, ZJJ 2005, 4 ff.

Höynck, T., Klausmann, J. (2012): Ordnungsrechtliche Durchsetzung der Schulpflicht durch Jugendarrest. Ergebnisse einer bundesweiten Erhebung zur quantitativen Bedeutung der Arrestvollstreckung wegen Schulpflichtverletzungen, ZJJ 2012, 403 ff.

Höynck, T., Neubacher, F., Schüler-Springorum, H. (2001): Internationale Menschenrechtsstandards und das Jugendkriminalrecht, Berlin

Hromadka, W., Maschmann, F. (2012): Arbeitsrecht. Band 1: Individualarbeitsrecht. 5. Auflage, Heidelberg, New York
Hromadka, W., Maschmann, F. (2014): Arbeitsrecht. Band 2: Kollektivarbeitsrecht. Arbeitsstreitigkeiten. 6. Auflage, Heidelberg/New York

Institut für Arbeitsmarkt- und Berufsforschung (IAB) (Hrsg.) (2007): Soziale Arbeitsgelegenheiten – Einsatz und Wirkungsweise aus betrieblicher und arbeitsmarktpolitischer Perspektive
Institut für soziale Arbeit e. V. Münster – ISA (2006): Der Schutzauftrag bei Kindeswohlgefährdung – Arbeitshilfe zur Kooperation zwischen Jugendamt und Trägern der freien Kinder- und Jugendhilfe, Münster
Internationale Gesellschaft für erzieherische Hilfen – IGfH (2013): Argumente gegen geschlossene Unterbringung und Zwang in den Hilfen zur Erziehung – Für eine Erziehung in Freiheit, Frankfurt
Ipsen, J. (2009): § 154 Ehe und Familie. In: Isensee, J., Kirchhof, P.(Hrsg.): Handbuch des Staatsrechts der Bundesrepublik Deutschland. Bd. VII: Freiheitsrechte. 3. Auflage, Heidelberg
Ipsen, J. (2013): Staatsrecht II. 16. Auflage, Neuwied

Jansen, D. (1988): Parteiautonomie im Vermittlungsverfahren? Empirische Ergebnisse zum Güteverfahren vor dem Schiedsmann. Zeitschrift für Soziologie, 328 ff.
Jarass, H. D. (2010): Charta der Grundrechte der Europäischen Union unter Einbeziehung der vom EuGH entwickelten Grundrechte und der Grundrechtsregelungen der Verträge, München
Jarass, H. D., Pieroth, B. (2012): Grundgesetz für die Bundesrepublik Deutschland. Kommentar. 12. Auflage, München
Jehle, J.-M., Albrecht, H.-J., Hohmann-Fricke, S., Tetal, C. (2013): Legalbewährung nach strafrechtlichen Sanktionen, Eine bundesweite Rückfalluntersuchung, Berlin
Jellinek, G. (1872/78): Die soziale Bedeutung von Recht, Unrecht und Strafe, Saarbrücken
Jestaedt, M. (2011): Das Kinder- und Jugendhilferecht und das Verfassungsrecht. In: Münder, J., Wiesner, R., Meysen, T. (Hrsg.): Handbuch des Jugendhilferechts 2011, 101 ff.
Jordan, E. (2001): Zwischen Kunst und Fertigkeit – Sozialpädagogisches Können auf dem Prüfstand. Zentralblatt für Jugendrecht, 48 ff.
Jordan, E. (2005): Kinder- und Jugendhilfe. Einführung in Geschichte und Handlungsfelder, Organisationsformen und gesellschaftliche Problemlagen. 2. Auflage, Weinheim/München
Jordan, E. (2008): Kindeswohlgefährdung – Rechtliche Neuregelungen und Konsequenzen für den Schutzauftrag der Kinder- und Jugendszene. 3. Auflage, Weinheim
Jurgeleit, A. (Hrsg.) (2010): Freiwillige Gerichtsbarkeit. Handbuch, Baden-Baden
Jürgens, A., Kröger, D., Marschner, R., Winterstein, P. (2011): Betreuungsrecht kompakt. 7. Auflage, München

Kähler, H. (2005): Soziale Arbeit in Zwangskontexten. Wie unerwünschte Hilfe erfolgreich sein kann, München
Kähler, H., Zobrist, P. (2013): Soziale Arbeit in Zwangskontexten. Wie unerwünschte Hilfe erfolgreich sein kann, München
Kant, I. (1781): Kritik der reinen Vernunft. Werkausgabe. Bd. IV (Hrsg. Weischedel, W.), Frankfurt
Kant, I. (1788): Kritik der praktischen Vernunft. Werkausgabe Band VII (Hrsg. Weischedel, W.), Frankfurt
Kant, I. (1797): Die Metaphysik der Sitten. Werkausgabe Band VIII (Hrsg. Weischedel, W.), Frankfurt
Kawamura-Reindl, G. (2009): Gemeinnützige Arbeit zur Vermeidung der Vollstreckung von Ersatzfreiheitsstrafen. In: Cornel, H., Kawamura-Reindl, G., Maelicke, B., Sonnen, B.-R. (Hrsg.), 220 ff.
Kawamura-Reindl, G. (2009a): Freie und kommunale Hilfen für Straffällige. In: Cornel, H., Kawamura-Reindl, G., Maelicke, B., Sonnen, B.-R. (Hrsg.), 200 ff.
Kelsen, H. (1960): Reine Rechtslehre. 2. Auflage, Wien
Kemper, R. (2008): Das neue Unterhaltsrecht, Köln
Kinderschutz-Zentrum Berlin (2009): Kindeswohlgefährdung – Erkennen und Helfen. 10. Auflage, Berlin
Kindhäuser, U. (2012): Strafgesetzbuch. Lehr- und Praxiskommentar. 5. Auflage, Baden-Baden
Kindler, H., Lillig, S., Blüml, H., Meysen, T., Werner, A. (Hrsg.) (2006): Handbuch Kindeswohlgefährdung nach § 1666 BGB und Allgemeiner Sozialer Dienst (ASD). DJI, München
Kindler, H., Permien, H., Hoops, H. (2007): Geschlossene Formen der Heimunterbringung als Maßnahme der Kinder- und Jugendhilfe. ZJJ, 40 ff.
Kinzig, J. (2011): Die Neuordnung des Rechts der Sicherungsverwahrung, NJW 2011, 177 ff.
Klier, R., Brehmer, M., Zinke, S. (2002): Jugendhilfe im Strafverfahren – Jugendgerichtshilfe, 2. Auflage, Berlin
Koch, E. (Hrsg.) (2010): Handbuch Unterhaltsrecht, München
Kokemoor, A. (2013): Sozialrecht. 5. Auflage, Köln/Berlin/München
Kopp, F., Schenke, W.-R. (2012): Verwaltungsgerichtsordnung. Kommentar. 18. Auflage, München
Köttgen, C. (2008): Die Rückkehr zu Jugendpsychiatrie und Erziehungsheim, FORUM für Kinder und Jugendarbeit 2/2008, 48 ff.
Körner, H.-H. (2012): Betäubungsmittelgesetz – Arzneimittelgesetz. Kommentar. 7. Auflage, München
Kornmacher, S. (2004): Chancen und Risiken der eingetragenen Lebenspartnerschaft. Rechtliche Auswirkungen und Gestaltungsmöglichkeiten, Norderstedt
Krabbe, H. (2008): Rosenkriege – Ist Mediation mit hochstrittigen Scheidungspaaren möglich? Zeitschrift für Konfliktmanagement, 49 ff.

Krahmer, U., Stähler, T. (2010): Sozialdatenschutz nach SGB I und X. 3. Auflage, Köln

Krasney, O., Udsching, P. (2011): Handbuch des sozialgerichtlichen Verfahrens. 6. Auflage, Berlin

Krölls, A. (2002): Das Betreuungsrecht im Zeichen der Entwicklung des Sozialsystems. Betreuungsrechtliche Praxis, 140 ff.

Krutzki, G (2013a): Behinderte Menschen. In: Berlit, U., Conradis, W., Sartorius, U. (Hrsg.): Existenzsicherungsrecht, 766 ff.

Krutzki, G (2013b): Pflegebedürftige Menschen. In: Berlit, U., Conradis, W., Sartorius, U. (Hrsg.): Existenzsicherungsrecht, 783 ff.

Kunkel, P.-C. (2004): Hat der Jugendgerichtshelfer ein Zeugnisverweigerungsrecht im Strafprozess? ZJJ 2004, 425

Kunkel, P.-C. (2006a): Adoptionsverfahren und Verwaltungsrecht. In: Paulitz, H. (Hrsg.), 181 ff.

Kunkel, P.-C. (2006b): Jugendhilferecht. Systematische Darstellung für Studium und Praxis. 5. Auflage, Baden-Baden

Kunz, K.-L. (1998): Mehr Strafhärte auch in der Schweiz? Strafrecht als soziale Problemlösung, Unipress Oktober 1998, 22 ff.

Laubenthal, K. (2011): Strafvollzug, 6. Auflage, Berlin

Laubenthal, K., Nestler, N. (2010): Strafvollstreckung, Berlin

Liesching, M., Schuster, S. (Hrsg.) (2011): Jugendschutzrecht

Lindenberg, M., Lutz, T. (2014): Soziale Arbeit in Zwangskontexten. In: AKKrimSoz (Hrsg.): Kriminologie und Soziale Arbeit, Weinheim, 114

Locke, J. (1689): Zwei Abhandlungen über die Regierung. Buch II. Neuauflage 1967, Frankfurt

Lorz, R. A. (2010): Expertise „Nach der Rücknahme der deutschen Vorbehaltserklärung: Was bedeutet die uneingeschränkte Verwirklichung des Kindeswohlvorrangs nach der UN-Kinderrechtskonvention im deutschen Recht?" National Coalition für die Umsetzung der UN-Kinderrechtskonvention in Deutschland (Hrsg.), Berlin

Luhmann, N. (1970): Positivität des Rechts als Voraussetzung einer modernen Gesellschaft. In: Lautmann, R., Maihofer, W., Schelsky, H. (Hrsg.): Die Funktionen des Rechts in einer modernen Gesellschaft. Jahrbuch für Rechtssoziologie und Rechtstheorie. Bd. I, Bielefeld, 175 ff.

Luhmann, N. (1981): Ausdifferenzierung des Rechts, Frankfurt

Luhmann, N. (2006): Legitimation durch Verfahren. 6. Auflage, Frankfurt

Maas, U. (1996): Soziale Arbeit als Verwaltungshandeln. 2. Auflage, Weinheim

Maelicke, B., Thier, S. (2009): Gerichtshilfe. In: Cornel, H., Kawamura-Reindl, G., Maelicke, B., Sonnen, B.-R. (Hrsg.), 173 ff.

Manssen, G. (2013): Staatsrecht II. 10. Auflage, München

Marschner, R., Lesting, W., Saage, E., Göppingen, H., Volckart, B. (2010): Freiheitsentziehung und Unterbringung. Kommentar. 5. Auflage, München (zit.: Marschner et al.)

Marx, A. (2000): Mediation (Konfliktvermittlung) bei Adoptionen. In: Paulitz, H. (Hrsg.): Adoption, Positionen, Impulse, Perspektiven, München, 302 ff.

Marx, A. (2009): Familie und Recht im Islam – zwischen Tradition und Moderne. In: Oxenknecht-Witzsch, R., Ernst, R., Horlbeck, M. (Hrsg.): Soziale Arbeit und Soziales Recht, Köln, 3 ff.

Marx, A. (2011): Familienrecht für soziale Berufe, Köln

Marx, K. (1857): Ökonomische Manuskripte 1857. 58. Marx/Engels – Werke. Band 42. Neuauflage, Berlin

Marx, K. (1842): Debatten über den Holzdiebstahl, Rheinische Zeitung Nr. 298 vom 25. 10. 1842. In Marx/Engels – Werke, Band 1, Berlin 1976, 109-147.

Marx, R. (1993): Die Drittstaatenregelung des Art. 16a II GG aus verfassungsrechtlicher sowie völkerrechtlicher Sicht (unveröffentlichtes Gutachten)

Marx, R. (2005): Ausländer- und Asylrecht. 2. Auflage, Bonn

Maturana, H. R., Varela, f. J. (1987): Der Baum der Erkenntnis, Bern

Maurer, H. (2011) Allgemeines Verwaltungsrecht. 18. Auflage, München

Meier, B.-D. (2009): Strafrechtliche Sanktionen. 3. Auflage, Berlin

Meier, B.-D., Rössner, D., Schöch, H. (2012): Jugendstrafrecht, München; 3. Auflage.

Menzel, J (Hrsg.)(2011): Ausgewählte Entscheidungen des Bundesverfassungsgerichts in Retrospektive; 2. Auflage, Tübingen

Merchel, J. (1998): Qualität in der Jugendhilfe, Münster

Merchel, J. (2005): Garantenstellung und Garantenpflichten – die Schutzfunktion des Jugendamtes zwischen Strafrecht, medialer Öffentlichkeit und fachlichen Konzepten. RdJB, 456 ff.

Merchel, J. (2006): Hilfeplanung bei den Hilfen zur Erziehung § 36 SGB VIII. 2. Auflage, Stuttgart

Merchel, J (Hrsg.) (2012): Handbuch Allgemeiner Sozialer Dienst (ASD), München.

Meßling, M., Sartorius, U. (2013a): Einsatz von Einkommen im SGB II und SGB XII. In: Berlit, U., Conradis, W., Sartorius, U. (Hrsg.): Existenzsicherungsrecht, 314 ff.

Meßling, M., Sartorius, U. (2013b): Einsatz von Vermögen. In: Berlit, U., Conradis, W., Sartorius, U. (Hrsg.): Existenzsicherungsrecht, 375 ff.

Meyer-Goßner, L. (2013): Strafprozessordnung, Gerichtsverfassungsgesetz, Nebengesetze und ergänzende Bestimmungen. Kommentar. 56. Auflage, München

Meysen, T., Balloff, R., Finke, f., Kindermann, E., Niepmann, B., Rakete-Dombek, I., Stötzel, M. (Hrsg.) (2009): Das Familienverfahrensrecht – FamFG. Praxiskommentar, Köln

Meysen, T., Eschelbach, D. (2012): Das neue Bundeskinderschutzgesetz, Baden-Baden
Meysen, T., Schindler, G. (2004): Schutzauftrag bei Kindeswohlgefährdung: Hilfreiches Recht beim Helfen. JAmt, 449 ff.
Meysen, T., Schönecker, L., Kindler, H. (2008): Frühe Hilfen im Kinderschutz, Weinheim
Mielitz, C. (2006): Anonyme Kindesabgabe. Babyklappe, anonyme Übergabe und anonyme Geburt zwischen Abwehr- und Schutzgewährrecht, Baden-Baden
Bundesamt für Migration und Flüchtlinge (2012): Migrationsbericht des Bundesamtes für Migration und Flüchtlinge im Auftrag der Bundesregierung. Migrationsbericht 2012, Nürnberg
Mnookin, R., Kornhauser, L. (1979): Bargaining in the Shadow of the Law – The Case of Divorce. Yale Law Journal, 950 ff.
Mönig, U. (2014): Das Strafverfahren und die Beteiligten. In: AKKrimSoz (Hrsg.) Kriminologie und Soziale Arbeit, Weinheim, 227
Mörsberger, T., Restemeier, J. (Hrsg.) (1997): Helfen mit Risiko. Zur Pflichtenstellung des Jugendamts bei Kindesvernachlässigung, Neuwied
Mrozynski, P. (2010): SGB – Allgemeiner Teil. Kommentar. 4. Auflage, München
Muckel, S., Ogorek, M. (2011): Sozialrecht. 4. Auflage, München
Münchener Kommentar zum Bürgerlichen Gesetzbuch (Hrsg. Rebmann, K., Säcker, F. J., Rixecker, R.) (2013): Band 5: Schuldrecht Besonderer Teil III (§§ 705–853, Partnerschaftsgesellschaftsgesetz, Produkthaftungsgesetz). 6. Auflage, München (zit.: Münchener Kommentar – Bearbeiter)
Münchener Kommentar zum Bürgerlichen Gesetzbuch (Hrsg. Rebmann, K., Säcker, F. J., Rixecker, R.) (2008): Band 8: Familienrecht II (§§ 1589–1921). 5. Auflage, München (zit.: Münchener Kommentar – Bearbeiter)
Münder, J. (1998): Von der Subsidiarität über den Korporatismus zum Markt? Neue Praxis, 3 ff.
Münder, J. (2001): Bürokratie oder rechtsstaatliche Garantie? Zum Verfahrensrecht im Kinder- und Jugendhilferecht. Jugendhilfe, 136 ff.
Münder, J. (Hrsg.) (2011): Sozialgesetzbuch II – Grundsicherung für Arbeitsuchende. 4. Auflage, Baden-Baden (LPK-SGB II) (zit.: Münder – Bearbeiter)
Münder, J. (2013): Nachrang und Verpflichtung Anderer: Anspruchsübergang und -überleitung. In: Berlit, U., Conradis, W., Sartorius, U. (Hrsg.): Existenzsicherungsrecht, 668 ff.
Münder, J., Ernst, R., Behlert, W. (2013): Familienrecht. 7. Auflage, Baden-Baden
Münder, J., Meysen, T., Trenczek, T. (Hrsg.) (2013): Frankfurter Kommentar zum SGB VIII: Kinder– und Jugendhilfe. 7. Auflage, Baden-Baden
Münder, J., Mutke, B., Schone, R. (2000): Kindeswohl zwischen Jugendhilfe und Justiz. Professionelles Handeln in Kindeswohlverfahren, Münster
Münder, J., Trenczek, T. (2011): Kinder- und Jugendhilferecht – Eine sozialwissenschaftlich orientierte Darstellung. 7. Auflage, Köln
Münder, J., Wiesner, R., Meysen, T. (Hrsg.) (2011): Handbuch zum SGB VIII. 2. Auflagen, Baden-Baden
Münning, M. (2013): Mehrkostenvorbehalt ade? Subjektiv-öffentliche Rechte aus der UN-BRK? Nachrichten des Deutschen Vereins, Berlin, 148 ff.
Murray, A. (2012): Critically Discuss the Effectiveness of 'Pre-crime' Controls on Crime and Security in the UK; Undergraduate Journal of Sociology Spring 7/2012, SC304
Mutke, B., Seidenstücker, B. (Hrsg.) (2004): Praxisratgeber zur Betreuung und Beratung von Kindern und Jugendlichen, Mehring

Nauke, W. (2013): Legalitätsprinzip, strafrechtlich. In: Enzyklopädie zur Rechtsphilosophie
Neubacher, F. (2009): Freiheitsentziehende Maßnahmen bei Kindern, Jugendlichen und Heranwachsenden. Der rechtliche Rahmen (BGB, FGG, SGB VIII, JGG) nach den jüngsten Gesetzesänderungen, ZJJ 2009, 109 ff.
Neumann, V. (2004): Rehabilitation und Teilhabe behinderter Menschen. Handbuch SGB IX. 1. Auflage, Baden-Baden
Nieuwland, H. van (2007): Abschaffung des Widerspruchsverfahrens in Niedersachsen. Bilanz nach knapp zwei Jahren. NdsVBl. 2/2007, 38 ff.
Nikles, B. W., Roll, S., Spürck, D., Umbach, K. (2003): Jugendschutzrecht – Kommentar zum JuSchG und zum Jugendmedienschutz – Staatsvertrag mit Erläuterungen zur Systematik und Praxis des Jugendschutzes, Neuwied

Oberloskamp, H. (2010): Vormundschaft, Pflegschaft und Beistandschaft für Minderjährige. 3. Auflage, München
Oberloskamp, H., Borg-Laufs, M., Mutke, B. (2009): Gutachtliche Stellungnahmen in der sozialen Arbeit. 7. Auflage, Köln
Offe, C. (1992): Wider scheinradikale Gesten. In: Hoffmann, G., Perger, W. A. (Hrsg.): Die Kontroverse. Weizäckers Parteienkritik in der Diskussion, Frankfurt, 126 ff.
Opielka, M. (2004): Sozialpolitik, Reinbek bei Hamburg
Opielka, M., Winkler, M. (2009): Evaluation der Wirkung der „Thüringer Familienoffensive" – Abschlussbericht, Jena
Opitz, P. J. (2002): Menschenrechte und internationaler Menschenrechtsschutz im 20. Jahrhundert, München
Opitz, P. J., Winkler, M. (2009): Evaluation der Wirkungen der „Thüringer Familienoffensive" Abschlussbericht, Jena
Ostendorf, H. (2009): Der Missbrauch von Opfern zum Zwecke der Strafverschärfung, HRRSs 4/2009, 158 ff.
Ostendorf, H. (2012): Jugendgerichtsgesetz. Kommentar. 9. Auflage, Köln

Ostendorf, H. (Hrsg.) (2012a): Jugendstrafvollzugsrecht. 2. Auflage, Baden-Baden
Ostendorf, H. (2013): Jugendstrafrecht. 7. Auflage, Baden-Baden

Palandt (2014): Bürgerliches Gesetzbuch. Bearbeitet von Bassenge u. a. 73. Auflage, München (zit.: Palandt – Bearbeiter)
Papenheim, H.-G. (2000): Zeugnisverweigerungsrechte der Sozialarbeiter und Sozialpädagogen. In: Lehmann, M. K.-H. (Hrsg.): Recht Sozial, Hannover, 241 ff.
Papenheim, H.-G., Baltes, J., Dern, S., Palshern, I.(2013): Verwaltungsrecht für die Soziale Praxis. 24. Auflage, Frankfurt
Pardey, K.-D. (2009): Betreuungs- und Unterbringungsrecht in der Praxis. 4. Auflage, Baden-Baden
Pasche, J. (2010): Familiensachen mit Auslandsbezug. 2. Auflage, Berlin
Paulitz, H. (1997): Offene Adoption, Freiburg i. Br.
Paulitz, H. (Hrsg.) (2006): Adoption. 2. Auflage, München
Perelman, Ch. (1967): Über die Gerechtigkeit, München
Peter, E. (2001): Das Recht der Flüchtlingskinder, Karlsruhe
Peters, F., Kersten, H., Wolfenstetter, K. (2012): Innovativer Datenschutz, Berlin
Peters, K. (2013): Auszubildende. In: Berlit, U., Conradis, W., Sartorius, U. (Hrsg.): Existenzsicherungsrecht, 700 ff.
Peukert, D. (1986): Grenzen der Sozialdisziplinierung. Aufstieg und Krise der deutschen Jugendfürsorge 1878–1932, Köln
Peukert, R. (2012): Familienformen im sozialen Wandel. 8. Auflage, Wiesbaden
Pieplow, L. (1989): Erziehung als Chiffre. In: Walter, M. (Hrsg.): Beiträge zur Erziehung im Jugendkriminalrecht, Köln, 5 ff.
Pieroth, B., Schlink, B., Kingreen, T., Poscher, R. (2013): Grundrechte. Staatsrecht II. 29. Auflage, Heidelberg (zit. Pieroth/Schlink et al.)
Plagemann, H. (Hrsg.) (2013): Münchener Anwaltshandbuch Sozialrecht. 4. Auflage, München
Proksch, R. (2004): Theorie und Praxis von Mediation in Familienkonflikten, Köln

Quensel, S. (1970/2014): Wie wird man kriminell? Kritische Justiz 1970, 375 ff. (Wiederabdruck in ZJJ 2014, 24 ff.)

Radbruch, G. (1910): Einführung in die Rechtswissenschaft. 9. Auflage 1952, Stuttgart
Radbruch, G. (1932): Rechtsphilosophie. Neuauflage 1999, Heidelberg
Radbruch, G. (1946): Gesetzliches Unrecht und übergesetzliches Recht. Süddeutsche Juristenzeitung, 105 ff.
Radbruch, G. (1929/1993): Klassenrecht und Rechtsidee. In: Kaufmann, G. (Hrsg.): Gesamtwerke Band 2, Rechtsphilosophie II

Ramsauer, U., Stallbaum, M., Sternal, S. (2005): Bundesausbildungsförderungsgesetz (BAföG). 4. Auflage, München
Rap, S., Weijers, I. (2013): Der Jugendstrafprozess in Deutschland, Frankreich und den Niederlanden. ZJJ 2013, 304 ff.
Rawls, J. (1979): Eine Theorie der Gerechtigkeit, Frankfurt
Rawls, J. (2003): Gerechtigkeit als Fairness, Frankfurt (orig.: Justice as Fairness. The Philosophical Review 67 (1958), 164 ff.
Reiman, J. H. (1984): The Rich Get Richer and the Poor Get Prison, New York, 2nd. ed. (USA)
Richardi, R. (2012): Arbeitsrecht in der Kirche. 6. Auflage, München
Richter, R., Doering-Striening, G. (2008): Grundlagen des Sozialrechts, Baden-Baden
Riekenbrauk, K. (2011): Strafrecht und Soziale Arbeit. 4. Auflage, München
Rifkin, J. (1996): Das Ende der Arbeit und ihre Zukunft. 2. Auflage, Frankfurt/New York
Ritsert, J. (1997): Gerechtigkeit und Gleichheit, Münster
Röchling, W. (2006): Adoption. 3. Auflage, München
Rödel, U., Frankenberg, G., Dubiel, H. (1989): Die demokratische Frage, Frankfurt
Röhl, K., Weiß, M. (2005): Die obligatorische Streitschlichtung in der Praxis, Berlin
Roxin, C., Arzt, G., Tiedemann, K. (2013): Einführung in das Strafrecht und Strafprozessrecht. 6. Auflage, Heidelberg

Salgo, L. (2001): Freiheitsentziehende Maßnahmen nach § 1631b BGB – materiellrechtliche Voraussetzungen und gerichtliches Verfahren. In: Fegert, J. M., Späth, K., Salgo, L. (Hrsg.), 25 ff.
Salgo, L. (2008): § 8a SGB VIII – Anmerkungen und Überlegungen zur Vorgeschichte und den Konsequenzen der Gesetzesänderung. In: Ziegenhain, U., Fegert, J. (Hrsg.): Kindeswohlgefährdung und Vernachlässigung. 2. Auflage, München/Basel, 9 ff.
Salgo, L., Zenz, G. (2009): (Amts-)Vormundschaft zum Wohle des Mündels. Anmerkungen zu einer überfälligen Reform. FamRZ 2009, 1378 ff.
Salgo, L., Zenz, G., Fegert, J. M., Bauer, A., Weber, C., Zitelmann, M. (Hrsg.) (2009): Verfahrensbeistandschaft. Ein Handbuch für die Praxis, Köln
Sartorius, U. (2013a): Partnerschaftliche/Eheähnliche Gemeinschaft. In: Berlit, U., Conradis, W., Sartorius, U. (Hrsg.): Existenzsicherungsrecht, 296 ff.
Sartorius, U. (2013b): Regelbedarf und Regelsätze nach SGB II/SGB XII. In: Berlit, U., Conradis, W., Sartorius, U. (Hrsg.): Existenzsicherungsrecht, 482 ff.
Sartorius, U. (2013c): Leistungen für Mehrbedarfe und in sonstigen Lebenslagen. In: Berlit, U., Conradis, W., Sartorius, U. (Hrsg.): Existenzsicherungsrecht, 516 ff.
Scheinfeld, J. (2013): Erläuterungen zum neuen § 1631d BGB – Beschneidung des männlichen Kindes; HRRS 7-8/2013, 268 ff.

Schild, W. (1986): Über die Schwierigkeit, zur Schuld(lehre) im Strafrecht Nein oder Ja zu sagen. In: Müller, S., Otto, H.-U. (Hrsg.): Damit Erziehung nicht zur Strafe wird. Sozialarbeit als Konfliktschlichtung, Bielefeld, 29–44

Schiller, F. (1955): Xenien (1796). Neuauflage. Werke, Band 1, Berlin

Schlegel, R., Voelzke, T. (Hrsg.) (2011): SGB IV – juris PraxisKommentar. 2. Auflage, Saarbrücken (zit.: (Schlegl/Voelzke – Bearbeiter)

Schleicher, H. (2007): Familie und Recht. 3. Auflage, München

Schlink, B. (1982): Die Amtshilfe. Ein Beitrag zu einer Lehre von der Gewaltenteilung in der Verwaltung, Berlin

Schlink, B., Schattenfroh, S. (2001): Zulässigkeit der geschlossenen Unterbringung in Heimen der öffentlichen Jugendhilfe. In: Fegert, J. M., Späth, K., Salgo, L. (Hrsg.), 73 ff.

Schmidl, M. (2011): Informationelle Selbstbestimmung in Theorie und Praxis, Augsburg. http://www.datenschutzbeauftragter-online.de/datenschutz-antrittsvorlesung-michael-schmidl-informationelle-selbstbestimmung-theorie-praxis/5594/#more-5594, 26.06.2014

Schmidt-Assmann, E., Röhl, H.C. (2005): Kommunalrecht. In: Schmidt-Assmann, E. (Hrsg.): Besonderes Verwaltungsrecht. 13. Auflage, Berlin, 1 ff.

Schnapp, F. (Hrsg.) (2004): Handbuch des sozialrechtlichen Schiedsverfahrens, Berlin

Schoch, D. (2013): Bedarfs-, Einsatz-, Haushaltsgemeinschaft. In: Berlit, U., Conradis, W., Sartorius, U. (Hrsg.): Existenzsicherungsrecht, 269 ff.

Schöch, H. (Hrsg.) (1987): Wiedergutmachung und Strafrecht, München

Schöch, H. (2012): Opferperspektive und Jugendstrafrecht; ZJJ 2012, 246–255.

Scholz, R., Liesching, M. (2003): Jugendschutz. Kommentar, München

Schone, R. (1998): Kommunikation und Kooperation – Anforderungen an die Arbeitsweise des Allgemeinen Sozialen Dienstes im Kontext der Kindeswohlgefährdung. In: Verein für Kommunalwissenschaften (Hrsg.): „... und schuld ist im Ernstfall das Jugendamt", Berlin, 30 ff.

Schönke, A., Schröder, H., Lenckner, T., Cramer, P., Stree, W., Eser, A., Heine, G., Perron, W., Sternberg-Lieben, D., Eisele, J., Bosch, N., Hecker, B., Kinzig, J. (2010): Strafgesetzbuch. Kommentar. 28. Auflage, München (zit. Schönke/Schröder – Bearbeiter)

Schorlemer, S. von, Schulte-Herbrüggen, E. (2010): 1989–2009 – 20 Jahre UN-Kinderrechtskonvention. Erfahrungen und Perspektiven, Frankfurt

Schrammel, W., Winkler, G. (2010): Europäisches Arbeits- und Sozialrecht, Wien.

Schreiber, F. (2009): Der Leistungsausschluss des § 7 Abs. 1 S. 2 SGB II auf dem gemeinschaftsrechtlichen Prüfstand. Info also 5/2009, 195 ff.

Schulze, R., Dörner, H., Ebert, I. et al. (2014): Bürgerliches Gesetzbuch. Handkommentar. 8. Auflage, Baden-Baden (zit.: HK-BGB/Bearbeiter)

Schulze, R., Zuleeg, M., Kadelbach, S. (Hrsg.) (2010): Europarecht. Handbuch für die deutsche Rechtspraxis. 2. Auflage, Baden-Baden

Schütte, W. (2005): Streitschlichtung im kooperativen Sozialstaat. Nachrichtendienst des Deutschen Vereins, 246 ff.

Schwab, D. (2008): Kirchliche Trauung ohne Standesamt – Die stille Beerdigung eines historischen Konflikts. FamRZ, 1121 ff.

Schwab, D. (2013): Familienrecht. 21. Auflage, München

Schwabe, J. (2004): Entscheidungen des Bundesverfassungsgerichts. Studienauswahl. 8. Auflage, Hamburg

Schwarz, U. (2011): Das Haager Kinderschutzübereinkommen – ein Überblick für die Jugendhilfe. Das Jugendamt 2011, 438 ff.

Seidenstücker, B., Münder, J. (1990): Jugendhilfe in der DDR, Münster

Sen, A. (2010): Die Idee der Gerechtigkeit, München

Senne, P. (2014): Arbeitsrecht. Das Arbeitsverhältnis in der betrieblichen Praxis. 9. Auflage, München

Siebel-Huffmann, H. (2013): Der Bedarfsdeckungsgrundsatz. In: Berlit, U., Conradis, W., Sartorius, U. (Hrsg.): Existenzsicherungsrecht, 668 ff.

Sieveking, K., Reim, U., Sandbrink, St. (1997): Werkvertragsarbeitnehmer aus osteuropäischen Ländern: Politische Konzepte und arbeitsmarktpolitische Probleme. In: Forschungsinstitut der Friedrich-Ebert-Stiftung (Hrsg.): Neue Formen der Arbeitskräftezuwanderung und illegale Beschäftigung, Bonn, 29–62

Sievers, B., Bienentreu, H. (2006): Grenzüberschreitende Fallarbeit in der Jugendhilfe. Internationale Gesellschaft für erzieherische Hilfen, Frankfurt

Simitis, S. (1982): Kindeswohl – eine Diskussion ohne Ende? In: Goldstein, J., Freud, A., Solnit, A. (Hrsg.): Diesseits des Kindeswohls, Frankfurt, 169 ff.

Sinzheimer, H. (1930): Der Mensch im Arbeitsrecht. In: Sinzheimer, H. (Hrsg.): Arbeitsrecht und Rechtssoziologie. Band 2. Neuauflage 1976, Frankfurt/Köln, 50 ff.

Sinzheimer, H. (1936): Eine Theorie des sozialen Rechts. In: Sinzheimer, H. (Hrsg.): Arbeitsrecht und Rechtssoziologie. Band 2. Neuauflage 1976, Frankfurt/Köln, 164 ff.

Sodan, H., Ziekow, J. (Hrsg.) (2014): Verwaltungsgerichtsordnung. Großkommentar. 4. Auflage, Baden-Baden (zit.: Sodan/Ziekow – Bearbeiter)

Söllner, A., Reinert, H. J. (1985): Personalvertretungsrecht, Baden-Baden

Solove, D. J. (2011): Nothing to Hide: The False Tradeoff Between Privacy and Security; Yale (USA)

Sonnenfeld, S. (2005): Das 2. BtÄndG. Zeitschrift für das gesamte Familienrecht, 941 ff.

Spellbrink, W. (2007): Die Bedarfsgemeinschaft gemäß § 7 SGB II eine Fehlkonstruktion? Neue Zeitschrift für Sozialrecht (NZS), 121 ff.

Spittler, G. (1980): Streitregelung im Schatten des Leviathan. Zeitschrift für Rechtssoziologie, 4 ff.

Stahlhacke, E., Preis, U., Vossen, R. (2010): Kündigung und Kündigungsschutz im Arbeitsverhältnis. 10. Auflage, München

Statistisches Bundesamt (Hrsg.) (2009): Statistiken der Kinder- und Jugendhilfe. Kinder und tätige Personen in Tageseinrichtungen und in öffentlich geförderter Kindertagespflege am 01.03.2009 – Revidierte Ergebnisse, Wiesbaden

Statistisches Bundesamt (Hrsg.) (2010): Statistisches Jahrbuch, Wiesbaden

Statistisches Bundesamt (2013): Statistik der Sozialhilfe. Eingliederungshilfe für behinderte Menschen 2010, Wiesbaden

Statistisches Bundesamt (2014): Datenreihen. Aktuelle Zahlen und Fakten; https://www.destatis.de, 30.07.2014

Staudinger, J. v. (2009): Kommentar zum Bürgerlichen Gesetzbuch mit Einführungsgesetz und Nebengesetzen. Buch 4: Familienrecht, Berlin (zit.: Staudinger – Bearbeiter)

Streng, F. (1997): Die Einsichts- und Handlungsreife als Voraussetzung strafrechtlicher Verantwortlichkeit. DVJJ-Journal, 379 ff.

Streng, F. (2012): Strafrechtliche Sanktionen. Grundlagen und Anwendung, 3. Auflage, Stuttgart

Streng, F. (2012): Jugendstrafrecht, 3. Auflage, Heidelberg

Tammen, B. (2004): Jugendhilfe in einer Mutter-Kind-Einrichtung des Strafvollzugs. Unsere Jugend, 43 ff.

Tammen, B. (2006): Der Schutzauftrag der Jugendhilfe nach § 8a SGB VIII. Unsere Jugend, 373 ff.

Tammen, B. (2011a): Eingliederungshilfe für seelisch behinderte Kinder und Jugendliche. In: Münder, J., Wiesner, R. , Meysen, T. (Hrsg.): Handbuch des Jugendhilferechts, Baden-Baden, 275 – 286

Tammen, B. (2011b): Hilfe für junge Volljährige. In: Münder, J., Wiesner, R. , Meysen, T. (Hrsg.): Handbuch des Jugendhilferechts, Baden-Baden, 287 – 297

Tammen, B. (2011c): Hilfen zur Erziehung In: Münder, J., Wiesner, R., Meysen, T. (Hrsg.): Handbuch des Jugendhilferechts, Baden-Baden, 244 – 274

Tammen, B. (2013a): Rechtsanspruch auf Existenzsicherung/Ermessen und Beurteilungsspielraum bei der Leistungsgewährung. In: Berlit, U., Conradis, W., Sartorius, U. (Hrsg.): Existenzsicherungsrecht, 190 ff.

Tammen, B. (2013b): Wunsch- und Wahlrecht. In: Berlit, U., Conradis, W., Sartorius, U. (Hrsg.): Existenzsicherungsrecht, 201 ff.

Thie, S. (2013): Leistungen zur Eingliederung in Arbeit. In: Berlit, U., Conradis, W., Sartorius, U. (Hrsg.): Existenzsicherungsrecht, 624 ff.

Thiersch, H. (1992): Lebensweltorientierte Jugendhilfe – zum Konzept des achten Jugendberichtes. In: Thiersch, H. (Hrsg.): Lebensweltorientierte soziale Arbeit, Weinheim, 13 ff.

Thiersch, H. (2014): Lebensweltorientierte Soziale Arbeit. Aufgaben der Praxis im sozialen Wandel, 9. Auflage, Weinheim

Thomasius, Ch. (1705): Grundlehren des Natur- und Völkerrechts, Hildesheim (2003)

Trenczek, T. (1993): Subsidiarität des Jugendstrafrechts – Programm oder Leerformel? Zeitschrift für Rechtspolitik, 184 ff.

Trenczek, T. (1996): Strafe, Erziehung oder Hilfe? Neue ambulante Maßnahmen und Hilfen zur Erziehung. Sozialpädagogische Hilfeangebote für straffällige junge Menschen im Spannungsfeld von Jugendhilferecht und Strafrecht, Bonn

Trenczek, T. (2000): Rechtliche Grundlagen der Neuen Ambulanten Maßnahmen und sozialpädagogischen Hilfeangebote für straffällige Jugendliche. In: Bundesarbeitsgemeinschaft für ambulante Maßnahmen nach dem Jugendrecht – BAG NAM (Hrsg.), 17 ff.

Trenczek, T. (2002): Garantenstellung und Fachlichkeit – Anmerkungen zur strafrechtlich aufgezwungenen aber inhaltlich notwendigen Qualitätsdiskussion in der Jugendhilfe. Zentralblatt für Jugendrecht, 383 ff.

Trenczek, T. (2003a): Die Mitwirkung der Jugendhilfe im Strafverfahren. Konzeption und Praxis der Jugendgerichtshilfe, Münster

Trenczek, T. (2003b): Mediation im Strafrecht. Zeitschrift für Konfliktmanagement, 104 ff.

Trenczek, T. (2003c): Stellungnahmen der Jugendhilfe im Strafverfahren – Fachliche Qualitätsanforderungen und strafrechtlicher Umgang. Zeitschrift für Jugendkriminalrecht und Jugendhilfe, 35 ff.

Trenczek, T. (2004): Jugendstrafrechtliche Arbeitsleistungen – Grenzen der Zulässigkeit und Beteiligung der Jugendhilfe. Zeitschrift für Jugendkriminalrecht und Jugendhilfe, 57 ff.

Trenczek, T. (2005): Streitregelung in der Zivilgesellschaft. Zeitschrift für Rechtssoziologie, Bd. 26, 2005, 3 ff.

Trenczek, T. (2007): Trennungs- und Scheidungsmediation – Regelungsbedürftige Aspekte und Vereinbarungsmöglichkeiten. Zeitschrift für Kindschaftsrecht und Jugendhilfe, 138 ff.

Trenczek, T. (2007a): Jugendgerichtshilfe: Aufgaben und Steuerungsverantwortung. ZJJ 2007, 31 ff.

Trenczek, T. (2008a): Fachgerechte Mediation – Qualitätsstandards in der Konfliktvermittlung. Zeitschrift für Rechtspolitik 8, 186 ff.

Trenczek, T. (2008b): Inobhutnahme – Krisenintervention und Schutzgewährung durch die Kinder- und Jugendhilfe. 2. Auflage, Stuttgart

Trenczek, T. (2009a): Der Verfahrensbeistand im FamFG. Zeitschrift für Kindschaftsrecht und Jugendhilfe, 196 ff.

Trenczek, T. (2009b): Einvernehmliche Regelungen in Familiensachen – Neue Anforderungen durch das FamFG. Familie, Partnerschaft, Recht 7, 335 ff.

Trenczek, T. (2009c): Familiengerichtliches Verfahren und Mitwirkung der Jugendhilfe nach dem FGG-Reform-

gesetz. Zeitschrift für Kindschaftsrecht und Jugendhilfe, 3/2009, 97 ff.
Trenczek, T. (2009d): Jugendgerichtshilfe. In: Cornel, H., Kawamura-Reindl, G., Maelicke, B., Sonnen, B.-R. (Hrsg.), 116 ff.
Trenczek, T. (2009e): Jugendstraffälligenhilfe. In: Cornel, H. Kawamura-Reindl, G., Maelicke, B., Sonnen, B.-R. (Hrsg), 128 ff.
Trenczek, T. (2009f) Resozialisierung jugendlicher und heranwachsender Straftäter – Allgemeine Jugendhilfe. In: Cornel, H., Kawamura-Reindl, G., Maelicke, B., Sonnen, B.-R. (Hrsg), 102 ff.
Trenczek, T. (2010a): Auszug aus dem Souterrain – 20 Jahre danach. Recht der Jugend und des Bildungswesens 4/2010, 293 ff.
Trenczek, T. (2010b): Risikoeinschätzung und psychosoziale Diagnose der Jugendhilfe (auch) im Jugendstrafverfahren. ZJJ, 249 ff.
Trenczek, T. (2011a): Bundeskinderschutzgesetz – Entwurf der Bundesregierung – Fort- und Rückschritte. ZJJ 1/2011, 83 ff.
Trenczek, T. (2011b): Die Mitwirkung der Jugendhilfe in gerichtlichen Verfahren. In: Münder, J., Wiesner, R., Meysen, T. (Hrsg.): Handbuch des Jugendhilferechts, Baden-Baden, 325 ff.
Trenczek, T. (2013): Außergerichtliche Konfliktregelung (ADR) – Verfahren, Prinzipien und Modelle. In: Trenczek, T. et. al. (Hrsg.): Mediation und Konfliktmanagement – Handbuch, Baden-Baden, Kap. 1.1, 23 ff.
Trenczek, T. (2013a): Vermittlung im Gemeinwesen. In: Trenczek, T. et. al. (Hrsg.): Mediation und Konfliktmanagement – Handbuch, Baden-Baden, Kap. 5.20, 23 ff.
Trenczek, T. (2013b): Ablauf einer Mediationssitzung – Mediationsleitfaden. In: Trenczek, T. et. al. (Hrsg.): Mediation und Konfliktmanagement – Handbuch, Baden-Baden, Kap. 3.2, 288 ff.
Trenczek, T. (2014): Restorative Justice – (Strafrechtliche) Konflikte und ihre Regelung. In AKKRimSoz (Hrsg.): Kriminologie und Soziale Arbeit, Weinheim, 193
Trenczek, T. (2014a): Restorative Justice in der Praxis. Täter-Opfer-Ausgleich und Mediation in Deutschland. In: DBH (Hrsg.): Restorative Justice. Der Versuch, das Unübersetzbare in Worte zu fassen, Köln, 92 ff.
Trenczek, T., Meysen, T. (2010): Rechtsweg für Widerspruch gegen andauernde Inobhutnahme. JAmt 2010, 543 ff.
Trenczek, T., Berning, D., Lenz, C. (2013): Mediation und Konfliktmanagement – Handbuch, Baden-Baden.
Trenczek, T., Berning, D., Lenz, C. (2013): Mediation in Deutschland, Österreich und der Schweiz – Entwicklung, Stand und Standards. In Trenczek, T. et. al. (Hrsg.): Mediation und Konfliktmanagement – Handbuch, Baden-Baden, Kap. 1.2, 52 ff.
Trenk-Hinterberger, P. (2013): Hilfe zur Überwindung besonderer sozialer Schwierigkeiten. In: Berlit, U., Conradis, W., Sartorius, U. (Hrsg.): Existenzsicherungsrecht, 800 ff.

Troja, M., Stubbe, C. (2006): Konfliktmanagementsystem. Zeitschrift für Konfliktmanagement, 121 ff.
Tucholsky, K. (1927): Deutsche Richter, Teil II. unter dem Pseudonym Ignaz Wrobel In: Die Weltbuhne 23, Erstes Halbjahr, 619–623
Tugendhadt, E. (1993): Vorlesungen über Ethik. Frankfurt

Ukrow, J. (2003): Jugendschutzrecht, München

Villmow, B. (2009): Junge Tatverdächtige in Untersuchungshaft – Rechtliche Voraussetzungen, Haftpraxis und Alternativen. Zeitschrift für Jugendkriminalrecht und Jugendhilfe, 229 ff.
Villmow, B, Savinsky, A. (2013): 14-/15-jährige Beschuldigte zwischen Jugenduntersuchungshaft und Untersuchungshaftvermeidung bzw. -verkürzung. ZJJ 2013, 388 ff.

Wacquant, L. (2009): Bestrafen der Armen. Zur neoliberalen Regierung der sozialen Unsicherheit, Opladen
Wallerstein, J., Lewis, J. Blakeslee, S. (2002): Scheidungsfolgen – die Kinder tragen die Last: eine Langzeitstudie über 25 Jahre, Münster
Walter, M., Neubacher, F. (2011): Jugendkriminalität. 4. Auflage, Stuttgart (vgl. auch die 1. Aufl. 1995).
Walzer, M. (1994): Sphären der Gerechtigkeit, Frankfurt
Waltermann, R. (2012): Sozialrecht; 10. Aufllage, Heidelberg.
Wank, R. (1992): Die neue Selbständigkeit. Der Betrieb, 90 ff.
Watzke, E. (1997): Äquibrilistischer Tanz zwischen den Welten. Neue Methoden professioneller Konfliktmediation, Godesberg
Watzlawik, P. (1985): Anleitung zum Unglücklichsein, 16. Auflage, München/Zürich 1985
Weber, M. (1921): Wirtschaft und Gesellschaft. Studienausgabe. 5. revidierte Auflage 1980, Tübingen
Wellenhofer, M. (2011): Familienrecht. 2. Auflage, München
Wellenhofer-Klein, M. (1995): Die „Abkehr von der Ehe" als Unterhaltsausschließungsgrund nach § 1579 Nr. 6 BGB. Zeitschrift für das gesamte Familienrecht, 905 ff.
Wesel, U. (1981): Aufklärung über Recht, Frankfurt
Wesel, U. (1984): Frühformen des Rechts in vorstaatlichen Gesellschaften, Frankfurt/M.
Wesel, U. (1994): Juristische Weltkunde. 7. Auflage, Frankfurt/M.
Wesel, U. (1999): Fast Alles, was Recht ist. Jura für Nichtjuristen. 6. Auflage, Frankfurt/M.
Wiesner, R. (Hrsg.)(2011): SGB VIII – Kinder- und Jugendhilfe. Kommentar. 4. Auflage, München
Westermann, H. P., Bydlinski, P., Weber, R. (2013): BGB-Schuldrecht Allgemeiner Teil. 6. Auflage, Heidelberg
Willutzki, S. (2005): Entwicklungen und Tendenzen im Kindschaftsrecht. Kindschaftsrechtliche Praxis, 197 ff.
Wilmers-Rauschert, B. (2004): Datenschutz in der freien Jugend- und Sozialhilfe, Stuttgart

Winkler, J. (2004): Sozialverwaltungsverfahren und Sozialdatenschutz (SGB X), München

Wolff, H. J, Bachof, O., Stober, R., Kluth, W./et al. (2010): Verwaltungsrecht.(2 Bände) 7. Auflage, München

Wolffersdorff, C. v. (2003): Was tun, wenn nichts mehr geht? Zur alten und neuen Diskussion um geschlossene Unterbringung. In: Struck, N., Galuske, M., Thole, W. (Hrsg.): Reform der Heimerziehung – Eine Bilanz, Opladen, 53 ff.

Wolffersdorff, C. (2009): Wir werden euch helfen! Die vielen Gesichter des Erziehungsgedankens in Jugendfürsorge und Justiz. ZJJ 2009, 96 ff.

Wolffersdorff-Ehlert, C. v., Sprau-Kuhlen, V. (1990): Geschlossene Unterbringung in Heimen. DJI, München

World Health Organization (WHO) (2001): International Classification of Functioning, Disability and Health, Genf

Wrackmeyer-Schoene, A. (2013): Deckung des Gesundheitsbedarfs. In: Berlit, U., Conradis, W., Sartorius, U. (Hrsg.): Existenzsicherungsrecht, 668 ff.

Wulffen, M. v., Schroeder-Printzen, G. (Hrsg.) (2004): Sozialverwaltungsverfahren und Sozialdatenschutz. Kommentar. 5. Auflage, München

Wuppermann, M. (2006): Adoption. Ein Handbuch für die Praxis, Köln

Yassari, N. (2011): Das Eheverständnis im Islam und in ausgewählten islamischen Ländern. FamRZ, 1 ff.

Zentrum für Europäische Wirtschaftsforschung (ZEW) (2009): Fiskalische Auswirkungen sowie arbeitsmarkt- und verteilungspolitische Effekte einer Einführung eines Betreuungsgeldes für Kinder unter 3 Jahren Studie im Auftrag des Bundesministeriums der Finanzen • Endbericht, Mannheim

Zimmermann, A. (1994): Das neue Grundrecht auf Asyl: Verfassungs- und völkerrechtliche Grenzen und Voraussetzungen, Berlin

Zimmermann, L. (2011): Das Teilhabe- und Bildungspaket. NJ, 265 ff.

Zimmermann, T. (2013): Das neue Recht der Sicherungsverwahrung (ohne JGG); HRRS 5/2013, 164 ff.

Zipelius, R. (2010): Allgemeine Staatslehre. 16. Auflage, München

Zitelmann, M. (2001): Kindeswohl und Kindeswille im Spannungsfeld von Pädagogik und Recht, Münster

Zöller, R. (Hrsg.) (2010): ZPO. Zivilprozessordnung mit Gerichtsverfassungsgesetz und Nebengesetzen. Kommentar. 28. Auflage, Köln (zit.: Zöller – Bearbeiter)

Zöllner, W., Loritz, K.-G. (1992): Arbeitsrecht. 4. Auflage, München

Anhang 8: Sach- und Personenregister

Art. 6 EMRK 671, 699
Art. 8 EMRK 406

Art. 3 GG 107
Art. 6 Abs. 2 GG 454
Art. 20 Abs. 3 GG 32, 159, 718
Art. 28 Abs. 2 GG 168

§ 25 BGB 49
§ 138 BGB 34, 40
§ 157 BGB 34, 40
§ 242 BGB 34, 40
§ 823 BGB 56
§ 1631 BGB 40, 330, 737
§ 1666 BGB 137, 335, 351, 476, 620 f.

§ 3 JGG 492, 721, 724
§ 38 JGG 140
§ 105 JGG 492, 721

§ 4 KKG 460, 680

§ 1 SGB I 108
§ 31 SGB I 100
§ 27 SGB VIII 144, 476 f.
§ 31 SGB X 161
§ 62 SGB X 485
§ 62 SGB?X 501

§ 51 SGG 181, 192, 501
§ 83 SGG 397

§ 42 VwGO 817

Abhilfe 194
Abmahnung 274, 286, 752, 783
–, Miete 270
Abnahme 275
Abschiebung 187, 642
Abschiebungshaft 642
Abschiebungshindernisse 642
Abschläge 439
Abschlussfreiheit 230
Abschreckung 710
Absehen von Strafe 714
Absetzbetrag für
    Erwerbstätige 520
Absicht 678
Abstammung 317 f., 320 f.

Abstandsgebot 717
Abstraktionsprinzip 233
Abtreibung (s. Schwanger-
    schaftsabbruch)
Abtretung 245, 264
Abvermerk 193
Abwägung 141, 478, 625
Abwehrrechte (s. Grundrechte)
Abweichendes Verhalten 34
actio libera in causa 682
Adhäsionsverfahren 698, 722
Adjudikation 209
Adoption 359 ff., 488 f.
Adoptionsgeheimnis 365
Adoptionspflege 360
Adoptionsvermittlung 360
Adoptiveltern 361
ADR (s. Alternative Dispute
    Resolution)
ADR-Verfahrensarten 208 f.
AEUV 61
AGB (s. Allgemeine Geschäftsbe-
    dingungen)
Agenda in der Mediation 220
AGG (s. Allgemeines Gleichbe-
    handlungsgesetz)
Akkusationsprinzip 700
Akten, Beschlagnahme 405, 689
Akteneinsichtname 406
Akteneinsichtsrecht 394, 406, 698, 704
– von Opfern 698
– von Patienten 274
Aktiengesellschaft 239
Aktives Zuhören 221
Alg II-V 517, 521
Alg II-VO (s. ALG II-V)
Alkohol 616, 620, 681
Alleinerziehende 470, 531, 552
–, Kinderkrankengeld 427
Allgemeine Erklärung der
    Menschenrechte 38, 72, 96, 112
Allgemeine Geschäftsbe-
    dingungen 257
Allgemeiner Sozialer Dienst 464
Allgemeines Gleichbehand-
    lungsgesetz 65, 106
–, Beweislast 107
–, Fristen 107
Allgemeines Schuldrecht 262 ff.

Allgemeinverfügungen 50, 408
Allparteilichkeit 222
Altenhilfe 567, 571
Alternative Dispute
    Resolution 208, 210
Altersdiskriminierung 186
Altersrente 439
–, Abschläge 439
Altersstufen 242
Altes Testament 33
Amnesty International 38, 72
Amt 170, 393, 802
Amtsanwalt 696
Amtsermittlung 59, 395
Amtsermittlungsgrundsatz 198, 203, 355
Amtshaftung 66, 284, 388, 748, 751
Amtshaftungsanspruch 200
Amtshilfe 393
Amtssprache 391
Amtsvormundschaft 367, 495
Analogie 142
Analogieverbot im Strafrecht 672
Änderungskündigung 272
Anerkennung
– als Asylberechtigter 647
– als freier Träger 465
– der Vaterschaft 319, 321, 495
Anfangsverdacht 701
Anfechtung
– der Vaterschaft 319 ff., 326
– einer Willenserklärung 248, 802
– eines Verwaltungsaktes 413, 816
Anfechtungsklage 197
Angebot 250 f.
Angeklagter 697, 708
Angemessenheit 101, 148, 533
Angeschuldigter 706
Anhörungspflicht 395
Anklage 490, 706 f.
Anklagesatz 706
Annahme
– als Kind 359
– eines Vertagsangebotes 250
anonymisieren 400
Anreize zur Arbeitsaufnahme 541
Anspruch 46, 146, 231, 263, 286, 802

– im Sozialrecht 69, 387
Anstalt 163
Antibabypille 760
Antrag
–, Antragserfordernis 395, 406, 497
– auf Alg II Leistungen 537, 539
– auf Beratungshilfe 176
– auf Rehabilitationsleistungen 587
– auf Sozialleistungen 393, 421
– auf Sozialhilfe 553, 555
– in der Kinder- und Jugendhilfe 483, 494
Antragsdelikte 675
Anwalt (s. Rechtsanwalt)
– im Strafverfahren 702
Anwalt des Kindes 175, 354
Anwaltszwang 199, 203 f., 325
Anwartschaft 437
Anwartschaftszeit 448
Anzeigepflicht 687 f.
Äquidistanz 222
Arbeitgeber 272, 447, 543, 605, 613, 749 ff., 762
Arbeitgeberverband 50
Arbeit, gemeinnützige 715 f., 723, 728
Arbeitnehmer 272, 441 f., 447, 605, 750 f., 762
Arbeitnehmerfreizügigkeit 67, 766
Arbeitnehmerschutz 69
Arbeitsbedingungen, materielle 50
Arbeitsförderung 448, 506
–, aktive Leistungen 448
–, Arbeitslosengeld 449
–, Beiträge 446
–, Beitragsbemessungsgrenze 423, 437, 446
–, passive Leistungen 447 f.
–, Rechtsweg 181
–, Vermittlung 447
–, Vermittlungsbudget 447
–, Versicherungspflicht 446 f.
Arbeitsgelegenheit 542 f.
Arbeitsgemeinschaft im Rahmen der Grundsicherung 510
Arbeitskampfrecht 769
Arbeitsleistungen 723, 728
Arbeitslosengeld 449, 507, 545

–, Dauer 448
–, Höhe 449
Arbeitslosengeld II 525 ff., 802
–, Rentenversicherung 437, 439 f.
Arbeitslosigkeit 446, 448 f.
Arbeitsmigration 629
Arbeitsrecht 752, 762 ff.
–, kirchliches 766
–, kollektives 766, 769
Arbeitsunfall 442 f.
Arbeitsvertrag 272, 739, 762, 764, 768, 772, 775 ff.
–, Anbahnung des 772
–, befristeter 778
–, Inhalt des 778
–, Kündigung des 273, 752, 776 f.
Arbeitszeugnis 274
Arbitration 209
ARGE 170, 510
Aristoteles 33, 79, 88
Arrest 728
Arzthonorar 758
Ärztliche Heilbehandlung 756
– von Minderjährigen 243, 760
Arztvertrag 274, 760
ASD (s. Allgemeiner Sozialer Dienst)
Asylbewerber 168
Asylbewerberleistungsgesetz 656 ff.
Asylgrund 187
Asylrecht 643 ff.
Asylverfahren 645 ff.
Aufenthalt, gewöhnlicher 351, 393, 496
Aufenthaltsbestimmung 329 f., 486
Aufenthaltserlaubnis 632 ff., 637 ff.
Aufenthaltsgestattung 634, 645
Aufenthaltstitel 632
Aufgaben
– der Jugendhilfe 465 ff.
– des Betreuers 374
– des Verfahrensbeistandes 354
Aufhebung von Verwaltungsakten 413
Aufklärungspflicht des Arztes 274, 756
Auflagen
– bei Bewährungsstrafen 715
– bei Verwaltungsakten 409

–, jugendstrafrechtliche 494, 727, 750
– zum Schutz der Jugend 619
Auflassungsvormerkung 289
Aufrechnung 285, 388
Aufschiebende Wirkung
(s. Wiederherstellung der aufschiebenden Wirkung) 198
Aufsicht 188 ff., 737 ff.
–, Dienstaufsicht 189
–, Fachaufsicht 190
–, Rechtsaufsicht 189
Aufsichtsmaßnahmen 742 ff.
Aufsichtspflicht 329, 737 ff., 747 f., 750
– als Teil der elterlichen Sorge 329, 737
–, Delegation der 745
–, Haftung 283, 746 ff.
–, Übertragung der 737 ff.
–, Umfang und Grenzen der 742
–, Verletzung der 746 ff., 750 ff.
Aufsichtspflichtiger
–, Haftung des 747, 749
–, Personensorgeberechtigte 738
Auftrag 265
Auftragsangelegenheiten 168 f.
Auftragsklärung 220
Aufwendungsersatz 267, 288
–, Geschäftsführung ohne Auftrag 277
–, Werkvertrag 275
Augenscheinnahme 397
Aug um Aug, Zahn um Zahn
(s. Talionsprinzip)
Ausbildungsförderung 168, 607 ff., 655
–, Rechtsweg 191
Ausführungsvorschriften 50
Ausgangsbehörde 193
Ausgrenzung von Straftätern 670
Auskunft, Anspruch auf 52
Auskunftspflicht 263
Ausland 75
Auslandbezug
–, Strafrecht 494
Ausländische Gerichte 75
Auslandsadoption 75
Auslandsbezug 75, 235
–, Privatrecht 74
Auslandstaten 672
Auslegung 138 ff., 155

–, Grundregel 142
–, historisch-genetische 140
– im Strafrecht 672
–, objektiver Empfänger-
 horizont 248, 250
–, systematische 139
–, teleologische 141
– von unbestimmten Rechtsbe-
 griffen 138
– von Verträgen 251
– von Willenserklärungen 155,
 248, 250
–, wörtliche 139
Aussagegenehmigung 405, 689
Ausschreibung, öffentliche 69
Außergerichtliche
 Konfliktregelung 206, 224
–, Grenzen 210
–, Mediation 215 f., 223 ff.
–, Rolle des Dritten 209
–, Schiedsverfahren 209
–, Schuldnerberatung 260
Außergerichtlicher
 Tatausgleich (s. Täter-Opfer-
 Ausgleich)
Ausweisung 641, 654
Autonomie 89, 98, 166

Babyklappe 693
Bagatellkriminalität 707
Barrierefreiheit 73, 572
Barunterhalt 324
Basiszinz 281
BATNA 223
Bedarfsdeckungsgrundsatz 548
Bedarfsgemeinschaft 511 ff., 802
–, Beweislastumkehr 512
Bedürftigkeit 311, 322, 507,
 555 f., 610
– im Rahmen der Grundsi-
 cherung 514 ff.
Befangenheit 394
Beförderungsentgelt,
 erhöhtes 713
befristeter Zuschlag zum
 Alg II 525
Befruchtung, künstliche 320
Beglaubigung 249
Behandlung
–, ärztliche 678
–, erkennungsdienstliche 703

Behandlungsvertrag 274, 756,
 758 ff.
Behindertengleichstel-
 lungsgesetz 73, 574
Behindertenrechtskonvention 73,
 575
Behindertenwerkstatt 564
Behinderung 364, 372 f., 429,
 440, 479 f., 563, 575, 597, 608,
 802
–, eingeschränkte Vermögensan-
 rechnung in der Sozialhilfe 560
–, Eingliederungshilfe 563
–, geistige 372
–, ICF 577
–, körperliche 373
–, Leistungen der Sozialhilfe 566
–, Mehrbedarf bei 531, 551
–, Mehrbedarf bei Alg II
 wegen 526, 531 f.
–, seelische 372, 479
–, Unzumutbarkeit des
 Wohnungswechsels 535
Behörde 166, 170, 387, 393 f.,
 802
–, Jugendamt 496
Behördenorganisation 171
Beibringungsgrundsatz 132, 200
Beihilfen, staatliche 70, 758
Beiordnung eines
 Rechtsanwalts 204
Beistand 394, 802
Beistandschaft 320, 325, 495
Beitreibung 418
Belastungsgrenze in der Kranken-
 versicherung 427
Beleihung 119, 171 f., 361
Benachteiligung 476, 481, 773
Benachteiligungsverbot 106
Beratung 173, 326, 357, 388,
 469 f., 478
– in der Jugendhilfe 469
–, Rechtsberatung 158, 173 f.,
 176
Beratungshilfe 176
–, Freibeträge 177
Beratungsstellen 357, 469
Bereicherungsrecht 277
Bereicherung, ungerecht-
 fertigte 262, 277
Bereitschaftspflege 485
berufliche Rehabilitation 592 ff.

–, Arbeitsassistenz 588
–, behinderungsgerechte
 Wohnung 589
–, berufs- oder arbeitsplatz-
 bezogene Leistungen 588
–, berufsspezifische
 Hilfsmittel 589
–, Bundesagentur für Arbeit 591
–, Kosten der Aus- und
 Weiterbildung 588
–, Kraftfahrzeughilfe 588
–, Leistungen an Arbeitgeber 589
–, Leistungsentscheidung 589
–, psychosoziale Hilfen 588
–, spezielle Leistungsformen 590
–, Unterstützte
 Beschäftigung 590
–, Voraussetzungen 589
–, Zuständigkeiten 591
Berufsgeheimnisträger 403, 460
Berufsgenossenschaften 166,
 441 f.
Berufshaftpflichtversi-
 cherung 751
Berufskrankheit 442 f., 445
Berufung 182, 188, 197, 802
Beschädigtenrente 612
Beschäftigte 423 f., 442, 445
Beschäftigung 421
–, geringfügige 421
Beschäftigungserlaubnis 638
Beschäftigungslosigkeit 448
Bescheid 409
Beschlagnahme 706
–, Akten 405, 689
Beschneidung 330, 679, 687, 690
Beschuldigter 697 ff., 702
Beschwer 194, 817
Beschwerde 351, 356, 706, 802
Besitz 288, 803
Bestandskraft 397, 410, 412
Bestattungskosten 568 f.
Bestimmtheitsgebot 672
– im Strafrecht 90, 184
– im Verwaltungsrecht 409
Betäubungsmittel 693
Beteiligte des Verwaltungsver-
 fahrens 394
Betreuer 175, 252, 371 ff., 490,
 737, 752
Betreuung 792, 803
Betreuungsaufgaben der JGH 490

Betreuungsbehörde 371
Betreuungsgeld 475, 605
Betreuungsgericht 370
Betreuungsgesetz 369
Betreuungshelfer 140
Betreuungsquote 473
Betreuungsrecht 369
Betreuungsunterhalt 322
Betreuungsverfügung 371, 803
betriebliche Mitbestimmung (s. Mitbestimmung)
betriebliche Übung 768
Betriebserlaubnis 488, 500
Betriebskosten, Miete 271
Betriebsvereinbarung 772
Beurkundung 249, 495
Beurteilung, dienstliche 143
Beurteilungsspielraum 143 f., 148, 460, 476
– von Schiedsstellen 213
Bevollmächtigter 394
Bewährung 714 f., 729
Bewährungshelfer 175, 715, 731
–, Mitteilungspflicht 689
Bewährungshilfe 689, 729, 731
Beweisantragsrecht 708
Beweisaufnahme 705, 708
Beweislast 132, 395
–, Umkehr der 280, 779
Beweismittel 397, 670, 705
Beweisverwertungsverbot 90, 702
Beweiswürdigung, freie 395, 700
Bewusstseinsstörung 681
Beziehung, asymmetrische 102
BGB 231 ff.
–, Allgemeiner Teil 231 ff.
–, Aufbau 234
–, Erbrecht 290 ff.
–, Familienrecht 294 ff.
–, Sachenrecht 288 f.
–, Schuldrecht 262 f.
Bildschirmspielgeräte 624
Bildträger 623
Bildungspaket 509, 529, 537 ff., 554
Billigkeit 87
Bill of Rights 97, 112
Binnenmarkt, europäischer 67
BKiSchG (s. Bundeskinderschutzgesetz)
Blaue Karte EU 632, 634, 636
Blinde Menschen 73

Blindengeld 192
Blindenhilfe 568, 571
Blutalkoholwert 681
Blutproben 703
Böckenförde, Wolfgang 35
Brauch 34
Brechmittel 187, 703
Briefgeheimnis 118, 374
Brüssel-IIa-Verordnung 64
Brüssel-Verordnungen 64
Budget, Persönliches (s. Persönliches Budget)
Bundesagentur für Arbeit 110, 164, 166, 170, 446, 498, 509 f., 564, 602
Bundesamt für Justiz 77
Bundesbeauftragte 191
Bundesgesetz 54
Bundesgesetzblatt 43
Bundeskanzler 95
Bundeskinderschutzgesetz 454, 458
Bundespräsident 95
Bundesprüfstelle für jugendgefährdende Medien 143, 624 f.
Bundesrat 47
Bundesregierung 95
Bundesrepublik Deutschland 137
Bundestag 47
Bundesverfassungsgericht 54, 95 f., 182
Bundesversammlung 95
Bundesversorgungsgesetz 612
Bundesverwaltung 164
–, mittelbare 166
Bürgerliches Gesetzbuch (s. BGB)
Bürgerrechte 112, 115
Bürgerversicherung 385
Bürgschaft 265
–, Schriftform 249
BVerfG (s. Bundesverfassungsgericht)

Capability Approach (s. Fähigkeitsansatz)
Caritasverband 173
Chancengleichheit 83, 85, 110, 385
Checks and Balances 95
Civil-Law-Rechtsordnungen 90
Cocain 694

Codex Hammurabi 33
Common Law 40, 54, 90
Community Justice 219
Conciliation 209
Conferencing 209

Darlehen 162, 264, 553, 609
– bei unabweisbarem Bedarf im Einzelfall 537
– des Jobcenters 523, 534 ff., 544
– im Rahmen der Sozialhilfe 553 f., 560
–, Übernahme der Mietkaution 535
Datenerhebung 400 f.
Datennutzung 401
Datenschutz 398 f., 691
–, Auskunftsanspruch 402
–, Begriffsbestimmungen 399 f.
–, funktionaler Stellenbegriff 400
– im Strafrecht 733
–, Jugendhilfe 497
–, Löschungsanspruch 402
–, Sozialdatenschutz 122, 398 f., 401, 404, 761
–, strafrechtlicher 687
–, Strafverfolgung 403
–, Transparenz 402
–, Übermittlungsgrundsätze 401
–, Verhältnismäßigkeitsprinzip 402
–, verlängerter 404
Datenschutzbeauftragte 191
Datenübermittlung 400
Datenverarbeitung 400
Daueraufenthalt 634
–, EU 632
Dauerschuldverhältnis 268, 272, 276, 285, 366
–, Beendigung 270
Deals im Strafverfahren 702
Delikt 241, 244
Deliktsfähigkeit 241, 244 f., 279, 803
– Minderjähriger 747
Deliktsformen 683
Deliktsrecht 278
Delinquenz 674
Demenz 430, 434
–, eingeschränkte Alltagskompetenz 430, 434
Demokratie 94, 96, 98 f.

–, repräsentative 96
–, unmittelbare 96
Demonstrationsrecht 673
Deutsche Rentenversicherung 166, 436 f.
deutsche Staatsangehörigkeit
–, Erwerb der 658 ff., 662 f.
Devianz 674, 681
Devolutiveffekt 194
Diabetes 532
Diagnose 133
Diakonisches Werk 173
Diamorphin 695
Diebstahl 675
–, zivilrechtlich 277, 288, 290
Diebstahls- und Vermögensdelikte 687
Dienstanordnungen 50
Dienstanweisungen 50, 408
Dienstaufsicht 189, 696, 730
Dienstaufsichtsbeschwerde 188, 190
Dienstleistungsfreiheit 67
Dienstvertrag 265, 272, 685, 762
Direkterhebungsgrundsatz 401
Diskothek 106, 619
Diskriminierung 65
Diskriminierungsverbot 55, 67, 106, 114, 774, 776
Dispositionsfreiheit, Grenzen der 226, 466
dispositives Recht 226
Dissens 250
Diversion 490, 492, 494, 694, 707
– im Jugendstrafrecht 723
– in der Hauptverhandlung 708, 724
DNA-Analyse 320
– zur Vaterschaftsfeststellung 320
DNA-Probe 703
dolus directus 283
Doping 679
Doppelbestrafung 184, 673
doppeltes Mandat 97
Download, illegaler 186
Dreiecksverhältnis 389, 500 f., 727
–, sozialrechtliches 389
Dreier, Ralf 43
Dreißigster (s. Erbrecht)
Drittstaatsangehörige 128
Drittwirkung 106

Drogenkonsum 681
Drogenkonsumraum 694
Drogenstrafrecht 693
Dublin III 646
Dublin-III-Verordnung 64
Duldung 340 f., 634, 637, 648, 650
Durchführungsbestimmungen 50
Durkheim, Emile 40
Düsseldorfer Tabelle 323 ff.

Eckregelsatz 570
EGBGB 74 ff.
EGMR 38, 71, 187
–, Görgülü 126, 187
–, Krenz 38
Ehe 114, 124 ff., 128, 297, 302 ff., 319, 341
–, binationale 75
–, Gültigkeit 76
eheähnliche Gemeinschaft 313 ff., 511 ff., 557
–, Beendigung 486
eheliche Lebensgemeinschaft 304, 306
Ehemündigkeit 244, 302
Ehename 305
Eheschließung 302 f.
Eheverbote 302 f.
Ehevertrag 249
Ehewohnung 307
Ehrenmord 678
Eigenbedarfskündigung 271
Eigenbemühungen 447 ff.
Eigenmacht, verbotene 288
Eigenschaft, zugesicherte 266
Eigentum 134, 137, 231, 254, 288, 803
Eigentumserwerb, gutgläubiger 289
Eigentumsübertragung 232, 289
Eigentumsvorbehalt 265, 268
eigenwirtschaftliche Tätigkeit 443
Einbürgerung 649
Einbürgerungstest 659, 663
Ein-Euro-Job (s. Arbeitsgelegenheit)
eingetragene Lebenspartnerschaft 316 ff.
Eingliederungshilfe 475, 497, 499, 563 f., 574, 595
Eingliederungsleistungen 541 ff.

Eingliederungsvereinbarung 415, 447, 540 f., 544 f., 549
Eingriff 455, 479
Eingriffsverwaltung 159
Einheit der Rechtsordnung 140, 279, 678, 756
Einheitsprinzip 727
Einigungsmangel 251
Einigungsvertrag, der EU (s. EU, Einigungsvertrag)
Einkommen 134
–, Bereinigung des Einkommens 519, 558 f.
–, Folgen bei Verschwendung von 545, 555
– im Rahmen der Grundsicherung für Arbeitsuchende 511, 517
– im Rahmen der Sozialhilfe 550
Einkommensermittlung bei Unterhaltsberechnung 313
Einkommensgrenze 569 ff., 602, 605
Einkommensteuer 169
einmalige Bedarfe 537, 552
Einmalspritzen 694
Einsatzgemeinschaft 557, 561
Einschätzungsprärogative 143, 214, 625
Einsichtsfähigkeit 244, 332, 376, 756 f.
Einstehensgemeinschaft 511 f., 610
Einstellung des Verfahrens 707, 716 f.
Einstiegsarrest 728 f.
Einstiegsgeld 541
Einstweilige Anordnung 198, 325, 356
Einverständnis 458, 678
Einwilligung 242, 340, 678 f., 756
Einwilligungsfähigkeit 756
Einwilligungsvorbehalt 244, 379, 759 f.
Einzelfallgerechtigkeit 87
Einziehung 418, 714
elektronische Fußfessel 718, 726
elektronische Überwachung 718, 726
elterliche Sorge 327, 329 f., 335 ff., 356, 476, 485, 495, 503
–, alleinige 333 f., 335 ff.

– bei Trennung und
  Scheidung 335, 337
–, Entzug 458
–, gemeinsame 335
–, Inhalt der 329
Eltern 125 ff., 129, 298, 322, 335,
  340 f., 351, 458, 483, 486, 616,
  619, 723, 737, 739
– als gesetzliche Vertreter 252
– Begriff 148
–, biologische 187
–, Erziehungsverantwortung
  der 37, 127, 349
– im Jugendstrafverfahren 723,
  727
–, minderjährige 333, 337
–, Rolle im Jugendstraf-
  verfahren 494
–, Stiefeltern 317, 338, 360,
  469 f.
Elterngeld 385, 475, 604 f., 613,
  654
–, Berücksichtigung bei Alg II
  und Sozialhilfe 519, 527, 558
Elterngrundrecht 126 f., 129
–, Schranken des 126
Elternzeit 426, 605
Embryo 237
Embryonenschutzgesetz 318, 692
Empfehlungen 54 f.
Empowerment 91
EMRK (s. Europäische
  Menschenrechtskonvention)
Entgeltersatzleistung 427, 444,
  447 ff., 803
Entgeltvereinbarung 388
Entschädigungsrecht,
  soziales 611
Entscheidungen ausländischer
  Gerichte 75
Entscheidungsfindung 494
Entscheidungsvorbereitung 131
Entscheidungsvorschlag 489
Entschuldigungsgründe 681
Entziehung der Fahrerlaubnis 716
Entzug der elterlichen Sorge (s.
  elterliche Sorge)
Erbe, Ausschlagung des 291
Erbfolge 290 f.
Erbrecht 290
–, Dreißigster 292
–, gesetzliches 291

–, Kinder 292
–, Pflegeleistungen 292
–, Pflichtteil 293
–, Verjährung 292
–, Voraus 292
Erbschein 293
Erbvertrag 293
Erfolgsdelikte 676
Erforderlichkeitsgrundsatz 101,
  370
Erfüllung einer Schuld 285
Erfüllungsgehilfe 283
Ergänzungspfleger 369, 484
Erkenntnisverfahren 701
Erklärungsbewusstsein 246
Erlass 50
Erlaubnistatbestandsirrtum 680
Erlebnispädagogik/erlebnispäda-
  gogische Aktionen 685, 744
Ermahnung 752
Ermessen 146, 148, 162, 413,
  483, 803
–, Begründung des 150, 705
–, gerichtliche Kontrolle 151
–, pflichtgemäßes 148
Ermessensfehler 148
Ermessensmangel 150
Ermessensmissbrauch 148, 150
Ermessensschrumpfung 148, 150
Ermessensspielräume 145
Ermessensüberschreitung 148
Ermittlungsbehörden 701
Ermittlungsmaßnahmen gegen
  Jugendliche 724
Ermittlungspersonen 696
–, der StA 697
Ermittlungsverfahren 490, 697,
  701, 704
–, Ablauf des 701 f., 704
– im Jugendstrafrecht 723
–, Zwangsmaßnahmen 702 ff.
Ersatzfreiheitsstrafe 716
Ersatzmutter 318
Ersatzvornahme 418 f.
Erstausstattung 537, 552
Erwerbsminderungsrente 441,
  444 f.
erzieherischer Bedarf 134, 343,
  476 f., 490, 494
erzieherischer Jugendschutz (s.
  Jugendschutz, erzieherischer)
Erzieherprivileg 692

Erziehung 34, 134, 137, 327, 330,
  341, 344, 469, 475 f., 486, 500
–, gewaltfreie 327 f., 344
erziehungsbeauftragte
  Person 617, 623, 626, 803
Erziehungsberechtigte/-r 803
Erziehungsgedanke 490, 722
Erziehungshilfen 475 f., 478, 492,
  503, 736, 738, 750
Erziehungsmaßregeln 493, 714,
  717, 726
Erziehungsrecht, Grenzen 330
Erziehungsverantwortung 37,
  329, 457
Erziehungsverfahren,
  richterliches 723
Ethik 34
EU (s. Europäische Union)
EuGH 185, 402
EU-Kommission 63
EU-Ministerrat 62
EU-Parlament 62 f.
EU-Recht 55, 63, 391
–, Beteiligungsrechte des
  Bundestages 61
– Grundrechtecharta 67
–, primäres 63
–, Richtlinien 64
–, sekundäres 63
–, Verordnungen 64
–, Vorrang des 185
Eurodac 646
Eurojust 672
Europäische Gerichtshöfe 185
Europäische Kommission 61
Europäische Menschenrechtskon-
  vention 38, 71, 96, 187, 698
Europäischer Gerichtshof für
  Menschenrechte (s. EGMR)
Europäischer Rat 61 f.
Europäischer Sozialfond 69
Europäisches Fürsorgeschutz-
  abkommen 70 f.
Europäische Sozialcharta 63, 74
Europäisches Parlament
  (s. EU-Parlament)
Europäisches Sozialrecht 68, 386
Europäisches Vergaberecht 69
Europäische Union 48, 59
–, Beschlüsse der 65
–, Bürger der 632, 652
–, Einigungsvertrag 46

–, Organe 61, 185
–, Zuständigkeiten 60
Europäische Verfassung 60
Europaparlament
 (s. EU-Parlament)
Europarat 63
Europarecht (s. a.
 EU-Recht) 59 f., 62 f.
EUV (s. EU-Vertrag)
EU-Vertrag 60
Eventualvorsatz 677
Exekutive 94, 803
Exhibitionismus 691
Exklusion 670
Exploration in der Mediation 220

Facebook 398, 407
Fachaufsicht 169, 189, 696 f., 730
Fachaufsichtsbeschwerde 190
Fachhochschule 50
Fachkräfteprivileg 133
Factoring 264
Fähigkeitsansatz 84
Fahndung 702
Fahrerlaubnis 56, 168, 704, 714, 716
Fahrlässigkeit 134, 137, 283, 677 f., 803
Fahrverbot 714, 716
Fairness 85, 224, 713
Fair Trial 671
Fälligkeit 280
Fallmanagement 540
FamFG 202, 300 f., 309 f., 325 f., 349 ff., 489
Familie 114, 124, 134, 184, 297 ff., 304 ff., 454, 458, 483, 616
–, Förderung der 55, 134, 469, 616
Familiengericht 335, 350 ff., 458, 485, 490
–, Anrufung des 47, 458
–, Anrufung durch das Jugendamt 479
Familiengerichtshilfe 489
Familienleben, Schutz durch EMRK 72
Familienmediation 217
Familiennachzug 128
Familienpflegezeitgesetz 763
Familienrichter 200

Familienversicherung 425
–, Einkommensgrenze 425
–, Krankengeld 425
Fernabsatzverträge 256, 258
Fernmeldegeheimnis 118, 371, 374
Festnahme 668, 702 ff.
Festnahmerecht 680
Feststellungsklage 198
Filmvorführungen 623
Finanzamt 170
Finanzhoheit 168 f.
Fingerabdruck, genetischer 703
Fluchtgefahr 703
Flucht ins Privatrecht 58
Flüchtlinge 629, 645, 647
–, minderjährige unbegleitete 644
Föderalismus 164
Föderalismusreform 46, 164, 171, 463, 667
Folgenbeseitigungsanspruch 198, 398
Folgeschaden 285
Folter 74
Folterverbot 187
Fördern und Fordern 509
Förderplan 549
Forderung 231, 245, 278, 803
Förderung von Arbeitsverhältnissen 543
Formfreiheit 391
Formvorschriften 44, 99, 249 f., 259
–, E-Mail 193
–, handschriftlich 293
–, Telefax 250
–, Textform 259
Fortsetzungshilfe 481
Fragerecht 708
Fraktionszwang 95
France, Anatole 103, 121
Freibeträge 522, 560, 608 f.
–, Prozesskostenhilfe 177
Freie Strafentlassung 733
Freie Träger 172, 448
–, anerkannte 465
–, Betätigungsvorrang 110, 172
–, der Wohlfahrtspflege 388
–, EU-Recht 70
–, Finanzierung 110, 499
–, Förderung 70
–, gemeinnützige 172

–, gewerbliche 172
– in der Straffälligenhilfe 733
Freie Wohlfahrtspflege 172
Freihandelsabkommen 210
Freiheit 35, 97, 114
Freiheitsbeschränkung 787
Freiheitsentziehung 376, 486, 715, 728, 786 ff.
–, geschlossene Unterbringung 102, 486, 793
Freiheitsstrafe 134, 341, 476, 714 f.
Freirechtsschule 151
Freiwillige Gerichtsbarkeit 202
Freizügigkeit 55, 67, 114
Frist 47, 188, 250, 260, 351, 397
–, behördlich gesetzte 392
–, bei Widerruf nach BGB 259
–, gesetzliche 259, 392
–, und Wiedereinsetzung in den vorherigen Stand 392
–, Widerspruchsfrist 193, 392
– zur Vaterschaftsanfechtung 321
Fristwahrung 393
Frühe Hilfen 462
Früherkennung 584
Frühförderung 585
Führungsaufsicht 714, 718
– bei Jugendlichen 726
Führungszeugnis 462
Fürsorge 506
Fürsorgepflicht 304, 690, 746
–, Verletzung der 690
Fußfessel, elektronische (s. elektronische Fußfessel)

Garantenstellung 684 ff., 692, 738, 740, 753
– der Eltern/der Mutter 685
– in der Jugendhilfe 686
Garantie 55, 267, 283, 287, 803
Garantiefunktion, Strafrecht 672
GASP 61
Gaststätten 617, 619
Gebärdensprache 73, 391
Gebietshoheit 168
Gebietskörperschaften 163 f.
Gebrauchsüberlassung 264
Geburt 237
–, vertrauliche 318
Geeignetheit 101, 476, 503

Gefährdung der öffentlichen
  Sicherheit 796
Gefährdung des Kindeswohls
  (s. Kindeswohlgefährdung)
Gefährdungshaftung 284
Gefahrenabwehr 668
Gefahrübergang 266
Gefälligkeit 246, 737 f.
Gegenseitigkeitsverhältnis 264
Gegenüberstellung von
  Verdächtigen 703
Gegenvorstellung 188, 190
Gegenzeichnung 47
Geldbuße 707, 714 f.
Geldstrafe 714, 716
GEMA 240
gemeinnützige Arbeit 715 f.
Gemeinnützige Träger 172
Gemeinnützigkeit 70, 239
Gemeinsame Servicestelle 584
Gemeinschaftsrecht
  (s. EU-Recht) 63
Gender 65, 74, 186
Genehmigung von Willenser-
  klärungen 242
Generalklausel, polizeiliche 668
Generalprävention 710
Genitalverstümmelung 340
Genossenschaft 239
Gerechtigkeit 77, 79, 81, 85, 87
– als Fairness 85
–, ausgleichende 79
–, austeilende 79
–, durch Verfahren 90
– im Einzelfall 87, 148, 483
–, soziale 82, 86, 108, 110, 483
–, wiederherstellende 90
Gerichte 182, 185, 196
–, europäische 61, 185
–, internationale 188
–, private 209
–, Sozialgerichte 181
–, Strafgerichte 181, 696 f.
–, Verwaltungsgerichte 161, 181,
  196
–, Zuständigkeiten 182
gerichtliche Vaterschaftsfeststellung 319
Gerichtsbarkeit 182 f.
–, besondere 181
–, europäische 185
–, freiwillige 495

–, ordentliche 181 f., 200
–, Verwaltungs- 161, 196
Gerichtsentscheidung, Wirkung
  von 54
Gerichtshilfe 689, 702, 731
Gerichtshof der Europäischen
  Union (s. EuGH)
Gerichtsverfahren 196
–, Grenzen des 207
–, Kosten des 195, 203
–, strafrechtliches 696 f., 699 ff.
–, streitiges 200
–, verwaltungsgerichtliches 196
–, Zivilverfahren 200
Gerichtszuständigkeit
–, örtliche 182
–, sachliche 182
geringfügige Beschäftigung 421,
  426
–, Rentenversicherungs-
  pflicht 438
Gesamtrechtsnachfolge 291
Gesamtschuldverhältnis 283, 748
Geschäft
– des täglichen Lebens 244
– für den, den es angeht 252
Geschäftsbedingungen 257
Geschäftsbesorgung 265
Geschäftsfähigkeit 241, 332, 337,
  379, 759, 803
–, beschränkte 242, 337, 379
Geschäftsführung 252
– bei der GbR 276
– ohne Auftrag 262, 277
Geschäftsgrundlage 286
Geschäftsunfähigkeit 244
Gesellschaft 265
–, Beendigung der 276
– bürgerlichen Rechts 237, 240,
  276
Gesellschaftsvertrag 40, 112, 275
Gesetz 44, 47 f., 619
–, formelles 43
– im materiellen Sinn 44
– im nur formellen Sinn 44
–, Vorbehalt des 98, 387
–, Vorrang des 98, 351
Gesetzesvorbehalt 94, 99, 116,
  155, 387
–, sozialrechtlicher 100
Gesetzesvorrang 51, 94, 98
Gesetzgebung 47, 94 f.

–, EU-Recht 61
–, konkurrierende 56
–, Verfahren 47, 260, 458, 490,
  704
gesetzliche Rentenversicherung
  (s. Rentenversicherung)
gesetzlicher Jugendschutz
  (s. Jugendschutz, gesetzlicher)
gesetzliche Unfallversicherung
  (s. Unfallversicherung)
gesetzliche Vertretung 325, 329,
  332, 335, 759 (s. a. Stellvertretung)
– bei Minderjährigen 331
–, Haftung bei 283
Gesetzmäßigkeit 159
–, der Verwaltung 98, 159
Gesetz und Recht 94
Geständnis 700, 708
Gesundheitsamt 171
Getrenntleben 306 ff., 322
Gewährleistungsrechte 266 ff.,
  279
–, Kaufvertrag 266
–, Mietvertrag 269
Gewahrsam
–, polizeilicher 486, 668
Gewalt 142
– gegen Kinder 344, 690
–, häusliche 668
Gewaltbegriff 672
Gewaltenteilung 94 f., 164
–, horizontale 94
–, vertikale 95
Gewaltenteilungsprinzip 159
Gewaltenverschränkung 95
Gewaltfreie Erziehung 328, 344,
  690
Gewaltkriminalität 687
Gewaltmonopol, staatliches 33,
  97, 201, 671
Gewaltschutzgesetz 299, 307
Gewerkschaft 50, 174, 240, 770
Gewohnheitsrecht 40
Gläubiger 232, 260, 262, 803
Gleichbehandlung 87
Gleichbehandlungsgrundsatz 94,
  103 f., 106, 411, 767 f.
Gleichheit 104
– im Unrecht 106
Gleichheitsgebot 94, 103 f., 410
Gleichstellungsbeauftragte 191

Glücksspiele 619
GmbH 239
Goldene Regel 34
Google 399, 407
Görgülü 72, 126, 187, 364
Greenpeace 39, 188
Grundbuch 290
Grundgesetz 46, 55
Grundpfandrecht 265, 289 f.
Grundpflege 429 f., 432
Grundrechte 44, 46, 48, 112 ff., 119 ff., 144, 410, 803
– als Abwehrrechte 116, 118 f.
– als Leistungs- und Teilhaberechte 118
–, Drittwirkung 106, 120
–, europäische 67
–, Funktion der 116
–, Geltung der 119
–, Justizgrundrechte 113 f., 180, 671, 699
–, Recht auf digitale Intimsphäre 120
–, Recht auf informationellen Selbstbestimmung 120, 122, 398
–, soziale 110, 483
Grundrechtecharta der EU 60, 67
Grundrechtsberechtigte 114
Grundrechtsbindung 58, 791
Grundrechtskatalog 113
Grundrechtsschranken 116, 118
Grundrechtsschutz 117, 119, 121 f., 125, 402 f.
Grundrechtsverletzung 182
Grundsatz 351, 490
– der Unmittelbarkeit 700
– der Verhältnismäßigkeit 116, 347, 370, 478, 490, 791, 796
Grundschuld 265, 289
Grundsicherung 110, 803
– für Arbeitsuchende 506 f., 548
– im Alter und bei Erwerbsminderung 555 ff., 561
–, Rechtsweg 181
Günstigkeitsprinzip 768
Güteantrag 287
Güterabwägung 679
Gütergemeinschaft 305
Güterrecht 305
Gütertrennung 305
Gütestelle 206, 211 f., 287

Güteverfahren
–, freiwilliges 206
–, obligatorisches 207, 211
Gutgläubigkeit beim Eigentumserwerb 289

Haager Kinderschutzabkommen 71, 75, 484, 641 (s. a. KSÜ)
Habermas, Jürgen 42, 113
Haftbefehl, europäischer 68
Haftentlassung, Vorbereitung der 733
Haftgründe 703
–, apokryphe 706, 724
Haftpflichtversicherung 747, 749, 751 ff.
Haftung 746 ff.
– aus Billigkeit 244, 747
– bei Aufsichtspflichten 283, 746 ff.
– bei Gefälligkeiten 246
– des Tierhalters 284
– für andere 283
–, Grundsätze der 282
– im Arbeitsrecht 752, 779
– im Straßenverkehr 284
–, strafrechtliche 666 f., 704, 752 f.
–, unerlaubte Handlung 283
–, Versicherungsschutz 749 f., 752
– von juristischen Personen 284
– von Minderjährigen 242, 747
Haftungsausschluss 275
Haftungsbegrenzung 239
Haftungsfreistellung 749 f.
Haftvermeidunghilfe 731
Haltung
– der Mediatoren 223
–, professionelle 405
–, rechtsstaatliche 35, 102
Handelsregister 237
Handlungsfähigkeit 241, 804
– der Mitarbeiter 486
–, sozialrechtliche 394
Handlung, unerlaubte 262, 278, 283, 748
Härtefallkommission 651
Hartz IV 446, 505
Hartz-Kommission 445
Haschisch 694

Hauptleistungspflicht 263
Hauptverhandlung 701, 704 f., 708, 724, 732 f.
–, Ausschluss der Öffentlichkeit 699
–, Protokoll 708
Hausbesuch 397, 458, 513 f.
Hausdurchsuchung 99, 668, 702, 706
Haushaltsgemeinschaft 516, 555 ff., 571, 804
Haushaltsgesetz 44, 100
Haushaltsplan 44, 100
Hausrat 307, 526, 551
Haustürgeschäfte 256, 258
Hegel, Georg Wilhelm Friedrich 77, 710
Heilbehandlung, ärztliche 274, 804
– bei Minderjährigen 756 ff.
Heim 374, 478
Heimaufsicht 486
Heimrecht 192
Heimweg 745
Heizkosten 533, 551, 553, 610
Heizkostenpauschale 610
Hemmung der Verjährung 287
Heranwachsender 721
Heranziehungspflicht 732
Herausgabeanspruch
– der Sorgerechtsinhaber 330
–, des Eigentümers 287 f., 290
–, im Bereichungsrecht 278
Herausnahme 339 f., 485
Heroin 695
Herrschaftsfunktion 36
Herrschaftskontrolle 97
Hersteller 275
Herstellungsanspruch, sozialrechtlicher 388
Hierarchie der Verwaltung 164, 168
Hilfe
– als Rechtsverhältnis 133
– als Verwaltungsentscheidung 159
–, Begriff 158
– in anderen Lebenslagen 567 f.
– in besonderen Lebenslagen 548, 570
– in sonstigen Lebenslagen 568

– zum Lebensunterhalt 134, 550 ff.
– zur Pflege 565
– zur Selbsthilfe 477, 585
– zur Überwindung besonderer sozialer Schwierigkeiten 666, 786
Hilfeakzeptanz 456, 458
Hilfebedürftigkeit 508 f., 514, 517, 523, 526, 541, 544, 557, 603 f.
Hilfen
–, ambulante 478, 490, 492, 501
–, stationäre 467, 478, 565
– zur Erziehung 344, 476
– zur Gesundheit 553, 561 f.
– zur Weiterführung des Haushalts 567
Hilfen außerhalb der Familien
–, Zusammenarbeit 483
Hilfeplanung 458, 481, 483, 486
– nach Inobhutnahme 486
Hinterbliebenenrente 439, 444
Hobbes, Thomas 33, 97
Hoheitsrechte, kommunale 168
Homosexualität 42, 187
Hort 473
humanitärer Schutz 651
Hypothek 265, 289 f.

ICD 372, 480
Idealverein 238
Identitätsfeststellung 680
IGH (s. Internationaler Gerichtshof)
Immobilien 232, 288
Imperativ, kategorischer 35
Individualabrede 258
Individualisierungsgrundsatz 549
Indizierung 622, 624
in dubio pro reo 699
Informationsbewertung 131
Informationsfreiheitsgesetz 406
Informationsgewinnung 131, 397
Informationspflicht des Arztes 274
Inhaltsirrtum 248
Inkasso 282
Inklusion 73, 575, 804
Inobhutnahme 394, 410, 458, 483 ff., 490
–, Ablauf der 260, 397, 486

–, anonyme 484
–, Beendigung der 486
–, Beginn der Hilfeplanung 486
–, Dauer 486
–, Freie Träger 485
–, Rechtsschutz 192
–, Schadensersatz 279
–, Selbstmelder 484
–, Unterbringung 55, 458, 478, 485 f., 714
–, Verwaltungsakt 485
– wegen Kindeswohlgefährdung 484
–, Widerspruch 191, 485 f., 501
–, Zusammenarbeit mit dem Familiengericht 485
–, Zusammenarbeit mit den Eltern 484 f.
–, Zwangsmittel 419
Inquisitionsmaxime 198
Insichgeschäft 253
Insolvenz 259
Insolvenzverfahren 200 f., 260
Institution, totale 732
Institutsgarantie 125
Integration 110, 456, 481, 490, 495, 630, 722
–, europäische 61
–, soziale 36, 666
Integrationsämter 598
Integrationskurse 632
Interessenabwägung 151, 154
Interessenausgleich 98
Interessenjurisprudenz 151
Interessenkollision 253, 495
Interessenorientierung 215
Interessenskonflikte 41
Internationaler Gerichtshof 188
Internationaler Seegerichtshof 188
Internationaler Strafgerichtshof 188
Internationales Privatrecht 74 f.
Internetkriminalität 669
Internetprovider 186
Internet und Jugendschutz 615, 619, 625
Irrtum
– bei Willenserklärungen 248
–, Erlaubnistatbestandsirrtum 680
– im Strafrecht 677

–, Verbotsirrtum 682
IStGH (s. Internationaler Strafgerichtshof)
ius sanguinis 115, 659
ius soli 659

Jahresarbeitsentgeltgrenze 425
Jellinek, Georg 35
JGH (s. Jugendgerichtshilfe)
Jobcenter 170, 509
–, Mietkostenübernahmeerklärung 271
Judikative 94, 804
jüdische Zuwanderer 629, 649, 653
Jugendamt 171, 410, 458, 463, 500, 616, 724
–, Allgemeiner Sozialer Dienst 464
–, Geschäfte der laufenden Verwaltung 464
–, Jugendhilfeausschuss 464 f., 502
–, Mitarbeiter 190, 218
–, Mitwirkung im familiengerichtlichen Verfahren 145, 488 f.
–, Mitwirkung im jugendstrafrechtlichen Verfahren 490, 724, 732
–, Organisation 464
–, Rechtsberatung durch 175
–, Schutzaufgaben 483, 486
–, Stellungnahmen 489
–, Steuerungsverantwortung des 490, 493, 727
–, Verwaltung 464
–, Zuständigkeit des 351
–, Zweigliedrigkeit 464
Jugendamthopping 460
Jugendarbeit 55, 134, 466 f., 616, 621
Jugendarbeitsschutz 763
Jugendberufshilfe 468
Jugendfreigabe 623
Jugendfreizeit 692
jugendgefährdende Orte 620
Jugendgericht 493
Jugendgerichtshilfe 175, 490, 492, 724, 732
–, Anwesenheitspflicht/-recht 732

–, Aufgaben der 492
–, Maßnahmevorschlag der 492, 727
–, Stellungnahmen 493
–, Zweckbindung 490, 732
Jugendhilfe 54, 110, 169, 351, 616, 619, 739
–, andere Aufgaben der 483 ff.
–, Familienorientierung 454
–, freie Träger 464
–, Kooperation mit Polizei 460, 484 f., 498, 614
–, Kostenbeteiligung 502
–, Kosten der Leistungen 493
–, Leistungen der 466 ff., 499
–, Mitwirkung im gerichtlichen Verfahren 488
–, örtliche Zuständigkeit 496
–, sachliche Zuständigkeit 496
–, Träger 172
Jugendhilfeausschuss 464, 502
Jugendhilferecht (s. Kinder- und Jugendhilferecht)
Jugendkriminalität 726
Jugendliche 465, 479, 490, 614, 721, 804
– als Beschäftigte 747, 750
–, Aufsicht über 754
–, Haftung durch 747
Jugendmedienschutz 615, 622, 625, 692
Jugendpflege 452
Jugendrecht, Zweispurigkeit 490
–, Rechtsweg 192
Jugendschutz 467, 469, 486, 499, 614 ff.
–, erzieherischer 469, 614
–, gesetzlicher 614 ff., 619
–, Musikveranstaltungen 621
–, Open-Air-Konzerte 621
–, Polizei 620
–, strafrechtlicher 690
–, Tanzveranstaltungen 621
Jugendschutzgesetz 614 ff., 690
Jugendsozialarbeit 468, 499, 616
Jugendstrafe 714, 726, 728 f.
–, Aussetzung der Verhängung 714, 729
Jugendstrafrecht 490, 667, 721 f.
–, Diversion 723
–, Einheitsprinzip 727
–, Ermittlungsverfahren im 723

–, Hauptverhandlung 724
–, Rechtsmittel 726
–, Sanktionen im 714, 726 f.
–, Zwangsmaßnahmen des 724
Jugendstrafverfahren 724
–, Rechtsmittel 726
–, Rolle der Eltern 723
–, vereinfachtes 726
Jugendstrafvollzug 184, 728
Juristische Person (s. Person, juristische)
Justizgewährungsanspruch 103, 180
Justizgrundrechte 113 f., 180, 671, 699
Justizsozialarbeit 730
Justizvollzugsanstalt 789

Kameraljustiz 196
Kann-Bestimmungen 147 f.
Kant, Immanuel 33, 35, 88, 112, 710
Kapitalgesellschaft 239
Kassation 804
Kategorischer Imperativ 35
Kaufvertrag 134, 232 f., 265 ff.
–, Eigentumsvorbehalt 268
–, Verbrauchsgüterkauf 268
Kausalität 134, 677
Kelsen, Hans 78
Kfz-Versicherung 752
Kfz-Zulassung 168
Kind 134, 242, 335, 342, 465, 486, 614, 634, 804 (s. a. Minderjährige)
Kinderbetreuungskosten 593
Kindergarten 341, 458, 473
Kindergeld 110, 386, 601 ff., 607, 613, 655
–, Anrechnung auf Alg II bzw. Sozialhilfe 517 f., 558
Kinder-Grundrechte 72
Kinderkrankengeld 427
Kinderkrippe 472 f.
Kinderpornografie 625, 672, 691
Kinderrechte (s. a. UN-Kinderrechtskonventionen) 68, 72
Kinderschutz 71, 299, 345, 454, 483, 485, 691

Kinderschutzabkommen 71, 484 (s. a. Haager Kinderschutzabkommen, KSÜ)
Kinderschutzfachkraft 462
Kinderschutzstelle 485
Kindertagespflege 474
–, Übernahme der Kosten der Mittagsverpflegung 538
Kindertagesstätten 472
Kinder- und Jugendhilfe (s. a. Jugendhilfe)
–, andere Aufgaben 483
–, Aufgaben 457
–, Auslandsbezug 75
–, Erziehungsverständnis 456
–, Geltung der UN-KRK 72
–, Grundprinzipien 455
–, Rechtsweg 192
–, Schutzauftrag 457
–, Selbstverwaltungsaufgabe 168, 463
–, Ziele der 454
–, Zuständigkeit der 496
Kinder- und Jugendhilferecht
–, Grundprinzipien des 454 ff.
–, historische Entwicklung 452
Kinder- und Jugendschutz (s. Jugendschutz)
Kinderzuschlag 602 ff., 655
–, Anrechnung auf Alg II bzw. Sozialhilfe 517, 539
Kindesentführung 71
Kindesinteresse 354
Kindesmissbrauch, sexueller 699
Kindesmisshandlung 340, 401 f., 690
Kindesschutz 339 f., 452, 457
–, strafrechtlicher 690
Kindesunterhalt, vereinfachtes Verfahren 323
Kindeswille 348
Kindeswohl 134, 139, 328 f., 338, 340 ff., 348 f., 454, 476, 486, 490
–, Vorrang des 72
Kindeswohlgefährdung 139, 339 f., 342 ff., 351, 356 ff., 457 f., 476, 479, 486, 617, 619, 621, 793
–, Anhaltspunkte für 460
–, Begriff der 342
Kirche 173

Kirchenangestellte 187
KKG 454, 458, 688
Klagearten 197
–, Anfechtungsklage 197
–, Feststellungsklage 188, 198
–, Leistungsklage 198
–, Verpflichtungsklage 197
Klagebefugnis 197
Klageerzwingungsverfahren 722
Klagefristen, verwaltungsgerichtliche 197
Klärungshilfe 174, 209
Klassenfahrt 45, 53, 537
kleines Sorgerecht 338
Klienten
– als Co-Produzenten der Hilfe 405
Kollisionsnormen 76
Kommunalabgaben 169
Kommunalaufsicht 189
Kommunalrecht 166, 168
Kommunalverwaltung 168
Kommunen 110, 164, 166
–, Aufgabendualismus 169
–, Auftragsangelegenheiten der 169
–, Finanzhoheit 168
–, Finanzierung 169
–, kommunale Selbstverwaltung 164, 166
–, Organisationshoheit 168, 171
–, Personalhoheit 168
–, Satzungsautonomie 168
–, übetragender Wirkungskreis der 169
–, weisungsfreie Pflichtaufgaben der 168
Kompetenz-Kompetenz 61
Komplexleistung 585, 593, 596
Kondiktion 277
Konflikt 206, 713
Konflikterhellung 220
Konfliktmanagement 210
Konfliktregelung 712
–, außergerichtliche 36, 712 (s. a. Außergerichtliche Konfliktregelung)
–, einvernehmliche 287
Konflikttheorie 41
konkludentes Handeln 247
Konnexitätsprinzip 169
Konsens 40, 250

–, gesellschaftlicher 669
Konsenstheorie 40
Konstruktion
– von Gerechtigkeit 78
– von Wirklichkeit 40, 132, 154
Konstruktivismus 40, 87, 90
Kontrahierungszwang 58, 257
Kontrolle 36, 341, 455, 490, 710
–, parlamentarische 95
–, soziale 36, 669
–, verwaltungsinterne 145
Kontrolle der Sozialverwaltung 188
Konzession 239
Kooperation 468, 479, 483, 490
–, Jugendhilfe und Justiz 488
–, Jugendhilfe und Polizei 498
–, Justiz und Soziale Arbeit 666
Kopftuchverbot 99, 184
Körperschaften 110, 163 f., 804
–, Gebietskörperschaften 163 f.
–, Personalkörperschaften 163, 166
Körperverletzung 687, 690, 753, 756
–, ärztliche Behandlung 678
– im Sport 678
Korporatismus 465
Kosten
– im Familiengerichtsverfahren 353, 357
– im Sozialgerichtsverfahren 199
– im Sozialverwaltungsverfahren 199, 392
– im Verwaltungsgerichtsverfahren 199
– in der Jugendhilfe 496
Kostenbeitragsbescheid
–, Widerspruch 502
Kostenbeteiligung 499
Kostendeckungsprinzip 58
Kosten der Unterkunft (s. Unterkunftskosten)
Kostenerstattung 420, 499
– bei Leistung im Ausland 69
Kostenheranziehung 499
Kostentragung 163
Kostenübernahme 390
Kostenzusage 390
Krankengeld 427, 446
–, Kinderkrankengeld 427

Krankenkasse, gesetzliche 163, 166, 186, 335, 422 f., 480
Krankenkostzulage 531, 552
Krankenversicherung 421 f.
– bei Behandlung im Ausland 186
–, Beitrag 423
–, Beitragsbemessungsgrenze 423
–, Beitragstragung 423
–, Belastungsgrenze 427
–, Familienversicherung 425
–, Finanzierung 424
–, freiwillige Versicherung 425
–, Früherkennung 426
–, Heilbehandlung 426
–, Jahresarbeitsentgeltgrenze 425
–, Kassenwahlrecht 422
–, Kostenerstattung 426
–, Krankengeld 427
–, Krankenkasse 422
–, Leistungen 427
–, Medizinischer Dienst 430
–, Prävention 427
–, private 390
–, Satzungsleistungen 422
–, Schwangerschaftsabbruch 758
–, Selbstbeschaffung 426
–, Sonderkündigungsrecht 424
–, Versicherungsberechtigung 425
–, Versicherungspflicht 422, 424
– von Alg II Empfängern 539
– von Sozialhilfeempfängern 553
–, Vorsorge 427
–, Zusatzbeitrag 423
–, Zuzahlungen 427
Krankheit 426, 429, 440, 480
– als Kündigungsgrund 782
–, Hilfen zur Gesundheit 562
–, Mehrbedarf bei krankheitsbedingter Sonderernährung 532, 552
–, psychische 364, 372
–, Unzumutbarkeit eines Umzugs wegen 535
Kriminalität 34, 674
–, Begriff 674
– der Mächtigen 669
Kriminalitätsopfer 698
Kriminalrecht 669
Kriminalstrafe 34, 670, 710, 713
Krimineller 670

Krisenintervention 458, 483, 486, 497
Kronzeuge 708
Kronzeugenregelung 719
KSÜ 71, 75, 484 (s. a. Haager Kinderschutzabkommen)
Kündigung 271, 273, 285, 416, 449, 600 f., 780 ff.
–, Arbeitsvertrag 273, 781
–, außerordentliche 270 f., 783
– aus wichtigem Grund 285
–, Dienstvertrag 273
–, fristlose 270 f., 285
–, Gesellschaft 276
–, Miete 270
–, ordentliche 182, 271, 781
–, Schriftform 249, 273
– wegen Verletzung von Aufsichtspflichten 752
–, Wohnungsmietverhältnisse 271
Kündigungsfrist 272
–, Wohnungsmietverhältnisse 271
Kündigungsschutz 605, 782
– im Rahmen des Mutterschutzgesetzes 600
Kunstfehler 274
Kunstfreiheit 184

Landesjustizverwaltung 490
Landesverfassung 46, 54
Landesverwaltung 164
Landkreis 166
Lauschangriff 184
Leasing 264
Lebensmittelpunkt 393
Lebenspartnerschaft, eingetragene 322, 425 (s. a. eingetragene Lebenspartnerschaft)
–, Erbfolge 291
Lebensweltorientierung 456, 478, 490
Legalitätsprinzip 700
Legislative 94, 804
Legitimation durch Verfahren 78
Leichnam 704
Leihe 138, 264
Leihmutter 255, 318
Leistungen
– der Arbeitsverwaltung 447 ff.

– der Krankenversicherung 426 ff.
– der Pflegeversicherung 432 ff.
– der Rehabilitation 591 ff.
– der Rentenversicherung 438 ff.
– der Unfallversicherung 443 ff.
– für Familien 599
–, Hilfen in besonderen Lebenslagen 561
–, Hilfen zum Lebensunterhalt nach dem SGB XII 550
–, Jugendhilfe 467
– zur Bildung und Teilhabe 538
– zur Eingliederung in Arbeit 540
– zur Sicherung des Lebensunterhalts nach dem SGB II 524
– zur Teilhabe 438, 444, 448
Leistungsabsprache 415, 549
Leistungsberechtigte der Grundsicherung für Arbeitssuchende 550
Leistungsdreieck 389, 501
–, sozialrechtliches 388
Leistungsentgelte 212
Leistungsentscheidung 100
Leistungserbringer 212, 389
Leistungsfähigkeit im Unterhaltsrecht 322
Leistungsklage 198
Leistungsort 285
Leistungsstörungen 266, 279 ff., 388
–, Dienstvertrag 273
– im Sozialleistungsrecht 388
–, Schadensersatz 282
Leistungsträger 389
Leistungs- und Entgeltvereinbarung 389 f., 501
Leistungsverträge 501
Leistungsverwaltung 160
Leistungsverweigerungsrecht 287
Leistungszeit 285
Leviathan 33
Lissabon, Vertrag von 60
Locke, John 112 f.
Logik
–, juristische 142, 151
Luhmann, Niklas 35, 78

Maastricht-Vertrag 59
Magna Charta 97
Mahnbescheid 281, 287
Mahngebühr 281

Mahnung 280
Mahnverfahren 280 f.
Mandat, doppeltes 97
Mangel
– bei der Miete 269
– beim Kaufvertrag 266
– beim Verbrauchsgüterkauf 268
– beim Werkvertrag 275
Mangelanzeige 269
Mängelbeseitigung
– beim Werkvertrag 275
–, Mietminderung 269
Mangelfolgeschaden 267, 280
Mängelgewährleistungsrechte 279
Marx, Karl 82, 669
Massengeschäft 106
Maßnahmen
–, erkennungsdienstliche 680, 703
–, familienrechtliche 299
– neue ambulante in der Kinder- und Jugendhilfe 493
Maßregeln
–, Unterschied zur Strafe der Besserung und Sicherung 714, 717
Mediation 213 ff.
–, Ablauf des Verfahrens 219
–, Anbieter der 218
–, Anwendungsbereiche der 216
–, Exploration der 220
–, Familienmediation 217
–, Gemeinwesenmediation 218
–, Grundtechniken der 223
–, Hemmung der Verjährung 287
– im öffentlichen Recht 415
– im Strafrecht 707, 712
– im Unternehmensbereich 217
– in der Kinder- und Jugendhilfe 470, 493
–, Interessenklärung in der 215
–, Konflikterhellung 220
–, Leistungsanbieter 218
–, Phasenmodell der 220
–, Prozessqualität 224
–, Recht der 224 f.
–, Recht in der 225
–, Rolle der Gerichte 210
–, Trennungs- und Scheidungsmediation 217
– und Recht 210, 224

– und Rechtsberatung 223, 226
–, Vertraulichkeit der 215
–, Vorteile der 216
–, Wesensmerkmale der 215
–, Wirtschaftsmediation 217
Mediationsausbildung 224, 226
Mediationsgesetz 225
Mediationsgespräch 220
Mediationsstellen, gemeinnützige 211
Mediationsvereinbarung 219 f.
Mediator
–, Allparteilichkeit des 222
–, Haltung des 223
–, Neutralität 222
–, Rolle und Funktion 221
–, zertifizierter 224
Medizinischer Dienst der Krankenversicherung 430
Medizinische Rehabilitation 584 f.,
–, Anschlussheilbehandlung 586
–, Arbeitstherapie 585
–, Belastungserprobung 585
–, Förderung von Selbsthilfe 585
–, Früherkennung 584
–, Frühförderung 585
–, Leistungsentscheidung 587
–, psychosoziale Begleitleistungen 585
–, stufenweise Wiederaufnahme 585
–, Voraussetzungen 586
–, Zuständigkeit 587
medizinischer Jugendschutz 616
Mehrbedarf bei der Grundsicherung 53, 526, 531 ff., 552, 602
Mehrkostenvorbehalt 456, 549
Meinung, herrschende 153
Meinungsfreiheit 116, 184
Mensch als Rechtssubjekt 237
Menschenhandel 669 f., 699
Menschenrechte 38, 72, 74, 110, 112, 115 f., 575
Menschenrechtskonvention, Europäische 71 (s. a. Europäische Menschenrechtskonvention)
Menschenwürde 54, 94, 120 f., 527, 548, 625
Mensch, junger 465

Methadon 694
Miete 137 f., 264, 268, 288, 610
–, Betriebskosten 271
–, Kündigung 270 f.
Mieterbund 272
Mieterhöhung 271
–, Kappungsgrenze 271
Mieterschutz, Interessenvertretung 272
Mieterverein 174, 257
Mietkaution 270, 535, 554
Mietmangel 269
Mietminderung 269
Mietschulden 536, 554
Mietvertrag 268
–, Beendigung 270
–, Gebrauchsüberlassung an Dritte 270
–, Kündigungsfrist 271
–, Mangelanzeige 269
–, Mängelbeseitigung 269
–, Mietminderung 269
–, Schadensersatz 269 f.
–, Schriftform 249
–, Untermiete 269 f.
Mietwucher 254
Mietzins 268, 270
Migration 67, 628
Minderheitenrechte, parlamentarische 95
Minderheiten, Schutz von 96 f., 114
Minderjährige 116, 242 ff., 321 ff., 493, 614
–, ärztliche Behandlung 243, 759 f.
–, Deliktfähigkeit 242
–, Erwerbstätigkeit 243
–, Geschäftsfähigkeit 241 f.
–, gesetzliche Vertretung 252, 331
–, Haftung von 747
–, Handlungsfähigkeit 394
–, Höhe der Regelbedarfe 528 f.
–, mj. Eltern/Mutter 333, 337
–, Schenkung 243
–, Schutz von 114, 469, 614 ff., 622, 625, 690
–, Schwangerschaftsabbruch bei Minderjährigen 693, 755 ff.
–, sexuelle Handlungen 692

–, Verschreibung einer Antibabypille 760
Minderung
– beim Kaufvertrag 266
– beim Werkvertrag 275
Mindestlohn 765
Mindestunterhalt 325
Ministerialverwaltung 164
Ministerrat, europäischer 62
Mischverwaltung 170
Missbrauchsopfer 670
Missbrauch von Kindern 340 f., 484 f.
Misshandlung von Kindern 340 f., 457, 484 f.
Mitarbeiter
– der Kinder- und Jugendhilfe 483, 486
–, Haftung der 747
Mitbestimmung 769 ff.
–, betriebliche 770
– im Unternehmen 769
Mitteilungspflicht im Strafverfahren 689
Mitverschulden 285, 751
Mitwirkung der Jugendhilfe im jugendgerichtlichen Verfahren 490, 724, 732
Mitwirkung des Jugendamtes im familiengerichtlichen Verfahren 145, 488 f.
Mitwirkungsrechte und -pflichten im Verwaltungsverfahren 397
Moderation 208
Mollath, Gustl 89, 102
Montesquieu 94
Moral 34, 38, 79, 692
Mord 675, 683, 687
Mündel 804
Muslimische Organisationen 173
Muss-Regelung 146
Mutter 114, 318 ff., 335
–, minderjährige 333, 337, 367, 469 f.
Mutterschaftsgeld 446, 600, 605
Mutterschutz 600, 616, 763
Mütter/Väter, gemeinsame Wohnformen 470

Nachbarschaftsstreitigkeiten 217, 219
Nachbesserung bei Mängeln 266

Nacherbe 294
Nacherfüllung bei Mängeln 266
–, Fristsetzung 275
Nachfrist 282
Nachlass 291
Nachlassgericht 293
Nachrangigkeit der Grundsicherung 514, 548
Nachtbars 619
Nachzug zu Familienangehörigen 629
Nacktfoto 692
NAM (s. Neue Ambulante Maßnahmen)
Namensrecht 76
Nasciturus 755 f.
National Coalition 73
Naturalrestitution 285, 388
Naturalunterhalt 324
Naturrecht 37
Nebenfolgen, strafrechtliche 717
Nebengesetze, strafrechtliche 667
Nebenklage 698 f.
– im Jugendstrafverfahren 722
Nebenkläger 708
Nebenleistungspflicht 263, 279
Nebenstrafe 714, 716
Nebenzweckprivileg des Idealverfahrens 238
ne bis in idem 706
Netzwerke, soziale 692
Neue Ambulante Maßnahmen 493 f., 727
Neutralität des Mediators 222
Nichteinigungsalternativen 210, 223
Nichtleistung 280
Nichtzulassungsbeschwerde 197
Niederlassungserlaubnis 67, 632
Niederlassungsfreiheit 67
Non-Profit-Anbieter 70
Normalität 476, 726
Normenkontrolle
–, abstrakte 182
–, konkrete 182
Normensystem 33 f.
Notar 249
Nötigung 142, 672
–, sexuelle 691
Notsituationen, Versorgung von Kindern in 471
Notstand 682

–, rechtfertigender 679, 688
Notwehr 279, 679
nullum crimen sine lege 90, 672
Nussbaum, Martha 84

Obdachlosigkeit 566
Obliegenheit 804
Offe, Claus 96
Offenkundigkeitsprinzip 252
Öffentliches Recht 58, 384 ff., 804
Öffentlichkeit 341, 614, 616 f., 619, 701
–, Ausschluss der 215, 724
Offizialdelikte 675
Offizialprinzip 700
Ombudsmann 209
Operation (s. Behandlung, ärztliche)
Opfer 670, 697 f.
–, Beweismittel 670
Opferanwalt 698 f.
Opferentschädigung 611 ff.
Opferhilfe 733
Opferrechte 698
Opferschutz 670, 707, 723
Opposition 95
Optionskommune 170, 510
ÖRA Hamburg 211
Ordentliche Gerichtsbarkeit 200
Ordnung, gesellschaftliche 669
Ordnungsfunktion
– des Rechts 97
Ordnungsrecht 668
Ordnungswidrigkeiten 615, 667
– nach dem Jugendschutzgesetz 626
Ordre public 76 f.
Organ 47, 171
–, juristischer Personen 252
–, menschliches 255
Organhandel 672
Organisationsgewalt 52
Organisationshoheit 168, 393
Organleihe 169
Organspende 678
Organstreitverfahren 95
Ortsverweisung 307, 668

Pacht 264
pacta sunt servanda 258, 286
Pädagogik 454, 743

Pariser Verträge 59
Parlament 44, 95
–, Europäisches 60 f., 64
Parlamentsgesetz 80
Parsons, Talcott 41
Partei 96, 240
Parteifähigkeit 240
Partizipation 456, 466 f., 497
Partnergesellschaft 276
Patientenverfügung 375 f., 804
Perelman, Chaim 87 f.
Person
–, juristische 163, 237 ff., 394, 804
–, natürliche 237
Personalhoheit 168
Personalstatut 76
Personengesellschaft 276
Personenkontrolle 104, 703
Personenmehrheit 237
Personensorge 329 ff., 335, 458, 486, 615, 737, 740
–, der Entzug 458
Personensorgeberechtigte 333, 335, 500, 738 f., 804
–, Aufsichtspflicht der 329
–, Widerspruch der 485
Personensorgerecht 329 f., 804
Persönliches Budget 73, 433, 564, 595 ff.
–, Budgetkonferenz 596
–, Einbeziehung besonderer Hilfen nach dem SGB XII 564, 566
–, Rechtsanspruch 596
–, Selbstbeschaffung 596
–, Verwaltungsakt 596
–, Zielvereinbarung 596
Persönlichkeitsentfaltung 114
Persönlichkeitsrecht 114, 122, 399
– des Minderjährigen 127, 330, 332, 341, 458
Petitionsrecht 190
Pfandrecht 265, 289
Pfändung 201, 418
Pfändungsfreigrenzen 201
Pfändungsschutzkonto 202
Pflege
–, häusliche 432, 509, 541, 565
–, seitens der Unfallversicherung 444

– und Gesundheitssorge 330
–, vollstationäre 434, 467
Pflegebedürftigkeit 565, 570
–, neue Begriffsdefiniton 430
Pflegeeltern 338
Pflegeerlaubnis 486, 500
Pflegegeld 432, 449, 518, 565, 571
Pflegekasse 428, 435
–, gesetzliche 166
Pfleger zur Ergänzung elterlicher Sorge 337, 345, 479, 495, 739, 804
Pflegesatzvereinbarung 500
Pflegestufen 429 f., 565
Pflegestützpunkt 435
Pflegeversicherung 428 f.
–, Beiträge 428
–, Beitragssatz für Kinderlose 428
–, Betreuungs- und Entlastungsleistung 434
–, Demenz 430, 435
–, Dynamisierung 434
–, Grundpflege 429
–, häusliche Pflege 431 f.
–, Kombinationsleistung 432
–, Kurzzeitpflege 434
–, neuer Pflegebedürftigkeitsbegriff 430
–, Pflegegeld 432
–, Pflegehilfsmittel 432
–, Pflegeperson 435
–, Pflegesachleistung 432
–, Sachleistungsprinzip 432
–, teilstationäre Pflege 433
–, Verhinderungspflege 432
–, Versicherte 429
–, Versicherungsberechtigung 429
– von Alg II Empfängern 539
– von Sozialhilfeempfängern 553
–, Wirtschaftlichkeitsgebot 432
–, Wohnumfeldverbesserungen 433
–, Wunsch- und Wahlrecht 432
Pflege-Wohngemeinschaften 433
Pflegezeitgesetz 763
Pflichtverteidigung 702
Plädoyers 709
Platon 33
Polizei

–, Begriff 148
–, im Kinderschutz 462, 484
–, Jugendschutz 617, 620
–, Rolle im Strafverfahren 696
– und Jugendhilfe 460, 484 f., 498, 614
–, Verhältnismäßigkeitsgebot 668
–, Vorführungsrecht 702
Polizeiaufgabengesetz 668
Polizeirecht 56, 384, 668
Polizeistaat 97
Polizei- und Ordnungsrecht 168
Popularklage 183
Pornografie 38, 624 f., 691 f.
positive Forderungsverletzung 263
Prävention 454, 469, 490
– in der Krankenversicherung 426 f.
– in der Rehabilitation 577
–, mangelnde 670
PreCrime-Prävention 671
Privatautonomie 89, 98, 230
–, Grenzen 254
Privaterbfolge 290
Privatinsolvenz 260
Privatklage 212, 675, 698
Privatrecht 56, 236 ff., 805
–, Internationales 74
Problemakzeptanz und Problemkongruenz 456, 458
Produkthaftung 284
Prokura 252
Prostitution 38, 255, 340, 566
Prozessbegleitung 208
Prozessfähigkeit 241
Prozesskostenhilfe 176, 203
–, Freibeträge 177
– im sozial- und verwaltungsgerichtlichen Verfahren 199
Prozessmaximen, strafrechtliche 699
Prozessqualität 224
Prozessrisiko 203
Prüfungsentscheidungen 143
Prüfungsordnung, Rechtscharakter der 50
psychisch Kranke 795
PsychKG 795
Publizitätsprinzip 289

Qualifikation im Strafrecht 675

Rache 671
Racial Profiling 104, 703
Radbruch, Gustav 39, 79, 669
Rat der Europäischen Union 62
Ratifizierung 805
Rauchen 340 f., 616, 621
Rauchverbot 621
Räumungsklage 271
Rawls, John 85
Realakt 161, 198, 248, 398, 805
Rechnungshof 190
Rechnungsprüfung 190
Recht 32 ff.
–, absolutes 46, 232, 240, 288, 803
– auf Arbeit 46
– auf digitale Intimsphäre 121
– auf informationelle Selbstbestimmung 121
– auf rechtliches Gehör 114, 180, 395, 700
–, Begriff 32
–, beschränkt dingliches 289
– der Bundesrepublik Deutschland 56 f., 137
–, dingliches 230, 232 f., 237, 289, 803
– dingliches 232
–, dispositives 226, 230, 262
–, formelles 46
–, Funktion des 32, 36, 224
–, Genese des 37, 40
–, gerechtes 87
–, geschriebenes 40
–, Herrschaftsfunktion 36
– in der Mediation 225
–, internationales 70
–, Legitimität 78 f.
–, materielles 46
–, objektives 46
–, öffentliches 57 f.
–, Ordnungsfunktion 97
–, positives 35, 39
–, relatives 46, 231, 241, 251, 278
–, römisches 37
–, soziale Funktion 152
–, sozialer Kontext 79
–, subjektives 46, 251
–, subjektiv-öffentliches 46, 146
– und Gerechtigkeit 77 ff.
–, Zugang zum 219
–, zwingendes 230

rechtfertigender Notstand 688
Rechtfertigungsgründe 279,
    678 ff., 688
Rechtsanspruch 146, 231, 472,
    490
– auf Sicherung des Existenz-
    minimums 516, 549, 555
– im Sozialrecht 385, 387
Rechtsanwalt 174 ff., 178, 221,
    702
–, Beiordnung 204
–, Kosten 195
Rechtsanwendung 131
Rechtsaufsicht 164, 169, 189
Rechtsbegriffe 137, 148
–, Arten 137
–, Auslegung von 138 ff., 410
–, bestimmte 114, 137, 148
–, normative 138
–, unbestimmte 137
Rechtsbehelf 188, 805
–, außergerichtlicher 206
–, Berufung 709
–, förmlicher 181, 188
–, formloser 190 f.
–, gerichtlicher 188 ff., 195, 197,
    207 f.
–, Revision 709
Rechtsbehelfsbelehrung 193, 410
Rechtsbehelfsverfahren 397
Rechtsberatung 158, 173 ff.
– durch kirchliche Beratungs-
    dienste 176
– durch Sozialleistungsträger 175
Rechtsberatungshilfe 176
Rechtsberatungsmonopol 174
Rechtsbindungswille 246
Rechtschutz
– gegen Realakte 398
Rechtsdienstleistung 174
Rechtsdienstleistungsgesetz 174,
    176
Rechtsfähigkeit 237, 805
– des Vereins 238
Rechtsfolge 133 f., 145
Rechtsfolgenentscheidung 145
Rechtsfolgenverweisung 136
Rechtsgeschäft 245, 805
–, einseitiges 245
–, zweiseitiges 245
Rechtsgrundlage 44, 46
Rechtsgrundverweisung 136

Rechtsgüter 148
Rechtsgüterschutz 669 f., 674
Rechtshilfe 393
Rechtskontrolle 181, 397
–, verwaltungsinterne 188, 191
Rechtskraft
–, Strafrecht 673, 706 f., 709
Rechtsmangel 266
Rechtsmittel 805
–, Strafrecht 709
Rechtsmittelfrist
–, Strafrecht 709
Rechtsnachfolge 290
Rechtsnatur 136
Rechtsnorm 43 ff.
–, Abgrenzungstheorien 58
–, Charakter der 136
–, Genese der 37
–, Rangordnung der 54
–, Struktur der 133
–, unvollständige 134
Rechtsordnung 45, 710
–, deutsche 56
–, europäische 66
Rechtspfleger 202, 326, 805
– Aufgaben 164, 169
Rechtsphilosophie 78
Rechtsquelle 43, 46
Rechtssatz 43
Rechtsschutz 180, 188, 417
–, außergerichtlicher 188
–, einstweiliger 188, 198, 351
– Garantie 98, 103, 116
– gegen Entscheidungen von
    Schiedsstellen 213
– gegen strafprozessuale
    Zwangsmaßnahmen 706
–, gerichtlicher 188
–, im Jugendhilferecht 501
–, Kosten 199
–, primärer 181
–, sekundärer 181
Rechtsschutzversicherung 204
Rechtsstaat 35, 94, 97 f., 118,
    403, 671
–, Datenschutz 403
–, Rechtsstaatsprinzip 98
–, sozialer 119, 714
– sozialer 34
Rechtsstaatsprinzip 97
Rechtssubjekt 237, 805
Rechtstheorie 78 f.

Rechtsverordnung 44, 48
Rechtsverwirklichung 158
Rechtsweggarantie 55, 59, 98,
    103, 116, 180, 182 f.
Rechtswidrigkeit 134, 676, 678,
    680
Recht und Sprache 130
reformatio in peius 195
Regelbedarf 523, 525 ff., 533,
    537 f., 551
Regelbedarfsermittlungs-
    bericht 528
Regelbedarfsstufe 530, 554, 570
Regel, Goldene 34
Regelleistung 526 ff., 531
Regelsatz 53, 551, 553
Regelung 44
–, abstrakte 43
–, einvernehmliche 207, 211, 216
–, generelle 43
Regierung 94
Rehabilitation 574 ff., 805
–, berufliche 592 ff.
– in der Sozialhilfe 563 f.
–, medizinische 588 ff.
–, soziale Rehabilitation 593 ff.
–, unterhaltssichernde und andere
    ergänzende Leistungen 592 ff.
Rehabilitationsträger 579 ff.
–, Bundesagentur für Arbeit 579,
    591
–, erstangegangener Träger 582
–, gemeinsame Empfehlungen
    der 581
–, Gemeinsame
    Servicestelle 583 f.
–, Krankenkassen 579, 588
–, Pflicht zur Koordination 581
–, Träger der gesetzlichen
    Rentenversicherung 579, 587,
    591
–, Träger der gesetzlichen
    Unfallversicherung 579
–, Träger der Kinder- und
    Jugendhilfe 479
–, Träger der Kriegsopfer-
    fürsorge 579
–, Träger der Sozialhilfe 579,
    592, 595
–, zweitangegangener Träger 582
Reha-Leistungsgruppen 579, 584
Reha-Sport 593

Reisevertrag 274
Religion 34, 38, 184
Religionsgemeinschaft 173
Rentenversicherung 110, 164, 166, 423, 436, 436 ff., 540, 556, 568
–, Abschläge 439
–, Altersrenten 439
–, Anpassung der Renten 441
–, Beiträge 437
–, Beitragsbemessungsgrenze 437
–, Finanzierung 437
–, private Vorsorge 436
–, Rentenarten 439
–, Rentenformel 441
–, Rentenhöhe 440
–, Renten wegen verminderter Erwerbsfähigkeit 439
–, Umlageverfahren 437
–, Versicherungsnummer 438
–, Versicherungspflicht 437
–, Wartezeiten 440 f.
Renvoi 76
Residenzpflicht 645 f.
Restorative Justice 90, 217, 698, 707, 712
Restschuldbefreiung 261
Revision 182, 188, 397, 697, 805
Revisionsgrund 732
Richter 114, 696
–, gesetzlicher 103, 389, 616, 700
– gesetzlicher 44
Richtervorbehalt 180, 327, 374, 376 f., 787
Richtlinien 50, 161, 565
– der EU 64
Riester-Rente 520
Risikoeinschätzung bezüglich Kindeswohlgefährdung 458
Römische Verträge 59
Rousseau, Jean-Jacques 40
Rückfall 670, 722, 727 f.
Rückgewährschuldverhältnis 286
Rücktritt
– im Strafrecht 684
– vom Kaufvertrag 266
– vom Vertrag 286
–, Werkvertrag 275
Rücktrittsrecht 258
Rückwirkungsverbot 90, 672, 718
– im Strafrecht 672

Ruhen der elterlichen Sorge 337
Rundverfügungen 50

Sache 232, 237
–, Begriff 288, 805
Sachenrecht 288 ff.
Sachleistungsprinzip 420, 426, 432, 444
Sachmangel 266
Sachverhaltsermittlung 132
–, Verfahren 132
Sanktion 34, 503, 711 f.
–, ausländerrechtliche Konsequenzen 717
– im Rahmen der Grundsicherung 544 ff.
– im Rahmen der Sozialhilfe 554
–, Jugendstrafrecht 726
–, Legitimation 670
–, strafrechtliche 710, 713
–, Zweispurigkeit 715
Sanktionscocktails 727
Sanktionswirklichkeit 720
Satzung 44, 49 f.
Satzungsautonomie 166, 168
Schaden
–, Folgeschaden 267, 280, 285
–, immatrieller 285
–, mittelbarer 267
–, unmittelbarer 267, 280
Schadensersatz 262, 280, 282
–, Art und Umfang 285
– bei Gefälligkeiten 246
– beim Kaufvertrag 267
– beim Werkvertrag 275
– bei Verletzung von Schutzpflichten 262
– des Stellvertreters 253
–, großer 267
–, Haftung für den Verrichtungsgehilfe 283
– im Mietrecht 269 f.
– im Sozialrecht 388
– nach Anfechtung 248
– nach unerlaubter Handlung 278, 283
– wegen Verletzung von Aufsichtspflichten 749
– wegen Verletzung von Nebenpflichten 263
– wegen Verzug 280
Schadenswiedergutmachung 714

–, strafrechtliche 715, 727
–, zivilrechtliche 278
schädliche Neigungen 728
schaft, eingetragene
–, Erbfolge 291
Scheidung 217, 298, 300, 306, 308, 335, 470
–, einvernehmliche 207, 308
Scheidungsverfahren 309
–, einvernehmliches 208
Scheingeschäft 248
Scheinselbständigkeit 273, 421
Schengener Abkommen 67, 633
Schenkung 263 f.
–, stillschweigende Annahme 247
Scherzerklärung 248
Schiedsgerichtsbarkeit 214
Schiedsgutachten 209
Schiedsleute 212
Schiedsstellen 209, 212, 502
–, sozialrechtliche 212
Schiedsverfahren 209, 211
–, Rechtsschutz 213
Schiller, Friedrich 121
Schlechtleistung 279
Schlichtungsstelle
–, gemeinnützige 218
Schmerzensgeld 56, 285
Schöffen 707, 709, 805
Schönheitsoperationen 679
Schonvermögen
–, angemessenes Hausgrundstück 521
–, Angemessenheit 559
– bezüglich der Grundsicherung 521
– bezüglich der Sozialhilfe 559
– bezüglich des Anspruchs auf Rechtsberatungshilfe 177
Schreibfehler 248
Schriftform 249 f., 270 ff., 410, 775, 778, 781
Schulamt 171
Schuld 805
– als Strafzumessungsgrund 712
–, Bedeutung bei der Strafzumessung 719
– bei Kindeswohlgefährdung 343
– im Strafrecht 676, 680 f.
Schuldausschließungsgründe 676, 681
Schuldner 232, 260, 262, 805

Schuldnerberatung 260, 509, 541
Schuldnerbereinigungsplan 260
Schuldprinzip 313, 680, 714
Schuldrecht 231, 262
–, Allgemeines 234, 262
–, Besonderes 234, 264
Schuldverhältnis 231, 262 f.
–, gesetzliches 262, 277
–, Hauptleistungspflicht 263
–, Nebenleistungspflicht 263
–, sozialrechtliches 387
–, vertragliche 248 ff.
–, vorvertragliches 262
Schule 171, 184
Schulpflicht 127, 327, 786
Schulschwänzer 668
Schulsozialarbeit 468
Schulverweigerer 668
Schutzauftrag 458, 500
– der Kinder- und
 Jugendhilfe 454 f., 457, 462
– des Staates 97
Schutzmaßnahmen 75, 458, 483,
 741
Schutzpflichten 279, 466, 737 f.,
 740, 745, 753
–, Begründung von 740
– des Jugendamts 457, 686
–, gesetzliche 277
–, schuldrechtliche 262 f.
–, Verkehrssicherungs-
 pflicht 740 ff.
Schutz 616 ff. (s. a. Jugendschutz)
– von Minderjährigen 339, 455,
 466, 486, 614 f.
Schutzvorschriften 599 f.
Schwangerschaft 377 f., 426,
 599 ff., 608
–, Hilfen bei 509, 531, 537, 552,
 562, 569
Schwangerschaftsabbruch 331,
 341, 470, 516, 683, 692 f., 761
–, Kostenübernahme 758
Schwangerschaftskonflikt-
 beratung 693
Schwarzarbeit 278
Schwarzfahren 713
Schweigen (im
 Rechtsverkehr) 247
Schweigepflicht 403, 688
Schweigepflichtsentbindung 761
Schwerbehindertenausweis 552

Selbstanzeige 683
Selbstbeschaffung 390, 426, 432,
 483, 493, 497, 578, 583, 596 (s.
 a. Selbstvornahme)
Selbstbestimmung 122, 355
– als Ziel der Rehabilitation 577
–, informationelle 99, 122 f., 184,
 398, 774
–, sexuelle 314, 340, 691
Selbstbetroffenheit 194
Selbstbindung der Verwaltung 51,
 106
Selbstgefährdung 484
Selbsthilfe 279
–, Förderung der 427
–, Grenzen der 201
Selbsthilfeprinzip 109, 548
Selbstjustiz 710
Selbstmelder 484, 486
Selbstmord 685
–, Beihilfe 685
Selbstverwaltung 49 f., 55, 164,
 166, 169, 421, 490
–, kommunale 168, 463
–, Widerspruchsbehörde 195
Selbstverwaltungsaufgabe 463
Selbstvornahme 269, 275
Sen, Amartya 84
Sexualdelikte 699
Sexualstrafrecht 691
sexueller Missbrauch 699
–, Verjährung 699
sexuelle Selbstbestimmung 691
Sicherheitsdenken 670
Sicherheitsstaat 403
Sicherungsgeschäfte 265
Sicherungsübereignung 265
Sicherungsverwahrung 185, 668,
 711, 714, 717
– bei Jugendlichen 726
Sicherung, System der
 sozialen 110, 385
Sinzheimer, Hugo 120
Sitte 33 f.
–, gegen die gute 254
Sitzblockade 673
Sitzungspolizei 708
Societas Europaea 240
Sofortangebot 541
Soll-Regelung 146
Sonderrechtsverhältnis 99, 184

Sorge, elterliche (s. auch elterliche
 Sorge) 335
Sorgeerklärung 332 f., 495
Sorgerecht 187, 330
 (s. a. elterliche Sorge)
–, Eingriff 494
– unverheirateter Eltern 187
Sorgerechtsmissbrauch 341
Sorgfaltspflicht 283
Sozialamt 170
Sozialanwalt, Funktion der
 Kinder- und Jugendhilfe
 als 457
Sozialarbeiter, Handlungs-
 kompetenz 174
Sozialarbeit im Strafvollzug 689,
 730 f.
Sozialcharta, europäische 74
Sozialdaten 399
Sozialdatenschutz 398 f., 458,
 488, 761
– bei freien Trägern 404
–, Direkterhebungsgrundsatz 401
– durch Private 399
–, funktionaler Stellenbegriff 400
– im Strafrecht 733
–, in der Jugendhilfe 497
–, Vorratsdatenspeicherung 185
–, Zweckbindungsprinzip 400
Sozialdienst, justizieller 689
Soziale Dienste der Justiz 730 f.
–, Dienstaufsicht 730
–, Fachaufsicht 730
Soziale Entschädigung 611
soziale Integration 666
Soziale Netzwerke 398, 407, 692
sozialer Ausgleich 420
soziale Rehabilitation 593
–, Eingliederungshilfe 595
–, Heilpädagogische
 Leistungen 593
–, Hilfen zur Förderung der
 Verständigung 594
–, Hilfen zur Teilhabe am
 gemeinschaftlichen Leben 594
–, Hilfsmittel 593
–, Kraftfahrzeughilfe 593
–, Träger der Sozialhilfe 595
–, Training lebenspraktischer
 Fähigkeiten 594
–, Voraussetzungen 594
–, Wohnhilfen 594

sozialer Trainingskurs 716
Sozialgeld 511, 517, 525 ff., 539, 546, 605, 610, 805
–, Abgrenzung zur Sozialhilfe 550, 555
Sozialgericht 181
–, Kosten des Verfahrens 199
Sozialhilfe 549 ff., 605
–, Bedarf 108
–, Rechtsweg 181
Sozialkontrolle 34, 490
Sozialleistung 110, 387, 389, 453, 606, 610
–, Erstattung der 414
Sozialleistungsanspruch 387
Sozialleistungsverhältnis 387
Sozialpolitik 68
Sozialprognose 715
Sozialpsychiatrischer Dienst 171, 795
Sozialrecht 384 ff.
–, europäisches 68
–, Territorialprinzip 386
sozialrechtlicher Herstellungsanspruch 584
Sozialrechtsverhältnis 387
Sozialstaat 94, 107, 109, 670
–, Abbau des 670
–, aktivierender 81, 109
Sozialverband 174
Sozialversicherung 420 ff., 806
–, Antrag 421
–, Beiträge 420, 423, 428, 437, 442, 446
–, Beitragsbemessungsgrenze 423, 437, 446
–, Pflichtversicherung 420
–, Rechtsweg 181
–, Sachleistungsprinzip 420
–, Selbstverwaltung 421
–, Sozialversicherungsausweis 438
–, Sozialversicherungsträger 421
–, Sozialwahlen 421
–, Umlageprinzip 420
–, Versicherung 420
–, Versicherungspflicht 424
Sozialversicherungsträger 164, 421
–, Berufsgenossenschaften 441
–, Bundesagentur für Arbeit 446

–, gesetzliche Rentenversicherung 435
–, Krankenkasse 422
–, Pflegekasse 428
–, Selbstverwaltung von 166, 421
–, Unfallkassen der öffentlichen Hand 441
Sozialverwaltung 98, 158
–, Gliederungsprinzipien 164
–, kommunale 166, 490
Sozialverwaltungsrecht 384 ff.
Sozialverwaltungsverfahren 391 ff.
–, Ablauf des 47, 395 ff.
–, Beteiligte im 394
–, Bevollmächtigter 394
–, Kosten 195, 199, 392
–, Mitwirkungsrechte/-pflichten 397
–, Sozialdatenschutz im 398
–, Zuständigkeit im 392
Spätaussiedler 630, 651 f., 660
Spezialprävention 710
Spielhallen 617, 619
Staat 33, 95, 110
–, Gewaltmonopol des 33, 97
–, Rolle und Funktion des 33
–, strafender 670
staatliches Wächteramt 500
Staatsangehörigkeit 76, 114
–, Bedeutung für Ausschluss von Hilfen 508, 550
–, Erwerb der deutschen 658 ff.
Staatsanwaltschaft 696, 701
–, Dienstaufsicht 696
–, Fachaufsicht 696
Staatszielbestimmung 108
Stalking 687
Standards, fachliche 98, 148, 152, 686
Standesamt 168
Statthaftigkeit des Widerspruchs 192
Stellungnahmen
– der Jugendgerichtshilfe 492, 498
– des Jugendamtes 351, 490, 732
– justizieller Sozialdienste 731
Stellvertretung 251, 253
Sterbehilfe 687
Steuern, kommunale 169
Steuerungsfähigkeit 721

Steuerungsverantwortung 483, 490, 727
Stiefeltern 317, 338, 360, 469 f.
Stiefkindadoption 365
Stiftung 164, 806
–, privatrechtliche 238, 240
Störer 288, 668
Störung, krankhafte 242, 244, 279, 681
Strafanspruch, staatlicher 669 f.
Strafantrag 682, 704
Strafanzeige 682, 701
Strafaufhebungsgründe 683
Strafausschließungsgründe 683
Strafaussetzung zur Bewährung 715, 729
Strafbarkeit 676, 683
– nach dem Jugendschutzgesetz 626
–, objektive Bedingungen der 682
–, Voraussetzungen 675
Strafbarkeitshindernisse 682
Strafbarkeitsvoraussetzungen 675 f.
Strafbefehl 707
Strafe 710, 714
–, Absehen von 704, 714, 716, 724
–, Arten der 713 f.
–, Sinn und Zweck der 90, 710
–, Wesen 713
Straffälligenhilfe 733
Strafgerechtigkeit 90
Strafgerichtshof, Internationaler 70
Strafhindernisse 683
Strafjustiz 696
Strafrahmen 714, 719
Strafrecht 34, 40, 56, 181, 666 f.
–, Allgemeiner Teil des 667
–, Auslandstaten 672
–, Besonderer Teil des 667, 687
–, Bestimmtheitsgebot 672
–, formelles 667
–, Funktion des 669 f.
–, Garantiefunktion 672
–, internationale Standards 672
–, Jugendstrafrecht 490, 721 f.
–, Legitimation 670
–, Nebengesetze des 687
–, Privilegierungen 675
–, Qualifikationen 675

–, Rechtfertigungsgründe im 678
–, Rückwirkungsverbot 672
–, Sanktionen des 710 f.
–, Schuld im 680
–, symbolisches 670
–, Tatbestand im 676
– und Soziale Arbeit 666
–, Wirkungen 670
strafrechtliche Haftung 666, 752
strafrechtliche Rechtsfolgen 714
strafrechtliche Reife 721
Straftat 70, 674
–, Strafbestimmungen des BT StGB 710
Straftheorien 710
–, absolute 710
–, expressive 712
–, relative 710
Strafverfahren 701 ff.
–, Ablauf des 697, 701
–, Absprachen 702, 708
–, Beschwerde 706
–, Ermittlungsverfahren 701, 704
–, Hauptverhandlung 705, 708
–, Mitwirkung des Jugendamts 490
–, Mündlichkeit 700
–, Prinzipien 700
–, Prozessmaximen im 699
–, Verfahrensbeteiligte 730
Strafverfolgungsbehörden 697
Strafvollstreckung 709
Strafvollzug 99, 184, 667, 671, 709, 731
Strafvorbehalt 716
Strafzumessung 719
Straßenverkehrsamt 168
Studienordnung 50
Subkultur 33
Subsidiarität
–, im Jugendstrafrecht 726
Subsidiaritätsprinzip 109 f., 172, 465, 733
Substitution 695
Subsumtion 153 f., 156, 397, 483
Subvention 70, 500
Sühneverfahren 212, 675
Suizid 685
Supranationales Recht, Vorrang des 76
Suspensiveffekt 194
Syllogismus 154

Synallagma 264
Systematik 139
Systemtheorie 35
Systemversagen 483

Tabakwaren 617, 619 ff.
Tabu 692
Tageseinrichtungen 134, 471 f.
Tagesmutter 474
Tagespflege 471
Talionsprinzip 711
Tarifvertrag 50, 769 f., 772
Taschengeldparagraf 243
Tatbestand 133 f., 701
–, objektiver 676
–, strafrechtlicher 676
–, subjektiver 677
Tatbestandsmerkmale 133
–, ungeschriebene 134
Täter-Opfer-Ausgleich 208, 217, 220, 490, 707, 712, 723
–, Datenschutz 406, 733
–, Strafmilderung 719
Täterschaft 686
tätige Reue 684
Tätigkeitsdelikte 676
Tatschuld 680
Tatverdacht 704 f.
–, Anfangsverdacht 701
–, dringender 703
–, hinreichender 706 f.
Tausch 264
Täuschung 248 f.
Teamentscheidungen 746
Teamkonferenz 481, 483
Teilhabe 574
–, gesellschaftliche 119
–, gleichberechtigte 577
Teilhabe am Arbeitsleben (s. berufliche Rehabilitation)
Teilhabe am Leben in der Gemeinschaft (s. soziale Rehabilitation)
Teilhabeplan 581
Teilmündigkeit 332
Teilzeitverträge 776
Telefax
–, Widerspruchseinlegung mittels 139
–, Formvorschrift 250
Telekommunikation 256
Telemedien 615, 622, 625

Territorialprinzip 69, 386
Terrorismus 402
Testament 247, 291, 293
–, Form 293
Testierfähigkeit 244
Testierfreiheit 291
Therapie 695
Therapieunterbringungsgesetz 718
Tierhalter, Haftung 284
Tier, rechtliche Behandlung als Sache 288
Tippfehler 190, 248
Titel (s. Vollstreckungstitel)
TOA (s. Täter-Opfer-Ausgleich)
Tod 237, 290, 435, 439 f., 443, 704
Todesstrafe 713
Totschlag 675, 687
Tötung auf Verlangen 675, 685
Tötung durch Unterlassen 685
Träger
– der Jugendhilfe 452, 463
– der sozialen Arbeit 163
– der Sozialhilfe 549
– der Verwaltung 392
–, freie 109, 172, 386, 464 f., 486, 490, 499, 616
–, gemeinnützige 70
–, Grundsicherung für Arbeitsuchende 509
–, kirchliche 452
–, kommunale 168
–, öffentliche 58, 136, 163 f., 341, 392, 463, 616, 705, 710
–, privatrechtlich organisierte 171
Trägermedien 622 ff.
Transparenzgebot 462, 688
Trennung 306 f., 335, 470
Trennungsprinzip 232, 289
Trennungszeit 306
Treu und Glauben 263, 778
Tucholsky, Kurt 669
TÜV 172
Typenzwang 230, 289

Übergabe 289
Übergangsgeld 592
Übergangsmanagement 731, 733
Übermaßverbot 102, 703
Übermittlungsgrundsätze (s. a. Datenschutz)

Überprüfung 148, 220, 351, 483
– richterliche 331, 374, 376, 486, 704
Überschuldung 259
Übertragung von Aufgaben auf freie Träger 162
Überwachung, polizeiliche 668, 706
Ubiquität 726
U-Haft (s. Untersuchungshaft)
Ultima Ratio
–, Funktion des Strafrecht 670, 692
–, Kündigung des Arbeitsvertrages 782 f.
Umgang 328, 346 ff., 364, 616
–, begleiteter 347
Umgangspflegschaft 347
Umgangsrecht 329, 346, 348 f., 356 f., 470
– des Kindes 328
Umkehrschluss 142
Umlageverfahren 437
Umzugskosten 535, 554
UN 346, 354, 470, 480, 484
– Behindertenrechtskonvention 73, 575
– Kinderrechtskonvention 72, 299
– Menschenrechtsabkommen 72
unbegleitete minderjährige Flüchtlinge 73, 646
UN-Behindertenrechtskonvention 73
Unerlaubte Handlung (s. Handlung, unerlaubte)
Unfallversicherung 441 ff.
–, Arbeitsunfall 442
–, Beiträge 442
–, Berufskrankheit 443
–, eigenwirtschaftliche Tätigkeiten 443
–, Erwerbsminderungsrente 444
–, Haftungsfreistellung bei Aufsichtspflichtverletzungen 749 ff.
–, Pflegeleistungen 444
–, Versicherte 442
–, Versicherungsschutz 443
–, von Tagespflegepersonen 474
–, Wegeunfall 443
Ungehorsamsarrest 728
Ungehorsam, ziviler 39

Ungleichbehandlung 186
– von Männern und Frauen 107
Unionsrecht (s. EU-Recht)
Unisex 107
Universalitätsprinzipien 38
Universität 50
Unmittelbarkeit, Grundsatz der 700
Unmöglichkeit der Leistung 280, 282
Unschuldsvermutung 72, 184, 699
Untätigkeitsklage 197, 398
Unterbringung 786 ff.
– bei Inobhutnahme 485 f.
– bei rechtlicher Betreuung 376
– eines Kindes nur auf richterliche Anordnung 330 f.
–, freiheitsentziehende 330, 786, 791 f.
–, gemeinsame von Mutter und Kind im Strafvollzug 476
–, geschlossene 102, 184, 486, 793
–, Grundrechtsbindung 791
– in einem Frauenhaus 571
– in einem psychiatrischen Krankenhaus 789
–, öffentlich-rechtliche 794 ff.
–, privatrechtliche 791 f.
– und Betreuungsrecht 792
– von Minderjährigen 792
–, zivilrechtliche 790
Unterhalt
–, Absetzbarkeit von -Zahlungen bei der Grundsicherung 520
–, Anrechnung in der Grundsicherung 515
– bei eingetragener Lebenspartnerschaft 316
– bei Scheidung 310 ff.
– bei Trennung 307
–, Beratung von Alleinerziehenden wegen des 470
–, Durchsetzung von für Alleinerziehende durch das JA 495
–, Einschränkung des Anspruchs 313
– für Verwandte 321 ff., 561
Unterhaltsansprüche 322, 516, 524, 560 f.

–, Durchsetzung von für Alleinerziehende durch das JA 495
– im Rahmen der Grundsicherung 523
– im Rahmen der Sozialhilfe 560
Unterhaltsberechnung 313, 324
unterhaltssichernde und andere ergänzende Leistungen 592
–, Entgeltersatzleistung 592
–, Fahr-, Verpflegungs- und Übernachtungskosten 593
–, Funktionstraining 593
–, Kinderbetreuungskosten 593
–, Reha-Sport 593
–, Sozialversicherungsbeiträge 592
–, Übergangsgeld 592
Unterhaltsverzicht 310, 524
Unterhaltsvorschuss 326, 606 f.
Unterkunftskosten 509, 533 ff., 546, 554, 610
–, Angemessenheit 533, 535
–, Bedeutung bei Sanktionen 546
Unterlassen 341, 684
Unterlassungsdelikte 684
Unterlassungsklage 198, 398
Unternehmer 256, 274, 445, 806
Unterschrift 250
Unterstützte Beschäftigung 590
Untersuchung
–, körperliche 703
Untersuchungsgrundsatz 198, 203, 395, 700
Untersuchungshaft 492, 704
– bei Jugendlichen 724
–, Haftgründe 703
unverzüglich 248
Urteil 54

Vater
–, biologischer 187
–, leiblicher 187
Vaterschaft 319, 495
–, gerichtliche Feststellung der 319
Vaterschaftsanerkennung 319, 495
Vaterschaftsanfechtung 320
–, Frist der 321
Verantwortungsbewusstsein 743
Verbandsklage 257

Verböserung eines
   Verwaltungsaktes im
   Widerspruchsverfahren 195
Verbot
–, der Doppelbestrafung 184
–, gesetzliches 254
–, Regelungsgehalt eines
   Verwaltungsaktes 408
Verbotsirrtum 682
Verbraucher 256, 806
–, zahlungsunfähige 260
Verbraucherinsolvenz 259
–, Reform 261
–, Restschuldbefreiung 261
–, Wohlverhaltensperiode 261
Verbraucherkredit 256, 259
Verbraucherrecht 66
Verbraucherschutz 62, 166, 255 ff.
–, Unterlassungsklage 258
Verbraucherverbände 257 f.
Verbrauchervertrag 256, 806
Verbraucherzentrale 257
Verbrauchsgüterkauf 256, 268
–, Verjährung 287
Verbrechen 674, 697
Verdächtiger 697
Verein 238, 806
–, eingetragener 238
–, gemeinnütziger 239
–, Gründungsvoraus-
   setzungen 239
–, Mitgliederversammlung 253
–, Nebenzweckprivileg 238
–, nicht rechtsfähiger 240
–, Rechtsfähigkeit 238
–, Vorstand 238, 252
–, wirtschaftlicher 239
Vereinigungstheorie 712
Vereinsregister 237 f.
Vereinssatzung 238
Vereinte Nationen 38, 72 (s. UN)
Verfahren
–, Einstellung des 694, 707
–, familiengerichtliches 300, 310,
   325, 349 ff.
–, Gesetzgebung 43
–, Legitimation durch 152
–, strafrechtliches 701, 704
– zur Indizierung jugendge-
   fährdender Medien 622
Verfahrensbeistand 175, 354 f.

Verfahrensbeteiligte 352, 394,
   732
– im Strafverfahren 696
Verfahrenserledigung
–, informelle 707
Verfahrensgerechtigkeit 90, 671
Verfahrenskosten 195, 208
– im Sozialverwaltungs-
   verfahren 195
Verfahrenskostenhilfe 203
Verfahrenspfleger 371, 377, 798
Verfall 714
Verfassung 44, 46, 48, 94
–, europäische 60
Verfassungsbeschwerde 113, 183
Verfassungsorgane 95
Verfassungsrecht 46
Verfolgungsverjährung 683
Verfügbarkeit bei Arbeitslo-
   sigkeit 448
Verfügung 806
–, privatrechtliche 245
Verfügungsgeschäft 232, 245, 289
Vergaberecht, europäisches 69
Vergehen 674
Vergeltung 710
Vergewaltigung 687
Vergleich 211, 357, 415 f.
Vergleichsvertrag 415
Vergütungsvereinbarungen 213
Verhalten
–, konkludentes 247, 258
–, schlüssiges 247
–, sozialschädliches 669
Verhältnismäßigkeit 100, 116,
   345, 478, 490, 702, 710, 743,
   791
–, Grundsatz der 100, 103
Verhältnismäßigkeitsgebot 370,
   402
–, Polizei 668
Verhandlung zwischen den
   Parteien 287
Verjährung 286, 699
–, Hemmung der 287
– von Erbansprüchen 292
Verjährungseinrede 287
Verjährungsfrist 287
Verkehrsbetriebe 257
Verkehrsschutz 289
Verkehrssicherungspflicht 279,
   740 ff.

Verkehrssitte 34, 263
Verletzung der Fürsorge-
   pflicht 690
Vermächtnis 294
Vermittlung 447
Vermittlungsausschuss 47
Vermittlungsbudget 447
Vermittlungshemmnis 543
Vermögen 603, 608
– im Rahmen der Grundsicherung
   für Arbeitssuchende 511 f.,
   514 ff., 521, 545
– im Rahmen der Sozialhilfe 555,
   557, 559, 562, 569, 571
–, kleinere Barbeträge 560
Vermögensausgleich 305
Vermögenssorge 329 ff.
Vernachlässigung 457, 503
Vernehmung 702
– der Geschädigten 698
– von Jugendlichen 723
Verordnung (s. Rechtsver-
   ordnung)
Verordnungen der EU 64
Verpflichtungsgeschäft 232 f.,
   245, 262, 289, 806
Verpflichtungsklage 197
Verrechtlichung 39, 208
Verrichtungsgehilfe 283
Versammlungsfreiheit 673
Verschulden 279, 806
–, Mitverschulden 748, 751
Verschuldenshaftung 282
Verschwiegenheit 222, 225, 688,
   778
Versicherte
– in der Sozialversicherung 421
Versicherungen 257
Versicherungsberechtigung 429
Versicherungspauschale 519
Versicherungspflicht (s.
   Sozialversicherung)
Versicherungsschutz 429, 749 f.,
   752
Versorgungsausgleich 309
Versorgungsunternehmen 257
Verständigung in Strafsachen 708
Versuch einer Straftat 683 f.
Verteidiger 698
Verteidigung der
   Rechtsordnung 710, 712
Verteilungsgerechtigkeit 85

Vertrag 250, 738 f., 806
–, öffentlich-rechtlicher 162, 415 f.
– über die Europäische Union 60
–, völkerrechtlicher 70 ff.
– von Amsterdam 60, 68
– von Lissabon 63, 67
– zugunsten Dritter 264
Vertragsanbahnung 262
Vertragsauslegung 251
Vertragsfreiheit 230, 264
Vertragstheorie 112
Vertragstypen 234, 264
Vertrauensschaden 248, 285
Vertrauensschutz 195, 225, 498, 687 f.
– im Strafrecht 672, 718
Vertraulichkeit 215 f.
Vertreter
–, gesetzlicher 241 f., 244
–, ohne Vertretungsmacht 253
Vertretungsmacht 251 f., 806
– kraft Gesetzes 252
– kraft Rechtsgeschäft 252
Verwahrung 265
Verwaltung 99 f., 120, 162 ff.
–, Aufbau der öffentlichen 164
–, Begriff 159
–, Bundesverwaltung 164
–, Eingriffs- 159
–, fiskalische 160
–, gebundene 145
–, gerichtliche Kontrolle der 397
–, hoheitliche 161
–, Kommunal- 168
–, Landes- 166
–, Leistungs- 160
–, Leistungsanspruch 46
–, Ministerialverwaltung 164
–, mittelbare 164, 166
–, öffentliche 32
–, Selbstbindung der 51, 119
–, unmittelbare Staats- 164
Verwaltungsakt 162, 397, 407 ff., 806
–, Anfechtung des 413
–, Aufhebung des 413
–, Auflagen 409
–, Begründung des 150, 409
–, Bestandskraft des 410
–, Bestimmtheit des 409
–, Fehler des 410

–, fehlerhafter 412
–, Form des 409
–, Funktionen des 408
–, Inobhutnahme als 409, 484, 486
–, Nebenbestimmungen des 409
–, Rechtsbehelfe 191
–, Rechtsbehelfsbelehrung 410
–, Rücknahme 147
–, sofortiger Vollzug 194
–, Titelfunktion 418
–, Zugang des 193, 397, 410
Verwaltungsgericht 181, 196 f.
–, Kosten des Verfahrens 203
Verwaltungsgerichtsweg 197
Verwaltungshandeln 160
–, fiskalisches 160, 230
–, Formen des 160
– in privatrechtlichen Formen 171
–, konsensuales 162
–, kooperatives 162, 415
–, öffentlich-rechtliches 160 f., 171
–, privatrechtliches 160 f.
–, rechtsgebundenes 145 f., 148
–, schlicht-hoheitliches 161, 198, 390, 398
Verwaltungshierarchie 164, 168 f.
Verwaltungskontrolle 181, 188, 196, 397, 417
Verwaltungsorganisation 163
Verwaltungsprivatrecht 58, 160
Verwaltungsverfahren 387, 390
–, Ablauf des 395, 397
–, Allgemeine Grundsätze 391
–, Befangenheit 394
–, Bevollmächtigter 394
–, Form 391
–, Fristen 392
–, Jugendhilfe 497
–, Kosten 195, 392
–, Mitwirkungsrechte und -pflichten 397
– Nichtöffentlichkeit 394
–, Rechtsbehelfe 188, 501
–, Sozialdatenschutz 398 f., 458, 488
–, Zuständigkeiten 392
Verwaltungsverfahrensgesetz 386
Verwaltungsvollstreckung 417
Verwaltungsvorschrift 50, 106
–, Veröffentlichungspflicht 52

Verwaltungszwang 418
Verwandte
–, Erbfolge 291
Verwandtschaft 318
Verwarnung mit Strafvorbehalt 716
Verzug 280 f.
VG-Wort 240
Videovernehmung 699
Visum 632 f.
Völkerrecht 70, 72
Volkszählung 184
Volkszählungsurteil 398, 406
Vollendung 684
Volljährigenhilfe 475, 480 f., 497
Volljährigkeit 241, 806
Vollmacht 252, 806
Vollrausch 682
Vollstreckungstitel 201, 418
Vollstreckungsverfahren 701
Vollstreckungsverjährung 683
Vollstreckung von Entscheidungen ausländischer Gerichte 75
Vollzugsanstalt 789
Vollzugsplan 731
Vonselbsterwerb 291
Vorbefassung 222, 225
Vorbehalt 247
– des Gesetzes 99, 116
Vorbewährung 729
Vorführungsrecht der Polizei 702
Vormerkung 289
Vormund 335, 337, 345, 366 ff., 495, 739, 806
Vorrang des Gesetzes 51, 98
Vorrang- und Beschleunigungsgebot 356
Vorratsdatenspeicherung 65, 123, 184, 402
Vorsatz 283, 677, 806
Vorsorgevollmacht 370
Vorstand 252
– eines Vereins 238
Vorverfahren 192
–, isoliertes 192 f.

Wächteramt, staatliches 339, 457
Waffengleichheit 90
Wahlen 96
Wahndelikt 682
Walzer, Michel 87
Wandel, sozialer 42

Warmwasser 526, 533
Warnschussarrest 728 f.
Weber, Max 36, 78, 89
Website, Sperrung
– 186
Wehrerfassung 168
Weisung 51, 54, 161, 494, 715
– bei der Strafaussetzung zur Bewährung 715
– im Jugendstrafrecht 727
– von Vorgesetzten 762
Weiterbeschäftigungsanspruch 784
Werkstatt für behinderte Menschen 591
Werkvertrag 265, 274
–, Gewährleistungsrechte 275
–, Mängelbeseitigung 275
Wesel, Uwe 37
Wettbewerbsbeschränkungen 624
Widerrufsrecht 258 f.
Widerspruch 397, 399
–, Abhilfe 194
–, aufschiebende Wirkung 194
–, Form 193
–, Fristen 193
– gegen die Inobhutnahme 485
– gegen VA des JA 195
–, Statthaftigkeit des 192
–, Telefax 193
–, Wiederherstellung der aufschiebenden Wirkung 194
Widerspruchsbescheid 194
Widerspruchsverfahren 191 f., 195, 414
–, Fristen 193
–, Kosten 195, 199
Wiedereinsetzung in den vorherigen Stand 392
Wiedergutmachung 712
Wiederherstellung der aufschiebenden Wirkung 194
Willenserklärung 155, 245, 806
–, Auslegung von 155
–, Zugang 242
–, Zugewinngemeinschaft 305 f., 309, 316
Willensfreiheit 373, 680, 697
Willensmangel 248
Willkür 151
Willkürverbot 103
Win-win-Situation 215 f.

Wirtschaftlichkeitsgebot 426, 432
Wirtschaftskriminalität 669
Wohlverhaltensperiode 261
Wohngeld 603, 610 f., 613
–, Leistungen für Bildung und Teilhabe 539
–, Rechtsweg 192
Wohnraummiete 269 f.
Wohnsitz 393
Wohnung 307, 610 (s. a. Unterkunftskosten)
– im Rahmen der Grundsicherung für Arbeitssuchende 513, 533, 535 ff.
– im Rahmen der Sozialhilfe 552, 566 f.
–, Unverletzlichkeit der 118
Wohnungsbaugenossenschaft 107
Wohnungsbeschaffungskosten 535, 554
Wohnungsdurchsuchung 99, 706
Wohnungsmietverhältnisse 270
–, Beendigung 271
–, Eigenbedarfskündigung 271
–, Kündigungsfrist 271
–, Mieterhöhung 271
–, Mietzins 270
Wohnungsverweisung 307, 668
Wohnzuschuss 609
Wucher 254
Wunsch- und Wahlrecht 432, 456, 483, 578

Zählkinder 601
Zentralrat der Juden 173
Zentralrat der Muslime in Deutschland 173
Zession 245, 264
Zeuge 698, 708
Zeugenbeistand 698
Zeugnis 274
Zeugnispflicht 688
Zeugnisverweigerungsrecht 314, 404, 688 f.
Zigarettenautomaten 621
Zinsen 281
Zivilehe 303
Zivilrecht 56, 231
Züchtigungsrecht 40, 679, 690
Zuchtmittel 717, 726
Zueignungsabsicht 678
Zugang

– des Verwaltungsakts 193
– von Willenserklärungen 242, 247
– zum Recht 130
Zugangsfiktion 193, 410
Zugewinn 306, 309
Zugewinnausgleich 306, 309
Zugewinngemeinschaft 305
Zumutbarkeit 569
– der Tragung der Bestattungskosten 568
– des Einkommenseinsatzes bei besonderen Hilfen des SGB XII 570
– einer Arbeit 508, 544, 554
– eines Umzugs 535, 554
Zurechnungszusammenhang 677
Zusammenarbeit bei Hilfen außerhalb der Familie 483
Zusatzbeitrag in der gesetzlichen Krankenversicherung 423
zusätzliche Betreuungs- und Entlastungsleistung 434
Zuständigkeit 392, 509
– der Gerichte 350
–, funktionelle 393
– für die Grundsicherung für Arbeitssuchende 509
– für die Sozialhilfe 548
– im Sozialleistungsverfahren 392
– in der Jugendhilfe 463
–, internationale 75
–, Jugendamt 496
–, örtliche 392 f.
–, sachliche 392
– von Gerichten 75
Zuständigkeitsklärungsverfahren
–, Frist 582
–, Gutachten 582
Zuständigkeitswechsel
–, dynamischer 496
Zustimmung 242
Zustimmungsgesetz 70
Zuwanderung 76, 628 ff.
– zu Ausbildungszwecken 635
– zum Zweck der Erwerbstätigkeit 635, 638
Zuwanderungsrecht
–, Rechtsweg 192
Zuwendung 499
Zuzahlung 427
Zwang 343, 418 f., 476, 788

–, staatlicher 43
–, strafprozessuale Maßnahmen 702
–, unmittelbarer 418 f., 485
Zwangsadoption 128, 363
Zwangsbehandlung 376, 794, 797
Zwangsgeld 418 f.
Zwangshaft 418
Zwangsheirat 639, 687, 699
Zwangskontext 731, 788

Zwangsmaßnahmen
–, Rechtsschutz 706
–, strafprozessuale 680, 702 f.
–, strafrechtliche 702, 704, 724
Zwangsmittel 418
Zwangsprostitution 670
Zwangsvollstreckung 201, 359
Zweckbindungsprinzip 400, 497, 732
Zweispurigkeit

– der Sozialkontrolle bei Jugendlichen 490
– strafrechtlicher Sanktionen 715
Zwei-Stufen-Theorie 58 f.
Zwischenverfahren 704 f., 707

Professionell handeln

Hiltrud von Spiegel
Methodisches Handeln in der Sozialen Arbeit
Grundlagen und Arbeitshilfen für die Praxis
5., vollständig überarbeitete Auflage 2013.
269 Seiten. 4 Abb. 4 Tab. Mit 30 Arbeitshilfen
UTB-L (978-3-8252-8557-9) kt

Berufliches Können braucht zentrale, auch wissenschaftlich begründbare Arbeitsregeln. Oft fehlt Praktikern, aber auch den Studierenden das Rüstzeug für die Planung und Nachbereitung ihrer Arbeit. Berufliches Handeln erfolgt überwiegend intuitiv und mit Rückgriff auf Erfahrungen und Routinen. Ob und warum dieses aber in einer gegebenen Situation angemessen ist, bleibt unklar.

Das Buch zeigt hier Auswege auf, indem es Anregungen für ein systematisch geplantes und am wissenschaftlichen Vorgehen orientiertes methodisches Handeln bietet.

Die 30 Arbeitshilfen stehen auch als Online-Zusatzmaterial zur Verfügung.

www.reinhardt-verlag.de